C8410

Stein / Jonas

Kommentar zur

Zivilprozeßordnung

21. Auflage
bearbeitet von

Christian Berger · Reinhard Bork
Wolfgang Brehm · Wolfgang Grunsky
Dieter Leipold · Wolfgang Münzberg
Herbert Roth · Peter Schlosser
Ekkehard Schumann

Band 4
Teilband 2
§§ 348–510b

J. C. B. Mohr (Paul Siebeck) Tübingen

Bearbeiter:

Prof. Dr. jur. CHRISTIAN BERGER, Leipzig
Prof. Dr. jur. REINHARD BORK, Hamburg
Prof. Dr. jur. WOLFGANG BREHM, Bayreuth
Prof. Dr. jur. WOLFGANG GRUNSKY, Bielefeld
Prof. Dr. jur. Dr. h.c. DIETER LEIPOLD, Freiburg i. Br.
Prof. Dr. jur. WOLFGANG MÜNZBERG, Tübingen
Prof. Dr. jur. HERBERT ROTH, Heidelberg
Prof. Dr. jur. PETER SCHLOSSER, München
Prof. Dr. jur. EKKEHARD SCHUMANN, Regensburg

Zitiervorschlag: Stein/Jonas/Bearbeiter[21] § 29a Rdnr. 2

Die Deutsche Bibliothek – CIP-Einheitsaufnahme

Stein, Friedrich:
Kommentar zur Zivilprozessordnung / Stein/Jonas. Bearb. von Christian Berger ... – Geb. Ausg. – Tübingen : Mohr.
  Teilw. bearb. von Reinhard Bork ... –
  Bd. 4. Teilbd. 2. §§ 348–510b. – 21. Aufl. – 1999
  ISBN 3-16-146929-1

© 1999 J.C.B. Mohr (Paul Siebeck) Tübingen.

Das Werk einschließlich aller seiner Teile ist urheberrechtlich geschützt. Jede Verwertung außerhalb der engen Grenzen des Urheberrechtsgesetzes ist ohne Zustimmung des Verlags unzulässig und strafbar. Das gilt insbesondere für Vervielfältigungen, Übersetzungen, Mikroverfilmungen und die Einspeicherung und Verarbeitung in elektronischen Systemen.

Dieser Band wurde von Gulde-Druck in Tübingen aus der Rotation gesetzt, auf alterungsbeständiges Werkdruckpapier der Papierfabrik Niefern gedruckt und von der Großbuchbinderei Heinr. Koch in Tübingen gebunden. Den Einband entwarf Alfred Krugmann in Stuttgart.

Vierter Titel

Verfahren vor dem Einzelrichter

Vorbemerkungen vor § 348

Einzelrichterschlüssel (Stichwortverzeichnis zum Verfahren vor dem Einzelrichter)
I. Einzelrichter und Kollegialprinzip ... 1
II. Änderungen der §§ 348–350 ... 3
   1. Einzelrichternovelle 1974 ... 3
   2. Rechtspflegeentlastungsgesetz 1993 ... 4a
III. Einzeln tätige Richter beim Landgericht ... 5
IV. Verfahren ohne Einzelrichter ... 6
V. Das arbeitsgerichtliche Verfahren ... 9

Einzelrichterschlüssel (Stichwortverzeichnis zum Verfahren vor dem Einzelrichter)

Das folgende Stichwortverzeichnis erschließt die Kommentierung des Verfahrens vor dem Einzelrichter (Vorbemerkungen vor § 348–§ 350). Soweit an anderen Stellen des Kommentars wichtige Erläuterungen zum Einzelrichter enthalten sind, ist auch auf diese Vorschriften hingewiesen worden.

Abgabe (an das Kollegium durch den Vorsitzenden der *Kammer für Handelssachen*) § 349 Rdnr. 44–47, → auch die mit den Begriffen »Übertragung« und »Rückübertragung« zusammenhängenden Stichworte (zur Übertragung vom Kollegium der Zivilkammer auf den Einzelrichter und zurück)
Ablehnung
– eines *Sachverständigen* § 348 Rdnr. 2
– des *Einzelrichters* § 348 Rdnr. 2
Änderung der Prozeßlage § 348 Rdnr. 41, 41a
Anerkenntnis (Entscheidung durch den Vorsitzenden der Kammer für Handelssachen nach Anerkenntnis) § 349 Rdnr. 20
Anfechtung
– der *Einzelrichterübertragung* → »Rechtsmittel«
– der *Entscheidung* des Einzelrichters und des Vorsitzenden der Kammer für Handelssachen § 350 Rdnr. 1
– *Zurückverweisung* nach Aufhebung § 350 Rdnr. 2
Anhörung (der Parteien zur Übertragung) → »Übertragungsverfahren«
Anspruch auf Rückübertragung → »Rückübertragungsverfahren«
Anwaltszwang vor dem Einzelrichter § 348 Rdnr. 4
– *Umgehung* des Anwaltszwanges § 348 N. 15
Arbeitsgerichtliches Verfahren Rdnr. 9 vor § 348
Arrest § 348 Rdnr. 2

Arzthaftungsprozeß (Übertragung bei) § 348 N. 24
Aufrechnung (als Änderung der Prozeßlage) § 348 Rdnr. 41
Auslagen → »Kosten«
Aussetzung (Entscheidung über die Aussetzung durch den Vorsitzenden der *Kammer für Handelssachen*) § 349 Rdnr. 19
– Anrufung des *Bundesverfassungsgerichts* → »Konkrete Normenkontrolle«
Auswahl des Einzelrichters → »Übertragungsverfahren«
Bedeutung (grundsätzliche) der Rechtssache § 348 Rdnr. 17–19
Bedingung (Übertragung unter einer) § 348 Rdnr. 34
Befristung (Übertragung unter einer) § 348 Rdnr. 34
Befugnisse des Vorsitzenden der Kammer für Handelssachen
→ »Anerkenntnis«
→ »Aussetzung«
→ »Beweisverfahren«
→ »Einverständnis«
→ »Kosten«
→ »Klagezurücknahme«
→ »Prozeßkostenhilfe«
→ »Säumnis«
→ »Scheckprozeß«
→ »Sicherheitsleistung«
→ »Verzicht«
→ »Wechselprozeß«

→ »Wert des Streitgegenstandes«
→ »Zulässigkeitsrüge«
→ »Zwangsvollstreckung«
Begründung (des Übertragungsbeschlusses) § 348 Rdnr. 34
Beschwerde gegen den Übertragungsbeschluß → »Rechtsmittel«
Beweisverfahren durch den Vorsitzenden der Kammer für Handelssachen
– Umfang § 349 Rdnr. 7
– Überschreitung der Befugnisse § 349 Rdnr. 8
Einstellung der Zwangsvollstreckung → »Zwangsvollstreckung«
Einstweilige Verfügung § 348 Rdnr. 2
Einverständnis (der Parteien über Entscheidung durch den Vorsitzenden der Kammer für Handelssachen) § 349 Rdnr. 41
– *Dauer* § 349 Rdnr. 42
– *Umfang* § 349 Rdnr. 43
Einverständnis (der Parteien zur Übertragung auf den Einzelrichter) § 348 Rdnr. 31a
Einzelrichternovelle
– *Gesetzesgeschichte* Rdnr. 3 vor § 348
– *Gesetzeszweck* Rdnr. 4 vor § 348
– *Verfassungsrechtliche Bedenken* § 348 Rdnr. 29
Entscheidungskompetenz des Einzelrichters
– *sachlich* § 348 Rdnr. 2
– *zeitlich* § 348 Rdnr. 3
Entscheidungsreife als Übertragungsverbot § 348 Rdnr. 23a
Förderung der Sache → »Prozeßförderung«
Früher erster Termin (Übertragung nach) § 348 Rdnr. 22
Gebühren → »Kosten«
Gerichtsverfassungsmäßige Stellung
– des *Einzelrichters* § 348 Rdnr. 1
– des *Vorsitzenden der Kammer für Handelssachen* § 349 Rdnr. 1
Gesetzlicher Richter (der Einzelrichter als) § 348 Rdnr. 1
Grundsätzliche Bedeutung der Rechtssache § 348 Rdnr. 17–19
Güteversuch § 348 Rdnr. 4
Haupttermin (Verhandeln zur Hauptsache im) § 348 Rdnr. 21 ff.
– *Begriff* § 348 Rdnr. 22
– *früher erster Termin* als Haupttermin § 348 Rdnr. 22
– *im schriftlichen Verfahren* § 348 Rdnr. 22
Kammer für Handelssachen → die Verweisungen beim Stichwort »Befugnisse des Vorsitzenden der Kammer für Handelssachen«
Klageänderung (als Änderung der Prozeßlage) § 348 Rdnr. 41
Klagezurücknahme (Entscheidung nach Klagezurücknahme durch den Vorsitzenden der Kammer für Handelssachen) § 349 Rdnr. 20
Kollegialprinzip (höhere Richtigkeitsgewähr der Kollegialentscheidung) Rdnr. 1 vor § 348
Kompetenzkonflikte, negative zwischen Kollegium und Einzelrichter § 348 Rdnr. 55 f.
Konkrete Normenkontrolle (Art. 100 GG) durch den Einzelrichter § 148 Rdnr. 43, durch den Vorsitzenden der Kammer für Handelssachen § 349 Rdnr. 19
Kosten (Entscheidung durch den Vorsitzenden der Kammer für Handelssachen über die Kosten) § 349 Rdnr. 30
– *nach § 91a* § 349 Rdnr. 24
Kostenfestsetzung durch den Einzelrichter § 348 Rdnr. 2
Nachverfahren gemäß §§ 302, 600 § 348 Rdnr. 2
Negative Kompetenzkonflikte → »Kompetenzkonflikte«
Objektive Anspruchshäufung
– Übertragungsverbot bei Anspruchshäufung § 348 Rdnr. 8, § 348 Rdnr. 19
Öffentliche Zustellung (Bewilligung der) § 348 Rdnr. 4
Parteivortrag, geänderter (als Änderung der Prozeßlage) § 348 Rdnr. 41
Protokoll (des Einzelrichters)
– *Unterzeichnung* § 163 Rdnr. 2
– *Verhinderung* bei der Unterzeichnung § 163 Rdnr. 8 f.
– *Berichtigung* § 164 Rdnr. 10
Prozeßförderung durch den Vorsitzenden der Kammer für Handelssachen § 349 Rdnr. 3
Prozeßkostenhilfe § 348 Rdnr. 2
– *Einzelrichter* § 348 Rdnr. 2
– *Vorsitzender der Kammer für Handelssachen* § 349 Rdnr. 25
Prozeßlage *(Änderung)* § 348 Rdnr. 41
Prozeßvoraussetzung (Prozeßabweisung durch den *Vorsitzenden der Kammer für Handelssachen* mangels einer Prozeßvoraussetzung) § 349 Rdnr. 32
Rechtsänderung (als Änderung der Prozeßlage) § 348 Rdnr. 41a
Rechtsmittel bei fehlerhafter Übertragung
– *Berufung* § 348 Rdnr. 39
– *Beschwerde* § 348 Rdnr. 36 f
– *Gegenvorstellung* § 271 Rdnr. 17
– *Zuständigkeit nach Aufhebung* durch das *Rechtsmittelgericht* § 348 Rdnr. 3
Rechtspflegeentlastungsgesetz Rdnr. 4a vor § 348
Rückgabe an die Kammer → »Rückübertragungsverfahren«
– durch den *Einzelrichter* → »Rückübertragungsverfahren«

– durch den *Vorsitzenden* der Kammer für Handelssachen § 349 Rdnr. 48–50
Rückübertragungsbefugnis des Einzelrichters § 348 Rdnr. 41
Rückübertragungsverfahren
– *Anspruch* auf *Rückübertragung* § 348 Rdnr. 45
– *Form* des *Rückübertragungsbeschlusses* § 348 Rdnr. 44
– *Zuständigkeit* § 348 Rdnr. 43
Sachkunde der ehrenamtlichen Handelsrichter im *Beweisverfahren* § 349 Rdnr. 7
Säumnis (Entscheidung durch den Vorsitzenden der *Kammer für Handelssachen* bei *Säumnis*) § 349 Rdnr. 21–23
Scheckprozeß (Entscheidung des Vorsitzenden der *Kammer für Handelssachen*) § 349 Rdnr. 26
Schriftliches Verfahren § 348 Rdnr. 5
– »*Haupttermin*« § 348 Rdnr. 22a
– *Zustimmung* vor dem *Einzelrichter* § 128 Rdnr. 67
– *Zustimmung* vor der *Kammer* § 128 Rdnr. 67–69
Schwierigkeiten der Sache
– *besondere* § 348 Rdnr. 9
– *tatsächliche* § 348 Rdnr. 12
– *rechtliche* § 348 Rdnr. 13
Sicherheitsleistung (Entscheidung durch den Vorsitzenden der Kammer für Handelssachen über die Art der Sicherheitsleistung) § 349 Rdnr. 27
Sitzungspolizei § 348 Rdnr. 4
Streitgenossenschaft
– *Übertragungsverbot* bei Streitgenossenschaft § 348 Rdnr. 8
– *Übertragung* nach *Trennung* § 348 Rdnr. 26
Streitwertfestsetzung
– durch den *Einzelrichter* § 348 Rdnr. 2
– durch den Vorsitzenden der *Kammer für Handelssachen* → »Wert des Streitgegenstandes«
Termin → »Verhandlungstermin«
Trennungsbeschluß (als Übertragungsvoraussetzung) § 348 Rdnr. 26
Übertragungsbeschluß → »Übertragungsverfahren«
Übertragungsermessen → »Übertragungsverfahren«
Übertragungsverbote
– *Besondere Schwierigkeiten* der Sache § 348 Rdnr. 7 ff.
– *Entscheidungsreife* § 348 Rdnr. 23a
– *Grundsätzliche Bedeutung* der Rechtssache § 348 Rdnr. 17 ff.
– *Verhandeln zur Hauptsache* im *Haupttermin* § 348 Rdnr. 21 ff.

– nach *Rückübertragung* § 348 Rdnr. 24
– *Teilübertragung* § 348 Rdnr. 25 f.
Übertragungsverfahren
– *Anhörung* des *Beklagten* § 271 Rdnr. 11
– *Anhörung* des *Klägers* § 253 Rdnr. 154
– *Auswahl* des *Einzelrichters* § 348 Rdnr. 33
– *Rechtliches Gehör* § 348 Rdnr. 34
– *Übertragungsbeschluß* § 348 Rdnr. 34
– *Übertragungsermessen* § 348 Rdnr. 28
Unmittelbarkeit der Beweisaufnahme
– *Mißachtung nach früherem Recht* Rdnr. 4 vor § 348
– *Übertragungsverbot bei Teilübertragungen* § 348 Rdnr. 25
Urteil
– *Bezeichnung* des Gerichts § 313 Rdnr. 15
– *Verstöße* bei der *Verkündung* § 310 Rdnr. 14
– *Unterzeichnung* bei *Verhinderung* des Einzelrichters § 313 Rdnr. 15
Urteilsverkündung → »Urteil«
Verbindung von Prozessen § 348 Rdnr. 2a
Verfahren ohne Einzelrichter Rdnr. 6 vor § 348
Verfassungsmäßigkeit der Einzelrichternovelle → »Einzelrichternovelle«
Verhandlungstermin
– *Anberaumung* durch den Einzelrichter § 348 Rdnr. 4, Rdnr. 1 vor § 214
– *Terminsänderung* § 348 Rdnr. 4, § 227 Rdnr. 50
Verweisung des Rechtsstreits
– durch den Vorsitzenden der Kammer für Handelssachen § 349 Rdnr. 17
– an eine *andere* Kammer nach vorheriger Einzelrichterübertragung § 350 Rdnr. 2
Verzicht (Entscheidung durch den Vorsitzenden der *Kammer für Handelssachen* nach Verzicht des Klägers) § 349 Rdnr. 20
Vorbehalt (Übertragung unter) § 348 Rdnr. 34
Vorsitzender als Einzelrichter Rdnr. 4a vor § 348
Vorsitzender der Kammer für Handelssachen → die Verweisungen im Stichwort »Befugnisse des Vorsitzenden der Kammer für Handelssachen«
Vorterminlicher Beweisbeschluß (§ 358a)
– *Änderung* § 348 Rdnr. 4
– *Übertragung* auf den *Einzelrichter* § 348 Rdnr. 25
– durch den Vorsitzenden der *Kammer für Handelssachen* § 358a Rdnr. 22
Wechselprozeß (Entscheidung des Vorsitzenden der *Kammer für Handelssachen*) § 349 Rdnr. 26
Wert des Streitgegenstandes (Entscheidung durch den Vorsitzenden der Kammer für Handelssachen über den Wert des Streitgegenstandes) § 349 Rdnr. 29

Widerklage (Erstreckung des Einverständnisses nach § 349 Abs. 3 auf § 349 Rdnr. 43
Widerruf (des Einverständnisses nach § 349 Abs. 3) § 349 Rdnr. 41
Zulässigkeitsrüge (Entscheidung durch den Vorsitzenden der Kammer für Handelssachen über eine Zulässigkeitsrüge) § 349 Rdnr. 18
Zurückweisung (nach Aufhebung einer einzelrichterlichen Entscheidung) → »Anfechtung«
Zwangsvollstreckung
– Einstellung durch *Einzelrichter* § 348 Rdnr. 2a
– Einstellung durch den *Vorsitzenden* der *Kammer für Handelssachen* § 349 Rdnr. 28
– *Zuständigkeit* des Einzelrichters § 348 Rdnr. 3a
Zwischenentscheidung
– durch den *Vorsitzenden* der Kammer für Handelssachen § 349 Rdnr. 33
– Wirksamkeit einer Zwischenentscheidung nach *Rückübertragung* durch den Einzelrichter § 348 Rdnr. 51

I. Einzelrichter und Kollegialprinzip[1]

1   Während den Amtsgerichten Einzelrichter vorstehen, § 22 Abs. 1 GVG, gilt bei den **Landgerichten** grundsätzlich das **Kollegialprinzip**; das Landgericht entscheidet in Zivilsachen durch Zivilkammern, § 60 GVG, die einschließlich des Vorsitzenden aus **drei Mitgliedern** bestehen, § 75 GVG. Gerichtsverfassungsrecht (§ 75 GVG) und Zivilprozeßrecht (§§ 348 bis 350 ZPO) sehen zwar gewisse Einschränkungen des Kollegialprinzips vor, begründen aber keine originäre eigene Zuständigkeit des Einzelrichters[2]. Damit sind bisher Überlegungen nicht geltendes Recht geworden, bei den Landgerichten das Einzelrichterprinzip wie bei den Amtsgerichten einzuführen[3] oder dem Einzelrichter wenigstens eine eigenständige gesetzliche Kompetenz bei den Landgerichten einzuräumen. Das geltende Recht geht damit auch weiterhin davon aus, daß die Entscheidung durch die Kammer gegenüber der Einzelrichterentscheidung eine **höhere Richtigkeitsgewähr** bietet[4]. Die Tätigkeit des Einzelrichters im erstinstanzlichen landgerichtlichen Verfahren erscheint demgemäß als Ausnahme, und es war durchaus zutreffend, aus dieser gesetzlichen Regelung die Konsequenz zu ziehen, daß die Zuständigkeit der Zivilkammer trotz der gesetzlich eingeräumten Übertragungsbefugnis auf den Einzelrichter soweit wie möglich erhalten werden sollte[5]. Demgemäß wurden weder die ZPO noch das GVG verletzt, wenn eine Zivilkammer auf die Übertragung von Rechtsstreitigkeiten auf den Einzelrichter überhaupt verzichtete oder diese Möglichkeit nur selten nutzte, → § 348 Rdnr. 32. Zur Übertragung des Rechtsstreits auf den Einzelrichter als Regelfall durch das Gesetz zur Entlastung der Rechtspflege → Rdnr. 4a. Anders hingegen ist das Verhältnis zwischen Vorsitzendem und Kollegium bei der **Kammer für Handelssachen**. Hier sind dem Vorsitzenden originäre Entscheidungsbefugnisse eingeräumt, → § 349 Rdnr. 1. § 105 Abs. 1 GVG läßt gerichtsverfassungsmäßig eine derartige Entscheidung des Vorsitzenden anstelle des Kollegiums ebenfalls ausdrücklich zu.

---

[1] Literatur: *Bergerfurth* NJW 1975, 331; *de Boor* Einzelrichter und Kollegium im italienischen und im deutsche Zivilprozeß (1953); *Bull* JR 1975, 450; *Holch* ZRP 1980, 38; *Kann* ZZP 49 (1925), 111; *Ketelaer* Der allein entscheidende Einzelrichter (Diss. Bonn 1985); *Kramer* JZ 1977, 11; *Lindemann* ZRP 1989, 41; *Mattik* DRiZ 1989, 348; *Müller* NJW 1975, 859; *ders.* DRiZ 1976, 273; *ders.* DRiZ 1977, 305; *Rasehorn* NJW 1977, 789; *Rottleuthner/Böhm/Gasterstätt* Rechtstatsächliche Untersuchung zum Einsatz des Einzelrichters in Zivilsachen (1992); *Schultze* NJW 1977, 409; *Seidel* ZZP 99 (1986), 64.
[2] S. *Seidel* ZZP 99 (1986), 64, 72 f. (insbesondere Fn. 39).
[3] So nach dem Bericht der Kommission zur Vorbereitung einer Reform der Zivilgerichtsbarkeit (1961) S. 89 ff.
[4] Ebenso *Putzo* NJW 1975, 187; *E. Schneider* MDR 1976, 619; *Schultze* NJW 1977, 409; *Seidel* ZZP 99 (1986), 64, 72; *Jauernig*[25] § 71 III.
[5] So zutreffend *Seidel* ZZP 99 (1986), 72.

II. Änderungen der §§ 348–350

1. Einzelrichternovelle 1974

Das Gesetz zur Entlastung der Landgerichte und zur Vereinfachung des gerichtlichen Protokolls v. 20. XII. 1974[6] hat die früheren Vorschriften der §§ 348–350 völlig neugefaßt[7]. Die wesentlichste Neuerung besteht dabei in der **Einführung des allein entscheidungsbefugten Einzelrichters** für das erstinstanzliche Verfahren vor den Landgerichten (daher auch die Bezeichnung des Gesetzes als »**Einzelrichternovelle**«). Die Institution des Einzelrichters war 50 Jahre zuvor durch die Novelle 1924 erstmals in die ZPO aufgenommen worden[8], allerdings nicht als allein entscheidender, sondern nur als vorbereitender Einzelrichter[9]. Ein derartig dem Kollegium zuarbeitender, es aber nicht ersetzender Richter findet sich heute nur noch in der Kammer für Handelssachen (in Gestalt des Vorsitzenden, → § 349 Rdnr. 1) und bei Berufungsgerichten, → § 524 Rdnr. 7 ff. An die Stelle des nur vorbereitenden Einzelrichters hat die Einzelrichternovelle den allein entscheidenden Einzelrichter gesetzt. Gleichzeitig wurden in § 349 die Entscheidungsbefugnisse des Vorsitzenden der Kammer für Handelssachen, §§ 93, 105 GVG, erweitert. 3

Ziel der Einzelrichternovelle war eine **Entlastung und Beschleunigung** des landgerichtlichen Verfahrens erster Instanz[10]. Dieses Ziel soll dadurch erreicht werden, daß der Kammer die Befugnis eingeräumt ist, die Entscheidung des Prozesses – mit Ausnahme von besonders schwierigen Sachen oder von Sachen mit grundsätzlicher Bedeutung – dem Einzelrichter zu übertragen. Gleichzeitig wollen die neuen Vorschriften eine stärkere Durchsetzung des Grundsatzes der Unmittelbarkeit der Beweisaufnahme, → § 355 Rdnr. 8, erreichen. Nach früherem Recht wurde dieser Grundsatz weitgehend mißachtet, weil es in zahlreichen Kammern Praxis war, die gesamte Beweisaufnahme vor dem Einzelrichter durchzuführen und erst die abschließende Verhandlung vor der Kammer durchzuführen[11]. Wegen der besonderen Sachkunde der ehrenamtlichen Richter erweiterte die Einzelrichternovelle bei der Kammer für Handelssachen die Entscheidungsbefugnis des Vorsitzenden nur für die Fälle, in denen eine Mitwirkung der ehrenamtlichen Richter nicht erforderlich erscheint[12]. 4

---

[6] BGBl. I S. 3651; amtliche Begründung BT-Drucks. 7/2769. Der Neuregelung des einzelrichterlichen Verfahrens liegen eine Gesetzesinitiative des Bundesrates (BT-Drucks. 7/1550) sowie Teile eines Entwurfs der Bundesregierung (BT-Drucks. 7/2729) zugrunde, s. dazu *Holtgrave* DB 1975, 39. Zur Einzelrichternovelle allgemein s. *Hinz* ZRP 1975, 153; *Putzo* NJW 1975, 859; *Schuster* BB 1975, 539; *E. Schneider* MDR 1976, 617; *Stötter* MDR 1975, 265. Zu Erfahrungen mit dem Einzelrichtersystem seither LG-Präsident Stuttgart AnwBl. 1976, 40; *Mühlberg* AnwBl. 1976, 79; *Müller* DRiZ 1976, 180; *Rudolph* Justiz 1976, 404; *Blankenburg* JZ 1979, 216; *Rottleuthner* DRiZ 1987, 3737; *Rottleuthner/Böhm/Gasterstätt* (Fn. 1).

[7] Die §§ 351–354 wurden bereits durch die Novelle 1924 aufgehoben, → dazu Fn. 8.

[8] Bis zur Novelle 1924 enthielten die den Vierten Titel bildenden §§ 348–354 das vorbereitende Verfahren in Rechnungssachen, ein formelles schriftliches Verfahren vor dem beauftragten Richter zwecks endgültiger Feststellung der beiderseitigen Angriffs- und Verteidigungsmittel. Dieses vorbereitende Verfahren hat praktisch kaum eine Rolle gespielt (*Goldschmidt* Die neue Zivilprozeßordnung vom 13. 5. 1924 -1924-, 101). Das 1924 eingefügte Einzelrichterverfahren hatte mit dem genannten vorbereitenden Verfahren des älteren Rechts nach Zweck und Aufbau kaum etwas gemein.

[9] Nach dem bis zur Einzelrichternovelle geltenden Recht durfte der Einzelrichter lediglich in den weniger bedeutsamen Fällen des § 349 Abs. 1 Satz 2 Nr 1–5 a.F. sowie gemäß § 349 Abs. 3 a.F. bei Einverständnis der Parteien in Streitigkeiten über vermögensrechtliche Ansprüche allein entscheiden.

[10] Vgl. BT-Drucks. 7/2729 S. 41.

[11] S. *de Boor* (Fn. 1), 66: »Die Unmittelbarkeit ist hier aufgegeben, die Mündlichkeit stark gefährdet.«

[12] BT-Drucks. 7/2729 S. 42.

2. Rechtspflegeentlastungsgesetz 1993

4a Von der durch die Einzelrichternovelle eröffneten Möglichkeit einer Übertragung des Rechtsstreits auf den Einzelrichter zur Entscheidung machte die Praxis sehr unterschiedlich Gebrauch. Während einzelne Kammern den ganz überwiegenden Teil der Rechtsstreitigkeiten durch den Einzelrichter entschieden, machten andere Kammern von der Übertragungsmöglichkeit so gut wie nie Gebrauch[13]. Um zu einer Vereinheitlichung der gerichtlichen Praxis zu kommen, ist § 348 Abs. 1 durch das Gesetz zur Entlastung der Rechtspflege v. 11. I. 1993[14] von einer Kann- in eine **Sollvorschrift** umgewandelt worden. Die Entscheidung durch den Einzelrichter soll jetzt die Regel bedeuten. Nach wie vor ist es aber so, daß der Einzelrichter keine originäre Zuständigkeit hat, sondern den Rechtsstreit nur dann verhandeln und entscheiden kann, wenn er ihm von der Kammer zu diesen Zweck übertragen worden ist. Ob die Übertragung erfolgt, steht auch nach der Neufassung weiterhin im Ermessen der Kammer, die davon in einem engeren oder weitherzigeren Sinn Gebrauch machen kann, ohne dadurch gegen § 348 Abs. 1 zu verstoßen, → § 348 Rdnr. 28. Mit der Neufassung nicht vereinbar ist es allerdings, von einer Übertragung auf den Einzelrichter generell abzusehen. Rechtliche Folgen knüpfen sich daran jedoch nicht[15]. Nach § 21 g Abs. 3 Satz 2 GVG[16] hat auch der Vorsitzende in angemessenem Umfang als Einzelrichter tätig zu werden, → § 348 Rdnr. 33.

III. Einzeln tätige Richter beim Landgericht

5 Im landgerichtlichen Verfahren sind als einzeln tätige Richter zu unterscheiden:
– der Einzelrichter bei der Zivilkammer, § 348,
– der Vorsitzende bei der Kammer für Handelssachen, § 349,
– der Einzelrichter beim Berufungsgericht, § 524; zum Verhältnis von § 524 zu §§ 348 ff. → § 524 Rdnr. 1,
– der beauftragte Richter, § 361,
– der ersuchte Richter, § 362.

IV. Verfahren ohne Einzelrichter

6 Ausgeschlossen ist die Bestellung von Einzelrichtern in Baulandsachen, § 220 Abs. 1 Satz 3 BauGB, im Revisionsverfahren, § 557 a, sowie im Beschwerdeverfahren[17].

V. Arbeitsgerichtliches Verfahren

9 Im arbeitsgerichtlichen Verfahren finden die §§ 348 ff. **keine Anwendung**[18]. Für das Berufungsverfahren ist das ausdrücklich in § 64 Abs. 6 Satz 2 ArbGG geregelt. Trotz des Fehlens einer entsprechenden Bestimmung für das erstinstanzliche Verfahren gilt dort nichts anderes. Insbesondere kann der Rechtsstreit nicht einem ehrenamtlichen Richter zur Entscheidung übertragen werden. Statt dessen räumt § 55 ArbGG dem Vorsitzenden ähnliche Befugnisse ein, wie sie gemäß § 349 dem Vorsitzenden der Kammer für Handelssachen zugewiesen sind[19]. So entscheidet er allein bei Zurücknahme der Klage, § 55 Abs. 1 Nr. 1

---

[13] Einzelheiten zur unterschiedlichen Handhabung der §§ 348 ff bei *Rottleuthner/Böhm/Gasterstätt* (Fn. 1).
[14] BGBl. I S. 50.
[15] *Zöller/Greger*[21] § 348 Rdnr. 3.
[16] Eingefügt durch G. v. 11. I. 1993 (BGBl. I S. 50).
[17] Zu erwägen ist allenfalls eine entsprechende Anwendung von § 524 (bejahend *Baumbach/Lauterbach/Hartmann*[57] vor § 348 Rdnr. 3; a.A. MünchKomm ZPO-*Rimmelspacher* § 524 Rdnr. 2; *Zöller/Gummer*[21] § 524 Rdnr. 66). Praktische Bedeutung hätte dies jedoch kaum.
[18] *Grunsky* ArbGG[7] § 53 Rdnr. 11; *Germelmann/Matthes/Prütting* ArbGG[3] § 53 Rdnr. 21.
[19] Zur Zuständigkeit des Vorsitzenden im arbeitsgerichtlichen Verfahren s. *Dütz* RdA 1980, 81, 86 f.

ArbGG, → § 349 Rdnr. 20, bei Verzicht und Anerkenntnis, § 55 Abs. 1 Nr. 2, 3 ArbGG, → § 349 Rdnr. 20, bei Säumnis einer oder beider Parteien, § 55 Abs. 1 Nr. 4, 5 ArbGG, → § 349 Rdnr. 21 ff., über die einstweilige Einstellung der Zwangsvollstreckung, § 55 Abs. 1 Nr. 6 ArbGG, → § 349 Rdnr. 28, sowie bei Einverständnis der Parteien, § 55 Abs. 3 ArbGG, → § 349 Rdnr. 41. Ähnlich § 358a kann der Vorsitzende ferner gemäß § 55 Abs. 4 ArbGG einen Beweisbeschluß erlassen, → § 358a

§ 348 [Einzelrichter]

(1) Die Zivilkammer soll in der Regel den Rechtsstreit einem ihrer Mitglieder als Einzelrichter zur Entscheidung übertragen, wenn
 1. die Sache keine besonderen Schwierigkeiten tatsächlicher oder rechtlicher Art aufweist und
 2. die Rechtssache keine grundsätzliche Bedeutung hat.
(2) Über die Übertragung auf den Einzelrichter kann die Kammer ohne mündliche Verhandlung entscheiden. Der Beschluß ist unanfechtbar.
(3) Der Rechtsstreit darf dem Einzelrichter nicht übertragen werden, wenn bereits im Haupttermin vor der Zivilkammer zur Hauptsache verhandelt worden ist, es sei denn, daß inzwischen ein Vorbehalts-, Teil- oder Zwischenurteil ergangen ist.
(4) Der Einzelrichter kann nach Anhörung der Parteien den Rechtsstreit auf die Zivilkammer zurückübertragen, wenn sich aus einer wesentlichen Änderung der Prozeßlage ergibt, daß die Entscheidung von grundsätzlicher Bedeutung ist. Eine erneute Übertragung auf den Einzelrichter ist ausgeschlossen.

Gesetzesgeschichte: → Rdnr. 3 ff. vor § 348.

Stichwortverzeichnis → »Schlüssel zum Einzelrichterverfahren« zu Beginn der Vorbemerkungen vor § 348.

I. Der Einzelrichter als Prozeßgericht 1	3. Übertragungsverbot nach Verhandeln zur Hauptsache im Haupttermin 21
1. Gerichtsverfassungsmäßige Stellung des Einzelrichters 1	a) Zweck des Übertragungsverbots 21
2. Übertragungsumfang 2	b) Der Begriff »Haupttermin« 22
a) Sachlicher Umfang 2	c) Ausnahme vom Übertragungsverbot 23
b) Zeitlicher Umfang 3	4. Entscheidungsreife 23a
3. Verfahrensgrundsätze 4	5. Übertragungsverbot nach Rückübertragung 24
II. Die Übertragungsverbote 6	6. Teilübertragung 25
1. Besondere Schwierigkeiten der Sache 7	a) Verbot der punktuellen Übertragung 25
a) Prozeßstoff 8	b) Teilübertragung nach Trennungsbeschluß 26
b) »Besondere« Schwierigkeiten 9	7. Rechtsmittel 27
c) Qualitative Schwierigkeiten 10	III. Die Übertragung 28
d) Art der Schwierigkeiten 11	1. Das Übertragungsermessen 28
aa) Besondere tatsächliche Schwierigkeiten 12	a) Verfassungsrechtliche Bedenken 29
bb) Besondere rechtliche Schwierigkeiten 13	b) Verfassungskonforme Auslegung 30
e) »Aufweisen« der Schwierigkeiten 14	c) Fehlerfreies Ermessen 32
2. Grundsätzliche Bedeutung der Rechtssache 17	2. Auswahl des Einzelrichters 33
	3. Der Übertragungsbeschluß 34

IV. Rechtsmittel gegen den Übertragungsbeschluß 36
   1. Beschwerde 36
      a) Grundsätzliche Unanfechtbarkeit ... 36
      b) Außerordentliche Beschwerde 37
   2. Berufung 39
   3. Gegenvorstellung 40
V. Rückübertragung, Abs. 4 41
   1. Zulässigkeit 41
   2. Verfahren 42
      a) Zuständigkeit, Rückübertragungs-
         pflicht 43
      b) Form 44
      c) Anspruch auf Rückübertragung 45
   3. Wirkung der Rückübertragung 51
   4. Übertragungsverbot nach Rück-
      übertragung 52
VI. Negativer Kompetenzkonflikt zwischen
    Kollegium und Einzelrichter 55
    1. Vermeidung negativer Kompetenz-
       konflikte 55
    2. Behebung negativer Kompetenz-
       konflikte 56
VII. Arbeitsgerichtliches Verfahren 57

I. Der Einzelrichter als Prozeßgericht

1. Gerichtsverfassungsmäßige Stellung des Einzelrichters

1 § 348 eröffnet der Zivilkammer die Möglichkeit, den Rechtsstreit auf ein Mitglied des Kollegiums **zur Entscheidung zu übertragen**. Mit dem Übertragungsbeschluß, → Rdnr. 34, geht die gesamte Tätigkeit des Gerichts in dieser Sache unbegrenzt auf den Einzelrichter über[1]. Er tritt nunmehr an die Stelle der Zivilkammer und vereinigt – wie der Richter am Amtsgericht, → § 495 Rdnr. 5 – in sich die Funktionen des **Kollegiums und des Vorsitzenden**, → § 136 Rdnr. 1. Damit ist der Einzelrichter erkennendes Gericht i.S. von § 128 Abs. 1 und Prozeßgericht i.S. von § 355 Abs. 1. Er ist weiter gesetzlicher Richter i.S. von Art. 101 Abs. 1 Satz 2 GG und § 16 Satz 2 GVG[2]. Die Übertragung der Entscheidung auf den Einzelrichter ist keineswegs eine bloß interne arbeitsorganisatorische Maßnahme[3], → auch § 128 Rdnr. 67, da sie mit der Bestimmung des gesetzlichen Richters Außenwirkung entfaltet. Der Einzelrichter übt seine Befugnisse kraft Gesetzes aus und hat damit eine grundlegend andere Stellung als der beauftragte Richter, § 355 Abs. 1 Satz 2. Für die Erteilung eines Auftrags durch die Kammer, in bestimmter Weise zu verfahren, ist kein Raum, und zwar auch nicht in der Form der Beschränkung seiner Funktionen. Das Kollegium und der Vorsitzende sind demgemäß im weiteren Verfahren von der Prozeßleitung und der Entscheidung ausgeschaltet, es sei denn, daß nach Abs. 4 eine Rückübertragung erfolgt, → Rdnr. 41 ff., oder daß Entscheidungen nach §§ 319 ff. erforderlich sind, → Rdnr. 2. Der Einzelrichter leitet das Verfahren und entscheidet selbständig unter alleiniger eigener Verantwortung; er ist »Herr des Verfahrens«[4]. Dies schließt jede Einflußnahme der anderen Kammermitglieder aus. Insbesondere ist es eine Verletzung des Grundrechts auf den gesetzlichen Richter nach Art. 101 Abs. 1 Satz 2 GG (→ Voraufl. Einl. Rdnr. 480 ff.), wenn der Vorsitzende durch seine Autorität richterliche Handlungen des Einzelrichters maßgeblich beeinflußt[5] oder wenn anstelle des Einzelrichters das Kollegium entscheidet[6].

---

[1] So *OLG Karlsruhe* VersR 1986, 663.
[2] MünchKomm ZPO-*Deubner* Rdnr. 10; *Zöller/Greger*[21] Rdnr. 13.
[3] So aber *OLG Frankfurt* NJW 1977, 813.
[4] *OLG Karlsruhe* VersR 1986, 663.
[5] Vgl. *BVerfGE* 4, 413 (Einflußnahme des ausgeschlossenen Kammervorsitzenden auf die Terminsbestimmung).
[6] Das bedeutet nicht, daß ein absoluter Revisionsgrund i.S. von § 551 Nr. 1 vorliegt, → § 551 Rdnr. 7.

2. Übertragungsumfang

a) Sachlicher Umfang

Da dem Einzelrichter der Rechtsstreit in vollem Umfang übertragen wird, erhält er eine **unbeschränkte und unteilbare Entscheidungskompetenz**. Diese umfaßt neben der Entscheidung in der Hauptsache auch das Prozeßkostenhilfe-, das Arrest- und das einstweilige Verfügungsverfahren sowie das selbständige Beweisverfahren. Soweit derartige Verfahren allerdings vor dem Hauptverfahren anhängig werden, können sie zwar ebenfalls dem Einzelrichter übertragen werden[7], doch erstreckt sich dessen Befugnis dann nicht auch auf das spätere Hauptverfahren; für dieses ist erneut ein Übertragungsbeschluß erforderlich[8]. Der Einzelrichter ist ferner zuständig für die Nachverfahren gemäß §§ 302, 600, für die Streitwertfestsetzung[9] und das Kostenfestsetzungsverfahren[10] sowie für die Entscheidung über die Ablehnung eines Sachverständigen[11]. Hingegen liegt die Entscheidung über eine Ablehnung des Einzelrichters bei der Kammer[12].

2

Der Einzelrichter ist in allen Fällen, in denen von ihm End-, Teil- oder Zwischenurteile erlassen worden sind, zuständig für die **Urteilsberichtigung** nach § 319, → § 319 Rdnr. 10, die **Tatbestandsberichtigung** nach § 320, → § 320 Rdnr. 13, sowie für ein **Ergänzungsurteil** nach § 321, → § 321 Rdnr. 19. Dies gilt auch dann, wenn der Rechtsstreit inzwischen – etwa nach Erlaß eines Teilurteils durch den Einzelrichter – wieder auf das Kollegium zurückübertragen worden ist (anders insoweit → § 321 Rdnr. 19). Mit dem Erlaß eines Teilurteils hat sich nämlich der Prozeß in zwei voneinander unabhängige Teile gespalten, → § 301 Rdnr. 2, wodurch die gleiche Situation eintritt, wie wenn der Einzelrichter vor der Rückübertragung eine Verfahrenstrennung beschlossen, → Rdnr. 4, und den ihm verbleibenden Teil des Rechtsstreits durch Endurteil erledigt hätte. Umgekehrt bleibt die Kammer für Maßnahmen nach §§ 319 ff. zuständig, soweit Entscheidungen betroffen sind, die von ihr vor Übertragung des Rechtsstreits auf den Einzelrichter erlassen worden sind. Solange der Rechtsstreit bei ihm anhängig ist (zu späteren Situationen → Rdnr. 3), entscheidet der Einzelrichter auch über die **Einstellung der Zwangsvollstreckung** nach §§ 707, 719, →§ 707 Rdnr. 5 Fn. 27. Der Einzelrichter kann ferner **Prozesse verbinden**, → § 147 Rdnr. 14, soweit sie ihm zur Entscheidung übertragen worden sind. Zur Frage, ob eine Verbindung auch dann erfolgen kann, wenn einer der Prozesse dem Einzelrichter zur Entscheidung übertragen worden ist, während der andere bei derselben oder bei einer anderen Zivilkammer anhängig ist, → § 147 Rdnr. 3.

2a

b) Zeitlicher Umfang

Mit Wirksamwerden des Übertragungsbeschlusses, → Rdnr. 34, erhält der Einzelrichter seine Entscheidungskompetenz. Sie endet mit dem **Abschluß des landgerichtlichen Verfahrens**, also regelmäßig durch die die Instanz beendende Entscheidung. Für richterliche Maßnahmen »zwischen den Instanzen« gelten die allgemeinen Grundsätze, → § 176 Rdnr. 11, → § 239 Rdnr. 31 ff., 37, → § 919 Rdnr. 6. Danach bleibt der Einzelrichter solange zuständig, als nicht das Rechtsmittelgericht angerufen wurde bzw. die formelle Rechtskraft des Urteils eingetreten ist. Nach Ablauf dieses Schwebezustands endet auch die Zuständigkeit des

3

---

[7] *Geffert* NJW 1995, 506 für das selbständige Beweisverfahren.
[8] MünchKomm ZPO-*Deubner* Rdnr. 13 f.
[9] OLG Koblenz JurBüro 1986, 112.
[10] OLG Koblenz MDR 1978, 851; OLG Stuttgart AnwBl. 1979, 22; OLG Hamm MDR 1993, 384.
[11] OLG München MDR 1983, 498.
[12] OLG Karlsruhe OLGZ 1978, 256; OLG Düsseldorf JMBlNRW 1978, 68; MünchKomm ZPO-*Deubner* Rdnr. 18, → ferner § 45 Rdnr. 1.

Einzelrichters. Wird das Urteil vom Rechtsmittelgericht aufgehoben und die **Sache zurückverwiesen**, so hat die Kammer zu befinden, ob eine erneute Übertragung auf den Einzelrichter angebracht ist. Abs. 4 Satz 2 steht dem nicht entgegen. Keinesfalls besteht die Kompetenz des Einzelrichters automatisch weiter. Die Kammer ist durch die frühere Überweisung an den Einzelrichter auch nicht gebunden, abermals das Verfahren vor dem Einzelrichter wählen zu müssen, → § 350 Rdnr. 2. Schließlich können sich – gerade durch die Aufhebung des Urteils – die Voraussetzungen für eine Übertragung geändert haben oder sogar Übertragungshindernisse, → zu ihnen Rdnr. 6 ff., entstanden sein. Ferner kann sich inzwischen die Geschäftsverteilung des Landgerichts oder innerhalb der Kammer, → Rdnr. 33, geändert oder die Besetzung der Kammer gewechselt haben. Aber auch, wenn keinerlei Änderung eingetreten ist, ist die Kammer frei darin, ob sie die Sache erneut auf den Einzelrichter übertragen will.

3a   Entsprechendes gilt für die **Vollstreckungsverfahren vor dem Prozeßgericht** (z. B. nach §§ 767, 887, 888, 890). Ist das Landgericht mit derartigen Verfahren befaßt, ist es wiederum Angelegenheit der zuständigen Kammer, die Übertragung auf den Einzelrichter zu prüfen. Auch in solchen Fällen besteht keineswegs eine Automatik[13], → auch § 891 Rdnr. 3; es kann durchaus sinnvoll sein, z. B. eine Vollstreckungsabwehrklage (§ 767) gegen die Vollstreckung eines einzelrichterlichen Urteils durch die Kammer entscheiden zu lassen[14]. Umgekehrt kann die Sache bei einer Klage aus § 767 auch dann dem Einzelrichter übertragen werden, wenn das Urteil von der Kammer erlassen worden ist. Die hier vertretene Auffassung entspricht nicht nur dem Wortlaut und Sinn des § 348, sondern auch der gesetzlichen Zuständigkeitsordnung: Wenn in den genannten Fällen das Landgericht als »Prozeßgericht des ersten Rechtszugs« berufen ist, dann bezieht sich diese Kompetenz immer nur auf das Gericht als solches und nicht auf den konkreten Spruchkörper, → § 1 Rdnr. 102. Welche Kammer berufen ist, richtet sich nach dem Geschäftsverteilungsplan; diese Kammer ist zuständig, in Anwendung des § 348 die Übertragung auf den Einzelrichter zu prüfen und darüber zu entscheiden, → auch § 350 Rdnr. 2.

3. Verfahrensgrundsätze

4   Da der Einzelrichter an die Stelle des Kollegiums tritt, → Rdnr. 1, gelten vor ihm dieselben Verfahrensgrundsätze wie vor der Zivilkammer. Vor ihm ist vor seiner Entscheidung nach Maßgabe des § 309 mündlich zu verhandeln, → § 128 Rdnr. 37. Es besteht Anwaltszwang[15], → § 78 Rdnr. 13, und zwar auch beim Güteversuch, → § 279 Rdnr. 11. 12. Der Einzelrichter ist zuständig für vorbereitende Maßnahmen nach § 273, → § 173 Rdnr. 12, die Anberaumung des Verhandlungstermins, → vor § 213 Rdnr. 3, die Entscheidungen über eine Terminsänderung nach § 227 Abs. 4, → § 227 Rdnr. 24[16], die Aussetzung des Verfahrens, → § 148 Rdnr. 41, und die Bewilligung der öffentlichen Zustellung, → § 204 Rdnr. 4. Er übt die Sitzungspolizei aus, erläßt die Ersuchen, §§ 362 ff., unterzeichnet das Protokoll, → § 163 Rdnr. 2[17], und verkündet das **Urteil**. Zu Verstößen bei der Urteilsverkündung im Verhältnis von Kollegium und Einzelrichter → § 310 Rdnr. 14. Zur Bezeichnung des Gerichts im Urteil, das der Einzelrichter erlassen hat, → § 313 Rdnr. 15. Zur Verhinderung des Einzelrichters an der Unterzeichnung des Urteils → § 315 Rdnr. 9.

---

[13] A.A. die h.M. (*OLG Frankfurt* MDR 1981, 504; *OLG München* MDR 1983, 499; *Baumbach/Lauterbach/Hartmann*[57] § 888 Rdnr. 7; *Thomas/Putzo*[21] § 887 Rdnr. 6; *Zöller/Greger*[21] Rdnr. 13; *Schuschke/Walker*[2] § 887 Rdnr. 13).

[14] Zustimmend *Gerhardt* ZZP 103 (1990), 252.

[15] Um den Anwaltszwang zu umgehen (vgl. § 78 Abs. 3), darf der Einzelrichter nicht etwa das Verfahren an sich als beauftragten Richter verweisen, BGH FamRZ 1986, 458.

[16] Durch die inzwischen erfolgte Änderung von § 227 (G. v. 28. X. 1996, BGBl. I S. 1546) hat sich daran nichts geändert.

Prozeßleitende Anordnungen, die vor der Übertragung vom Kollegium oder vom Vorsitzenden getroffen worden sind, bleiben wirksam, können aber vom Einzelrichter nach den allgemeinen Grundsätzen, → § 329 Rdnr. 12 ff., abgeändert werden. Dies gilt insbesondere für einen von der Kammer erlassenen vorterminlichen Beweisbeschluß nach § 358a, da auch ein solcher Beweisbeschluß in den Grenzen des § 360, → dazu § 360 Rdnr. 1 ff., abänderbar ist; der Einzelrichter kann deshalb durch derartige Entscheidungen nicht in seiner selbständigen Verfahrensgestaltung durch das Kollegium eingeschränkt werden. Die Parteien können einem **schriftlichen Verfahren** vor dem Einzelrichter nach § 128 Abs. 3 zustimmen, → § 128 Rdnr. 67. Haben sie einem derartigen Verfahren vor der Kammer zugestimmt, wirkt diese Zustimmung aber nicht ohne weiteres auch für ein Verfahren vor dem Einzelrichter, wie umgekehrt ein Einverständnis mit einem schriftlichen Verfahren vor dem Einzelrichter hinfällig wird, wenn dieser die Sache nach Abs. 4 an die Kammer zurücküberträgt, Näheres → § 128 Rdnr. 67 ff.

II. Die Übertragungsverbote[18]

Ausgeschlossen ist die Übertragung auf den Einzelrichter in den Fällen des Abs. 1 Nr. 1, → Rdnr. 7 ff., Abs. 1 Nr. 2, → Rdnr. 17 ff., Abs. 3, → Rdnr. 21 ff. und Abs. 4 → Rdnr. 24.

1. Besondere Schwierigkeiten der Sache

Die Übertragung des Rechtsstreits auf den Einzelrichter ist nach Abs. 1 Nr. 1 untersagt, wenn »die Sache besondere Schwierigkeiten rechtlicher oder tatsächlicher Art aufweist«.

a) Prozeßstoff

Nicht erforderlich ist, daß der gesamte Prozeßstoff derartige Schwierigkeiten aufweist. Es reicht aus, wenn bei objektiver Anspruchshäufung, § 260, oder bei Streitgenossenschaft einer der Streitgegenstände besonders schwierig erscheint oder bei mehrfacher Begründung eines einzigen prozessualen Anspruchs, → § 260 Rdnr. 8, einer der rechtlichen Gesichtspunkte erhebliche Probleme mit sich bringt. Zur Teilübertragung auf den Einzelrichter nach Trennung des Verfahrens → Rdnr. 26.

b) »Besondere« Schwierigkeiten

Von »besonderen« Schwierigkeiten läßt sich nur sprechen, wenn eine erheblich **überdurchschnittliche Kompliziertheit** besteht[19]. Immer wieder einmal auftretende Probleme, Hindernisse oder Erschwernisse verbieten daher die Übertragung auf den Einzelrichter nicht.

c) Qualitative Schwierigkeiten

Nur inhaltliche (qualitative) Schwierigkeiten stehen einer Übertragung auf den Einzelrichter entgegen. Sicher könnte man vom Wortlaut der Vorschrift her als besonders schwierig auch Prozesse ansehen, die rein quantitativ einen großen Arbeits- und Zeitaufwand er-

---

[17] Zum Fall der Verhinderung → § 163 Rdnr. 11; zur Protokollberichtigung → § 164 Rdnr. 10.
[18] *Seidel* ZZP 99 (1986), 64, 69 spricht von »Übertragungshindernissen«.
[19] Einhellige Meinung; s. etwa MünchKomm ZPO-*Deubner* Rdnr. 21; *Baumbach/Lauterbach/Hartmann*[57] Rdnr. 8; *Musielak/Wittschier* Rdnr. 8.

fordern (z.B. Schadensersatzprozesse nach Massenunfällen mit zahlreichen Geschädigten und vielen unterschiedlichen Schadensposten, umfangreiche gesellschafts- oder erbrechtliche Auseinandersetzungsverfahren, sonstige »Punktesachen«). Mit dem Ziel der Einzelrichternovelle, nämlich der Entlastung des Kollegiums gerade in Routineangelegenheiten[20], wäre eine derartige Auslegung aber nicht zu vereinbaren. Der Umfang einer Sache oder der zu erwartende richterliche Arbeits- und Zeitaufwand (quantitative besondere Schwierigkeiten) stehen einer Übertragung auf den Einzelrichter daher nicht entgegen[21].

d) Art der Schwierigkeiten

11   Die Übertragung auf den Einzelrichter ist bei besonderen Schwierigkeiten **sowohl tatsächlicher als auch rechtlicher Art** verboten.

aa) Besondere tatsächliche Schwierigkeiten

12   Von besonderen tatsächlichen Schwierigkeiten kann nicht schon dann gesprochen werden, wenn eine Beweisaufnahme mit umfangreichem Arbeits- oder Zeitaufwand verbunden ist, → Rdnr. 10. Es müssen vielmehr derartige Schwierigkeiten im tatsächlichen Bereich bestehen (vor allem bei der Beweiswürdigung), daß es sinnvoll erscheint, sie durch das Kollegium und nicht durch den Einzelrichter lösen zu lassen[22]. Hierzu zählen etwa neuartige medizinische, naturwissenschaftliche oder technische Vorgänge, seltene Geschehensabläufe oder sehr unübersichtliche Sachverhalte. Ebenso gehören hierher komplizierte politische oder wirtschaftliche Zusammenhänge. Als besonders schwierig ist häufig auch die Bewertung widersprüchlicher, für die Entscheidung des Rechtsstreits ausschlaggebender Zeugenaussagen oder Sachverständigengutachten anzusehen[23]. Nicht gefolgt werden kann der Auffassung, daß bei bestimmten Verfahrensgegenständen (z.B. Arzthaftung) eine Übertragung auf den Einzelrichter ausscheidet[24]. Maßgeblich ist nicht der Verfahrensgegenstand, sondern die konkrete Situation[25]. Auch ein Arzthaftungsprozeß kann ohne besondere Schwierigkeiten zu entscheiden sein (z.B. bei einer darauf spezialisierten Kammer[26]).

bb) Besondere rechtliche Schwierigkeiten

13   Besondere rechtliche Schwierigkeiten treten vor allem bei erstmals aufgeworfenen Rechtsfragen sowie bei der Anwendung ausländischen Rechts auf. Daß Rechtsfragen von Wissenschaft und Praxis vereinzelt kontrovers behandelt werden, führt in der Regel nicht zu einer »besonderen« Schwierigkeit. Wohl kann das Fehlen einer einheitlichen Meinung z.B. innerhalb der Rechtsprechung oder im Schrifttum zu solchen Schwierigkeiten führen. Wirft der Prozeß das Problem auf, ob eine Vorlage an das Bundesverfassungsgericht wegen der Verfassungswidrigkeit einer entscheidungserheblichen gesetzlichen Bestimmung zu erfolgen hat, ausführlich dazu → § 148 Rdnr. 50 ff., oder ob der Gerichtshof der Europäischen Gemeinschaften angerufen werden muß, → § 148 Rdnr. 177 ff., so ist das Vorliegen besonderer rechtlicher Schwierigkeiten regelmäßig zu bejahen. Die grundsätzliche Bedeutung einer Sache gehört jedoch an sich nicht hierher. Sie hat in Abs. 1 Nr. 2 eine eigene Regelung gefun-

---

[20] Vgl. BT-Drucks. 7/1550 S. 4.
[21] Ebenso MünchKomm ZPO-*Deubner* Rdnr. 22; *Zöller/Greger*[21] Rdnr. 5.
[22] Vgl. BT-Drucks. 7/2769 S. 11 f.
[23] BT-Drucks. (Fn. 22).
[24] So für Arzthaftungsprozesse *OLG Köln* VersR 1987, 164; *OLG Karlsruhe* VersR 1989, 810; *OLG Oldenburg* NJW-RR 1990, 863; s. weiter BGH LM § 286 (B) Nr. 98 (*Grunsky*) = NJW 1994, 801 = MDR 303 für § 524 Abs. 2.
[25] Zutreffend MünchKomm ZPO-*Deubner* Rdnr. 21.
[26] MünchKomm ZPO-*Deubner* Rdnr. 23.

den, → dazu Rdnr. 17ff. In der Regel werden freilich Sachen mit grundsätzlicher Bedeutung auch besondere rechtliche Schwierigkeiten aufweisen. Eine exakte Grenzziehung zwischen den beiden Übertragungsverboten ist kaum möglich, wegen der übereinstimmenden Rechtsfolge aber auch nicht nötig; → aber auch Rdnr. 41.

e) »Aufweisen« der Schwierigkeiten

Wann eine Sache besonderer Schwierigkeiten »aufweist«, hängt von der konkreten Gestaltung des Verfahrens ab. Sofern sich die Schwierigkeiten bereits aus der Klageschrift oder aus der Einlassung des Beklagten ergeben, scheidet eine Übertragung auf den Einzelrichter aus. Wenn lediglich die Möglichkeit besteht, daß im weiteren Prozeßverlauf derartige Probleme auftreten (was kaum je ausgeschlossen werden kann), greift das Übertragungsverbot nicht ein. Das Gesetz nimmt bewußt in Kauf, daß der Einzelrichter auch besonders schwierige Fragen zu entscheiden hat, falls diese erst nach der Übertragung auftreten. Eine Rückübertragung auf das Kollegium ist nämlich nur bei grundsätzlichen Fragen möglich und auch das nur unter besonderen Voraussetzungen, → Rdnr. 41. Nicht bindend sind **Äußerungen der Parteien**. Zwar sollen sich zur Übertragung auf den Einzelrichter der Kläger, § 253 Abs. 3, → § 253 Rdnr. 154, und der Beklagte, § 277 Abs. 1 Satz 2, → § 277 Rdnr. 15a, äußern, doch ist das Gericht auch an eine übereinstimmende Äußerung nicht gebunden. Es hat das Vorliegen eines Übertragungsverbots selbst zu beurteilen, → weiter Rdnr. 31a.

2. Grundsätzliche Bedeutung der Rechtssache

Die Übertragung der Sache auf den Einzelrichter ist nach Abs. 1 Nr. 2 ferner untersagt, wenn der Rechtsstreit grundsätzliche Bedeutung hat. Das Gesetz verwendet hier denselben Begriff wie im Revisionsrecht, § 546 Abs. 1 Satz 2 Nr. 1. Soweit es um grundsätzliche **Rechtsfragen** geht, steht nichts im Wege, mit der Gesetzesbegründung[27] und der überwiegenden Meinung[28] den Begriff genauso wie im Revisionsrecht zu verstehen, Einzelheiten dazu → § 546 Rdnr. 4ff. Grundsätzliche Bedeutung kann ein Prozeß aber auch dann haben, wenn seine Bedeutung lediglich im **tatsächlichen Bereich** liegt[29]. Insoweit hat der Begriff der grundsätzlichen Bedeutung in Abs. 1 Nr. 2 einen weitergehenden Inhalt als in § 546. Zu denken ist in diesem Zusammenhang etwa an einen Musterprozeß oder allgemein an Verfahren mit wirtschaftlicher Grundsätzlichkeit.

Die Entscheidung der Sache muß eine **allgemeine Bedeutung** haben, die über die Regelung der Rechtsbeziehungen der Parteien hinausgeht[30]. So wenn es etwa um die Auslegung typischer AGB-Klauseln geht[31]. Keine grundsätzliche Bedeutung liegt vor, wenn die Rechtsfrage bereits höchstrichterlich entschieden ist[32], → auch Rdnr. 6, es sei denn, das Landgericht will von dieser Rechtsprechung abweichen.

Im Falle der **objektiven Anspruchshäufung**, § 260, oder der einfachen **Streitgenossenschaft**, §§ 59f., ist eine Übertragung auf den Einzelrichter ausgeschlossen, wenn nur einer der Streitgegenstände grundsätzliche Bedeutung hat, → auch Rdnr. 8. Es besteht allerdings die Möglichkeit einer Trennung nach § 145, → dazu Rdnr. 26.

---

[27] BT-Drucks. 7/2769 S. 11f.
[28] *Baumbach/Lauterbach/Hartmann*[57] Rdnr. 10; *Thomas/Putzo*[21] Rdnr. 8; *Zöller/Greger*[21] Rdnr. 7.
[29] *Rosenberg/Schwab/Gottwald*[15] § 110 II 1b; MünchKomm ZPO-*Deubner* Rdnr. 25; *Zöller/Greger*[21] Rdnr. 7.
[30] *Holtgrave* DB 1975, 40; MünchKomm ZPO-*Deubner* Rdnr. 25; *Zöller/Greger*[21] Rdnr. 7.
[31] BAG JZ 1955, 550.
[32] S. BayObLG WM 1985, 55.

3. Übertragungsverbot nach Verhandeln zur Hauptsache im Haupttermin.

a) Zweck des Übertragungsverbots

21 Der Übertragung auf den Einzelrichter steht nach Abs. 3 auch entgegen, wenn bereits im **Haupttermin** vor der Zivilkammer **zur Hauptsache verhandelt** worden ist, → § 39 Rdnr. 4 ff. Die Vorschrift will Verzögerungen bei der Erledigung des Rechtsstreits verhindern[33] und die Erledigung in möglichst einer konzentrierten Verhandlung fördern[34]. Gleichzeitig wird damit aber auch die eigenverantwortliche und selbständige Stellung des Einzelrichters, → Rdnr. 1, gewährleistet. Diese könnte erheblich eingeschränkt werden, wenn der Rechtsstreit erst dann übertragen würde, nachdem bereits eine auf umfassender Vorbereitung beruhende Verhandlung stattgefunden hat, durch welche die Weichen für den weiteren Verfahrensgang für die Parteien und das Gericht erkennbar gestellt sind[35]. Die Durchführung eines **frühen ersten Termins** steht der Übertragung nach dem eindeutigen Gesetzeswortlaut nicht entgegen, es sei denn, er wurde wie ein Haupttermin gestaltet, → näher Rdnr. 22.

b) Der Begriff »Haupttermin«

22 Soweit vom Vorsitzenden gemäß § 272 Abs. 2 ein **schriftliches Vorverfahren** veranlaßt wurde, ist der im Anschluß daran anberaumte Termin notwendigerweise »Haupttermin«[36], → § 272 Rdnr. 49. War in diesem zur Hauptsache verhandelt worden, scheidet eine Übertragung auf den Einzelrichter aus. War dagegen ein **früher erster Termin** bestimmt, so ist die Übertragung danach grundsätzlich noch zulässig, auch wenn bereits zur Hauptsache verhandelt wurde. Etwas anderes gilt jedoch dann, wenn der Termin trotz der Bezeichnung als »früher erster Termin« bereits wie ein Haupttermin vorbereitet und durchgeführt wurde[37] (vorausgesetzt, es wurde zur Hauptsache verhandelt). Wie der Termin vom Vorsitzenden bezeichnet worden ist, ist unerheblich[38]. Insbesondere kann die Übertragungsmöglichkeit nicht dadurch offengehalten werden, daß der Termin gerade deshalb als »früher erster Termin« bezeichnet wurde. Da der Haupttermin »vor der Zivilkammer« stattgefunden haben muß, steht der Übertragung nicht entgegen, daß bereits ein Haupttermin vor dem Amtsgericht durchgeführt und der Rechtsstreit anschließend an das Landgericht verwiesen wurde[39].

22a Für die Bestellung des Einzelrichters im **schriftlichen Verfahren** nach § 128 Abs. 2 legt das Gesetz keinen Zeitpunkt fest, von dem an die Übertragung unzulässig ist. Dem Haupttermin des mündlichen Verfahrens entspricht am ehesten der vom Gericht zwingend, → § 128 Rdnr. 83, zu bestimmende Schlußzeitpunkt für das Einreichen der Schriftsätze[40], § 128 Abs. 2 Satz 2, → auch § 128 Rdnr. 84. Daß davor bereits schriftlich zur Hauptsache verhandelt worden ist, steht der Übertragung nicht entgegen. Nach dem genannten Zeitpunkt ist eine Übertragung an den Einzelrichter dagegen unzulässig. Eine Übertragung des schriftlichen Verfahrens auf den Einzelrichter setzt im übrigen zusätzlich voraus, daß beide Parteien damit einverstanden sind; die Zustimmung zum schriftlichen Verfahren vor der Kammer reicht nicht aus, → Rdnr. 5.

---

[33] BT-Drucks. 7/2769 S. 12; s. weiter *Putzo* NJW 1975, 187; MünchKomm ZPO-*Deubner* Rdnr. 26.
[34] *Thomas/Putzo*[21] Rdnr. 9.
[35] *Zöller/Greger*[21] Rdnr. 9.
[36] *Seidel* ZZP 99 (1986), 64, 70; a.A. MünchKomm ZPO-*Deubner* Rdnr. 28; *Zöller/Greger*[21] Rdnr. 9; *Musielak/Wittschier* Rdnr. 11.
[37] *OLG München* MDR 1985, 679; NJW 1986, 1001; MünchKomm ZPO-*Deubner* Rdnr. 34; *Baumbach/Lauterbach/Hartmann*[57] Rdnr. 12; *Zöller/Greger*[21] Rdnr. 9.
[38] *OLG Köln* NJW-RR 1995, 512; MünchKomm ZPO-*Deubner* Rdnr. 29; *Zöller/Greger*[21] Rdnr. 9.
[39] *Baumbach/Lauterbach/Hartmann*[57] Rdnr. 12; *Zöller/Greger*[21] Rdnr. 10.
[40] *OLG München* NJW-RR 1986, 1512.

c) Ausnahmen vom Übertragungsverbot

Trotz einer Verhandlung zur Hauptsache im Haupttermin ist gemäß Abs. 3 eine Übertragung auf den Einzelrichter dann wieder zulässig, wenn der Prozeß durch ein **Vorbehalts-, Teil- oder Zwischenurteil** in eine neue Phase übergeleitet ist. Welcher Art das Zwischenurteil ist (§ 303 oder § 304), spielt keine Rolle. Bei einem Zwischenurteil nach § 280 ist die Übertragung schon deshalb immer zulässig, weil hier noch nicht zur Hauptsache verhandelt worden ist. War nach einem Haupttermin mit Verhandlung zur Hauptsache in einem späteren Termin ein Versäumnisurteil ergangen, so kann die Sache nach Einlegung eines Einspruchs nicht mehr an den Einzelrichter übertragen werden[41]; nach § 342 befindet sich der Prozeß in derselben Lage wie vor dem Versäumnisurteil, weshalb keine neue prozessuale Phase vorliegt.

23

4. Entscheidungsreife

Ist der Rechtsstreit entscheidungsreif, so hat das Gericht nach § 300 Abs. 1 das Endurteil zu erlassen. Obwohl § 348 insoweit kein ausdrückliches Übertragungsverbot enthält, besteht Einigkeit darüber, daß eine Übertragung auf den Einzelrichter hier nicht möglich ist[42]. Die allein zulässige Entscheidung ist hier das sofortige Endurteil, weshalb ein Übertragungsbeschluß ausscheidet. Dies gilt auch dann, wenn es sich bei dem Endurteil um ein Versäumnisurteil handelt; die Übertragung auf den Einzelrichter kann hier erst nach Einlegung des Einspruchs erfolgen[43]. Steht der Erlaß des Urteils im Ermessen der Kammer (§§ 301 Abs. 2, 302 Abs. 1, 303, 304 Abs. 1), will diese das Urteil aber nicht erlassen, so kann sie die Sache trotz der teilweisen Entscheidungsreife insgesamt auf den Einzelrichter übertragen[44]. Zur Übertragung nach Erlaß einer solchen Entscheidung an den Einzelrichter → Rdnr. 23. Verkennt die Kammer, daß der Rechtsstreit entscheidungsreif ist, so kann eine Übertragung auf den Einzelrichter erfolgen; die Kammer hat dann zwar gegen § 300, nicht aber gegen § 348 verstoßen[45].

23a

5. Übertragungsverbot nach Rückübertragung

Nach einer Rückübertragung durch den Einzelrichter, → Rdnr. 41, ist eine erneute Übertragung auf den Einzelrichter ausgeschlossen, Abs. 4 Satz 2. Im Rahmen des Zulässigen kann der bisherige Einzelrichter jedoch als beauftragter Richter eingesetzt werden[46].

24

6. Teilübertragung

a) Verbot der punktuellen Übertragung

Da die Übertragung nach Abs. 1 nur **zur Entscheidung** zulässig ist, darf der Rechtsstreit keinem Mitglied der Kammer als Einzelrichter übertragen werden, wenn dadurch lediglich die **Vorbereitung des Haupttermins** oder die **Durchführung einer Beweisaufnahme** beabsichtigt ist[47]. Auch die Ausführung eines vorterminlichen Beweisbeschlusses, § 358a, darf dem Einzelrichter nicht isoliert ohne die Befugnis zur Entscheidung des Rechtsstreits über-

25

---

[41] A.A. Zöller/Greger[21] Rdnr. 10.
[42] MünchKomm ZPO-*Deubner* Rdnr. 36; Zöller/Greger[21] Rdnr. 8; Baumbach/Lauterbach/Hartmann[57] Rdnr. 13; Musielak/Wittschier Rdnr. 10.
[43] Zöller/Greger[21] Rdnr. 8.
[44] MünchKomm ZPO-*Deubner* Rdnr. 36.

[45] MünchKomm ZPO-*Deubner* Rdnr. 37.
[46] MünchKomm ZPO-*Deubner* Rdnr. 57; Zöller/Greger[21] Rdnr. 20.
[47] Rosenberg/Schwab/Gottwald[15] § 110 Fn. 2; MünchKomm ZPO-*Deubner* Rdnr. 19; Zöller/Greger[21] Rdnr. 2.

tragen werden. Unzulässig ist es ferner, nur **Teile des Prozesses** auf den Einzelrichter zu übertragen, z.B die Erledigung von Zulässigkeitsrügen oder einzelner Anspruchsgrundlagen oder einzelner Angriffs- und Verteidigungsmittel. Zur Trennung des Verfahrens → Rdnr. 26. Wenn § 348 eine Übertragung nur der Beweisaufnahme auf den Einzelrichter verbietet, so bezweckt dies auch die strikte Einhaltung des in den §§ 355, 375 zum Ausdruck kommenden Prinzips der Unmittelbarkeit der Beweis- und insbesondere Zeugenbeweisaufnahme zu gewährleisten[48]. Erfolgt in den genannten Fällen die Übertragung gleichwohl, so bleibt die Kammer gesetzlicher Richter und ihr derart beauftragtes Mitglied hat keinerlei Entscheidungskompetenz[49]. Bei Übertragung der Beweisaufnahme bestimmen sich die Befugnisse des Kammermitglieds nach den §§ 355, 361, 375[50]. Die Übertragung sonstiger einzelner Befugnisse ist mangels einer gesetzlichen Grundlage unwirksam[51].

b) Teilübertragung nach Trennungsbeschluß

26 Umfaßt der Rechtsstreit mehrere Streitgegenstände, liegt also ein Fall der **objektiven Anspruchshäufung**, § 260, vor, so spricht nichts dagegen, daß diejenigen Streitgegenstände, für die kein Übertragungsverbot besteht, durch Trennung des Verfahrens, § 145, auf den Einzelrichter übertragen werden dürfen. Allerdings ist hierbei erforderlich, daß der Übertragung der abtrennbaren Prozeßteile auf den Einzelrichter ein entsprechender Trennungsbeschluß, → § 145 Rdnr. 12, der Kammer vorhergeht. Dasselbe gilt bei **einfacher Streitgenossenschaft**, → vor § 59 Rdnr. 11 und → § 145 Rdnr. 19.

7. Rechtsmittel

27 Zur Anfechtung einer unzulässigen Übertragung → Rdnr. 35 ff.

III. Die Übertragung

1. Das Übertragungsermessen

28 Nach Abs. 1 »soll in der Regel« eine Übertragung des Rechtsstreits auf den Einzelrichter erfolgen, sofern dem keines der Übertragungsverbote entgegensteht. Obwohl durch die Umwandlung der Vorschrift von einer Kann- in eine Sollvorschrift durch das Rechtspflegeentlastungsgesetz, → vor § 348 Rdnr. 4 a, eine häufigere Übertragung auf den Einzelrichter als davor erreicht werden sollte, steht es nach wie vor im **Ermessen der Kammer**, ob sie von dieser Möglichkeit Gebrauch macht[52]. Wenn die Übertragung nicht erfolgen »muß«, sondern nur »soll« (und dies auch nur »in der Regel«), so bedeutet dies, daß die Kammer von der Übertragung auch absehen kann, wenn ihr dies im Einzelfall zweckmäßig erscheint (weil z.B. das als Einzelrichter in Betracht kommende Kammermitglied noch nicht voll eingearbeitet ist). Im Unterschied zur früheren Fassung der Vorschrift ist das Ermessen jetzt zwar »überweisungsfreundlich« auszuüben, → Rdnr. 32, doch ändert das nichts daran, daß die Kammer ein Ermessen hat. Mit der Neufassung nicht mehr zu vereinbaren ist es freilich, wenn eine Kammer von der Übertragungsmöglichkeit aus grundsätzlichen Erwägungen nie Gebrauch macht[53].

---

[48] *OLG Düsseldorf* NJW 1976, 1103.
[49] MünchKomm ZPO-*Deubner* Rdnr. 19; *Zöller/Greger*[21] Rdnr. 4.
[50] *BGH* NJW 1980, 2307; *Thomas/Putzo*[21] Rdnr. 2.
[51] MünchKomm ZPO-*Deubner* Rdnr. 19.
[52] *Zöller/Greger*[21] Rdnr. 3; a.A. *Baumbach/Lauterbach/Hartmann*[57] Rdnr. 5. Nach der früheren Fassung von Abs. 1 wurde allgemein ein Ermessen der Kammer angenommen, s. *Seidel* ZZP 99 (1986), 64, 71 ff; MünchKomm ZPO-*Deubner* Rdnr. 38; Voraufl. Rdnr. 28.
[53] *Zöller/Greger*[21] Rdnr. 3.

a) Verfassungsrechtliche Bedenken

Da mit der Übertragung des Rechtsstreits auf den Einzelrichter gleichzeitig festgelegt 29
wird, wer gesetzlicher Richter i.S. des Art. 101 Abs. 1 Satz 2 GG ist, → Rdnr. 1, begegnet das
eingeräumte Übertragungsermessen verfassungsrechtlichen Bedenken[54]. Daran hat sich
trotz der Umwandlung des Abs. 1 von einer Kann- in eine Sollvorschrift nichts geändert.
Dadurch, daß der Kammer nach wie vor ein Ermessensspielraum zusteht, → Rdnr. 28, ist
trotz der durch § 21 g Abs. 3 Satz 1 GVG vorgeschriebenen entsprechenden Anwendung des
§ 21 g Abs. 2 GVG im Einzelfall nicht mehr klar vorherbestimmt, wer den Rechtsstreit entscheidet[55]. Auch die von Art. 101 GG gewährleistete gerichtsverfassungsmäßige Gleichbehandlung wird in Frage gestellt; es ist nämlich nicht auszuschließen, daß gleichartige und
gleichgewichtige Sachen in einem Fall vom Einzelrichter und im anderen Fall von der mit
drei Richtern besetzten Kammer (und damit präsumptiv besser) verhandelt und entschieden werden[56]. Die Rechtsprechung hat sich diesen Bedenken bisher nicht angeschlossen[57].
Auch im Schrifttum wird die Verfassungsmäßigkeit der Ermessensregelung überwiegend bejaht[58]. Wenn dabei darauf abgestellt wird, daß die Bestimmung des gesetzlichen Richters
durch die Kammer in richterlicher Unabhängigkeit erfolgt[59], so wird dabei verkannt, daß
Art. 101 Abs. 1 Satz 2 GG den gesetzlichen Richter auch innerhalb der rechtsprechenden
Gewalt und nicht nur gegenüber von außen erfolgenden Eingriffen garantiert.

b) Verfassungskonforme Auslegung

Angesichts des Verbots, den gesetzlicher Richter aufgrund einer Ermessensentscheidung 30
zu bestimmen, → Voraufl. Einl. Rdnr. 496, liegt es nahe, die verfassungswidrige Regelung
des Abs. 1 im Wege einer verfassungskonformen Auslegung zu korrigieren. Ein Gebot, den
Rechtsstreit dem Einzelrichter zu übertragen, wenn kein Übertragungsverbot besteht, läßt
sich auch nach der Neufassung von Abs. 1 nicht begründen. Ein solches Gebot würde die
mit der Einräumung eines Ermessensspielraums verbundene Flexibilität der Kammer beseitigen und Abs. 1 inhaltlich wesentlich verändern. Dabei würde es sich nicht mehr um eine
Auslegung, sondern um eine Umgestaltung der Vorschrift handeln. Berücksichtigt man, daß
die verfassungsrechtlichen Bedenken daherrühren, daß die Kammer jeweils ad hoc und ad
personam entscheidet, ob die Sache dem Einzelrichter übertragen wird oder bei der Kammer bleibt, dann liegt es nahe, den Mangel dadurch zu beheben, daß die Kammer in entsprechender Anwendung von § 21 g Abs. 2 GVG vor Beginn des Geschäftsjahrs für dessen
Dauer die Grundsätze bestimmt, nach denen die auf einen Einzelrichter übertragbaren Angelegenheiten behandelt werden sollen. So kann sie etwa beschließen, daß die Übertragung
bei bestimmten Rechtsgebieten oder sachlich abgrenzbaren Bereichen (z. B. Verkehrsunfälle
bis zu einem bestimmten Streitwert) jeweils erfolgen soll. Mit Abs. 1 nicht zu vereinbaren
wäre eine Bestimmung, derzufolge überhaupt keine Übertragungen auf den Einzelrichter
erfolgen.

---

[54] So auch *Baumbach/Lauterbach/Hartmann*[57] Rdnr. 6; a.A. für die alte Fassung von Abs. 1 Münch-Komm ZPO-*Deubner* Rdnr. 7 ff.
[55] *E. Schumann* JA 1975, 429; *Bettermann* ZZP 91 (1978), 365, 393 f.; *Blomeyer/Leipold* Analyse der Rechtstatsachen und Konsequenzen für die Reform der Zivilgerichtsbarkeit, in: Tatsachen zur Reform der Zivilgerichtsbarkeit, 2. Teil (1974), 208 ff; *Prütting* ZZP 92 (1979), 278.
[56] So insbesondere auch *Kramer* JZ 1977, 14; *Baur* ZZP 91 (1978), 330. Vgl. hierzu auch die Bedenken der Bundesregierung BT-Drucks. 7/2729 S. 42.
[57] Z.B. *OLG Köln* NJW 1976, 1102.
[58] *Rosenberg/Schwab/Gottwald*[15] § 110 I 1; MünchKomm ZPO-*Deubner* Rdnr. 8; *Zöller/Greger*[21] vor § 348 Rdnr. 3.
[59] MünchKomm ZPO-*Deubner* Rdnr. 8.

31 Aufgrund der **Prorogationsbefugnis** der Parteien nach Entstehen der Streitigkeit (§§ 38 Abs. 3 Nr. 1, 39) erscheint es ferner – jedenfalls in vermögensrechtlichen Verfahren, § 40 Abs. 2 Satz 1 – verfassungsrechtlich unbedenklich, wenn sich beide **Prozeßparteien mit der Entscheidung durch den Einzelrichter einverstanden erklären**. Demgemäß darf die Kammer auch in einem solchen Fall den Rechtsstreit auf den Einzelrichter übertragen, wenn er nicht zu den in den generellen Grundsätzen enthaltenen Fällen gehört. Dies entspricht im übrigen auch dem Rechtszustand bis zur Einzelrichternovelle. Nach § 349 Abs. 3 a.F. durfte der Einzelrichter in vermögensrechtlichen Streitigkeiten die Entscheidung treffen, wenn beide Parteien hiermit einverstanden waren. Auf Bedenken wegen des Gebots des gesetzlichen Richters ist diese frühere Vorschrift nicht gestoßen. Und auch gegen die weitergehende Vorschrift des § 349 Abs. 3, nach der der Vorsitzende der Kammer für Handelssachen generell bei Einverständnis der Parteien allein entscheiden darf, → auch § 349 Rdnr. 41, sind keine Bedenken aus Art. 101 Abs. 1 Satz 2 GG ersichtlich.

31a Das **Einverständnis** der Parteien ermächtigt die Kammer zwar zur Übertragung auf den Einzelrichter, **bindet** sie aber **nicht**. Will die Kammer selbst entscheiden, so ist sie daran durch das Einverständnis der Parteien nicht gehindert. Umgekehrt scheidet eine Übertragung auf den Einzelrichter nicht dadurch aus, daß die Parteien sich übereinstimmend für eine Kammerentscheidung ausgesprochen haben.

c) Fehlerfreies Ermessen

32 Ist man entgegen der unter → Rdnr. 29 vertretenen Ansicht der Auffassung, das in § 348 Abs. 1 der Kammer eingeräumte Übertragungsermessen sei verfassungsrechtlich unbedenklich, so bedarf es der dargelegten, → Rdnr. 30, Vorausfestlegung nicht. Die Kammer darf ihr Ermessen jedoch nur fehlerfrei ausüben. Die Grenzen des Übertragungsermessens zu bestimmen, bereitet freilich deswegen erhebliche Schwierigkeiten, weil § 348 die für die Ermessensausübung maßgeblichen Gesichtspunkte nicht hinreichend erkennen läßt. Unter Rückgriff auf die allgemeine Ermessenslehre läßt sich jedenfalls folgendes sagen: Maßgeblich ist jeweils der **Einzelfall**. Fehlerhaft ist es deswegen, wenn die Kammer entweder alle Fälle selbst entscheidet oder alle Fälle, in denen kein Übertragungsverbot besteht, unterschiedslos auf den Einzelrichter überträgt. Hier wird das *Ermessen* im konkreten Einzelfall in Wirklichkeit gar nicht ausgeübt. Nachdem die Übertragung seit dem Rechtspflegentlastungsgesetz, → vor § 348 Rdnr. 4 a, in der Regel erfolgen soll, Abs. 1, ist es nicht fehlerhaft, wenn die Kammer die Sache »im Zweifel« überträgt. Ermessensfehlerhaft ist es dagegen, wenn die Übertragung aus sachfremden Erwägungen, wie etwa im Blick auf eine der beteiligten Parteien oder ihren Prozeßbevollmächtigten, erfolgt oder nicht erfolgt. Die Arbeitsbelastung der Kammer ist allerdings keine sachfremde Erwägung, weshalb es zulässig ist, bei starker Belastung vermehrt Übertragungen auf den Einzelrichter vorzunehmen.

2. Auswahl des Einzelrichters

33 Gemäß § 21 Abs. 2 und 3 GVG bestimmt der Kammervorsitzende[60] vor Beginn des Geschäftsjahrs die Grundsätze, aus denen sich ergibt, **welches Mitglied der Kammer** im Falle der Übertragung Einzelrichter wird[61]. Dabei muß sich der Vorsitzende auch selbst »in ange-

---

[60] Unrichtig *Müller* NJW 1975, 859 und DRiZ 1975, 181, demzufolge die Person des Einzelrichters durch die Kammer bestimmt werden soll.

[61] Näher zur gerichtsverfassungsrechtlichen Frage, wie der Einzelrichter bestimmt wird, *Kissel* GVG (2. Aufl. 1995) § 21 g Rdnr. 18 f.; MünchKomm ZPO-*M. Wolf* § 21 g GVG Rdnr. 3.

messenem Umfang« berücksichtigen, § 21 g Abs. 3 Satz 2 GVG. Was dabei »angemessen« ist, läßt sich nicht exakt präzisieren. Als Obergrenze wird man die Hälfte der auf die übrigen Kammermitglieder entfallenden Einzelrichtersachen ansehen können[62]. Scheidet während des Geschäftsjahrs ein Kammermitglied aus, so tritt automatisch sein Nachfolger an seine Stelle[63]. Bei Verhinderung des an sich berufenen Kammermitglieds ist sein regelmäßiger Vertreter zuständig[64]. Die Entscheidung darüber, ob der Rechtsstreit überhaupt dem Einzelrichter übertragen wird, obliegt nicht dem Vorsitzenden, sondern der Kammer, Abs. 1 (»Die Zivilkammer....«).

3. Übertragungsbeschluß

Die Entscheidung der Kammer ergeht ohne mündliche Verhandlung, Abs. 2 Satz 1, durch **Beschluß**, an dem alle drei Kammermitglieder mitwirken müssen[65]. Fehlt ein Übertragungsbeschluß, so leidet das Verfahren vor dem Einzelrichter an einem unheilbaren Verfahrensmangel[66], → § 295 Rdnr. 17 mit weit. Nachw. in Fn. 68. Unzulässig ist eine Übertragung unter einem Vorbehalt[67], einer Bedingung oder Befristung[68]. In diesem Fall ist die Übertragung ohne die hinzugefügte Einschränkung erfolgt. Eine **Begründung des Beschlusses** ist nur dann erforderlich, wenn sich eine Partei gegen die Übertragung ausgesprochen hat[69]. Da die Entscheidung unanfechtbar ist, Abs. 2 Satz 2, muß, soweit die Parteien nicht bereits gemäß § 253 Abs. 3, → § 253 Rdnr. 154, bzw. § 277 Abs. 1 Satz 2, → § 277 Rdnr. 15a, zur Übertragung Stellung genommen haben, in jedem Fall **rechtliches Gehör** gewährt werden[70], → § 277 Rdnr. 15a. Dabei ist dem Beklagten nicht nur zur Übertragung, sondern möglichst auch zur Sache Gelegenheit zur Äußerung zu geben. Die ohnehin schwierige Feststellung, ob der Rechtsstreit überhaupt übertragungsfähig ist, ob er also keine besonderen Schwierigkeiten aufweist, → Rdnr. 7 ff., oder keine grundsätzliche Bedeutung hat, → Rdnr. 17 ff., wird nämlich regelmäßig erst dann erkennbar sein, wenn der Beklagte seine Sicht des Streitstoffs dargelegt hat[71]. Daraus folgt, daß der früheste Zeitpunkt des Übertragungsbeschlusses nicht vor der Äußerung des Beklagten bzw. nicht vor Ablauf einer ihm dafür gesetzten Erklärungsfrist liegen darf[72], → § 277 Rdnr. 15a. Zum späteren Termin → Rdnr. 21 f.

34

---

[62] *Kissel* NJW 1993, 489, 490 sieht als Normalfall ein Viertel bis ein Drittel der übrigen Kammermitglieder an.
[63] *Zöller/Greger*[21] Rdnr. 14.
[64] *Zöller/Greger*[21] Rdnr. 14; MünchKomm ZPO-*Deubner* Rdnr. 44; a.A. *Baumbach/Lauterbach/Hartmann*[57] Rdnr. 11: Es soll eine besondere Schwierigkeit i.S. von Abs. 1 Nr. 1 vorliegen, womit die Kammer entscheiden muß.
[65] Vgl. *OLG Frankfurt* NJW 1977, 301. Hat das Kollegium den Beschluß gefaßt, aber nur der Einzelrichter unterschrieben, handelt es sich um einen heilbaren Formfehler, → § 295 Rdnr. 27 bei Fn. 70.
[66] *BGH* LM § 295 Nr. 36 = NJW 1993, 600 = MDR 269.
[67] So, wenn sich die Kammer vorbehält, die Übertragung aufzuheben, wenn der Beklagte in der nach § 271 Abs. 3 bestimmten Frist Gründe vorbringt, die der Übertragung entgegenstehen. Dies führt zu einer unzulässigen Durchbrechung der gesetzlichen Zuständigkeitsordnung, *OLG Karlsruhe* VersR 1986, 662 f.
[68] Der automatische Rückfall an die Kammer, wenn bestimmte Fristen abgelaufen sind, wurde im Gesetzgebungsverfahren ausdrücklich abgelehnt, BT-Drucks. 7/2769 S. 13.
[69] MünchKomm ZPO-*Deubner* Rdnr. 45. Ähnlich *Seidel* ZZP 99 (1986), 64, 67, der jedoch auch für diesen Fall keine zwingende Begründungspflicht annimmt. Das Erfordernis einer Begründung folgt aber aus den unter → § 329 Rdnr. 7 ff. dargelegten Erwägungen.
[70] *Waldner* Aktuelle Probleme des rechtlichen Gehörs (1983), 175 f.
[71] S. *OLG Karlsruhe* VersR 1986, 662.
[72] *OLG Karlsruhe* VersR 1986, 662; *Zöller/Greger*[21] Rdnr. 12.

IV. Rechtsmittel gegen den Übertragungsbeschluß

1. Beschwerde

a) Grundsätzliche Unanfechtbarkeit

36 Der Übertragungsbeschluß kann gemäß Abs. 2 Satz 2 nicht mit der Beschwerde angefochten werden. Dies gilt im Hinblick auf die angestrebte Verfahrensbeschleunigung auch dann, wenn die Übertragung unzulässig → Rdnr. 6 ff., gewesen ist[73]. Dabei macht es keinen Unterschied, ob das verletzte Übertragungsverbot sich aus Abs. 1 oder aus Abs. 3 ergab[74].

b) Außerordentliche Beschwerde

37 Ausnahmsweise ist die Beschwerde dann zulässig, wenn der Übertragungsbeschluß **jeder gesetzlichen Grundlage entbehrt** oder **dem Gesetz inhaltlich fremd ist**, → Allg. Einl. vor § 511 Rdnr. 69 und → § 567 Rdnr. 9 f. Läßt man in den Fällen einer sog. **greifbaren Gesetzeswidrigkeit** eine Beschwerde auch dann zu, wenn die Statthaftigkeitsvoraussetzungen an sich nicht erfüllt sind (zu Bedenken gegen diese Auffassung → § 567 Rdnr. 10), dann muß in derartigen Fällen auch der Überweisungsbeschluß mit der Beschwerde anfechtbar seine[75]. Einschlägige Fallgestaltungen sind etwa ein vom Vorsitzenden allein, d. h. ohne Mitwirkung der übrigen Kammermitglieder, erlassener Übertragungsbeschluß[76], die Übertragung erst, nachdem bereits zur Hauptsache verhandelt worden ist[77] oder eine Übertragung nur zur Durchführung der Beweisaufnahme[78]. Dagegen reicht es nicht aus, daß der Beschluß unter Versagung des rechtlichen Gehörs ergangen ist[79], → auch vor § 128 Rdnr. 53 f. Bei greifbarer Gesetzeswidrigkeit ist die Kammer gesetzlicher Richter geblieben, → Rdnr. 25. Die fehlerhafte Übertragung kann deshalb auch nicht durch rügelose Einlassung geheilt werden, weil es sich insoweit um einen nichtverzichtbaren Mangel i.S. des § 295 Abs. 2 handelt, → § 295 Rdnr. 17. Obwohl der Übertragungsbeschluß keine Wirkung entfaltet, kann er mit der sog. außerordentlichen Beschwerde angefochten werden, um auch den Anschein einer Entscheidungsbefugnis des Einzelrichters zu beseitigen, → Allg. Einl. vor § 511 Rdnr. 44.

2. Berufung

39 Die fehlerhafte Übertragung kann wegen § 512 mit der Berufung auch in denjenigen Fällen nicht geltend gemacht werden, in denen ausnahmsweise eine Beschwerde zulässig ist, → dazu Rdnr. 37. Eben deshalb, weil hier die Beschwerde zulässig ist, schließt § 512 die Überprüfung durch das Berufungsgericht aus. Die damit angestrebte Beschleunigung und endgültige Klärung der Frage in einem frühen Verfahrensstadium hat auch bei der außerordentlichen Beschwerde ihre Berechtigung[80]. Es besteht kein Anlaß, der Partei hier ein Wahlrecht dahingehend zuzubilligen, ob sie den Mangel sofort mittels einer Beschwerde oder erst spä-

---

[73] Vgl. *OLG Düsseldorf* NJW 1981, 352.
[74] *OLG Düsseldorf* NJW 1981, 352; *Seidel* ZZP 99 (1986), 64, 78; MünchKomm ZPO-*Deubner* Rdnr. 58; Zöller/*Greger*[21] Rdnr. 15; *Thomas/Putzo*[21] Rdnr. 12.
[75] Ausführlich dazu *Seidel* ZZP 99 (1986), 64, 81 ff; s. weiter MünchKomm ZPO-*Deubner* Rdnr. 62; Zöller/*Greger*[21] Rdnr. 15.
[76] *OLG Düsseldorf* NJW 1976, 114; MünchKomm ZPO-*Deubner* Rdnr. 62. Zum Fall, daß nur die Unterschrift der übrigen Kammermitglieder fehlt, → Fn. 65.
[77] *OLG Schleswig* NJW 1988, 69; *OLG Oldenburg* MDR 1982, 856; *OLG Düsseldorf* JMBlNRW 1979, 15; a.A. *OLG Düsseldorf* NJW 1981, 352 = MDR 234; *OLG Schleswig* SchlHA 1978, 68.
[78] MünchKomm ZPO-*Deubner* Rdnr. 62.
[79] *OLG Celle* MDR 1994, 1146.
[80] MünchKomm ZPO-*Deubner* Rdnr. 68 f.; Zöller/*Greger*[21] Rdnr. 15; a.A. *OLG Schleswig* NJW 1988, 69; *OLG Nürnberg* NJW-RR 1993, 573; *Seidel* ZZP 99 (1986), 64, 86; Voraufl.

ter im Berufungsverfahren geltend machen will. Insoweit kann für die außerordentliche nichts anderes als für die normale Beschwerde gelten.

3. Gegenvorstellung

Zur Gegenvorstellung bei vorzeitiger Übertragung auf den Einzelrichter → § 277 Rdnr. 15a.

40

V. Rückübertragung, Abs. 4

1. Zulässigkeit

Die Rückübertragungsbefugnis des Einzelrichters entsteht, wenn sich nachträglich, d.h. nach dem Übertragungsbeschluß, → Rdnr. 34, aus einer **wesentlichen Änderung der Prozeßlage** ergibt, daß der Rechtsstreit nunmehr **grundsätzliche Bedeutung**, → Rdnr. 17 ff., hat. Ohne Bedeutung ist es hingegen, wenn sich nachträglich herausstellt, daß die Sache entgegen der ursprünglichen Einschätzung der Kammer besondere Schwierigkeiten tatsächlicher oder rechtlicher Art, → Rdnr. 14, aufweist[81]. Dabei ist allerdings zu beachten, daß besondere rechtliche Schwierigkeiten häufig eine grundsätzliche Bedeutung der Sache begründen, → Rdnr. 13.

41

Da die grundsätzliche Bedeutung aus einer Änderung der Prozeßlage folgen muß, berechtigt die **fehlerhafte Beurteilung** der Kammer, der Rechtsstreit sei nicht von grundsätzlicher Bedeutung, den Einzelrichter nicht zur Rückübertragung[82]. Eine wesentliche Änderung der Prozeßlage allein reicht ebenfalls nicht aus. Vielmehr muß infolge einer solchen Änderung die **grundsätzliche Bedeutung entstanden** sein. Eine »wesentliche Änderung der Prozeßlage« (zum identischen Begriff in § 128 Abs. 2 Satz → § 128 Rdnr. 73) ist z.B. bei einer nicht nur unwesentlichen Klageänderung, einer Widerklage, einer erst nach der Übertragung auf den Einzelrichter erklärten Aufrechnung, bei geändertem (vor allem völlig neuen) Parteivortrag oder bei Änderung der gesetzlichen Rechtslage anzunehmen. Daß die einzelrichterliche Beweisaufnahme zu bestimmten (vor allem unerwarteten) Ergebnissen geführt hat, bedeutet als solches keine geänderte Prozeßlage. Betrifft die Änderung nur **einen von mehreren Streitgegenständen**, → Rdnr. 19, so kann der Einzelrichter einen Trennungsbeschluß erlassen und nur den Teil zurückübertragen, der grundsätzliche Bedeutung erlangt hat.

41a

2. Verfahren

Das Verfahren der Rückübertragung ist gesetzlich nur **unvollständig geregelt**. Vorgeschrieben ist lediglich die **Anhörung der Parteien**, Abs. 4 Satz 1. Eine ohne Anhörung erfolgte Rückübertragung ist aber nicht unwirksam, sondern begründet wieder die Zuständigkeit der Kammer.

42

a) Zuständigkeit; Rückübertragung

Weil mit dem Übertragungsbeschluß an den Einzelrichter die Kammer vom weiteren Verfahren ausgeschlossen ist, → Rdnr. 1, darf nur der **Einzelrichter selbst** die Rückübertragung

43

---

[81] MünchKomm ZPO-*Deubner* Rdnr. 49; *Thomas/Putzo*[21] Rdnr. 14; *Zöller/Greger*[21] Rdnr. 16.

[82] MünchKomm ZPO-*Deubner* Rdnr. 49; *Baumbach/Lauterbach/Hartmann*[57] Rdnr. 18; *Thomas/Putzo*[21] Rdnr. 14.

bewirken; weder der Vorsitzende noch der andere Beisitzer haben in dieser Frage irgendeine Entscheidungszuständigkeit[83]. Das dem Einzelrichter eingeräumte **Rückübertragungsermessen** ist **verfassungsrechtlich** ebenso **bedenklich** wie das Ermessen der Kammer bei der Entscheidung über die Übertragung auf den Einzelrichter, → Rdnr. 29. Verfassungskonformer Auslegung entspricht es vielmehr, daß der Einzelrichter in jedem Fall **zur Rückübertragung verpflichtet** ist, wenn sich aus einer wesentlichen Änderung der Prozeßlage ergibt, daß die Sache grundsätzliche Bedeutung hat. Da die Rückübertragung die Zuständigkeit der Kammer nicht nur für die Entscheidung, sondern auch für das weitere Verfahren bis dahin begründet und insoweit ebenfalls die verfassungsrechtliche Garantie des gesetzlichen Richters eingreift, hat der Einzelrichter die Rückübertragung sofort vorzunehmen, wenn die dafür erforderlichen Voraussetzungen eingetreten sind; er kann nicht etwa zunächst noch einen weiteren Verhandlungstermin über die Hauptsache abhalten[84].

43a Verneint man eine Rückübertragungspflicht[85], so hat der Einzelrichter sein **Ermessen** in ähnlicher Weise **fehlerfrei auszuüben**, wie dies der Kammer obliegt, wenn sie über die Bestellung des Einzelrichters zu befinden hat, → Rdnr. 32[86]. Ermessensfehlerhaft ist es etwa, wenn der Einzelrichter sich bei seiner Entscheidung an Äußerungen der anderen Kammermitglieder gebunden fühlt oder die Rückübertragung auf das Kollegium unterläßt, weil die aufgetretene grundsätzliche Frage vom Kollegium vermutlich anders entschieden würde oder bereits in einem anderen Fall gegenteilig beantwortet wurde; grundsätzliche Fragen sollen nämlich möglichst vom Kollegium entschieden werden. Keinen Ermessensfehler bedeutet es demgegenüber, wenn der Einzelrichter mit darauf abstellt, wo der Rechtsstreit voraussichtlich schneller entschieden werden kann (die Rückübertragung kann zu einer Verzögerung des Verfahrens führen).

b) Form

44 Da die Rückübertragung auf die Kammer das Gegenstück zur ursprünglichen Übertragung bildet, ist Abs. 2 entsprechend anwendbar. Der Rückübertragungsbeschluß kann ohne **mündliche Verhandlung** ergehen und ist **unanfechtbar**[87]. Bei greifbarer Gesetzeswidrigkeit gilt das unter → Rdnr. 37 Ausgeführte. Da mit dem Beschluß wiederum der gesetzliche Richter i.S. des Art. 101 Abs. 1 Satz 2 bestimmt wird, muß die Rückübertragung ausdrücklich erfolgen; eine schlüssige Rückübertragung, etwa durch Mitwirkung des Einzelrichters an einer Kollegialentscheidung ist nicht zulässig[88]. Wegen der Bestimmung des gesetzlichen Richters sind auch Verfahrensfehler bei der Rückübertragung auf die Kammer unverzichtbar i.S. von § 295 Abs. 2, → Rdnr. 37[89].

c) Anspruch auf Rückübertragung

45 Angesichts der verfassungsrechtlich gebotenen Rückübertragung, → Rdnr. 43, haben die Prozeßparteien ein Recht auf Zurückübertragung des Rechtsstreits auf das Kollegium, wenn sich in der dargelegten Weise die grundsätzliche Bedeutung der Sache durch eine Verände-

---

[83] *OLG Karlsruhe* VersR 1986, 662; *Baumbach/Lauterbach/Hartmann*57 Rdnr. 19; unrichtig *OLG Frankfurt* NJW 1977, 813.
[84] A.A. MünchKomm ZPO-*Deubner* Rdnr. 52.
[85] So ausdrücklich *Thomas/Putzo*21 Rdnr. 14.
[86] Überspitzt MünchKomm ZPO-*Deubner* Rdnr. 53, wonach die Rückübertragung praktisch im freien Belieben des Einzelrichters steht.

[87] *OLG Köln* OLGZ 1976, 358 = NJW 1976, 680; MünchKomm ZPO-*Deubner* Rdnr. 59; *Zöller/Greger*21 Rdnr. 17; *Baumbach/Lauterbach/Hartmann*57 Rdnr. 19; *Musielak/Wittschier* Rdnr. 19.
[88] MünchKomm ZPO-*Deubner* Rdnr. 54; *Zöller/Greger*21 Rdnr. 17; a.A. *OLG Frankfurt* NJW 1977, 813.
[89] *Musielak/Wittschier* Rdnr. 20. A.A. *OLG Frankfurt* NJW 1977, 301; *Rasehorn* NJW 1977, 789.

rung der Prozeßlage, → Rdnr. 41a, zeigt. Wer freilich das Rückübertragungsermessen für verfassungsrechtlich unbedenklich hält, muß einen Rückübertragungsanspruch in der Regel verneinen[90]. Ein solcher Anspruch kann dann nur gegeben sein, falls jede andere Entscheidung ermessensfehlerhaft wäre.

3. Wirkung der Rückübertragung

Die Rückübertragung hat die Wirkung, daß die Entscheidungsbefugnis wieder ausschließlich bei der Kammer liegt. **Zwischenentscheidungen**, die vom Einzelrichter getroffen worden sind, bleiben allerdings wirksam; die Kammer ist daran gebunden, → § 318 Rdnr. 2. Auch die Ergebnisse einer vor dem Einzelrichter durchgeführten **Beweisaufnahme** bleiben wirksam. Zur Notwendigkeit einer erneuten mündlichen Verhandlung → § 128 Rdnr. 37; zur Beweisaufnahme → § 285 Rdnr. 6. Zur Urteilsberichtigung nach § 319, zur Tatbestandsberichtigung nach § 320 und zur Urteilsergänzung nach § 321 → Rdnr. 2a; zum schriftlichen Verfahren → Rdnr. 5.

51

4. Übertragungsverbot nach Rückübertragung

Eine **erneute Übertragung auf den Einzelrichter** ist im Interesse der Verfahrensbeschleunigung ausgeschlossen, Abs. 4 Satz 2. Im Rahmen des gesetzlich Zulässigen kann der bisherige Einzelrichter aber als beauftragter Richter tätig werden[91]. Ausnahmsweise ist eine erneute Übertragung auf den Einzelrichter dann zulässig, wenn sich die vom Einzelrichter zum Anlaß der Rückübertragung genommene grundsätzliche Bedeutung der Sache durch Vorbehalts-, Teil- oder Zwischenentscheidung erledigt hat[92].

52

VI. Negativer Kompetenzkonflikt zwischen Kollegium und Einzelrichter

1. Vermeidung negativer Kompetenzkonflikte

Wie auch sonst (→ § 11 Rdnr. 1 ff. und → § 36 Rdnr. 22), muß ein negativer Kompetenzkonflikt zwischen den beteiligten Spruchkörpern vermieden werden. Dies gilt sowohl für den Fall der Übertragung des Rechtsstreits auf den Einzelrichter gemäß Abs. 1 als auch für die seltenere Rückübertragung auf das Kollegium gemäß Abs. 4 Satz 1. Der jeweilige Übertragungs- oder Rückübertragungsbeschluß enthält nicht nur eine Zuständigkeitsverlagerung, sondern stets zugleich auch die (indirekte) Feststellung, daß der bisherige (übertragende) Spruchkörper nunmehr für das weitere Verfahren unzuständig ist. Soweit nicht Ausnahmen eingreifen, → Rdnr. 37, ist der Übertragungs- oder Rückübertragungsbeschluß unanfechtbar, so daß keine Bedenken bestehen, § 11 entsprechend anzuwenden: Selbst wenn der Einzelrichter bzw. bei einer Rückübertragung das Kollegium der Ansicht ist, der Beschluß sei fehlerhaft, wird ein negativer Kompetenzkonflikt durch eine entsprechende Anwendung von § 11 vermieden (zur entsprechenden Anwendung dieser Vorschrift → § 11 Rdnr. 9): Der jeweils andere Spruchkörper ist **an die Übertragung gebunden**[93].

55

---

[90] So *OLG Köln* (Fn. 87).
[91] MünchKomm ZPO-*Deubner* Rdnr. 57; *Zöller/Greger*[21] Rdnr. 20.
[92] A.A. *Zöller/Greger*[21] Rdnr. 20.
[93] *Rosenberg/Schwab/Gottwald*[15] § 110 II 2.

2. Behebung negativer Kompetenzkonflikte

56 Hält sich der andere Spruchkörper nicht an die sich aus § 11 ergebende Bindung, kann es zu einem negativen Kompetenzkonflikt kommen. So wenn etwa der Einzelrichter die Übernahme wegen eines unheilbaren Verfahrensfehlers, → Rdnr. 37, ablehnt, während sich das Kollegium auf den Standpunkt stellt, ein solcher Fehler liege nicht vor, weshalb der Einzelrichter zur Entscheidung des Rechtsstreits berufen sei. Wie beim vergleichbaren Fall der Übernahmeablehnung nach Verweisung des Rechtsstreits, → § 36 Rdnr. 22, kann der negative Kompetenzkonflikt durch eine **entsprechende Anwendung von § 36 Nr. 6** gelöst werden. Diese Vorschrift ist auch auf die funktionelle Zuständigkeit und bei Streitigkeiten über die Geschäftsverteilung anwendbar, → § 36 Rdnr. 20 und 22.

VII. Arbeitsgerichtliches Verfahren

57 Zum arbeitsgerichtlichen Verfahren → vor § 348 Rdnr. 9.

§ 349 [Vorsitzender der Kammer für Handelssachen]

(1) In der Kammer für Handelssachen hat der Vorsitzende die Sache so weit zu fördern, daß sie in einer mündlichen Verhandlung vor der Kammer erledigt werden kann. Beweise darf er nur insoweit erheben, als anzunehmen ist, daß es für die Beweiserhebung auf die besondere Sachkunde der ehrenamtlichen Richter nicht ankommt und die Kammer das Beweisergebnis auch ohne unmittelbaren Eindruck von dem Verlauf der Beweisaufnahme sachgemäß zu würdigen vermag.
(2) Der Vorsitzende entscheidet
1. über die Verweisung des Rechtsstreits;
2. über Rügen, die die Zulässigkeit der Klage betreffen, soweit über sie gesondert verhandelt wird;
3. über die Aussetzung des Verfahrens;
4. bei Zurücknahme der Klage, Verzicht auf den geltend gemachten Anspruch oder Anerkenntnis des Anspruchs;
5. bei Säumnis einer Partei oder beider Parteien;
6. über die Kosten des Rechtsstreits nach § 91 a;
7. im Verfahren über die Bewilligung der Prozeßkostenhilfe;
8. in Wechsel- und Scheckprozessen;
9. über die Art einer angeordneten Sicherheitsleistung;
10. über die einstweilige Einstellung der Zwangsvollstreckung;
11. über den Wert des Streitgegenstandes;
12. über Kosten, Gebühren und Auslagen.
(3) Im Einverständnis der Parteien kann der Vorsitzende auch im übrigen an Stelle der Kammer entscheiden.
(4) § 348 ist nicht anzuwenden.

Gesetzesgeschichte: → § 348 Rdnr. 3.

Stichwortverzeichnis → »Schlüssel zum Einzelrichterverfahren« zu Beginn der Vorbemerkungen vor § 348.

I. Stellung des Vorsitzenden der Kammer für Handelssachen	1
II. Das Verfahren vor dem Vorsitzenden	3
1. Prozeßförderung	3
2. Verfahrensgrundsätze	4
3. Einzelne Befugnisse des Vorsitzenden	5
III. Beweiserhebung durch den Vorsitzenden, Abs. 2 Satz 2	7
1. Umfang	7
2. Überschreitung der Befugnisse des Vorsitzenden	8
3. Verfahren	9
4. Beweisbeschluß	10
IV. Entscheidung durch den Vorsitzenden, Abs. 2	12
1. Zweck	12
2. Form	14
3. Überschreitung der Befugnisse des Vorsitzenden	15
4. Entscheidung der Kammer statt des Vorsitzenden	16
V. Die einzelnen Fälle der Entscheidung des Vorsitzenden, Abs. 2	17
1. Verweisung des Rechtsstreits, Nr. 1	17
2. Zulässigkeitsrügen, Nr. 2	18
3. Aussetzung des Verfahrens, Nr. 3	19
4. Klagerücknahme, Verzicht, Anerkenntnis, Nr. 4	20
5. Säumnis	21
a) Säumnis einer Partei	21
b) Einspruch	22
c) Säumnis beider Parteien	23
6. Kostenentscheidung bei Erledigung der Hauptsache, Nr. 6	24
7. Prozeßkostenhilfe, Nr. 7	25
8. Wechsel und Scheckprozeß, Nr. 8	26
9. Art der Sicherheitsleistung, Nr. 9	27
10. Einstweilige Einstellung der Zwangsvollstreckung, Nr. 10	28
11. Wert des Streitgegenstands, Nr. 11	29
12. Kosten, Gebühren, Auslagen, Nr. 12	30
13. Weitere Fälle	31
a) Keine abschließende Regelung durch Abs. 2	31
b) Fehlen einer Prozeßvoraussetzung	32
c) Zwischenstreitigkeiten	33
d) Berichtigung, Ergänzung	34
VI. Entscheidung im Einverständnis beider Parteien, Abs. 3	41
1. Das Einverständnis	41
2. Dauer	42
3. Umfang	43
VII. Das weitere Verfahren vor der Kammer	44
1. Abgabe an die Kammer nach abgeschlossener Vorbereitung	44
2. Rückgabe an die Kammer wegen veränderter Umstände	48
VIII. Unanwendbarkeit von § 348, Abs. 4	51
IX. Arbeitsgerichtliches Verfahren	52

I. Stellung des Vorsitzenden der Kammer für Handelssachen

Für die Tätigkeit des Vorsitzenden der Kammer für Handelssachen, §§ 93 ff. GVG, bleibt es auch nach der Einzelrichternovelle, → vor § 348 Rdnr. 3 f., bei der schon davor geltenden Regelung. Die umfassende **Vorbereitung des Prozesses**, → Rdnr. 3, und die **Tätigkeit in prozessualen Fragen**, → Rdnr. 5, stehen im Mittelpunkt der Befugnisse des Vorsitzenden. Im Gegensatz zum alleinentscheidenden Einzelrichter des § 348, dem mit der Übertragung eine unbeschränkbare und unteilbare, → § 348 Rdnr. 2, jedoch nicht originäre, → vor § 348 Rdnr. 2, Entscheidungskompetenz zukommt, sind die Befugnisse des Vorsitzenden der Kammer für Handelssachen **originär**. Es bedarf keiner Übertragung der Befugnisse durch die Kammer. Soweit nicht eine Entscheidung im Einverständnis der Parteien erfolgt, → Rdnr. 41 ff., sind die Kompetenzen des Vorsitzenden (vgl. Abs. 1 Satz 2 und den Katalog des Abs. 2) auf die Fälle beschränkt, in denen es nicht auf die besondere Sachkenntnis der ehrenamtlichen Richter ankommt. Die Stellung des Vorsitzenden ist damit grundlegend anders als die des Einzelrichters nach § 348. Die Anwendbarkeit dieser Vorschrift ist deshalb durch Abs. 4 ausdrücklich ausgeschlossen, d.h. der Rechtsstreit kann weder dem Vorsitzenden noch einem ehrenamtlichen Richter zur Entscheidung übertragen werden, →

Rdnr. 51. Um Verwechselungen zu vermeiden, wird in § 349 die Bezeichnung »Einzelrichter« bewußt nicht verwendet[1]. Gleichwohl handelt der Vorsitzende – wie auch der Einzelrichter –, → § 348 Rdnr. 1, anstelle der Kammer. Er ist damit gleichfalls nicht bloßes Organ des Kollegiums oder beauftragter Richter im Sinne des § 375 ZPO, sondern das **Prozeßgericht in anderer Besetzung**[2].

II. Das Verfahren vor dem Vorsitzenden

1. Prozeßförderung

3   Die Hauptaufgabe des Vorsitzenden der Kammer für Handelssachen ist die **Förderung der Sache**, Abs. 1 Satz 1. Zu diesem Zweck darf er Verhandlungstermine abhalten, in denen er mit den Parteien das Sach- und Streitverhältnis umfassend erörtert. Das Ziel der Förderung ist nicht unmittelbar die Sachentscheidung, sondern die Konzentration des Prozeßstoffes dergestalt, daß der Rechtsstreit vor der Kammer in einer mündlichen Verhandlung erledigt werden kann, → auch Rdnr. 44 und 45. Auch wenn Abs. 1 Satz 1 nicht davon spricht, daß der Vorsitzende den »Haupttermin« vorzubereiten hat, handelt es sich bei der »einen mündlichen Verhandlung« der Sache nach gleichwohl um den Haupttermin i. S. des § 272 Abs. 1[3].

2. Verfahrensgrundsätze

4   Das **Verfahren** vor dem Vorsitzenden bildet mit dem vor der Kammer einen **Einheit**. Es untersteht demgemäß in jeder Hinsicht den gleichen Grundsätzen, insbesondere dem Verhandlungsgrundsatz, → vor § 128 Rdnr. 75 ff.; für ein inquisitorisches Verfahren ist hier ebensowenig Raum wie sonst. In einem vor dem Vorsitzenden stattfindenden Verhandlungstermin können die Parteien auch Dispositionsakte vornehmen (Klagerücknahme, s. Abs. 2 Nr. 4; Erledigungserklärung; Abschluß eines Prozeßvergleichs). Die Funktionen des Vorsitzenden bei der **Prozeßleitung** innerhalb und außerhalb der Verhandlung sind die gleichen wie sonst im Verfahren vor der Kammer. Daraus folgt, daß diejenigen prozeßleitenden Anordnungen, die die Kammer nur aufgrund mündlicher Verhandlung treffen darf, auch der Vorsitzende nur aufgrund mündlicher Verhandlung vornehmen kann.

3. Einzelne Befugnisse des Vorsitzenden

5   Der Vorsitzende ist insbesondere befugt zu Anordnungen nach §§ 141, 144, 146, 272 b, zu Beschlüssen über Trennung und Verbindung von vor der Kammer schwebenden Prozessen, §§ 145, 147[4]. Zur Wiedereröffnung einer geschlossenen Verhandlung, § 156, ist er nur solange befugt, als die Sache noch nicht an die Kammer gelangt ist, d. h. bis zur Terminbestimmung. Die Zurückweisung verspäteter Angriffs- und Verteidigungsmittel, § 296, geschieht im Endurteil bzw. im Zwischenurteil nach § 304, → § 296 Rdnr. 124. Für den Vorsitzenden kommt sie demnach nur bei der Entscheidung nach Säumnis einer oder beider Parteien, Abs. 2 Nr. 5, und bei der Entscheidung im Einverständnis beider Parteien nach Abs. 3 in Betracht[5]. Wegen der Erledigung von Zwischenstreiten → Rdnr. 33. Wegen der Berichtigung des Urteils → § 319 Rdnr. 10.

---

[1] Vgl. BT-Drucks. 7/2769 S. 13.
[2] *BGHZ* 40, 179, 182 = FamRZ 1964, 40; *Bergerfurth* NJW 1975, 331, 335; MünchKomm ZPO-*Deubner* Rdnr. 3.
[3] MünchKomm ZPO-*Deubner* Rdnr. 2.
[4] *Sonnen* Gruchot 67 (1925), 507; *Püschel* Der Einzelrichter (1925), 108 ff. (jeweils zum alten Recht).
[5] S. auch *Rosenberg/Schwab/Gottwald*[15] § 110 III 4 c.

III. Beweiserhebung durch den Vorsitzenden, Abs. 1 Satz 2

1. Umfang

Nach Abs. 1 Satz 2 ist der Vorsitzende befugt, einzelne Beweise zu erheben, nicht jedoch die gesamte Beweisaufnahme durchzuführen[6]. Diese Befugnis ist dahin eingeschränkt, daß die Beweiserhebung durch den Vorsitzenden nur insoweit geschehen darf, als von vornherein anzunehmen ist, daß es auf die **besondere Sachkunde der ehrenamtlichen Richter** nicht ankommt und außerdem die Kammer auf den unmittelbaren Eindruck vom Verlauf der Beweisaufnahme zu deren sachgemäßer Würdigung nicht angewiesen ist. Damit sind alle Beweisaufnahmen, bei denen es auf die besondere Sachkunde der ehrenamtlichen Richter ankommt, der Kammer zugewiesen. Ob die Voraussetzungen von Abs. 1 Satz 2 gegeben sind, entscheidet der Vorsitzende nach **pflichtgemäßem Ermessen**[7]. Zeigt sich erst während der Beweisaufnahme, daß es schon bei dieser und nicht erst später bei der Beweiswürdigung auf die besondere Sachkunde der ehrenamtlichen Richter ankommt, so ist die Beweisaufnahme gleichwohl vom Vorsitzenden allein durchzuführen und später erforderlichenfalls vor der Kammer nach § 398 zu wiederholen[8].

7

2. Überschreitung der Befugnisse des Vorsitzenden

Die **Überschreitung der** dem Vorsitzenden in Abs. 1 Satz 2 **gezogenen Grenzen** bedeutet zwar als solche keinen Verfahrensverstoß, der selbständig gerügt werden könnte[9]. Wohl aber würde das Urteil der Kammer gegen den Grundsatz des § 286 verstoßen, wenn es nicht die in dem Protokoll niedergelegten persönlichen Eindrücke des Vorsitzenden bei seiner Entscheidung mitverwerten würde[10]. Auch kann ein solches Verfahren eine Verletzung der formellen Unmittelbarkeit der Beweisaufnahme, → § 355 Rdnr. 6, bedeuten[11]. Die Vorschriftswidrigkeit eines Vorgehens des Vorsitzenden kann eine Partei in der betreffenden Instanz dadurch geltend machen, daß sie eine Wiederholung der Beweisaufnahme durch die Kammer beantragt, → § 398 Rdnr. 4, worüber diese nach pflichtgemäßem Ermessen zu entscheiden hat. In der Rechtsmittelinstanz kann der Fehler, soweit nicht eine Heilung eingetreten ist[12], → § 295 Rdnr. 18, nur zusammen mit dem Urteil angefochten werden. § 355 Abs. 2 steht dem nicht entgegen[13]; dadurch wird nur die selbständige Anfechtung des Beweisbeschlusses ausgeschlossen, → § 355 Rdnr. 25.

8

3. Verfahren

Soweit die Beweisaufnahme durch den Vorsitzenden erfolgt, erläßt er die erforderlichen Ersuchen, §§ 362 ff., vgl. auch § 376 Abs. 3. Ebenso trifft er die dem Prozeßgericht obliegenden Entscheidungen, s. §§ 360, 366, 379, 391, 406 Abs. 4. Wegen eines Beweisbeschlusses → § 358 a Rdnr. 22. Zum Zwischenstreit über eine Zeugnisverweigerung → Rdnr. 33. Wegen der Protokollierung → § 161 Rdnr. 4.

9

---

[6] Kritisch hierzu *Bergerfurth* NJW 1975, 331, 332 f., der im Interesse einer Vereinfachung des Verfahrens für eine weitergehende Befugnis des Vorsitzenden zur Beweiserhebung eintritt; s. weiter MünchKomm ZPO-*Deubner* Rdnr. 5.
[7] BGHZ 40, 179, 182. Nach *Jauernig* ZPR[25] § 71 IV 1 sollte sich der Vorsitzende bei der Beweisaufnahme zurückhalten.
[8] *Zöller/Greger*[21] Rdnr. 4.
[9] MünchKomm ZPO-*Deubner* Rdnr. 6.
[10] Vgl. *RG* JW 1933, 2215.
[11] Vgl. BGHZ 40, 179, 182.
[12] Ein Verstoß gegen § 349 Abs. 1 Satz 2 ist heilbar (MünchKomm ZPO-*Deubner* Rdnr. 6).
[13] MünchKomm ZPO-*Deubner* Rdnr. 6; *Baumbach/Lauterbach/Hartmann*[57] Rdnr. 8.

4. Beweisbeschluß

10 Der Vorsitzende hat erforderlichenfalls einen Beweisbeschluß zu erlassen. Im Rahmen seiner Befugnisse zur Vorbereitung des Haupttermins, → Rdnr. 3 ff., kann der Vorsitzende nach § 358a auch einen **vorterminlichen Beweisbeschluß** erlassen, dessen Ausführung ihm nach Abs. 1 Satz 2 verwehrt ist, weshalb die Beweisaufnahme vor der Kammer zu erfolgen hat[14]. Ist die besondere Sachkunde der ehrenamtlichen Richter allerdings schon für die Abfassung des Beweisbeschlusses erforderlich, so ist dieser von der Kammer zu erlassen[15].

IV. Entscheidung durch den Vorsitzenden, Abs. 2

1. Zweck

12 In den Absätzen 2 und 3 ist dem Vorsitzenden in einigen Fällen auch die den Rechtsstreit **abschließende Entscheidung zugewiesen**. Die Regelung beruht in ihren Einzelheiten (was vor allem für die Frage der Auslegung der Vorschrift von Bedeutung ist) auf verschiedenen Grundgedanken. Wenn das Gesetz, von dem Regelfall der auf materieller Würdigung des Streitverhältnisses beruhenden Sachentscheidung ausgehend, deren Förderung dem Vorsitzenden zuweist und damit die Tätigkeit der ehrenamtlichen Richter grundsätzlich auf die sachkundige Würdigung des Streitstoffs beschränkt, → Rdnr. 7, so ergibt sich hieraus als Folgerung, daß dem Vorsitzenden auch diejenigen abschließenden Entscheidungen überlassen sind, bei denen eine derartige Würdigung nicht erforderlich ist.

13 Auf diesem Gedanken beruhen vor allem die Vorschriften der Nr. 1 bis 4. Nr. 5 enthält dagegen lediglich ein Druckmittel; die Parteien werden nämlich zur Anwesenheit im Termin vor dem Vorsitzenden angehalten, wenn sie wissen, daß sonst ein Versäumnisurteil ergehen kann. Nr. 6–7 und 9–12 betreffen prozessuale Nebenentscheidungen, die im Interesse eines zügigen Verfahrens dem Vorsitzenden überantwortet sind. Die Kompetenz in Wechsel- und Scheckprozessen, Nr. 8, entspricht schließlich dem Bemühen des Gesetzes, in diesen Verfahren möglichst schnellen Rechtsschutz (vgl. § 604 Abs. 2 und 3) zu gewähren.

2. Form

14 Die Entscheidungen des Vorsitzenden ergehen in der gleichen Form wie die der Kammer. Zur Bezeichnung des Gerichts im Sinne des § 313 Abs. 1 Nr. 2 gehört sowohl die Bezeichnung der Kammer – denn der Vorsitzende übt die Funktionen gerade dieser Kammer aus – wie auch die als Vorsitzender; sie bildet die Erklärung dafür, daß das Urteil nur von einem Richter unterschrieben ist. Ob die Fassung des Urteilskopfes lautet »anstelle der Kammer für Handelssachen« oder »die Kammer für Handelssachen durch den Vorsitzenden Richter am Landgericht Müller« ist eine Formfrage ohne sachliche Bedeutung.

3. Überschreitung der Befugnisse des Vorsitzenden

15 Zur **Anfechtbarkeit** der Entscheidungen des Vorsitzenden, wenn dieser die Grenzen des Abs. 2 nicht einhält, → § 350 Rdnr. 3.

---

[14] MünchKomm ZPO-*Deubner* Rdnr. 2.   [15] *Baumbach/Lauterbach/Hartmann*[57] Rdnr. 7.

4. Entscheidung der Kammer statt des Vorsitzenden

In allen Fällen des Abs. 2 ist der Vorsitzende zwar zur Entscheidung berechtigt, nicht aber verpflichtet; macht er von der ihm zustehenden Entscheidungsbefugnis keinen Gebrauch, kann die **Entscheidung** auch **von der Kammer** getroffen werden[16]. Dies gilt auch dann, wenn vor dem Vorsitzenden bereits eine mündliche Verhandlung stattgefunden hat, → Rdnr. 48. Die Regelungen des § 349 sind nämlich nicht als abschließende Verteilung der funktionellen Zuständigkeit zu verstehen. Dem Vorsitzenden sind vielmehr Befugnisse übertragen, ohne daß es der Kammer im Einzelfall verwehrt wäre, selbst derartige Entscheidungen zu treffen. Zuzugeben ist allerdings, daß der Gesetzestext (»Der Vorsitzende entscheidet ....«) in eine andere Richtung weist. Dies erklärt sich aber aus der Entstehungsgeschichte. Einen ähnlichen Wortlaut (».... hat zu entscheiden«) hatte § 349 Abs. 1 Satz 3 a.F. bezüglich des Einzelrichters. Solange die Sache bei diesem anhängig war, konnte das Kollegium nicht entscheiden. Nach Übergang des Rechtsstreits auf die Kammer war aber unbestritten, daß dieser nunmehr die Kompetenz für alle Entscheidungen zustand, und zwar einschließlich der ihr enumerativ übertragenen Materien. Die Einzelrichternovelle, → vor § 348 Rdnr. 3 f., hat bei ihrer mehr mechanischen Übernahme des alten § 349 auf die Situation des Vorsitzenden der Kammer für Handelssachen übersehen, daß statt des früheren Hintereinander nunmehr ein Nebeneinander richterlicher Befugnisse geregelt ist, weil Vorsitzender und Kammer gleichzeitig als Spruchkörper bestehen. Bei der Reform hätte deshalb formuliert werden müssen ».... kann entscheiden ....«. Ausweislich der Materialien ging es nämlich nur um die Befugnisse des Vorsitzenden im Sinne der Befugnisse des früheren Einzelrichters. Die heutige Formulierung erscheint deshalb als Redaktionsversehen.

V. Die einzelnen Fälle der Entscheidung des Vorsitzenden, Abs. 2

1. Verweisung des Rechtsstreits, Nr. 1

Erfaßt werden die Verweisungen nach §§ 17a Abs. 2, 97, 99 GVG, § 281 und §§ 696 Abs. 5, 700 Abs. 3, wenn im Mahnantrag gemäß § 690 Abs. 1 Nr. 5 die Kammer für Handelssachen bezeichnet bzw. wenn der Antrag nach § 96 Abs. 1 GVG mit demjenigen auf Durchführung des streitigen Verfahrens gestellt wurde. Ob die Verweisung mit oder ohne mündliche Verhandlung erfolgt, ist unerheblich[17]. Auf die formale, abänderbare und nicht bindende **Abgabe**, → § 281 Rdnr. 4, ist Nr. 1 entsprechend anzuwenden.

2. Zulässigkeitsrügen, Nr. 2

Die Befugnis des Vorsitzenden umfaßt sowohl das **Zwischenurteil** nach § 280 wie das **prozeßabweisende Endurteil**. Voraussetzung ist, daß über die Zulässigkeit der Klage abgesondert verhandelt wird. Angesichts des insoweit eindeutigen Wortlauts von Nr. 2 kann von der abgesonderten Verhandlung nicht abgesehen werden[18]. Ob die Zulässigkeitsvoraussetzung von Amts wegen oder nur auf Rüge hin zu beachten ist, ist unerheblich[19].

---

[16] *Rosenberg/Schwab/Gottwald*[15] § 110 III 5; *Thomas/Putzo*[21] Rdnr. 5; *Zöller/Greger*[21] Rdnr. 5; MünchKomm ZPO-*Deubner* Rdnr. 28.
[17] MünchKomm ZPO-*Deubner* Rdnr. 9.
[18] So aber MünchKomm ZPO-*Deubner* Rdnr. 10.
[19] MünchKomm ZPO-*Deubner* Rdnr. 10.

3. Aussetzung des Verfahrens, Nr. 3

19   Dem Vorsitzenden obliegt die Entscheidung über eine Aussetzung des Verfahrens gemäß §§ 65, 148, 149, 246. Für die Anordnung des **Ruhens des Verfahrens**, §§ 251, 251 a Abs. 3, kann nichts anderes gelten[20]. Auch über die **Aufhebung der Aussetzung**, § 155, entscheidet der Vorsitzende allein[21]; ebenso über die Aufnahme des Verfahrens nach § 250. Zu einer Aussetzung und **Vorlage an das Bundesverfassungsgericht**, Art. 100 Abs. 1 GG, an ein Landesverfassungsgericht oder an den Gerichtshof der Europäischen Gemeinschaften, zu diesen Vorlagen → § 148 Rdnr. 50 ff., 181 ff., ist der Vorsitzende nur dann befugt, wenn er über die zu prüfende Norm allein zu entscheiden hat[22], so wenn er etwa bei Erlaß eines Zwischenurteils nach § 280, → Rdnr. 18, eine dabei entscheidungserhebliche Norm für verfassungswidrig hält.

4. Klagerücknahme, Verzicht, Anerkenntnis, Nr. 4

20   Der Vorsitzende ist befugt, die Entscheidungen nach einer Klagerücknahme, § 269 Abs. 3, → § 269 Rdnr. 57, 66 ff., sowie Verzichts- und Anerkenntnisurteile, §§ 306, 307, zu erlassen. Bei der Klagerücknahme umfaßt die Entscheidungsbefugnis des Vorsitzenden auch die Frage, ob überhaupt eine Klagerücknahme erklärt worden ist[23]. Für die Rücknahme eines Einspruchs gegen ein Versäumnisurteil und den Verzicht auf den Einspruch, § 346, gilt Nr. 4 entsprechend[24].

5. Säumnis, Nr. 5

a) Säumnis einer Partei

21   Die Befugnis des Vorsitzenden umfaßt alle »bei Säumnis« einer Partei ergehenden Entscheidungen. Darunter fallen sowohl das eigentliche **Versäumnisurteil** als auch **kontradiktorische Entscheidungen** (sog. unechtes Versäumnisurteil, → dazu vor § 330 Rdnr. 27 ff.). Unter Nr. 5 fallen weiter Entscheidungen nach Lage der Akten gemäß § 331 a sowie die Zurückweisung von Anträgen auf Erlaß eines Versäumnisurteils bzw. einer Entscheidung nach Lage der Akten, § 335.

b) Einspruch

22   Der Einspruch versetzt den Prozeß in das Verfahren vor dem Vorsitzenden zurück, § 342. Der Vorsitzende muß für befugt erachtet werden, den Einspruch als unzulässig zu verwerfen bzw. seine Zulässigkeit durch Zwischenurteil nach § 303 auszusprechen, § 341 Abs. 1. Diese weite Auslegung von Nr. 5 entspricht dem unter → Rdnr. 13 dargelegten Sinn und Zweck der Vorschrift und trägt allein den Bedürfnissen der Praxis Rechnung. Die Befugnis umfaßt insoweit auch die Entscheidung über den Antrag auf **Wiedereinsetzung in den vorigen Stand** wegen Versäumnis der Einspruchsfrist, §§ 233, 238 Abs. 2[25]. Hält der Vorsitzende den

---

[20] MünchKomm ZPO-*Deubner* Rdnr. 11; *Zöller/Greger*[21] Rdnr. 7.
[21] MünchKomm ZPO-*Deubner* Rdnr. 11.
[22] A.A. MünchKomm ZPO-*Deubner* Rdnr. 11 (der Vorsitzende ist immer zur Vorlage befugt); *Thomas/Putzo*[21] Rdnr. 8 (Vorlage muß durch die Kammer erfolgen); *Zöller/Greger*[21] Rdnr. 7 (Vorlage durch den Vorsitzenden allein nur dann, wenn er nach Abs. 3 entscheidungsbefugt ist). S. jetzt weiter BVerfGE 98, 145, 151 ff. (Vorlage nach Art. 100 Abs. 1 GG durch den Vorsitzenden allein bei dessen Entscheidungsbefugnis nach § 349 Abs. 3).
[23] MünchKomm ZPO-*Deubner* Rdnr. 12.
[24] *Baumbach/Lauterbach/Hartmann*[57] Rdnr. 11; *Zöller/Greger*[21] Rdnr. 8.
[25] MünchKomm ZPO-*Deubner* Rdnr. 13.

Einspruch für zulässig, ohne die Zulässigkeit durch Zwischenurteil nach § 303 auszusprechen, und tritt er demgemäß in die Sachverhandlung ein, so ergibt sich hieraus für die Kammer keinerlei Bindung. Schließlich darf der Vorsitzende bei zweiter Säumnis das technisch **zweite Versäumnisurteil** nach § 345 erlassen.

c) Säumnis beider Parteien

23

Im Fall beiderseitiger Säumnis kann der Vorsitzende nach Nr. 5 eine **Entscheidung nach Lage der Akten**, § 251 a, treffen.

6. Kostenentscheidung bei Erledigung der Hauptsache, Nr. 6

24

In Betracht kommt nur die Kostenentscheidung nach **übereinstimmenden Erledigungserklärungen**. Bei **einseitiger Erledigungserklärung** durch den Kläger hat dagegen nicht nur eine Kostenentscheidung zu ergehen, → § 91 a Rdnr. 40, weshalb nicht der Vorsitzende, sondern die Kammer zuständig ist[26]. Eine Befugnis des Vorsitzenden kann hier auch nicht über Nr. 4 begründet werden. Zwar mag man in der einseitigen Erledigungserklärung eine privilegierte Klagerücknahme sehen, → dazu § 91 a Rdnr. 39, 39 a, doch verbietet die ausdrückliche Erwähnung nur der Kostenentscheidung nach beiderseitiger Erledigungserklärung in Nr. 6 die Ausdehnung der Vorschrift auch auf das Urteil nach nur einseitiger Erledigungserklärung. Eine Zuständigkeit des Vorsitzenden allein besteht jedoch dann, wenn der Beklagte der Erledigungserklärung widerspricht, im Termin aber säumig ist, Nr. 5, in Wechsel- und Scheckprozessen, Nr. 8, sowie im Fall des Abs. 3.

7. Prozeßkostenhilfe, Nr. 7

25

Umfaßt werden alle Entscheidungen im Prozeßkostenhilfeverfahren, insbesondere auch die Beweiserhebung nach § 118 Abs. 2 und die Aufhebung der Bewilligung gemäß § 124.

8. Wechsel und Scheckprozeß, Nr. 8

26

Der Vorsitzende darf alle Entscheidungen im Wechsel- und Scheckprozeß (§§ 602, 605 a) fällen. Für den allgemeinen Urkundenprozeß gilt Nr. 8 dagegen nicht. Hier muß die Kammer entscheiden. In deren Zuständigkeit fällt weiter die Entscheidung im Nachverfahren, § 600; ebenso die Entscheidung nach Abstandnahme vom Wechsel- bzw. Scheckprozeß, § 596.

9. Art der Sicherheitsleistung, Nr. 9

27

Die Befugnis umfaßt nur die Entscheidung über die Art der Sicherheitsleistung, § 108, → dort Rdnr. 3 f. Die **Anordnung der Sicherheitsleistung** selbst ist dagegen der Kammer vorbehalten, ebenso, da Nr. 9 nur von der »Art« spricht, auch die **Festlegung der Höhe**[27], §§ 108, 112, und die Entscheidung über die **Rückgabe**, §§ 109, 715. Sofern allerdings der Vorsitzende ohnehin die Entscheidung zu treffen hat, wie etwa beim unechten Versäumnisurteil, Nr. 5, im Wechsel- und Scheckprozeß, Nr. 8, oder beim Einverständnis der Parteien, Abs. 3, darf er naturgemäß nicht nur über die Art der Sicherheitsleistung befinden, sondern sämtliche Entscheidungen über die Sicherheitsleistung treffen.

---

[26] MünchKomm ZPO-*Deubner* Rdnr. 14.   [27] A.A. Zöller/*Greger*[21] Rdnr. 13.

10. Einstweilige Einstellung der Zwangsvollstreckung, Nr. 10

28 Soweit nicht das Vollstreckungsgericht zuständig ist, entscheidet der Vorsitzende über die einstweilige Einstellung der Zwangsvollstreckung, z. B. nach §§ 707, 719, 769.

11. Wert des Streitgegenstandes, Nr. 11

29 Die Befugnis, den Wert des Streitgegenstands festzusetzen, umfaßt den **Zuständigkeitsstreitwert**, → § 2 Rdnr. 49 ff., und den **Gebührenstreitwert**, → § 2 Rdnr. 63 ff. Soweit über den **Rechtsmittelstreitwert** zu entscheiden ist, findet § 524 Abs. 3 Nr. 5 Anwendung.

12. Kosten, Gebühren, Auslagen, Nr. 12

30 Soweit richterliche Entscheidungen zu treffen sind, darf der Vorsitzende über Kosten, Gebühren und Auslagen entscheiden; hierzu gehört auch die Erinnerung gegen den Kostenfestsetzungsbeschluß des Rechtspflegers[28], → § 104 Rdnr. 41, oder die Anordnung der öffentlichen Zustellung des Kostenfestsetzungsbeschlusses[29]. Die Befugnis gilt aber nur für erstinstanzliche Entscheidungen und soweit nicht ohnehin über die Kosten im Endurteil entschieden wird.

13. Weitere Fälle

a) Keine abschließende Regelung durch Abs. 2

31 Die Vorschriften der Nr. 1 bis 12 beruhen auf den unter → Rdnr. 12 f. dargelegten Grundgedanken. Insoweit handelt es sich nicht um Ausnahmebestimmungen. Auch der Wortlaut des Abs. 2 zwingt nicht zur Annahme einer abschließenden Aufzählung. Soweit es auf die besondere Sachkunde der Handelsrichter nicht ankommt, kann der Vorsitzende deshalb auch über den Katalog des Abs. 2 hinaus allein entscheiden[30].

b) Fehlen einer Prozeßvoraussetzung

32 Unbedenklich erscheint die analoge Anwendung von Abs. 2 auf die Fälle der Prozeßabweisung wegen Fehlens einer Prozeßvoraussetzung, insbesondere die Abweisung wegen nicht ordnungsgemäß erhobener Klage, → § 253 Rdnr. 171, sowie auf das Entlassungsurteil nach § 75 und das Urteil nach §§ 76 f.[31].

c) Zwischenstreitigkeiten

33 Weiter muß der Vorsitzende für befugt erachtet werden, **Zwischenstreitigkeiten** zwischen den Parteien nach § 303, → dort Rdnr. 4, zu entscheiden[32]. Weiter kann er **Zwischenurteile gegen Dritte** (§ 71[33], § 135 Abs. 2, § 387) deshalb erlassen, weil es sich dabei sachlich nicht um eine echte Streitentscheidung handelt.

---

[28] MünchKomm ZPO-*Deubner* Rdnr. 20.
[29] *OLG Frankfurt* MDR 1987, 414.
[30] *Bergerfurth* NJW 1975, 331, 334; *Baumbach/Lauterbach/Hartmann*[57] Rdnr. 14; MünchKomm ZPO-*Deubner* Rdnr. 21; *Thomas/Putzo*[21] Rdnr. 5; *Zöller/Greger*[21] Rdnr. 17.
[31] *Thomas/Putzo*[21] Rdnr. 7; *Baumbach/Lauterbach/Hartmann*[57] Rdnr. 16; a. A. *Püschel* (Fn. 4), 96 f.
[32] *Thomas/Putzo*[21] Rdnr. 7.
[33] *OLG Frankfurt* NJW 1970, 817.

d) Berichtigung, Ergänzung

Zur Berichtigung und Ergänzung einer von ihm erlassenen Entscheidung, §§ 319, 321, ist der Vorsitzende befugt. Die **Tatbestandsberichtigung**, § 320, steht in allen Fällen einer von ihm erlassenen Entscheidung wegen § 320 Abs. 4 Satz 2 nur dem Vorsitzenden zu, → § 320 Rdnr. 13. 34

VI. Entscheidung im Einverständnis beider Parteien, Abs. 3

1. Das Einverständnis

Nach Absatz 3 kann der der Vorsitzende im Einverständnis der Parteien anstelle der Kammer entscheiden, d.h. alle Entscheidungen erlassen, zu denen die Kammer befugt ist. Bei **Streitgenossen** bedarf es des Einverständnisses sämtlicher Streitgenossen, → § 61 Rdnr. 14; dagegen muß der Streitgehilfe sein Einverständnis nicht erklären, → § 67 Rdnr. 2. Das Einverständnis der Parteien bindet den Vorsitzenden nicht; trotz des Einverständnisses kann demnach die Kammer entscheiden[34]. Die Einverständniserklärung, die auch konkludent erteilt werden kann[35], ist ebenso wie die nach § 128 Abs. 2 aus den unter → § 128 Rdnr. 72 dargelegten Gründen **widerruflich**[36], allerdings nur bis zum Schluß der mündlichen Verhandlung, auf die die Entscheidung ergeht. Der Widerruf hat die Rückgabe des Rechtsstreits an die Kammer zur Folge, → Rdnr. 48. 41

2. Dauer

Das Einverständnis gilt für das **gesamte Verfahren**, einschließlich der während dieser Zeit erforderlichen Entscheidungen im Rahmen der Zwangsvollstreckung[37]. Nach Beendigung der Instanz ist jedoch wieder die Kammer für vollstreckungsrechtliche Entscheidungen zuständig. 42

3. Umfang

Das Einverständnis umfaßt den **Streitgegenstand zum Zeitpunkt der Erklärung**. Umfaßt der Rechtsstreit – wie im Fall der objektiven Anspruchshäufung, § 260 – **mehrere Streitgegenstände**, so ist für jeden einzelnen Streitgegenstand zu ermitteln, ob er von dem Einverständnis erfaßt wird. Es ist nämlich nicht ausgeschlossen, daß die Parteien nicht für alle Streitgegenstände auf die Mitwirkung der ehrenamtlichen Richter verzichten wollen. Gegen die Wirksamkeit einer solchen eingeschränkten Einverständniserklärung bestehen keine Bedenken. Sollte das Verfahren dadurch zu kompliziert zu werden drohen, steht es dem Vorsitzenden frei, von der Möglichkeit einer Entscheidung durch ihn allein keinen Gebrauch zu machen, → Rdnr. 41. Entsprechendes wie bei der objektiven Anspruchshäufung gilt bei der einfachen Streitgenossenschaft sowie bei der Widerklage. 43

Werden erst später – also nach der Einverständniserklärung – Streitgegenstände anhängig (**Klageänderung, Widerklage**), so erstreckt sich das Einverständnis darauf nicht[38], es sei denn, daß sich durch Auslegung der Einverständniserklärung etwas anderes ergibt. Für die 43a

---

[34] MünchKomm ZPO-*Deubner* Rdnr. 28.
[35] *OLG München* Justiz 1973, 320; *Zöller/Greger*[21] Rdnr. 19.
[36] A.A. MünchKomm ZPO-*Deubner* Rdnr. 25; *Baumbach/Lauterbach/Hartmann*[57] Rdnr. 20.

[37] *OLG Karlsruhe* Justiz 1973, 320; *Zöller/Greger*[21] Rdnr. 19.
[38] *OLG Nürnberg* MDR 1978, 323 (Widerklage); *Baumbach/Lauterbach/Hartmann*[57] Rdnr. 19; *Musielak/Wittschier* Rdnr. 19; a.A. MünchKomm ZPO-*Deubner* Rdnr. 24.

Parteien wird es freilich häufig naheliegen, ihr Einverständnis durch eine neue Erklärung auf den neuen Streitgegenstand zu erweitern. Geschieht dies nicht und will der Vorsitzende den Rechtsstreit nicht trotz der Einverständniserklärung insgesamt von der Kammer entscheiden lassen,→ Rdnr. 41, so empfiehlt sich eine Verfahrenstrennung gemäß § 145. Ist der von dem ursprünglichen Einverständnis umfaßte Streitgegenstand bereits zur Entscheidung reif, so kann der Vorsitzende insoweit ein Teilurteil erlassen; das Schlußurteil bleibt dann der Kammer vorbehalten.

VII. Das weitere Verfahren vor der Kammer

1. Abgabe an die Kammer nach abgeschlossener Vorbereitung

44 Hält der Vorsitzende die Sache zur Verhandlung vor der Kammer für reif, d. h. die Vorbereitung in dem unter → Rdnr. 3 dargelegten Umfang für abgeschlossen, so nimmt er die **Terminsbestimmung** für die Verhandlung vor der Kammer vor. Eine besondere Übertragung des Rechtsstreits auf die Kammer ist nicht erforderlich[39]. Der Zeitpunkt der Abgabe an die Kammer steht im pflichtgemäßen Ermessen des Vorsitzenden. Eine unmittelbar vorausgegangene mündliche Verhandlung vor dem Vorsitzenden setzt die Abgabe an die Kammer nicht voraus. Häufig wird die Verhandlungsreife im Sinne des Abs. 1 Satz 1 durch den Abschluß einer Beweisaufnahme oder den Eingang eines Schriftsatzes eintreten.

45 Zur Verhandlung vor der Kammer ist der Rechtsstreit weiter dann reif, wenn der Vorsitzende einen **Beweisbeschluß** erlassen hat, dessen Erledigung er durch die Kammer nach Abs. 1 Satz 2 für geboten hält, → Rdnr. 10.

46 Einem **Antrag**, die Sache an die Kammer abzugeben, kommt nur die Bedeutung einer Anregung zu. Bei Ablehnung des Antrags ist für eine Beschwerde nach § 567 Abs. 1 kein Raum.

47 Nach außen tritt die Abgabe an die Kammer nicht selbst, sondern nur in ihrer Wirkung in der Bestimmung eines Termins vor der Kammer in Erscheinung, die den Parteien von Amts wegen nach § 329 Abs. 2 bekanntzugeben ist.

2. Rückgabe an die Kammer wegen veränderter Umstände

48 § 349 enthält keine dem § 348 Abs. 4 vergleichbare Regelung, die es dem Vorsitzenden gestattet, den **Rechtsstreit auf die Kammer zurückzuübertragen**, wenn er nach Abs. 2 oder 3 alleinentscheidungsbefugt ist. Im Fall des Abs. 3 ist eine Rückgabe an die Kammer jedoch nach einem **Widerruf der Einverständniserklärung**, → Rdnr. 41, erforderlich, da damit dem Vorsitzenden die Alleinentscheidungsbefugnis entzogen ist. Dabei bedarf es allerdings keiner ausdrücklichen Rückübertragung; die Zuständigkeit der Kammer folgt vielmehr automatisch aus der Wirksamkeit des Widerrufs.

48a Für eine Zurückübertragung auf die Kammer besteht ferner dann ein Bedürfnis, wenn sich im Laufe des Verfahrens vor dem Vorsitzenden herausstellt, daß eine **Mitwirkung der ehrenamtlichen Richter** wegen ihrer Sachkunde **erforderlich** erscheint. So kann es Fälle geben, in denen der Vorsitzende sich erst durch Einholung eines Sachverständigengutachtens sachkundig machen müßte, die erforderliche Sachkunde bei den ehrenamtlichen Richtern aber vorhanden ist. Da die dem Vorsitzenden eingeräumte Entscheidungsbefugnis weder bei Abs. 2, → Rdnr. 16, noch bei Abs. 3, → Rdnr. 41, eine Entscheidung durch die Kammer ausschließt, ist es in diesen Fällen sachgerecht, dem Vorsitzenden die Rückgabe an die Kammer

---

[39] MünchKomm ZPO-*Deubner* Rdnr. 29.

zu gestatten. Daß vor dem Vorsitzenden schon eine mündliche Verhandlung stattgefunden hat, steht der Zulässigkeit der Rückgabe nicht entgegen, ist aber im weiteren Verfahren zu berücksichtigen.

Mit der Rückgabe des Rechtsstreits an die Kammer findet ein **Wechsel in der Besetzung des Gerichts** statt, weshalb eine **erneute mündliche Verhandlung erforderlich** ist, → § 128 Rdnr. 37. Zur Verwertbarkeit des bisher in der mündlichen Verhandlung vor dem Vorsitzenden in den Prozeß eingeführten Prozeßstoffs → § 128 Rdnr. 38. 49

Die Rückgabe geschieht in derselben Form wie die Abgabe nach abgeschlossener Vorbereitung durch **Bestimmung eines Verhandlungstermins** vor der Kammer, → Rdnr. 44. 50

VIII. Unanwendbarkeit von § 348, Abs. 4

Die ausdrücklich angeordnete Unanwendbarkeit des § 348 folgt aus der unterschiedlichen Stellung des Einzelrichters und des Vorsitzenden der Kammer für Handelssachen, → Rdnr. 1. Die Kammer für Handelssachen kann daher weder den Prozeß auf den Vorsitzenden noch gar auf einen der ehrenamtlichen Richter zur Entscheidung übertragen. Dagegen kann jedes Mitglied der Kammer beauftragter Richter sein. 51

IX. Arbeitsgerichtliches Verfahren

Die Befugnisse des Vorsitzenden im arbeitsgerichtlichen Verfahren sind nicht so umfassend wie die Kompetenzen des Vorsitzenden der Kammer für Handelssachen, im übrigen aber weitgehend ähnlich, Näheres → vor § 348 Rdnr. 9. 52

§ 350 [Rechtsmittel]

Für die Anfechtung der Entscheidungen des Einzelrichters (§ 348) und des Vorsitzenden der Kammer für Handelssachen (§ 349) gelten dieselben Vorschriften wie für die Anfechtung entsprechender Entscheidungen der Kammer.

Gesetzesgeschichte: → Rdnr. 3 vor § 348

Stichwortverzeichnis → »Schlüssel zum Einzelrichterverfahren« zu Beginn der Vorbemerkungen vor § 348.

I. Stellung des Einzelrichters im Rechtsmittelsystem

Die Entscheidungen (Urteile und Beschlüsse) des Einzelrichters und des Vorsitzenden der Kammer für Handelssachen stehen hinsichtlich der **Anfechtung** denjenigen des Kollegiums gleich. Eine Anfechtung an das Kollegium findet demnach in keinem Fall statt[1]. Diese Regelung ergibt sich zwangsläufig aus der unter → § 348 Rdnr. 1 dargelegten Stellung des Einzelrichters und des Vorsitzenden der Kammer für Handelssachen. Ausgeschlossen ist demgemäß auch die Beanstandung einer auf die Sachleitung bezüglichen Anordnung oder einer bei der Verhandlung gestellten oder zugelassenen Frage durch Herbeiführung einer Ent- 1

---

[1] *Zöller/Greger*[21] Rdnr. 1; *Baumbach/Lauterbach/Hartmann*[57] Rdnr. 2; *Thomas/Putzo*[21] Rdnr. 1.

scheidung der Kammer nach § 140, → § 140 Rdnr. 1. Aus der Stellung des Vorsitzenden der Kammer für Handelssachen folgt andererseits, daß die Kammer in gleichem Umfang wie ihre eigenen Entscheidungen und Anordnungen auch die des Vorsitzenden aufheben und abändern kann, → § 329 Rdnr. 53. Hingegen bleiben im Falle einer Rückübertragung gemäß § 348 Abs. 4 vom Einzelrichter getroffene Zwischenentscheidungen und Beweisergebnisse wirksam, → § 348 Rdnr. 51.

2   Aus der Gleichstellung der einzelrichterlichen Entscheidungen mit denen des Kollegiums ergibt sich, daß sowohl **Verweisungen**[2] als auch **Zurückverweisungen**[3] (§§ 539, 565, 566 a) **stets an die Kammer** zu erfolgen haben, der dann die Entscheidung darüber vorbehalten bleibt, ob die Sache erneut auf den Einzelrichter übertragen wird. In beiden Fällen wird der Rechtsstreit nämlich an den gerichtsverfassungsmäßig berufenen Spruchkörper verwiesen bzw. zurückverwiesen, also zunächst an das Landgericht und kraft der dortigen Geschäftsverteilung dann an die einschlägige Kammer. Eine automatische Betrauung des Einzelrichters ohne Beschluß der Kammer stellt einen Verstoß gegen § 348 dar.

II. Wirksamkeit der Entscheidung trotz fehlender Kompetenz

3   Eine Entscheidung des Einzelrichters oder des Vorsitzenden der Kammer für Handelssachen, zu deren Erlaß er nicht befugt war, ist nicht nichtig; der Mangel ist vielmehr als ein solcher der nicht vorschriftsmäßigen Besetzung des Gerichts mit den ordentlichen Rechtsmitteln nach Maßgabe der §§ 539, 551 Nr. 1 oder der Nichtigkeitsklage nach § 579 Abs. 1 Nr. 1 geltend zu machen[4]. Entsprechendes gilt, wenn trotz Übertragung der Sache auf den Einzelrichter die Kammer entscheidet. Zur Frage der Heilung → Rdnr. 37.

III. Weitere Fragen der Anfechtbarkeit

4   Zu weiteren Fragen der Anfechtbarkeit von Maßnahmen im Rahmen des einzelrichterlichen Verfahrens → § 348 Rdnr. 36 ff. (Anfechtbarkeit des Überweisungsbeschlusses), → § 348 Rdnr. 1 (Beeinflussung des Einzelrichters durch die anderen Kammermitglieder), → § 348 Rdnr. 25 (Übertragung von Prozeßteilen), → § 348 Rdnr. 32 (fehlerhafter Gebrauch des Übertragungsermessens), → § 348 Rdnr. 44 (Verfahrensfehler bei der Rückübertragung auf die Kammer), → § 349 Rdnr. 8 (Überschreitung der Befugnisse des Vorsitzenden der Kammer für Handelssachen im Beweisverfahren, § 349 Abs. 1 S. 2).

§§ 351–354   [fortgefallen]

Die §§ 351–354 wurden 1924 aufgehoben, → Fn. 7 und 8 vor § 348.

---

[2] A.A. *OLG Koblenz* MDR 1986, 153; *Rosenberg/Schwab/Gottwald*[15] § 110 II 2; → weiter § 281 Rdnr. 35.
[3] *Rosenberg/Schwab/Gottwald*[15] § 110 II 4; *Baumbach/Lauterbach/Hartmann*[57] Rdnr. 4; *OLG Karlsruhe* Justiz 1979, 15; a.A. *OLG Köln* NJW 1976, 1101 (bei Entscheidung durch Kammer statt durch Einzelrichter Zurückverweisung an diesen); *Zöller/Greger*[21] Rdnr. 2 (nach einem Fehler des Einzelrichters Zurückverweisung an diesen, sonst an die Kammer).
[4] *Zöller/Greger*[21] Rdnr. 2.

Fünfter Titel

Allgemeine Vorschriften über die Beweisaufnahme

Vorbemerkungen vor § 355

Beweisaufnahmeschlüssel	
I. Beweisrecht in der ZPO	1
1. Allgemeine Vorschriften	2
2. Beweisaufnahmerecht	3
3. Selbständiges Beweisverfahren	4
II. Arbeitsgerichtliches Verfahren	5
III. Freibeweis	
1. Strengbeweis – Glaubhaftmachung – Freibeweis	
a) Beweisarten	6
b) Der nicht in der ZPO vorgesehene Freibeweis	7
c) Der Anwendungsbereich des Freibeweises	8
d) Abgrenzung	16
aa) Keine Beweisaufnahme	17
bb) Keine Verfahrensrechtsverletzung	20
2. Meinungsstand	23
3. Stellungnahme	
a) Freibeweis unzulässig	24
b) Besondere Verfahrensarten	25
aa) »Bagatellverfahren« nach § 495 a	26
bb) Verfahren zur Bewilligung der Prozeßkostenhilfe	28
cc) Streitwertfestsetzungsverfahren	29
dd) Kostenentscheidung nach § 91 a	30
ee) Schiedsrichterliches Verfahren	31
IV. Rechtswidrig erlangte Beweismittel	32

Beweisaufnahmeschlüssel (Stichwortverzeichnis zu den allgemeinen Vorschriften über die Beweisaufnahme)

Abgabe
– *Abgabe* durch den *beauftragten Richter* § 365 Rdnr. 1 f.
– *Abgabe* durch den *ersuchten Richter* § 365 Rdnr. 1 f.
– *Abgabe im Ausland* § 365 Rdnr. 6
Abstammungsfeststellungen § 363 Rdnr. 77
Aktenlageentscheidung § 367 Rdnr. 2, 4, § 370 Rdnr. 7
Amtliche Auskunft Rdnr. 12, 22 vor § 355, § 358 a Rdnr. 32
Amtliche Urkunden Rdnr. 12, 20 vor § 355
Anfechtbarkeit des Beweisbeschlusses → Rechtsbehelfe
Anwaltszwang § 357 Rdnr. 5, § 361 Rdnr. 5, § 362 Rdnr. 3
Anwesenheitsrecht (der Parteien) § 357 Rdnr. 1, 4, 21 ff., § 358 a Rdnr. 31, Anh. § 363 Rdnr. 61
Anzuwendendes Recht (bei einer Beweisaufnahme im Ausland) § 363 Rdnr. 47, 62, Anh. § 363 Rdnr. 4, 137, § 365 Rdnr. 6
Arbeitsgerichtliches Verfahren Rdnr. 5 vor § 355, § 355 Rdnr. 33 ff., § 357 Rdnr. 24, § 358 a Rdnr. 47, § 360 Rdnr. 23, § 361 Rdnr. 9
Augenschein § 357 Rdnr. 7, § 358 a Rdnr. 35
Augenscheinsgehilfe Rdnr. 19 vor § 355
Auslagenvorschuß § 358 a Rdnr. 33, § 359 Rdnr. 11
Ausländische Rechtssätze Rdnr. 15 vor § 355, § 358 Rdnr. 2
Aussageverweigerungsrecht Anh. § 363 Rdnr. 3, 42, 72, 83 ff.
Aussetzung des Verfahrens § 356 Rdnr. 8, 9, § 359 Rdnr. 5, § 364 Rdnr. 10
Außergerichtliche Beweisfeststellungen § 357 Rdnr. 9 ff.
Beauftragter (»Commissioner«) Anh. § 363 Rdnr. 122
Beauftragter Richter § 355 Rdnr. 14 ff., § 357 Rdnr. 13, § 358 a Rdnr. 31, 38, § 359 Rdnr. 1, 11, § 361 Rdnr. 4, § 365 Rdnr. 1, § 366 Rdnr. 2 ff., § 367 Rdnr. 1
Bedingte (»hilfsweise, eventuelle«) Beweisanordnung § 359 Rdnr. 2 f.
Beginn der mündlichen Verhandlung § 370 Rdnr. 3
Beibringungsfrist § 356 Rdnr. 1, 11, 12, 14, § 363 Rdnr. 76, § 364 Rdnr. 6
– *Folge des Fristablaufs* § 356 Rdnr. 13
– *Verfahren der Fristsetzung* § 356 Rdnr. 11 f.
Berufungsverfahren § 355 Rdnr. 20, 38, § 367 Rdnr. 7

Beweisantrag Rdnr. 2 vor § 355, § 356 Rdnr. 2, § 358 a Rdnr. 13, § 359 Rdnr. 4
Beweisaufnahme im Ausland
– Beweisaufnahme *durch den Konsul* § 363 Rdnr. 1, 30 ff., Anh. § 363 Rdnr. 1 ff., 110 ff.
– Beweisaufnahme *durch Ersuchen an ausländische Behörden* § 363 Rdnr. 52 ff.
– Beweisaufnahme *durch Tätigkeit der Parteien* Anh. § 363 Rdnr. 29, § 364 Rdnr. 1 ff.
Beweisaufnahmebeendigung § 370 Rdnr. 4
Beweisaufnahmehindernis § 356 Rdnr. 4
– *behebbares* Beweisaufnahmehindernis § 356 Rdnr. 4, 6 f.
– *unbehebbares* Beweisaufnahmehindernis § 356 Rdnr. 7
– *Verschulden* des Beweisführers § 356 Rdnr. 10
Beweisaufnahmeprotokoll § 362 Rdnr. 7
Beweisaufnahmetermin § 357 Rdnr. 11, § 359 Rdnr. 11, § 360 Rdnr. 2 f., § 361 Rdnr. 5, § 367 Rdnr. 2 ff., § 368 Rdnr. 1, § 370 Rdnr. 1
Beweisbedürftigkeit Rdnr. 2 vor § 355, § 358 a Rdnr. 13, § 359 Rdnr. 4
Beweisbeschluß § 355 Rdnr. 18, 32, § 358 Rdnr. 1 f., § 358 a Rdnr. 13, § 359 Rdnr. 1, 4, § 360 Rdnr. 3, § 367 Rdnr. 2, 14, § 370 Rdnr. 11
– *förmlicher* Beweisbeschluß § 358 Rdnr. 1
– *formloser* Beweisbeschluß § 358 Rdnr. 2
– *Inhalt des Beweisbeschlusses* § 359 Rdnr. 7 ff.
Beweisbeschluß-Änderung § 360 Rdnr. 1, § 362 Fn. 1, § 364 Rdnr. 7 f.
– *Ablehnung einer Abänderung des Beweisbeschlusses* § 360 Rdnr. 22
– *Verfahren* § 360 Rdnr. 20 f.
Beweisbeschluß-Aufhebung § 360 Rdnr. 1
– *Verfahren* § 360 Rdnr. 20 f.
Beweisbeschluß-Erledigung § 361 Rdnr. 1
Beweiserhebung
– *unmittelbare und mittelbare* Beweiserhebung Rdnr. 24 vor § 355, § 355 Rdnr. 27
– *von Amts wegen* Rdnr. 29 vor § 355
– *auf Parteiantrag* Rdnr. 3 vor § 355
Beweisersuchen an ausländische Behörde § 363 Rdnr. 52 ff.
Beweisführer § 356 Rdnr. 4, 7, 10, 13 ff. § 359 Rdnr. 10
Beweisgebühr § 358 a Rdnr. 6, 46
Beweisinterlokut § 359 Rdnr. 1
Beweismittel Rdnr. 3 vor § 355, § 356 Rdnr. 1 ff., § 358 a Rdnr. 41, § 359 Rdnr. 4, 6, § 367 Rdnr. 7
– Beweismittel *im Ausland* § 363 Rdnr. 1 ff.
Beweismittelbeschaffung § 363 Rdnr. 6 ff.
Beweisthema § 359 Rdnr. 7
Beweisvereitelung § 357 Rdnr. 2
Beweiswürdigung Rdnr. 2 vor § 355, § 360 Rdnr. 10

Bild-Ton-Aufzeichnung Anh. § 363 Rdnr. 72
Blutentnahme (bei einer Beweisaufnahme im Ausland) § 363 Rdnr. 11, 44, 77
Discovery (pre-trial discovery) Anh. § 363 Rdnr. 84, 142 ff.
Doppelrelevante Tatsachen Rdnr. 24 vor § 355
Doppelstaater (Mehrstaater) § 363 Rdnr. 23
Erbbiologische Gutachten (bei einer Beweisaufnahme im Ausland) § 363 Rdnr. 39
Ersuchter Richter § 355 Rdnr. 15, § 357 Rdnr. 13, § 358 a Rdnr. 31, 38, § 359 Rdnr. 1, 7, § 362 Rdnr. 1, § 365 Rdnr. 1, § 366 Rdnr. 2, § 367 Rdnr. 1, 13
Ersuchungsschreiben § 362 Rdnr. 1
Eventualersuchen § 363 Rdnr. 35
Formelle Unmittelbarkeit der Beweisaufnahme Rdnr. 23 vor § 355, § 355 Rdnr. 3, 5 ff., 39, Fn. 9, § 358 a Rdnr. 3, 40, § 362 Rdnr. 1, § 363 Rdnr. 2, 6, Anh. § 363 Rdnr. 9, 65, 125
– *Durchbrechung der formellen Unmittelbarkeit der Beweisaufnahme* § 355 Rdnr. 12 ff.
– *Rügeverzicht der Parteien* § 355 Rdnr. 31, 39
Freibeweis Rdnr. 6 ff. vor § 355
– *Anwendungsbereich* des Freibeweises Rdnr. 8 ff., 24 ff. vor § 355, § 358 Rdnr. 2
– *Kritik* des Freibeweises Rdnr. 24 ff. vor § 355
– *Ausnahmefall* des Freibeweises Rdnr. 25 ff. vor § 355
Gegenseitigkeit
– *Ermittlung der Gegenseitigkeit* Rdnr. 18 vor § 355
– *Vorbehalt der Gegenseitigkeit* § 363 Rdnr. 40
Geheimverfahren § 357 Rdnr. 6, 17
Glaubhaftmachung Rdnr. 6 vor § 355, § 358 Rdnr. 2, § 367 Rdnr. 10
Haager Beweisaufnahmeübereinkommen Anh. § 363 Rdnr. 1 ff. (Kommentierung), § 365 Rdnr. 6, § 369 Rdnr. 1
Haager Übereinkommen über den Zivilprozeß von 1954 Anh. § 363 Rdnr. 1, 24, 83, 104, 110, 166 (Text), § 365 Rdnr. 6, § 369 Rdnr. 1
Internationale Beweisaufnahme § 363 Rdnr. 1 ff.
Internet
– Internationale Beweisaufnahme Anh. § 363 Rdnr. 72
»Justizkonflikt« (zwischen Europa und USA) Anh. § 363 Rdnr. 10
Konsularische Beweiserhebung § 363 Rdnr. 33, Anh. § 363 Rdnr. 110 ff.
– *Abhängigkeit der Rechtshilfe vom Willen des Empfangsstaates* § 363 Rdnr. 33
– *Anknüpfung an die Staatsangehörigkeit* § 363 Rdnr. 39
– *Erfordernis der fehlenden Rechtswirkungen im Empfangsstaat* § 363 Rdnr. 41
– *Genehmigung der Beweisaufnahme durch*

Behörden des Empfangsstaates § 363 Rdnr. 40
- *Rechtsstellung des Konsuls* § 363 Rdnr. 47 ff.

Kostenvorschuß (Auslagenvorschuß) § 356 Rdnr. 5, § 358 a Rdnr. 33, 34

Kreuzverhör Anh. § 363 Rdnr. 72

Ladungsfrist § 357 Rdnr. 12 f., 21, Fn. 16, § 361 Rdnr. 2 f.

Materielle Beweisunmittelbarkeit Rdnr. 24 vor § 355, § 355 Rdnr. 28 f.

Meistbegünstigungsprinzip (Grundsatz des minderen Erfordernisses) § 369 Rdnr. 2

Nachholung der Beweisaufnahme § 367 Rdnr. 9, 11, 15

Nichterscheinen der Partei § 357 Rdnr. 22, § 367 Rdnr. 7

Ordre-public Klausel § 363 Rdnr. 65, Anh. § 363 Rdnr. 3, 12, 92 f.

Parteibetrieb (Beweisaufnahme im Ausland) § 364 Rdnr. 1, 5
- *Abänderung der Beweiserhebung* § 364 Rdnr. 7

Parteibenachrichtigung § 357 Rdnr. 9, 11, 21, § 358 a Rdnr. 2, 31, § 360 Rdnr. 21, § 362 Rdnr. 3, § 363 Rdnr. 73, § 364 Rdnr. 11, § 367 Rdnr. 2
- *Verzicht der Parteien* auf Parteibenachrichtigung § 357 Rdnr. 22, § 367 Rdnr. 2

Parteiöffentlichkeit Rdnr. 23 vor § 355, § 357 Rdnr. 1, 7, 21 f., § 367 Rdnr. 2

Parteivernehmung § 359 Rdnr. 8, § 367 Rdnr. 12

puntive damages Anh. § 363 Rdnr. 23, 92

Qualifikation
- *der Staatsangehörigkeit* § 363 Rdnr. 39
- *der Rechtsverhältnisse nach HBÜ* Anh. § 363 Rdnr. 19 ff.

Rechtsbehelfe § 355 Rdnr. 29 ff., 38, § 356 Rdnr. 15, § 357 Rdnr. 23, § 358 Rdnr. 5, § 358 a Rdnr. 42, § 359 Rdnr. 5, § 360 Rdnr. 22, § 364 Rdnr. 10, § 366 Rdnr. 3

Rechtshilfeersuchen aus dem Ausland § 363 Rdnr. 79

Rechtshilfeersuchen im Ausland
- *Rechtshilfeersuchen im diplomatischen Weg* § 363 Rdnr. 59
- *Rechtshilfeersuchen im konsularischen Weg* § 363 Rdnr. 58

Rechtshilfe im vertragslosen Zustand § 363 Rdnr. 33

Rechtshilfeordnung in Zivilsachen (ZRHO) § 363 Rdnr. 14, 26, 35, 56, 71 f., 75, 79, § 364 Rdnr. 2

Revisionsverfahren Rdnr. 14 vor § 355, § 355 Rdnr. 30

Richterwechsel § 355 Rdnr. 11 f.

Rügeverzicht (Anwendungsbereich des § 295) § 355 Rdnr. 31, 39, § 357 Rdnr. 22, § 358 a Rdnr. 39 f.

Sachverständigengutachten Rdnr. 29 vor § 355, § 358 a Rdnr. 34, § 363 Rdnr. 22

Sachverständigentätigkeit Rdnr. 19, 26 vor § 355, § 355 Rdnr. 23 f., § 357 Rdnr. 8 ff., § 358 a Rdnr. 34

Säumnis der Parteien (im Beweisaufnahmetermin) § 367 Rdnr. 1, 9, § 368 Rdnr. 1, § 370 Rdnr. 5

Schriftliche Auskünfte (von Zeugen) § 358 a Rdnr. 33
- *schriftliche Auskünfte aus dem Ausland* § 363 Rdnr. 14

Selbständiges Beweisverfahren Rdnr. 4 vor § 355

Souveränität (eines fremden Staates) § 363 Rdnr. 7

Strengbeweis Rdnr. 6, 24 f., 30 vor § 355

Terminsbestimmung § 357 Rdnr. 12 f., § 361 Rdnr. 1, § 362 Rdnr. 3, § 367 Rdnr. 7, § 368 Rdnr. 1

Termin zur Fortsetzung der mündlichen Verhandlung § 359 Rdnr. 11, § 370 Rdnr. 1 ff., 11

Übertragung der Beweisaufnahme § 355 Rdnr. 13 f.
- *Übertragung der Beweisaufnahme auf den beauftragten Richter* § 355 Rdnr. 14, 18
- *Übertragung der Beweisaufnahme auf den ersuchten Richter* § 355 Rdnr. 14, 18
- *Übertragung der Beweisaufnahme auf Privatpersonen (Sachverständige)* § 355 Rdnr. 22 f.
- *Rechtsbehelfe* § 355 Rdnr. 29 f.
- *Verfahren* § 355 Rdnr. 18

Unmittelbarkeitsgrundsatz § 355 Rdnr. 1
- *formelle Unmittelbarkeit* der Beweisaufnahme § 355 Rdnr. 3, 5 ff.
- *materielle Unmittelbarkeit* des Beweises § 355 Rdnr. 4, 28
- *Verhältnis von Verhandlung und Entscheidung* § 355 Rdnr. 2

Urkundenbeweis (bei einer Beweisaufnahme im Ausland) § 363 Rdnr. 11, 45, Anh. § 363 Rdnr. 41, 70, 79, 142

Vereinfachungsnovelle § 358 a Fn. 1, § 360 Rdnr. 3, § 367 Rdnr. 11

Verfahren mit fakultativ mündlicher Verhandlung § 357 Rdnr. 7, § 358 Rdnr. 3

Verfahrensstillstand § 358 Rdnr. 5

Versäumnisurteil (nach Abschluß der Beweisaufnahme) § 370 Rdnr. 6, Fn. 7

Verspätetes Vorbringen (des Beweismittels) § 356 Rdnr. 2, 15, Fn. 39, § 367 Rdnr. 7

Verzögerung (der Beweisaufnahme) § 367 Rdnr. 9 f.

Videoaufzeichnung Anh. § 363 Rdnr. 72, Rdnr. 6 vor § 371

Videokonferenz § 355 Rdnr. 10, § 357 Rdnr. 2, § 363 Rdnr. 16, Anh. § 363 Rdnr. 72
Vorterminliche Beweisaufnahme § 358 a Rdnr. 2, 25 ff.
– *Verfahren* § 358 a Rdnr. 26 f., 38
Vorterminlicher Beweisbeschluß § 358 Rdnr. 1, § 358 a Rdnr. 2, § 367 Rdnr. 2, 3
– *Verfahren* § 358 a Rdnr. 20 ff.
– *Inhalt und Form* des vorterminlichen Beweisbeschlusses § 358 a Rdnr. 14 f.
– *Zeitpunkt des Erlasses* § 358 a Rdnr. 6 ff.
– *Zuständigkeit* § 358 a Rdnr. 20 ff.

Wiener Übereinkommen über konsularische Beziehungen § 363 Rdnr. 33
Zentrale Behörde § 363 Rdnr. 57, Anh. § 363 Rdnr. 3, 11, 35 ff., 50, 55, 59, 85, 96, 147
Zeugen im Ausland § 363 Rdnr. 13 ff., 39
Zeugnisverweigerungsrecht Anh. § 363 Rdnr. 3, 83 ff.
Zustellung (des vorterminlichen Beweisbeschlusses) § 358 a Rdnr. 24
Zwischenstreit § 366 Rdnr. 1
Zwischenurteil § 359 Rdnr. 6, § 364 Rdnr. 13, § 366 Rdnr. 5, § 367 Rdnr. 14

I. Beweisrecht in der ZPO

1   Das Beweisrecht ist in der ZPO an verschiedenen Stellen geregelt:

1. Allgemeine Vorschriften

2   Die §§ 282 – 294 enthalten allgemeine Vorschriften über Beweisantritt, Beweisbedürftigkeit und Beweiswürdigung. Zur Beweislast → § 286 Rdnr. 25 ff., zum Protokoll → §§ 159 ff.

2. Beweisaufnahmerecht

3   In den §§ 355–484 ist das **Verfahren** bei der Aufnahme der Beweise geregelt. Das Gesetz behandelt dabei folgende *Beweismittel:* Augenschein (§§ 371 ff.), Zeugen (§§ 373 ff.), Sachverständige (§§ 402 ff.), Urkunden (§§ 415 ff.) und Parteivernehmung (§§ 445 ff.). Allgemeine Vorschriften über die Beweisaufnahme, die für alle diese Beweismittel gelten, enthalten die §§ 355–370. Sie sind sowohl bei Beweisaufnahmen auf Parteiantrag wie bei solchen von Amts wegen anzuwenden. Die wichtigsten allgemeinen **Grundsätze des Beweisaufnahmerechts** sind:
   a) die Unmittelbarkeit der Beweisaufnahme (§ 355),
   b) die Parteiöffentlichkeit (§ 357),
   c) die lediglich prozeßleitende Natur des Beweisbeschlusses (§ 359).

3. Selbständiges Beweisverfahren

4   Das selbständige Beweisverfahren regeln die §§ 485–494 a.

II. Arbeitsgerichtliches Verfahren

5   Der fünfte Titel gilt im arbeitsgerichtlichen Verfahren entsprechend, § 46 Abs. 2, § 64 Abs. 6 ArbGG. Gewisse Abweichungen ergeben sich aus § 58 ArbGG (→ § 355 Rdnr. 33 ff., → § 361 Rdnr. 9).

III. Freibeweis

1. Strengbeweis – Glaubhaftmachung – Freibeweis

a) Beweisarten

Man unterscheidet **drei Arten des Beweises** (→ § 284 Rdnr. 22 ff.). (1) Das in den §§ 355 – 484 (→ Rdnr. 3) geregelte Verfahren der Beweiserhebung mit den dort aufgeführten Beweismitteln wird als **Strengbeweis** bezeichnet. Das Beweisziel ist der Vollbeweis (→ § 286 Rdnr. 4). (2) Der Text der ZPO sieht daneben die **Glaubhaftmachung** (§ 294 Abs. 1) als eine erleichterte Beweisführung vor. Die Glaubhaftmachung ist nicht an die Beweismittel und das -verfahren des Strengbeweises gebunden. Als Beweisergebnis erstrebt die Glaubhaftmachung einen geringeren Grad an Wahrscheinlichkeit (→ § 294 Rdnr. 6). (3) Daneben tritt nach einer vor allem in der Rechtsprechung verbreiteten, allerdings umstrittenen Auffassung mit dem **Freibeweis** eine dritte Form der Beweiserhebung[1] (zur Kritik → Rdnr. 16 ff., 21 ff.). Der Freibeweis wird mit dem Ziel der vollen richterlichen Überzeugung geführt, jedoch in einem formlosen Verfahren unter Rückgriff auf alle Erkenntnismittel. Der Freibeweis gleicht damit im Beweisergebnis dem Strengbeweis, im Beweisverfahren und den -mitteln der Glaubhaftmachung[2], freilich ohne Beschränkung auf präsente Beweismittel (§ 294 Abs. 2).

6

b) Der nicht in der ZPO vorgesehene Freibeweis

Im Rahmen des Freibeweises ist das Gericht nicht an die Vorschriften der ZPO über die Beweismittel und das -verfahren gebunden, sondern gestaltet die Beweiserhebung nach »pflichtgemäßem Ermessen«[3]. Soweit der Freibeweis zur Anwendung kommt, gelten nicht die Grundsätze der Unmittelbarkeit und Parteiöffentlichkeit, ein Beweisantrag kann überflüssig sein, es muß kein Beweisbeschluß ergehen und ein Termin zur Beweisaufnahme ist nicht erforderlich[4]. Überdies entfällt die Beschränkung auf die in der ZPO genannten Beweismittel; das Gericht soll Erkenntnisquellen jeglicher Art verwerten dürfen, beispielsweise auch eidesstattliche Erklärungen[5], – über § 377 Abs. 3 hinaus – schriftliche Zeugenbekundungen[6] oder telefonische Auskünfte[7]. Nicht jedoch senkt der Freibeweis die Anforderungen an die richterliche Überzeugung. Auch im Rahmen des Freibeweises müssen die gewählten Beweismittel die volle Überzeugung des Gerichts begründen[8]. Ein geringerer Grad an Wahrscheinlichkeit genügt nicht[9].

7

---

[1] Insbesondere *BGH* NJW 1987, 2875, 2876 = ZZP 101 (1988) 294 (mit abl. Anm. *Peters*); ferner: *BGH* NJW 1951, 441; *BGH* NJW 1961, 410, 411; *BGH* NJW 1964, 108, 109; *BGH* NJW 1966, 296, 298; *BGH* VersR 1978, 155; *BGH* ZZP 103 (1990) 464, 467 (mit insoweit krit. Anm. *Bork*) (insoweit in BGHZ 110, 294 nicht abgedruckt); *BGH* NJW-RR 1992, 1338, 1339; *BGH* WM 1993, 109 f.; *BGHZ* 125, 196, 202; *BGH* ZZP 110 (1997) 109, 110 (mit krit. Anm. *Oda*); *BAG* NJW 1971, 671, 672; *OLG Neustadt* ZZP 66 (1953) 58, 59; *KG* MDR 1986, 1032; *OLG Hamm* NJW-RR 1995, 223, 224; *Baumbach-Lauterbach-Hartmann*[56] Einf. vor § 284 Rdnr. 9; *A. Blomeyer* Zivilprozeßrecht[2], § 14 IV, § 66 II 3; *Jauernig* Zivilprozeßrecht[25], § 49 III; *Müller* Freibeweis im Zivilprozeßrecht (Diss. Halle 1936); *E. Schneider* Beweis und Beweiswürdigung[5] (1994) § 48; 18. Aufl. dieses Kommentars III vor § 355; *Thomas-Putzo*[21], vor § 284 Rdnr. 6; *v. Weber* ZZP 57 (1932) 97; differenzierend nach dem Prozeßverhalten der Parteien *Koch-Steinmetz* MDR 1980, 901. – Zu den Gegnern des Freibeweises → Fn. 42.

[2] *Egbert Peters* Der sogenannte Freibeweis im Zivilprozeß (1962) 65 f.

[3] *BGH* ZZP 101 (1988) 294, 295 = NJW 1987, 2875, 2876; *BGH* NJW-RR 1992, 1338, 1339.

[4] *E. Schneider* Beweis und Beweiswürdigung[5] Rdnr. 1542.

[5] *BAG* NJW 1971, 671, 672; *BGH* VersR 1978, 155; *BGH* NJW 1992, 627.

[6] Vgl. *BGH* NJW-RR 1992, 1338.

[7] Vgl. *Zöller-Herget*[20], § 495 a Rdnr. 10.

[8] *BGH* ZZP 101 (1988) 294, 295 = NJW 1987, 2875, 2876.

[9] Entgegen einer immer noch verbreiteten Ansicht (z. B. *Kunze* DtZ 1994, 399, 401) hat der Freibeweis mit der freien Beweiswürdigung nichts zu tun.

c) Der Anwendungsbereich des Freibeweises

8 Der Freibeweis gilt in erster Linie für **prozessual relevante Tatsachen**, nicht für Umstände, die die Begründetheit der Klage betreffen. Der Freibeweis wird in folgenden Fällen für zulässig erachtet:

9 aa) Bei der Feststellung der von Amts wegen zu prüfenden **Prozeßvoraussetzungen**[10], namentlich der Prozeßfähigkeit[11], der Wirksamkeit der erteilten Prozeßvollmacht[12] und der Prozeßführungsbefugnis[13].

10 bb) Bei der Feststellung des Vorliegens der **Zulässigkeitsvoraussetzungen von Rechtsmitteln**[14] und Rechtsbehelfen, insbesondere den Zeitpunkt der Zustellung des erstinstanzlichen Urteils[15], der rechtzeitigen Einlegung der Berufung[16] und der wirksamen Zustellung eines Vollstreckungsbescheids[17].

11 cc) Bei sonstigen **von Amts wegen** zu prüfenden prozessualen Tatsachen[18], beispielsweise im Rahmen des § 203 Abs. 1[19].

12 dd) Bei der **Mitteilung amtlicher Urkunden** (insbesondere Gerichts- und Behördenakten) gemäß § 273 Abs. 2 Nr. 2 Alt. 1 und der **amtlichen Auskunft**[20] nach §§ 273 Abs. 2 Nr. 2 Alt. 2, 358 Nr. 2 (die aber ein dem Strengbeweis unterliegendes Beweismittel ist → Rdnr. 57 vor § 373).

13 ee) Bei der Ermittlung von **Entschuldigungsgründen** im Rahmen von § 381[21].

14 ff) In **besonderen Verfahrensarten und -abschnitten**, so im Revisionsverfahren[22], im Bagatellverfahren nach § 495a ZPO[23], im Verfahren über die Bewilligung der Prozeßkostenhilfe[24], im Streitwertfestsetzungsverfahren[25], in Verfahrensabschnitten, in denen ohne mündliche Verhandlung entschieden werden kann[26], bei der Untersagung weiteren Vortrags nach § 157 Abs. 2[27] sowie im Rahmen des § 112[28].

15 gg) Bei der **Ermittlung ausländischen Rechts**[29].

d) Abgrenzung

16 Analysiert man den Anwendungsbereich des Freibeweises, wird offenbar, daß in vielen Fallgruppen die richterliche Tätigkeit zu Unrecht (und zuweilen floskelhaft) als Freibeweis qualifiziert wird, weil entweder gar keine Beweisaufnahme stattfindet, Verfahrensregeln

---

[10] Vgl. *BGH* ZZP 101 (1988) 294 = NJW 1987, 2875; *BGH* NJW 1990, 1734, 1735 r. Sp.; *Baumbach-Lauterbach-Hartmann* vor § 284 Rdnr. 9; *A. Blomeyer* Zivilprozeßrecht², § 14 IV; § 66 II 3; ablehnend *Leipold* → vor § 128 Rdnr. 97; *Rimmelspacher* Zur Prüfung von Amts wegen im Zivilprozeß (1966) 171 ff.; *Rosenberg-Schwab-Gottwald*¹⁵, § 112 II 3; differenzierend zwischen Zweifeln des Gerichts und Parteienstreit um Prozeßvoraussetzungen *Smid* Rechtsprechung (1990) 574 f.
[11] *BGH* NJW 1951, 441.
[12] *BGH* NJW 1992, 627.
[13] *BGH* WM 1993, 109 f.; *BGHZ* 125, 196, 202.
[14] *BAG* NJW 1971, 671; allgemein *BGH* ZZP 101 (1988) 294 = NJW 1987, 2875.
[15] *BGH* VersR 1978, 155.
[16] Vgl. das *KG* als Vorinstanz zu *BGH* NJW-RR 1992, 1338.
[17] *OLG Hamm* NJW-RR 1995, 223.
[18] Vgl. die Analyse von *Peters* (Fn. 2) 136.
[19] *Thomas-Putzo*²¹ § 203 Rdnr. 4; ebenso noch *Schumann-Leipold* in der 19. Aufl. dieses Kommentars vor § 355 III 2.
[20] *E. Schneider* (Fn. 1) Rdnr. 1547.

[21] *MünchKommZPO-Damrau* § 381 Rdnr. 5; *Zöller-Greger*²⁰ § 381 Rdnr. 2.
[22] *AK-ZPO-Ankermann* § 561 Rdnr. 11.
[23] *MünchKommZPO-Prütting* § 284 Rdnr. 31.
[24] *MünchKommZPO-Prütting* § 284 Rdnr. 31; *AK-ZPO-Rüßmann* vor § 284 Rdnr. 28; ebenso noch *Schumann-Leipold* in der 19. Aufl. dieses Kommentars vor § 355 III 2.
[25] *AK-ZPO-Röhl* § 3 Rdnr. 2; *Thomas-Putzo*²¹ § 3 Rdnr. 3.
[26] *MünchKommZPO-Prütting* § 284, Rdnr. 31.
[27] *AK-ZPO-Göring* § 157, Rdnr. 8; ebenso noch *Schumann-Leipold* in der 19. Aufl. dieses Kommentars vor § 355 III 2. Daß es sich hierbei aber nicht um einen Freibeweis handelt, betont *MünchKommZPO-Peters* § 157 Rdnr. 18.
[28] *AK-ZPO-Röhl* §§ 110 – 113 Rdnr. 11.
[29] *BGH* NJW 1961, 410, 411 r. Sp.; *BGH* NJW 1966, 296, 298 l. Sp.; *Geimer* IZPR³ (1997) Rdnr. 2064, 2138; *Gottwald-Nagel* IZPR⁴ § 10 Rdnr. 10; *Sommerlad-Schrey* NJW 1991, 1377, 1381; weit Nachw. → § 293 Rdnr. 36 ff.

nicht verletzt werden oder die Überzeugungsbildung unter ein anerkanntes Beweismittel fällt bzw. aufgrund der Würdigung des Verhandlungsstoffes erfolgt. Damit verliert der Streit um den Freibeweis (→ Rdnr. 23 ff.) erheblich an Bedeutung.

aa) Keine Beweisaufnahme

(1) Der Begriff Freibeweis wird nicht selten für Aktivitäten des Richters verwendet, die mit der Beweisaufnahme nichts zu tun haben. Die Sammlung und Würdigung des Verfahrensstoffes ist von der Beweisaufnahme zu trennen[30]. Die Überzeugungsbildung im Rahmen des § 157 Abs. 2 über die mangelnde Fähigkeit der Partei zum geeigneten Vortrag ist ein Produkt der Stoffsammlung[31] (und Verhandlungswürdigung → sogleich Rdnr. 20). Die Sachverhaltsermittlung nach § 381 hat mit Freibeweis nichts zu tun (→ § 381 Rdnr. 15). Die informatorische Tätigkeit des Richters nach Maßgabe des § 54 Abs. 1 Satz 3 ArbGG für die Güteverhandlung ist nicht Beweisaufnahme, da sie nicht auf die Erlangung der vollen Überzeugung gerichtet ist, sondern vorläufige, in der späteren Verhandlung nicht verwertbare Tatsachenerhebung[32].

17

(2) Die Ermittlung ausländischen Rechts nach § 293 ist keine Beweisaufnahme, wenn der Richter sich die erforderliche Erkenntnis durch gerichtsinterne Erforschung der Rechtssätze beschafft (→ § 293 Rdnr. 37). Auch hier sollte man nicht von der Erhebung eines Freibeweises sprechen. Gleiches gilt für die Ermittlung der Gegenseitigkeit nach §§ 110 Abs. 2 Nr. 1, 328 Nr. 5.

18

(3) Die eigenen Erhebungen von Sachverständigen zur Vorbereitung ihrer Gutachten sind keine *gerichtliche* Beweisaufnahme; auch insoweit handelt es sich nicht um einen Freibeweis[33]. Dies gilt auch, wenn ein Augenscheingehilfe tätig wird (→ Rdnr. 15 f. vor § 371). Die gerichtliche Beweisaufnahme liegt erst in der Aussage des Augenscheingehilfen vor Gericht. Für die Feststellungen durch den Augenscheingehilfen kommt allenfalls eine entsprechende Anwendung einzelner Bestimmungen der ZPO über das gerichtliche Beweisverfahren in Betracht (→ Rdnr. 15 ff. vor § 371).

19

bb) Keine Verfahrensrechtsverletzung

Vielfach spricht man von der Erhebung eines Freibeweises, obgleich bei der Beweisaufnahme keine Verfahrensvorschriften der ZPO verletzt werden. Zu verstehen ist dies vor dem Hintergrund, daß der **Freibeweis ursprünglich im Strafprozeß** entwickelt wurde[34], wo die Anforderungen an die Beweiserhebung mitunter strenger sind als im Beweisverfahren der ZPO.
Beispielsweise müssen Urkunden nach § 249 Abs. 1 StPO in der Hauptverhandlung verlesen werden. Solange eine Bezugnahme auf Schriftstücke durch § 124 Abs. 3 CPO von 1879[35] ausgeschlossen war, mußte früher auch im Zivilprozeß der Urkundenbeweis durch mündlichen Vortrag des Urkundeninhalts geführt werden[36]. Die (heutige) Einordnung der

20

---

[30] *Brehm* Freiwillige Gerichtsbarkeit² Rdnr. 334 ff.; *Pohlmann* ZZP 106 (1993) 181, 203. Nicht befolgt wird dies von *Koch-Steinmetz* MDR 1980, 901, 902 bei Fn. 32, die die Entscheidung RGZ 118, 196, 197 f. zum Freibeweis zählen.
[31] Vgl. MünchKommZPO-*Peters* § 157, Rdnr. 18.
[32] Vgl. *Brehm* HbArbR § 379 Rdnr. 8; *Grunsky* ArbGG⁷, § 54 Rdnr. 12 mit Nachw.
[33] Vgl. aber BGHZ 23, 207, 214 (unter unzutreffender Bezugnahme auf *RG* JW 1903, 66 Nr. 9, wo die informatorische Tätigkeit des Sachverständigen gerade nicht der Beweisaufnahme zugerechnet wurde); gegen eine Qualifizierung als Freibeweis zutr. *Peters* (Fn. 2) 151 ff.
[34] *Peters* (Fn. 2) 16 ff.
[35] »Eine Bezugnahme auf Schriftstücke statt mündlicher Verhandlung ist unzulässig. Die Vorlesung von Schriftstücken findet nur insoweit statt, als es auf den wörtlichen Inhalt derselben ankommt.«
[36] RGZ 4, 375, 379; RGZ 8, 325; *RG* JW 1890, 79 Nr. 2; *RG* JW 1899, 225 Nr. 9; *RG* JW 1903, 22 Nr. 4.

Verwertung amtlicher Urkunden, gerichtlicher und behördlicher Akten, protokollierter Aussagen, schriftlicher Erklärungen usw. zur richterlichen Überzeugungsbildung als Freibeweis (→ Rdnr. 7, 12) ist unzutreffend. In Wahrheit wird hier kein Freibeweis geführt, weil Verfahrensvorschriften nicht verletzt werden: Die Beweisaufnahme besteht bei Urkunden in der Einsichtnahme durch das Gericht (→ § 420 Rdnr. 6); ein wörtlicher Vortrag ist nicht (mehr) erforderlich (→ § 128 Rdnr. 31). Vielfach wird das Gericht auf eine förmliche Beweisaufnahme ganz verzichten; dann erfolgt die Überzeugungsbildung aufgrund der *Verhandlungswürdigung* (→ § 286 Rdnr. 10), worin ebenfalls keine Verletzung von Verfahrensrecht liegen muß[37].

21   Wird die **schriftliche Erklärung einer Auskunftsperson** verwertet, so erfolgt dies **nicht im Wege des Freibeweises**, sondern ist Urkundenbeweis. Daß man gleichwohl von Freibeweis spricht (→ Rdnr. 7), liegt daran, daß im Strafprozeß die Vernehmung einer Person nicht durch die Verlesung einer schriftlichen Erklärung ersetzt werden darf (§ 250 Satz 2 StPO). Im Zivilprozeß gilt der Grundsatz materieller Unmittelbarkeit jedoch nicht (→ § 355 Rdnr. 28; → ferner § 284 Rdnr. 34 und § 286 Rdnr. 33). Folglich liegt in der Aufnahme des Urkundenbeweises auch keine Verfahrensverletzung, die erst nach den »Regeln« des Freibeweises statthaft wäre. Allerdings darf eine von einer Partei beantragte Erhebung des unmittelbaren Beweismittels (z. B. eine Zeugenvernehmung) nicht unter Hinweis auf ein entfernteres Beweismittel (z. B. eine protokollierte Aussage in einem früheren Verfahren) abgelehnt werden (→ § 284 Rdnr. 37; → § 355 Rdnr. 28).

22   Die **amtliche Auskunft** ist **kein Instrument des Freibeweises**[38]. Abhängig von ihrem Inhalt fällt ihre Verwertung unter den Zeugen-, Sachverständigen- oder Urkundenbeweis[39]. Die engen Voraussetzungen, unter denen eine amtliche Auskunft eingeholt werden kann (→ Rdnr. 57 vor § 373), dürfen freilich nicht unter Rückgriff auf die Figur des Freibeweises unterlaufen werden. Schließlich ist die Bezugnahme auf eine dienstliche Äußerung eines abgelehnten Richters (§ 44 Abs. 3) kein Freibeweis[40], sondern nach § 44 Abs. 2 Satz 1 Glaubhaftmachung (zum Unterschied → Rdnr. 6).

2. Meinungsstand

23   Die Rechtsprechung stützt die Statthaftigkeit des Freibeweises auf prozeßökonomische Gründe[41]. Hingegen hält die weitaus herrschende Meinung in der Literatur den Freibeweis im Anschluß an die von *Egbert Peters* vorgetragenen Einwände grundsätzlich für unzulässig[42]. Allein soweit die ZPO in Ausnahmefällen Raum für freibeweisliche Tätigkeit eröffne, sei der Strengbeweis nicht erforderlich[43], ferner bei Nebenentscheidungen, beispielsweise im Verfahren nach §§ 36 f. ZPO[44]. Der Freibeweis wird abgelehnt mit dem Argument, der Text der ZPO sehe neben der Glaubhaftmachung allein den Strengbeweis vor. Der Strengbeweis führe zu

---

[37] Augenfällig ist dies etwa bei *BGH* WM 1993, 309 f.: Der *BGH* legt zunächst dar, daß die erforderlichen Voraussetzungen der Prozeßführungsbefugnis nach den Grundsätzen des Freibeweises ermittelt werden können. Die Überzeugung bildet er sich dann aber aus den vom Berufungsgericht beigezogenen Akten eines anderen Gerichtsverfahrens, also im Urkundenbeweis.
[38] So aber *Schneider* (Fn. 1) Rdnr. 1547; differenzierend zwischen Einholung und Verwertung MünchKommZPO-*Prütting* § 284 Rdnr. 29.
[39] *Musielak-Stadler* Grundfragen des Beweisrechts Rdnr. 30.
[40] So aber *Günther* NJW 1986, 281, 283 r. Sp.
[41] *BGH* ZZP 101 (1988) 294, 295 = NJW 1987, 2875, 2876; *BGH* NJW 1990, 1734, 1736; *BGH* NJW-RR 1992, 1338, 1339.
[42] *Blomeyer* ZPR² § 66 II 3; *Bruns* ZPR² Rdnr. 172 b; *Gottwald* Die Revisionsinstanz als Tatsacheninstanz (1975) 256 (Bedenken gegen den Freibeweis bei den Prozeßvoraussetzungen), 267 (auch im Hinblick auf doppelrelevante Tatsachen); *Grunsky* Grundlagen des Verfahrensrechts² § 42 I 2; *Rimmelspacher* Zur Prüfung von Amts wegen im Zivilprozeß (1966) 171 ff. (kein Freibeweis bei Prozeßvoraussetzungen); *Zöller-Greger*²⁰ vor § 284 Rdnr. 7.
[43] AK-ZPO-*Rüßmann* vor § 284 Rdnr. 28 im Anschluß an *Schumann-Leipold* in der 19. Aufl. dieses Kommentars.
[44] *Peters* (Fn. 2) 110 f.; *Schumann* → § 37 Rdnr. 1.

einem besseren Beweisergebnis[45] als der Freibeweis, der die Grundsätze formeller Unmittelbarkeit (§ 355) und Parteiöffentlichkeit (§ 357) verletze[46]. Die dem Freibeweis zugrunde liegende Differenzierung zwischen (dem Freibeweis zugänglichen) prozessualen und (für den Strengbeweis allein relevanten) materiellrechtlichen Tatsachen sei willkürlich[47], zumal prozessuale Tatsachen nicht als minder bedeutsam qualifiziert werden könnten[48].

3. Stellungnahme

a) Freibeweis unzulässig

Der Kritik am Freibeweis ist vorbehaltlos zuzustimmen. Soweit wirklich ein Freibeweis erhoben (→ Rdnr. 17 ff.) wird, ist er unzulässig. (1) Nach der Vorstellung des Gesetzgebers dienen der numerus clausus der Beweismittel und die Verfahrensbestimmungen der Beweiserhebung dazu, eine zuverlässige Tatsachenfeststellung zu gewährleisten. Ob der Strengbeweis in jedem Falle eine höhere Wahrscheinlichkeit für die Richtigkeit des Beweisergebnisses garantiert[49], mag dahinstehen[50]. Zweck der Beweisaufnahme ist nicht Ermittlung »der Wahrheit« um ihrer selbst willen, sondern nur als Mittel zum Zweck des Rechtsschutzes im Parteiinteresse[51]. Entscheidend gegen den Freibeweis spricht daher, daß er das Recht der Parteien verletzt, auf die Sachverhaltsfeststellung Einfluß zu nehmen[52], wenn eine Beweisaufnahme ohne die in § 357 vorgesehene Parteiöffentlichkeit erfolgt. Zugleich kann das Recht auf richterliches Gehör verletzt sein[53], denn die Anwesenheit bei der Beweisaufnahme ist vielfach die Voraussetzung dafür, daß sich die Parteien zum Beweisergebnis qualifiziert äußern können. Dazu reicht es nicht, wenn nur das Beweis*ergebnis* mitgeteilt wird. (2) Eine Beweisaufnahme ohne Beweisantrag (→ Rdnr. 7) durchbricht den Beibringungsgrundsatz; daß dieser gerade bei der Beweiserhebung bereits von der ZPO eingeschränkt wird, rechtfertigt nicht seine weitere Aushöhlung. Beweiserhebung ohne Parteiantrag kann auch nicht mit dem bei prozessualen Tatsachen geltenden Amtsprüfungsgrundsatz gerechtfertigt werden[54]. Amtsprüfung (und -ermittlung) haben mit dem Freibeweis nichts zu tun[55]. Die Frage, ob der Richter an ein Geständnis gebunden ist bzw. wen die Initiativlast bei der Beweisführung trifft, besagt nichts darüber, welches Beweisverfahren anzuwenden ist[56]. (3) Der das Beweisrecht beherrschende Grundsatz der Unmittelbarkeit der Beweisaufnahme (§ 355) wird verletzt, wenn beispielsweise eine Auskunftsperson von nur *einem* Richter einer Kammer oder eines Senats telefonisch vernommen wird. (4) Die Grenzziehung zwischen prozessualen und materiellrechtlichen Tatsachen ist nicht geeignet, den Anwendungsbereich des Freibeweises sinnvoll zu umgrenzen. Mitunter ist die Einordnung einer Tatsache als Prozeßvoraussetzung oder materiellrechtlich erhebliche Tatsache nicht zwingend oder schwankend, etwa bei der materiellen Rechtskraft[57] oder der Verjährung[58]; überdies bereitet dieses Merkmal bei doppelrelevanten Tatsachen erhebliche Schwierigkeiten[59]; schließ-

24

---

[45] *Peters* (Fn. 2) 104.
[46] *Schumann* Rdnr. 21 in der Voraufl. dieses Kommentars.
[47] *Peters* (Fn. 2) 85 ff.
[48] *Rosenberg-Schwab-Gottwald*[15] § 112 II 3.
[49] *Peters* (Fn. 2) 104.
[50] Zweifelnd auch *Smid* (Fn. 10) 568.
[51] Vgl. *Wach* Grundfragen und Reform des Zivilprozesses (1914) 26; eingehend *Brehm* (Fn. 30) 21 ff.
[52] Die Bedeutung der Einbeziehung der Parteien in den Prozeß der Beweiserhebung für die Richtigkeit der Tatsachenfeststellung und die Akzeptanz auch ungünstiger Entscheidungen betont *Brehm* (Fn. 30) 134 ff.

[53] Den Zusammenhang zwischen Art. 103 GG und dem Strengbeweis hebt *Grunsky* (Fn. 42), § 42 I 2 hervor.
[54] → *Leipold* vor § 128 Rdnr. 97.
[55] *Schumann* in der Voraufl., Rdnr. 31 und Fn. 3; vgl. aber *Herschel* Anm. zu BAG AP Nr. 2 zu § 319, unter II 1 a und *Koch-Steinmetz* MDR 1980, 901, 902 bei Fn. 35, die RGZ 160, 338, 346 f. falsch einordnen.
[56] *Peters* (Fn. 2) 73.
[57] Zu den Rechtskrafttheorien → *Leipold* § 322 Rdnr. 19 ff.
[58] *Peters* (Fn. 2) 85 f.
[59] Eingehend *Schumann* in der Voraufl. Rdnr. 32.

lich ist es verfehlt, prozessuale Umstände für weniger wichtig zu erachten als materiellrechtliche Tatsachen, die teilweise sogar absolute Revisionsgründe bilden bzw. Grundlage des Wiederaufnahmeverfahrens sein können. Fragen der Partei- und Prozeßfähigkeit, der Prozeßführungsbefugnis, der ordnungsgemäßen Vertretung, entgegenstehender Rechtskraft sind nicht minder bedeutsam als materielle Rechtsverhältnisse. (5) Das pflichtgemäße Ermessen, das die Erhebung des Freibeweises und das dabei einzuschlagende Verfahren bestimmt[60], ist kein geeignetes Korrektiv, zumal damit erhebliche Rechtsunsicherheit bewirkt wird. (6) Prozeßökonomische Gründe erzwingen den Freibeweis nicht. Die Zuverlässigkeit der Tatsachenfeststellung vor Gericht steht nicht unter dem Vorbehalt der Prozeßökonomie. (Vermeintliche) Effizienzgesichtspunkte befreien nicht von der Gesetzesbindung. Denkt man dieses Argument zu Ende, könnte man Verfahrensvorschriften überhaupt abschaffen[61]. Effizienz kann erst dann eine Rolle spielen, wenn zwei Wege zum selben Ziel führen, nicht aber darf damit die Zielvorgabe beschnitten werden. Im übrigen ist es zweifelhaft, ob die Beweiserhebung nach den Regeln des Strengbeweises für das Gericht immer aufwendiger ist als ein Freibeweis. (7) Der Gesichtspunkt effektiven Rechtsschutzes zwingt nicht zur Anwendung des Freibeweises. Die Parteien können auf den *einstweiligen Rechtsschutz* zurückgreifen, wo mit der Glaubhaftmachung (§§ 920 Abs. 2, 936) eine Freistellung von den Fesseln des Strengbeweises vorgesehen ist; im Hauptsacheprozeß darf dies nicht anerkannt werden. (8) Schließlich dürfen die Grenzen des Strengbeweises nicht unter Hinweis auf ein »Recht zum Beweis« unterlaufen werden[62]. Das aus Art. 103 Abs. 1 GG abgeleitete »Recht zum Beweis«[63] rechtfertigt den Freibeweis nicht; es ist als Initiativrecht der Parteien zu verstehen, nicht aber kann daraus abgeleitet werden, daß Verfahrensvorschriften über die Beweisaufnahme von vornherein unstatthaft sind[64].

b) Besondere Verfahrensarten

25 **Ausnahmen** vom Strengbeweis sind nur anzuerkennen, soweit das Gesetz sie zuläßt.

aa) »Bagatellverfahren« nach § 495 a

26 Die Gestaltung des amtsgerichtlichen Verfahrens gemäß § 495 a nach billigem Ermessen eröffnet die Möglichkeit der Tatsachenfeststellung im Wege des Freibeweises[65]. Das Ermessen des Gerichts wird aber durch übereinstimmende Anträge der Parteien hinsichtlich des Beweisverfahrens eingeengt[66]. Insbesondere aber ist es durch Art. 103 Abs. 1 GG gebunden. Der freibeweisliche Gestaltungsspielraum des Richters wird damit erheblich eingeschränkt. Nach Art. 103 Abs. 1 GG müssen die Parteien Gelegenheit haben, zum Ergebnis der Beweisaufnahme Stellung zu beziehen[67]. Das Beweisergebnis muß ihnen dazu mitgeteilt werden[68]. Unabdingbar ist auch das Recht, Auskunftspersonen zu befragen[69].

27 Nicht geklärt ist die Frage, ob aus Art. 103 Abs. 1 GG das Recht der Parteien folgt, zur Beweisaufnahme hinzugezogen zu werden (Parteiöffentlichkeit)[70]. Über § 495 a Abs. 1 Satz 2

---

[60] → Rdnr. 7.
[61] Vgl. *Peters* ZZP 101 (1993) 298.
[62] Nicht in diesem Sinne ist – entgegen *Schwab* ZZP 106 (1993) 543 – *Kofel* Das Recht auf Beweis im Zivilverfahren (1992) 236 ff. zu verstehen. *Kofel* geht es nur darum, alle rationalen Erkenntisquellen als Beweismittel im Prozeß ausschöpfen zu können. Das gewährleistet die deutsche ZPO.
[63] *Habscheid* ZZP 96 (1983) 306 ff.; *Schwab-Gottwald* Verfassung und Zivilprozeß (1984) 53.
[64] *Habscheid* ZZP 96 (1983) 306, 323 f.

[65] MünchKommZPO-*Deubner* § 495 a Rdnr. 13; MünchKommZPO-*Prütting* § 284 Rdnr. 31; *Zöller-Herget*[20] § 495 a Rdnr. 10 (telefonische Beweisaufnahme).
[66] *Zöller-Herget*[20] § 495 a Rdnr. 11.
[67] MünchKommZPO-*Deubner* § 495 a Rdnr. 18. Nicht nur zu den festgestellten Tatsachen, von denen das Gericht aufgrund der Beweiswürdigung überzeugt ist, *Peters* (Fn. 2) 186.
[68] Vgl. *Peters* (Fn. 2) 187.
[69] MünchKommZPO-*Deubner* § 495 a Rdnr. 19.
[70] MünchKommZPO-*Musielak* § 357 Rdnr. 1; *A. Blo-*

können sie nur eine mündliche Verhandlung über das Beweisergebnis, nicht die Teilnahme an einer Beweisaufnahme durchsetzen[71]. Auch wenn man bei der verfassungsrechtlichen Verankerung aller wünschenswerter Verfahrensgestaltungen zurückhaltend sein sollte[72], so darf nicht übersehen werden, daß das aus Art. 103 Abs. 1 GG abgeleitete »Recht auf Beweis«[73] vielfach leer liefe, wenn den Parteien nicht die Möglichkeit gegeben wird, durch ihre unmittelbare Beteiligung an der Beweiserhebung den Erkenntniswert des Beweismittels voll auszuschöpfen. Im Rahmen des Freibeweises nach § 495a bleibt also der Grundsatz der Parteiöffentlichkeit unberührt[74].

bb) Verfahren zur Bewilligung der Prozeßkostenhilfe

Der Freibeweis wird ferner im Verfahren zur Bewilligung der Prozeßkostenhilfe für statthaft erachtet[75]. Wie jedoch § 118 Abs. 2 Satz 1 und Satz 4 zeigen, handelt es sich im Prozeßkostenbewilligungsverfahren um Glaubhaftmachung (zum Unterschied → Rdnr. 6). Auch die Amtsermittlung nach § 118 Abs. 2 Satz 2 darf nicht mit dem Freibeweis vermengt werden (→ § 118 Rdnr. 25). Vernimmt der Richter nach § 118 Abs. 2 Satz 3 (ausnahmsweise) Zeugen und Sachverständige, so ist er ebenfalls nicht von der Bindung an das Strengbeweisverfahren befreit. Ausnahmen gelten für die Beeidigung (§ 118 Abs. 2 Satz 3 Halbsatz 2) und die funktionelle Zuständigkeit (§ 118 Abs. 3; § 20 Nr. 4 lit. a] RPflG). 28

cc) Streitwertfestsetzungsverfahren

Der Ansicht, im Streitwertfestsetzungsverfahren könne auf der Grundlage von § 3 der Freibeweis erhoben werden[76], ist nicht zu folgen[77] (→ § 3 Rdnr. 9). Das Gericht muß im Rahmen des § 3 keinen Beweis erheben (→ § 3 Rdnr. 9). Wenn es jedoch eine beantragte Beweisaufnahme durchführt, hat dies nach den Regeln des Strengbeweises zu erfolgen. Ordnet das Gericht von Amts wegen die Einnahme des Augenscheins oder die Begutachtung durch einen Sachverständigen an, so richtet sich das Verfahren ebenfalls nach den allgemeinen Beweiserhebungsvorschriften (arg. § 142 Abs. 2). 29

dd) Kostenentscheidung nach § 91 a

Wird bei der Kostenentscheidung nach § 91 a ausnahmsweise (→ § 91 a Rdnr. 27) eine Beweisaufnahme vorgenommen, so gilt hierfür ebenfalls der Strengbeweis[78]. 30

ee) Schiedsrichterliches Verfahren

Ein Schiedsgericht kann Beweis nach den Grundsätzen des Freibeweises erheben (→ § 1034 Rdnr. 15). 31

---

meyer[2] § 22 III; unentschieden *Schnapp* Festschrift Menger S. 557, 561.
[71] MünchKommZPO-*Deubner* § 495a Rdnr. 41; *Zöller-Herget*[20] § 495a Rdnr. 11. Oftmals mag es freilich ermessensfehlerhaft sein, wenn ein ohnehin erforderlicher Termin zur mündlichen Verhandlung nicht mit dem Termin zur Beweisaufnahme verbunden wird. Da ohnehin ein Termin erforderlich ist, bringt eine telefonische Vernehmung keinen Zeitgewinn.
[72] Gerade bei Art. 103 Abs. 1 GG sind die Auswirkungen im Rahmen des §§ 1041 Abs. 1 Nr. 4, 1044 Satz 2 Nr. 4 ZPO zu bedenken.

[73] → Fn. 64.
[74] Abweichend für das Freibeweisverfahren allgemein *Peters* (Fn. 2) 187 ff.
[75] MünchKommZPO-*Prütting* § 284 Rdnr. 33; *Rosenberg-Schwab-Gottwald*[15] § 112 II 3; AK-ZPO-*Rüßmann* vor § 284 Rdnr. 28.
[76] AK-ZPO-*Röhl* § 3 Rdnr. 2; *Thomas-Putzo*[21] § 3 Rdnr. 3.
[77] *Peters* (Fn. 2) 183 f.
[78] *Peters* (Fn. 2) 164 ff.

IV. Rechtswidrig erlangte Beweismittel

32 Zur Frage der Verwertbarkeit rechtswidrig erlangter Beweismittel → § 284 Rdnr. 54 ff.

§ 355 [Unmittelbarkeit der Beweisaufnahme]

(1) ¹Die Beweisaufnahme erfolgt vor dem Prozeßgericht. ²Sie ist nur in den durch dieses Gesetz bestimmten Fällen einem Mitglied des Prozeßgerichts oder einem anderen Gericht zu übertragen.

(2) Eine Anfechtung des Beschlusses, durch den die eine oder die andere Art der Beweisaufnahme angeordnet wird, findet nicht statt.

Gesetzesgeschichte: Bis 1900 § 320 CPO. Aufgrund der Novelle 98 (→ Einl. Rdnr. 113) bei unverändertem Wortlaut zu § 355 geworden.

Stichwortverzeichnis → Beweisaufnahmeschlüssel zu Beginn der Vorbemerkungen vor § 355.

I. Unmittelbarkeitsgrundsatz 1	d) Tatsachenfeststellung durch Privatpersonen (insbesondere Sachverständige)
1. Verhältnis von Verhandlung, Beweisaufnahme und Entscheidung 2	aa) Grundsatz 22
2. Formelle Unmittelbarkeit (Unmittelbarkeit der Beweisaufnahme) 3	bb) Verhältnis zu § 404a 23
3. Materielle Unmittelbarkeit (Unmittelbarkeit des Beweismittels) 4	e) Selbständiges Beweisverfahren 25
II. Formelle Unmittelbarkeit (Abs. 1 Satz 1)	f) Beweisaufnahme im Ausland 27
1. Zweck und Bedeutung 5	III. Materielle Unmittelbarkeit 28
2. Inhalt	IV. Anfechtbarkeit
a) »Vor dem Prozeßgericht« 9	1. Beschwerde (Abs. 2) 29
b) Richterwechsel 11	2. Berufung oder Revision 30
3. Ausnahmen (Abs. 1 Satz 2) 13	3. Heilung nach § 295 durch Rügeverzicht und -unterlassung 31
a) Übertragung der Beweisaufnahme auf den beauftragten oder den ersuchten Richter	4. Einverständnis der Parteien 32
aa) Gesetzliche Grundlagen 14	V. Arbeitsgerichtliches Verfahren 33
bb) Beauftragter und ersuchter Richter 15	1. Beweisaufnahme im Gerichtsgebäude (§ 58 Abs. 1 Satz 1 ArbGG) 34
cc) Verfahren der Übertragung der Beweisaufnahme auf den beauftragten oder ersuchten Richter 18	2. Beweisaufnahme außerhalb des Gerichtsgebäudes, aber innerhalb des Gerichtsbezirks (§ 58 Abs. 1 Satz 2 ArbGG) 35
b) Beweisaufnahme durch den Vorsitzenden 19	3. Beweisaufnahme außerhalb des Gerichtsbezirks 37
c) Beweisaufnahme durch den Einzelrichter 20	4. Berufungsinstanz 38
	5. Verstöße gegen die formelle Unmittelbarkeit und Rügeverzicht 39

I. Unmittelbarkeitsgrundsatz

Der Grundsatz der Unmittelbarkeit[1] kann in **dreifacher Richtung** verstanden werden (→ Rdnr. 111 vor § 128).   1

1. Verhältnis von Verhandlung, Beweisaufnahme und Entscheidung

Die allgemeine Unmittelbarkeit im Verhältnis von Verhandlung und Entscheidung sichern die Bestimmungen des § 309, wonach das Urteil nur von denjenigen Richtern gefällt werden darf, die in der dem Urteil zugrundeliegenden Verhandlung anwesend waren (persönliche Unmittelbarkeit), und des § 310 Abs. 1, der eine zeitlich rasche Folge des Urteils auf die Verhandlung gewährleisten soll (zeitliche Unmittelbarkeit). §§ 278 Abs. 2, 285 Abs. 1 und § 370 Abs. 1 dienen dazu, Verhandlung und Beweisaufnahme in einen unmittelbaren Zusammenhang zu stellen.   2

2. Formelle Unmittelbarkeit (Unmittelbarkeit der Beweisaufnahme)

Formelle Unmittelbarkeit des Beweises bedeutet, daß die **Beweisaufnahme** vor dem vollbesetzten Prozeßgericht stattfinden muß. Nur davon handelt § 355 (→ Rdnr. 6).   3

3. Materielle Unmittelbarkeit (Unmittelbarkeit des Beweismittels)

Die materielle Unmittelbarkeit des Beweises bedeutet, daß nur diejenigen **Beweismittel** zulässig sind, die ihrem Inhalt nach der erheblichen Tatsache am nächsten stehen. Die materielle Unmittelbarkeit schließt Beweismittel aus, die nicht über das Beweisthema, sondern nur über andere Beweismittel berichten[2]. Der Grundsatz der materiellen Unmittelbarkeit des Beweismittels gilt nach der ZPO *nicht* (→ Rdnr. 28).   4

II. Formelle Unmittelbarkeit (Abs. 1 Satz 1)

1. Zweck und Bedeutung

Die formelle Unmittelbarkeit der Beweisaufnahme ist von großer Bedeutung für die **Tatsachenfeststellung im Prozeß**[3] und steht in engem Zusammenhang mit der **freien Beweiswürdigung**[4] (→ § 286 Rdnr. 17). Zwischen dem Beweismittel und der richterlichen Erkenntnis sollen möglichst wenige Informationsmittler liegen, die immer auch Informationsfilter sind. Der eigene, nicht durch Protokolle oder mündlichen Bericht vermittelte Eindruck vom Ergebnis der Beweisaufnahme stellt eine tragfähigere Grundlage für eine gewissenhafte Tatsachenfeststellung dar. Wer bei der Vernehmung eines Zeugen oder einer Partei selbst zugegen war, kann sich über den Inhalt ihrer Aussage und über ihre Glaubwürdigkeit ein besse-   5

---

[1] *Bosch* Grundsatzfragen des Beweisrechts (1963) 105; *Goldschmidt* Der Prozeß als Rechtslage (1925) Fn. 2288; *Hegler* Der Rechtsgang 1, 192; 2, 276; *Pohle* zu BAG AP § 402 Nr. 1; *Musielak-Stadler* Grundfragen des Beweisrechts (1984) 20; *Rosenberg* ZZP 57 (1933) 325; *Staud* DJ 34, 512; 35, 1379; *Volkmar* Gruchot 55 (1911) 277, 575; DJ 36, 70; *Wach* Grundfragen und Reform des Zivilprozesses (1914) 68.

[2] Vgl. BVerfGE 57, 250, 276.

[3] Eingehend *Wach* (Fn. 1) 68 (»Lebensprinzip« des heutigen Zivilprozesses); *Bosch* (Fn. 1) 111 ff.; *Rosenberg* ZZP 57 (1933) 325 ff.; *E. Peters* Der sogenannte Freibeweis im Zivilprozeß (1962) 103 ff.; für eine »Idee aus einer vergangenen Zeit« hält hingegen *Geiger* ZRP 1998, 365, 367 r. Sp. den Unmittelbarkeitsgrundsatz.

[4] Vgl. *Hahn-Stegemann* Materialien zur Civilprozeßordnung[2] II/1, 304.

[5] *Rosenberg* ZZP 57 (1933) 326 (»unentbehrliches Mittel der Prozeßbeschleunigung«); *Bosch* (Fn. 1) 112; *Jauernig* ZPR[25], § 51 IV.

[6] Vgl. die Begründung zum Entwurf eines RechtspflegevereinfachungsG, BT DS 11/1631, 22.

res Urteil bilden. Wer eine Urkunde selbst gesehen hat, kann deren Leserlichkeit, Unbeschädigtheit, Vollständigkeit und Echtheit sicherer beurteilen.

6   Das Unmittelbarkeitsprinzip dient ferner der **Prozeßbeschleunigung**[5]. Die Einschaltung eines beauftragten oder ersuchten Richters führt zu Verfahrensverzögerungen, wenn unklar formulierte Beweisbeschlüsse Rückfragen, Aktenbewegungen usw. erforderlich machen[6]. Unklar oder unvollständig gefaßte Niederschriften über die Beweisaufnahme erzwingen ihre Wiederholung. Verfahrensverzögernd wirkt die nachträgliche Vernehmung nach § 398 Abs. 2.

7   Daraus wird deutlich, daß es sich beim formellen Unmittelbarkeitsprinzip um einen der **wichtigsten Beweisgrundsätze** überhaupt handelt. Seine Nichtbeachtung ist für die Qualität der Rechtspflege äußerst gefährlich. Eine gerichtliche Praxis, die Beweisaufnahme routinemäßig dem Berichterstatter zu übertragen[7] ist daher mit Nachdruck abzulehnen. Dieses Gewicht des Unmittelbarkeitsgrundsatzes ist bei der Gesetzesauslegung und -anwendung zu berücksichtigen[8], etwa bei der Frage der Wiederholung der Beweisaufnahme nach einem Richterwechsel (→ Rdnr. 11 f.).

8   Die Haltung des Gesetzgebers zum Unmittelbarkeitsprinzip ist freilich schwankend: Das Prinzip der formellen Unmittelbarkeit der Beweisaufnahme wurde durch die Abschaffung des vorbereitenden Einzelrichters im erstinstanziellen Verfahren durch die Einzelrichternovelle des Jahres 1974 (→ Einl. Rdnr. 154) gestärkt (Einzelheiten → Voraufl. Rdnr. 8), ferner durch § 358 a (→ dort Rdnr. 3 a. E.). Das RechtspflegevereinfachungsG hat den Unmittelbarkeitsgrundsatz mit der Neufassung des § 375 Abs. 1 gefestigt, mit der Einfügung des § 375 Abs. 1 a freilich zugleich verwässert[9].

2. Inhalt

a) »Vor dem Prozeßgericht«

9   Der Grundsatz der formellen Unmittelbarkeit des Beweises ist nur gewahrt, wenn die Beweisaufnahme vor dem Prozeßgericht durchgeführt wird[10]. Bei einem Kollegialgericht muß sie deshalb vor dem *vollbesetzten* Kollegium stattfinden[11]. Ist der Rechtsstreit dem Einzelrichter zur Entscheidung übertragen (→ § 348 Rdnr. 1), dann ist *er* das Prozeßgericht und die Beweisaufnahme darf nicht etwa vor dem Kollegium oder einem anderen Mitglied des Kollegiums ablaufen.

10 Eine Beweisaufnahme »vor dem Prozeßgericht« verlangt die gleichzeitige *körperliche* Anwesenheit der Richter und des Beweismittels am Ort der Beweiserhebung. Der Unmittelbarkeitsgrundsatz ist daher *nicht* gewahrt, wenn eine Beweisaufnahme mit modernen technischen Hilfsmitteln (»**Videokonferenz**«[12]) die akustische und optische Wahrnehmung ermöglicht. Eine Vernehmung des Zeugen »am Bildschirm« verletzt § 355. Für die zutreffende Beurteilung seines Aussageverhaltens ist die körperliche Präsenz wichtig[13]. Auch der

---

[7] Vgl. *OLG Köln* NJW-RR 1998, 1143.
[8] Die Klagen über die unzureichende Beachtung des Unmittelbarkeitsprinzips in der Praxis sind freilich so alt wie das Prinzip selbst, vgl. die Ausführungen von *Bosch* (Fn. 1) 106 f. unter Hinweis auf *Wach*, *Hellwig* und *Rosenberg*.
[9] Sehr kritisch *Zöller-Greger*[20] § 375 Rdnr. 5.
[10] Nicht gegen den Grundsatz formeller Unmittelbarkeit verstößt eine Beweisführung mittels einer notariellen Erklärung, worin ein Notar seine Wahrnehmungen über unmittelbar beweiserhebliche Tatsachen »bescheinigt«; der Beweis über die Indiztatsache wird vor dem Prozeßgericht erhoben, nicht aber die Beweisaufnahme dem Notar überlassen, BGH NJW 1993, 612, 613 r. Sp.; *Grunsky* AuR 1990, 105, 111 r. Sp.; insoweit auch *Prütting-Weth* DB 1989, 2273, 2276 l. Sp. Dieses Vorgehen kann gegen den Grundsatz eines fairen Verfahrens verstoßen → § 284 Rdnr. 33 bei Fn. 39.
[11] BVerwG DVBl. 73, 372 f. = DÖV 277 f.
[12] Dazu DRiZ 1996, 289 (zur Technik).
[13] Zu optimistisch *Unger* NJW 1984, 415, 416 r. Sp.; zurückhaltend *Koukouselis* Die Unmittelbarkeit der Beweisaufnahme im Zivilprozeß, insbesondere bei der Zeugenvernehmung (1990) 206 ff., die auf Gefahren

Urkundenbeweis erfordert die Vorlage der Urkunde in körperlicher Form. Wird ein Gedankeninhalt über die Wahrnehmung am Bildschirm vermittelt, liegt ein Augenscheinsbeweis vor (→ Rdnr. 7 vor § 371). – Die Beweisaufnahme mit den Mitteln moderner Informationstechnologie kann allerdings der Vernehmung durch einen ersuchten Richter oder der Mitteilung der Zeugenwahrnehmung durch eine schriftliche Aussage (§ 377 Abs. 3) im Hinblick auf die Ziele des formellen Unmittelbarkeitsgrundsatzes (→ Rdnr. 5f.) überlegen sein. Auch eröffnen sich Möglichkeiten, den Sachverständigenbeweis und die Vernehmung von Zeugen im Ausland[14] (→ § 363 Rdnr. 16) zu vereinfachen. All dies setzt freilich eine Ergänzung der gesetzlichen Bestimmungen über die Beweiserhebung voraus.

b) Richterwechsel

Nach herrschender Meinung ist es mit dem Unmittelbarkeitsprinzip grundsätzlich vereinbar, wenn an der Urteilsfällung ein anderer Richter mitwirkt als an der Beweisaufnahme. Eine **Wiederholung** der Beweisaufnahme nach einem **Richterwechsel** ist danach **nicht zwingend** geboten; sie steht im **Ermessen** des neubesetzten Gerichts[15]. Freilich habe das Gericht bei der Beweiswürdigung nur das zu berücksichtigen, was von allen Richtern unmittelbar wahrgenommen wurde oder aktenkundig ist und wozu sich die Parteien erklären konnten. Der persönliche Eindruck eines Richters darf bei der Beweiswürdigung daher nur Berücksichtigung finden, wenn er in das Vernehmungsprotokoll aufgenommen wurde (→ § 286 Rdnr. 17a). Allein wenn das Gericht an der im Protokoll bejahten Glaubwürdigkeit eines Zeugen zweifelt oder davon abweichen will, ist eine Wiederholung der Beweisaufnahme zwingend erforderlich[16]. Wurde der persönliche Eindruck nicht protokolliert, so ist die Beweisaufnahme nur zu wiederholen, wenn es auf den persönlichen Eindruck »entscheidend« ankommt[17].

11

Diese Durchbrechung des Unmittelbarkeitsgrundsatzes ist **abzulehnen**. Die Überzeugungsbildung des neu hinzutretenden Richters beruht allein auf der Verwertung der Niederschrift. Damit mutiert der von der Partei beantragte und aufgenommene unmittelbare Beweis zum (bloß mittelbaren) *Urkunden*beweis[18]. Genau dies verbietet § 355 Abs. 1 Satz 1. Eine Ausnahme läßt sich nicht mit dem Argument rechtfertigen, der ZPO sei beim beauftragten und ersuchten Richter die Trennung von Beweiserhebung und -würdigung nicht fremd[19], denn die besonderen Voraussetzungen der Durchbrechung des Unmittelbarkeitsprinzips nach § 355 Abs. 1 Satz 2 (→ Rdnr. 14ff.) sind beim Richterwechsel nicht gegeben. Insbesondere die Beurteilung der Glaubwürdigkeit eines Zeugen ist ein höchstpersönlicher Vorgang. Das Aussageverhalten eines Zeugen kann niemals erschöpfend und ohne Verlust an Lebendigkeit und Anschaulichkeit in einem Protokoll wiedergegeben werden. Der neue Richter konnte sein Fragerecht (§ 396 Abs. 2, 3) nicht ausüben. Verfehlt ist es daher, eine Wiederholung der Beweisaufnahme nur dann zwingend vorzusehen, wenn das neubesetzte Gericht zu einer *anderen* Beurteilung der Glaubwürdigkeit gelangt als das Gericht in der

12

---

unerkannter Beeinflussung des Zeugen bei der Aussage, technischer Manipulation sowie Beeinflussung durch die ungewohnte Situation technisch vermittelter Vernehmung hinweist; die Gesichtspunkte werden von *Geiger* ZRP 1998, 365, 367f. nicht gesehen.

[14] Vgl. *Schack* IZPR² Rdnr. 724.

[15] Grundlegend *BGHZ* 53, 245, 256ff.; ferner *BGHZ* 32, 233, 234; *BGH* VersR 1967, 25, 26; *BGH* NJW 1972, 1202; *BGH* NJW 1979, 2518; *BGH* NJW 1991, 1180; *BGH* NVwZ 1992, 915, 916 l. Sp.; *BGH* NJW-RR 1997, 506; grundsätzlich auch *OLG Düsseldorf* NJW 1992, 187f.; aus der Literatur bereits *Wach* (Fn. 1) 71 mit Fn. 1; *Leipold* ZGR 1985, 113, 122f.; MünchKomm-ZPO-*Musielak* § 355 Rdnr. 5; im Grundsatz ebenso AK-ZPO-*Rüßmann* § 355 Rdnr. 1; Vorbehalte äußert *Grunsky* Grundlagen des Verfahrensrechts² § 42 I 1, 436f.; ablehnend *Wax* Anm. zu *BGH* LM Nr. 3 zu § 309 ZPO.

[16] *BGHZ* 53, 245, 257f.

[17] *Leipold* ZGR 1985, 113, 123.

[18] Vgl. *BGHZ* 53, 245, 257; *BGH* NJW 1991, 1180; *BGH* NVwZ 1992, 915, 916 l. Sp.; *BGH* NJW-RR 1997, 506.

[19] So aber *BGHZ* 53, 245, 257; MünchKommZPO-*Musielak* § 355 Rdnr. 5.

Besetzung bei der Beweisaufnahme. Das Ergebnis der Würdigung des Urkundenbeweises über die Aussage des Zeugen vor dem anders besetzten Gericht darf nicht die Erhebung des beantragten unmittelbaren Beweises bestimmen[20]. Im übrigen steht die herrschende Meinung in Widerspruch zu der Annahme, daß mit der Beweisaufnahme nicht *zwei* Richter desselben Spruchkörpers beauftragt werden dürfen, weil damit der dritte Richter von vornherein in eine Minderheitsposition gedrängt würde (→ Rdnr. 16); exakt dieselbe Rolle übernimmt (bei einem Kollegialgericht) der neue Richter, der an die Stelle des ausgeschiedenen Richters tritt. Im Sinne einer strengen Handhabung des Unmittelbarkeitprinzips (→ Rdnr. 7) muß bei einem Richterwechsel die Beweisaufnahme daher wiederholt werden, wenn eine Partei dies beantragt. Gleiches gilt, wenn der *Einzelrichter* den Rechtsstreit nach der Beweisaufnahme auf die Kammer *zurücküberträgt* (§ 348 Abs. 4). Zur Wiederholung erstinstanzlicher Beweisaufnahmen in der *Berufungsinstanz* → § 526 Rdnr. 5 f.

3. Ausnahmen (Abs. 1 Satz 2)

13 Ausnahmen vom Prinzip der formellen Unmittelbarkeit der Beweisaufnahme sind nur in engen Grenzen gegeben. Nach Abs. 1 Satz 2 werden Durchbrechungen nur auf der Grundlage der ZPO anerkannt; sie sind begrenzt auf die Durchführung einer Beweisaufnahme durch ein Mitglied des Prozeßgerichts oder ein anderes Gericht. Unzulässig ist damit die Übertragung der Beweisaufnahme auf nichtrichterliche Personen sowie in denjenigen Fällen, in denen dies die ZPO nicht ausdrücklich bestimmt.

a) Übertragung der Beweisaufnahme auf den beauftragten oder den ersuchten Richter

aa) Gesetzliche Grundlagen

14 Eine Übertragung der Beweisaufnahme ist in folgenden Fällen gestattet: Beim **Augenschein** auf der Grundlage des § 372 Abs. 2, beim **Zeugen-** und **Sachverständigenbeweis** gemäß §§ 375, 402, 405; beim **Urkundenbeweis** im Rahmen des § 434 und bei der **Parteivernehmung** nach § 451 mit §§ 375, 479 und §§ 613 Abs. 1 Satz 3 (→ § 613 Rdnr. 8), 640 Abs. 1. Die Übertragung ist nur zulässig, wenn die in diesen Vorschriften genannten Voraussetzungen erfüllt sind. Strukturell lassen sich dabei drei Merkmalstypen unterscheiden: Richterliches Ermessen (z.B. § 372 Abs. 2), tatsächliche Voraussetzungen (z.B. § 375 Abs. 1 Nr. 2 [Verhinderung des Zeugen]) und Prognoseelemente (z.B. § 375 Abs. 1 [Annahme sachgemäßer Beweiswürdigung]). Angesichts der Bedeutung des Unmittelbarkeitsgrundsatzes (→ Rdnr. 7) sind diese Bestimmungen eng auszulegen[21]; das Ermessen ist zurückhaltend auszuüben; bei der Prognose ist vorsichtig zu verfahren.

bb) Beauftragter und ersuchter Richter

15 Soweit die Unmittelbarkeit der Beweisaufnahme nach den soeben genannten Vorschriften (→ Rdnr. 14) durchbrochen werden kann, darf sie gemäß Abs. 1 Satz 2 nur einem **Richter** übertragen werden. Das kann ein Mitglied des Prozeßgerichts (*beauftragter Richter*) oder ein anderes Gericht (*ersuchter Richter*) sein. In amtsgerichtlichen Verfahren und bei erstinstanziellen einzelrichterlichen Verfahren kommt nur die Übertragung auf ein ersuchtes (anderes) Gericht in Betracht.

Mitglieder des Prozeßgerichts sind nur die Mitglieder des erkennenden Spruchkörpers

---

[20] Vgl. *Grunsky* → § 526 Rdnr. 6.   [21] MünchKommZPO-*Musielak* Rdnr. 1.

einschließlich der Handelsrichter (arg. § 122 GVG) und (bei Verhinderung) deren Vertreter. Nicht hierzu zählen andere Richter desselben Gerichts, ferner Rechtspfleger, zur Ausbildung zugeteilte Rechtsreferendare oder sonstige nichtrichterliche Personen. Die Übertragung kann immer nur an *ein* Mitglied des Prozeßgerichts erfolgen, also nicht zugleich an zwei Mitglieder eines Spruchkörpers[22].

Das »andere Gericht« (der ersuchte Richter) ist das nach § 157 GVG für die Rechtshilfe zuständige Amtsgericht (→ Einl. Rdnr. 631). Über die Beweisaufnahme im Ausland → §§ 363 f. 17

cc) Verfahren der Übertragung der Beweisaufnahme auf den beauftragten oder ersuchten Richter

Die Übertragung der Beweisaufnahme auf den beauftragten oder ersuchten Richter erfolgt im Beweisbeschluß[23]; zur Ausführung s. §§ 361 f. Ist die Übertragung im Beweisbeschluß unterblieben, so ist eine entsprechende Ergänzung zulässig (→ § 360 Rdnr. 11)[24]. Ebenso kann die Übertragung nachträglich vorgenommen werden. In beiden Fällen ist eine vorherige mündliche Verhandlung nicht erforderlich[25] (→ § 360 Rdnr. 11). Angesichts der Bedeutung des formellen Unmittelbarkeitsgrundsatzes (→ Rdnr. 7) ist die vorherige Anhörung der Parteien »tunlich« im Sinne des § 360 Satz 4; ihre Benachrichtigung ist ohnehin immer erforderlich (→ § 360 Rdnr. 21). Der Beweisbeschluß bildet die Grenze für Recht und Pflicht des beauftragten oder ersuchten Richters zur Vornahme von Beweisaufnahmen, über die er nur in dem durch § 360 Satz 3 zugebilligten Umfang hinausgehen darf. Über den Vortrag des Beweisergebnisses → § 285 Rdnr. 7 ff.; über die Benutzung bei der Entscheidung ohne mündliche Verhandlung oder nach Aktenlage → § 285 Rdnr. 9 ff.; allgemein über die Verwertung der Beweisergebnisse des beauftragten oder ersuchten Richters → § 286 Rdnr. 17 a. 18

b) Beweisaufnahme durch den Vorsitzenden

Eine Durchbrechung der formellen Unmittelbarkeit der Beweisaufnahme ist nach § 349 Abs. 1 Satz 2 beim Vorsitzenden der Kammer für Handelssachen zugelassen. In engen Grenzen darf er selbst Beweise erheben (→ § 349 Rdnr. 7). 19

c) Beweisaufnahme durch den Einzelrichter

Im Berufungsverfahren kann der Einzelrichter »einzelne Beweise erheben«, § 524 Abs. 2 Satz 2 (näher → § 524 Rdnr. 10). 20

Nachdem die Einzelrichternovelle des Jahres 1974 (→ Einl. Rdnr. 154) den bloß »vorbereitenden« Einzelrichter im erstinstanziellen landgerichtlichen Verfahren abgeschafft hat (→ Rdnr. 3 vor § 348), ist es nicht mehr zulässig, einem Mitglied der Kammer außerhalb der gesetzlich vorgesehenen Fälle (→ Rdnr. 14) lediglich die Durchführung der Beweisaufnahme zu übertragen. Erfolgt eine solche Übertragung dennoch, liegt ein Verstoß gegen den formellen Unmittelbarkeitsgrundsatz vor. 21

---

[22] *BGHZ* 32, 233, 236 ff. im Anschluß an *Brüggemann* JZ 1952, 172 f.; MünchKommZPO-*Musielak* § 355 Rdnr. 14; *Zöller-Greger*[20] § 355 Rdnr. 5; a. A. *Wieczorek*[2] Anm. B II a 1.
[23] Das ersuchte Gericht braucht nicht namentlich bezeichnet zu werden; die Bezeichnung als das örtlich zuständige Amtsgericht genügt.
[24] *BGHZ* 86, 104, 111 f.
[25] *RG* JW 1901, 304.

d) Tatsachenfeststellung durch Privatpersonen (insbesondere Sachverständige)

aa) Grundsatz

22 Von den wenigen gesetzlichen Ausnahmen (→ Rdnr. 14 ff.) abgesehen, muß die gesamte Beweisaufnahme vor dem Prozeßgericht erfolgen. Das Prinzip der formellen Unmittelbarkeit steht insbesondere auch der Übertragung von Tatsachenfeststellungen auf eine *Privatperson* entgegen[26]. Das Prozeßgericht hat vielmehr die angebotenen oder von Amts wegen angeordneten Beweise selbst zu erheben. Nur im Falle der tatsächlichen oder rechtlichen Unmöglichkeit eines Augenscheins kann sich das Gericht eines Augenscheinsgehilfen bedienen (→ vor § 371 Rdnr. 15 f.).

bb) Verhältnis zu § 404 a

23 Der Unmittelbarkeitsgrundsatz gilt auch im Verhältnis zum *Sachverständigen*. Das Prozeßgericht hat dem Sachverständigen diejenigen Tatsachen (»Anschlußtatsachen«[27]) mitzuteilen, die er seinem Gutachten zugrunde zu legen hat (§ 404 a Abs. 1 und Abs. 3, → § 404 a Rdnr. 4)[28]. Gegebenenfalls kann das Prozeßgericht den Sachverständigen zu einer Beweisaufnahme hinzuziehen, die der Ermittlung der Anschlußtatsachen dient[29]. Nicht jedoch darf das Prozeßgericht die beantragte Vernehmung eines Zeugen oder Sachverständigen oder die Einnahme eines Augenscheins allein dem Sachverständigen überlassen[30]. Ermittelt der Sachverständige aufgrund eigener Tätigkeit weitere Tatsachen[31] (→ Rdnr. 16 ff. vor § 402), zu deren Feststellung die Sachkunde nicht erforderlich ist (»Zusatztatsachen«), so darf der Richter diese bei der Würdigung des Gutachtens nicht zugrunde legen, wenn die Partei sie – ggf. nach einem richterlichen Hinweis[32] – bestreitet. In diesem Fall muß nachträglich Beweis erhoben werden[33].

24 Die gerichtlichen Vorgaben an den Sachverständigen über die Reichweite seiner Sachverhaltsaufklärung nach § 404 a Abs. 4 Halbsatz 1 müssen sich im Rahmen der aus dem Unmittelbarkeitsprinzip folgenden Grenzen (→ Rdnr. 13 ff.) bewegen. Der Richter kann die Tatsachenfestellung dem Sachverständigen nur insoweit übertragen, als dazu ein *besonderer Sachverstand* erforderlich ist (»Befundtatsachen«[34]; zu den dabei zu beachteten Regeln → Rdnr. 25 ff. vor § 402). Darüber hinaus sind Tatsachenfeststellungen des Sachverständigen zulässig, sofern eine eigene Beweisaufnahme des Prozeßgerichts oder eines beauftragten oder ersuchten Richters *nicht möglich* ist[35]. Eine derartige Unmöglichkeit ist aber nicht schon dann anzunehmen, wenn das Gericht nur unter Mithilfe eines Sachverständigen die Beweisaufnahme durchführen kann; dann muß die Beweisaufnahme vor dem Prozeßgericht in Gegenwart und unter Mithilfe des Sachverständigen erfolgen (vgl. § 372 Abs. 1). Im übri-

---

[26] Von »Beweisaufnahme« kann man dabei nur in einem *weiten* Sinne sprechen (so *Weth* JuS 1991, 34 r. Sp.; auch *Schumann* in der Vorauﬂ. Rdnr. 15, im engeren Sinne Rdnr. 16 a. E.), denn erhoben wird der Beweis erst bei der *richterlichen* Vernehmung der Person, die eine Tatsache ermittelt hat.

[27] BGHZ 39, 389, 394; MünchKommZPO-*Damrau* § 404 a Rdnr. 5; MünchKommZPO-*Musielak* § 355 Rdnr. 10.

[28] BGHZ 23, 207, 213 = NJW 1957, 906 mit Anm. *Bruns*; BGHZ 37, 389, 394; BGH NJW 1970, 1919, 1921; MünchKommZPO-*Musielak* § 355 Rdnr. 10; *Schnapp* Festschrift Menger (1985) 563 f. Zu tatsächlichen Schwierigkeiten, die Anschlußtatsachen dem Sachverständigen exakt zu benennen, *Tropf* DRiZ 1985, 87 f.

[29] Vgl. BGHZ 23, 207, 215.

[30] BGHZ 40, 239, 246 (»Vernehmung« eines Sachverständigen durch einen anderen Sachverständigen).

[31] Das kommt nicht selten vor, vgl. die Analyse von *Breunung* in: *Pieper-Breunung-Stahlmann* Der Sachverständige im Zivilprozeß (1982) 237. Danach wurden in mindestens 28 % der Fälle vor dem AG und in mindestens 20 % der erstinstanzlichen Sachen vor dem LG Zusatztatsachen durch Sachverständige festgestellt.

[32] BGHZ 40, 239, 247.

[33] BGHZ 37, 389, 394; MünchKommZPO-*Musielak* § 355 Rdnr. 12. Der Sachverständige kann insoweit als Zeuge vernommen werden, *Tropf* DRiZ 1985, 87, 89.

[34] MünchKommZPO-*Damrau* § 404 a Rdnr. 7.

[35] MünchKommZPO-*Musielak* § 355 Rdnr. 11; i.E. (trotz anderer Terminologie, → Fn. 25) auch *Weth* JuS 1991, 34.

gen kann sich die Unmöglichkeit einer Beweisaufnahme aus tatsächlichen oder rechtlichen Gründen ergeben. *Tatsächliche* Hindernisse liegen beispielsweise vor, wenn der Ort einer Augenscheinseinnahme für den Richter unzugänglich ist, etwa bei der zur Feststellung der Unfallursache notwendigen Besichtigung eines Wracks unter Wasser durch Taucher oder der Feststellung des Zustands eines steilen Dachs. *Rechtliche* Gründe können einer richterlichen Beweisaufnahme entgegen stehen, wenn der Schutz der Persönlichkeit der zu untersuchenden Person die Untersuchung nur durch einen Arzt gebietet. In diesen Fällen liegt die von § 355 geforderte gerichtliche Beweisaufnahme erst dann vor, wenn der Sachverständige vor dem Prozeßgericht aussagt. Diese Grundsätze gelten auch für den *Augenscheinsgehilfen* → Rdnr. 15 f. vor § 371. Zum Rügeverzicht → Rdnr. 31.

e) Selbständiges Beweisverfahren

Eine Ausnahme vom Unmittelbarkeitsgrundsatz bedeutet die in § 493 Abs. 1 normierte Gleichstellung des im selbständigen Beweisverfahren gewonnenen Beweisergebnisses mit einer Beweisaufnahme vor dem Prozeßgericht. Die Verwertung des im Beweisverfahren erzielten Beweisergebnisses erfolgt nicht im Urkundenbeweis (→ § 493 Rdnr. 1); je nach Beweismittel handelt es sich vielmehr um Augenschein, Zeugen- oder Sachverständigenbeweis. Die Frage, ob im Hauptsacheprozeß eine erneute Aufnahme des bereits im Beweisverfahren erhobenen Beweises stattfinden muß, richtet sich daher nicht nach allgemeinen Grundsätzen (→ § 284 Rdnr. 51 ff.), sondern steht gemäß §§ 398, 412 im **Ermessen** des Prozeßgerichts (→ § 493 Rdnr. 4). Die große Bedeutung des **Unmittelbarkeitsgrundsatzes** (→ Rdnr. 7) darf bei der Ermessensausübung nicht übergangen werden. Eine wiederholte Beweisaufnahme kann unter diesem Gesichtspunkt stets ermessensfehlerfrei abgelehnt werden, wenn das Gericht des Beweisverfahrens und des Hauptsacheverfahrens identisch ist (vgl. § 486 Abs. 1, 2). Ist ein anderes Gericht zuständig oder hat ein Wechsel in der Besetzung des Gerichts stattgefunden (→ Rdnr. 11 f.), darf eine zweite Einvernahme eines Zeugen unter der § 375 Abs. 1 zu entnehmenden Voraussetzung abgelehnt werden, daß die Aussage ohne unmittelbaren Eindruck von dem Verlauf der Beweisaufnahme sachgemäß gewürdigt werden kann. 25

Die davon zu unterscheidende Frage der Geltung des **Unmittelbarkeitsgrundsatzes** bei der Beweiserhebung im Rahmen des **selbständigen Beweisverfahrens** (→ auch § 486 Rdnr. 3) ist zu bejahen, wenn das Beweisverfahren vor dem Prozeßgericht (§ 486 Abs. 1) oder vor einem Gericht, das möglicherweise Prozeßgericht werden wird (§ 486 Abs. 2), stattfindet[36]; eine Übertragung der Zeugenvernehmung auf den beauftragten oder ersuchten Richter darf nur unter den Voraussetzungen des § 375 stattfinden. Erfolgt die Beweisaufnahme hingegen nach § 486 Abs. 3 durch das Amtsgericht, ist der Unmittelbarkeitsgrundsatz ohnehin durchbrochen (→ auch § 486 Rdnr. 80); eine Übertragung der Zeugenvernehmung ist daher nicht an § 375 gebunden[37]. 26

f) Beweisaufnahme im Ausland

Eine nicht ausdrücklich in § 355 Abs. 1 Satz 2 vorgesehene **Durchbrechung** des Grundsatzes der Unmittelbarkeit der Beweisaufnahme liegt ferner vor, wenn ein nach § 363 im Wege der Rechtshilfe **im Ausland erhobener Beweis** (→ § 363 Rdnr. 25 ff.) **verwertet** wird[38]. Die besonderen Voraussetzungen für eine Beweisaufnahme durch den inländischen ersuch- 27

---

[36] MünchKommZPO-*Schreiber* § 492 Rdnr. 1; a. A. Zöller-Greger[20] § 492 Rdnr. 1.
[37] MünchKommZPO-*Schreiber* § 492 Rdnr. 1.
[38] *Leipold* ZZP 105 (1992) 507.

ten Richter (→ Rdnr. 14 ff.) müssen nicht vorliegen. Anders als bei inländischen Beweismitteln besteht die Alternative nicht in der unmittelbaren oder mittelbaren Beweiserhebung, sondern in einer mittelbaren Beweiserhebung oder einer mangels Zwangsmitteln Unerreichbarkeit des Beweismittels, worin ein größeres Übel liegt als in der Durchbrechung des Unmittelbarkeitsgedankens. Allerdings kann das Gericht im Interesse der Unmittelbarkeit verpflichtet sein, die Beschaffung des Beweismittels in das Inland zu versuchen. Zu den dazu erforderlichen Maßnahmen → § 363 Rdnr. 3 und 6. Soweit ein Beweismitteltransfer nicht möglich ist, wird die **Durchbrechung des Unmittelbarkeitsprinzips von § 363 in Kauf genommen** und bedarf keiner zusätzlichen Rechtfertigung[39]. Falls auf der Grundlage des Art. 8 HBÜ (→ Anh. § 363 Rdnr. 65) **Mitglieder des Prozeßgerichts der Beweisaufnahme im Ausland beiwohnen** können, ergibt sich die Möglichkeit, das Unmittelbarkeitsprinzip auch bei der Beweiserhebung im Ausland zu wahren. Freilich liegt die Teilnahme im **Ermessen** des Gerichts; eine Pflicht zur Teilnahme besteht nicht[39a]. Auch ermöglicht Art. 17 HBÜ eine unmittelbare Beweisaufnahme, wenn der Richter zum »Beauftragten« bestellt wird (→ Anh. § 363 Rdnr. 125).

III. Materielle Unmittelbarkeit

28   Ein Grundsatz der *materiellen Unmittelbarkeit* (→ Rdnr. 4) ist der ZPO *nicht zu entnehmen*[40]. Der Verhandlungsgrundsatz (→ vor § 128 Rdnr. 75 ff.) überläßt es vielmehr den Parteien, welche Beweismittel sie vorbringen wollen. Sie können also z. B. *Zeugen vom Hörensagen* (→ vor § 373 Rdnr. 17) benennen, ohne Antrag auf Vernehmung eines ebenfalls greifbaren Tatzeugen zu stellen. Sie dürfen die Verwertung eines Protokolls über eine frühere richterliche Vernehmung eines Zeugen, die Verwertung eines Sachverständigengutachtens aus einem anderen Verfahren[41] oder einer Niederschrift über einen Augenschein beantragen, ohne die unmittelbare Vernehmung, die erneute Begutachtung oder Augenscheinseinnahme zu wählen. Überhaupt können Beweisergebnisse anderer Verfahren im Wege des Urkundenbeweises in den Prozeß eingeführt werden (näher → § 284 Rdnr. 33 ff.). Daß der *Beweiswert* solcher mittelbarer Beweismittel *geringer* sein kann, ist bei der Beweiswürdigung zu berücksichtigen[42]. Der materielle Unmittelbarkeitsgrundsatz gilt auch dann nicht, wenn das Gericht *von Amts wegen* Beweise erhebt (→ vor § 128 Rdnr. 78). *Die Verwertung eines mittelbaren Beweismittels steht aber niemals der beantragten Heranziehung des unmittelbaren Beweises entgegen.* Insbesondere darf die beantragte Vernehmung eines Zeugen oder Sachverständigen nicht im Hinblick auf die vorliegenden Protokolle oder Gutachten in einem anderen Prozeß[43] abgelehnt werden[44] (→ § 284 Rdnr. 37). Verzichtet eine Partei auf die Erhebung des unmittelbaren Beweises, so ist dieser Verzicht im Zweifel als auf die Instanz beschränkt zu verstehen[45]. Allein in der Benennung eines mittelbaren Beweismittels liegt jedoch ein solcher Verzicht nicht[46].

---

[39] *Leipold* ZZP 105 (1992) 510.
[39a] *OLG Saarbrücken* NJW-RR 1998, 1685.
[40] MünchKommZPO-*Musielak* Rdnr. 1; *Musielak-Stadler* (Fn. 1) Rdnr. 43; AK-ZPO-*Rüßmann* Rdnr. 6; *Prütting-Weth* DB 1989, 2273, 2276 l. Sp.; *Tropf* DRiZ 1985, 87, 88; a. A. *Bruns*² Rdnr. 87; *BAG* AuR 1969, 61, 62 l. Sp.
[41] *OLG München* NJW 1986, 263 (insoweit zustimmend *Vollkommer*).
[42] *BGH* NJW 1995, 2856, 2857 (einer Urkunde über die frühere Vernehmung in einem anderen Verfahren komme im allgemeinen ein geringerer Beweiswert als dem unmittelbaren Zeugenbeweis zu); AK-ZPO-*Rüßmann* Rdnr. 6.
[43] Oder in einem vorausgegangenen Berufungsverfahren über ein Teilurteil, vgl. *BGH* LM Nr. 6 = MDR 1961, 312.
[44] *BGHZ* 7, 116, 121 f.; *BGH* NJW 1983, 164, 165; *BGH* NJW-RR 1992, 1214, 1215 r. Sp.; *BGH* NJW 1997, 3096.
[45] *BGH* NJW 1960, 862, 864; *BGH* JR 1962, 183, 184.
[46] MünchKommZPO-*Musielak* Rdnr. 9.

IV. Anfechtbarkeit

1. Beschwerde (Abs. 2)

Gemäß Abs. 2 ist der **Beschluß**, der die Beweisaufnahme durch das Prozeßgericht oder durch einen beauftragten oder ersuchten Richter anordnet, **nicht selbständig anfechtbar**. Ob überhaupt die Voraussetzungen einer der in Rdnr. 13 ff. genannten Ausnahmevorschriften vorliegen und ob die Prognose über eine sachgemäße Beweiswürdigung (→ Rdnr. 14) zulässig war sowie die weitere Frage, ob das Ermessen des Gerichts richtig ausgeübt wurde, sind damit einer Nachprüfung auf die Beschwerde hin entzogen[47]. Eine selbständige Anfechtung des Beschlusses durch die Beschwerde ist auch dann unzulässig, wenn ein Gesuch um Übertragung oder ein Gesuch um Abänderung der beschlossenen Übertragung oder Nichtübertragung abgelehnt wurde[48] (→ § 360 Rdnr. 22). In entsprechender Anwendung des § 252 ist eine Beschwerde gegen den Beweisbeschluß allerdings dann statthaft, wenn mit der Beweisanordnung faktisch ein Verfahrensstillstand herbeigeführt wird (→ § 359 Rdnr. 5).

29

2. Berufung oder Revision

Wird die Beweisaufnahme auf einen beauftragten oder ersuchten Richter übertragen, ohne daß die Voraussetzungen der in Rdnr. 13 ff. erwähnten Ausnahmevorschriften gegeben sind, so liegt darin ein Verstoß gegen den Grundsatz der formellen Unmittelbarkeit. Die fehlerhafte Beweisaufnahme darf nicht verwertet werden, falls der Mangel nicht nach § 295 geheilt ist (→ Rdnr. 31). Wird der Verstoß in derselben Instanz erkannt, so ist die Beweisaufnahme vor dem Prozeßgericht zu wiederholen[49]. Das gilt auch, wenn sich die Prognose, das Beweisergebnis sei trotz fehlender Unmittelbarkeit sachgemäß zu würdigen (→ Rdnr. 14), als unzutreffend erwiesen hat. Umstritten ist, ob auf die Verletzung des § 355 Abs. 1 ein *Rechtsmittel* gegen das Urteil gestützt werden kann. Das *RG* hatte dies unter Hinweis auf den Wortlaut des § 355 Abs. 2 in Verbindung mit §§ 512, 548 verneint[50]. Der *BGH* hat die Frage bislang offen gelassen[51]. Vergegenwärtigt man sich das Gewicht des formellen Unmittelbarkeitsgrundsatzes (→ Rdnr. 5 ff.), so vermag die ablehnende Haltung nicht zu befriedigen, denn sie läßt eine Verletzung des § 355 Abs. 1 weithin sanktionslos. Der herrschenden Literaturmeinung, die eine Überprüfung im Berufungs- und Revisionsverfahren zuläßt[52], ist grundsätzlich zuzustimmen. Zur Begründung kann freilich nicht auf eine Verletzung des § 286 abgestellt werden, die vorliege, falls der Übertragungsbeschluß nach § 355 Abs. 1 Satz 2 fehlerhaft war[53]; damit würde § 355 Abs. 2 umgangen[54]. Vielmehr ist § 355 Abs. 2 im Hinblick auf §§ 512, 548 restriktiv zu interpretieren: Ausweislich der Materialien soll der Übertragungsbeschluß des Prozeßgerichts nicht angefochten werden können, weil er vom »diskretionären Ermessen des Gerichts abhängig ist«[55]. § 355 Abs. 2 steht folglich einer Über-

30

---

[47] Enger MünchKommZPO-*Musielak* Rdnr. 18: Nur auf die Ausübung des *Ermessens* beziehe sich § 355 Abs. 2. *Rosenberg-Schwab-Gottwald*[15] § 118 III lassen die Anfechtung des Beschlusses zu, wenn »jede gesetzliche Ermächtigung« fehlt.
[48] RGZ 54, 60.
[49] *Peters* ZZP 76 (1963) 158 in Fn. 59.
[50] RGZ 149, 287, 290 f.; RGZ 159, 235, 241 f. (offengelassen für offensichtlichen Ermessensmißbrauch); s. ferner *Wieczorek*[2] B III; *Deubner* AcP 167 (1967) 455, 460; *Hampel* FamRZ 1964, 125, 128.
[51] BGHZ 32, 233, 236; BGHZ 40, 179, 183; BGH NJW 1979, 2518; vgl. ferner *Saarbrücken* JBlSaar 1961,

103; für Überprüfbarkeit OLG *Düsseldorf* NJW 1976, 1103, 1104 f.; OLG *Köln* NJW 1977, 249, 250 (jedenfalls wenn »unvertretbar«).
[52] Für eine Nachprüfung im Rechtsmittelverfahren sprechen sich aus *Schumann* Vorauf. Rdnr. 25; *Bosch* (Fn. 1) 113 ff.; *Jauernig* ZPR[25] § 51 IV; *Nikisch* S. 352; *Rosenberg-Schwab-Gottwald*[15] § 122 VII 3 d (bei Mißachtung zwingender Voraussetzungen); AK-ZPO-*Rüßmann* Rdnr. 4; *Zöller-Greger*[20] § 355 Rdnr. 8.
[53] *Zöller-Greger*[20] § 355 Rdnr. 8.
[54] Zutreffend MünchKommZPO-*Musielak* Rdnr. 20.
[55] *Hahn-Stegemann* (Fn. 4) 305.

prüfung im Hinblick auf das Vorliegen der *tatsächlichen* Voraussetzungen der Anordnung der Beweisaufnahme durch einen beauftragten oder ersuchten Richter nicht entgegen[56] (etwa im Rahmen des § 375 Abs. 1 Nr. 3: »Entfernung«)[57]. Ferner kann die Ausübung des richterlichen Ermessens (z. B. im Rahmen des § 372 Abs. 2) auf einen eventuellen Ermessens*mißbrauch* hin überprüft werden[58]. Schließlich unterliegt die *Prognose* über die sachgemäße Beweiswürdigung (→ Rdnr. 14) der Nachprüfung durch das Rechtsmittelgericht. In allen Fällen hat das Rechtsmittel aber nur Erfolg, wenn die unzulässige Beweisaufnahme bei der Entscheidung auch verwertet wurde; um einen absoluten Revisionsgrund – etwa nach § 551 Nr. 1 – handelt es sich nicht. Unerheblich ist auch, ob durch die fehlerhafte Anordnung eine Verfahrensverzögerung eingetreten ist. Ist in erster Instanz gegen § 355 Abs. 1 verstoßen worden, so hat das Berufungsgericht nach § 539 die Wahl, ob es den Rechtsstreit selbst erledigen oder zurückverweisen will. Beabsichtigt es, die Sache selbst zu erledigen, muß es den Fehler beseitigen, die Beweisaufnahme also unmittelbar vor dem Berufungsgericht wiederholen[59]. Begründet die Rechtsverletzung die Revision, so ist gemäß §§ 564, 565 das angefochtene Urteil aufzuheben und die Sache an das Berufungsgericht zurückzuverweisen.

3. Heilung nach § 295 durch Rügeverzicht und -unterlassung

31   Ein Verstoß gegen die formelle Unmittelbarkeit unterliegt grundsätzlich dem Rügeverzicht und der Rügeunterlassung der Parteien gemäß § 295 Abs. 1[60] (→ dort Rdnr. 17). § 295 Abs. 2 steht nicht entgegen, denn die Unmittelbarkeit der Beweisaufnahme dient nicht öffentlichen Belangen[61]. Da die Parteien über die Beweiserheblichkeit von Tatsachen disponieren können, ist die wirklichkeitsgetreue Sachverhaltsrekonstruktion, die »sichere Findung der Wahrheit«, nicht Ziel des Prozesses[62]; nach § 295 Abs. 2 relevante überindividuelle Belange folgen daraus nicht[63]. Für die Verzichtbarkeit spricht ferner, daß der Grundsatz materieller Unmittelbarkeit nicht gilt[64] (→ Rdnr. 28); die Erhebung und Würdigung eines nur mittelbaren Beweismittels ist stets möglich, wenn die Parteien auf das tatsachennähere Beweismittel verzichten. So kann die Vernehmung eines Zeugen in einem anderen Prozeß im Urkundenbeweis verwertet werden. Dann aber ist es folgerichtig, daß ein Verstoß gegen die formelle Unmittelbarkeit dem Rügeverzicht nach § 295 Abs. 1 unterfällt. Eine Verletzung des Art. 101 Abs. 1 Satz 2 GG liegt darin nicht[65], wenn nur der Übertragungsbeschluß nach Abs. 2 vom gesetzlichen Richter erlassen wurde. Dieses Ergebnis ist schließlich mit Art. 103 Abs. 1 GG vollauf vereinbar[66], der nur die *Möglichkeit* rechtlichen Gehörs gibt. In den Grenzen des § 296 steht der Rügeverzicht einem späteren Antrag nicht entgegen, das

---

[56] Ordnet der Beschluß hingegen die Beweisaufnahme durch das *Prozeß*gericht an, so liegt eine Durchbrechung des § 355 Abs. 1 Satz 1 ohnehin nicht vor.
[57] Insoweit ebenso MünchKommZPO-*Musielak* Rdnr. 18.
[58] Enger MünchKommZPO-*Musielak* Rdnr. 20, wonach jede Ermessensüberprüfung ausscheidet.
[59] *Bosch* (Fn. 1) 122.
[60] Grundlegend *BGHZ* 40, 179, 183 f.; ferner: *BGH* NJW 1979, 2518; *BGHZ* 86, 105, 113 ff.; *BGH* NJW 1991, 1180; *BGH* NVwZ 1992, 915, 916 l. Sp.; *BGH* NJW-RR 1997, 506; *RAG* 22, 172, 174 f.; *OLG Düsseldorf* NJW 1977, 2320; *OLG Frankfurt* NJW 1977, 301; *OLG Hamm* MDR 1978, 676; *KG* VersR 1980, 653; *OLG Köln* NJW 1976, 2218; *OLG Köln* MDR 1978, 321; *Bosch* (Fn. 1) 121; *Jauernig* ZPR[25] § 51 IV; *Leipold* → § 295 Rdnr. 17 f.; *Lindacher* FamRZ 1967, 195;

MünchKommZPO-*Musielak* Rdnr. 17; *Rosenberg-Schwab-Gottwald*[15] § 118 III; *Wieczorek*[2] § 295 Anm. B II b 2; *Zöller-Greger*[20] Rdnr. 8; zurückhaltend *Seidel* ZZP 99 (1986) 64, 74 ff.; a. A. *Koukouselis* (Fn. 12) 31; MünchKommZPO-*Prütting* Rdnr. 19.
[61] *Schlosser* Einverständliches Handeln im Zivilprozeß (1968) 42.
[62] Anders die Gewichtung dieses Gesichtspunkts bei BGHZ 40, 179, 183 f.
[63] Abweichend *OLG Düsseldorf* NJW 1976, 1103, 1105; AK-ZPO-*Rüßmann* Rdnr. 5; *Weth* JuS 1991, 34, 36 l. Sp.
[64] Vgl. *BGHZ* 40, 179, 184.
[65] Zutr. MünchKommZPO-*Prütting* Rdnr. 19; *OLG Köln* MDR 1978, 321; abweichend *Schneider* DRiZ 1977, 13, 15.
[66] A. A. *Weth* JuS 1991, 34, 36 l. Sp.

Prozeßgericht möge den Beweis unmittelbar erheben. Die Heilung durch Rügeverzicht oder -unterlassung ist auch für das Eheverfahren zu bejahen⁶⁷.

4. Einverständnis der Parteien

Nicht geklärt ist die Frage, inwieweit die Parteien durch *vorheriges* Einverständnis ein dem § 355 zuwiderlaufendes Verfahren vorweg »legalisieren« können⁶⁸. Eine solche Disposition ist grundsätzlich anzuerkennen⁶⁹. Die Parteien können bereits vor der Beweisaufnahme etwa die Vernehmung durch einen beauftragten Richter beantragen⁷⁰ oder die weitere Sachverhaltsermittlung einem Sachverständigen überlassen⁷¹. Wird der Beweis im Einverständnis der Parteien nur mittelbar erhoben, so können die Parteien später gleichwohl die unmittelbare Durchführung der Beweisaufnahme verlangen, soweit § 296 nicht entgegensteht⁷². Eine **Bindung** der Parteien an ihre Erklärung zur mittelbaren Beweisaufnahme ist freilich zu **verneinen**⁷³. Das Gericht ist an eine solche Disposition ebenfalls nicht gebunden, da der Unmittelbarkeitsgrundsatz in engem Zusammenhang mit der freien Beweiswürdigung steht (→ Rdnr. 5), die der Parteibestimmung aber entzogen ist (→ § 286 Rdnr. 20). Ist das Gericht beispielsweise der Ansicht, daß das Beweisergebnis nicht ohne den unmittelbaren Eindruck vom Verlauf der Beweisaufnahme sachgemäß zu würdigen ist (vgl. § 375 Abs. 1 und Abs. 1 a]), kann es die Beweisaufnahme trotz abweichender Parteidisposition unmittelbar durchführen.

32

V. Arbeitsgerichtliches Verfahren

Im arbeitsgerichtlichen Verfahren ist § 58 Abs. 1 ArbGG zu beachten. Hinsichtlich der Unmittelbarkeit der Beweisaufnahme muß danach unterschieden werden, ob die Beweisaufnahme im Gerichtsgebäude (→ Rdnr. 34), außerhalb des Gerichtsgebäudes, aber innerhalb des Gerichtsbezirks (→ Rdnr. 35) oder außerhalb des Gerichtsbezirks (→ Rdnr. 37) erfolgen soll oder ob es sich um eine Beweisaufnahme in der Berufungsinstanz handelt (→ Rdnr. 38).

33

1. Beweisaufnahme im Gerichtsgebäude (§ 58 Abs. 1 Satz 1 ArbGG)

In erster Instanz ist die Beweisaufnahme *stets* vor der Kammer durchzuführen, sofern sie »an der Gerichtsstelle« möglich ist (§ 58 Abs. 1 Satz 1 ArbGG)⁷⁴. »Gerichtsstelle« ist das Gerichtsgebäude⁷⁵. Die Übertragung auf den Vorsitzenden (oder einen ehrenamtlichen Richter) ist daher ausgeschlossen, wenn die Beweisaufnahme im Gerichtsgebäude selbst durchführbar ist. Eine Übertragung der Beweisaufnahme nach Maßgabe des § 355 Abs. 1 Satz 2 (→ Rdnr. 13 ff.) scheidet aus. Das Unmittelbarkeitsprinzip wird insoweit strenger ge-

34

---

⁶⁷ A. M. *Schleswig-Holstein* SchlHA 1967, 183 (mit Anm. *Hagen*). *Lindacher* FamRZ 1967, 195 bejaht die Verzichtbarkeit auch für den Eheprozeß, verneint aber die Heilung durch bloßes Unterlassen der Rüge.
⁶⁸ Der frühere § 377 Abs. 4, der eine schriftliche Beantwortung der Beweisfrage durch einen Zeugen vorsah, wenn die Parteien einverstanden waren, wurde durch das RechtspflegevereinfachungsG von 1990 aufgehoben.
⁶⁹ *Schlosser* (Fn. 60) 41 f.; *Tropf* DRiZ 1985, 87, 88 f. (für Sachverständigenermittlung); wohl auch *OLG Köln* NJW 1976, 2218; a. A. *Schumann* in der Vorauflage Rdnr. 16 (zum Sachverständigenbeweis) und Rdnr. 26 in Fn. 20 (allgemein).

⁷⁰ So in *BGHZ* 40, 179; der BGH löst die Frage über § 295; ebenso *RAG* 22, 172, 174 f.; kritisch *Schlosser* (Fn. 60) 41 f.
⁷¹ Vgl. den Sachverhalt bei *BGHZ* 23, 207, 214 f.
⁷² *Tropf* DRiZ 1985, 87, 90 f.
⁷³ A. A. *Tropf* DRiZ 1985, 87, 90, wenn beide Parteien der mittelbaren Beweisaufnahme zugestimmt haben.
⁷⁴ Bei einer *auswärtigen* Kammer (§ 14 Abs. 2 Nr. 5 ArbGG) ist deren Gerichtsstelle maßgeblich.
⁷⁵ MünchArbR-*Brehm* § 379 Rdnr. 56; *Grunsky* ArbGG⁷ § 58 Rdnr. 22; MünchKommZPO-*Musielak* Rdnr. 3; → § 219 Rdnr. 1.

handhabt als im Zivilprozeß. Zu beachten ist aber, daß in gewissen Fällen der Vorsitzende zur Beweiserhebung berechtigt ist (§ 55 Abs. 3 und 4 ArbGG). (1) So darf der *Vorsitzende* im Rahmen des § 55 Abs. 3 ArbGG in derjenigen Verhandlung, die sich unmittelbar an die Güteverhandlung anschließt, eine förmliche *Beweisaufnahme durchführen*[76], wenn sie dazu dient, eine das Verfahren beendende Entscheidung herbeizuführen (dies können grundsätzlich also nur in dieser Verhandlung vorhandene präsente Beweismittel sein) und wenn die Parteien ihr Einverständnis mit einer derartigen Entscheidung durch den Vorsitzenden erklärt haben. Wird eine Vertagung notwendig, muß eine vom Vorsitzenden durchgeführte Beweisaufnahme vor der Kammer wiederholt werden[77], falls die Parteien nicht darauf verzichten. (2) Ähnlich der Regelung im Zivilprozeß kann nach § 55 Abs. 4 ArbGG auch im arbeitsgerichtlichen Verfahren schon vor der mündlichen Verhandlung ein Beweisbeschluß erlassen und ausgeführt werden (→ § 358a Rdnr. 47); im Gegensatz zum Zivilprozeß (→ § 358a Rdnr. 20) erläßt der Vorsitzende einen derartigen Beweisbeschluß vor der mündlichen Verhandlung allein (§ 55 Abs. 4 Satz 2 ArbGG).

2. Beweisaufnahme außerhalb des Gerichtsgebäudes, aber innerhalb des Gerichtsbezirks (§ 58 Abs. 1 Satz 2 ArbGG)

35   Bei einer Beweisaufnahme außerhalb des Gerichtsgebäudes muß unterschieden werden, ob sie *innerhalb des Sitzes* des Arbeitsgerichts (d. h. innerhalb der *politischen Gemeinde*, in der das Arbeitsgerichts liegt) durchzuführen ist oder ob sie – zwar innerhalb des Arbeitsgerichtsbezirks[78] – aber außerhalb des Sitzes des Arbeitsgerichts durchzuführen ist. Nach § 58 Abs. 1 Satz 2 ArbGG *können* Beweisaufnahmen innerhalb des Sitzes eines Arbeitsgerichts von der Kammer dem Vorsitzenden übertragen werden. Die engen Voraussetzungen z. B. des § 375 (→ dort Rdnr. 4 ff.) müssen nicht vorliegen. Die Übertragung auf einen ehrenamtlichen Richter kommt nicht in Betracht[79]. Fehlt es an einer Übertragung auf den Vorsitzenden, erfolgt die Beweisaufnahme vor der Kammer.

36   Beweisaufnahmen *außerhalb des Sitzes* des Arbeitsgerichts werden im Wege der Rechtshilfe durch das *Amts*gericht ausgeführt (§ 13 Abs. 1 Satz 2 ArbGG). Für den Fall aber, daß ein Gerichtstag außerhalb des Sitzes des Arbeitsgerichts abgehalten wird (§ 14 Abs. 4 ArbGG), ist eine dort mögliche Beweisaufnahme von der Kammer vorzunehmen[80].

3. Beweisaufnahme außerhalb des Gerichtsbezirks

37   Soll die Beweisaufnahme außerhalb des Gerichtsbezirks stattfinden, so findet *Rechtshilfe* statt. Maßgeblich ist hierbei § 13 ArbGG. Soweit die Beweisaufnahme am Sitz eines anderen *Arbeitsgerichts* durchzuführen ist, ist dieses das zuständige Rechtshilfegericht (§ 13 Abs. 1 Satz 1 ArbGG). Muß die Beweisaufnahme an einem Ort durchgeführt werden, wo kein Arbeitsgericht einen Sitz hat, ist das zuständige *Amts*gericht zur Rechtshilfe verpflichtet (§ 13 Abs. 1 Satz 2 ArbGG); in diesem Fall steht dem ersuchenden Arbeitsgericht *nicht* die Wahlmöglichkeit zu, statt des Amtsgerichts das Arbeitsgericht um Rechtshilfe zu ersuchen, in dessen Bezirk sich der Ort der beabsichtigten Beweisaufnahme befindet[81].

---

[76] MünchArbR-*Brehm* § 379 Rdnr. 45; *Grunsky* ArbGG[7] § 55 Rdnr. 11.
[77] *Grunsky* ArbGG[7] § 55 Rdnr. 11; a. A. MünchArbR-*Brehm* § 379 Rdnr. 45; *Germelmann-Matthes-Prütting* ArbGG[2] § 55 Rdnr. 29.
[78] Bei dem erweiterten Sprengel einer arbeitsgerichtlichen Fachkammer gemäß § 17 Abs. 2 Satz 2 ArbGG (→ Rdnr. 6 bei Fn. 17 vor § 12 sowie → Rdnr. 29 vor § 12) ist »Amtsgerichtsbezirk« dieser erweiterte Sprengel (→ auch § 174 Rdnr. 18).
[79] *Grunsky* ArbGG[7] § 58 Rdnr. 22.
[80] *Grunsky* ArbGG[7] § 58 Rdnr. 22.
[81] *Grunsky* ArbGG[7] § 13 Rdnr. 3; a. A. *Germelmann-Matthes-Prütting* ArbGG[2] § 13 Rdnr. 9; *Schaub* Arbeitsrechtliche Formularsammlung und Arbeitsgerichtsverfahren[5] § 90 V 4 c.

4. Berufungsinstanz

Die für das erstinstanzliche Verfahren genannten Vorschriften (§§ 13, 15, 58 ArbGG) gelten gemäß § 64 Abs. 7 ArbGG für das *Berufungsverfahren* entsprechend. Zu beachten ist lediglich, daß in der Berufungsinstanz eine Güteverhandlung nicht stattfindet und demgemäß die in § 55 Abs. 3 ArbGG genannte Tätigkeit des Vorsitzenden (→ Rdnr. 34) beim Berufungsgericht ausgeschlossen ist (arg. § 64 Abs. 7 ArbGG). 38

5. Verstöße gegen die formelle Unmittelbarkeit und Rügeverzicht

Soweit eine Beweisaufnahme durch ein anderes Gericht oder einen anderen Richter durchgeführt wird, als dies bisher (→ Rdnr. 33–38) dargestellt wurde, liegt ein Mangel des Verfahrens vor. Anders als im Zivilprozeß (→ Rdnr. 30) ist eine Zurückverweisung vom Landesarbeitsgericht in diesem Fall wegen § 68 ArbGG nicht zulässig (→ § 539 Rdnr. 14). Wie auch im Zivilprozeß (→ Rdnr. 31) ist ein Verstoß gegen die formelle Unmittelbarkeit der Beweisaufnahme im Arbeitsgerichtsverfahren dem Rügeverzicht zugänglich[82]. 39

§ 356 [Beibringungsfrist]

¹Steht der Aufnahme des Beweises ein Hindernis von ungewisser Dauer entgegen, so ist eine Frist zu bestimmen, nach deren fruchtlosem Ablauf das Beweismittel nur benutzt werden kann, wenn nach der freien Überzeugung des Gerichts dadurch das Verfahren nicht verzögert wird. ²Die Frist kann ohne mündliche Verhandlung bestimmt werden.

Gesetzesgeschichte: Bis 1900 § 321 CPO. Aufgrund der Novelle 98 (→ Einl. Rdnr. 113) bei unverändertem Wortlaut zu § 356 geworden; geändert durch die Novelle 1924 (→ Einl. Rdnr. 123). Die Vereinfachungsnovelle 1976 (→ Einl. Rdnr. 159) fügte im Satz 1 ein: »nach der freien Überzeugung des Gerichts«.

Stichwortverzeichnis → Beweisaufnahmeschlüssel zu Beginn der Vorbemerkungen vor § 355.

I. Voraussetzungen der Beibringungsfrist			II. Fristsetzung	
1. Grundgedanke	1		1. Verfahren	11
2. Geltungsbereich	3		2. Bestimmung der Frist	12
3. »Hindernis« bezüglich der Beweisaufnahme	4		III. Folge des Fristablaufs	13
4. »Behebbares« Hindernis	6		IV. Verstöße – Rechtsbehelfe	15
5. Hindernis von bestimmter Dauer	8			
6. Verschulden des Beweisführers	10			

I. Voraussetzungen der Beibringungsfrist

1. Grundgedanke

Die Fristsetzung nach § 356 hat die **Funktion, den Rechtsstreit zur Entscheidungsreife zu führen**, obgleich noch nicht alle angebotenen Beweise erhoben worden sind. Ist die Bei- 1

---

[82] *RAG* 22, 172, 174 f. gegen *RAG* BenshS 11, 372. Wie hier *Grunsky* ArbGG⁷ § 58 Rdnr. 22; *Schaub* (Fn. 80) § 90 V 3 c; a. A. *Dietz-Nikisch* § 58 Rdnr. 28.

bringungsfrist abgelaufen, ohne daß das Hindernis beseitigt wurde, darf das Beweismittel als unerreichbar behandelt werden. § 356 dient dem *Interessenausgleich*[1]: Kann eine beantragte Beweisaufnahme derzeit nicht erfolgen, so ergibt sich ein Widerstreit zwischen den Belangen der beweisführenden Partei an der Berücksichtigung des Beweismittels und dem Interesse des Gegners an einer raschen Erledigung des Rechtsstreits. Der beweisführenden Partei wird Gelegenheit gegeben, das Hindernis zu beseitigen; die Gegenpartei wird durch die Fristsetzung vor unzumutbarer Verzögerung geschützt[2]. Weder darf der Rechtsstreit sogleich entschieden werden, noch muß stets bis zur Behebung des Hindernisses zugewartet werden. Der Ausschluß des Beweismittels ist nicht die Folge der Verletzung einer Prozeßförderungspflicht[3]. Anders als die Präklusion nach § 296 (→ dort Rdnr. 1) trägt er keinen Sanktionscharakter. Daher ist das nach § 356 ausgeschlossene Beweismittel in der Berufungsinstanz zu berücksichtigen (→ Rdnr. 14) und ein Verschulden des Beweisführers spielt keine Rolle (→ Rdnr. 14).

2   Eine Fristsetzung nach § 356 kommt nur in Betracht, wenn es ungewiß ist, ob oder wann das Hindernis für die Beweisaufnahme entfällt. Die **Beseitigung muß möglich und absehbar sein**[4]. Bei einem nicht behebbaren Hindernis ist der Beweisantrag wegen Unerreichbarkeit des Beweismittels zurückzuweisen[5] (→ Rdnr. 6). Das gilt auch, wenn die beweis*führende* Partei die Behebung von vornherein verweigert (zum Gegner → Rdnr. 7). § 356 setzt ferner voraus, daß sich die beantragte Beweisaufnahme auf eine beweisbedürftige Tatsache bezieht und kein Beweisverwertungsverbot (→ § 284 Rdnr. 56 ff.) besteht[6]. Überdies muß das Beweismittel rechtzeitig in den Prozeß eingeführt worden sein. Wurde der Beweisantrag verspätet gestellt, so ist für eine Fristsetzung nach § 356 kein Raum (zum unvollständigen Beweisantrag → Rdnr. 5); vielmehr ist das verspätete Vorbringen unter den Voraussetzungen des § 296 zurückzuweisen[7] (→ § 296 Rdnr. 45).

2. Geltungsbereich

3   § 356 bezieht sich auf **Beweismittel jeder Art**, einschließlich der Parteivernehmung. Beim **Sachverständigenbeweis** gilt § 356 insoweit nicht, als das Gericht in der Auswahl des Sachverständigen nicht beschränkt ist, also Hindernisse, die nur einen bestimmten Sachverständigen betreffen, durch Heranziehung eines anderen umgehen kann[8]. Bei sonstigen Hindernissen gilt die Vorschrift auch für den Sachverständigenbeweis[9]. Eine besondere Bestimmung für den **Urkundenbeweis**, die für ihren Geltungsbereich § 356 ausschließt, enthält § 431 (Frist zur Vorlage einer Urkunde, die sich in den Händen eines Dritten befindet). § 356 gilt auch, wenn der vom Gericht für angemessen erachteten **Form** der Beweisaufnahme[10] ein Hindernis entgegensteht. Eine Fristsetzung entsprechend § 356 kommt schließlich in Betracht, wenn die Parteien einen **Schiedsgutachtenvertrag** geschlossen haben, das Schiedsgutachten aber noch nicht vorliegt[11]. Dem Gegner entsteht dadurch kein Nachteil, denn

---

[1] *BGH* NJW 1972, 1133, 1134 = ZZP 86 (1973) 60, 62; *Deubner* JuS 1988, 221 f.; *Gerhardt* ZZP 86 (1973) 63 f.; MünchKommZPO-*Musielak* Rdnr. 1.
[2] Vgl. *Hahn-Stegemann* Materialien zur Civilprozeßordnung[2] II/1, 305.
[3] *Gerhardt* ZZP 86 (1973) 63, 65 f.; grundlegend anders *Sass* MDR 1985, 96, 98 f.
[4] MünchKommZPO-*Musielak* Rdnr. 3.
[5] *Zöller-Greger*[20] Rdnr. 3.
[6] MünchKommZPO-*Musielak* Rdnr. 2.
[7] *Zöller-Greger*[20] Rdnr. 1.
[8] *Kreß* LeipZ 15, 423.
[9] Z.B. wenn die Partei nicht zur ärztlichen Untersuchung durch einen Sachverständigen erscheint, vgl. BGH NJW 1972, 1133, 1134 = ZZP 86 (1973) 60, 62 (mit insoweit zust. Anm. *Gerhardt*); OLG München NJW 1967, 684.
[10] Z.B. die Gegenüberstellung inländischer Zeugen mit einem im Ausland wohnenden Zeugen im Inland, RG JW 1911, 221 (ausländischer Zeuge erschien nicht).
[11] BGH JZ 1988, 1080, 1083 l. Sp.; *Schlosser* → vor § 1025 Rdnr. 32 mit Nachw. in Fn. 305. Die Gegenansicht spricht dem Kläger jedes berechtigte Interesse an der Fristsetzung ab, weil er sich mit der Klageerhebung gegen den Zweck der Schiedsgutachtenvereinbarung verhalte, MünchKommZPO-*Musielak* Rdnr. 9; *Walchshöfer* Festschrift K. H. Schwab (1990) 521, 528; i. E. auch OLG Düsseldorf NJW-RR 1986, 1061.

selbst eine sofortige Abweisung (als zur Zeit unzulässig oder unbegründet) steht einer späteren Klage nicht entgegen[12].

3. »Hindernis« bezüglich der Beweisaufnahme

Die Frist des § 356 kann z. B. gesetzt werden, um den Aufenthalt der zu vernehmenden Partei zu ermitteln oder um ein Augenscheinsobjekt ausfindig zu machen oder herbei zu schaffen. Auch liegt ein behebbares Hindernis vor, falls der Beweisführer sich weigert, einer zu Beweiszwecken angeordneten und zumutbaren ärztlichen Untersuchung nachzukommen[13] oder bei Widerruf der Zustimmung zur Verwertung ärztlicher Untersuchungsergebnisse[14]. 4

Eine **Fristsetzung** ist ferner geboten, um den **(vollständigen) Namen** oder die **Anschrift eines Zeugen**[15] beizubringen (zur Hinweispflicht → § 139 Rdnr. 16). Es muß sich aber um einen wirksamen Beweisantritt handeln; andernfalls ist nicht § 356, sondern § 296 (→ dort Rdnr. 45) einschlägig. Die Abgrenzung bereitet bei unvollständigen Beweisangeboten mitunter Schwierigkeiten. Ein Beweisantrag ohne Nennung des (vollständigen) Namens (Zeuge »NN«) oder der ladungsfähigen Anschrift des Zeugen ist erheblich[16], falls die Person des Zeugen bestimmbar (individualisierbar) ist[17]. Hält die Partei Namen oder Anschrift zurück, obwohl sie sie kennt, *kann* zwar ein Verstoß gegen die Prozeßförderungspflicht vorliegen, der nach § 296 zu behandeln ist. Freilich muß der Richter nicht »klären«, weshalb das Beweisangebot unvollständig ist[18]. Der Prozeß wird nicht verschleppt, wenn er das unvollständige Beweisangebot als erheblich behandelt, aber *frühzeitig* im Verfahren – ggf. ohne mündliche Verhandlung (§ 356 Satz 2) – eine Frist nach § 356 setzt. Hierzu ist nicht erforderlich, daß das Parteivorbringen den Grund der Unvollständigkeit[19] oder der Behebbarkeit des Hindernisses[20] erkennen läßt. Auch bei einem »schuldhaft« unvollständigen Beweisangebot ist Fristsetzung nach § 356 geboten[21]. Vervollständigt der Beweisführer die Angaben erst in der Rechtsmittelinstanz, ist wegen der Kosten nach § 97 Abs. 2 zu verfahren. Fehlt es am Kostenvorschuß für die Zeugeneinvernahme (→ § 379 Rdnr. 9) oder für die (auf Parteiantrag erfolgte) Beauftragung eines Sachverständigen → § 402 Rdnr. 2. 5

4. »Behebbares« Hindernis

Bei dem im Gesetz genannten »Hindernis von *ungewisser* Dauer« ist an Hemmnisse der Beweisaufnahme gedacht, die *behebbar* sind. Ist die Beseitigung unmöglich, scheidet die (dann zwecklose) Fristsetzung aus und der Beweisantrag ist wegen Unmöglichkeit der Beweisaufnahme abzulehnen (→ § 284 Rdnr. 65). Unmöglichkeit liegt vor, wenn etwa der Augenscheinsgegenstand unauffindbar oder zerstört ist; wenn der Zeuge unauffindbar im Aus- 6

---

[12] Bei Verzögerung des Schiedsgutachterverfahrens kommt eine Fristverlängerung nach § 224 in Betracht, → ferner vor § 1025 Rdnr. 32.
[13] *BGH* NJW 1972, 1133, 1134 = ZZP 86 (1973) 60, 62 (mit insoweit zust. Anm. *Gerhardt*); *OLG München* NJW 1967, 684; *OLG Braunschweig* NJW-RR 1992, 124; ferner *LG Hamburg* NJW-RR 1994, 204 (Fristsetzung wegen endgültiger Verweigerung aber abgelehnt; dazu → Rdnr. 7).
[14] *BGH* NJW 1981, 1319 = MDR 836.
[15] *BGH* NJW 1987, 893, 894; *BGH* NJW 1989, 227, 228 l. Sp.; *BGH* NJW 1998, 2368, 2369; *OLG Köln* NJW-RR 1998, 1143.
[16] Vgl. *BAG* AP Nr. 1 zu § 373 ZPO = NJW 1977, 727; *BGH* NJW 1989, 1732, 1733 (fehlende Zeugenanschrift); a. A. *BGH* NJW 1983, 1905, 1908 r. Sp.; *BGH* NJW 1987, 3077, 3080.
[17] *BGH* NJW 1998, 2368, 2369; ähnlich MünchKommZPO-*Musielak* Rdnr. 6.
[18] Vgl. aber MünchKommZPO-*Musielak* Rdnr. 6.
[19] So aber für den »unbenannten« Zeugen *Rixecker* NJW 1984, 2135, 2136.
[20] In diesem Sinne *Zöller-Greger*[20] Rdnr. 4.
[21] A. A. AK-ZPO-*Rüßmann* Rdnr. 2; ihm folgend *Reinicke* MDR 1990, 767, 768 unter der Prämisse, daß der Angabe »Zeugnis NN« häufig grobes Verschulden oder Verschleppungsabsicht zugrunde liege. Diese Sichtweise ist voreingenommen. Der Richter sollte auf Motivforschung verzichten und alsbald die Beibringungsfrist setzen.

land untergetaucht ist oder ein ihm zustehendes Verweigerungsrecht wirksam ausgeübt hat (vgl. § 386 Abs. 3).

7 Ein nicht behebbares Hemmnis ist ferner anzunehmen, wenn der **Beweisführer** sich endgültig **weigert**, das **Hindernis zu beseitigen**[22], (z. B. die Unterlagen dem Sachverständigen zu übergeben oder einer ärztlichen Untersuchung nachzukommen[23]). Zur Frage des Verschuldens → Rdnr. 10. Hängt die Beseitigung vom Verhalten einer **dritten Person** ab, kommt Fristsetzung in Betracht, wenn der Beweisführer rechtlich oder tatsächlich in der Lage ist, auf diese Person einzuwirken, das Hindernis zu beseitigen[24], ggf. im Klagewege[25] (für Urkunden → § 431); aber auch ohne solche Einflußmöglichkeiten kann noch von einem »Hindernis von ungewisser Dauer« gesprochen werden, sofern die begründete, vom Beweisführer darzulegende Aussicht besteht, daß der Dritte das Hindernis beheben wird. Beruht hingegen das der Beweisaufnahme entgegenstehende Hindernis auf einem Verhalten des **Prozeßgegners** (also der nicht beweisführenden Gegenpartei), ist § 356 nicht einschlägig[26]. Es ist vielmehr zu prüfen, ob ein Fall der Beweisvereitelung gegeben ist, der zur Umkehr der Beweislast führen kann (näher → § 286 Rdnr. 120 ff.).

5. Hindernis von bestimmter Dauer

8 § 356 setzt ein »Hindernis von *ungewisser* Dauer« voraus. Bei Hindernissen von **bestimmter Dauer**, d. h. wenn feststeht, *wann* die Beweisaufnahme möglich sein wird, kommt eine **Fristsetzung** nach dieser Vorschrift **nicht** in Betracht. Dauert der Prozeß ohnehin (z. B. wegen anderer Beweisaufnahmen) bis zum Möglichwerden des Beweises an, so ergeben sich keine Schwierigkeiten; der Beweis ist dann zu erheben, sobald das Hindernis entfallen ist. Zweifelhaft ist aber, wie zu verfahren ist, wenn der Rechtsstreit – abgesehen von dem derzeit nicht möglichen Beweis – entscheidungsreif wäre. Eine Aussetzung nach § 148 kommt nicht in Betracht, näher → § 148 Rdnr. 15 ff. Man kann aber den Grundgedanken des § 356 (Versuch eines Interessenausgleichs, → Rdnr. 1) für diese Fälle heranziehen: Wenn das Gesetz bei Hindernissen von ungewisser Dauer das Beweisangebot nicht von vornherein übergehen will, sondern dem Gegner durch die Fristsetzung eine Verzögerung zumutet, so ist bei einem Hindernis von bestimmter Dauer entsprechend zu verfahren. *Das Möglichwerden der Beweisaufnahme ist also abzuwarten, soweit das dem Gegner billigerweise zugemutet werden kann*[27]. Die Zumutbarkeit ist zu bejahen, wenn es sich um Zeitspannen handelt, die den nach § 356 üblicherweise gesetzten Fristen vergleichbar sind.

9 Für *Kindschaftssachen* (§ 640 Abs. 2) regelt § 640 f zwingend die Aussetzung des Verfahrens von Amts wegen, wenn Sachverständigengutachten noch nicht erstellt werden können (→ § 640 f Rdnr. 1); für eine Anwendung des § 356 ist dann kaum noch Raum. Wird eine Klage auf Vaterschaftsfeststellung nach § 653 mit dem Antrag auf Verurteilung zur Zahlung des (keine Kindschaftssache darstellenden) Anspruchs auf Unterhalt in Höhe der Regelbeträge verbunden, hat wiederum eine Aussetzung nach § 640 f zu erfolgen. In den übrigen Nichtkindschaftssachen ist die Aussetzungsvorschrift des § 640 f nicht anwendbar; § 356

---

[22] *BGH* NJW 1993, 1391, 1393 r. Sp. (»nutzlose Förmelei«).
[23] Vgl. *LG Hamburg* NJW-RR 1994, 204.
[24] Enger MünchKommZPO-*Musielak* Rdnr. 8 (Fristsetzung nur bei [vollstreckbarem?] Recht auf Mitwirkung).
[25] *OLG Nürnberg* MDR 1983, 942 für den Fall, daß der Grundstücksnachbar des Klägers die Mitwirkung an der Beweisaufnahme im anhängigen Rechtsstreit verweigert und dem Kläger zur Beibringung des – nur im Klagewege durchsetzbaren – nachbarlichen Einverständnisses eine zu kurze Frist gesetzt wurde.
[26] *OLG Braunschweig* NJW-RR 1992, 124.
[27] *OLG Braunschweig* JZ 1952, 531; im Ansatz auch *OLG Celle* NJW 1963, 991 (mit zustimmender Anm. *Rötelmann*), *OLG Celle* MDR 1967, 134; *LG Hamburg* NJW 1964, 848; *Guggumos* JZ 1952, 532; MünchKommZPO-*Musielak* Rdnr. 4; *Zöller-Greger*[20] Rdnr. 3 (ohne Zumutbarkeitsvorbehalt); strenger *OLG Karlsruhe* OLGZ 1990, 241, 243.

kann aber eingreifen. Der Partei, die sich später z. B. auf ein erbbiologisches Gutachten stützen will, bleibt ferner die Möglichkeit einer Wiederaufnahme entsprechend § 580 Nr. 7 b (→ § 580 Rdnr. 38, vgl. auch § 641 i). Damit ergibt sich eine interessengerechte Lösung; lehnt man dagegen die Wiederaufnahmemöglichkeit ab, so muß an ein zumutbares Hinausschieben der Beweisaufnahme (→ Rdnr. 8) gedacht werden.

6. Verschulden des Beweisführers

Eine **Fristsetzung** ist auch dann **erforderlich**, falls der Beweisführer das Hindernis **schuldhaft** gesetzt hat[28], etwa bei einer für das Sachverständigengutachten erforderlichen ärztlichen Untersuchung nicht erscheint. Die Gegenmeinung lehnt die Anwendung des § 356 ab, falls die Beweisaufnahme wegen eines vom Beweisführer verschuldeten Hindernisses unmöglich ist[29] oder jedenfalls der Beweisführer das Hindernis bewußt in der Absicht gesetzt hat, die Beweisaufnahme zu verhindern[30]. Diese Ansicht übersieht, daß § 356 keine Prozeßförderungspflicht der Parteien zugrunde liegt (→ Rdnr. 1). Wenn also nur der Beweisantrag rechtzeitig gestellt wird, muß eine (u. U. kurze[31]) Frist nach § 356 gesetzt werden, zumal damit der Richter von der Prüfung enthoben wird, ob der Grund, aus dem das Hindernis gesetzt wird, ein schuldhaftes bzw. absichtliches Vereiteln der Beweisaufnahme bedeutet (→ Rdnr. 5). Verweigert der Beweisführer die erforderliche Mitwirkung freilich endgültig[32], so liegt ein Fall der *dauernden* Unmöglichkeit der Beweisaufnahme vor, der nicht zu einer Fristsetzung zwingt (→ Rdnr. 7). Zum Verschulden bei der Nichteinhaltung der gesetzten Frist → Rdnr. 14.

10

II. Fristsetzung

1. Verfahren

Die Fristsetzung nach § 356 setzt **keinen Antrag** voraus. Sie erfolgt von Amts wegen. Zuständig ist das **Prozeßgericht**, nicht etwa allein der Vorsitzende, der Berichterstatter[33] oder gar die Geschäftsstelle; im Verfahren vor dem Einzelrichter (→ § 348) dieser. Liegen die Voraussetzungen des § 356 vor, dann »ist« die Beibringungsfrist zu setzen; ein **Ermessen** ist dem Gericht **nicht** eingeräumt. Eine **mündliche Verhandlung** ist **nicht** erforderlich (Satz 2). Wegen ihrer verschuldensunabhängigen Ausschlußwirkung wird die Beibringungsfrist nur in Lauf gesetzt, wenn der – nicht verkündete – fristsetzende Beschluß **förmlich zugestellt** worden ist (§ 329 Abs. 2 Satz 2)[34]; eine Heilung von Zustellungsmängeln nach § 187 Satz 1 scheidet aus[35].

11

2. Bestimmung der Frist

Die Frist ist der beweis*führenden* Partei zu setzen. Dem (das Hindernis verursachenden) Beweis*gegner* darf hingegen keine Frist gesetzt werden[36]; insoweit handelt es sich allein um

12

---

[28] *BGH* NJW 1972, 1133, 1134; *BGH* NJW 1981, 1319; *OLG München* NJW 1967, 684; *OLG Braunschweig* NJW-RR 1992, 124; *Gerhardt* ZZP 86 (1973) 63, 66; *Thomas-Putzo*[21] Rdnr. 3; *Zöller-Greger*[20] Rdnr. 2; bei Fahrlässigkeit auch MünchKommZPO-*Musielak* Rdnr. 5.

[29] *Baumbach-Lauterbach-Hartmann*[56] Rdnr. 2.

[30] MünchKommZPO-*Musielak* Rdnr. 5.

[31] *Gerhardt* ZZP 86 (1973) 63, 66.

[32] Mit Recht zurückhaltend bei der Annahme der Entbehrlichkeit der Fristsetzung *OLG Braunschweig* NJW-RR 1992, 124, 125.

[33] *BGH* NJW 1998, 2368, 2369 r. Sp.

[34] *BGH* NJW 1989, 227, 228 l. Sp.; MünchKomm-ZPO-*Musielak* Rdnr. 12; *Zöller-Greger*[20] Rdnr. 6.

[35] Weil der Fristlauf nicht vom Ermessen des Gerichts abhängen darf, *BGH* NJW 1989, 227, 228 r. Sp. (→ auch § 187 Rdnr. 23)

[36] So aber *Zöller-Greger*[20] Rdnr. 6.

eine Frage der Beweisvereitelung (→ § 286 Rdnr. 120 ff.). Bei der Fristbemessung ist einerseits das Interesse der beweisbelasteten Partei zu berücksichtigen, den angebotenen Beweis auch zu führen. Die Frist ist daher so zu bestimmen, daß das Hindernis behoben werden kann. Andererseits ist auf das Interesse des Gegners Rücksicht zu nehmen, den Rechtsstreit nicht unzumutbar lange in der Schwebe zu halten. Verbindliche Maßstäbe der Interessenabwägung gibt es nicht; ein möglicher Orientierungspunkt könnten die materiellrechtlichen Verjährungsfristen sein: Bei kurzer Verjährung des geltend gemachten Anspruchs kann auch eine dem Anspruchsteller gesetzte Frist entsprechend kürzer bestimmt werden; freilich bedeutet dies nicht, daß bei Regelverjährung eine 30-jährige Beibringungsfrist gesetzt werden darf. Ist die Beseitigung des Hindernisses innerhalb einer dem Gegner zumutbaren Frist unmöglich, so muß die Fristsetzung unterbleiben. Stets ist eine Frist von *bestimmter* Dauer zu setzen[37]. Als *richterliche* Frist kann sie nach §§ 224, 225 verkürzt oder verlängert werden.

III. Folge des Fristablaufs

13   Nach Ablauf der Beibringungsfrist ist die Partei grundsätzlich mit dem **Beweismittel ausgeschlossen**. Dabei kommt es auf die Beseitigung des *Hindernisses* innerhalb der Frist an, nicht muß die Beweisaufnahme innerhalb der Frist erfolgt sein. Läßt sich beispielsweise der Beweisführer innerhalb der gesetzten Frist ärztlich untersuchen, so ist das Hindernis behoben; daß das Sachverständigengutachten erst nach Fristablauf erstattet werden kann, schadet nicht. Das Beweismittel ist nach Fristablauf nur dann ausgeschlossen, wenn sich die Beweisaufnahme gerade infolge des im Beschluß genannten Hindernisses nicht durchführen läßt. Scheitert die Beweisaufnahme an einem anderen Hindernis, so muß erneut eine Frist gesetzt werden[38], wenn die übrigen Voraussetzungen des § 356 erfüllt sind.

14   Ist die Beibringungsfrist abgelaufen, ohne daß das Hindernis beseitigt werden konnte, so kann das Beweismittel nur noch insoweit benutzt werden, als dadurch nach freier Überzeugung des Gerichts das **Verfahren nicht verzögert** wird. Das Gericht muß demgemäß dieselbe Prognose hinsichtlich des weiteren Verfahrensablaufs wie auch sonst bei verspätetem Vorbringen anstellen (vgl. § 296, → dort vor allem Rdnr. 48 ff.). Wird z.B. vor Schluß der Verhandlung die Urkunde vorgelegt oder der Zeuge gestellt, kann das Beweismittel noch berücksichtigt werden; andernfalls ist der Beweisführer damit ausgeschlossen. Diese Wirkung des Fristablaufs tritt gemäß § 231 Abs. 1 kraft Gesetzes ein, ohne daß es einer Androhung (etwa bei der Fristsetzung) bedürfte. Ob das Nichteinhalten der Frist auf einem **Verschulden** der Partei beruht, ist **unerheblich**[39]; die etwa in § 296 (→ dort Rdnr. 83 ff., 121) mögliche Abwendung der Präklusionsfolgen bei fehlendem Verschulden scheidet hier aus; andernfalls bestünde die Gefahr, daß der Rechtsstreit niemals entscheidungsreif wird, wenn der Beweisführer das Hindernis schuldlos nicht beseitigen kann. Inwieweit in der ersten Instanz nach § 356 ausgeschlossene Beweismittel noch in der *Berufungsinstanz* berücksichtigt werden, richtet sich nach § 528 Abs. 1 und 2; das Beweismittel ist *nicht* nach § 528 Abs. 3 ausgeschlossen[40].

---

[37] *OLG Hamburg* OLGRsp 33 (1916) 68.
[38] Vgl. den Sachverhalt bei *BVerfG* NJW-RR 1994, 700 f.
[39] *RGZ* 7, 391; *RG* LeipZ 14, 1536; *MünchKomm-ZPO-Musielak* Rdnr. 12 f.; *Rosenberg-Schwab-Gottwald*[15] § 118 I 3 b; AK-ZPO-*Rüßmann* Rdnr. 3; *Zöller-Greger*[20] Rdnr. 7; a. A. *Sass* MDR 1985, 96, 99.

[40] *OLG Karlsruhe* NJW-RR 1994, 512; vgl. auch BGH ZZP 86 (1973) 60, 62 (»für diese Instanz«); *Weth* Die Zurückweisung verspäteten Vorbringens im Zivilprozeß (1988) 107 f.; *Wieczorek*[2] § 356 Anm. E.

IV. Verstöße – Rechtsbehelfe

Gegen die *Ablehnung* eines auf Fristsetzung gerichteten Antrags findet die **Beschwerde** 15 statt, nicht aber gegen die Bestimmung einer Frist und deren Bemessung, § 567[41]. In Analogie zu § 252 ist die Beschwerde allerdings statthaft, wenn die Fristsetzung (z. B. bei Bestimmung einer überlangen oder unbestimmten Frist) auf eine Aussetzung hinausläuft[42]. Berücksichtigt das Gericht einen Beweisantritt nicht, obwohl es gemäß § 356 verpflichtet gewesen wäre, zur Behebung von Hindernissen eine Frist zu setzen, liegt ein Verfahrensfehler vor, der mit dem ordentlichen **Rechtsmittel gegen das Endurteil** vom Beweisführer geltend gemacht werden kann[43]. Die Bestimmung einer unangemessen kurzen Frist kann einen im Rechtsmittelverfahren beachtlichen Verfahrensfehler begründen[44]. Ferner stehen (wie bei der Verletzung des § 296, → dort Rdnr. 127) die ordentlichen Rechtsmittel zur Verfügung, wenn das Gericht ein Vorbringen als verspätet behandelt hat, das nicht verspätet war (z. B. es hat innerhalb der Frist beseitigte Hindernisse irrtümlich als erst nach Fristablauf behoben angesehen und deshalb nicht mehr berücksichtigt). – Hat jedoch das Gericht (umgekehrt) eine *Frist bewilligt*, obwohl die Voraussetzungen des § 356 nicht vorlagen, oder verspätetes Vorbringen nicht zurückgewiesen, so steht dem Gegner des Beweisführers kein begründetes Rechtsmittel zur Seite, falls es hierdurch dem Beweisführer gelang, das Beweismittel in den Prozeß einzuführen, denn in diesen Fällen war das Beweismittel noch erreichbar. Nach Erschöpfung des Rechtswegs ist ferner – gestützt auf Art. 103 Abs. 1 GG[45] – die **Verfassungsbeschwerde** gegeben, z. B. wenn ein Gericht unter Verletzung des § 356 ein Vorbringen nicht beachtet[46] (näher hierzu → § 296 Rdnr. 128).

§ 357 [Parteiöffentlichkeit; Mitteilung der Terminsbestimmung]

(1) Den Parteien ist gestattet, der Beweisaufnahme beizuwohnen.

(2) ¹Wird die Beweisaufnahme einem Mitglied des Prozeßgerichts oder einem anderen Gericht übertragen, so ist die Terminsbestimmung den Parteien ohne besondere Form mitzuteilen, sofern nicht das Gericht die Zustellung anordnet. ²Bei Übersendung durch die Post gilt die Mitteilung, wenn die Wohnung der Partei im Bereich des Ortsbestellverkehrs liegt, an dem folgenden, im übrigen an dem zweiten Werktage nach der Aufgabe zur Post als bewirkt, sofern nicht die Partei glaubhaft macht, daß ihr die Mitteilung nicht oder erst in einem späteren Zeitpunkt zugegangen ist.

Gesetzesgeschichte: Abs. 1 bis 1900 § 322 CPO. Aufgrund der Novelle 98 (→ Einl. Rdnr. 113) unverändert zu § 357 geworden. Durch VO v. 17. VI. 1933 (RGBl I 394) (→ Einl. Rdnr. 125) wurde Abs. 2 angefügt.

Stichwortverzeichnis → Beweisaufnahmeschlüssel zu Beginn der Vorbemerkungen vor § 355.

---

[41] *Hamburg* LeipZ 19, 396; *OLG Naumburg* JW 1935, 3322.
[42] *OLG Hamburg* OLG Rsp 33 (1916) 68 = SeuffArch 71 (1916) 378; *OLG Stuttgart* ZZP 66 (1953) 60 (mit abl. Anm. von *Göppinger*). Vgl. dazu → § 148 Rdnr. 19 ff.; → § 252 Rdnr. 1 ff. sowie (auch zum Umfang der Nachprüfung) → § 359 Fn. 9.
[43] *BGH* NJW 1974, 188; *BGH* NJW 1989, 227, 228 l. Sp.
[44] *OLG Nürnberg* MDR 1983, 942.
[45] Vgl. *BVerfG* NJW-RR 1994, 700.
[46] *BVerfGE* 65, 305, 308 = NJW 1984, 1026; *BVerfGE* 69, 248, 255.

I. Parteiöffentlichkeit der Beweisaufnahme (Abs. 1)	II. Benachrichtigung der Parteien vom Termin der Beweisaufnahme 11
1. Zweck 1	1. Beweisaufnahme vor dem Prozeßgericht 12
2. Bedeutung	2. Beweisaufnahme vor dem beauftragten oder ersuchten Richter (Abs. 2) 13
a) Anwesenheit 2	III. Grenzen der Parteiöffentlichkeit 14
b) Benachrichtigung 3	1. Analog § 247 StPO 15
3. Anwesenheitsberechtigter Personenkreis	2. § 177 GVG 16
a) Parteien, Streitgehilfen und »sachkundige Berater« 4	3. Keine Ausnahme bei Geheimhaltungsinteressen 17
b) Prozeßbevollmächtigte 5	IV. Folgen eines Verstoßes gegen das Anwesenheitsrecht oder die Benachrichtigungsvorschriften
4. Geltungsbereich des § 357 7	1. Wiederholung der Beweisaufnahme 21
5. Außergerichtliche »Beweisaufnahme« (vor allem Feststellungen durch Sachverständige)	2. Verzicht 22
a) Keine unmittelbare Anwendung des § 357 8	3. Rechtsmittel 23
b) Analoge Anwendung des § 357 9	V. Arbeitsgerichtliches Verfahren 24
c) Ausnahme 10	

I. Parteiöffentlichkeit der Beweisaufnahme (Abs. 1)[1]

1. Zweck

1 Das Recht der Parteien und ihrer Vertreter, bei der Beweisaufnahme anwesend zu sein, ist ein wichtiger Grundsatz, der das Beweisrecht der ZPO (entgegen früheren Prozeßordnungen[2]) beherrscht. § 357 ist eine Ausprägung des (weitergehenden) Prinzips der Parteiöffentlichkeit des Verfahrens[3]. Die Vorschrift bildet daher *keinen* Ausschnitt aus dem allgemeinen Öffentlichkeitsprinzip der §§ 169 ff. GVG[4], sondern soll **im Parteiinteresse** die Mitwirkung der Verfahrenssubjekte an der Beweisaufnahme sichern[5]; sie dient damit der Wahrnehmung des Grundrechts auf **rechtliches Gehör** (Art. 103 Abs. 1 GG)[6]. Die Anwesenheit der Parteien bei der Beweisaufnahme trägt wesentlich zur Tatsachenfeststellung bei[7]; § 357 wird ergänzt beim Zeugen- und Sachverständigenbeweis sowie bei der Parteivernehmung durch das Fragerecht nach §§ 397, 402, 451, bei der Augenscheinseinnahme und dem Urkundenbeweis durch die Möglichkeit, dem Gericht Hinweise zu geben. Die Anwesenheit der Parteien ist ferner eine Voraussetzung dafür, daß sie über das **Ergebnis der Beweisaufnahme** *qualifiziert* **verhandeln** (§ 285) können. Der Grundsatz der Parteiöffentlichkeit der Beweisaufnahme bildet damit das **Seitenstück zum formellen Unmittelbarkeitsprinzip** nach § 355: Richter *und* Parteien sollen dieselbe »Nähe« zum Beweismittel haben.

---

[1] *Schnapp* Parteiöffentlichkeit bei der Tatsachenfeststellung durch den Sachverständigen, in: Festschrift für Menger (1985) 557; *Höffmann* Die Grenzen der Parteiöffentlichkeit, insbesondere beim Sachverständigenbeweis (Diss. Bonn 1989).

[2] Vgl. *Hahn-Stegemann* Materialien zur Civilprozeßordnung[2] II/1, 305; zur Geschichte *Höffmann* (Fn. 1) 3 ff.

[3] Vgl. *A. Blomeyer* ZPR Erkenntnisverfahren[2] § 22 III; *Höffmann* (Fn. 1) 10 ff.; MünchKommZPO-*Musielak* Rdnr. 1; *Rosenberg-Schwab-Gottwald*[15] § 23 IV 5.

[4] *Schnapp* (Fn. 1) 562; a. A. *Bruns* ZPR[2] Rdnr. 80 b, der die Parteiöffentlichkeit als »Fernwirkung« des allgemeinen Öffentlichkeitsgrundsatzes deutet.

[5] *Schnapp* (Fn. 1) 562.

[6] OLG München NJW-RR 1988, 1534, 1535; *A. Blomeyer* (Fn. 3) 126; MünchKommZPO-*Musielak*; *Schnapp* (Fn. 1) 561; *Schwartz* Gewährung und Gewährleistung des rechtlichen Gehörs ... (1977) 42; ähnlich *Grunsky* Grundlagen des Verfahrensrechts[2] § 42 I 2.

[7] *Hahn-Stegemann* (Fn. 2) 305.

2. Bedeutung

a) Anwesenheit

Nach § 357 Abs. 1 ist den Parteien die **Anwesenheit** bei der Beweisaufnahme zu ermöglichen. Die Parteien haben ein Recht darauf, am Ort der Beweisaufnahme *physisch* zugegen zu sein; bloße mittelbare Präsenz (etwa bei einer »Videokonferenz«) genügt nicht (vgl. → § 355 Rdnr. 10). Das Anwesenheitsrecht besteht auch dann, wenn der **Termin nicht an der Gerichtsstelle** (im Gerichtsgebäude) stattfindet. Versagt eine Partei oder ein Dritter als Inhaber des Raumes oder Grundstücks auf Grund seines Hausrechts der Gegenpartei den Zutritt (hierzu auch → § 375 Rdnr. 9), so hat das Gericht keine Möglichkeit, die Anwesenheit zu erzwingen. Liegt kein Verzicht auf das Anwesenheitsrecht vor (→ Rdnr. 22), so muß die Beweisaufnahme in einem solchen Fall in anderer Form durchgeführt werden oder – falls das (z.B. beim Augenschein) nicht möglich ist – unterbleiben; unter den Voraussetzungen des § 356 (→ dort Rdnr. 7, 10) ist eine Frist zu setzen, wenn die *beweisführende Partei* den Zutritt versagt. Wird die Beweisaufnahme vom *Gegner* der beweisführenden Partei unmöglich gemacht, so stellt dieses Verhalten eine Beweisvereitelung dar[8]; zu den Rechtsfolgen → § 286 Rdnr. 120ff. sowie zum Augenschein → Rdnr. 32ff. vor § 371.

2

b) Benachrichtigung

Aus dem Recht der Parteien auf Anwesenheit ergibt sich ein Anspruch auf rechtzeitige **Benachrichtigung von Beweisterminen**[9] und von ihrer Verlegung (→ Rdnr. 11ff.). Das Ausbleiben einer Partei ist zwar kein Vertagungsgrund (§ 227 Abs. 1 Satz 2 Nr. 1), aber das entschuldigte Fernbleiben einer Partei kann gerade bei der Beweisaufnahme die **Vertagung rechtfertigen** (→ § 227 Rdnr. 16ff.)[10]. Wird nicht vertagt, so gilt § 367. Die Aufwendungen für die Terminwahrnehmung[11] gehören zu den **erstattungsfähigen Kosten**, näher → § 91 Rdnr. 53, 102.

3

3. Anwesenheitsberechtigter Personenkreis

a) Parteien, Streitgehilfen und »sachkundige Berater«

Nach dem Wortlaut des § 357 sind die **Parteien** zur Anwesenheit berechtigt. Zu den Anwesenheitsberechtigten zählen ferner nach Maßgabe des § 71 Abs. 3 die **Streitgehilfen**. Das Anwesenheitsrecht erstreckt sich ferner auf einen **sachkundigen Berater** einer Partei, wenn dies nach Ansicht der Partei erforderlich ist, damit sie sich qualifiziert beraten lassen kann, um ihre Mitwirkungsbefugnisse auszuüben[12].

4

b) Prozeßbevollmächtigte

Anwesenheitsberechtigt sind überdies die Prozeßbevollmächtigten der Parteien. Erfolgt die Beweisaufnahme **im Anwaltsprozeß** vor dem Prozeßgericht, so ist die Partei selbst, wenn

5

---

[8] *OLG Nürnberg* BayJMBl 1961, 9 = MDR 1961, 62 (Partei verweigert der Gegenpartei Betreten des Grundstücks, auf dem Augenschein eingenommen werden soll); *OLG München* NJW 1984, 807.
[9] *RGZ* 6, 351; *RGZ* 76, 102; *RGZ* 100, 174; *RG* JW 1902, 17.
[10] *OLG Bamberg* SeuffArch 60 (1905) 469.

[11] Auch eines später aufgehobenen Termins; ob ein Anspruch aus § 839 BGB besteht, ist eine andere Frage, vgl. *Colmar* Recht 1907 Nr. 3309.
[12] *OLG München* NJW 1984, 807, 808, *OLG München* NJW-RR 1988, 1534, 1535 (Augenschein im »Bauprozeß«); MünchKommZPO-*Musielak* Rdnr. 5; *Schnapp* (Fn. 1) 568.

§ 357 I Fünfter Titel: Allgemeine Vorschriften über die Beweisaufnahme

sie prozeßfähig ist, zur Anwesenheit berechtigt, kann aber die Parteirechte (insbesondere das Recht zur Zeugenbefragung, § 397) nur ausüben, wenn sie neben ihrem Anwalt erscheint[13], § 137 Abs. 4 (→ § 78 Rdnr. 40 ff.). Für die Beweisaufnahme vor dem beauftragten oder ersuchten Richter besteht freilich kein Anwaltszwang (§ 78 Abs. 3). Wegen der Patentanwälte → § 137 Rdnr. 14. Über das Auftreten eines bei dem Prozeßgericht nicht zugelassenen Anwalts → § 78 Rdnr. 31 ff.

6 Ein Geheimhaltungsgebot gemäß § 174 Abs. 3 GVG (→ Rdnr. 122 vor § 128) verpflichtet die Personen, für die die Parteiöffentlichkeit besteht, *untereinander* **nicht zum Schweigen**; der Prozeßbevollmächtigte, der den Termin wahrgenommen hat, ist also nicht an der Information der Partei gehindert[14] (→ Rdnr. 122 a vor § 128). Zum beweisrechtlichen Geheimverfahren → Rdnr. 17.

4. Geltungsbereich des § 357

7 § 357 gilt auch bei Beweisaufnahmen im **Verfahren mit fakultativer mündlicher Verhandlung**, → § 128 Rdnr. 44, insbesondere im Beschwerdeverfahren[15], im selbständigen **Beweisverfahren** (§ 492 Abs. 1), im »**Bagatellverfahren**« nach § 495 a (→ Rdnr. 27 vor § 355) und bei der **vorterminlichen Beweisaufnahme** nach § 358 a S. 2 (→ § 358 a Rdnr. 2). Wegen des Fortfalls der Parteiöffentlichkeit in den Fällen des § 377 Abs. 3 und 4 → § 377 Rdnr. 35. Beweisaufnahme ist auch die Parteivernehmung einschließlich der Beeidigung nach § 452 (anders eine nach §§ 889, 900 zu leistende eidesstattliche Versicherung, s. aber § 900 Abs. 3 Satz 2 und 3). Ob die Beweisaufnahme (z. B. Augenschein, Sachverständigengutachten, § 144) von Amts wegen erfolgt oder nur auf Antrag, macht keinen Unterschied; stets herrscht Parteiöffentlichkeit.

5. Außergerichtliche »Beweisaufnahme« (vor allem Feststellungen durch Sachverständige)

a) Keine unmittelbare Anwendung des § 357

8 § 357 regelt nach seinem Wortlaut nur die Beweisaufnahme im engeren Sinne (→ § 355 Rdnr. 22 Fn. 26), also die **gerichtliche Beweisaufnahme**, nicht dagegen die Tatsachenfeststellung durch Dritte, insbesondere den Sachverständigen zur Vorbereitung seines Gutachtens (→ dazu § 355 Rdnr. 22 ff.)[16]. Freilich sind die Parteien nicht gehindert, eine unmittelbare Tatsachenfeststellung durch das Gericht zu beantragen mit der Folge, daß § 357 unmittelbar zur Anwendung kommt. Wenn eine Beweisaufnahme ausnahmsweise einer Hilfsperson außerhalb des Gerichts übertragen werden darf (→ § 355 Rdnr. 13 ff.), gilt § 357 nicht unmittelbar, denn die gerichtliche Beweisaufnahme liegt erst in dem Vortrag des Beweisergebnisses durch die Hilfsperson vor Gericht.

b) Analoge Anwendung des § 357

9 Eine **analoge Anwendung des § 357** auf außergerichtliche Tatsachenfeststellungen des **Sachverständigen** und sonstiger Hilfspersonen (zum Augenscheinsgehilfen → Rdnr. 15 vor

---

[13] A. M. *Wieczorek*[2] § 357 Anm. B I.
[14] *Rosenberg-Schwab-Gottwald*[15] § 23 IV 5; a. M. OLG Rostock JW 1928, 745; MünchKommZPO-*Musielak* Rdnr. 6 (weil die Partei nicht nach § 353 d Nr. 2 StGB bestraft werden könne).
[15] *OLG Hamm* JMBlNRW 1955, 222.
[16] AK-ZPO-*Rüßmann* Rdnr. 3.

§ 371) ist im Sinne einer Stärkung der Parteimitwirkung bei der Beweisaufnahme zu **bejahen**[17]. Gerade auch bei der Tatsachenfeststellung durch Sachverständige haben die Parteien ein Interesse, die Richtigkeit und Vollständigkeit zu kontrollieren und die Tatsachenerhebung durch Hinweise in ihrem Sinne zu beeinflussen. Ferner würde das Anwesenheitsrecht der Parteien von der (unterschiedlichen) Reichweite der richterlichen Sachkunde im Hinblick auf das Beweisthema abhängen[18]; denn schaltet der sachkundige Richter keinen Sachverständigen ein, greift § 357 vorbehaltlos ein. Die Zulassung der Partei zur außergerichtlichen »Beweisaufnahme« verhindert überdies in vielen Fällen eine anschließende förmliche Erhebung des Beweises vor Gericht, was die Parteien beanspruchen könnten (→ Rdnr. 8). Ein Recht der Parteien auf Anwesenheit und ihre vorherige Benachrichtigung muß deshalb anerkannt werden. Der Richter hat im Rahmen seiner Leitungsbefugnis (§ 404 a Abs. 1) den Sachverständigen anzuweisen, den Parteien die Teilnahme zu gestatten, § 404 a Abs. 4 Fall 3. Allerdings genügt es, daß der Sachverständige beiden Parteien *Gelegenheit* zur Anwesenheit gibt; wer sie nicht nutzt, kann sich später auf die Abwesenheit nicht berufen[19].

c) Ausnahme

Das Recht zur Anwesenheit bei der Tatsachenerhebung durch Sachverständige (→ Rdnr. 9) ist freilich nicht schrankenlos. Soweit der Sachverständige nicht unmittelbar beweisbezogene Tatsachen, sondern allgemeine **Erfahrungstatsachen und Erfahrungssätze** seines Fachgebietes aus allgemein zugänglichen Quellen ermittelt, besteht ein Anwesenheitsrecht nicht; insoweit können die Parteien ihre Interessen bei der Beweisaufnahme vor Gericht wahrnehmen. Wohl aber ist das Anwesenheitsrecht zu bejahen bei der Analyse von beweiserheblichen Substanzen im Rahmen von Laboruntersuchungen[20]. Eine Ausnahme vom Anwesenheitsrecht bei der Tatsachenerhebung durch Sachverständige ist anzunehmen, falls **rechtliche Hindernisse** entgegenstehen. Beispielsweise kann das Persönlichkeitsrecht beteiligter Personen bei einer ärztlichen Untersuchung die Anwesenheit der Parteien verbieten[21]; erwägenswert bleibt aber, daß sie selbst einen Arzt als sachkundigen Berater (→ Rdnr. 4) zur Befunderhebung hinzuziehen. *Tatsächliche* Gründe bilden kein Hindernis[22]; im Schulfall der Untersuchung des Schiffswracks auf dem Meeresgrund kann die Partei einen sachkundigen Berater beiziehen. Keinesfalls schließt die bloße Erschwerung der Tatsachenfeststellung das Anwesenheitsrecht aus.

10

II. Benachrichtigung der Parteien vom Termin der Beweisaufnahme

Unabdingbare Voraussetzung für die Wahrnehmung des Anwesenheitsrechts ist, daß die Parteien vom Termin der Beweisaufnahme benachrichtigt werden. Die Benachrichtigung der Parteien – bzw., soweit Prozeßbevollmächtigte bestellt sind, die Benachrichtigung nur dieser[23], § 176 – erfolgt in verschiedener Weise, je nach der Ausführung der Beweisaufnahme (→ auch § 361 Rdnr. 2 ff.):

11

---

[17] BGH ZZP 67 (1954) 295, 297 (implizit); BAG AP § 402 Nr. 1 (mit krit. Anmerkung von *Pohle*) und Nr. 2 (mit krit. Anmerkung von *Diederichsen*); RG JW 1927, 2416; OLG München OLGZ 1983, 355, 356; OLG München NJW 1984, 807; OLG Düsseldorf MDR 1979, 409, OLG Köln NJW-RR 1996, 1277; *Fasching* Festschrift Matscher (1993) 97, 104 f.; *Höffmann* (Fn. 1) 71; MünchKommZPO-*Damrau* § 404 a Rdnr. 11; MünchKommZPO-*Musielak* Rdnr. 8; *Rosenberg-Schwab-Gottwald*[15] § 123 I 3; *Schnapp* (Fn. 1) 654 ff.; einschränkend OLG München OLGZ 1983, 355, 356 (nur soweit sinnvoll); *Zöller-Greger*[20] § 411 Rdnr. 3 (»nach Sachlage«); a. A. AK-ZPO-*Rüßmann* Rdnr. 3.
[18] *Schnapp* (Fn. 1) 566.
[19] BGH ZZP 67 (1954) 295, 297.
[20] A. A. MünchKommZPO-*Damrau* § 404 a Rdnr. 11 (dies sei »untunlich«).
[21] OLG München NJW-RR 1991, 896; OLG Köln NJW 1992, 1568; *Fasching* (Fn. 17) 105; *Schnapp* (Fn. 1) 567.
[22] A. A. Voraufl. Rdnr. 7.
[23] OLG Nürnberg OLGZ 1976, 480, 481.

1. Beweisaufnahme vor dem Prozeßgericht

12 Erfolgt die Beweisaufnahme vor dem Prozeßgericht, so ist der Termin gemäß § 370 zugleich Verhandlungstermin. Falls der Termin nicht verkündet wurde, § 218, sind die Parteien gemäß §§ 274, 497 zu laden. Terminsbestimmung (und Ladung → § 214 Rdnr. 4) müssen zugestellt werden, § 329 Abs. 2 Satz 2. Die Ladungsfrist (§ 217) ist einzuhalten, auch wenn der Termin verkündet wurde (→ § 217 Rdnr. 6).

2. Beweisaufnahme vor dem beauftragten oder ersuchten Richter (Abs. 2)

13 § 357 Abs. 2 Satz 1 durchbricht das Zustellungserfordernis aus § 329 Abs. 2 Satz 2. Vom (nicht verkündeten, § 218) Termin einer Beweisaufnahme vor dem beauftragten oder ersuchten Richter sind die Parteien regelmäßig **formlos zu benachrichtigen**, d. h. praktisch durch einfachen Brief, sofern nicht das Gericht die förmliche Zustellung anordnet. Die **Ladungsfrist** muß eingehalten werden (→ § 217 Rdnr. 2)[24], denn Abs. 2 Satz 1 entbindet nur von der Zustellung, nicht aber von der Wahrung der den Parteien zur Vorbereitung des Termins dienenden Ladungsfrist, die auch die Möglichkeit der Anwesenheit im Termin zur Beweisaufnahme eröffnen soll[25]. – Für den Zeitpunkt des Zugehens gilt nach Abs. 2 Satz 2 die gleiche durch Glaubhaftmachung widerlegbare Vermutung wie nach § 270 Abs. 2 Satz 2. Zu den **Folgen eines Verstoßes** gegen Abs. 2 → Rdnr. 21. Zur Benachrichtigung bei der **Beweisaufnahme im Ausland** → § 363 Rdnr. 73 ff., → § 364 Rdnr. 11 ff.

III. Grenzen der Parteiöffentlichkeit

14 Zu Ausnahmen von der Parteiöffentlichkeit beim Sachverständigenbeweis vgl. bereits → Rdnr. 10.

1. Analog § 247 StPO

15 Auch im Zivilprozeß sind Fälle denkbar, in denen die Besorgnis besteht, ein Zeuge werde in Gegenwart der Partei mit der Wahrheit zurückhalten. In entsprechender Anwendung des § 247 Satz 1 StPO kann das Gericht in einem solchen Fall die betreffende Partei anweisen, das Sitzungszimmer während der Vernehmung zu verlassen. Ein Ausschluß des Prozeßbevollmächtigten ist auf dieser Grundlage nicht zulässig. Im Anschluß an die Vernehmung ist die Partei wieder zuzulassen und vom Inhalt der Aussage zu unterrichten. Ihr ist Gelegenheit zur Ausübung des Befragungsrechts nach § 397 zu geben.

2. § 177 GVG

16 Das Gericht kann nach § 177 GVG die Parteien aus dem Sitzungszimmer entfernen lassen, wenn sie Anordnungen, die der Aufrechterhaltung der Ordnung dienen, nicht Folge leisten. Auch in diesem Fall ist den Parteien das Beweisergebnis mitzuteilen.

---

[24] *OLG Köln* MDR 1973, 856 (LS); MünchKomm-ZPO-*Musielak* Rdnr. 11; *Teplitzky* NJW 1973, 1675; a. A. *RG* JW 1932, 1137; *Thomas-Putzo*[21] § 361 Rdnr. 1 und die 19. Aufl. dieses Kommentars.

[25] Überholt sind frühere Ansichten, die keine Rücksicht auf die Interessen der Parteien nahmen. So wurde vertreten, daß die Parteien schon auf Grund des Beweisbeschlusses Vorkehrungen für die Terminswahrnehmung treffen könnten, so daß auch bei einem auswärtigen Termin eine kurze Frist genüge, vgl. *RG* JW 1932, 1137 (Zugang der Benachrichtigung zwei Tage [!] vor dem Termin sei ausreichend).

3. Keine Ausnahme bei Geheimhaltungsinteressen

Ein **beweisrechtliches »Geheimverfahren«**[26], das eine Partei von der Beweisaufnahme und der Mitteilung des Beweisergebnisses ausschließt, um zu verhindern, daß sie von Betriebs- oder Geschäftsgeheimnissen des Prozeßgegners Kenntnis erlangt[27], ist mit dem deutschen **Prozeßrecht unvereinbar**[28] (→ Rdnr. 122 a vor § 128). Ihm steht Art. 103 Abs. 1 GG entgegen, zu dessen Kernbereich es gehört, zu den tatsächlichen Entscheidungsgrundlagen Stellung beziehen zu können[29]. Das Anwesenheitsrecht einer Partei bei der Beweisaufnahme darf nicht unter Rückgriff auf das Prinzip effektiven Rechtsschutzes (der anderen Partei) aufgeweicht werden[30]; *beide* Parteien können effektiven Rechtsschutz verlangen, und die Anwesenheit bei der Beweisaufnahme ist dazu Voraussetzung. Der Verstoß gegen das Grundrecht rechtlichen Gehörs wird nicht dadurch beseitigt, daß die Partei bei der Beweisaufnahme durch einen ihr gegenüber zur Verschwiegenheit verpflichteten Dritten (Rechtsanwalt, Wirtschaftsprüfer, Sachverständiger) »repräsentiert« wird[31]. Die *beweisbelastete* Partei muß sich daher entscheiden, entweder beweisfällig zu bleiben oder ihr Geheimnis zu offenbaren; zu erwägen ist indes, den durch die Offenlegung des Geheimnisses eingetretenen Vermögensschaden als nach § 91 erstattungsfähige Prozeßkosten anzusehen. Überdies steht auch in anderen Fällen eine Partei vor dem Dilemma, entweder im Prozeß zu unterliegen oder eigene Belange im Interesse der Beweisführung zurückstellen, etwa den Schutz der Intimsphäre im Rahmen einer ärztlichen Untersuchung[32]. Der Konflikt läßt sich daher nicht auf *Unternehmens*geheimnisse eingrenzen. Auch dem Vorschlag, ein beweisrechtliches Geheimverfahren durchzuführen, wenn die Partei dem zustimmt[33], ist nicht zu folgen, da nicht vorab (notwendig bindend!) auf das rechtliche Gehör für das gesamte Verfahren verzichtet werden kann. Eine Partei kann nicht über ihre Stellung als Verfahrenssubjekt disponieren. Überdies werden die Möglichkeiten des Geheimverfahrens überschätzt, da eine Beweisaufnahme ohne Mitwirkung der beweisbelasteten Partei allein unter der »Herrschaft« des Gegners selten zu ihren Gunsten ausfallen wird. Allenfalls besteht die Gefahr, daß der Richter die durch die nicht beteiligte Partei entstehende Lücke auszufüllen versucht, was mit seiner Neutralität unvereinbar ist. Ferner müßte ein *Urteil ohne Urteilsgründe* in den entscheidenden Punkten ergehen[34], das für die Parteien nicht nachvollziehbar und damit auch nicht sinnvoll mit Rechtsmitteln angreifbar ist. Gegenüber diesen fundamentalen Eingriffen in den Zivilprozeß ist eine Beweislastentscheidung vorzugswürdig[35].

Die **Möglichkeit des Geheimnisschutzes** (insbesondere durch Einschaltung von zur Verschwiegenheit verpflichteten neutralen Dritten; »Wirtschaftsprüfervorbehalt«) bleibt daher auf die prozeßvorbereitenden Informationsansprüche[36] und damit das **materielle Recht** beschränkt. Gegenüber schwerwiegenden Veränderungen des Prozeßrechts (→ Rdnr. 17) ist ei-

---

[26] Grundlegend *Stürner* Die Aufklärungspflicht der Parteien des Zivilprozesses (1976) 208 ff.; *ders.* JZ 1985, 453, 458; ferner *Stadler* NJW 1989, 1202.
[27] Praktiziert wurde dies vom *OLG Nürnberg* BB 1984, 1252 = CR 1986, 197 (mit abl. Anm. *Ullmann*).
[28] *OLG Köln* NJW-RR 1996, 1277; *Baumgärtel* Festschrift Habscheid (1989) 1; *Höffmann* (Fn. 1) 128 ff.; *Lachmann* NJW 1987, 2206; MünchKommZPO-*Musielak* Rdnr. 9; *Zeuner* Festschrift Gaul (1997) 845, 854 f.
[29] Vgl. BGHZ 116, 47, 58 (Verstoß gegen Art. 103 Abs. 1 GG, wenn das Gericht ein Sachverständigengutachten verwertet, soweit die Partei die tatsächlichen Grundlagen nicht kennt).
[30] So aber *Stadler* NJW 1989, 1202, 1204 f.
[31] Vgl. den Vorschlag bei *Stadler* Der Schutz des Unternehmensgeheimnisses im deutschen und US-amerikanischen Zivilprozeß und im Rechtshilfeverfahren (1989) 246 f.; *Benkard-Rogge* Patentgesetz⁹ § 123 Rdnr. 123; *Zöller-Greger*²⁰ § 411 Rdnr. 3 a (für den Sachverständigenbeweis); *Kersting* Der Schutz des Wirtschaftsgeheimnisses im Zivilprozeß (1995) 286.
[32] Vgl. *OLG München* NJW-RR 1991, 896 (Offenbarung intimer Tatsachen durch den Sachverständigen).
[33] *Stürner* Die Aufklärungspflicht der Parteien des Zivilprozesses (1976) 223 ff.; ferner *Ploch-Kumpf* Der Schutz von Unternehmensgeheimnissen im Zivilprozeß ... (1996) 202 ff.
[34] Der Partei wird gesagt, sie habe den Prozeß verloren; auf ihre Frage: »warum?«, wird ihr vom Richter mitgeteilt, das könne er nicht offenbaren.
[35] Vgl. *Baumgärtel* (Fn. 28) 7 f., der auf den Gerechtigkeitsgehalt der Beweislastregeln hinweist.
[36] Eingehend *Stürner* JZ 1985, 453, 455 ff.

ne Fortentwicklung dieser materiell-rechtlichen Auskunftsansprüche vorzugswürdig. Dabei ist zu beobachten, daß das materielle Recht zuweilen Geheimhaltungsinteressen ausdrücklich über Informationsinteressen stellt, etwa in § 8 Abs. 2 UmweltHG; damit nimmt das Gesetz in Kauf, daß ein vermeintlicher Anspruch nicht durchsetzbar bleibt, weil der Geschädigte nicht über hinreichende Informationen verfügt. Diese Wertung darf das Prozeßrecht nicht überspielen. § 259 Satz 2 HGB, der eine Offenlegung von Handelsbüchern allein dem Gericht gegenüber erlaubt, ist daher nicht analogiefähig. § 139 Abs. 3 Satz 2 PatG, der bei der Beweiserhebung die Interessenwahrung hinsichtlich Herstellungs- und Betriebsgeheimnissen vorsieht, rechtfertigt nicht den Ausschluß einer Partei, sondern der Öffentlichkeit.

19 Diese Grundsätze entsprechen Art. 42 Satz 4 des «**Übereinkommens über handelsbezogene Aspekte der Rechte des geistigen Eigentums**»[37] (TRIPS)[38]. Der Pflicht[39], im gerichtlichen Verfahren zur Durchsetzung des »geistigen Eigentums« vertrauliche Informationen zu schützen, genügen §§ 172 Nr. 2, 174 Abs. 3 GVG; ein Ausschluß des Prozeßgegners von der Beweisaufnahme folgt aus Art. 42 Abs. 4 TRIPS nicht, zumal der Informationsschutz unter dem Vorbehalt verfassungsrechtlicher Erfordernisse steht (Art. 42 Satz 4 Halbsatz 2 TRIPS) und Sachentscheidungen nur auf Beweise gestützt werden dürfen, »zu denen die Parteien Gelegenheit zur Stellungnahme hatten« (Art. 41 Abs. 3 Satz 2 TRIPS)[40].

20 Keinen Verstoß (jedenfalls) gegen § 357 bedeutet es, wenn eine Partei den unmittelbaren Zeugen geheim hält und nur eine mittelbare Auskunftsperson benennt[41]; dazu → § 284 Rdnr. 33.

IV. Folgen eines Verstoßes gegen das Anwesenheitsrecht oder die Benachrichtigungsvorschriften

1. Wiederholung der Beweisaufnahme

21 Das Ergebnis einer Beweisaufnahme, das unter Verletzung der Parteiöffentlichkeit zustande kam, etwa weil den Parteien der Zutritt zum Ort der Beweisaufnahme nicht möglich war, die Benachrichtigung vom Termin der Beweisaufnahme unterblieben war oder unter Verletzung des Abs. 2 oder sonst nicht ordnungsgemäß (z. B. § 176) oder unter Nichtbeachtung der Ladungsfrist (→ Rdnr. 13) erfolgte, darf bei der Beweiswürdigung nicht berücksichtigt werden (→ § 286 Rdnr. 16 f.)[42]. Die Beweisaufnahme muß wiederholt werden[43]. Nachdrücklich abzulehnen ist die Ansicht, die Beweisaufnahme müsse nicht wiederholt werden, wenn das Gericht der Überzeugung ist, die erneute Beweisaufnahme werde nicht zu einem anderen Ergebnis führen[44], denn die Frage, wie sich die Anwesenheit der Partei und ihre Einflußnahme auf die Beweisaufnahme (→ Rdnr. 1) auswirken wird, kann nicht im voraus bestimmt werden. Überdies setzt eine Verhandlung über die Beweisaufnahme voraus

---

[37] BGBl II 1994, 1730.
[38] I. E. auch *Dreier* GRUR Int. 1996, 205, 211 l. Sp.; *Fritze* GRUR Int. 1997, 143, 145.
[39] Die Vorschriften in Teil III des TRIPS-Abkommens sind nicht unmittelbar anwendbar, sondern begründen nur Verpflichtungen der Mitgliedsstaaten, solche Regelungen vorzusehen, vgl. BT-DS 12/7655 (neu) 347; *Dreier* GRUR Int. 1996, 205, 215.
[40] Das Spannungsverhältnis zwischen Geheimnisschutz und rechtlichem Gehör ist damit im TRIPS-Abkommen nicht gelöst.
[41] *Prütting-Weth* DB 1989, 2273, 2276 l. Sp. Auch insoweit spricht man von »Geheimverfahren«.
[42] RGZ 136, 299; BPatG GRUR 1981, 691 f.; *Höff-*

mann (Fn. 1) 79 ff.; MünchKommZPO-*Musielak* Rdnr. 12; *Peters* ZZP 76 (1963) 158; AK-ZPO-*Rüßmann* Rdnr. 5; *Zöller-Greger*[20] Rdnr. 2.
[43] Folgt man dem Grundsatz, daß eine fehlerhafte Beweisaufnahme verwertet werden kann, wenn eine Wiederholung *unmöglich* ist (→ § 286 Rdnr. 17 a. E.), ist auch die Verletzung des § 357 unbeachtlich, wenn eine Wiederholung der Beweisaufnahme ausscheidet, RG JW 1938, 3255.
[44] RGZ 100, 174; im Grundsatz ebenso MünchKommZPO-*Musielak* Rdnr. 12, wenn auch mit der Einschränkung, daß sich nur selten mit Sicherheit feststellen lasse, daß bei Anwesenheit der Parteien kein anderes Ergebnis erzielt worden wäre.

(zur Bedeutung des § 357 insoweit → Rdnr. 1 a. E.), daß die Parteien selbst einen unmittelbaren Eindruck vom Verlauf der Beweiserhebung gewonnen haben. Es ist daher nicht Sache der ausgebliebenen Partei, darzulegen oder gar nachzuweisen, daß ein Zeuge in Anwesenheit der Partei anders ausgesagt hätte[45]. – War der **Termin nur zur Beeidigung** eines Zeugen oder einer Partei auf ihre bei einer früheren ordnungsgemäßen Vernehmung gemachten Aussage bestimmt, so ist eine Wiederholung nicht geboten[46], weil die (auch strafrechtliche) Gültigkeit des Eides nicht von der Benachrichtigung der Partei abhängt und daher eine zweite Eidesleistung nicht verlangt werden kann (→ auch § 480 Rdnr. 1).

2. Verzicht

§ 355 eröffnet die *Möglichkeit* zur Anwesenheit bei der Beweisaufnahme im Parteiinteresse (→ Rdnr. 1), die nach Maßgabe des § 367 Abs. 1 auch bei Nichterscheinen der Parteien durchgeführt wird. Auf die Ausübung der Parteiöffentlichkeit kann folglich nachträglich verzichtet werden. Daher ist auch die Heilung einer wegen der unterbliebenen Benachrichtigung fehlerhaften Beweisaufnahme nach § 295 Abs. 1 möglich[47]. 22

3. Rechtsmittel

Der Verstoß gegen § 357 kann nicht mit der Beschwerde[48], sondern nur mit den gegen das Urteil statthaften Rechtsmitteln (§§ 512, 548) gerügt werden. 23

V. Arbeitsgerichtliches Verfahren

Im arbeitsgerichtlichen Verfahren gelten keine Besonderheiten. Wegen der Vertretung der Parteien durch Anwälte bei einer Beweisaufnahme vor dem ersuchten Amts- oder Arbeitsgericht → § 355 Rdnr. 33 ff. und → § 78 Rdnr. 65. 24

§ 357a [weggefallen] [Sofortige Beweiserhebung]

§ 357a war durch die Novelle 1924 (→ Einl. Rdnr. 123) eingeführt worden (vgl. 19. Aufl. dieses Komm. I 1); er behandelte die sofortige Beweiserhebung, insbesondere die Einvernahme von Zeugen und Sachverständigen, die von den Parteien mitgebracht wurden oder die unverzüglich erreicht werden konnten. Die Vereinfachungsnovelle 1976 (→ Einl. Rdnr. 159) hob die Vorschrift auf.

---

[45] *RGZ* 136, 299; nur im Ergebnis MünchKommZPO-*Musielak* Rdnr. 12; abweichend *Zöller-Greger*[20] Rdnr. 2 unter Hinweis auf *RGZ* 118, 384.
[46] So (zum früheren Parteieid) *RGZ* 76, 101; *RG* SeuffArch 75 (1920) 245.
[47] *BGH* VersR 1984, 946, 947; *Höffmann* (Fn. 1) 81; MünchKommZPO-*Musielak* Rdnr. 13; *Schnapp* (Fn. 1) 569; *Stürner* Die Aufklärungspflicht der Parteien des Zivilprozesses (1976) 225; *Zöller-Greger*[20] Rdnr. 2.
[48] *KG* OLG Rsp 29 (1914) 135.

§ 358 [Notwendigkeit eines Beweisbeschlusses]

Erfordert die Beweisaufnahme ein besonderes Verfahren, so ist es durch Beweisbeschluß anzuordnen.

Gesetzesgeschichte: Bis 1900 § 323 CPO. Aufgrund der Novelle 98 (→ Einl. Rdnr. 113) unverändert zu § 358 geworden.

Stichwortverzeichnis → Beweisaufnahmeschlüssel zu Beginn der Vorbemerkungen vor § 355.

I. Anwendungsbereich	III. Kosten ... 4
1. Notwendigkeit des Beweisbeschlusses 1	IV. Rechtsbehelfe ... 5
2. Fakultativer Beweisbeschluß 2	V. Arbeitsgerichtliches Verfahren ... 6
II. Fakultativ mündliches Verfahren 3	

I. Anwendungsbereich

1. Notwendigkeit des Beweisbeschlusses

1 Der Beweiserhebung geht entweder eine formlose Beweisanordnung oder ein förmlicher Beweisbeschluß voraus (→ § 284 Rdnr. 49). Eines **förmlichen Beweisbeschlusses** (also eines Beschlusses mit dem Inhalt nach § 359) bedarf es nach § 358 nur, wenn die Beweisaufnahme ein »besonderes Verfahren« erfordert. Der Gesetzeswortlaut ist mißverständlich. Ein Beweisbeschluß muß ergehen, wenn die Beweisaufnahme **nicht unmittelbar im Anschluß an die streitige Verhandlung** in demselben Termin erfolgen kann[1] und der Termin zum Zwecke der Beweisaufnahme daher vertagt wird (zum Begriff → § 227 Rdnr. 3)[2], weil dann die Beteiligten *nicht mit dem Streitstoff* aufgrund unmittelbar vorangegangener streitiger Verhandlung (§ 278 Abs. 2 Satz 1) *vertraut* sind[3]. Ein Beweisbeschluß ist daher insbesondere erforderlich, wenn die Beweisaufnahme durch den **beauftragten oder ersuchten Richter** erfolgt (§§ 361 f.). Ferner ist ein Beweisbeschluß notwendig bei einer vorterminlichen Beweisanordnung und Beweisdurchführung (§ 358 a). Der gemäß § 450 erforderliche Beweisbeschluß bei der **Parteivernehmung** dient überdies ihrer Abgrenzung zum Parteivortrag und zur Parteianhörung (zum Zweck des Beweisbeschlusses insoweit → § 450 Rdnr. 1). Zum Verfahren → § 359 Rdnr. 5.

2. Fakultativer Beweisbeschluß

2 Dagegen erfordert die Beweisaufnahme kein »besonderes Verfahren«, wenn sie in dem Termin, in dem sich ihre Notwendigkeit herausstellt, erfolgen kann. Es ist daher **kein förmlicher Beweisbeschluß erforderlich**, wenn die Zeugen *zur Stelle* sind oder *sofort* herbeigeschafft werden können. Ein Beweisbeschluß braucht weiter nicht zu ergehen, soweit Urkunden *sofort* herbeigeschafft und vorgelegt werden, § 420, und soweit die Einnahme des Augenscheins oder die Vernehmung von Sachverständigen *sofort* erfolgen kann. Für einen Beweisbeschluß ist ferner in denjenigen Verfahren kein Raum, in denen der Nach-

---

[1] *Hahn-Stegemann* Materialien zur ZPO, Band 2/1, 266.
[2] MünchKommZPO-*Musielak* Rdnr. 4; AK-ZPO-*Rüßmann* Rdnr. 1; a. A. *Zöller-Greger*[20] Rdnr. 2.
[3] *Engel* Beweisinterlokut und Beweisbeschluß im Zivilprozeß (1992) 147 f.

weis nur durch *präsente Beweismittel* zu führen ist – wie bei *Arrest* und *einstweiliger* Verfügung, → § 922 Rdnr. 22 – und überhaupt im Bereich der *Glaubhaftmachung*, da § 294 Abs. 2 nur die sofortige Beweisaufnahme zuläßt (→ auch § 294 Rdnr. 9 und 10 ff.). Kein Beweisbeschluß ist schließlich vorgesehen, wenn vor der Verhandlung eine *Anordnung nach § 273* ergangen war (→ § 273 Rdnr. 37, 38), sowie für die *Ermittlung von ausländischen Rechtsnormen* (→ § 293 Rdnr. 31 ff.), bei gerichtsinternen Vorgängen (→ § 293 Rdnr. 37 f.) und formlosen Verfahren (→ § 293 Rdnr. 39 ff.), *nicht* aber beim förmlichen Beweisverfahren (→ § 293 Rdnr. 43). Sofern man im *Freibeweis* (gegen ihn → Rdnr. 24 ff. vor § 355) ein zulässiges Vorgehen sieht, bedarf auch er keines Beweisbeschlusses[4]. In allen diesen Fällen genügt eine **formlose Anordnung** des Beweises durch das Prozeßgericht. Dagegen muß auch für die *Vernehmung* der im Termin anwesenden *Partei* ein förmlicher Beweisbeschluß erlassen werden, § 450.

II. Fakultativ mündliches Verfahren

§ 358 gilt auch im fakultativ mündlichen Verfahren (→ § 128 Rdnr. 44 f.). 3

III. Kosten

Wegen der *Gerichtskosten* s. § 27 GKG und wegen der *Anwaltsgebühren* § 31 Abs. 1 Nr. 3 4
BRAGO.

IV. Rechtsbehelfe

Unterbleibt entgegen § 358 ein förmlicher Beweisbeschluß, so kann dies nur im Rahmen 5
des Rechtsmittels gegen das Endurteil geltend gemacht werden. Die Verletzung des § 358 ist nach § 295 heilbar[5]. **Ergeht** ein Beweisbeschluß, so ist er als prozeßleitende Anordnung nicht selbständig anfechtbar[6], sondern nur zusammen mit dem Endurteil. Eine Ausnahme besteht, falls der Beweisbeschluß einen Verfahrensstillstand herbeiführt. Entsprechend § 252 ist dann die Anfechtung mit der Beschwerde statthaft (→ § 252 Rdnr. 2). Zur Anordnung der Erstellung eines erbbiologischen Gutachtens mit der Möglichkeit der Aussetzung eines Rechtsstreits → § 640 f Rdnr. 1.

V. Arbeitsgerichtliches Verfahren

Im arbeitsgerichtlichen Verfahren gelten keine Besonderheiten[7]. 6

---

[4] *Schneider* Beweis und Beweiswürdigung[4] (1987) Rdnr. 1087.
[5] *BGH* MDR 1959, 638.
[6] Mit der Zulassung einer selbständigen Anfechtung der Beweisanordnung würde durch die Beschwerdeinstanz unzulässig in die Sachentscheidungskompetenz des Prozeßgerichts eingegriffen, *OLG Köln* DAVorm 1972, 350.
[7] Vgl. *Grunsky* ArbGG[7] § 58 Rdnr. 19.

§ 358 a [Vorterminlicher Beweisbeschluß. Vorterminliche Beweisaufnahme]

¹Das Gericht kann schon vor der mündlichen Verhandlung einen Beweisbeschluß erlassen. ²Der Beschluß kann vor der mündlichen Verhandlung ausgeführt werden, soweit er anordnet
1. eine Beweisaufnahme vor dem beauftragten oder ersuchten Richter,
2. die Einholung amtlicher Auskünfte,
3. eine schriftliche Beantwortung der Beweisfrage nach § 377 Abs. 3,
4. die Begutachtung durch Sachverständige,
5. die Einnahme eines Augenscheins.

Gesetzesgeschichte: § 358 a wurde eingefügt durch die Vereinfachungsnovelle 1976 (→ Einl. Rdnr. 159). Die Vorschrift entspricht, soweit es um eine vorgezogene Beweisaufnahme geht, teilweise § 272 b a. F. (→ § 273 Rdnr. 1 a. E.). Satz 2 Nr. 3 wurde neu gefaßt durch Art. 1 Nr. 18 des Rechtspflege-Vereinfachungsgesetzes vom 17. XII. 1990, BGBl I 2847.

Stichwortverzeichnis → Beweisaufnahmeschlüssel zu Beginn der Vorbemerkungen vor § 355.

I. Inhalt und Zweck	a) Nr. 1: Beweisaufnahme vor dem beauftragten oder ersuchten Richter ... 31
1. Verhältnis zu § 273 ... 1	b) Nr. 2: Einholung amtlicher Auskünfte ... 32
2. Vorterminlicher Beweisbeschluß – Vorterminliche Beweisaufnahme ... 2	c) Nr. 3: Schriftliche Beantwortung der Beweisfrage nach § 377 Abs. 3 ... 33
3. Zweck ... 3	d) Nr. 4: Begutachtung durch Sachverständige ... 34
II. Vorterminlicher Beweisbeschluß (Satz 1)	e) Nr. 5: Einnahmen eines Augenscheins ... 35
1. Zeitpunkt des Erlasses ... 6	5. Verfahren nach der vorterminlichen Beweisaufnahme ... 38
2. In allen Verfahrensgestaltungen ... 8	IV. Verstöße – Anfechtbarkeit
3. Geltung der allgemeinen beweisrechtlichen Vorschriften ... 13	1. Zu später Erlaß ... 39
4. Inhalt und Form des vorterminlichen Beweisbeschlusses ... 14	2. Vorsitzender statt Kammer ... 40
5. Ermessen ... 15	3. Andere Beweismittel ... 41
6. Zuständigkeit ... 20	4. Rechtsbehelfe ... 42
7. Zustellung ... 24	V. Kosten ... 45
III. Vorterminliche Beweisaufnahme (Satz 2)	VI. Arbeitsgerichtliches Verfahren ... 47
1. Allgemeines ... 25	
2. Inhalt ... 26	
3. Ermessen ... 27	
4. Die einzelnen Fälle	

I. Inhalt und Zweck

1. Verhältnis zu § 273

1   Wie § 273 ermöglicht § 358 a Maßnahmen **vor der mündlichen Verhandlung**. Die Anordnungen des *Vorsitzenden* nach § 273 sind aber auf die vorsorgliche Bereitstellung von Beweismitteln für den Verhandlungstermin beschränkt; hingegen gestattet es § 358 a der *Kammer*, Beweisbeschlüsse zu erlassen (Satz 1) und in manchen Fällen bereits vor der mündlichen Verhandlung auszuführen (Satz 2) (→ § 273 Rdnr. 4).

2. Vorterminlicher Beweisbeschluß[1] – Vorterminliche Beweisaufnahme

§ 358 a regelt zwei unterschiedliche Beweismaßnahmen. **Satz 1** enthält den *vorterminlichen Beweisbeschluß*, auf dessen Grundlage das Gericht in der Lage ist, bereits im ersten Termin eine Beweisaufnahme durchzuführen. Damit kann insbesondere das Ziel des § 278 Abs. 2 S. 1 verwirklicht werden, wonach im Haupttermin auf die streitige Verhandlung unmittelbar die Beweisaufnahme folgen soll (→ auch § 278 Rdnr. 16). **Satz 2** geht noch weiter und erlaubt dem Gericht, in bestimmten Fällen eine *vorterminliche Beweisaufnahme* durchzuführen. Da die Prozeßparteien zur Anwesenheit bei der Beweiserhebung berechtigt sind (§ 357), müssen sie vorher rechtzeitig benachrichtigt werden.

3. Zweck

§ 358 a dient der **Beschleunigung und Konzentration** des Verfahrens[2]. Satz 1 erlaubt den Erlaß eines Beweisbeschlusses ohne vorherige mündliche Verhandlung (→ § 128 Rdnr. 26 a) und durchbricht damit das Mündlichkeitsprinzip. Der vorterminliche Beweisbeschluß ermöglicht die Durchführung von Beweisaufnahmen im Haupttermin sowie im frühen ersten Termin (→ Rdnr. 10) und verhindert eine Vertagung allein zum Zweck der Beweiserhebung. In den Fällen des § 358 a Satz 2 könnte die Beweisaufnahme (nicht vollständig) im Termin durchgeführt werden. Das Institut der vorterminlichen Beweisaufnahme eröffnet dem Gericht insoweit die Möglichkeit, über Tatsachen schon vor dem Termin Beweis zu erheben mit der Folge, daß das Beweisergebnis im Termin bereits vorliegt. – Gegenüber § 272 b a. F. stärkt § 358 a die formelle *Unmittelbarkeit* der Beweisaufnahme (→ § 355 Rdnr. 5 ff.), denn die *Kammer* und nicht nur der Vorsitzende erläßt den Beweisbeschluß und führt die Beweisaufnahme aus.

II. Vorterminlicher Beweisbeschluß (Satz 1)

1. Zeitpunkt des Erlasses

Einen Zeitpunkt, *vor* dem der Beweisbeschluß (noch) nicht erlassen werden soll, nennt die Vorschrift nicht. Wie bei den vorbereitenden Maßnahmen des Vorsitzenden sollte die **Klageerwiderung abgewartet** werden (vgl. § 273 Abs. 3 S. 1, → dort Rdnr. 16), aus der ersichtlich ist, ob und wie sich der Beklagte verteidigen wird[3]. Zuvor ist völlig offen, welche Tatsachen bestritten werden und damit überhaupt beweisbedürftig sind[4]. Nur aufgrund der Klageschrift einen vorterminlichen Beweisbeschluß zu erlassen ist ferner deshalb unangebracht, weil der Beweisbeschluß die Beweisgebühr für den Rechtsanwalt auslöst (→ Rdnr. 45) und er nur nach Maßgabe des § 360 aufgehoben oder geändert werden kann (→ § 360 Rdnr. 3). Zur Folge, wenn angekündigte Behauptungen nicht vorgetragen werden → § 276 Rdnr. 7. Zum Abstammungsgutachten → § 372 a Rdnr. 7 ff..

Ein Beweisbeschluß auf der Grundlage des § 358 a Satz 1 kann auch noch *nach* einem Termin zur mündlichen Verhandlung ergehen, wenn ein neuer Termin erforderlich wird, etwa ein Haupttermin nach einem frühen ersten Termin oder ein zweiter Haupttermin (§ 278

---

[1] Die Bezeichnung »vorterminlicher« Beweisbeschluß stammt wohl von *Bender-Belz-Wax* Das Verfahren nach der Vereinfachungsnovelle und vor dem Familiengericht (1977) Rdnr. 11 f. und ist am prägnantesten.

[2] → Einl. Rdnr. 159; BT-DS 7/2729, 36 f. In der Praxis spielt die Vorschrift keine große Rolle, *Engels* AnwBl 1979, 205, 206 r. Sp.; *Walchshöfer* ZZP 94 (1981) 179, 185.

[3] Vgl. *Hahn* Kooperationsmaxime im Zivilprozeß? (1983) 213.

[4] MünchKommZPO-*Musielak* Rdnr. 5.

Abs. 4)[5]. Handelt es sich um eine Tatsache, die bereits in der mündlichen Verhandlung vorgetragen worden war, ergeht der Beweisbeschluß freilich schon nach der Grundnorm des § 358. Für einen *vorterminlichen* Beweisbeschluß zwischen zwei Verhandlungsterminen auf der Grundlage des § 358 a Satz 1 besteht daher nur im Ausnahmefall ein Bedürfnis, etwa wenn eine Partei nach dem ersten Termin schriftsätzlich neue Tatsachen vorbringt, die bislang nicht Gegenstand einer mündlichen Verhandlung waren.

2. In allen Verfahrensgestaltungen

8 Ein vorterminlicher Beweisbeschluß ist in allen Gestaltungen des Prozesses statthaft.

9 a) Ein vorterminlicher Beweisbeschluß ist besonders geeignet, den im Anschluß an das **schriftliche Vorverfahren** (§ 276) notwendigen Haupttermin vorzubereiten (→ § 276 Rdnr. 3 und vor allem Rdnr. 7).

10 b) Hat sich das Gericht für den **frühen ersten Termin** (§ 275) entschieden, ist ein vorterminlicher Beweisbeschluß nicht weniger sinnvoll; denn im frühen ersten Termin sind Beweisaufnahmen zulässig (→ § 275 Rdnr. 21). *Nach* einem frühen ersten Termin ist ein vorterminlicher Beweisbeschluß gemäß § 358 a Satz 1 nur im Ausnahmefall erforderlich (→ Rdnr. 7).

11 c) Haben die Parteien einverständlich das **schriftliche Verfahren** (§ 128 Abs. 2) gewählt und wurde die *Zustimmung* von einer Partei wirksam widerrufen (→ § 128 Rdnr. 72 ff.), ist ebenfalls ein vorterminlicher Beweisbeschluß statthaft; dasselbe gilt, wenn das *Gericht von sich aus* die mündliche Verhandlung anordnet (→ § 128 Rdnr. 85).

3. Geltung der allgemeinen beweisrechtlichen Vorschriften

13 Da sich die Besonderheit des vorterminlichen Beweisbeschlusses in seinem Erlaß vor der mündlichen Verhandlung erschöpft, gelten für ihn im übrigen **dieselben Regelungen wie für den aufgrund der mündlichen Verhandlung verkündeten (»normalen«) Beweisbeschluß**. Das Gericht ist deshalb auch beim vorterminlichen Beweisbeschluß an die *Verhandlungsmaxime* gebunden (zum vergleichbaren Problem bei § 273 → dort Rdnr. 16); es darf nicht Beweismittel verwenden, die nur auf Antrag einer Partei benutzt werden dürfen (vgl. § 373), falls der Antrag fehlt, oder Beweis anordnen, wo nichts (mehr) bestritten ist, oder sonst die Beweisbedürftigkeit und die Entscheidungserheblichkeit (→ § 284 Rdnr. 73 ff.) verkennen. Daß die Parteivorträge erst mit der (noch nicht durchgeführten) mündlichen Verhandlung wirksam werden, ändert daran nichts (→ § 273 Rdnr. 17). Freilich besteht umgekehrt insbesondere beim vorterminlichen Beweisbeschluß nach einem *schriftlichen* Vorverfahren (→ Rdnr. 9) die Gefahr, daß überflüssige Beweise angeordnet wurden (→ § 276 Rdnr. 7).

4. Inhalt und Form des vorterminlichen Beweisbeschlusses

14 Während die vorterminliche Beweis*aufnahme* (Satz 2, → Rdnr. 26) auf bestimmte Beweismittel beschränkt ist, kann sich der vorgezogene Beweis*beschluß* auf **alle Beweismittel** erstrecken, die auch sonst ein Beschluß hat (näher → § 359 Rdnr. 7 ff.). In der **Form** entspricht er dem üblichen **Beweisbeschluß**.

---

[5] A. A. Voraufl.; wie hier *Leipold* → § 275 Rdnr. 24; Thomas-Putzo[21] Rdnr. 1.

5. Ermessen

Ob das Gericht überhaupt den Weg des vorterminlichen Beweisbeschlusses wählt und auf welche Beweismittel es ihn erstreckt, steht in seinem **Ermessen**[6]. Es wird sich vor allem für den vorterminlichen Beweisbeschluß entschließen, wenn es ihn auch vorgezogen *durchführen* will (zur vorgezogenen Beweisaufnahme → Rdnr. 25 ff.) oder wenn weitere Beweisbeschlüsse voraussichtlich nicht erlassen werden müssen, so daß der nächste Termin auch zur Durchführung der möglicherweise einzigen Beweisaufnahme dienen kann. Aber auch wenn schon feststeht, daß es zu mehreren Beweisaufnahmen kommt, vermag ein vorterminlicher Beweisbeschluß wesentlich zur Beschleunigung des Verfahrens beitragen. Daß der Erlaß des vorterminlichen Beweisbeschlusses im Ermessen des Gerichts steht, bedeutet im übrigen aber nicht etwa ein Freistellen von den sonst für Beweisbeschlüsse geltenden Vorschriften. An diese Vorschriften bleibt das Gericht auch bei vorherigem Erlaß gebunden (→ Rdnr. 13).

15

6. Zuständigkeit

a) Anders als bei den vorbereitenden Maßnahmen des § 273 ist nicht der Vorsitzende, sondern die **Kammer zuständig**[7]. Da der vorterminliche Beweisbeschluß nicht nur eine *vorbereitende* Anordnung, sondern ein vollgültiger (»echter«) Beweisbeschluß ist (→ auch Rdnr. 13), wäre eine Kompetenz des *Vorsitzenden* untragbar. Schließlich müssen vor Erlaß eines Beweisbeschlusses die Erheblichkeit der Tatsachen, die Beweisbedürftigkeit und die sonstige Zulässigkeit des Beweisverfahrens geprüft werden (→ § 273 Rdnr. 4 mit Hinweis in Fn. 2).

20

b) Im **amtsgerichtlichen** und im **erstinstanziellen einzelrichterlichen Verfahren** ist zum Erlaß der **Amtsrichter** (»Richter beim Amtsgericht«) bzw. der **Einzelrichter** zuständig.

21

c) Der **Vorsitzende der Kammer für Handelssachen** kann im Rahmen der ihm zustehenden Beweiserhebungskompetenz (→ § 349 Rdnr. 7, → auch § 348 Rdnr. 4) auch einen vorterminlichen Beweisbeschluß erlassen.

22

d) Zum **Einzelrichter in der Berufungsinstanz** → § 524.

23

7. Zustellung

Der vorterminliche Beweisbeschluß ist unter den Voraussetzungen des § 329 Abs. 2 zuzustellen (→ § 329 Rdnr. 28 ff.).

24

III. Vorterminliche Beweisaufnahme (Satz 2)

1. Allgemeines

Das **Ziel** der vorterminlichen Beweisaufnahme besteht darin, bereits im Termin zur mündlichen Verhandlung das **Beweisergebnis vorliegen zu haben**. Die vorterminliche Beweisaufnahme (Satz 2) setzt einen vorterminlichen Beweisbeschluß voraus. Für die vorterminliche Beweisaufnahme gelten im allgemeinen **dieselben Regeln** wie für den vorterminlichen Beweisbeschluß. Eine vorterminliche Beweisaufnahme kann daher im Ausnahmefall auch *nach* einer mündlichen Verhandlung erfolgen, wenn ihr ausnahmsweise ein vorterminlicher Beweisbeschluß zugrunde liegt (→ Rdnr. 7). Die vorterminliche Beweisaufnahme ist

25

---

[6] *OLG Koblenz* NJW 1979, 374.   [7] *BGHZ* 86, 104, 112; vgl. auch *BVerfGE* 63, 148, 151.

in allen Verfahrensgestaltungen (schriftliches Vorverfahren, früher erster Termin, nach schriftlichem Verfahren) möglich (→ Rdnr. 8–11) und steht im Ermessen (→ Rdnr. 15) der Kammer (→ Rdnr. 20) oder des sonst zuständigen Richters (→ Rdnr. 21 ff.).

2. Inhalt

26 Während sich inhaltlich der vorterminliche Beweis*beschluß* vom Beweisbeschluß aufgrund mündlicher Verhandlung nicht unterscheidet (→ Rdnr. 14), ist die vorterminliche Beweis*aufnahme* nur in den in **Satz 2 Nr. 1–5 bestimmten Fällen zulässig** und darf vor der mündlichen Verhandlung ausgeführt werden. In den übrigen Fällen ist die Beweisaufnahme in einer mündlichen Verhandlung durchzuführen.

3. Ermessen

27 Auch die vorterminliche Beweisaufnahme steht im **Ermessen des Gerichts** (→ Rdnr. 15). Damit kommt es im Rahmen des § 358 a zu einer **doppelten Ermessensausübung**. Zuerst hat sich das Gericht zu entscheiden, ob es einen vorterminlichen Beweisbeschluß erlassen will (→ Rdnr. 15). Hat es dies bejaht, ist damit – auch bei den in Satz 2 Nr. 1–5 genannten Fällen – **nicht zugleich auch entschieden**, daß nunmehr eine **vorterminliche** Durchführung der **Beweisaufnahme** zu erfolgen hat. Vielmehr ist eine **gesonderte** Ermessensentscheidung notwendig, ob nun der vorterminliche Beweisbeschluß auch *vor* der mündlichen Verhandlung durchzuführen ist. Dies hängt von der Verfahrenslage ab und von der Art der durchzuführenden Beweisaufnahme. Nicht immer nämlich ist eine vorterminliche Beweisaufnahme beschleunigend.

4. Die einzelnen Fälle

a) Nr. 1: Beweisaufnahme vor dem beauftragten oder ersuchten Richter

31 Die vorterminliche Beweisaufnahme vor dem beauftragten (§ 361) oder ersuchten (§ 362, §§ 156 ff. GVG) Richter ist zulässig, wenn die Voraussetzungen der § 372 Abs. 2, §§ 375, 402, 434, 451 vorliegen (→ § 355 Rdnr. 14). Gemäß § 357 Abs. 2 ist den Parteien die Möglichkeit eröffnet, während der Beweisaufnahme vor dem ersuchten oder beauftragten Richter anwesend zu sein; die Parteien sind zu benachrichtigen (→ § 357 Rdnr. 11).

b) Nr. 2: Einholung amtlicher Auskünfte

32 Im Gegensatz zu § 273, der den *Vorsitzenden* ermächtigt, u. a. auch um die Erteilung amtlicher Auskünfte zu *ersuchen* (Abs. 2 Nr. 2, → § 273 Rdnr. 26), handelt es sich hier um eine von der *Kammer* durchgeführte **Beweiserhebung**. Zur amtlichen Auskunft näher → Rdnr. 57 vor § 373, → auch § 273 Rdnr. 26.

c) Nr. 3: Schriftliche Beantwortung der Beweisfrage nach § 377 Abs. 3

33 Für die vorgezogene Einholung müssen ferner die Voraussetzungen des § 377 (→ dort Rdnr. 37 ff.) gegeben sein. Dazu gehört – wie auch sonst beim Zeugenbeweis –, daß der betreffende Zeuge benannt wurde (§ 373). Anders als bei dem vergleichbaren § 273 Abs. 3 S. 2 fehlt hier ein Hinweis auf das Einfordern eines *Auslagenvorschusses* gemäß § 379. Da es sich bei § 358 a aber nur um eine schriftliche Beantwortung der Beweisfrage handelt und

nicht um die Ladung von Zeugen, wird ein Auslagenvorschuß selten angebracht sein (→ auch § 379 Rdnr. 1).

d) Nr. 4: Begutachtung durch Sachverständige

Keine Rolle spielt, ob ein Sachverständigengutachten *beantragt* oder *von Amts wegen* angeordnet (§ 144 → Rdnr. 2 sowie → Rdnr. 25 vor § 402) ist. Die vorgezogene Begutachtung wird vor allem dann angebracht sein, wenn erst aufgrund dieses Gutachtens die mündliche Verhandlung sinnvoll gestaltet werden kann. Für die Durchführung des vorgezogenen Sachverständigenbeweises gelten die einschlägigen Vorschriften (s. §§ 402 ff.). Daher kann das Gericht z. B. *schriftliche* Begutachtung (§ 411) anordnen oder *mündliches* Gutachten bei einem gleichzeitig angeordneten vorgezogenen Augenschein (→ Rdnr. 35) veranlassen (§ 372 Abs. 2). Auch hier (→ Rdnr. 33) ist zu beachten, daß eine ausdrückliche Verweisung auf § 379 (§ 402) fehlt. Ein *Auslagenvorschuß* könnte im übrigen nur angefordert werden, wenn ein Beweisantrag vorliegt (→ § 273 Rdnr. 32).   34

e) Nr. 5: Einnahmen eines Augenscheins

Auch hier (→ § 144 Rdnr. 2) spielt es keine Rolle, ob der Augenschein *beantragt* wurde oder *von Amts wegen* als notwendig erscheint. Für die Durchführung des vorgezogenen Augenscheins gelten die allgemeinen Vorschriften (§§ 371 ff.). Insbesondere haben die Parteien ein Anwesenheitsrecht (→ Rdnr. 21 vor § 371 ff.); Sachverständige können hinzugezogen werden (§ 372 Abs. 2, → schon Rdnr. 34). Diese Anwesenheit der Parteien kann jedoch einen vorgezogenen Augenschein erheblich belasten, wenn die Parteien stark verfeindet sind; denn der vorgezogene Augenscheinstermin ist das erste Zusammentreffen vor Gericht. In solchen Fällen erscheint es daher ratsam, erst einmal die mündliche Verhandlung beginnen zu lassen.   35

5. Verfahren nach der vorterminlichen Beweisaufnahme

Wie das Ergebnis der vorterminlichen Beweisaufnahme zu behandeln ist, sagt § 358 a nicht; es gelten daher die allgemeinen Regeln: Im **Haupttermin** wird das Gericht bei seiner Einführung in den Sach- und Streitstand (§ 278 Abs. 1 S. 1) hierüber berichten[8] (→ § 278 Rdnr. 6 a. E. über die vergleichbaren vorbereitenden Maßnahmen des Vorsitzenden). Ähnlich ist es, falls zunächst ein **früher erster Termin** (§ 275) stattfindet. Nach vorterminlichen **Beweisaufnahmen** durch den **beauftragten** oder **ersuchten Richter** (Satz 2 Nr. 1) gilt § 285 Abs. 2; das **Ergebnis** haben **die Parteien vorzutragen** (→ § 285 Rdnr. 7).   38

IV. Verstöße – Anfechtbarkeit

1. Zu später Erlaß: Wird ein vorterminlicher Beweisbeschluß *nach* einem Termin erlassen, ist § 358 a verletzt, falls er sich nicht auf eine Tatsache bezieht, die erst nach der mündlichen Verhandlung vorgetragen wurde (→ Rdnr. 7); dasselbe gilt bei einer vorterminlichen Beweisaufnahme nach einer mündlichen Verhandlung (→ Rdnr. 25). Diese Verstöße sind heilbar (→ § 295 Rdnr. 18). Wird nicht geheilt, muß ein neuer Beweisbeschluß erlassen bzw. die Beweisaufnahme wiederholt werden.   39

---

[8] *Rosenberg-Schwab-Gottwald*[15] § 118 V 1 a.

40 2. **Vorsitzender statt Kammer:** Hat der *Vorsitzende* statt der *Kammer* den **vorterminlichen Beweisbeschluß** erlassen, muß der Beschluß von der *Kammer* wiederholt werden. Einer *Heilung* gemäß § 295 ist dieser Fehler *nicht* zugänglich[9], da ein Verstoß gegen die ordnungsgemäße Besetzung der Richterbank vorliegt (→ § 295 Rdnr. 7). Entsprechendes gilt **bei vorterminlicher Beweisaufnahme**, falls also der vorterminliche Beweisbeschluß statt vor der *Kammer* nur vor dem *Vorsitzenden ausgeführt* wurde; dann liegt zugleich ein Verstoß gegen die formelle Unmittelbarkeit (→ § 355 Rdnr. 5, 21) vor.

41 3. **Andere Beweismittel:** Ist eine **vorterminliche Beweisaufnahme** hinsichtlich *anderer Beweismittel*, als sie in S. 2 Nr. 1–5 genannt sind (→ Rdnr. 31 ff.), *vor* der mündlichen Verhandlung *ausgeführt* worden, ist § 358 a verletzt, nicht aber die formelle Unmittelbarkeit (→ § 355 Rdnr. 5); dieser Verstoß ist gemäß § 295 heilbar (→ § 355 Rdnr. 31). Fehlt es an der Heilung, muß das Gericht die betreffende Beweisaufnahme in einer mündlichen Verhandlung wiederholen.

42 4. **Rechtsbehelfe:** Der vorterminliche Beweisbeschluß ist ebensowenig wie der Beweisbeschluß nach § 358 selbständig **anfechtbar** (→ § 359 Rdnr. 5) und ferner als solcher von einer Überprüfung in der Rechtsmittelinstanz ausgenommen (§ 355 Abs. 2, → dort Rdnr. 30). Dies schließt aber nicht aus, daß die durch den vorterminlichen Beweisbeschluß bewirkten sonstigen Verstöße (→ Rdnr. 39 f.) **mit den allgemeinen Rechtsmitteln** geltend gemacht werden.

V. Kosten

45 Der vorterminliche Beweisbeschluß löst die *Beweisgebühr* des Anwalts (§ 31 Abs. 1 Nr. 3 BRAGO) aus[10], selbst wenn es nicht zur Durchführung der Beweisaufnahme kommt. Zusätzliche *Gerichtsgebühren* fallen nicht an. Zum Wegfall bzw. zur Ermäßigung der Verfahrensgebühr s. Kostenverzeichnis zum GKG Nr. 1202, 1221.

VI. Arbeitsgerichtliches Verfahren

47 Im arbeitsgerichtlichen Verfahren gilt § 55 Abs. 4 ArbGG[11]. Im Unterschied zu § 358 a kann der *Vorsitzende* den vorterminlichen Beweisbeschluß allein erlassen; die Erhebung anderer Beweise als der in § 55 Abs. 4 Satz 1 ArbGG genannten kann er aber nicht anordnen. Im Katalog des § 55 Abs. 4 ArbGG fehlen die Begutachtung durch einen Sachverständigen (→ Rdnr. 34) und die Einnahme des Augenscheins (→ Rdnr. 35). Für diese beiden Beweismittel ist analog § 358 a Satz 1 ein vorterminlicher Beweisbeschluß zulässig, den die *Kammer* erläßt[12]. Auch kann die Kammer auf der Grundlage des § 358 a Satz 2 vorterminlich Beweise erheben.

---

[9] *Baumbach-Lauterbach-Hartmann*[56] § 295 Rdnr. 3, 29 f., a. M. *MünchKommZPO-Musielak* Rdnr. 7; *Zöller-Greger*[20] Rdnr. 4.

[10] → § 273 Rdnr. 42, Hamburg JB 79, 374 f., vgl. auch *BVerfGE* 63, 148, 151.

[11] Zu den Abweichungen *Eich* DB 1977, 909, 910.

[12] *MünchArbR-Brehm* § 379 Rdnr. 48; *Grunsky* ArbGG[7] § 55 Rdnr. 13; *MünchKommZPO-Musielak* Rdnr. 2.

§ 359 [Inhalt des Beweisbeschlusses]

Der Beweisbeschluß enthält:
1. die Bezeichnung der streitigen Tatsachen, über die der Beweis zu erheben ist;
2. die Bezeichnung der Beweismittel unter Benennung der zu vernehmenden Zeugen und Sachverständigen oder der zu vernehmenden Partei;
3. die Bezeichnung der Partei, die sich auf das Beweismittel berufen hat.

Gesetzesgeschichte: Bis 1900 § 324 CPO. Aufgrund der Novelle 98 (→ Einl. Rdnr. 113) unverändert zu § 359 geworden. Die Novelle 1933 (→ Einl. Rdnr. 133) hat die Fassung inhaltlich geändert.

Stichwortverzeichnis → Beweisaufnahmeschlüssel zu Beginn der Vorbemerkungen vor § 355.

I. Rechtsnatur und Erlaß des Beweisbeschlusses		1. Bezeichnung der streitigen Tatsachen gemäß Nr. 1	7
1. Zweck	1	2. Bezeichnung der Beweismittel gemäß Nr. 2	8
2. Anzahl der Beweisbeschlüsse – Bedingte Beweisanordnungen	2	3. Bezeichnung der beweisführenden Partei gemäß Nr. 3	9
3. Erlaß des Beweisbeschlusses	4		
4. Verfahren	5		
II. Inhalt des Beweisbeschlusses nach § 359		III. Weiterer Inhalt	11

I. Rechtsnatur und Erlaß des Beweisbeschlusses[1]

1. Zweck

Der Beweisbeschluß ist *nicht* wie das gemeinrechtliche Beweisurteil (zum Beweisinterlokut → Einl. Rdnr. 100 f.) eine bindende Entscheidung über Beweisthema und Beweislast und auch nicht dazu bestimmt, die Verhandlung in ein Stadium der Behauptungen und eines der Beweise zu gliedern. Der Beweisbeschluß ist vielmehr nur eine **prozeßleitende Anordnung**. Er beschränkt sich auf den Ausspruch, daß für bestimmte Tatsachen bestimmte von den Parteien angebotene oder von Amts wegen angeordnete Beweise zu erheben sind. Das Gericht ist daher an den Beweisbeschluß **nicht gebunden**. Der Beweisbeschluß kann nach Maßgabe des § 360 geändert und aufgehoben werden; auch kann das Prozeßgericht von der Durchführung des Beweisbeschlusses absehen[2] (zur Bindung des beauftragten oder ersuchten Richters → § 355 Rdnr. 18). Gleichwohl hat der Beweisbeschluß eine **wichtige Funktion**, denn aus ihm wird für die Parteien ersichtlich, wie das Gericht ihren Vortrag würdigt, insbesondere welche Tatsachen es für erheblich und beweisbedürftig erachtet. Sinnvoll ist er aber nur, wenn das Gericht den Streitstoff zuvor eingehend durchdringt[3] (→ Rdnr. 4). Richtig gehandhabt wirkt der Beweisbeschluß nicht verfahrensverzögernd[4].

1

---

[1] *Bull* DR 1941, 1976; *Krönig* Die Kunst der Beweiserhebung[3] (1959) 21 ff.; *Engel* Beweisinterlokut und Beweisbeschluß im Zivilprozeß (1992) (rechtsgeschichtlich); *Kunke* DR 1940, 1979; *Levin* Prozeßleitung (1913) 141 ff.; *Lindemann* DRiZ 1952, 201; *Mühl* ZZP 66 (1953) 165 (rechtsgeschichtlich und rechtspolitisch); *Musielak-Stadler* Grundfragen des Beweisrechts (1984) 1 ff.
[2] MünchKommZPO-*Musielak* Rdnr. 1; Zöller-*Greger*[20] § 360 Rdnr. 1.
[3] Vgl. *Jauernig* ZPR[25] § 51 II. Zur Klage über die »saloppe und lakonische« Abfassung der Beweisbeschlüsse s. schon *Hahn-Mugdan* Materialien (Band 8) 341.
[4] Vgl. *Greger* FamRZ 1994, 288, 289 (mit Kritik an der »Unsitte«, besondere Termine zur Verkündung des Beweisbeschlusses abzuhalten); *Hahn-Mugdan* Materialien (Band 8) 341; Bericht der Kommission für das Zivilprozeßrecht (1977) 127; a. A. *Bender* DRiZ 1972, 15 ff.

2. Anzahl der Beweisbeschlüsse – Bedingte Beweisanordnungen

2 Die Zahl der Beweisbeschlüsse in der Instanz ist nicht beschränkt. Wegen der Klarstellungsfunktion des Beweisbeschlusses (→ Rdnr. 1) erscheint es indes wünschenswert, den (ersten) *Beweisbeschluß sogleich auf das gesamte streitige Tatsachenmaterial und auf alle Beweismittel* zu erstrecken[5]. Die Gefahr, daß überflüssige Beweise erhoben werden, besteht nicht, denn einzelne Anordnungen können geändert oder zurückgenommen werden (→ § 360 Rdnr. 1), wenn sich z.B. nach einer ersten Beweiserhebung ergibt, daß die Aufnahme weiterer Beweise nicht (mehr) notwendig ist.

3 Im übrigen ist es zulässig, einzelne **Beweiserhebungen** nur «eventuell« (»*hilfsweise*«, »*bedingt*«) anzuordnen, d.h. für den Fall eines bestimmten Ergebnisses der zunächst zu erhebenden Beweise. Das Prozeßgericht kann ohnehin von der Erhebung weiterer Beweise absehen, wenn es diese nach dem Ergebnis der durchgeführten Beweisaufnahme nicht mehr für erforderlich hält (→ § 360 Rdnr. 1, 15 ff.). Durch den »eventuellen« Beweisbeschluß wird keine andere Rechtslage herbeigeführt. Der mündlichen Verhandlung über das Ergebnis der schon erhobenen Beweise wird durch die eventuelle Beweisanordnung oder die Nichtdurchführung nicht vorgegriffen, da die Nichterhebung der weiteren Beweise zunächst nur vorläufig ist und das Gericht aufgrund der weiteren mündlichen Verhandlung die Beweisaufnahme auch weiter durchführen kann. – Der Beweisbeschluß kann auch unter der *aufschiebenden Bedingung* erlassen werden, daß ein (etwa vom Gericht angeregter) Vergleich nicht zustande kommt[6].

3. Erlaß des Beweisbeschlusses

4 Da keine unnützen Beweise erhoben werden dürfen, hat das Gericht vor dem Erlaß des Beweisbeschlusses die **Erheblichkeit und Beweisbedürftigkeit** der Tatsachen zu prüfen. Ferner ist die **Zulässigkeit des Beweismittels** zu prüfen, ohne daß der Beweisbeschluß hierüber bindend entscheidet. Die bindende Entscheidung über Erheblichkeit, Beweisbedürftigkeit und Zulässigkeit des Beweismittels erfolgt erst im (End)Urteil (zur Klärung der Zulässigkeit eines Beweismittels im Wege eines Zwischenurteils → Rdnr. 6; zur Ablehnung von Beweisanträgen → § 284 Rdnr. 51 ff.). Beim Beweisbeschluß ist ferner die **Beweislast** insofern zu beachten, als ein Gegenbeweis (→ § 284 Rdnr. 7) nicht zu erheben ist, falls die beweisbelastete Partei selbst keinen Beweis anbietet (→ § 286 Rdnr. 29). – Nicht ausgeschlossen ist es, daß das Gericht zwar eine umfassende Beweisaufnahme anordnet (→ Rdnr. 2), aber im Interesse der Prozeßbeschleunigung z.B. **zuerst** die **einfachere Beweisaufnahme** bezüglich des *Einrede*vorbringens vorsieht. Das gilt freilich nicht bei der Aufrechnung, da das Gericht durch die Entscheidung über sie nicht der Entscheidung über den Klageanspruch enthoben wird (→ § 300 Rdnr. 18 f.).

4. Verfahren

5 Der Beweisbeschluß kann entweder *vor* der mündlichen Verhandlung (§ 358 a) oder *aufgrund* mündlicher Verhandlung erlassen werden[7]. Der aufgrund einer mündlichen Verhandlung ergehende Beschluß ist zu **verkünden** (§ 329). Der vorterminliche Beweisbeschluß (§ 358 a Satz 1) ist nach § 329 Abs. 2 Satz 1 formlos mitzuteilen; enthält er eine Terminsbe-

---

[5] Den Wert eines umfassenden Beweisbeschlusses betonen *Kunke* (Fn. 1); *Lindemann* (Fn. 1); zurückhaltend *Schumann* in der Vorauflage.
[6] *OLG Hamburg* MDR 1965, 57, *OLG Celle* MDR 1965, 838, die freilich nur die gebührenrechtliche Folge erörtern.
[7] *LAG Düsseldorf* AP § 158 GVG Nr. 1.

stimmung, muß er zugestellt werden, § 329 Abs. 2 Satz 2. Im schriftlichen Verfahren nach § 128 Abs. 2 ergangene Beweisbeschlüsse (→ § 128 Rdnr. 82) sind zu verkünden (→ 128 Rdnr. 82 und 104; *nicht* jedoch im schriftlichen Bagatellverfahren nach § 128 Abs. 3 ergangene Beweisbeschlüsse, → § 128 Rdnr. 122). – **Beschwerde** findet **nicht** statt, § 567[8], sondern nur die Anfechtung mit dem Endurteil, §§ 512, 548. Die Beschwerde ist aber entsprechend § 252 zulässig, wenn die Beweisanordnung auf eine Aussetzung hinausläuft[9] (→ § 252 Rdnr. 2).

Bei einem **Streit** über die **Zulässigkeit eines Beweismittels** (nicht über die Erheblichkeit einer Tatsache) kann durch **Zwischenurteil** (§ 303) entschieden werden (→ § 303 Rdnr. 5), das nicht selbständig anfechtbar ist. 6

II. Inhalt des Beweisbeschlusses nach § 359

1. Bezeichnung der streitigen Tatsachen gemäß Nr. 1

Der Beweisbeschluß hat die streitigen **Tatsachen**, über die Beweis erhoben werden soll, **bestimmt zu bezeichnen**. Eine bloß *allgemeine* Fassung des Beweisthemas (»Hergang des Verkehrsunfalls in ... am ...«) genügt anders als bei der Zeugenladung (§ 377 Abs. 2 Nr. 2) *nicht*[10]. Das folgt aus dem Zweck des Beweisbeschlusses, den Richter zu einer Durchdringung des Prozeßstoffs anzuhalten und den Parteien die richterliche Einschätzung davon zu vermitteln (→ Rdnr. 1). Die Gegenauffassung, die eine nur »globale« Fassung des Beweisthemas jedenfalls beim Zeugenbeweis und der Parteivernehmung verlangt[11], ist abzulehnen[12]. Die diese Ansicht leitende Befürchtung, durch eine exakte Fassung der beweisbedürftigen Tatsachen lege man dem Zeugen Antworten in den Mund (»Suggestivwirkung des Beweisbeschlusses«), ist unbegründet, wenn der Text des Beweisbeschlusses (entgegen einer verbreiteten Praxis[13], aber im Einklang mit den Zielen der Neufassung des § 377 Abs. 2 Nr. 2[14]) *nicht* unverändert in die Zeugenladung übernommen wird[15] und auch nicht den Einstieg in die Vernehmung bildet. Eine substantiierte Benennung der Beweisfragen ist ferner für den ersuchten Richter unabdingbar[16], denn es ist nicht seine Aufgabe, sich die erheblichen Tatsachen aus den Akten herauszusuchen[17]. Die *Verweisung* im Beweisbeschluß auf Schriftsätze und Protokolle ist nur ausreichend, wenn die Stellen bestimmt bezeichnet sind 7

---

[8] *RG* JW 1905, 115. Dies gilt auch für Beweisanordnungen im Verfahren mit fakultativ mündlicher Verhandlung (→ § 128 Rdnr. 39 ff.). Bei Beweisbeschlüssen im Vollstreckungsverfahren ist § 793 nicht anzuwenden, denn der Beweisbeschluß ist keine Entscheidung.
[9] *OLG Bamberg* FamRZ 1955, 217; *OLG Köln* FamRZ 1960, 409; *Schiedermair* FamRZ 1955, 282. A. M. *OLG Frankfurt* NJW 1963, 912; *LG Berlin* JR 1964, 185 (sogar förmliche Aussetzungsandrohung sei unanfechtbar, wenn mit Beweisbeschluß verbunden). Daß der Beweisbeschluß zu einem faktischen Stillstand des Prozesses führt, wird also hinsichtlich der Anfechtbarkeit wie eine ausdrückliche Aussetzung behandelt. Die *Überprüfung* durch das *Beschwerdegericht* darf sich aber nur auf die *prozessuale Zulässigkeit* der ausdrücklichen bzw. faktischen Aussetzung erstrecken, nicht auf die sonstige Richtigkeit des Beweisbeschlusses (insbesondere nicht auf Fragen, ob der Rechtsstreit ohnehin schon entscheidungsreif ist, ob die Tatsachen rechtlich erheblich und beweisbedürftig sind), *OLG Hamm* FamRZ 1958, 379, *OLG Celle* MDR 1967, 134; *LG Hamburg* MDR 1964, 848; *LG Landau/Pf.* FamRZ 1969, 49. Für volle Überprüfung dagegen *OLG Bamberg* FamRZ 1955, 217, *OLG Köln* FamRZ 1960, 409; *Schiedermair* FamRZ 1955, 282. Eine vermittelnde Lösung versuchen *LG Bonn* NJW 1962, 1626 (auch auf sachliche Ermessensfehler zu überprüfen); *OLG Stuttgart* ZBlJR 54 (1967) 27 (überprüfbar, ob erbbiologisches Gutachten einziges Mittel zur abschließenden Klärung ist). Zur Anfechtbarkeit einer Beweisanordnung gem. § 364, *OLG Köln* NJW 1975, 2349.
[10] A. M. *OLG Frankfurt* JurBüro 1982, 1575; *OLG Düsseldorf* OLGZ 1974, 492; *OLG Köln* OLGZ 1966, 40.
[11] *Bruns* ZPR² Rdnr. 175 b.
[12] *Engel* (Fn. 1) 154; *Zöller-Greger*²⁰ Rdnr. 3.
[13] *Reinecke* MDR 1990, 1061.
[14] Vgl. *Hahn-Mugdan* Materialien (Band 8) 342; s. ferner den Bericht der Kommission für das Zivilprozeßrecht, 128.
[15] *AK-ZPO-Rüßmann* Rdnr. 3.
[16] Vgl. *BAG* NJW 1991, 1252.
[17] *BGHR* ZPO § 359 Nr. 1 (Rechtshilfe 1). Allerdings muß das Beweisthema nicht so gefaßt sein, daß der ersuchte Richter ohne jede Aktenkenntnis die Beweisaufnahme durchführen kann, *OLG Koblenz* NJW 1975, 1036; *OLG Oldenburg* NJW-RR 1992, 64; *OLG Frankfurt* NJW-RR 1995, 637.

und sich hier eine genaue Angabe findet[18]. Fehlt es an der Bestimmtheit, kann der ersuchte Richter die Beweisaufnahme ablehnen (→ Einl. Rdnr. 631 [Fn. 13]). Die Angabe der *Rechtsfrage* genügt *nicht*[19]; inwieweit bei *Rechtsbegriffen* von einer Auflösung abgesehen werden kann, richtet sich nach den in → § 284 Rdnr. 13 ff. dargestellten Grundsätzen. Beim Sachverständigenbeweis hat das Gericht die Anschlußtatsachen zu bestimmen (§ 404 a Abs. 3).

2. Bezeichnung der Beweismittel gemäß Nr. 2

8   Der Beweisbeschluß hat die Beweismittel genau zu benennen. **Zeugen und Sachverständige** sind nach Namen, Beruf und ladungsfähiger Anschrift zu bezeichnen (liegen die Angaben dem Gericht nicht vor, ist nach § 356 [→ dort Rdnr. 5] zu verfahren). Ausnahmsweise kann nach §§ 372 Abs. 2, 405 die Ernennung des Sachverständigen dem beauftragten oder ersuchten Richters überlassen werden. Im Beweisbeschluß muß aber festgelegt werden, ob die Vernehmung als Zeuge oder Sachverständiger erfolgen soll[20]. Bei der **Parteivernehmung** muß der Beweisbeschluß von mehreren Streitgenossen die zu vernehmenden *Streitgenossen* (§ 449) bestimmen und im Falle des § 455 Abs. 1 den oder die zu vernehmenden *gesetzlichen Vertreter* bezeichnen. Unter den Voraussetzungen des § 455 Abs. 2 enthält der Beweisbeschluß die Anordnung, daß die nicht prozeßfähige *Partei selbst* vernommen werden soll.

3. Bezeichnung der beweisführenden Partei gemäß Nr. 3

9   Im Beweisbeschluß ist die **Partei** zu bezeichnen, die den **Beweis führt**, denn ihr steht das Verzichtsrecht nach § 399 zu. Der Beweisführer ist ferner Schuldner des Auslagenvorschusses (§ 379, § 68 GKG). Beweisführer ist, wer das **Beweismittel benannt** hat; wer die Behauptung aufgestellt hat oder die Beweislast trägt, ist hier (→ aber § 379 Rdnr. 2) unerheblich. Erfolgt die Beweisaufnahme (z. B. die Parteivernehmung nach § 448) von Amts wegen, so ist dies im Beweisbeschluß zum Ausdruck zu bringen.

III. Weiterer Inhalt

11   Der Beweisbeschluß enthält ferner die Bestimmung über die Art und Weise der Beweisaufnahme (§§ 355, 364), gegebenenfalls die Anordnung des Auslagenvorschusses (→ § 379 Rdnr. 3) und ob z. B. eine Ladung von seiner Einzahlung abhängig ist. Der Beweisbeschluß bezeichnet den beauftragten Richter durch den Vorsitzenden (§ 361) und bestimmt den Termin für die Beweisaufnahme bzw. zur Fortsetzung der mündlichen Verhandlung (→ § 361 Rdnr. 2, → § 370 Rdnr. 11). Eine Begründung des Beweisbeschlusses wird nicht verlangt.

§ 360   [Änderung des Beweisbeschlusses]

¹Vor der Erledigung des Beweisbeschlusses kann keine Partei dessen Änderung aufgrund der früheren Verhandlungen verlangen. ²Das Gericht kann jedoch auf Antrag einer Partei oder von Amts wegen den Beweisbeschluß auch ohne erneute mündliche Verhandlung insoweit ändern, als der Gegner zustimmt oder es sich nur um die Berichtigung oder Ergänzung

---

[18] *OLG Hamburg* OLG Rsp 35 (1917) 85; *KG* OLG Rsp 40 (1920) 375; *Korwat* DRiZ 1972, 203. Die Grenze zum unzulässigen Ausforschungsbeweis (→ § 284 Rdnr. 40 ff.) darf jedoch nicht überschritten werden.

[19] *OLG Stuttgart* ZZP 68 (1955) 82.

[20] Die Entscheidung darüber ist Sache des Prozeßgerichts, nicht des ersuchten Richters, *OLG Köln* OLGZ 1966, 188.

der im Beschluß angegebenen Beweistatsachen oder um die Vernehmung anderer als der im Beschluß angegebenen Zeugen oder Sachverständigen handelt. ³Die gleiche Befugnis hat der beauftragte oder ersuchte Richter. ⁴Die Parteien sind tunlichst vorher zu hören und in jedem Falle von der Änderung unverzüglich zu benachrichtigen.

Gesetzesgeschichte: Bis 1900 § 325 CPO. Aufgrund der Novelle 98 (→ Einl. Rdnr. 113) unverändert § 360 geworden. Die Novelle 1924 (→ Einl. Rdnr. 123) hat die Fassung inhaltlich geändert.

Stichwortverzeichnis → Beweisaufnahmeschlüssel zu Beginn der Vorbemerkungen vor § 355.

I. Aufhebung und Abänderung des Beweisbeschlusses	
1. Abänderung aufgrund neuer mündlicher Verhandlung	
a) Grundsatz	1
b) Vorterminlicher Beweisbeschluß	3
2. Kein Recht der Parteien auf Änderung (Satz 1)	5
II. Inhaltliche Änderung ohne mündliche Verhandlung (Satz 2)	7
1. Zustimmung der Parteien (1. Fallgruppe)	8
2. Berichtigung und Ergänzung (2. Fallgruppe)	9
3. Andere Zeugen und Sachverständige (3. Fallgruppe)	10
4. Analoge Anwendung des Satzes 2 auf weitere Fälle	11
III. Aufhebung und Nichtausführung des Beweisbeschlusses	
1. Aufhebung	15
2. Nichtvollziehung	18
IV. Verfahren	
1. Zuständigkeit (Satz 3)	20
2. Anhörung und Benachrichtigung der Parteien (Satz 4)	21
3. Anfechtung	22
V. Arbeitsgerichtliches Verfahren	23

I. Aufhebung und Abänderung des Beweisbeschlusses

1. Abänderung aufgrund neuer mündlicher Verhandlung

a) Grundsatz

Der Beweisbeschluß ist prozeßleitende Anordnung (→ 359 Rdnr. 1); er bindet das Prozeßgericht weder hinsichtlich der Erheblichkeit und Beweisbedürftigkeit der Tatsachen noch der Zulässigkeit des Beweismittels. Daraus folgt, daß das Prozeßgericht den Beweisbeschluß **ändern** oder ganz oder teilweise **aufheben** kann[1] (zur Aufhebung → Rdnr. 15), ohne daß die Parteien ein Recht darauf haben (Satz 1, → Rdnr. 5). Änderung oder Aufhebung können grundsätzlich nur aufgrund mündlicher Verhandlung erfolgen[2]. In der Betonung des Mündlichkeitsprinzips kommt der besondere Stellenwert des Beweisbeschlusses für die Parteien (→ § 359 Rdnr. 1) zum Ausdruck. Ausnahmsweise läßt Satz 2 eine Änderung des Beweisbeschlusses ohne mündliche Verhandlung unter Wahrung des rechtlichen Gehörs (Satz 4) zu. 1

Keineswegs ist der Grundsatz, daß ein Beweisbeschluß nur aufgrund mündlicher Verhandlung geändert werden kann, durch das Institut des vorterminlichen Beweisbeschlusses (§ 358 a) überholt[3]. Der vorterminliche Beweisbeschluß soll eine Beweisaufnahme bereits im ersten Termin ermöglichen (→ § 358 a Rdnr. 3 und 10), nicht aber bildet er einen Maßstab für das Verfahren bei der *Änderung* eines regulären Beweisbeschlusses. Auch die Mög- 2

---

[1] *RGZ* 150, 336; *RG* HRR 27, 1347; HRR 30, 1765; *RAG* ArbRspr 1931, 66; *RAG* ArbRspr 1931, 376; *BayObLGZ* 1951, 35.
[2] *A. Blomeyer* ZPR² § 74 III 2; MünchKommZPO-*Musielak* Rdnr. 4; AK-ZPO-*Rüßmann* Rdnr. 1; *Wieczorek*² A I a.
[3] AK-ZPO-*Rüßmann* Rdnr. 4; a.A. *Thomas-Putzo*²¹ Rdnr. 7.

lichkeit, einen *vorterminlichen* Beweisbeschluß ohne mündliche Verhandlung zu ändern (→ Rdnr. 3), zwingt nicht zu dem Schluß, auch ein aufgrund mündlicher Verhandlung ergangener Beweisbeschluß sei *ohne* mündliche Verhandlung abänderbar[4].

b) Vorterminlicher Beweisbeschluß

3   Der Grundsatz, daß ein Beweisbeschluß nur aufgrund einer mündlichen Verhandlung geändert werden kann, gilt **nicht** beim **vorterminlichen Beweisbeschluß** (§ 358a Satz 1)[5]. Vor dem Termin zur mündlichen Verhandlung kann der vorterminliche Beweisbeschluß unabhängig vom Vorliegen der Voraussetzungen des § 360 Satz 2 geändert werden. Zwar ist auch der vorterminliche Beweisbeschluß (wie jeder Beweisbeschluß) ein wichtiger Bestandteil eines rechtsstaatlichen Beweisverfahrens[6] (→ § 359 Rdnr. 1). Allerdings ist zu bedenken, daß ein Hindernis geschaffen würde, vom Instrument des vorterminlichen Beweisbeschlusses Gebrauch zu machen, wenn das Gericht damit rechnen müßte, im Falle eines Sinneswandels zunächst einen Termin zur mündlichen Verhandlung abzuhalten, um den Beweisbeschluß zu ändern. Damit könnte insbesondere das Institut der vorterminlichen *Beweisaufnahme* (§ 358a Satz 2) beeinträchtigt werden. Den Parteien ist aber vor der Änderung des vorterminlichen Beweisbeschlusses rechtliches Gehör zu gewähren.

2. Kein Recht der Parteien auf Änderung (Satz 1)

5   Nach § 360 Satz 1 haben die Parteien **kein Recht** auf Änderung des Beweisbeschlusses. Darin kommt die Unanfechtbarkeit des Beweisbeschlusses zum Ausdruck. Insbesondere braucht das Gericht aufgrund von Änderungsanträgen eine mündliche Verhandlung *nicht* anzuberaumen, um über sie zu entscheiden. Das Prozeßgericht *kann* jedoch dem Änderungsantrag Folge leisten und den Beweisbeschluß ändern, ohne mündliche Verhandlung freilich nur unter den Voraussetzungen des Satzes 2.

II. Inhaltliche Änderung ohne mündliche Verhandlung (Satz 2)

7   Eine Änderung des Beweisbeschlusses liegt insbesondere dann vor, wenn die Beweisaufnahme auf ein anderes Beweismittel gestützt wird oder Beweis über eine andere Tatsache erhoben wird. Sie kann auch **stillschweigend** erfolgen[7]. Zur Aufhebung und zur Nichtdurchführung eines Beweisbeschlusses → Rdnr. 15. Eine Änderung des Beweisbeschlusses ohne mündliche Verhandlung ist nach Satz 2 in **drei Fällen** zulässig:

1. Zustimmung der Parteien (1. Fallgruppe)

8   **Beantragt** eine Partei die Änderung, darf der Beweisbeschluß ohne mündliche Verhandlung geändert werden, wenn der **Gegner zustimmt**. Über den Wortlaut der Bestimmung hinaus kann das Gericht auch von sich aus die Initiative ergreifen und den Beweisbeschluß ohne mündliche Verhandlung ändern, wenn *beide* Parteien einverstanden sind (→ auch § 128 Rdnr. 26 a)[8]. Von dem Fall des § 128 Abs. 2 (Entscheidung ohne mündliche Verhandlung) un-

---

[4] *Thomas-Putzo*[21] Rdnr. 7.
[5] MünchKommZPO-*Musielak* Rdnr. 11; AK-ZPO-*Rüßmann* Rdnr. 4; *Zöller-Greger*[20] Rdnr. 3; a.A. *Schumann* in der Vorauflage.
[6] Insoweit zutr. *Schumann* in der Vorauflage.

[7] BGH VersR 1978, 1105, 1106 l. Sp. = MDR 1979, 126; BGH NJW 1985, 1399, 1400 r. Sp.
[8] MünchKommZPO-*Musielak* Rdnr. 7; AK-ZPO-*Rüßmann* Rdnr. 2; *Thomas-Putzo*[21] Rdnr. 2; *Zöller-Greger*[20] Rdnr. 5.

terscheidet sich § 360 dadurch, daß sich das Einverständnis hier nicht nur auf den Erlaß, sondern auch auf den *Inhalt* des zu erlassenden Beschlusses erstrecken muß.

2. Berichtigung und Ergänzung (2. Fallgruppe)

Eine Änderung des Beweisbeschlusses ohne mündliche Verhandlung ist ferner zulässig, wenn es sich um die **Berichtigung** oder **Ergänzung** von *Beweistatsachen* handelt. Des Einverständnisses der Parteien bedarf es hier nicht. Unter den Wortlaut der Bestimmung (»Ergänzung«) fällt nach herrschender Meinung nicht die nachträgliche Hinzufügung eines neuen Beweis*themas*[9], wohl aber die Präzisierung und Vervollständigung des bisherigen Beweisthemas durch neue Tatsachen[10]. Die schwierige Abgrenzungsfrage hat keine große Bedeutung, denn das Gericht kann jederzeit ein neues Beweisthema durch einen weiteren Beweisbeschluß erfassen (→ § 359 Rdnr. 2), gegebenenfalls nach § 358 a sogar ohne mündliche Verhandlung. Stets ist darauf zu achten, daß die Ergänzung nicht den Beibringungsgrundsatz (→ vor § 128 Rdnr. 75) verletzt[11]. Bei sonstigen *offenbaren* Unrichtigkeiten und Auslassungen ist eine Berichtigung entsprechend § 319 zulässig (→ § 329 Rdnr. 25).

9

3. Andere Zeugen und Sachverständige (3. Fallgruppe)

Eine Änderung des Beweisbeschlusses ohne mündliche Verhandlung ist ferner zulässig, wenn es sich um die **Vernehmung** *anderer* **Zeugen** oder **Sachverständiger** zu dem im Beweisbeschluß genannten Beweisthema handelt. Auch hier ist das **Einverständnis** der Parteien **nicht** erforderlich. Es kommt hier nicht nur der Fall in Betracht, daß an die Stelle eines (z. B. infolge Personenverwechslung) fälschlicherweise benannten Zeugen der richtige gesetzt wird, sondern auch der, daß das Gericht unter den von dem Beweisführer genannten zahlreichen Zeugen zunächst eine Auswahl getroffen hatte und nach dem Beweisergebnis die Beweistatsachen noch weiterer Klärung für bedürftig hält; eine unzulässige Vorwegnahme der Beweiswürdigung (→ § 359 Rdnr. 3) liegt darin nicht. Eine Änderung des Beweisbeschlusses ist analog Satz 2 ferner in den Fällen zulässig, in denen ein anderer Sachverständiger zum Augenschein *hinzugezogen* wird. – Wegen der Ernennung und Neuernennung von *Sachverständigen* → §§ 404 Rdnr. 1 ff., 4; 405 Rdnr. 1; 408 Rdnr. 1 ff.; 412 Rdnr. 12 ff. Wegen der entsprechenden Anwendung des Satzes 2 auf die *Parteivernehmung* im Falle der *Streitgenossenschaft* → § 449 Rdnr. 4. Im übrigen wegen der Parteivernehmung → § 450 Rdnr. 10.

10

4. Analoge Anwendung des Satzes 2 auf weitere Fälle

Dem Satz 2 ist per argumentum a maiore ad minus zu entnehmen, daß das Gericht ohne mündliche Verhandlung und ohne Zustimmung der Parteien **befugt** ist, den Beweisbeschluß auch in sonstiger Beziehung hinsichtlich der **Art der Ausführung** der Beweisaufnahme zu berichtigen oder zu ergänzen. Wurde etwa die Beweisaufnahme einem beauftragten oder ersuchten Richter übertragen, kann im Wege der Änderung des Beweisbeschlusses die Beweisaufnahme durch das *Prozeß*gericht angeordnet werden. Auch ein Austausch des beauftragten oder ersuchten Richters gegen einen anderen ist analog Satz 2 möglich. Nach herrschender Meinung darf eine Änderung ferner dahin erfolgen, daß ein anderes Gericht ersucht wird, *statt* des *Prozeß*gerichts die Beweisaufnahme durchzuführen[12].

11

---

[9] MünchKommZPO-*Musielak* Rdnr. 8; AK-ZPO-*Rüßmann* Rdnr. 2; → aber *Leipold* § 128 Rdnr. 26 a: »Erweiterung der Beweisanordnung« zulässig.

[10] MünchKommZPO-*Musielak* Rdnr. 8.
[11] Vgl. *Zöller-Greger*[20] Rdnr. 6.
[12] *Schumann* in der Vorauflage; MünchKomm-ZPO-

12 Die zuletzt genannte Auffassung ist **bedenklich**, denn es handelt sich hierbei nicht nur um eine Berichtigung oder Ergänzung des Beweisbeschlusses hinsichtlich der Art der Beweisaufnahme. Vielmehr wird über die Durchbrechung des Unmittelbarkeitsgrundsatzes entschieden. Angesichts der Bedeutung dieses Prinzips für die Beweisaufnahme (→ § 355 Rdnr. 5) darf eine Änderung des Beweisbeschlusses auf der Grundlage einer Analogie zu Satz 2 nur mit Zustimmung beider Parteien erfolgen. Eine Ausnahme kann nicht auf § 365 gestützt werden. Zwar darf danach das beauftragte oder ersuchte Gericht ein Beweisersuchen selbständig weiter geben. Daraus folgt aber *nicht*, daß das *Prozeß*gericht dazu (erst recht) befugt sein müsse; denn bei der Entscheidung des Prozeßgerichts ist auch der Unmittelbarkeitsgrundsatz zu berücksichtigen, über dessen Durchbrechung im Falle des § 365 vom Prozeßgericht bereits entschieden wurde. Wegen der Anfechtung → § 355 Rdnr. 29.

III. Aufhebung und Nichtausführung des Beweisbeschlusses

1. Aufhebung

15 Da das Prozeßgericht *allein* aufgrund des *Beweisbeschlusses* nicht zur Beweisaufnahme verpflichtet ist, kann dieser jederzeit aufgehoben werden. Gründe hierfür können sein, daß das Gericht die zu beweisende Tatsache nicht mehr für erheblich hält, das Beweismittel für unzulässig erachtet oder eine Schadensermittlung nach § 287 vornimmt. Nicht ausdrücklich geregelt ist die Frage, ob für die Aufhebung eine mündliche Verhandlung erforderlich ist. Unmittelbar normiert § 360 nur die *Änderung* des Beweisbeschlusses. Die Bestimmung ist auf die **Aufhebung** des Beweisbeschlusses freilich **entsprechend anzuwenden**[13]. Das ist gerechtfertigt, weil die Aufhebung des Beweisbeschlusses nicht weniger als seine Änderung dem Prozeß eine neue Wendung geben kann. Der Beweisbeschluß darf daher vom Prozeßgericht (vollständig oder teilweise) **nur aufgrund mündlicher Verhandlung** aufgehoben werden, es sei denn, die Parteien stimmen der Aufhebung zu. Die Zustimmung kann auch im voraus erteilt werden.

16 Nicht immer ist ein ausdrücklicher Aufhebungsbeschluß erforderlich; der Beweisbeschluß darf auch **stillschweigend aufgehoben** werden, z. B. durch Bestimmung eines Termins zur Urteilsverkündung[14] oder durch die Ausführungen in den Urteilsgründen[15]. Auch im Falle stillschweigender Aufhebung ist mündlich zu verhandeln, schon um rechtliches Gehör zu gewähren. Unzulässig ist es daher, statt einer beschlossenen Beweisaufnahme unmittelbar einen Termin zur Urteilsverkündung anzusetzen[16].

17 § 360 **Satz 3** kommt bei der **Aufhebung nicht** zur Anwendung; der beauftragte oder ersuchte Richter hat den Beweisbeschluß auszuführen; er darf ihn nicht aufheben.

2. Nichtvollziehung

18 Mit der Aufhebung nicht zu verwechseln ist die Nichtvollziehung des Beweisbeschlusses. Das Prozeßgericht kann jederzeit den **Vollzug** des Beweisbeschlusses ganz oder teilweise **aussetzen**[17], etwa indem der Beweistermin aufgehoben wird oder Zeugen nicht geladen

---

Musielak Rdnr. 9; AK-ZPO-*Rüßmann* Rdnr. 2; *Zöller-Greger*[20] Rdnr. 5.
[13] AK-ZPO-*Rüßmann* Rdnr. 1; a. A. MünchKommZPO-*Musielak* Rdnr. 3 (Aufhebung ohne mündliche Verhandlung möglich).
[14] *RG* HRR 30, 1765; *BayObLGZ* 1951, 35; *OLG Karlsruhe* DAVorm 74, 556.
[15] *RAG* ArbRspr 1931, 66; *RAG* ArbRspr 1931, 376, 378.

[16] Ob im Rechtsstreit *BayObLGZ* 1951, 35 in dieser Weise verfahren wurde, ist der Veröffentlichung nicht zu entnehmen.
[17] *RGZ* 97, 127; *RG* JW 1910, 191; *OLG Köln* NJW-RR 1992, 719; MünchKommZPO-*Musielak* Rdnr. 2; *Wieczorek*[2] A I a.

werden[18]; auch gegenüber dem beauftragten oder ersuchten Richter können entsprechende Anordnungen ergehen. In diesem Fall ist dies den Parteien mitzuteilen und Gelegenheit zu geben, zur Zulässigkeit und Notwendigkeit des Beweises Stellung zu beziehen[19]. Sind beide Parteien einverstanden, kann der Beweisbeschluß aufgehoben werden. Sonst muß ein Termin zur mündlichen Verhandlung anberaumt werden; erst aufgrund dieses Termins kann der Beweisbeschluß *förmlich* aufgehoben werden.

IV. Verfahren

1. Zuständigkeit (Satz 3)

Zur Änderung des Beweisbeschlusses in den dargelegten Grenzen ist das **Prozeßgericht** – bei einem Verfahren vor dem Einzelrichter dieser – berechtigt. Nach *Satz 3* hat auch der mit der Erledigung des Beweisbeschlusses befaßte **beauftragte oder ersuchte Richter** die Änderungsbefugnis. Dies ist nicht unbedenklich. Für den beauftragten oder ersuchten Richter wird sich besondere **Zurückhaltung** bei der Ausübung der Befugnis empfehlen. Die Änderung darf nicht faktisch zu einer Ablehnung der Beweisaufnahme führen (vgl. auch § 158 Abs. 1 GVG). Im wesentlichen beschränkt sich die *Änderungs*befugnis auf Irrtümer, etwa Verwechslungen bei der Bezeichnung von Zeugen und dergleichen. Auch eine Ausdehnung der Beweisaufnahme auf nicht im Beweisbeschluß genannte Tatsachen ist nur in diesen Grenzen zulässig; keineswegs darf ein zusätzlicher Beweisbeschluß gefaßt werden[20]. Eine *Aufhebung* des Beweisbeschlusses ist *stets unzulässig* (→ Rdnr. 17). Wegen der Entschließung des beauftragten oder ersuchten Richters über die Beeidigung von Zeugen → § 391 Rdnr. 20 f. Wegen der *Weitergabe* des Ersuchens oder Auftrags → § 365.

20

2. Anhörung und Benachrichtigung der Parteien (Satz 4)

Die **Parteien** sind **vorher zu hören**[21]. Die Einschränkung im Wortlaut der Bestimmung (»tunlichst«) ist restriktiv auszulegen; keinesfalls ist die Anhörung eine Zweckmäßigkeitsfrage. Allein bei der Berichtigung *offensichtlicher* Irrtümer kann von der vorherigen Anhörung abgesehen werden, ferner, wenn erst im Termin vor dem ersuchten Richter das Änderungsbedürfnis hervortritt. In keinem Falle darf von der nachträglichen **unverzüglichen Benachrichtigung** abgesehen werden. Der Mangel ist nach § 295 heilbar (→ § 295 Rdnr. 18). Der förmlichen Zustellung bedarf die Benachrichtigung nicht.

21

3. Anfechtung

Ebenso wie der Erlaß ist die *Änderung* oder *Aufhebung* des Beweisbeschlusses **nicht** selbständig **anfechtbar**; auf die Nichterschöpfung des Beweismittels kann aber ein Rechtsmittel gegen das Urteil gestützt werden. Auch bei der *Ablehnung* eines Änderungs- oder Aufhebungsantrags ist eine **Beschwerde ausgeschlossen**, denn die Parteien haben kein Recht auf Änderung (Satz 1)[22]. Wegen der Fälle zu Rdnr. 11 → § 355 Rdnr. 29.

22

---

[18] RGZ 150, 336.
[19] *BVerwGE* 17, 172 = NJW 1964, 787; *BVerwG* NJW 1965, 413.
[20] Etwas großzügiger *Schumann* in der Vorauflage Rdnr. 13, wenn die Parteien zustimmen, freilich unter dem Vorbehalt eines korrigierenden Beweisbeschlusses durch das Prozeßgericht.

[21] *BGH* VersR 1978, 1105, 1106 = MDR 1979, 126. Das Gericht muß eindeutig zu erkennen geben, daß es einen Beweisbeschluß (stillschweigend) geändert hat; heimliche Änderungen verletzen das rechtliche Gehör und sind unzulässig, *BGH* NJW 1985, 1399, 1400.
[22] MünchKommZPO-*Musielak* Rdnr. 15.

V. Arbeitsgerichtliches Verfahren

23 Im arbeitsgerichtlichen Verfahren erläßt den nicht aufgrund mündlicher Verhandlung ergehenden Berichtigungs- und Ergänzungsbeschluß der Vorsitzende allein, §§ 53, 64 Abs. 7 ArbGG.

§ 361 [Beweisaufnahme durch beauftragten Richter]

(1) Soll die Beweisaufnahme durch ein Mitglied des Prozeßgerichts erfolgen, so wird bei der Verkündung des Beweisbeschlusses durch den Vorsitzenden der beauftragte Richter bezeichnet und der Termin zur Beweisaufnahme bestimmt.

(2) Ist die Terminsbestimmung unterblieben, so erfolgt sie durch den beauftragten Richter; wird er verhindert, den Auftrag zu vollziehen, so ernennt der Vorsitzende ein anderes Mitglied.

Gesetzesgeschichte: Bis 1900 § 326 CPO. Aufgrund der Novelle 98 (→ Einl. Rdnr. 113) unverändert zu § 361 geworden.

Stichwortverzeichnis → Beweisaufnahmeschlüssel zu Beginn der Vorbemerkungen vor § 355.

I. Amtsbetrieb	1	2. Terminsbestimmung	5
II. Beweisaufnahme vor dem Prozeßgericht	2	3. Befugnisse des beauftragten Richters	6
III. Beweisaufnahme vor dem beauftragten Richter		4. Weitergabe des Auftrags	7
		IV. Arbeitsgerichtliches Verfahren	9
1. Auswahl und Benennung des beauftragten Richters	4		

I. Amtsbetrieb

1 Die **Erledigung** des Beweisbeschlusses erfolgt **von Amts wegen** durch das Gericht; der Amtsbetrieb galt hier bereits vor der allgemeinen Durchführung dieses Grundsatzes (→ Rdnr. 2 ff. vor § 166); s. besonders §§ 362, 367, 368 und die Ausnahme in § 364. § 361 weist die Auswahl des beauftragten Richters dem Vorsitzenden zu und regelt die Frage der Terminsbestimmung.

II. Beweisaufnahme vor dem Prozeßgericht

2 Die **Beweisaufnahme** findet grundsätzlich **vor dem Prozeßgericht** statt (§ 355 Abs. 1 Satz 1). In diesem Fall ist in dem Beweisbeschluß sofort der Termin hierzu (§ 370) festzusetzen und zu verkünden; es bedarf dann keiner Ladung der Parteien (§ 218). Wird der Termin dagegen erst nachträglich bestimmt oder wird er verlegt, so ist der Termin, der stets zur Fortsetzung der mündlichen Verhandlung dient, den Parteien **unter Einhaltung der Ladungsfrist** von Amts wegen bekanntzumachen (→ Rdnr. 12 vor § 214). Eine formlose Benachrichtigung genügt nicht.

III. Beweisaufnahme vor dem beauftragten Richter

1. Auswahl und Benennung des beauftragten Richters

Über die Frage, ob in einem der in → § 355 Rdnr. 14 ff. aufgeführten Sonderfälle die Beweisaufnahme vor dem beauftragten Richter stattfindet, entscheidet das **Prozeßgericht**[1]. § 361 Abs. 1 überträgt dem **Vorsitzenden** allein die Bezeichnung und damit die *Auswahl des beauftragten Richters*[2]. Eine namentliche Bezeichnung ist nicht erforderlich[3]; es genügt die Beauftragung des »Berichterstatters« (→ § 128 Rdnr. 33), falls dieser den Parteien bekannt ist. – Wird der beauftragte Richter verhindert, die Beweisaufnahme durchzuführen, so tritt der Vertreter oder Amtsnachfolger ohne weiteres an die Stelle des zunächst beauftragten Richters, soweit der Vorsitzende keine anderweitige Anordnung nach § 361 Abs. 2 Halbsatz 2 trifft[4]. 4

2. Terminsbestimmung

Der Termin zur Beweisaufnahme vor dem beauftragten Richter kann nach Abs. 1 sofort vom **Vorsitzenden** bestimmt und verkündet werden. Unterbleibt dies, was praktisch die Regel sein wird, so bestimmt den Termin später der **beauftragte Richter**. Die Bekanntgabe an die Parteien erfolgt dann **von Amts wegen** (→ Rdnr. 12 ff. vor § 214). Nach § 357 Abs. 2 genügt regelmäßig **formlose Mitteilung**, die gegebenenfalls an die Prozeßbevollmächtigten gerichtet sein muß, § 176. Auch in diesem Fall muß die **Ladungsfrist** eingehalten werden[5], selbst wenn der Termin nicht zur Fortsetzung der Verhandlung bestimmt ist (→ § 357 Rdnr. 11 ff.). Dasselbe gilt bei Verlegung des Termins[6]. Zur Vertagung → § 368. Anwaltszwang besteht nicht, § 78 Abs. 3. 5

3. Befugnisse des beauftragten Richters

Im Rahmen der Beauftragung stehen dem Richter die Befugnisse und Pflichten sowohl des Prozeßgerichts als auch des Vorsitzenden zu, § 229. Zum Güteversuch → § 279 Rdnr. 9 f. 6

4. Weitergabe des Auftrags

Über die Weitergabe des Auftrags an ein anderes Gericht s. § 365. 7

IV. Arbeitsgerichtliches Verfahren

Im arbeitsgerichtlichen Verfahren gilt § 361 nicht; soweit nach § 58 Abs. 1 ArbGG (→ § 355 Rdnr. 34) der Vorsitzende die Beweisaufnahme zu erledigen hat, bedarf es keines besonderen Auftrags an ihn. 9

---

[1] *BGHZ* 86, 104, 111 f.
[2] MünchKommZPO-*Musielak* Rdnr. 4; *Thomas-Putzo*[21] Rdnr. 1; AK-ZPO-*Rüßmann* Rdnr. 1.
[3] MünchKommZPO-*Musielak* Rdnr. 4; AK-ZPO-*Rüßmann* Rdnr. 1; a. A. *Baumbach-Lauterbach-Hartmann*[56] Rdnr. 4 (um eine gegen Art. 101 Abs. 1 Satz 2 GG verstoßende Auswechslung zu vermeiden); *Zöller-Greger*[20] Rdnr. 2.
[4] *Baumbach-Lauterbach-Hartmann*[56] Rdnr. 4; a. A. MünchKommZPO-*Musielak* Rdnr. 4 (stets Anordnung des Vorsitzenden erforderlich).
[5] *OLG Köln* MDR 1973, 856; *Baumbach-Lauterbach-Hartmann*[56] Rdnr. 5; AK-ZPO-*Rüßmann* Rdnr. 2; *Teplitzky* NJW 1983, 1675 f.; *Zöller-Greger*[20] Rdnr. 1; a. A. die 19. Aufl. dieses Kommentars; *RG* JW 1932, 1137; *Thomas-Putzo*[21] Rdnr. 1.
[6] *OLG Köln* OLG Rsp 5 (1902) 66.

§ 362 [Beweisaufnahme durch ersuchten Richter]

(1) Soll die Beweisaufnahme durch ein anderes Gericht erfolgen, so ist das Ersuchungsschreiben von dem Vorsitzenden zu erlassen.

(2) Die auf die Beweisaufnahme sich beziehenden Verhandlungen übersendet der ersuchte Richter der Geschäftsstelle des Prozeßgerichts in Urschrift; die Geschäftsstelle benachrichtigt die Parteien von dem Eingang.

Gesetzesgeschichte: Bis 1900 § 327 CPO. Aufgrund der Novelle 98 (→ Einl. Rdnr. 113) unverändert zu § 362 geworden. Das Gesetz vom 9. VII. 1927 und die in dessen Ausführung ergangene VO vom 30. XI. 1927 (→ Einl. Rdnr. 125) faßte Abs. 2 neu.

Stichwortverzeichnis → Beweisaufnahmeschlüssel zu Beginn der Vorbemerkungen vor § 355.

I. Beweisaufnahme durch den ersuchten Richter   1
II. Protokoll über die Beweisaufnahme   7

I. Beweisaufnahme durch den ersuchten Richter

1   Die **Beweisaufnahme** durch ein **anderes Gericht des Inlands** (→ zur Beweisaufnahme im Ausland § 363) ist nach § 355 Abs. 1 Satz 2 wegen der darin liegenden Durchbrechung des formellen Unmittelbarkeitsprinzips der Beweisaufnahme nur in den gesetzlich bestimmten Fällen zulässig (§ 372 Abs. 2, § 375 Abs. 1, §§ 402, 434, 451, 613 Abs. 1). Die **Anordnung** einer Beweisaufnahme durch den ersuchten Richter erfolgt durch das Gericht, das Kollegium bzw. den Einzelrichter (→ § 355 Rdnr. 14 ff.). § 362 Abs. 1 überträgt die **Ausführung** des Beschlusses durch *Ersuchungsschreiben* dem Vorsitzenden (→ § 202 Rdnr. 2) bzw. dem Einzelrichter (→ § 348 Rdnr. 1). Ergeben sich *nach* dem Erlaß des Beweisbeschlusses Gründe, die eine Beweisaufnahme durch einen anderen ersuchten Richter sachgemäß erscheinen lassen, so kann der Vorsitzende das Ersuchungsschreiben unmittelbar an den anderen Richter richten. Einer vorherigen Änderung des Beweisbeschlusses nach Maßgabe des § 360 bedarf es *nicht*, denn nach § 365 kann sogar der ersuchte Richter selbständig das andere Gericht um Beweisaufnahme ersuchen.

2   Ob mit dem Ersuchen die *Prozeßakten* oder Auszüge daraus übersandt werden (was vielfach zweckmäßig ist), steht im Ermessen des Vorsitzenden. Der *Beweisbeschluß* kann in dem Ersuchungsschreiben näher *erläutert* werden. Ferner können darin *Anregungen* für die Durchführung der Vernehmung gegeben oder Fragen in bestimmter Formulierung vorgeschlagen werden[1].

3   Die **Terminsbestimmung** und die Benachrichtigung der Parteien, die nach § 357 Abs. 2 der förmlichen Zustellung nicht bedarf (→ § 357 Rdnr. 13), erfolgt von Amts wegen durch das **ersuchte Gericht**. Vor dem ersuchten Richter besteht kein Anwaltszwang, § 78 Abs. 3.

4   Wegen des Ersuchens um Beeidigung von Zeugen → § 391 Rdnr. 18 ff.

5   Zur Rechtshilfe und zur Ablehnung des Ersuchens → Einl. Rdnr. 629 ff., zur Weitergabe des Ersuchens s. § 365. Für die Ausschließung des ersuchten Richters gelten die Gründe des § 41 (→ § 41 Rdnr. 1 ff.). Verwandtschaft usw. mit dem zu vernehmenden Zeugen oder Sachverständigen begründen keinen Ausschluß.

---

[1] *Krönig* Kunst der Beweiserhebung[3] (1959) 48.

II. Protokoll über die Beweisaufnahme

Das Protokoll über die Beweisaufnahme vor dem ersuchten Richter (§ 159 Abs. 2, § 163) ist der Geschäftsstelle des Prozeßgerichts in Urschrift zu übersenden. Die Geschäftsstelle hat die Parteien von dem Eingang unverzüglich zu benachrichtigen[2]; der förmlichen Zustellung bedarf es dabei nicht. Die Parteien können dann die Protokolle einsehen und sich Abschriften fertigen lassen, § 299. Wegen der Bestimmung des Verhandlungstermins s. § 370 Abs. 2.

7

§ 363 [Internationale Beweisaufnahme. Ersuchen um Beweisaufnahme im Ausland]

(1) Soll die Beweisaufnahme im Ausland erfolgen, so hat der Vorsitzende die zuständige Behörde um Aufnahme des Beweises zu ersuchen.

(2) Kann die Beweisaufnahme durch einen Bundeskonsul erfolgen, so ist das Ersuchen an diesen zu richten.

Gesetzesgeschichte: Bis 1900 § 328 CPO; aufgrund der Novelle 98 (→ Einl. Rdnr. 113) unverändert zu § 363 geworden. Die Novelle 1950 (→ Einl. Rdnr. 148) änderte den Wortlaut von Absatz 2.

Stichwortverzeichnis → Beweisaufnahmeschlüssel zu Beginn der Vorbemerkungen vor § 355.

Staatenverzeichnis

Afghanistan: § 363 Rdnr. 46, Fn. 58
Ägypten: § 363 Rdnr. 46, Fn. 56
Akrotiri und Dhekelia: Anh. § 363 Fn. 4
Algerien: § 363 Rdnr. 46, Fn. 53
Amerikanische Jungferninseln: Anh. § 363 Fn. 5
Andorra: § 363 Rdnr. 46, Fn. 53
Angola: § 363 Rdnr. 46, Fn. 54
Anguilla: → Vereinigtes Königreich.
Antigua und Barbuda: § 363 Rdnr. 46, Fn. 57
Antillen: → Niederlande.
Arabische Emirate: → Vereinigte Arabische Emirate.
Argentinien: § 363 Rdnr. 46, Fn. 62; Anh. § 363 Rdnr. 7, 38, 47, 10, 144, Fn. 73
Aruba (Antillen): Anh. § 363 Fn. 7
Australien: § 363 Rdnr. 46, Fn. 63, 71; Anh. § 363 Rdnr. 7, 38, 47, 65, 116, 144, Fn. 74
Azoren: → Portugal.

Bahamas: § 363 Rdnr. 46, Fn. 63
Balearen: → Spanien.
Bangladesch: § 363 Rdnr. 46, Fn. 55
Barbados: § 363 Rdnr. 46, Fn. 62; Anh. § 363 Rdnr. 7, 38, 47
Belarus: § 363 Rdnr. 46, Fn. 54
Belgien: § 363 Rdnr. 46, Fn. 54, 72

Birma: → Myanmar.
Bolivien: § 363 Rdnr. 46, Fn. 54
Bonaire (Antillen): → Niederlande.
Botsuana (Botswana): § 363 Rdnr. 46, Fn. 57, 71
Brasilien: § 363 Rdnr. 46, Fn. 53
Britisch-Guayana: → Guyana.
Britische Salomonen: → Salomonen.
Bulgarien: § 363 Rdnr. 46, Fn. 53
Bundesrepublik Deutschland: § 363 Rdnr. 25; Anh. § 363 Rdnr. 7, 38, 46, 47, 55, 65, 124, 144, 147, 154, Fn. 243
Burma: → Myanmar.
Burundi: § 363 Rdnr. 46, Fn. 56

Ceylon: → Sri Lanka.
Chile: § 363 Rdnr. 46, Fn. 62, 70
China, Volksrepublik: § 363 Rdnr. 46
Cookinseln: → Neuseeland.
Costa Rica: § 363 Rdnr. 46, Fn. 62
Côte d'Ivoire: § 363 Rdnr. 46, Fn. 53
Cuba: Kuba.
Curacao (Antillen): → Niederlande.
Cypern: → Zypern.

Dänemark: § 363 Rdnr. 46, Fn. 62, 64; Anh. § 363 Rdnr. 7, 38, 47, 65, 106, 116, 123, 144, 154, Fn. 76

---

[2] Weitergehend *Baumbach-Lauterbach-Hartmann*[56] Rdnr. 4 (Übersendung der Protokolle von Amts wegen).

Dominica: § 363 Rdnr. 46, Fn. 63
Dominikanische Republik: § 363 Rdnr. 46, Fn. 60

Ecuador: § 363 Rdnr. 46, Fn. 62
Elfenbeinküste: → Côte d‹Ivoire.
El Salvador: § 363 Rdnr. 46, Fn. 62, 70
England: → Vereinigtes Königreich.
Estland: § 363 Rdnr. 46; Anh. § 363 Rdnr. 7, 65, 144

Färöer: → Dänemark.
Falkland-Inseln: Anh. § 363 Fn. 4
Fidschi: § 363 Rdnr. 46, Fn. 63
Finnland: § 363 Rdnr. 46, Fn. 62, 71; Anh. § 363 Rdnr. 7, 38, 47, 65, 119, 122, 144, Fn. 77
Frankreich und Überseegebiete: § 363 Rdnr. 46, Fn. 62, 66, 71; Anh. § 363 Rdnr. 7, 38, 47, 65, 106, 142, 144, 154, Fn. 78
Französisch-Guyana: → Frankreich und Überseegebiete.
Französisch-Polynesien: → Frankreich und Überseegebiete.

Gabun: § 363 Rdnr. 46, Fn. 59
Gambia: § 363 Rdnr. 46, Fn. 63
Ghana: § 363 Rdnr. 46, Fn. 56
Gibraltar: Anh. § 363 Fn. 4
Grenada: § 363 Rdnr. 46, Fn. 63
Griechenland: § 363 Rdnr. 46, Fn. 55
Grönland: → Dänemark.
Großbritannien und Nordirland: → Vereinigtes Königreich.
Guam: Anh. § 363 Fn. 5
Guatemala: § 363 Rdnr. 46, Fn. 62, 70
Guernsey (Kanalinsel): Anh. § 363 Fn. 4
Guyana (kooperative Republik): § 363 Rdnr. 46, Fn. 63

Haiti: § 363 Rdnr. 46, Fn. 53
Heiliger Stuhl: → Vatikanstadt.
Holland: → Niederlande.
Honduras: § 363 Rdnr. 46, Fn. 53

Indien: § 363 Rdnr. 46, Fn. 55
Indonesien: § 363 Rdnr. 46, Fn. 54
Irak: § 363 Rdnr. 46, Fn. 62, 70
Iran: § 363 Rdnr. 46, Fn. 62, 70
Irland: § 363 Rdnr. 46, Fn. 62, 71
Island: § 363 Rdnr. 46, Fn. 62
Israel: § 363 Rdnr. 46, Fn. 63, 65; Anh. § 363 Rdnr. 7, 38, 47, 65, Fn. 79
Italien: § 363 Rdnr. 11, 46, Fn. 57, 71; Anh. § 363 Rdnr. 7, 38, 47, 65, 129, 144

Jamaika: § 363 Rdnr. 46, Fn 63
Japan: § 363 Rdnr. 46, Fn. 55
Jemen: § 363 Rdnr. 46, Fn. 53

Jersey (Kanalinsel): Anh. § 363 Fn. 4
Jordanien: § 363 Rdnr. 46, Fn. 53
Jugoslawien: § 363 Rdnr. 46, Fn. 58
Jungferninseln: → Amerikanische Jungferninseln.

Kaimaninseln: Anh. § 363 Fn. 4
Kamerun: § 363 Rdnr. 46, Fn. 54
Kanada: § 363 Rdnr. 46, Fn. 62
Kanalinseln: → Guernsey und → Jersey.
Kanarische Inseln: → Spanien.
Katar: § 363 Rdnr. 46, Fn. 62
Kenia: § 363 Rdnr. 46, Fn. 62
Kokosinseln: → Australien.
Kolumbien: § 363 Rdnr. 46, Fn. 62
Kongo (Volksrepublik): § 363 Rdnr. 46, Fn. 56
Kongo (Demokratische Republik): → Zaire.
Korea (Südkorea): § 363 Rdnr. 46, Fn. 62, 70
Kuba: § 363 Rdnr. 46, Fn. 53
Kuweit: § 363 Rdnr. 46, Fn. 55

Lesotho (Basutoland): § 363 Rdnr. 46, Fn. 63
Lettland: § 363 Rdnr. 46, Fn. 54; Anh. § 363 Rdnr. 7, 38, 47
Libanon: § 363 Rdnr. 46, Fn. 56
Liberia: § 363 Rdnr. 46, Fn. 59, 68
Libyen: § 363 Rdnr. 46, Fn. 54
Liechtenstein: § 363 Rdnr. 46, Fn. 53
Luxemburg: § 363 Rdnr. 46, Fn. 62, 66; Anh. § 363 Rdnr. 7, 38, 47, 65, 106, 144, 154

Macau: → Portugal.
Madagaskar: § 363 Rdnr. 46, Fn. 62
Madeira (Autonome Region): → Portugal.
Malawi: § 363 Rdnr. 46, Fn. 62
Malaysia (mit Sabah und Sarawak): § 363 Rdnr. 46, Fn. 63
Malta: § 363 Rdnr. 46, Fn. 63
Man (Insel): Anh. § 363 Fn. 4
Marokko: § 363 Rdnr. 46, Fn. 54
Martinique: → Frankreich und Überseegebiete.
Mauretanien: § 363 Rdnr. 46, Fn. 54
Mauritius: § 363 Rdnr. 46, Fn. 63
Mexico: § 363 Rdnr. 46, Fn. 62, 70; Anh. § 363 Rdnr. 7, 38, 47, 129, 144
Monaco: § 363 Rdnr. 46, Fn. 59; Anh. § 363 Rdnr. 7, 38, 47, 144
Mongolei: § 363 Rdnr. 46, Fn. 54
Mosambik: § 363 Rdnr. 46, Fn. 54
Myanmar: § 363 Rdnr. 46, Fn. 58, 68

Namibia (Südwestafrika): § 363 Rdnr. 46, Fn. 62, 70, 71
Nauru: § 363 Rdnr. 46, Fn. 63
Neukaledonien: → Frankreich und Überseegebiete.

Neuseeland (einschließlich der Cookinseln):
§ 363 Rdnr. 46, Fn. 63
Nicaragua: § 363 Rdnr. 46, Fn. 62, 70
Niederlande und niederländische Antillen: § 363 Rdnr. 46, Fn. 63, 71, 72; Anh. § 363 Rdnr. 7, 38, 47, 65, 106, 119, 144, 154
Niger: § 363 Rdnr. 46, Fn. 54
Nigeria: § 363 Rdnr. 46, Fn. 63
Nordirland: → Vereinigtes Königreich.
Norfolkinseln: → Australien.
Norwegen: § 363 Rdnr. 46, Fn. 56; Anh. § 363 Rdnr. 7, 38, 47, 106, 116, 144, 154, Fn. 86

Österreich: § 363 Rdnr. 46, Fn. 54, 71, 72

Pakistan: § 363 Rdnr. 46, Fn. 54
Panama: § 363 Rdnr. 46, Fn. 62
Papua-Neuguinea: § 363 Rdnr. 46, Fn. 57
Paraguay: § 363 Rdnr. 46, Fn. 62
Persien: → Iran.
Peru: § 363 Rdnr. 46, Fn. 54
Philippinen: § 363 Rdnr. 46, Fn. 54
Polen: § 363 Rdnr. 46, Fn. 55, 71, 72, 73; Anh. § 363 Rdnr. 7, 38, 47, 65, 110, 144
Portugal: § 363 Rdnr. 46, Fn. 55, 64, 71; Anh. § 363 Rdnr. 7, 38, 47, 116, 119, 123, 144, Fn. 88
Puerto Rico: Anh. § 363 Fn. 5.

Qatar: → Katar.

Réunion: → Frankreich und Überseegebiete.
Rumänien: § 363 Rdnr. 46, Fn. 58, 68
Russische Föderation: § 363 Rdnr. 46, Fn. 54

Saba (Antillen): → Niederlande.
Salomonen: § 363 Rdnr. 46, Fn. 63
Sambia (Nordrhodesien): § 363 Rdnr. 46, Fn. 63
San Marino: § 363 Rdnr. 46, Fn. 53
Saudi-Arabien: § 363 Rdnr. 46, Fn. 56, 67
Schweden: § 363 Rdnr. 46, Fn. 58, 71; Anh. § 363 Rdnr. 7, 38, 47, 65, 106, 116, 144, 154, Fn. 89
Schweiz: § 363 Rdnr. 46, Fn. 62, 64; Anh. § 363 Rdnr. 7, 38, 47, 65, 106, 116, 144, 154
Senegal: § 363 Rdnr. 46, Fn. 54
Seychellen: § 363 Rdnr. 46, Fn. 62
Sierra Leone: § 363 Rdnr. 46, Fn. 63
Simbabwe: § 363 Rdnr. 46, Fn. 54
Singapur: § 363 Rdnr. 46, Fn. 63; Anh. § 363 Rdnr. 7, 38, 47, 110, 144
Slowakei: § 363 Rdnr. 46, Fn. 54; Anh. § 363 Rdnr. 7, 38, 47, 119, 129
Somalia: § 363 Rdnr. 46, Fn. 53
Spanien: § 363 Rdnr. 46, Fn. 62, 71; Anh. § 363 Rdnr. 7, 38, 47, 65, 119, 122, 144
Sri Lanka (Ceylon): § 363 Rdnr. 46, Fn. 58

St. Eustatius (Antillen): → Niederlande.
St. Lucia: § 363 Rdnr. 46, Fn. 63
St. Martin (südlicher Teil) (Antillen): → Niederlande.
St. Pierre: → Frankreich und Überseegebiete.
St. Vincent und die Grenadien: § 363 Rdnr. 46, Fn. 63
Südafrika: § 363 Rdnr. 46, Fn. 62, 70, 71; Anh. § 363 Rdnr. 7, 47, 65, 110, 129, 144
Sudan: § 363 Rdnr. 46, Fn. 58, 68
Suriname: § 363 Rdnr. 46, Fn. 56
Swasiland (Ngwane): § 363 Rdnr. 46, Fn. 63
Syrien: § 363 Rdnr. 46, Fn. 56

Tansania (1964 aus Sansibar und Tanganjika entstanden): § 363 Rdnr. 46, Fn. 63
Thailand: § 363 Rdnr. 46, Fn. 53
Tobago: → Trinidad.
Togo: § 363 Rdnr. 46, Fn. 62
Trinidad und Tobago: § 363 Rdnr. 46, Fn. 63
Tschad: § 363 Rdnr. 46, Fn. 54
Tschechoslowakei (ehemalige): Anh. § 363 Rdnr. 7
Tschechische Republik: § 363 Rdnr. 46, Fn. 54; Anh. § 363 Rdnr. 7, 38, 47, 119, 129, Fn. 94
Tunesien: § 363 Rdnr. 46, Fn. 54
Türkei: § 363 Rdnr. 46, Fn. 54

Uganda: § 363 Rdnr. 46, Fn. 54
Ungarn: § 363 Rdnr. 46, Fn. 53
Uruguay: § 363 Rdnr. 46, Fn. 60, 69
USA: → Vereinigte Staaten von Amerika.

Vatikanstadt: § 363 Rdnr. 46, Fn. 53
Venezuela: § 363 Rdnr. 46, Fn. 53; Anh. § 363 Rdnr. 7, 38, 47, 110, 144
Vereinigte Arabische Emirate: § 363 Rdnr. 46, Fn. 54
Vereinigtes Königreich: § 363 Rdnr. 46, Fn. 62, 71, 72; Anh. § 363 Rdnr. 7, 38, 47, 65, 119, 123, 129, 142, 144, 147
Vereinigte Staaten von Amerika: § 363 Rdnr. 46, Fn. 62, 72; Anh. § 363 Rdnr. 7, 10, 38, 47, 65, 119, 122, 129, 142, Fn. 243
Vietnam: § 363 Rdnr. 46, Fn. 53

Westsahara: → Marokko.

Zaire (Kongo – Demokratische Republik): § 363 Rdnr. 46, Fn. 53
Zambia: → Sambia.
Zentralafrikanische Republik: § 363 Rdnr. 46, Fn. 61
Zypern: § 363 Rdnr. 46, Fn. 62; Anh. § 363 Rdnr. 7, 38, 47, 65, 129, 144

Staatenverzeichnis
I. Internationale Beweisaufnahme ... 1
II. Beweismittelbeschaffung aus dem Ausland
   1. Keine Pflicht zur Beweismittelbeschaffung ... 6
   2. Völkerrechtliche Grenzen ... 7
      a) Richterhandeln
         aa) Handeln auf fremdem Staatsgebiet ... 8
         bb) Handeln mit Wirkung in fremdes Staatsgebiet
            (1) Leitlinien ... 9
            (2) Gegenüber Parteien ... 11
            (3) Gegenüber Dritten, insbesondere Zeugen ... 13
      b) Handlungen Privater ... 20
III. Beweisaufnahme im Ausland
   1. Überblick ... 25
   2. Beweiserhebung im Ausland durch den Konsul (Abs. 2)
      a) Vorrang vor Rechtshilfeersuchen an ausländische Behörden ... 30
      b) Zulässigkeit der Beweisaufnahme durch den Konsul
         aa) Wille des Empfangsstaats ... 33
         bb) Tatsächliche Unmöglichkeit der Beweisaufnahme durch den Konsul ... 34
         cc) Eventualersuchen ... 35
         dd) Staatenpraxis ... 37
            (1) Keine konsularische Beweisaufnahme ... 38
            (2) Merkmal der Staatsangehörigkeit ... 39
            (3) Genehmigungsvorbehalte ... 40
            (4) Keine Rechtswirkungen im Empfangsstaat ... 41
            (5) Zwangsanwendung ... 42
            (6) Blutentnahmen und erbbiologische Gutachten ... 44
            (7) Urkundenvorlage ... 45
         ee) Staatenverzeichnis ... 46
         ff) Rechtsstellung des Konsuls und das auf die konsularische Beweisaufnahme anzuwendende Recht ... 47
   3. Ersuchen an die ausländische Behörde (Abs. 1)
      a) Anwendungsbereich ... 52
      b) Die Wege des Ersuchens an die ausländische Behörde
         aa) Grundsatz: Wille des ersuchten Staates ... 54
         bb) Staatenpraxis ... 55
            (1) Unmittelbarer Verkehr ... 56
            (2) Ersuchen an die Zentrale Behörde ... 57
            (3) Der konsularische Weg des Rechtshilfeersuchens ... 58
            (4) Der diplomatische Weg des Rechtshilfeersuchens ... 59
      c) Das auf die Beweisaufnahme der ausländischen Behörde anzuwendende Recht ... 62
      d) Ablehnung der Beweisaufnahme durch die ausländische Behörde ... 65
   4. Verfahren des Prozeßgerichts bei ausgehenden Beweisaufnahmeersuchen
      a) Beweisbeschluß ... 68
      b) Ersuchungsschreiben ... 71
      c) Verwaltungsmäßige Prüfung ... 72
      d) Benachrichtigung der Parteien ... 73
      e) Fristsetzung an den Beweisführer ... 76
      f) Nach ausländischem Recht undurchführbare Beweisaufnahme bei Abstammungsprozessen ... 77
      g) Weiteres Verfahren vor dem Prozeßgericht ... 78
IV. Eingehende Rechtshilfeersuchen ... 79

I. Internationale Beweisaufnahme[1]

1 § 363 zählt – neben §§ 364, 369 – zu den Bestimmungen über die **internationale Beweisaufnahme**. Fragen der internationalen Beweisaufnahme werden aufgeworfen, wenn sich ein Beweismittel im Ausland befindet. § 363 sieht zwei Wege der **Beweisaufnahme im Ausland** vor: Nach Abs. 2 ist vorrangig die Beweisaufnahme durch den Konsul; nur wenn diese nicht möglich ist, hat nach Abs. 1 der Vorsitzende die zuständige ausländische Behörde im Wege

---

[1] Lit.: *Bertele* Souveränität und Verfahrensrecht (1998); *Reinhold Geimer* IZPR³ (1997) Rdnr. 436 b ff.; Rdnr. 2346 ff.; *ders.* Konsularische Beweisaufnahme, FS Matscher (1993) 133; *Ewald Geimer* Internationale Beweisaufnahme (1998); *Gottwald* Grenzen zivilgerichtlicher Maßnahmen mit Auslandswirkung, FS Habscheid (1989) 119; *Junker* Discovery im deutsch-amerikanischen Rechtsverkehr (1987); *Leipold* Lex fori, Souveränität, Discovery (1989); *Mössle* Extraterritoriale Beweisbeschaffung im internationalen Wirtschaftsrecht (1990); *Nagel* Nationale und internationale Rechtshilfe im Zivilprozeß: das europäische Modell (1971) 133 ff.; *Nagel-Gottwald* IZPR⁴ § 8; *Nordmann* Die Beschaffung von Beweismitteln aus dem Ausland durch staatliche Stellen (1979); *Schack* Internationales Zivilverfahrensrecht² Rdnr. 707 ff.; *Schlosser* Der Justizkonflikt zwischen den USA und Europa (1985); *Stadler* Der Schutz der Unternehmensgeheimnisses im deutschen und U.S.-amerikanischen Zivilprozeß und im Rechtshilfeverfahren (1989).

der Rechtshilfe um Aufnahme des Beweises zu ersuchen. Nicht in § 363 vorgesehen ist der Weg, daß sich der Richter ins Ausland begibt und dort die Beweisaufnahme durchführt, denn grundsätzlich verletzt es die völkerrechtliche Gebietshoheit des ausländischen Staates, wenn ein Gericht von fremdem Territorium aus eine Beweisaufnahme durchführt, selbst wenn es Zwang nicht anwendet[2]. Soweit allerdings völkerrechtliche Abkommen eine Tätigkeit auf fremdem Territorium vorsehen, etwa Art. 17 HBÜ (→ Anh. § 363 Rdnr. 125), verbietet § 363 dieses Vorgehen nicht.

Befindet sich ein Beweismittel im Ausland, können das Gericht oder der Beweisführer auch versuchen, das Beweismittel ins Inland zu schaffen. Dieser Weg ist im Interesse des Unmittelbarkeitsgrundsatzes (§ 355) und der Parteiöffentlichkeit (§ 357) vorzugswürdig, denn die Beweisaufnahme findet dann nach den Regeln des Strengbeweises (→ Rdnr. 6 vor § 355) vor dem inländischen Prozeßgericht statt. Diese **Beweisbeschaffung** aus dem Ausland (»Beweismitteltransfer«[3]) wird in § 363 nicht geregelt (→ dazu Rdnr. 6 ff.). 2

Nicht erfaßt § 363 schließlich die Beweisaufnahme für einen ausländischen Prozeß im Inland im Wege der Rechtshilfe (»eingehende Rechtshilfeersuchen«, dazu → Rdnr. 79). 3

Zu beachten ist, daß der Begriff »internationale Beweisaufnahme« danach in einem weiteren Sinne verstanden wird als die Beweisaufnahme nach der ZPO, worunter nur die unmittelbare Erkenntnisverschaffung durch das Gericht fällt, nicht aber vorbereitende Maßnahmen wie die Beweismittelbeschaffung (→ § 355 Fn. 26). 4

II. Beweismittelbeschaffung aus dem Ausland

1. Keine Pflicht zur Beweismittelbeschaffung

§ 363 regelt die Beweismittelbeschaffung aus dem Ausland (→ Rdnr. 2) nicht. Die Parteien haben kein Recht darauf, daß ein im Ausland weilender Zeuge oder Sachverständige vor das deutsche Gericht geladen (→ Rdnr. 13) wird[4]. Andererseits untersagt § 363 die Beweismittelbeschaffung aus dem Ausland auch nicht. Ob sogleich der Weg des § 363 beschritten oder zunächst eine Beweismittelbeschaffung ins Inland versucht wird, steht im **Ermessen** des Gerichts. Es hat zu berücksichtigen, daß die Beschaffung von Beweismitteln aus dem Ausland die Möglichkeit eröffnet, die Beweisaufnahme nach den Regeln des Strengbeweises unter Wahrung des Unmittelbarkeitsgrundsatzes (§ 355 → dort Rdnr. 5 ff.) und der Parteiöffentlichkeit (§ 357) durchzuführen. Andererseits kann die Beschaffung des Beweismittels ins Inland nicht erzwungen werden. Gibt die Partei aber an, der Zeuge oder Sachverständige sei bereit, vor Gericht zu erscheinen, muß er geladen werden[5]. Schon bei der Auswahl des ausländischen Sachverständigen ist dessen Bereitschaft zu berücksichtigen, vor Gericht zu erscheinen. Kommt die Beweismittelbeschaffung gleichwohl nicht in Betracht oder scheitert sie, etwa weil der Zeuge nicht im Inland erscheint, muß nach § 363 verfahren werden. Das Gericht darf die Beweisaufnahme im Ausland nicht deshalb ablehnen, weil es eine Beweiserhebung im Inland (etwa infolge der Unmittelbarkeit) für ergiebiger erachtet[6], wenn diese nicht möglich ist. 6

2. Völkerrechtliche Grenzen

Beweisaufnahme ist Teil der Gerichtsbarkeit und damit Ausübung hoheitlicher Gewalt[7]. Bei der Beweisaufnahme mit Auslandsbezug sind daher die allgemeinen Regeln des Völker- 7

---

[2] Allg. M., *Leipold* (Fn. 1) 40; *Schack* (Fn. 1) Rdnr. 709.
[3] *Leipold* (Fn. 1) 50.
[4] BGH IPRax 1981, 57, 58.
[5] Zu zurückhaltend BGH IPRax 1981, 57, 58 r. Sp. (für Sachverständigen).
[6] *Leipold* ZZP 105 (1992) 507, 511.
[7] Allg. M., vgl. *R. Geimer* (Fn. 1) 2347.

rechts zu beachten, die nach Art. 25 Satz 1 GG Bestandteil des Bundesrechts sind[8]. Die Beweismittelbeschaffung darf die auf der Staatssouveränität beruhende **Gebietshoheit** anderer Staaten nicht verletzen. Welche Grenzen das völkerrechtliche Territorialitätsprinzip der Beweismittelbeschaffung nach der ZPO[9] zieht, ist umstritten[9a].

a) Richterhandeln

aa) Handeln auf fremdem Staatsgebiet

8   Einigkeit herrscht freilich darüber, daß die **Tätigkeit des Richters** als unmittelbare Ausübung von Hoheitsgewalt den durch das Territorialitätsprinzip gezogenen völkerrechtlichen Grenzen unterworfen ist. Beweisaufnahme durch den Richter **vom Boden** eines anderen Staates ist ohne dessen Zustimmung **völkerrechtswidrig**[10].

bb) Handeln mit Wirkung in fremdes Staatsgebiet

(1) Leitlinien

9   Beim Handeln des Richters mit Wirkungen im fremden Staatsgebiet **unterscheidet** man danach, ob **Parteien oder Dritte** betroffen sind[11]; eine Partei mit Wohnsitz im Ausland wird hinsichtlich ihrer prozessualen Pflichten und Lasten wie eine inländische Partei behandelt (→ Rdnr. 11), während die Möglichkeit, gegenüber Zeugen im Ausland Pflichten zu begründen, weitaus zurückhaltender gesehen wird. An der Unterscheidung zwischen Partei und Drittem ist trotz der von *Schlosser* geäußerten Kritik[12] festzuhalten. Die Befugnis ausländischer Gerichte, zwar gegenüber Parteien, nicht aber gegenüber Auskunftspersonen Pflichten zu begründen, läßt sich damit rechtfertigen, daß die **Regeln der internationalen Zuständigkeit**, die die Gerichtspflichtigkeit begründen, nur **Parteiinteressen**, nicht aber Belange von Auskunftspersonen berücksichtigen. Gegenüber Zeugen bleibt es daher beim formellen Territorialitätsprinzip. Der Ansatz, die Souveränitätsverletzung am Kriterium der »**Intensität und des Ausmaßes der Berührung fremden Territoriums**«[13] auszurichten, beruht zwar auf einer begrüßenswerten Hinwendung zu einem an materiellen Interessen ausgerichteten Souveränitätsverständnis; da man sich freilich schon über die Reichweite des formellen Territorialitätsprinzips nicht verständigen kann[14], erscheint er im internationalen Verhältnis als nicht aussichtsreich. Gleiches gilt für den Versuch, die »**Beweiszuständigkeit**« nicht als Annexzuständigkeit der Gerichtsbarkeit anzusehen, sondern sie an einer »sachgerechten Anknüpfung« auszurichten, für die die Belegenheit eines Beweismittels nur *ein* Kriterium unter mehreren ist[15]. Danach soll beispielsweise die Beschaffung einer sich im Ausland befindenden Urkunde außerhalb des Rechtshilfeverfahrens nur zulässig sein, wenn der darin dokumentierte Inhalt einen »Inlandsbezug« aufweist[16]. Dabei bleibt offen, was gilt, wenn der Inhalt der Urkunde umstritten ist (reicht die Behauptung einer Partei aus?). Ferner kann bei einem vereinbarten Gerichtsstand jeder Inlandsbezug fehlen[17]. Allerdings können diese

---

[8] Vgl. *Leipold* (Fn. 1) 34.
[9] Die Kommentierung behandelt die völkerrechtliche Zulässigkeit nur im Hinblick auf von der ZPO vorgesehene Beweisaufnahmen, nicht die Grenzen der Informationsgewinnung nach ausländischem Verfahrensrecht.
[9a] Eingehend dazu *Bertele* (Fn. 1) 404 ff.
[10] *Leipold* (Fn. 1) 40; *Mössle* (Fn. 1) 319.
[11] *Gottwald* (Fn. 1) 125, 128; *Leipold* (Fn. 1) 63 ff.; *Schack* (Fn. 1) 714 ff.

[12] *Schlosser* FS Lorenz (1991) 497 ff.
[13] *Stürner* JZ 1987, 607, 610 r. Sp.
[14] Zusammenfassend *Leipold* (Fn. 1) 21 ff.
[15] *Mössle* (Fn. 1) 330 ff.; zustimmend *Kindler* ZZP 105 (1992) 375, 379; ablehnend *Schlosser* FS Lorenz (1991) 497, 509 f.; *R. Geimer* (Fn. 1) Rdnr. 2383.
[16] *Mössle* (Fn. 1) 433 ff.
[17] *Schlosser* FS Lorenz (1991) 497, 510.

(2) Gegenüber Parteien

Der Grundsatz prozessualer Chancengleichheit verlangt, daß in- und ausländische **Parteien** hinsichtlich ihrer prozessualen Mitwirkungspflichten und -obliegenheiten gleich behandelt werden[18]. Es entspricht der Staatenpraxis, daß Gerichte im Ausland befindlichen Parteien die Vornahme von Handlungen oder Unterlassungen gebieten, gleich ob das Verhalten im Ausland oder im Inland abverlangt wird[19]. Die Gebietshoheit wird insoweit vom völkerrechtlich ebenfalls anerkannten Grundsatz der *lex fori*-Regel eingeschränkt[20]. Einer Partei kann daher nach § 425 die **Vorlegung** einer **im Ausland befindlichen Urkunde** aufgegeben werden[21]; kommt sie dem nicht nach, ist nach § 427 zu verfahren[22]. Einem Beklagten mit italienischer Staatsangehörigkeit und Aufenthalt in Italien kann aufgegeben werden, eine **Blutentnahme** nach § 372a zu dulden[23]. Auch dürfen Sanktionen angedroht und verhängt werden, was nach der ZPO freilich nur in § 372a vorgesehen ist[24]; vollzogen werden können sie aber nur im Inland[25].

11

Völkerrechtliche Grenzen der Mitwirkungspflicht einer Partei werden jedoch angenommen, wenn die **Mitwirkungshandlung im Ausland** durch Gesetz oder gerichtliche oder behördliche Anordnung **verboten** ist[26]. Bestehen im Ausland entsprechende Mitwirkungsverbote, darf die deshalb unterlassene Mitwirkungshandlung der Partei nicht vorbehaltlos als Beweisvereitelung (→ § 286 Rdnr. 120 ff.) oder im Rahmen der §§ 427, 446 zu ihren Lasten gewürdigt werden.

12

(3) Gegenüber Dritten, insbesondere Zeugen

Gegenüber **Dritten** dürfen ausländische Gerichte **Pflichten nicht begründen**[27]. Insoweit kommt nur eine **freiwillige Mitwirkung** in Betracht[28]. Unproblematisch ist die Anordnung der Vernehmung eines im Ausland weilenden **Zeugen** im *Beweisbeschluß*. Mit der Schutzfunktion der Gebietshoheit[29] des ausländischen Staates ist es jedoch unvereinbar, dem dort weilenden Zeugen Zeugnispflichten (→ Rdnr. 31 f. vor § 373) aufzuerlegen. Das gilt auch gegenüber deutschen Staatsangehörigen; auf die **Staatsangehörigkeit** des Zeugen kommt es **nicht** an[30]; die Gebietshoheit überlagert die Personalhoheit[31]. Freilich wäre es überzogen, die Zulässigkeit der **Ladung** des Zeugen völlig zu verneinen. Soweit man daran festhält, daß für den im Ausland weilenden Zeugen eine *Zeugnispflicht nicht begründet* wird und gegen ihn, auch wenn er sich später zur Aussage ins Inland begibt, nicht nach §§ 380, 390 ZPO vorgegangen werden darf, ist eine **Ladung möglich**. Diese darf freilich nicht die Anweisung nach § 377 Abs. 2 Nr. 3 enthalten und muß im Wege der **Rechtshilfe zugestellt** werden (→ auch § 377 Rdnr. 33); das Gericht darf sich nicht direkt an den Zeugen wenden, auch nicht

13

---

18 *Gottwald* (Fn. 1) 125.
19 *Schlosser* (Fn. 1) 17 ff. (mit zahlr. Beispielen).
20 *Leipold* (Fn. 1) 55.
21 *Schack* (Fn. 1) Rdnr. 711.
22 *Schack* (Fn. 1) Rdnr. 714.
23 BGH JZ 1987, 42 (Anm. *Stürner*).
24 Vgl. *Schlosser* IPRax 1987, 153, 154.
25 A. A. *Schlosser* (Fn. 1) 26 unter Hinweis auf den Grundsatz fairen Verfahrens.
26 *Gottwald* (Fn. 1) 119, 126; a.A. *Mössle* (Fn. 1) 446 f. US-amerikanische Gerichte sehen sich durch ausländische Verbotsgesetze im Regelfall nicht gehindert, entgegenstehende Beweisanordnungen zu erlassen, vgl. *Jander-Stubbe* WiB 1996, 201 m. z. N.
27 A. A. (von seinem abweichenden Ausgangspunkt → Rdnr. 9 folgerichtig) *Schlosser* FS Lorenz (1991) 497, 511.
28 *Gottwald* (Fn. 1) 119, 128.
29 *Stürner* FS Nagel (1987) 446, 455; *ders.* JZ 1992, 331.
30 A. A. *Schack* (Fn. 1) Rdnr. 715 f.; *R. Geimer* (Fn. 1) Rdnr. 427.
31 *Mössle* (Fn. 1) 319; a.A. *R. Geimer* (Fn. 1) Rdnr. 2388.

durch formlose Briefpost³², Telefon oder elektronische Post (»e-mail«). – Erscheint der Zeuge aus dem Ausland nicht, kann der Beweisführer dem Prozeßgericht ein **privat errichtetes Protokoll** seiner Aussage vorlegen. Da die Initiative hierzu von der Partei ausgeht und auch für den »Zeugen« keine Pflicht zum Mitwirken besteht, verletzt ein solches Vorgehen die Souveränität eines fremden Staates nicht, auch wenn die Erklärung im Ausland aufgenommen wird. Die schriftliche Aussage ist freilich kein Zeugenbeweis, sondern Urkundenbeweis (→ § 284 Rdnr. 35) und ersetzt eine – freilich nicht immer mögliche – Zeugeneinvernahme im Ausland (→ Rdnr. 25 ff.) nicht (→ allgemein dazu § 284 Rdnr. 36 ff.).

14 Falls die Zustellung im Wege der Rechtshilfe erfolgt, darf das Gericht einen im Ausland weilenden Zeugen auch um die **schriftliche Beantwortung der Beweisfrage** (§ 377 Abs. 3) ersuchen³³. Die Gegenansicht verneint dies in Übereinstimmung mit § 39 Abs. 1 Satz 3 ZRHO mit dem Argument, das Gericht könne nicht überblicken, ob der ausländische Staat darin einen Eingriff in seine Hoheitsrechte sieht³⁴. Maßgeblich kann aber nicht die Ansicht des einzelnen Staats sein, sondern nur das Völkerrecht. Da der Zeuge durch die Anordnung nach § 377 Abs. 3 nicht verpflichtet wird, schriftlich auszusagen und eine schriftliche Aussage weniger belastend ist als das Erscheinen im Ausland aufgrund (zulässiger) Ladung oder einer Vernehmung im Wege der Rechtshilfe, ist ein solches Vorgehen zulässig.

15 Hält sich der **Zeuge** mit Wohnsitz im Ausland auch nur vorübergehend und **kurzfristig im Inland** auf, etwa zur Durchreise, unterliegt er vorbehaltlos der Zeugnispflicht³⁵. Kriterien, wann sich eine Person »längere«³⁶, die Zeugnispflicht begründende Zeit im Inland aufhält, sind nicht verfügbar. Indem der Zeuge den ausländischen Staat verlassen hat, verliert er den Schutz der fremden Gebietshoheit.

16 Keinen völkerrechtlichen Bedenken unterliegt die richterliche Einvernahme eines im Ausland weilenden Zeugen im Wege der **Videokonferenz**³⁷; freilich fehlt hierzu in Deutschland die Rechtsgrundlage, soweit man nicht den Freibeweis (→ vor § 355 Rdnr. 7 ff.) für zulässig hält. Keinen Einschränkungen unterliegt auch die **Recherche im Internet** zum Zwecke richterlichen Augenscheins; ob die dabei abgerufenen Daten physisch im Inland oder im Ausland gespeichert sind, ist ohne Belang, zumal der Speicherort schwer zu bestimmen ist. – Zur *Aufnahme* des Zeugenbeweises im Ausland → Rdnr. 25 ff.

b) Handlungen Privater

20 Gegenüber Handlungen **Privater**, der Parteien, ihrer Vertreter oder der von ihnen beauftragten Sachverständigen im Ausland, bestehen völkerrechtliche Vorbehalte nicht. Die Zulässigkeit wird allein durch die dortigen Gesetze bestimmt.

21 Nicht endgültig geklärt ist die völkerrechtliche Einordnung von **Privatpersonen, die im Auftrage des Gerichts** handeln, etwa ein gerichtlich bestellter Sachverständiger (→ Rdnr. 22). Ein vergleichbares Problem stellt sich hinsichtlich der Beurteilung von US-Anwälten im Rahmen der *discovery*, die im Ausland Beweis erheben³⁸. Rückt man den **funktionalen Bezug** der Tätigkeit zum Gerichtsverfahren in den Vordergrund³⁹, liegt eine Verletzung der Territorialitätshoheit nahe⁴⁰. Vorzugswürdig erscheint es indes, auf den **formalen Status** und damit auf die Frage abzustellen, ob die handelnde Person Richter ist oder nicht; dies ver-

---

³² *Stadler* (Fn. 1) 284 f., 287; a. A. MünchKommZPO-*Damrau* § 377 Rdnr. 5.
³³ MünchKommZPO-*Damrau* § 377 Rdnr. 5; *R. Geimer* (Fn. 1) Rdnr. 2384; *Schack* (Fn. 1) Rdnr. 721; *Stadler* (Fn. 1) 301; *Schlosser* (Fn. 1) 28 (formlos).
³⁴ BGH NJW 1984, 2039; *Schumann* in der Vorauflage Rdnr. 5.
³⁵ A. A. *Schlosser* FS Lorenz (1991) 497, 511.
³⁶ *Schlosser* EuGVÜ, HBÜ Art. 1 Rdnr. 7.
³⁷ Vgl. den Hinweis von *Schack* (Fn. 1) Rdnr. 724.
³⁸ Vgl. *Leipold* (Fn. 1) 43 ff.
³⁹ *Leipold* (Fn. 1) 43.
⁴⁰ *Böhmer* NJW 1990, 3049, 3054; auch *Junker* (Fn. 1) 372, soweit Gerichte die Beweisaufnahme anordnen.

hindert, daß Strukturen und Details innerstaatlichen Beweiserhebungsrechts völkerrechtlich relevant werden.

Das Gericht kann einen *im Inland* weilenden Sachverständigen mit der Erstattung eines Gutachtens betrauen, selbst wenn dazu **Handlungen des Sachverständigen im Ausland** erforderlich sind[41]. Dem steht nicht entgegen, daß das Rechtsverhältnis zum Sachverständigen nach deutschem Recht öffentlich-rechtlich qualifiziert wird[42], denn der Sachverständige übt keine hoheitliche Gewalt aus[43]. Der Sachverständige kann folglich auch tatsächliche Feststellungen im Ausland treffen[44], also Gegenstände betrachten, vermessen, fotografieren, auch Auskunftspersonen befragen, soweit dies nach ausländischem Recht zulässig ist. Zwangsmittel stehen ihm dabei selbstverständlich – ebenso wie im Inland – nicht zur Verfügung. Darüber hinaus kann ein sich *im Ausland* aufhaltender Sachverständiger mit der Erstellung eines Gutachtens beauftragt werden[45], soweit daraus eine Pflicht (§ 407) für den Sachverständigen nicht erwächst; das Gericht hat ggf. entsprechend § 408 Abs. 1 Satz 2 zu verfahren. Das Ersuchen muß im Wege der Rechtshilfe zugestellt werden. Unmittelbar darf sich das Gericht nicht an den Sachverständigen wenden[46].

III. Beweisaufnahme im Ausland

1. Überblick

Ist eine Beweisbeschaffung ins Inland (→ Rdnr. 6 ff.) nicht möglich, erfolgt die Beweisaufnahme nach § 363 im Ausland im Wege der Rechtshilfe in erster Linie gemäß Abs. 2 durch den **Konsul** der Bundesrepublik Deutschland (→ Rdnr. 30 ff.) und erst in zweiter Linie aufgrund Ersuchens des deutschen Gerichts durch **ausländische Behörden** (→ Rdnr. 52 ff.). Beide Arten des Ersuchens um Beweisaufnahme im Ausland werden **von Amts wegen** vom **Vorsitzenden** des deutschen Gerichts betrieben. In den Fällen des Abs. 1 kann das *Gericht* nach § 364 anordnen, daß der **Beweisführer** tätig wird.

§ 363 verbietet nicht, daß der deutsche **Richter** selbst **im Ausland Beweise erhebt**. Dafür in Betracht kommen die Mitglieder des Prozeßgerichts (auch der Richter beim Amtsgericht und der Einzelrichter nach § 348) und ein beauftragter Richter. Zu erwägen ist darüber hinaus, einen (grenznahen) Richter nach § 362 um Beweisaufnahme im nahegelegenen Ausland zu ersuchen, wobei freilich die örtliche Zuständigkeit des ersuchten Gerichts nur in Analogie zu § 157 Abs. 1 GVG bestimmt werden könnte: zuständig ist das Amtsgericht, dessen Bezirk dem im Ausland gelegenen Ort der Beweisaufnahme am nächsten liegt. – Eine Beweisaufnahme im Ausland durch den Richter ist allerdings aus **völkerrechtlichen Gründen nur mit Einverständnis** des ausländischen Vertragsstaats zulässig[47]. Ferner kann die Beweisaufnahme durch den Richter nach **Art. 17 HBÜ** zulässig sein, wenn er gemäß § 361 als »Beauftragter« bestellt wird (→ Anh. § 363 Rdnr. 125). Innerstaatlich ist entsprechend § 38a ZRHO eine **Genehmigung der Bundesregierung** erforderlich, die aber nur aus Gründen verweigert werden darf, die die Pflege der auswärtigen Beziehungen (Art. 32 Abs. 1 GG) be-

---

[41] *R. Geimer* (Fn. 1) Rdnr. 445; *Schack* (Fn. 1) Rdnr. 710; zurückhaltender *Schlosser* EuGVÜ, HBÜ Art. 1 Rdnr. 6 (nur falls ausländischer Staat darin keine Hoheitsverletzung sieht oder wenn beide Parteien einverstanden sind).
[42] Daraus leitet *Leipold* (Fn. 1) 47 die Souveränitätsverletzung bei Sachverständigenermittlungen im Ausland ab.
[43] *Thomas-Putzo*²¹ Rdnr. 6 vor § 402.
[44] *R. Geimer* (Fn. 1) Rdnr. 445; *Wussow* FS Korbion (1986) 493 ff.; a. A. *Stadler* (Fn. 1) 276.
[45] *Schlosser* EuGVÜ, HBÜ Art. 1 Rdnr. 9.
[46] A. A. *R. Geimer* (Fn. 1) Rdnr. 441.
[47] Es wird vorgeschlagen, daß in Zukunft Zivilgerichte in allen EU-Staaten Beweisaufnahmen selbst durchführen können, wenn sie dem ausländischen zuständigen Gericht dies anzeigen, vgl. *Bohnen* DRiZ 1996, 411, 414 r. Sp.

treffen. Andere Gesichtspunkte, etwa die Notwendigkeit der Beweisaufnahme im Ausland, fallen allein in die Entscheidungskompetenz des Gerichts (Art. 97 GG)[48].

27 **Andere Wege** der Beweisaufnahme im Ausland kennt das deutsche Zivilprozeßrecht **nicht**. Daher ist es nicht zulässig, andere als die in § 363 genannten Stellen (einschließlich eines Richters, → Rdnr. 26) mit der Beweisaufnahme im Ausland zu betrauen. Es ist somit ausgeschlossen, deutsche oder ausländische Behörden oder private Personen, etwa einen Rechtsanwalt, zum »Beauftragten« für die Beweisaufnahme zu bestellen.

2. Beweiserhebung im Ausland durch den Konsul (Abs. 2)

a) Vorrang vor Rechtshilfeersuchen an ausländische Behörden

30 Ist die **Beweisaufnahme** durch einen **Konsul**[49] nach dem Recht des Empfangsstaates **zulässig** (Einzelheiten → Rdnr. 33 ff.), **muß** das Gericht das Ersuchen an ihn richten. Voraussetzung ist, daß der Konsul nach § 19 Abs. 1 KonsularG die Befähigung zum Richteramt besitzt oder nach § 19 Abs. 2 Satz 2 Nr. 1 KonsularG vom Auswärtigen Amt zur Vernehmung ermächtigt wurde; andere Angehörige deutscher Auslandsvertretungen sind nicht zur Beweisaufnahme berufen. Soweit danach die Beweisaufnahme durch den Konsul möglich ist, genießt sie **Vorrang** gegenüber dem Rechtshilfeweg. Das Gericht hat **kein Ermessen**, welchen Weg es einschlägt. Zum Eventualersuchen → Rdnr. 35.

31 Gemäß § 15 KonsularG vom 11. IX. 1974[50] sind die Konsularbeamten verpflichtet, gerichtliche Beweisersuchen auszuführen. Der deutsche Konsul leistet Rechtshilfe wie ein deutsches Gericht[51]. Er verfährt gemäß § 15 Abs. 3 KonsularG grundsätzlich nach deutschen Verfahrensvorschriften (→ Rdnr. 47 ff.).

b) Zulässigkeit der Beweisaufnahme durch den Konsul

aa) Wille des Empfangsstaats

33 Im **Grundsatz** sind Beweisaufnahmen durch den Konsul stets vom **Willen** des jeweiligen **Empfangsstaates** abhängig[52]. Das Einverständnis des Empfangsstaates ist auch dann erforderlich, wenn die Beweisaufnahme in den Amtsräumen der deutschen Auslandsvertretung erfolgt, Zwang nicht angewendet wird und die vernommene oder vereidigte Person die deutsche Staatsangehörigkeit besitzt. Die Ratifikation des Wiener Übereinkommens über

---

[48] Zum Verhältnis Art. 32 GG zu Art. 97 GG *Schlosser* FS Constantinesco (1983) 653, 659 ff.

[49] Hierzu Art. 5 des Wiener Übereinkommens vom 24. IV. 1963 über konsularische Beziehungen (→ Einl. Rdnr. 658): »Die konsularischen Aufgaben bestehen darin, ... j) gerichtliche und außergerichtliche Urkunden zu übermitteln und Rechtshilfeersuchen zu erledigen, soweit dies geltenden internationalen Übereinkünften entspricht oder, in Ermangelung solcher, mit den Gesetzen und sonstigen Rechtsvorschriften des Empfangsstaates vereinbar ist;« vgl. hierzu auch Art. 15, 16 Beweisaufnahmeübereinkommen, → Anh. § 363 Rdnr. 115 ff.

[50] BGBl I 2317: § 15 **Konsulargesetz** lautet: »(1) Die Konsularbeamten sind berufen, auf Ersuchen deutscher Gerichte und Behörden Vernehmungen durchzuführen. (2) Ersuchen um Vernehmungen, durch die eine richterliche Vernehmung ersetzt werden soll, können nur von einem Gericht oder von einer Behörde, die um richterliche Vernehmungen im Inland ersuchen kann, gestellt werden. Wird um eidliche Vernehmung ersucht, so ist der Konsularbeamte zur Abnahme des Eides befugt. (3) Die für die jeweilige Vernehmung geltenden deutschen verfahrensrechtlichen Vorschriften sind sinngemäß anzuwenden. Dolmetscher brauchen nicht vereidigt zu werden. Das Protokoll kann auch von dem vernehmenden Konsularbeamten geführt werden. Zwangsmittel darf der Konsularbeamte nicht anwenden. (4) Die Vernehmungen und die Vereidigungen und die über sie aufgenommenen Niederschriften stehen Vernehmungen und Vereidigungen sowie den darüber aufgenommenen Niederschriften inländischer Gerichte und Behörden gleich. (5) Die Vorschriften für Vernehmungen gelten für Anhörungen entsprechend.«

[51] Zu gesetzlichen Grundlagen s. *E. Geimer* (Fn. 1) 127 ff.

[52] *Hoffmann* Konsularrecht (Stand 1998) § 4 KG Anm. 2 f.; § 15 KG Anm. 4.

konsularische Beziehungen (→ Fn. 49) reicht hierzu nicht aus, wohl aber die Geltung der Art. 15 ff. des HBÜ (→ Anh. § 363 Rdnr. 115 ff.) oder des HZPÜ (→ § 363 Anh. Rdnr. 166). Dabei sind Zusatzvereinbarungen (Art. 31 HBÜ), Vorbehalte (Art. 33 HBÜ) und einseitige Erklärungen (z. B. Art. 15 Abs. 2, 16 Abs. 2, 17 Abs. 2, 18 HBÜ) zu beachten. Neben multilateralen Abkommen und Verträgen spielen **bilaterale Verträge** eine große Rolle. Bestehen keine vertraglichen Beziehungen, schließt dies Rechtshilfebeziehungen nicht aus; Rechtshilfe wird dann im **vertragslosen Zustand** gewährt (→ Einl. Rdnr. 854).

bb) Tatsächliche Unmöglichkeit der Beweisaufnahme durch den Konsul

Zuweilen hindern tatsächliche Gründe die Beweisaufnahme durch den Konsul. Hierzu zählen vor allem zu große Entfernungen zwischen dem Konsulat und dem Wohnort der zu vernehmenden oder zu vereidigenden Person, kriegerische Ereignisse, Unruhen, Witterungsverhältnisse usw. Tatsächlich unmöglich ist die Beweisaufnahme durch den Konsul, wenn das Konsulat nicht mit Beamten besetzt ist, die Vernehmungen und Beeidigungen durchführen dürfen. In solchen Ausnahmefällen muß das Gericht von einem Ersuchen nach Abs. 2 absehen und gegebenenfalls nach Abs. 1 verfahren. 34

cc) Eventualersuchen

Nicht immer kann das Gericht übersehen, ob die rechtlichen oder tatsächlichen Voraussetzungen für eine Tätigkeit des Konsuls vorliegen. § 13 Abs. 4 ZRHO schlägt vor, in diesem Fall zugleich ein Ersuchen an die ausländische Behörde zu richten und den Konsul zu bitten, dieses an die ausländische Stelle weiter zu leiten, falls er die Beweisaufnahme nicht durchführen kann. Dieses Vorgehen ist **mit Abs. 2 vereinbar**, wenn deutlich wird, daß **vorrangig** (→ Rdnr. 30) um eine Beweisaufnahme durch den Konsul ersucht wird. Das Verfahren nach § 13 Abs. 4 ZRHO ist zweckmäßig, wenn der Zeitgewinn höher zu bewerten ist als anfallende, möglicherweise überflüssige Kosten. 35

Soweit das HBÜ eingreift (→ Anh. § 363 Rdnr. 7), bestehen gegen ein solches Verfahren **keine Bedenken aus Art. 2 Abs. 2 HBÜ**. Die Bestimmung regelt nicht den Gang des Rechtshilfeersuchens im ersuchenden Staat (→ Anh. § 363 Rdnr. 37). Da sich der Konsul nach Art. 2 Abs. 1 HBÜ nicht selbst an die Zentrale Behörde wenden kann, muß deutlich werden, daß er ein vom deutschen Gericht stammendes Rechtshilfeersuchen lediglich weiterleitet. Darüber hinaus müssen die in Art. 3 und 4 HBÜ vorgeschriebenen Formen gewahrt sein. 36

dd) Staatenpraxis

Die **Staatenpraxis** hat zu einer schwer zu übersehenden **Vielfalt der Voraussetzungen** geführt, unter denen ein **Konsul eine Beweisaufnahme** durchführen darf. Im Laufe der Zeit haben sich immerhin eine Reihe von Merkmalen herausgebildet, die eine typisierende Darstellung ermöglichen. 37

(1) Keine konsularische Beweisaufnahme

Von einem Beweisersuchen nach Abs. 2 muß das Gericht absehen, wenn der fremde Staat die **konsularische Beweisaufnahme ablehnt** (→ Rdnr. 33). Viele Staaten, mit denen Deutschland keine vertraglichen Beziehungen unterhält, gestatten eine konsularische Beweisauf- 38 nahme nicht. Außerdem gibt es Staaten, die trotz vertraglicher Beziehungen eine derartige Beweiserhebung nicht zulassen[53].

(2) Merkmal der Staatsangehörigkeit

39 Soweit die Beweisaufnahme durch den deutschen Konsul nicht ganz untersagt ist (→ Rdnr. 33), spielt die **Staatsangehörigkeit** des zu vernehmenden oder zu vereidigenden Zeugen in vielen Staaten eine maßgebliche Rolle. Vielfach gestatten die Empfangsstaaten eine konsularische Beweisaufnahme nur, wenn der Zustellungsempfänger oder die zu vernehmende Person[54] bzw. die zu vernehmende Person allein[55], d. h. ohne Berücksichtigung des Zustellungsempfängers, die deutsche Staatsangehörigkeit besitzt. Einige Staaten fordern, daß der Zustellungsempfänger oder die zu vernehmende Person[56] bzw. die zu vernehmende Person allein[57] zumindest auch die deutsche Staatsangehörigkeit besitzt, was eine Beweisaufnahme bei Doppelstaatern ermöglicht. Teilweise wird die Beweisaufnahme gestattet, wenn der Zustellungsempfänger oder die zu vernehmende Person[58] bzw. die zu vernehmende Person allein[59] nicht Staatsangehöriger des Empfangsstaats ist. Andere Staaten verlangen, daß der Zustellungsempfänger oder die zu vernehmende Person[60] bzw. die zu vernehmende Person allein[61] nicht nur die Staatsangehörigkeit des Empfangsstaats besitzt. In den übrigen erfaßten Staaten ist die Beweisaufnahme ohne Rücksicht auf die Staatsangehörigkeit des Zustellungsempfängers oder der zu vernehmenden Person[62] bzw. der zu vernehmenden Person allein[63] gestattet. Bei Doppel- und Mehrstaatern entscheidet der Wille des Empfangsstaats. Mitunter ist die Genehmigung der ausländischen Behörden erforderlich (→ Rdnr. 40). Für die **Qualifikation** ist das Recht des Empfangsstaats maßgeblich.

(3) Genehmigungsvorbehalte

40 Neben der Staatsangehörigkeit spielen **Genehmigungsvorbehalte** eine wesentliche Rolle. Sie gelten teilweise bei jeder dem Konsul im Empfangsstaat möglichen Vernehmung[64], manchmal nur bei der Vernehmung von Personen, die nicht[65] bzw. nicht allein[66] die deut-

---

[53] In folgenden Staaten darf der Konsul der Bundesrepublik Deutschland keinerlei Einvernahmen durchführen (Quelle → Fn. 73): Algerien, Andorra, Brasilien, Bulgarien, Côte d‹Ivoire, Haiti, Honduras, Jemen, Jordanien, Kuba, Liechtenstein (unmittelbarer Geschäftsverkehr, → Rdnr. 46), San Marino, Somalia, Thailand, Ungarn (→ Länderangaben Rdnr. 46), Vatikanstadt (→ Länderangaben Rdnr. 46), Venezuela, Vietnam, Zaire.
[54] Angola, Belarus, Belgien, Bolivien, Indonesien, Kamerun, Lettland (Mitgl. d. HBÜ), Libyen, Marokko, Mauretanien, Mongolei, Mosambik, Niger, Österreich, Pakistan, Peru, Philippinen, Russische Föderation, Senegal, Simbabwe, Slowakei (Mitgl. d. HBÜ), Tschad, Tschechische Republik (Mitgl. d. HBÜ), Tunesien, Türkei, Uganda, Vereinigte Arabische Emirate; Quelle → Fn. 73.
[55] Bangladesch, Griechenland, Indien, Japan, Kuwait, Polen, Portugal (Mitgl. d. HBÜ); Quelle → Fn. 73.
[56] Ägypten, Burundi, Ghana, Kongo, Libanon, Norwegen (Mitgl. d. HBÜ), Saudi-Arabien, Suriname, Syrien; Quelle → Fn. 73.
[57] Antigua und Barbuda, Botsuana, Italien (Mitgl. d. HBÜ), Papua-Neuguina; Quelle → Fn. 73.
[58] Afghanistan, Jugoslawien, Myanmar, Rumänien, Schweden (Mitgl. d. HBÜ), Sri Lanka, Sudan; Quelle → Fn. 73.
[59] China (Mitgl. d. HBÜ), Gabun, Liberia, Monaco (Mitgl. d. HBÜ); Quelle → Fn. 73.
[60] Äthiopien, Dominikanische Republik, Uruguay; Quelle → Fn. 73.
[61] Zentralafrikanische Republik; Quelle → Fn. 73.
[62] Argentinien (Mitgl. d. HBÜ), Barbados (Mitgl. d. HBÜ), Chile, Costa Rica, Dänemark (Mitgl. d. HBÜ), Ecuador, El Salvador, Finnland (Mitgl. d. HBÜ), Frankreich (Mitgl. d. HBÜ), Guatemala, Irak, Iran, Irland, Island, Kanada, Katar, Kenia, Kolumbien, Republik Korea, Luxemburg (Mitgl. d. HBÜ), Madagaskar, Malawi, Mexico (Mitgl. d. HBÜ), Namibia, Nicaragua, Panama, Paraguay, Schweiz (Mitgl. d. HBÜ), Seychellen, Spanien (Mitgl. d. HBÜ), Südafrika, Togo, Vereinigtes Königreich (Mitgl. d. HBÜ), Vereinigte Staaten (Mitgl. d. HBÜ), Zypern (Mitgl. d. HBÜ); Quelle → Fn. 73.
[63] Australien (Mitgl. d. HBÜ), Bahamas, Dominica, Fidschi, Gambia, Grenada, Guyana, Israel (Mitgl. d. HBÜ), Jamaika, Lesotho, Malaysia, Malta, Mauritius, Nauru, Neuseeland, Niederlande (Mitgl. d. HBÜ), Nigeria, Salomonen, Sambia, Sierra Leone, Singapur (Mitgl. d. HBÜ), St. Lucia, St. Vincent und die Grenadien, Swasiland, Tansania, Trinidad und Tobago; Quelle → Fn. 73.
[64] Dänemark, Portugal, Schweiz; Quelle → Fn. 73.
[65] Israel; Quelle → Fn. 73.
[66] Frankreich, Luxemburg; Quelle → Fn. 73.

sche Staatsangehörigkeit besitzen. Die Genehmigung kann unter Auflagen erteilt werden, etwa nach Art. 19 HBÜ (→ Anh. § 363 Rdnr. 132) oder unter dem Vorbehalt der Gegenseitigkeit entfallen.

(4) Keine Rechtswirkungen im Empfangsstaat

Die konsularische Beweisaufnahme ist in nicht wenigen Staaten nur gestattet, falls sie **keine Rechtswirkungen im Empfangsstaat** hervorruft. Dieses Erfordernis tritt bisweilen neben die Voraussetzungen deutscher[67] oder fehlender[68] bzw. nicht nur[69] eigener Staatsangehörigkeit des Empfangsstaats. Häufiger ist das Erfordernis bei denjenigen Staaten anzutreffen, die die Tätigkeit des Konsuls ohne Rücksicht auf die Staatsangehörigkeit des Zustellungsempfängers oder der zu vernehmenden Person zulassen[70]. Um zeitraubende Rückfragen zu vermeiden, sollte das Gericht in seinem Ersuchen ausdrücklich feststellen, daß Rechtswirkungen im Empfangsstaat nicht hervorgerufen werden. Wenn sie jedoch eintreten, scheidet ein Ersuchen nach Abs. 2 aus und es ist nach Abs. 1 (→ Rdnr. 52ff.) zu verfahren.

41

(5) Zwangsanwendung

Die Beweisaufnahme durch den deutschen Konsul ist vom **Grundsatz der Freiwilligkeit** beherrscht. Der Konsul darf keinerlei Zwangsmittel anwenden. Die Vernehmung und Eidesleistung des Zeugen muß freiwillig erfolgen. Ist das Prozeßgericht überzeugt, daß ein Zeuge an der konsularischen Beweisaufnahme nicht freiwillig mitwirken wird, muß es von einem Ersuchen um konsularische Beweisaufnahme absehen. Ist das Gericht unsicher, ob der Zeuge freiwillig vor dem Konsul erscheint und aussagt, sollte ein Eventualersuchen (→ Rdnr. 35) ins Auge gefaßt werden.

42

In einigen Staaten ist die Anwendung von **Zwang nicht ausgeschlossen**. Dann ist jedoch die Mitwirkung von staatlichen Stellen des Empfangsstaats erforderlich, um unter Anwendung von Zwang eine Beweisaufnahme durch den deutschen Konsul zu erreichen. So können nach Art. 18 HBÜ (→ Anh. § 363 Rdnr. 128) die Mitgliedsstaaten eine Erklärung abgeben, daß diplomatische oder konsularische Vertreter die erforderliche Unterstützung durch Zwangsmittel erhalten.

43

(6) Blutentnahmen und erbbiologische Gutachten

Dem deutschen Konsul ist es in vielen Staaten auch gestattet, durch einen Vertrauensarzt **Blutentnahmen oder die für ein erbbiologisches Gutachten** erforderlichen Untersuchungen vornehmen zu lassen[71]. Erforderlich ist freilich, daß die zu untersuchende Person damit einverstanden ist. Ist unklar, ob das Einverständnis vorliegt oder erteilt werden wird, sollte auch hier im Wege des Eventualersuchens vorgegangen werden (→ Rdnr. 35). Ist das Gericht überzeugt, eine freiwillige Mitwirkung scheidet aus, muß es nach Abs. 1 die ausländische Behörde um Rechtshilfe ersuchen (→ Rdnr. 52ff.).

44

---

[67] Saudi-Arabien; Quelle → Fn. 73.
[68] Liberia, Myanmar, Rumänien, Sudan; Quelle → Fn. 73.
[69] Uruguay; Quelle → Fn. 73.
[70] Chile, El Salvador, Guatemala, Irak, Iran, Republik Korea, Mexico, Namibia, Nicaragua, Südafrika; Quelle → Fn. 73.

[71] Australien, Botsuana, Finnland, Frankreich, Irland, Italien, Namibia, Niederlande, Österreich, Polen, Portugal, Schweden, Spanien, Südafrika, Vereinigtes Königreich (vgl. Länderangaben → Rdnr. 46); Quelle → Fn. 73.

(7) Urkundenvorlage

45 Dem deutschen Konsul ist es ferner in einer Reihe von Staaten gestattet, um **Vorlage von Urkunden** zu ersuchen[72].

ee) Staatenverzeichnis[73]

46 **Afghanistan:** Rechtshilfe wird vertragslos gegenseitig geleistet; dt. Botschaft kann (eidlich) ohne Zwang vernehmen, wenn Zustellungsempfänger oder die zu vernehmende Person nicht die afghanische Staatsangehörigkeit besitzt. **Ägypten:** dt. Auslandsvertretungen können (eidlich) ohne Zwang vernehmen, falls Zustellungsempfänger oder die zu vernehmende Person die deutsche Staatsangehörigkeit besitzt. **Algerien:** Rechtshilfe wird vertragslos gegenseitig geleistet; stets müssen algerische Behörden in Anspruch genommen werden. **Andorra:** Rechtshilfe wird vertragslos gegenseitig geleistet; stets müssen andorranische Behörden in Anspruch genommen werden. **Angola:** Rechtshilfe wird vertragslos gegenseitig geleistet; dt. Botschaft kann (eidlich) ohne Zwang vernehmen, falls Zustellungsempfänger oder die zu vernehmende Person nur die deutsche Staatsangehörigkeit besitzt. **Antigua und Barbuda:** Rechtshilfe wird vertragslos geleistet; dt. Botschaft in Port-of-Spain/Trinidad und Tobago kann (eidlich) ohne Zwang vernehmen, falls die zu vernehmende Person die deutsche Staatsangehörigkeit besitzt. **Argentinien** ist Mitglied des HBÜ (→ Anh. § 363 Rdnr. 1 ff.). **Äthiopien:** Rechtshilfe wird von äthiopischen Behörden nicht geleistet; dt. Botschaft kann (eidlich) ohne Zwang vernehmen, falls der Zustellungsempfänger oder die zu vernehmende Person nicht nur die äthiopische Staatsangehörigkeit besitzt. **Australien** ist Mitglied des HBÜ (→ Anh. § 363 Rdnr. 1 ff.). **Bahamas:** dt. Botschaft in Kingston/Jamaika kann (eidlich) ohne Zwang vernehmen, ohne Rücksicht auf die Staatsangehörigkeit der zu vernehmenden Person. **Bangladesch:** dt. Botschaft kann (eidlich) ohne Zwang vernehmen, wenn die zu vernehmende Person nur die deutsche Staatsangehörigkeit besitzt. **Barbados** ist Mitglied des HBÜ (→ Anh. § 363 Rdnr. 1 ff.). **Belarus:** dt. Botschaft kann (eidlich) ohne Zwang vernehmen, falls Zustellungsempfänger oder die zu vernehmende Person nur die deutsche Staatsangehörigkeit besitzt. **Belgien:** dt. Auslandsvertretungen (die nur in Ausnahmefällen in Anspruch genommen werden sollen) können ohne Zwang (eidlich) vernehmen sowie sich Urkunden vorlegen lassen, falls Zustellungsempfänger oder die zu vernehmende Person nur die deutsche Staatsangehörigkeit besitzt. **Bolivien:** Rechtshilfe wird vertragslos gegenseitig geleistet; dt. Botschaft kann (eidlich) ohne Zwang vernehmen, falls Zustellungsempfänger oder die zu vernehmende Person nur die deutsche Staatsangehörigkeit besitzt. **Botsuana:** Rechtshilfe wird vertragslos gegenseitig geleistet; dt. Botschaft kann (eidlich) ohne Zwang vernehmen, falls die zu vernehmende Person die deutsche Staatsangehörigkeit besitzt. Sie kann Blutentnahmen und für erbbiologische Gutachten erforderliche Untersuchungen mit Einwilligung des Betroffenen ohne Rücksicht auf dessen Staatsangehörigkeit von einem Vertrauensarzt durchführen lassen. **Brasilien:** Rechtshilfe wird vertragslos gegenseitig geleistet; stets müssen brasilianische Behörden in Anspruch genommen werden. **Bulgarien:** Rechtshilfe wird vertragslos gegenseitig geleistet; stets müssen bulgarische Behörden in Anspruch genommen werden. **Burundi:** Rechtshilfe wird vertragslos gegenseitig geleistet; dt. Botschaft kann (eidlich) ohne Zwang vernehmen, falls Zustellungsempfänger oder die zu vernehmende Person die deutsche Staatsangehörigkeit besitzt. **Chile:** Rechtshilfe wird vertragslos geleistet; dt. Auslandsvertretungen können (eidlich) ohne Zwang vernehmen, ohne Rücksicht auf die Staatsangehörigkeit des Zustellungsempfängers oder der zu vernehmenden Person, falls keine Rechtswirkungen in Chile hervorgerufen werden sollen. **China, Volksrepublik** ist Mitglied des HBÜ. **Costa Rica:** Rechtshilfe wird vertragslos gegenseitig geleistet; dt. Botschaft kann (eidlich) ohne Zwang vernehmen, ohne Rücksicht auf die Staatsangehörigkeit des Zustellungsempfängers oder der zu vernehmenden Person. **Côte d‹Ivoire:** Rechtshilfe wird vertragslos gegenseitig geleistet; es müssen ivorische Behörden in Anspruch genommen werden. **Dänemark** (einschließlich der Färöerinseln und Grönland) ist Mitglied des HBÜ (→ Anh. § 363 Rdnr. 1 ff.). **Dominica:** dt. Botschaft in Port-of-Spain/Trinidad und Tobago kann (eidlich) ohne Zwang vernehmen, ohne Rücksicht auf die Staatsangehörigkeit der zu verneh-

---

[72] Belgien, Niederlande, Österreich, Polen, Vereinigtes Königreich, Vereinigte Staaten (vgl. Länderangaben → Rdnr. 46); Quelle → Fn. 73.

[73] Die Staatenangaben beruhen auf dem Länderteil der ZRHO, abgedruckt bei *Piller-Herrmann* Justizverwaltungsvorschriften (Stand August 1998). Soweit andere Quellen benutzt werden, ist dies vermerkt. Es ist darauf hinzuweisen, daß die Rechtspraxis bisweilen anders verfährt als im Länderteil angegeben; z. B. werden trotz bestehender Rechtshilfeabkommen von einzelnen Staaten Beweisersuchen nicht erledigt, vgl. *OLG Hamm* NJW-RR 1988, 703 zum (damaligen) Verhältnis mit Polen.

menden Person. **Dominikanische Republik:** Rechtshilfe wird vertragslos gegenseitig geleistet; dt. Botschaft kann (eidlich) ohne Zwang vernehmen, falls Zustellungsempfänger oder die zu vernehmende Person nicht nur die dominikanische Staatsangehörigkeit besitzt. **Ecuador:** Rechtshilfe wird vertragslos gegenseitig geleistet; dt. Auslandsvertretungen können (eidlich) ohne Zwang vernehmen, ohne Rücksicht auf die Staatsangehörigkeit des Zustellungsempfängers oder der zu vernehmenden Person. **El Salvador:** Rechtshilfe wird vertragslos gegenseitig geleistet; dt. Botschaft kann (eidlich) ohne Zwang vernehmen, ohne Rücksicht auf die Staatsangehörigkeit des Zustellungsempfängers oder der zu vernehmenden Person, wenn Vernehmung keine Rechtswirkungen in El Salvador hervorrufen soll. **Estland** ist Mitglied des HBÜ (→ Anh. § 363 Rdnr. 1 ff.) **Fidschi:** dt. Botschaft in Wellington/Neuseeland kann (eidlich) ohne Zwang vernehmen, ohne Rücksicht auf die Staatsangehörigkeit der zu vernehmenden Person. **Finnland** ist Mitglied des HBÜ (→ Anh. § 363 Rdnr. 1 ff.). **Frankreich** ist Mitglied des HBÜ (→ Anh. § 363 Rdnr. 1 ff.). **Gabun:** Rechtshilfe wird vertragslos gegenseitig geleistet; dt. Botschaft kann (eidlich) ohne Zwang vernehmen, wenn die zu vernehmende Person nicht die gabunische Staatsangehörigkeit besitzt. **Gambia:** dt. Botschaft in Dakar/Senegal kann (eidlich) ohne Zwang vernehmen, ohne Rücksicht auf die Staatsangehörigkeit der zu vernehmenden Person. **Ghana:** Rechtshilfe wird vertragslos gegenseitig geleistet; dt. Botschaft kann (eidlich) ohne Zwang vernehmen, falls der Zustellungsempfänger oder die zu vernehmende Person die deutsche Staatsangehörigkeit besitzt. **Grenada:** dt. Botschaft in Port-of-Spain/Trinidad und Tobago kann (eidlich) ohne Zwang vernehmen, ohne Rücksicht auf die Staatsangehörigkeit der zu vernehmenden Person. **Griechenland:** dt. Auslandsvertretungen können (eidlich) ohne Zwang vernehmen, wenn die zu vernehmende Person nur die deutsche Staatsangehörigkeit besitzt. **Guatemala:** Rechtshilfe wird vertragslos gegenseitig geleistet; dt. Botschaft kann (eidlich) ohne Zwang vernehmen, ohne Rücksicht auf die Staatsangehörigkeit des Zustellungsempfängers oder der zu vernehmenden Person, falls keine Rechtswirkungen in Guatemala hervorgerufen werden sollen. **Guyana:** dt. Botschaft in Port-of-Spain/Trinidad und Tobago kann (eidlich) ohne Zwang vernehmen, ohne Rücksicht auf die Staatsangehörigkeit der zu vernehmenden Person. **Haiti:** Rechtshilfe wird vertragslos gegenseitig geleistet; es müssen haitianische Behörden in Anspruch genommen werden. **Honduras:** Rechtshilfe wird vertragslos gegenseitig geleistet; stets müssen honduranische Behörden in Anspruch genommen werden. **Indien:** Rechtshilfe wird vertragslos gegenseitig geleistet; dt. Auslandsvertretungen können (eidlich) ohne Zwang vernehmen, wenn die zu vernehmende Person nur die deutsche Staatsangehörigkeit besitzt. **Indonesien:** Rechtshilfe wird vertragslos gegenseitig geleistet; dt. Botschaft kann (eidlich) ohne Zwang vernehmen, falls der Zustellungsempfänger oder die zu vernehmende Person nur die deutsche Staatsangehörigkeit besitzt. **Irak:** Rechtshilfe wird vertragslos gegenseitig geleistet; dt. Botschaft kann (eidlich) ohne Zwang vernehmen, ohne Rücksicht auf die Staatsangehörigkeit des Zustellungsempfängers oder der zu vernehmenden Person, falls Rechtswirkungen im Irak nicht hervorgerufen werden sollen. **Iran:** Rechtshilfe wird vertragslos gegenseitig geleistet; dt. Botschaft kann (eidlich) ohne Zwang vernehmen, ohne Rücksicht auf die Staatsangehörigkeit des Zustellungsempfängers oder der zu vernehmenden Person, falls keine Rechtswirkungen im Iran hervorgerufen werden sollen. **Irland:** Rechtshilfe wird vertragslos gegenseitig geleistet; dt. Botschaft kann (eidlich) ohne Zwang vernehmen, ohne Rücksicht auf die Staatsangehörigkeit des Zustellungsempfängers oder der zu vernehmenden Person. Sie kann Blutentnahmen und für erbbiologische Gutachten erforderliche Untersuchungen von einem Vertrauensarzt mit Einwilligung des Betroffenen durchführen lassen, wenn dieser die deutsche oder die irische Staatsangehörigkeit besitzt. **Island:** dt. Botschaft kann (eidlich) ohne Zwang vernehmen, ohne Rücksicht auf die Staatsangehörigkeit des Zustellungsempfängers oder der zu vernehmenden Person. **Israel** ist Mitglied des HBÜ (→ Anh. § 363 Rdnr. 1 ff.). **Italien** ist Mitglied des HBÜ (→ Anh. § 363 Rdnr. 1 ff.). **Jamaika:** dt. Botschaft kann (eidlich) ohne Zwang vernehmen, ohne Rücksicht auf die Staatsangehörigkeit der zu vernehmenden Person. **Japan:** dt. Auslandsvertretungen können (eidlich) ohne Zwang vernehmen, wenn die zu vernehmende Person nur die deutsche Staatsangehörigkeit besitzt. **Jemen:** Rechtshilfe wird vertragslos gegenseitig geleistet; es müssen jemenitische Behörden in Anspruch genommen werden. **Jordanien:** Rechtshilfe wird vertragslos gegenseitig geleistet; stets müssen jordanische Behörden in Anspruch genommen werden. **Jugoslawien:** dt. Auslandsvertretungen können (eidlich) ohne Zwang vernehmen, falls der Zustellungsempfänger oder die zu vernehmende Person nicht die jugoslawische Staatsangehörigkeit besitzt. **Kamerun:** Rechtshilfe wird vertragslos gegenseitig geleistet; dt. Botschaft kann (eidlich) ohne Zwang vernehmen, falls der Zustellungsempfänger oder die zu vernehmende Person nur die deutsche Staatsangehörigkeit besitzt. **Kanada:** dt. Auslandsvertretungen können (eidlich) ohne Zwang vernehmen, ohne Rücksicht auf die Staatsangehörigkeit des Zustellungsempfängers oder der zu vernehmenden Person. **Katar:** Rechtshilfe wird vertragslos gegenseitig geleistet; dt. Botschaft kann (eidlich) ohne Zwang vernehmen, ohne Rücksicht auf die Staatsangehörigkeit des Zustellungsempfängers oder der zu vernehmenden Person. Die eidliche Vernehmung eines Muslims durch einen nichtmuslimischen Konsularbeamten ist nicht zugelassen. **Kenia:** dt. Botschaft kann (eidlich) ohne Zwang vernehmen, ohne Rücksicht auf die Staatsangehörigkeit des Zustellungsempfängers oder der zu vernehmenden Person. **Kolumbien:** Rechtshilfe wird vertragslos gegenseitig geleistet; dt. Auslandsvertretungen können (eidlich) ohne Zwang vernehmen, ohne Rücksicht auf die Staatsangehörigkeit des Zustellungsempfängers oder der zu vernehmenden Person. **Kongo:** Rechtshilfe wird vertragslos gegenseitig geleistet; dt. Botschaft kann (eidlich) ohne Zwang vernehmen, falls der Zustellungsempfänger oder die zu vernehmende Person die deutsche Staatsangehörigkeit besitzt. **Korea, Republik:** Rechtshilfe wird vertragslos gegenseitig geleistet; dt. Botschaft kann (eidlich) ohne Zwang vernehmen, ohne Rücksicht auf die Staatsangehörigkeit des Zustellungsempfängers oder der zu vernehmenden Person, falls Rechtswirkungen in Korea nicht hervorgerufen werden sollen. **Kuba:** Rechtshilfe wird vertragslos gegenseitig geleistet; stets müssen kubanische Behörden in Anspruch genommen werden. **Kuwait:** Rechtshilfe wird vertragslos gegenseitig geleistet; dt. Botschaft kann (eidlich) ohne Zwang vernehmen, falls die zu vernehmende Person nur die deutsche Staatsangehörigkeit besitzt. **Lesotho:** dt. Botschaft kann (eidlich) ohne Zwang vernehmen, ohne Rücksicht auf die Staatsangehörigkeit der zu vernehmenden Person. **Lettland** ist Mitglied des HBÜ (→ Anh. § 363 Rdnr. 1 ff.). **Libanon:** dt. Botschaft kann (eidlich) ohne Zwang vernehmen, falls der Zustellungsempfänger oder die zu vernehmende Person die deutsche Staatsangehörigkeit besitzt. Von Antrag auf Beeidigung eines muslimischen Zeugen oder Sachverständigen ist möglichst abzusehen. **Liberia:** Rechtshilfe wird vertragslos gegenseitig geleistet; dt. Botschaft kann (eidlich) ohne Zwang vernehmen, wenn die zu vernehmende Person nicht die liberianische Staatsangehörigkeit besitzt und die Vernehmung keine Rechtswirkungen in Liberia hervorrufen soll. **Libyen:** Rechtshilfe wird vertragslos gegenseitig geleistet; dt. Botschaft kann (eidlich) ohne Zwang vernehmen, falls der Zustellungsempfänger oder die zu vernehmende Person nur die deutsche Staatsangehörigkeit besitzt. **Liechtenstein:** Rechtshilfe wird vertragslos gegenseitig geleistet; den beiderseitigen gerichtlichen Behörden ist für die Rechtshilfe der unmittelbare Geschäftsverkehr gestattet (Vereinbarung vom 17. Februar/29. Mai 1958; BAnz. Nr. 73 vom 17. April 1959). **Luxemburg** ist Mitglied des HBÜ (→ Anh. § 363 Rdnr. 1 ff.). **Madagaskar:** Rechtshilfe wird vertragslos gegenseitig geleistet; dt. Botschaft kann (eidlich) ohne Zwang vernehmen, ohne Rücksicht auf die Staatsangehörigkeit des Zustellungsempfängers oder der zu vernehmenden Person. **Malawi:** dt. Botschaft kann (eidlich) ohne Zwang vernehmen, ohne Rücksicht auf die Staatsangehörigkeit des Zustellungsempfängers oder der zu vernehmenden Person. **Malaysia:** dt. Botschaft kann (eidlich) ohne Zwang vernehmen, ohne Rücksicht auf die Staatsangehörigkeit der zu vernehmenden Person. **Malta:** dt. Botschaft kann (eidlich) ohne Zwang vernehmen, ohne Rücksicht auf die Staatsangehörigkeit der zu vernehmenden Person. **Marokko:** dt. Botschaft kann (eidlich) ohne Zwang vernehmen, falls der Zustellungsempfänger oder die zu vernehmende Person nur die deutsche Staatsangehörigkeit besitzt. **Mauretanien:** Rechtshilfe wird vertragslos gegenseitig geleistet; dt. Botschaft kann (eidlich) ohne Zwang vernehmen, falls der Zustellungsempfänger oder die zu vernehmende Person nur die deutsche Staatsangehörigkeit besitzt. **Mauritius:** dt. Botschaft in Antananarivo/Madagaskar kann (eidlich) ohne Zwang vernehmen, ohne Rücksicht auf die Staatsangehörigkeit der zu vernehmenden Person. **Mexico** ist Mitglied des HBÜ (→ Anh. § 363 Rdnr. 1 ff.). **Monaco** ist Mitglied des HBÜ (→ Anh. § 363 Rdnr. 1 ff.). **Mongolei:** Rechtshilfe wird vertragslos gegenseitig geleistet; dt. Botschaft kann (eidlich) ohne Zwang vernehmen, falls der Zustellungsempfänger oder die zu vernehmende Person nur die deutsche Staatsangehörigkeit besitzt. **Mosambik:** dt. Botschaft kann (eidlich) ohne Zwang vernehmen, falls der Zustellungsempfänger oder die zu vernehmende Person nur die deutsche Staatsangehörigkeit besitzt. **Myanmar:** Rechtshilfe wird vertragslos gegenseitig geleistet; dt. Botschaft kann (eidlich) ohne Zwang vernehmen, falls der Zustellungsempfänger oder die zu vernehmende Person nicht die myanmarische Staatsangehörigkeit besitzt. **Namibia:** Rechtshilfe wird vertragslos gegenseitig geleistet; dt. Botschaft kann (eidlich) ohne Zwang vernehmen, ohne Rücksicht auf die Staatsangehörigkeit des Zustellungsempfängers oder der zu vernehmenden Person, wenn die zu vernehmende Person in der Nähe der Auslandsvertretung wohnt und Rechtswirkungen in Namibia nicht hervorgerufen werden sollen. Sie kann Blutentnahmen und für erbbiologische Gutachten erforderliche Untersuchungen mit Einwilligung des Betroffenen von einem Vertrauensarzt durchführen lassen. **Nauru:** dt. Botschaft in Canberra/Australien kann (eidlich) ohne Zwang vernehmen, ohne Rücksicht auf die Staatsangehörigkeit der zu vernehmenden Person. **Neuseeland** (einschließlich der *Cookinseln*): dt. Botschaft kann (eidlich) ohne Zwang vernehmen, ohne Rücksicht auf die Staatsangehörigkeit der zu vernehmenden Person. **Nicaragua:** Rechtshilfe wird vertragslos gegenseitig geleistet; dt. Botschaft kann (eidlich) ohne Zwang vernehmen, ohne Rücksicht auf die Staatsangehörigkeit des Zustellungsempfängers oder der zu vernehmenden Person, falls die Zustellung oder Vernehmung keine Rechtswirkungen in Nicaragua hervorrufen soll. Die **Niederlande** sind Mitglied des HBÜ (→ Anh. § 363 Rdnr. 1 ff.). **Niger:** Rechtshilfe wird vertragslos gegenseitig geleistet; dt. Botschaft kann (eidlich) ohne Zwang vernehmen, falls der Zustellungsempfänger oder die zu vernehmende Person nur die deutsche Staatsangehörigkeit besitzt. **Nigeria:** dt. Botschaft kann (eidlich) ohne Zwang vernehmen, ohne Rücksicht auf die Staatsangehörigkeit der zu vernehmenden Person. **Norwegen** ist Mitglied des HBÜ (→ Anh. § 363 Rdnr. 1 ff.). **Österreich:** dt. Auslandsvertretungen (die nur in Ausnahmefällen in Anspruch genommen werden sollen) können ohne Zwang (eidlich) vernehmen sowie sich Urkunden vorlegen lassen, falls der Zustellungsempfänger oder die zu vernehmende Person nur die deutsche Staatsangehörigkeit besitzt. Sie können Blutentnahmen und für erbbiologische Gutachten erforderliche Untersuchungen mit Einwilligung des Betroffenen von einem Vertrauensarzt durchführen lassen. **Pakistan:** Rechtshilfe wird vertragslos geleistet; dt. Auslandsvertretungen können (eidlich) ohne Zwang vernehmen, falls der Zustellungsempfänger oder die zu vernehmende Person nur die deutsche Staatsangehörigkeit besitzt. **Panama:** Rechtshilfe wird vertragslos gegenseitig geleistet; dt. Botschaft kann (eidlich) ohne Zwang vernehmen, ohne Rücksicht auf die Staatsangehörigkeit des Zustellungsempfängers oder der zu vernehmenden Person. **Papua-Neuguinea:** Rechtshilfe wird vertragslos gegenseitig geleistet; dt. Botschaft kann (eidlich) ohne Zwang vernehmen, wenn die zu vernehmende Person die deutsche Staatsangehörigkeit besitzt. **Paraguay:** Rechtshilfe wird vertragslos gegenseitig geleistet. Dt. Botschaft kann (eidlich) ohne Zwang vernehmen, ohne Rücksicht auf die Staatsangehörigkeit des Zustellungsempfängers oder der zu vernehmenden Person. **Peru:** Rechtshilfe wird vertragslos gegenseitig geleistet; dt. Botschaft kann (eidlich) ohne Zwang vernehmen, falls der Zustellungsempfänger oder die zu vernehmende Person nur die deutsche Staatsangehörigkeit besitzt. **Philippinen:** Rechtshilfe wird vertragslos gegenseitig geleistet; dt. Botschaft kann (eidlich) ohne Zwang vernehmen, falls der Zustellungsempfänger oder die zu vernehmende Person nur die deutsche Staatsangehörigkeit besitzt. **Polen:** ist Mitglied des HBÜ (→ Anh. § 363 Rdnr. 1 ff.). **Portugal** (einschließlich *Azoren* und *Madeira*) ist Mitglied des HBÜ (→ Anh. § 363 Rdnr. 1 ff.). **Rumänien:** dt. Auslandsvertretungen können (eidlich) ohne Zwang vernehmen, falls der Zustellungsempfänger oder die zu vernehmende Person nicht die rumänische Staatsangehörigkeit besitzt und keine Rechtswirkungen in Rumänien hervorgerufen werden sollen. **Russische Föderation:** dt. Auslandsvertretungen können (eidlich) ohne Zwang vernehmen, falls der Zustellungsempfänger oder die zu vernehmende Person nur die deutsche Staatsangehörigkeit besitzt. **Salomonen:** dt. Botschaft in Port Moresby/Papua-Neuguinea kann (eidlich) ohne Zwang vernehmen, ohne Rücksicht auf die Staatsangehörigkeit der zu vernehmenden Person. **Sambia:** dt. Botschaft kann (eidlich) ohne Zwang vernehmen, ohne Rücksicht auf die Staatsangehörigkeit der zu vernehmenden Person. **San Marino:** Rechtshilfe wird vertragslos gegenseitig geleistet; es müssen Behörden der Republik San Marino in Anspruch genommen werden. **Saudi-Arabien:** Rechtshilfe wird vertragslos gegenseitig geleistet; dt. Botschaft kann (eidlich) ohne Zwang vernehmen, falls der Zustellungsempfänger oder die zu vernehmende Person die deutsche Staatsangehörigkeit besitzt und keine Rechtswirkungen in Saudi-Arabien hervorgerufen werden sollen. **Schweden** ist Mitglied des HBÜ (→ Anh. § 363 Rdnr. 1 ff.). Die **Schweiz** ist Mitglied des HBÜ (→ Anh. § 363 Rdnr. 1 ff.). **Senegal:** Rechtshilfe wird vertragslos gegenseitig geleistet; dt. Botschaft kann (eidlich) ohne Zwang vernehmen, falls der Zustellungsempfänger oder die zu vernehmende Person nur die deutsche Staatsangehörigkeit besitzt. **Seychellen:** dt. Botschaft in Nairobi/Kenia kann (eidlich) ohne Zwang vernehmen, ohne Rücksicht auf die Staatsangehörigkeit des Zustellungsempfängers oder der zu vernehmenden Person. **Sierra Leone:** dt. Botschaft kann (eidlich) ohne Zwang vernehmen, ohne Rücksicht auf die Staatsangehörigkeit der zu vernehmenden Person. **Simbabwe:** Rechtshilfe wird vertragslos gegenseitig geleistet; dt. Botschaft kann (eidlich) ohne Zwang vernehmen, falls der Zustellungsempfänger oder die zu vernehmende Person nur die deutsche Staatsangehörigkeit besitzt. **Singapur** ist Mitglied des HBÜ (→ Anh. § 363 Rdnr. 1 ff.). Die **Slowakei** ist Mitglied des HBÜ (→ Anh. § 363 Rdnr. 1 ff.). **Somalia:** Rechtshilfe wird vertragslos gegenseitig geleistet; stets müssen somalische Behörden in Anspruch genommen werden. **Spanien** (einschließlich der *Kanarischen Inseln*) ist Mitglied des HBÜ (→ Anh. § 363 Rdnr. 1 ff.). **Sri Lanka:** Rechtshilfe wird vertragslos gegenseitig geleistet; dt. Botschaft kann (eidlich) ohne Zwang vernehmen, falls der Zustellungsempfänger oder die zu vernehmende Person nicht die srilankische Staatsangehörigkeit besitzt. **St. Lucia:** dt. Botschaft in Port-of-Spain/Trinidad und Tobago kann (eidlich) ohne Zwang vernehmen, ohne Rücksicht auf die Staatsangehörigkeit der zu vernehmenden Person. **St. Vincent und die Grenadinen:** dt. Botschaft in Port-of-Spain/Trinidad und Tobago kann (eidlich) ohne Zwang vernehmen, ohne Rücksicht auf die Staatsangehörigkeit der zu vernehmenden Person. **Südafrika:** ist Mitglied des HBÜ (→ Anh. § 363 Rdnr. 1 ff.). **Sudan:** Rechtshilfe wird vertragslos gegenseitig geleistet; dt. Botschaft kann (eidlich) ohne Zwang vernehmen, falls der Zustellungsempfänger oder die zu vernehmende Person nicht die sudanesische Staatsangehörigkeit besitzt und die Zustellung oder die Vernehmung keine Rechtswirkungen im Sudan hervorrufen soll. **Suriname:** dt. Botschaft in Port-of-Spain/Trinidad und Tobago kann (eidlich) ohne Zwang vernehmen, falls der Zustellungsempfänger oder die zu vernehmende Person die deutsche Staatsangehörigkeit besitzt. **Swasiland:** dt. Botschaft in Maputo/Mosambik kann (eidlich) ohne Zwang vernehmen, ohne Rücksicht auf die Staatsangehörigkeit der zu vernehmenden Person. **Syrien:** Rechtshilfe wird vertragslos gegenseitig geleistet; dt. Botschaft kann (eidlich) ohne Zwang vernehmen, falls der Zustellungsempfänger oder die zu vernehmende Person die deutsche Staatsangehörigkeit besitzt. **Tansania:** dt. Botschaft kann (eidlich) ohne Zwang vernehmen, ohne Rücksicht auf die Staatsangehörigkeit der zu vernehmenden Person. **Thailand:** Rechtshilfe wird vertragslos gegenseitig geleistet; stets müssen thailändische Behörden in Anspruch genommen werden. **Togo:** Rechtshilfe wird vertragslos gegenseitig geleistet; dt. Botschaft kann (eidlich) ohne Zwang vernehmen, ohne Rücksicht auf die Staatsangehörigkeit des Zustellungsempfängers oder der zu vernehmenden Person. **Trinidad und Tobago:** dt. Botschaft kann (eidlich) ohne Zwang vernehmen, ohne Rücksicht auf die Staatsangehörigkeit der zu vernehmenden Person. **Tschad:** Rechtshilfe wird vertragslos gegenseitig geleistet; dt. Botschaft kann (eidlich) ohne Zwang vernehmen, falls der Zustellungsempfänger oder die zu vernehmende Person nur die deutsche Staatsangehörigkeit besitzt. Die **Tschechische Republik** ist Mitglied des HBÜ (→ Anh. § 363 Rdnr. 1 ff.). **Tunesien:** dt. Botschaft kann (eidlich) ohne Zwang vernehmen, falls der Zustellungsempfänger oder die zu vernehmende Person nur die deutsche Staatsangehörigkeit besitzt. **Türkei:** dt. Auslandsvertretungen können (eidlich) ohne Zwang vernehmen, falls der Zustellungsempfänger oder die zu vernehmende Person nur die deutsche Staatsangehörigkeit besitzt. **Uganda:** Rechtshilfe wird vertragslos gegenseitig geleistet; dt. Botschaft kann (eidlich) ohne Zwang vernehmen, falls der Zustellungsempfänger oder die zu vernehmende Person nur die deutsche Staatsangehörigkeit besitzt. **Ungarn:** Die Ersuchen sind dem »Justizministerium der Republik Ungarn« in Budapest als Empfangsstelle zu übersenden. **Uruguay:** Rechtshilfe wird vertragslos gegenseitig geleistet; dt. Botschaft kann (eidlich) ohne Zwang vernehmen, falls der Zustellungsempfänger oder die zu vernehmende Person nicht nur die uruguayische Staatsangehörigkeit besitzt und die Zustellung oder die Vernehmung keine Rechtswirkungen in Uruguay hervorrufen soll. **Vatikanstaat:** Es müssen vatikanische Behörden in Anspruch genommen werden. **Venezuela** ist Mitglied des HBÜ (→ Anh. § 363 Rdnr. 1 ff.). **Vereinigte Arabische Emirate:** Rechtshilfe wird vertragslos gegenseitig geleistet; dt. Botschaft kann (eidlich) ohne Zwang vernehmen, falls der Zustellungsempfänger oder die zu vernehmende Person nur die deutsche Staatsangehörigkeit besitzt. Das **Vereinigte Königreich von Großbritannien und Nordirland** ist Mitglied des HBÜ (→ Anh. § 363 Rdnr. 1 ff.). Die **Vereinigten Staaten von Amerika** (einschließlich *Guam*, *Puerto Rico* und *Amerikanische Jungferninseln*) sind Mitglied des HBÜ (→ Anh. § 363 Rdnr. 1 ff.). **Vietnam:** Rechtshilfe wird vertragslos gegenseitig geleistet; stets müssen vietnamesische Behörden in Anspruch genommen werden. **Zaire:** Rechtshilfe wird vertragslos gegenseitig geleistet; es müssen zairische Behörden in Anspruch genommen werden. **Zentralafrikanische Republik:** Rechtshilfe wird vertragslos gegenseitig geleistet; dt. Botschaft kann, sofern einer Vorladung auf die Botschaft Folge geleistet wird, (eidlich) ohne Zwang vernehmen, wenn die zu vernehmende Person die deutsche Staatsangehörigkeit besitzt. **Zypern** ist Mitglied des HBÜ (→ Anh. § 363 Rdnr. 1 ff.).

ff) Rechtsstellung des Konsuls und das auf die konsularische Beweisaufnahme anzuwendende Recht

47 Die Durchführung der Beweisaufnahme durch den Konsul erfolgt gemäß § 15 Abs. 3 KonsularG (→ Fn. 50) nach **deutschem Recht** als der lex fori des Prozeßgerichts (→ auch Einl. Rdnr. 736). Gegenüber Mitgliedsstaaten des Haager Beweisaufnahmeübereinkommens ist Art. 21 HBÜ zu beachten (→ Anh. § 363 Rdnr. 136).

48 Der **Konsul** ist **Beamter** und genießt als solcher keine richterliche Unabhängigkeit. Die Übertragung der Beweisaufnahme auf den Konsul als nichtrichterliche Person ist mit dem **Richtervorbehalt** des Art. 92 GG gleichwohl **vereinbar**[74], da die Frage der Beweiserheblichkeit und Beweiswürdigung dem Richter überlassen bleibt. Allerdings stehen nach § 15 Abs. 4 KonsularG (→ Fn. 50) die Vernehmungen und die Vereidigungen sowie die darüber aufgenommenen Niederschriften des Konsuls entsprechenden richterlichen Handlungen und Niederschriften gleich (zum Unmittelbarkeitsgrundsatz bei Beweisaufnahme im Ausland → § 355 Rdnr. 27). Daraus folgt, daß dem Konsul inhaltlich keine Weisungen über sei-

---

[74] *R. Geimer* (Fn. 1) 133, 134 f.

ne Tätigkeit bei der Beweisaufnahme erteilt werden dürfen. Insoweit genießt er **sachliche Unabhängigkeit**. Ferner folgt aus § 15 Abs. 4 KonsularG auch die Anwendung der §§ 41 ff. über den Richterausschluß und die Richterablehnung[75]; über ein Ablehnungsgesuch entscheidet das ersuchende Prozeßgericht.

Die sachliche Unabhängigkeit bezieht sich nur auf die Durchführung der Beweisaufnahme aufgrund und im Rahmen des Ersuchens des Prozeßgerichts. Der **Konsul** darf **nicht** selbst eine **Beweisanordnung** erlassen oder das Ersuchen eigenmächtig ergänzen oder ändern. Wird eine Zeugenvernehmung angeordnet, darf nur das ersuchende Gericht darüber befinden, ob die prozessualen Voraussetzungen für die schriftliche Beantwortung der Beweisfrage nach **§ 377 Abs. 3** vorliegen. Das Prozeßgericht kann im Ersuchen an den Konsul darauf hinweisen, daß die schriftliche Beantwortung der Beweisfrage genügt. Ohne diesen Hinweis scheidet die schriftliche Befragung aus. Zur schriftlichen Befragung durch das Prozeßgericht selbst → Rdnr. 14. Soll ein unter Verstoß gegen diese Grundsätze gewonnenes Beweisergebnis im Prozeß verwertet werden, so muß das Prozeßgericht einen entsprechenden Beweisbeschluß erlassen, um das Beweisergebnis im Wege des Urkundenbeweises in den Prozeß einzuführen. Doch können auch die Parteien die **Heilung** über § 295 (→ dort Rdnr. 18) herbeiführen. — 49

3. Ersuchen an die ausländische Behörde (Abs. 1)

a) Anwendungsbereich

Ist die **Beweisaufnahme** durch den deutschen **Konsul nicht möglich**, weil hierfür die notwendigen Voraussetzungen (→ Rdnr. 33 ff.) fehlen, und kann deshalb nicht nach Abs. 2 verfahren werden, so hat das **Gericht** nach Abs. 1 die **zuständige ausländische Behörde** im Wege der **Rechtshilfe** um die Vornahme der **Beweisaufnahme** zu ersuchen. Das Gericht kann für den Fall des Beweisaufnahmeersuchens an eine ausländische Behörde aber auch nach **§ 364** verfahren und die Beweisaufnahme im Wege des **Parteibetriebs** veranlassen (→ § 364 Rdnr. 5). — 52

Abs. 1 spricht von **ausländischer »Behörde«** und gibt damit zu erkennen, daß das Ersuchen nach der ZPO **nicht** durch einen **Richter** erledigt werden muß. Welche Behörde das Ersuchen erledigt, bestimmt der ersuchte Staat. — 53

b) Die Wege des Ersuchens an die ausländische Behörde

aa) Grundsatz: Wille des ersuchten Staates

Die ZPO sagt nicht, auf welchem Wege das Ersuchen vorzunehmen ist. Es ist ausschließlich Angelegenheit des ausländischen Staates, in welcher Weise er die an ihn gerichteten Ersuchen erledigt. Auch hier gilt der Grundsatz, daß die Rechtshilfe vom **Willen des Empfangsstaates** abhängig ist (→ Rdnr. 33). Deshalb sind in erster Linie die bereits genannten **multilateralen Abkommen** einschlägig, insbesondere das Haager Beweisaufnahmeübereinkommen (→ Anh. § 363 Rdnr. 1 ff.) und Art. 7 des New Yorker UN-Übereinkommens über die Geltendmachung von Unterhaltsansprüchen im Ausland[76], daneben **bilaterale Verträge**, insbesondere Art. 8 ff. des Deutsch-britischen Abkommens über den Rechtsverkehr[77], sowie einseitige **Vorbehalte** und **Erklärungen** und letztlich das Verhalten des ersuchten Staates im vertragslosen Zustand (dazu bereits → Rdnr. 33). — 54

---

[75] A. A. *R. Geimer* IZPR³ Rdnr. 260.
[76] BGBl II 1959, 150.
[77] RGBl II 1928, 623.

bb) Staatenpraxis

55   Dementsprechend haben sich in der **Staatenpraxis** verschiedene Wege herausgebildet, auf denen Beweisaufnahmeersuchen erledigt werden.

(1) Unmittelbarer Verkehr

56   Den einfachsten Weg stellt der **unmittelbare Verkehr**[78] vom deutschen zum für die Erledigung zuständigen ausländischen Gericht bzw. der zuständigen Staatsanwaltschaft dar. Er ist jedoch nur in wenigen Fällen gestattet[79]. Die jeweiligen Ersuchen sind unter vorheriger verwaltungsmäßiger Prüfung durch die Prüfungsstellen (§§ 27, 9 Abs. 2 ZRHO) unmittelbar an die örtlich zuständigen Stellen zu übersenden. Zu beachten ist stets der Vorrang des Abs. 2 (→ Rdnr. 30), denn viele Staaten, die einen unmittelbaren Verkehr gestatten, lassen auch die konsularische Beweisaufnahme zu.

(2) Ersuchen an die Zentrale Behörde

57   Eine zunehmend übliche Möglichkeit ist das Ersuchen an eine vom ersuchten Staat bestimmte **Zentrale Behörde**, die ihrerseits die innerstaatlich zuständige Stelle mit der Erledigung des Ersuchens beauftragt. Dieses Verfahren sieht beispielsweise Art. 2 HBÜ vor (→ Anh. § 363 Rdnr. 35). Art. 8 HBÜ ermöglicht überdies die Anwesenheit von Mitgliedern des ersuchenden Gerichts bei der Beweisaufnahme, sofern der betreffende Staat eine entsprechende Erklärung abgegeben hat (→ Anh. § 363 Rdnr. 65).

(3) Der konsularische Weg des Rechtshilfeersuchens

58   Scheidet die Anwendung des Haager Beweisaufnahmeübereinkommens aus, bietet sich der **konsularische Weg** an. Das deutsche Gericht hat das Ersuchen an den deutschen Konsul zu übermitteln, der es seinerseits der zuständigen Stelle übersendet. Dieser Weg ist vorgesehen in Art. 9 HZPÜ (→ Anh. § 363 Rdnr. 166). Der »konsularische Weg« der *Übermittlung* des Rechtshilfeersuchens ist zu **unterscheiden** von der eigenen *Erledigung* der Beweisaufnahme durch den Konsul (→ Rdnr. 33 f.). Der konsularische Weg der Übermittlung setzt voraus (→ Rdnr. 30), daß eine eigene Erledigung durch den Konsul nicht möglich ist. Ist unklar, ob eine eigene Erledigung der Beweisaufnahme durch den Konsul möglich ist, empfiehlt sich die Form eines Eventualersuchens (→ Rdnr. 35).

(4) Der diplomatische Weg des Rechtshilfeersuchens

59   Einige Staaten lassen nicht den konsularischen, wohl aber den diplomatischen Weg zu. Hier wird das Ersuchen nicht vom Konsularbeamten, sondern von dem jeweiligen Diplomaten an die zuständige ausländische Stelle weitergeleitet. Eventualersuchen (→ Rdnr. 35) sind auch hier theoretisch möglich; nur lassen die meisten Staaten, die den diplomatischen Weg des Ersuchens vorschreiben, ohnehin nicht die eigene Erledigung von Ersuchen durch den Konsul zu.

60   Aus der Sicht des **deutschen Prozeßgerichts** ist die konkrete Erledigung des Beweisersuchens durch den konsularischen oder diplomatischen Vertreter **unerheblich**.

---

[78] Andere Terminologie bei *Roth* → vor § 166 Rdnr. 54 f.

[79] Das Verzeichnis der jeweiligen Gerichte und Staatsanwaltschaften, die Rechtshilfe leisten, ist im Länderteil der ZRHO enthalten oder liegt den Prüfungsstellen vor.

c) Das auf die Beweisaufnahme der ausländischen Behörde anzuwendende Recht

Die **Ausführung** der von einem deutschen Gericht veranlaßten Beweisaufnahme durch ausländische Behörden erfolgt gemäß dem Grundsatz der lex fori nach dem jeweiligen **Recht des ersuchten Staates**[80] (→ näher Einl. Rdnr. 736 ff.). Diesem Prinzip folgt auch Art. 9 Abs. 1 HBÜ. Allerdings kann nach Art. 9 Abs. 2 HBÜ das Gericht beantragen, die Beweisaufnahme in einer «**besonderen Form**«, dem Recht des ersuchenden Staates, durchzuführen (→ Anh. § 363 Rdnr. 70 ff.). 62

Zur Frage der **Verwertbarkeit**, wenn die Beweisaufnahme im Ausland nach dem dortigen Recht nicht ordnungsgemäß durchgeführt wurde, aber dem deutschen Recht entspricht (→ § 369 Rdnr. 2). 63

d) Ablehnung der Beweisaufnahme durch die ausländische Behörde

Ob der fremde Staat – etwa unter Berufung auf den eigenen *ordre public* (z.B. Art. 12 Abs. 1 lit. b] HBÜ, → Anh. § 363 Rdnr. 90) – das Ersuchen ablehnt, ist dem deutschen Prozeßgericht häufig unbekannt. Nur wenn feststeht, daß der andere Staat das Beweisersuchen ablehnen wird, kann von einem Ersuchen abgesehen werden (→ aber § 364 Rdnr. 2). 65

4. Verfahren des Prozeßgerichts bei ausgehenden Beweisaufnahmeersuchen

a) Beweisbeschluß

Zuständig für die **Anordnung** der Beweisaufnahme im Ausland ist das **Prozeßgericht**. Der **Beweisbeschluß** hat zugleich zu bestimmen, auf welchem **Wege** die Beweisaufnahme herbeizuführen ist. Diese Bestimmung kann auch ohne mündliche Verhandlung geändert werden (→ § 360 Rdnr. 11). 68

Der Beweisbeschluß, der eine Beweisaufnahme nach § 363 anordnet, ist grundsätzlich **unanfechtbar**. Entsprechend § 252 ist er ausnahmsweise jedoch mit der **Beschwerde** angreifbar, falls eine erst nach erheblicher Verzögerung durchführbare Beweisaufnahme faktisch einen **Verfahrensstillstand** herbeiführt[81]. 69

Zur Entscheidung über die **schriftliche Beantwortung der Beweisfrage** → Rdnr. 49. 70

b) Ersuchungsschreiben

Das **Ersuchungsschreiben** gemäß § 363 erläßt der **Vorsitzende** bzw. der Einzelrichter (→ § 348 Rdnr. 1). Im Geltungsbereich des Haager Beweisaufnahmeübereinkommens sind die formellen Voraussetzungen der Art. 3 und 4 HBÜ zu beachten. Die in den Ländern einheitlich geltende **ZRHO** (→ Einl. Rdnr. 855 und Fn. 10 vor § 166) enthält Bestimmungen über Form, Übersetzung, Kosten usw. Der Länderteil der ZRHO gibt Aufschluß darüber, auf welchem Weg die Beweisaufnahme in den verschiedenen Staaten durchgeführt werden kann. 71

c) Verwaltungsmäßige Prüfung

Die Rechtshilfeersuchen sind nach § 27 ZRHO stets den **Prüfungsstellen** vorzulegen, die deren Vereinbarkeit mit den Staatsverträgen und der ZRHO prüfen und die Weiterleitung übernehmen (→ näher § 199 Rdnr. 58 f.). Das **Prüfungsrecht** der Prüfungsstellen ist auf Ge- 72

---

[80] *BGHZ* 33, 64.   [81] *LG Aachen* NJW-RR 1993, 1407.

sichtspunkte **beschränkt**, die die **Pflege der auswärtigen Beziehungen** des Bundes (Art. 32 GG) betreffen[82]. Wird die Weiterleitung eines Ersuchens aus *diesen* Gründen abgelehnt, ist die richterliche Unabhängigkeit nicht unzulässig beeinträchtigt. Anders verhält es sich, wenn die Prüfungsstelle ihre Entscheidung auf Gesichtspunkte stützt, deren Beurteilung allein dem Richter obliegen. Die Weiterleitung darf daher nicht abgelehnt werden z. B. mit dem Argument, der zu erhebende Beweis sei nicht erheblich oder das Verfahren werde verzögert.

d) Benachrichtigung der Parteien

73 Wird die **Beweisaufnahme** nach Abs. 2 **durch den Konsul** vorgenommen, richtet sich das Verfahren nach deutschem Recht (→ Rdnr. 47). Für die Benachrichtigung der Parteien und ihre Anwesenheit bei der Beweiserhebung gilt § 357. Der Konsul hat die Parteien von Zeit und Ort der Beweisaufnahme zu benachrichtigen.

74 Die Beweisaufnahme durch die ausländische Behörde gemäß Abs. 1 erfolgt nach deren Recht (→ Rdnr. 62). Die Benachrichtigung richtet sich folglich nach **ausländischem Recht**. Im Anwendungsbereich des Haager Beweisaufnahmeübereinkommens (→ Anh. § 363 Rdnr. 7, 19 ff.) ist Art. 7 HBÜ (→ Anh. § 363 Rdnr. 61) zu beachten.

75 Da die Benachrichtigung zu einer erheblichen Verzögerung führen kann, soll nach **§ 38 ZRHO** (dazu → Rdnr. 71) bei der Vorbereitung des Ersuchens geklärt werden, ob die Parteien den Termin wahrnehmen wollen oder ob auf eine Benachrichtigung verzichtet wird. Erfolgt kein Verzicht, so ist bei unterbliebener Benachrichtigung § 364 Abs. 4 Satz 2 entsprechend anzuwenden[83]; bei der Ermessensentscheidung über die Verwertung ist zu berücksichtigen, welche Fragen und Vorhalte die nicht benachrichtigte Partei an den Zeugen hätte richten können[84]. Von dem Eintreffen der auswärtigen Beweisverhandlungen werden die Parteien in entsprechender Anwendung des § 362 Abs. 2 unterrichtet.

e) Fristsetzung an den Beweisführer

76 Nimmt die Durchführung des Beweisersuchens im Ausland einen zu langen Zeitraum in Anspruch und wird sie als aussichtslos erachtet (→ Rdnr. 65), so kann das **Prozeßgericht** unter den Voraussetzungen des § 360 (→ dort Rdnr. 11) den Beweisbeschluß dahin ändern, daß nach § 364 zu verfahren sei. Hierbei ist gemäß § 364 Abs. 1 und 3 eine **Fristsetzung** zur Beibringung der angebotenen Beweismittel statthaft (→ § 364 Rdnr. 6). Nach Fristablauf kann das angebotene Beweismittel unberücksichtigt bleiben, wenn dadurch eine Verzögerung des Verfahrens eintritt (§ 364 Abs. 3 Satz 2)[85].

f) Nach ausländischem Recht undurchführbare Beweisaufnahme bei Abstammungsprozessen

77 Haben bei Abstammungsprozessen Rechtshilfeersuchen um eine zwangsweise Blutentnahme keine Aussicht auf Erfolg, weil das **ausländische Recht dieses Beweisaufnahmeverfahren nicht kennt**, kann das Gericht davon ausgehen, daß das betreffende Beweismittel nicht zur Verfügung steht. Verhindert eine Prozeßpartei unter Inanspruchnahme des ausländischen Rechts die Durchführung der Beweisaufnahme, so ist der inländische Abstam-

---

[82] Zum Verhältnis Art. 97 GG zu Art. 32 GG bei ausgehenden Rechtshilfeersuchen *Schlosser* FS Constantinesco (1983) 653, 659 ff.
[83] *BGHZ* 33, 64 = *ZZP* 74 (1961) 86 (Anm. *Schneider*); *RGZ* 2, 372.
[84] *BGHZ* 33, 64, 65.
[85] *BGH NJW* 1984, 2039.

mungsprozeß nicht nach den Grundsätzen der Beweisvereitelung zu beurteilen, sondern nach allgemeinen Beweislastgrundsätzen (→ hierzu näher § 372 a Rdnr. 30 f.).

g) Weiteres Verfahren vor dem Prozeßgericht

Vom Eingang der vom deutschen Konsul oder der ausländischen Behörde über die Beweisaufnahme im Ausland errichteten Urkunden beim Prozeßgericht sind die Parteien analog § 362 Abs. 2 Halbsatz 2 zu **benachrichtigen**. Zum **Akteneinsichtsrecht** der Parteien → § 299 Abs. 1. Nach § 285 Abs. 2 (→ dort Rdnr. 7) haben die Parteien das **Beweisergebnis vorzutragen** und darüber zu **verhandeln**, § 285 Abs. 1.   78

IV. Eingehende Rechtshilfeersuchen

§ 363 regelt **nur ausgehende Rechtshilfeersuchen**, nicht den umgekehrten Fall, daß ausländische Gerichte um Rechtshilfe durch deutsche Stellen ersuchen (**eingehende Rechtshilfeersuchen**; → zur Terminologie Einl. Rdnr. 852). Maßgebend sind vielmehr die Rechtshilfeverträge einschließlich der Ausführungsgesetze sowie die ZRHO. Zur Rechtshilfe im vertragslosen Zustand → Einl. Rdnr. 885. Zum Verfahren bei eingehenden Rechtshilfeersuchen nach dem Haager Beweisaufnahmeübereinkommen → Anh § 363 Rdnr. 11 ff.   79

Anhang zu § 363

Stichwortverzeichnis → Beweisaufnahmeschlüssel zu Beginn der Vorbemerkungen vor § 355.

Staatenverzeichnis → zu Beginn der Kommentierung zu § 363.

A. Haager Übereinkommen über die Beweisaufnahme im Ausland in Zivil- oder Handelssachen[1]

Vom 18. III. 1970

Vorbemerkungen

I. Bedeutung des Haager Beweisaufnahmeübereinkommens ... 1	V. Verfahren bei eingehenden Rechtshilfeersuchen
II. Überblick über das HBÜ ... 3	1. Zuständigkeiten ... 11
III. Geltungsbereich des HBÜ ... 7	2. Verfahren und Rechtsbehelfe ... 13
IV. Keine Sperrwirkung des HBÜ gegenüber Beweismittelbeschaffung ... 8	VI. Verfahren bei ausgehenden Rechtshilfeersuchen ... 15

---

[1] Lit.: *Bertele* Souveränität und Verfahrensrecht (1998) 420 ff.; *Blaschczok* Das Haager Übereinkommen über die Beweisaufnahme im Ausland in Zivil- oder Handelssachen (1986); *Böckstiegel-Schlafen* NJW 1978, 1073; *Junker* Discovery im deutsch-amerikanischen Rechtsverkehr (1987) insbes. S. 225 ff.; *ders*. Der deutschamerikanische Rechtsverkehr in Zivilsachen – Zustellungen und Beweisaufnahmen, JZ 1989, 121 ff.; *Nagel-Gottwald* IZPR[4] § 8 Rdnr. 6 ff.; *Paulus* Discovery, deutsches Recht und das Haager Beweisübereinkommen ZZP 104 (1991) 397; *Pfeil-Kammerer* Deutsch-amerikanischer Rechtsverkehr in Zivilsachen (1987) 171 ff.; *Schack* Internationales Zivilverfahrensrecht[2] Rdnr. 725 ff.; *Schlosser* EuGVÜ (1996) Kommentierung HBÜ S. 341–372; *Stadler* Der Schutz des Unternehmensgeheimnisses im deutschen und U.S.-amerikanischen Zivilprozeß und im Rechtshilfeverfahren (1989); *Stürner* Die Gerichte und Behörden der U.S.A. und die Beweisaufnahme in

1 ## I. Bedeutung des Haager Beweisaufnahmeübereinkommens

Das Haager Beweisaufnahmeübereinkommen (HBÜ) tritt nach seinem Art. 29 (→ Rdrn. 152) zwischen den Staaten, die es ratifiziert haben, an die Stelle der Art. 8 bis 16 des Haager Übereinkommens über den Zivilprozeß von 1954 (HZPÜ; Text → Rdrn. 166). Gegenüber dem HZPÜ soll das HBÜ die internationale Beweisaufnahme erleichtern. Es bestimmt in Anlehnung an Art. 2 HZÜ (Text → § 199 Rdrn. 66) einen neuen **Übermittlungsweg** für Rechtshilfeersuchen: Während nach Art. 9 HZPÜ Rechtshilfeersuchen auf dem diplomatischen oder konsularischen Weg übermittelt werden, sind Rechtshilfeersuchen nach Art. 2 HBÜ (→ Rdrn. 35) einer Zentralen Behörde zuzuleiten, die das Ersuchen an das zuständige Gericht zur Erledigung weiterleitet; zudem können nach Art. 8 HBÜ (→ Rdrn. 65) **Mitglieder des ersuchenden Gerichts** bei der Erledigung **anwesend** sein, falls der ersuchte Staat eine dahingehende Erklärung abgegeben hat. Art. 15 bis 17 HBÜ (→ Rdrn. 115) sehen die **direkte Methode der Beweisaufnahme** im Ausland **durch diplomatische oder konsularische Vertreter** bzw. einen »**Beauftragten**« ohne Beteiligung von Gerichten oder Behörden des Staates, in dem die Beweisaufnahme durchgeführt wird, vor. Damit soll die internationale Beweisaufnahme im Verhältnis zu den Ländern des anglo-amerikanischen Rechtskreises erleichtert werden[2]. Freilich haben sich die Erwartungen namentlich im Hinblick auf den Rechtshilfeverkehr zu den Vereinigten Staaten von Amerika nicht erfüllt (→ dazu Rdrn. 10, 23, 31, 72, 84, 92, 93, 137, 142).

2 Für den **deutschen Zivilprozeß** hat die konsularische Beweisaufnahme wegen § 363 Abs. 2 Vorrang vor Rechtshilfeersuchen nach Kapitel I HBÜ. Ungeklärt ist, inwieweit Mitglieder des erkennenden Gerichts nach § 361 auf der Grundlage des Art. 17 zu Beauftragten bestellt werden können, die die Beweisaufnahme im Ausland selbst durchführen; → Rdrn. 125.

II. Überblick über das HBÜ

3 Das HBÜ gliedert sich in drei Abschnitte. **Kapitel I** (Art. 1 bis 14) regelt Übermittlung und Erledigung von Rechtshilfeersuchen in Zivil- oder Handelssachen (Art. 1): Die ersuchende gerichtliche Behörde richtet das Rechtshilfeersuchen (Art. 3 und 4) an die Zentrale Behörde (Art. 2) des anderen Vertragsstaats. Die Zentrale Behörde prüft die Ordnungsgemäßheit des Ersuchens (Art. 5) und leitet es an die zuständige Behörde weiter. Diese verfährt bei der Erledigung grundsätzlich nach ihrem Recht (Art. 9) unter Anwendung von **Zwangsmitteln** (Art. 10). Auskunftspersonen können sich auf **Aussageverweigerungsrechte** und -verbote (kumulativ) sowohl nach dem Recht der ersuchenden als auch der ersuchten Behörde berufen (Art. 11). Art. 12 Abs. 1 regelt abschließend die Ablehnungsgründe gegenüber Rechtshilfeersuchen; die in lit. b) enthaltene **ordre public-Klausel** wird in Abs. 2 eingeschränkt. Zum Verfahren → Rdrn. 11 ff.

4 **Kapitel II** (Art. 15 bis 22) regelt die Beweisaufnahme durch diplomatische und konsularische Vertreter und Beauftragte (»**Direktmethode**«). Sie verfahren grundsätzlich nach dem **Recht des Forumstaates** (Art. 21 lit. d]). Darin liegt ein wesentlicher Vorteil gegenüber dem Rechtshilfeweg, weil das Ergebnis der Beweisaufnahme besser verwertbar ist. Nachteilig ist, daß die direkte Beweisaufnahme grundsätzlich **ohne Anwendung von Zwang** erfolgen muß (vgl. Art. 18). Nur wenige Vertragsstaaten (→ Rdrn. 129) haben eine Erklärung zur Unterstützung durch Zwangsmaßnahmen abgegeben.

Deutschland, ZVglRWiss 81 (1982) 159, 197 ff.; *Trittmann* Anwendungsprobleme des Haager Beweisaufnahmeübereinkommens im Rechtshilfeverkehr zwischen der Bundesrepublik und den Vereinigten Staaten von Amerika (1989). – Eine Zusammenstellung gerade auch der internationalen Literatur zum HBÜ findet sich im Internet unter *http://www.hcch.net/e/conventions/bibl20e.html*.

[2] Denkschrift BT DS 7/4892, 51 l. Sp.

Kapitel III (Art. 23 bis 42) enthält Allgemeine Bestimmungen sowie Übergangs- und Schlußvorschriften. Als besonders problematisch hat sich dabei das Verständnis des Art. 23 erwiesen (→ Rdnr. 142 f.). Art. 31 sieht grundsätzlich die **Fortgeltung bilateraler Rechtshilfeabkommen** vor. Art. 33 ermöglicht den Ausschluß von Teilen des HBÜ durch einen **Vorbehalt**. 5

Zum HBÜ wurde ein **Ausführungsgesetz** erlassen (Text → Rdnr. 165). 6

III. Geltungsbereich des HBÜ

Für die Bundesrepublik Deutschland ist das HBÜ am 26. Juni 1979 im Verhältnis zu folgenden Staaten in Kraft getreten[3]: Dänemark, Finnland, Frankreich, Luxemburg, Norwegen, Portugal, Schweden, der ehemaligen Tschechoslowakei, dem Vereinigten Königreich[4] und den Vereinigten Staaten[5]. Das HBÜ gilt nach Art. 11 EinigungsV auch für die neuen Bundesländer (→ vor § 166 Rdnr. 49). Darüber hinaus sind folgende Staaten Mitglied des Übereinkommens: Israel (seit 17. 9. 1979)[6], die Niederlande (seit 7. 6. 1981)[7], Singapur (seit 13. 9. 1981)[8], Barbados (seit 5. 4. 1982)[9], Italien (seit 21. 8. 1982)[10], Zypern (seit 27. 6. 1983)[11], Monaco (seit 12. 8. 1986)[12], Spanien (seit 21. 7. 1987)[13], Argentinien (seit 21. 6. 1988)[14], Mexiko (seit 23. 3. 1990)[15], die Tschechische Republik und die Slowakische Republik (seit 1. 1. 1993)[16], Australien (seit 3. 7. 1993)[17], Venezuela (seit 21. 10. 1994)[18], die Schweiz (seit 1. 1. 1995)[19], Lettland (seit 27. 11. 1995)[20], Estland (seit 31. 8. 1996)[21], Polen (seit 14. 9. 1996)[22], Südafrika (seit 12. 1. 1998)[23] und China (seit 6. 7. 1998)[23a]. 7

IV. Keine Sperrwirkung des HBÜ gegenüber Beweismittelbeschaffung

Das HBÜ regelt nur die Beweisaufnahme im Ausland und schließt andere Wege der Informationsgewinnung, insbesondere die Beweismittelbeschaffung (»Direktzugriff«; »Beweismittelanforderung« → § 363 Rdnr. 2) ins Inland nicht aus[24]. Die Pflicht, *ausschließlich* nach dem HBÜ zu verfahren, wenn sich ein Beweismittel in einem anderen Vertragsstaat befindet, besteht nicht. Wie der Wortlaut der Art. 1, 15, 16 und 17 HBÜ (»kann«) belegt, bildet die Beweisaufnahme im Ausland nach den Regeln des Haager Beweisaufnahmeübereinkommens (im Wege der Rechtshilfe, durch diplomatische oder konsularische Vertreter oder Beauftragte) eine zusätzliche Möglichkeit der Tatsachenfeststellung, sie entfaltet **keine Sperrwirkung** gegenüber anderen Wegen der Beweismittelbeschaffung, die nach dem Recht des Forumstaates zulässig sind. Dem HBÜ ist kein Verzicht der Vertragsstaaten auf 8

---

[3] BGBl II 1979, 780; II 1980, 1290. – Eine aktualisierte Zusammenstellung der Mitgliedsstaaten findet sich im Internet unter *http://www.hcch.net/e/status/stat20e.html*.

[4] Mit Erstreckungen auf: Gibraltar (BGBl II 1980, 1298), Akrotiri und Dhekelia (BGBl II 1980, 1298), Falklandinseln und Nebengebiete (BGBl II 1980, 1299), Insel Man (BGBl II 1980, 1299), Kaimaninseln (BGBl II 1980, 1440), Guernsey (BGBl II 1986, 578) und Jersey (BGBl II 1987, 306).

[5] Mit Erstreckungen auf: Guam (BGBl II 1980, 1300), Puerto Rico (BGBl II 1980, 1300) und die Jungferninseln (BGBl II 1980, 1300).

[6] BGBl II 1980, 1290; II 1981, 374.

[7] BGBl II 1981, 573 mit Erstreckung auf: Aruba (BGBl II 1986, 1136).

[8] BGBl II 1981, 962.

[9] BGBl II 1982, 539.

[10] BGBl II 1982, 998.

[11] BGBl II 1984, 567.

[12] BGBl II 1986, 1135.

[13] BGBl II 1987, 615.

[14] BGBl II 1988, 823.

[15] BGBl II 1990, 298.

[16] BGBl II 1993, 2398.

[17] BGBl II 1993, 2398.

[18] BGBl II 1994, 3647.

[19] BGBl II 1995, 532.

[20] BGBl II 1996, 16.

[21] BGBl II 1996, 2494.

[22] BGBl II 1996, 2495.

[23] BGBl II 1997, 2225.

[23a] BGBl II 1998, 1729.

[24] *Gottwald* FS Habscheid (1989) 119, 125; *Junker* (Fn. 1) 401 f.; *Mössle* Extraterritoriale Beweisbeschaffung ... 433; *Schack* (Fn. 1) Rdnr. 725; *Schlosser* (Fn. 1) HBÜ Art. 1 Rdnr. 5; a. A. *Stadler* (Fn. 1) 319.

Methoden der Tatsachenfeststellung zu entnehmen, die ihre nationalen Prozeßordnungen vorsehen[25]. Allerdings sind insbesondere bei Maßnahmen gegenüber Nichtparteien die allgemeinen völkerrechtlichen Grenzen der Beweismittelbeschaffung zu beachten (→ § 363 Rdnr. 7 ff.).

9 Auch besteht **kein Anwendungsvorrang** des HBÜ in dem Sinne, daß nach dem Grundsatz internationaler Rücksichtnahme (»comity«) zunächst ein Versuch unternommen werden muß, nach dem HBÜ zu verfahren, und erst wenn dieser gescheitert ist, auf die Wege der Beweismittelbeschaffung ins Inland zurückgegriffen werden darf[26]. Sind die Parteien nicht mitwirkungswillig, ist der Versuch über das HBÜ zeitraubend und teuer, zumal etwa für die Urkundenvorlage durch Parteien in Deutschland keine Zwangsmittel zur Verfügung stehen, die nach Art. 10 oder 18 zur Anwendung kommen könnten. Aus deutscher Sicht ist erwähnenswert, daß das Prinzip der Unmittelbarkeit der Beweisaufnahme (§ 355 ZPO) durch ein Vorgehen nach dem HBÜ nur im Ausnahmefall (→ Rdnr. 125) gewahrt werden kann, ein Anwendungsvorrang also den Unmittelbarkeitsgrundsatz schwächt.

10 Die weitreichenden **Anordnungen US-amerikanischer Gerichte**, in anderen Vertragsstaaten belegene Urkunden vorzulegen oder Zeugen in den USA zur Vernehmung zu stellen, die eine maßgebliche Ursache für den »**Justizkonflikt**« zwischen Europa und den USA[27] bilden, verletzen daher das HBÜ nicht, zumal deutsche Gerichte nicht anders verfahren[28]. Daß gerichtliche Anordnungen nach US-amerikanischem Verfahrensrecht vielfach nicht nur innerprozessuale Konsequenzen haben (Unterliegen im Prozeß; Beweisnachteile), sondern sanktionsbewehrt sind (»contempt of court«), ändert an dieser Einschätzung nichts, denn vollzogen werden die Sanktionen auf europäischem Boden nicht. Ein Verstoß gegen Völkerrecht soll indes vorliegen, wenn ein **Beweismitteltransfer** nach europäischem Recht **verboten** ist, weil die Informationsweitergabe in ein ausländisches Verfahren allgemein gesetzlich untersagt ist oder gerichtlich oder behördlich untersagt wird[29] (→ auch § 363 Rdnr. 12).

V. Verfahren bei eingehenden Rechtshilfeersuchen

1. Zuständigkeiten

11 Nach Art. 2 Abs. 1 HBÜ sind Rechtshilfeersuchen an die **Zentrale Behörde** des ersuchten Staates zu richten, die das Ersuchen der zuständigen Behörde zur Erledigung zuleitet. Art. 5 HBÜ gibt der Zentralen Behörde darüber hinaus **Prüfungskompetenzen**, deren Reichweite freilich unscharf sind; insbesondere die Abgrenzung zu Prüfungsbefugnissen der ersuchten Behörde, die das Rechtshilfeersuchen erledigen soll, sind zweifelhaft. Für die Grenzziehung bietet sich folgende **Leitlinie** an: In die **Zuständigkeit der Zentralen Behörde** fallen alle Entscheidungen, die die Frage betreffen, **ob und wie das Rechtshilfeersuchen nach dem Bestimmungen des HBÜ** zu erledigen ist; dazu zählen die Prüfung der Voraussetzungen nach Art. 1, insbesondere die Frage, ob eine Zivil- oder Handelssache vorliegt, die Prüfung der

---

[25] A.A. *Heck* ZVglRWiss 84 (1985) 208, 221; *Stadler* (Fn. 1) 317 (Einschränkung im Direktzugriff als Gegenleistung für Rechtshilfeverpflichtung).
[26] *Schlosser* (Fn. 1) HBÜ Art. 1 Rdnr. 5; sehr zurückhaltend insoweit auch die Mehrheitsmeinung des *Supreme Court* der USA JZ 1987, 984 (Anm. *Stürner*).
[27] Dazu eingehend *Habscheid* (Hrsg.), Der Justizkonflikt mit den Vereinigten Staaten von Amerika (1986); *Junker* (Fn. 1); *ders.*, in: *Heldrich-Kono* (Hrsg.) Herausforderungen des Internationalen Zivilverfahrensrechts (1994) 103; *Leipold* Lex fori, Souveränität, Discovery (1989); *Pfeil-Kammerer* (Fn. 1); *Schack* (Fn. 1) Rdnr. 734 ff.; *Schlosser* Der Justizkonflikt zwischen den USA und Europa (1985); *Stadler* (Fn. 1); *Stürner* (Fn. 1); *Trittmann* (Fn. 1).
[28] Das hat besonders die Entscheidung BGH JZ 1987, 42 (Anm. *Stürner*) deutlich gemacht, *Schlosser* IPRax 1987, 153; zahlr. weit. Beispiele bei *Schlosser* Der Justizkonflikt zwischen den USA und Europa (1985) 17 ff.
[29] Dazu *Stürner* in *Habscheid* (Hrsg.) Der Justizkonflikt mit den Vereinigten Staaten von Amerika (1986) 27 ff.

formellen Erfordernisse gemäß Art. 3[30] und 4 HBÜ, die Erteilung der Genehmigung nach Art. 8 Abs. 2 HBÜ i. V. m. § 10 AusfG zum HBÜ (Text → Rdnr. 165 und schließlich die Entscheidung über den Antrag nach Art. 9 Abs. 2 HBÜ, die Beweisaufnahme nach einer »besonderen Form« durchzuführen[31]. Ferner zählt zur Zuständigkeit der Zentralen Behörde die Entscheidung über die Ablehnungsgründe gemäß Art. 12 HBÜ[32] und Art. 23 HBÜ[33]. In die **Zuständigkeit des ersuchten Gerichts** fallen Maßnahmen und Entscheidungen, die bei der **Ausführung des Ersuchens** anfallen, etwa nach Art. 6 HBÜ die Weiterleitung bei Unzuständigkeit, nach Art. 7 HBÜ die Terminsbenachrichtigung, nach Art. 10 HBÜ die Entscheidung über geeignete Zwangsmaßnahmen und nach Art. 11 HBÜ über Aussageverweigerungsrechte[34].

Entscheidungen der Zentralen Behörde (→ Rdnr. 11) sind für das ersuchte Gericht (vorbehaltlich Art. 6 HBÜ) **bindend**[35]; es kann die Erledigung folglich nicht mit dem Argument verweigern, sie verletze den *ordre public* (→ Rdnr. 92) oder zähle zur *discovery* (→ Rdnr. 142). Soweit es sich um unter Art. 5 HBÜ fallende Erledigungsvoraussetzungen handelt, folgt die Bindung schon aus dem Beschleunigungszweck dieser Bestimmung[36] (→ Rdnr. 50). § 59 Abs. 6 ZRHO (→ § 363 Rdnr. 71) geht zwar von einer Prüfungspflicht des ersuchten Gerichts aus, beschränkt diese aber auf die Frage, ob die Erledigung »noch« zulässig ist. Allein **neu auftretende** Erledigungshindernisse sind danach zu prüfen[37] und der Zentralen Behörde zur (wiederum bindenden) Entscheidung vorzulegen. Auf der Grundlage der hier entwickelten Grenzziehung zwischen den Befugnissen der Zentralen Behörde und dem ersuchten Gericht entfallen wohl auch die Bedenken, die gegen die Bindungswirkung der Entscheidungen der Zentralen Behörde unter Hinweis darauf vorgetragen werden, die Erledigung eingehender Ersuchen im Rahmen von Staatsverträgen sei »Rechtsprechung« und unterfalle damit der **richterlichen Unabhängigkeit**[38]. Soweit nämlich gegenüber den von der Beweisaufnahme Betroffenen Lasten, Pflichten, Bindungslagen und Zwangsmittel begründet bzw. angewendet werden sollen, ist allein das ersuchte *Gericht* tätig; eine bindende Entscheidung der Zentralen Behörde wird insoweit nicht getroffen. 12

2. Verfahren und Rechtsbehelfe

Liegt ein von der Zentralen Behörde zu beachtendes Erledigungshindernis vor, ist zu unterscheiden: Bei formellen, behebbaren Mängeln ist nach Art. 5 HBÜ zu verfahren und Gelegenheit zur **Hindernisbeseitigung** zu geben. Im übrigen ist das Rechtshilfegesuch nach Art. 13 Abs. 2 HBÜ unter Angabe der Gründe **abzulehnen**. Mangelfreie Rechtshilfeersuchen werden nach § 8 AusfG (Text → Rdnr. 165) zur Erledigung dem **Amtsgericht zugeleitet**, in dessen Bezirk die Amtshandlung vorzunehmen ist. Ist dieses Amtsgericht örtlich nicht zuständig, hat es das Ersuchen nach Art. 6 HBÜ an das zuständige Amtsgericht weiter zu leiten. 13

Die Entscheidungen der Zentralen Behörde (Ablehnung, Mängelmitteilung nach Art. 5 HBÜ; Weitergabe zur Erledigung) sind als **Justizverwaltungsakte** nach §§ 23 ff. EGGVG an- 14

---

[30] OLG München ZZP 94 (1981) 462, 464 f.
[31] A. A. insoweit *Schlosser* (Fn. 1) HBÜ Art. 12 Rdnr. 3.
[32] *Schlosser* (Fn. 1) HBÜ Art. 12 Rdnr. 3.
[33] OLG München ZZP 94 (1981) 468, 470.
[34] A. A. insoweit *Schlosser* (Fn. 1) HBÜ Art. 12 Rdnr. 3.
[35] MünchKommZPO-*Musielak* Art. 5 HBÜ Rdnr. 2; *Martens* RIW 1981, 725, 730 r. Sp. (freilich mit unschar-

fer Zuständigkeitsabgrenzung); gegen Bindung *Schlosser* FS Constantinesco (1983) 653, 655 ff.
[36] Vgl. MünchKommZPO-*Musielak* HBÜ Art. 5 Rdnr. 2.
[37] Ähnlich *Schlosser* FS Constantinesco (1983) 653, 659; a. A. MünchKommZPO-*Musielak* HBÜ Art. 5 Rdnr. 2.
[38] *Schlosser* FS Constantinesco (1983) 653, 657 f.

fechtbar[39]. Voraussetzung ist nach § 24 EGGVG die Geltendmachung einer Rechtsverletzung.

VI. Verfahren bei ausgehenden Rechtshilfeersuchen

15   Zum Verfahren bei ausgehenden Rechtshilfeersuchen → § 363 Rdnr. 68 ff.

Kapitel I – Rechtshilfeersuchen

Art. 1 [Rechtshilfeersuchen]

(1) In Zivil- oder Handelssachen kann die gerichtliche Behörde eines Vertragsstaats nach seinen innerstaatlichen Rechtsvorschriften die zuständige Behörde eines anderen Vertragsstaats ersuchen, eine Beweisaufnahme oder eine andere gerichtliche Handlung vorzunehmen.

(2) Um die Aufnahme von Beweisen, die nicht zur Verwendung in einem bereits anhängigen oder künftigen gerichtlichen Verfahren bestimmt sind, darf nicht ersucht werden.

(3) Der Ausdruck »andere gerichtliche Handlungen« umfaßt weder die Zustellung gerichtlicher Schriftstücke noch Maßnahmen der Sicherung oder der Vollstreckung.

I. Anwendungsbereich		III. »Zuständige Behörde«	26
1. Qualifikation		IV. Von der ersuchten Behörde	
a) Maßgebliches Recht	19	vorzunehmende Handlungen	28
b) Keine autonome Qualifikation	21	V. Verwendung im gerichtlichen Verfahren	
2. Einzelfälle		(Abs. 2)	30
a) Ausgehende Ersuchen	22		
b) Eingehende Ersuchen	23		
II. Gerichtliche Behörde	24		

I. Anwendungsbereich

1. Qualifikation

a) Maßgebliches Recht

19   Abs. 1 begründet die **Pflicht** der Vertragsstaaten, auf Rechtshilfeersuchen gerichtlicher Behörden anderer Vertragsstaaten in Zivil- oder Handelssachen eine **Beweisaufnahme** oder eine andere gerichtliche Handlung **vorzunehmen**. Das HBÜ definiert den Begriff »Zivil- oder Handelssachen« nicht und regelt nicht die Frage, nach welchem Recht zu bestimmen ist, ob eine »Zivil- oder Handelssache« vorliegt. Die Auslegung der Begriffe des HBÜ wird – zuweilen unausgesprochen – geleitet von der Erwägung, entweder dem HBÜ einen weiten Anwendungsbereich zu sichern oder den Schutz von Interessen des ersuchten Staates in den Vordergrund zu rücken. Beide Belange sind zu berücksichtigen. Bei der Auslegung des HBÜ sollte das Ziel verfolgt werden, dem Abkommen einen weiten Anwendungsbereich zu sichern, mögliche gegenläufige Interessen im ersuchten Staat aber dadurch zu wahren, daß Ablehnungsgründe (z. B. Art. 12 HBÜ) oder einschränkende Bestimmungen (z. B. die Staats-

---

[39] *OLG München* ZZP 94 (1981) 462 ff., 463, 469; MünchKommZPO-*Musielak* HBÜ Art. 5 Rdnr. 3; *Schlosser* (Fn. 1) HBÜ Art. 12 Rdnr. 3; *ders.*, FS Constantinesco (1983) 653, 655.

angehörigkeit in Art. 15 HBÜ) nach dessen Recht qualifiziert werden[40]. Der die Anwendung des Abkommens eröffnende Begriff »Zivil- oder Handelssachen« ist daher nach dem **Recht des ersuchenden Staates** zu bestimmen[41]. Bei Staaten, die privatrechtliche von öffentlich-rechtlichen Streitigkeiten nicht unterscheiden, ist das HBÜ anwendbar, wenn das streitige Rechtsverhältnis nach dem Recht irgend *eines* anderen Vertragsstaats zivilrechtlich qualifiziert wird[42].

Darüber hinaus ist das HBÜ anwendbar, wenn das streitige Rechtsverhältnis zwar nicht nach dem Recht des ersuchenden, wohl aber nach dem Recht des **ersuchten Staates** eine »Zivil- oder Handelssache« ist, denn insoweit sind keinerlei Interessen erkennbar, die gegen die Pflicht zur Rechtshilfe sprechen. Zugleich wird damit erreicht, daß die Anwendung des HBÜ im bilateralen Verhältnis ausgewogen ist[43].

b) Keine autonome Qualifikation

Eine **autonome Qualifikation**, die der *EuGH* für Art. 1 Abs. 1 EuGVÜ vertritt, kommt danach für das HBÜ **nicht in Betracht**[44]. Anders als beim EuGVÜ gibt es keine übergeordnete Instanz, die Auslegungsfragen für alle Vertragsstaaten verbindlich entscheidet[45]. Überdies werden die Ziele des HBÜ nicht gefördert, wenn ein Rechtshilfeersuchen nicht erledigt werden muß, weil aufgrund *autonomer* Qualifikation eine »Zivil- oder Handelssache« nicht vorliegt, obgleich nach dem Recht des ersuchenden *und* des ersuchten Staates eine Zivilsache gegeben ist. Der **bilaterale Ansatz** ist daher selbst dann **vorzugswürdig**, wenn der ersuchende und der ersuchte Staat Vertragsstaaten des EuGVÜ sind[46].

2. Einzelfälle

a) Ausgehende Ersuchen

Bei ausgehenden Ersuchen richtet sich die Anwendung des HBÜ nach den klassischen Abgrenzungsformeln des öffentlichen vom privaten Rechtsverhältnis. Maßgeblich ist die Natur des Rechtsverhältnisses, aus dem das Begehren abgeleitet ist[47]. Auf den Gerichtszweig, in dem das Verfahren entschieden wird, kommt es auch hier nicht an (vgl. § 2 Abs. 1 Satz 2 ZRHO). So fallen die familien- und vormundschaftsgerichtlichen Verfahren etwa nach §§ 1666, 1896 BGB nicht unter Art. 1 HBÜ, wohl aber die privatrechtlichen Streitverfahren der freiwilligen Gerichtsbarkeit und auch Nachlaß-, Register- und Urkundensachen als richterliche Hilfstätigkeit in Privatrechtsangelegenheiten. Hierzu zählen auch Insolvenzsachen[48].

b) Eingehende Ersuchen

Bei eingehenden Ersuchen wird Rechtshilfe nach dem HBÜ nicht geleistet für Straf-, Steuer- oder verwaltungsrechtliche Streitigkeiten. Hingegen sind Klagen auf **punitive damages** Zivilsachen[49]. Daß damit zugleich Strafzwecke verfolgt werden, steht nicht entgegen. Glei-

---

[40] *Mössle* (Fn. 19) 469 f.
[41] *Böckstiegel-Schlafen* NJW 1978, 1073, 1074 (zu HZÜ).
[42] A. A. *Schlosser* (Fn. 1) HZÜ Art. 1 Rdnr. 3 (maßgeblich sei die »klar hoheitliche Beziehung«).
[43] *Schlosser* (Fn. 1) HZÜ Art. 1 Rdnr. 2.
[44] *Junker* (Fn. 1) 257; *Schlosser* (Fn. 1) HZÜ Art. 1 Rdnr. 1; a. A. *Nagel-Gottwald* (Fn. 1) § 8 Rdnr. 10 (für HZÜ); *Roth* → § 199 Rdnr. 19; *Schack* IZPR[2] Rdnr. 726 mit 605; vgl. auch Expertenkommission der Haager Konferenz für IPR, RabelsZ 54 (1990) 364, 366.

[45] *R. Geimer* IZPR3 Rdnr. 2441; *Schlosser* (Fn. 1) HZÜ Art. 1 Rdnr. 1.
[46] A. A. *Schlosser* (Fn. 1) HZÜ Art. 1 Rdnr. 2, der insoweit der autonomen Auslegung des EuGH den Vorrang gibt.
[47] BGHZ 97, 312, 313 f.; BGHZ 106, 134, 135.
[48] *Junker* (Fn. 1) 260.
[49] *Junker* (Fn. 1) 261 f.; *Schlosser* (Fn. 1) HZÜ Art. 1 Rdnr. 3; *Stürner* ZVglRWiss 81 (1982) 159, 197; → auch § 199 Rdnr. 20 zu Art. 1 HZÜ; a. A. *Hollmann* RIW 1982, 784, 786.

ches gilt nach herrschender Meinung für **treble damages** des US-amerikanischen Kartellrechts[50].

II. Gerichtliche Behörde

24   Das Ersuchen muß von einer **gerichtlichen Behörde** ausgehen[51]. Der Begriff darf aber nicht mit »Gericht« gleichgesetzt werden[52], weil damit der Unterschied zu Art. 8 HZPÜ (Text → Rdnr. 166) eingeebnet würde. Der Kreis der gerichtlichen Behörden bestimmt sich nach dem Recht des **ersuchenden Staates**[53]. Zu den gerichtlichen Behörden zählen einmal die Gerichte, also Spruchkörper, die als neutrale Instanz eine Streitsache verbindlich entscheiden. Darüber hinaus handelt es sich um behördliche Stellen, die im Hinblick auf ein gerichtliches Verfahren Beweise aufnehmen[54]. Ein **Schiedsgericht** ist keine gerichtliche »Behörde«; nicht ausgeschlossen ist aber der Weg über § 1050[55]. **Verfahrensbeteiligte** sind nie gerichtliche Behörden, können aber als ihr **Bote** auftreten[56]. Auf dem Gebiet des Zivilrechts (zur Auslegung → Rdnr. 19 f.) tätige **Verwaltungsstellen**, etwa Steuer- und Kartellverwaltungsbehörden[57], sind keine »gerichtlichen« Behörden, selbst wenn sie Inquisitionsbefugnisse in Anspruch nehmen und (vor Gericht überprüfbare) Entscheidungen treffen. Das gilt auch für **Organe der freiwilligen Gerichtsbarkeit**, soweit sie materiell *Verwaltungs*aufgaben erledigen; insoweit scheitert die Anwendung des HBÜ freilich schon an der Voraussetzung »Zivil- oder Handelssache«, → Rdnr. 22.

25   Art. 1 Abs. 1 HBÜ setzt ferner die Einhaltung der **innerstaatlichen Rechtsvorschriften** voraus. Die Bedeutung dieses Merkmals ist unklar. Man verweist auf die ZRHO[58] oder auf die nach innerstaatlichem Recht zuständige Behörde[59]. Freilich überprüft die ersuchte Behörde die Einhaltung innerstaatlicher Vorschriften grundsätzlich nicht, arg. Art. 12 HBÜ.

III. »Zuständige Behörde«

26   Die zuständige Behörde ist die **ersuchte Stelle** des anderen Vertragsstaats, die die Beweisaufnahme durchführen soll. Sie ist nicht identisch mit der »Zentralen Behörde« nach Art. 2 HBÜ. Die zuständige Behörde wird vom Recht des ersuchten Staates bestimmt; es muß sich dabei um eine »gerichtliche Behörde« handeln, wie Art. 9 Abs. 1 HBÜ zu entnehmen ist. Die gerichtliche Behörde kann die Ausführung des Ersuchens aber anderen Stellen übertragen, wenn innerstaatliche Rechtshilfeersuchen ebenfalls nicht von einem Gericht unmittelbar erledigt werden[60]. Beantragt das ersuchende Gericht in diesem Fall eine Beweiserhebung unmittelbar durch ein Gericht, handelt es sich um eine »besondere Form« nach Art. 9 Abs. 2 HBÜ. Zur Benennung der zuständigen Behörde → Art. 3 Abs. 1 lit. a) HBÜ.

27   Nach § 8 AusfG zum HBÜ (Text → Rdnr. 165) ist die zuständige Behörde das Amtsgericht, in dessen Bezirk die Amtshandlung vorzunehmen ist.

---

[50] *OLG München* ZZP 94 (1981) 462, 463 f.; *Junker* (Fn. 1) 262 f. mit Nachw.
[51] Kritisch zu diesem Merkmal *Junker* (Fn. 1) 275 ff.
[52] Abweichend Denkschrift BT DS 7/4892, 53 l. Sp.; wohl auch MünchKommZPO-*Musielak* Rdnr. 3.
[53] A. A. *Junker* (Fn. 1) 275 f.
[54] *Schlosser* (Fn. 1) HBÜ Art. 1 Rdnr. 2 nennt englische »officers of the court«.
[55] Denkschrift BT-DS 7/4892, 53 l. Sp. (vgl. aber *Junker* [Fn. 1] 276); *Schlosser* (Fn. 1) HBÜ Art. 1 Rdnr. 2.
[56] *OLG München* ZZP 94 (1981) 462, 464.
[57] US-amerikanische Spruchkörper in Wettbewerbs- und Kartellsachen fallen nicht unter das Haager Beweisaufnahmeübereinkommen, *Junker* (Fn. 1) 276; *Stürner* ZVglRWiss 81 (1982) 159, 180.
[58] *Schlosser* (Fn. 1) HBÜ Art. 1 Rdnr. 2.
[59] Denkschrift BT DS 7/4892, 53 l. Sp.
[60] *Schlosser* (Fn. 1) HBÜ Art. 1 Rdnr. 2.

IV. Von der ersuchten Behörde vorzunehmende Handlungen

Nach dem HBÜ kann die innerstaatliche gerichtliche Behörde um die **Vornahme von Beweisaufnahmen** ersuchen. Hierunter fallen die Vernehmung von Auskunftspersonen (Zeugen und Parteien), die »Prüfung« (arg. Art. 3 lit. g] HBÜ) oder Beschaffung beglaubigter Kopien von Urkunden, aber auch die Augenscheinseinnahme[61]. 28

Unter «**andere gerichtliche Handlungen**» fallen alle Maßnahmen, die ein gerichtliches Verfahren fördern, beispielsweise die Vornahme eines Sühnetermins, die Anhörung der Parteien, öffentliche Bekanntgaben, Ersuchen um behördliche Auskunft[62]. Um eine Überschneidung mit Sachgebieten anderer zivilprozessualer Übereinkommen zu vermeiden[63], grenzt **Abs. 3** den Begriff »andere gerichtliche Handlungen« negativ dahin ab, daß weder die Zustellung gerichtlicher Schriftstücke (hier gilt ausschließlich das HZÜ, → dazu § 199 Rdnr. 13 ff.) noch Maßnahmen der Sicherung (gemeint ist einstweiliger Rechtsschutz[64]) oder Vollstreckung (s. Art. 31 ff. EuGVÜ) darunter fallen. Maßnahmen im Rahmen eines selbständigen Beweisverfahrens (§§ 485 ff.) zur vorsorglichen Beweissicherung werden daher nicht ausgeschlossen[65]. Zu beachten ist, daß die **Partei** sich vielfach *unmittelbar* an die *ausländische* Behörde wenden kann. 29

V. Verwendung im gerichtlichen Verfahren (Abs. 2)

Der Beweis, um dessen Erhebung ersucht wird, muß für ein **gerichtliches Verfahren in Zivil- oder Handelssachen** bestimmt sein. Dem HBÜ ist entgegen der herrschenden Meinung[66] **kein Verbot** zu entnehmen, die erlangten Beweise in einem gleichzeitig oder anschließend stattfindenden straf- oder verwaltungsgerichtlichen Verfahren **weiter zu verwenden**[67]. Etwas anderes folgt auch nicht aus Art. 1 HBÜ, der allein verlangt, daß das Ersuchen aus einer Zivil- oder Handelssache stammt; was mit den erlangten Informationen darüber hinaus im ersuchenden Vertragsstaat geschieht, berührt weder Interessen des ersuchten Staates noch eventueller Auskunftspersonen, die sich gegebenenfalls auf ein Zeugnisverweigerungsrecht nach Art. 11 HBÜ i. V. mit § 384 Nr. 2 berufen können (das auch bei ausländischen Strafverfahren gegeben ist[68] → § 384 Rdnr. 10). Rechtshilfe darf nur im **Mißbrauchsfall** verweigert bzw. von Spezialitätszusagen abhängig gemacht werden, etwa wenn das Zivilverfahren nur vorgeschoben ist und allein dazu dient, Beweismittel für ein Strafverfahren zu gewinnen. 30

Anders als nach Art. 15 HBÜ (→ Rdnr. 115) muß das gerichtliche **Verfahren nicht anhängig** sein; ein in Aussicht genommenes Verfahren genügt. Daher ist ein Rechtshilfeersuchen auch im Rahmen eines **selbständigen Beweisverfahrens** (§§ 485 ff.) möglich. Das amerikanische «**discovery**»-Verfahren setzt eine (wenn auch nach unseren Vorstellungen unsubstantiierte) Klageerhebung voraus[69]; Rechtshilfeersuchen im Stadium der *discovery* sind mithin auf ein anhängiges Verfahren bezogen[70]. Zum Vorbehalt nach Art. 23 HBÜ → Rdnr. 142. 31

---

[61] Vgl. *Schlosser* (Fn. 1) HBÜ Art. 1 Rdnr. 2.
[62] Denkschrift BT DS 7/4892, 52 l. Sp.
[63] Denkschrift BT-DS 7/4892, 52 l. Sp.
[64] *Schlosser* (Fn. 1) HBÜ Art. 1 Rdnr. 4.
[65] *Schlosser* (Fn. 1) HBÜ Art. 1 Rdnr. 2.
[66] *Junker* (Fn. 1) 273 f.; *Stürner* ZVglRWiss 81 (1982) 159, 198 (Rechtshilfe nur auf Zusicherung, anderweitige Verwendung unterbleibe); wohl auch *Stiefel* RIW/AWD 1979, 509, 511 f.
[67] *Schlosser* (Fn. 1) HBÜ Art. 1 Rdnr. 2.
[68] *Stürner* ZVglRWiss 81 (1982) 159, 203.
[69] *Schlosser* ZZP 94 (1981) 369, 391; zum discovery-Verfahren *Junker* ZZPInt 1 (1996) 235 ff., ferner *S. Lorenz* ZZP 111 (1998) 35 ff.
[70] OLG München ZZP 94 (1981) 462, 466, 469 f.; *Junker* (Fn. 1) 279.

Art. 2 [Zentrale Behörde]

(1) Jeder Vertragsstaat bestimmt eine Zentrale Behörde, die von einer gerichtlichen Behörde eines anderen Vertragsstaats ausgehende Rechtshilfeersuchen entgegennimmt und sie der zuständigen Behörde zur Erledigung zuleitet. Jeder Staat richtet die Zentrale Behörde nach Maßgabe seines Rechts ein.

(2) Rechtshilfeersuchen werden der Zentralen Behörde des ersuchten Staates ohne Beteiligung einer weiteren Behörde dieses Staates übermittelt.

35   Nach Art. 9 Abs. 1 HZÜ (Text → Anh. § 199 Rdnr. 66) werden Rechtshilfeersuchen durch den Konsul des ersuchenden Staats der Behörde übermittelt, die vom ersuchten Staat bezeichnet wird. Art. 2 HBÜ **vereinfacht** diesen komplizierten und langwierigen Weg. Die Vertragsstaaten sind verpflichtet, eine **Zentrale Behörde** zu benennen. Die ersuchende gerichtliche Behörde kann sich **unmittelbar** (vgl. Abs. 2) an diese Zentrale Behörde wenden, die das Ersuchen der zuständigen Behörde zur Erledigung zuleitet. Anders als nach Art. 9 HZÜ steht der konsularische Übermittlungsweg nur zur Verfügung, soweit der ersuchte Vertragsstaat eine Erklärung nach Art. 27 lit. a) HBÜ abgegeben hat.

36   Neben der Funktion als Anlaufstelle für eingehende Rechtshilfeersuchen hat die Zentrale Behörde nach Art. 5 HBÜ auch Entscheidungsaufgaben; zu sonstigen Kompetenzen nach deutschem Recht → § 13 AusfG zum HBÜ, Text → Rdnr. 165. Nach Art. 24 Abs. 1 HBÜ können weitere Behörden bestimmt werden, die die Zuständigkeit der Zentralen Behörde jedoch nicht verdrängen. Bundesstaaten können mehrere Zentrale Behörden bestimmen (Art. 24 Abs. 2 HBÜ).

37   Über das Verfahren innerhalb des ersuchenden Staats besagt Art. 2 nichts[71]. Die ersuchende Behörde kann sich der Verfahrensbeteiligten oder ihrer Vertreter als Boten bedienen[72]. Für ausgehende Ersuchen sind §§ 27 ff. ZRHO (→ § 363 Rdnr. 71) zu beachten.

38   Folgende Zentrale Behörden sind errichtet worden: **Argentinien:** Ministerio de Relaciones y Culto – Dirección General de Asuntos Juridicos –, Reconquista 1088, Buenos Aires[73]; **Australien:** Secretary to the Attorney – General's Departement of the Commonwealth of Australia, Canberra, Robert Garran Offices, National Circuit, Barton Act, 2600, (i. ü. vgl. ZRHO – Australien Anlage 2.)[74]; **Barbados:** The Registrar of the Supreme Court of Barbados, Law Courts, Bridgetown, Barbados[75]; **Bundesrepublik Deutschland:** (s. BGBl II 1995, 77); **China:** Büro für Internationale Rechtshilfe, Ministry of Justice of the People's republic of China, 10, Chaoyangmen Nandajie, Chaoyang District, Peking 100020, China[75a]; **Dänemark:** Justitsministeriet, Slotsholmsgade 10, 1216 Kobenhavn K[76]; **Finnland:** Ministry of Justice, Eteläesplanadi 10, 00130 Helsinki[77]; **Frankreich:** Ministère de la Justice, Service des Affaires européennes et internationales, Bureau du Droit international et de l'entraide judiciaire internationale en matière civile et commerciale, 13, Place Vendôme, 75042 Paris Cedex 01[78]; **Israel:** Director of Courts, 19 Jaffa Road, PO Box 114, Jerusalem 91000[79]; **Italien:** Ministerium für Auswärtige Angelegenheiten[80]; **Lettland:** Ministry of Justice, Brivibas Boulevard 34, LV – 1536 Riga[81]; **Luxemburg:** Parquet général près la Cour supérieure de Justice, 12 Côte d'Eich, Postbox 15, Luxembourg – Ville L-2010 Luxembourg[82]; **Mexiko:** Secretaria de Relaciones Exteriores, Dirección General de Asuntos Juridicos, Ricardo Flores Magón No. 1; Tlatelco, 06995 México, D.F.[83]; **Monaco:** Direction des Services judiciaires, MC 98025 Monaco Cedex[84]; **Niederlande:** Staatsanwalt beim Bezirksgericht Den Haag[85]; **Norwegen:** The

---

[71] Denkschrift BT-DS 7/4892, S. 53 r. Sp.
[72] OLG München ZZP 94 (1981) 462, 464.
[73] Vgl. ZRHO (Argentinien).
[74] BGBl II 1993, 2398; ZRHO (Australien).
[75] BGBl II 1982, 998, 999.
[75a] BGBl II 1998, 1729.
[76] BGBl II 1980, 1290; ZRHO (Dänemark); Schlosser (Fn. 1) HBÜ Art. 2 Rdnr. 2, HZÜ Art. 2.
[77] BGBl II 1980, 1290, 1291; ZRHO (Finnland); Schlosser (Fn. 1) HBÜ Art. 2 Rdnr. 2, HZÜ Art. 2.
[78] BGBl II 1980, 1290, 1292; ZRHO (Frankreich); Schlosser (Fn. 1) HBÜ Art. 2 Rdnr. 2, HZÜ Art. 2.
[79] BGBl II 1980, 1290, 1293; ZRHO (Israel); Schlosser (Fn. 1) HBÜ Art. 2 Rdnr. 2, HZÜ Art. 2.
[80] BGBl II 1982, 998, 999.
[81] BGBl II 1996, 16.
[82] BGBl II 1980, 1290, 1293; Schlosser (Fn. 1) HBÜ Art. 2 Rdnr. 2, HZÜ Art. 2.
[83] BGBl II 1990, 298.
[84] BGBl II 1986, 1135.
[85] BGBl II 1981, 573.

Royal Ministry of Justice and Police, PO Box 8005 Dep, N-0030 Oslo[86]; **Polen:** Justizministerium[87]; **Portugal:** Dirreccao-Geral dos Servicos Judiciários, Ministério da Justica, Av. Casal Ribeiro 48 P – 1000 Lisboa[88]; **Schweden:** Ministry for Foreign Affairs, Legal Departement, Box 16121, S-103 23 Stockholm 16[89]; **Schweiz:** Kantonal verschieden (vgl. BGBl II 1995, 532); möglicher Adressat auch Eidgenössisches Justiz- und Polizeidepartement, Bern[90]; **Singapur:** Registrar of the Supreme Court[91]; **Slowakei:** Ministerstvo spravodlivosti Slovenskej republiky / Ministry of Justice of the Slovak Federal Republic, 813 11 Bratislava, Zupné námestie 13[92]; **Spanien:** La Dirección General de Codificación y Cooperación Juridica International, Ministerio de Justicia e Interior, San Bernardo 45, 28015 Madrid[93]; **Tschechische Republik:** Ministerstvo spravedlnosti Ceské federativni republiky / Ministry of Justice of the Czech Federal Republic 128 10 Praha 2, Vysehradská 16[94]; **Venezuela:** Ministerio de Relaciones Exteriores[95]; **Vereinigtes Königreich:** Her Majesty's Principal Secretary of State for Foreign and Commonwealth Affairs, London SW1A 2AL[96]; **Vereinigte Staaten von Amerika:** Departement of Justice, Office of International Judicial Assistance, Washington, D. C. 20530[97]; **Zypern:** Ministry of Justice[98].

Art. 3 [Inhalt des Ersuchens]

(1) Ein Rechtshilfeersuchen enthält folgende Angaben:
a) die ersuchende, und soweit bekannt, die ersuchte Behörde;
b) den Namen und die Anschrift der Parteien und gegebenenfalls ihrer Vertreter;
c) die Art und den Gegenstand der Rechtssache sowie eine gedrängte Darstellung des Sachverhalts;
d) die Beweisaufnahme oder die andere gerichtliche Handlung, die vorgenommen werden soll.
(2) Das Rechtshilfeersuchen enthält außerdem je nach Sachlage
e) den Namen und die Anschrift der zu vernehmenden Personen;
f) die Fragen, welche an die zu vernehmenden Personen gerichtet werden sollen, oder die Tatsachen, über die sie vernommen werden sollen;
g) die Urkunden oder die anderen Gegenstände, die geprüft werden sollen;
h) den Antrag, die Vernehmung unter Eid oder Bekräftigung durchzuführen, und gegebenenfalls die dabei zu verwendende Formel;
i) den Antrag, eine besondere Form nach Artikel 9 einzuhalten.
(3) In das Rechtshilfeersuchen werden gegebenenfalls auch die für die Anwendung des Artikels 11 erforderlichen Erläuterungen aufgenommen.
(4) Eine Legalisation oder eine ähnliche Förmlichkeit darf nicht verlangt werden.

I. Der stets notwendige Inhalt eines Rechtshilfeersuchens

Art. 3 HBÜ regelt die **Anforderungen an den Inhalt des Rechtshilfeersuchens**. Anders als Art. 3 HZÜ (Text → Anh. § 199 Rdnr. 66; → ferner § 166 Rdnr. 41) kennt Art. 3 HBÜ ein Formblatt oder einen Mustertext für das Ersuchen nicht. Nach **Abs. 1** ist **unabdingbar**, daß die ersuchende Behörde, Namen und Anschrift der Parteien und gegebenenfalls ihrer (gesetzlichen oder gewillkürten) Vertreter, Art und Gegenstand der Rechtssache (d.h. die Rechtsschutzform und das konkrete Begehren), der Sachverhalt in gedrängter Darstellung sowie die vorzunehmende gerichtliche Handlung genannt werden. Die ersuchte Behörde

40

---

[86] BGBl II 1980, 1290, 1295; ZRHO (Norwegen).
[87] BGBl II 1996, 2495.
[88] BGBl II 1980, 1290, 1295; ZRHO (Portugal).
[89] BGBl II 1980, 1290, 1296; ZRHO (Schweden).
[90] BGBl II 1995, 532, 533.
[91] BGBl II 1981, 962.
[92] BGBl II 1996, 2495.
[93] BGBl II 1987, 615.
[94] BGBl II 1980, 1290, 1296; ZRHO (Tschechische Republik).
[95] BGBl II 1996, 16.
[96] BGBl II 1980, 1290, 1297; *Schlosser* (Fn. 1) HBÜ Art. 2 Rdnr. 2, HZÜ Art. 2.
[97] BGBl II 1980, 1290, 1299.
[98] BGBl II 1984, 919.

muß nur aufgeführt werden, wenn sie bekannt ist. Über die für die Erledigung zuständige Behörde entscheidet die Zentrale Behörde (→ Rdnr. 11), die an die Angabe der ersuchenden Behörde insoweit nicht gebunden ist (→ auch Rdnr. 59).

II. Variabler Inhalt eines Rechtshilfeersuchens

1. Grundsatz

41 Der weitere Inhalt des Rechtshilfeersuchens richtet sich gemäß Abs. 2 in erster Linie nach der gewünschten Beweiserhebung. Beweisthema und -mittel sind anzugeben. Welcher Grad an Bestimmtheit erforderlich ist, sagt Abs. 2 nicht. Die **Beweismittel** sind so **bestimmt** zu bezeichnen, daß die **ersuchte Behörde nach ihrem Recht** (Art. 9 Abs. 1 HBÜ) die Beweisaufnahme durchführen kann. Ist eine **Person** (Zeuge oder Partei) zu **vernehmen**, so muß deren Namen und die (ladungsfähige) Anschrift mitgeteilt werden. Sollen Urkunden oder andere Gegenstände in Augenschein genommen werden, so sind sie genau zu bezeichnen. Im Hinblick auf das **Beweisthema** sind nach Art. 3 Abs. 2 lit. f) HBÜ die an die Auskunftsperson zu richtenden Fragen oder die Tatsachen, über die sie vernommen werden soll, bestimmt zu bezeichnen. Anders als nach Art. 3 Abs. 1 lit. c) HBÜ genügt die Sachverhaltsdarstellung nicht. Der deutsche Richter muß soviel an Informationen erhalten, daß er nach § 390 ZPO verfahren und Zusatzfragen stellen kann[99]. Die Bestimmtheitsanforderungen des Art. 3 Abs. 2 HBÜ bilden insoweit ein geeignetes Instrument zur **Abwehr von Ausforschungsbeweisen**[100].

42 Ferner muß die ersuchende Behörde nach Abs. 3 die erforderlichen Erläuterungen über in ihrem Staat bestehende Aussageverweigerungsrechte und -verbote aufnehmen (vgl. Art. 11 Abs. 1 lit. b] HBÜ). Zur Sprache → Art. 4; bei Mängeln im Ersuchen → Art. 5.

43 Bei **ausgehenden Rechtshilfeersuchen** ist § 37 ZRHO (→ dazu § 363 Rdnr. 71) zu beachten.

2. Besondere Form nach Art. 9 Abs. 2

44 Stellt die ersuchende Behörde den Antrag, nach einer besonderen Form zu verfahren (Art. 9 Abs. 2 HBÜ), so sind die Bestimmtheitsanforderungen weniger streng, wenn die besondere Form darauf verzichtet[101]. Das gilt insbesondere, wenn Zeugen im Kreuzverhör vernommen werden sollen.

Art. 4 [Sprache des Ersuchens]

(1) Das Rechtshilfeersuchen muß in der Sprache der ersuchten Behörde abgefaßt oder von einer Übersetzung in diese Sprache begleitet sein.

(2) Jeder Vertragsstaat muß jedoch, sofern er nicht den Vorbehalt nach Artikel 33 gemacht hat, ein Rechtshilfeersuchen entgegennehmen, das in französischer oder englischer Sprache abgefaßt oder von einer Übersetzung in eine dieser Sprachen begleitet ist.

(3) [1]Ein Vertragsstaat mit mehreren Amtssprachen, der aus Gründen seines innerstaatlichen Rechts Rechtshilfeersuchen nicht für sein gesamtes Hoheitsgebiet in einer dieser Sprachen entgegennehmen kann, muß durch eine Erklärung die Sprache bekanntgeben, in der

---

[99] *Schlosser* ZZP 94 (1981) 369, 385.
[100] Eingehend *Junker* (Fn. 1) 307 ff.; *Stürner* ZVglRWiss 81 (1982) 159, 199 f.; ferner *Mann* JZ 1981, 840; *Paulus* (Fn. 1) 411 f.
[101] Grundlegend *Schlosser* ZZP 94 (1981) 369, 388 f.

ein Rechtshilfeersuchen abgefaßt oder in die es übersetzt sein muß, je nachdem, in welchem Teil seines Hoheitsgebiets es erledigt werden soll. ²Wird dieser Erklärung ohne hinreichenden Grund nicht entsprochen, so hat der ersuchende Staat die Kosten einer Übersetzung in die geforderte Sprache zu tragen.

(4) Neben den in den Absätzen 1 bis 3 vorgesehenen Sprachen kann jeder Vertragsstaat durch eine Erklärung eine oder mehrere weitere Sprachen bekanntgeben, in denen ein Rechtshilfeersuchen seiner Zentralen Behörde übermittelt werden kann.

(5) Die einem Rechtshilfeersuchen beigefügte Übersetzung muß von einem diplomatischen oder konsularischen Vertreter, von einem beeidigten Übersetzer oder von einer anderen hierzu befugten Person in einem der beiden Staaten beglaubigt sein.

Das Rechtshilfeersuchen muß in der **Amtssprache** der **ersuchten Behörde** abgefaßt oder jedenfalls von einer Übersetzung in diese Sprache begleitet sein. Die ersuchte Behörde soll sich nicht mit den Tücken fremder (Rechts-)Sprachen auseinandersetzen und nicht für die Kosten der Übersetzung aufkommen müssen. Auch Einwände (Art. 5 HBÜ), Benachrichtigungen (Art. 7 HBÜ) oder Rückfragen (Art. 11 Abs. 1 lit. b] HBÜ) können in der Sprache der ersuchten Behörde abgefaßt werden. 45

Nach Abs. 2 müssen die Vertragsstaaten grundsätzlich auch Rechtshilfeersuchen in französischer oder englischer Sprache erledigen. Deutschland hat die Anwendung des Abs. 2 ausgeschlossen (→ Rdnr. 47). 46

Für die Vertragsstaaten des HBÜ stellt sich die Sprachenfrage infolge von Vorbehalten oder Erklärungen (vgl. Art. 33, → Rdnr. 156) folgendermaßen dar: **Argentinien:** Rechtshilfeersuchen in französischer oder englischer Sprache werden nicht entgegengenommen[102]; **Australien:** Rechtshilfeersuchen in französischer Sprache werden nicht entgegengenommen[103]; **Barbados:** Kein Vorbehalt nach Art. 4 Abs. 2 HBÜ[104]; **Bundesrepublik Deutschland:** Rechtshilfeersuchen, die nach Kapitel I des HBÜ zu erledigen sind, müssen gemäß Art. 4 Abs. 1, 5 HBÜ in deutscher Sprache abgefaßt oder von einer Übersetzung in diese Sprache begleitet sein[105]; **Dänemark:** In französischer Sprache abgefaßte Rechtshilfeersuchen werden nicht entgegengenommen, wohl aber solche in englischer Sprache; Rechtshilfeersuchen können in norwegischer und schwedischer Sprache abgefaßt sein; Dänemark übernimmt keine Verpflichtung, in einer anderen Sprache als dänisch abgefaßte Beweisstücke zurückzusenden[106]; **Finnland:** Rechtshilfeersuchen in französischer Sprache werden nicht entgegengenommen; durch die Annahme der Rechtshilfeersuchen in englischer Sprache wird keine Verpflichtung eingegangen, das Ersuchen in englischer Sprache zu erledigen oder die Ergebnisse der Beweisaufnahme in dieser Sprache zu übermitteln oder die Erledigungsstücke übersetzen zu lassen; Rechtshilfeersuchen werden in schwedischer Sprache entgegengenommen, die Antwort wird in schwedischer Sprache abgefaßt, wenn dies im Zusammenhang mit dem Rechtshilfeersuchen ausdrücklich verlangt worden ist[107]; **Frankreich:** Es werden nur Rechtshilfeersuchen erledigt, die in französischer Sprache abgefaßt oder von einer Übersetzung in diese Sprache begleitet sind[108]; **Israel:** Kein Vorbehalt nach Art. 4 Abs. 2 HBÜ[109]; **Italien:** Kein Vorbehalt nach Art. 4 Abs. 2 HBÜ[110]; **Lettland:** Kein Vorbehalt nach Art. 4 Abs. 2 HBÜ[111]; **Luxemburg:** Kein Vorbehalt nach Art. 4 Abs. 2 HBÜ; zudem werden auch in deutscher Sprache abgefaßte Rechtshilfeersuchen entgegengenommen[112]; **Mexiko:** Rechtshilfeersuchen, die nicht in spanischer Sprache abgefaßt oder von einer Übersetzung in diese Sprache begleitet sind, werden nicht entgegengenommen[113]; **Monaco:** Es werden nur Rechtshilfeersuchen angenommen, die in französischer Sprache abgefaßt oder von einer Übersetzung in diese Sprache begleitet sind[114]; **Niederlande:** Entgegengenommen werden Rechtshilfeersuchen, die außer in niederländischer auch in deutscher, englischer, französischer Sprache abgefaßt oder von einer Übersetzung in eine dieser Sprachen begleitet sind; es besteht keine Verpflichtung, 47

---

[102] BGBl II 1988, 823.
[103] BGBl II 1993, 2398.
[104] BGBl II 1982, 539, 998.
[105] BGBl II 1979, 780.
[106] BGBl II 1980, 1290, 1440.
[107] BGBl II 1980, 1290, 1291; II 1981, 123; II 1982, 682.
[108] BGBl II 1980, 1290, 1291.
[109] BGBl II 1980, 1290; II 1981, 374.
[110] BGBl II 1982, 998.
[111] BGBl II 1996, 16.
[112] BGBl II 1980, 1290, 1293, 1440.
[113] BGBl II 1990, 298.
[114] BGBl II 1986, 1135.

die Erledigungsstücke eines Rechtshilfeersuchens zu übersetzen[115]; **Norwegen:** Rechtshilfeersuchen in französischer Sprache werden nicht entgegengenommen[116]; **Polen:** Rechtshilfeersuchen in französischer oder englischer Sprache werden nicht entgegengenommen[117]; **Portugal:** Rechtshilfeersuchen in französischer oder englischer Sprache werden nicht entgegengenommen[118]; **Schweden:** Kein Vorbehalt nach Art. 4 Abs. 2 HBÜ. Rechtshilfeersuchen in dänischer und norwegischer Sprache werden ebenfalls entgegengenommen[119]; **Schweiz:** Rechtshilfeersuchen und ihre Anlagen müssen in der Sprache der ersuchten Behörde, das heißt in deutscher, französischer oder italienischer Sprache abgefaßt oder von einer Übersetzung in eine dieser Sprachen begleitet sein, je nachdem, in welchem Teil der Schweiz sie zu erledigen sind; die Erledigungsbestätigungen werden in der Amtssprache der ersuchten Behörde abgefaßt[120]; **Singapur:** Es werden nur in englischer Sprache abgefaßte Rechtshilfeersuchen entgegengenommen[121]; **Slowakei:** Kein Vorbehalt nach Art. 4 Abs. 2 HBÜ[122]; **Spanien:** Rechtshilfeersuchen, die nicht in spanischer Sprache abgefaßt oder von einer Übersetzung in diese Sprache begleitet sind, werden nicht entgegengenommen[123]; **Südafrika:** Rechtshilfeersuchen in französischer Sprache werden nicht entgegengenommen[124]; **Tschechische Republik:** Kein Vorbehalt nach Art. 4 Abs. 2 HBÜ[125]; **Venezuela:** Rechtshilfeersuchen sowie die ihnen beigefügten Schriftstücke und anderen Beweismittel werden nur entgegengenommen, wenn diese ordnungsgemäß in die spanische Sprache übersetzt sind[126]; **Vereinigtes Königreich:** Rechtshilfeersuchen in französischer Sprache werden nicht entgegengenommen[127]; **Vereinigte Staaten:** In französischer Sprache abgefaßte Rechtshilfeersuchen werden entgegengenommen, jedoch werden sie wegen der notwendig werdenden Übersetzung nicht so schnell erledigt wie ein Rechtshilfeersuchen in englischer Sprache; Rechtshilfeersuchen, die in Puerto Rico zu erledigen sind, werden auch in spanischer Sprache entgegengenommen[128]; **Zypern:** Rechtshilfeersuchen in französischer Sprache werden nicht entgegengenommen[129].

Art. 5 [Mängel des Ersuchens]

Ist die Zentrale Behörde der Ansicht, daß das Ersuchen nicht dem Übereinkommen entspricht, so unterrichtet sie unverzüglich die Behörde des ersuchenden Staates, die ihr das Rechtshilfeersuchen übermittelt hat, und führt dabei die Einwände gegen das Ersuchen einzeln an.

50 Fehlerhafte Rechtshilfeersuchen begründen keine Erledigungspflicht; ihre Ausführung wird grundsätzlich abgelehnt. Art. 5 HBÜ stellt eine Sondervorschrift dar für **behebbare formelle Mängel** nach Art. 3 und 4 HBÜ, denn nur insoweit ist eine Unterrichtung über die Einwände gegen das Ersuchen ohne gleichzeitige Ablehnung sinnvoll. Mit der Verlagerung der Entscheidungskompetenz auf die Zentrale Behörde und die Mängelmitteilung soll das Verfahren beschleunigt werden[130]. Pauschale Hinweise genügen nicht; die Einwände sind »einzeln« darzulegen. Erst dadurch wird die ersuchende Behörde in die Lage versetzt, behebbare Hindernisse zu beseitigen.

51 Zu sonstigen Entscheidungskompetenzen der Zentralen Behörde → Rdnr. 11; zur Bindungswirkung ihrer Entscheidungen gegenüber dem ersuchten Gericht → Rdnr. 12.

Art. 6 [Unzuständigkeit der ersuchten Behörde]

Ist die ersuchte Behörde nicht zuständig, so wird das Rechtshilfeersuchen von Amts wegen unverzüglich an die nach den Rechtsvorschriften ihres Staates zuständige Behörde weitergeleitet.

---

[115] BGBl II 1981, 573.
[116] BGBl II 1980, 1290, 1295, 1440.
[117] BGBl II 1996, 2495.
[118] BGBl II 1980, 1290, 1295.
[119] BGBl II 1980, 1290, 1296, 1440.
[120] BGBl II 1995, 532.
[121] BGBl II 1981, 962.
[122] BGBl II 1980, 1290, 1296; II 1993, 2398.
[123] BGBl II 1987, 615.
[124] BGBl II 1997, 2225.
[125] BGBl II 1980, 1290, 1296; II 1993, 2398.
[126] BGBl II 1994, 3647.
[127] BGBl II 1980, 1290, 1297, 1440.
[128] BGBl II 1980, 1290, 1299.
[129] BGBl II 1984, 567, 919.
[130] Denkschrift BT-DS 7/4892, 54 r. Sp.

Art. 6 HBÜ dient der beschleunigten Erledigung des Rechtshilfeersuchens. Nach allgemeiner Ansicht betrifft die Bestimmung nur den Fall, daß die (innerstaatliche) **Zentrale Behörde** das Ersuchen an ein unzuständiges Gericht weitergeleitet hat[131]. In Deutschland ist nach § 8 AusfG (→ Rdnr. 165) das »Amtsgericht zuständig, in dessen Bezirk die Amtshandlung vorzunehmen ist«. Freilich gibt die Vorschrift der Zentralen Behörde kein freies Bestimmungsrecht. Vielmehr hat sie sich am Wohnsitz einer Auskunftsperson[132] oder der Belegenheit des sächlichen Beweismittels zu orientieren. 52

Art. 6 HBÜ ist anzuwenden bei einem **Irrtum über die örtliche oder sachliche Zuständigkeit**. Das unzuständige Gericht darf das Ersuchen der Zentralen Behörde nicht zurückgeben, sondern muß seinerseits das zuständige Gericht ermitteln und das Ersuchen an dieses weiterleiten. Daraus folgt zugleich, daß das ersuchte Gericht insoweit nicht an die Entscheidung der Zentralen Behörde gebunden ist (→ Rdnr. 12). Der Zentralen Behörde ist eine Abgabenachricht zu erteilen (§§ 58, 57 Abs. 4 ZRHO). Hinsichtlich der örtlichen Unzuständigkeit entspricht die Vorschrift § 158 Abs. 2 Satz 2 GVG. 56

Art. 6 HBÜ regelt nicht die Frage, ob das Gericht, an das das Ersuchen weitergeleitet wurde, an die Entscheidung des unzuständigen Gerichts gebunden ist. Eine **Bindung** ist zu verneinen, sodaß eine Weiterverweisung möglich ist. Bei einer Rückverweisung sollte nach § 36 Nr. 6 ZPO verfahren werden. 57

Nach Art. 6 HBÜ sollte auch verfahren werden, wenn sich die **zuständigkeitsbegründenden Merkmale** nach Weiterleitung des Rechtshilfeersuchens an das nach § 8 AusfG (Text → Rdnr. 165) zunächst zuständige Amtsgericht (→ Rdnr. 55) **geändert** haben, etwa der zu vernehmende Zeuge verzogen ist. 58

Nennt bereits das **ersuchende Gericht** eine unzuständige Behörde (vgl. Art. 3 Abs. 1 lit. a] Alt. 2 HBÜ), so ist die Zentrale Behörde daran nicht gebunden (→ Rdnr. 40), sondern leitet das Ersuchen an die ihrer Auffassung nach zuständige Behörde weiter. 59

Art. 7 [Terminsnachricht und Parteiöffentlichkeit]

¹Die ersuchende Behörde wird auf ihr Verlangen von dem Zeitpunkt und dem Ort der vorzunehmenden Handlung benachrichtigt, damit die beteiligten Parteien und gegebenenfalls ihre Vertreter anwesend sein können. ²Diese Mitteilung wird auf Verlangen der ersuchenden Behörde den Parteien oder ihren Vertretern unmittelbar übersandt.

Die Bestimmung dient der **Parteiöffentlichkeit** der Beweisaufnahme (→ § 357). Sie verpflichtet die Vertragsstaaten, der ersuchenden Behörde (Satz 1) auf Verlangen **Zeit und Ort** der vorzunehmenden Handlung, insbesondere der Beweisaufnahme, **mitzuteilen**. Auf Verlangen wird die Terminsnachricht den Parteien oder ihren Vertretern **unmittelbar** übersandt (Satz 2); das HZÜ kommt nicht zur Anwendung[133]. Welche innerstaatliche Behörde die Mitteilung erledigt, schreibt Art. 7 HBÜ nicht vor. Im Sinne der Beschleunigung kann dies die ersuchte Behörde (in ihrer Amtssprache → Rdnr. 45) vornehmen (→ Rdnr. 11). Bei ausgehenden Ersuchen ist § 38 ZRHO (→ § 363 Rdnr. 71) zu beachten. 61

Nach Art. 7 HBÜ haben die Vertragsstaaten den Parteien und ihren Vertretern die **Anwesenheit** bei der Beweisaufnahme zu **gestatten**[134]. Wird die Beweisaufnahme nach der ZPO durchgeführt (Art. 9 Abs. 1 HBÜ), so haben die Parteien die Rechte aus § 357 (→ § 357 Rdnr. 2 ff.) und können einem Zeugen nach § 397 Fragen stellen (lassen)[135]. 62

---

[131] MünchKommZPO-*Musielak* Rdnr. 1; *Schlosser* (Fn. 1) HBÜ Erl. zu Art. 6.
[132] *Stürner* JZ 1981, 521, 525 l. Sp.; inzident auch *Schlosser* (Fn. 1) HBÜ Erl. zu Art. 6.
[133] *Schlosser* (Fn. 1) HBÜ Art. 7 Rdnr. 1.
[134] Denkschrift BT-DS 7/4892, 54 f.; MünchKommZPO-*Musielak* Rdnr. 1; *Schlosser* (Fn. 1) HBÜ Art. 7 Rdnr. 1.
[135] Vgl. *Schlosser* (Fn. 1) HBÜ Art. 7 Rdnr. 1.

Art. 8 [Anwesenheit des ausländischen Richters]

¹Jeder Vertragsstaat kann erklären, daß Mitglieder der ersuchenden gerichtlichen Behörde eines anderen Vertragsstaats bei der Erledigung eines Rechtshilfeersuchens anwesend sein können. ²Hierfür kann die vorherige Genehmigung durch die vom erklärenden Staat bestimmte Behörde verlangt werden.

65 Die Bestimmung dient der Stärkung des Prinzips der **formellen Unmittelbarkeit** der Beweisaufnahme (→ § 355 Rdnr. 5 ff.) bei Beweiserhebungen im Ausland. Grundsätzlich verletzt bereits die dienstliche Anwesenheit eines ausländischen Richters auf dem Territorium des Staates, in dem die Beweisaufnahme durchgeführt wird, dessen Souveränität (→ § 363 Rdnr. 8). Art. 8 HBÜ gestattet die Teilnahme, wenn der ersuchte Staat eine entsprechende Erklärung abgegeben hat (Satz 1), die unter einem Genehmigungsvorbehalt stehen darf (Satz 2). *Zustimmungserklärungen ohne Genehmigungsvorbehalt* haben abgegeben: Frankreich[136], Israel[137], Luxemburg[138], Schweden[139], das Vereinigte Königreich[140] und Zypern[141]; *mit Genehmigungsvorbehalt:* Australien[142], die Bundesrepublik Deutschland[143] (§ 10 AusfG, Text → Rdnr. 165), Dänemark[144], Estland[145], Finnland[146], Italien[147], die Niederlande[148], Polen[149], die Schweiz[150], Spanien[151], Südafrika[152] und die Vereinigten Staaten[153].

66 Art. 8 HBÜ räumt dem ausländischen Richter **nicht** das Recht zur **aktiven Teilnahme** an der Beweisaufnahme ein[154]. Der anwesende Richter kann jedoch auch noch während der Beweisaufnahme in **Ergänzung** seiner Angaben nach Art. 3 Abs. 2 lit. f) HBÜ dem Gericht **Fragen vorschlagen**[155]. Ein eigenes Fragerecht steht ihm jedoch nur zu, falls die Beweisaufnahme in einer besonderen Form nach Maßgabe des Art. 9 Abs. 2 HBÜ vorgenommen wird[156]. Ein Antrag gemäß Art. 3 Abs. 2 lit. i) HBÜ auf Vornahme einer besonderen Form der Beweisaufnahme kann jedoch während der Beweisaufnahme nicht mehr gestellt werden, da dies nur gegenüber der Zentralen Behörde möglich ist.

67 Die **Teilnahme deutscher Richter** an einer Beweisaufnahme im Ausland bedarf nach § 38 a Abs. 1 ZRHO (→ § 363 Rdnr. 71) der **Genehmigung der Bundesregierung** auch dann, wenn der ersuchte Staat eine Erklärung nach Art. 8 HBÜ abgegeben hat. Ungeklärt ist, nach welchen Kriterien die Bundesregierung zu entscheiden hat. § 38 a Abs. 2 Satz 2 ZRHO (Darlegung der »Notwendigkeit« der Beweisaufnahme) deutet auf eine weite Prüfungskompetenz hin. Demgegenüber ist zu betonen, daß die Bundesregierung nur nach solchen Gesichtspunkten entscheiden darf, die die Pflege der auswärtigen Beziehungen (Art. 32 GG) betreffen; die richterliche Ermessensentscheidung, eine Beweisaufnahme im Ausland vorzunehmen (→ § 355 Rdnr. 27), kann nicht überprüft werden, da darin ein Eingriff in die richterliche Unabhängigkeit läge[157].

---

[136] BGBl II 1980, 1290, 1291.
[137] BGBl II 1981, 374.
[138] BGBl II 1980, 1290, 1293.
[139] BGBl II 1980, 1290, 1296, 1440.
[140] BGBl II 1980, 1290, 1297, 1440.
[141] BGBl II 1984, 567, 919.
[142] BGBl II 1993, 2398.
[143] BGBl II 1979, 780.
[144] BGBl II 1980, 1290, 1440.
[145] BGBl II 1996, 2494.
[146] BGBl II 1980, 1290, 1291.
[147] BGBl II 1982, 998.
[148] BGBl II 1981, 573.
[149] BGBl II 1997, 161 (inzident).
[150] BGBl II 1995, 532.
[151] BGBl II 1987, 615.
[152] BGBl II 1997, 2225.
[153] BGBl II 1980, 1290, 1299.
[154] *Böckstiegel-Schlafen* NJW 1978, 1073, 1077; MünchKommZPO-*Musielak* Rdnr. 2; *Schlosser* (Fn. 1) HBÜ Erl. zu Art. 8; großzügiger *Junker* (Fn. 1) 342.
[155] Ähnlich *Schlosser* (Fn. 1) HBÜ Erl. zu Art. 8.
[156] *Schlosser* (Fn. 1) HBÜ Erl. zu Art. 8.
[157] Zur richterlichen Unabhängigkeit bei ausgehenden Rechtshilfeersuchen *Schlosser* FS Constantinesco (1983) 653, 659 ff.

Art. 9 [Form der Beweisaufnahme]

(1) Die gerichtliche Behörde verfährt bei der Erledigung eines Rechtshilfeersuchens nach den Formen, die ihr Recht vorsieht.

(2) Jedoch wird dem Antrag der ersuchenden Behörde, nach einer besonderen Form zu verfahren, entsprochen, es sei denn, daß diese Form mit dem Recht des ersuchten Staates unvereinbar oder ihre Einhaltung nach der gerichtlichen Übung im ersuchten Staat oder wegen tatsächlicher Schwierigkeiten unmöglich ist.

(3) Das Rechtshilfeersuchen muß rasch erledigt werden.

I. Verfahren bei der Erledigung des Rechtshilfeersuchens

Art. 9 HBÜ regelt die Frage, nach welchem **Verfahrensrecht** die **Beweisaufnahme durchzuführen** ist. Das Rechtshilfegericht verfährt nach seinem eigenen Recht (Abs. 1), das deutsche Gericht also grundsätzlich nach den Regeln der ZPO. Diese werden mitunter modifiziert. § 84 ZRHO (→ § 363 Rdnr. 71) beispielsweise setzt für eine schriftliche Zeugenbefragung nach § 377 Abs. 3 einen entsprechenden Antrag der ersuchenden Behörde oder eine Erklärung der Zulässigkeit dieser Form der Erledigung voraus. Ferner sind ein förmlicher Beweisantrag der Parteien im Ausgangsverfahren und ein Beweisbeschluß nicht erforderlich[158]. Beim Urkundenbeweis ist stets entsprechend § 434 zu verfahren, → § 434 Rdnr. 4. 70

II. »Besondere Form« der Erledigung (Abs. 2)

1. Reichweite

Einem Antrag (vgl. Art. 3 Abs. 2 lit. i] HBÜ) auf Vornahme der **Beweisaufnahme** nach dem **Recht der ersuchenden Behörde** ist jedoch grundsätzlich zu entsprechen, falls nicht ein **Ausschlußtatbestand** vorliegt (Abs. 2). Danach kann die fremdförmige Beweisaufnahme abgelehnt werden, wenn sie mit »dem Recht des ersuchten Staates unvereinbar« oder ihre Einhaltung »nach der gerichtlichen Übung im ersuchten Staat« oder aufgrund »tatsächlicher Schwierigkeiten« unmöglich ist. Weithin wird eine **enge Auslegung** der Ausschlußklausel befürwortet[159]. Dem ist bei *sächlichen Beweismitteln* zu folgen; nicht jedoch dürfen Rechte von *Auskunftspersonen* beeinträchtigt werden. Ein Antrag auf eine besondere Form der Beweisaufnahme darf nicht schon deshalb abgelehnt werden, weil diese im Recht des ersuchten Staates nicht vorgesehen ist; vielmehr muß sie von den Rechtsvorschriften im ersuchten Staat **verboten** werden (arg. Art. 21 lit. d] HBÜ; vgl. § 83 Abs. 1 ZRHO)[160]. Auch hinsichtlich der **Unmöglichkeit** der Beweisaufnahme nach fremdem Verfahrensrecht liegt die Ablehnungsschwelle hoch; bloße Mühen und Schwierigkeiten rechtfertigen die Ablehnung nicht[161]. 71

Die gewünschte **Belehrung** des Zeugen über ein Zeugnisverweigerungsrecht ist stets vorzunehmen (→ auch Rdnr. 88). Einem Antrag auf ein **Wortprotokoll** über die Vernehmung ist ebenso zu entsprechen[162] wie dem Wunsch nach der Ablegung eines **Voreids**[163]. Mit Art. 4 Abs. 1 GG ist es jedoch unvereinbar, den Zeugen zu veranlassen, den Eid stets mit religiö- 72

---

[158] *Schlosser* (Fn. 1) HBÜ Art. 9/10 Rdnr. 1.
[159] Denkschrift BT-DS 7/4892, 55 l. Sp.; *Junker* (Fn. 1) 335f.; MünchKommZPO-*Musielak* Rdnr. 1.
[160] *Junker* (Fn. 1) 336f.; strenger *Schlosser* (Fn. 1) HBÜ Art. 9/10 Rdnr. 3 (»ordre public ähnlichem Gewicht«).

[161] *Junker* (Fn. 1) 336f. (unter Hinweis auf die Entstehungsgeschichte).
[162] *Junker* (Fn. 1) 341; MünchKommZPO-*Musielak* Rdnr. 1; *Stürner* JZ 1981, 521, 524 l. Sp.
[163] *Junker* (Fn. 1) 337.

ser Beteuerung zu leisten[164]. Die **Videoaufzeichnung** (»Bild-Ton-Aufzeichnung«) der Vernehmung eines Zeugen ist in § 58 a StPO ausdrücklich vorgesehen und sollte für zivilprozessuale eingehende Rechtshilfeersuchen auch ohne Einwilligung des Zeugen möglich sein, zumal der darin liegende Eingriff in das Persönlichkeitsrecht als gering erscheint[165]. Gleiches gilt für die Vernehmung im Wege der **Videokonferenz**. Das für den US-amerikanischen Prozeß besonders wichtige **Kreuzverhör**[166] ist mit Einschränkungen statthaft[167]. Diese Vernehmungsform ist in § 239 StPO ausdrücklich vorgesehen und verstößt damit nicht von vornherein gegen deutsches Recht; auch § 397 Abs. 2 ZPO sieht die Möglichkeit vor, daß Anwälte den Zeugen unmittelbar befragen[168]. Grenzen der Zulässigkeit ergeben sich (wie auch sonst bei der Zeugenvernehmung → vor § 373 Rdnr. 35 ff.) aus den (Grund-)Rechten des Zeugen, der nicht einer entwürdigenden oder demütigenden Behandlung unterworfen werden darf. Bei Fragen zum Intimbereich und Glaubwürdigkeitsfragen (→ § 395 Rdnr. 5) ist auch im Rahmen eines Kreuzverhörs äußerste Zurückhaltung geboten. Das Kreuzverhör hat in deutscher Sprache zu erfolgen[169]. Zu Aussageverweigerungsrechten → Art. 11 HBÜ. Zu Zwangsmitteln → Art. 10 HBÜ. Zur Ablehnung → Art. 13 Abs. 2 HBÜ. Zu den Kosten → Art. 14 Abs. 2 HBÜ.

2. Deutscher Zivilprozeß

73 Für den deutschen Zivilprozeß besteht **keine Notwendigkeit**, einen Antrag nach Abs. 2 zu stellen, denn das Beweisergebnis kann verwertet werden, wenn es in einer dem ausländischen Recht entsprechenden Form erhoben wurde (→ § 369 Rdnr. 1). Auch besteht die Gefahr, daß das ersuchte Gericht deutsches Verfahrensrecht falsch anwendet mit der Folge, daß das Beweisergebnis nicht verwertet werden darf. Daher soll nach § 20 Satz 1 ZRHO (→ § 363 Rdnr. 71) ein Antrag auf Einhaltung deutscher Formvorschriften nicht gestellt werden.

Art. 10 [Zwangsmittel]

Bei der Erledigung des Rechtshilfeersuchens wendet die ersuchte Behörde geeignete Zwangsmaßnahmen in den Fällen und in dem Umfang an, wie sie das Recht des ersuchten Staates für die Erledigung eines Ersuchens inländischer Behörden oder eines zum gleichen Zweck gestellten Antrags einer beteiligten Partei vorsieht.

I. Zwangsmittel

75 Art. 10 HBÜ **verpflichtet** die Vertragsstaaten, bei der Erledigung eines Rechtshilfeersuchens **Zwangsmaßnahmen** in demselben Umfang wie im innerstaatlichen Rechtshilfeverkehr **anzuwenden**. Die Vertragsstaaten stellen mithin ihre Zwangsmittel einem ausländischen Gerichtsverfahren zur Verfügung und unterwerfen die auf ihrem Territorium sich befindenden Personen entsprechendem Zwang. Darin liegt ein einschneidender und bemerkenswerter Unterschied zum vertragslosen Rechtshilfeverkehr.

76 Die **Pflicht zur Zwangsanwendung** besteht nur, wenn die Beweisaufnahme nach den **Formen der ersuchten Behörde** (Art. 9 Abs. 1 HBÜ) verläuft. Wird die Beweisaufnahme nach

---

[164] *Junker* (Fn. 1) 337.
[165] *Schlosser* (Fn. 1) HBÜ Art. 9/10 Rdnr. 3; a. A. *Junker* (Fn. 1) 341.
[166] Vgl. *Junker* (Fn. 1) 158 ff.
[167] Für Zulässigkeit des Kreuzverhörs *Nagel-Gottwald* (Fn. 1) § 8 Rdnr. 24; *Schlosser* ZZP 94 (1981) 369, 387; grundsätzlich auch *Junker* (Fn. 1) 338 ff.; *Stürner* JZ 1981, 521, 524 l. Sp.; ablehnend MünchKommZPO-*Musielak* Rdnr. 1.
[168] *Bruns* ZPR² Rdnr. 187 sieht auf der Grundlage des § 397 Abs. 2 ZPO sogar Raum für das Kreuzverhör im deutschen Zivilprozeß.
[169] *Junker* (Fn. 1) 338 f.

einer **besonderen Form** einer ausländischen Rechtsordnung (Art. 9 Abs. 2 HBÜ) erledigt, etwa eine Zeugenvernehmung im Wege des Kreuzverhörs (→ Rdnr. 72), besteht **keine Pflicht zum Einsatz von Zwangsmitteln**, weil Zwangsmittel nur angewendet werden müssen, wenn sie auch bei einem (stets nur nach dem Recht des ersuchten Staates erfolgenden) inländischen Rechtshilfeersuchen anzuwenden sind. Darüber hinaus fehlt es in Deutschland innerstaatlich an einer hinreichend bestimmten gesetzlichen Grundlage für die Anwendung von Zwang zur Durchsetzung einer ausländischen Beweiserhebungsform. Daß der ZPO **unbekannte Zwangsmittel nicht** angewendet werden dürfen, versteht sich von selbst[170].

Bei der Anwendung von Zwangsmitteln ist es unerheblich, ob die *ersuchende* Behörde nach ihrem Recht ein bestimmtes Zwangsmittel anwenden darf. Daher kann der deutsche Rechtshilferichter nach § 372 a ZPO Zwangsmittel verhängen, obgleich sie in vielen ausländischen Verfahrensordnungen nicht vorgesehen sind. Umgekehrt scheidet die Anwendung von Zwangsmitteln aus, wenn nach Art. 11 Abs. 1 lit. b) HBÜ ein Aussageverweigerungsrecht nach dem Recht des ersuchenden Staates besteht, → Rdnr. 87.

77

Art. 10 HBÜ ist zu entnehmen, daß der **ersuchende Staat** zur Erzwingung der Mitwirkung eines Zeugen vor dem Rechtshilferichter im ersuchten Staat **keine Zwangsmittel** anwenden darf[171]. *Nicht* aber schließt die Bestimmung *prozessuale* Nachteile im Verfahren vor der ersuchenden gerichtlichen Behörde aus. Darüber hinaus kann sie im Rahmen der vom HBÜ nicht ausgeschlossenen Beweismittelbeschaffung (→ Rdnr. 8) Zwangsmittel anwenden.

78

II. Einzelheiten

Im Rahmen der Beweisaufnahme kennt die ZPO die Zwangsmittel nach §§ 378 Abs. 2, 380, 390 beim **Zeugenbeweis**, § 409 beim **Sachverständigenbeweis** und nach § 372 a bei der **Abstammungsfeststellung**[172]. Andere Zwangsmittel kann das deutsche Gericht nicht anwenden, insbesondere die **Vorlage einer Urkunde** weder von einer Partei (vgl. § 427) noch von einem Dritten erzwingen (vgl. § 429)[173]; § 378 verpflichtet nur zur Einsichtnahme und zum Mitbringen, nicht zur Vorlage der Urkunde[174]. Auch die Duldung eines **Augenscheins**, etwa eines Betriebsgrundstücks, kann nicht zwangsweise durchgesetzt werden. § 141 Abs. 3 ist nicht anzuwenden, da die Anordnung des **persönlichen Erscheinens der Partei** kein Beweismittel ist (→ § 141 Rdnr. 2).

79

Art. 11 [Aussageverweigerungsrecht und -verbot]

(1) Ein Rechtshilfeersuchen wird nicht erledigt, soweit die Person, die es betrifft, sich auf ein Recht zur Aussageverweigerung oder auf ein Aussageverbot beruft,
 a) das nach dem Recht des ersuchten Staates vorgesehen ist oder
 b) das nach dem Recht des ersuchenden Staates vorgesehen und im Rechtshilfeersuchen bezeichnet oder erforderlichenfalls auf Verlangen der ersuchten Behörde von der ersuchenden Behörde bestätigt worden ist.

(2) Jeder Vertragsstaat kann erklären, daß er außerdem Aussageverweigerungsrechte und Aussageverbote, die nach dem Recht anderer Staaten als des ersuchenden oder des ersuchten Staates bestehen, insoweit anerkennt, als dies in der Erklärung angegeben ist.

---

[170] *Junker* (Fn. 1) 324 f.
[171] *Stürner* ZVglRWiss 81 (1982) 159, 208; *Junker* (Fn. 1) 325; *Stadler* (Fn. 1) 334.
[172] OLG Frankfurt NJW-RR 1988, 714.
[173] *Junker* RIW 1986, 337, 347; MünchKommZPO-*Musielak* Rdnr. 2; *Stürner* JZ 1981, 521, 524.
[174] *Schlosser* (Fn. 1) HBÜ Art. 9 / 10 Rdnr. 2.

I. Bedeutung

83   Die Bestimmung sieht vor, daß sich eine Auskunftsperson **kumulativ** auf die **Aussageverweigerungsrechte und -verbote** sowohl des **ersuchenden als auch des ersuchten Staates** berufen kann. Nach Art. 14 HZPÜ (→ Rdnr. 166) und dem Grundsatz des Art. 9 Abs. 1 HBÜ würden allein die Aussageverweigerungsrechte und -verbote des Rechts des ersuchten Staates eingreifen. Art. 11 Abs. 1 lit. b) HBÜ eröffnet die Möglichkeit, darüber hinaus die Verweigerungsrechte nach dem Recht des ersuchenden Staates zu berücksichtigen. Andererseits bleiben die Aussageverweigerungsrechte des Rechts des ersuchten Staates auch dann bestehen, wenn nach Art. 9 Abs. 2 HBÜ in den besonderen Formen der ersuchenden Behörde verfahren wird.

II. Eingehende Rechtshilfeersuchen

84   Die Reichweite der Zeugnisverweigerungsrechte richtet sich nach §§ 383 bis 385 ZPO. Praktisch wichtig sind die im internationalen Vergleich sehr weitgehenden Zeugnisverweigerungsrechte zum Schutze von **Geschäfts- und Betriebsgeheimnissen** (§§ 383 Abs. 1 Nr. 6, 384 Nr. 3 ZPO). Diese gelten selbstverständlich auch bei US-amerikanischen Rechtshilfeersuchen im Rahmen des *discovery*-Verfahrens[175]. **Parteien** bedürfen keiner Aussageverweigerungsrechte, da sie nach deutschem Recht mangels Zwangsmittel (Art. 10 HBÜ) keine erzwingbare Mitwirkungspflicht trifft. Erscheint die Partei nicht oder sagt sie nicht aus, kann das Ersuchen nicht erledigt werden. Die daraus erwachsenden Rechtsfolgen richten sich nach dem Recht des ersuchenden Staates[176].

85   Über die Ablehnung des Rechtshilfeersuchens aufgrund von Zeugnisverweigerungsrechten entscheidet der **Rechtshilferichter**[177] und nicht die Zentrale Behörde (→ Rdnr. 11). Davon geht der Wortlaut des Art. 11 Abs. 1 lit. b) HBÜ aus, soweit die ersuchte Behörde (und nicht die Zentrale Behörde) die Bestätigung von Aussageverweigerungsrechten verlangen darf. Über die Rechtmäßigkeit der Zeugnisverweigerung kann im **Zwischenstreit** nach §§ 387 ff. entschieden werden, soweit **Zeugnisverweigerungsrechte nach der ZPO** geltend gemacht werden. Abweichend von § 389 Abs. 2 entscheidet nicht das (ausländische) Prozeßgericht, sondern das **Rechtshilfegericht**[178].

86   Bei Unklarheiten über ein **Aussageverweigerungsrecht nach dem Recht des ersuchenden Staates** muß der Rechtshilferichter nicht eigene Ermittlungen anstellen, sondern kann unmittelbar eine **Bestätigung** der **ersuchenden Behörde** einholen (Art. 11 Abs. 1 lit. b] HBÜ). Besteht zwischen den Beteiligten Streit über das Zeugnisverweigerungsrecht nach dem Recht des Forumstaates, entscheidet verbindlich (auch für das ersuchte Gericht) allein die ersuchende gerichtliche Behörde.

87   Besteht ein Aussageverweigerungsrecht zwar nicht nach deutschem Recht, wohl aber nach dem Recht der ersuchenden Behörde, darf ein **Zwangsmittel** (z. B. §§ 380, 390 ZPO) nach Art. 10 HBÜ (→ Rdnr. 77) **nicht** angewendet werden.

III. Ausgehende Rechtshilfeersuchen

88   Bei ausgehenden Rechtshilfeersuchen ist § 37 ZRHO (→ § 363 Rdnr. 71) zu beachten, der die wörtliche Angabe der Aussageverweigerungsrechte vorschreibt.

---

[175] *LG München I* ZZP 95 (1982) 362, 363 f. (Anm. *Schlosser*); *Junker* (Fn. 1) 303 f.; MünchKommZPO-*Musielak* Rdnr. 3; a. A. *Koch* IPRax 1985, 245, 248; zur US-amerikanischen Seite *Lowenfeld* IPRax 1984, 51, 53.
[176] *Schlosser* (Fn. 1) HBÜ Art. 11 Rdnr. 1.
[177] So *LG München I* ZZP 95 (1982) 362 (Anm. *Schlosser* und im Grundsatz auch MünchKommZPO-*Musielak* Rdnr. 5; *Schlosser* (Fn. 1) HBÜ Art. 11 Rdnr. 2.
[178] *LG München I* ZZP 95 (1982) 362, 363 (Anm. *Schlosser*); ferner *OLG Frankfurt* NJW-RR 1988, 714 (zu § 372 a Abs. 2 Satz 1).

Art. 12 [Ablehnung des Rechtshilfeersuchens]

(1) Die Erledigung eines Rechtshilfeersuchens kann nur insoweit abgelehnt werden, als
a) die Erledigung des Ersuchens im ersuchten Staat nicht in den Bereich der Gerichtsgewalt fällt oder
b) der ersuchte Staat die Erledigung für geeignet hält, seine Hoheitsrechte oder seine Sicherheit zu gefährden.
(2) Die Erledigung darf nicht allein aus dem Grund abgelehnt werden, daß der ersuchte Staat nach seinem Recht die ausschließliche Zuständigkeit seiner Gerichte für die Sache in Anspruch nimmt oder ein Verfahren nicht kennt, das dem entspricht, für welches das Ersuchen gestellt wird.

I. Bedeutung

Abs. 1 regelt (*insoweit* abschließend) die Gründe, die die **Ablehnung eines Ersuchens** wegen **Unvereinbarkeit** seiner Ausführung mit **nationalen Interessen** der Vertragsstaaten rechtfertigen. Darüber hinaus kann die Erledigung eines Rechtshilfeersuchens bei Mängeln nach Art. 3 und 4 HBÜ (beachte aber Art. 5 HBÜ) sowie nach Art. 23 HBÜ abgelehnt werden, ferner, soweit ein Aussageverweigerungsrecht nach Art. 11 HBÜ besteht.   90

Abs. 2 normiert demgegenüber die **Pflicht zur Ausführung** des Rechtshilfeersuchens auch dann, wenn der ersuchte Staat eine ausschließliche Zuständigkeit für die Sache in Anspruch nimmt oder ein entsprechendes Verfahren nicht kennt; insoweit geht das Interesse des ersuchenden Staates an der Durchführung seines Verfahrens möglichen Interessen des ersuchten Staates vor. **Unberührt** bleibt freilich die Möglichkeit, die **Anerkennung** und **Vollstreckung** im ersuchten Staat zu versagen[179].

II. Ablehnungsgründe

1. Mangelnde Gerichtsgewalt (Abs. 1 lit. a])

Eine Pflicht zur Ausführung des Rechtshilfeersuchens besteht nicht, falls seine Erledigung nicht der Gerichtsgewalt des ersuchten Staates unterliegt, insbesondere wenn sich die innerstaatliche Gerichtsbarkeit nicht auf die Auskunftsperson oder das Beweismittel erstreckt.   91

2. Ordre public (Abs. 1 lit. b])

Die Auslegung des Abs. 1 lit. b) bereitet Schwierigkeiten, denn Hoheitsrechte werden nicht verletzt, weil und soweit deutsche Behörden das Rechtshilfeersuchen ausführen, selbst wenn nach Art. 8 HBÜ ausländische Behördenvertreter anwesend sind; auch beeinträchtigt die Ausführung von Rechtshilfeersuchen die nationale Sicherheit nur in Extremfällen[180]. Art. 12 Abs. 1 lit. b) HBÜ wird als **ordre public-Vorbehalt** gedeutet[181], über dessen Reichweite bisher freilich keine Einigkeit erzielt werden konnte. Die Frage hat insbesondere bei US-amerikanischen Rechtshilfeersuchen eine Rolle gespielt. So wird erwogen, bei Klagen auf »*punitive damages*« Rechtshilfe unter bezug auf Art. 12 HBÜ zu verwei-   92

---

[179] Denkschrift BT-DS 7/4892, 55 r. Sp.; *Junker* (Fn. 1) 271f.; *Stürner* ZVglRWiss 81 (1982) 159, 205f.
[180] Vgl. *Schlosser* ZZP 94 (1981) 369, 383; noch zurückhaltender *Junker* (Fn. 1) 269.
[181] *Coester-Waltjen* in: Heldrich-Kono (Hrsg.) Herausforderungen des Internationalen Zivilverfahrensrechts (1994) 24; *Junker* (Fn. 1) 268ff.; MünchKommZPO-*Musielak* Rdnr. 2; *Schlosser* ZZP 94 (1981) 369, 380ff.; *Stürner* ZVglRWiss 81 (1982) 159, 205.

gern[182]. Auch soll Art. 12 HBÜ gegenüber unsubstantiierten Ausforschungsbeweisen schützen und Geheimhaltung sichern[183]. Allerdings ist ein **Rückgriff auf den ordre public nicht erforderlich**, soweit bereits die Voraussetzungen eines Rechtshilfeersuchens nach dem HBÜ nicht gegeben sind oder Ablehnungsgründe vorliegen[184]: Art. 3 HBÜ sieht eine substantiierte Angabe von Beweismittel und -thema vor (→ Rdnr. 41); Ausforschungsbeweise können ferner mit Art. 23 HBÜ (→ Rdnr. 143) abgewehrt werden; bei Geschäftsgeheimnissen kann ein Aussageverweigerungsrecht gegeben sein (→ Rdnr. 84); die Frage der Strafbarkeit einer Aussage beispielsweise nach § 203 StGB fällt unter Art. 11 HBÜ; die Vernehmung von Personen, die kraft Amtes zur Verschwiegenheit verpflichtet sind, richtet sich gemäß Art. 11 Abs. 1 lit. a) HBÜ nach § 376. Jedenfalls soweit nach Art. 9 Abs. 1 HBÜ das Ersuchen nach deutschem Recht erledigt wird, ist ein Rückgriff auf den *ordre public* nur im Extremfall erforderlich.

93   Bei der **Prüfung**, ob Rechtshilfe gegen den *ordre public* verstößt, ist **nicht** auf den Inhalt des (zukünftigen und damit unbekannten) **Urteils** oder die Anhängigkeit eines Verfahrens (arg. Art. 12 Abs. 2 Alt. 2 HBÜ) abzustellen; diese Frage wird erst bei der Anerkennung und Vollstreckung relevant. Für Art. 12 Abs. 1 lit. b) HBÜ maßgeblich sind allein die **Folgen der Beweisaufnahme** für den ersuchten Staat. Eine Verletzung des *ordre public* kommt danach nur in besonders gelagerten Fällen in Betracht; bei US-amerikanischen «*class actions*» ist dies nicht der Fall[185].

94   Zum Ausforschungsbeweis bei der Beweisaufnahme durch diplomatische oder konsularische Vertreter sowie Beauftragte → Rdnr. 137.

III. Keine Ablehnungsgründe (Abs. 2)

95   Abs. 2 stellt bestimmte nationale Interessen des ersuchten Staates zurück gegenüber Interessen des ersuchenden Staates an der Durchführung einer Beweisaufnahme für sein Verfahren. Rechtshilfe darf nicht verweigert werden, weil der ersuchte Staat die ausschließliche internationale Zuständigkeit für die Streitsache beansprucht oder ein entsprechendes Verfahren nicht kennt; freilich muß es sich nach Art. 1 HBÜ überhaupt um eine Zivil- oder Handelssache handeln (→ Rdnr. 19 ff.). Der Anerkennung wird durch die geleistete Rechtshilfe nicht vorgegriffen, die insbesondere an § 328 Abs. 1 Nr. 1 scheitern kann.

IV. Verfahren

96   Die Entscheidung über die Erledigung des Rechtshilfeersuchens nach Maßgabe des Art. 12 HBÜ trifft die **Zentrale Behörde** (→ Rdnr. 11). Die ersuchte Behörde ist daran gebunden (→ Rdnr. 12). Wird die Erledigung abgelehnt, ist nach Art. 13 Abs. 2 HBÜ zu verfahren.

Art. 13 [Übermittlung]

(1) Die ersuchte Behörde leitet Schriftstücke, aus denen sich die Erledigung eines Rechtshilfeersuchens ergibt, der ersuchenden Behörde auf demselben Weg zu, den diese für die Übermittlung des Ersuchens benutzt hat.

(2) Wird das Rechtshilfeersuchen ganz oder teilweise nicht erledigt, so wird dies der er-

---

[182] *Stiefel* RIW/AWD 1979, 509, 512; *v. Hülsen* RIW/AWD 1982, 537, 550.
[183] Vgl. *Schlosser* ZZP 94 (1981) 369, 383.

[184] *Junker* (Fn. 1) 322 ff. sieht überhaupt keinen Anwendungsbereich für Art. 12 Abs. 1 lit. b) HBÜ.
[185] Vgl. *OLG Frankfurt* OLGZ 1992, 89, 94 (zu Art. 13 HZÜ).

suchenden Behörde unverzüglich auf demselben Weg unter Angabe der Gründe für die Nichterledigung mitgeteilt.

Abs. 1 regelt den Weg der Übermittlung der Ergebnisse des Rechtshilfeverfahrens durch die ersuchte Behörde. Dabei darf sich die ersuchte Behörde nicht unmittelbar an die ersuchende Behörde wenden, sondern muß den Weg beschreiten, den diese gewählt hatte, im Regelfall also unter Einschaltung der Zentralen Behörde. 98

Nach Abs. 2 darf ein Rechtshilfeersuchen, das nicht erledigt wird, nicht einfach zurückgesendet werden; vielmehr sind die Gründe für die Nichterledigung substantiiert mitzuteilen. Die Bestimmung gilt auch, wenn bereits die Zentrale Behörde das Ersuchen zurückweist; freilich ist bei behebbaren formellen Hindernissen Art. 5 HBÜ (→ Rdnr. 50) zu beachten. 99

Zur Verwertung einer ausländischen Beweisaufnahme im innerstaatlichen Verfahren → § 363 Rdnr. 78. 100

Art. 14 [Kostenerstattung]

(1) Für die Erledigung eines Rechtshilfeersuchens darf die Erstattung von Gebühren und Auslagen irgendwelcher Art nicht verlangt werden.
(2) Der ersuchte Staat ist jedoch berechtigt, vom ersuchenden Staat die Erstattung der an Sachverständige und Dolmetscher gezahlten Entschädigungen sowie der Auslagen zu verlangen, die dadurch entstanden sind, daß auf Antrag des ersuchenden Staates nach Artikel 9 Absatz 2 eine besondere Form eingehalten worden ist.
(3) ¹Eine ersuchte Behörde, nach deren Recht die Parteien für die Aufnahme der Beweise zu sorgen haben und die das Rechtshilfeersuchen nicht selbst erledigen kann, darf eine hierzu geeignete Person mit der Erledigung beauftragen, nachdem sie das Einverständnis der ersuchenden Behörde eingeholt hat. ²Bei der Einholung dieses Einverständnisses gibt die ersuchte Behörde den ungefähren Betrag der Kosten an, die durch diese Art der Erledigung entstehen würden. ³Durch ihr Einverständnis verpflichtet sich die ersuchende Behörde, die entstehenden Kosten zu erstatten. ⁴Fehlt das Einverständnis, so ist die ersuchende Behörde zur Erstattung der Kosten nicht verpflichtet.

I. Grundsatz: Keine Kostenerstattung

Abs. 1 bestimmt das **Prinzip**, wonach jeder Vertragsstaat die bei ihm anfallenden **Kosten** für die Erledigung von Rechtshilfeersuchen **selbst zu tragen hat**; Ersatz für Gebühren und Auslagen kann nicht gefordert werden. 103

II. Ausnahmen

Der Grundsatz wird vielfach **durchbrochen**. Gemäß **Abs. 2** kann der ersuchte Staat die Erstattung von an Sachverständige und Dolmetscher geleisteten Entschädigungen vom ersuchenden Staat verlangen. Anders als nach Art. 16 Abs. 2 HZPÜ (→ Rdnr. 166) sind jedoch Entschädigungen für Zeugen (→ § 401 Rdnr. 1 ff.) nicht zu erstatten. Der ersuchende Staat hat ferner die Auslagen zu ersetzen, die entstehen, weil auf seinen Antrag die Beweisaufnahme nach Art. 9 Abs. 2 HBÜ in einer besonderen Form durchgeführt wurde. 104

Mit Rücksicht auf *common law* Länder[186] sieht **Abs. 3** eine weitere Ausnahme vom Prinzip der Erstattungsfreiheit vor. Kann die ersuchte Behörde die Beweisaufnahme nicht selbst 105

---
[186] Denkschrift BT-DS 7/4892, 56 l. Sp.

vornehmen, weil nach ihrem Recht die *Parteien* für die Aufnahme der Beweise zu sorgen haben, darf eine befähigte Person (examiner) mit der Erledigung des Ersuchens betraut werden, falls die ersuchende Behörde damit einverstanden ist. Bei der Einholung des Einverständnisses ist der ungefähre Betrag der zu erwartenden Kosten mitzuteilen. Hat die ersuchende Behörde ihr Einverständnis erklärt, trifft sie die Pflicht der Kostenerstattung. Nicht geregelt ist der Fall, daß die ersuchende Behörde die Zustimmung verweigert. Das Rechtshilfeersuchen darf dann abgelehnt werden[187]. Allerdings kann die ersuchende Behörde die Beweiserhebung durch den Richter als »besondere Form« nach Art. 9 Abs. 2 HBÜ beantragen; wird dem entsprochen, erwächst die Kostenerstattungspflicht aus Abs. 2.

106 Eine Ausnahme vom Prinzip der Erstattungsfreiheit sieht ferner Art. 26 HBÜ vor; sie kann sich ferner aus Abkommen nach Art. 28 lit. f) HBÜ sowie aus nach Art. 31 HBÜ fortgeltenden Zusatzabkommen ergeben. Solche Zusatzvereinbarungen bestehen mit Dänemark[188], Frankreich[189], Luxemburg[190], den Niederlanden[191], Norwegen[192], Schweden[193] und der Schweiz[194].

107 In allen Fällen kann die ersuchte Behörde nur Kost*erstattung* verlangen; die Vornahme der Rechtshilfehandlung darf **nicht** von der Leistung eines **Vorschusses** abhängig gemacht werden. Auch besteht kein unmittelbarer Anspruch der Vertragsstaaten gegen die inländische Prozeßpartei[195]. Gemäß Nr. 9013 Anlage 1 zum GKG zählen Beträge, die ausländischen Behörden zustehen, sowie die Kosten des Rechtshilfeverkehrs mit dem Ausland zu den Auslagen.

Kapitel II – Beweisaufnahme durch diplomatische oder konsularische Vertreter und durch Beauftragte

Vorbemerkungen zu Art. 15 bis 22

I. Überblick

110 Art. 15 HZPÜ (Text → Rdnr. 166) erlaubt die unmittelbare Beweisaufnahme durch diplomatische oder konsularische Vertreter nur, wenn sie in bilateralen Abkommen zwischen den beteiligten Staaten zugelassen war oder wenn der Staat, in dem die Beweisaufnahme vorgenommen werden sollte, dem nicht widersprach. Eine Beweisaufnahme durch Beauftragte ist nach dem HZPÜ nicht möglich. Art. 15 bis 22 HBÜ regeln die Reichweite der **Pflicht der Vertragsstaaten**, eine **direkte Beweisaufnahme** durch diplomatische oder konsularische Vertreter (Art. 15 f. HBÜ) und durch »Beauftragte« (Art. 17 HBÜ) zu **dulden** (zur Bedeutung → Rdnr. 4). Art. 18 HBÜ sieht die Möglichkeit vor, die Beweisaufnahme durch **Zwangsmittel** zu unterstützen. Art. 19 bis 22 HBÜ bestimmen die Reichweite der Befugnisse bei der Beweisaufnahme. Dem verbreiteten Souveränitätsverständnis (→ § 363 Rdnr. 7), wonach die Beweisaufnahme durch Organe anderer Staaten die Gebietshoheit des Staates, in dem der Beweis erhoben wird, verletzt[196], wird in Art. 33 Abs. 1 HBÜ dahin entsprochen, daß jeder Vertragsstaat die Anwendung des Kapitels II ausschließen kann. Von dieser Möglichkeit ha-

---

[187] *Böckstiegel-Schlafen* NJW 1978, 1073, 1077 l. Sp.; *Schlosser* (Fn. 1) HBÜ Erl. zu Art. 14.
[188] BGBl II 1953, 186.
[189] BGBl II 1961, 1041.
[190] RGBl 1909, 907.
[191] BGBl II 1964, 468.
[192] BGBl II 1979, 1292.
[193] RGBl 1910, 455.
[194] RGBl 1910, 674; RGBl 1930, 1.
[195] *Schlosser* (Fn. 1) HBÜ Erl. zu Art. 14.
[196] Vgl. Denkschrift BT DS 7/4892, 56 l. Sp.

ben Argentinien[197], Singapur[198] und – mit Einschränkungen – China[198a], Polen[199], Südafrika[200] und Venezuela[201] Gebrauch gemacht.

II. Verfassungsrechtliche Fragen

Die Beweisaufnahme durch diplomatische oder konsularische Vertreter ist vor dem Hintergrund des **Art. 24 Abs. 1 GG** verfassungsrechtlich **nicht unbedenklich**, weil man sie als hoheitliche Tätigkeit qualifiziert[202]. Sie läßt sich damit rechtfertigen, daß das GG die lange geübte Zusammenarbeit der Staaten bei der Beweisaufnahme nicht habe beeinträchtigen wollen[203]. Dieser Gesichtspunkt trägt aber nicht mehr hinsichtlich der bislang unbekannten, von Art. 17 HBÜ eröffneten Möglichkeit, die Beweisaufnahme durch »Beauftragte« erledigen zu lassen. 111

Art. 15 [Beweisaufnahme durch diplomatische oder konsularische Vertreter bei eigenen Staatsangehörigen]

(1) In Zivil- oder Handelssachen kann ein diplomatischer oder konsularischer Vertreter eines Vertragsstaats im Hoheitsgebiet eines anderen Vertragsstaats und in dem Bezirk, in dem er sein Amt ausübt, ohne Anwendung von Zwang Beweis für ein Verfahren aufnehmen, das vor einem Gericht eines von ihm vertretenen Staates anhängig ist, wenn nur Angehörige desselben Staates betroffen sind.

(2) Jeder Vertragsstaat kann erklären, daß in dieser Art Beweis erst nach Vorliegen einer Genehmigung aufgenommen werden darf, welche die durch den erklärenden Staat bestimmte zuständige Behörde auf einen von dem Vertreter oder in seinem Namen gestellten Antrag erteilt.

Nach Abs. 1 können diplomatische oder konsularische Vertreter eines Vertragsstaates **ohne Genehmigung** des anderen Vertragsstaates **Beweise erheben**, wenn sie sich auf **Angehörige** eines von ihnen **vertretenen Staates** beziehen (zu Angehörigen anderer Staaten vgl. Art. 16 HBÜ, → Rdnr. 118). Das Recht des Staates, in dem eine Person vernommen werden soll, entscheidet über dessen Staatsangehörigkeit[204]. Hat die Beweisperson neben der Angehörigkeit des vertretenen Staates zudem die Staatsangehörigkeit des Empfangsstaates oder eines Drittstaates, kann eine Vernehmung nicht nach Abs. 1 erfolgen[205], sondern nur nach Art. 16 HBÜ. Voraussetzung der Beweisaufnahme ist darüber hinaus, daß es sich um eine **Zivil- oder Handelssache** handelt (→ Rdnr. 19 ff.) und daß das Verfahren bereits **anhängig** ist. Anders als nach Art. 1 Abs. 2 HBÜ (→ Rdnr. 31) genügt ein künftiges Verfahren nicht; für ein selbständiges Beweisverfahren nach §§ 485 ff., das *außerhalb* eines Streitverfahrens durchgeführt wird, scheidet die Direktmethode aus[206]. »**Andere (gerichtliche) Handlungen**« als Beweisaufnahmen dürfen diplomatische oder konsularische Vertreter nicht vornehmen; hierzu ist der **Rechtshilfeweg** (Art. 1 HBÜ) einzuschlagen. Die Anwendung von **Zwangsmitteln** ist **nicht vorgesehen**; Zwang kann nur nach Maßgabe des Art. 18 HBÜ angewendet werden. Die Reichweite der Befugnisse richtet sich im übrigen nach Art. 19 bis 21 HBÜ. 115

---

[197] BGBl II 1988, 823.
[198] BGBl II 1981, 962.
[198a] BGBl. II 1998, 1729.
[199] BGBl II 1996, 2495.
[200] BGBl II 1997, 2225.
[201] BGBl II 1994, 3647.
[202] Vgl. *Geimer* FS Matscher (1993) 133, 147 in Fn. 75.
[203] *Geimer* FS Matscher (1993) 133, 147.
[204] Denkschrift BT-DS 7/4892, 56 r. Sp.; a. A. Münch-KommZPO-*Musielak* Art. 15 – 22 Rdnr. 3 (Recht des vertretenen Staates).
[205] Denkschrift BT-DS 7/4892, 56 r. Sp.
[206] *Böckstiegel-Schlafen* NJW 1978, 1073, 1076.

116 Nach Abs. 2 kann jeder Vertragsstaat einen **Genehmigungsvorbehalt** erklären. Von dieser Möglichkeit haben Australien[207], Dänemark[208], Norwegen[209], Portugal[210], Schweden[211] und die Schweiz[212] Gebrauch gemacht. Zu Nebenbestimmungen der Genehmigung → Art. 19 HBÜ.

Art. 16 [Beweisaufnahme durch diplomatische oder konsularische Vertreter bei sonstigen Staatsangehörigen]

(1) Ein diplomatischer oder konsularischer Vertreter eines Vertragsstaats kann außerdem im Hoheitsgebiet eines anderen Vertragsstaats und in dem Bezirk, in dem er sein Amt ausübt, ohne Anwendung von Zwang Beweis für ein Verfahren aufnehmen, das vor einem Gericht eines von ihm vertretenen Staates anhängig ist, sofern Angehörige des Empfangsstaats oder eines dritten Staates betroffen sind,
 a) wenn eine durch den Empfangsstaat bestimmte zuständige Behörde ihre Genehmigung allgemein oder für den Einzelfall erteilt hat und
 b) wenn der Vertreter die Auflagen erfüllt, welche die zuständige Behörde in der Genehmigung festgesetzt hat.
(2) Jeder Vertragsstaat kann erklären, daß Beweis nach dieser Bestimmung ohne seine vorherige Genehmigung aufgenommen werden darf.

118 Abs. 1 stellt die Beweisaufnahme durch diplomatische oder konsularische Vertreter unter einen **Genehmigungsvorbehalt**, wenn davon Personen betroffen sind, die die **Staatsangehörigkeit des Empfangsstaates** oder eines **Drittstaates** haben (bei Staatsangehörigkeit des Entsendestaates vgl. Art. 15 HBÜ, → Rdnr. 115). Auch die Vernehmung **Staatenloser** fällt unter diese Bestimmung[213]. Die Genehmigung kann generell hinsichtlich bestimmter Formen der Beweisaufnahme oder für den Einzelfall erteilt und mit **Auflagen** verbunden werden; → Art. 19 HBÜ. Im übrigen gelten für Voraussetzungen und Reichweite der Beweisaufnahme die Erläuterungen → Rdnr. 115.

119 Von der Möglichkeit, eine Erklärung nach Abs. 2 abzugeben, haben bisher Finnland[214], die Niederlande[215], die Slowakei[216], Spanien[217], die Tschechische Republik[218] und die Vereinigten Staaten[219] Gebrauch gemacht. Unter dem Vorbehalt der Gegenseitigkeit entfällt das Genehmigungserfordernis nach Art. 16 Abs. 1 HBÜ ferner im Vereinigten Königreich[220]. In Portugal ist eine Beweisaufnahme gemäß Art. 16 HBÜ unzulässig[221].

Art. 17 [Beweisaufnahme durch Beauftragte]

(1) In Zivil- oder Handelssachen kann jede Person, die zu diesem Zweck ordnungsgemäß zum Beauftragten bestellt worden ist, im Hoheitsgebiet eines Vertragsstaats ohne Anwendung von Zwang Beweis für ein Verfahren aufnehmen, das vor einem Gericht eines anderen Vertragsstaats anhängig ist,
 a) wenn eine von dem Staat, in dem Beweis aufgenommen werden soll, bestimmte zuständige Behörde ihre Genehmigung allgemein oder für den Einzelfall erteilt hat und

---

[207] BGBl II 1993, 2398.
[208] BGBl II 1980, 1290.
[209] BGBl II 1980, 1290, 1295.
[210] BGBl II 1980, 1290, 1295.
[211] BGBl II 1980, 1290, 1296.
[212] BGBl II 1995, 532.
[213] Vgl. Denkschrift BT-DS 7/4892, 57 l. Sp.
[214] BGBl II 1980, 1290, 1291.

[215] BGBl II 1981, 573.
[216] BGBl II 1980, 1290, 1296; II 1993, 2398.
[217] BGBl II 1987, 615.
[218] BGBl II 1980, 1290, 1296; II 1993, 2398.
[219] BGBl II 1980, 1290, 1299.
[220] BGBl II 1980, 1290, 1297.
[221] BGBl II 1980, 1290, 1295.

b) wenn die Person die Auflagen erfüllt, welche die zuständige Behörde in der Genehmigung festgesetzt hat.

(2) Jeder Vertragsstaat kann erklären, daß Beweis nach dieser Bestimmung ohne seine vorherige Genehmigung aufgenommen werden darf.

I. Beweisaufnahme durch Beauftragte

Die Bestimmung sieht die Möglichkeit der Beweisaufnahme durch einen Beauftragten (*commissioner*) vor, die eine im anglo-amerikanischen Rechtskreis gebräuchliche Methode der Beweisaufnahme im Ausland bildet[222]. Damit sollte den Vereinigten Staaten der Beitritt zum HBÜ erleichtert werden[223]. Zum *commissioner* wird vom Prozeßgericht im Regelfall ein Rechtsanwalt ernannt[224], der im Ausland Zeugen und Sachverständige vernimmt oder den Augenschein einnimmt. Der Beauftragte kann aber auch vom ersuchten Staat bestellt werden[225]. Er verfährt grundsätzlich nach dem Recht des Forumstaates (Art. 21 lit. d] HBÜ). **Zwangsanwendung** ist grundsätzlich **ausgeschlossen** und nur nach Maßgabe des Art. 18 HBÜ möglich; (mittelbarer) Zwang aufgrund von **Prozeßnachteilen** im Verfahren vor der ersuchenden gerichtlichen Behörde fallen **nicht** darunter[226]. Die Beweiserhebung durch den Beauftragten steht nach Abs. 1 unter einem Genehmigungsvorbehalt; von der Möglichkeit einer Erklärung nach Abs. 2 haben nur Finnland[227], Spanien[228] und die Vereinigten Staaten[229] Gebrauch gemacht. 122

Unter dem Vorbehalt der Gegenseitigkeit entfällt das Genehmigungserfordernis ferner im Vereinigten Königreich[230]. In Dänemark und Portugal ist eine Beweisaufnahme gemäß Art. 17 HBÜ unzulässig[231]. 123

Zuständig für die Erteilung der Genehmigung ist in Deutschland die Zentrale Behörde (§ 12 AusfG, → Rdnr. 165). 124

II. Bedeutung für deutsche Zivilprozesse

Als Beauftragter kann auch ein **Mitglied des Prozeßgerichts** nach § 361 ZPO bestellt werden[232] (→ auch § 363 Rdnr. 26). Da Art. 17 HBÜ der Bestellung mehrerer Beauftragter nicht entgegensteht, sollte auch innerstaatlich die Möglichkeit anerkannt werden, **alle Mitglieder des Prozeßgerichts** zu Beauftragten zu bestellen. Voraussetzung ist freilich, die in § 363 genannten Wege der Beweisaufnahme im Ausland nicht länger als abschließend zu betrachten[233]. Auf diesem Weg wird im Ausland unter **Wahrung des Unmittelbarkeitsgrundsatzes** eine Beweisaufnahme durch das Gericht nach den Regeln der ZPO (Art. 21 lit. d] HBÜ) möglich, was insbesondere bei Beweisaufnahmen im grenznahen Ausland interessant ist, etwa einem Augenschein. Die Frage, ob so verfahren wird, steht aber im Ermessen des Prozeßgerichts. § 38 a ZRHO ist zu beachten; zu dessen Reichweite → § 363 Rdnr. 26. 125

---

[222] Denkschrift BT-DS 7/4892, 51 r. Sp.; Einzelheiten zu diesem Modell bei *Junker* (Fn. 1) 234f.
[223] Denkschrift BT-DS 7/4892, 50 l. Sp.
[224] Denkschrift BT-DS 7/4892, 51 r. Sp.; *Junker* (Fn. 1) 235.
[225] *Böckstiegel-Schlafen* NJW 1978, 1073, 1077 r. Sp.
[226] A. A. *Stürner* JZ 1981, 521, 523 l. Sp.
[227] BGBl II 1980, 1290, 1291.
[228] BGBl II 1987, 615.
[229] BGBl II 1980, 1290, 1299.
[230] BGBl II 1980, 1290, 1297.
[231] BGBl II 1980, 1290, 1295.
[232] Denkschrift BT-DS 7/4892, 51 r. Sp.; *Böckstiegel-Schlafen* NJW 1978, 1073, 1077 r. Sp.; *Schack* (Fn. 1) Rdnr. 732.
[233] Anders *Böckstiegel-Schlafen* NJW 1978, 1073, 1077 in Fn. 59 (dem Rechtshilfeersuchen sei eine Anregung zur Bestellung von Mitgliedern des ersuchenden Gerichts durch das *ersuchte* Gericht beizufügen).

Art. 18 [Zwangsmittel]

(1) ¹Jeder Vertragsstaat kann erklären, daß ein diplomatischer oder konsularischer Vertreter oder ein Beauftragter, der befugt ist, nach Artikel 15, 16 oder 17 Beweis aufzunehmen, sich an eine von diesem Staat bestimmte zuständige Behörde wenden kann, um die für diese Beweisaufnahme erforderliche Unterstützung durch Zwangsmaßnahmen zu erhalten. ²In seiner Erklärung kann der Staat die Auflagen festlegen, die er für zweckmäßig hält.

(2) Gibt die zuständige Behörde dem Antrag statt, so wendet sie die in ihrem Recht vorgesehenen geeigneten Zwangsmaßnahmen an.

128 Die Beweisaufnahme durch diplomatische oder konsularische Vertreter sowie Beauftragte erfolgt nach Art. 15 bis 17 HBÜ **ohne Zwangsanwendung**. Scheitert die Beweisaufnahme daran, bleibt die Möglichkeit eines Rechtshilfeersuchens (Art. 22 HBÜ); die ersuchte Behörde kann im Rahmen des Art. 10 HBÜ Zwang anwenden. Nach **Art. 18 HBÜ** kann darüber hinaus jeder Vertragsstaat erklären, daß die Beweisaufnahme durch Vertreter oder Beauftragte von dem Staat, in dem die Beweisaufnahme stattfindet, durch **Zwangsmaßnahmen** unterstützt wird. Die Bestimmung des Art. 18 HBÜ geht sehr weit, denn danach stellen Vertragsstaaten Zwangsinstrumente zur Verfügung, um eine Beweisaufnahme nach ausländischem Recht (vgl. Art. 21 lit. d] HBÜ) im Inland zu unterstützen.

129 Eine solche Erklärung haben bisher Italien[234], Mexiko[235], die Slowakei[236], Südafrika (für »Beauftragte«)[237], die Tschechische Republik[238], das Vereinigte Königreich[239], die Vereinigten Staaten[240] und Zypern[241] abgegeben.

Vorbemerkung zu Art. 19 bis 21

130 Art. 19 bis 21 HBÜ dienen dem **Schutz von Beweispersonen**, die einer Beweisaufnahme durch Vertreter oder Beauftragte eines anderen Staates unterworfen sind, die im Grundsatz nach für die Beweisperson fremdem Recht (Art. 21 lit. d] HBÜ) verläuft. Der Staat, auf dessen Territorium die Beweisaufnahme erfolgt, kann nach Art. 19 HBÜ Auflagen festsetzen. Art. 20 HBÜ garantiert das Recht, einen Rechtsberater beizuziehen. Art. 21 HBÜ zieht weitere Grenzen der Beweisaufnahme.

Art. 19 [Auflagen]

Die zuständige Behörde kann, wenn sie die Genehmigung nach Artikel 15, 16 oder 17 erteilt oder dem Antrag nach Artikel 18 stattgibt, von ihr für zweckmäßig erachtete Auflagen festsetzen, insbesondere hinsichtlich Zeit und Ort der Beweisaufnahme. Sie kann auch verlangen, daß sie rechtzeitig vorher von Zeitpunkt und Ort benachrichtigt wird; in diesem Fall ist ein Vertreter der Behörde zur Teilnahme an der Beweisaufnahme befugt.

132 Die Beweisaufnahme durch einen diplomatischen oder konsularischen Vertreter oder einen Beauftragten nach Art. 15 bis 17 HBÜ auf dem Gebiet eines fremden Staates berührt dessen **Territorialitätshoheit** (→ § 363 Rdnr. 7) und ist daher nur mit Einverständnis dieses Staates möglich. Art. 19 HBÜ stellt klar, daß eine erteilte Genehmigung mit **Auflagen** versehen werden kann und nennt dabei insbesondere Zeit und Ort der Beweisaufnahme, die Benachrichtigung von der Beweisaufnahme sowie das Anwesenheitsrecht von Vertretern des Staates, auf dessen Gebiet der Beweis erhoben wird. Damit soll die Einhaltung der allgemeinen Grenzen

---

[234] BGBl II 1982, 998.
[235] BGBl II 1990, 298.
[236] BGBl II 1980, 1290, 1296; II 1993, 2398.
[237] BGBl II 1997, 2226.
[238] BGBl II 1980, 1290, 1296; II 1993, 2398.
[239] BGBl II 1980, 1290, 1297.
[240] BGBl II 1980, 1290, 1299.
[241] BGBl II 1984, 567, 919.

der Beweisaufnahme sowie die Erfüllung von Auflagen sichergestellt werden. Darüber hinaus können alle für zweckmäßig erachteten Auflagen festgesetzt werden, etwa ein Widerrufsvorbehalt oder in Ergänzung zu Art. 20 HBÜ dem Schutz von Beweispersonen dienende Vorbehalte, beispielsweise die Sprache, in der eine Vernehmung zu erfolgen hat.

Art. 20 [Rechtsberater]

Personen, die eine in diesem Kapitel vorgesehene Beweisaufnahme betrifft, können einen Rechtsberater beiziehen.

Die Form der Beweisaufnahme nach Art. 15 bis 17 HBÜ richtet sich grundsätzlich nach dem Recht des Forumstaates (Art. 21 lit. d] HBÜ), das der von der Beweisaufnahme betroffenen Person in der Regel nicht vertraut ist. Zu ihrem **Schutze** kann sie die Anwesenheit eines **Rechtsberaters** bei der Beweisaufnahme verlangen. Auf dieses Recht ist sie nach Art. 21 lit. c) HBÜ in der Ladung hinzuweisen. Die Frage, wer als Rechtsberater in Betracht kommt, richtet sich nach dem Recht des Staates, in dem die Beweisaufnahme stattfindet, in Deutschland nach § 3 BRAO. Die **Kostenerstattung** ist nicht vorgesehen. Allerdings kann eine Erstattungspflicht als Auflage nach Art. 19 HBÜ angeordnet werden. Von dieser Möglichkeit sollte Gebrauch gemacht werden.

134

Art. 21 [Voraussetzungen und Grenzen der Beweisaufnahme]

Ist ein diplomatischer oder konsularischer Vertreter oder ein Beauftragter nach Artikel 15, 16 oder 17 befugt, Beweis aufzunehmen,
   a) so kann er alle Beweise aufnehmen, soweit dies nicht mit dem Recht des Staates, in dem Beweis aufgenommen werden soll, unvereinbar ist oder der nach den angeführten Artikeln erteilten Genehmigung widerspricht, und unter denselben Bedingungen auch einen Eid abnehmen oder eine Bekräftigung entgegennehmen;
   b) so ist jede Ladung zum Erscheinen oder zur Mitwirkung an einer Beweisaufnahme in der Sprache des Ortes der Beweisaufnahme abzufassen oder eine Übersetzung in diese Sprache beizufügen, es sei denn, daß die durch die Beweisaufnahme betroffene Person dem Staat angehört, in dem das Verfahren anhängig ist;
   c) so ist in der Ladung anzugeben, daß die Person einen Rechtsberater beiziehen kann, sowie in einem Staat, der nicht die Erklärung nach Artikel 18 abgegeben hat, daß sie nicht verpflichtet ist, zu erscheinen oder sonst an der Beweisaufnahme mitzuwirken;
   d) so können die Beweise in einer Form aufgenommen werden, die das Recht des Gerichts vorsieht, vor dem das Verfahren anhängig ist, es sei denn, daß das Recht des Staates, in dem Beweis aufgenommen wird, diese Form verbietet;
   e) so kann sich die von der Beweisaufnahme betroffene Person auf die in Artikel 11 vorgesehenen Rechte zur Aussageverweigerung oder Aussageverbote berufen.

I. Bedeutung

Die Vorschrift regelt (recht unsystematisch) das **Verfahren**, die **Voraussetzungen** und die **Grenzen** der Beweisaufnahme durch diplomatische oder konsularische Vertreter sowie Beauftragte. Nicht geregelt wird die Frage der **Kosten**; soweit solche überhaupt entstehen, etwa bei der Bestellung eines Vertreters nach Art. 19 HBÜ, kann (und sollte) eine Erstattung im Rahmen von Auflagen vorgesehen werden[242].

136

---

[242] Denkschrift BT-DS 7/4892, 58 r. Sp.

II. Beweismittel und Form der Beweisaufnahme

137 Grundsätzlich kann der Vertreter oder Beauftragte alle **Beweise** des Staates, in dem das Verfahren anhängig ist, erheben und dabei auch einen Eid abnehmen oder eine Bekräftigung entgegennehmen (lit. a]); dabei wird nach dem **Recht des Forumstaates verfahren** (lit. d]), worin gerade der große Vorzug dieser Form der Beweisaufnahme liegt (→ Rdnr. 4). **Grenzen** der zulässigen Beweisaufnahme und des -verfahrens ergeben sich aus den der Genehmigung beigefügten **Auflagen** (Art. 19 HBÜ). Ferner ist die Beweisaufnahme unzulässig, wenn sie mit dem **Recht** des Staates, in dem die Beweisaufnahme stattfindet, «unvereinbar» ist. Damit wird sichergestellt, daß zwingende Vorschriften zum Schutze von Beweispersonen eingehalten werden. Insoweit gelten dieselben Grenzen wie nach Art. 9 Abs. 2 HBÜ (→ Rdnr. 71). Das ist namentlich beim **Ausforschungsbeweis** im Rahmen des US-amerikanischen *discovery*-Verfahrens zu beachten; die bei Rechtshilfeersuchen dem Art. 3 HBÜ entnommenen Substantiierungsobliegenheiten (→ Rdnr. 41) entfallen hier. Freilich empfiehlt es sich, diesen Aspekt bereits bei der Genehmigung nach Art. 15 bis 17 HBÜ zu beachten. Auch ein **Kreuzverhör** ist in den genannten Grenzen (→ Rdnr. 72) möglich. Beim Zeugenbeweis gelten die **Aussageverweigerungsrechte** und -verbote sowohl des Forumstaates als auch des Staates, in dem die Beweisaufnahme stattfindet (lit. e]). Die gerichtliche Übung in dem Staat, in dem die Beweisaufnahme durchgeführt werden soll, bildet anders als bei Art. 9 Abs. 2 HBÜ (→ Rdnr. 71) keine Grenze, da die Beweisaufnahme von Personen durchgeführt wird, die damit vertraut sind.

III. Ladung

138 Zum Schutze der von der Beweisaufnahme betroffenen Personen regelt Art. 21 HBÜ Form und Inhalt der Ladung. Die Ladung zum Erscheinen oder zur Mitwirkung ist grundsätzlich in der **Sprache** des Ortes der Beweisaufnahme abzufassen oder es ist eine Übersetzung in diese Sprache beizufügen (lit. b]). Davon kann nur dann abgesehen werden, wenn die Person dem Forumstaat angehört, also in den Fällen des Art. 15 HBÜ. Ferner ist die Beweisperson darüber zu belehren, daß sie einen **Rechtsberater** beiziehen kann (→ Art. 20 HBÜ) sowie darüber, daß sie **nicht zum Erscheinen oder Mitwirken verpflichtet** ist, falls nicht eine Erklärung nach Art. 18 HBÜ abgegeben wurde. Weitere Erfordernisse der Ladung können durch **Auflage** (Art. 19 HBÜ) festgelegt werden, insbesondere im Hinblick auf Aussageverweigerungsrechte (Art. 21 lit. e] HBÜ).

Art. 22 [Späteres Rechtshilfeersuchen]

Daß ein Beweis wegen der Weigerung einer Person, mitzuwirken, nicht nach diesem Kapitel aufgenommen werden konnte, schließt ein späteres Rechtshilfeersuchen nach Kapitel I mit demselben Gegenstand nicht aus.

140 Die Bestimmung dient nur der Klarstellung; zu ihrer Bedeutung → Rdnr. 128.

Kapitel III – Allgemeine Bestimmungen

Art. 23 [»Discovery«]

Jeder Vertragsstaat kann bei der Unterzeichnung, bei der Ratifikation oder beim Beitritt erklären, daß er Rechtshilfeersuchen nicht erledigt, die ein Verfahren zum Gegenstand haben, das in den Ländern des »Common Law« unter der Bezeichnung »pre-trial discovery of documents« bekannt ist.

Die Deutung der Vorschrift[243] ist schwierig und umstritten. Nach ihrem **Wortlaut** können **142** sich die Vertragsstaaten vorbehalten, Rechtshilfeersuchen nicht zu erledigen, die von einem Verfahren ausgehen, das in *common law* Ländern unter der Bezeichnung »*pre-trial discovery of documents*« bekannt ist. Auf den ersten Blick richtet sich die Bestimmung daher allein gegen die Erledigung von Rechtshilfeersuchen hinsichtlich von *Schrift*stücken aller Art für *discovery*-Verfahren; andererseits ist ein Vorbehalt hinsichtlich sonstiger Beweismittel für *discovery*-Verfahren nicht möglich[244]. Freilich erweist sich die am Wortlaut orientierte Auslegung als **nicht sachgerecht**: Die Beschränkung auf »*documents*« ist unpraktikabel, da die Abgrenzung etwa im US-amerikanischen Recht zu Augenscheinsobjekten unscharf und bedeutungslos ist[245]. Überdies läuft der Schutz gegen Ausforschung leer, wenn Zeugen und Parteien über den Inhalt von Urkunden befragt werden können. Schließlich kennen auch *civil law* Länder umfassende Vorlagepflichten für Urkunden[246]; insoweit sieht Art. 23 HBÜ aber keinen Vorbehalt vor. Eine wortgetreue Auslegung würde daher zu **willkürlichen Ergebnissen** führen: Ein Rechtshilfeersuchen aus den Vereinigten Staaten, das auf die Vorlage von Urkunden gerichtet ist, würde aufgrund der Erklärung nach Art. 23 HBÜ nicht erledigt werden, da sich das Beweisverfahren dort notwendig im *discovery*-Stadium befindet; sehr wohl aber wird Rechtshilfe geleistet durch Vernehmung von Zeugen über »Entstehungsgrund, Inhalt, Zielsetzung und Tragweite« solcher Urkunden[247]. Aus einem Vorbehalt nach Art. 23 HBÜ erwächst ferner keine Abwehr umfassender Ausforschung mittels Augenscheins, etwa auf einem Betriebsgrundstück. Stammte das Ersuchen hingegen aus Frankreich, müßte es trotz einer Art. 23-Erklärung erledigt werden[248], während ein englisches Rechtshilfeersuchen wiederum nicht erledigt werden müßte, obgleich dessen *discovery*-Verfahren Beweis*ermittlung* nicht vorsieht[249]; bemerkenswerterweise hat das Vereinigte Königreich selbst den Vorbehalt nach Art. 23 HBÜ erklärt.

Zweckmäßigerweise deutet man Art. 23 HBÜ als **Vorbehalt** gegen den **Ausforschungsbeweis**. **143** Er erstreckt sich daher auf **alle Beweismittel**; statt »*discovery of documents*« ist allein »*discovery*« zu lesen. Andererseits ist er nur **gegen ausforschende Beweisermittlung** gerichtet, nicht gegen eine Beweisaufnahme unter bestimmter Angabe des Beweismittels und substantiierter Benennung des Beweisthemas[250]. Die Abwehr von Ausforschungsbeweisen steht damit nicht nur auf der Säule des Art. 3 HBÜ (→ Rdnr. 41), sondern zugleich auf Art. 23 HBÜ. Bei der Erledigung von Rechtshilfeersuchen in Deutschland kommen über Art. 11 HBÜ überdies die umfassenden Aussageverweigerungsrechte der ZPO zum Tragen (→ Rdnr. 84).

Einen **Vorbehalt** nach Art. 23 HBÜ haben Argentinien[251], Australien[252], Dänemark[253], **144** Frankreich[254], Italien[255], Luxemburg[256], Monaco[257], die Niederlande[258], Norwegen[259], Po-

---

[243] Sie verdankt ihre Existenz einer britischen Initiative und sollte in ihrer ursprünglichen Fassung »Industriespionage« abwehren. Die Vertreter der Vereinigten Staaten, gegen die der Bestimmung sich richtete, stimmten für den Vorbehalt, die Vertreter Deutschlands dagegen. Zur Entstehungsgeschichte eingehend *Junker* (Fn. 1) 287ff.

[244] MünchKommZPO-*Musielak* Rdnr. 4f.

[245] *Stürner* ZVglRWiss 81 (1982) 159, 200f.

[246] Etwa Frankreich, *Schlosser* ZZP 94 (1981) 369, 393.

[247] So *OLG München* ZZP 94 (1981) 462, 465f.

[248] Vgl. *Schlosser* (Fn. 1) HBÜ Art. 23 Rdnr. 3.

[249] Innerhalb der *common law* Länder ist das *discovery*-Verfahren keineswegs einheitlich ausgestaltet. Während das US-amerikanische *discovery*-Verfahren weitgehend auch der *Ermittlung* von Beweismitteln bei Parteien und *Dritten* dient, die nur einen ganz losen Zusammenhang zum Verfahren aufweisen, beschränkt sich das englische *discovery*-Verfahren grundsätzlich auf Parteien und die entscheidungserheblichen Streitfragen; Beweisermittlung ist ausgeschlossen. Näher *Junker* (Fn. 1) 60ff.

[250] *Stürner* ZVglRWiss 81 (1982) 159, 200f.; eingehend *Junker* (Fn. 1) 295ff.; ihm zustimmend *Schlosser* ZZP 101 (1988) 327, 330f.; *Paulus* (Fn. 1) 411f.

[251] BGBl II 1988, 823.

[252] BGBl II 1993, 2398.

[253] BGBl II 1980, 1290, 1440.

[254] BGBl II 1980, 1290, 1291.

[255] BGBl II 1982, 998.

[256] BGBl II 1980, 1290, 1293.

[257] BGBl II 1986, 1135.

[258] BGBl II 1981, 573.

[259] BGBl II 1980, 1290, 1295, 1440.

len[260], Portugal[261], Schweden[262], Singapur[263], Spanien[264], Südafrika[265], das Vereinigte Königreich[266], Zypern[267] und – **mit Einschränkungen** – die Bundesrepublik Deutschland[268] (§ 14 AusfG, → Rdnr. 165), China[268a], Estland[269] sowie Finnland[270], Mexiko[271], die Schweiz[272] und Venezuela[273] erklärt. Frankreich hat die Erklärung insoweit eingeschränkt, als sie keine Anwendung findet, wenn »die angeforderten Urkunden in dem Rechtshilfeersuchen erschöpfend aufgezählt sind und mit dem Streitgegenstand in unmittelbarem und klarem Zusammenhang stehen«[274].

Art. 24 [Weitere Behörden]

(1) ¹Jeder Vertragsstaat kann außer der Zentralen Behörde weitere Behörden bestimmen, deren Zuständigkeit er festlegt. ²Rechtshilfeersuchen können jedoch stets der Zentralen Behörde übermittelt werden.

(2) Bundesstaaten steht es frei, mehrere Zentrale Behörden zu bestimmen.

147   *Abs. 1* soll den besonderen Verhältnissen im Vereinigten Königreich Rechnung tragen[275], *Abs. 2* der bundesstaatlichen Struktur eines Vertragsstaates. Deutschland hat von der Möglichkeit des Abs. 2 Gebrauch gemacht. Nach § 7 AusfG (→ Rdnr. 165) bestimmen die Landesregierungen eine Zentrale Behörde.

Art. 25 [Staaten mit mehreren Rechtssystemen]

148   Jeder Vertragsstaat, in dem mehrere Rechtssysteme bestehen, kann bestimmen, daß die Behörden eines dieser Systeme für die Erledigung von Rechtshilfeersuchen nach diesem Übereinkommen ausschließlich zuständig sind.

Art. 26 [Kostenerstattung]

149   (1) Jeder Vertragsstaat kann, wenn sein Verfassungsrecht dies gebietet, vom ersuchenden Staat die Erstattung der Kosten verlangen, die bei der Erledigung eines Rechtshilfeersuchens durch die Zustellung der Ladung, die Entschädigung der vernommenen Person und die Anfertigung eines Protokolls über die Beweisaufnahme entstehen.

(2) Hat ein Staat von den Bestimmungen des Absatzes 1 Gebrauch gemacht, so kann jeder andere Vertragsstaat von diesem Staat die Erstattung der entsprechenden Kosten verlangen.

Art. 27 [Besondere Regelungen in den Vertragsstaaten]

150   Dieses Übereinkommen hindert einen Vertragsstaat nicht,
a) zu erklären, daß Rechtshilfeersuchen seinen gerichtlichen Behörden auch auf anderen als den in Artikel 2 vorgesehenen Wegen übermittelt werden können;
b) nach seinem innerstaatlichen Recht oder seiner innerstaatlichen Übung zuzulassen,

---

[260] BGBl II 1996, 2495.
[261] BGBl II 1980, 1290, 1295.
[262] BGBl II 1980, 1290, 1296, 1440.
[263] BGBl II 1981, 962.
[264] BGBl II 1987, 615.
[265] BGBl II 1997, 2226.
[266] BGBl II 1980, 1290, 1297, 1440.
[267] BGBl II 1984, 567, 919.
[268] BGBl II 1979, 780.
[268a] BGBl II 1998, 1729.
[269] BGBl II 1996, 2494.
[270] BGBl II 1980, 1290, 1291; II 1981, 123.
[271] BGBl II 1990, 298.
[272] BGBl II 1995, 532.
[273] BGBl II 1994, 3647.
[274] BGBl II 1987, 307.
[275] Denkschrift BT-DS 7/4892, 58 r. Sp.

daß Handlungen, auf die dieses Übereinkommen anwendbar ist, unter weniger einschränkenden Bedingungen vorgenommen werden;

c) nach seinem innerstaatlichen Recht oder seiner innerstaatlichen Übung andere als die in diesem Übereinkommen vorgesehenen Verfahren der Beweisaufnahme zuzulassen.

Art. 28 [Abweichende bilaterale Vereinbarungen]

Dieses Übereinkommen schließt nicht aus, daß Vertragsstaaten vereinbaren, von folgenden Bestimmungen abzuweichen:

a) Artikel 2 in bezug auf den Übermittlungsweg für Rechtshilfeersuchen;
b) Artikel 4 in bezug auf die Verwendung von Sprachen;
c) Artikel 8 in bezug auf die Anwesenheit von Mitgliedern der gerichtlichen Behörde bei der Erledigung von Rechtshilfeersuchen;
d) Artikel 11 in bezug auf die Aussageverweigerungsrechte und Aussageverbote;
e) Artikel 13 in bezug auf die Übermittlung von Erledigungsstücken;
f) Artikel 14 in bezug auf die Regelung der Kosten;
g) den Bestimmungen des Kapitels II.

Art. 29 [Verhältnis zu Haager Übereinkommen über den Zivilprozeß]

Dieses Übereinkommen tritt zwischen den Staaten, die es ratifiziert haben, an die Stelle der Artikel 8 bis 16 des am 17. Juli 1905 in Den Haag unterzeichneten Abkommens über den Zivilprozeß und des am 1. März 1954 in Den Haag unterzeichneten Übereinkommens über den Zivilprozeß, soweit diese Staaten Vertragsparteien jenes Abkommens oder jenes Übereinkommens sind.

Art. 30 [Unberührte Artikel]

Dieses Übereinkommen berührt weder die Anwendung des Artikels 23 des Abkommens von 1905 noch die Anwendung des Artikels 24 des Übereinkommens von 1954.

Art. 31 [Zusatzvereinbarungen]

Zusatzvereinbarungen zu dem Abkommen von 1905 und dem Übereinkommen von 1954, die Vertragsstaaten geschlossen haben, sind auch auf das vorliegende Übereinkommen anzuwenden, es sei denn, daß die beteiligten Staaten etwas anderes vereinbaren.

Die Zusatzvereinbarungen der Bundesrepublik Deutschland zur weiteren Vereinfachung des Rechtsverkehrs mit *Dänemark* (BGBl II 1953, 186), *Frankreich* (BGBl II 1961, 1041), *Luxemburg* (RGBl 1909, 907), *Niederlande* (BGBl II 1964, 468), *Norwegen* (BGBl II 1979, 1292), der *Schweiz* (RGBl 1910, 634 u. RGBl II 1930, 1) und *Schweden* (RGBl 1910, 455) sind mangels abweichender Vereinbarung gemäß Art. 31 HBÜ auch auf das vorliegende Übereinkommen anwendbar.

Art. 32 [Verhältnis zu sonstigen Übereinkommen]

Unbeschadet der Artikel 29 und 31 berührt dieses Übereinkommen nicht die Übereinkommen, denen die Vertragsstaaten angehören oder angehören werden und die Bestimmungen über Rechtsgebiete enthalten, die durch dieses Übereinkommen geregelt sind.

Art. 33 [Vorbehalte]

156 (1) ¹Jeder Staat kann bei der Unterzeichnung, bei der Ratifikation oder beim Beitritt die Anwendung des Artikels 4 Absatz 2 sowie des Kapitels II ganz oder teilweise ausschließen. ²Ein anderer Vorbehalt ist nicht zulässig.

(2) Jeder Vertragsstaat kann einen Vorbehalt, den er gemacht hat, jederzeit zurücknehmen; der Vorbehalt wird am sechzigsten Tag nach der Notifikation der Rücknahme unwirksam.

(3) Hat ein Staat einen Vorbehalt gemacht, so kann jeder andere Staat, der davon berührt wird, die gleiche Regelung gegenüber dem Staat anwenden, der den Vorbehalt gemacht hat.

Zu den Vorbehalten bzgl. Art. 4 Abs. 2 HBÜ → Rdnr. 47; zum Vorbehalt bzgl. Kapitel II → Rdnr. 110.

Art. 34 [Rücknahme und Änderung]

157 Jeder Staat kann eine Erklärung jederzeit zurücknehmen oder ändern.

Art. 35 [Notifikation]

158 (1) Jeder Vertragsstaat notifiziert dem Ministerium für Auswärtige Angelegenheiten der Niederlande bei der Hinterlegung seiner Ratifikations- oder Beitrittsurkunde oder zu einem späteren Zeitpunkt die nach den Artikeln 2, 8, 24 und 25 bestimmten Behörden.

(2) Er notifiziert gegebenenfalls auf gleiche Weise

a) die Bezeichnung der Behörden, an die sich diplomatische oder konsularische Vertreter nach Artikel 16 wenden müssen, und derjenigen, die nach den Artikeln 15, 16 und 18 Genehmigungen erteilen oder Unterstützung gewähren können;

b) die Bezeichnung der Behörden, die den Beauftragten die in Artikel 17 vorgesehene Genehmigung erteilen oder die in Artikel 18 vorgesehene Unterstützung gewähren können;

c) die Erklärungen nach den Artikeln 4, 8, 11, 15, 16, 17, 18, 23 und 27;

d) jede Rücknahme oder Änderung der vorstehend erwähnten Behördenbezeichnungen und Erklärungen;

e) jede Rücknahme eines Vorbehalts.

Art. 36 [Beilegung von Schwierigkeiten]

Schwierigkeiten, die zwischen Vertragsstaaten bei der Anwendung dieses Übereinkommens entstehen, werden auf diplomatischem Weg beigelegt.

Art. 37 [Unterzeichnung; Ratifikation]

159 (1) Dieses Übereinkommen liegt für die auf der Elften Tagung der Haager Konferenz für Internationales Privatrecht vertretenen Staaten zur Unterzeichnung auf.

(2) Es bedarf der Ratifikation; die Ratifikationsurkunden werden beim Ministerium für Auswärtige Angelegenheiten der Niederlande hinterlegt.

Art. 38 [Inkrafttreten]

160 (1) Dieses Übereinkommen tritt am sechzigsten Tag nach der gemäß Artikel 37 Abs. 2 vorgenommenen Hinterlegung der dritten Ratifikationsurkunde in Kraft.

(2) Das Übereinkommen tritt für jeden Unterzeichnerstaat, der es später ratifiziert, am sechzigsten Tag nach Hinterlegung seiner Ratifikationsurkunde in Kraft.

Art. 39 [Beitritt]

(1) Jeder auf der Elften Tagung der Haager Konferenz für Internationales Privatrecht nicht vertretene Staat, der Mitglied der Konferenz oder der Vereinten Nationen oder einer ihrer Sonderorganisationen oder Vertragspartei des Statuts des Internationalen Gerichtshofs ist, kann diesem Übereinkommen beitreten, nachdem es gemäß Artikel 38 Absatz 1 in Kraft getreten ist.

(2) Die Beitrittsurkunde wird beim Ministerium für Auswärtige Angelegenheiten der Niederlande hinterlegt.

(3) Das Übereinkommen tritt für den beitretenden Staat am sechzigsten Tag nach Hinterlegung seiner Beitrittsurkunde in Kraft.

(4) ¹Der Beitritt wirkt nur für die Beziehungen zwischen dem beitretenden Staat und den Vertragsstaaten, die erklären, daß sie diesen Beitritt annehmen. ²Diese Erklärung wird beim Ministerium für Auswärtige Angelegenheiten der Niederlande hinterlegt; dieses Ministerium übersendet jedem der Vertragsstaaten auf diplomatischem Weg eine beglaubigte Abschrift dieser Erklärung.

(5) Das Übereinkommen tritt zwischen dem beitretenden Staat und einem Staat, der erklärt hat, daß er den Beitritt annimmt, am sechzigsten Tag nach Hinterlegung der Annahmeerklärung in Kraft.

161

Art. 40 [Erstreckung]

(1) ¹Jeder Staat kann bei der Unterzeichnung, bei der Ratifikation oder beim Beitritt erklären, daß sich dieses Übereinkommen auf alle oder auf einzelne der Hoheitsgebiete erstreckt, deren internationale Beziehungen er wahrnimmt. ²Eine solche Erklärung wird wirksam, sobald das Übereinkommen für den Staat in Kraft tritt, der sie abgegeben hat.

(2) Jede spätere Erstreckung dieser Art wird dem Ministerium für Auswärtige Angelegenheiten der Niederlande notifiziert.

(3) Das Übereinkommen tritt für die Hoheitsgebiete, auf die es erstreckt wird, am sechzigsten Tag nach der in Absatz 2 erwähnten Notifikation in Kraft.

162

Art. 41 [Geltungsdauer]

(1) Dieses Übereinkommen gilt für die Dauer von fünf Jahren, vom Tag seines Inkrafttretens nach Artikel 38 Abs. 1 an gerechnet, und zwar auch für die Staaten, die es später ratifizieren oder ihm später beitreten.

(2) Die Geltungsdauer des Übereinkommens verlängert sich, außer im Fall der Kündigung, stillschweigend um jeweils fünf Jahre.

(3) Die Kündigung wird spätestens sechs Monate vor Ablauf der fünf Jahre dem Ministerium für Auswärtige Angelegenheiten der Niederlande notifiziert.

(4) Sie kann sich auf bestimmte Hoheitsgebiete beschränken, für die das Übereinkommen gilt.

(5) ¹Die Kündigung wirkt nur für den Staat, der sie notifiziert hat. ²Für die anderen Vertragsstaaten bleibt das Übereinkommen in Kraft.

163

Art. 42 [Notifikation]

Das Ministerium für Auswärtige Angelegenheiten der Niederlande notifiziert den in Artikel 37 bezeichneten Staaten sowie den Staaten, die nach Artikel 39 beigetreten sind,

164

a) jede Unterzeichnung und Ratifikation nach Artikel 37;
b) den Tag, an dem dieses Übereinkommen nach Artikel 38 Absatz 1 in Kraft tritt;
c) jeden Beitritt nach Artikel 39 und den Tag, an dem er wirksam wird;
d) jede Erstreckung nach Artikel 40 und den Tag, an dem sie wirksam wird;
e) jede Behördenbezeichnung, jeden Vorbehalt und jede Erklärung nach den Artikeln 33 und 35;
f) jede Kündigung nach Artikel 41 Absatz 3.

165 **B. Gesetz zur Ausführung des Haager Übereinkommens vom 15. November 1965 über die Zustellung gerichtlicher und außergerichtlicher Schriftstücke im Ausland in Zivil- oder Handelssachen und des Haager Übereinkommens vom 18. März 1970 über die Beweisaufnahme im Ausland in Zivil- oder Handelssachen**

(vom 22. XII. 1977 BGBl I 3105)

Erster Teil

Vorschriften zur Ausführung des Haager Übereinkommens vom 15. November 1965 über die Zustellung gerichtlicher und außergerichtlicher Schriftstücke im Ausland in Zivil- oder Handelssachen

§§ 1 – 6 → Anh. zu § 199 Rdnr. 69

Zweiter Teil

Vorschriften zur Ausführung des Haager Übereinkommens vom 18. März 1970 über die Beweisaufnahme im Ausland in Zivil- oder Handelssachen

§ 7. Die Aufgaben der Zentralen Behörde (Artikel 2, 24 Abs. 2 des Übereinkommens) nehmen die von den Landesregierungen bestimmten Stellen wahr. Jedes Land kann nur eine Zentrale Behörde einrichten.

§ 8. Für die Erledigung von Rechtshilfeersuchen ist das Amtsgericht zuständig, in dessen Bezirk die Amtshandlung vorzunehmen ist.

§ 9. Rechtshilfeersuchen, die durch das Amtsgericht zu erledigen sind (Kapitel I des Übereinkommens), müssen in deutscher Sprache abgefaßt oder von einer Übersetzung in diese Sprache begleitet sein (Artikel 4 Abs. 1, 5 des Übereinkommens).

§ 10. Mitglieder des ersuchenden ausländischen Gerichts können bei der Erledigung eines Rechtshilfeersuchens durch das Amtsgericht anwesend sein, wenn die Zentrale Behörde dies genehmigt hat.

§ 11. Eine Beweisaufnahme durch diplomatische oder konsularische Vertreter ist unzulässig, wenn sie deutsche Staatsangehörige betrifft. Betrifft sie Angehörige eines dritten Staates oder Staatenlose, so ist sie nur zulässig, wenn die Zentrale Behörde sie genehmigt hat (Artikel 16 Abs. 1 des Übereinkommens). Eine Genehmigung ist nicht erforderlich, wenn der Angehörige eines dritten Staates zugleich die Staatsangehörigkeit des Staates des ersuchenden Gerichts besitzt.

§ 12. (1) Ein Beauftragter des ersuchenden Gerichts (Artikel 17 des Übereinkommens) darf eine Beweisaufnahme nur durchführen, wenn die Zentrale Behörde sie genehmigt hat. Die Genehmigung kann mit Auflagen verbunden werden.

(2) Das Gericht, das für die Erledigung eines Rechtshilfeersuchens in derselben Angelegenheit nach § 8 zuständig wäre, ist befugt, die Vorbereitung und die Durchführung der Beweisaufnahme zu überwachen. Ein Mitglied dieses Gerichts kann an der Beweisaufnahme teilnehmen (Artikel 19 Satz 2 des Übereinkommens).

§ 13. Für die Erteilung der Genehmigung nach den §§ 10, 11 und 12 (Artikel 19 des Übereinkommens) ist die Zentrale Behörde des Landes zuständig, in dem die Beweisaufnahme durchgeführt werden soll.

§ 14. (1) Rechtshilfeersuchen, die ein Verfahren nach Artikel 23 des Übereinkommens zum Gegenstand haben, werden nicht erledigt.

(2) Jedoch können, soweit die tragenden Grundsätze des deutschen Verfahrensrechts nicht entgegenstehen, solche Ersuchen unter Berücksichtigung der schutzwürdigen Interessen der Betroffenen erledigt werden, nachdem die Voraussetzungen der Erledigung und das anzuwendende Verfahren durch Rechtsverordnung näher geregelt sind, die der Bundesminister der Justiz mit Zustimmung des Bundesrates erlassen kann.

Dritter Teil

§§ 15 – 17 → Anh. § 199 Rdnr. 69.

C. Haager Übereinkommen über den Zivilprozeß

vom 1. März 1954 (BGBl 1958 II 577)

I. Zustellung gerichtlicher und außergerichtlicher Schriftstücke

Art. 1 – 7 → Anh. § 199 Rdnr. 67.

II. Rechtshilfeersuchen

Art. 8. In Zivil- oder Handelssachen kann das Gericht eines Vertragsstaates gemäß seinen innerstaatlichen Rechtsvorschriften die zuständige Behörde eines anderen Vertragsstaates ersuchen, eine Beweisaufnahme oder eine andere gerichtliche Handlung innerhalb ihrer Zuständigkeit vorzunehmen.

Art. 9. (1) Die Rechtshilfeersuchen werden durch den Konsul des ersuchenden Staates der Behörde übermittelt, die von dem ersuchten Staat bezeichnet wird. Diese Behörde hat dem Konsul die Urkunde zu übersenden, aus der sich die Erledigung des Ersuchens oder der Grund ergibt, aus dem das Ersuchen nicht hat erledigt werden können.

(2) Schwierigkeiten, die aus Anlaß der Übermittlung des Ersuchens entstehen, werden auf diplomatischem Weg geregelt.

(3) Jeder Vertragsstaat kann in einer an die anderen Vertragsstaaten gerichteten Mitteilung verlangen, daß die in seinem Hoheitsgebiet zu erledigenden Rechtshilfeersuchen ihm auf diplomatischem Wege übermittelt werden.

(4) Die vorstehenden Bestimmungen hindern nicht, daß zwei Vertragsstaaten vereinbaren, für die Übermittlung von Rechtshilfeersuchen den unmittelbaren Verkehr zwischen ihren Behörden zuzulassen.

Art. 10. Vorbehaltlich anderweitiger Vereinbarung muß das Rechtshilfeersuchen in der Sprache der ersuchten Behörde oder in der zwischen den beiden beteiligten Staaten vereinbarten Sprache abgefaßt oder aber von einer Übersetzung in eine dieser Sprachen begleitet sein, die durch einen diplomatischen oder konsularischen Vertreter des ersuchenden Staates oder einen beeidigten Übersetzer des ersuchten Staates beglaubigt ist.

Art. 11. (1) Das Gericht, an welches das Ersuchen gerichtet wird, ist verpflichtet, ihm zu entsprechen und dabei dieselben Zwangsmittel anzuwenden wie bei der Erledigung eines Ersuchens der Behörden des ersuchten Staates oder eines zum gleichen Zweck gestellten

Antrags einer beteiligten Partei. Diese Zwangsmittel brauchen nicht angewendet zu werden, wenn es sich um das persönliche Erscheinen der Parteien des Rechtsstreits handelt.

(2) Die ersuchende Behörde ist auf ihr Verlangen von der Zeit und dem Ort der auf das Ersuchen vorzunehmenden Handlung zu benachrichtigen, damit die beteiligte Partei ihr beizuwohnen in der Lage ist.

(3) Die Erledigung des Rechtshilfeersuchens kann nur abgelehnt werden:
1. wenn die Echtheit des Ersuchens nicht feststeht;
2. wenn die Erledigung des Ersuchens in dem ersuchten Staat nicht in den Bereich der Gerichtsgewalt fällt;
3. wenn der Staat, in dessen Hoheitsgebiet das Ersuchen durchgeführt werden soll, die Erledigung für geeignet hält, seine Hoheitsrechte oder seine Sicherheit zu gefährden.

Art. 12. Ist die ersuchte Behörde nicht zuständig, so ist das Ersuchen von Amts wegen an das zuständige Gericht desselben Staates nach dessen Rechtsvorschriften abzugeben.

Art. 13. In allen Fällen, in denen das Ersuchen von der ersuchten Behörde nicht erledigt wird, hat diese die ersuchende Behörde hiervon unverzüglich zu benachrichtigen, und zwar im Falle des Artikels 11 unter Angabe der Gründe, aus denen die Erledigung des Ersuchens abgelehnt worden ist, und im Falle des Artikels 12 unter Bezeichnung der Behörde, an die das Ersuchen abgegeben wird.

Art. 14. (1) Das Gericht hat bei der Erledigung eines Ersuchens in den Formen zu verfahren, die nach seinen Rechtsvorschriften anzuwenden sind.

(2) Jedoch ist dem Antrag der ersuchenden Behörde, nach einer besonderen Form zu verfahren, zu entsprechen, sofern diese Form den Rechtsvorschriften des ersuchten Staates nicht zuwiderläuft.

Art. 15. Die vorstehenden Artikel schließen es nicht aus, daß jeder Staat Ersuchen unmittelbar durch seine diplomatischen oder konsularischen Vertreter erledigen lassen darf, wenn Abkommen zwischen den beteiligten Staaten dies zulassen oder wenn der Staat, in dessen Hoheitsgebiet das Ersuchen erledigt werden soll, dem nicht widerspricht.

Art. 16. (1) Für die Erledigung von Ersuchen dürfen Gebühren oder Auslagen irgendwelcher Art nicht erhoben werden.

(2) Der ersuchte Staat ist jedoch vorbehaltlich anderweitiger Vereinbarung berechtigt, von dem ersuchenden Staat die Erstattung der an Zeugen oder Sachverständige gezahlten Entschädigungen sowie der Auslagen zu verlangen, die dadurch entstanden sind, daß wegen Nichterscheinens von Zeugen die Mitwirkung eines Gerichtsbeamten erforderlich war oder daß nach Art. 14 Absatz 2 verfahren worden ist.

Art. 17 – 33 (nicht abgedruckt).

D. Gesetz zur Ausführung des Haager Übereinkommens vom 1. März 1954 über den Zivilprozeß

Vom 18. Dezember 1958 (BGBl I 939)

Zustellungsanträge und Rechtshilfeersuchen

(Artikel 1 bis 16 des Übereinkommens)

§ 1. Für die Entgegennahme von Zustellungsanträgen (Artikel 1 Abs. 1 des Übereinkommens) oder von Rechtshilfeersuchen (Artikel 8, Artikel 9 Abs. 1), die von einem ausländischen Konsul innerhalb der Bundesrepublik Deutschland übermittelt werden, ist der Präsident des Landgerichts zuständig, in dessen Bezirk die Zustellung bewirkt oder das Rechtshilfeersuchen erledigt werden soll. An die Stelle des Landgerichtspräsidenten tritt der

Amtsgerichtspräsident, wenn der Zustellungsantrag oder das Rechtshilfeersuchen in dem Bezirk des Amtsgerichts erledigt werden soll, das seiner Dienstaufsicht untersteht.

§ 2. (1) Für die Erledigung von Zustellungsanträgen oder von Rechtshilfeersuchen ist das Amtsgericht zuständig, in dessen Bezirk die Amtshandlung vorzunehmen ist.

(2) Die Zustellung wird durch die Geschäftsstelle des Amtsgerichts bewirkt. Diese hat auch den Zustellungsnachweis (Artikel 1 Abs. 1, Artikel 5 des Übereinkommens) zu erteilen.

§ 3. Für die Übermittlung eines Zustellungsantrages (Artikel 1 Abs. 1 und 3 des Übereinkommens) oder eines Rechtshilfeersuchens (Artikel 8, Artikel 9 Abs. 1 und 3) durch den diplomatischen oder konsularischen Vertreter der Bundesrepublik Deutschland wird eine Gebühr von zwei Deutsche Mark erhoben. Diese Gebühr bleibt außer Ansatz, wenn der Zustellungsantrag oder das Rechtshilfeersuchen nicht erledigt werden kann.

§§ 4 – 13 (nicht abgedruckt).

§ 364 [Beweisaufnahme im Ausland auf Ersuchen der Partei]

(1) Wird eine ausländische Behörde ersucht, den Beweis aufzunehmen, so kann das Gericht anordnen, daß der Beweisführer das Ersuchungsschreiben zu besorgen und die Erledigung des Ersuchens zu betreiben habe.

(2) Das Gericht kann sich auf die Anordnung beschränken, daß der Beweisführer eine den Gesetzen des fremden Staates entsprechende öffentliche Urkunde über die Beweisaufnahme beizubringen habe.

(3) ¹In beiden Fällen ist in dem Beweisbeschluß eine Frist zu bestimmen, binnen der von dem Beweisführer die Urkunde auf der Geschäftsstelle niederzulegen ist. ²Nach fruchtlosem Ablauf dieser Frist kann die Urkunde nur benutzt werden, wenn dadurch das Verfahren nicht verzögert wird.

(4) ¹Der Beweisführer hat den Gegner, wenn möglich, von dem Ort und der Zeit der Beweisaufnahme so zeitig in Kenntnis zu setzen, daß dieser seine Rechte in geeigneter Weise wahrzunehmen vermag. ²Ist die Benachrichtigung unterblieben, so hat das Gericht zu ermessen, ob und inwieweit der Beweisführer zur Benutzung der Beweisverhandlung berechtigt ist.

Gesetzesgeschichte: Bis 1900 § 329 CPO. Durch die Novelle 98 (→ Einl. Rdnr. 113) unverändert zu § 364 geworden. Das Gesetz vom 9. VII. 1927 (→ Einl. Rdnr. 125) änderte den Wortlaut des Abs. 3 S. 1.

Stichwortverzeichnis → Beweisaufnahmeschlüssel zu Beginn der Vorbemerkungen vor § 355.

I. Bedeutung	1	IV. Abänderung des Beweisbeschlusses	7
II. Voraussetzungen	5	V. Anfechtbarkeit	10
III. Fristsetzung (Abs. 3)	6	VI. Benachrichtigung (Abs. 4)	11

I. Bedeutung

Nach dem Grundsatz des § 363 wird die Beweisaufnahme im Ausland vom Vorsitzenden von Amts wegen betrieben. § 364 ermöglicht es dem **Beweisführer**, die Beweisaufnahme in eigener Initiative im **Parteibetrieb** im Ausland durchführen zu lassen. Hierzu kann das Gericht anordnen, daß der Beweisführer das Ersuchungsschreiben und seine Erledigung selbst   1 vorzunehmen habe (Abs. 1); das Gericht kann sich sogar auf die Anordnung beschränken, der Beweisführer solle eine nach den Gesetzen des Staates, in dem die Beweisaufnahme stattfindet, zu errichtende öffentliche Urkunde über die Beweisaufnahme vorlegen (Abs. 2).

2   Die Bestimmung war geschaffen worden, um den Beweisführer vor dem Verlust des Beweismittels zu schützen. Es sollte ihm ermöglicht werden, eine Beweisaufnahme auch dann durchzuführen, wenn für das Gericht Unklarheiten über die zuständige Behörde und damit das Verfahren nach § 363 Abs. 1 bestehen[1]. Daneben wurde dem Umstand Rechnung getragen, daß in einigen Staaten die Beweisaufnahme nur durch die Partei betrieben werden kann[2]. Diese Gesichtspunkte spielen heute eine untergeordnete Rolle. Die Länderberichte der ZRHO (→ § 363 Rdnr. 71) halten die erforderlichen Informationen auch für entfernte Länder bereit. Überdies sehen die internationalen Rechtshilfeabkommen den Parteibetrieb selten vor. Beispielsweise muß nach Art. 2 HBÜ das Rechtshilfeersuchen von einer gerichtlichen Behörde (→ Anh. § 363 Rdnr. 24) stammen, soweit nicht die Voraussetzungen des Art. 27 HBÜ (→ Anh. § 363 Rdnr. 150) vorliegen. Das Vorgehen nach § 364 verspricht daher selten Erfolg. In den meisten Staaten stößt ein Parteiersuchen auf größere Schwierigkeiten als ein amtliches Ersuchen. § 36 ZRHO empfiehlt, davon zurückhaltend Gebrauch zu machen. Andererseits wird der Weg über § 364 im Hinblick auf die Beweisaufnahme in *common-law*-Staaten angeraten[3].

3   Nicht in § 364 geregelt wird die Beweisaufnahme durch die Partei im Ausland, etwa eine Zeugenvernehmung. Ein privatschriftliches Protokoll oder eine schriftliche Zeugenäußerung kann jedoch im Wege des Urkundenbeweises verwertbar sein[4].

4   § 364 erfaßt auch nicht den Fall, daß die Parteien ein vom Gericht stammendes Ersuchen als **Boten** selbst übermitteln.

II. Voraussetzungen

5   Eine Anordnung nach § 364 erfolgt im **Beweisbeschluß**. Sie darf nur ergehen, wenn die Voraussetzungen des **§ 363 Abs. 1** gegeben sind. Stets **vorrangig** ist also auch hier die Beweisaufnahme durch den deutschen **Konsul** nach § 363 Abs. 2. Scheidet eine konsularische Beweisaufnahme aus (→ zu den Gründen § 363 Rdnr. 33 ff.), steht es im **Ermessen** des Gerichts, entweder selbst von Amts wegen die ausländische Behörde um die Vornahme der Beweisaufnahme zu ersuchen oder diese gemäß § 364 dem Parteibetrieb zu überlassen. Das Gericht hat vor allem zu berücksichtigen, welcher Weg erfolgversprechender und schneller zum Ziel führt. Aus den genannten Gründen (→ Rdnr. 2) wird regelmäßig nach § 363 Abs. 1 zu verfahren sein. Anordnungen nach § 364 kommen nur ausnahmsweise in Betracht, etwa wenn zu dem ausländischen Staat keine diplomatischen Beziehungen bestehen oder Rechtshilfe nicht geleistet wird[5].

III. Fristsetzung (Abs. 3)

6   In den Fällen des § 364 Abs. 1 und 2 hat das Gericht im Beweisbeschluß von Amts wegen eine Frist zur Beibringung der Urkunde zu bestimmen. Die Frist hat denselben Charakter wie die Frist des § 356. Die Fristsetzung an den Beweisführer ist auch dann zulässig, wenn kaum Aussicht auf eine erfolgversprechende Durchführung der Beweisaufnahme

---

[1] *Hahn-Mugdan* II/1, 307. Die Begründung des Entwurfs geht davon aus, daß es sich »meistens um eine Beweisaufnahme in sehr entfernten und unkultivierten Ländern handeln wird«.

[2] *Hahn-Mugdan* II/1, 307; »Holland« wird als Beispiel genannt.

[3] *Cohn* ZZP 80 (1967) 230, 234; *R. Geimer* IZPR[3] Rdnr. 2393; *Pfeil-Kammerer* Deutsch-amerikanischer Rechtsverkehr in Zivilsachen (1987) 261.

[4] Vgl. *BGH* NJW 1984, 2039 r. Sp.

[5] *BGH* NJW-RR 1989, 160, 161.

besteht. Die Bestimmung des Verhandlungstermins und die Ladung erfolgen von Amts wegen, §§ 214, 216, 497.

IV. Abänderung des Beweisbeschlusses

Erweist sich der Weg über § 364 nachträglich für die Partei als **ungangbar**, so kann das Gericht den Beweisbeschluß dahin ändern, daß nach § 363 Abs. 1 verfahren werde. Die Änderung kann ohne mündliche Verhandlung erfolgen (→ § 360 Rdnr. 11). 7

Wurde im Beweisbeschluß zunächst eine Beweisaufnahme nach § 363 Abs. 1 angeordnet, wird das Rechtshilfeersuchen aber nicht in angemessener Frist erledigt, so kann das Gericht auch umgekehrt den Beweisbeschluß ändern, daß nach § 364 Abs. 1 oder Abs. 2 mit Fristsetzung nach Abs. 3 (nicht § 356[6]) verfahren werde[7]. Eine Pflicht hierzu besteht aber nur dann, wenn dieser Weg Aussicht auf Erfolg verspricht. 8

Zur Abänderung der Frist → § 356 Rdnr. 12. 9

V. Anfechtbarkeit

Der Beweisbeschluß, die Erledigung einer im Ausland durchzuführenden Beweisaufnahme durch den Beweisführer betreiben zu lassen, ist **unanfechtbar**. Gleiches gilt grundsätzlich für die Fristsetzung. Wird die Frist zu lange bemessen, ist analog § 252 die Beschwerde statthaft, wenn damit faktisch eine Aussetzung des Verfahrens angeordnet ist (→ § 252 Rdnr. 2)[8]. Wird die Frist zu kurz bemessen, kann das Urteil angefochten werden[9]. 10

VI. Benachrichtigung (Abs. 4)

Abs. 4 dient der Verwirklichung der Parteiöffentlichkeit (→ § 357 Rdnr. 1) auch dann, wenn die Beweisaufnahme im Ausland vom Beweisführer betrieben wird. Die Benachrichtigung kann **formlos** erfolgen (→ Rdnr. 39 vor § 166). Wenn trotz unterbliebener rechtzeitiger Benachrichtigung der Gegner bei der Beweisaufnahme erscheint, etwa weil er von der ausländischen Stelle benachrichtigt worden war, ist der Zweck des Abs. 4 gewahrt. 11

Ist die **Benachrichtigung unterblieben**, so steht es im Ermessen des Gerichts, ob und inwieweit die Beweisverhandlung zu benutzen ist. Gleiches gilt, wenn die Benachrichtigung **nicht rechtzeitig** erfolgte; ob sie rechtzeitig war, hat das Gericht nach freiem Ermessen zu beurteilen. 12

Bei der Ermessensentscheidung muß das Gericht ermitteln, ob der Gegner voraussichtlich an der Beweisaufnahme teilgenommen hätte. Dazu ist er im Regelfall vor der Anordnung des Verfahrens nach § 364 zu befragen. Ferner sind die Fragen und Vorhaltungen zu berücksichtigen, die die Partei dem Zeugen gestellt hätte[10]. War der Beweisführer selbst anwesend, kommt angesichts der Bedeutung des § 357 und dem Grundsatz der Chancengleichheit der Parteien eine Verwertung nur in besonderen Fällen in Betracht[11]. Wenn die Beweisaufnahme unter Beachtung des Abs. 4 wiederholt werden kann, ist eine erneute Einvernahme anzuordnen. Die Entscheidung erfolgt durch Zwischenurteil nach § 303 oder in den Gründen des Endurteils. 13

Die Verletzung des Abs. 4 kann nach § 295 (→ dort Rdnr. 18) geheilt werden. 14

---

[6] So aber *LG Aachen* NJW-RR 1993, 1407.
[7] *BGH* NJW 1984, 2039.
[8] *OLG Köln* NJW 1975, 2349 f.
[9] MünchKommZPO-*Musielak* Rdnr. 5.
[10] Vgl. *BGHZ* 33, 63, 65.
[11] Sehr zurückhaltend auch *Thomas-Putzo*[21] Rdnr. 2; großzügiger MünchKommZPO-*Musielak* Rdnr. 4.

§ 365 [Weitergabe durch beauftragten oder ersuchten Richter]

¹Der beauftragte oder ersuchte Richter ist ermächtigt, falls sich später Gründe ergeben, welche die Beweisaufnahme durch ein anderes Gericht sachgemäß erscheinen lassen, dieses Gericht um die Aufnahme des Beweises zu ersuchen. ²Die Parteien sind von dieser Verfügung in Kenntnis zu setzen.

Gesetzesgeschichte: Bis 1900 § 330 CPO. Aufgrund der Novelle 98 (→ Einl. Rdnr. 113) unverändert zu § 365 geworden.

Stichwortverzeichnis → Beweisaufnahmeschlüssel zu Beginn der Vorbemerkungen vor § 355.

I. Weitergabe im Inland ... 1	IV. Unzulässigkeit der Anfechtung ... 5
II. Grund zur Weitergabe ... 2	V. Weitergabe im Ausland ... 6
III. Mitteilung an die Parteien (Satz 2) ... 4	

I. Weitergabe im Inland

1   Haben sich später Gründe ergeben, die die Beweisaufnahme durch ein anderes Gericht sachgemäß erscheinen lassen, kann der beauftragte oder ersuchte Richter das andere Gericht um die Durchführung der Beweisaufnahme ersuchen. Eine Entscheidung des Prozeßgerichts ist nicht erforderlich. § 365 dient der Beschleunigung des Beweisaufnahmeverfahrens. Die Ermächtigung zur selbständigen **Weitergabe des Auftrags oder Ersuchens** nach § 365 gilt nur für den deutschen beauftragten oder ersuchten Richter. Auch er kann aber nur an ein anderes *deutsches* Gericht weitergeben: ein Ersuchen an eine ausländische Behörde[1] oder einen deutschen Konsul kann nur das Prozeßgericht erlassen (→ § 363 Rdnr. 68). – § 365 gilt nicht, wenn das *Prozeß*gericht zunächst beschlossen hatte, eine Beweisaufnahme selbst durchzuführen, sich aber später entschließt, ein anderes Gericht zu ersuchen, → § 360 Rdnr. 11.

II. Grund zur Weitergabe

2   Wenn Satz 1 eine Weitergabe zuläßt, »falls sich später Gründe ergeben«, so ist damit nicht gemeint, diese Gründe müßten erst nach Erlaß des Ersuchens eingetreten sein. Eine Weitergabe ist vielmehr auch dann zulässig, wenn schon früher bestehende Gründe erst *später offenbar* werden, z.B. sich das Prozeßgericht irrtümlich an das unzuständige Amtsgericht gewendet hat und sich dies erst nach dem Eintreffen der Akten bei ihm zeigt. Selbstverständlich reichen erst *später entstandene* Gründe aus, wenn etwa der zu vernehmende Zeuge den Wohnsitz gewechselt hat. In den Fällen der *Verhinderung* des zunächst angegangenen Gerichts ist nicht nach § 365, sondern nach § 36 Nr. 1, § 37 zu verfahren[2].

3   Das nach § 365 ersuchte Amtsgericht kann das Ersuchen nur aus den Gründen des § 158 GVG ablehnen (→ Einl. Rdnr. 631). Zur Rückgabe an das weitergebende Gericht → Rdnr. 5.

---

[1] Zur Abgabe des Gesuchs über die Durchführung der Beweisaufnahme seitens der ausländischen Behörde → Rdnr. 6.

[2] RGZ 44, 394; *Wieczoreck*[2] A III a.

III. Mitteilung an die Parteien (Satz 2)

Bei einer Mitteilung an die Parteien (S. 2) bedarf es keiner förmlichen Zustellung (→ Rdnr. 39 vor § 166).   **4**

IV. Unzulässigkeit der Anfechtung

Eine **Anfechtung** der Weitergabe ist grundsätzlich nicht zulässig. Besteht aber das ersuchende Gericht auf der Durchführung der Beweisaufnahme durch das erste ersuchte Gericht, so liegt in der Weitergabe eine Ablehnung des Ersuchens, so daß aufgrund dieser Rechtshilfeverweigerung § 159 GVG anwendbar ist. § 159 GVG gilt ferner, wenn das nach § 365 ersuchte Gericht wieder an das erste ersuchte Gericht zurückgibt[3].   **5**

V. Weitergabe im Ausland

Den ersuchten Behörden des **Auslandes** kann die ZPO weder Rechte verleihen noch Pflichten auferlegen. Ob sie weitergeben dürfen, entscheidet *ihr* Recht. Durch Art. 6 des Haager Beweisaufnahmeübereinkommens (→ Anh. § 363 Rdnr. 55 ff.) und Art. 12 des Haager Abkommens 1954 (→ Anh. § 363 Rdnr. 166), ebenso durch die entsprechenden Bestimmungen der übrigen Rechtshilfeverträge (→ Einl. Rdnr. 880 ff.) ist den Gerichten im Falle der Unzuständigkeit die Weitergabe an ein anderes Gericht desselben Staates unter Benachrichtigung der ersuchenden Behörde zur Pflicht gemacht.   **6**

§ 366   [Zwischenstreit]

(1) Erhebt sich bei der Beweisaufnahme vor einem beauftragten oder ersuchten Richter ein Streit, von dessen Erledigung die Fortsetzung der Beweisaufnahme abhängig und zu dessen Entscheidung der Richter nicht berechtigt ist, so erfolgt die Erledigung durch das Prozeßgericht.
(2) Der Termin zur mündlichen Verhandlung über den Zwischenstreit ist von Amts wegen zu bestimmen und den Parteien bekanntzumachen.

Gesetzesgeschichte: Bis 1900 § 331 CPO. Seit der Novelle 98 (→ Einl. Rdnr. 113) unverändert § 366.

Stichwortverzeichnis → Beweisaufnahmeschlüssel zu Beginn der Vorbemerkungen vor § 355.

I. Entscheidungszuständigkeit		II. Verfahren	5
1. Prozeßgericht	1		
2. Beauftragter oder ersuchter Richter	2		
3. Erinnerung gegen die Entscheidung des beauftragten oder ersuchten Richters	3		

---

[3] → Einl. Rdnr. 632, zur Anwendbarkeit des § 159 GVG *Löwe-Rosenberg-Schäfer-Boll* StPO[24] § 159 GVG Rdnr. 3 f.; *Wieczorek*[2] A III a; *Kissel* GVG[2] § 159 Rdnr. 6.

I. Entscheidungszuständigkeit

1. Prozeßgericht

1 Entstehen bei der Beweisaufnahme vor einem beauftragten oder ersuchten Richter **Streitigkeiten** zwischen den Parteien oder Zwischenstreite mit Zeugen oder Sachverständigen oder Meinungsverschiedenheiten zwischen den Parteien und dem Richter, von deren Erledigung die Fortsetzung der Beweisaufnahme abhängt, so hat der Regel nach das **Prozeßgericht** (auch der Einzelrichter, → § 348 Rdnr. 1) zu entscheiden. Ausdrücklich vorgeschrieben ist dies in den §§ 387, 389 Abs. 2, §§ 400, 402 (für den Streit über die Zeugnis- oder Gutachtenverweigerung); s. ferner § 397 Abs. 3 und → § 400 Rdnr. 7.

2. Beauftragter oder ersuchter Richter

2 Welche **Streitigkeiten** dagegen der **beauftragte oder ersuchte Richter** selbst **entscheiden** darf, läßt § 366 offen. Gemäß §§ 400, 402 ist er zu Verfügungen bei Nichterscheinen von Zeugen und Sachverständigen, zur vorläufigen Entscheidung über die Zulässigkeit einer Frage und zur Anordnung der nochmaligen Vernehmung befugt, nach § 406 Abs. 4 zur Entscheidung über die Ablehnung eines von ihm gemäß § 405 ernannten Sachverständigen. Da dem beauftragten oder ersuchten Richter aber alle Anordnungen zustehen, die sich auf die Ausführung des Auftrags beziehen (→ § 400 Rdnr. 3 ff.), muß angenommen werden, daß ihm außer den genannten Entscheidungen auch alle sonstigen zustehen, die sich auf die **Art und Weise der Ausführung des Auftrags** beziehen, wie z. B. über die Vornahme eines Augenscheins, die Beseitigung tatsächlicher Hindernisse dabei, über Vertagung wegen mangelhafter Ladung des Zeugen usw. Auch Sitzungspolizei und Ordnungsstrafgewalt stehen dem beauftragten oder ersuchten Richter zu (§ 180 GVG, → Rdnr. 133 ff. vor § 128). Wegen der Änderung des Beweisbeschlusses durch den beauftragten oder ersuchten Richter → § 360 Rdnr. 20.

3. Erinnerung gegen die Entscheidung des beauftragten oder ersuchten Richters

3 Entscheidungen des beauftragten oder ersuchten Richters sind zunächst mit dem Rechtsbehelf der Erinnerung **zum Prozeßgericht** gemäß § 576 Abs. 1 überprüfbar. Das Prozeßgericht kann dann die Änderung der Entscheidung des beauftragten oder ersuchten Richters verlangen. Erst gegen die Entscheidung des Prozeßgerichts ist gemäß § 576 Abs. 2 die Beschwerde nach den allgemeinen Vorschriften zulässig (→ § 576 Rdnr. 1).

4 Für die Beschwerde gegen **Ordnungsstrafen** gilt unmittelbar § 181 GVG.

II. Verfahren

5 Soll die **Entscheidung des Zwischenstreits durch das Prozeßgericht** erfolgen, so legt der beauftragte oder ersuchte Richter das Protokoll dem Prozeßgericht vor. Dieses bestimmt nach Abs. 2 den Termin und macht ihn den Parteien von Amts wegen bekannt (→ Rdnr. 12 ff. vor § 214). Zeugen und Sachverständige werden von Amts wegen geladen, im Falle des § 389 Abs. 2 auch die Parteien. Im Termin haben die Parteien das Streitverhältnis vorzutragen, eine Berichterstattung erfolgt nur nach §§ 389, 402. Die Entscheidung ergeht aufgrund mündlicher Verhandlung (ohne diese in den Fällen der § 128 Abs. 2, § 251 a) durch Zwischenurteil nach § 303. Über die Versäumung eines lediglich zur Verhandlung eines Zwischenstreits bestimmten Termins: § 347 Abs. 2, → auch § 387 Rdnr. 6.

§ 367 [Ausbleiben der Partei]

(1) Erscheint eine Partei oder erscheinen beide Parteien in dem Termin zur Beweisaufnahme nicht, so ist die Beweisaufnahme gleichwohl insoweit zu bewirken, als dies nach Lage der Sache geschehen kann.

(2) Eine nachträgliche Beweisaufnahme oder eine Vervollständigung der Beweisaufnahme ist bis zum Schluß derjenigen mündlichen Verhandlung, auf die das Urteil ergeht, auf Antrag anzuordnen, wenn das Verfahren dadurch nicht verzögert wird oder wenn die Partei glaubhaft macht, daß sie ohne ihr Verschulden außerstande gewesen sei, in dem früheren Termin zu erscheinen, und im Falle des Antrags auf Vervollständigung, daß durch ihr Nichterscheinen eine wesentliche Unvollständigkeit der Beweisaufnahme veranlaßt sei.

Gesetzesgeschichte: Bis 1900 § 332 CPO. Aufgrund der Novelle 98 (→ Einl. Rdnr. 113) unverändert zu § 367 geworden.

Stichwortverzeichnis → Beweisaufnahmeschlüssel zu Beginn der Vorbemerkungen vor § 355.

I. Beweisaufnahme bei Säumnis (Absatz 1)	1. Nachholung und Vervollständigung der Beweisaufnahme
1. Allgemeines 1	a) Keine Verzögerung 9
2. Bei Anordnungen nach § 273 2	b) Bei Verzögerung 10
3. Vorterminliche Beweisaufnahme (§ 358 a S. 2) 3	c) Einwilligung des Gegners 11
4. Aktenlageentscheidung 4	d) Parteivernehmung 12
II. Beweisaufnahme bei Abwesenheit 7	2. Verfahren 13
III. Nachholung und Vervollständigung (Absatz 2)	3. Prozeßhandlung des Gerichts 14
	IV. Nachholung und Vervollständigung der Beweisaufnahme von Amts wegen 15

I. Beweisaufnahme bei Säumnis (Absatz 1)

1. Allgemeines

Da der Beweisbeschluß von Amts wegen auszuführen ist (→ § 361 Rdnr. 1), findet die **Be- 1 weisaufnahme auch bei Säumnis einer und selbst beider Parteien** statt, soweit sie möglich ist. Die Beweisaufnahme darf daher **nicht** deshalb **unterbleiben**, weil die **Parteien nicht** (vollständig) **erschienen** sind. Die Durchführung der Beweisaufnahme ist aber nur dann zulässig, wenn der Termin beiden Parteien ordnungsgemäß (→ § 361 Rdnr. 2) bekanntgemacht wurde[1]. § 367 gilt nicht nur für die Beweisaufnahme vor dem beauftragten oder ersuchten Richter, sondern auch für die vor dem Prozeßgericht. Dadurch wird den Zeugen und Sachverständigen die Belästigung doppelten Erscheinens erspart; auch wenn anschließend ein Versäumnisurteil ergeht (→ § 370 Rdnr. 6), so erlangt die Beweisaufnahme nach Einlegung des Einspruchs ihre Bedeutung wieder.

2. Bei Anordnungen nach § 273

Im Fall einer Anordnung nach § 273, von der die Parteien nach § 273 Abs. 4 S. 1 **benach- 2 richtigt** wurden, darf auch bei Ausbleiben *beider* Parteien oder bei Säumnis nur *einer* Par-

---
[1] *RGZ* 6, 353; *RG* JW 1907, 392.

tei (zu diesem Fall → auch § 331 a Rdnr. 9) die Beweisaufnahme sofort stattfinden[2]. Der hierfür erforderliche Beweisbeschluß kann entweder ein *vorterminlicher Beweisbeschluß* (§ 358 a) oder aber erst ein in dem Termin selbst verkündbarer *Beweisbeschluß nach Lage der Akten* (§§ 251 a, 331 a) sein; anders als das Aktenlage*urteil* verlangt ein Aktenlage*beweisbeschluß* keine vorherige mündliche Verhandlung (→ § 251 a Rdnr. 7), so daß ein **Beweisbeschluß nach Aktenlage** auch in der ersten mündlichen Verhandlung ergehen darf, selbst wenn bisher noch nicht mündlich verhandelt wurde. Eine derartige Beweisaufnahme ohne Anwesenheit einer der Parteien oder sämtlicher Parteien verstößt nicht gegen den Grundsatz der Parteiöffentlichkeit (§ 357), da die Parteien durch ihre Säumnis sich des Rechts auf Anwesenheit bei der Beweisaufnahme begeben haben. Die Durchführung einer Beweisaufnahme im Vollzug einer Anordnung nach § 273 ist allerdings dann **nicht zulässig**, wenn die Anordnung den Parteien entgegen § 273 Abs. 4 S. 1 (→ dort Rdnr. 34) *nicht* bekanntgegeben wurde; insoweit **hindert** das Ausbleiben einer oder beider Parteien die Beweisaufnahme. Ist nur *eine* der Parteien von der Anordnung nach § 273 nicht benachrichtigt worden und ist *diese* Partei im Termin anwesend, kann sie gemäß § 295 auf den Verfahrensfehler verzichten (→ § 273 Rdnr. 36). Die Beweisaufnahme darf dann aufgrund des vorterminlichen Beweisbeschlusses bzw. eines Beweisbeschlusses nach Aktenlage durchgeführt werden.

3. Vorterminliche Beweisaufnahme (§ 358 a S. 2)

3   Keine Besonderheiten bestehen für die Situation bei einer vorterminlichen Beweisaufnahme (§ 358 a S. 2). Die Beweisaufnahme aufgrund eines vorterminlichen Beweisbeschlusses ist wie eine gewöhnliche Beweisaufnahme durchzuführen, wenn die rechtzeitig geladenen (→ § 358 a Rdnr. 2) Prozeßparteien nicht (vollständig) erschienen sind.

4. Aktenlageentscheidung

4   Wegen der **nach der Beweisaufnahme** möglichen Entscheidung nach Lage der Akten → § 370 Rdnr. 7.

II. Beweisaufnahme bei Abwesenheit

7   **Erfolgt** die Beweisaufnahme **in Abwesenheit** einer oder beider Parteien, so wird die nicht erschienene Partei – vorbehaltlich des Abs. 2 – mit demjenigen ausgeschlossen, was sie bei der Beweisaufnahme in dieser Instanz hätte geltend machen können, wie z. B. mit der Fragestellung an Zeugen usw. Wird die Beweisaufnahme dagegen durch das Ausbleiben der Partei **verhindert**, z. B. weil eine Handlung des Beweisführers (Vorlegung) erforderlich ist, so wird die beweisführende Partei nach § 230 mit dem Beweismittel ausgeschlossen (→ Rdnr. 9 ff). Bei dem erneuten Vorbringen des Beweismittels in der Berufungsinstanz ist § 528 zu beachten. Verhindert das Ausbleiben des Gegners des Beweisführers die Beweisaufnahme, so ist dessen Nichterscheinen frei zu würdigen (→ § 286 Rdnr. 10, 120 ff.). Die Rechtsnachteile treten jedoch nur ein, wenn der abwesenden Partei der Termin ordnungsmäßig durch Verkündung oder Mitteilung nach § 357 Abs. 2 bekanntgemacht ist; andernfalls kann die Wiederholung unabhängig von den Voraussetzungen des Abs. 2 verlangt wer-

---

[2] *Zöller-Greger*[20]   Rdnr. 1;   *Baumbach-Lauterbach-Hartmann*[56]   Rdnr. 4;   MünchKommZPO-*Musielak* Rdnr. 1.

den³ (→ § 357 Rdnr. 21). Über die Folgen des Ausbleibens der zur Parteivernehmung geladenen Partei s. § 454.

III. Nachholung und Vervollständigung (Absatz 2)

1. Nachholung und Vervollständigung der Beweisaufnahme

a) **Keine Verzögerung:** Die Nachholung einer wegen Nichterscheinens unterbliebenen oder die Vervollständigung einer trotz Säumnis vorgenommenen Beweisaufnahme ist auf Antrag stets anzuordnen, wenn dadurch das Verfahren nicht verzögert wird. Ob eine Verzögerung des Verfahrens eintritt, richtet sich nach den allgemeinen Grundsätzen (→ § 296 Rdnr. 48 ff.). Auch wenn die Vereinfachungsnovelle 1976 § 367 insoweit nicht geändert hat, entscheidet das Gericht nach seiner »freien Überzeugung« (vgl. § 296 Abs. 1 und 2), ob eine solche Verzögerung vorliegt. 9

b) **Bei Verzögerung:** Tritt jedoch eine Verzögerung des Verfahrens nach der freien Überzeugung des Gerichts ein, so ist eine Nachholung der Beweisaufnahme nur dann anzuordnen, wenn die säumige Partei glaubhaft macht (§ 294), daß sie ohne ihr Verschulden oder das ihres Vertreters (→ § 233 Rdnr. 38 ff.) außerstande gewesen ist, in dem Beweistermin zu erscheinen. Wird die **Vervollständigung der Beweisaufnahme** begehrt, muß ferner glaubhaft gemacht werden, daß durch das Nichterscheinen der Partei eine wesentliche Unvollständigkeit der Beweisaufnahme verursacht ist (Abs. 2 letzter Teil). 10

c) **Bei Einwilligung des Gegners:** Trotz der Beschleunigungstendenz der Vereinfachungsnovelle (→ Einl. Rdnr. 159) ist eine **Nachholung** der **Beweisaufnahme** auch dann **anzuordnen**, wenn trotz schuldhafter Säumnis einer Partei der *Gegner* in die Wiederholung der Beweisaufnahme *einwilligt*⁴. Anderenfalls hätte die Vereinfachungsnovelle den Text des § 367 ändern müssen⁵. 11

d) **Parteivernehmung:** Wegen der Versäumung des Termins zur Parteivernehmung s. § 454. 12

2. Verfahren

Der **Antrag** muß bis zum Schluß der mündlichen Verhandlung (§§ 282, 296 a) bei dem Prozeßgericht gestellt werden, nicht bei dem beauftragten oder ersuchten Richter. Das schließt aber nicht aus, daß der **ersuchte Richter**, wenn er zu der Überzeugung gelangt, daß infolge des Ausbleibens der Partei die Beweisaufnahme nicht erschöpfend war, das Beweisersuchen also nicht sachgemäß erledigt worden ist, **von Amts wegen** einen nochmaligen Beweistermin abhält; eine Verpflichtung, einem dahingehenden Parteiantrag zu entsprechen, besteht aber nicht, und eine derartige Ergänzung der Beweisaufnahme kommt nur in Frage, solange die Akten noch nicht an das Prozeßgericht zurückgesandt sind. 13

---

[3] *RG* JW 1907, 392. Hat aber die nicht geladene Partei ihr diesbezügliches Rügerecht gemäß § 295 verloren, so kann nur die Vervollständigung unter den Voraussetzungen des § 367 Abs. 2 verlangt werden, *BGH* LM § 13 StVO Nr. 7.
[4] *Zöller-Greger*²⁰ Rdnr. 2; *Thomas-Putzo*²¹ Rdnr. 3; MünchKommZPO-*Musielak* Rdnr. 6.

[5] Denn mit § 367 wurde es auch schon *vor* der Vereinfachungsnovelle als vereinbar angesehen, eine Beweisaufnahme bei Einwilligung des Gegners nachzuholen, vgl. 19. Aufl. dieses Komm. III 1. Um diese Praxis zu beenden, hätte § 367 geändert werden müssen.

14 3. Prozeßhandlung des Gerichts

Die Zulassung des Antrags nach § 367 geschieht durch Beweisbeschluß. Im Falle eines Streites kann damit ein Zwischenurteil nach § 303 verbunden werden. Die Zurückweisung kann durch Zwischenurteil oder in den Gründen des Endurteils erfolgen. Eine selbständige Anfechtung findet in keinem Fall statt.

IV. Nachholung und Vervollständigung der Beweisaufnahme von Amts wegen

15 § 367 Abs. 2 betrifft die Pflicht des Gerichts, bei begründetem *Parteiantrag* die Beweisaufnahme nachzuholen oder zu vervollständigen. § 367 Abs. 2 regelt jedoch nicht, unter welchen Voraussetzungen das Gericht **von Amts wegen verpflichtet** ist, eine Nachholung oder Vervollständigung der Beweisaufnahme anzuordnen, obwohl aufgrund schuldhafter Säumnis einer (oder beider) Parteien die Beweisaufnahme überhaupt nicht oder nur unvollständig durchgeführt werden konnte. Nach allgemeinen Grundsätzen sind diese Voraussetzungen dann erfüllt, wenn nicht zurückzuweisendes neues Parteivorbringen eine Beweisaufnahme deshalb erforderlich macht, weil es entscheidungserheblich ist (→ § 284 - Rdnr. 19).

§ 368 [Neuer Beweistermin]

Wird ein neuer Termin zur Beweisaufnahme oder zu ihrer Fortsetzung erforderlich, so ist dieser Termin, auch wenn der Beweisführer oder beide Parteien in dem früheren Termin nicht erschienen waren, von Amts wegen zu bestimmen.

Gesetzesgeschichte: Bis 1900 § 333 CPO. Aufgrund der Novelle 98 (→ Einl. Rdnr. 113) unverändert zu § 368 geworden.

Stichwortverzeichnis → Beweisaufnahmeschlüssel zu Beginn der Vorbemerkungen vor § 355.

Bestimmung des Termins zur Beweisaufnahme

1 Dem Grundsatz des Amtsbetriebes (→ § 361 Rdnr. 1) entspricht es, daß sowohl das Prozeßgericht wie der beauftragte oder ersuchte Richter neue **Termine zur Beweisaufnahme** im Falle der Verhinderung (z. B. beim Ausbleiben eines Zeugen) oder zur Fortsetzung bei teilweiser Nichterledigung *von Amts wegen* zu bestimmen haben. Dies gilt so lange, bis die angeordnete Beweisaufnahme erledigt ist (→ § 370 Rdnr. 4), auch wenn die Parteien oder eine von ihnen ausgeblieben ist. Der Termin ist zu verkünden (§ 218); ist dies unterblieben oder wird nachträglich eine Verlegung notwendig, so ist der neue Termin den Parteien von Amts wegen förmlich mitzuteilen, § 329 Abs. 2 S. 2 (→ Rdnr. 12 ff. vor § 214, → § 329 Rdnr. 28 ff.). Beim Termin vor dem beauftragten oder ersuchten Richter genügt formlose Mitteilung, § 357 Abs. 2. – Wegen des **Ausbleibens der Partei** in dem zu ihrer *Vernehmung* bestimmten Termin s. § 454 Abs. 2.

§ 369 [Ausländische Beweisaufnahme]

Entspricht die von einer ausländischen Behörde vorgenommene Beweisaufnahme den für das Prozeßgericht geltenden Gesetzen, so kann daraus, daß sie nach den ausländischen Gesetzen mangelhaft ist, kein Einwand entnommen werden.

Gesetzesgeschichte: Bis 1900 § 334 CPO. Aufgrund der Nov. 98 (→ Einl. Rdnr. 113) unverändert zu § 369.

Stichwortverzeichnis → Beweisaufnahmeschlüssel zu Beginn der Vorbemerkungen vor § 355.

I. Internationales Recht	1	III. Rechtshilfe	3
II. Prinzip der Meistbegünstigung	2		

I. Internationales Recht[1]

§ 369 geht von dem Grundsatz aus, daß jede Prozeßhandlung hinsichtlich ihrer *Förmlichkeit* nach dem **Recht des Orts der Vornahme** zu beurteilen ist; ein Satz, der in Art. 14 Abs. 1 Haager Zivilprozeßübereinkommen 1954 (→ Einl. Rdnr. 861ff., *Text* → Anh. § 363 - Rdnr. 166) und Art. 9 Abs. 1 Haager Beweisaufnahmeübereinkommen (*Text* → Anh. § 363 Rdnr. 70) ausdrücklich anerkannt ist. Danach ist die **im Ausland vorgenommene Beweisaufnahme** ordnungsgemäß, wenn sie **dem am Ort der Beweisaufnahme geltenden Gesetz** entspricht, sollte sie auch den Vorschriften des inländischen (deutschen) Gesetzes zuwiderlaufen[2] (ebenso § 364 Abs. 2). Dagegen bestimmt sich ihre *Wirkung*, also namentlich die Beweiskraft der Aussagen von Zeugen und Sachverständigen, der Parteivernehmung usw. nur nach dem Recht des inländischen Prozeßgerichts[3], also nach der deutschen ZPO. 1

II. Prinzip der Meistbegünstigung

§ 369 verankert ein **Meistbegünstigungsprinzip**[4] oder einen **Grundsatz des minderen Erfordernisses**[5]. Ähnlich § 55 erklärt er die ausländische Beweisaufnahme **auch dann für gültig**, wenn sie zwar nach den Gesetzen des Auslandes nicht ordnungsgemäß ist, aber **dem inländischen (deutschen) Recht entspricht**[6]. Genügt die Beweisaufnahme **weder den Vorschriften des inländischen noch des ausländischen Rechts** und wird der Mangel auch nicht nach § 295 geheilt[7], so kann die Beweisaufnahme grundsätzlich **nicht verwertet** werden. Das ergibt schon ein Umkehrschluß aus § 369. Die Beweisaufnahme im Ausland muß also in fehlerfreier (entweder dem deutschen *oder* dem ausländischen Gesetz genügender) Form **wiederholt** werden. Nur wenn dies unmöglich ist, kann das Ergebnis der fehlerhaften Beweisaufnahme im Wege der freien Beweiswürdigung verwertet werden (→ § 286 Rdnr. 17). Der Verfahrensfehler kann aber den Beweiswert mindern oder ausschließen. 2

---

[1] Lit. zum Internationalen Beweisrecht → § 363 Fn. 1.
[2] *RGZ* 3, 373; *RG* JW 1891, 90; 1893, 135; 1903, 25; vgl. auch *BGHZ* 33, 63 (64f.); *RGSt* 11, 391; 12, 347; *LG Frankfurt a. M.* IPRax 1981, 218; *Grunsky* ZZP 89 (1976) 241; *Bar* Internationales Privatrecht[2] (1902) 371f.; Riezler Internationales Zivilprozeßrecht (1949) 48; *E. Geimer* Internationale Beweisaufnahme (1998) 169.

[3] Rechtsprechung → Fn. 2 sowie *Herrmann* Gruchot 50 (1906) 340.
[4] *Goldschmidt* ZPR[2] 23.
[5] *Stein* seit der 10. Aufl. dieses Komm.
[6] → auch Einl. Rdnr. 741.
[7] Die Heilung ist möglich, *RG* JW 1893, 135; → § 295 Rdnr. 18.

III. Rechtshilfe

3 Über die Rechtshilfe *deutscher Gerichte* gegenüber dem Ausland → Einl. Rdnr. 851 ff., → § 363 Rdnr. 79 und zum HBÜ → Anh. § 363 Rdnr. 11 ff.

§ 370 [Fortsetzung der mündlichen Verhandlung]

(1) ¹Erfolgt die Beweisaufnahme vor dem Prozeßgericht, so ist der Termin, in dem die Beweisaufnahme stattfindet, zugleich zur Fortsetzung der mündlichen Verhandlung bestimmt.

(2) ¹In dem Beweisbeschluß, der anordnet, daß die Beweisaufnahme vor einem beauftragten oder ersuchten Richter erfolgen solle, kann zugleich der Termin zur Fortsetzung der mündlichen Verhandlung vor dem Prozeßgericht bestimmt werden. ²Ist dies nicht geschehen, so wird nach Beendigung der Beweisaufnahme dieser Termin von Amts wegen bestimmt und den Parteien bekanntgemacht.

Gesetzesgeschichte: Bis 1900 § 335 CPO. Aufgrund der Novelle 98 (→ Einl. Rdnr. 113) unverändert zu § 370 geworden.

Stichwortverzeichnis → Beweisaufnahmeschlüssel zu Beginn der Vorbemerkungen vor § 355.

I. Verbindung von Beweis- und Verhandlungstermin
1. Doppelte Funktion des Termins   1
   a) Unmittelbar folgende Verhandlung   2
   b) Beginn der mündlichen Verhandlung   3
   c) Beendigung der Beweisaufnahme   4
   d) Verzicht auf Beweisaufnahme bei Säumnis des Gegners   5
2. Versäumnisverfahren nach Abschluß der Beweisaufnahme   6
3. Entscheidung nach Aktenlage   7

II. Terminsbestimmung zur Fortsetzung der mündlichen Verhandlung bei Beweisaufnahme nicht vor dem Prozeßgericht   11

I. Verbindung von Beweis- und Verhandlungstermin

1. Doppelte Funktion des Termins

1 Jeder *zur Beweisaufnahme vor dem Prozeßgericht bestimmte Termin* ist kraft Gesetzes zugleich zur *Fortsetzung der mündlichen Verhandlung* bestimmt. Dies gilt auch für das *einzelrichterliche* Verfahren (→ § 348 Rdnr. 1). Damit ist aber nicht gesetzlich ausgeschlossen, daß das Prozeßgericht – in Betracht kommen vor allem der Einzelrichter und das Amtsgericht – einen Termin ausschließlich zur Beweisaufnahme bestimmt und den Verhandlungstermin von vornherein weiter hinaus ansetzt oder sich dessen Bestimmung bis zur Erledigung der Beweisaufnahme vorbehält; allerdings wird ein derartiges Vorgehen nur in Ausnahmefällen[1] zweckmäßig sein.

a) Unmittelbar folgende Verhandlung

2 Die gesetzliche Regel ist, daß **Beweis- und Verhandlungstermin zusammenfallen**. Daher hat sich unmittelbar an die Beweisaufnahme die **erschöpfende Verhandlung**[2] über das Be-

---

[1] Z.B. bei besonders umfänglichen, sich voraussichtlich über viele Stunden erstreckenden Beweisaufnahmen in einer sog. Punktesache.

[2] Ausdrücklich zustimmend BGH Warn 1977 Nr. 109 (383) = MDR 1978, 46.

weisergebnis anzuschließen (§ 278 Abs. 2 Satz 2). Es ist Sache der *energischen Verhandlungsleitung, auch nach längeren Beweisaufnahmen* vorgebrachten *Vertagungswünschen zu widerstehen*. Nur unter ganz besonderen Umständen, etwa wenn in einer verwickelten Sache die Beweisaufnahme ein von der bisherigen Sachdarstellung wesentlich abweichendes Bild ergeben hat, wird den Parteien eine Vertagung zu dem Zwecke, noch zu dem Beweisergebnis Stellung zu nehmen, zuzubilligen sein; gegebenenfalls kann die Ablehnung oder unzureichende Gewährung einer Vertagung sogar unter dem Gesichtspunkt einer unzureichenden Gewährung des rechtlichen Gehörs (→ Rdnr. 32 b vor § 128) zu einer Aufhebung des Urteils Anlaß geben[3]. Zu den jeweils typischen Beispielen, die *keinen* erheblichen Grund für eine Vertagung darstellen, → § 227 Rdnr. 6 ff. Von derartigen Ausnahmefällen abgesehen, muß die Regel sein, daß **aufgrund des unmittelbaren lebendigen Eindrucks der Beweisaufnahme verhandelt und auch entschieden** wird[4]. Wenn die Parteien damit rechnen müssen, daß das Gericht alsbald nach den von ihm selbst entgegengenommenen Beweisen zum Spruch kommt, so ist dies eines der wirksamsten Druckmittel für die Rechtzeitigkeit alles notwendigen Vorbringens.

b) Beginn der mündlichen Verhandlung

Die mündliche Verhandlung **beginnt** stets erst mit der *Erledigung der Beweisaufnahme*. 3
Bleibt daher in einem solchen Termin eine Partei aus, so ist zunächst gemäß § 367 die Beweisaufnahme so weit als möglich zu bewirken[5]; Anträge auf Versäumnisurteil sind erst nach der Beendigung oder sonstigen Erledigung der Beweisaufnahme zulässig (→ aber Rdnr. 5).

c) Beendigung der Beweisaufnahme

Die *Beweisaufnahme* ist **erledigt**, wenn *alle* durch den Beweisbeschluß angeordneten Beweiserhebungen *vollständig ausgeführt* sind oder eine Beweisaufnahme tatsächlich unausführbar geworden ist, z.B. wegen des Ausbleibens einer Partei im Termin (§ 367 Abs. 1), oder aus anderen Gründen[6] *überhaupt* nicht bewirkt werden kann oder das Gericht den Beweisbeschluß zurücknimmt (→ § 360 Rdnr. 1) oder endlich der Beweisführer auf das Beweismittel verzichtet[7]. Liegt dagegen ein Hindernis nur für einen *einzelnen Termin* vor, z. B. wenn ein Zeuge oder Sachverständiger nicht erschienen ist, so hat das Gericht bzw. der beauftragte Richter nach § 368 unter Einhaltung der Ladungsfrist (→ auch § 361 Rdnr. 2) einen neuen Termin von Amts wegen zu bestimmen. Wegen der hiervon teilweise abweichenden Regelung beim Ausbleiben der *Partei* in dem zu ihrer *Vernehmung* nach §§ 445 ff. bestimmten Termin → § 454 Rdnr. 4 ff. 4

d) Verzicht auf Beweisaufnahme bei Säumnis des Gegners

Trotz Nichterscheinens einer Partei wird die Beweisaufnahme nach § 367 durchgeführt. 5
Der erschienene Beweisführer kann aber auf sein Beweismittel »verzichten« (§ 399) und damit die Beweisaufnahme beenden (→ Rdnr. 4). Da nach Abs. 1 der Termin zur Beweisaufnahme auch zur Fortsetzung der mündlichen Verhandlung bestimmt ist, kann er sofort

---

[3] BGH (Fn. 2) für den Fall der Vorlage einer schriftlichen Zeugenerklärung in einer Fremdsprache erst im Termin selbst; RG DJ 1876, 75; *Volkmar* DJ 1936, 70; → auch § 548 Rdnr. 3 a. E.
[4] Ebenfalls ausdrücklich zustimmend BGH (Fn. 2).
[5] Auch wenn anschließend ein Versäumnisurteil erlassen wird, kann eine vorherige Beweisaufnahme noch wichtig sein (→ § 367 Rdnr. 1).
[6] Z. B. wegen Nichtzahlung des Vorschusses (§ 379), OLG Dresden SächsAnn 15, 323.
[7] Zum Verzicht bei *Säumnis des Gegners* → sogleich Rdnr. 5.

ein **Versäumnisurteil herbeiführen** (§ 332). Wird hiergegen Einspruch (§ 338) eingelegt, so darf das fallengelassene Beweismittel **nicht nach § 296 ZPO zurückgewiesen** werden. Der Einspruch versetzt den Prozeß in die Lage vor Eintritt der Säumnis zurück (§ 342). Nach der Rechtsprechung ist das der Zeitpunkt des *Nichtauftretens* in der mündlichen Verhandlung[8]. Folglich wird auch ein »Verzicht« auf das Beweismittel hinfällig. – Zum gleichen Ergebnis kommt, wer sich auf den Standpunkt stellt, die Versäumung trete erst mit dem *Schluß* des Termins zur mündlichen Verhandlung ein[9]. Eine Zurückweisung nach § 296 Abs. 2 setzt voraus, daß unter Verstoß gegen § 282 ein Beweismittel nicht so zeitig vorgebracht wurde, wie es nach der *Prozeßlage* einer auf Förderung des Verfahrens bedachten Prozeßführung entspricht. »Prozeßlage« ist aber auch das Nichterscheinen des Gegners und die Geständnisfiktion des § 331 Abs. 2. Ein Verzicht auf die Durchführung der Beweisaufnahme begründet keinen Verstoß gegen die Prozeßförderungspflicht, wenn der Gegner nicht erscheint. Denn ob die Beweisaufnahme notwendig wird, hängt davon ab, ob der Gegner Einspruch einlegt, was niemand wissen kann. Man sollte in diesem Punkte von der erschienenen Partei auch keine Prognose verlangen und die Frage der Präklusion nach § 296 Abs. 2 allein auf Verschuldensebene lösen[10]. Es begründet schon keinen Verstoß gegen die allgemeine Prozeßförderungspflicht, wenn die Partei vorläufig auf eine möglicherweise nicht notwendige Beweisaufnahme »verzichtet«.

2. Versäumnisverfahren nach Abschluß der Beweisaufnahme

6   Erst wenn die **Beweisaufnahme** beendet ist, kann gemäß § 332 in der nun beginnenden Fortsetzung der Verhandlung gegen die nicht erschienene Partei das **Versäumnisurteil** beantragt werden (zum *Verzicht* auf die Beweisaufnahme bei Säumnis des Gegners → Rdnr. 5). Vertagung ist dann nur nach Maßgabe des § 335 bzw. § 337 zulässig. Bei Erlaß eines Versäumnisurteils ist das **Ergebnis der Beweisaufnahme** *grundsätzlich* **unberücksichtigt** zu lassen; bei Ausbleiben des *Klägers*, weil nach § 330 für eine Würdigung des Vorbringens überhaupt kein Raum ist, und bei Ausbleiben des *Beklagten*, weil nach § 331 die Terminsversäumung Geständniswirkung hat und ein Geständnis durch ein dem Zugestehenden (dem Beklagten) günstiges Beweisergebnis in seiner Wirkung nicht berührt wird. Eine **Berücksichtigung** des Beweisergebnisses wird jedoch **befürwortet**, falls die Beweisaufnahme ergibt, daß die Behauptung des Klägers nicht nur objektiv unrichtig, sondern »*eindeutig im gegenteiligen Sinne klargestellt*« ist, weil das *Aufrechterhalten* der Behauptung dann gegen die subjektive Wahrheitspflicht verstoße[11]. Diese Auffassung findet in der ZPO keine Grundlage und ist daher **abzulehnen**. Das Aufrechterhalten einer Behauptung trotz gegenteiligen Beweisergebnisses muß nicht einen Verstoß gegen die subjektive Wahrheitspflicht bedeuten, denn die Kenntnis und Überzeugung der Partei von den von ihr vorgetragenen Tatsachen kann vom Beweisergebnis unberührt bleiben; auch ein noch so eindeutiges Beweisergebnis muß den Tatsachen nicht entsprechen. Überdies setzt die Feststellung, die Behauptung des Klägers sei nicht nur objektiv unrichtig, sondern »eindeutig« widerlegt, ein (weiteres) Beweismaß voraus, das höhere Anforderungen an die richterliche Überzeugung stellt als nach § 286 erforderlich (→ § 286 Rdnr. 4); damit wird vom Richter eine Grenzziehung verlangt, die er kaum nachvollziehbar begründen kann. Das **Ergebnis der Beweisaufnahme** ist aller-

---

[8] *BGHZ* 4, 328, 340; *BGH NJW* 1993, 861, 862; → auch § 220 Rdnr. 13; a. A. → § 342 Fn. 1.

[9] → § 342 Rdnr. 1 m. w. N.

[10] So aber *Schumann* in der Voraufl. Rdnr. 5 (Verschulden, wenn die anwesende Partei wußte, der Gegner werde das Versäumnisurteil nicht hinnehmen).

[11] *Schumann* in der Voraufl. Rdnr. 6; MünchKomm-ZPO-*Musielak* Rdnr. 5; *Henckel* JZ 1992, 645, 649 r. Sp. (Uneinsichtigkeit solle nicht prämiert werden); zurückhaltend *Leipold* → § 138 Rdnr. 12 Fn. 26.

dings dann zu **berücksichtigen**, wenn hierdurch feststeht, daß eine **von Amts wegen** zu prüfende Prozeßvoraussetzung nicht vorliegt und somit der Erlaß eines Versäumnisurteils nicht möglich ist (→ § 330 Rdnr. 9 f., → § 331 Rdnr. 13). Ergeht das Versäumnisurteil, so verliert zwar die Beweisaufnahme zunächst ihre Bedeutung, sie kann sie aber durch den Einspruch wiedererlangen.

3. Entscheidung nach Aktenlage

Bei beiderseitiger oder einseitiger Säumnis kann nach Abschluß der Beweisaufnahme auch eine **Entscheidung nach Lage der Akten**, §§ 251 a, 331 a, ergehen (→ auch § 367 Rdnr. 2), bei der das Ergebnis der Beweisaufnahme mit zu berücksichtigen ist (→ § 285 Rdnr. 9). Daß die Beweisaufnahme nicht Gegenstand der mündlichen Verhandlung gewesen ist, hindert die Entscheidung nicht, da sich ja die Parteien der Möglichkeit der Verhandlung freiwillig begeben haben; das Gericht wird aber gerade in diesem Fall besonders vorsichtig zu prüfen haben, ob der alsbaldige Erlaß einer endgültigen Entscheidung nach Aktenlage angebracht ist.

7

II. Terminsbestimmung zur Fortsetzung der mündlichen Verhandlung bei Beweisaufnahme nicht vor dem Prozeßgericht

Die **Bestimmung des Termins zur Fortsetzung der mündlichen Verhandlung** (Abs. 2) bei Anordnung der Beweisaufnahme durch den beauftragten oder ersuchten Richter erfolgt auch im Anwaltsprozeß von Amts wegen (→ Rdnr. 3 ff. vor § 214); entweder im Beweisbeschluß, mit dem sie zu verkünden ist, § 218, oder durch den Vorsitzenden. Dann ist der Termin den Parteien von Amts wegen bekanntzumachen (→ Rdnr. 12 ff. vor § 214). Die Ladungsfrist (§ 217) ist einzuhalten[12].

11

---

[12] *RGZ* 81, 323.

Sechster Titel

Beweis durch Augenschein

Vorbemerkungen vor § 371

Schlüssel zum Augenscheinsbeweis (Stichwortverzeichnis zum Beweis durch Augenschein)

I. Allgemeines	
1. Augenscheinsbeweis 1	
2. »Formlose« Besichtigung – Informatorische Besichtigung bei unstreitigen Tatsachen 2	
II. Die Augenscheinsobjekte	
1. Umfang und Beispiele 4	
2. Abgrenzung von anderen Beweismitteln 5	
3. Technische Aufzeichnungen als Augenscheinsobjekte	
a) Allgemeines 6	
b) Heimliche Aufzeichnungen	
aa) Tonträgeraufzeichnungen 8	
bb) Sonstige Aufzeichnungen 11	
III. Durchführung des Augenscheins	
1. Ergebnis und Würdigung 13	
2. Zuziehung von Sachverständigen 14	
3. Augenscheinsmittler 15	
a) Erhebung des Beweises 17	
b) Anwendung der Regeln über den Sachverständigenbeweis 18	
c) Vereidigung 19	
d) Verhältnis zum Sachverständigengutachten 20	
e) Parteiöffentlichkeit 21	
IV. Pflicht zur Duldung der Augenscheinseinnahme 32	
1. Grundsätzliche Regelung 33	
2. Durchsetzung 35	
3. Folgen der Weigerung 37	
a) Nichtvorlage des Augenscheinsobjektes durch die beweisführende Partei 38	
b) Weigerung durch den Gegner 39	
c) Weigerung durch Dritte 43	
V. Internationale Augenscheinseinnahme (Augenschein im Ausland)	
1. Allgemeines 48	
2. Ausgehende Rechtshilfeersuchen um Augenschein 49	
3. Eingehende Rechtshilfeersuchen um Augenschein 50	

Schlüssel zum Augenscheinsbeweis (Stichwortverzeichnis zum Beweis durch Augenschein)

Das nachfolgende Stichwortverzeichnis erschließt die Kommentierung der Vorschriften über den Beweis durch Augenschein (Vorbemerkungen vor § 371, § 371 – § 372 a). Soweit an anderen Stellen dieses Kommentars grundsätzliche Ausführungen zum Augenscheinsbeweis enthalten sind, ist auch darauf verwiesen worden.

Abstammung
- *Feststellung* der Abstammung § 372 a Rdnr. 1 ff.
- *Feststellung gegenüber Ausländern* § 372 a Rdnr. 30 f.

Anhaltspunkte (für Mehrverkehr) § 640 Rdnr. 33 f.

Arbeitsgerichtliches Verfahren (beim Augenschein) § 371 Rdnr. 6, § 372 Rdnr. 6 f.

Aufklärbarkeit § 372 a Rdnr. 10

Aufnahmen → »Augenscheinsobjekt (elektronische Aufnahmen)«

Augenscheinsbeweis Rdnr. 1 vor § 371
- *Durchführung* Rdnr. 13 vor § 371
- Pflicht zur *Duldung* Rdnr. 32 ff. vor § 371
- *Internationaler Augenschein* Rdnr. 48 ff. vor § 371

Augenscheinsmittler (*Augenscheinsgehilfe*) Rdnr. 15 ff. vor § 371, Rdnr. 5 vor § 402

Augenscheinsobjekt Rdnr. 1, 4 ff., 11, 34 und 38 ff. vor § 371
- *Umfang* Rdnr. 4 vor § 371
- *Abgrenzung von anderen Beweismitteln* Rdnr. 5 vor § 371
- *elektronische Aufnahmen* Rdnr. 6 vor § 371

Ausforschungsbeweis § 372 a Rdnr. 5, § 284 Rdnr. 40 ff.

Auslandsbeteiligung

→ »Augenscheinsbeweis (Internationaler Augenschein)«
→ auch »Abstammung (Feststellung gegenüber Ausländern)«
Beauftragter und ersuchter Richter Rdnr. 13 vor § 371, § 372 Rdnr. 3
Belehrung (über Verweigerungsrecht) § 372 a Rdnr. 17
Beschwerde (sofortige) § 372 a Rdnr. 23
Besichtigung
– *formlose* Rdnr. 2 vor § 371, § 371 Rdnr. 2
– *körperliche* Rdnr. 34 vor § 371
– *Durchsetzung* der körperlichen Besichtigung Rdnr. 35 vor § 371
Beweisantritt § 371 Rdnr. 1 f., § 144 Rdnr. 2
– *Untersuchungsanordnung* § 372 a Rdnr. 5
– *Ablehnung von Beweisanträgen* § 284 Rdnr. 66
Beweisaufnahme § 371 Rdnr. 4
Beweisbeschluß (zu Unrecht ergangener) § 372 a Rdnr. 22
Beweissicherungsverfahren § 485 Rdnr. 3 und 9, § 486 Rdnr. 11, § 492 Rdnr. 8 f.
Beweisvereitelung § 372 a Rdnr. 27, § 286 Rdnr. 120 ff.
Beweiswürdigung Rdnr. 7, 13 und 39 f. vor § 371
Blutgruppengutachten Rdnr. 25, 27 ff. vor § 371, § 372 a Rdnr. 9 f., Anhang I zu § 644 Rdnr. 2 ff.
Duldungspflicht (hinsichtlich einer Untersuchung) § 372 a Rdnr. 2 ff. und 7 ff.
– *betroffene Personen* § 372 a Rdnr. 4 und 30 f.
– *Inhalt* § 372 a Rdnr. 7 f.
– *aktive Mitwirkung* § 372 a Rdnr. 7 f.
Eidliche Aussagen → »Vereidigung«
Einzelrichter Rdnr. 13 vor § 371
– Anordnung *unmittelbaren Zwanges* § 372 a Rdnr. 25
Elektronisches Dokument Rdnr. 7 vor § 371
Erbbiologisches Gutachten § 372 a Rdnr. 10 und 16
Erforderlichkeit (Abstammungsfeststellung) § 372 a Rdnr. 2 und 5
Film- und Videoaufnahmen Rdnr. 6 und 8 vor § 371
Fotografien (als Augenscheinsobjekte) Rdnr. 4 vor § 371
Gefahr strafgerichtlicher Verfolgung → »Zumutbarkeit (Ergebnisfolgen)«
Informatorische Besichtigung → »Besichtigung«
Ordnungsgeld § 372 a Rdnr. 20 und 26
Ortstermin Fn. 4 vor § 371, § 219 Rdnr. 3
Protokoll (über Einnahme des Augenscheins) Rdnr. 6 vor § 371, § 160 Rdnr. 37 f., § 160 a Rdnr. 8, § 161 Rdnr. 2
Prozeßkostenhilfe § 371 Rdnr. 4
Rechtshilfeersuchen
– *ausgehende* Rdnr. 49 vor § 371

– *eingehende* Rdnr. 50 vor § 371
Restitutionsklage § 372 a Fn. 6
Sachverständige Rdnr. 14 vor § 371
– *Sachverständigenbeweis* Rdnr. 16 und 18 vor § 371
– *Gutachten* Rdnr. 20 vor § 371
Sinneswahrnehmungen Rdnr. 4 f. vor § 371
Tonbandaufnahmen Rdnr. 6 vor § 371
– *heimliche* Rdnr. 8 ff. vor § 371, § 284 Rdnr. 58 ff.
– *ohne Zustimmung* Rdnr. 8 vor § 371
Unmittelbarer Zwang § 372 a Rdnr. 20 und 25
– *bei Auslandsaufenthalt* § 372 a Rdnr. 31
Untersuchungsanordnung → »Beweisantritt«
Untersuchungstermin (Nichterscheinen) § 372 a Rdnr. 26
Urkundenbeweis Rdnr. 5 vor § 371, Fn. 12 vor § 371, § 371 Rdnr. 1, Rdnr. 1 b vor § 415
Vereidigung
– *beim Augenscheinsgehilfen* Rdnr. 19 vor § 371
– *eidliche Aussagen* Rdnr. 29 vor § 371
– *bei Einholung von Vaterschaftsgutachten* § 372 a Rdnr. 15
Vereitelung (des Augenscheins) Rdnr. 41 vor § 371
Verwertungsverbot → »heimliche Tonbandaufnahmen« Fn. 18 vor § 371
Vorlegungspflicht Rdnr. 33 und 39 vor § 371
– *zwangsweise Durchführung* der Vorlegung Rdnr. 35 vor § 371
Weigerung (bei Duldung der Augenscheinseinnahme)
– *durch beweisführende Partei* Rdnr. 38 vor § 371
– *durch Gegner* Rdnr. 39 vor § 371
– *durch Dritte* Rdnr. 43 f. vor § 371
– *Untersuchungsverweigerung* § 372 a Rdnr. 17 ff.
– *durch Minderjährige* § 372 a Rdnr. 18
Zeugenbeweis
– *Abgrenzung von Augenschein* Rdnr. 5 sowie Fn. 28 vor § 371
– *Anwendung der Regeln bei Augenscheinsmittler* Rdnr. 17 vor § 371
Zeugnisverweigerungsrechte (Anwendung für eine Untersuchungsverweigerung) § 372 a Rdnr. 13, 18, 21 und 27 f.
Zumutbarkeit § 372 a Rdnr. 11 ff. und 17
– *hinsichtlich der Art der Untersuchung* § 372 a Rdnr. 12
– *wegen der Folgen des Untersuchungsergebnisses* § 372 a Rdnr. 13 ff.
– *wegen Gefahren für die Gesundheit* § 372 a Rdnr. 16
Zwischenurteil § 372 a Rdnr. 21
– *Prüfungsumfang* § 372 a Rdnr. 22

Chr. Berger II/1999

I. Allgemeines

1. Augenscheinsbeweis[1]

1 Der Zweck des prozessualen Beweises, dem Richter eine auf Sinneswahrnehmungen gegründete Vorstellung von der Wahrheit der tatsächlichen Parteibehauptungen zu verschaffen (→ § 284 Rdnr. 9 ff. und § 286 Rdnr. 1 ff.), kann dadurch unmittelbar erreicht werden, daß dem Richter Gelegenheit gegeben wird, die **Tatsachen**, soweit sie in gegenwärtigen Zuständen bestehen, **selbst wahrzunehmen**, sei es, daß diese Zustände die unmittelbar erheblichen Tatsachen darstellen, oder daß sie Indizien für frühere Ereignisse sind. Die Gegenstände dieser Wahrnehmung, die nach ihrem häufigsten Fall (→ Rdnr. 4) Augenschein genannt wird, sind sonach Beweismittel (→ § 284 Rdnr. 26 ff.), während der richterliche Augenschein selbst, d. h. die Tätigkeit der Wahrnehmung, die Beweisaufnahme in bezug auf diese Beweismittel (in Parallele zur Zeugenvernehmung) darstellt[2]. Ohne Bedeutung für das Wesen dieser Tätigkeit und für die Natur der Augenscheinsobjekte als Beweismittel ist es, ob der Augenschein infolge eines darauf gerichteten Beweisantritts der Partei (§ 371) oder von Amts wegen (§ 144, s. auch § 358 a S. 2 Nr. 5, → dort Rdnr. 35) angeordnet wird. Der Augenscheinsbeweis wird mit Recht als besonders zuverlässiges Beweismittel bewertet[3] und sollte daher soweit möglich verwendet werden[4].

2. »Formlose« Besichtigung – Informatorische Besichtigung bei unstreitigen Tatsachen

2 Die Einnahme des Augenscheins ist Beweisaufnahme i. S. der §§ 355 ff.; es müssen daher auch die *Formen des gewöhnlichen Beweisverfahrens* eingehalten werden. Zum Problem des *Freibeweises*, bei dem diese Vorschriften nicht gelten sollen, → Rdnr. 6 ff. vor § 355. Neben dem Augenschein zum Beweis streitiger Tatsachen wird auch eine sog. **formlose Besichtigung** von einigen Stimmen in Rechtsprechung und Lehre anerkannt[5], die der Information des Gerichts, d. h. der *Aufklärung unstreitiger Tatsachen* dient. Die »formlose« Besichtigung soll wie der Augenschein gemäß § 144 von Amts wegen angeordnet werden können. Die informatorische Besichtigung bei unstreitigen Tatsachen ist **zulässig**. Auf diesem Wege kann sich das Gericht selbst einen Eindruck von tatsächlichen Verhältnissen schaffen, ohne sich allein auf die übereinstimmende Darstellung der Parteien verlassen zu müssen, die auch im Rahmen der informatorischen Besichtigung bindend ist. Die informatorische Besichtigung läßt sich daher als **Seitenstück zum Unmittelbarkeitsgrundsatz** (§ 355) verstehen, denn auch bei unstreitigen Tatsachen (etwa dem Verlauf einer Straße im Verkehrsunfallprozeß) kann ein unmittelbarer Eindruck des Gerichts eine bessere Vorstellung von den tatsächlichen Verhältnissen vermitteln als Fotografien, Skizzen oder schriftliche Darlegungen.

3 Schwerwiegende Bedenken bestehen aber gegen die Freistellung der informatorischen

---

[1] Lit.: *Brüggemann* Judex statutor und judex investigator (1968) 363 ff.; *Döhring* Die Erforschung des Sachverhalts im Prozeß (1964) 312; *Raschke* Edition von Augenscheinsobjekten (1913); *Weveld* Zur Lehre vom gerichtlichen Augenschein (1877, Nachdruck 1970).

[2] *Stein* Das private Wissen des Richters (1893) 52, 62; *Wach* Vorträge über die Reichscivilprocessordnung² (1896) 200 f. – A. M. *Heusler* AcP 62 (1879) 237.

[3] *Hellwig* System des deutschen Zivilprozeßrechts 1 § 210 I. Zum Wert des Augenscheins, aber auch zu den Fehlerquellen *R. Bruns* § 34 Rdnr. 179; *Döhring* (Fn. 1) 314.

[4] Zum Wert eines Ortstermins *Bull* JR 1959, 410.

[5] *RGZ* 170, 264: Keine »Klärung und Feststellung bestimmter strittiger Punkte; vielmehr soll dem Gerichte lediglich seine Aufgabe erleichtert werden, auf Grund des unstreitigen Sachverhalts mit Rücksicht auf allgemeine Erfahrungstatsachen und Kenntnisse zu einer richtigen Beurteilung des Sach- und Streitstoffes zu gelangen.« *Prozeßrichterliche Vereinigung Berlin* JR 1951, 371 Nr. 5; *LG Berlin* MDR 1952, 558; *E. Peters* Der sogenannte Freibeweis im Zivilprozeß (1962) 157; 18. Aufl. dieses Komm. I 2; *MünchKommZPO-Damrau* § 371 Rdnr. 1. Die hier meist zitierte Entscheidung *RGZ* 170, 264 besagt nicht, daß die Besichtigung zur Unterrichtung von den Formvorschriften freigestellt wäre.

Besichtigung von den Regeln des Beweisverfahrens[6]. Auch die informatorische Besichtigung ist daher den **Bestimmungen des Beweisaufnahmerechts** unterworfen. Nach § 355 haben alle Mitglieder des Prozeßgerichts an der Besichtigung teilzunehmen. Für eine Übertragung auf den beauftragten oder ersuchten Richter gilt § 372 Abs. 2 (→ § 372 Rdnr. 3). Insbesondere aber ist den Parteien Gelegenheit zur Anwesenheit (§ 357) zu geben. Dies ist auch bei der informatorischen Besichtigung vom Recht der Parteien auf Gehör zwingend gefordert. – Die bestehende Unklarheit (sonst wäre die Besichtigung überflüssig) trägt außerdem immer den Keim zu einem Parteistreit über die Tatsachenlage in sich; die Parteien sollten daher von Anfang an Gelegenheit haben, ihre Hinweise bei der Besichtigung zu geben und nicht genötigt sein, einer schon gefaßten Meinung des Gerichts begegnen zu müssen, wenn dieses in der mündlichen Verhandlung erklärt, es habe mittlerweile die Wohnung, den Unfallort usw. besichtigt und dabei dieses oder jenes festgestellt. Besonders bedenklich ist es auch, wenn bei der Besichtigung, von der die Parteien nicht unterrichtet wurden, nur eine der Parteien (etwa als Wohnungsinhaber) oder ein ihr nahestehender Zeuge zugegen ist und die eigene Ansicht darlegen kann; dies kann die Ablehnung des Richters wegen Besorgnis der Befangenheit begründen[7]. – Zur *Anregung* zu einer solchen informatorischen Besichtigung und deren *Ablehnung* → § 371 Rdnr. 2.

II. Die Augenscheinsobjekte

1. Umfang und Beispiele

Der Begriff des gerichtlichen Augenscheins umfaßt nicht nur Wahrnehmungen mit Hilfe der Augen, sondern **alle Sinneswahrnehmungen**. In Betracht kommen z. B. die Besichtigung eines Unfallorts, die Betrachtung von Bildern, **Fotografien**[8], die Wahrnehmung von Lochkarten und -streifen, Tonbändern (→ Rdnr. 6), Schallplatten, Speicherplatten, EDV-geführten Büchern, Computerspeichern[9], Bild- und audiovisuellen Bändern, aber auch die Prüfung des **Geruchs** und **Geschmacks** eines Nahrungsmittels, der Glätte oder Rauheit eines Werkstoffs oder die Wahrnehmung der **Lärmentwicklung** einer Maschine, eines Betriebs oder die Feststellungen über sonstige **Immissionen** sowie die Wahrnehmungen über **Hitze- oder Wärmeeinwirkungen** usw. Augenscheinsobjekte können alle Gegenstände sowie der Körper der Parteien oder Dritter sein. Zum Augenscheinsbeweis gehören auch Wahrnehmungen, die dem Richter nur mit Hilfe von Instrumenten (Mikroskop, Meßgeräte) möglich sind.

4

2. Abgrenzung von anderen Beweismitteln

Daß der Augenschein in einer sinnlichen Wahrnehmung von unmittelbar oder mittelbar erheblichen Tatsachen durch den Richter besteht, ermöglicht allein keine **Abgrenzung von den übrigen Beweismitteln**, denn auch beim Urkundenbeweis, bei der Vernehmung von Zeugen, Sachverständigen und Parteien erfolgt die Beweiserhebung mittels sinnlicher Wahrnehmung. Die mittelbar erheblichen Tatsachen sind hier der Inhalt der Urkunden oder die vor Gericht gemachten Aussagen. Die Abgrenzung ergibt sich aber aus den speziellen Merk-

5

---

[6] So aber MünchKommZPO-*Damrau* § 371 Rdnr. 1.
[7] *LG Berlin* MDR 1952, 558; zum Betreten einer Wohnung durch einen Sachverständigen *BVerfGE* 75, 318.
[8] *BGH* MDR 1976, 304; *OLG Frankfurt* AnwBl 1980, 367. Eine **Fotokopie** eines *Schriftstückes* stellt dagegen eine Urkunde dar, *Zöller-Greger*[20] § 371 Rdnr. 2. Über die Verpflichtung zur Augenscheinseinnahme einer Örtlichkeit, wenn über sie eine Fotografie vorliegt, *BGH* NJW-RR 1987, 1237.
[9] *Redeker* NJW 1984, 2390. Zu den neuartigen technischen Aufzeichnungen und der Abgrenzung der Beweismittel *Jöstlein* DRiZ 1973, 409 (Besprechung von *Jessnitzer* DRiZ 1974, 98); *Baltzer* Gedschr. für Bruns (1980) 73 (EDV-geführte Handelsbücher).

malen der anderen Beweisarten (Entgegennahme von Aussagen beim Personalbeweis, schriftlich verkörperte Gedankenäußerung beim Urkundenbeweis). Gegenüber dem allgemeinen Tatbestand des Augenscheins stellen die Vorschriften über die anderen Beweismittel *Sonderregeln* dar, die den Regeln über den Augenscheinsbeweis vorgehen. Die Sondervorschriften erfassen das jeweilige Beweismittel zur Gänze; die Annahme, mit dem Urkundenbeweis sei insoweit ein Augenscheinsbeweis verbunden, als es um die Unversehrtheit der Urkunde geht, mit dem Zeugenbeweis parallel laufe ein Augenscheinsbeweis hinsichtlich des äußeren Verhaltens des Zeugen, wird daher dem Verhältnis der Beweismittel nicht gerecht.

3. Technische Aufzeichnungen als Augenscheinsobjekte

a) Allgemeines

6   Die vielfach vertretene Auffassung, Augenschein liege dann nicht vor, wenn es um die *Vermittlung von Gedankeninhalten* gehe[10], ist durch die gesetzliche Regelung nicht veranlaßt; sie gibt dem Augenscheinsbeweis einen zu engen Inhalt. Das zeigt sich am Beispiel der **Tonbandaufnahmen**[11] und sonstiger **Schall-** und **Bild-(»Video«-)aufzeichnungen**, sowie der sonstigen Aufnahmen durch **elektronische Medien** (→ auch Rdnr. 4, 7). Da diese Aufnahmen keine schriftlich verkörperten Gedankenäußerungen darstellen, können sie nicht als Urkunden im Sinne der ZPO (→ Rdnr. 1ff. vor § 415) angesehen werden. Sie stellen vielmehr, nicht nur soweit sie Geräusche oder Bilder, sondern auch soweit sie *sprachliche* Äußerungen (Gedankeninhalte) oder auch *schriftliche* Formulierungen (z.B. ein in einer Videoaufnahme abgebildetes Schriftstück) enthalten, **Augenscheinsobjekte** dar[12]. Die Zulässigkeit von derartigen technischen Aufzeichnungen als Beweismittel wird mit Recht anerkannt. Zwar kann es besonders schwierig sein, die Identität der Aufnahme festzustellen, auch sind Verfälschungen besonders leicht auszuführen, doch ist all dies bei anderen Beweismitteln (z.B. den Urkunden) ebenfalls möglich[13]. Ist die Echtheit der Aufzeichnung bestritten, so ist allerdings bei der Beweiswürdigung besondere Sorgfalt geboten. Tonbandaufnahmen mit Aussagen (auch aus anderen Verfahren) sind im Zivilprozeß selbst dann als Beweismittel verwertbar, wenn der unmittelbare Zeugenbeweis möglich wäre[14]. Die *beantragte* Vernehmung eines Zeugen kann aber *nicht* unter Hinweis auf eine vorliegende Tonbandaufnahme einer früheren Aussage (zu derartigen Tonbandprotokollen → § 160a Rdnr. 3f.) außerhalb des Verfahrens abgelehnt werden. Insofern gilt dasselbe wie zur Heranziehung von Vernehmungs- oder Augenscheinsprotokollen *anstelle* eines Zeugen, dazu → §§ 284 Rdnr. 34ff. Ist

---

[10] *Baumbach-Lauterbach-Hartmann*[56] Rdnr. 3; *Rosenberg-Schwab-Gottwald*[15] § 120 I; *Thomas-Putzo*[21] Rdnr. 1; *Zöller-Greger*[20] § 371 Rdnr. 2. Trotzdem rechnen alle diese Autoren Tonbandaufnahmen zu den Augenscheinsobjekten.

[11] *Brüggemann* (Fn. 1) 385; *Lang* Ton- und Bildträger (1960) 85; *Pleyer* ZZP 69 (1956) 320; *Roggemann* Das Tonband im Verfahrensrecht (1962) 5; *Siegert* NJW 1957, 689.

[12] *BGH* NJW 1982, 277; *BGHSt* 14, 341 = NJW 1960, 1582; *KG* JW 1924, 912; *Baumbach-Lauterbach-Hartmann*[56] Rdnr. 3, 11; *Bruns* JZ 1957, 493; *ders.* Lb² § 34 Fn. 6 (Augenscheinsqualität); *MünchKommZPO-Damrau* § 371 Rdnr. 4; *Feldmann* NJW 1958, 1166; *Lang* (Fn. 11) 97; *Pleyer* ZZP 69 (1956) 322; *Roggemann* (Fn. 11) 66, 73; *Rosenberg-Schwab-Gottwald*[15] § 120 I 1; *Thomas-Putzo*[21] Rdnr. 6; *Zöller-Greger*[20] § 371 Rdnr. 1 – **A. M.** (Urkundenbeweis, soweit es um den Inhalt des Tonbandes geht) *Kohlhaas* NJW 1957, 493; *Scupin* DÖV 1957, 554; *Siegert* NJW 1957, 691; (weder Augenscheinsobjekt noch Urkunde); *Henkel* in: Tonbandaufnahmen, Zulässigkeit und Grenzen ihrer Verwendung im Rechtsstaat (1957) 52. Differenzierend *Brüggemann* (Fn. 1) 390ff. – Im Strafprozeß steht die Einordnungsfrage im Zusammenhang mit der Anwendbarkeit der §§ 250ff. StPO, doch kommt diese auch bei einer Betrachtung als Augenscheinsobjekt in Betracht. Zu diesen Fragen *Roggemann* (Fn. 11) 34ff.

[13] *Pleyer* ZZP 69 (1956) 320. Hinweise zur Echtheitsprüfung bei *Roggemann* (Fn. 11) 83ff.

[14] *Pleyer* ZZP 69 (1956) 324; *Roggemann* (Fn. 11) 47.

ein Zeugenbeweis *beantragt*, so kann die unmittelbare Vernehmung durch das Gericht nicht durch das Abspielen eines besprochenen Tonbandes ersetzt werden[15].

Zu den Augenscheinsobjekten zählen auch **elektronische Dokumente**[16]. Es handelt sich dabei um (regelmäßig digital) gespeicherte Daten als Eigenschaft oder Zustand von elektronischen oder magnetbeschichteten Datenträgern. Enthält das elektronische Dokument einen gedanklichen Inhalt (und nicht nur eine technische Aufzeichnung), bildet der **Ausdruck** auf Papier (schriftliche Verkörperung, → Rdnr. 1 vor § 415) hingegen eine Urkunde[17]. Für die **Beweiskraft** spielt die Frage freilich keine Rolle, wenn der Ausdruck mangels Unterschrift ohnehin vollauf der freien Beweiswürdigung unterliegt (→ dazu § 416 Rdnr. 14). Ist Beweisthema der Inhalt des Datenspeichers (etwa wenn der »Originalausdruck« vernichtet wurde), so ist für die materielle Beweiskraft auch der unterschriebene Ausdruck als Indiz frei zu würdigen (→ § 416 Rdnr. 9); der Sachverständigenbeweis über den Speicherinhalt wird dadurch nicht ausgeschlossen → allgemein § 284 Rdnr. 36). – Für das Beweisverfahren, insbesondere die **Vorlegungspflicht** nach §§ 422 f. sollte nicht danach unterschieden werden, ob das elektronische Dokument (bereits) ausgedruckt als Urkunde zur Verfügung steht oder mangels Ausdruck ein Augenscheinsobjekt bildet[18]. Nimmt der Prozeßgegner auf den Inhalt eines in seiner Verfügungsgewalt stehenden Datenspeichers bezug, trifft ihn die Vorlegungspflicht nach § 423.

7

b) Heimliche Aufzeichnungen

aa) Tonträgeraufzeichnungen

Die heimliche Aufnahme des nichtöffentlich gesprochenen Wortes auf einen Tonträger verletzt das Persönlichkeitsrecht und ist **rechtswidrig** (§ 201 Abs. 1 Nr. 1 StGB). Sie darf daher nicht als Beweismittel verwertet werden[19], zumal damit gegen § 201 Abs. 1 Nr. 2 StGB verstoßen werden kann[20]. Deshalb sind i. d. R. unverwertbar Tonbandaufnahmen bei geschäftlichen Konferenzen oder Aufnahmen von Telefongesprächen, es sei denn, sämtliche Teilnehmer haben der Aufzeichnung zugestimmt.

8

Die Rechtswidrigkeit entfällt, wenn der Betroffene der Aufnahme oder Verwertung **zustimmt**. Die Zustimmung muß grundsätzlich *ausdrücklich* erteilt werden. Ausnahmsweise kann eine *konkludente* Zustimmung genügen, wenn etwa bei früheren Gelegenheiten eine ausdrückliche Zustimmung gegeben wurde oder ein Anrufer auf einen automatischen »Anrufbeantworter« spricht. Eine allgemeine konkludente Zustimmung sollte man nicht deshalb bejahen, weil sich Tonträgeraufzeichnungen in bestimmten Kreisen eingebürgert haben und von den beteiligten Kreisen als üblich angesehen werden[21].

9

Ferner kann eine heimliche Tonaufzeichnung und ihre Verwertung als Beweismittel zuläs-

10

---

[15] *Pleyer* ZZP 69 (1956) 326; *Roggemann* (Fn. 11) 47.
[16] *Rüßmann* in: *Schlosser* (Hrsg.) Die Informationsbeschaffung für den Zivilprozeß ... (1996) 156; MünchKommZPO-*Schreiber* § 415 Rdnr. 6. – Trägt das elektronische Dokument nur eine »*elektronische* Unterschrift«, fällt es nicht unter § 416, *Rüßmann* a.a.O. 153 ff., der sich mit Recht gegen Bestrebungen wendet, dies de lege ferenda zu ändern.
[17] A. A. *Bergmann-Streitz* CR 1994, 77, 78, die freilich die Frage des Vorliegens einer Urkunde und des Eingreifens der Beweisregel des § 416 nicht trennen (→ dazu Rdnr. 3 vor § 415).
[18] Im Ergebnis auch *Rüßmann* (Fn. 16) 194 f., freilich vom Boden allgemeiner prozessualer Mitwirkungspflichten.

[19] → § 284 Rdnr. 56 ff.; *BAG* NJW 1983, 1691, 1692; *LAG Berlin* DB 1988, 1024; *Roggemann* (Fn. 11) 87 ff. – Gegen das Verwertungsverbot *Lang* (Fn. 11) 110 ff. Übersicht bei *Werner* NJW 1988, 993.
[20] *BGH* NJW 1982, 277.
[21] *BGH* NJW 1988, 1016; *BGH* NJW 1982, 1397 hält das heimliche *Mithören* eines Telefongespräches nicht ohne weiteres für unzulässig; *BGH* NJW 1982, 277 verneint ein *absolutes* Verwertungsverbot heimlicher Tonbandaufnahmen. *BGH* NJW 1987, 2667 sieht in der ungenehmigten Weitergabe von – mit Zustimmung des Betroffenen – aufgenommenen Geschäftsgesprächen einen Verstoß gegen dessen Persönlichkeitsrecht. Vgl. auch *Roggemann* (Fn. 11) 104.

sig sein, »wenn unter den Umständen des konkreten Falls bei Abwägung der widerstreitenden Interessen sowie mit Rücksicht auf die generelle Bedeutung der betroffenen Schutzgüter die Rechtsverwirklichung, der dieses Beweismittel dienen soll, Vorrang vor dem Schutz des gesprochenen Wortes haben muß«[22]. Dabei muß das Interesse an der Wahrheitsfindung die Vertraulichkeit des gesprochenen Wortes deutlich übersteigen. Der Beweisführer muß sich in einer **notwehrähnlichen Lage** befinden.

bb) Sonstige Aufzeichnungen

11   Die für Tonträgeraufzeichnungen geltenden Grundsätze lassen sich auf andere technische Aufzeichnungen übertragen, etwa Fotografien oder Film- und Videoaufnahmen. Die Aufnahme und Zurschaustellung können ebenfalls das Persönlichkeitsrecht verletzen (§ 22 KunstUrhG). Soweit allerdings § 23 KunstUrhG eine Veröffentlichung gestattet, ist auch die Verwertung von Bildnissen als Augenscheinsobjekt möglich[23]. Ferner können technische Aufzeichnungen verwertet werden, wenn das Interesse an der Wahrheitsfindung das Persönlichkeitsrecht übersteigt[24].

III. Durchführung des Augenscheins

1. Ergebnis und Würdigung

13   Bei der Einnahme des Augenscheins bildet sich der Richter das Urteil über die Tatsache, die er wahrnimmt, selbst (→ § 284 Rdnr. 9 ff.). Dieses Tatsachenurteil ist das nach § 160 Abs. 3 Nr. 5 *zu protokollierende* (→ § 160 Rdnr. 23) oder im Falle des § 161 in den Tatbestand aufzunehmende (→ § 313 Rdnr. 42) »**Ergebnis**« des Augenscheins. Über die Durchführung der Augenscheinseinnahme durch einen beauftragten Richter (§ 372 Abs. 2) ist eine Niederschrift aufzunehmen[25]. Hat der Augenschein vor dem erkennenden Richter selbst stattgefunden, so besteht die **Beweiswürdigung**, die auch hier nur Überzeugung, nicht »absolute Gewißheit« ist (→ § 286 Rdnr. 1 ff.) nur noch in der Schlußfolgerung aus diesem Ergebnis. Hat ihn dagegen nicht das erkennende Gericht, sondern ein beauftragter oder ersuchter Richter oder der vorher mit der Sache befaßte Einzelrichter eingenommen, so ist auch das Ergebnis selbst nach § 286 frei zu würdigen. Steht der Augenscheinseinnahme ein Hindernis entgegen, ist § 356 anzuwenden[26].

2. Zuziehung von Sachverständigen

14   Das Gericht darf zur Augenscheinseinnahme Sachverständige hinzuziehen, § 372 Abs. 1. Dies kann geschehen, um dem Sachverständigen Kenntnis von dem zu begutachtenden Sachverhalt zu verschaffen oder um den Richter durch die besondere Sachkunde bei seiner Wahrnehmung zu unterstützen.

3. Augenscheinsmittler

15   Das Prozeßgericht bzw. der beauftragte oder ersuchte Richter (§ 372 Abs. 2) haben aber den Augenschein grundsätzlich selbst vorzunehmen. Der Grundsatz der Unmittelbarkeit

---

[22] *BGH* NJW 1982, 277, 278 l. Sp.; MünchKomm-ZPO-*Damrau* § 371 Rdnr. 13.
[23] MünchKommZPO-*Damrau* § 371 Rdnr. 12.
[24] Bejaht von *OLG Düsseldorf* NJW-RR 1998, 241 (Videoaufzeichnung).

[25] *BayObLG* MDR 1984, 324 (für ein Verfahren der Freiwilligen Gerichtsbarkeit); *Zöller-Greger*[20] § 372 Rdnr. 2.
[26] *Baumbach-Lauterbach-Hartmann*[56] Rdnr. 4.

der Beweisaufnahme verbietet es, die Augenscheinseinnahme etwa aus Gründen der Einfachheit oder Bequemlichkeit einer anderen Person (z. B. Referendar, Gerichtswachtmeister) zu übertragen, die dann dem Gericht über das Wahrgenommene berichten soll, → § 355 Rdnr. 5 ff. Ebenso ist der Grundsatz der Unmittelbarkeit der Beweisaufnahme verletzt, wenn nicht sämtliche Mitglieder eines Kollegialgerichts die Augenscheinseinnahme durchführen[27] und die Voraussetzungen des § 372 Abs. 2 nicht vorliegen. § 372 Abs. 1 gestattet allein die *Zuziehung* eines oder mehrerer Sachverständiger. Nur wenn der Augenscheinseinnahme durch das Gericht unüberwindliche Hindernisse entgegenstehen, kann es sich eines **Augenscheinsgehilfen** (Augenscheinsmittlers) bedienen[28]. In Betracht kommen Fälle, in denen dem Gericht aus *tatsächlichen* Gründen der Zugang zu dem Augenscheinsobjekt unmöglich ist (Besichtigung eines Wracks nur durch einen Taucher, einer schwer zugänglichen Stelle im Gebirge nur durch einen geübten Bergsteiger), oder Wahrnehmungen, die nur bei besonderer Sachkunde möglich sind[29]. Auch *rechtliche* Schranken können die Übertragung der Augenscheinseinnahme rechtfertigen. So steht das allgemeine Persönlichkeitsrecht körperlichen Untersuchungen, insbesondere von Frauen, entgegen, bei denen das Schamgefühl verletzt werden kann (vgl. auch § 81 d StPO). Sie sind einem Arzt zu übertragen.

Da die Hilfsperson keine richterlichen Funktionen übernimmt, sondern nur als Beweisperson eingeschaltet wird, ist es nicht angebracht, von einer *Vertretung* des Richters zu sprechen[30]. Die **Einordnung des Augenscheinsgehilfen** in das System der Beweismittel bereitet Schwierigkeiten[31]; zur Abgrenzung des Zeugen- und des Sachverständigenbeweises → Rdnr. 17 vor § 373, → Rdnr. 5 vor § 402. Entscheidend muß sein, welche Vorschriften ihrem Zweck nach am besten passen. Dabei ist zwischen verschiedenen Aspekten zu unterscheiden[32]: 16

a) Erhebung des Beweises

Für die Frage, ob der Beweis überhaupt zu erheben ist, bewendet es bei den Regeln des Augenscheinsbeweises. Die Beweisaufnahme kann (anders als der Zeugenbeweis) auch von Amts wegen angeordnet werden, § 144 Abs. 1. 17

b) Anwendung der Regeln über den Sachverständigenbeweis

Für die **Auswahl** und **Ablehnung** der Hilfsperson, für ihre **Pflichten** und den **gerichtlichen Zwang** sollten die Regeln über den Sachverständigenbeweis angewandt werden, da sie von der Ersetzbarkeit der Beweisperson ausgehen und der Augenscheinsgehilfe ebenfalls ersetzbar ist[33]. Dies gilt auch dann, wenn die Augenscheinshilfe keine besondere Sachkunde vor- 18

---

[27] BVerwG ZMR 1974, 173 (mit der Möglichkeit eines Verzichtes).
[28] *Goldschmidt* Der Prozeß als Rechtslage (1925) 434 Fn. 2288; *Pohle* AP § 402 Nr. 1; *Rosenberg-Schwab-Gottwald*[15] § 120 IV.
[29] RG JW 1937, 3325. Dies kann bei der Auswertung neuer technischer Aufzeichnungen in Frage stehen, *Jöstlein* (Fn. 9) 409, 411.
[30] *Kisch* JW 1937, 3325; *Lent* ZZP 60 (1937) 35. – A. M. die 18. Aufl. dieses Komm. II 3; *Bruns* § 34 Rdnr. 178; RG JW 1937, 3325.
[31] Überblick (zur Abgrenzung von Zeugen- und Sachverständigenbeweis) bei *Schmidhäuser* ZZP 72 (1959) 368. Für die Behandlung als **Zeuge**, soweit *Tatsachen* berichtet werden (als *Sachverständiger*, soweit *Schlußfolgerungen* gezogen werden) 18. Aufl. dieses Komm. vor § 402 I; *Lent* ZZP 60 (1937) 23 ff.; *Rosenberg-Schwab-*

Gottwald[15] § 120 IV; *Thomas-Putzo*[21] Rdnr. 3. Für die Behandlung als *Sachverständiger*, soweit zur Wahrnehmung besondere Sachkunde erforderlich ist, im übrigen wie ein *Zeuge* Baumbach-Lauterbach-Hartmann[56] § 372 Rdnr. 3; *Goldschmidt* (Fn. 28). Die Befundmitteilung selbst bleibt aber nach *Goldschmidt* a.a. O. u. *Bruns* § 35 Rdnr. 182 c ein Augenscheinsbeweis. Nach *Hegler* AcP 104 (1909) 246 ff., 260 ist der Augenscheinsgehilfe als *Sachverständiger* zu behandeln, da der Grund der Einführung als *Aussageperson* maßgebend ist (Zeuge: wer etwas wahrgenommen hat; Sachverständiger: wer etwas wahrnehmen kann).
[32] In Anlehnung an *Schmidhäuser* ZZP 72 (1959) 380 ff.
[33] *Schmidhäuser* ZZP 72 (1959) 382 ff., 395 ff. Er beschränkt hier den Begriff des Augenscheinsgehilfen auf die nicht sachkundige ersetzbare Beweisperson.

aussetzt; an die Stelle der Sachkunde tritt hier die besondere Fähigkeit der Hilfsperson, die ihr die Augenscheinseinnahme ermöglicht. Eine Pflicht zur Übernahme des Auftrags wird man in diesen letzteren Fällen allerdings nicht annehmen können; das Gericht ist hier darauf angewiesen, freiwillige Helfer zu finden[34]. – Entfällt die Ersetzbarkeit (die vom Gehilfen wahrgenommenen Tatsachen sind mittlerweile nicht mehr wahrnehmbar), so gelten die Regeln des *Zeugenbeweises*[35].

c) Vereidigung

19   Da der Augenscheinsgehilfe über die wahrgenommenen Tatsachen berichtet, nicht Schlüsse daraus zieht, passen für die Vereidigung die Regeln (Eidesnorm) des *Zeugenbeweises* besser als jene des Sachverständigenbeweises[36].

d) Verhältnis zum Sachverständigengutachten

20   Sehr häufig ist die Wahrnehmung auf Grund besonderer Sachkunde mit der Erstellung eines Sachverständigengutachtens verknüpft. So gehören bei den Methoden des Vaterschaftsbeweises (→ § 644 Anh I Rdnr. 1 ff.) zum Auftrag des Sachverständigen sowohl die Feststellung der Blutgruppen, der Ähnlichkeitsmerkmale usw. wie auch die Schlußfolgerung hieraus hinsichtlich der Vaterschaft. In diesen Fällen ist die Wahrnehmung mit zur Sachverständigentätigkeit zu rechnen, so daß (abgesehen von § 372 a) nur die Regeln des Sachverständigenbeweises Geltung haben[37]. Zu den Ermittlungen des Sachverständigen → Rdnr. 18 vor § 402.

e) Parteiöffentlichkeit

21   Zur Frage der Parteiöffentlichkeit[38] bei den Ermittlungen der Hilfsperson → § 357 Rdnr. 7 ff.

IV. Pflicht zur Duldung der Augenscheinseinnahme

32   Über die Verpflichtung, die Augenscheinseinnahme zu dulden oder ihren Gegenstand vorzulegen, enthält das Gesetz keine allgemeine Vorschrift.

1. Grundsätzliche Regelung

33   Aus den Bestimmungen des § 144 und der §§ 371 f. oder §§ 485 ff. kann eine dahingehende Verpflichtung der Parteien[39] oder Dritter nicht abgeleitet werden; ebensowenig ist für eine entsprechende Anwendung der §§ 141 und 421 ff., abgesehen von § 441 Abs. 3, Raum. Eine **allgemeine Pflicht** nach Art der in §§ 95 ff. StPO aufgestellten Verpflichtung wäre sowohl mit den Schranken der Zeugenpflicht im Zivilprozeß als auch mit denen der Pflicht zur Urkundenvorlegung **unvereinbar**. Vielmehr entscheiden hierüber lediglich die Bestimmun-

---

[34] *Lent* ZZP 60 (1937) 39; *Schmidhäuser* ZZP 72 (1959) 397.
[35] *Schmidhäuser* ZZP 72 (1959) 396 ff.
[36] *Schmidhäuser* ZZP 72 (1959) 392, 400.
[37] *Stein* Das private Wissen des Richters (1893) 67.
[38] *OLG Hamm* VRS 41 (1971) 123. Zum Anwesenheitsrecht einer Partei bei Inaugenscheinnahme durch einen Sachverständigen *OLG München* NJW 1984, 807.

[39] *OLG Hamburg* SeuffArch 46 (1891) 306; *OLG Stettin* OLG Rsp 18, 47. Allgemein *Steeger* Die zivilprozessuale Mitwirkungspflicht der Parteien beim Urkunden- und Augenscheinsbeweis (1980). – Für eine allgemeine Mitwirkungspflicht des Beweisgegners *E. Peters* ZZP 82 (1969) 208. Zur Durchsetzung der Mitwirkung beim Augenschein mit einer selbständigen Klage *Stürner* (Fn. 59) 257 f.

gen des *materiellen Rechts*[40]. In Betracht kommen zunächst die allgemeine Vorlegungspflicht nach §§ 809[41], 811 BGB beschränkt auf Sachen, die den Streitgegenstand bilden[42], diejenige nach § 495 Abs. 2 BGB beim Kauf auf Probe und die nach § 418 HGB und § 17 OrderlagerscheinVO vom 16. XII. 1931 (RGBl I 763) beim Lagergeschäft. Sodann aber Pflichten aus dem unter den Parteien bestehenden Rechtsverhältnis, Miteigentum, Gesellschaft u. dgl. Auch die Ausgrabung und Sektion von Leichen[43] findet nur nach Maßgabe der zivilrechtlichen Verpflichtung der am Grab dinglich Berechtigten[44] und vorbehaltlich der öffentlich-rechtlichen Vorschriften[45] statt.

Eine *allgemeine* im Wege des Zwanges durchsetzbare Verpflichtung, sich einer **körperlichen Besichtigung** (auch durch Ärzte oder Hebammen) zu unterwerfen, besteht (auch für die Parteien) *nicht*[46]; zur Würdigung einer Weigerung → Rdnr. 37 ff. Anders früher im Entmündigungsverfahren, wo eine derartige Pflicht des zu Entmündigenden aus § 654 folgte. Für das Strafverfahren vgl. § 81 a StPO. Für Dritte kann eine Pflicht, sich untersuchen zu lassen, auch nicht aus der Zeugnispflicht abgeleitet werden (→ Rdnr. 44, 55 vor § 373). Was von der körperlichen Besichtigung gilt, hat ebenso von der körperlichen Duldung der Entnahme oder sonstigen Herstellung von Augenscheinsobjekten (Blutentnahme für *Blutuntersuchungen*, Abnahme von Fingerabdrücken, Herstellung von Lichtbildern, insbesondere Röntgenaufnahmen usw.) zu gelten. Diese *grundsätzliche* Regelung ist aber **dahin durchbrochen**, daß Parteien und Zeugen Ähnlichkeitsuntersuchungen und insbesondere die Entnahme von Blutproben zum Zwecke der Bluteigenschaftsbestimmung zu dulden haben, *soweit es zur Feststellung der Abstammung* in einem Rechtsstreit *erforderlich* ist, § 372 a. 34

2. Durchsetzung

Die zur Vornahme des Augenscheins erforderliche Vorlegung oder Duldung der Besichtigung kann auch dem *Prozeßgegner gegenüber* **nicht zwangsweise durchgeführt** werden[47], insbesondere nicht wie bei Urkunden innerhalb des Prozesses im Wege des Zwischenstreits nach §§ 421 ff.[48]. Es ist vielmehr Sache der beweisführenden Partei, nötigenfalls durch besonderen Prozeß, u. U. auch im Wege der einstweiligen Verfügung, die Verurteilung des Gegners oder des Dritten zur Vorlegung herbeizuführen und nach §§ 883, 888, 890 die Vorlegung oder die Duldung der Besichtigung zu erzwingen[49]. Hierzu kann eine Frist nach § 356 bestimmt werden[50]. 35

3. Folgen der Weigerung

Hinsichtlich der Folgen einer Weigerung ist zu entscheiden, von welcher Person sie ausgeht: 37

---

[40] *OLG Hamburg* SeuffArch 46 (1891) 306; *OLG Stuttgart* WJb 9, 335 ff.; *Gerhardt* AcP 169 (1969) 289, 309 f. Nach *OLG Stuttgart* NJW-RR 1986, 1448 folgt aus dem Prozeßrechtsverhältnis kein materiell-rechtlicher Anspruch auf Duldung der Augenscheinseinnahme.
[41] Dazu *BGH* JZ 1985, 1096 (mit abl. Anm. *Stürner-Stadler*).
[42] *Dierschke* Vorlegung von Sachen (1901); *Siegel* Vorlegung von Urkunden (1904) 72 ff.
[43] *Bohne* Das Recht zur klinischen Leichensektion, in: Festg. für R. Schmidt (1932) 105.
[44] *OLG München* SeuffArch 56 (1901) 209; OLG Rsp 19, 118; BadRPr 1905, 187; vgl. auch *RGZ* 54, 117 f.
[45] *RGZ* 16, 153.
[46] *BGH* LM § 32 EheG Nr. 3 = NJW 1952, 1215; FamRZ 1962, 370; *RGZ* 63, 410; *RG* Gruchot 62 (1918) 653.
[47] Zur Weigerung der Partei, Augenscheinseinnahme auf ihrem Grundstück zu dulden *RG* JW 1897, 166; *OLG Nürnberg* BayJMBl. 1961, 9 (→ § 357 Rdnr. 2); *OLG Koblenz* NJW 1968, 897.
[48] A. M. *Dilcher* AcP 158 (1959) 492.
[49] S. die Entscheidungen in Fn. 44.
[50] *Baumbach-Lauterbach-Hartmann*[56] Rdnr. 10: eine Frist entsprechend § 431.

a) Nichtvorlage des Augenscheinsobjekts durch die beweisführende Partei

38   Die Nichtvorlage des Augenscheinsobjekts bzw. die Verhinderung des Zutritts (→ § 357 Rdnr. 2) durch die beweisführende Partei hat zur Folge, daß sie der Benutzung des Beweismittels verlustig geht[51] (§§ 230, 231, 367) und gegebenenfalls ihre Behauptung unbewiesen bleibt.

b) Weigerung durch den Gegner

39   Weigert sich der Gegner, die Einnahme des Augenscheins zu dulden, so kann das Gericht dies im Rahmen der **freien Beweiswürdigung** berücksichtigen; in Verbindung mit anderen Umständen kann die Tatsache als bewiesen angesehen werden[52]. Eine materiell-rechtliche Pflicht zur Vorlage des Augenscheinsobjekts wird dabei nicht vorausgesetzt[53]. Im Rahmen der Beweiswürdigung ist allerdings zu bewerten, aus welchen Gründen die Weigerung erfolgt. Sofern **triftige Gründe** bestehen, verbietet sich der Schluß, die Weigerung sei erfolgt, weil der Augenschein zur Feststellung der behaupteten ungünstigen Tatsache geführt hätte[54]. Dabei stellt man auf eine Abwägung zwischen der Schwere des mit dem Augenschein verbundenen Eingriffs und der Bedeutung des Streitgegenstands ab. Ein triftiger Grund wird erst angenommen, wenn der Eingriff **unverhältnismäßig** ist[55]. Danach sollen »kleine schmerzlose ambulante Untersuchungen fast immer« zu dulden sein, die Entnahme von Rückenmarksflüssigkeit immerhin noch bei »wichtigen Streitigkeiten«, falls nicht eine erwähnenswerte Wahrscheinlichkeit für einen Gesundheitsschaden besteht[56]. Prozeßnachteile werden auch an die Weigerung zur Untersuchung des Geisteszustands geknüpft[57]. Ist der Augenscheinsbeweis mit Schäden verbunden, soll er erhoben werden können, wenn der Beweisführer Sicherheit leistet. Das Betreten eines Grundstücks muß im Regelfall geduldet werden, bei einer Wohnung ist Art. 13 GG zu berücksichtigen. Ferner besteht ein triftiger Grund, wenn die Offenbarung eines Betriebsgeheimnisses unvermeidlich wird.

40   Die Annahme solcher Duldungspflichten ist bedenklich. Die gesetzliche Grundlage ist zweifelhaft. Auf das aus Art. 103 GG abgeleitete »Recht zum Beweis«[58] (→ Rdnr. 24 Fn. 63 vor § 355) können sie nicht gestützt werden, denn dieses Recht steht nicht isoliert, sondern nur unter Berücksichtigung von Rechten des Gegners. § 427 Satz 2 (analog) scheidet aus, jedenfalls soweit die Voraussetzungen der §§ 422 f. (analog) nicht gegeben sind. Auch in § 81 a StPO kann eine Grundlage nicht gefunden werden. Überdies sind handhabbare Kriterien für die Abwägung nicht ersichtlich; wo beginnt das Gewicht einer Streitsache, damit der Gegner die Entnahme von Rückenmarksflüssigkeit dulden muß? Vorzugswürdig scheint eine Lösung der Frage über *materiell-rechtliche* Duldungs- und Vorlagepflichten, wobei hier der Gesetzgeber ebenfalls Gegeninteressen berücksichtigt (vgl. etwa § 8 Abs. 2 UmweltHG bzgl. Geheimnisschutz). Soweit dies der Fall ist, dürfen prozessuale Duldungspflichten keinesfalls weiter gehen. Folgt man gleichwohl der herrschenden Meinung, so darf bei der Abwägung nicht nur der Streitgegenstand berücksichtigt werden, sondern auch die Bedeutung der

---

[51] *RG* JW 1900, 838. – RGZ 46, 370 will daraus nur den Schluß auf Zurücknahme des Beweisantrages ziehen (und auch dies nicht bei einer endgültigen Weigerung).

[52] *BGH* NJW 1960, 821; NJW 1963, 389; *RG* JW 1897, 166; WarnRsp 1926 Nr. 90; *OLG Nürnberg* BayJMBl. 1961, 9; *OLG Koblenz* NJW 1968, 897; *LG Kassel* NJW 1957, 1193; Gerhardt AcP 169 (1969) 289 (308); *E. Peters* ZZP 82 (1969) 212 ff.; Rosenberg-Schwab-Gottwald[15] § 120 II 2 b. – Zur Ausländerbeteiligung → § 372 a Rdnr. 30 f.; MünchKommZPO-Damrau § 371 Rdnr. 7.

[53] *BGH* NJW 1960, 821; NJW 1963, 389. A. M. *Gerhardt* AcP 169 (1969) 289, 309.

[54] *RGZ* 63, 410 (Kosten der Reise zur Untersuchung nicht gedeckt); MünchKommZPO-*Damrau* § 371 Rdnr. 9.

[55] MünchKommZPO-*Damrau* § 371 Rdnr. 9.

[56] Vgl. dazu und zum folgenden MünchKommZPO-*Damrau* § 371 Rdnr. 9.

[57] *BGH* NJW 1972, 1131.

[58] Vgl. vor § 355 Fn. 63.

streitigen Tatsache und die Frage, ob die Beweisaufnahme *erforderlich* ist, was insbesondere nur der Fall ist, wenn andere Beweismittel erschöpft sind. Im übrigen hat der Richter die Parteien im voraus darauf hinzuweisen, wie er bei einer Weigerung entscheiden wird, damit der Gegner die Folgen einer Weigerung absehen kann.

Gestattet die Beweiswürdigung keine Feststellung der Tatsache, so kann doch eine Beweislastumkehr[59] zu bejahen sein, wenn der **Augenschein vorsätzlich** und **pflichtwidrig** (Verletzung einer materiellen Beweiserhaltungspflicht) **vereitelt** wurde (→ § 286 Rdnr. 120 ff.); dies kommt möglicherweise auch bei Fahrlässigkeit (z. B. fahrlässige Vernichtung des Augenscheinsobjekts vor der Beweisaufnahme) in Betracht. 41

c) Weigerung durch Dritte

Bei einer Weigerung durch Dritte ist das Beweismittel nicht verwendbar. Liegt ein Zusammenwirken mit einer Partei vor oder steht der Dritte einer Partei besonders nahe, so kann auch hier die Berücksichtigung der Weigerung im Rahmen der freien Beweiswürdigung in Betracht kommen. 43

Das Dargelegte gilt auch bei der Anordnung des Augenscheins **von Amts wegen**; an die Stelle der beweisführenden tritt hier die beweisbelastete Partei. 44

V. Internationale Augenscheinseinnahme (Augenschein im Ausland)

1. Allgemeines

Die Zunahme von Rechtsstreitigkeiten mit Auslandsberührung hat auch die Zahl der Situationen vermehrt, in denen ein Richter vor die Frage gestellt ist, einen Augenschein im Ausland durchzuführen. Die Vorschriften **verbieten** in aller Regel, daß das betreffende Gericht **selbst im Ausland** die **Einnahme des Augenscheins** tätigt. Da Handlungen eines Gerichtes als hoheitliche Maßnahmen des betreffenden Staates gelten, sind sie nur innerhalb der eigenen Staatsgrenzen zulässig; als ein Verstoß gegen die *Souveränität* des fremden Staates wird es daher regelmäßig angesehen, wenn auf dessen Territorium Handlungen von Gerichten eines anderen Staates vorgenommen werden (→ § 363 Rdnr. 7 ff.). Um im Ausland einen Augenschein durchführen zu können, muß deshalb das Gericht den Weg der **Internationalen Rechtshilfe** (dazu allgemein → Einl. Rdnr. 851 ff.) gehen. Der Gesamtbereich der Ersuchen um Beweisaufnahmen im Ausland gehört zum Gebiet der **Internationalen Beweisaufnahme**, die die ZPO in den §§ 363 f. anspricht (umfassend zur Internationalen Beweisaufnahme → § 363 Rdnr. 1 ff.). Wie auch sonst bei der Internationalen Beweisaufnahme (→ § 363 Rdnr. 1 ff.) ist beim Internationalen Augenschein zwischen *ausgehenden Rechtshilfeersuchen um Augenschein* (→ sogleich Rdnr. 40) und *eingehenden Rechtshilfeersuchen um Augenschein* (→ sodann Rdnr. 41) zu unterscheiden. Zur *Abstammungsfeststellung* gegenüber Ausländern → § 372 a Rdnr. 30 f. 48

2. Ausgehende Rechtshilfeersuchen um Augenschein

Muß ein von einem **Gericht der Bundesrepublik Deutschland** angeordneter Augenschein im **Ausland getätigt** werden, so ist es dem Gericht **verwehrt, selbst** den Augenschein **im Ausland durchzuführen** (→ schon Rdnr. 48). Hieran ändert auch der Umstand nichts, daß der 49

---

[59] *A. Blomeyer* Lb² § 76, 4 a setzt die mögliche Beweislastumkehr überhaupt an die Stelle der von der h. M. angenommenen Berücksichtigung bei der Beweiswürdigung.

Augenscheinsort vom Gericht nicht weit entfernt liegt oder leicht zu erreichen ist. Auch ein *Einverständnis der Parteien* mit einer Beweisaufnahme durch das deutsche Gericht oder durch ein Mitglied des Gerichts macht eine solche Beweisaufnahme nicht zulässig; da der fremde Staat die gerichtliche Tätigkeit eines deutschen Gerichts auf seinem Gebiet als Souveränitätsverletzung ansieht oder ansehen kann, bleibt eine eigene Augenscheinseinnahme durch ein deutsches Gericht im Ausland unzulässig. Dabei kommt es nicht darauf an, ob für die ausländischen Behörden überhaupt die gerichtliche Tätigkeit eines deutschen Gerichts als solche erkennbar ist, so daß auch »informelle Besichtigungen« (→ Rdnr. 2) durch Gericht und Prozeßparteien wegen ihrer **Völkerrechtswidrigkeit** untersagt sind. Das deutsche Gericht muß vielmehr **im Wege Internationaler Rechtshilfe vorgehen**. Entsprechend der allgemeinen Terminologie handelt es sich hierbei um **ausgehende Rechtshilfeersuchen** (dazu allgemein → Einl. Rdnr. 852). Das Verfahren und die Einzelheiten sind im Rahmen der Internationalen Beweisaufnahme auch im Hinblick auf den Augenscheinsbeweis näher dargestellt (→ § 363 Rdnr. 33–79).

3. Eingehende Rechtshilfeersuchen um Augenschein

50 Muß ein von einem *ausländischen Gericht* angeordneter Augenschein auf dem Gebiet der Bundesrepublik Deutschland durchgeführt werden, hat das ausländische Gericht ebenfalls den Weg der Internationalen Rechtshilfe zu beschreiten. Hierbei handelt es sich um **eingehende Rechtshilfeersuchen** um Internationalen Augenschein (zu dieser Terminologie allgemein → Einl. Rdnr. 852; zur Terminologie bei der Internationalen Beweisaufnahme → § 363 Rdnr. 3). Verfahren und maßgebliche Einzelheiten für die Behandlung eingehender Rechtshilfeersuchen sind im Rahmen der Behandlung der Internationalen Beweisaufnahme näher dargelegt (→ Anh. § 363 Rdnr. 11 ff.).

§ 371   [Beweisantritt]

Der Beweis durch Augenschein wird durch die Bezeichnung des Gegenstandes des Augenscheins und durch die Angabe der zu beweisenden Tatsachen angetreten.

Gesetzesgeschichte: Ursprünglich § 336 CPO, durch Nov. 98, RGBl 256 (→ Einl. Rdnr. 113) inhaltlich unverändert zu § 371 geworden. Sprachliche Änderung durch Bekanntmachung 1950, BGBl I 533 (→ Einl. Rdnr. 148).

Stichwortverzeichnis → »Schlüssel zum Augenscheinsbeweis« zu Beginn der Vorbemerkungen vor § 371.

I. Beweisantritt	1	III. Arbeitsgerichtliches Verfahren	6
II. Beweisaufnahme	4		

I. Beweisantritt

1 Der förmliche Beweisantritt nach § 371 muß die zu beweisende Tatsache und den Gegenstand des Augenscheins bestimmt benennen. *Besondere* Gründe für eine **Ablehnung** gibt es nicht; sie kann nur aus denselben Gründen wie bei den anderen Beweismitteln (→ § 284 Rdnr. 51 ff.) erfolgen; die Einnahme des *beantragten* Augenscheins steht **nicht im Ermessen**

des Gerichts¹. Das protokollierte Ergebnis des *Augenscheins in einem anderen* Verfahren kann im Wege des *Urkunden*beweises verwertet werden; wird aber die unmittelbare Augenscheinseinnahme beantragt, so darf sie nicht wegen der bereits durchgeführten früheren Besichtigung abgelehnt werden², → § 284 Rdnr. 36. Ein Antrag auf Ortsbesichtigung kann allerdings dann abgelehnt werden, wenn eine vom Beweisführer vorgelegte Fotografie die Örtlichkeit hinreichend deutlich erkennen läßt und der Beweisführer keine abweichenden Merkmale behauptet³.

Der Antrag auf Vornahme eines Augenscheins (insbesondere einer Ortsbesichtigung) kann aber auch nur eine **Anregung** zu einer *informatorischen Besichtigung* (dazu → Rdnr. 2 vor § 371) darstellen, z.B. wenn die Angabe bestimmter Tatsachen und Gegenstände fehlt, weil es nur um einen allgemeinen Überblick des Gerichtes und nicht um die Klärung streitiger Tatsachen geht. Dann gelten nicht die Grundsätze über die Ablehnung eines Beweisantrags, vielmehr steht die Durchführung im Ermessen des Gerichts⁴, das selbst am besten zu beurteilen vermag, ob es der Information bedarf. Grundsätzlich zum Ermessen → § 144 Rdnr. 2 ff.

2

II. Beweisaufnahme

Die Beweisaufnahme erfolgt nach Maßgabe der §§ 355 ff. Die Identität des Augenscheinsobjektes ist Hilfstatsache des Beweises, → § 284 Rdnr. 21. Einen Streit darüber hat das Prozeßgericht zu entscheiden, § 366. Für bare Auslagen der Augenscheinseinnahme (§ 72 GKG, Nr. 9005, 9008 Kostenverzeichnis) ist der Beweisführer *vorschußpflichtig* (§ 68 Abs. 1 Satz 1 GKG); nach Satz 2 das. soll das Gericht die beantragte Augenscheinseinnahme von der Zahlung abhängig machen (für den *Zeugenbeweis* → § 379 Rdnr. 1). Zu beachten ist aber, daß das Gericht die **Augenscheinseinnahme** nach § 144 auch **von Amts wegen anordnen** kann, wobei eine Vorschußpflicht nicht besteht (§ 68 Abs. 3 GKG). Praktisch steht also die Abhängigmachung der Augenscheinseinnahme von der Vorschußleistung trotz der genannten Sollvorschrift im Ermessen des Gerichts. Hat dieses die Abhängigmachung angeordnet, so unterbleibt die Beweisaufnahme bei Nichtzahlung. Zur Prozeßkostenhilfe → § 122 Rdnr. 4.

4

III. Arbeitsgerichtliches Verfahren

Im arbeitsgerichtlichen Verfahren ist die Erhebung eines *Auslagenvorschusses* ausgeschlossen, § 12 Abs. 4 ArbGG.

6

§ 372 [Sachverständiger bei Augenschein. Beauftragter oder ersuchter Richter]

(1) Das Prozeßgericht kann anordnen, daß bei der Einnahme des Augenscheins ein oder mehrere Sachverständige zuzuziehen seien.

(2) Es kann einem Mitglied des Prozeßgerichts oder einem anderen Gericht die Einnahme des Augenscheins übertragen, auch die Ernennung der zuzuziehenden Sachverständigen überlassen.

---

¹ *BGH* VersR 1961, 802; 1963, 193; *RG* JW 1911, 370; HRR 1925, 1814.
² *BGH* LM § 445 Nr. 3.
³ *BGH* NJW-RR 1987, 1237.
⁴ *RGZ* 170, 264.

§ 372 I–II, § 372 a　　Sechster Teil: Beweis durch Augenschein

Gesetzesgeschichte: Ursprünglich § 337 CPO, durch Nov. 98, RGBl 256 (→ Einl. Rdnr. 113) unverändert zu § 372 geworden. Geringfügige sprachliche Änderung durch Nov. 50, BGBl I 455 (→ Einl. Rdnr. 148).

Stichwortverzeichnis → »Schlüssel zum Augenscheinsbeweis« zu Beginn der Vorbemerkungen vor § 371.

　　I. Allgemeines　　　　　　　　　　　1　　II. Arbeitsgerichtliches Verfahren　　　　6

I. Allgemeines

1　　Über die Aufgabe der von Amts wegen zuzuziehenden **Sachverständigen** → Rdnr. 14 vor § 371, über ihre Ernennung §§ 404, 405. Der *beauftragte oder ersuchte Richter*[1] kann auch ohne entsprechende Anordnung des Prozeßgerichts einen Sachverständigen hinzuziehen[2].

2　　Das Gericht kann gemäß § 219 (→ dort Rdnr. 3 f.) den Augenschein auch *außerhalb der Gerichtsstelle* einnehmen; dies darf nach § 166 GVG auch im Bezirk eines anderen Gerichts geschehen (→ § 219 Rdnr. 8).

3　　Grundsätzlich soll die Augenscheinseinnahme das **Prozeßgericht selbst** durchführen (§ 355). Nach pflichtgemäßem Ermessen des Gerichts kann die Augenscheinseinnahme aber auch durch einen beauftragten oder ersuchten Richter erfolgen, was insbesondere bei Besichtigungen an *Ort und Stelle* häufig der Fall ist; nach Abs. 2 bedarf es hier im Gegensatz zu anderen Beweismitteln (§ 375 usw.) keiner besonderen Gründe für die **Übertragung** an einen beauftragten oder ersuchten Richter.

4　　§ 372 gilt auch für die Einnahme des Augenscheins von Amts wegen (§ 144 Abs. 2).

II. Arbeitsgerichtliches Verfahren

6　　Wegen des arbeitsgerichtlichen Verfahrens § 58 Abs. 1, § 64 Abs. 7 ArbGG, → § 355 Rdnr. 33 ff. Danach hat die an der *Gerichtsstelle* (d. h. im Gerichtsgebäude) vorzunehmende Augenscheinseinnahme durch die vollbesetzte *Kammer* zu erfolgen, → § 355 Rdnr. 34. Eine Augenscheinseinnahme durch den Vorsitzenden allein ist nach der Änderung des § 58 Abs. 1 ArbGG[3] auch möglich, wenn sie nicht an der *Gerichtsstelle*, aber am *Gerichtssitz* erfolgen kann, → § 355 Rdnr. 35. Ist die Augenscheinseinnahme *außerhalb des Gerichtsbezirks* – d. h. des Bezirks des Arbeits- und in der Berufungsinstanz des Landesarbeitsgerichts – vorzunehmen, so wird ein anderes (Arbeits- oder Amts-)Gericht ersucht, → § 355 Rdnr. 36.

7　　Wegen der arbeitsgerichtlichen Kammern mit erweiterter Zuständigkeit, § 17 Abs. 2 S. 2 ArbGG, → § 355 Rdnr. 35 (Fn. 78).

§ 372a [Untersuchungen zur Feststellung der Abstammung]

(1) Soweit es in den Fällen der §§ 1600 c und 1600 d des Bürgerlichen Gesetzbuchs oder in anderen Fällen zur Feststellung der Abstammung erforderlich ist, hat jede Person Untersuchungen, insbesondere die Entnahme von Blutproben zum Zwecke der Blutgruppenuntersuchung, zu dulden, soweit die Untersuchung nach den anerkannten Grundsätzen der Wissenschaft eine Aufklärung des Sachverhalts verspricht und dem zu Untersuchenden

---

[1] Zur *Niederschrift* des beauftragten Richters BayObLG MDR 1984, 324.
[2] *Wieczorek*² B I.

[3] G. vom 21. V. 1979, BGBl I 545; vgl. *Grunsky*⁷ ArbGG § 58 Rdnr. 22.

nach der Art der Untersuchung, nach den Folgen ihres Ergebnisses für ihn oder einen der im § 383 Abs. 1 Nr. 1 bis 3 bezeichneten Angehörigen und ohne Nachteil für seine Gesundheit zugemutet werden kann.

(2) ¹Die Vorschriften der §§ 386 bis 390 sind entsprechend anzuwenden. ²Bei wiederholter unberechtigter Verweigerung der Untersuchung kann auch unmittelbarer Zwang angewendet, insbesondere die zwangsweise Vorführung zum Zwecke der Untersuchung angeordnet werden.

Gesetzesgeschichte: Eingefügt durch Nov. 50, BGBl I 455 (→ Einl. Rdnr. 148). Verweisung auf § 1717 des Bürgerlichen Gesetzbuchs ersetzt durch die Verweisung auf § 1600 o des Bürgerlichen Gesetzbuchs durch das Nichtehelichengesetz vom 19. VIII. 1969, BGBl I 1243 (→ Einl. Rdnr. 151); Verweisung auf §§ 1600 c und 1600 d des Bürgerlichen Gesetzbuchs durch Kindschaftsreformgesetz vom 16. XII. 1997, BGBl I 2942.

Stichwortverzeichnis → »Schlüssel zum Augenscheinsbeweis« zu Beginn der Vorbemerkungen vor § 371.

I. Allgemeines	3. Weigerung ohne Angabe von Gründen 20
1. Grund der Vorschrift 1	4. Weigerung unter Angabe von Gründen 21
2. Geltungsbereich. Erforderlichkeit 2	5. Prüfungsumfang beim Zwischenurteil 22
II. Personenkreis und Anordnung	6. Sofortige Beschwerde 23
1. Duldungspflichtige Personen 4	7. Maßnahmen bei Verneinung einer
2. Untersuchungsanordnung 5	berechtigten Weigerung 25
III. Duldungspflicht	8. Nichterscheinen zum Untersuchungs-
1. Inhalt 7	termin 26
2. Aufklärbarkeit 10	9. Berücksichtigung der Weigerung
3. Zumutbarkeit 11	bei Beweiswürdigung? 27
a) Art der Untersuchung 12	V. Beweisverfahren 29
b) Folgen des Ergebnisses 13	VI. Abstammungsfeststellung gegenüber
c) Gefahr gesundheitlicher Schäden 16	Ausländern und dem Ausland
IV. Verweigerung der Untersuchung	1. Grundsätzliches 30
1. Allgemeines 17	2. Personen mit Auslandsaufenthalt 31
2. Verweigerungsverfahren 19	

I. Allgemeines[1]

1. Grund der Vorschrift

Die ZPO kennt keine allgemeine Pflicht der Parteien oder Dritter, Untersuchungen ihrer 1
Person zu Beweiszwecken zu dulden, → Rdnr. 32 f. vor § 371. Daß für die Feststellung der Abstammung eine Duldungspflicht eingeführt wurde[2], war durch die unseligen Rassenideen des Nationalsozialismus (→ auch Einl. Rdnr. 138) zumindest mitverursacht. Die beibehaltene Untersuchungspflicht (i. d. F. der Nov. 50) **rechtfertigt** sich heute vor allem durch die **besondere Beweissituation** bei der Klärung der Erzeugerschaft: Ohne eines der Vaterschaftsgutachten (→ § 644 Anh. I Rdnr. 1 ff.), die eine Blutentnahme oder Untersuchungen voraussetzen, läßt sich in den streitigen Fällen vielfach keine Tatsachenfeststellung treffen. Da das materielle Recht der natürlichen Abstammung entscheidende Bedeutung zumißt, ist es

---

[1] Lit.: *Bosch* DRiZ 1951, 107, 137; *Eichberger* Aktuelle Probleme der Feststellung der Abstammung (§ 372 a ZPO), (Diss. Regensburg 1988); *Kretschmer* Eingriffe in die körperliche Integrität im Zivilprozeß, dargestellt an § 372 a ZPO (Diss. Würzburg 1976); *Meyer* DRiZ 1951, 34; *Niemeyer* MDR 1952, 199; *Pohle* MDR 1950, 644; *Sautter* AcP 161 (1962) 215.

[2] Zuerst durch Gesetz vom 12. IV. 1938, RGBl I 380, Art. 3 § 9. Dazu auch *v. Dickhuth-Harrach* Gerechtigkeit statt Formalismus (1986) 206 ff.

nur konsequent, wenn sich das Verfahrensrecht bemüht, auch die Beweisbarkeit zu sichern. § 372 a ist **mit dem Grundgesetz vereinbar**[3]; immerhin sollte die Tatsache, daß die Vorschrift Eingriffe in das Grundrecht der körperlichen Unversehrtheit (Art. 2 Abs. 2 S. 1 GG) rechtfertigt und unter Umständen auch die Menschenwürde (Art. 1 Abs. 1 GG) tangiert wird, **zu besonders vorsichtiger Anwendung der Bestimmung** führen.

2. Geltungsbereich. Erforderlichkeit

2   Die Pflicht, sich Untersuchungen zu unterziehen, besteht in jedem Rechtsstreit und in jedem Verfahren der freiwilligen Gerichtsbarkeit (§ 15 Abs. 1 S. 1 FGG), soweit es **zur Feststellung der Abstammung erforderlich** ist. Im Vordergrund steht die Feststellung der *Vaterschaft* (§§ 1592 Nr. 3, 1599 BGB), doch deckt die Vorschrift auch die Ermittlung der wahren *Mutter* (§ 1591 BGB). Die Duldungspflicht ist nicht auf familienrechtliche Streitigkeiten beschränkt; die Fälle der §§ 1600 c und 1600 d BGB sind nur als *Beispiele* genannt (»oder in anderen Fällen«). Die Pflicht kann z. B. auch in einem Erbschaftsprozeß oder in einem Rechtsstreit über die Führung des Namens in Betracht kommen[4]. Es macht keinen Unterschied, ob die Frage der Abstammung den Streitgegenstand selbst (z. B. bei Vaterschaftsanfechtungsklage, Klage auf Feststellung der Vaterschaft) oder nur eine **Vorfrage** (z. B. im Unterhaltsprozeß) bildet. Dagegen dürfte es zu weit gehen, die Vorschrift auch dann anzuwenden, wenn die Abstammung selbst nicht rechtserheblich ist, sondern nur als tatsächliches **Indiz** (z. B. für einen Ehebruch im Scheidungsprozeß nach altem Recht)[5] in Betracht kommt. Für andere Fragen als zur Feststellung der Abstammung (z. B. Beweis der Defloration) gilt die Vorschrift weder unmittelbar noch entsprechend[6].

II. Personenkreis und Anordnung

1. Duldungspflichtige Personen

4   Duldungspflichtig ist **jede Person**, die für die Abstammung in Betracht kommen kann. Duldungspflichtig sind somit vor allem Parteien und Zeugen[7], erforderlichenfalls deren Eltern[8] und Großeltern, weiter aber auch jede andere Person, z. B. ein Elternteil, der weder Partei noch Zeuge ist. Es handelt sich hier nicht um eine zusätzliche Pflicht dessen, der nach §§ 373 ff. aussagepflichtig ist, sondern um eine *neben* der Aussagepflicht bestehende Duldungspflicht. Duldungspflichtig ist insbesondere das Kind, dessen Abstammung in Frage steht, auch wenn es nicht selbst Partei ist und bei der Beweisführung nur als Untersuchungsperson in Frage kommt.

---

[3] *BVerfGE* 5, 13 = NJW 1956, 986 = JZ 406 = FamRZ 215. Eine Überprüfung der *Anwendung* des § 372 a lehnte das BVerfG mit Recht ab, vgl. *E. Schumann* Verfassungs- und Menschenrechtsbeschwerde gegen richterliche Entscheidungen (1963) 234, 240; a. M. *Henrichs* FamRZ 1956, 274.
[4] *Baumbach-Lauterbach-Hartmann*[56] Rdnr. 4; *A. Blomeyer* Lb[2] § 76 4 b; *Sautter* (Fn. 1) 220. – A. M. *Bosch* (Fn. 1) 110. Keine Duldungspflicht besteht allerdings, wenn die Abstammungsfrage nicht entscheidungserheblich ist, *OLG Stuttgart* NJW 1972, 2226; *OLG Oldenburg* NJW 1973, 1419 = FamRZ 1974, 158.
[5] A. M. 18. Aufl. dieses Komm. I 2. – *BGH* NJW 1966, 1913 = FamRZ 502 verneint in diesem Fall die Zumutbarkeit; außerdem stand hier § 1593 BGB a. F. der Beweiserhebung entgegen.
[6] Zutreffend *OLG Celle* FamRZ 1971, 592: § 372 a gelte nicht bei Einholung eines Gutachtens zur *Vorbereitung* einer Restitutionsklage gemäß § 641 i, denn insoweit ist noch kein Rechtsstreit *anhängig*.
[7] *KG* NJW 1987, 2311: Wohngemeinschaftsmitglieder.
[8] *LG Göttingen* NdsRpfl 1953, 180 (Eltern eines Mehrverkehrszeugen). Die Mutter eines Kindes ist auch dann noch duldungspflichtig, wenn sie die Einwilligung zur Adoption erteilt hat, *OLG Köln* DAVorm 1977, 375. Zur Blutentnahme bei einem Toten *OLG Düsseldorf* FamRZ 1978, 206.

2. Untersuchungsanordnung

Wie in den sonstigen Fällen der Einnahme eines Augenscheins bzw. der Einholung eines Sachverständigengutachtens wird die Untersuchung entweder **von Amts wegen** (§ 144 Abs. 1) oder **auf Antrag** einer Partei (§§ 371, 403) vom **Prozeßgericht**[9] angeordnet. Zur Frage des Ausforschungsbeweises → § 640 Rdnr. 33 ff.. Die Untersuchung nach § 372a muß erforderlich sein (zum Prüfungsumfang → Rdnr. 22); das ist nicht der Fall, wenn nicht zuerst alle in Betracht kommenden Beweismittel ausgeschöpft sind (keine »Beweisbedürftigkeit«)[10]. Sie wird daher meist erst dann angeordnet werden, wenn die Beweiserhebungsmöglichkeiten anderer Art – insbesondere durch Vernehmung der Kindesmutter als Zeugin – erschöpft worden sind[11]. Zur Frage, ob die Verweigerung der Untersuchung auf die fehlerhafte Anordnung des Beweises gestützt werden kann, → Rdnr. 22.

III. Duldungspflicht

1. Inhalt

Die Duldungspflicht umfaßt *Untersuchungen zur Feststellung der Abstammung*. Die Entnahme von **Blutproben** zum Zwecke der Bluteigenschaftsuntersuchung ist **nur beispielhaft** angeführt. Zur Feststellung der Abstammung ist jede Untersuchung bestimmt, die dem Zweck dient, aus der Betrachtung individueller Eigenschaften einer Person Schlüsse bezüglich der Abstammung dieser oder einer anderen Person zu ziehen. Um eine spezifisch medizinische Untersuchung braucht es sich nicht zu handeln. Zu den Beweismethoden der Feststellung der Vaterschaft → Anhang I zu § 644.

Die Untersuchung kann sich, je nach Lage des Falles, auf körperliche, intellektuelle, charakterliche oder sonstige Eigenschaften erstrecken; auch Untersuchungen über die Zeugungs- oder Empfängnisfähigkeit fallen unter die Vorschrift. **Die erzwingbare Pflicht zur Duldung erschöpft sich aber darin, die Person zur Untersuchung zur Verfügung zu stellen.** Dazu gehört die Pflicht, Blutentnahmen, Messungen oder die Anfertigung von Fotografien und Fingerabdrücken zu *dulden*. Eine *aktive Mitwirkung* (z. B. die Beantwortung von Intelligenzfragen, die Mitwirkung an einem psychologischen Test) kann grundsätzlich nicht verlangt werden[12]. Allerdings muß sich der Duldungspflichtige zur Untersuchungsstelle begeben (arg. § 372a Abs. 2 Satz 2) und sich etwa für eine Fotografie oder Vergleichsuntersuchung in die vom Untersuchungszweck geforderte Körperhaltung begeben. Darüber hinaus hält man ihn für verpflichtet, zum Zwecke der Identitätsprüfung Ausweispapiere vorzulegen oder Unterschriften zu leisten[13]. Diese Pflichten sind in § 372a zwar nicht ausdrücklich niedergelegt; allerdings ist ein Untersuchungsergebnis ohne Sicherstellung und Überprüfung der Identität praktisch wertlos. Die Richtlinien des Bundesgesundheitsamtes für die Erstattung von Blutgruppengutachten (→ Anhang II zu § 644 unter 2.2 »Identitätsprüfung«)

---

[9] *BGH* NJW 1990, 2936; die Durchführung der Beweisaufnahme soll auch hier (→ § 372 Rdnr. 3) dem Rechtshilfegericht übertragen werden können. Mit Recht kritisch *Zender* NJW 1991, 2947.
[10] *OLG Oldenburg* NJW 1973, 1419 = DAVorm 492 (keine »Entscheidungserheblichkeit« und »Beweisbedürftigkeit« bei Versäumung der Anfechtungsfrist des § 1594 BGB a. F.); *OLG Stuttgart* NJW 1972, 2226 (»Entscheidungserheblichkeit« unter dem Blickwinkel des Verhältnismäßigkeitsgrundsatzes, wozu auch die Erforderlichkeit gehöre). – *Sautter* (Fn. 1) 222 ff. meint, die Wendung »erforderlich« stelle nur eine sprachliche Abrundung dar, was durch die Entstehungsgeschichte des § 372a bestätigt werde. Doch etwas Selbstverständliches hätte nicht normiert werden müssen, *Eichberger* (Fn. 1) 24.
[11] *Bosch* (Fn. 1) 110; *OLG Köln* JMBlNRW 1951, 138; a. A. *Staudinger-Rauscher* (1997) Vorbem. zu §§ 1591 ff., Rdnr. 38, der freilich allein die in der Tat harmlose Blutentnahme im Auge hat.
[12] *Sautter* (Fn. 1) 222. *OLG Schleswig* SchlHA 1953, 207: § 372a verpflichtet nicht zur Herausgabe von Fotografien.
[13] *MünchKommZPO-Damrau* Rdnr. 17.

sehen zur Identitätssicherung Einsichtnahme in Ausweispapiere, Finger- bzw. Fußabdruck und Lichtbildanfertigung vor. Die daraus erwachsenden Pflichten fallen noch unter § 372 a. Nicht mehr jedoch dürfen Angaben über den Gesundheitszustand oder in der Familie aufgetretene Erbkrankheiten verlangt werden. Keinesfalls läßt sich aus § 372 a die Verpflichtung zu einem Klinikaufenthalt ableiten[14], denn Untersuchung heißt nicht Beobachtung.

2. Aufklärbarkeit

10   Voraussetzung der Duldungspflicht ist zunächst, daß die Untersuchung **nach den anerkannten Grundsätzen der Wissenschaft eine Aufklärung des Sachverhalts verspricht**. Dies bedeutet, daß die beabsichtigte Untersuchungsart überhaupt und im konkreten Fall zur Feststellung der Abstammung geeignet sein muß. Von allgemeiner Anerkennung kann man nicht sprechen, solange eine Reihe von Wissenschaftlern noch grundlegende Einwände erhebt[15]; eine auch hinsichtlich der Einzelfragen einheitliche Meinung ist dagegen nicht vorausgesetzt. Als anerkannte Methoden kommen vor allem die Blutgruppenuntersuchung und die Ähnlichkeitsuntersuchung (erbbiologisches Gutachten) in Betracht. Zu diesen und sonstigen Beweismethoden → Anhang I zu § 644. Es genügt, daß die Untersuchung nach den anerkannten wissenschaftlichen Grundsätzen einer Aufklärung der Tatsachenlage förderlich sein *kann*; daß diese Förderung in allen bisher untersuchten Fällen auch eingetreten ist, ist nicht erforderlich. Die Duldungspflicht trifft nur jene Personen, deren Einbeziehung in die Untersuchung nach den anerkannten Grundsätzen der Wissenschaft sinnvoll ist[16].

3. Zumutbarkeit

11   Die Pflicht zur Duldung der Untersuchung besteht ferner nur dann, wenn sie **dem zu Untersuchenden zuzumuten** ist. Damit hat der Gesetzgeber auf die Normierung festumrissener Weigerungsgründe zugunsten einer flexibleren Lösung verzichtet. Das Gericht muß daher die **Interessen** der Parteien an der Ermittlung der *materiellen Wahrheit* und das Interesse der Untersuchungsperson an der *Untersuchungsverweigerung* gegeneinander **abwägen**. Dabei ist beim konkreten Rechtsstreit und dem speziellen Beweisthema anzusetzen. Die Interessenabwägung muß aber von der *gesetzgeberischen Grundentscheidung* ausgehen, die in der Einführung der Untersuchungspflicht liegt: Dem Interesse an der Aufklärung der Abstammung wurde der **Vorrang** vor dem bloßen Verteidigungs- und Geheimhaltungsinteresse eingeräumt, um so im »Normalfall« die Durchführung der Untersuchung zu ermöglichen. Das Gesetz nennt **drei Gesichtspunkte**, die **bei der Prüfung der Zumutbarkeit** zu berücksichtigen sind:

a) Art der Untersuchung

12   Neben der allgemeinen Erforderlichkeit der Untersuchung überhaupt (→ Rdnr. 2, 5) muß auch die *Art der Untersuchung* **erforderlich** sein; das ist sie nicht, wenn eine weniger belastende Untersuchungsmethode mit vergleichbaren Erfolgsaussichten für die Abstammungsfeststellung zur Verfügung steht. Ist die Untersuchungsmethode danach unausweichlich, so muß in einem weiteren Schritt abwägend (→ Rdnr. 11) die Zumutbarkeit des konkreten Eingriffs im Verhältnis zum Interesse an der Wahrheitsfeststellung festgestellt werden. Während

---

[14] *Stürner* Die Aufklärungspflicht der Parteien des Zivilprozesses (1976) 144 Fn. 64; *Sautter* (Fn. 1) 221 Fn. 37. – A. M. die 18. Aufl. dieses Komm. III 1; *Baumbach-Lauterbach-Hartmann*56 Rdnr. 20.

[15] *OLG Celle* NJW 1954, 1331 (abl. zur Blutuntersuchung nach *Löns*).
[16] *Sautter* (Fn. 1) m. w. N. Vgl. *LG Göttingen* DAVorm 1985, 517.

sich bei der Blutentnahme und der Ähnlichkeitsuntersuchung in aller Regel keine Bedenken ergeben[17], wird mit Recht die Pflicht zur Duldung von Untersuchungen der Zeugungsfähigkeit, soweit sie eine eiaculatio seminis voraussetzen, als nicht erzwingbar angesehen[18], weil hierin eine Verletzung der Menschenwürde (Art. 1 Abs. 1 GG) liegt. Die Untersuchung darf stets nur von einem Arzt vorgenommen werden (vgl. § 81 c Abs. 2 Satz 2 StPO). – Die Unzumutbarkeit muß sich aus der Art der Untersuchung ergeben. Daher darf die Unzumutbarkeit *nicht* begründet werden unter Hinweis auf den geringen Wert des *Streitgegenstandes*. Auch ist die Untersuchung nicht allein deshalb unzumutbar, weil die Abstammung bloße Vorfrage ist[19].

b) Folgen des Ergebnisses

Die Folgen des Ergebnisses der Untersuchung für den zu Untersuchenden oder einen der in § 383 Abs. 1 Nr. 1 – 3 bezeichneten Angehörigen müssen **zumutbar** sein. Auch die möglichen Auswirkungen des Untersuchungsergebnisses sind also Bestandteil der Interessenabwägung. **Die Zeugnisverweigerungsrechte der §§ 383, 384 sind weder unmittelbar noch entsprechend anwendbar.** Das wird aus dem Zweck der Zeugnisverweigerungsrechte hergeleitet[20]: Das Gesetz will dem Zeugen einen inneren Konflikt ersparen und geht zudem davon aus, daß der Beweiswert der in Betracht kommenden Aussagen ohnehin zweifelhaft wäre. Bei den Untersuchungen des § 372 a bleibt dagegen der Beweiswert unbeeinflußt; auch die mögliche Konfliktsituation hat zumindest nicht dieselbe Schärfe, weil von dem zu Untersuchenden kein aktives Handeln verlangt werden kann (→ Rdnr. 7 f.). Aus der grundsätzlichen Wertung des § 372 a folgt, daß die **unmittelbaren ungünstigen Folgen** der Untersuchung *kein Weigerungsrecht* begründen können[21]. Das gilt für die Gefahr des Prozeßverlustes[22] oder der Feststellung der Nichtabstammung vom Ehemann der Mutter[23], des Verlustes von Unterhaltsansprüchen oder Erbrechten[24] sowie umgekehrt für die Gefahr der Inanspruchnahme als Unterhaltsschuldner[25]. Auch derjenige, dessen Unterhaltspflicht bereits rechtskräftig verneint wurde, kann die Untersuchung im Prozeß gegen einen anderen Unterhaltsbeklagten nicht deshalb verweigern, weil sie doch wieder zu seiner Inanspruchnahme führen könne[26]. Die Gefahr *ehelicher Konflikte* und der Störung des Familienfriedens[27] muß gleichfalls meist in Kauf genommen werden[28]. Auch die Möglichkeit, daß die Untersuchung Tatsachen erweist, die der Untersuchungsperson oder den Angehörigen zur *Unehre* gereichen, gibt in aller Regel kein Verweigerungsrecht. Das Interesse an der Abstammungsfeststellung geht dem Geheimhaltungsinteresse hinsichtlich der in Betracht kommenden, als unehrenhaft angesehenen Geschehnisse (außerehelicher Geschlechtsverkehr, Inzestverbin-

13

---

[17] Immerhin stellt auch die *Ähnlichkeitsuntersuchung* u. U. recht beträchtliche Anforderungen, *Sautter* (Fn. 1) 235 (z. B. Duldung genauester Betrachtung des Körpers, stundenlanges Sitzen des Ehemanns neben dem Ehebrecher). Eine Blutentnahme ist auch bei Personen zulässig, deren religiöse Überzeugung dies verbietet, *OLG Düsseldorf* FamRZ 1976, 51 (Zeugen Jehovas).
[18] *Bosch* (Fn. 1) 110; *Sautter* (Fn. 1) 235.
[19] MünchKommZPO-*Damrau* § 372 a Rdnr. 14.
[20] *OLG Oldenburg* DAVorm 1968, 388; *OLG Karlsruhe* DAVorm 1983, 147; *OLG Schleswig* SchlHA 1949, 345; *OLG Nürnberg* NJW 1953, 1874; *OLG Hamburg* NJW 1953, 1873 = MDR 1954, 46; *LG Köln* MDR 1951, 496; *LG Flensburg* MDR 1953, 114; *Pohle* (Fn. 1) 645. Gegen die Begründung der h. M. *Sautter* (Fn. 1) 243. – A. M. *Meyer* (Fn. 1) 34.
[21] *Bosch* (Fn. 1) 110.

[22] *OLG Nürnberg* NJW 1953, 1874; *OLG Stuttgart* MDR 1957, 553; *Jescheck* ZZP 65 (1952) 380.
[23] Vgl. *OLG Köln* NJW 1952, 149; *LG Köln* MDR 1951, 496.
[24] *OLG Köln* JMBlNRW 1951, 55.
[25] *OLG Nürnberg* FamRZ 1970, 597; *OLG Frankfurt* NJW 1979, 1258; *LG Flensburg* MDR 1953, 114.
[26] *OLG Nürnberg* NJW 1955, 1883 (*Beitzke*). *OLG Düsseldorf* NJW 1958, 265 (keine Verweigerung wegen rechtskräftiger Feststellung, daß der Kläger nicht das Kind der Untersuchungsperson ist).
[27] *OLG Nürnberg* NJW-RR 1996, 645.
[28] *OLG Nürnberg* FamRZ 1961, 492 = BayJMBl 158; *LG Flensburg* MDR 1953, 114; *LG Stuttgart* MDR 1953, 370. – Nach *OLG Hamburg* NJW 1953, 1873 = MDR 1954, 46 kann die Gefahr der Zerstörung der Ehe die Unzumutbarkeit begründen.

dung[29], Ehebruch) vor[30] und es überwiegt auch gegenüber dem Interesse der Familie an der Erhaltung eines unbeeinträchtigten Andenkens an Verstorbene[31].

14 Auch bei der **Gefahr strafrechtlicher Verfolgung** für den zu Untersuchenden oder seine Angehörigen hat eine **Zumutbarkeitsprüfung** zu erfolgen; eine Duldungspflicht ist nicht schon deshalb zu bejahen, weil § 372a Abs. 2 nicht auf § 384 verweist[32]. Dabei darf nicht danach unterschieden werden, ob der zu Untersuchende Partei oder Dritter ist; auch als Partei unterliegt er nicht einer gesteigerten Duldungspflicht[33]. Bei der Zumutbarkeitsprüfung sind die Interessen an der Feststellung der wahren Abstammungsverhältnisse, im Statusprozeß auch das Recht auf Kenntnis der Abstammung[34] abzuwägen mit den Interessen des zu Untersuchenden, sich nicht durch Duldung der Untersuchung selbst belasten zu müssen. Dabei kann nicht die Gefahr der Strafverfolgung wegen eines jeden Delikts zur Unzumutbarkeit führen, denn dann liefe § 372a leer. Die Unzumutbarkeit kann aber zu bejahen sein, wenn die Untersuchung den Verdacht eines **Verbrechens** erhärten würde. Keine Rolle spielt der Gesichtspunkt, ein Beschuldigter müsse sich im Strafverfahren nach § 81a StPO ohnehin eine Untersuchung gefallen lassen[35], denn damit stellte man die Duldungspflicht nach § 372a in die Abhängigkeit strafprozessualer Wertungen. Soweit ein strafprozessuales Verwertungsverbot im Hinblick auf nach § 372a gewonnene Erkenntnisse nicht besteht, kommt die Duldung einer Untersuchung bei der Gefahr strafgerichtlicher Verfolgung wegen eines Verbrechens nach § 372a nur in Betracht, wenn im Strafverfahren eine Untersuchung nach § 81a StPO bereits durchgeführt worden war oder unmittelbar bevorsteht[36].

15 Eine Sonderstellung nehmen **Aussagedelikte** ein. Würde man die Gefahr der Strafverfolgung wegen eines Aussagedelikts als Weigerungsgrund anerkennen, würde die von § 372a bezweckte Beweisermöglichung in der Praxis weitgehend illusorisch, wenn der zu Untersuchende zuvor als Zeuge vernommen worden war. Der Rechtsprechung, die in diesen Fällen die Zumutbarkeit regelmäßig bejaht, ist daher zuzustimmen[37]. Vielleicht ist es nicht zu optimistisch, umgekehrt darauf zu hoffen, daß die Gefahr einer späteren Widerlegung durch Vaterschaftsgutachten auch in den Vaterschaftsprozessen die Beteiligten zu größerer Wahrheitsliebe (oder zur Zeugnisverweigerung) veranlaßt. Das sollte vor allem dann möglich sein, wenn man davon ausgeht, daß entgegenstehende Aussagen der Parteien und der Zeugen in aller Regel die Gutachteneinholung nicht hindern können. Richter und Rechtsanwälte könnten durch entsprechende Hinweise zu einer solchen Entwicklung beitragen. Deshalb

---

[29] Nach *OLG Karlsruhe* FamRZ 1992, 334 begründet die mögliche Inzestverbindung kein Verweigerungsrecht.

[30] *OLG Hamburg* NJW 1953, 1873 = MDR 1954, 46; *OLG Köln* DAVorm 1972, 350 (die Wahrheitsfindung in Abstammungssachen soll durch § 372a gefördert werden); *OLG Karlsruhe* DAVorm 1983, 147; *Bosch* (Fn. 1) 110; *Sautter* (Fn. 1) 240.

[31] *BVerfG* DAVorm 1983, 363 (Vorprüfungsausschuß).

[32] So aber *MünchKommZPO-Damrau* Rdnr. 15.

[33] A.A. *BGH* NJW 1964, 1469, 1471 l. Sp. ; *OLG Frankfurt* NJW 1979, 1257; *OLG Hamm* NJW 1993, 474, 475 r. Sp., weil die Partei grundsätzlich kein Verweigerungsrecht habe. Diese Prämisse ist zweifelhaft und mit Abs. 1 nicht vereinbar, der gerade nicht auf das Zeugnisverweigerungsrecht abstellt (→ Rdnr. 13).

[34] Als Bestandteil des allgemeinen Persönlichkeitsrechts nach Art. 2 Abs. 1 GG, *BVerfG* NJW 1989, 891.

[35] Vgl. *OLG Hamm* NJW 1993, 474, 476 l. Sp. im Anschluß an *Schumann* in der Vorauflage. Rdnr. 14.

[36] Zu erwägen ist eine Aussetzung des Verfahrens analog § 640 f.

[37] *OLG Schleswig* SchlHA 1949, 345; *OLG Köln* JMBlNRW 1951, 137; NJW 1952, 149; *OLG München* JZ 1952, 426; *OLG Stuttgart* ZZP 65 (1952) 157; DAVorm 1979, 356; *OLG Hamburg* NJW 1953, 1873 = MDR 1954, 46; *OLG Nürnberg* FamRZ 1970, 597; NJW 1953, 1874; *OLG Frankfurt* NJW 1979, 1257; *LG Köln* MDR 1951, 496; *LG Stuttgart* MDR 1953, 370; *Jeschek* ZZP 65 (1952) 380; *Niemeyer* (Fn. 1) 199; *Pohle* (Fn. 1) 645. – A. M. *Bosch* (Fn. 1) 109; eingehend *Sautter* (Fn. 1) 260 ff. (bejahte Zumutbarkeit bei Gefahr der Strafverfolgung wegen Ehebruchs [der jetzt ohnehin nicht mehr strafbar ist], nicht aber hinsichtlich möglicher Aussagedelikte). – BGHZ 45, 356, 360 hält eine Untersuchung des Kindes für unzumutbar, wenn sie (im Scheidungsprozeß) *nur* dem Zweck dienen soll, die Mutter des Ehebruchs und des Meineids zu überführen. Eine Zusammenfassung von Rspr. und Lit. gibt *Stürner* (Fn. 14) 176 f. Nach der hier vertretenen Auffassung (→ Rdnr. 2) ist § 372a in diesem Fall ohnedies nicht anwendbar.

empfiehlt es sich, jedenfalls die *Vereidigung* eines Zeugen nicht vor der Einholung der Vaterschaftsgutachten durchzuführen[38]

c) Gefahr gesundheitlicher Schäden

Als **unzumutbar** kann die Untersuchung auch aus gesundheitlichen Gründen angesehen werden. »Ohne Nachteil für seine Gesundheit« hat nämlich die Untersuchung für den zu Untersuchenden zu sein. Hier ist nicht ein allgemeiner (überindividueller) Maßstab anzulegen, entscheidend sind vielmehr die besonderen Verhältnisse des zu Untersuchenden[39]. In Betracht kommen nicht nur körperliche, sondern auch psychische Schäden[40]. Blutentnahme und Ähnlichkeitsuntersuchung sind in aller Regel ohne gesundheitliche Nachteile durchführbar. Bedenken ergeben sich, soweit die Anwendung von Röntgenstrahlen erforderlich ist[41].

16

IV. Verweigerung der Untersuchung

1. Allgemeines

Das Gericht hat *von Amts wegen* zu prüfen, ob die Untersuchung zumutbar ist. Der zu Untersuchende kann eine Entscheidung über die Duldungspflicht dadurch herbeiführen, daß er die Untersuchung verweigert[42]. Bei Vorliegen der gesetzlichen Voraussetzungen steht einem Beteiligten jedoch kein Weigerungsrecht zu[43]. Eine Pflicht zur Belehrung über ein Verweigerungsrecht bei Nichtvorliegen der Voraussetzungen des § 372 a wird weithin abgelehnt; man sieht darin allein eine Frage der Zweckmäßigkeit[44]. Demgegenüber ist analog § 383 Abs. 2 eine **Belehrungspflicht** zu bejahen. § 372 a gestattet erhebliche Eingriffe in das Grundrecht auf körperliche Unversehrtheit. Ein optimaler Grundrechtsschutz im Rechtsstaat verlangt die Aufklärung über mögliche Verweigerungsrechte[45].

17

Wenn ein **Minderjähriger** zur Feststellung der Abstammung **zu untersuchen** ist, stellt sich die Frage, ob *er selbst* eine Untersuchungsverweigerung zu erklären hat oder ob sein *gesetzlicher Vertreter* die Verweigerung aussprechen muß bzw. ob es auf die Verweigerung sowohl des Minderjährigen als auch seines gesetzlichen Vertreters ankommt. Eine ähnlich gelagerte Problematik ergibt sich beim *Zeugnisverweigerungsrecht eines Minderjährigen* (eingehend hierzu → § 383 Rdnr. 2 ff. m. w. N.). Anders als beim Zeugnisverweigerungsrecht ist das Problem aber hier deshalb entschärft, weil das Gericht die Verweigerungsgründe an Hand der Tatbestandsmerkmale des § 372 a von sich aus überprüft und nicht ein Weigerungsrecht erst ausgeübt werden müßte. Eine Untersuchungsverweigerung, die ein Minderjähriger unter Angabe von Gründen geltend macht, kann somit nicht deshalb ungeprüft bleiben, weil es diesem an der Einsichtsfähigkeit mangele. Auf eine starre Grenze[46] sollte

18

---

[38] BGHSt 12, 235 (241); *Raske* Anm. zu LM § 1591 BGB Nr. 4; *Sautter* (Fn. 1) 223. – Bedenken dagegen äußern *Boennecke* NJW 1953, 1087; *Schwoerer* DJ 1937, 816.
[39] *Pohle* (Fn. 1) 645.
[40] OLG Koblenz NJW 1976, 379 = JR 68 = FamRZ 288 = JB 250 (Spritzenphobie erheblichen Ausmaßes).
[41] *Sautter* (Fn. 1) 234 (zum *Wirbelsäulenvergleich*). Gegen *gewöhnliche einzelne* Röntgenaufnahmen bestehen wohl keine Bedenken, jedoch – so auch *Stürner* (Fn. 13) 143 – z. B. gegen Röntgenaufnahmen an empfindlichen Stellen.
[42] Vgl. *OLG Düsseldorf* DAVorm 1973, 162.

[43] OLG Düsseldorf DAVorm 1973, 162 für eine Blutgruppenuntersuchung.
[44] *Schumann* in der Voraufl.; *MünchKommZPO-Damrau* Rdnr. 22; *Bosch* (Fn. 1) 139; *Meyer* DRiZ 1951, 34 Fn. 3.
[45] Vor der Einführung der Duldungspflicht im Jahre 1938 ließen sich Parteien und Dritte untersuchen, weil sie die Anordnung als gerichtlichen Befehl mißverstanden; vgl. *MünchKommZPO-Damrau* Rdnr. 1.
[46] Wie sie *Bosch* Grundsatzfragen des Beweisrechtes (1963) 61 ff. befürwortet – ab dem 14. Lebensjahr Ausübung durch den Minderjährigen selbst.

daher nicht abgestellt werden. Umgekehrt muß der *einsichtsfähige* Minderjährige die Weigerung selbst erklären; die vom gesetzlichen Vertreter erklärte Weigerung ist unwirksam[47].

2. Verweigerungsverfahren

19 Auf das Verfahren über die Verweigerung sind **nach Absatz 2 Satz 1** die Vorschriften über das *Zeugnisverweigerungsrecht*, §§ 386 – 390 entsprechend anzuwenden. Es ist zu unterscheiden, ob die Weigerung unter Angabe von Gründen (→ Rdnr. 21) oder ohne diese (→ Rdnr. 20) erfolgt. Jedoch kann vom Nichterscheinen zum angesetzten Untersuchungstermin nicht ohne weiteres auf eine Untersuchungsverweigerung geschlossen werden[48] (→ Rdnr. 26).

3. Weigerung ohne Angabe von Gründen

20 Werden entgegen dem entsprechend anzuwendenden (→ Rdnr. 19) § 386 Abs. 1 **keine Gründe** für die Weigerung **angegeben**, so ist die Untersuchungsperson gemäß § 390 Abs. 1 in die durch die Weigerung verursachten Kosten sowie zu einem Ordnungsgeld zu verurteilen, ohne daß vorher über die Weigerung zu entscheiden wäre[49]. Vor der Verhängung des Ordnungsmittels ist der Betroffene über die Pflichten aus § 372 a und die Folgen einer Weigerung ohne Angaben von Gründen zu **belehren**[50]. Dem Fehlen von Weigerungsgründen stellt man das Vorbringen völlig unsinniger Gründe gleich[51]; doch ist hier Vorsicht geboten, um der Untersuchungsperson nicht den gesetzlich eingeräumten Rechtsschutz zu rauben. Bei wiederholter Weigerung ist der **unmittelbare Zwang** nach § 372 a Abs. 2 S. 2 zulässig.

4. Weigerung unter Angabe von Gründen

21 Werden gemäß § 386 Abs. 1 **Gründe** für die Weigerung **vorgebracht**, so ist über die Berechtigung zur Weigerung vom *Prozeßgericht*[52] durch *Zwischenurteil* (§ 387) zu entscheiden. Eine Verpflichtung, mehrere Verweigerungsgründe gleichzeitig geltend zu machen, mit der Gefahr des Verlustes der nicht vorgebrachten, besteht hier ebensowenig wie für den Zeugen, → § 386 Rdnr. 6[53]. Die Gründe sind dem Gericht gegenüber vorzubringen; werden sie **nur dem Sachverständigen** mitgeteilt, so hat sie dieser **an das Gericht weiterzugeben**. Dann wird es unter Umständen empfehlenswert sein, dem zu Untersuchenden noch Gelegenheit zur Äußerung gegenüber dem Gericht zu geben. Die Gründe der Weigerung sind glaubhaft zu machen, § 386 Abs. 1. Anwaltszwang besteht für die zu untersuchende Person nicht, § 387 Abs. 2. Die **Parteien** sind vor der Entscheidung über die Rechtmäßigkeit der Weigerung zu **hören**, § 387 Abs. 1. Im übrigen zum Verfahren → Kommentierung zu §§ 386 – 390.

5. Prüfungsumfang beim Zwischenurteil

22 Das Zwischenurteil[54] hat sich **über die Rechtmäßigkeit der Weigerung** auszusprechen. Zu prüfen ist dabei, ob die Untersuchung zur Feststellung der Abstammung erfolgen soll (→

---

[47] *OLG Karlsruhe* NJWE-FER 1998, 89.
[48] *OLG Düsseldorf* FamRZ 1971, 666 = ZBlJR 1972, 134.
[49] *OLG Hamm* JMBlNRW 1951, 172; *OLG Celle* MDR 1960, 679; *OLG Karlsruhe* FamRZ 1962, 395; *OLG Schleswig-Holstein* SchlHA 1963, 169; *OLG Düsseldorf* JMBlNRW 1964, 30; *OLG Zweibrücken* DAVorm 1973, 489; *Bosch* (Fn. 1) 139.
[50] *OLG Schleswig* DAVorm 1973, 164; *OLG Koblenz* FamRZ 1974, 384; *OLG Köln* FamRZ 1976, 548; *OLG Zweibrücken* FamRZ 1979, 1072; MünchKommZPO-*Damrau* Rdnr. 26.
[51] *OLG Hamm, OLG Celle* (Fn. 48).
[52] *BGH* NJW 1990, 2937.
[53] A. M. *Bosch* (Fn. 1) 139 insoweit, als er eine solche Pflicht für das zweite Vorbringen annimmt.
[54] Zum Inhalt des Zwischenurteils *OLG Oldenburg* NJW 1973, 1419.

Rdnr. 2), ob die konkrete Untersuchung im Rahmen des § 372 a liegt (→ Rdnr. 7 f.), ob die Untersuchung eine Aufklärung verspricht (→ Rdnr. 10) und ob sie der Untersuchungsperson zuzumuten ist (→ Rdnr. 11 ff.). Umstritten ist, ob die **Erforderlichkeit** der Untersuchung zu den Punkten gehört, auf die die Weigerung gestützt werden kann und die daher ebenfalls Gegenstand des Zwischenstreits und des -urteils sein können. Die ablehnende Auffassung[55] stützt sich auf die lediglich prozeßleitende Natur des Beweisbeschlusses und seine durch § 355 Abs. 2 ausgeschlossene Anfechtbarkeit. Freilich erweist sich der *Beweisbeschluß* gegenüber der zu untersuchenden Person nicht nur als ein Instrument der Prozeßleitung, sondern er bildet die *Grundlage eines erheblichen Grundrechtseingriffs*. Er muß daher überprüft werden können. Die Unanfechtbarkeit in § 355 Abs. 2 gilt nur gegenüber den Parteien, die eine Rechtsverletzung mit den gegen das Urteil statthaften Rechtsmitteln rügen können. Allerdings führt eine volle Erforderlichkeitskontrolle dazu, daß schon im Beschwerdeverfahren die Rechtsansicht des Prozeßgerichts jedenfalls teilweise überprüft wird. Das Beschwerdeverfahren ist aber kein vorweggenommenes Rechtsmittelverfahren. Eine Erforderlichkeitsprüfung findet daher nur mit der Maßgabe statt, daß das Beschwerdegericht (ähnlich wie das Berufungsgericht nach § 539; → dort Rdnr. 2) bei seiner Entscheidung die Rechtsansicht des Prozeßgerichts zugrunde legen muß[56]. Das Weigerungsrecht kann folglich darauf gestützt werden, daß der Beweisbeschluß zu Unrecht ergangen ist, weil – auf der Grundlage der Rechtsansicht des Prozeßgerichts – die Untersuchung nicht erforderlich ist[57], die bisherigen Beweismittel fehlerhaft gewürdigt wurden, andere, weniger beeinträchtigende Untersuchungsmethoden zur Verfügung stehen, oder weil ein unzulässiger Ausforschungsbeweis vorliegt[58].

6. Sofortige Beschwerde

Die Entscheidung unterliegt der sofortigen Beschwerde, § 387 Abs. 3, sofern sie nicht von einem OLG erlassen ist, § 567 Abs. 4. Sie ist daher an den Beschwerdeberechtigten förmlich zuzustellen. Keine Rolle spielt es, daß im Hauptprozeß gegen die Endentscheidung kein Rechtsmittel mehr gegeben ist, denn es besteht kein allgemeiner Rechtssatz dahin, daß der Beschwerderechtszug nicht länger als der Rechtszug der Hauptsache sein dürfe[59] → § 567 Rdnr. 7 f. **Beschwerdeberechtigt** sind, wenn die Weigerung für unbegründet erklärt wird, nur der zu *Untersuchende*; wenn ihr stattgegeben wird, *jede der Parteien*, gleichviel ob sie oder der Gegner den Beweis angetreten hat. 23

7. Maßnahmen bei Verneinung einer berechtigten Weigerung

Wird die Rechtmäßigkeit der Weigerung verneint, so können die Maßnahmen des § 390 erst **nach Rechtskraft**[60] des Zwischenurteils getroffen werden[61]. Ist die Duldungspflicht eines **Minderjährigen** rechtskräftig festgestellt, so kann das Ordnungsmittel **nicht** gegen den ge- 25

---

[55] *Schumann* in der Vorauf.; MünchKommZPO-*Damrau* Rdnr. 22; *OLG München* JZ 1952, 426; *OLG Celle* NJW 1955, 1037; *OLG Düsseldorf* NJW 1958, 265; *OLG Oldenburg* ZBlJR 1962, 212; *OLG Karlsruhe* FamRZ 1962, 395; *LG Kiel* SchlHA 1949, 345; *Haußer* NJW 1959, 1811; *Jescheck* ZZP 65 (1952) 379; *Niemeyer* (Fn.1) 199; bejahend *Bosch* (Fn.1) 110; *Esser* MDR 1952, 537; *Zöller-Greger*[20] Rdnr. 13; *OLG Schleswig* SchlHA 1955, 360; *OLG München* NJW 1977, 341; BGHZ 121, 266, 276 = NJW 1993, 1391, 1393 l. Sp. läßt die Frage offen.

[56] *OLG Stuttgart* FamRZ 1961, 490; *Niclas* ZBlJR 1962, 213; *Weber* NJW 1963, 574; *Baumbach-Lauterbach-Hartmann*[56] Rdnr. 27 a. E.
[57] Offen gelassen von *OLG Karlsruhe* NJWE-FER 1998, 89.
[58] *Sautter* (Fn. 1) 223, 228.
[59] *OLG Nürnberg* FamRZ 1970, 597.
[60] Das Zwischenurteil wird auch materiell rechtskräftig, → § 322 Rdnr. 59, *Bosch* (Fn.1) 138.
[61] S. die Entscheidungen in Fn. 49; *Düsseldorf* FamRZ 1986, 191.

setzlichen Vertreter festgesetzt werden[62], weil eine gesetzliche Grundlage nicht existiert (→ auch § 380 Rdnr. 20). Bei wiederholter unberechtigter Verweigerung ist die Anwendung des **unmittelbaren Zwanges** (auch gegen Minderjährige) zulässig, § 372a Abs. 2 S. 2. Dieser kann auch durch den Einzelrichter angeordnet werden[63]. In Frage kommt die zwangsweise Vorführung zu der Untersuchung und notfalls die Bereitstellung von Hilfskräften, um einem etwaigen Widerstand bei der Untersuchung zu begegnen. Das Gericht kann sich ebenso wie bei der Vorführung eines Zeugen des Gerichtsvollziehers oder des Gerichtswachtmeisters bedienen; notfalls ist die Polizei zu ersuchen.

8. Nichterscheinen zum Untersuchungstermin

26   Im Nichterscheinen zum Untersuchungstermin *kann* die Verweigerung der Untersuchung zum Ausdruck kommen[64]. Dann gelten die eben dargelegten Grundsätze. Andernfalls[65] ist beim Nichterscheinen § 380 entsprechend anzuwenden. Das gilt aber nur für die *Verurteilung in die Kosten*, dagegen wird die Möglichkeit der Festsetzung eines *Ordnungsgeldes* mit Recht verneint, da einer Analogie insoweit Art. 103 Abs. 2 GG entgegensteht[66].

9. Berücksichtigung der Weigerung bei Beweiswürdigung?

27   Die unberechtigte Verweigerung der Untersuchung kann bei der *Beweiswürdigung* berücksichtigt werden[67]. Verweigert ein als Vater in Anspruch genommener Mann unberechtigt die Untersuchung und kann diese auch (wegen Auslandsaufenthalt oder eintretender schwerer gesundheitlicher Schäden) nicht zwangsweise durchgesetzt werden, so wird er nach dem Rechtsgedanken der *Beweisvereitelung* so behandelt, als hätte die Untersuchung keine schwerwiegenden Zweifel an seiner Vaterschaft nach § 1600d Abs. 2 Satz 2 BGB erbracht[68]. Voraussetzung hierfür sind ein vorheriger Hinweis und Fristsetzung nach § 356. Ein Rückgriff auf die Grundsätze der Beweisvereitelung erscheint allerdings *nicht erforderlich*, denn der beklagte Mann trägt ohnehin die objektive Beweislast für die Feststellung »schwerwiegender Zweifel« an seiner Vaterschaft[69].

28   Bei der berechtigten Weigerung (etwa wegen unzumutbarer Folgen des Ergebnisses) soll eine Berücksichtigung bei der Beweiswürdigung ebenfalls nicht völlig ausgeschlossen sein[70]; zum parallelen Problem bei der Zeugnisverweigerung → § 384 Rdnr. 25.

V. Beweisverfahren

29   Zum Beweisverfahren → Rdnr. 13 ff. vor § 371.

---

[62] A. A. *OLG München* FamRZ 1997, 1170.
[63] *OLG Karlsruhe* FamRZ 1962, 395 (Dies folgt heute nicht mehr aus dem inzwischen geänderten § 349 Abs. 2 S. 2, sondern aus der Tatsache, daß an die Stelle des bloß vorbereitenden der alleinentscheidende Einzelrichter getreten ist. Anders ist es nur noch bei der Kammer für Handelssachen und dem Berufungsgericht).
[64] *OLG Karlsruhe* FamRZ 1962, 395; *OLG Düsseldorf* JMBlNRW 1964, 30; *OLG Nürnberg* MDR 1964, 242; *OLG Zweibrücken* FamRZ 1986, 493; *Eichberger* (Fn. 1) 114.
[65] Entscheidend sind die Umstände des Einzelfalls, *OLG Neustadt* NJW 1957, 1155 (Schreiben ergibt, daß die Untersuchungsperson nur zu dem festgesetzten Termin nicht erscheint, nicht dagegen die Untersuchung überhaupt ablehnt); *OLG Karlsruhe* FamRZ 1962, 395; *OLG Zweibrücken* FamRZ 1986, 493. Gegebenenfalls ist eine gerichtliche Rückfrage zu empfehlen.

[66] *OLG Neustadt* NJW 1957, 1155; *OLG Schleswig* SchlHA 1963, 169; *LG Bonn* JMBlNRW 1965, 31 (anders noch JMBlNRW 1955, 245); a. A. MünchKomm-ZPO-*Damrau* Rdnr. 29.
[67] *LG Kassel* NJW 1957, 1193 (nicht erzwingbar, da zu untersuchende Person in der [ehemaligen] DDR wohnhaft).
[68] *BGH* NJW 1986, 2371 mit Anm. *Stürner* JZ 1987, 44; *BGHZ* 121, 266 = NJW 1993, 1391; im Ergebnis auch *KG* DAVorm 1985, 1001 und *Schlosser* IPRax 1987, 153; zustimmend MünchKommZPO-*Damrau* Rdnr. 32; *Zöller-Greger*[20] Rdnr. 16.
[69] *Stürner* JZ 1987, 44; vgl. ferner *Schumann* in der Voraufl. Fn. 59.
[70] Vgl. *Bosch* (Fn. 1) 139.

VI. Abstammungsfeststellung gegenüber Ausländern und dem Ausland

1. Grundsätzliches

Da das Zivilprozeßrecht nicht auf die Staatsangehörigkeit abstellt (→ Einl. Rdnr. 827), besteht die Duldungspflicht nach § 372a unabhängig von der **Staatsangehörigkeit** der betreffenden Person, ergreift also auch **ausländische** Staatsangehörige oder Staatenlose, die sich im Gebiet der Bundesrepublik Deutschland aufhalten. Durch seinen Inlandsaufenthalt unterliegt der Ausländer der Territorialhoheit der Bundesrepublik Deutschland[71]. 30

2. Personen mit Auslandsaufenthalt

Gegenüber Personen, die sich **im Ausland aufhalten**, versagt die Duldungspflicht des § 372a; nicht entscheidend ist, ob es sich um einen deutschen Staatsangehörigen, einen Angehörigen des fremden Staates oder um Personen mit sonstiger Staatsangehörigkeit (bzw. Staatenlose) handelt. Auch wenn gemäß dem Prinzip der lex fori (→ Einl. Rdnr. 736ff.) das deutsche Gericht deutsches Prozeßrecht anzuwenden hat[72], gilt im Beweisrecht (auch beim Augenscheinsbeweis) die lex fori mit *territorialer Begrenzung*[73], d.h. die Beweisaufnahme gemäß der ZPO muß im Inland erfolgen und beweisrechtliche Zwangsmaßnahmen (z.B. nach § 372a) sind nur im Inland zulässig. Das bedeutet jedoch nicht, daß in solchen Fällen das Gericht der Bundesrepublik Deutschland auf die Feststellung der Abstammung verzichten muß. Da deren **Durchführung im Ausland** zu erfolgen hat, gelten hierfür die Grundsätze der Internationalen Beweisaufnahme[74] (→ Rdnr. 48ff. vor § 371). Dementsprechend sind ausschlaggebend die im fremden Staat bestehende Rechtshilfesituation und die dort für eine Duldung der Untersuchung maßgebenden Vorschriften. Weil diese Vorschriften oftmals nicht (wie z.B. § 372a) einen Zwang vorsehen[75], fehlt es häufig an einer Durchsetzungsmöglichkeit (z.B. hinsichtlich einer Blutentnahme), wenn sich der Proband nicht freiwillig der Untersuchung unterzieht. Zur Beweisvereitelung in diesem Fall → Rdnr. 27. 31

---

[71] *Riezler* Internationales Zivilprozeßrecht (1949) 473; *E. Geimer* Internationale Beweisaufnahme (1998) 249.
[72] Vgl. *BGH* NJW 1986, 2371ff.; *OLG Hamm* DAVorm 1976, 625.
[73] *Kegel* Internationales Privatrecht[7] (1995) § 22 IV; *Nagel-Gottwald* IZPR[4] (1997) § 9 Rdnr. 2ff.
[74] Z.B. das Haager Beweisaufnahmeübereinkommen, → Anh. § 363 Rdnr. 1ff.; *Hausmann* FamRZ 1977, 302; *Nagel* IPRax 1982, 138; *Schlosser* ZZP 94 (1981) 369;

vgl. auch *OLG Frankfurt* NJW-RR 1988, 714 (Zwischenstreit vor einem *ersuchten* deutschen Gericht). – Zur englischen Rechtslage *Schaaf* Discovery und andere Mittel der Sachverhaltsaufklärung im englischen PreTrial-Verfahren im Vergleich zum deutschen Zivilprozeß (1983) 119; eingehend zur »discovery« → Anh. § 363 Rdnr. 142.
[75] Überblick bei *Nagel-Gottwald* (Fn. 73) § 9 Rdnr. 150ff.; *OLG Düsseldorf* FamRZ 1986, 191 (Dänemark).

Siebenter Titel

Zeugenbeweis

Vorbemerkungen vor § 373

Schlüssel zum Zeugenbeweis
- I. Personenkreis ... 1
  - 1. Parteien ... 5
  - 2. Dritte ... 6
  - 3. Gesetzliche Vertreter und streitgenössische Streitgehilfen (streitgenössische Nebenintervenienten) ... 7
- II. Wechsel der Partei ... 11
  - 1. Ausscheiden einer Partei ... 12
  - 2. Eintreten des früheren Zeugen als Partei ... 13
- III. Gegenstand des Zeugenbeweises
  - 1. Wahrgenommene Tatsachen ... 17
  - 2. Tatsachen jeder Art ... 18
- IV. Die Würdigung der Zeugenaussage ... 21
- V. Antritt und Aufnahme des Zeugenbeweises
  - 1. Zeugenbenennung ... 24
  - 2. Amtliche Auskunft ... 25
  - 3. Aufnahme des Zeugenbeweises ... 26
- VI. Zeugnispflicht
  - 1. Zeugnispflicht als öffentlich-rechtliche Verpflichtung
    - a) Inhalt der Pflicht ... 31
    - b) Rechtsstellung und Rechtsschutz des Zeugen
      - aa) Rechtsschutzdefizite ... 33
      - bb) Voraussetzungen der Zeugenpflichten ... 36
      - cc) Zeugeneinvernahme ... 39
      - dd) Qualifizierung der Zeugenaussage in der gerichtlichen Entscheidung ... 40
      - c) Insbesondere: Glaubwürdigkeitsgutachten ... 41
        - aa) Schutz vor vermeidbaren Eingriffen in die Intimsphäre ... 42
        - bb) Glaubwürdigkeitsgutachten als letztes Mittel im Rahmen der Wahrheitserforschung ... 43
        - cc) Grenzen der Glaubwürdigkeitsuntersuchung ... 44
        - dd) Öffentlichkeit ... 45
      - d) Schutz vor sonstigen Grundrechtsverletzungen ... 46
      - e) Rechtsfolgen bei grundrechtsverletzenden Maßnahmen ... 47
        - aa) Zeugnisverweigerung ... 48
        - bb) Verfassungsbeschwerde ... 49
        - cc) Rechtsbehelfe der Parteien ... 50
      - f) Hinzuziehung rechtskundiger Personen ... 51
      - g) Rechtsstellung des Zeugen de lege ferenda ... 52
  - 2. Pflichten zur Auskunftserteilung und Unterlassen einer Aussage ... 53
  - 3. Pflicht zur Duldung von Untersuchungen ... 55
  - 4. Strafrechtliche Verantwortlichkeit und zivilrechtliche Haftung des Zeugen ... 56
- VII. Amtliche Auskünfte ... 57
- VIII. Arbeitsgerichtliches Verfahren ... 60

Schlüssel zum Zeugenbeweis (Stichwortverzeichnis zum Zeugenbeweis)

Das Stichwortverzeichnis erschließt den Siebenten Titel mit der Kommentierung des Zeugenbeweises. An einigen Stellen wurde darüber hinaus auch auf andere Teile der Kommentierung verwiesen, sofern dort unmittelbar zum Zeugenbeweis Stellung genommen ist.

Abgeordneter
– *Vernehmung* § 382 Rdnr. 3
– *Verschwiegenheitspflicht* § 376 Rdnr. 47
– *Zeugnisverweigerungsrecht* § 383 Rdnr. 14
– *Zwangshaft* § 390 Rdnr. 12
Ablehnung eines Beweisangebots § 284 Rdnr. 51 ff., Rdnr. 24 vor § 373, § 373 Rdnr. 3 f.
Adoptionsgeheimnis § 383 Rdnr. 16

Amtliche Auskunft Rdnr. 57 vor § 373
Angehöriger *(Zeugnisverweigerungsrecht)* § 383 Rdnr. 27 ff., § 385 Rdnr. 1
Arzt
– *Zeugnisverweigerungsrecht* § 383 Rdnr. 79 und 92
– *Entbindung von der Schweigepflicht* § 385 Rdnr. 23 ff.

Augenscheinsgehilfe Rdnr. 17 vor § 373
Ausforschungsbeweis § 373 Rdnr. 3, § 396 Rdnr. 7, § 397 Rdnr. 8
Ausland
– *Vernehmung* von Zeugen im Ausland § 377 Rdnr. 33 und 52, § 380 Rdnr. 34 f.
– *Zeugnisverweigerungsrecht* ausländischer Zeugen § 384 Rdnr. 10
– *Ausländische* (eingehende) *Rechtshilfeersuchen* § 390 Rdnr. 24
Aussagegenehmigung § 376 Rdnr. 1 ff.
– *Verfahren* § 376 Rdnr. 58
→ auch »Beamter«
Beamter
– *Aussagegenehmigung* § 376 Rdnr. 22, 31 ff., 61
– *Vernehmung* § 376 Rdnr. 58 ff.
– *Zeugnisverweigerungsrecht* § 383 Rdnr. 71 und 91
– *Entbindung* von der Schweigepflicht § 385 Rdnr. 14 und 18
Beauftragter oder ersuchter Richter
– *Zeugnisverweigerung* vor einem beauftragten Richter § 389 Rdnr. 1, § 390 Rdnr. 16
– *Entscheidung* über Beeidigung § 391 Rdnr. 20 f., § 397 Rdnr. 9
– *Befugnisse* § 400 Rdnr. 1 ff.
Beeidigung → »Eid«
Beichtgeheimnis § 376 Rdnr. 5 → auch »Geistlicher«
Belehrung über Zeugnisverweigerungsrecht § 383 Rdnr. 100 ff., § 384 Rdnr. 24
Berufsgeheimnis § 383 Rdnr. 85 ff.
Beschränkung der Zeugenvernehmung § 383 Rdnr. 106 ff.
Beschwerde → »Rechtsbehelfe«
Betriebsrat (*Zeugnisverweigerungsrecht*) § 383 Rdnr. 87
Beweisantritt § 373 Rdnr. 1 ff.
Beweisbeschluß § 359 Rdnr. 8
Beweisermittlungsantrag § 373 Rdnr. 3
Beweissicherung §§ 485 ff.
Beweiswürdigung Rdnr. 21 und 40 vor § 373, § 286 Rdnr. 11
– der *Zeugnisverweigerung* § 383 Rdnr. 20, § 384 Rdnr. 25, § 385 Rdnr. 27, § 390 Rdnr. 19
– der *unbeeidigten Aussage* § 391 Rdnr. 15 und 20, § 392 Rdnr. 9, § 393 Rdnr. 6
Bundespräsident § 375 Rdnr. 14 f., § 376 Rdnr. 69
Diplomat § 377 Rdnr. 14
Dolmetscher § 379 Rdnr. 6
Ehegatten
– als *Zeuge* Rdnr. 6 vor § 373
– *Zeugnisverweigerungsrecht* § 383 Rdnr. 34, § 385 Rdnr. 1
Ehre (*Zeugnisverweigerungsrecht*) bei Gefahr für die Ehre) § 384 Rdnr. 7

Eid
– *Ordnungsmaßnahme* wegen Verweigerung § 390 Rdnr. 1 ff.
– *Voraussetzungen der Beeidigung* § 391 Rdnr. 2 ff.
– *Durchführung* der Beeidigung § 392 Rdnr. 1 ff.
– *Verweigerung* des Eides § 392 Rdnr. 6 f.
– *Umfang* des Eides § 395 Rdnr. 8
Eidesmündigkeit § 393 Rdnr. 8 f.
Einzelrichter § 375 Rdnr. 2
Einzelvernehmung § 394 Rdnr. 1
Entfernung (zu große Entfernung des Aufenthaltsortes des Zeugen vom Prozeßgericht) § 375 Rdnr. 10
Entmündigungssachen (Zeugenvernehmung in Entmündigungssachen) § 653 Rdnr. 9
Entschädigung des Zeugen § 401 Rdnr. 1 ff.
Entschuldigung eines Ausbleibens des Zeugen § 381 Rdnr. 1 ff.
Ersuchter Richter → »beauftragter Richter«
Europäische Zentralbank § 376 Rdnr. 44
Exterritorialer § 377 Rdnr. 13 ff.
Fragen
– an den *Zeugen* § 396 Rdnr. 6 ff.
– an den *Zeugen durch die Parteien* § 397 Rdnr. 1 ff.
– *unzulässige* Fragen § 397 Rdnr. 8
Gegenüberstellung § 394 Rdnr. 4
Geistlicher (*Zeugnisverweigerungsrecht*) § 383 Rdnr. 36 f., § 385 Rdnr. 16 f. → auch »Beichtgeheimnis«
Gemeinschuldner
– als *Zeuge* Rdnr. 6 vor § 373
– *Zeugnisverweigerungsrecht* § 383 Rdnr. 32
– *Zeugnisverweigerungsrecht* der *Angehörigen des Gemeinschuldners* § 383 Rdnr. 32
Gesellschafter (als *Zeuge*) Rdnr. 6 f. vor § 373
Gesetzlicher Vertreter
– als *Zeuge* Rdnr. 1 und 7 vor § 373
– *Zeugnisverweigerungsrecht* von Minderjährigen § 383 Rdnr. 2 ff.
Gewerbegeheimnis § 383 Rdnr. 85 ff., § 384 Rdnr. 13
Glaubensfreiheit und Beeidigung § 392 Fn. 3
Glaubhaftmachung § 294 Rdnr. 11
Glaubwürdigkeit
– *Gutachten* zur Glaubwürdigkeit Rdnr. 41 ff. vor § 373
– *Glaubwürdigkeit und Beeidigung* § 391 Rdnr. 10
Grundrechtsschutz Rdnr. 35 vor § 373
Heilberufe § 383 Rdnr. 79
Heilung von Verfahrensfehlern § 295 Rdnr. 18
Insolvenzverwalter
– als *Zeuge* Rdnr. 6 f. vor § 373
– *Zeugnisverweigerungsrecht* der Angehörigen des Insolvenzverwalters § 383 Rdnr. 31

Internet (Presseerzeugnisse) § 383 Rdnr. 46
Journalist → »Presseangehöriger«
Kommanditist (als *Zeuge*) Rdnr. 6 vor § 373
Konsularbeamter
– als *Zeuge* § 377 Rdnr. 21 ff.
– *Zeugnisverweigerungsrecht* § 383 Rdnr. 15
Kunstgeheimnis § 384 Rdnr. 13
Ladung der Zeugen § 377 Rdnr. 1 ff., § 380 Rdnr. 3, § 386 Fn. 13, § 273 Rdnr. 29 ff.
Lokaltermin § 375 Rdnr. 7
Medizinische Berufe → »Heilberufe«
Minderjähriger
– *Ladung* als Zeuge § 377 Rdnr. 3
– *Ordnungsmittel* gegen Minderjährigen § 380 Rdnr. 20
– *Zeugnisverweigerungsrecht* § 383 Rdnr. 2 ff.
– *Belehrung* über Zeugnisverweigerungsrecht § 383 Rdnr. 101 ff.
– *Entbindung* von der Schweigepflicht durch den Minderjährigen § 385 Rdnr. 24
– im *Zwischenstreit* über Zeugnisverweigerung § 387 Rdnr. 2
Nachforschungspflicht des Zeugen § 378 Rdnr. 1 ff.
Nachträgliche Vernehmung § 398 Rdnr. 12
Nichterscheinen des Zeugen § 380 Rdnr. 1, 4
Notare
– als *Zeugen* § 376 Rdnr. 41
– *Zeugnisverweigerungsrecht* § 383 Rdnr. 74, § 385 Fn. 38
Öffentlicher Dienst
– Nichtbeamtete Person des Öffentlichen Dienstes als *Zeuge* § 376 Fn. 21
– *Zeugnisverweigerungsrecht* § 383 Rdnr. 72
Öffentlichkeit Rdnr. 45 vor § 373
OHG Rdnr. 6 f. vor § 373
Ordnungsgeld
– wegen *Nichterscheinens* § 380 Rdnr. 11
– *Aufhebung* § 381 Rdnr. 24 f.
– wegen *Verweigerung* des Zeugnisses oder der Eidesleistung § 390 Rdnr. 1 ff.
Ordnungshaft
– wegen *Nichterscheinens* § 380 Rdnr. 11
– *Aufhebung* § 381 Rdnr. 24 f.
– wegen *Verweigerung* des Zeugnisses oder der Eidesleistung § 390 Rdnr. 1 ff.
Parteivernehmung (Abgrenzung zur *Zeugenvernehmung*) Rdnr. 1 ff. vor § 373
Personalrat (*Zeugnisverweigerungsrecht*) § 383 Rdnr. 87
Polizeibeamter (als *Zeuge*) § 376 Rdnr. 9
Presseangehöriger (*Zeugnisverweigerungsrecht*) § 383 Rdnr. 39 ff., § 384 Rdnr. 20, § 385 Rdnr. 11
Protokoll über Zeugenvernehmung § 396 Rdnr. 9 ff., § 397 Rdnr. 9, § 160 Rdnr. 31, § 162 Rdnr. 4, 23 und 31

Prozeßbevollmächtigter Rdnr. 1 vor § 373
Prozeßkostenhilfe § 379 Rdnr. 16 sowie § 118 Abs. 1 S. 5 und § 118 Abs. 2 S. 3 (→ auch § 115 Rdnr. 6 und § 118 a Rdnr. 8 f.)
Rechtsanwalt
– *Beiziehung eines Rechtsanwaltes* durch den Zeugen Rdnr. 51 vor § 373
– *Kollision* von Zeugen- und *Berufspflicht* § 381 Fn. 7
– *Zeugnisverweigerungsrecht* § 383 Rdnr. 75, 87 und 91, § 385 Fn. 37 → auch »Prozeßbevollmächtigter«
Rechtsbehelfe
– des *Zeugen* Rdnr. 47 ff. vor § 373
– der *Parteien* Rdnr. 50 vor § 373
– des Zeugen gegen *Ordnungsmittel* § 380 Rdnr. 25, § 381 Rdnr. 27, § 390 Rdnr. 18, § 569 Rdnr. 11
– gegen *Zwischenurteil* über Zeugnisverweigerung § 387 Rdnr. 12 f.
Rechtshilfeersuchen → »Ausland«
Redaktionsgeheimnis § 383 Rdnr. 39
Regierungsmitglied
– als *Zeuge* § 376 Rdnr. 49, 110 ff.
– *Vernehmung* § 382 Rdnr. 2
Richter (als *Zeuge*) § 376 Rdnr. 25 ff., § 41 Rdnr. 15
Sachverständiger (Abgrenzung zum *Zeugen*) Rdnr. 17 vor § 373
Sachverständiger Zeuge § 414
Schiedsrichterliches Verfahren (Zeugenvernehmung im schiedsrichterlichen Verfahren) § 1035
Schriftliche Beantwortung der Beweisfragen § 377 Rdnr. 35 ff., § 383 Rdnr. 100
Schweigepflicht
– *Materiell-rechtliche* Schweigepflicht und Zeugnisverweigerung § 383 Rdnr. 21 ff.
– *Entbindung* von der Schweigepflicht § 385 Rdnr. 11 ff.
→ auch »Verschwiegenheitspflicht«
Sitzungspolizei Rdnr. 132 ff. vor § 128
Soldat (als *Zeuge*) § 376 Rdnr. 43
– *Ladung* eines Soldaten § 378 (Gesetzesgeschichte)
Sozialarbeiter (*Zeugnisverweigerungsrecht*) § 383 Rdnr. 81
Steuerberater (*Zeugnisverweigerungsrecht*) § 383 Rdnr. 75
Steuergeheimnis § 376 Rdnr. 5 und 11, § 383 Rdnr. 71
Strafgerichtliche Verfolgung (*Zeugnisverweigerungsrecht* wegen der Gefahr einer strafrechtlichen Verfolgung) § 384 Rdnr. 8
Streitgehilfe (als *Zeuge*) Rdnr. 6 f. vor § 373
Streitgenosse (als *Zeuge*) Rdnr. 5 vor § 373
Tatsache Rdnr. 17 f. vor § 373, § 373 Rdnr. 5

– *anvertraute* Tatsache § 383 Rdnr. 90
Testamentsvollstrecker Rdnr. 6 vor § 373
Ungebühr → »Sitzungspolizei«
Unmittelbarkeitsgrundsatz § 375 Rdnr. 1 ff.
Untersuchung Rdnr. 44, 55 vor § 373
Urkundenbeweis (statt Zeugenbeweis) § 284 Rdnr. 33
Verhinderung des Zeugen § 375 Rdnr. 9
Verlobter (*Zeugnisverweigerungsrecht*) § 383 Rdnr. 33, § 385 Rdnr. 1
Vermögensrechtlicher Schaden (*Zeugnisverweigerungsrecht* bei drohendem vermögensrechtlichem Schaden) § 384 Rdnr. 3 f., § 385 Rdnr. 1
Vernehmung
– zur *Person* § 395 Rdnr. 1 ff.
– zur *Sache* § 396 Rdnr. 1 ff.
Verschwiegenheitspflicht § 376 Rdnr. 3, 29, 37, 58, § 383 Rdnr. 71, § 309 Rdnr. 7
→ auch »Schweigepflicht«
Verzicht auf Beeidigung § 391 Rdnr. 27 ff.
Verzicht auf den Zeugen § 386 Rdnr. 11, § 387 Rdnr. 8, § 390 Rdnr. 8, § 399 Rdnr. 1 ff.
Vorbereitungspflicht des Zeugen § 378 Rdnr. 1 ff.
Vormund Rdnr. 7 vor § 373
→ auch »Gesetzlicher Vertreter«
Vorschuß § 379 Rdnr. 1 ff., § 401 Rdnr. 13
Wiederaufnahme (falsche Zeugenaussage als Wiederaufnahmegrund) § 580 Rdnr. 8

Wiederholte Vernehmung § 398 Rdnr. 1 ff.
Wohnung (Vernehmung des Zeugen in seiner Wohnung) § 375 Rdnr. 9
Zeuge
– *Begriff* Rdnr. 1 vor § 373
– Abgrenzung zur *Parteivernehmung* Rdnr. 1 ff. vor § 373
– Abgrenzung zum *Sachverständigen* Rdnr. 17 vor § 373
– *Pflichten* des Zeugen Rdnr. 31 ff. vor § 373, § 377 Rdnr. 40, 45, § 380 Rdnr. 1, 5, 9
– *Schutz* des Zeugen Rdnr. 33 ff. vor § 373
– Zeuge vom *Hörensagen* Rdnr. 17 vor § 373
Zeugenbenennung Rdnr. 24 vor § 373, § 373 Rdnr. 1 ff.
Zeugnispflicht Rdnr. 31 ff. vor § 373
Zeugnisverweigerung (§§ 383 ff.)
– *Erklärung* der Zeugnisverweigerung § 386 Rdnr. 1 ff.
– Zeugnisverweigerung der einzelnen Personengruppen → jeweils dort (z. B. Zeugnisverweigerung des Abgeordneten → »Abgeordneter«)
Zuziehung von Zeugen bei Zwangsvollstreckung § 759
Zwangshaft wegen wiederholter Zeugnisverweigerung § 390 Rdnr. 7 ff.
Zwischenstreit über Zeugnisverweigerung § 387 Rdnr. 1 ff., § 389 Rdnr. 3, § 548 Rdnr. 2

I. Personenkreis

Zeugen[1] sind Personen, die im Prozeß über ihr Wissen von Tatsachen (→ Rdnr. 17) **aussagen** sollen. Die Parteien und die gesetzlichen Vertreter von Parteien kommen als Zeugen nicht in Betracht; ihre Angaben über Tatsachen sind, soweit sie nicht als Prozeßhandlungen (Geständnis, § 288) den Beweis ausschließen, im zehnten Titel über die Parteivernehmung besonders geregelt. Beide Regelungen ergänzen[2] sich in dem Sinne, daß **Zeugen alle Personen sein können, die im konkreten Prozeß nicht den Vorschriften über die Parteivernehmung unterstehen.** Andere zum Zeugnis unfähige Personen gibt es nicht. Der Richter und der Urkundsbeamte der Geschäftsstelle können als Zeugen vernommen werden, scheiden aber dann nach § 41 Nr. 5, § 49 aus ihren gerichtlichen Funktionen in dem konkreten Rechtsstreit aus. Der Prozeßbevollmächtigte und der Beistand können unbeschadet dieser Stellung Zeugen sein[3]. Für einen **Rechtsanwalt** können sich allenfalls *standesrechtliche* Be-

1

---

[1] Literatur → § 284 Fn. 1 und → unten Fn. 33, 46; ferner *Bernhardt* Festgabe für Rosenberg (1949) 42 ff.; *Bohne* SJZ 1949, 9; *Döhring* Die Erforschung des Sachverhalts im Prozeß, Beweiserhebung und Beweiswürdigung (1964); *Hauser* Der Zeugenbeweis im Strafprozeß mit Berücksichtigung des Zivilprozesses (1974); insbesondere zur **Technik der Zeugenvernehmung**: *Arntzen* Vernehmungspsychologie (1978); *Bender-Röder-Nack* Tatsachenfeststellung vor Gericht (1981); *Geerds* Vernehmungstechnik[5] (1976); *Hellwig* Psychologie und Vernehmungstechnik bei Tatsachenermittlungen[4] (1951); *Krönig* Die Kunst der Beweiserhebung[3] (1959); *Leim* Richterliche Prozeßleitung und Sitzungspolizei (1913)

164 ff.; *Nagel* Die Grundzüge des Beweisrechts im europäischen Zivilprozeß (1967); *Neubauer* ZZP 19 (1894) 136 (Zusammenstellung der älteren Rsp. des RG); *Weigelin* JR 1949, 84.
[2] Vgl. RGZ 91, 38; *Jaeger-Henckel* KO[9] (1977 ff.) § 6 Rdnr. 70; *Jaeger* LeipZ 1910, 153 f.
[3] Dies ist im Strafprozeß immer noch umstritten, BVerfGE 16, 218 ff.; BGH NJW 1953, 1600; 1967, 404; *Peters* Strafprozeß[4] (1985) § 42 II 2; *Roxin* Strafverfahrensrecht[23] (1993) § 26 A III 5, Rdnr. 10. Im Regreßprozeß gegen einen Rechtsanwalt kann der Gegner des Vorprozesses als Zeuge vernommen werden, BGH JZ 1984, 391 = MDR 479.

schränkungen ergeben, insbesondere unter dem Aspekt der Unabhängigkeit (§ 43 a Abs. 1 BRAO) und der Gefahr von Interessenkonflikten[4].

2   Die Entscheidung, ob hinsichtlich bestimmter Personen der **Zeugenbeweis oder die Parteivernehmung** Platz zu greifen hat, ist der Parteidisposition entzogen; die Heilung eines Verstoßes nach § 295 ist aber jetzt, da nach der Nov 33 Zeugenbeweis und Parteivernehmung nicht mehr wesensverschiedene Beweismittel sind, im Gegensatz zum früheren Recht (wo sich an den Parteieid zwingende Beweisfolgen knüpften[5]) möglich[6]. Wenn eine Person bei ihrer Vernehmung ausgesagt hat, so ist regelmäßig keine Partei dadurch verletzt, daß der Vernommene dabei als Zeuge statt als Partei oder umgekehrt bezeichnet worden ist[7], → auch Rdnr. 12 vor § 445. Ausnahmsweise kann deshalb auch *dahingestellt bleiben, ob eine Person als Zeuge oder als Partei vernommen wird*, wenn z. B. unklar bleibt, ob sie noch gesetzlicher Vertreter ist[8]. Dann muß allerdings das Beweisverfahren sowohl den Vorschriften über den Zeugenbeweis (z. B. Belehrung) als auch den Normen über die Parteivernehmung (z. B. beiderseitiges Einverständnis nach § 447, Voraussetzungen der amtswegigen Anordnung) entsprechen. Da seit der Nov 33 der Grundsatz der freien Beweiswürdigung (§ 286) auch für die Parteivernehmung gilt (→ § 453 Rdnr. 1) ergeben sich auch hinsichtlich der Würdigung der Aussage keine grundsätzlichen Schwierigkeiten[9]. Anders ist jedoch die Rechtslage, wenn die Person die Aussage verweigert, weil die sich an die Weigerung knüpfenden Folgen verschieden sind.

3   **Zeugnisfähig** und also auch **zeugnispflichtig** ist jede Person, die die Verständnisreife hat, um bestimmte Wahrnehmungen zu machen, sie im Gedächtnis zu behalten und gegebenenfalls auf Vorhaltungen und Fragen über diese Wahrnehmungen Aussagen zu machen. Diese Fähigkeit ist *unabhängig von bestimmten Altersstufen oder der Geschäftsfähigkeit* und kann je nach Gegenstand der Wahrnehmung oder Erkenntnis in den verschiedenen Altersstufen verschieden stark ausgeprägt sein. Zu trennen davon ist die *Eidesfähigkeit* (§ 393) und das *Einsichtsvermögen* in die eigenverantwortliche Ausübung des Zeugnisverweigerungsrechts (→ § 383 Rdnr. 2ff.). Das schließt jedoch nicht aus, daß zwischen Aussagefähigkeit und Einsichtsvermögen in das Wesen des Zeugnisverweigerungsrechts ein gewisser Zusammenhang besteht[10].

1. Parteien

5   Personen, die **Parteien** im Sinne des *formellen* Parteibegriffs (→ Rdnr. 2 vor § 50) sind, können in der Regel **nicht als Zeugen** vernommen werden. Aus dem bereits angegebenen Grund (→ Rdnr. 1) sind sie aber **zeugnisfähig, wenn sie nicht im Wege der Parteivernehmung vernommen werden können**. *Ausnahmsweise sind deshalb als Zeugen tauglich*: die *prozeßunfähige Partei*, die nicht zur Parteivernehmung nach § 455 Abs. 2 zugelassen wird (→ § 455 Rdnr. 1)[11], die *(einfachen) Streitgenossen*, sofern sie über Tatsachen vernommen wer-

---

[4] Vgl. *Bürck* NJW 1969, 906; *Hartung-Holl* Anwaltliche Berufsordnung (1997) vor § 2 Rdnr. 43 ff.
[5] Vgl. *RGZ* 91, 38.
[6] *BGH* LM § 27 Deutsches Beamtengesetz Nr. 2; *BGH* NJW 1965, 2253.
[7] *BGH* WM 1977, 1007; *BGH* (Fn. 6), wobei die zuletzt genannte Entscheidung die Frage ausdrücklich offenläßt.
[8] *BGH* LM § 373 Nr. 3 = WM 1957, 877 = ZZP 71 (1958) 114; *Zöller-Greger*[20] § 373 Rdnr. 2.

[9] *BGH* LM § 373 Nr. 3 (Fn. 8); *OLG Köln* VersR 1973, 285.
[10] *BGHSt* NJW 1967, 360; *Birkenmaier* Die Zeugnisfähigkeit in den schweizerischen Zivilprozeßordnungen, Zürich (1966); *Findeisen* Der minderjährige Zeuge im Zivilprozeß (1992) 31 ff.; *Grundmann* Der Minderjährige im Zivilprozeß (1980) 89 ff.; *Zöller-Greger*[20] § 373 Rdnr. 3.
[11] *OLG Stettin* ZZP 59 (1935) 218; *Bertram* VersR 1965, 219; zum früheren Eidesrecht: *Lent* ZZP 52 (1927) 14 ff.

2. Dritte

Dritte können dagegen in der Regel als Zeugen vernommen werden, auch wenn der Prozeß um ihre Rechte und Pflichten geführt wird und das Urteil ihnen gegenüber Rechtskraft bewirkt. Zu den als **Zeugen** zu vernehmenden Personen gehören besonders der *Gemeinschuldner* in den Prozessen des Insolvenzverwalters[13] und der Erbe in den Rechtsstreitigkeiten des *Testamentsvollstreckers*[14], wenn man diese Personen als Parteien kraft Amtes und nicht als gesetzliche Vertreter des Gemeinschuldners bzw. der Erben ansieht (→ Rdnr. 25 ff. vor § 50); zum Zeugnisverweigerungsrecht → § 383 Rdnr. 13. Ferner rechnen hierzu der Rechtsträger in Fällen zulässiger *gesetzlicher* oder *gewillkürter Prozeßstandschaft* (z. B. bei der Einziehungsermächtigung[15])[16], der *Ehegatte* in den Prozessen des anderen Ehegatten (davon geht ersichtlich § 383 Abs. 1 Nr. 2 aus), im Falle der Gütergemeinschaft aber nur dann, wenn *einer* der Ehegatten das Gesamtgut verwaltet (§§ 1421, 1422 BGB, → auch Rdnr. 54 vor § 50)[17] oder wenn er bei gemeinschaftlicher Verwaltung des Gesamtgutes der Prozeßführung des anderen Ehegatten (als gewillkürter Prozeßstandschafter) zugestimmt hat[18], der *Prozeßbevollmächtigte*[19], ebenso die Mitglieder einer *juristischen Person* oder eines *verklagten nichtrechtsfähigen Vereins*[20]. Die Mitglieder der *offenen Handelsgesellschaft* sind Dritte (→ § 50 Rdnr. 13), sofern sie nicht als vertretungsberechtigte Gesellschafter oder Liquidatoren ihre gesetzlichen Vertreter sind[21]. Dasselbe gilt vom *Kommanditisten*[22]. Bei der *Reederei* (→ § 50 Rdnr. 14) sind sämtliche Mitreeder Partei und kommen daher als Zeugen nicht in Betracht. Der gewöhnliche *Streitgehilfe* (→ § 67 Rdnr. 1, zum streitgenössischen Gehilfen → Rdnr. 7), der *Hauptintervenient* im Erstprozeß (→ § 64 Rdnr. 17) und der *Streitverkündete* als solcher (→ § 74 Rdnr. 1) sind taugliche Zeugen.

6

---

[12] Daher ist eine Zeugenvernehmung von einfachen Streitgenossen ausgeschlossen, wenn die gegen sie gerichteten unterschiedlichen Klageansprüche auf demselben Sachverhalt beruhen (*BGH* MDR 1984, 47) oder wenn noch eine streitige Kostenentscheidung, an der sie beteiligt sind, zu treffen ist, *KG* MDR 1981, 765; *E. Schneider* MDR 1982, 372; a. M. *OLG Düsseldorf* FamRZ 1975, 100. Wie hier auch *BAGE* 24, 355 = JZ 1973, 58 = BB 1972, 1455; *OLG Hamm* NJW-RR 1986, 391; *KG* OLGZ 1977, 244; *OLG Düsseldorf* MDR 1971, 56; *Rosenberg-Schwab-Gottwald*[15] § 122 II 2; *Thomas-Putzo*[21] Rdnr. 7; *Zöller-Greger*[20] § 373 Rdnr. 5a; a. M. *Wieczorek*[2] § 373 Anm. B II a 3.

[13] *RGZ* 8, 412; 29, 29; *RG* JW 1895, 264 u. a.; *Kilger-K. Schmidt* Insolvenzgesetze (1997) § 6 KO Anm. 3; *Lent* Reichsgerichtspraxis im dt. Rechtsleben 6 (1929) 275 (277); *Kuhn-Uhlenbruck* KO[11] (1994) § 6 Anm. 12; *Schönke-Kuchinke* ZPR[9] § 65 II; *Thomas-Putzo*[21] Rdnr. 7; *Zöller-Greger*[20] § 373 Rdnr. 5; a. M. *Wieczorek*[2] § 373 Anm. B II a 1; B II c 4. Keine Zeugenvernehmung des Gemeinschuldners dagegen, wenn er als Prozeßstandschafter des Konkursverwalters auftritt (vgl. Rdnr. 42 b vor § 50 und dazu *Bötticher* JZ 1963, 582).

[14] *RG* JW 1901, 760; *OLG Hamburg* OLG Rsp. 4, 122; *Bruns* ZPR[2] (1979) Rdnr. 182; *Schönke-Kuchinke* ZPR[9] (1969) § 65 II; *Thomas-Putzo*[21] Rdnr. 7; *Zöller-Greger*[20] § 373 Rdnr. 5.

[15] A. M. *Rüßmann* AcP 172 (1972) 542 ff. (Rechtsträger als Partei zu vernehmen); dagegen *Frank* ZZP 92 (1979) 323.

[16] Vgl. *Bruns* ZPR[2] (1979) Rdnr. 182; *Rosenberg-Schwab-Gottwald*[15] § 122 II 1, 2.

[17] Zum früheren Rechtszustand: *RGZ* 67, 265 f.; *RG* JW 1896, 371; JW 1898, 197 u. a.

[18] Ansonsten liegt bei gemeinschaftlicher Verwaltung des Gesamtgutes ein Fall notwendiger Streitgenossenschaft vor (Notwendigkeit gemeinschaftlicher Klage, § 1450 BGB, → auch § 62 Rdnr. 18). Zur früheren Rechtslage: *RGZ* 60, 85; *RG* JW 1904, 69; Gruchot 50 (1906) 1090 f.; JW 1908, 529 u. a.

[19] *OLG Hamm* MDR 1977, 142.

[20] *RG* Warn Rsp. 1908 Nr. 679; *OLG Karlsruhe* BadRPr 1906, 121.

[21] A. M. vorwiegend das handelsrechtliche Schrifttum, z. B. *Hueck* Das Recht der OHG[4] (1971) 336; Gesellschaftsrecht[19] (1991) § 15 I 5 m. w. N. (alle sind als Partei zu hören und zwar sowohl die vertretungsberechtigten wie die nichtvertretungsberechtigten Mitglieder. Grund: Materiellrechtlich sind alle Gesellschafter Träger der Rechte und Pflichten der OHG). Wie hier *BGH* NJW 1965, 2253, 2254 = JZ 725; *Baumbach-Lauterbach-Hartmann*[56] Übersicht vor § 373 Rdnr. 16, 17; *Bruns* ZPR[2] Rdnr. 182; *Kämmerer* NJW 1966, 805; *Rosenberg-Schwab-Gottwald*[15] § 122 II 2; § 123 II 2; *Thomas-Putzo*[21] Rdnr. 7; *Zöller-Greger*[20] § 373 Rdnr. 5.

[22] *BGH* NJW 1965, 2253; *BGHZ* 42, 230 = NJW 1965, 106; *BAG* BB 1980, 580 (auch wenn dem Kommanditisten Prokura erteilt ist); a. M. *RGZ* 32, 398; *RG* JW 1908, 748.

3. Gesetzliche Vertreter und streitgenössische Streitgehilfen (streitgenössische Nebenintervenienten)

7   Ausnahmsweise können **Dritte nicht als Zeugen** vernommen werden, wenn sie als *streitgenössische Streitgehilfen* nach § 449 oder als *gesetzliche* Vertreter nach § 455 den Vorschriften über die **Parteivernehmung** unterstehen. Dies ergibt sich aus dem dargelegten Verhältnis (→ Rdnr. 1) zwischen Parteivernehmung und Zeugenbeweis. **Zeugnisunfähig**[23] sind demgemäß insbesondere der *Vormund* oder die Inhaber des elterlichen Sorgerechts (Vater, Mutter, § 1626 BGB, → § 51 Rdnr. 41 ff.), der *Beamte,* der die den Staat vertretende Behörde vertritt, der *Vorstand des Vereins* usw., der *Insolvenzverwalter,* sofern man ihn nicht als Partei kraft Amtes, sondern als gesetzlichen Vertreter ansieht (→ Fn. 13, → Rdnr. 25 ff. vor § 50), der *vertretungsberechtigte Gesellschafter* oder Liquidator einer offenen Handels- oder Kommanditgesellschaft (→ Fn. 20 f.)[24]. Voraussetzung ist aber, daß die Prozeßführung in den Vertretungsbereich des betreffenden gesetzlichen Vertreters fällt. Es kann danach z. B. als Zeuge vernommen werden: der gesetzliche Vertreter oder Vormund in Sachen, für die ein Pfleger bestellt ist[25], der Pfleger des Prozeßfähigen, soweit nicht § 53 eingreift, ferner der Gegenvormund, der Vormund des minderjährigen Ausländers (→ § 55 Rdnr. 8)[26].

8   Bei Vertretung durch mehrere Personen (*Gesamtvertretung*) ist eine Zeugenvernehmung des nichttätigen Vertreters allerdings auch nicht insoweit zulässig, als nur einer der Vertreter im Prozeß auftritt; ähnlich können bei Vertretung durch einen aus mehreren Personen bestehenden Vorstand (eine Kollegialbehörde usw.) die anderen dem Organ angehörenden Personen nicht als Zeugen vernommen werden[27]. Dasselbe gilt, wenn nach der Verfassung der juristischen Person oder der Behörde die mehreren Mitglieder selbständig vertretungsbefugt sind, auch für diejenigen, die in dem Prozeß nicht auftreten[28]: In allen diesen Fällen kann weder von der Partei selbst, noch von dem Gegner dadurch, daß nur einer der mehreren als gesetzlicher Vertreter bezeichnet oder tätig wird, darüber disponiert werden, ob der eine oder andere als Zeuge oder als Partei zu vernehmen ist.

II. Wechsel der Partei

11   Hat im Laufe des Rechtsstreits ein **Wechsel in der Person der Parteien** oder der gesetzlichen Vertreter stattgefunden, so ist für die Zulässigkeit der Zeugenvernehmung deren Zeitpunkt maßgebend[29].

1. Ausscheiden einer Partei

12   Die frühere Parteistellung steht der Zeugnisfähigkeit der **ausgeschiedenen** Partei nicht entgegen, mag ihr Ausscheiden gemäß §§ 75, 76 f. oder §§ 265 f. eingetreten oder die Folge der Beendigung der Streitgenossenschaft (→ Rdnr. 11 f. vor § 59, → dazu § 61 Rdnr. 11) oder einer Parteiänderung (→ § 264 Rdnr. 91 ff.) sein. Das gleiche gilt beim Ausscheiden aus

---

[23] Zum *Beamten*: RGZ 45, 427 (= 46, 318); zum *Vereinsvorstand*: RGZ 2, 400; RG JW 1892, 180 u. a.
[24] A. M. *Barfuß* NJW 1977, 1273 für den satzungsmäßigen Vertreter, § 30 BGB.
[25] *OLG Karlsruhe* FamRZ 1973, 104; KG DAVorm 1977, 174.
[26] RG JW 1896, 4; SeuffArch 49 (1894) 470 (Aufsichtsrat einer *Genossenschaft*); BayObLGZ 1962, 361 (Gemeinderatsmitglied im Prozeß der Gemeinde).
[27] RGZ 45, 427; OLG Celle ZZP 36 (1907) 177. Daher kann z. B. der Bürgermeister einer Gemeinde, der diese gesetzlich vertritt, nicht als Zeuge vernommen werden. Anders dagegen das Gemeinderatsmitglied, das den Bürgermeister weder allgemein noch im Einzelfall vertritt: Es kann im Prozeß der Gemeinde als Zeuge vernommen werden (BayObLGZ 1962, 341, 361).
[28] A. M. *RG* JW 1894, 363.
[29] RGZ 45, 427 (= 46, 318). Wie hier MünchKomm-ZPO-*Damrau* § 373 Rdnr. 16; *Rosenberg-Schwab-Gottwald*[15], § 122 II; *Thomas-Putzo*[21] Rdnr. 8.

der Stellung als *gesetzlicher Vertreter*; war das Ausscheiden zu dem Zweck erfolgt, die Vernehmung als Zeuge zu ermöglichen, so ist das ein Umstand, der nach Lage des Falles den Beweiswert der Aussage mehr oder weniger stark berührt, aber nicht die betreffende Person als Zeugen ausschließt[30]. War der Ausgeschiedene bereits als Partei vernommen, so wird seine nochmalige Vernehmung als Zeuge regelmäßig unnötig sein. Schied die Partei nach Anordnung der Parteivernehmung, aber vor ihrer Einvernahme aus, so ist die Vernehmung als Zeugenvernehmung durchzuführen[31].

2. Eintreten des früheren Zeugen als Partei

Ist eine Person als Partei, Streitgenosse oder gesetzlicher Vertreter in den Prozeß **eingetreten**, nachdem sie vorher als Zeuge vernommen war, so ist das Zeugnis im Prozeß zu berücksichtigen[32]; denn das Zeugnis hört durch den eingetretenen Wechsel nicht auf, Beweismittel zu sein. Ob sich der Beweiswert der Aussage dadurch verringert, daß der Zeuge später Prozeßpartei geworden ist, ist eine andere Frage. Tritt der Zeuge nach Anordnung seiner Vernehmung, aber vor seiner Einvernahme in den Prozeß als Partei ein, ist er nur dann als Partei zu vernehmen, wenn die Voraussetzungen der §§ 445ff. gegeben sind. Allein ein weiterer Beweisbeschluß nach § 450 ist nicht erforderlich, denn aufgrund des vorherigen Beschlusses ihrer Einvernahme als Zeuge ist für die Partei erkennbar, daß ihre Aussage als Beweismittel (und nicht nur als persönliche Anhörung nach § 141, → § 450 Rdnr. 1) Bedeutung gewinnt. 13

III. Gegenstand des Zeugenbeweises

1. Wahrgenommene Tatsachen

Der Zeugenbeweis ist nur zulässig über **Tatsachen** in dem bereits (→ § 284 Rdnr. 9ff.) dargestellten Sinne[33]. Danach ist die Zeugenaussage, vom logischen Standpunkt aus betrachtet, stets das Ergebnis einer *Urteilstätigkeit* (→ § 284 Rdnr. 9ff.). Hypothetische Tatsachen (wie jemand in einer bestimmten Situation gehandelt haben würde) gehören nicht dazu[34], wohl aber die *innere* Tatsache, wie der Zeuge glaubt, in einer bestimmten Situation zu handeln oder gehandelt zu haben. Der Unterschied zwischen Zeugenaussagen und Sachverständigengutachten (→ auch Rdnr. 4 vor § 402) besteht nicht darin, daß die Zeugenaussage nur einen Bericht und kein Urteil enthält[35] oder sich nur auf vergangene Tatsachen bezieht oder sich nur auf zufällige Wahrnehmungen stützt[36] oder lediglich Urteile enthalten darf, die ohne besondere Sachkunde möglich sind[37]. Der Zeuge ist, anders als der Sachverständige, *nicht auswechselbar*[38]: **Der Zeuge berichtet über seine (eigenen) konkreten Wahrnehmungen**, die er ohne Auftrag des Gerichts gemacht hat. Dadurch unterscheidet er sich vom Au- 17

---

[30] Vgl. *BGH* WM 1976, 424: Abtretung einer Forderung, damit Zedent im Prozeß Zeuge sein kann.
[31] MünchKommZPO-*Damrau* § 373 Rdnr. 16.
[32] *OLG Karlsruhe* VersR 1979, 1033, im Fall des § 285 Abs. 2 (Beweisaufnahme nicht vor dem Prozeßgericht) bedarf es wie sonst des Vortrages.
[33] Vgl. zum folgenden besonders *Bruns* ZPR² Rdnr. 182; *Häberlein* Die Sachverständigen im deutschen Recht (1911); *Hegler* AcP 104 (1909) 151ff., 224ff.; *Laubhardt* ZZP 44 (1914) 49ff.; *Lent* ZZP 60 (1936/37) 9ff.; *Neubauer* ZZP 19 (1894) 137f.; *Schmidhäuser* ZZP 72 (1959) 365ff.; *Stein* Das private Wissen des Richters (1893) 7 Fn. 15, 9f., 54ff.; MünchKommZPO-*Damrau* § 373 Rdnr. 2ff.
[34] A.A. *Leipold* → § 284 Rdnr. 12 mit Nachw. in Fn. 7; MünchKommZPO-*Damrau* § 373 Rdnr. 3; eine Wahrheitspflicht im Hinblick auf hypothetische Tatsachen ist nicht möglich, *LG Frankfurt* a. M. NJW-RR 1986, 551.
[35] A. M. *RG* JW 1899, 145.
[36] Obwohl dies die Regel ist, s. aber *Stein* (Fn. 33) 57, 70.
[37] § 414 beweist hier das direkte Gegenteil: Die sachverständigen Zeugen sind nur Zeugen. A. M. anscheinend *RG* JW 1896, 638 hinsichtlich der Zurechnungsfähigkeit, dagegen aber *RG* SeuffArch 47 (1892) 101; JW 1896, 432.
[38] BGHSt 22, 348. Zur Austauschbarkeit von Beweismitteln und zur Unauswechselbarkeit beim *Zeugen*: *Hanack* JZ 1970, 561.

genscheinsgehilfen, der *kraft gerichtlichen Auftrags* Tatsachen wahrnimmt (→ Rdnr. 15 vor § 371). Auch der *Zeuge vom Hörensagen* ist Zeuge, da er über seine eigene konkrete Wahrnehmung berichtet[39]. Der Sachverständige hingegen wird vom Gericht hinzugezogen, um die fehlende Sachkunde des Richters auszugleichen[40] (→ Rdnr. 1 vor § 402); er ist daher *austauschbar*[41]. Zeugenvernehmungen sind auch über innere (nicht aber über hypothetische, s. soeben) Tatsachen und über solche, deren Wahrnehmung besondere Sachkunde erfordert, zulässig. Im letzten Fall spricht man von *sachverständigen Zeugen*, § 414 (dort → Rdnr. 1)[42]. Eine Person kann in bezug auf dieselbe Tatsache sowohl Zeuge als auch Sachverständiger sein (→ § 414 Rdnr. 4). Die vom Zeugen aus den Tatsachen gezogenen und von ihm ausgesagten Schlußfolgerungen als solche bilden nicht einen Teil seiner Zeugenaussage, also z. B. der Schluß des Zeugen von dem beobachteten verkehrswidrigen Verhalten einer Partei auf die Ursächlichkeit dieses Verhaltens für einen Schaden oder die Folgerung eines Zeugen aus einem Sachmangel auf das Verschulden einer Partei. Die Angabe solcher Schlußfolgerungen genügt nicht als Beweisantritt[43]. Noch weniger ist es Aufgabe des Zeugenbeweises, den Zeugen zur Abgabe einer rechtsgeschäftlichen Willenserklärung zu bewegen[44].

2. Tatsachen jeder Art

18 Der Zeugenbeweis ist für Rechtsverhältnisse und **Tatsachen jeder Art zulässig**. Die früheren Beschränkungen sind aufgehoben, § 14 Abs. 2 Nr. 2 EGZPO[45], ebenso alle Beschränkungen bezüglich der Zahl der zu benennenden Zeugen. Nur kann das Gericht im Beweisbeschluß oder nach dessen teilweiser Erledigung die Beweisaufnahme auf einen Teil der Zeugen beschränken (→ § 359 Rdnr. 2, § 360 Rdnr. 1) und hinsichtlich der Kosten kommt die freie Würdigung der Notwendigkeit (§ 91 Abs. 1) zur Geltung.

IV. Die Würdigung der Zeugenaussage

21 Der Zeugenbeweis untersteht dem **Grundsatz der freien Beweiswürdigung** (§ 286). Bei der Fehlbarkeit menschlicher Wahrnehmung und Erinnerung und bei der (bewußten oder unbewußten) Voreingenommenheit beteiligter Zeugen ist stets eine mehr oder weniger

---

[39] Zum »testis de auditu« s. *Bruns* ZPR² Rdnr. 87; *Heusler* AcP 62 (1879) 275 ff.; *v. Kries* ZStrW 6 (1886) 88 ff.; *Kulischer* Grünhut 34 (1907) 169 ff. (grundlegend in der Ablehnung); *Neubauer* (Fn. 32); *Stein* (Fn. 33) 62; *Stelter* Die Hearsay Rule und ihre Ausnahmen im englischen Strafprozeß (1969). Inwieweit der Zeuge vom Hörensagen anstelle des unmittelbaren Zeugen vernommen werden darf, richtet sich nach allgemeinen Grundsätzen (→ § 355 Rdnr. 28, BVerfGE 57, 250, 292 ff.; BGHSt 6, 210; 17, 383 ff.; zust. *Eb. Schmidt* JZ 1962, 761; BGHSt 22, 270 ff.; 33, 178; NStZ 1988, 144; OLG Stuttgart NJW 1972, 66; *Grünwald* JZ 1966, 494; *Heissler* Die Unmittelbarkeit der Beweisaufnahme unter besonderer Berücksichtigung des Zeugnisses vom Hörensagen Diss. Tübingen [1973]; *Tiedemann* MDR 1963, 456). Dieser Beweisart haftet eine besondere Unsicherheit an, die über die allgemein gegebene Unzuverlässigkeit des Zeugenbeweises hinausgeht. Daher sind an die Beweiswürdigung strenge Anforderungen zu stellen. Falsch wäre es jedoch, den Zeugen vom Hörensagen als im Zivilprozeß unzulässiges Beweismittel anzusehen, so aber BAG AP § 626 BGB Nr. 57.

[40] Der Verkehrswert eines Grundstücks kann daher nicht im Wege des Zeugenbeweises ermittelt werden, weil dessen Bestimmung Fachwissen voraussetzt, BGH NJW 1993, 1796, 1797 l. Sp.

[41] RGZ 20, 394; RG JW 1910, 1007; OLG Hamm MDR 1988, 418; *Glaser* Handbuch des Strafprozesses I (1883) 676; *Stein* (Fn. 33) 59; *Wach* KVJS 14, 337; zustimmend *Vierhaus* ZZP 19 (1894) 188; a. M. *Alsberg-Nüse-Meyer* Der Beweisantrag im Strafprozeß⁵ (1983) 215; *Hegler* AcP 104 (1909) 151, 224 ff.

[42] BGH MDR 1974, 382; RGZ 91, 208 (ob gewisse Waren zu gewisser Zeit in Deutschland käuflich waren).

[43] Vgl. auch das Beispiel von *R. Bruns* JZ 1957, 490: »Wegen der Glätte ist der Kläger hingestürzt«; RG JW 1902, 166.

[44] OLG Nürnberg BayJMBl 1956, 19.

[45] Zu den Bestrebungen, den Zeugenbeweis nach französischem Vorbild (→ Einl. Rdnr. 103) zugunsten des Urkundenbeweises einzuschränken: *Abraham* ZZP 50 (1926) 21; *ders.* Vom Rechte, das mit uns geboren (1929) 29, 53 ff.; *Hoeck* JW 1929, 2578; *Philippi* Jud. 1, 103; dagegen besonders *Rühl* ZZP 56 (1931) 2 ff. (mit umfangreichen Literaturhinweisen).

große Zurückhaltung geboten⁴⁶. **Der Zeugenbeweis ist deshalb** – abgesehen von der Parteivernehmung – **die unsicherste Beweisart**. Ihm sind regelmäßig der Sachverständigen- und vor allem der Urkundenbeweis überlegen. Wenn sich das Gericht der Gefahren des Zeugenbeweises bewußt ist und demgemäß mit Geschick und Verständnis die Zeugeneinvernahme vornimmt, vermag aber auch der Zeugenbeweis eine sichere Grundlage der Sachverhaltsfeststellung zu sein.

Allseits gesicherte juristische oder psychologische Regeln über die Glaubwürdigkeit von Zeugen existieren nicht. Es gibt keine Person, die, abgesehen von ihrer Beziehung zur konkreten Streitsache (→ Rdnr. 1), zum Zeugnis unfähig wäre⁴⁷, und keine Person, die kraft Gesetzes verdächtig oder minder glaubwürdig wäre (→ auch Rdnr. 3). Auch an die Beeidigung der Aussage knüpfen sich keine gesetzlichen Beweisfolgen; die Würdigung der beeidigten Aussage ist ebenso frei wie die der unbeeidigten (→ § 391 Rdnr. 1). 22

V. Antritt und Aufnahme des Zeugenbeweises⁴⁸

1. Zeugenbenennung

Der Zeugenbeweis setzt außer in den Fällen des Offizialverfahrens (→ Rdnr. 86ff. vor § 128) stets die **Benennung durch eine Partei** voraus, § 373. Hinsichtlich der **Ablehnung** von Beweisangeboten gelten die allgemeinen Grundsätze (→ § 284 Rdnr. 51ff.). Über das Recht der Partei, vorhandene Zeugenaussagen im Wege des *Urkundenbeweises* zu verwerten → § 284 Rdnr. 33ff.; → auch § 363 Rdnr. 13. 24

2. Amtliche Auskunft

Über die amtliche Auskunft → Rdnr. 57. 25

3. Aufnahme des Zeugenbeweises

Die **Aufnahme** des Zeugenbeweises besteht in der *richterlichen*⁴⁹ Vernehmung des Zeugen nach §§ 355, 375, 394ff., in gewissem Umfang auch in der Einreichung einer *schriftlichen Beantwortung* der Beweisfragen, § 377 Abs. 3. Auch in letzterem Fall ist der Beweis 26

---

⁴⁶ *E. Altavilla* Forensische Psychologie (Graz-Wien-Köln 1955) II 193 f.; *Arntzen* Psychologie der Zeugenaussage³ (1993); *Baginsky* Die Kinderaussage vor Gericht (1910); *Bernhardt* (Fn. 1) 45 ff.; *Bohne* Zur Psychologie der richterlichen Überzeugungsbildung (1948); *ders.* SJZ 1949, 9; *Bürkle* Richterliche Alltagstheorien im Bereich des Zivilrechts (1984); *Döhring* (Fn. 1) 23 ff.; *Gmelin* Zur Psychologie der Aussage² (1909); *Groß* GoldtArch 49 (1903) 184; *Hellwig* NJ 1948, 15; *ders.* (Fn. 1) 88 ff.; *Hetzer-Pfeiffer* NJW 1964, 441; *Knippel* MDR 1980, 112 ff.; *Krönig* (Fn. 1) 13 ff.; *Levin* (Fn. 1) 164 ff. (m. weit. Lit.); *Lindemann* DJ 1942, 695; *Mayer* DRiZ 1958, 140; *Meinert-Geerds* Vernehmungstechnik⁵ (1976) 189 ff.; *Mönkemöller* Psychologie und Psychopathologie der Aussage (1930) 298 ff.; *Müller-Luckmann* Aussagepsychologie in: *Ponsold* Lb. der gerichtlichen Medizin³ (1967) 109 ff. (bes. zu Kinderaussagen); *Niehuus* SchlHA 1969, 2; *Panhuysen* Die Untersuchung des Zeugen auf seine Glaubwürdigkeit (1964) (betrifft in erster Linie den Strafprozeß); *Peters* Strafprozeß⁴ (1985) 374 ff.; *Plaut* Der Zeuge und seine Aussage im Strafprozeß (1931); *Reinecke* MDR 1986, 630; *Römer* Recht der Jugend und des Bildungswesens 1971, 205 ff. (zur Aussage von Kindern und Jugendlichen in Sittlichkeitsprozessen); *Rüßmann* DRiZ 1985, 41 ff.; *ders.* KritV 1988, 361, 368 ff.; *v. Schlotheim, Müller-Luckmann, Roestel* Recht der Jugend und des Bildungswesens 1971, 214 ff. (zur Aussage von Kindern im Strafprozeß); *E. Schneider* Beweis und Beweiswürdigung⁵ (1994) Rdnr. 872; *ders.* MDR 1965, 14, 181, 351, 535, 715; *Schumacher* DRiZ 1960, 286; dazu *Fleischmann* DRiZ 1961, 85; *Stein* (Fn. 32) 2, 9; *Stern* Zur Psychologie der Aussage (1903); *Stöhr* Psychologie der Aussage (1911); *v. Trankell* Der Realitätsgehalt von Zeugenaussagen (1971); hierzu *Bruns* ZZP 86 (1973) 393; *Herren* JZ 1972, 512; *Weigelin* JR 1949, 84.

⁴⁷ Auch *Kinder* sind nicht unfähig, arg. § 393. Zum Beweiswert der Aussage eines *Mitfahrers* bei einem *Verkehrsunfall* vgl. BGH NJW 1988, 566; *Greger* NZV 1988, 13.

⁴⁸ *Teplitzky* Der Beweisantrag im Zivilprozeß und seine Behandlung durch die Gerichte, JuS 1968, 71 ff.

⁴⁹ Durch den Urkundsbeamten der Geschäftsstelle nur im Kostenfestsetzungsverfahren → § 104 Rdnr. 1, 4.

Zeugen-, nicht Urkundenbeweis (→ § 377 Rdnr. 36). Wegen der schriftlichen Äußerung bei der Glaubhaftmachung → § 294 Rdnr. 11 ff.[50].

VI. Zeugnispflicht

1. Zeugnispflicht als öffentlich-rechtliche Verpflichtung

a) Inhalt der Pflicht

31 Die Zeugnispflicht ist eine **öffentlich-rechtliche** Verpflichtung[51]; sie obliegt – ohne Rücksicht auf die Staatsangehörigkeit – jedem, der der deutschen Gerichtsbarkeit unterworfen ist (§§ 18 – 20 GVG)[52], und ist keine spezifische Staatsbürgerpflicht. Für die Exterritorialen (→ Einl. Rdnr. 655 ff.) besteht sie daher nicht (→ § 377 Rdnr. 14); wegen der Konsuln und der Mitglieder der Stationierungs-Streitkräfte → § 377 Rdnr. 21 ff. Sie **umfaßt die Pflicht zum Erscheinen** (§§ 380, 382), **zur wahrheitsgemäßen Aussage** (§§ 393 ff., 376, 390) und endlich, auf gerichtliche Anordnung, **auch zur Beeidigung** der Aussage (§§ 391 ff., 390). Eine Pflicht zur schriftlichen Äußerung besteht nicht (→ § 377 Rdnr. 40).

32 Die Zeugnispflicht umfaßt **keine Nachforschungspflicht**[53]. Der Zeuge ist nicht verpflichtet, sich durch Ermittlungen, Nachforschungen in Schriftstücken usw. die (erstmalige) Kenntnis bisher nicht wahrgenommener Tatsachen zu verschaffen[54]. Daran ändert weder § 377 Abs. 2 Nr. 2 etwas, der dem Zeugen allein Nachforschungen auf freiwilliger Basis ermöglicht, noch die dem Zeugen mit § 378 durch das Rechtspflege-Vereinfachungsgesetz 1990 auferlegte **beschränkte Vorbereitungspflicht** (→ § 378 Rdnr. 1). Für eine weitergehende Pflicht des Zeugen, die zur Gedächtnisauffrischung zur Verfügung stehenden Mittel vor der Aussage zu benutzen, ist daneben kein Raum[55]. Der Zeuge ist daher nicht verpflichtet, vor seiner Vernehmung etwa den Unfallort zur Gedächtnisauffrischung einzusehen oder Gespräche mit Dritten zu führen. Wenn Beamte solche Pflichten treffen, ist dies die Folge ihres Amtes, nicht ihrer Zeugenstellung.

b) Rechtsstellung und Rechtsschutz des Zeugen

aa) Rechtsschutzdefizite

33 Durch die Zeugnispflicht wird **dem Zeugen** als *einzigem* Beteiligten des Zivilprozesses eine nicht abwendbare **Pflicht zum Erscheinen**[56], **zur Aussage**[57] und zur **Beeidigung** auferlegt (zum Unterschied zwischen prozessualen *Pflichten* und prozessualen *Lasten* → Einl. Rdnr. 233 ff.). Die Parteien, deren Prozeßbevollmächtigte und am Prozeß beteiligte Dritte sind hingegen jederzeit berechtigt, dem Termin fernzubleiben und zu einzelnen Punkten oder überhaupt zu schweigen. Zwar knüpfen sich an solches Nichterscheinen, Nicht-Erklären oder Schweigen möglicherweise prozessuale Folgen, aber deren Eintritt ist nicht die Konsequenz aus einer Vernachlässigung einer Äußerungspflicht, sondern prozessuales Resultat der Untätigkeit. **Einzig der Zeuge** – und einzelne Arten von Sachverständigen (→ § 407

---

[50] Vgl. auch wegen der »dienstlichen Äußerung« von Richtern § 44 Abs. 3 (→ dort Rdnr. 2) sowie *Stein* (Fn. 33) 105 und → Rdnr. 57.
[51] *BGHZ* 41, 324; *RG* Gruchot 52 (1908) 446 (keine Ausschließung durch § 226 BGB).
[52] *Riezler* Internationales Zivilprozeßrecht und prozessuales Fremdenrecht (1949) 474.
[53] MünchKommZPO-*Damrau* § 373 Rdnr. 24.
[54] So auch *RGZ* 48, 395; *OLG Köln* NJW 1973, 1983 = ZZP 87 (1974) 484 (*Peters*).
[55] A. A. *Schumann* in der Voraufl. (mit weit. Nachw. in Fn. 51); MünchKommZPO-*Damrau* § 373 Rdnr. 24.
[56] Die Erscheinungspflicht verstößt nicht gegen Art. 2 Abs. 2 GG (*Dürig* in *Maunz-Dürig-Herzog* GG (Loseblattsammlung, Stand 1994) Art. 2 II Abs. 2 Rdnr. 50.
[57] *Löwe-Rosenberg-Dahs* StPO[24] Rdnr. 7 f. vor § 48.

Rdnr. 1 ff.) – **ist positiv zum Erscheinen und Reden verpflichtet**, und diese Pflicht kann mit **Zwangsmitteln** durchgesetzt werden (§§ 380, 390).

Gesetzgebung, Schrifttum und Praxis berücksichtigen diese Sonderstellung des Zeugen nicht ausreichend. Man ist nicht bereit, dem Zeugen einen umfangreichen Rechtsschutz angedeihen zu lassen[58]. Verbesserungen, etwa § 171 b GVG, bleiben Stückwerk. Offensichtlich besteht die Sorge, das Beweismittel »Zeuge« zu schwächen, wenn ihm ein stärkerer Schutz gewährt wird. Im allgemeinen herrscht die Ansicht vor, die Regeln über das Zeugnisverweigerungsrecht (§§ 383 ff.) reichten aus. Daran ist richtig, daß der Kernbereich des Rechtsschutzes des Zeugen im Zeugnisverweigerungsrecht enthalten ist. *Schumann* hat in der Voraufl. auf zwei Bereiche hingewiesen, die nicht vom Zeugnisverweigerungsrecht erfaßt werden, nämlich die Zeugenbehandlung in der mündlichen Verhandlung (→ Rdnr. 39) und die Verwertung der Zeugenaussage bei der gerichtlichen Entscheidung (→ Rdnr. 40). Dem ist die Frage hinzuzufügen, unter welchen Voraussetzungen die Zeugenpflichten überhaupt bestehen (→ Rdnr. 36 ff.).

34

Ausgangspunkt der Frage nach der Rechtsstellung des Zeugen ist die Feststellung, daß der *Zeuge der Gerichtsgewalt unterworfen ist und deshalb Grundrechtsschutz* in derselben Weise wie bei sonstiger Unterordnung unter die staatliche Hoheitsgewalt genießt. Dabei ist zusätzlich noch zu beachten, daß er von allen Prozeßbeteiligten *am intensivsten* dieser Gewalt ausgesetzt ist, weil er vor Gericht erscheinen muß (und keinen Vertreter senden darf – was auch nicht sachgerecht wäre) und weil er zur wahrheitsgemäßen Aussage verpflichtet ist und dem Risiko schwerer strafrechtlicher Sanktionen unterworfen ist, wenn er der Wahrheit zuwider aussagt.

35

bb) Voraussetzungen der Zeugenpflichten

Die Zeugenpflicht ist eine öffentlich-rechtliche Verpflichtung. Daran ist grundsätzlich festzuhalten. Der Eintritt der Zeugenpflichten unterliegt aber keineswegs der Willkür des Richters, sondern ist an die Erfüllung bestimmter Voraussetzungen geknüpft. Aus dem **Verhältnismäßigkeitsgrundsatz** folgt insbesondere, daß die Zeugenpflichten nur bestehen, wenn die Einvernahme des Zeugen **erforderlich** ist, weil die Tatsache, die er bezeugen soll, beweisbedürftig ist. Das ist nicht der Fall, wenn die Klage schon nicht schlüssig ist oder der Zeuge gegenbeweislich benannt wurde, die beweisbelastete Partei aber kein Beweismittel angeboten hat. Damit ist die mitunter anzutreffende Praxis nicht vereinbar, ohne exakte Prüfung der Schlüssigkeit der Klage oder Erheblichkeit einer Einrede und der Beweisführungslast Zeugen einzubestellen und zu vernehmen. Eine Zeugnispflicht scheidet ferner aus, wenn bereits feststeht, daß das Beweisergebnis nicht verwertet werden kann.

36

Zweifelhaft ist, ob darüber hinaus eine Zeugnispflicht wegen Verletzung des Übermaßverbotes ausscheidet, wenn etwa wegen einer Bagatellforderung der Zeuge eine weite Anreise auf sich nehmen muß. Dieser Gesichtspunkt ist im Rahmen des § 375 Abs. 1 zu berücksichtigen, tritt allerdings mit dem Unmittelbarkeitsgrundsatz (→ § 355 Rdnr. 5 ff.) in Konflikt.

37

Problematisch erscheint, in welchem Verfahren der **Zeuge Rechtsschutz** suchen kann, wenn er unter Verstoß gegen die o. a. Voraussetzungen als Zeuge geladen wird. Die Unanfechtbarkeit des Beweisbeschlusses *für die Parteien* steht dem nicht entgegen (→ § 372 a Rdnr. 22). Analog § 387 bietet sich ein **Zwischenstreit über die Zeugnispflicht** an. Das Prozeßgericht hat das Vorliegen der Voraussetzungen der Zeugnispflicht im Beweisbeschluß zu

38

---

[58] Vgl. aber *Kohlhaas* ZRP 1972, 52; *KG* JR 1971, 338 mit Anm. *Peters* = OLGSt § 51 StPO.

begründen und dem als Zeugen Benannten mitzuteilen, damit dieser prüfen kann, ob ihn die Zeugenpflicht trifft. Entschieden wird durch Zwischenurteil. Hiergegen ist analog § 387 Abs. 3 sofortige Beschwerde statthaft. Das Beschwerdegericht hat seine Entscheidung freilich auf der Grundlage der Rechtsansicht des Prozeßgerichts zu treffen (→ vgl. zum Problem § 372 a Rdnr. 22).

cc) Zeugeneinvernahme

39 Oberstes Gebot verfassungskonformer Zeugeneinvernahme ist die **Wahrung der Menschenwürde** (Art. 1 Abs. 1 GG). Eine **erniedrigende**[59], **entwürdigende oder demütigende Zeugenbehandlung durch das Gericht**[60] oder (unter Zulassung durch das Gericht) **durch Prozeßbeteiligte** stößt auf verfassungsrechtliches Verdikt. Zwar kann der Zeuge ihn entehrenden *Fragestellungen* durch Berufung auf das Zeugnisverweigerungsrecht nach § 384 Nr. 2 entgehen[61]. Aber einer die Menschenwürde verletzenden *Behandlung* vermag er dadurch nicht auszuweichen. Die Gefahr einer solchen Behandlung durch Prozeßbeteiligte ist vor allem dann gegeben, wenn sich *der Zeuge* in Gegensatz zu anderen Beweisergebnissen gesetzt, wenn er sich in *Widersprüche verwickelt oder die Unwahrheit ausgesagt hat.* So sehr der Zivilprozeß die Wahrheit aufklären will, so wenig darf dies unter Verletzung grundrechtlicher Garantien erfolgen. Deshalb sind auch Eingriffe in die **Intimsphäre des Zeugen** unter dem Gesichtspunkt des Übermaßverbots – des verfassungsrechtlichen Verhältnismäßigkeitsgrundsatzes – zu sehen. Eine verfassungsnahe Beweisaufnahme hat deshalb Sorge zu tragen, die Eingriffe in den Intimbereich[62] des Zeugen auf das zwingend gebotene Minimum zu reduzieren. Dabei ist abermals zu beachten, daß die Vorschrift des § 384 Nr. 2 nur den Bereich des Unehrenhaften abgrenzt. Verfassungskonformer[63] Anwendung des Prozeßrechts entspricht es aber, auch bei anderen Fragen des Intimbereichs äußerste Zurückhaltung zu üben. Hierzu rechnen etwa Fragen nach *geistigen (seelischen) Erkrankungen, nach intellektuellen Fähigkeiten oder körperlichen Schwächen.* Auch bei anderen seine Person betreffenden Tatsachen besteht sehr oft ein legitimes Interesse eines Zeugen an ihrer Geheimhaltung, ohne daß ihre Offenbarung für den Prozeß von Entscheidungserheblichkeit ist. So können Fragen nach *Lebens- und Berufsweg, Schicksal, Abstammung und Verwandtschaft* den Intimbereich der Persönlichkeit berühren. Ohne zwingenden Grund darf der staatliche Zeugniszwang nicht zur Offenlegung von Tatsachen aus der Persönlichkeitssphäre führen, an deren Nichtäußerung der Zeuge sichtlich ein Interesse hat.

---

[59] Selbstverständlich sollte es sein, dem Zeugen eine Sitzgelegenheit anzubieten (*Zöller-Greger*[20] § 396 Rdnr. 4, unter Ablehnung der gegenteiligen Praxis), auch wenn dies (noch) keine Frage der »Menschenwürde« ist.
[60] Oder durch einen vom Gericht bestellten *Sachverständigen* (*Löwe-Rosenberg-Dahs* StPO[24] § 81 c Rdnr. 8 ff.).
[61] Bei der Verwertung des strafprozessualen Schrifttums und der strafgerichtlichen Judikatur ist zu beachten, daß der Zeuge im Strafprozeß gemäß § 68 a StPO *kein Zeugnisverweigerungsrecht* hat, wenn eine Fragestellung ihm oder seinen Angehörigen zur Unehre gereichen würde; solche Fragen dürfen aber nur gestellt werden, wenn sie unerläßlich sind (§ 68 a Abs. 1 StPO). Insoweit genießt der Zeuge im Zivilprozeß eine deutlich *bessere* Rechtsstellung. Diese Wertung muß zugunsten des Zeugen auch bei den hier behandelten Konfliktslagen beachtet werden.
[62] Zum Schutz der Intimsphäre *Dürig* (Fn. 53) Art. 1 Abs. 1 Rdnr. 37; *BVerfGE* 6, 41, 433; 27, 6, 350 f.; 34, 245 ff.; 44, 373 ff.; *Dahs* NJW 1984, 1921. Beispiele aus der Praxis des Strafprozesses nennt *Kohler* Die Polizei 1970, 238.
[63] Zur verfassungskonformen Auslegung der ZPO → Einl. Rdnr. 64 f.; → Rdnr. 81 vor § 253. Soweit beim Schutz der Intimsphäre Fragen der Ehre eine Rolle spielen, läßt sich bei verfassungskonformer Auslegung des § 384 Nr. 2 tatsächlich ein weiter Bereich schützen. Dann steht dem Zeugen ein Zeugnisverweigerungsrecht zu. Soweit aber keine Fragen der Ehre involviert sind, läßt sich auch bei verfassungskonformer Auslegung des § 384 Nr. 2 kein Zeugnisverweigerungsrecht aus dieser Vorschrift zubilligen. Dann ist das Gericht jedenfalls verpflichtet, nur in unerläßlichen Fällen (vgl. § 68 a Abs. 1 StPO, → Fn. 61) Fragen hinsichtlich des Intimbereichs zu stellen. Möglicherweise verstößt jedoch auch die Fragestellung so unmittelbar gegen das Verfassungsrecht, daß der Zeuge nicht verpflichtet ist, die Frage zu beantworten.

dd) Qualifizierung der Zeugenaussage in der gerichtlichen Entscheidung

In den Gesamtzusammenhang der Bedrohung der Menschenwürde des Zeugen gehört schließlich auch die **Qualifizierung der Zeugenaussage in der gerichtlichen Entscheidung**[64]. Es ist selbstverständlich, daß ein Urteil im einzelnen anzugeben hat, aus welchen Gründen z. B. die Aussage eines Zeugen unglaubwürdig ist. Freie Beweiswürdigung (→ Rdnr. 21) bedeutet die Freiheit von gesetzlichen Beweisregeln, nicht aber die Befreiung von der präzisen Angabe der Gründe der richterlichen Überzeugungsbildung (→ § 286 Rdnr. 12 ff.). Deshalb ist der Richter gezwungen, genau die Umstände anzugeben, weshalb er die Aussage des Zeugen für unglaubwürdig hält. Aber auch hierbei hat er sich vom Übermaßverbot (→ Rdnr. 39) leiten zu lassen. **Es ist nicht die Aufgabe des Richters, den Zeugen moralisch zu richten.** Daß er sich jeder beleidigenden Redewendung zu enthalten hat, ist selbstverständlich; daß er aber auch jeder demütigenden oder entehrenden Begründung absagt und **in den Vordergrund die Aussage** – *nicht den Zeugen* – **stellt**, muß betont werden. Denn entscheidend ist, aus welchen Gründen der Aussage – *nicht dem Zeugen* – nicht gefolgt werden konnte. Je sachlicher (auf die Aussage bezogen) die Begründung im Urteil ist, desto eher sind den Zeugen kränkende Wendungen in den Entscheidungsgründen vermeidbar.   **40**

c) Insbesondere: Glaubwürdigkeitsgutachten

Der Stand der modernen Psychologie und der zeitgenössischen Psychiatrie hat dazu geführt, daß in wissenschaftlich begründeter Weise die *Glaubwürdigkeit einer Person schlechthin* analysiert werden kann. Das **Gutachten über die Glaubwürdigkeit des Zeugen (Glaubwürdigkeitsgutachten)** ist deshalb von Bedeutung für die Rechtsstellung des Zeugen und für dessen Rechtsschutz, weil es die **Gefahr eines schweren Eingriffs in die Persönlichkeitssphäre des einzelnen Zeugen** in sich birgt. Im Gegensatz zu der soeben (→ Rdnr. 40) dargestellten Auseinandersetzung mit *der Aussage* steht im Mittelpunkt des Glaubwürdigkeitsgutachtens die *Persönlichkeit des Zeugen* und sein Verhältnis zu Wahrheit und Unwahrheit. Im Glaubwürdigkeitsgutachten sagt der Sachverständige über die Persönlichkeit des Zeugen aus; *der Zeuge wird selbst zum Gegenstand des Beweises*. Außerdem ist Sinn und Zweck des Gutachtens nicht die körperliche Erscheinung, sondern der seelisch-moralische oder medizinische Zustand des Zeugen[65]. Die allgemeine Zulässigkeit eines Sachverständigengutachtens über die Glaubwürdigkeit einer Person bemißt sich nach den Vorschriften über den Sachverständigenbeweis (→ Rdnr. 7 vor § 402). Hier ist lediglich die Problematik des Gutachtens aus der Sicht des Zeugen zu behandeln.   **41**

aa) Schutz vor vermeidbaren Eingriffen in die Intimsphäre

Leitlinie für **Anordnung und Durchführung des Glaubwürdigkeitsgutachtens muß der Schutz des Zeugen vor vermeidbaren Eingriffen in seine Intimsphäre sein**[66]. Deshalb ist das   **42**

---

[64] Vgl. auch *BVerfGE* 9, 7, 9 f. zur Grundrechtsverletzung durch freisprechendes Strafurteil und 15, 283, 286 zur Grundrechtsverletzung eines Dritten durch ein Zivilurteil.

[65] In der Lit. zum Strafprozeß wird hierbei von manchen unterschieden zwischen Zweifeln an der Glaubwürdigkeit, die ihren Grund in einer möglicherweise bestehenden *Krankheit* des Zeugen haben, und solchen Zweifeln, die durch die *seelische Veranlagung* des Zeugen begründet sind (z. B. *Eb. Schmidt* StPO Nachträge I zu Teil II [1967] Vorb. §§ 52 – 56 Rdnr. 3). Diese Unterscheidung mag vielleicht für die Auswahl des zu bestellenden Sachverständigen bedeutsam sein (einerseits Psychiater, andererseits Psychologe, *K. Peters* JR 1970, 152 und *BGHSt* 23, 12 ff.); für den Rechtsschutz des Zeugen ist es aber gleichgültig, aus welchen Gründen er selbst zum Untersuchungsobjekt wird.

[66] Zum Schutz der Menschenwürde und der Intimsphäre bei der Duldungspflicht des Zeugen gegenüber strafprozessualen Untersuchungen gemäß § 81 c Abs. 1 StPO; *Kühne* Strafprozessuale Beweisverbote und Art. 1 Abs. 1 GG (1970) 64. Da im Zivilprozeß nur im Fall des

Gericht nicht schlechthin frei, ein solches Gutachten anzuordnen. *Sein Ermessen ist insoweit deutlich eingeengt.* Als ein Eingriff in die Intimsphäre erscheint das Glaubwürdigkeitsgutachten in jedem Fall, und zwar auch dann, wenn es sich lediglich auf die Beobachtung des Zeugen während seiner Aussage durch einen Sachverständigen gründet. Wenn auch nach der strafgerichtlichen Rechtsprechung eine solche Beobachtung nicht der Zustimmung des Zeugen bedarf[67], ist sie nur anzuordnen, *wenn auf keine andere Weise* über die allgemeine Glaubwürdigkeit des Zeugen Gewißheit zu erlangen ist. Dabei hat das Gericht zu beachten, daß es eine der richterlichen Aufgaben ist, *selbst* über die Glaubwürdigkeit von Zeugen zu entscheiden[68].

bb) Glaubwürdigkeitsgutachten als letztes Mittel im Rahmen der Wahrheitserforschung

43 Als zweite selbständige Voraussetzung für ein Glaubwürdigkeitsgutachten ist wegen seines Eingriffs in die Rechtssphäre eines *am Prozeß nicht beteiligten Dritten* zu fordern, *daß die Aussage dieses Zeugen von prozeßentscheidender Bedeutung ist, d. h. daß der Erfolg der Klage gerade und nur von dieser einzelnen Aussage abhängt.* Das Glaubwürdigkeitsgutachten muß das letzte Mittel im Rahmen der Wahrheitserforschung sein.

cc) Grenzen der Glaubwürdigkeitsuntersuchung

44 **Der Zeuge selbst hat allenfalls** (wenn deren Voraussetzungen gegeben sind, → Rdnr. 42) die Beobachtung in der mündlichen Verhandlung (in der Beweisaufnahme) zu dulden; er ist aber nicht verpflichtet, sich einer psychologischen, psychiatrischen oder einer sonstigen medizinischen oder anderen wissenschaftlichen Untersuchung zu unterziehen[69] (hinsichtlich der Ausnahme beim Gutachten in Abstammungsfragen → § 372a Rdnr. 7ff.). Auch besteht keine Verpflichtung des Zeugen, Fragen des Gerichts oder etwa des Sachverständigen zu be-

---

Abstammungsgutachtens (§ 372 a) eine Duldungspflicht des Zeugen besteht, sonst aber keinerlei Verpflichtungen des Zeugen existieren (→ Rdnr. 32 ff. vor § 371, § 372 a Rdnr. 1), fehlt eine dem § 81 c Abs. 1 StPO vergleichbare Vorschrift.

[67] *BGHSt* 23, 1 f.; mit abl. Anm. *K. Peters* JR 1970, 68 f.; *Löwe-Rosenberg-Dahs* StPO[24] § 81 c Rdnr. 8 ff.; *Panhuysen* (Fn. 43) 73 ff. (zurückhaltend). Die Ansicht, der Zeuge habe es zu dulden, daß der Sachverständige ihn während seiner Aussage in der Hauptverhandlung beobachtet und dann über ihn ein Glaubwürdigkeitsgutachten abgibt, beruht auf der Vorstellung, ein »Eingriff« in die Persönlichkeitssphäre liege nicht vor. Der Eingriff besteht aber darin, daß die physische und psychische Zustand des Zeugen durch den Sachverständigen in der mündlichen Verhandlung offen dargelegt wird. Die Zeugnispflicht schließt zwar die Prüfung der Glaubwürdigkeit durch das Gericht ein. Ob deshalb wie der *BGH* a. a. O. meint, auch ein solches Glaubwürdigkeitsgutachten in jedem Fall gegen den Willen des Zeugen zulässig ist, begegnet ernsthaften verfassungsrechtlichen Zweifeln. Denn in der ZPO ist die ausdrückliche Legitimation zu solch einem staatlichen Vorgehen nicht enthalten. Daß dieses Vorgehen nicht ausdrücklich verboten ist, macht es nicht zulässig (anders allerdings *BGHSt* a. a. O.). Für den Zivilprozeß sollte der Grundsatz gelten, daß der Zeuge eine solche Glaubwürdigkeitsbegutachtung in der mündlichen Verhandlung nur hinzunehmen hat, wenn sein Persönlichkeitsrecht hinter dem Interesse der Parteien an der Wahrheitsfindung eindeutig zurück-

zutreten hat. *Der Richter hat das Recht des Zeugen mit dem Gegenstand und der Bedeutung des Prozesses abzuwägen.* Soweit danach die Zuziehung des Sachverständigen gestattet ist, ist diesem *nicht erlaubt*, *dem Zeugen Fragen zu stellen*, wenn der Zeuge die Befragung nicht will (vgl. *Peters* a. a. O.; *Panhuysen* [Fn. 46] 74 f.). Die Zeugenvernehmung ist nicht psychiatrisch-psychologische Exploration (in diesem Sinne *RG* HRR 1928 Nr. 2330; *OLG Hamm* JZ 1957, 186; *Panhuysen* und *Peters* a. a. O.).

[68] *Eb. Schmidt* (Fn. 65) a. a. O. Es bedarf deshalb besonderer Begründung, wenn das Gericht den Sachverständigen hinzuzieht. Diese Folgerung wird von *Eb. Schmidt* jedoch nicht gezogen. Für den Strafprozeß gesteht *BGHSt* 23, 11 f. (vgl. auch *OLG Hamm* NJW 1970, 908) dem Tatrichter zwar zu, letztlich selbst über die Glaubwürdigkeit eines Zeugen zu entscheiden. In Fällen, in denen die Beurteilung der Glaubwürdigkeit eines Zeugen aber besondere Sachkunde voraussetzt, *müsse* der Tatrichter jedoch einen Sachverständigen hinzuziehen.

[69] Derartige Untersuchungen sind daher nur mit seiner *Zustimmung* zulässig, *BGHSt* 14, 23; *BGH* NJW 1970, 1242; *Dzendzalowski* Die körperliche Untersuchung (1971) 29 ff.; *Löwe-Rosenberg-Dahs* StPO[24] § 81 c Rdnr. 8 ff. Hinsichtlich der minderjährigen Zeugen gelten die Ausführungen zum Zeugnisverweigerungsrecht (→ § 383 Rdnr. 2 ff.) entsprechend. Die erteilte Einwilligung ist jederzeit widerruflich (*Panhuysen* [Fn. 46], 84; *Löwe-Rosenberg* a. a. O.).

antworten, die ausschließlich zur Begründung eines Glaubwürdigkeitsgutachtens gestellt werden[70]. Das Gericht hat *jeden Druck auf den Zeugen* und auch jedes Handeln *zu unterlassen*, das als Druck gegenüber dem Zeugen erscheinen könnte. Vielmehr ist umgekehrt der Zeuge vom Gericht darüber zu **belehren**, daß er nicht verpflichtet ist, sich einer Glaubwürdigkeitsuntersuchung zu stellen[71]. Nur so wird die Freiwilligkeit möglichst wirksam garantiert. Ferner ist zu beachten, daß das Gericht eine Anordnung eines solchen Gutachtens nur nach den unter Rdnr. 42 und 43 dargestellten zwei Voraussetzungen vornehmen darf, auch wenn der Zeuge mit dieser Begutachtung einverstanden ist. *Die Freiwilligkeit enthebt das Gericht nicht der Prüfung der zwingenden Erforderlichkeit des Glaubwürdigkeitsgutachtens.*

dd) Öffentlichkeit

Gutachtenerstattung und Gutachtenverwertung in der gerichtlichen Entscheidung haben alles zu vermeiden, was einen nicht zwingend erforderlichen Eingriff in die Persönlichkeits- und Intimsphäre des Zeugen bedeutet. Dies gilt insbesondere hinsichtlich der **Öffentlichkeit**: Soweit bei der (freiwilligen) Erstellung sowie bei der Erstattung des Gutachtens nur Parteiöffentlichkeit (§ 357) besteht, kann einer unbeschränkten öffentlichen Erörterung insoweit begegnet werden. Bei der Beweisaufnahme vor dem Prozeßgericht ist zwar zugleich eine mündliche Verhandlung zu bestimmen (§ 370 Abs. 1). In dieser Verhandlung ist der Zeuge durch § 171 b GVG geschützt. 45

d) Schutz vor sonstigen Grundrechtsverletzungen

Inwieweit beim Zeugenbeweis auch die **Verletzung anderer Grundrechte als der Würde des Menschen** (→ Rdnr. 39) zu befürchten ist, kann hier nicht im einzelnen dargelegt werden. Im Prinzip ist die Gefahr der Bedrohung des Zeugen in seinen Grundrechten nicht deshalb geringer, weil hier eine gerichtliche Instanz tätig wird. Vor allem ist zu beachten, daß durch die vom Gericht zugelassene Tätigkeit der Prozeßbeteiligten der Grundrechtsverstoß auch von einer Privatperson ausgehen kann. Doch handelt es sich hierbei nicht um eine Frage der *Drittwirkung der Grundrechte*, weil die Fürsorgepflicht des Gerichts und die Prozeßleitung des Vorsitzenden die Verpflichtung enthalten, derartige Verstöße zu unterbinden. Kommt das Gericht (der Vorsitzende) der Verpflichtung nicht nach, besteht die Grundrechtsverletzung im richterlichen Unterlassen. Als Beispiele möglicher Grundrechtsverletzungen durch das Gericht oder infolge gerichtlicher Unterlassung sind zu nennen: Anordnung der *zwangsweisen* psychiatrischen Untersuchung des Zeugen in einer Nervenklinik (Art. 2 Abs. 2 und 104 GG), Ablehnung der Glaubwürdigkeit eines Zeugen wegen seiner Rasse oder seiner Konfession (Art. 3 Abs. 3 GG), Zeugniszwang gegen zeugnisverweigernden Zeugen mit der Begründung, Geheimhaltung (§ 383 Abs. 1 Nr. 6 und § 384 Nr. 3) sei 46

---

[70] Da es im Belieben des Zeugen steht, ob er dem hinzugezogenen Sachverständigen oder dem Gericht spezielle Fragen zur Begründung einer Glaubwürdigkeitsbeurteilung gestatten will (→ Fn. 67 a. E.; insbesondere OLG Hamm a. a. O.), muß er berechtigt sein, Fragen, die ohne seine Einwilligung gestellt worden sind, nicht zu beantworten; a. M. MünchKommZPO-*Damrau* § 395 Rdnr. 5; *Janetzke* NJW 1958, 534 (abl. zu OLG Hamm a. a. O.); *Kleinknecht-Meyer-Goßner* StPO[43] § 81 c Rdnr. 8; *Löwe-Rosenberg-Dahs* StPO[24] § 81 c Rdnr. 9; KMR-*Paulus* StPO (Loseblattausgabe Stand März 1998) § 80 Rdnr. 4; *Eb. Schmidt* StPO Nachträge I zu Bd. II § 81 c Rdnr. 8. Nach der hier abgelehnten Auffassung soll sich für den Strafprozeß aus § 80 Abs. 2 StPO ein eigenes Fragerecht des Sachverständigen ergeben, wobei jedoch die Vernehmung durch den Sachverständigen nur dort anfangen dürfe, wo dem Richter die Sachkunde fehlt. Gegenüber den berechtigten speziellen Fragen des Sachverständigen oder des Gerichts kann es nach dieser Auffassung kein Recht des Zeugen auf Verweigerung der Antwort geben.

[71] So auch überwiegend das strafprozessuale Schrifttum, jedenfalls soweit es sich beim Zeugen um einen Angehörigen handelt.

nicht erforderlich (Art. 12 Abs. 1 GG), Zeugniszwang gegen zeugnisverweigernden Presseangehörigen (Art. 5 Abs. 1 S. 2 GG) oder Pflicht zur Eidesleistung entgegen der persönlichen Glaubensüberzeugung (Art. 4 Abs. 1 GG)[72].

e) Rechtsfolgen bei grundrechtsverletzenden Maßnahmen

47 **Wenn das Gericht unter Verletzung von Grundrechten gegenüber einem Zeugen handelt, ist sein Handeln rechtswidrig.** Hierbei ist allerdings scharf zu unterscheiden, inwieweit der einzelne Zeuge und inwieweit die Parteien befugt sind, **die Grundrechtsverletzung zu rügen.** Es ist ferner zu differenzieren, ob es sich um ein gerichtliches Verhalten handelt, das eine Zeugnisverweigerung des Zeugen zur Folge hat, oder ob erst nach seiner oder während seiner Aussage der Grundrechtsverstoß begangen wurde.

48 **aa) Zeugnisverweigerung:** Soweit der **Zeuge** wegen der Verletzung seiner Grundrechte das **Zeugnis verweigert**, sind die Vorschriften über den Zwischenstreit gemäß § 387 anzuwenden; gegebenenfalls hat der Zeuge sofortige Beschwerde und/oder Verfassungsbeschwerde zu erheben.

49 **bb) Verfassungsbeschwerde:** Soweit eine Zeugnisverweigerung deshalb prozessual überholt ist, weil das Zeugnis bereits abgelegt wurde, hat der **Zeuge** nur noch die Möglichkeit der **Verfassungsbeschwerde**. Selbst wenn die Ausführungen im Urteil oder Beschluß seine Grundrechte verletzen, ist er nicht befugt, gegen sie ein Rechtsmittel einzulegen, da der Zeuge keine Parteistellung hat. Wohl aber kann er derartige gerichtliche Entscheidungen mit der Verfassungsbeschwerde angreifen, da diese nicht voraussetzt, daß der Beschwerdeführer Partei des Ausgangsverfahrens war[73].

50 **cc) Rechtsbehelfe der Parteien:** Die **Parteien** haben keine *besonderen* **Rechtsbehelfe**, wenn gegenüber einem Zeugen eine Grundrechtsverletzung begangen wurde. Eine solche Verletzung ist aber nicht nur eine Kränkung des Zeugen, sondern auch ein Rechtsverstoß, auf den sich jede Partei berufen kann, soweit die sonstigen Voraussetzungen für die Einlegung eines Rechtsbehelfs, insbesondere die Beschwer der Partei, gegeben sind[74]. Möglicherweise begründet der Rechtsverstoß auch ein **Beweisverwertungsverbot** (→ § 284 Rdnr. 56 ff.)[75]. Eine Verfassungsbeschwerde der Parteien wegen eines sie nicht selbst betreffenden Grundrechtsverstoßes ist jedoch ausgeschlossen.

f) Hinzuziehung rechtskundiger Personen

51 Da es zum Wesen des Zeugen gehört, nicht auswechselbar zu sein (→ Rdnr. 17) – weil er über sein *eigenes konkretes* Wissen berichten soll – scheidet folgerichtig die Möglichkeit aus, daß er sich vor Gericht durch eine andere Person vertreten läßt. Soweit er nicht zulässigerweise das Zeugnis verweigern und deshalb fernbleiben (§ 386 Abs. 3) darf, ist sein **persönliches Erscheinen** erforderlich. Hierbei darf sich der Zeuge der **Hilfe eines Rechtsanwalts** bedienen. Zwar vermag er die Zeugenaussage nicht auf den Anwalt zu übertragen[76]; zeugnispflichtig bleibt der Zeuge, und lediglich dieser wird einvernommen. Doch darf sich der

---

[72] *BVerfGE* 33, 23 ff. (Dieser Beschluß führte zu einer Änderung von § 484 durch Gesetz vom 20.12.74, BGBl I 3686). Allgemein hierzu: *Glässing* Die Verfassungsproblematik des Eides, Diss. Tübingen (1976).
[73] *BVerfGE* 15, 283 (286); *Jakobs* JZ 1971, 279; *Schumann* Verfassungs- und Menschenrechtsbeschwerde gegen richterliche Entscheidungen (1963) 34.
[74] Soweit in der strafprozessualen Literatur Stellungnahmen zu den Folgen einer Verletzung des § 68 a StPO vorhanden sind, wird die Annahme eines Revisionsgrundes verneint, da § 68 a StPO lediglich eine Ordnungsvorschrift enthalte (*Löwe-Rosenberg-Dahs* StPO[24] § 68 a Rdnr. 9; KMR-*Paulus* StPO (Loseblattausgabe Stand März 1998) § 68 a Rdnr. 13).
[75] Vgl. neben der dort angegebenen Judikatur *BGH* WM 1985, 1481 zur Aussage eines Zeugen, der ein Telefongespräch mitgehört hat. Allgemein hierzu *K. H. Schwab* Festschr. für Hubmann (1985) 421 ff.
[76] *BVerfGE* 38, 105, 116 = NJW 1975, 104.

Zeuge durch einen Anwalt beraten lassen. Dieses aus § 3 Abs. 3 BRAO folgende Recht des Zeugen ist durch die ZPO nicht ausgeschlossen oder beschränkt worden. Die Befugnis ist nicht auf solche Zeugenaussagen beschränkt, in denen juristische Fragen aufgeworfen werden können. Es ist vielmehr das Recht jedes Zeugen, sich **durch einen Rechtsanwalt** beraten zu lassen, ohne daß das Gericht berechtigt wäre, die Notwendigkeit einer solchen Beratung nachzuprüfen. – In welcher Weise diese Beratung im Gerichtssaal stattfindet, ist Sache des Einzelfalls. Sie darf aus prozeßrechtlichen Gründen sicher nicht dazu führen, daß letzlich dann doch der Rechtsanwalt die Aussage formuliert; deshalb sind beständige Konsultationen während der Einvernahme in der Regel unzulässig, wenn auch bei schwierigen geschäftlichen Fragen, die eng mit den geschäftlichen Zeugnisverweigerungsrechten nach § 383 Abs. 1 Nr. 6, § 384 Nr. 3 zusammenhängen, solche Fälle denkbar sind. Stets ist dem Anwalt die Anwesenheit während der Vernehmung zu gestatten und zu ermöglichen. Ein eigenes Fragerecht hat er indes nicht[77]. Entstehende Kosten trägt der Zeuge, der den Rechtsanwalt ausschließlich im eigenen Interesse heranzieht[78] (→ aber Rdnr. 52 a. E.).

g) Rechtsstellung des Zeugen de lege ferenda

Die Rechtsstellung des Zeugen muß in Zukunft gesetzlich verbessert werden[79]. De lege ferenda ist ein »Ablösungsrecht« des Zeugen in vermögensrechtlichen Streitigkeiten zu erwägen, wonach der Zeuge durch Zahlung des streitigen Geldbetrags an den Beweisführer seine Zeugnispflicht ablösen kann[80]. Ferner sollten die beschämend niedrigen Entschädigungssätze des § 2 Abs. 2 ZSEG (→ § 401 Rdnr. 2) erhöht und am eingetretenen Verdienstausfall ausgerichtet werden. Alle bürokratischen Hindernisse bei der Erlangung der Entschädigung sind beiseite zu räumen. Schließlich ist dem Zeugen ein Kostenerstattungsanspruch zu geben, wenn er einen Rechtsanwalt beizieht (→ Rdnr. 51).

52

2. Pflichten zur Auskunftserteilung und Unterlassen einer Aussage

Solche Pflichten enthalten z. B. § 836 Abs. 3 ZPO; §§ 402, 413, 444, 666, 716, 740 Abs. 2, § 799 Abs. 2, §§ 2027, 2057, 2127, 2314, 2362 Abs. 2 BGB. Danach bestehende Ansprüche auf Auskunftserteilung können von der berechtigten Partei im Wege der *Klage gegen den Dritten* geltend gemacht und nach § 888 erzwungen werden, sind aber auf den Umfang der gesetzlichen, nach §§ 380, 390 zu erzwingenden Zeugnispflicht *ohne Einfluß*.

53

Aus diesen Bestimmungen erwächst aber kein Anspruch auf Vornahme einer bestimmten *Zeugen*aussage[81]; *vertragliche* Abreden, eine Zeugenaussage vorzunehmen oder zu unterlassen, sind *nichtig*, entweder nach § 134 BGB, wenn sie auf die Vornahme einer falschen Aussage, nach § 138 BGB, wenn die Abrede auf die Vornahme einer wahren Aussage gerichtet ist. Eine Klage auf Unterlassung oder Widerruf einer *Zeugen*aussage ist unzulässig[82], weil die Frage der Wahrheit der Aussage in dem Rechtsstreit überprüft wird, für den die Aussage als Beweismittel dient, oder im Strafverfahren. Zulässig ist aber eine Klage auf Unterlassung usw. einer mit der Aussage identischen Behauptung, etwa wenn die Aussage *außerhalb des Gerichtssaals* unabhängig von der Zeugenrolle wiederholt wird.

54

---

[77] *Zöller-Greger*[20] § 373 Rdnr. 12.
[78] *BVerfGE* 38, 105, 116.
[79] Die Verbesserung des Zeugenschutzes im Strafprozeß erfolgt vornehmlich unter Opferschutzgesichtspunkten, vgl. das ZeugenschutzG v. 30. 4. 1998, BGBl I 820; *Fischer* JZ 1998, 816; *Jung* GA 1998, 313; *Weigand* Gutachten C zum 62. DJT (1998).

[80] Zugleich ist ihm ein Regreßanspruch gegen den Gegner einzuräumen; eine Legalzession des streitigen Anspruchs hilft wegen § 265 Abs. 2 nicht weiter.
[81] *MünchKommZPO-Damrau* § 373 Rdnr. 23.
[82] *BGH* NJW 1981, 2117, 2118; *BGH* NJW 1986, 2502 f.; *BGH* WM 1987, 1114; *BGH* WM 1987, 1524.

3. Pflicht zur Duldung von Untersuchungen

55 Wegen der Pflicht des Zeugen, **Untersuchungen**, insbesondere die Entnahme von *Blutproben* zu dulden → § 372 a; wegen seiner Begutachtung im Wege des Glaubwürdigkeitsgutachtens → Rdnr. 41 ff.

4. Strafrechtliche Verantwortlichkeit und zivilrechtliche Haftung des Zeugen

56 Für die strafrechtliche Verantwortlichkeit und die zivilrechtliche Haftung des Zeugen[83] gelten entsprechend die Ausführungen zum Sachverständigen, → Rdnr. 40 ff. vor § 402.

VII. Amtliche Auskünfte

57 Das Gesetz erwähnt verschiedentlich die amtliche Auskunft (§ 118 Abs. 2, § 273 Abs. 2 Nr. 2, § 437 Abs. 2) sowie *die dienstliche Äußerung* (§ 44 Abs. 3 → Fn. 49). Eine allgemeine Vorschrift über die amtliche Auskunft ist in der ZPO aber nicht enthalten. Hieraus kann angesichts der genannten Regelungen sicher nicht gefolgert werden, die amtliche Auskunft als Beweismittel sei schlechthin unzulässig. Aber auch der umgekehrte Schluß wäre unzutreffend, daß nämlich die amtliche Auskunft ganz allgemein zulässig sei[84]. Die zutreffende Antwort läßt sich nur finden, wenn man erkennt, daß die amtliche Auskunft für die in ihr mitgeteilte Tatsache Beweis erbringen soll. **Dann kann aber die amtliche Auskunft nicht in jedem Fall zulässig sein**, weil sonst die Vorschriften der ZPO über die einzelnen Beweisarten und über die Durchführung des Beweises beiseite geschoben würden. Eine amtliche Auskunft ist deshalb nur in den Fällen zulässig, in denen eine Umgehung der beweisrechtlichen Vorschriften der ZPO nicht zu besorgen ist. Dabei bietet die Regelung der schriftlichen Auskunft nach § 377 Abs. 3 einen wichtigen Hinweis: Wo die mündliche Zeugenaussage in der Wiederholung bereits schriftlich fixierter Gedankenäußerung bestünde, ist die schriftliche Beantwortung zulässig; die Zwischenschaltung der mündlichen Aussage erscheint entbehrlich. In Anlehnung an diese in der ZPO enthaltene Wertung ist eine **amtliche Auskunft zulässig, wenn sie in der Wiedergabe von amtlich geführten Büchern, Registern, Verzeichnissen, Karteien oder vergleichbaren**[85] **Aufzeichnungen besteht**[86]. In allen diesen Fällen erscheint es überflüssig, den betreffenden Beamten oder Bediensteten als Zeugen oder Sachverständigen zu hören. **Unzulässig** ist andererseits **eine amtliche Auskunft, wenn sie nicht dazu dient, bereits vorliegende Aufzeichnungen zu verwerten**. In solchen Fällen sind die betreffenden Personen als Zeugen oder Sachverständige zu vernehmen. Wie die schriftliche Beantwortung nach § 377 Abs. 3 trotzdem eine Zeugenaussage bleibt und dementsprechend den Vorschriften des siebenten Titels unterliegt, ist auch die amtliche Auskunft Zeugenaussage und, wenn sie gutachtliche Äußerungen enthält, (auch) Sachverständigengutachten[87]. Entsprechend gelten die Vorschriften des siebenten oder achten[88] Titels und damit auch die

---

[83] Zum Schadenersatz- und Unterlassungsanspruch gegen Zeugen *RG* JW 1905, 81; *OLG München* OLGZ 1971, 144 = NJW 618; eingehend *J. Blomeyer* Schadensersatzansprüche des im Prozeß Unterlegenen wegen Fehlverhaltens Dritter (1972); *Hopt* Schadensersatz aus unberechtigter Verfahrenseinleitung (1968) 290 ff.; *Helle* GRUR 1982, 207.

[84] So wohl 18. Auflage m. w. N. vgl. auch *BGH* NJW 1979, 268. Zum früheren Streitstand und kritisch gegenüber der amtlichen Auskunft *E. Peters* Der sogenannte Freibeweis im Zivilprozeß (1962) 115 ff., 122 ff., 131 f.; kritisch auch *Pieper* ZZP 84 (1971) 22; *E. Schneider* JurBüro 1969, 471.

[85] Hierzu zählen auch die mittels elektronischer Anlagen gespeicherten Daten.

[86] Ähnlich *Bruns* ZPR² Rdnr. 184 b und JZ 1957, 493.

[87] *BGHZ* 89, 119 (Auskunft nach § 53 b Abs. 2 S. 2 FGG); 62, 95; *BGH* BB 1976, 480; *Musielak-Stadler* Grundfragen des Beweisrechts (1984) Rdnr. 30. Zusammenstellung bei *Baumbach-Lauterbach-Hartmann*⁵⁶ Rdnr. 5.

[88] Einschränkend *BGHZ* 62, 95; *Pieper* ZZP 84 (1971) 22; *Baumbach-Lauterbach-Hartmann*⁵⁶ Rdnr. 34: Vorschriften über den Sachverständigenbeweis, die auf den Sachverständigen als Einzelperson zugeschnitten sind, finden keine Anwendung.

Erfordernisse des Strengbeweises und nicht etwa die Grundsätze des Freibeweises[89]. Die Vereinfachung bei der amtlichen Auskunft liegt in ihrer Schriftlichkeit; sie vom Strengbeweis auszunehmen, besteht kein praktischer Anlaß, vor allem fehlt es hierzu an der gesetzlichen Regelung (zum Freibeweis → auch Rdnr. 7 ff. vor § 355).

VIII. Arbeitsgerichtliches Verfahren

Der siebente Titel gilt im **arbeitsgerichtlichen Verfahren** entsprechend, § 46 Abs. 2, § 64 Abs. 6 ArbGG. Wegen der sich aus § 58 ArbGG ergebenden Besonderheiten → § 375 Rdnr. 17, § 391 Rdnr. 35, § 393 Rdnr. 11, § 397 Rdnr. 13. **60**

§ 373 [Beweisantritt]

Der Zeugenbeweis wird durch die Benennung der Zeugen und die Bezeichnung der Tatsachen, über welche die Vernehmung der Zeugen stattfinden soll, angetreten.

Gesetzesgeschichte: Ursprünglich § 338 CPO, durch Nov. 98, RGBl 256 (→ Einl. Rdnr. 113), inhaltlich unverändert zu § 373 geworden.

Stichwortverzeichnis → »Schlüssel zum Zeugenbeweis« zu Beginn der Vorbemerkungen vor § 373.

I. Antritt des Zeugenbeweises   1   II. Tatsachen   5

I. Antritt des Zeugenbeweises

Der Antritt des Zeugenbeweises (→ Rdnr. 24 vor § 373) **verlangt die Benennung bestimmter Personen**[1] **und die Bezeichnung bestimmter Tatsachen**[2]. Wenn er sich auf ein zuvor ausformuliertes Beweisangebot stützt, kann die Formulierung »Beweis: a. a. O.« oder »Beweis: wie vor« genügen[3]. Unklarheiten sind nach § 139 aufzuklären. Die Benennung der Personen muß so genau sein, daß eine Ladung möglich ist[4]; sind Namen oder Adressen unvollständig oder unbekannt, ist nach § 356 zu verfahren[5] (→ § 356 Rdnr. 5). Es muß nicht dargelegt werden, daß der Zeuge das behauptete Wissen wirklich besitzt. **1**

Grundsätzlich darf auch keine Angabe darüber verlangt werden, *auf welchem Wege* der Zeuge die Tatsache erfahren haben will, deren Kenntnis behauptet wird[6]. Beim Zeugenbeweis über *innere* Tatsachen bei *Dritten* macht die Rechtsprechung davon eine Ausnahme[7]. **2**

---

[89] *BGHZ* 89, 119; 62, 95; anders die 18. Auflage m. w. N. Die früher herrschende Meinung unterstellte die amtliche Auskunft ohne nähere Differenzierung dem Freibeweis, z. B. *BGH* MDR 1964, 223 = LM § 402 Nr. 16; zurückhaltend *Rosenberg-Schwab-Gottwald*[15] § 112 II 3. Auch im Verwaltungsprozeß sollen die Grundsätze des Freibeweises gelten, *BVerwG* InfAuslR 1985, 147.

[1] *RG* WarnRsp 1908 Nr. 417.
[2] Unzulässig ist daher ein Beweisantrag, der jede Angabe von streitigen Tatsachen vermissen läßt (*BGH* VersR 1959, 758) oder »zum Hergang der Auseinandersetzung« (*OLG Köln* MDR 1976, 407). Im übrigen *BGH* JZ 1985, 184; NJW-RR 1987, 1469; *RG* Seuff Arch 57 (1902) 211; WarnRsp 1908 Nr. 97; 1319 Nr. 345; 1917 Nr. 111; Gruchot 65 (1921/22) 495; HRR 1930 Nr. 1662 u. a.
[3] Vgl. *OLG Celle* NJW-RR 1992, 703 (Nach Antritt des Zeugenbeweises: »a. a. O.« hatte das Landgericht eine Ortsbesichtigung [!] durchgeführt).
[4] *RGZ* 97, 126; *OLG Düsseldorf* MDR 1969, 673.
[5] Vgl. *BVerfGE* 69, 248.
[6] *BGH* NJW-RR 1987, 1403; MünchKommZPO-*Damrau* Rdnr. 19; im Grundsatz auch *BGH* NJW 1983, 2034, 2035 r. Sp.
[7] *BGH* NJW 1983, 2034, 2035 r. Sp.

3   Beweisanträge zu dem Zweck der **Ausforschung** (sogenannte **Beweisermittlungsanträge**), d. h. um erst aus der Vernehmung Prozeßstoff zu gewinnen, sind **unzulässig**[8], → § 284 - Rdnr. 40 ff., → § 445 Rdnr. 21, → § 640 Rdnr. 33 ff. Dabei ist aber zu beachten, daß ein Ausforschungsbeweis nicht schon dann vorliegt, wenn eine Tatsache unter Beweis gestellt wird, die die Partei zwar nicht unmittelbar weiß und auch nicht wissen kann, die sie aber auf Grund anderer ihr bekannter Tatsachen vermutet. Denn hier stellt der Beweisführer spezifizierte Tatsachenbehauptungen auf, die ihm beim Ausforschungsbeweis fehlen[9].

Unzulässig ist ferner der Antrag auf Vernehmung eines Zeugen über Tatsachen, die der
4   Beweisführer dem Zeugen unter **Verstoß** gegen eine **Verschwiegenheitspflicht** nach § 203 StGB mitgeteilt hat[10]. Nicht stattzugeben ist auch dem Antrag auf Vernehmung eines Zeugen über Tatsachen, die er aus auf Veranlassung des Beweisführers **heimlich mitgehörten Gesprächen** mit dem Prozeßgegner gewonnen hat[11]. In diesem Fall wird unter Verletzung des allgemeinen Persönlichkeitsrechts des Gesprächsteilnehmers arglistig ein Beweismittel vom Beweisführer erst geschaffen. Davon zu unterscheiden ist das zufällige Mithören eines Gesprächs (zu rechtswidrigen Tonaufzeichnungen → Rdnr. 8 ff. vor § 371).

II. Tatsachen

Die Tatsachen (→ § 284 Rdnr. 9 ff.) brauchen zwar nicht bis ins einzelne spezifiziert und
5   zerlegt zu sein, müssen aber doch so bestimmt angegeben werden, daß zunächst die Ladung und dann später die Vernehmung sachgemäß bewirkt werden können und für das Gericht und Gegner der Zusammenhang der Tatsachen mit dem Gegenstand des Rechtsstreits ohne weiteres ersichtlich ist. Bei zu *allgemeinen Angaben ist von § 139 Gebrauch zu machen*[12]. Die Zeugenbenennung für *widersprechende* Tatsachenangaben stellt ebenfalls keinen zulässigen Beweisantritt dar[13]; auch hier ist nach § 139 zu verfahren. – Die Bezeichnung einer bestimmten Tatsache bildet jedoch keine Schranke für die Vernehmung, → § 396 Rdnr. 7.

§ 374   [weggefallen]

Gesetzesgeschichte: Ursprünglich § 399 CPO, durch Nov. 98, RGBl 256 (→ Einl. Rdnr. 113), inhaltlich unverändert zu § 374 geworden, durch Nov. 24, RGBl I 135 (→ Einl. Rdnr. 123 f.) aufgehoben. § 374 betraf die Zurückweisung eines verspäteten Antrags auf Vernehmung von Zeugen. Die Vorschrift wurde durch den für alle Beweismittel geltenden § 283 a. F. ersetzt, dessen Regelung heute in den §§ 282, 296, 296 a enthalten ist.

---

[8] *RG* HRR 1928 Nr. 1940; 1930 Nr. 258; WarnRsp 1935 Nr. 127; *BGH* (Strafsache) NJW 1952, 1384. Weit. Nachw. → § 284 Fn. 66.
[9] *BGH* JR 1965, 182 = LM § 282 a. F. Nr. 1; *BAGE* 11, 225, 234.
[10] *OLG Köln* NJW-RR 1993, 1073.
[11] *BGH* NJW 1991, 1180; *LG Frankfurt a. M.* NJW 1982, 1056.
[12] *BGH* NJW 1968, 1233; BAG AP § 139 Nr. 3 (*Schumann*).
[13] *BGH* NJW-RR 1987, 1469.

§ 375 [Ausnahmen von der Unmittelbarkeit der Beweisaufnahme]

(1) Die Aufnahme des Zeugenbeweises darf einem Mitglied des Prozeßgerichts oder einem anderen Gericht nur übertragen werden, wenn von vornherein anzunehmen ist, daß das Prozeßgericht das Beweisergebnis auch ohne unmittelbaren Eindruck von dem Verlauf der Beweisaufnahme sachgemäß zu würdigen vermag, und
1. wenn zur Ausmittlung der Wahrheit die Vernehmung des Zeugen an Ort und Stelle dienlich erscheint oder nach gesetzlicher Vorschrift der Zeuge nicht an der Gerichtsstelle, sondern an einem anderen Ort zu vernehmen ist;
2. wenn der Zeuge verhindert ist, vor dem Prozeßgericht zu erscheinen;
3. wenn dem Zeugen das Erscheinen vor dem Prozeßgericht wegen großer Entfernung unter Berücksichtigung der Bedeutung seiner Aussage nicht zugemutet werden kann;
(1 a) Einem Mitglied des Prozeßgerichts darf die Aufnahme des Zeugenbeweises auch dann übertragen werden, wenn dies zur Vereinfachung der Verhandlung vor dem Prozeßgericht zweckmäßig erscheint und wenn von vornherein anzunehmen ist, daß das Prozeßgericht das Beweisergebnis auch ohne unmittelbaren Eindruck von dem Verlauf der Beweisaufnahme sachgemäß zu würdigen vermag.
(2) Der Bundespräsident ist in seiner Wohnung zu vernehmen.

Gesetzesgeschichte: Ursprünglich § 340 CPO, durch Nov. 98, RGBl 256 (→ Einl. Rdnr. 113), inhaltlich verändert zu § 375 geworden. Änderungen durch Bek. 24, RGBl I 437 (→ Einl. Rdnr. 123 f.), Nov. 33, RGBl I 780 (→ Einl. Rdnr. 133), Nov. 50, BGBl I 455 (→ Einl. Rdnr. 148). Durch Art. 1 Nr. 19 des Rechtspflege-Vereinfachungsgesetzes v. 17. XII. 1990 (BGBl I 2847) wurden in Absatz 1 der einleitende Satzteil und Nr. 3 geändert und ergänzt; ferner wurde Absatz 1 a eingefügt.

Stichwortverzeichnis → »Schlüssel zum Zeugenbeweis« zu Beginn der Vorbemerkungen vor § 373.

I. Grundsatz der Unmittelbarkeit 1	b) Nr. 2: Verhinderung des Zeugen am Erscheinen 9
II. Voraussetzungen der Durchbrechung des Unmittelbarkeitsprinzips	c) Nr. 3: Zu große Entfernung des Zeugen 10
1. Absatz 1 4	2. Absatz 1 a: Vereinfachungszweck 12
a) Nr. 1: Sachdienlichkeit bzw. Vernehmung an anderem Ort aufgrund gesetzlicher Vorschrift 6	3. Absatz 2: Vernehmung des Bundespräsidenten 14
	III. Arbeitsgerichtliches Verfahren 17

I. Grundsatz der Unmittelbarkeit

Seinen konkreten Inhalt erhält der Grundsatz der Unmittelbarkeit (→ § 355 Rdnr. 1 ff.) erst durch die im § 375 für die wichtigsten Beweismittel, den Zeugenbeweis, den Sachverständigenbeweis (§ 402) und die Parteivernehmung (§ 451), gezogenen Grenzen. § 375 unterstreicht den **Unmittelbarkeitsgrundsatz** und **engt die Übertragung der Beweisaufnahme auf andere Richter sehr ein** (→ § 355 Rdnr. 13). *Verstöße* gegen § 375 können wirksam mit Rechtsmitteln gerügt werden (→ § 355 Rdnr. 29 f.), eine *Heilung* solcher Verstöße gemäß § 295 ist jedoch möglich (→ § 355 Rdnr. 31). Durch die Ergänzung des Einleitungssatzes in Abs. 1 durch das Rechtspflege-Vereinfachungsgesetz von 1990 wurden die Voraussetzungen einer Zeugenvernehmung durch den beauftragten oder ersuchten Richter verschärft und damit der **Unmittelbarkeitsgrundsatz betont**. Dies erfolgte unter dem Gesichtspunkt der **Ver-** 1 fahrensbeschleunigung[1]. Daran ist zutreffend, daß der Unmittelbarkeitsgrundsatz einer raschen Erledigung der Prozesse nicht entgegen steht (→ § 355 Rdnr. 6).

2   Mit dem Ziele einer Stärkung des Unmittelbarkeitsgrundsatzes nicht vereinbar ist allerdings der ebenfalls durch das Rechtspflege-Vereinfachungsgesetz eingefügte Abs. 1 a, der eine Zeugenvernehmung durch den beauftragten Richter auch unter bloßen Zweckmäßigkeitsgesichtspunkten erlaubt. Hier besteht die Gefahr, daß sich die früher oft praktizierte, durch die Einzelrichternovelle 1974 abgeschaffte Übertragung der Beweisaufnahme auf den bloß vorbereitenden Einzelrichter (→ Rdnr. 4 vor § 348) wieder durchsetzt. Im *kollegialgerichtlichen Verfahren* kann sich der Unmittelbarkeitsgrundsatz daher nur dann voll auswirken, wenn die Gerichte von der Möglichkeit des Abs. 1 a nur im Ausnahmefall Gebrauch machen. Im *einzelrichterlichen Verfahren* ist ebenso wie im *Amtsgerichtsprozeß* die Übertragung an einen beauftragten Richter freilich ohnehin ausgeschlossen; es kommt dort nur das Ersuchen an ein anderes Gericht in Betracht (→ § 355 Rdnr. 15).

II. Voraussetzungen der Durchbrechung des Unmittelbarkeitsprinzips

1. Absatz 1

4   Die Übertragung der Beweisaufnahme auf einen beauftragten oder ersuchten Richter nach Abs. 1 setzt neben dem Vorliegen einer der Voraussetzungen der Nrn. 1 bis 3 voraus, daß das Prozeßgericht aufgrund einer **Prognose** zu dem Ergebnis kommt, es werde das Beweisergebnis auch ohne unmittelbaren Eindruck vom Verlauf der Zeugenvernehmung sachgemäß würdigen können. Diese Voraussetzung dient der Stärkung des Unmittelbarkeitsgrundsatzes (→ Rdnr. 1). Die Gesetzesfassung ist nicht geglückt, denn die Frage, ob das Beweisergebnis sachgemäß zu würdigen ist, kann oftmals erst anhand des Verlaufs der Beweisaufnahme entschieden werden. Stellt sich später heraus, daß eine sachgemäße Beweiswürdigung nicht möglich ist, ist nach § 398 der Zeuge erneut vor dem Prozeßgericht zu vernehmen (→ § 398 Rdnr. 6).

5   Zudem muß eine der Voraussetzungen der Nrn. 1 bis 3 erfüllt sein:

a) Nr. 1: Sachdienlichkeit bzw. Vernehmung an anderem Ort aufgrund gesetzlicher Vorschrift

6   Die Beweisaufnahme kann übertragen werden, wenn die Vernehmung des Zeugen an *Ort und Stelle der Wahrheitsfindung dienlich* ist, z. B. wenn der Zeuge seine Aussage durch Hinweis auf örtliche Verhältnisse zu erläutern hat oder einem verhinderten Zeugen (Nr. 2) gegenübergestellt werden soll oder wenn das Gericht ohnedies einen Augenschein vornimmt und es deshalb sinnvoll erscheint, die Zeugen (und Sachverständigen) an Ort und Stelle zu hören.

7   In diesen Fällen *darf* das Gericht von der unmittelbaren Beweisaufnahme absehen. Es kann aber auch statt der Übertragung selbst die Vernehmung an Ort und Stelle (§ 219) vornehmen (»Lokaltermin«).

8   An anderer als der Gerichtsstelle sind außer in den Fällen des § 382 der Bundespräsident nach Abs. 2 und die ausländischen Konsuln nach Maßgabe der einschlägigen Verträge zu vernehmen, → § 377 Rdnr. 22 ff.

---

[1] Vgl. BT DS 11/3621, 22 l. Sp.

b) Nr. 2: Verhinderung des Zeugen am Erscheinen

Die Verhinderung muß von *einiger Dauer* sein und darf sich nicht auf einen bestimmten Termin beschränken; sie kann in Krankheit, hohem Alter, dienstlicher oder geschäftlicher Inanspruchnahme usw. bestehen. Verfügt der Zeuge nicht über die erforderlichen Mittel für die Reise, so sind sie nach § 14 ZSEG vorzuschießen; ein Verhinderungsgrund liegt darin nicht.

9

Vielfach wird eine Vernehmung des Zeugen in seiner *Wohnung* in Betracht kommen. Dabei ist aber zu beachten, daß der **Zeuge nicht verpflichtet** ist, die **Anwesenheit der Gerichtspersonen** und **der Parteien** in seiner **Wohnung zu dulden** (→ § 219 Rdnr. 9). Vielmehr steht ihm das Grundrecht der Unverletzlichkeit der Wohnung zu (Art. 13 GG). Es liegt keine der in Art. 13 Abs. 2 und 3 GG genannten Eingriffs- und Beschränkungsmöglichkeiten vor. Auch aus dem Gesichtspunkt der immanenten Schranken des Art. 13 GG[2] oder aufgrund der Zulässigkeit von Eingriffen und Beschränkungen über Art. 13 Abs. 2 und 3 GG hinaus[3] kommt man nicht zu einer Pflicht des Zeugen, die Anwesenheit des Gerichts in seiner Wohnung zu dulden. Hierfür fehlt es sowohl an der *verfassungsrechtlichen* Zulässigkeit als auch überhaupt an einer *gesetzlichen* Grundlage[4]; vgl. im übrigen → § 357 Rdnr. 2.

c) Nr. 3: Zu große Entfernung des Zeugen

Nr. 3 regelt den Fall der **Unverhältnismäßigkeit** des Erscheinens des Zeugen an der Gerichtsstelle. Vom Erscheinen kann abgesehen werden, wenn es wegen zu **großer Entfernung** angesichts der Bedeutung der Aussage nicht zumutbar ist. Welche Entfernung als »groß« anzusehen ist, läßt sich nur nach den konkreten Umständen unter Berücksichtigung der vorhandenen Verkehrsmöglichkeiten beurteilen; dabei kommt es weniger auf die Entfernung als auf die *Zeitdauer* der Reise an. Kann der Zeuge den Gerichtsort im Vorort- oder Nahverkehr erreichen, liegt ein Fall des Nr. 3 nicht vor. Aufgrund des Rechtspflege-Vereinfachungsgesetzes von 1990 ist zur Stärkung des Unmittelbarkeitsgrundsatzes zusätzlich die **Bedeutung der Aussage** zu berücksichtigen und zwischen den Belangen des Zeugen und der Bedeutung abzuwägen[5]. Voraussetzungen, unter denen eine erforderliche (→ Rdnr. 36 vor § 373) Zeugenvernehmung weniger bedeutsam sein kann, sind kaum denkbar. Die Bedeutung mag geringer sein, wenn noch andere Zeugen zum selben Beweisthema gehört werden sollen[6], die nicht gegenbeweislich benannt wurden. Keinesfalls darf die Übertragung erfolgen, um dem Prozeßgericht die Mühe der Zeugenvernehmung zu ersparen. Hohe Arbeitsbelastung rechtfertigt die Übertragung nicht.

10

2. Absatz 1 a: Vereinfachungszweck

Die Beweisaufnahme kann einem *beauftragten* Richter (nicht einem ersuchten Richter) ferner dann übertragen werden, wenn dies zur Vereinfachung der Verhandlung zweckmäßig erscheint. Um den Unmittelbarkeitsgrundsatz nicht auszuhöhlen (→ § 355 Rdnr. 5), darf eine Übertragung nur im Ausnahmefall stattfinden. Im Gesetzgebungsverfahren[7] hat man auf *umfangreiche* Beweisaufnahmen hingewiesen. Wurde von einer Übertragung des Rechts-

12

---

[2] Vgl. hierzu *Maunz* in *Maunz-Dürig-Herzog* GG (Loseblattausgabe, 33. Erg.-Lief. Stand: Nov. 1997) Art. 13 Rdnr. 11.
[3] *BVerfGE* 32, 54, 76; 75, 318, 328.
[4] AK-*Ankermann* § 219 Rdnr. 5. Demgegenüber geht die h. M. davon aus, das Hausrecht des Zeugen müsse zurücktreten. Sie setzt sich jedoch mit der Grundrechtsproblematik nicht auseinander, vgl. MünchKommZPO-*Damrau* Rdnr. 4; *Zöller-Stöber*[20] § 219 Rdnr. 4 und § 357 Rdnr. 1; *Thomas-Putzo*[21] Rdnr. 4; AK-*Rüßmann* § 357 Rdnr. 2; ebenso die 19. Aufl. dieses Kommentars.
[5] Vgl. BT DS 11/3621, 38 l. Sp.
[6] MünchKommZPO-*Damrau* Rdnr. 5.
[7] BT DS 11/8283, 47.

streits nach § 348 Abs. 1 Nr. 1 wegen *tatsächlicher* Schwierigkeiten abgesehen, erscheint eine Übertragung der Beweisaufnahme nach Abs. 1 a als nicht angängig. Auch im Falle des Abs. 1 a ist Voraussetzung, daß das Prozeßgericht der Ansicht ist, es werde die Ergebnisse der Beweisaufnahme auch ohne unmittelbaren Eindruck würdigen können (→ Rdnr. 4). Die Voraussetzung ist nicht gegeben, wenn von vornherein mit widersprechenden Zeugenaussagen gerechnet werden muß[8].

3. Absatz 2: Vernehmung des Bundespräsidenten

14 Der Bundespräsident genießt das Vorrecht, in seiner Wohnung vernommen zu werden. Dieses Privileg ist in einem demokratischen Staat fragwürdig und heute überholt[9]. Vernünftige Gründe für die Bestimmung sind nicht erkennbar. Mit der Sicherung der ungestörten Amtsausübung läßt sich das Vorrecht, in der *Wohnung* vernommen zu werden, nicht rechtfertigen. Zeitgemäß wäre es, den Bundespräsidenten wie die in § 382 genannten Verfassungsorgane zu behandeln, also an seinem *Amtssitz* oder *Aufenthaltsort* zu vernehmen (→ auch § 219 Rdnr. 12).

15 Das Vorrecht gilt nur für den Bundespräsidenten, nicht für den verfassungsmäßigen Vertreter nach Art. 57 GG. Der Bundespräsident kann darauf verzichten. Im übrigen gelten sämtliche Bestimmungen über die Beweisaufnahme, insbesondere auch §§ 357, 397. Auch der Unmittelbarkeitsgrundsatz findet Anwendung. Ein Grund, die Vernehmung des Bundespräsidenten stets ohne Bindung an die Voraussetzungen des Abs. 1 einem beauftragten oder ersuchten Richter zu übertragen, ist trotz der systematischen Stellung der Vorschrift nicht ersichtlich[10].

III. Arbeitsgerichtliches Verfahren

17 Für das arbeitsgerichtliche Verfahren ist der § 375 durch § 58 Abs. 1, § 64 Abs. 7 ArbGG modifiziert. Danach erfolgt die Beweisaufnahme, **soweit sie am Sitze des Arbeitsgerichts**, bzw. in der Berufungsinstanz am Sitze des Landesarbeitsgerichts möglich ist, *gleichviel ob an der Gerichtsstelle oder außerhalb*, **stets vor der Kammer**. Als unmöglich wird die Zeugenvernehmung am Gerichtssitz dann anzusehen sein, wenn Gründe der im § 375 Abs. 1 Nr. 1 – 3 bezeichneten Art vorliegen. Die Erledigung einer **außerhalb des Gerichtssitzes, aber innerhalb des Gerichtsbezirks** – in der Berufungsinstanz des *Bezirks des Landesarbeitsgerichts*, § 64 Abs. 7 ArbGG (»gelten *entprechend*«) – erforderlichen Beweisaufnahme, obliegt kraft Gesetzes dem Vorsitzenden. Ein *anderes* (Arbeits- oder Amts-)*Gericht* darf nur bei einer **außerhalb des Gerichtsbezirks** erforderlichen Zeugenvernehmung *ersucht* werden, → § 355 Rdnr. 37. Wegen der Kammern mit erweiterter Zuständigkeit, § 17 Abs. 2 ArbGG, → § 355 Fn. 74.

18 Die Sondervorschrift des Abs. 2 hinsichtlich des *Bundespräsidenten* gilt hier ebenfalls, jedoch mit der sich aus § 58 ArbGG ergebenden Abweichung, daß sie unter Zuziehung der Beisitzer zu erfolgen hat, wenn die Vernehmung an einem Ort stattfindet, der Sitz des Arbeits- bzw. Landesarbeitsgerichts ist.

---

[8] *OLG Köln* NJW-RR 1998, 1143.
[9] Ursprünglich hatte die Bestimmung, die jetzt in § 375 Abs. 2 enthalten ist, die Aufgabe, die in den Landesgesetzen und den Hausverfassungen der Landesherren enthaltenen und als Ausfluß ihrer »souveränen Stellung« verstandenen Vorrechte in ganz Deutschland für verbindlich zu erklären (vgl. *Hahn-Stegemann* Materialien zu dem GVG[2], 184 f.).
[10] A.A. wohl *Schumann* in der Voraufl.

§ 376 [Vernehmung von Richtern, Beamten und anderen Personen. Aussagegenehmigung]

(1) Für die Vernehmung von Richtern, Beamten und anderen Personen des öffentlichen Dienstes als Zeugen über Umstände, auf die sich ihre Pflicht zur Amtsverschwiegenheit bezieht, und für die Genehmigung zur Aussage gelten die besonderen beamtenrechtlichen Vorschriften.

(2) Für die Mitglieder des Bundestages, eines Landtages, der Bundes- oder einer Landesregierung sowie für die Angestellten einer Fraktion des Bundestages oder eines Landtages gelten die für sie maßgebenden besonderen Vorschriften.

(3) Eine Genehmigung in den Fällen der Abs. 1, 2 ist durch das Prozeßgericht einzuholen und dem Zeugen bekanntzumachen.

(4) Der Bundespräsident kann das Zeugnis verweigern, wenn die Ablegung des Zeugnisses dem Wohl des Bundes oder eines deutschen Landes Nachteile bereiten würde.

(5) Diese Vorschriften gelten auch, wenn die vorgenannten Personen nicht mehr im öffentlichen Dienst oder Angestellte einer Fraktion sind oder ihre Mandate beendet sind, soweit es sich um Tatsachen handelt, die sich während ihrer Dienst-, Beschäftigungs- oder Mandatszeit ereignet haben oder ihnen während ihrer Dienst-, Beschäftigungs- oder Mandatszeit zur Kenntnis gelangt sind.

Gesetzesgeschichte: Ursprünglich § 341 CPO, durch Nov. 98, RGBl 256 (→ Einl. Rdnr. 113), inhaltlich unverändert zu § 376 geworden. Inhaltliche Änderungen durch Bek. 24, RGBl I 437 (→ Einl. Rdnr. 123 f.), Gesetz vom 27. III. 1930, RGBl I 96 (→ Einl. Rdnr. 125), Bek. 33, RGBl I 821 (→ Einl. Rdnr. 133), Nov. 50, BGBl I 455 (→ Einl. Rdnr. 148), Gesetz vom 4. XI. 1994, BGBl I 3346.

Stichwortverzeichnis → »Schlüssel zum Zeugenbeweis« zu Beginn der Vorbemerkungen vor § 373.

I. Verschwiegenheitspflicht und Aussagegenehmigung	
1. Vernehmungsverbot mit Aussagegenehmigungsvorbehalt	1
2. Sämtliche Erklärungen	7
3. Erteilung der Aussagegenehmigung	9
4. Versagung der Aussagegenehmigung	17
II. Die der Regelung unterstehenden Personen	
1. Richter	
a) Beratungsgeheimnis	25
b) Allgemeine Verschwiegenheitspflicht	29
2. Beamte	31
3. Andere Personen des öffentlichen Dienstes	
a) Arbeiter und Angestellte	36
b) Notare	41
c) Rechtsanwälte	42
d) Soldaten	43
e) Beamte der Bundesbank	44
f) Angehörige von Selbstverwaltungsgremien	45
4. Mitglieder des Bundestags oder eines Landtags	47
5. Mitglieder der Bundes- oder einer Landesregierung	49
6. Fraktionsangestellte	53
7. Ausländische Beamte	54
8. Mitglieder der in der Bundesrepublik Deutschland stationierten Truppen	56
III. Das Verfahren	
1. Einholung der Genehmigung durch das Gericht	58
2. Pflichten des Beamten	61
3. Ersuchen eines ausländischen Gerichts	64
4. Ausscheiden aus dem öffentlichen Dienst	66
IV. Zeugnisverweigerungsrecht des Staatsoberhaupts	69
V. Anhang	
1. Bundesbeamtenrechtliche Vorschriften	70
2. Landesbeamtengesetze	72
3. Abgeordnete	88
4. Regierungsmitglieder	110
5. Fraktionsangestellte	130

I. Verschwiegenheitspflicht und Aussagegenehmigung[1]

1. Vernehmungsverbot mit Aussagegenehmigungsvorbehalt

1   Die durch das Beamtenverhältnis begründete Pflicht zur *Amtsverschwiegenheit* umfaßt sachlich alle dem **Beamten in Ausübung seiner amtlichen Tätigkeit bekanntgewordenen Angelegenheiten,** deren Geheimhaltung durch Gesetz oder dienstliche Anordnung vorgeschrieben oder ihrer Natur nach erforderlich ist. Was dazu im einzelnen gehört, unterliegt der Entscheidung des Dienstvorgesetzten, → Rdnr. 9. Tatsachen, die *offenkundig* sind oder ihrer Bedeutung nach *keiner Geheimhaltung* bedürfen, gehören nicht hierher, § 61 Abs. 1 S. 2 BBG (→ Rdnr. 70), § 39 Abs. 1 S. 2 BRRG (→ Rdnr. 71) und die entsprechenden landesrechtlichen Vorschriften. Solche Umstände sind etwa bei Polizeibeamten gegeben, die zur Aufnahme eines Verkehrsunfalls gerufen werden (→ Rdnr. 9). Tatsachen, die der Beamte anläßlich, aber *nicht aufgrund* seiner Amtstätigkeit erfährt (Beobachtung eines Verkehrsunfalls vom Dienstzimmer aus), fallen ebenfalls dann nicht unter das Vernehmungsverbot, wenn kein schutzwürdiges Interesse an der Geheimhaltung besteht. Allerdings können sich auch bei solchen Tatsachen nahe Berührungspunkte zum Amtsgeheimnis ergeben, wenn nämlich die Zeugenaussage nur im Zusammenhang mit der Preisgabe amtlicher Tatsachen sinnvoll abgegeben werden kann (Fragen nach Dienststellung, Aufgabenkreis u. ä. des Beamten).

3   **Die Amtsverschwiegenheit umfaßt Aussagen und Erklärungen jeder Art, gerichtliche wie außergerichtliche. Das Fehlen der Aussagegenehmigung bewirkt ein Vernehmungsverbot**[2]. *Einem Parteiverzicht (§ 295) oder dem Verzicht durch den betreffenden Beamten ist dieses Verbot nicht zugänglich.* Jedoch ist das Verhältnis zwischen der Amtsverschwiegenheit und den im gerichtlichen Verfahren bestehenden Aufklärungspflichten und Erklärungsbefugnissen – in Anlehnung an die frühere Regelung in § 376 Abs. 2, § 408 Abs. 2 – durch die Beamtengesetze dahin geregelt, daß der Dienstvorgesetzte durch Erteilung der **Aussagegenehmigung** den Beamten von der Amtsverschwiegenheit entbinden kann und unter gewissen Voraussetzungen zu entbinden hat, → Rdnr. 17.

5   Neben der Amtsverschwiegenheit existieren noch eine Reihe von Verschwiegenheitspflichten, die *auch im Interesse des einzelnen Bürgers aufgestellt sind*. Zu denken ist etwa an das **Arztgeheimnis** des beamteten Arztes, das **Beichtgeheimnis** des beamteten Seelsorgers und auch an das **Steuergeheimnis** des § 30 AO. *Eine Aussagegenehmigung bei solchen Verschwiegenheitspflichten ist deshalb nur mit Zustimmung der geschützten Person zulässig*[3]. Wird die Genehmigung ohne deren Einverständnis erteilt, hat der betreffende Beamte gleichwohl ein Zeugnisverweigerungsrecht nach § 383 Abs. 1 Nr. 6 (→ § 383 Rdnr. 71), zu dessen Ausübung er kraft seiner Verschwiegenheitspflicht solange *verpflichtet* ist, als er nicht von ihr entbunden (§ 385 Abs. 2) wurde. Ferner hat die durch das Geheimnis geschützte Person die Anfechtungsklage gegen die Aussagegenehmigung (→ Rdnr. 21).

2. Sämtliche Erklärungen

7   Im Gegensatz zu den früheren Vorschriften der §§ 376 Abs. 2, 408 Abs. 2 umfaßt die Regelung nach § 61 Abs. 2 S. 1 BBG, § 39 Abs. 2 S. 1 BRRG und den landesrechtlichen Bestimmungen (→ Rdnr. 72 ff.) nicht nur Zeugen- und Sachverständigenaussagen, sondern

---

[1] Lit.: *Ziegler* Die Aussagegenehmigung im Beamtenrecht (1989).
[2] MünchKommZPO-*Damrau* Rdnr. 1.
[3] So zum Steuergeheimnis BFHE 89, 113 = BStBl. III 67, 572; *Lohmeyer* GoltdArch 1968, 209; *Kleinknecht-Meyer-Großner* StPO[43] (1997) § 161 Rdnr. 5; *Koch-Wolter* Das Steuergeheimnis (1958) 123 ff.

jede Art **Erklärungen vor Gericht**, also auch Parteibehauptungen wie Aussagen bei der Parteivernehmung. Wegen *Sachverständigengutachten* → § 408 Rdnr. 6, wegen der *Parteivernehmung* → § 451 Rdnr. 3.

Soweit es sich um den Vortrag der zur Rechtsverfolgung oder Rechtsverteidigung erforderlichen Tatsachen, d. h. um *Parteibehauptungen* handelt, ist das Gericht allerdings mit der Frage nicht unmittelbar befaßt; inwieweit der Beamte im Prozeß rechtsverfolgend oder rechtsverteidigend dienstliche Angelegenheiten zum Gegenstand der Verhandlung machen darf, ist eine Frage, die er selbst mit seinen Dienstvorgesetzten auszutragen hat. 8

3. Erteilung der Aussagegenehmigung

Für die Erteilung (nicht für die Versagung → Rdnr. 17) **der Aussagegenehmigung ist grundsätzlich der Dienstvorgesetzte**, bei beendeten Dienstverhältnissen der letzte Dienstvorgesetzte zuständig, § 61 Abs. 2 BBG, § 39 Abs. 2 S. 2 BRRG. Wer das im Einzelfall ist, bestimmt sich nach den jeweils einschlägigen beamtenrechtlichen Vorschriften. Bei **Polizeivollzugsbeamten**, die zur Aufnahme eines Verkehrsunfalls gerufen werden, ist regelmäßig keine Aussagegenehmigung notwendig, da es sich nicht um geheimhaltungsbedürftige Tatsachen handelt (→ Rdnr. 1). Sofern aber einmal bei ihnen eine Genehmigung erforderlich ist, ändert auch ihre Eigenschaft als Hilfsbeamte der Staatsanwaltschaft nichts an der Zuständigkeit der Polizeiverwaltungsbehörden für die Genehmigung[4]. 9

Das Problem, inwieweit beim Übergang eines Beamten in ein Dienstverhältnis bei einem anderen Dienstherrn oder zu einem anderen Dienstvorgesetzten der nunmehr für die Aussagegenehmigung zuständige Dienstvorgesetzte (-herr) die frühere Dienstbehörde zu beteiligen hat, löst z. B. § 39 Abs. 2 S. 3 BRRG durch ein Zustimmungserfordernis des früheren Dienstherrn. 10

Die Erteilung der Aussagegenehmigung ist ein Verwaltungsakt[5] (→ auch Rdnr. 21); jedoch wird eine von einer Prozeßpartei oder einem Dritten angestrengte verwaltungsgerichtliche Anfechtungsklage nur dann erfolgreich sein, wenn die Amtsverschwiegenheit dem Interesse der einzelnen Partei dient, wie dies etwa bei den in → Rdnr. 5 aufgeführten Verschwiegenheitspflichten der Fall ist. Gerade bei diesen Pflichten, vor allem beim **Steuergeheimnis** ist deshalb bei der Erteilung der Genehmigung darauf zu achten, daß der einzelne geschützte Bürger (z. B. der Steuerpflichtige) der Genehmigung zustimmt (→ Rdnr. 5). Diese Zustimmung ersetzt aber nicht die eigene Prüfung der Behörde, ob sie genehmigen will (→ Rdnr. 61). 11

Die **Genehmigung** zur Zeugenaussage kann auch auf bestimmte Tatbestände **umfangmäßig beschränkt werden**[6]. 13

Ob sich im konkreten Fall die Pflicht zur Amtsverschwiegenheit auf den Gegenstand der Vernehmung erstreckt, entscheidet der Dienstvorgesetzte anhand des Beweisbeschlusses, nicht aber das Gericht. Für dieses ergibt sich die Pflicht zur Einholung der Aussagegenehmigung in allen Fällen, in denen sich die Verschwiegenheitspflicht auf den konkreten Vernehmungsgegenstand beziehen *kann*. Da sich das Fehlen der Aussagegenehmigung im Prozeß als Vernehmungsverbot auswirkt (→ Rdnr. 3) und nicht lediglich ein Zeugnisverweigerungsrecht begründet (wie in § 383 Abs. 1 Nr. 6), ist *die Aussagebereitschaft des Beamten unerheblich*. Jedoch besteht für die genehmigungslos gemachte Aussage **kein Verwertungsverbot**[7]. 15

---

[4] *OLG Hamm* JMBlNRW 1956, 36; *Kohlhaas* JR 1957, 44.
[5] *MünchKommZPO-Damrau* Rdnr. 14.
[6] *BGHSt* bei *Dallinger* MDR 1952, 659; *OLG Hamm* NJW 1970, 821; *OLG Celle* NiedersRPfl 1948, 252; *Woesner* NJW 1961, 536. Gegen die Beschränkung v. *Zezschwitz* NJW 1972, 796 (zum Strafprozeß).

[7] *BGHSt* NJW 1952, 151; *RGSt* 44, 291; *Kleinknecht-Meyer-Goßner*[43] (Fn. 3) § 54 Rdnr. 2; *Löwe-Rosenberg-Dahs* StPO[24] (1986) § 54 Rdnr. 28; *KMR-Paulus* StPO (Loseblattausgabe Stand März 1998) § 54 Rdnr. 48; anders *Eb. Schmidt* StPO § 54 Rdnr. 10.

4. Versagung der Aussagegenehmigung

17 Der **Ausspruch der Versagung** wird (im Gegensatz zur Erteilung der Aussagegenehmigung) in den meisten Bundesländern und im Bund **nur von den obersten Behörden getroffen** (§ 62 Abs. 4 BBG, Art. 70 Abs. 3 BayBG, § 27 Abs. 4 BerlBG usw. → Rdnr. 70 ff.). Damit soll einem Mißbrauch der Versagung entgegengewirkt werden. Die **Genehmigung zur Zeugenaussage** darf **nur versagt werden,** wenn die Aussage dem Wohle des Bundes oder eines deutschen Landes Nachteile bereiten oder die Erfüllung öffentlicher Aufgaben ernstlich gefährden oder erheblich erschweren würde (§ 62 Abs. 1 BBG, § 39 Abs. 3 S. 1 BRRG und die landesrechtlichen Vorschriften, → Rdnr. 70 ff.). Nachteile, die der Staatskasse aus der Aussage des Beamten in einem Fiskusprozeß erwachsen könnten, rechtfertigen dagegen die Verweigerung der Genehmigung nicht[8].

18 In welchem Ausmaß die Versagung zu **begründen** ist, richtet sich nach allgemeinem Verwaltungsrecht und Beamtenrecht[9].

19 Dem **Prozeßgericht** steht eine **Nachprüfung der Versagung nicht zu**[10]. Auch über die Rechtsfigur des nichtigen Verwaltungsaktes (→ Einl. Rdnr. 558) vermag das Gericht eine offensichtlich nichtige Versagung nicht beiseite zu schieben, weil selbst bei Nichtigkeit der Versagung eine positive Erteilung der Aussagegenehmigung aussteht. **Dem Gericht** ist grundsätzlich auch **kein Rechtsmittel** (Beschwerde o. ä.) bei der höheren Dienstbehörde **eingeräumt**. Wird aber eine Aussagegenehmigung ohne oder mit offensichtlich unzureichender oder fehlerhafter Begründung (→ Rdnr. 18) verweigert, so ist das Gericht berechtigt, *Gegenvorstellungen* zu unternehmen und notfalls auch die Aufsichtsbehörde anzurufen[11]. Die Tatsache der Versagung der Genehmigung ist bei der Beweiswürdigung verwertbar[12], wie etwa auch aus der Zeugnisverweigerung (→ § 384 Rdnr. 25) und aus der Verweigerung der Eidesleistung (→ § 392 Rdnr. 9) im Rahmen der freien Beweiswürdigung (→ § 286 Rdnr. 10 f.) behutsame Schlüsse gezogen werden dürfen.

20 Eine Ausnahme im deutschen Prozeßrecht besteht hinsichtlich der Aussage von Beamten nur nach § 28 Abs. 2 S. 2 BVerfGG, nach dem das Bundesverfassungsgericht mit Zweidrittelmehrheit in einem bei ihm anhängigen Verfahren die Verweigerung der Aussagegenehmigung für unbegründet erklären kann[13]. Diese Befugnis ist den Zivilgerichten verwehrt.

---

[8] Vgl. auch *RGZ* 33, 362.
[9] Wegen der verwaltungsgerichtlichen Kontrollmöglichkeit (→ Rdnr. 21) ist eine Begründung unumgänglich, *Weiß-Niedermayer-Summer-Zängl* BayBeamtengesetz (Loseblattsammlung 1986) Art. 70 Anm. 10; *Battis* BBG² (1997) § 62 Rdnr. 7; vgl. auch § 39 VwVfG. Dabei sind formelhafte Ausführungen ungenügend. Andererseits darf die Begründungspflicht nicht zu einer Durchkreuzung der Geheimhaltungspflicht führen. Ganz sicher aber kann die Verweigerung der Aussagegenehmigung nicht mit dem Zeugnisverweigerungsrecht nach § 383 Abs. 1 Nr. 6 begründet werden, vgl. auch *OLG München* NJW 1958, 1240. Nur wenn es sich um eine Verschwiegenheitspflicht gegenüber einer bestimmten Person handelt, bedeutet deren fehlende Zustimmung zugleich die Notwendigkeit der Verweigerung der Aussagegenehmigung (näher → Rdnr. 5).
[10] *BGHSt* 17, 384; vgl. auch *RGSt* 7, 74; 44, 291 f.; *OLG Celle* HESt 2, 79; *BGHSt* MDR 1952, 659 bei *Dallinger*.
[11] *OLG Hamm* NJW 1970, 821 f.; *Kleinknecht-Meyer-Goßner*⁴³ (Fn. 3) Rdnr. 27.
[12] *Kleinknecht-Meyer-Goßner*⁴³ (Fn. 3) Rdnr. 26.
[13] Entsprechende Bestimmungen finden sich in den Landesgesetzen für die Staats- und Verfassungsgerichtshöfe bzw. Landesverfassungsgerichte der Länder; *Baden-Württemberg*: § 20 Abs. 2 des Gesetzes vom 13. XII. 1954 (GBl 171); *Berlin*: § 27 Abs. 2 des Gesetzes vom 8. XI. 1990 (GBl 2246); *Brandenburg*: § 24 Abs. 2 des Gesetzes in der Fassung der Bekanntmachung vom 22. XI. 1996 (GVBl I 344); *Hessen*: § 22 Abs. 3 des Gesetzes vom 30. XI. 1994 (GVBl I 684); *Mecklenburg-Vorpommern*: § 24 Abs. 2 des Gesetzes vom 19. VII. 1994 (GVOBl 734/GS M-V Gl. Nr. 300–6); *Nordrhein-Westfalen*: § 22 Abs. 2 des Gesetzes vom 14. XII. 1989 (GV NW 708/SGVNW 1103); *Saarland*: § 19 Abs. 2 des G. Nr. 645 über das Verfassungsgerichtshof in der Fassung der Bekanntmachung vom 19. XI. 1982 (ABl 917); *Sachsen*: § 10 Abs. 1 des Gesetzes vom 18. II. 1993 (GVBl 177, 495) mit Pauschalverweisung auf das BVerfGG; *Sachsen-Anhalt*: § 23 Abs. 2 des Gesetzes vom 8. VIII. 1993 (GVBl 441); *Thüringen*: § 22 Abs. 2 des Gesetzes vom 28. VI. 1994 (GVBl 781); auf ZPO und StPO verweist in *Bayern* (subsidiär) Art. 23 IV des Gesetzes vom 10. V. 1990 (GVBl 122, 231; Bay RS 1103–1-S), in *Hamburg* § 33 des Gesetzes vom 23. III. 1982 (GVBl 59), in Niedersachsen § 18 des Gesetzes vom 1. VII. 1996 (GVBl 342) und in *Rheinland-Pfalz* § 17 Abs. 3 des Gesetzes vom 23. VII. 1949 (GVBl 285). Für Bremen existiert keine entsprechende Bestimmung.

Die Verweigerung der Aussagegenehmigung ist als Verwaltungsakt gegenüber den Parteien zu werten und als solcher von ihnen gegebenenfalls durch Widerspruch und Anfechtungsklage nach der VwGO anzugreifen, die Erteilung der Genehmigung kann unter Umständen durch Verpflichtungsklage herbeigeführt werden[14]. Ist ein Verwaltungsrechtsstreit anhängig, so kann das Gericht bis zu dessen rechtskräftiger Entscheidung zweckmäßigerweise das Verfahren aussetzen[15]. Auch bei der Aussagegenehmigung für einen *Richter der ordentlichen Gerichtsbarkeit* handelt es sich nicht um einen Justizverwaltungsakt, bei dem der Rechtsweg nach § 23 EGGVG gegeben wäre, sondern um einen Verwaltungsakt, dessen Nachprüfung in die Zuständigkeit der allgemeinen Verwaltungsgerichtsbarkeit fällt. 21

Ist der **Beamte seinerseits Partei** oder Beschuldigter, so darf die Genehmigung nur versagt werden, wenn die dienstlichen Rücksichten dies *unabweisbar* fordern, § 62 Abs. 3 BBG, § 39 Abs. 4 BRRG sowie die Landesgesetze (→ Rdnr. 72 ff.). In diesem Fall ist die Versagung auch ihm gegenüber ein Verwaltungsakt. 22

II. Die der Regelung unterstehenden Personen

1. Richter

a) **Beratungsgeheimnis:** Unter den Personenkreis »Richter« fallen die in § 1 DRiG aufgeführten Berufsrichter und ehrenamtlichen Richter des Bundes und der Länder (§ 3 DRiG). Das in § 43 DRiG statuierte Beratungsgeheimnis für Berufsrichter ist im Hinblick auf § 2 DRiG in § 45 Abs. 1 S. 2 DRiG auf die ehrenamtlichen Richter ausgedehnt. Die Verschwiegenheitspflicht bezieht sich hier auf Beratung und Abstimmung nach §§ 192 – 194 GVG. Es ist **grundsätzlich verboten, Vorgänge bei Beratung und Abstimmung zum Gegenstand der Beweisaufnahme zu machen.** Ein Einverständnis der Beteiligten hilft hier im Prinzip genausowenig wie eine Aussagegenehmigung durch einen »Dienstvorgesetzten« → § 309 Rdnr. 7, → § 383 Rdnr. 108. Für die seltenen Ausnahmefälle solcher Beweisaufnahmen sind folgende Besonderheiten zu beachten: 25

Zwar gelten für die Aussagegenehmigung hinsichtlich der Tatsachen, die dem Beratungsgeheimnis unterliegen, dieselben Vorschriften wie für die Aussagegenehmigung von Beamten[16]. Dabei ergeben sich jedoch in zweifacher Hinsicht Besonderheiten. Das Beratungsgeheimnis dient dem öffentlichen Interesse an der richterlichen Unabhängigkeit. Für eine Befreiung vom Beratungsgeheimnis müssen daher ganz überragend wichtige Gründe, z.B. die zivilrechtlichen Folgen einer strafbaren Rechtsbeugung vorliegen. Darüber hinaus hat der Richter in Rechtsprechungsangelegenheiten keinen Vorgesetzten. **Es besteht daher jedenfalls insofern Einigkeit, daß die Genehmigung für diese Aussage eines Richters nicht von der obersten Dienstbehörde zu erteilen ist.** Strittig ist, ob der Richter selbst[17] oder das zu vernehmende Gericht[18] über die Aussage zu entscheiden hat. Der ersten Auffassung ist zuzustimmen. Für eine Entscheidungszuständigkeit des vernehmenden Gerichts ergeben sich aus § 376 ZPO ebensowenig wie aus dem DRiG und dem GVG Anhaltspunkte. Da *kein Vorgesetztenverhältnis vorliegt, tritt der Richter selbst an die Stelle des Dienstvorgesetzten.* Die 26

---

[14] *BVerwGE* 34, 252 = NJW 1971, 160; *OVG Münster* MDR 1959, 1041 = DÖV 874 mit Anm. *Leiß*, DÖV 1960, 156; *OVG Berlin* NJW 1955, 1940; *VG Wiesbaden* NJW 1950, 799; *VG Freiburg* NJW 1956, 1941; *Evers* Privatsphäre und Verfassungsschutz (1960) 253; *Menzel* DÖV 1965, 8; *Schweitzer* ZBR 1956, 201; *Woesner* NJW 1961, 536.
[15] *OLG Hamm* MDR 1977, 849. Ein Anspruch auf Aussetzung besteht allerdings nicht, a. M. (für den Strafprozeß) *Schmid* JR 1978, 8.
[16] Zu diesen Fragen: *Löwe-Rosenberg-Dahs* (Fn. 7) Rdnr. 5; *Spendel* ZStW 65 (1953) 414 ff.
[17] *Kohlhaas* NJW 1955, 402; KMR-*Paulus* (Fn. 7) Rdnr. 8.
[18] *Schmidt-Räntsch* DRiG[5] (1995) § 43 Rdnr. 13; *Spendel* (Fn. 16).

erforderliche Güterabwägung kann außerdem von dem Richter in Kenntnis des Inhalts der Beratung sachgerechter vorgenommen werden.

27   Zum **Schiedsrichter** → § 383 Rdnr. 108.

29   **b) Allgemeine Verschwiegenheitspflicht:** Über diesen Schutz des Beratungsgeheimnisses hinaus besteht jedoch eine der allgemeinen Verschwiegenheitspflicht für Beamte verwandte Pflicht zur Verschwiegenheit und zwar nach Maßgabe der Richtergesetze der Länder und des § 46 DRiG. Dort werden für den allgemeinen Status des Richters die beamtenrechtlichen Vorschriften für entsprechend anwendbar erklärt, vgl. z. B. Art. 2 Abs. 1 BayRiG vom 11. I. 1977 (Bay. R 301–1-J). Diese Pauschalverweisung bedeutet auch eine Verweisung auf die allgemeine dienstliche Verschwiegenheitspflicht. Bei den allgemeinen Verschwiegenheitspflichten sind deshalb auf die Erklärungen eines Richters die beamtenrechtlichen Vorschriften anzuwenden, so daß *hier* von einem Vorgesetztenverhältnis gesprochen werden kann (→ Fn. 14 mit Entscheidung des BVerwG, die eine Aussagegenehmigung für einen Richter betraf).

2. Beamte

31   Die Regelungen des § 39 BRRG (→ Rdnr. 71) und der ergänzenden bundes- und landesrechtlichen Vorschriften erstrecken sich auf alle Beamten im Sinne der Beamtengesetze: in erster Linie auf die zu Beamten auf Lebenszeit ernannten Personen, aber auch auf Widerrufsbeamte, auf Beamte auf Probe und auf Zeit; auf die **Beamten der Gemeinden**[19]**, der Länder, des Bundes, der Gemeindeverbände und sonstigen Körperschaften, Stiftungen und Anstalten des öffentlichen Rechts**, denen die Dienstherrnfähigkeit beizumessen ist. Die Regelung erstreckt sich schließlich, soweit angeordnet (z. B. § 176 BBG), auf die sogenannten *Sonderbeamten* des Bundestages oder der Landtage, des Bundesrates und des Bundesverfassungsgerichts, aber auch auf Ehrenbeamte, § 177 BBG (für letztere gestattet § 115 BRRG den Ländern abweichende Bestimmungen). Die landesrechtlichen Vorschriften sind entsprechend gefaßt und erstrecken sich gelegentlich auch auf die Beamten und Seelsorger der öffentlich-rechtlichen **Religionsgesellschaften** und deren Verbände (worauf sich das BRRG nicht erstreckt, § 135 BRRG). Ob die beamtenrechtliche Schweigepflicht auch für die zuletzt genannte Beamtenkategorie zutrifft, muß daher jeweils für den Einzelfall anhand der einschlägigen Bestimmungen nachgeprüft werden[20].

32   Für *kommunale Wahlbeamte* halten die Ländergesetze im wesentlichen entsprechende Vorschriften bereit (vgl. z. B. Art. 40, 41 des BayG über kommunale Wahlbeamte in der Fassung der Bekanntmachung vom 19. XI. 1970, BayRS 2022–1-I).

33   Für Bedienstete der **Europäischen Gemeinschaften** (Art. 9 Abs. 3 des Amsterdamer Vertrages vom 2. X. 1997 BGBl II 1998, 386) gelten Art. 19 des Statuts der Beamten und Art. 11 der Beschäftigungsbedingungen für sonstige Bedienstete (VO Nr. 31 [EWG] bzw.

---

[19] Die Mitglieder einer *Gemeindevertretung* stehen hinsichtlich der Aussagepflicht nicht den Gemeindebeamten gleich, a. M. *Dernedde* DVBl 1951, 486.

[20] Bei den »kirchlichen Beamten« sind verschiedene Fragen auseinanderzuhalten. *Nicht* zu ihnen rechnen die staatlichen Beamten, die seelsorgerische Aufgaben haben (Militärpfarrer, Gefängnis-, Anstalts-, Krankenhausgeistliche). Sie fallen ohne weiteres unter § 376 (mit den dargestellten Besonderheiten, → Rdnr. 5). Kirchliche »Beamte« können allerdings Geistliche der Religionsgesellschaften sein, doch steht ihnen ohnehin § 383 Abs. 1 Nr. 4 zur Seite, so daß die Problematik wohl vor allem für diejenigen Bediensteten gilt, die nicht Seelsorge ausüben (z. B. Jurist im Kirchendienst). Ihnen über § 383 Abs. 1 Nr. 6 und § 384 Nr. 3 ZPO eine noch stärkere Rechtsstellung zu geben, erscheint sehr fraglich, so *Dallinger* JZ 1953, 436. Für eine Parallele zum Beamten, wenn öffentliche Funktionen ausgeübt wurden: *Löwe-Rosenberg-Dahs* (Fn. 7) Rdnr. 9; KMR-*Paulus* (Fn. 7) Rdnr. 18; *Eb. Schmidt* Nachtrag I zu Bd. II § 54 Rdnr. 4. »Öffentliche Funktionen« nehmen aber viele nichtstaatliche Organisationen und Institutionen wahr, die politischen Parteien, die Presse, die Tarifvertragsparteien, ohne daß bei ihnen eine Gleichstellung mit dem Staat vorgenommen wird.

Nr. 11 [EAG] vom 18. XII. 1961 [BGBl II 1962, 953, 959, 997 in der Fassung der VO des Rates vom 29. II. 1968, ABl EG Nr. L 56 S. 1]). Die Regelung entspricht inhaltlich im wesentlichen den Bestimmungen der deutschen Beamtengesetze.

3. Andere Personen des öffentlichen Dienstes[21]

a) Arbeiter und Angestellte

Hier ist vor allem an die zahlreichen **Arbeiter und Angestellten im öffentlichen Dienst** zu denken, die in Einzelfällen (Art. 33 Abs. 4 GG) auch mit hoheitlichen Aufgaben betraut werden können oder zumindest bei deren Erfüllung tätig werden. Das Bedürfnis zu einer Dienstverschwiegenheit besteht in jedem Fall gleichermaßen wie bei Beamten. Die *Grundlage* dieser Verschwiegenheitspflicht ist der *einzelne Dienstvertrag*. Der Umfang ergibt sich für die *Angestellten* des Bundes und der Länder aus § 9 des Bundesangestelltentarifvertrages vom 23. II. 1961 (MinBlFin 214), für *Arbeiter des Bundes* aus § 11 Manteltarifvertrag für Arbeiter des Bundes – MTB II – vom 27. II. 1964 (GMBl 174, MinBlFin 210), für *Arbeiter der Länder* aus § 11 Manteltarifvertrag für Arbeiter der Länder- MTL II vom 27. II. 1964 (abgedruckt u. a. in BayFMBl 78). Da diese Tarifverträge nicht für allgemeinverbindlich (§ 5 Abs. 4 TVG) erklärt wurden, gilt die Amtsverschwiegenheit für die nicht tarifgebundenen Arbeitnehmer (§ 3 Abs. 1 TVG) nur nach Maßgabe der jeweiligen Einzelarbeitsverträge, die allerdings auf die einschlägigen Tarifverträge regelmäßig Bezug nehmen und sie zum Vertragsbestandteil machen. 36

Entgegen der h. M.[22] läßt sich aus dieser Verschwiegenheitspflicht jedoch **kein Genehmigungsvorbehalt des öffentlichen Arbeitgebers für Zeugenaussagen des Arbeitnehmers herleiten**. Der Wortlaut des § 376[23] stellt nicht auf das Bestehen der Verschwiegenheitspflicht des öffentlich-rechtlichen Arbeitnehmers ab, sondern auf besondere Vorschriften für diese Arbeitnehmer; solche Vorschriften existieren aber nicht. Die Besinnung auf den Zweck der Vorschrift rechtfertigt die h. M. nicht; denn § 376 sieht als Blankettgesetz einen solchen »Genehmigungsvorbehalt« nur *nach Maßgabe besonderer (beamtenrechtlicher) Vorschriften vor*. Erstens enthalten aber die genannten Tarifverträge keine Vorschrift, daß die Aussage des öffentlich-rechtlichen Arbeitnehmers der Genehmigung des Arbeitgebers bedarf. Zweitens könnte auch in Tarifverträge eine Bestimmung dieses Inhalts mit der Wirkung eines allgemeinen Rechtssatzes nicht aufgenommen werden; das verbietet der Charakter von Tarifverträgen. Selbst eine Allgemeinverbindlicherklärung würde lediglich eine Erweiterung des persönlichen Geltungsumfanges bewirken, könnte aber nicht eine auch das Gericht bindende gesetzesvertretende Norm des Inhalts schaffen, daß Angestellte und Arbeiter im öffentlichen Dienst nur mit Genehmigung des Arbeitgebers vom Gericht vernommen werden dürfen und daß ohne diese Genehmigung ein Vernehmungsverbot bestünde. Ebensowenig wie Tarifverträge zwischen Sozialpartnern der Privatindustrie einen solchen Genehmigungsvorbehalt schaffen könnten, kann der Staat als Tarifpartner *auf diesem Weg* Genehmi- 37

---

[21] Vgl. hierzu *Merkl* Die Zeugenaussage nichtbeamteter Personen des öffentlichen Dienstes vor Zivil- und Strafgerichten (Dissertation Regensburg 1973), insbes. S. 129 ff.

[22] *Baumbach-Lauterbach-Hartmann*[56] Rdnr. 3; *Wieczorek*[2] A I b 1; *Uttlinger-Breier* Kommentar zum BAT (Loseblattausgabe, 146. Erg.-lief., Stand Mai 1998) § 9 Anm. 2 (sub »Hinweise«); wie hier: *Zöller-Greger*[20] Rdnr. 4 und wohl auch *Crisolli-Tiedtke* Das Tarifrecht der Angestellten im öffentlichen Dienst § 9 BAT Anm. 8 und *Scheurig-Steinger* Kommentar zum Manteltarifvertrag für Arbeiter der Länder (Loseblattausgabe, 121. Erg.-lief., Stand Mai 1998) § 11 Rdnr. 6. Für den *Strafprozeß*: *Kleinknecht-Meyer-Goßner*[43] (Fn. 3) § 54 Rdnr. 9 ff.; *Löwe-Rosenberg-Dahs* (Fn. 7) Rdnr. 8 ff.; KMR-*Paulus* (Fn. 7) Rdnr. 16 ff.; *Eb. Schmidt* Lehrkommentar zur StPO, Nachtragsband 1967, § 54 Rdnr. 3. Wie die h. M. auch *Düwel* Das Amtsgeheimnis (1965) 48 f. Das Problem ist lediglich bei *Feller* JZ 1961, 628, 629 näher behandelt.

[23] Anders der ZPO-Entwurf 1931, der in seinem § 374 alle öffentlichen Bediensteten gleichstellte.

gungsvorbehalte für Zeugenaussagen seiner Arbeitnehmer einführen. Das ginge nur über die Gesetzgebung (bzw. Ermächtigungen zu untergesetzlichen Normen nach Art. 80 GG). Es müßte schon ausdrücklich in der ZPO gesagt sein, wenn außerhalb der parlamentarisch-demokratischen Gesetzgebung Rechtssätze mit Bedeutung und Wirkung für die Allgemeinheit durch die Tarifparteien gesetzt werden sollten. So fehlt denn jeder Anhalt, daß die Tarifverträge einen Genehmigungsvorbehalt *wirksam* verankern könnten, wenn sie dies in Zukunft einmal tun sollten. Daran ändert freilich nichts, daß dem einzelnen Arbeitnehmer sehr wohl eine privatrechtliche Verschwiegenheitspflicht tarifvertraglich auferlegt werden kann. Solche Pflichten wirken sich nur über § 383 oder § 384 aus (→ Rdnr. 40), nicht über § 376.

38 Die h. M. übersieht auch, daß seit Außerkrafttreten der Tarifordnung A für Angestellte im öffentlichen Dienst (TOA) und der Allgemeinen Tarifordnung für Arbeitnehmer im öffentlichen Dienst (ATO), beide vom 1. IV. 1938, die Rechtsverhältnisse dieser Arbeitnehmer lediglich durch Einzelarbeitsverträge und Tarifverträge, nicht mehr dagegen durch Rechtsverordnungen (wie TOA und ATO)[24] bestimmt werden. Die jetzige Fassung des § 376 beruht auf dem Vereinheitlichungsgesetz von 1950. Damals waren sowohl ATO wie auch TOA noch in Geltung und zwar bis zum 1. IV. 1961 (an diesem Tag trat der BAT in Kraft, vgl. auch § 9 Abs. 1 TVG). Die h. M. hat diese Änderung der Rechtslage nicht beachtet.

39 *Landesrechtliche Regelungen*, die eine Gleichstellung der öffentlichen Bediensteten mit Beamten vorsehen, existieren nicht[25].

40 **Das Fehlen der Aussagegenehmigung des Arbeitgebers** begründet dementsprechend (anders als beim Fehlen der Aussagegenehmigung des Dienstvorgesetzten bei Beamten → Rdnr. 15) **kein Vernehmungsverbot**. Die genannten Verschwiegenheitspflichten haben danach nur Bedeutung insoweit, als sie unter Umständen ein **Zeugnisverweigerungsrecht** nach § 383 Abs. 1 Nr. 6, § 384 Nr. 3 begründen. Macht der Arbeitnehmer Aussagen über Gegenstände, auf die sich die Verschwiegenheitspflicht bezieht, während er insoweit ein Zeugnisverweigerungsrecht hat, dann liegt darin unter Umständen ein (zivilrechtlicher) Vertragsbruch, gegebenenfalls auch ein Vergehen nach § 353 b StGB. Über diese Strafdrohung, die auch für Angestellte und Arbeiter im öffentlichen Dienst gilt (§ 353 b Abs. 1 S. 1 Nr. 1 – 3 StGB), ist sichergestellt, daß *dem Geheimhaltungsbedürfnis öffentlicher Arbeitgeber ausreichend Rechnung getragen* wird; denn die grundsätzlich bestehende Aussagepflicht (→ Rdnr. 31 vor § 373) schafft nicht gleichzeitig auch die Befugnis zur Offenbarung von Vorgängen, die der Geheimhaltungspflicht unterliegen (→ § 383 Rdnr. 21 ff.). Die *Verpflichtung zur Aussage* und damit auch einen (materiell-rechtlichen) *Rechtfertigungsgrund* zur Offenbarung[26] begründet lediglich die *Entbindung von der Verschwiegenheitspflicht* nach § 385 Abs. 2[27] (die jedoch von der Aussagegenehmigung nach § 376 zu trennen ist, → § 385 Rdnr. 14).

41 **b) Notare:** Notare sind zwar »Träger eines öffentlichen Amtes« (§ 1 BNotO vom 24. II. 1961, BGBl I 98). Sie sind aber *unabhängig* und unterstehen grundsätzlich nicht den Vorschriften des Beamtenrechts. Auf sie finden, soweit nichts anderes bestimmt ist, nur die

---

[24] Durch das Gesetz zur Ordnung der nationalen Arbeit vom 20. I. 1934 (RGBl I 45) wurden die Tarifverträge durch die Tarifordnungen ersetzt. Sowohl TOA wie auch ATO beruhten auf diesem Gesetz und wurden allgemein als Rechtsverordnungen angesehen (*Hueck-Nipperdey* Lehrbuch des Arbeitsrechts Bd. II I[7] [1967], 219 f.; *Nikisch* Arbeitsrecht Bd. II[2] [1959], 201 f., 214 je m. w. N.). § 4 Abs. 2 ATO enthielt einen Genehmigungsvorbehalt des öffentlichen Arbeitgebers nach Art der beamtenrechtlichen Vorbehalte. Die ATO und TOA traten durch die neuen Tarifverträge außer Kraft (§ 9 TVG, *Feller* JZ 1961, 628, 629).

[25] Die *Hessische* Regelung dieser Art (§§ 2, 14, 15 G über die Rechtsstellung der Beamten, Fassung vom 11. XI. 1954, GVBl. 239) ist inzwischen wieder aufgehoben worden (Art. 16 Nr. 7 des Gesetzes vom 21. II. 1962, GVBl. 213).

[26] *Tröndle-Fischer* StGB[49] (1999) § 353 b Rdnr. 12; *Lenckner* NJW 1965, 321 ff. (323); *Schönke-Schröder-Lenckner*[25] (1997) § 203 StGB Rdnr. 28 f. m. w. N.

[27] Zu einem weiteren derartigen Fall → § 383 Rdnr. 21 ff.

Bestimmungen der BNotO Anwendung (§ 2 S. 1 BNotO). Die Pflicht zur Amtsverschwiegenheit beurteilt sich beim Notar daher nach § 18 BNotO. Die Verschwiegenheitspflicht entfällt danach nur, wenn die Beteiligten den Notar davon befreien. Unter Umständen erteilt aber auch die Aufsichtsbehörde eine solche Befreiung. Bei Zweifeln über die Pflicht zur Amtsverschwiegenheit kann um eine Entscheidung der Aufsichtsbehörde nachgesucht werden. *In jedem Falle unterliegt aber der Notar nicht den Regelungen des § 376; vielmehr begründet § 18 BNotO ein Zeugnisverweigerungsrecht nach § 383* Abs. 1 Nr. 6 (→ § 383 Rdnr. 74).

c) **Rechtsanwälte:** Wegen der **Rechtsanwälte**, die als unabhängige Organe der Rechtspflege (§ 1 BRAO vom 1. VIII. 1959, BGBl I 565) gleichfalls keine »anderen Personen des öffentlichen Dienstes« sind → § 383 Rdnr. 75. 42

d) **Soldaten:** Für Soldaten enthält § 14 des Gesetzes über die Rechtsstellung der Soldaten in der Fassung vom 19. VIII. 1975 (BGBl III 51–1) eine dem § 39 BRRG (→ Rdnr. 71) im wesentlichen entsprechende Bestimmung. 43

e) **Beamte der Bundesbank:** Für die **Beamten** der **Deutschen Bundesbank** enthält § 32 des Gesetzes über die Deutsche Bundesbank vom 26. VII. 1957, in der Fassung der Bekanntmachung vom 22. X. 1992 (BGBl III 7620-1) eine entsprechende Bestimmung. Danach erteilt die Aussagegenehmigung der Präsident; den Mitgliedern des Zentralbankrates wird die Aussagegenehmigung von diesem erteilt. Zu Aussagegenehmigungen für die **Mitarbeiter der Europäischen Zentralbank** s. Teil I Ziff. 5 b ii der *conditions of employment for staff of the ECB* (Amtsblatt der Europäischen Gemeinschaften v. 19. 5. 1999 L 125/32). 44

f) **Angehörige von Selbstverwaltungsgremien:** Hinsichtlich der Angehörigen von Selbstverwaltungsgremien ist sicher, daß sie andere Personen des öffentlichen Dienstes im Sinne des § 376 sind. Wie bei den öffentlichen Arbeitnehmern (→ Rdnr. 36 ff.) muß aber in jedem Einzelfall eine Norm vorhanden sein, die ihre Aussage genehmigungspflichtig macht; anderenfalls steht dem einzelnen betroffenen Mitglied des Gremiums nur das Zeugnisverweigerungsrecht nach § 383 Abs. 1 Nr. 6 oder § 384 Nr. 3 zur Seite, um eine ihm auferlegte Verschwiegenheitspflicht zu realisieren. 45

Beschlußgremien von Selbstverwaltungskörperschaften werden tätig insbesondere im Kommunalrecht (**Gemeinderäte, Stadträte**)[28], bei den **Universitäten** und **Hochschulen** (Senate, Kuratorien, Konzile u. v. a. m.) und in Gestalt von **Rundfunkräten**. Die Pflicht zur Amtsverschwiegenheit und zur etwaigen Aussagegenehmigung richtet sich nach den Gesetzen dieser Bereiche (Gemeindeordnungen, Universitäts- oder Hochschulgesetze, Rundfunkgesetze). Soweit Beamte[29] Mitglieder dieser Gremien sind, kommt es dann für sie *ohne weiteres* zur Anwendung der beamtenrechtlichen Aussagegenehmigungsregelung, wenn sie gerade wegen ihrer Eigenschaft als Beamte dem Gremium angehören (berufsmäßiger Bürgermeister, Kanzler der Universität). 46

---

[28] Im Kommunalrecht gibt es teils die Regelung einer Genehmigungsbedürftigkeit (Gemeinderat muß Aussage seines Mitglieds genehmigen), teils die Aussagefreiheit (Aussage hängt nicht von Genehmigung ab), die erste Regelung gilt z.B. in Nordrhein-Westfalen (vgl. *OVG Münster* MDR 1955, 61) und Rheinland-Pfalz, die zweite in Bayern.

[29] In manchen Gremien können ohnehin nur Beamte tätig sein (z.B. Richtervertretungen, *Bundespersonalausschuß*, zu ihm *Hartmann* DÖV 1956, 400; *Löwe-Rosenberg-Dahs* [Fn. 7] Rdnr. 6). Dann finden die Vorschriften der Beamtengesetze stets Anwendung.

4. Mitglieder des Bundestags oder eines Landtags

47 Für die Abgeordneten des Bundestages besteht die Verschwiegenheitspflicht nach § 44 c Abs. 1 AbgG (Text → Anh. Rdnr. 88). Die Aussagegenehmigung erteilt der Bundestagspräsident, § 44 c Abs. 2 Satz 1 AbgG. In den Ländern Mecklenburg-Vorpommern (→ Anh. Rdnr. 98) und Thüringen (→ Anh. Rdnr. 106) gibt es vergleichbare Bestimmungen.

5. Mitglieder der Bundes- oder einer Landesregierung

49 Inhalt und Umfang der Schweigepflicht der Mitglieder der Bundes- und der Landesregierungen sind im wesentlichen entsprechend der beamtenrechtlichen Schweigepflicht geregelt. Gesetzestexte → Anh. Rdnr. 110 ff.

51 Für die **parlamentarischen Staatssekretäre** gelten §§ 6, 7 BundesministerG entsprechend, § 7 Gesetz über die Rechtsverhältnisse der parlamentarischen Staatssekretäre vom 24. VII. 1974 (BGBl I 1538, BGBl III 1103-2).

6. Fraktionsangestellte

53 Die gesetzlichen Bestimmungen des Bundes und der Länder über die Verschwiegenheitspflichten der Fraktionsmitarbeiter und die Erteilung der Aussagegenehmigung sind abgedruckt → Anh. Rdnr. 130 ff.

7. Ausländische Beamte

54 Auf **ausländische Beamte** ist § 376 nicht anwendbar (→ aber auch § 377 Rdnr. 13 ff.). Zu **supranationalen Beamten** → Rdnr. 33.

8. Mitglieder der in der Bundesrepublik Deutschland stationierten Truppen

56 Angehörige der in der Bundesrepublik Deutschland stationierten Truppen unterliegen grundsätzlich insoweit dem Heimatrecht ihres Staates. Art. 38 des Zusatzabkommens zu dem Abkommen zwischen den Parteien des Nordatlantikvertrages über die Rechtsstellung ihrer Truppen hinsichtlich der in der Bundesrepublik Deutschland stationierten ausländischen Truppen vom 3. VIII. 1959 (BGBl II 1961, 1218) enthält hier einige Bestimmungen für das gerichtliche Verfahren (→ Einl. Rdnr. 666 und die dazugehörige Kommentierung → Einl. Rdnr. 672).

III. Das Verfahren

1. Einholung der Genehmigung durch das Gericht

58 In allen Fällen, in denen sich ein Konflikt mit der Verschwiegenheitspflicht ergeben *kann* (→ Rdnr. 1), hat das **Gericht** nach Abs. 3 die **Genehmigung seinerseits einzuholen**. Das Prozeßgericht, und zwar der Vorsitzende oder der Einzelrichter (→ § 348 Rdnr. 1) – nicht der beauftragte oder ersuchte Richter – hat vor der Ladung (bzw. der Aufforderung zur schriftlichen Beantwortung der Beweisfragen → § 377 Rdnr. 35 ff.) um die Genehmigung des Dienstvorgesetzten nachzusuchen und dieses Gesuch dem Beamten mit der Ladung (bzw. der Aufforderung nach § 377 Abs. 3) oder vor seiner Vernehmung mitzuteilen. Bezieht sich in einem *Prozeß des Fiskus* die diesen vertretende Behörde auf das Zeugnis eines Beamten ihrer Verwaltung, so mag darin wohl regelmäßig die Genehmigung liegen; gleichwohl hat das Gericht, da ihm im allgemeinen nicht genau bekannt sein wird, ob die den Fiskus vertretende Stelle zugleich der Dienstvorgesetzte des Beamten ist, zur Vermeidung von Weiterungen zweckmäßig stets um die Genehmigung nachzusuchen.

An die **Versagung der Aussagegenehmigung** ist das Prozeßgericht stets gebunden (→ Rdnr. 19); eine Überprüfung der Versagung findet nicht statt, wohl aber die Prüfung, ob die zuständige Behörde handelte. Die **Erteilung der Aussagegenehmigung** bindet das Gericht nur dann nicht, wenn sie nichtig ist oder von der unzuständigen Stelle ausgesprochen wurde. In beiden Fällen hat sich das Prozeßgericht um eine baldige fehlerfreie Entscheidung des zuständigen Verwaltungsorgans zu bemühen. Wurde die Aussagegenehmigung ohne ausdrückliche Beschränkung auf das gerade in der betreffenden Instanz anhängige Verfahren verweigert, so braucht das *Berufungsgericht* bei unverändertem Sachverhalt einem neuerlichen Beweisantrag nicht stattzugeben (anders wenn mit abweichender Beurteilung durch den Dienstvorgesetzten zu rechnen ist)[30].

59

2. Pflichten des Beamten

Durch § 39 BRRG, §§ 61, 62 BBG (und die entsprechenden Ländergesetze → Rdnr. 72 ff.) in Verbindung mit § 376 wird weder die Erscheinungspflicht des Zeugen noch sein etwaiges *Verweigerungsrecht* nach § 383 Abs. 1 Nr. 6 oder die Anwendung des § 383 Abs. 3 beschränkt, mag die Genehmigung erteilt oder ihre Einholung unterblieben sein[31]. Umgekehrt ist die *Entbindung von der Schweigepflicht* (§ 385 Abs. 2) bei Beamten für sich nicht ausreichend; es bedarf daneben der Genehmigung.

61

Ist die Einholung der Genehmigung, wo sie erforderlich war, unterblieben, oder die Vernehmung trotz ganz oder teilweise versagter Genehmigung erfolgt, so kann daraus weder der Beweisführer noch der Gegner eine Revisionsrüge herleiten; denn die Vorschrift dient lediglich der Wahrung staatlicher Interessen[32].

62

3. Ersuchen eines ausländischen Gerichts

Soll ein Beamter auf *Ersuchen eines ausländischen Gerichts* als Zeuge vernommen werden, so kann § 376 Abs. 3 nicht in dem Sinn unmittelbar Anwendung finden, daß das ausländische Gericht seinerseits um die Aussagegenehmigung nachzusuchen hätte. Die Genehmigung ist vielmehr im Verwaltungsweg einzuholen (→ Einl. Rdnr. 888)[33], und zwar beim Rechtshilfeverkehr im diplomatischen Wege durch die höhere Justizbehörde vor der Weitergabe des Ersuchens an das Gericht, während beim unmittelbaren Geschäftsverkehr der Amtsrichter das Ersuchen zwecks Beschaffung der Genehmigung zunächst der zuständigen Justizverwaltungsstelle vorzulegen hat.

64

4. Ausscheiden aus dem öffentlichen Dienst

Eine Genehmigung ist auch **nach dem Ausscheiden** der genannten Personen **aus dem öffentlichen Dienst** einzuholen, soweit es sich um Tatsachen handelt, die sich während der

66

---

[30] *BGH* DB 1969, 703.
[31] Vgl. *RGZ* 30, 355; 54, 1 ff.
[32] *BGHSt* und *RGSt* in Fn. 7; *Kleinknecht-Meyer-Goßner*[43] (Fn. 2) Rdnr. 2; *Löwe-Rosenberg-Dahs* (Fn. 7); *KMR-Paulus* (Fn. 7); anders *Schmidt* (Fn. 7).

[33] Von Amts wegen, s. § 87 Rechtshilfeordnung in Zivilsachen → Einl. Rdnr. 855.

Dienstzeit dieser Personen ereignet haben oder ihnen während ihrer Dienstzeit zur Kenntnis gelangt sind, Abs. 5, vgl. dazu auch die in → Rdnr. 70 ff. abgedruckten Bestimmungen.

IV. Zeugnisverweigerungsrecht des Staatsoberhaupts

69 Der **Bundespräsident** kann unter den Voraussetzungen des Abs. 4 sein *Zeugnis verweigern*. Dasselbe Recht steht dem Präsidenten des Bundesrates zu, soweit er nach Art. 57 GG die Befugnisse des Bundespräsidenten wahrnimmt. Das Zeugnisverweigerungsrecht dauert auch nach Beendigung der Amtsführung fort, Abs. 5. Eine Pflicht zur Begründung besteht an sich nach der ZPO nicht; das Zivilgericht kann die Rechtmäßigkeit der Zeugnisverweigerung nicht nachprüfen. Für den betroffenen Bürger ist aber die Aussageverweigerung **ein Verwaltungsakt** (→ Rdnr. 21), der nach allgemeinen Grundsätzen deshalb einer Begründung bedarf und der verwaltungsgerichtlichen Nachprüfung unterliegt. Das Gericht wird, wenn auch eine gesetzliche Pflicht hierzu nicht besteht, zweckmäßig vor der Terminsbestimmung nach § 375 Abs. 2 bzw. der Ladung anfragen, ob von dem Zeugnisverweigerungsrecht Gebrauch gemacht wird.

V. Anhang

1. Bundesbeamtenrechtliche Vorschriften

70 a) Für **Bundesbeamte** bestimmen die §§ 61, 62 **Bundesbeamtengesetz** (BBG) (Fassung vom 27. II. 1985, BGBl I 479):
§ **61.** (1) ¹Der Beamte hat, auch nach Beendigung des Beamtenverhältnisses, über die ihm bei seiner amtlichen Tätigkeit bekanntgewordenen Angelegenheiten Verschwiegenheit zu bewahren. ²Dies gilt nicht für Mitteilungen im dienstlichen Verkehr oder über Tatsachen, die offenkundig sind oder ihrer Bedeutung nach keiner Geheimhaltung bedürfen.
(2) ¹Der Beamte darf ohne Genehmigung über solche Angelegenheiten weder vor Gericht noch außergerichtlich aussagen oder Erklärungen abgeben. ²Die Genehmigung erteilt der Dienstvorgesetzte oder, wenn das Beamtenverhältnis beendet ist, der letzte Dienstvorgesetzte.
(3) ...
(4) Unberührt bleibt die gesetzlich begründete Pflicht des Beamten, Straftaten anzuzeigen und bei Gefährdung der freiheitlichen demokratischen Grundordnung für deren Erhaltung einzutreten.
§ **62.** (1) Die Genehmigung, als Zeuge auszusagen, darf nur versagt werden, wenn die Aussage dem Wohle des Bundes oder eines deutschen Landes Nachteile bereiten oder die Erfüllung öffentlicher Aufgaben ernstlich gefährden oder erheblich erschweren würde.
(2) ...
(3) ¹Ist der Beamte Partei oder Beschuldigter in einem gerichtlichen Verfahren oder soll sein Vorbringen der Wahrnehmung seiner berechtigten Interessen dienen, so darf die Genehmigung auch dann, wenn die Voraussetzungen des Absatzes 1 erfüllt sind, nur versagt werden, wenn die dienstlichen Rücksichten dies unabweisbar erfordern. ²Wird sie versagt, so hat der Dienstvorgesetzte dem Beamten den Schutz zu gewähren, den die dienstlichen Rücksichten zulassen.
(4) Über die Versagung der Genehmigung entscheidet die oberste Aufsichtsbehörde.
b) Für die **Landesgesetzgebung** wird durch das **Beamtenrechtsrahmengesetz** (BRRG) in der Fassung vom 27. II. 1985 (BGBl I 462) in § 39 ein Rahmen gesteckt:
§ **39.** (1) ¹Der Beamte hat, auch nach Beendigung des Beamtenverhältnisses, über die ihm bei seiner amtlichen Tätigkeit bekanntgewordenen Angelegenheiten Verschwiegenheit zu bewahren. ²Dies gilt nicht für Mitteilungen im dienstlichen Verkehr oder über Tatsachen, die offenkundig sind oder ihrer Bedeutung nach keiner Geheimhaltung bedürfen.
(2) ¹Der Beamte darf ohne Genehmigung über solche Angelegenheiten weder vor Gericht noch außergerichtlich aussagen oder Erklärungen abgeben. ²Die Genehmigung erteilt der Dienstherr oder, wenn das Beamtenverhältnis beendet ist, der letzte Dienstherr. ³Hat sich der Vorgang, der den Gegenstand der Äußerung bildet, bei einem früheren Dienstherrn ereignet, so darf die Genehmigung nur mit dessen Zustimmung erteilt werden.

(3) ¹Die Genehmigung, als Zeuge auszusagen, darf nur versagt werden, wenn die Aussage dem Wohle des Bundes oder eines deutschen Landes Nachteile bereiten oder die Erfüllung öffentlicher Aufgaben ernstlich gefährden oder erheblich erschweren würde. ²Durch Gesetz kann bestimmt werden, daß die Verweigerung der Genehmigung zur Aussage vor Untersuchungsausschüssen des Bundestages oder der Volksvertretung eines Landes einer Nachprüfung unterzogen werden kann. ³Die Genehmigung, ein Gutachten zu erstatten, kann versagt werden, wenn die Erstattung den dienstlichen Interessen Nachteile bereiten würde.

(4) ¹Ist der Beamte Partei oder Beschuldigter in einem gerichtlichen Verfahren oder soll sein Vorbringen der Wahrnehmung seiner berechtigten Interessen dienen, so darf die Genehmigung auch dann, wenn die Voraussetzungen des Absatzes 3 Satz 1 erfüllt sind, nur versagt werden, wenn die dienstlichen Rücksichten dies unabweisbar erfordern. ²Wird sie versagt, so ist dem Beamten der Schutz zu gewähren, den die dienstlichen Rücksichten zulassen.

2. Landesbeamtengesetze

a) Das Landesbeamtengesetz für **Baden-Württemberg** in der Fassung vom 19. III. 1996 (GBl. S. 286), geänd. durch Art. 1 HaushaltsbegleitG v. 21. X. 1996 (GBl. S. 249) bestimmt: 72

§ 79. (1) [Text stimmt wörtlich mit § 39 Abs. 1 BRRG (→ Rdnr. 71) überein].

(2) ¹Der Beamte darf ohne Genehmigung über Angelegenheiten im Sinne des Absatzes 1 Satz 1 weder vor Gericht noch außergerichtlich aussagen oder Erklärungen abgeben. ²Die Genehmigung erteilt der Dienstvorgesetzte oder, wenn das Beamtenverhältnis beendet ist, der letzte Dienstvorgesetzte; ist der letzte Dienstvorgesetzte weggefallen, so wird die Genehmigung vom Innenministerium erteilt. ³Hat sich der Vorgang, der den Gegenstand der Äußerung bildet, bei einem früheren Dienstherrn ereignet, so darf die Genehmigung nur mit dessen Zustimmung erteilt werden.

(3) ...

(4) Unberührt bleibt die gesetzlich begründete Pflicht des Beamten, Straftaten anzuzeigen und bei Gefährdung der freiheitlichen demokratischen Grundordnung für deren Erhaltung einzutreten.

§ 80. (1) [Text stimmt wörtlich mit § 39 Abs. 3 S. 1 BRRG (→ Rdnr. 71) überein].

(2) [Text stimmt wörtlich mit § 39 Abs. 3 S. 3 BRRG (→ Rdnr. 71) überein].

(3) ¹Ist der Beamte Partei oder Beschuldigter in einem gerichtlichen Verfahren oder soll sein Vorbringen der Wahrnehmung seiner berechtigten Interessen dienen, so darf die Genehmigung auch dann, wenn die Voraussetzungen des Absatzes 1 erfüllt sind, nur versagt werden, wenn die dienstlichen Rücksichten dies unabweisbar erfordern. ²Wird sie versagt, so ist dem Beamten der Schutz zu gewähren, den die dienstlichen Rücksichten zulassen.

b) Für **Bayern** bestimmt das **Bayerische Beamtengesetz** in der Fassung vom 11. V. 1987 (Bay. Rechtssammlung 2030-1-1-F):   73

Art. 69. (1) [Text stimmt wörtlich mit § 39 Abs. 1 BRRG (→ Rdnr. 71) überein].

(2) ¹Der Beamte darf ohne Genehmigung über Angelegenheiten, über die er Verschwiegenheit zu bewahren hat, weder vor Gericht noch außergerichtlich aussagen oder Erklärungen abgeben. ²Die Genehmigung erteilt der Dienstvorgesetzte oder, wenn das Beamtenverhältnis beendet ist, der letzte Dienstvorgesetzte. ³Hat sich der Vorgang, den die Äußerung betrifft, bei einem früheren Dienstherrn ereignet, so darf die Genehmigung nur mit dessen Zustimmung erteilt werden.

(3) Unberührt bleibt die gesetzlich begründete Pflicht des Beamten, Straftaten anzuzeigen und bei Gefährdung der freiheitlichen demokratischen Grundordnung im Sinn des Grundgesetzes und der Verfassung für ihre Erhaltung einzutreten.

Art. 70. (1) ¹Die Genehmigung, als Zeuge auszusagen, darf nur versagt werden, wenn die Aussage dem Wohl des Bundes, des Freistaates Bayern oder eines anderen deutschen Landes Nachteile bereiten oder die Erfüllung öffentlicher Aufgaben ernstlich gefährden oder erheblich erschweren würde. ²Die Genehmigung, ein Gutachten zu erstatten, kann versagt werden, wenn die Erstattung den dienstlichen Interessen nachteilig wäre.

(2) ¹Ist der Beamte Partei oder Beschuldigter in einem gerichtlichen Verfahren oder soll sein Vorbringen der Wahrnehmung seiner berechtigten Interessen dienen, so darf die Genehmigung auch dann, wenn die Voraussetzungen des Absatzes 1 Satz 1 erfüllt sind, nur versagt werden, wenn die dienstlichen Rücksichten dies unabweisbar erfordern. ²Wird sie versagt, so ist dem Beamten der Schutz zu gewähren, den die dienstlichen Rücksichten zulassen.

(3) ¹Über die Versagung der Aussagegenehmigung entscheidet die oberste Dienstbehörde; für die Be-

amten der Gemeinden, der Gemeindeverbände und der sonstigen unter der Aufsicht des Staates stehenden Körperschaften, Anstalten und Stiftungen des öffentlichen Rechts tritt an die Stelle der obersten Dienstbehörden die oberste Aufsichtsbehörde oder die von ihr durch Rechtsverordnung bestimmte Behörde. ²Für Polizeibeamte kann das Staatsministerium des Innern die Ausübung der Befugnis nach Satz 1 durch Rechtsverordnung auf unmittelbar nachgeordnete Behörden übertragen.

74 c) Für **Berlin** bestimmt das **Landesbeamtengesetz** in der Fassung vom 20. II. 1979 (GVBl 368):
§ 26. (1) [Text stimmt wörtlich mit § 39 Abs. 1 BRRG (→ Rdnr. 71) überein].
(2) ¹Der Beamte darf ohne Genehmigung über solche Angelegenheiten weder vor Gericht noch außergerichtlich aussagen oder Erklärungen abgeben. ²Die Genehmigung erteilt die Dienstbehörde oder, wenn das Beamtenverhältnis beendet ist, die letzte Dienstbehörde; die Dienstbehörde kann ihre Befugnis auf Dienstvorgesetzte übertragen. Hat sich der Vorgang, der den Gegenstand der Äußerung bildet, im Zuständigkeitsbereich einer anderen Dienstbehörde ereignet, so darf die Genehmigung nur mit deren Zustimmung erteilt werden.
(3) ...
(4) Unberührt bleibt die gesetzlich begründete Pflicht des Beamten, Straftaten anzuzeigen und bei Gefährdung der freiheitlichen demokratischen Grundordnung für deren Erhaltung einzutreten.
§ 27. (1) [Text stimmt wörtlich mit § 39 Abs. 3 S. 1 BRRG (→ Rdnr. 71) überein].
(2) [Text stimmt wörtlich mit § 39 Abs. 3 S. 3 BRRG (→ Rdnr. 71) überein].
(3) ¹Ist der Beamte Partei oder Beschuldigter in einem gerichtlichen Verfahren oder soll sein Vorbringen der Wahrnehmung seiner berechtigten Interessen dienen, so darf die Genehmigung auch dann, wenn die Voraussetzungen des Absatzes 1 erfüllt sind, nur versagt werden, wenn die dienstlichen Rücksichten dies unabweisbar erfordern. ²Wird sie versagt, so ist dem Beamten Schutz zu gewähren, soweit nicht zwingende dienstliche Rücksichten entgegenstehen.
(4) Über die Versagung der Genehmigung entscheidet die oberste Dienstbehörde.

75 d) Für **Brandenburg** bestimmt das **Beamtengesetz für das Land Brandenburg** vom 24. XII. 1992 (GVBl I 506), zuletzt geändert durch Gesetz vom 17. XII. 1996 (GVBl I 363):
§ 25. (1) ¹Der Beamte hat, auch nach Beendigung des Beamtenverhältnisses, über die ihm bei seiner amtlichen Tätigkeit bekanntgewordenen Angelegenheiten Verschwiegenheit zu bewahren. ²Dies gilt nicht für Mitteilungen im dienstlichen Verkehr oder bei Tatsachen, die offenkundig sind oder ihrer Bedeutung nach keiner Geheimhaltung bedürfen.
(2) Der Beamte darf ohne vorherige Genehmigung über Angelegenheiten, über die er Verschwiegenheit zu bewahren hat, weder vor Gericht noch außergerichtlich aussagen oder Erklärungen abgeben.
(3) Die gesetzlich begründete Pflicht des Beamten, Straftaten anzuzeigen und bei Gefährdung der freiheitlichen demokratischen Grundordnung für deren Erhaltung einzutreten, bleibt unberührt.
§ 26. (1) [Text stimmt wörtlich mit § 39 Abs. 3 S. 1 BRRG (→ Rdnr. 71) überein].
(2) ...
(3) ¹Ist der Beamte Partei oder Beschuldigter in einem gerichtlichen Verfahren oder soll sein Vorbringen der Wahrnehmung seiner berechtigten Interessen dienen, so darf die Genehmigung auch dann, wenn die Voraussetzungen des Absatzes 1 erfüllt sind, nur versagt werden, wenn die dienstlichen Rücksichten dies unabweisbar erfordern. ²Wird sie versagt, so ist dem Beamten der Schutz zu gewähren, den die dienstlichen Rücksichten zulassen.

76 e) Für **Bremen** bestimmt das **Bremische Beamtengesetz** in der Fassung vom 15. IX. 1995 (GBl 387):
§ 61. (1) [Text stimmt wörtlich mit § 39 Abs. 1 BRRG (→ Rdnr. 71) überein].
(2) ¹Der Beamte darf ohne Genehmigung über Angelegenheiten nach Absatz 1 Satz 1 weder vor Gericht noch außergerichtlich aussagen oder Erklärungen abgeben. ²Die Genehmigung erteilt der Dienstvorgesetzte oder, wenn das Beamtenverhältnis beendet ist, der letzte Dienstvorgesetzte. ³Hat sich der Vorgang, der den Gegenstand der Äußerung bildet, bei einem anderen Dienstherrn ereignet, so darf die Genehmigung nur mit dessen Zustimmung erteilt werden.
(3) ...
(4) Unberührt bleibt die gesetzlich begründete Pflicht des Beamten, Straftaten anzuzeigen und bei Gefährdung der freiheitlichen demokratischen Grundordnung für deren Erhaltung einzutreten.
§ 62. (1) [Text stimmt wörtlich mit § 39 Abs. 3 S. 1 BRRG (→ Rdnr. 71) überein].
(2) [Text stimmt wörtlich mit § 39 Abs. 3 S. 3 BRRG (→ Rdnr. 71) überein].
(3) ¹Ist der Beamte Partei oder Beschuldigter in einem gerichtlichen Verfahren oder soll sein Vorbringen der Wahrnehmung seiner berechtigen Interessen dienen, so darf die Genehmigung auch dann, wenn die Voraussetzungen des Absatzes 1 erfüllt sind, nur versagt werden, wenn die dienstlichen Rück-

sichten dies unabweisbar erfordern. ²Wird sie versagt, so ist dem Beamten der Schutz zu gewähren, den die dienstlichen Rücksichten zulassen.
(4) Über die Versagung der Genehmigung entscheidet die oberste Dienstbehörde.

f) Für **Hamburg** bestimmt das **Hamburgische Beamtengesetz** in der Fassung vom 29. XI. 1977 (GVBl 367):

§ 65. (1) [Text stimmt wörtlich mit § 39 Abs. 1 BRRG (→ Rdnr. 71) überein].
(2) ¹Der Beamte darf ohne Genehmigung über solche Angelegenheiten weder vor Gericht noch außergerichtlich aussagen oder Erklärungen abgeben. ²Die Genehmigung erteilt der Dienstvorgesetzte oder, wenn das Beamtenverhältnis beendet ist, der letzte Dienstvorgesetzte. ³Hat sich der Vorgang, der den Gegenstand der Äußerung bildet, bei einem anderen Dienstherrn ereignet, darf die Genehmigung nur mit dessen Zustimmung erteilt werden.
(3) ...
(4) Unberührt bleibt die gesetzlich begründete Pflicht des Beamten, Straftaten anzuzeigen und bei Gefährdung der freiheitlichen demokratischen Grundordnung für deren Erhaltung einzutreten.

§ 66. (1) Die Genehmigung, als Zeuge auszusagen, darf nur versagt werden, wenn die Aussage dem Wohl des Bundes oder eines deutschen Landes Nachteile bereiten oder die Erfüllung öffentlicher Aufgaben ernstlich gefährden oder erheblich erschweren würde.
(2) [Text stimmt wörtlich mit § 39 Abs. 3 S. 3 BRRG (→ Rdnr. 71) überein].
(3) ¹Ist der Beamte Partei oder Beschuldigter in einem gerichtlichen Verfahren oder soll sein Vorbringen der Wahrnehmung seiner berechtigten Interessen dienen, darf die Genehmigung auch dann, wenn die Voraussetzungen des Absatzes 1 erfüllt sind, nur versagt werden, wenn die dienstlichen Rücksichten dies unabweisbar erfordern. ²Wird sie versagt, hat der Dienstherr dem Beamten den Schutz zu gewähren, den die dienstlichen Rücksichten zulassen.

g) Für **Hessen** bestimmt das **Hessische Beamtengesetz** in der Fassung vom 11. I. 1989 (GVBl I 26):

§ 75. (1) [Text stimmt wörtlich mit § 39 Abs. 1 BRRG (→ Rdnr. 71) überein].
(2) ¹Der Beamte darf ohne Genehmigung über Angelegenheiten nach Abs. 1 Satz 1 weder vor Gericht noch außergerichtlich aussagen oder Erklärungen abgeben. ²Die Genehmigung erteilt der Dienstvorgesetzte oder, wenn das Beamtenverhältnis beendet ist, der letzte Dienstvorgesetzte. ³Hat sich der Vorgang, der den Gegenstand der Äußerung bildet, bei einem anderen Dienstherrn ereignet, so darf die Genehmigung nur mit dessen Zustimmung erteilt werden.
(3) ...
(4) Unberührt bleibt die gesetzlich begründete Pflicht des Beamten, Straftaten anzuzeigen und bei Gefährdung der freiheitlichen demokratischen Grundordnung für deren Erhaltung einzutreten.

§ 76. (1) [Text stimmt wörtlich mit § 39 Abs. 3 S. 1 BRRG (→ Rdnr. 71) überein].
(2) [Text stimmt wörtlich mit § 39 Abs. 3 S. 3 BRRG (→ Rdnr. 71) überein].
(3) ¹Ist der Beamte Partei oder Beschuldigter in einem gerichtlichen Verfahren oder soll sein Vorbringen der Wahrnehmung seiner berechtigten Interessen dienen, so darf die Genehmigung auch dann, wenn die Voraussetzungen des Abs. 1 erfüllt sind, nur versagt werden, wenn die dienstlichen Rücksichten dies unabweisbar erfordern. ²Wird sie versagt, so ist dem Beamten der Schutz zu gewähren, den die dienstlichen Rücksichten zulassen.
(4) Über die Versagung der Genehmigung entscheidet die oberste Dienstbehörde.

h) Für **Mecklenburg-Vorpommern** bestimmt das **Beamtengesetz für das Land Mecklenburg-Vorpommern** vom 28. VI. 1993 (GVBl 577), zuletzt geändert durch Gesetz vom 27. IV. 1994 (GVBl 551):

§ 64. (1) ¹Der Beamte hat, auch nach Beendigung des Beamtenverhältnisses, über die ihm bei seiner dienstlichen Tätigkeit bekanntgewordenen Angelegenheiten Verschwiegenheit zu bewahren. ²Dies gilt nicht für Mitteilungen im dienstlichen Verkehr oder über Tatsachen, die offenkundig oder ihrer Bedeutung nach nicht vertraulich sind.
(2) ¹Der Beamte darf ohne Genehmigung über Angelegenheiten, über die er Verschwiegenheit zu bewahren hat, weder vor Gericht noch außergerichtlich aussagen oder Erklärungen abgeben. ²Die Genehmigung erteilt der Dienstvorgesetzte oder, wenn das Beamtenverhältnis beendet ist, der letzte Dienstvorgesetzte. ³Hat sich der Vorgang, der den Gegenstand der Äußerung bildet, bei einem früheren Dienstherrn ereignet, so darf die Genehmigung nur mit dessen Zustimmung erteilt werden.
(3) ¹Der Beamte hat, auch nach Beendigung des Beamtenverhältnisses, auf Verlangen des Dienstvorgesetzten oder des letzten Dienstvorgesetzten amtliche Schriftstücke, Zeichnungen, bildliche Darstellungen sowie Aufzeichnungen jeder Art über dienstliche Vorgänge, auch soweit es sich um Wiedergaben handelt, herauszugeben; dies gilt auch für elektronische und elektromagnetische Bild-, Ton- und Datenträger. ²Sind Daten von Personen oder Gegenständen auf Bild-, Ton- oder Datenträgern im Sinne

von Satz 1 gespeichert, die körperlich nicht herausgegeben werden können oder bei denen eine Herausgabe nicht zumutbar ist, so sind diese Daten auf Verlangen des Dienstvorgesetzten oder des letzten Dienstvorgesetzten zu löschen. ⁴Der Beamte hat auf Verlangen über die nach Satz 1 und 2 herauszugebenden Gegenstände und zu löschenden Daten Auskunft zu geben.

(4) Die in Absatz 3 geregelte Verpflichtung des Beamten trifft auch seine Hinterbliebenen und seine Erben.

(5) Unberührt bleibt die gesetzlich begründete Pflicht des Beamten, Straftaten anzuzeigen und bei Gefährdung der freiheitlichen demokratischen Grundordnung für deren Erhaltung einzutreten.

§ 65. (1) [Text stimmt wörtlich mit § 39 Abs. 3 S. 1 BRRG (→ Rdnr. 71) überein].

(2) ¹Ist der Beamte Partei oder Beschuldigter in einem gerichtlichen Verfahren oder soll sein Vorbringen der Wahrnehmung seiner berechtigten Interessen dienen, so darf die Genehmigung auch dann, wenn die Voraussetzungen des Absatzes 1 erfüllt sind, nur versagt werden, wenn die dienstlichen Rücksichten dies unabweisbar erfordern. ²Wird sie versagt, so hat der Dienstvorgesetzte dem Beamten den Schutz zu gewähren, den die dienstlichen Rücksichten zulassen.

(3) ...

80 i) Für **Niedersachsen** bestimmt das **Niedersächsische Beamtengesetz** in der Fassung vom 11. XII. 1985 (GVBl 493):

§ 68. (1) [Text stimmt wörtlich mit § 39 Abs. 1 S. 1 BRRG (→ Rdnr. 71) überein]. ²Dies gilt nicht für den dienstlichen Verkehr und für Mitteilungen von Tatsachen, die offenkundig sind oder ihrer Bedeutung nach keiner Geheimhaltung bedürfen.

(2) Der Beamte darf ohne vorherige Genehmigung über solche Angelegenheiten weder vor Gericht noch außergerichtlich aussagen oder Erklärungen abgeben.

(3) Die gesetzlich begründete Pflicht des Beamten, Straftaten anzuzeigen und bei Gefährdung der freiheitlichen demokratischen Grundordnung für deren Erhaltung einzutreten, bleibt unberührt.

§ 69. (1) [Text stimmt wörtlich mit § 39 Abs. 3 S. 1 BRRG (→ Rdnr. 71) überein].

(2) [Text stimmt wörtlich mit § 39 Abs. 3 S. 3 BRRG (→ Rdnr. 71) überein].

(3) ¹Ist der Beamte Partei oder Beschuldigter in einem gerichtlichen Verfahren oder, soll sein Verhalten der Wahrnehmung seiner berechtigten Interessen dienen, so darf die Genehmigung auch dann, wenn die Voraussetzungen des Absatzes 1 erfüllt sind, nur versagt werden, wenn die dienstlichen Rücksichten dies unabweisbar erfordern. ²Wird sie versagt, so ist dem Beamten der Schutz zu gewähren, den die dienstlichen Rücksichten zulassen.

§ 70. (1) ¹Die Verweigerung der Genehmigung nach § 68 Abs. 2 ist der obersten Dienstbehörde vorbehalten, wenn es sich um eine Aussage vor Gericht handelt oder das Vorbringen des Beamten der Wahrung seiner berechtigten Interessen dienen soll. ²Nach Beendigung des Beamtenverhältnisses entscheidet in diesen Fällen die letzte oberste Dienstbehörde, wenn diese ersatzlos wegfällt, eine vom Landesministerium zu bestimmende Stelle. ³Die Befugnis zur Entscheidung kann auf andere Behörden übertragen werden.

(2) Hat sich der Vorgang, der den Gegenstand der Äußerung bildet, bei einem früheren Dienstherrn ereignet, so darf die Genehmigung nur mit dessen Zustimmung erteilt werden.

81 k) Für **Nordrhein-Westfalen** bestimmt das **Landesbeamtengesetz** in der Fassung vom 1. V. 1981 (GVBl 233):

§ 64. (1) [Text stimmt wörtlich mit § 39 Abs. 1 BRRG (→ Rdnr. 71) überein].

(2) ¹Der Beamte darf ohne Genehmigung über Angelegenheiten, über die er Verschwiegenheit zu bewahren hat, weder vor Gericht noch außergerichtlich aussagen oder Erklärungen abgeben. ²Hat sich der Vorgang, der den Gegenstand der Äußerung bildet, bei einem früheren Dienstherrn ereignet, so darf die Genehmigung nur mit dessen Zustimmung erteilt werden.

(3) ...

(4) Unberührt bleibt die gesetzlich begründete Pflicht des Beamten, Straftaten anzuzeigen und bei Gefährdung der freiheitlichen demokratischen Grundordnung für deren Erhaltung einzutreten.

§ 65. (1) [Text stimmt wörtlich mit § 39 Abs. 3 S. 1 BRRG (→ Rdnr. 71) überein].

(2) [Text stimmt wörtlich mit § 39 Abs. 3 S. 3 BRRG (→ Rdnr. 71) überein].

(3) ¹Ist der Beamte Partei oder Beschuldigter in einem gerichtlichen Verfahren oder soll sein Vorbringen der Wahrnehmung seiner berechtigten Interessen dienen, so darf die Genehmigung auch dann, wenn die Voraussetzungen des Absatzes 1 erfüllt sind, nur versagt werden, wenn die dienstlichen Rücksichten dies unabweisbar erfordern. ²Wird sie versagt, so hat der Dienstvorgesetzte dem Beamten den Schutz zu gewähren, den die dienstlichen Rücksichten zulassen.

l) Für **Rheinland-Pfalz** bestimmt das **Landesbeamtengesetz** vom 14. VII. 1970 (GVBl 241): **82**
§ 70. (1) [Text stimmt wörtlich mit § 39 Abs. 1 BRRG (→ Rdnr. 71) überein].
(2) ¹Der Beamte darf ohne Genehmigung über Angelegenheiten, die nach Absatz 1 geheimzuhalten sind, weder vor Gericht noch außergerichtlich aussagen, oder Erklärungen abgeben. ²Die Genehmigung erteilt der Dienstvorgesetzte oder, wenn das Beamtenverhältnis beendet ist, der letzte Dienstvorgesetzte. ³Hat sich der Vorgang, der den Gegenstand der Äußerung bildet, bei einem früheren Dienstherrn ereignet, so darf die Genehmigung nur mit dessen Zustimmung erteilt werden.
(3) [Text stimmt wörtlich mit § 39 Abs. 3 S. 1, 3 BRRG (→ Rdnr. 71) überein].
(4) [Text stimmt wörtlich mit § 39 Abs. 4 BRRG (→ Rdnr. 71) überein].

m) Für das **Saarland** bestimmt das **Saarländische Beamtengesetz** in der Fassung vom 27. XII. 1996 **83** (ABl. 301):
§ 75. (1) [Text stimmt wörtlich mit § 39 Abs. 1 BRRG (→ Rdnr. 71) überein].
(2) ¹Der Beamte darf ohne Genehmigung über solche Angelegenheiten weder vor Gericht noch außergerichtlich aussagen oder Erklärungen abgeben. ²Die Genehmigung erteilt der Dienstvorgesetzte oder, wenn das Beamtenverhältnis beendet ist, der letzte Dienstvorgesetzte. ³Hat sich der Vorgang, der den Gegenstand der Äußerung bildet, bei einem anderen Dienstvorgesetzten ereignet, so darf die Genehmigung nur mit dessen Zustimmung erteilt werden.
(3) ...
(4) Unberührt bleibt die gesetzlich begründete Pflicht des Beamten, Straftaten anzuzeigen und bei Gefährdung der freiheitlichen demokratischen Grundordnung für deren Erhaltung einzutreten.
§ 76. (1) Die Genehmigung, als Zeuge auszusagen, darf nur versagt werden, wenn die Aussage dem Wohle des Landes, des Bundes oder eines anderen Bundeslandes Nachteile bereiten oder die Erfüllung öffentlicher Aufgaben ernstlich gefährden oder erheblich erschweren würde.
(2) [Text stimmt wörtlich mit § 39 Abs. 3 S. 3 BRRG (→ Rdnr. 71) überein].
(3) ¹Ist der Beamte Partei oder Beschuldigter in einem gerichtlichen Verfahren oder soll sein Vorbringen der Wahrnehmung seiner berechtigten Interessen dienen, so darf die Genehmigung auch dann, wenn die Voraussetzungen des Absatzes 1 erfüllt sind, nur versagt werden, wenn die dienstlichen Rücksichten dies unabweisbar erfordern. ²Wird sie versagt, so hat der Dienstvorgesetzte dem Beamten den Schutz zu gewähren, den die dienstlichen Rücksichten zulassen.
(4) Über die Versagung der Genehmigung entscheidet die oberste Dienstbehörde.

n) Für **Sachsen** bestimmt das **Beamtengesetz für den Freistaat Sachsen** vom 16. VI. 1994 (GVBl **84** 1153), zuletzt geändert durch Gesetz vom 7. IV. 1997 (GVBl 353):
§ 78. (1) [Text stimmt wörtlich mit § 39 Abs. 1 BRRG (→ Rdnr. 71) überein].
(2) ¹Der Beamte darf ohne Genehmigung über Angelegenheiten im Sinne des Absatzes 1 Satz 1 weder vor Gericht noch außergerichtlich aussagen oder Erklärungen abgeben. ²Die Genehmigung erteilt der Dienstvorgesetzte oder, wenn das Beamtenverhältnis beendet ist, der letzte Dienstvorgesetzte; ist der letzte Dienstvorgesetzte weggefallen, so wird die Genehmigung vom Staatsministerium des Innern erteilt. ³Hat sich der Vorgang, der den Gegenstand der Äußerung bildet, bei einem früheren Dienstherrn ereignet, so darf die Genehmigung nur mit dessen Zustimmung erteilt werden.
(3) ¹Der Beamte hat, auch nach Beendigung des Beamtenverhältnisses, auf Verlangen des Dienstvorgesetzten oder des letzten Dienstvorgesetzten amtliche Schriftstücke und sonstige amtliche Unterlagen sowie Aufzeichnungen über dienstliche Vorgänge herauszugeben. ²Die gleiche Verpflichtung trifft seine Hinterbliebenen und seine Erben.
(4) Unberührt bleibt die gesetzlich begründete Pflicht des Beamten, Straftaten anzuzeigen und bei Gefährdung der freiheitlichen demokratischen Grundordnung für deren Erhaltung einzutreten.
§ 79. (1) Die Genehmigung, als Zeuge auszusagen, darf nur versagt werden, wenn die Aussage dem Wohle des Bundes, des Freistaates Sachsen oder eines anderen Bundeslandes Nachteile bereiten oder die Erfüllung öffentlicher Aufgaben ernstlich gefährden oder erheblich erschweren würde.
(2) ...
(3) ¹Ist der Beamte Partei oder Beschuldigter in einem gerichtlichen Verfahren oder soll sein Vorbringen der Wahrnehmung seiner berechtigten Interessen dienen, so darf die Genehmigung auch dann, wenn die Voraussetzungen des Absatzes 1 erfüllt sind, nur versagt werden, wenn die dienstlichen Rücksichten dies unabweisbar erfordern. ²Wird sie versagt, so ist dem Beamten der Schutz zu gewähren, den die dienstlichen Rücksichten zulassen.

o) Für **Sachsen-Anhalt** bestimmt das **Beamtengesetz Sachsen-Anhalt** in der Fassung der Bekanntma- **85** chung vom 14. V. 1991 (GVBl 61), zuletzt geändert durch Gesetz vom 9. VIII. 1995 (GVBl 238, 239):

§ 61. (1) [Text stimmt wörtlich mit § 39 Abs. 1 BRRG (→ Rdnr. 71) überein]
(2) ¹Der Beamte darf ohne Genehmigung über solche Angelegenheiten weder vor Gericht noch außergerichtlich aussagen oder Erklärungen abgeben. ²Die Genehmigung erteilt der Dienstvorgesetzte oder, wenn das Beamtenverhältnis beendet ist, der letzte Dienstvorgesetzte.
(3) ¹Der Beamte hat, auch nach Beendigung des Beamtenverhältnisses, auf Verlangen des Dienstvorgesetzten oder des letzten Dienstvorgesetzten amtliche Schriftstücke, Zeichnungen, bildliche Darstellungen sowie Aufzeichnungen jeder Art über dienstliche Vorgänge, auch soweit es sich um Wiedergaben handelt, herauszugeben. ²Die gleiche Verpflichtung trifft seine Hinterbliebenen und seine Erben.
(4) Unberührt bleibt die gesetzlich begründete Pflicht des Beamten, Straftaten anzuzeigen und bei Gefährdung der freiheitlichen demokratischen Grundordnung für deren Erhalt einzutreten.
§ 62. (1) Die Genehmigung, als Zeuge auszusagen, darf nur versagt werden, wenn die Aussage dem Wohle des Landes Nachteile bereiten oder die Erfüllung öffentlicher Aufgaben ernstlich gefährden oder erheblich erschweren würde.
(2) ...
(3) ¹Ist der Beamte Partei oder Beschuldigter in einem gerichtlichen Verfahren oder soll sein Vorbringen der Wahrnehmung seiner berechtigten Interessen dienen, so darf die Genehmigung auch dann, wenn die Voraussetzungen des Absatzes 1 erfüllt sind, nur versagt werden, wenn die dienstlichen Rücksichten dies unabweisbar erfordern. ²Wird sie versagt, so hat der Dienstvorgesetzte dem Beamten den Schutz zu gewähren, den die dienstlichen Rücksichten zulassen.
(4) Über die Versagung der Genehmigung entscheidet die oberste Dienstbehörde.

86   p) Für **Schleswig-Holstein** bestimmt das **Landesbeamtengesetz** in der Fassung vom 20. XII. 1996 (GVBl 1997, 1):
§ 77. (1) ¹Die Beamtin oder der Beamte hat auch nach Beendigung des Beamtenverhältnisses über die ihr oder ihm bei ihrer oder seiner amtlichen Tätigkeit bekanntgewordenen Angelegenheiten Verschwiegenheit zu bewahren. ²Dies gilt nicht für Mitteilungen im dienstlichen Verkehr oder über Tatsachen, die offenkundig oder ihrer Bedeutung nach nicht vertraulich sind.
(2) ¹Die Beamtin oder der Beamte darf ohne Genehmigung über solche Angelegenheiten weder vor Gericht noch außergerichtlich aussagen oder Erklärungen abgeben. ²Die Genehmigung erteilt die oder der Dienstvorgesetzte oder, wenn das Beamtenverhältnis beendet ist, die oder der letzte Dienstvorgesetzte. ³Hat sich der Vorgang, der den Gegenstand der Äußerung bildet, bei einem anderen Dienstherrn ereignet, so darf die Genehmigung nur mit dessen Zustimmung erteilt werden.
(3) Über die Versagung der Genehmigung entscheidet die oberste Dienstbehörde.
(4) ¹Die Beamtin oder der Beamte hat auch nach Beendigung des Beamtenverhältnisses auf Verlangen der oder des Dienstvorgesetzten oder der oder des letzten Dienstvorgesetzten amtliche Schriftstücke, Zeichnungen, bildliche Darstellungen sowie Aufzeichnungen jeder Art über dienstliche Vorgänge, auch soweit es sich um Wiedergaben handelt, herauszugeben. ²Die gleiche Verpflichtung trifft ihre oder seine Hinterbliebenen und ihre oder seine Erben.
(5) Unberührt bleibt die gesetzlich begründete Pflicht der Beamtin oder des Beamten, Straftaten anzuzeigen und bei Gefährdung der freiheitlichen demokratischen Grundordnung für deren Erhaltung einzutreten.
§ 78. (1) Die Genehmigung, als Zeugin oder Zeuge auszusagen, darf nur versagt werden, wenn die Aussage dem Wohle des Bundes oder eines deutschen Landes Nachteile bereiten oder die Erfüllung öffentlicher Aufgaben ernstlich gefährden oder erheblich erschweren würde.
(2) Die Genehmigung, ein Gutachten zu erstatten, kann versagt werden, wenn die Erstattung den dienstlichen Interessen Nachteile bereiten würde.
(3) ¹Ist die Beamtin oder der Beamte Partei oder Beschuldigte oder Beschuldigter in einem gerichtlichen Verfahren oder soll ihr oder sein Vorbringen der Wahrnehmung ihrer oder seiner berechtigten Interessen dienen, so darf die Genehmigung auch dann, wenn die Voraussetzungen des Absatzes 1 erfüllt sind, nur versagt werden, wenn die dienstlichen Rücksichten dies unabweisbar erfordern. ²Wird sie versagt, so hat die oder der Dienstvorgesetzte der Beamtin oder dem Beamten den Schutz zu gewähren, den die dienstlichen Rücksichten zulassen.

87   q) Für **Thüringen** bestimmt das **Thüringer Beamtengesetz** vom 10. VI. 1994 (GVBl 589), zuletzt geändert durch Gesetz vom 16. XII. 1996 (GVBl 320):
§ 63. (1) [Text stimmt wörtlich mit § 39 Abs. 1 BRRG; → Rdnr. 71 überein]
(2) ¹Der Beamte darf ohne Genehmigung über solche Angelegenheiten weder vor Gericht noch außergerichtlich aussagen oder Erklärungen abgeben. ²Die Genehmigung erteilt der Dienstvorgesetzte

oder, wenn das Beamtenverhältnis beendet ist, der letzte Dienstvorgesetzte. ³Hat sich der Vorgang, der den Gegenstand der Äußerung bildet, bei einem früheren Dienstherrn ereignet, so darf die Genehmigung nur mit dessen Zustimmung erteilt werden.

(3) ¹Der Beamte hat, auch nach Beendigung des Beamtenverhältnisses, auf Verlangen des Dienstvorgesetzten oder des letzten Dienstvorgesetzten amtliche Schriftstücke, Zeichnungen, bildliche Darstellungen sowie Aufzeichnungen jeder Art über dienstliche Vorgänge, auch soweit es sich um Wiedergaben handelt, herauszugeben. ²Die gleiche Verpflichtung trifft seine Hinterbliebenen und seine Erben.

(4) Unberührt bleibt die gesetzlich begründete Pflicht des Beamten, Straftaten anzuzeigen und bei Gefährdung der freiheitlichen demokratischen Grundordnung für deren Erhaltung einzutreten.

§ 64. (1) Die Genehmigung, als Zeuge auszusagen, darf nur versagt werden, wenn die Aussagen dem Wohle des Bundes oder eines deutschen Landes Nachteile bereiten oder die Erfüllung öffentlicher Aufgaben ernstlich gefährden oder erheblich erschweren würden.

(2) ...

(3) ¹Ist der Beamte Partei oder Beschuldigter in einem gerichtlichen Verfahren oder soll sein Vorbringen der Wahrnehmung seiner berechtigten Interessen dienen, so darf die Genehmigung auch dann, wenn die Voraussetzungen des Absatzes 1 erfüllt sind, nur versagt werden, wenn die dienstlichen Rücksichten dies unabweisbar erfordern. ²Wird sie versagt, so hat der Dienstvorgesetzte dem Beamten den Schutz zu gewähren, den die dienstlichen Rücksichten zulassen.

(4) Über die Versagung der Genehmigung entscheidet die oberste Dienstbehörde. Für die Beamten der Gemeinden, der Landkreise und der anderen Gemeindeverbände und der sonstigen unter der Aufsicht des Landes stehenden Körperschaften, Anstalten und Stiftungen des öffentlichen Rechts tritt an die Stelle der obersten Dienstbehörde die oberste Aufsichtsbehörde.

3. Abgeordnete

a) Gesetz über die Rechtsverhältnisse der Mitglieder des Deutschen Bundestages in der Fassung der Bekanntmachung vom 21. II. 1996 (Neubekanntmachung des AbgG vom 18. II. 1977 [BGBl I 297] in der seit 22. XII. 1995 geltenden Fassung): **88**

§ 44 c Verschwiegenheitspflicht und Aussagegenehmigung.

(1) Die Abgeordneten des Deutschen Bundestages dürfen, auch nach Beendigung ihres Mandats, ohne Genehmigung weder vor Gericht noch außergerichtlich aussagen oder Erklärungen abgeben über Angelegenheiten, die auf Grund eines Gesetzes oder nach den Bestimmungen der Geschäftsordnung des Deutschen Bundestages der Verschwiegenheit unterliegen.

(2) ¹Die Genehmigung erteilt der Präsident des Deutschen Bundestages. ²Sind Stellen außerhalb des Deutschen Bundestages an der Entstehung der geheimzuhaltenden Angelegenheiten beteiligt gewesen, kann die Genehmigung nur im Einvernehmen mit ihnen erteilt werden.

(3) Die Genehmigung darf nur versagt werden, wenn die Aussage oder Erklärung dem Wohl des Bundes oder eines Landes Nachteile bereiten oder die Erfüllung öffentlicher Aufgaben ernstlich gefährden oder erheblich erschweren würde.

b) Gesetz über die Rechtsverhältnisse der Mitglieder des Landtages von Mecklenburg-Vorpommern **98**
(Abgeordnetengesetz) vom 20. XII. 1990 (GVOBl 1991, 3/GS M-V Gl. Nr. 1101–1)

§ 49 Verschwiegenheitspflicht und Aussagegenehmigungsrecht.

(1) Ein Mitglied des Landtages Mecklenburg-Vorpommern darf auch nach Beendigung seines Mandats ohne Genehmigung weder vor Gericht noch außergerichtlich aussagen oder Erklärungen abgeben über Angelegenheiten, die aufgrund eines Gesetzes oder nach den Bestimmungen der Geschäftsordnung des Landtages der Verschwiegenheit unterliegen.

(2) ¹Die Genehmigung erteilt der Präsident des Landtages. ²Sind Stellen außerhalb des Landtages an der Entstehung der geheimzuhaltenden Angelegenheiten beteiligt gewesen, kann die Genehmigung nur im Einvernehmen mit ihnen erteilt werden.

(3) Die Genehmigung darf nur versagt werden, wenn die Aussage oder Erklärung dem Wohl des Landes Mecklenburg-Vorpommern, eines anderen Landes oder des Bundes Nachteile bereiten oder die Erfüllung öffentlicher Aufgaben ernstlich gefährden oder erheblich erschweren würde.

c) Gesetz über die Rechtsverhältnisse der Abgeordneten des Thüringer Landtags vom 9. III. 1995 **106**
(GVBl 129)

§ 43 Verschwiegenheitspflicht und Aussagegenehmigung (1) Die Abgeordneten dürfen, auch nach Beendigung ihres Mandats, ohne Genehmigung weder vor Gericht noch außergerichtlich aussagen oder

Erklärungen abgeben über Angelegenheiten, die aufgrund eines Gesetzes oder nach den Bestimmungen der Geschäftsordnung des Landtags der Verschwiegenheit unterliegen.

(2) Die Genehmigung erteilt der Präsident des Landtags. Sind Stellen außerhalb des Landtags an der Entstehung der geheimzuhaltenden Angelegenheiten beteiligt gewesen, kann die Genehmigung nur im Einvernehmen mit ihnen erteilt werden.

(3) Die Genehmigung darf nur versagt werden, wenn die Aussage oder Erklärung dem Wohl des Landes, eines anderen Landes oder des Bundes Nachteile bereiten oder die Erfüllung öffentlicher Aufgaben ernstlich gefährden oder erheblich erschweren würde.

4. Regierungsmitglieder

110 a) Für die **Mitglieder der Bundesregierung** bestimmen §§ 6, 7 des **Gesetzes über die Rechtsverhältnisse der Mitglieder der Bundesregierung** in der Fassung vom 27. VII. 1971 (Neubekanntmachung des BundesministerG vom 17. VI. 1953 (BGBl I 407) aufgrund des Art. I § 3 ÄndG vom 27. VII. 1971 (BGBl I 1164):

§ 6 [Geheimhaltungspflicht] (1) ¹Die Mitglieder der Bundesregierung sind, auch nach Beendigung ihres Amtsverhältnisses, verpflichtet, über die ihnen amtlich bekannt gewordenen Angelegenheiten Verschwiegenheit zu bewahren. ²Dies gilt nicht für Mitteilungen im dienstlichen Verkehr oder über Tatsachen, die offenkundig sind oder ihrer Bedeutung nach keiner Geheimhaltung bedürfen.

(2) Die Mitglieder der Bundesregierung dürfen, auch wenn sie nicht mehr im Amt sind, über solche Angelegenheiten ohne Genehmigung der Bundesregierung weder vor Gericht noch außergerichtlich aussagen oder Erklärungen abgeben.

(3) Unberührt bleibt die gesetzlich begründete Pflicht, Straftaten anzuzeigen und bei Gefährdung der freiheitlichen demokratischen Grundordnung für deren Erhaltung einzutreten.

§ 7 [Genehmigung zur Zeugenaussage und Gutachtenerstattung]
(1) Die Genehmigung, als Zeuge auszusagen, soll nur versagt werden, wenn die Aussage dem Wohle des Bundes oder eines deutschen Landes Nachteile bereiten oder die Erfüllung öffentlicher Aufgaben ernstlich gefährden oder erheblich erschweren würde.

(2) Die Genehmigung, ein Gutachten zu erstatten, kann versagt werden, wenn die Erstattung den dienstlichen Interessen Nachteile bereiten würde.

(3) § 28 des Gesetzes über das Bundesverfassungsgericht in der Fassung der Bekanntmachung vom 3. Februar 1971 (Bundesgesetzbl. I S. 105) bleibt unberührt.

111 b) **Baden-Württemberg:** §§ 6, 7 des Gesetzes über die Rechtsverhältnisse der Mitglieder der Regierung in der Fassung vom 20. VIII. 1991 (GBl 533):

§ 6 [Amtsverschwiegenheit] (1) ¹Die Mitglieder der Regierung sind, auch nach Beendigung ihres Amtsverhältnisses, verpflichtet, über die ihnen amtlich bekanntgewordenen Angelegenheiten Verschwiegenheit zu bewahren. ²Dies gilt nicht für Mitteilungen im dienstlichen Verkehr oder über Tatsachen, die offenkundig sind oder ihrer Bedeutung nach keiner Geheimhaltung bedürfen.

(2) Die Mitglieder der Regierung dürfen, auch wenn sie nicht mehr im Amt sind, über solche Angelegenheiten ohne Genehmigung der Regierung weder vor Gericht noch außergerichtlich aussagen oder Erklärungen abgeben.

(3) Unberührt bleibt die gesetzlich begründete Pflicht, Straftaten anzuzeigen und bei Gefährdung der freiheitlichen demokratischen Grundordnung für deren Erhaltung einzutreten.

§ 7 [Genehmigung zur Zeugenaussage und Gutachtenerstattung] (1) Die Genehmigung, als Zeuge auszusagen, soll nur versagt werden, wenn die Aussage dem Wohle des Bundes oder eines deutschen Landes Nachteile bereiten oder die Erfüllung öffentlicher Aufgaben ernstlich gefährden oder erheblich erschweren würde.

(2) Die Genehmigung, ein gerichtliches Gutachten zu erstatten, kann versagt werden, wenn die Erstattung den dienstlichen Interessen Nachteile bereiten würde.

(3) § 28 des Gesetzes über das Bundesverfassungsgericht vom 12. März 1951 (BGBl I S. 243) bleibt unberührt.

112 c) **Bayern:** Art. 5, 6 des Gesetzes über die Rechtsverhältnisse der Mitglieder der Staatsregierung vom 4. XII. 1961 (Bay. R 1102–1-S):

Art. 5 [Verschwiegenheitspflicht] (1) ¹Die Mitglieder der Staatsregierung sind, auch nach Beendigung ihres Amtsverhältnisses, verpflichtet, über die ihnen amtlich bekannt gewordenen Angelegenheiten

Verschwiegenheit zu bewahren. ²Dies gilt nicht für Mitteilungen im dienstlichen Verkehr oder über Tatsachen, die offenkundig sind oder ihrer Bedeutung nach keiner Geheimhaltung bedürfen.

(2) Die Mitglieder der Staatsregierung dürfen, auch nach Beendigung ihres Amtsverhältnisses, über die sie Verschwiegenheit zu bewahren haben, ohne Genehmigung der Staatsregierung weder vor Gericht noch außergerichtlich aussagen oder Erklärungen abgeben.

(3) Unberührt bleibt die gesetzlich begründete Pflicht, strafbare Handlungen anzuzeigen und bei Gefährdung der freiheitlich-demokratischen Grundordnung für deren Erhaltung einzutreten.

Art. 6 [Aussagegenehmigung] (1) Die Genehmigung, als Zeuge auszusagen, darf nur versagt werden, wenn die Aussage dem Wohle des Bundes, des Freistaates Bayern oder eines anderen deutschen Landes Nachteile bereiten oder die Erfüllung öffentlicher Aufgaben ernstlich gefährden oder erheblich erschweren würde.

(2) Die Genehmigung, ein Gutachten zu erstatten, kann versagt werden, wenn die Erstattung den dienstlichen Interessen Nachteile bereiten würde.

(3) ¹Ist das Mitglieder der Staatsregierung Partei oder Beschuldigter in einem gerichtlichen Verfahren oder soll sein Vorbringen der Wahrnehmung seiner berechtigten Interessen dienen, so darf die Genehmigung auch dann, wenn die Voraussetzungen des Absatzes 1 erfüllt sind, nur versagt werden, wenn die dienstlichen Rücksichten dies unabweisbar erfordern. ²Wird sie versagt, so ist dem Mitglied der Staatsregierung der Schutz zu gewähren, den die dienstlichen Rücksichten zulassen.

(4) Über die Versagung der Aussagegenehmigung entscheidet die Staatsregierung.

d) **Berlin:** §§ 8, 9 des Gesetzes über die Rechtsverhältnisse der Mitglieder des Senats in der Fassung vom 1. III. 1979 (GVBl 469):

§ 8 Amtsverschwiegenheit Die Mitglieder des Senats sind, auch nach Beendigung ihres Amtes, verpflichtet, Verschwiegenheit über solche ihnen amtlich bekanntgewordenen Angelegenheiten zu wahren, deren Geheimhaltung besonders vorgeschrieben, ihrer Natur nach erforderlich oder vom Senat beschlossen worden ist.

§ 9 Vernehmung als Zeuge oder Sachverständiger (1) ¹Die Mitglieder des Senats dürfen, auch wenn sie nicht mehr im Amte sind, über Umstände, auf die sich ihre Pflicht zur Amtsverschwiegenheit bezieht, als Zeugen oder Sachverständige in einem Zivilprozeß, Strafprozeß, Verwaltungsstreitverfahren oder in einem anderen Verfahren nur mit Genehmigung des Senats vernommen werden. ²Die Genehmigung zur Vernehmung als Zeuge darf nur versagt werden, wenn die Ablegung des Zeugnisses dem Wohl der Bundesrepublik oder eines deutschen Landes Nachteile bereiten oder die Erfüllung öffentlicher Aufgaben ernstlich gefährden oder erheblich erschweren würde.

(2) Über andere Umstände dürfen die im Amte befindlichen Mitglieder des Senats als Sachverständige nicht vernommen werden, wenn der Senat erklärt, daß die Vernehmung den dienstlichen Interessen Nachteile bereiten würde.

e) **Brandenburg:** § 5 des Gesetzes über die Rechtsverhältnisse der Mitglieder der Landesregierung Brandenburg vom 12. VI. 1991 (GVBl 284):

§ 5 Amtsverschwiegenheit, Aussagegenehmigung (1) ¹Die Mitglieder der Landesregierung sind auch nach Beendigung ihres Amtsverhältnisses zur Amtsverschwiegenheit über solche amtlich bekanntgewordenen Angelegenheiten verpfichtet, deren Geheimhaltung ihrer Natur nach erforderlich, besonders vorschrieben oder von der Landesregierung beschlossen worden ist. ²Ohne Genehmigung der Landesregierung dürfen über geheimzuhaltende Angelegenheiten keine Erklärungen abgegeben werden.

(2) ¹Die Mitglieder der Landesregierung dürfen auch nach Beendigung ihres Amtsverhältnisses über Umstände, auf die sich ihre Pflicht zur Amtsverschwiegenheit bezieht, als Zeugen oder Sachverständige in einem gerichtlichen oder sonstigen Verfahren nur mit Genehmigung der Landesregierung aussagen. ²Die Genehmigung zur Aussage als Zeuge darf nur versagt werden, wenn die Aussage dem Wohl des Bundes oder eines deutschen Landes Nachteile bereiten oder die Erfüllung öffentlicher Aufgaben ernstlich gefährden oder erheblich erschweren würde.

(3) Über andere Umstände dürfen die im Amt befindlichen Mitglieder der Landesregierung als Sachverständige nicht vernommen werden, wenn die Landesregierung erklärt, daß die Vernehmung den dienstlichen Interessen Nachteile bereiten würde.

(4) Ein Mitglied der Landesregierung ist am Amtssitz oder Aufenthaltsort zu vernehmen. Die Landesregierung kann Ausnahmen zulassen.

f) **Bremen:** §§ 2, 3 des Senatsgesetzes vom 17. XII. 1968 (GBl 237):

§ 2 Amtsverschwiegenheit (1) ¹Die Mitglieder des Senats sind, auch nach Beendigung ihres Amtsverhältnisses, verpflichtet, über die ihnen amtlich bekannt gewordenen Angelegenheiten Verschwiegenheit zu bewahren. ²Dies gilt nicht für Mitteilungen im dienstlichen Verkehr oder für Tatsachen, die offenkundig sind oder ihrer Bedeutung nach keiner Geheimhaltung bedürfen.

(2) Die Mitglieder des Senats dürfen, auch wenn sie nicht mehr im Amt sind, über solche Angelegenheiten ohne Genehmigung des Senats weder vor Gericht noch außergerichtlich aussagen oder Erklärungen abgeben.

(3) Unberührt bleibt die gesetzlich begründete Pflicht, strafbare Handlungen anzuzeigen und bei der Gefährdung der freiheitlichen demokratischen Grundordnung für deren Erhaltung einzutreten.

§ 3 Aussagegenehmigung (1) Die Genehmigung, als Zeuge auszusagen, soll nur versagt werden, wenn die Aussage dem Wohle des Bundes, der freien Hansestadt Bremen oder eines anderen deutschen Landes Nachteile bereiten oder die Erfüllung öffentlicher Aufgaben ernsthaft gefährden oder erheblich erschweren würde.

(2) Die Genehmigung, ein Gutachten zu erstatten, kann versagt werden, wenn die Erstattung den dienstlichen Interessen Nachteile bereiten würde.

116 g) **Hamburg:** § 9 des Senatsgesetzes vom 18. II. 1971 (GVBl 23):

§ 9 **Verschwiegenheitspflicht** (1) ¹Die Mitglieder des Senats sind, auch nach Beendigung ihres Amtsverhältnisses, verpflichtet, über die ihnen amtlich bekanntgewordenen Angelegenheiten Verschwiegenheit zu bewahren. ²Dies gilt nicht für Mitteilungen im dienstlichen Verkehr oder über Tatsachen, die offenkundig sind oder ihrer Bedeutung nach keiner Geheimhaltung bedürfen.

(2) Die Mitglieder des Senats dürfen, auch nach Beendigung ihres Amtsverhältnisses, über Angelegenheiten, auf die sich ihre Pflicht zur Amtsverschwiegenheit bezieht, ohne Genehmigung des Senats weder vor Gericht noch außergerichtlich aussagen oder Erklärungen abgeben.

(3) Die Genehmigung, als Zeuge auszusagen, soll nur versagt werden, wenn die Aussage dem Wohle der Bundesrepublik Deutschland oder eines deutschen Landes Nachteile bereiten oder die Erfüllung öffentlicher Aufgaben ernsthaft gefährden oder erheblich erschweren würde.

117 h) **Hessen:** Es fehlt eine entsprechende Vorschrift. Die Beamtengesetze werden entsprechend angewandt.

118 i) **Mecklenburg-Vorpommern:** §§ 5, 6 des Gesetzes über die Rechtsverhältnisse des Ministerpräsidenten und der Minister des Landes Mecklenburg-Vorpommern vom 11. VI. 1991 (GVOBl 174/GS M.-V. Gl. Nr. 1103–1):

§ 5 **Amtsverschwiegenheit.** Die Mitglieder der Landesregierung sind, auch nach Beendigung ihres Amtsverhältnisses, verpflichtet, Verschwiegenheit über solche ihnen amtlich bekanntgewordenen Angelegenheiten zu wahren, deren Geheimhaltung ihrer Natur nach erforderlich oder besonders vorgeschrieben ist.

§ 6 **Aussagegenehmigung.** (1) ¹Die Mitglieder der Landesregierung dürfen, auch wenn sie nicht mehr im Amte sind, über Umstände, auf die sich ihre Pflicht zur Amtsverschwiegenheit bezieht, als Zeugen oder Sachverständige in einem gerichtlichen oder sonstigen Verfahren nur mit Genehmigung der Landesregierung aussagen. ²Die Genehmigung zur Aussage als Zeuge darf nur versagt werden, wenn die Aussage dem Wohle des Bundes oder eines deutschen Landes Nachteile bereiten oder die Erfüllung öffentlicher Aufgaben ernsthaft gefährden oder erheblich erschweren würde.

(2) Über andere Umstände dürfen die im Amt befindlichen Mitglieder der Landesregierung als Sachverständige nicht vernommen werden, wenn die Landesregierung erklärt, daß die Vernehmung den dienstlichen Interessen Nachteile bereiten würde.

119 k) **Niedersachsen:** §§ 6, 7 des Gesetzes über die Rechtsverhältnisse der Mitglieder der Landesregierung in der Fassung vom 3. IV. 1979 (GVBl 105):

§ 6 Die Mitglieder der Landesregierung sind, auch nach Beendigung ihres Amtsverhältnisses, verpflichtet, Verschwiegenheit über solche ihnen amtlich bekanntgewordene Angelegenheiten zu wahren, deren Geheimhaltung ihrer Natur nach erforderlich oder besonders vorgeschrieben ist.

§ 7 (1) ¹Die Mitglieder der Landesregierung dürfen, auch wenn sie nicht mehr im Amt sind, über Umstände, auf die sich ihre Pflicht zur Amtsverschwiegenheit bezieht, als Zeugen oder Sachverständige in einem gerichtlichen oder sonstigen Verfahren nur mit Genehmigung des Landesministeriums aussagen. ²Die Genehmigung, als Zeuge auszusagen, soll nur versagt werden, wenn die Aussage dem Wohle des Bundes oder eines deutschen Landes Nachteile bereiten oder die Erfüllung öffentlicher Aufgaben ernsthaft gefährden oder erheblich erschweren würde.

(2) Über andere Umstände dürfen die im Amt befindlichen Mitglieder der Landesregierung als Sachverständige nicht vernommen werden, wenn das Landesministerium erklärt, daß die Vernehmung den dienstlichen Interessen Nachteile bereiten würde.

(3) § 16 des Gesetzes über den Staatsgerichtshof in Verbindung mit § 28 des Gesetzes über das Bundesverfassungsgericht bleibt unberührt.

l) **Nordrhein-Westfalen:** §§ 3, 4 des Gesetzes über die Rechtsverhältnisse der Mitglieder der Landesregierung Nordrhein-Westfalen in der Fassung vom 23. VIII. 1965 (GVBl NRW 240/SGV NW 1102): **120**

§ 3 [Amtsverschwiegenheit] Die Mitglieder der Landesregierung sind, auch nach Beendigung ihres Amtsverhältnisses, verpflichtet, Verschwiegenheit über solche ihnen amtlich bekannt gewordene Angelegenheiten zu wahren, deren Geheimhaltung ihrer Natur nach erforderlich oder besonders vorgeschrieben ist.

§ 4 [Aussagegenehmigung] (1) ¹Die Mitglieder der Landesregierung dürfen, auch wenn sie nicht mehr im Amte sind, über Umstände, auf die sich ihre Pflicht zur Amtsverschwiegenheit bezieht, als Zeugen oder Sachverständige in einem gerichtlichen oder sonstigen Verfahren nur mit Genehmigung der Landesregierung aussagen. ²Die Genehmigung zur Aussage als Zeuge darf, unbeschadet der Vorschriften des Gesetzes über den Verfassungsgerichtshof, nur versagt werden, wenn die Aussage dem Wohle des Bundes oder eines deutschen Landes Nachteile bereiten oder die Erfüllung öffentlicher Aufgaben ernstlich gefährden oder erheblich erschweren würde.

m) **Rheinland-Pfalz:** §§ 6, 7 des Landesgesetzes über die Rechtsverhältnisse der Mitglieder der Landesregierung Rheinland-Pfalz vom 12. VIII. 1993 (GVBl 455): **121**

§ 6 Geheimhaltungspflicht (1) ¹Die Mitglieder der Landesregierung sind, auch nach Beendigung ihres Amtsverhältnisses, verpflichtet, über die ihnen amtlich bekanntgewordenen Angelegenheiten Verschwiegenheit zu bewahren. ²Dies gilt nicht für Mitteilungen im dienstlichen Verkehr oder über Tatsachen, die offenkundig sind oder ihrer Bedeutung nach keiner Geheimhaltung bedürfen.

(2) Die Mitglieder der Landesregierung dürfen, auch wenn sie nicht mehr im Amt sind, über solche Angelegenheiten ohne Genehmigung der Landesregierung weder vor Gericht noch außergerichtlich aussagen oder Erklärungen abgeben.

(3) Unberührt bleibt die gesetzlich begründete Pflicht, Straftaten anzuzeigen und bei Gefährdung der freiheitlichen demokratischen Grundordnung für deren Erhaltung einzutreten.

§ 7 Aussagegenehmigung (1) Die Genehmigung, als Zeuge auszusagen, soll nur versagt werden, wenn die Aussage dem Wohle des Bundes oder eines deutschen Landes Nachteile bereiten oder die Erfüllung öffentlicher Aufgaben ernstlich gefährden oder erheblich erschweren würde.

(2) Die Genehmigung, ein Gutachten zu erstatten, ist zu versagen, wenn die Erstattung den dienstlichen Interessen Nachteile bereiten würde.

(3) § 28 des Gesetzes über das Bundesverfassungsgericht in der Fassung vom 12. Dezember 1985 (BGBl. I S. 2229) in der jeweils geltenden Fassung bleibt unberührt.

n) **Saarland:** §§ 5, 6 des Gesetzes Nr. 784 über die Rechtsverhältnisse der Mitglieder der Landesregierung vom 17. VII. 1963 (Abl 435): **122**

§ 5 Geheimhaltungspflicht. (1) ¹Die Mitglieder der Landesregierung sind auch nach Beendigung ihres Amtsverhältnisses verpflichtet, über die ihnen amtlich bekannt gewordenen Angelegenheiten Verschwiegenheit zu bewahren. ²Dies gilt nicht für Mitteilungen im dienstlichen Verkehr oder über Tatsachen, die offenkundig sind oder ihrer Bedeutung nach keiner Geheimhaltung bedürfen.

(2) Die Mitglieder der Landesregierung dürfen, auch wenn sie nicht mehr im Amt sind, über Angelegenheiten, über die sie Verschwiegenheit zu bewahren haben, ohne Genehmigung der Landesregierung weder vor Gericht noch außergerichtlich aussagen oder Erklärungen abgeben.

(3) Unberührt bleibt die gesetzlich begründete Pflicht, Straftaten anzuzeigen und bei Gefährdung der freiheitlichen demokratischen Grundordnung für deren Erhaltung einzutreten.

§ 6 Aussagegenehmigung. (1) Die Genehmigung, als Zeuge auszusagen, darf nur versagt werden, wenn die Aussage dem Wohle des Bundes, des Saarlandes oder eines anderen deutschen Landes Nachteile bereiten oder die Erfüllung öffentlicher Aufgaben ernstlich gefährden oder erheblich erschweren würde.

(2) Die Genehmigung, ein Gutachten zu erstatten, kann versagt werden, wenn die Erstattung den dienstlichen Interessen Nachteile bereiten würde.

(3) ¹Ist das Mitglied der Landesregierung Partei oder Beschuldigter in einem gerichtlichen Verfahren oder soll sein Vorbringen der Wahrnehmung seiner berechtigten Interessen dienen, so darf die Genehmigung auch dann, wenn die Voraussetzungen des Absatzes 1 erfüllt sind, nur versagt werden, wenn die dienstlichen Rücksichten dies unabweisbar erfordern. ²Wird sie versagt, so ist dem Mitglied der Landesregierung der Schutz zu gewähren, den die dienstlichen Rücksichten zulassen.

(4) Über die Versagung der Aussagegenehmigung entscheidet die Landesregierung.

123 o) **Sachsen:** §§ 5, 6 des Gesetzes über die Rechtsverhältnisse der Mitglieder der Staatsregierung und der parlamentarischen Staatssekretäre in der Fassung der Bekanntmachung vom 2. V. 1994 (GVBl 961):

§ 5 Amtsverschwiegenheit, Verbot der Annahme von Belohnungen und Geschenken (1) ¹Die Mitglieder der Staatsregierung sind, auch nach Beendigung ihres Amtsverhältnisses, verpflichtet, über die ihnen amtlich bekanntgewordenen Angelegenheiten Verschwiegenheit zu bewahren. ²Dies gilt nicht für Mitteilungen im dienstlichen Verkehr oder über Tatsachen, die offenkundig sind oder ihrer Bedeutung nach keiner Geheimhaltung bedürfen.

(2) Die Mitglieder der Staatsregierung dürfen, auch wenn sie nicht mehr im Amt sind, über solche Angelegenheiten ohne Genehmigung der Staatsregierung weder vor Gericht noch außergerichtlich aussagen oder Erklärungen abgeben.

(3) Unberührt bleibt die gesetzlich begründete Pflicht, Straftaten anzuzeigen und bei Gefährdung der freiheitlichen demokratischen Ordnung für deren Erhaltung einzutreten.

(4) Die Mitglieder der Staatsregierung dürfen, auch nach Beendigung ihres Amtsverhältnisses, Belohnungen oder Geschenke in bezug auf ihr Amt nur mit Zustimmung der Staatsregierung annehmen.

§ 6 Genehmigung zur Zeugenaussage und Gutachtenerstattung (1) Die Genehmigung, als Zeuge auszusagen, soll nur versagt werden, wenn die Aussage dem Wohle des Bundes oder eines Landes Nachteile bereiten oder die Erfüllung öffentlicher Aufgaben ernstlich gefährden oder erheblich erschweren würde.

(2) Die Genehmigung, ein gerichtliches Gutachten zu erstatten, kann versagt werden, wenn die Erstattung den dienstlichen Interessen Nachteile bereiten würde. § 28 des Gesetzes über das Bundesverfassungsgericht bleibt unberührt.

124 p) **Sachsen-Anhalt:** §§ 6, 7 des Gesetzes über die Rechtsverhältnisse der Mitglieder der Landesregierung vom 21. III. 1991 (GVBl 16):

§ 6 Geheimhaltungspflicht Die Mitglieder der Landesregierung sind, auch nach Beendigung ihres Amtsverhältnisses, verpflichtet, Verschwiegenheit über solche ihnen amtlich bekanntgewordenen Angelegenheiten zu wahren, deren Geheimhaltung ihrer Natur nach erforderlich oder besonders vorgeschrieben ist.

§ 7 Genehmigung zur Zeugenaussage und Gutachtenerstattung (1) ¹Die Mitglieder der Landesregierung dürfen, auch wenn sie nicht mehr im Amt sind, über Umstände, auf die sich ihre Pflicht zur Amtsverschwiegenheit bezieht, als Zeugen oder Sachverständige in einem gerichtlichen oder sonstigen Verfahren nur mit Genehmigung der Landesregierung aussagen. ²Die Genehmigung, als Zeuge auszusagen, soll nur versagt werden, wenn die Aussage dem Wohl des Bundes oder eines Landes Nachteile bereiten oder die Erfüllung öffentlicher Aufgaben ernstlich gefährden oder erheblich erschweren würde.

(2) Über andere Umstände dürfen die im Amt befindlichen Mitglieder der Landesregierung als Sachverständige nicht vernommen werden, wenn die Landesregierung erklärt, daß die Vernehmung den dienstlichen Interessen Nachteile bereiten würde.

125 q) **Schleswig-Holstein:** § 4 des Gesetzes über die Rechtsverhältnisse der Ministerpräsidentin oder des Ministerpräsidenten und der Landesministerinnen und Landesminister in der Fassung der Bekanntmachung vom 1. X. 1990 (GVOBl 515):

§ 4 Amtsverschwiegenheit (1) ¹Eine Landesministerin oder ein Landesminister ist auch nach Beendigung des Amtsverhältnisses zur Amtsverschwiegenheit über solche ihr oder ihm amtlich bekanntgewordenen Angelegenheiten verpflichtet, deren Geheimhaltung ihrer Natur nach erforderlich, besonders vorgeschrieben oder von der Landesregierung beschlossen worden ist. ²Sie oder er darf ohne Genehmigung der Landesregierung über geheimzuhaltende Angelegenheiten keine Erklärung abgeben.

(2) Eine Landesministerin oder ein Landesminister darf auch nach Beendigung des Arbeitsverhältnisses als Zeugin oder Zeuge oder Sachverständige oder Sachverständiger nicht vernommen werden, wenn die Landesregierung erklärt, daß die Vernehmung den öffentlichen oder dienstlichen Interessen Nachteile bereiten würde.

(3) ¹Eine Landesministerin oder ein Landesminister ist an ihrem oder seinem Amtssitz oder Aufenthaltsort zu vernehmen. ²Die Landesregierung kann Ausnahmen genehmigen.

126 r) **Thüringen:** §§ 6, 7 des Landesgesetzes über die Rechtsverhältnisse der Mitglieder der Thüringer Landesregierung vom 14. V. 1991 (GVBl 88):

§ 6 Geheimhaltungspflicht. (1) ¹Die Mitglieder der Landesregierung sind, auch nach Beendigung ihres Amtsverhältnisses, verpflichtet, über die ihnen amtlich bekannt gewordenen Angelegenheiten Verschwiegenheit zu bewahren. ²Dies gilt nicht für Mitteilungen im dienstlichen Verkehr oder über Tatsachen, die offenkundig sind oder ihrer Bedeutung nach keiner Geheimhaltung bedürfen.

(2) Die Mitglieder der Landesregierung dürfen, auch wenn sie nicht mehr im Amt sind, über solche Angelegenheiten ohne Genehmigung der Landesregierung weder vor Gericht noch außergerichtlich aussagen oder Erklärungen abgeben.
(3) Unberührt bleibt die gesetzlich begründete Pflicht, Straftaten anzuzeigen und bei Gefährdung der freiheitlichen demokratischen Grundordnung für deren Erhaltung einzutreten.
§ 7 Aussagegenehmigung. (1) Die Genehmigung, als Zeuge auszusagen, soll nur versagt werden, wenn die Aussage dem Wohle des Bundes oder eines deutschen Landes Nachteile bereiten oder die Erfüllung öffentlicher Aufgaben ernstlich gefährden oder erheblich erschweren würde.
(2) Die Genehmigung, ein gerichtliches Gutachten zu erstatten, kann versagt werden, wenn die Erstattung den dienstlichen Interessen Nachteile bereiten würde.
(3) § 28 des Gesetzes über das Bundesverfassungsgericht bleibt unberührt.

5. Fraktionsangestellte

Folgende Regelungen sind vorhanden:

a) Für die **Fraktionsangestellten der Fraktionen im Bundestag** bestimmt § 49 des Gesetzes über die Rechtsverhältnisse der Mitglieder des Deutschen Bundestages in der Fassung der Bekanntmachung vom 21. II. 1996 (Neubekanntmachung des AbgG vom 18. II. 1977 (BGBl I 297) in der seit 22. XII. 1995 geltenden Fassung): **130**
§ 49 Geheimhaltungspflicht der Fraktionsangestellten. (1) ¹Angestellte der Fraktionen sind, auch nach Beendigung ihres Beschäftigungsverhältnisses, verpflichtet, über die ihnen bei ihrer Tätigkeit bekanntgewordenen Angelegenheiten Verschwiegenheit zu bewahren. ²Dies gilt nicht für Tatsachen, die offenkundig sind oder ihrer Bedeutung nach keiner Geheimhaltung bedürfen.
(2) ¹Angestellte der Fraktionen dürfen, auch nach Beendigung ihres Beschäftigungsverhältnisses, ohne Genehmigung über solche Angelegenheiten weder vor Gericht noch außergerichtlich aussagen oder Erklärungen abgeben. ²Die Genehmigung erteilt der jeweilige Fraktionsvorsitzende.
(3) Unberührt bleibt die gesetzlich begründete Pflicht, Straftaten anzuzeigen und bei Gefährdung der freiheitlich demokratischen Grundordnung für deren Erhaltung einzutreten.

b) **Bayern:** Art. 9 des Bayerischen Fraktionsgesetzes vom 8. VII. 1994 (GVBl 550) **132**
Art. 9 Verschwiegenheitspflicht der Fraktionsangestellten (1) ¹Angestellte der Fraktionen sind, auch nach Beendigung ihres Beschäftigungsverhältnisses, verpflichtet, über die ihnen bei ihrer Tätigkeit bekanntgewordenen Angelegenheiten Verschwiegenheit zu bewahren. ²Dies gilt nicht für Tatsachen, die offenkundig sind oder ihrer Bedeutung nach keiner Geheimhaltung bedürfen.
(2) ¹Angestellte der Fraktionen dürfen, auch nach Beendigung ihres Beschäftigungsverhältnisses, ohne Genehmigung über solche Angelegenheiten weder vor Gericht noch außergerichtlich aussagen oder Erklärungen abgeben. ²Die Genehmigung erteilen die jeweiligen Fraktionsvorsitzenden.

c) **Hamburg:** § 9 des Fraktionsgesetzes vom 20. VI. 1996 (GVBl 134): **133**
§ 9 Geheimhaltungspflicht der Mitarbeiterinnen und Mitarbeiter der Fraktionen (1) ¹Die Mitarbeiterinnen und Mitarbeiter der Fraktionen sind auch nach Beendigung ihres Beschäftigungsverhältnisses verpflichtet, über die ihnen bei ihrer Tätigkeit bekanntgewordenen Angelegenheiten Verschwiegenheit zu bewahren. ²Dies gilt nicht für Tatsachen, die offenkundig sind oder ihrer Bedeutung nach keiner Geheimhaltung bedürfen.
(2) ¹Die Mitarbeiterinnen und Mitarbeiter der Fraktionen dürfen, auch nach Beendigung ihres Beschäftigungsverhältnisses, ohne Genehmigung über solche Angelegenheiten weder vor Gericht noch außergerichtlich aussagen oder Erklärungen abgeben. ²Die Genehmigung erteilt die oder der jeweilige Fraktionsvorsitzende.
(3) Unberührt bleibt die gesetzlich begründete Pflicht, Straftaten anzuzeigen und bei Gefährdung der freiheitlich demokratischen Grundordnung für deren Erhaltung einzutreten.

d) **Mecklenburg-Vorpommern:** § 53 des Gesetzes über die Rechtsverhältnisse der Mitglieder des Landtags zu Mecklenburg-Vorpommern vom 20. XII. 1990 (GVOBl 1991, 3/GS M-V Gl. Nr. 1101–1): **134**
§ 53 Verschwiegenheitspflicht der Fraktionsangestellten. (1) ¹Angestellte der Fraktionen sind, auch nach Beendigung ihres Beschäftigungsverhältnisses verpflichtet, über die ihnen bei ihrer Tätigkeit bekanntgewordenen Angelegenheiten Verschwiegenheit zu bewahren. ²Dies gilt nicht für Tatsachen, die offenkundig sind oder ihrer Bedeutung nach keiner Geheimhaltung bedürfen.
(2) ¹Angestellte der Fraktionen dürfen, auch nach Beendigung ihres Beschäftigungsverhältnisses, oh-

ne Genehmigung über solche Angelegenheiten weder vor Gericht noch außergerichtlich aussagen oder Erklärungen abgeben. ²Die Genehmigung erteilt der jeweilige Fraktionsvorsitzende.

136 e) **Rheinland-Pfalz:** § 12 des Landesgesetzes zur Rechtsstellung und Finanzierung der Fraktionen vom 21. XII. 1993 (GVBl 642):

§ 12 Geheimhaltungspflicht der Fraktionsangestellten (1) ¹Angestellte der Fraktionen sind, auch nach Beendigung ihres Beschäftigungsverhältnisses verpflichtet, über die ihnen bei ihrer Tätigkeit bekanntgewordenen Angelegenheiten Verschwiegenheit zu bewahren. ²Dies gilt nicht für Tatsachen, die offenkundig sind oder ihrer Bedeutung nach keiner Geheimhaltung bedürfen.

(2) ¹Angestellte der Fraktionen dürfen, auch nach Beendigung ihres Beschäftigungsverhältnisses, ohne Genehmigung über solche Angelegenheiten weder vor Gericht noch außergerichtlich aussagen oder Erklärungen abgeben. ²Die Genehmigung erteilt der jeweilige Fraktionsvorsitzende.

(3) Unberührt bleibt die gesetzlich begründete Pflicht, Straftaten anzuzeigen und bei Gefährdung der freiheitlich demokratischen Grundordnung für deren Erhaltung einzutreten.

139 f) **Schleswig-Holstein:** § 5 des Gesetzes über die Rechtsstellung und Finanzierung der Fraktionen im Schleswig-Holsteinischen Landtag vom 18. XII. 1994 (GVOBl 1995, 4):

§ 5 Geheimhaltungspflicht der Fraktionsmitarbeiterinnen und -mitarbeiter (1) ¹Die Mitarbeiterinnen und Mitarbeiter der Fraktionen sind auch nach Beendigung ihres Beschäftigungsverhältnisses verpflichtet, über die ihnen bei ihrer Tätigkeit bekanntgewordenen Angelegenheiten Verschwiegenheit zu bewahren. ²Dies gilt nicht für Tatsachen, die offenkundig sind oder ihrer Bedeutung nach keiner Geheimhaltung bedürfen.

(2) ¹Die Mitarbeiterinnen und Mitarbeiter der Fraktionen dürfen nach Beendigung ihres Beschäftigungsverhältnisses ohne Genehmigung über solche Angelegenheiten weder vor Gericht noch außergerichtlich aussagen oder Erklärungen abgeben. ²Die Genehmigung erteilt die oder der jeweilige Fraktionsvorsitzende.

(3) Unberührt bleibt die gesetzlich begründete Pflicht, Straftaten anzuzeigen und bei Gefährdung der freiheitlich demokratischen Grundordnung für deren Erhaltung einzutreten.

140 g) **Thüringen:** § 48 des Gesetzes über die Rechtsverhältnisse der Angeordneten des Thüringer Landtags vom 9. III. 1995 (GVBl 121):

§ 48 Fraktionsmitarbeiter. (1) Die Fraktionen dürfen nur Mitarbeiter beschäftigen, die nicht wissentlich als hauptamtliche oder inoffizielle Mitarbeiter mit dem Ministerium für Staatssicherheit, dem Amt für Nationale Sicherheit oder Beauftragten dieser Einrichtungen zusammengearbeitet haben.

(2) ¹Mitarbeiter der Fraktionen sind, auch nach Beendigung ihres Beschäftigungsverhältnisses, verpflichtet, über die ihnen bei ihrer Tätigkeit bekanntgewordenen Angelegenheiten Verschwiegenheit zu bewahren. ²Dies gilt nicht für Tatsachen, die offenkundig sind oder ihre Bedeutung nach keiner Geheimhaltung bedürfen. ³Die Mitarbeiter sind, sofern es sich nicht um Amtsträger oder für den öffentlichen Dienst besonders Verpflichtete handelt, zu Beginn des Beschäftigungsverhältnisses durch die Fraktion besonders zur Geheimhaltung zu verpflichten. ⁴§ 1 Abs. 2 und 3 des Verpflichtungsgesetzes vom 2. März 1974 (BGBl I S. 469, 547) ist entsprechend anwendbar. ⁵Personen, die nach Satz 3 besonders verpflichtet worden sind, stehen für die Anwendung der Vorschriften des Strafgesetzbuches über die Verletzung von Privatgeheimnissen (§ 203 Abs. 2, 4 und 5, §§ 204 und 205) und des Dienstgeheimnisses (§ 353 b Abs. 1) den für den öffentlichen Dienst besonders Verpflichteten gleich.

(3) ¹Mitarbeiter der Fraktionen dürfen, auch nach Beendigung ihres Beschäftigungsverhältnisses, ohne Genehmigung über Angelegenheiten nach Absatz 2 Satz 1 weder vor Gericht noch außergerichtlich Aussagen oder Erklärungen abgeben. ²Die Genehmigung erteilt der jeweilige Fraktionsvorsitzende. ³Die Genehmigung darf nur versagt werden, wenn die Aussage dem Wohle des Bundes oder der Länder Nachteile bereitet oder geeignet ist, der parlamentarischen Tätigkeit der Fraktion Nachteile zu bereiten.

§ 377 [Ladung der Zeugen, schriftliche Beantwortung]

(1) ¹Die Ladung der Zeugen ist von der Geschäftsstelle unter Bezugnahme auf den Beweisbeschluß auszufertigen und von Amts wegen mitzuteilen. ²Sie wird, sofern nicht das Gericht die Zustellung anordnet, formlos übersandt.

(2) Die Ladung muß enthalten:
1. die Bezeichnung der Parteien;
2. den Gegenstand der Vernehmung;
3. die Anweisung, zur Ablegung des Zeugnisses bei Vermeidung der durch das Gesetz angedrohten Ordnungsmittel in dem nach Zeit und Ort zu bezeichnenden Termin zu erscheinen.

(3) ¹Das Gericht kann eine schriftliche Beantwortung der Beweisfrage anordnen, wenn es dies im Hinblick auf den Inhalt der Beweisfrage und die Person des Zeugen für ausreichend erachtet. ²Der Zeuge ist darauf hinzuweisen, daß er zur Vernehmung geladen werden kann. ³Das Gericht ordnet die Ladung des Zeugen an, wenn es dies zur weiteren Klärung der Beweisfrage für notwendig erachtet.

Gesetzesgeschichte: Ursprünglich § 342 CPO, durch Nov. 98, RGBl. 256 (→ Einl. Rdnr. 113), inhaltlich verändert zu § 377 geworden. Änderungen durch Nov. 24, RGBl. I 135 (→ Einl. Rdnr. 123 f.), Gesetz vom 9. VII. 1927, RGBl. I 175 (→ Einl. Rdnr. 125), VO vom 30. XI. 1927, RGBl. I 334 (→ Einl. Rdnr. 125), VO vom 17. VI. 1933, RGBl. I 394 (→ Einl. Rdnr. 125) und Gesetz vom 2. III. 1974, BGBl I 469 (→ Einl. Rdnr. 152). Abs. 3 neu gefaßt, früherer Abs. 4 gestrichen durch Art. 1 Nr. 20 des Rechtspflege-Vereinfachungsgesetzes vom 17. XII. 1990 (BGBl I 2847).

Stichwortverzeichnis → »Schlüssel zum Zeugenbeweis« zu Beginn der Vorbemerkungen vor § 373.

I. Ladung ... 1	3. Ausländische Zeugen im Inland ... 31
II. Inhalt der Ladung ... 7	IV. Zeugen im Ausland ... 33
1. Nr. 1: Bezeichnung der Parteien ... 8	V. Schriftliche Beantwortung der Beweisfrage
2. Nr. 2: Gegenstand der Vernehmung ... 9	1. Bedeutung ... 35
3. Nr. 3: Anweisung zum Erscheinen ... 10	2. Voraussetzungen ... 37
III. Exterritoriale und Konsuln ... 13	3. Schriftliche Beantwortung ... 40
1. Exterritoriale	4. Verfahren
a) Ausländische Exterritoriale ... 14	a) Entscheidung durch das Prozeßgericht ... 43
b) Exterritoriale Deutsche ... 16	b) Anordnung ... 45
c) Mitglieder internationaler Organisationen ... 18	c) Eingang der Antwort ... 49
2. Konsularbeamte ... 21	5. Zeugen im Ausland ... 52
a) Wiener Konsular-Abkommen ... 22	VI. Arbeitsgerichtliches Verfahren ... 55
b) Bilaterale Konsularverträge ... 27	
c) Meistbegünstigungsklausel ... 28	
d) Rechtslage bei vertragslosem Zustand ... 29	

I. Ladung

Die Ladung der Zeugen geschieht von Amts wegen. Die Parteien dürfen zwar Zeugen zur Gerichtsverhandlung stellen, aber ein *eigenes Ladungsrecht* (wie nach § 220 StPO) steht ihnen *nicht* zu. Es kann deshalb eine solche Gestellung von ihnen nicht verlangt werden[1].   **1**

Die Ausfertigung der Ladung geschieht durch den Urkundsbeamten der Geschäftsstelle des Prozeßgerichts oder des ersuchten Gerichts auf Grund des Beweisbeschlusses. Sie erfolgt ohne Rücksicht darauf, ob sich der Zeuge in einem anderen Gerichtsbezirk der Bundesrepublik   **2**

---

[1] *RG* JW 1905, 28.

Deutschland aufhält, §§ 160 f. GVG (→ auch Einl. Rdnr. 629). Es genügt formlose Mitteilung; das Gericht kann aber, um einen urkundlichen Beleg über das Zugehen der Ladung zu erhalten, die förmliche Zustellung nach §§ 208 ff. anordnen. Die Einhaltung der in § 217 genannten **Ladungsfrist** ist bei einem Zeugen nicht nötig (→ § 217 Rdnr. 6); freilich muß dem Zeugen genügend Zeit verbleiben, um sich auf den Termin einzurichten[2]. Zweifelhaft ist, ob bei einer bereits anwesenden Person, die als Zeuge vernommen werden soll, stets auf die **Ladung verzichtet** werden kann; eine Vernehmung ohne Ladung ist jedenfalls dann *nicht* zulässig, wenn sich die zufällig anwesende Person nicht auf die Vernehmung vorbereiten konnte[3] (zu Abs. 2 Nr. 2 → Rdnr. 9), wohl aber, wenn die Partei selbst den Zeugen im Termin stellt und ihm das Beweisthema zuvor mitgeteilt hat. Bei der Vertagung des Beweistermins genügt die mündliche Aufforderung zum Wiedererscheinen. – *Eine öffentliche Zustellung* (→ § 203 Rdnr. 19) der Ladung kommt *nicht* in Frage; sie ist nur bei der Ladung der *Partei* möglich.

3   Über die *Ladung des prozeßunfähigen Zeugen*, insbesondere also des **minderjährigen Zeugen**, enthält die ZPO keine Regelung. § 171 Abs. 1 betrifft nur die Zustellungen an die nicht prozeßfähige Partei, sagt aber nichts allgemein über die Zustellungen an Prozeßunfähige. Aus dem Schweigen des Gesetzes läßt sich weder entnehmen, daß stets an den Zeugen zuzustellen sei[4], noch läßt sich eine undifferenzierte Analogie zu § 171 Abs. 1 in der Weise ziehen, daß stets an den gesetzlichen Vertreter zuzustellen wäre[5]. Richtigerweise muß man darauf abstellen, ob der Zeuge imstande ist, aus eigenem Entschluß und ohne Begleitung seines gesetzlichen Vertreters der Zeugenladung Folge zu leisten, und ob er fähig ist, die Bedeutung der Zeugenladung zu erkennen. Hat er diese Eigenschaften, *ist die Ladung an ihn zu richten*; einen über 14 Jahre alten Zeugen wird man deshalb regelmäßig selbst laden. Anders ist es bei denjenigen Zeugen, die ohne Begleitung des gesetzlichen Vertreters nicht vor Gericht erscheinen können, also besonders bei den sehr jungen Zeugen; hier *ist die Ladung an den gesetzlichen Vertreter (die Eltern) zu richten*. In Grenzfällen wird sich zur Vermeidung von Fehlern empfehlen, die Ladung sowohl an den Zeugen, als auch an den gesetzlichen Vertreter zu richten (zum Ausbleiben des minderjährigen Zeugen → § 380 Rdnr. 20; zum Zeugnisverweigerungsrecht des minderjährigen Zeugen → § 383 Rdnr. 2 ff.).

4   Auf die **Glaubhaftmachung** durch Zeugenaussagen ist § 377 nicht anwendbar → § 294 Rdnr. 11 ff.

II. Inhalt der Ladung

7   Die Vorschriften über den *Inhalt der Ladung* sind für Zwangsmaßnahmen gegen den Zeugen nach § 380 wesentlich; denn nur der *ordnungsgemäß* geladene Zeuge kann mit den dort vorgesehenen Folgen belegt werden. Abs. 2 gilt auch bei Ladung nach § 273 Abs. 2 Nr. 4.

8   **1. Nr. 1: Bezeichnung der Parteien:** Vgl. § 130 Nr. 1, § 253 Abs. 2 Nr. 1. Dabei gilt auch hier, daß die Parteien so genau zu bezeichnen sind, daß Identitätszweifel ausgeschlossen sind: Auch für den Zeugen muß klar ersichtlich sein, in welchem Verfahren er auszusagen hat, und ob ein Zeugnisverweigerungsrecht besteht.

9   **2. Nr. 2: Gegenstand der Vernehmung:** Die Mitteilung des Gegenstands der Vernehmung soll den Zeugen in den Stand setzen, sich auf die Aussage vorzubereiten, die sich gemäß § 396 Abs. 1 (→ dort Rdnr. 1) auf den Gegenstand der Vernehmung zu beziehen hat. Über

---

[2] *OLG Düsseldorf* OLG-Report 1994, 170.
[3] *OLG Schleswig* NJW 1991, 303 lehnt die Vernehmung eines Begleiters einer Partei als Zeuge ohne Ladung ab. – Ordnungsmittel nach § 380 dürfen mangels »ordnungsgemäßer Ladung« nicht verhängt werden, → Rdnr. 7.
[4] So allgemein zum Strafprozeß KMR-*Paulus* StPO (Loseblattausgabe Stand März 1998) § 37 Rdnr. 11.
[5] So zum Strafprozeß *Kleinknecht-Meyer-Goßner* StPO[43] § 48 Rdnr. 7.

die Pflicht zur Vorbereitung → Rdnr. 32 vor § 373 und Rdnr. 1 § 378. Ferner soll der Zeuge in die Lage versetzt werden, zu entscheiden, ob er ein Verweigerungsrecht nach §§ 383 Nr. 4 bis 6, 384 hat. Oft wird ein Auszug aus dem Beweisbeschluß mitgeteilt. Zur Stärkung der Rechtsstellung des Zeugen (→ Rdnr. 38 vor § 373) sollte dieser die Erforderlichkeit der Zeugeneinvernahme (→ Rdnr. 36 vor § 373) erkennen lassen[6].

3. Nr. 3: Anweisung zum Erscheinen: Die Anweisung zum Erscheinen (oder zum Bereithalten in der Wohnung, § 375 Abs. 2) geht von der Geschäftsstelle aus. Die Androhung einer Bestrafung braucht nur in einem Hinweis auf die durch das Gesetz (§ 380) im *allgemeinen angedrohten Strafen* zu bestehen. Wegen der Terminsstunde → § 220 Rdnr. 1 ff., wegen des Ortes der Vernehmung: § 219.

10

III. Exterritoriale und Konsuln

Nicht nach § 377 sind zu **laden**[7]:

13

1. Exterritoriale

a) Ausländische Exterritoriale

Die im Inland befindlichen **ausländischen Exterritorialen** (→ Einl. Rdnr. 655 ff., → § 200 Rdnr. 4), sofern sie diese Stellung in der Bundesrepublik Deutschland genießen, können nicht geladen werden. Sie sind nicht verpflichtet, als Zeuge auszusagen[8]. Schon die Ladung an diese Personen und der in der Ladung enthaltene Befehl, vor Gericht zu erscheinen, stellt eine Verletzung der diplomatischen Vorrechte dar[9]. Die Exterritorialen können aber die Ladung ausdrücklich oder stillschweigend gestatten (näher → § 200 Rdnr. 4). Wünscht ein Gericht die Zeugenaussage eines Diplomaten, so muß auf diplomatischem Wege zwischen den Staaten versucht werden, die Zeugenaussage zu erreichen[10]. Erscheint der Exterritoriale, so hängt es von seinem freien Willen ab, wieweit er sich der Vernehmung und Beeidigung unterwerfen will. Er kann seine Bereitschaft auch von der Vernehmung in seinen Räumen (Botschaft) abhängig machen[11]. Zwangsmittel stehen dem Gericht nicht zu. Die Aussage des Exterritorialen ist ohne weiteres verwertbar[12].

14

b) Exterritoriale Deutsche

Exterritoriale Deutsche werden gemäß § 200 Abs. 1 durch Ersuchen an den Bundesminister des Auswärtigen (Auswärtiges Amt) geladen (→ § 200 Rdnr. 1 ff.), wenn sie zur Mission des Bundes gehören (→ Rdnr. 34).

16

---

[6] *Schumann* empfahl in der Voraufl., dem Zeugen u. a. den Beweisführer nicht mitzuteilen, damit er nicht beeinflußt werde. Vielfach wird der Zeuge freilich ohnehin wissen, auf wessen Initiative er aussagen soll.

[7] Wegen des *Bundespräsidenten* s. § 375 Abs. 2.

[8] Art. 31 Abs. 2 des Wiener Übereinkommen über diplomatische Beziehungen vom 18. IV. 1961 (BGBl II 1964, 957) Vertragsparteien sind fast alle Staaten der Welt (vgl. Übersicht im Fundstellennachweis B, Beilage zum BGBl II, Stand 31. XII. 1997, 413 ff. mit der Angabe von fast 180 Mitgliedsstaaten).

[9] *Berber* Lehrbuch des Völkerrechts I[2] (1975) 286 f.; *Dahm-Delbrück-Wolfrum* Völkerrecht I[2] (1989) 279 f.

Oppenheim-Lauterpacht International Law[8] (London 1967) 801 f.; *Riezler* Internationales ZPR (1949) 475; wohl auch *Verdroß-Simma* Universelles Völkerrecht (3. Aufl. 1984) 577; *Wengler* Völkerrecht II (1964) 956; *Cl. Wilson* Diplomatic Privileges and Immunities (Tuscon 1967) 100 f.; → auch § 377 Rdnr. 33.

[10] Eine *öffentliche Zustellung* der Ladung kommt nicht in Betracht (a. M. die 19. Auflage dieses Kommentars), da sie einen völkerrechtswidrigen Zwang ausüben würde.

[11] *Wilson* (Fn. 9) 101.

[12] *Oppenheim-Lauterpacht* (Fn. 9) 802.

c) Mitglieder internationaler Organisationen

18   Die Mitglieder internationaler Organisationen und von internationalen Tagungen dieser Organisationen sind in weitem Umfang von der deutschen Zivilgerichtsbarkeit befreit (näher → Einl. Rdnr. 661)[13].

2. Konsularbeamte

21   Die in der Bundesrepublik Deutschland angestellten Konsularbeamten und die sonstigen konsularischen Bediensteten fremder Staaten sind *nicht exterritorial* (→ Einl. Rdnr. 658) und **können in einem Gerichtsverfahren ohne weiteres als Zeugen geladen werden**.

a) Wiener Konsular-Abkommen

22   Hinsichtlich der meisten Staaten[14] gelten jetzt Art. 44 und 45 des Wiener Übereinkommens über konsularische Beziehungen vom 24. IV. 1963[15]. Ihr **Text** ist in der **Einleitung** abgedruckt (→ dort Rdnr. 658).

23   Im wesentlichen handelt es sich bei diesen Bestimmungen um die Kodifizierung geltenden Völkergewohnheitsrechts, so daß gegenüber Konsuln von Nicht-Vertragsstaaten entsprechend gehandelt werden kann[16].

24   Bei der Zeugenvernehmung ist eine **Beeinträchtigung der dienstlichen Tätigkeit zu vermeiden**, in der Regel dadurch, daß die Aussage in der Wohnung oder in den Räumlichkeiten der konsularischen Vertretung entgegengenommen oder schriftlich erstattet wird (so Art. 44 Abs. 2 a. a. O.).

b) Bilaterale Konsularverträge

27   Mit folgenden Staaten sind Verträge in Kraft, die ähnliche Bestimmungen enthalten. Soweit dort weitergehende Regelungen vorgesehen sind, gehen sie dem Wiener Übereinkommen vor (Art. 73 Abs. 1): *Fidschi*[17], *Grenada*[18], *Jamaika*[19], *Malawi*[20], *Mauritius*[21], ehemalige Sowjet-

---

[13] Vgl. die Aufstellung GMBl 1973, 199 ff. sowie Fundstellennachweis B, Beilage zum BGBl II, Stand 31. XII. 1997, 631 f.

[14] Vertragsparteien sind neben der Bundesrepublik Deutschland (Bekanntmachung BGBl II 1971, 1285) fast alle Staaten der Welt (vgl. Übersicht im Fundstellennachweis B, Beilage zum BGBl, Stand 31. XII. 1997, 426 ff. mit der Angabe von fast 160 Mitgliedsstaaten).

[15] Ratifiziert durch Gesetz vom 26. VIII. 1969, (BGBl II 1585); zu ihr: *L. T. Lee* Vienna Convention on Consular Relations (Leyden 1966).

[16] *Herndl* ArchVöR 11 (1963/64) 450 ff.; *Lee* (Fn. 15) 147 f.; *Oppenheim-Lauterpacht* (Fn. 9) 840 ff.

[17] Art. 11 Abs. 3, Art. 10 Abs. 5 und Art. 10 Abs. 6 des Konsularvertrages zwischen der Bundesrepublik Deutschland und dem Vereinigten Königreich Großbritannien und Nordirland vom 30. VII. 1956 (Gesetz vom 27. V. 1957, BGBl II 284), in Kraft seit 28. XII. 1957 (Bekanntmachung vom 21. XII. 1957 [BGBl II 1958, 17] und Bekanntmachung über die Fortgeltung vom 22. X. 1975 [BGBl II 1739]).

[18] → Fn. 17, Bekanntmachung über die Weiteranwendung vom 12. III. 1975 (BGBl II 366).

[19] → Fn. 17, Bekanntmachung über die Fortgeltung vom 22. XII. 1972 (BGBl 1973 II 49).

[20] → Fn. 17, Bekanntmachung über die Weiteranwendung vom 13. II. 1967 (BGBl II 936).

[21] → Fn. 17, Bekanntmachung über die Fortgeltung vom 27. XII. 1972 (BGBl 1973 II 50).

union[22], Spanien[23], Türkei[24], Vereinigtes Königreich Großbritannien und Nordirland[25], Vereinigte Staaten von Amerika[26].

c) Meistbegünstigungsklausel

Vergleichbare Vorrechte ergeben sich aus der sogenannten »Meistbegünstigungsklausel«[27] in sonstigen (etwa Handels-)Verträgen. Eine solche Regelung besteht im Verhältnis zu folgenden Staaten: *Iran (Persien)*[28], *Irland*[29], *Japan*[30], *Saudi-Arabien*[31]. Auch hier gilt gemäß Art. 73 Abs. 1 der Vorrang der bilateralen Regelung.

28

d) Rechtslage bei vertragslosem Zustand

Auch soweit eine vertragliche Regelung nicht besteht, erscheint es mit Rücksicht auf die Gefahr diplomatischer Weiterungen in aller Regel **untunlich, Konsularbeamte, die Angehörige des ernennenden Staates sind, unter Strafandrohung zu laden** oder sie ohne vor-

29

---

[22] Die Sowjetunion wurde durch die Alma-Ata-Deklaration vom 21. XII. 1991 aufgelöst. Art. 13 des Konsularvertrages zwischen der Bundesrepublik Deutschland und der Union der Sozialistischen Sowjetrepubliken vom 25. IV. 1958 (Gesetz vom 17. III. 1959, BGBl II 232), in Kraft seit 24. V. 1959 (Bekanntmachung vom 30. IV. 1959, BGBl II 469) bleibt aber für die Mitglieder der **Gemeinschaft Unabhängiger Staaten** anwendbar, da diese für die Erfüllung der internationalen Verpflichtungen, die sich aus Verträgen und Vereinbarungen der früheren UdSSR ergeben, gemäß ihren verfassungsrechtlichen Vorschriften garantieren (vgl. Fundstellennachweis B, Beilage zum BGBl II, Stand 31. XII. 1997, 140 f.). Im übrigen vgl. die Bekanntmachungen zu Armenien vom 18. I. 1993 (BGBl II 1993, 169), Aserbaidschan vom 5. VIII. 1996 (BGBl II 1996, 2471), Belarus vom 5. IX. 1994 (BGBl II 1994, 2533), Georgien vom 21. X. 1992 (BGBl II 1992, 1128), Kasachstan vom 19. X. 1992 (BGBl II 1992, 1120), Kirgisistan vom 14. VIII. 1992 (BGBl II 1992, 1015), Moldau vom 12. IV. 1996 (BGBl II 1996, 768), Russische Föderation vom 14. VIII. 1992 (BGBl II 1992, 1016), Tadschikistan vom 3. III. 1995 (BGBl II 1995, 255), Ukraine vom 30. VI. 1993 (BGBl II 1993, 1189), Usbekistan vom 26. X. 1993 (BGBl II 1993, 2038).

[23] »Persönliche Immunität« des Berufskonsuls, Art. 4, und Meistbegünstigungsklausel, Art. 20, der Konsular-Konvention vom 22. II. 1870 zwischen dem Norddeutschen Bund und Spanien (BGBl des Norddeutschen Bundes 1870, 99) sowie Konsular-Konvention vom 12. I. 1872 zwischen Deutschland und Spanien (RGBl 1872, 211).

[24] Regelung des Zeugenbeweises in Art. 12 des Konsularvertrages zwischen dem Deutschen Reich und der Türkischen Republik vom 28. V. 1929 (Gesetz vom 3. V. 1930, RGBl II 747), in Kraft seit 18. IX. 1931 (Bekanntmachung vom 19. VIII. 1931 [RGBl II 538] und Bekanntmachung über die Wiederanwendung vom 29. V. 1952 [BGBl II 608]).

[25] → Fn. 17.

[26] Art. XVIII Abs. 2 und XX Abs. 2 S. 3 des Freundschafts-, Handels- und Konsularvertrages zwischen dem Deutschen Reich und den Vereinigten Staaten von Amerika vom 8. XII. 1923 (Gesetz vom 17. VIII. 1925, RGBl II 795), in Kraft seit 14. X. 1925 (RGBl II 967), aufgehoben mit Ausnahme der noch heute geltenden konsularischen Bestimmungen der Art. XVII – XXVIII (vgl. das Abkommen über den Freundschafts-, Handels- und Konsularvertrag vom 3. VI. 1953 [Gesetz vom 3. VIII. 1954, BGBl II 721], in Kraft seit 22. X. 1954, BGBl II 1051), sowie Art. XXVIII des Freundschafts-, Handels- und Schiffahrtsvertrages vom 29. X. 1954 (Gesetz vom 7. V. 1956, BGBl II 487), in Kraft seit 14. VII. 1956 (Bekanntmachung vom 28. VI. 1956 [BGBl II 763]).

[27] Durch die Meistbegünstigungsklausel werden den jeweiligen Konsularbeamten der Vertragsstaaten dieselben Vorteile und Vorrechte gewährt, wie sie den Angehörigen der meistbegünstigten Nation jetzt oder in Zukunft gewährt werden.

[28] Art. 2 des Freundschaftsvertrages zwischen dem Deutschen Reich und dem Kaiserreich Persien vom 17. II. 1929 (Gesetz vom 26. VII. 1930, RGBl II 1002), in Kraft am 11. XII. 1930 (Bekanntmachung vom 31. XII. 1930 [RGBl II 1931, 9]), Protokoll über Wiederanwendung vom 4. XI. 1954, in Kraft am 4. XI. 1954 (Bekanntmachung vom 15. VIII. 1955 [BGBl II 829]).

[29] Art. 21 Abs. 2 des Handels- und Schiffahrtsvertrages zwischen dem Deutschen Reich und dem Irischen Freistaat vom 12. V. 1930 (Gesetz vom 27. III. 1931, RGBl II 115), in Kraft am 21. XII. 1931 (Bekanntmachung vom 22. XII. 1931 [RGBl II 692]).

[30] Art. IV Abs. 2 des Handels- und Schiffahrtsvertrages zwischen dem Deutschen Reich und Japan vom 20. VII. 1927 (Gesetz vom 5. XI. 1927, RGBl II 1087), in Kraft am 17. IV. 1928 (Bekanntmachung vom 3. IV. 1928 [RGBl II 238], Bekanntmachung vom 23. VIII. 1951 über die Wiederanwendung, BAnz 1951 Nr. 168). Verlängerung des Vertrages gemäß Entscheidung des Rates der Europäischen Gemeinschaften vom 2. VI. 1997 (97/351) bis 30. IV. 2001 (ABlEG 1997 Nr. L 151/24).

[31] Art. 3 des Freundschaftsvertrages zwischen dem Deutschen Reich und dem Königreich des Hedjas, Nedjd und den zugehörigen Gebieten vom 26. IV. 1929 (Gesetz vom 28. VII. 1930, RGBl II 1063), in Kraft seit 6. XI. 1930 (Bekanntmachung vom 4. XII. 1930 [RGBl II 1274]), Bekanntmachung über die Wiederanwendung vom 31. VII. 1952 (BGBl II 724). Verlängerung des Vertrages gemäß Entscheidung des Rates der Europäischen Gemeinschaften vom 2. VI. 1997 (97/351) bis 30. IV. 2001 (ABlEG 1997 Nr. L 151/24). Art. 3 dieses Vertrages enthält keine ausdrückliche Meistbegünstigungsklausel für die Konsularbeamten.

herige Mitteilung an die Justizverwaltung oder an das Auswärtige Amt in Haft zu nehmen, da im allgemeinen die vertraglichen Regelungen nur das bestehende Völkergewohnheitsrecht wiederholen (→ Rdnr. 23).

3. Ausländische Zeugen im Inland

31 Für ausländische Zeugen, die sich im Inland befinden, gelten die allgemeinen Grundsätze des deutschen Rechts. Mitglieder der in der Bundesrepublik **stationierten Streitkräfte** unterliegen in ihren Zeugenpflichten grundsätzlich keinem Sonderrecht mehr (Art. 39 des Zusatzabkommens zum Nato-Truppenstatut vom 3. VIII. 1959 [BGBl 1961 II 1218], *Text* → Einl. Rdnr. 666 und Erläuterungen dazu → Rdnr. 669). Gleiches gilt nach Art. 7 Streitkräfteaufenthaltsgesetz v. 20. VII. 1995 (BGBl II 554) für sonstige Streitkräfte.

IV. Zeugen im Ausland

33 Hält sich ein Zeuge im Ausland auf, so ist es an sich nicht ausgeschlossen, daß das Gericht seine Vernehmung im Inland – sei es unmittelbar durch das Prozeßgericht selbst, sei es durch das für den Zeugen am ehesten erreichbare Amtsgericht als ersuchtes Gericht – beschließt und dem Zeugen die gemäß § 377 ergehende Ladung nach §§ 199 ff. im Ausland zustellen läßt[32] (→ § 363 Rdnr. 13). Hier ist vor allem auf das Haager Zustellungsübereinkommen hinzuweisen (*Text* → Anhang zu § 199 Rdnr. 66 ff.). Da aber tatsächlich jedes Zwangsmittel fehlt, ist dieser Weg nur ratsam, wenn die Bereitwilligkeit des Zeugen außer Zweifel steht. **Eine unmittelbare Zustellung der Ladung im Ausland scheidet aus** (→ § 199 Rdnr. 24 und 37 ff.), da dies eine Souveränitätsverletzung des ausländischen Staates darstellen würde (→ auch den ähnlichen Fall in Rdnr. 14 bei Fn. 10). In der Regel wird jedoch die Vernehmung im Ausland erfolgen. Hierzu § 363, → dort insbesondere Rdnr. 25 ff., → sogleich auch Rdnr. 52 zur Zulässigkeit des Verfahrens nach Abs. 3. Wegen der *Abänderung des Beweisbeschlusses* hinsichtlich der Art der Ausführung → § 360 Rdnr. 11.

34 Nur wenn der Zeuge ein *Deutscher* ist und an seinem ausländischen Aufenthaltsort als Angehöriger einer Mission des Bundes das Recht der *Exterritorialität* genießt (§§ 15, 200), hat das Prozeßgericht das Auswärtige Amt um die Vernehmung zu ersuchen, arg. § 200 (→ Rdnr. 16). Die Vernehmung kann im Ausland vorgenommen werden, oder es kann vom Auswärtigen Amt verfügt werden, daß der Zeuge vor dem Prozeßgericht oder einem anderen deutschen Gericht (etwa dem grenznächsten Amtsgericht → Rdnr. 33) zu dem von diesem bestimmten Termin zu erscheinen habe.

V. Schriftliche Beantwortung der Beweisfrage

1. Bedeutung

35 Durch die Nov. 24 war die schriftliche Beantwortung der Beweisfrage bei eidesstattlicher Versicherung ihrer Richtigkeit eingeführt worden unter der Voraussetzung, daß der Vernehmungsgegenstand eine Auskunft war, die der Zeuge voraussichtlich anhand seiner Aufzeichnungen zu geben hatte (Abs. 3 a. F.), oder daß das Gericht eine schriftliche Beantwortung nach Lage der Sache für ausreichend erachtete und die Parteien damit einverstanden waren (Abs. 4 a. F.). Durch das Rechtspflege-Vereinfachungsgesetz von 1990 wurde die

---

[32] Vgl. auch *RG* JW 1911, 221 f.; a. M. *Wieczorek*[2] A I a 1: Zustellung im Ausland unzulässig.

schriftliche Beantwortung erleichtert. Die Zustimmung der Parteien, deren Einholung man im Gesetzgebungsverfahren als umständlich und zeitraubend betrachtete[33], ist nicht erforderlich, und eine eidesstattliche Versicherung der Richtigkeit der Beantwortung darf nicht mehr verlangt werden.

Bei der **schriftlichen Beantwortung der Beweisfrage** handelt es sich nicht um einen (unzulässigen → § 284 Rdnr. 35) Ersatz des Zeugenbeweises durch einen Urkundenbeweis, sondern um eine **vereinfachte Form** der Aufnahme des **Zeugenbeweises**. Der Beweisantritt erfolgt daher nur nach § 373. Die schriftliche Beantwortung der Beweisfrage stellt sich als eine Zeugenvernehmung minderer Art dar[34]. Die Abweichung von der gewöhnlichen Beweisaufnahme liegt in dem *Verzicht auf die Unmittelbarkeit*[35] und in dem *Fortfall der Parteiöffentlichkeit*. Allerdings können die Parteien auch nach der schriftlichen Beantwortung auf ihrem Fragerecht (§ 397, → dort Rdnr. 1) bestehen; dann muß das Gericht den Zeugen laden. **36**

2. Voraussetzungen

Die Beweisfrage muß zur schriftlichen Beantwortung **geeignet** sein. Dies kann der Fall sein, wenn der Zeuge eine Auskunft *anhand von Aufzeichnungen* geben soll (vgl. Abs. 3 a. F.) und Rück- oder Zusatzfragen voraussichtlich nicht in Betracht kommen; allerdings kann auch eine schriftliche Ergänzung einer bereits schriftlich beantworteten Frage verlangt werden[36]. Eine *umfangreiche oder komplizierte Frage* eignet sich *nicht* für die schriftliche Beantwortung[37]. Ferner kommt es auf die *Person des Zeugen* an, seinen Bildungsgrad, seine Beziehung zu den Parteien oder seine Sachkunde. Rücksichten auf den Geschäftsanfall bei Gericht haben auszuscheiden. **37**

Das Einverständnis der Parteien wird anders als nach Abs. 3 a. F. nicht mehr vorausgesetzt (→ Rdnr. 35). Allerdings haben die Parteien die Möglichkeit, auf der Ausübung ihres Fragerechts zu bestehen (§ 397), das nicht durch schriftliche Beantwortung erledigt werden kann. Gegen den Willen der Parteien wird das Gericht also auch nach der Neufassung des Abs. 3 eine schriftliche Beantwortung nicht ins Auge fassen. Auch eine ausdrückliche Zustimmung der Parteien zur schriftlichen Beantwortung hindert sie nicht, später die Ladung zum Zwecke der Ausübung des Fragerechts zu verlangen. **38**

3. Schriftliche Beantwortung

Der Zeuge ist *nicht verpflichtet*, die Beweisfrage schriftlich zu beantworten[38] (anders beim Sachverständigenbeweis → § 411). Die Nichtbeantwortung kann daher eine Bestrafung (§ 380) nicht nach sich ziehen, ebensowenig hat sie bei der nunmehr notwendigen persönlichen Vernehmung etwa eine Verwirkung der Zeugengebühren zur Folge. Der Zeuge muß darauf hingewiesen werden, daß er zur schriftlichen Beantwortung nicht verpflichtet ist. Das gebietet die Fürsorgepflicht des Gerichts. **40**

Eine schriftliche Aussage, die der Zeuge (etwa auf Veranlassung einer Partei) bereits *vor der Anordnung* des Gerichts angefertigt hat, fällt nicht unter den Zeugenbeweis nach Abs. 3, denn die Ermahnung zur Wahrheit, die auch bei der schriftlichen Zeugenaussage erforderlich ist (→ Rdnr. 45), geht in diesem Fall ins Leere. Die Aussage kann nur im Wege des Ur- **41**

---

[33] BT DS 11/3621, 38 r. Sp.
[34] Zu den Gefahren dieses Beweismittels *Pollak* Jud 3 (1931) Sp. 304 f. und 4 (1932) Sp. 71 f.
[35] A. A. *Stadler* ZZP 110 (1997) 137, 144 f.
[36] BT DS 11/3621, 38 r. Sp.
[37] A. A. *Stadler* ZZP 110 (1997) 137, 163 ff.: Die schriftliche Beantwortung könne auch der bloßen Vorbereitung der Aussage des Zeugen dienen.
[38] Das Gericht kann einem Zeugen auch nicht aufgeben, die Zeugenaussage schriftlich vorzubereiten und zum Beweistermin mitzubringen, LG Aurich NdsRpfl 1956, 212.

kundenbeweises verwertet werden[39], falls der Zeuge nicht deutlich macht, daß er an dem Inhalt des Schriftstücks festhält (etwa durch erneutes Unterzeichnen). Daher ist es auch nicht möglich, ein Schreiben des geladenen, aber nicht erschienenen Zeugen nachträglich durch eine Anordnung nach Abs. 3 zu einer Zeugenaussage zu machen[40].

4. Verfahren

a) Entscheidung durch das Prozeßgericht

43 Die Entschließung über die Art der Beweisaufnahme steht dem *Prozeßgericht* zu; denn nur dieses kann würdigen, ob die schriftliche Erklärung des Zeugen ausreicht, um seine Überzeugung zu stützen. Demgemäß muß, wenn das Gericht von der Befugnis des Abs. 3 Gebrauch machen will, dies im *Beweisbeschluß* ausgesprochen werden[41]. Das erfordert auch die Rücksicht auf die Parteien, die etwa bei auswärtigen Zeugen Klarheit besitzen müssen, ob sie für die Wahrnehmung des auswärtigen Beweistermins Sorge zu tragen haben. Eine Anordnung allein durch den Vorsitzenden als vorbereitende Maßnahme ist nach Wegfall des § 272 b nicht mehr möglich (→ § 273 Rdnr. 30). Der Beweisbeschluß kann vor der mündlichen Verhandlung ergehen und ausgeführt werden, § 358 a S. 2 Nr. 3, → dort Rdnr. 33.

b) Anordnung

45 Nach Abs. 3 Satz 2 ist der Zeuge darauf hinzuweisen, daß er bei Nichtbeantwortung oder trotz der schriftlichen Beantwortung der Beweisfrage zur Vernehmung geladen werden kann. Ferner ist der Zeuge darauf hinzuweisen, daß er nicht verpflichtet ist, die Frage schriftlich zu beantworten (→ Rdnr. 40). Schließlich ist der Zeuge über seine Pflicht zur wahrheitsgemäßen Beantwortung (§ 395) sowie über ein Zeugnisverweigerungsrecht (§ 383 Abs. 2) zu belehren (→ § 383 Rdnr. 100)[42].

46 Zweckmäßig ist es, dem Zeugen eine Frist zu setzen. Eine Erläuterung der Fragen durch Beigabe eines kurzen Tatbestands wird sich häufig empfehlen.

47 Lehnt der Zeuge die schriftliche Beantwortung ab, geht sie nicht innerhalb der Frist ein oder ist sie unvollständig, ist er zum Termin zu laden.

c) Eingang der Antwort

49 Von dem Eingang der Antwort des Zeugen sind die Parteien durch die Geschäftsstelle zu benachrichtigen. Es ist ein Termin zur mündlichen Verhandlung und Beweiserörterung (§ 285) anzusetzen. Wenn dies zur weiteren Aufklärung erforderlich ist, kann das Gericht den Zeugen nach Abs. 3 Satz 3 laden. Das Gericht kann aber auch eine schriftliche Ergänzung der Aussage anordnen[43]. Verlangt eine Partei die Ladung des Zeugen, so muß die Ladung erfolgen, weil nur so die Partei von ihrem Fragerecht (§ 397) Gebrauch machen kann. Um die Wiederholung der Vernehmung handelt es sich nicht; ein Ermessen nach § 398 besteht daher nicht[44].

50 Wegen der Entschädigung des Zeugen s. § 401. Wegen des Sachverständigenbeweises → § 411 Rdnr. 3 ff. Wegen des selbständigen Beweisverfahrens → § 491 Rdnr. 1 f.; → § 492 Rdnr. 2.

---

[39] *Zöller-Greger*[20] Rdnr. 11; a. A. MünchKommZPO-*Damrau* Rdnr. 7.
[40] *Zöller-Greger*[20] Rdnr. 11; a. A. *OLG Koblenz* MDR 1994, 410.
[41] *LAG Baden-Württemberg* ArbuR 1964, 248.
[42] MünchKommZPO-*Damrau* Rdnr. 11.
[43] MünchKommZPO-*Damrau* Rdnr. 17.
[44] MünchKommZPO-*Damrau* Rdnr. 17.

5. Zeugen im Ausland

An im Ausland befindliche Zeugen Beweisfragen zur schriftlichen Beantwortung gemäß § 377 Abs. 3 zu richten, erscheint zulässig, hierzu → § 363 Rdnr. 14, → auch oben Rdnr. 33 zum Verbot unmittelbarer Zeugenladung. Zum privaten Vernehmungsprotokoll → § 363 Rdnr. 13. 52

VI. Arbeitsgerichtliches Verfahren

Im **arbeitsgerichtlichen Verfahren** gilt § 377 entsprechend, § 46 Abs. 2, § 64 Abs. 6 ArbGG. Auch hier ist der Gegenstand der Vernehmung möglichst genau zu kennzeichnen[45]. Nach dem Wortlaut des § 58 Abs. 2 S. 2 ArbGG kann die Kammer im Falle des § 377 Abs. 3 eine eidesstattliche Versicherung verlangen. Die Bestimmung bezog sich auf § 377 Abs. 3 a. F.; nachdem die Neufassung die Möglichkeit einer eidesstattlichen Versicherung nicht mehr vorsieht[46], ist § 58 Abs. 2 Satz 2 ArbGG insoweit gegenstandslos[47]. Die Gründe, die für eine Streichung der eidesstattlichen Versicherung ausschlaggebend waren[48], gelten auch im arbeitsgerichtlichen Verfahren. 55

§ 378 [Vorbereitungspflicht]

(1) ¹Soweit es die Aussage über seine Wahrnehmungen erleichtert, hat der Zeuge Aufzeichnungen und andere Unterlagen einzusehen und zu dem Termin mitzubringen, wenn ihm dies gestattet und zumutbar ist. ²§ 429 bleibt unberührt.

(2) Kommt der Zeuge auf eine bestimmte Anordnung des Gerichts der Verpflichtung nach Absatz 1 nicht nach, so kann das Gericht die in § 390 bezeichneten Maßnahmen treffen; hierauf ist der Zeuge vorher hinzuweisen.

Gesetzesgeschichte: Der frühere § 378 (ursprünglich § 343 CPO, durch Nov. 98, RGBl 256 [→ Einl. Rdnr. 113], inhaltlich unverändert zu § 378 a. F. geworden. Änderungen durch Bek. 24, RGBl I 437 [→ Einl. Rdnr. 123 f.], aufgehoben durch KontrRG Nr. 34 Art. III) betraf die Ladung von Soldaten (→ dazu § 214 Rdnr. 9 f.). – Der heutige § 378 wurde eingefügt durch Art. 1 Nr. 21 des Rechtspflege-Vereinfachungsgesetzes v. 17. XII. 1990 (BGBl I 2847).

Stichwortverzeichnis → »Schlüssel zum Zeugenbeweis« zu Beginn der Vorbemerkungen vor § 373.

I. Bedeutung	1	IV. Verfahren	
II. Voraussetzungen		1. Anordnung	14
1. Unterlagen	4	2. Ordnungs- und Zwangsmittel	16
2. Gestattung und Zumutbarkeit	7	3. Rechtsmittel	20
3. Zeugnisverweigerungsrecht	10	V. Arbeitsgerichtliches Verfahren	22
III. Rechtsfolgen	12		

---

[45] Darwig RdA 50, 418, a. M. Rewolle RdA 50, 145.
[46] Vorgesehen war die eidesstattliche Versicherung auch noch in Art. 1 Nr. 19 a im Regierungsentwurf zum Rechtspflege-Vereinfachungsgesetz v. 1. XII. 1988, BT-DS 11/3621, 6.
[47] A. A. *Grunsky* ArbGG⁷ § 58 Rdnr. 25.
[48] Vgl. BT DS 11/3621, 36 ff.

I. Bedeutung

1 Die Bestimmung sieht eine **beschränkte Vorbereitungspflicht** des Zeugen vor (→ Rdnr. 32 vor § 373). Die Vernehmung des Zeugen soll sich nicht dadurch verzögern, daß dieser seine Erinnerung zunächst anhand von Unterlagen auffrischen muß; insbesondere soll eine wiederholte Einvernahme vermieden werden. Soweit seine Aussage dadurch erleichtert wird, hat der Zeuge daher vor seiner Einvernahme Unterlagen einzusehen und zu dem Termin mitzubringen, wenn ihm dies gestattet und zumutbar ist. Die Regelung dient allein dazu, das Gedächtnis aufzufrischen. Eine Vorbereitungspflicht besteht nur hinsichtlich bereits erfolgter Wahrnehmungen. Der Zeuge ist **nicht verpflichtet**, selbst **Nachforschungen** hinsichtlich des Beweisthemas anzustellen (zu Nachforschungen hinsichtlich der Unterlagen → Rdnr. 8) und sich Kenntnis bisher nicht wahrgenommener Tatsachen zu verschaffen[1].

II. Voraussetzungen

1. Unterlagen

4 Der Begriff der einzusehenden und mitzubringenden Unterlagen ist weiter als der Urkundenbegriff (zu ihm → Rdnr. 1 ff. vor § 415). Er umfaßt auch Geschäftsbücher, schriftliche Notizen, Akten, aber auch Skizzen, Photographien usw. Ferner zählen elektronisch oder magnetisch gespeicherte Daten hierzu, selbst wenn sie nicht auf Papier verkörpert sind. § 378 verpflichtet den Zeugen nicht ausdrücklich, einen Ausdruck gespeicherter Daten oder eine Kopie auf einen tragbaren Datenträger anzufertigen. Im Rahmen der Zumutbarkeit (→ Rdnr. 8) ist eine dahingehende erweiternde Auslegung des § 378 jedoch zu bejahen. Sie entspricht dem Zweck der Bestimmung und berücksichtigt neue technische Möglichkeiten der Informationsablage und -verwaltung.

5 Der Umfang der Vorbereitungspflicht ist begrenzt: Einzusehen und mitzubringen sind Unterlagen, soweit dadurch die Aussage erleichtert wird. Es muß sich also um Unterlagen handeln, die Informationen über das dem Zeugen mitgeteilte Beweisthema (→ § 377 Rdnr. 9) enthalten.

2. Gestattung und Zumutbarkeit

7 Die Vorbereitungspflicht wird begrenzt; die Einsicht und das Mitbringen muß »**gestattet**« sein, darf also **nicht rechtswidrig** sein. Rechtswidrig ist es, wenn die Einsicht oder das Mitbringen fremdes Eigentum verletzt; in Betracht kommt ferner ein Verstoß gegen das Datenbankschutzrecht nach §§ 87 a ff. UrhG. Vertragliche (Unterlassungs-)Pflichten des Zeugen begründen hingegen die Rechtswidrigkeit nicht. Eine Pflicht des Zeugen, um die Gestattung nachzusuchen, läßt sich § 379 nicht entnehmen[2].

8 Die Einsicht und Mitnahme muß dem Zeugen ferner **zumutbar** sein. Das Gesetz bindet die Vorbereitungspflicht damit ausdrücklich an den **Verhältnismäßigkeitsgrundsatz**. Abzuwägen sind die Bedeutung des Rechtsstreits für die Parteien und die Bedeutung der Aussage für den Rechtsstreit gegen die Zeitaufwendungen, Mühen und Kosten, die mit der Einsicht verbunden sind. Anders als eine Pflicht zur Erforschung bisher unbekannter Tatsachen (→ Rdnr. 1) ist eine Nachforschungspflicht nach dem Verbleib von *Unterlagen*, etwa in Archiven, grundsätzlich zu bejahen, stößt jedoch schnell an die Zumutbarkeitsgrenze.

---

[1] BT DS 11/3621, 39 l. Sp.; MünchKommZPO-*Damrau* Rdnr. 2; Zöller-Greger[20] Rdnr. 1.

[2] A. A. MünchKommZPO-*Damrau* Rdnr. 49.

3. Zeugnisverweigerungsrecht

Das Recht zur Zeugnisverweigerung bleibt auch im Rahmen des § 378 unberührt[3]. Daher sind auch Zwangsmaßnahmen unzulässig, falls der Zeuge von einem Zeugnisverweigerungsrecht Gebrauch macht. Die Ausübung des Zeugnisverweigerungsrechts kann aber nicht auf die Vorbereitung nach § 378 beschränkt werden. Wenn der Zeuge sein Zeugnisverweigerungsrecht nicht ausübt, trifft ihn stets die volle Einseh- und Mitbringpflicht.

III. Rechtsfolgen

Absatz 2 stellt klar, daß der **Zeuge nicht verpflichtet** ist, die eingesehenen oder mitgebrachten Urkunden dem Gericht **vorzulegen oder auszuhändigen**[4]. Eine Vorlegungspflicht richtet sich allein nach § 429 und setzt regelmäßig einen materiellrechtlichen Anspruch des Beweisführers voraus (→ § 429 Rdnr. 1). Hält man das Gericht für befugt, die Herausgabe der Unterlagen dem Zeugen gegenüber »anzuregen«[5], so ist er darauf hinzuweisen, daß eine Herausgabepflicht nicht besteht.

IV. Verfahren

1. Anordnung

Die Einseh- und Mitbringpflicht setzt eine **Anordnung** voraus, die mit der Ladung verbunden werden kann. Sie kann auch als vorbereitende Anordnung nach § 273 Abs. 2 Nr. 4 erfolgen. Die Aufzeichnungen und Unterlagen müssen **bestimmt** bezeichnet werden. Eine Aufforderung, etwa vorhandene Unterlagen einzusehen und/oder mitzubringen, genügt nicht. Eine (bedingte) Anordnung, die die Vorbereitungspflicht davon abhängig macht, daß der Zeuge über genau bestimmte Unterlagen verfügt, ist zulässig (»... falls Sie die Urkunde in Händen halten ...«)[6]. Zwangsmittel dürfen aber nur dann verhängt werden, wenn das Gericht zur Überzeugung gelangt, der Zeuge besitze die Unterlagen und sei zur Einsicht und/oder zum Mitbringen verpflichtet.

2. Ordnungs- und Zwangsmittel

Nach Abs. 2 kann das Gericht Ordnungs- und Zwangsmaßnahmen gemäß § 390 verhängen. Dies steht in seinem **Ermessen**, und zwar auch im Falle von § 390 Abs. 2 (Zwangshaft). Kann der Zeuge ohne die Einsicht usw. die Aussage nicht machen, kann das Gericht unter dem Gesichtspunkt der vollen Ausschöpfung des Beweismittels zur Anordnung und zur Durchsetzung mittels Zwangsmaßnahmen verpflichtet sein[7].

Voraussetzung des Ordnungs- oder Zwangsmittels ist neben einer wirksamen Anordnung (→ Rdnr. 14) der vorherige Hinweis, Abs. 2 Halbsatz 2, der schon mit der Anordnung verbunden werden kann. Die Zwangshaft setzt einen Antrag voraus (§ 390 Abs. 2). Vor der Anordnung ist dem Zeugen rechtliches Gehör zu geben. § 381 ist analog anzuwenden[8].

---

[3] BT DS 11/3621, 391. Sp.
[4] MünchKommZPO-*Damrau* Rdnr. 5; *Zöller-Greger*[20] Rdnr. 2.
[5] *Zöller-Greger*[20] Rdnr. 2.
[6] Einschränkend MünchKommZPO-*Damrau* Rdnr. 6: keine Androhung von Zwangsmitteln.
[7] *Zöller-Greger*[20] Rdnr. 5.
[8] MünchKommZPO-*Damrau* Rdnr. 8.

3. Rechtsmittel

20 Gegen den **Beschluß**, worin dem Zeugen die Kosten auferlegt werden, das Ordnungsgeld festgesetzt oder die Haft angeordnet wird, findet nach § 390 Abs. 3 die Beschwerde statt. Gegen die **Anordnung**, Unterlagen einzusehen und/oder mitzubringen, hat der Zeuge kein Rechtsmittel[9]. Das Bestehen und die Reichweite der Vorbereitungspflicht kann im Beschwerdeverfahren geprüft werden.

V. Arbeitsgerichtliches Verfahren

22 Für das arbeitsgerichtliche Verfahren gilt § 378 entsprechend, §§ 46 Abs. 2, 64 Abs. 6 ArbGG. Der Vorsitzende kann auch hier eine vorbereitende Anordnung nach § 378 treffen, § 56 Abs. 1 S. 2 Nr. 4 ArbGG.

§ 379 [Auslagenvorschuß]

[1]Das Gericht kann die Ladung des Zeugen davon abhängig machen, daß der Beweisführer einen hinreichenden Vorschuß zur Deckung der Auslagen zahlt, die der Staatskasse durch die Vernehmung des Zeugen erwachsen. [2]Wird der Vorschuß nicht innerhalb der bestimmten Frist gezahlt, so unterbleibt die Ladung, wenn die Zahlung nicht so zeitig nachgeholt wird, daß die Vernehmung durchgeführt werden kann, ohne daß dadurch nach der freien Überzeugung des Gerichts das Verfahren verzögert wird.

Gesetzesgeschichte: Ursprünglich § 344 CPO, durch Nov. 98, RGBl 256 (→ Einl. Rdnr. 113), inhaltlich unverändert zu § 379 geworden. Änderungen durch Bek. 33, RGBl I 821 (→ Einl. Rdnr. 133) und durch die Vereinfachungsnovelle vom 3. XII. 1976, BGBl I 3281 (→ Einl. Rdnr. 159).

Stichwortverzeichnis → »Schlüssel zum Zeugenbeweis« zu Beginn der Vorbemerkungen vor § 373.

I. Auslagenvorschuß		II. Folgen der Nichtleistung	9
1. Befugnis des Gerichts	1	III. Keine Vorschußpflicht	13
2. Person des Beweisführers	2	IV. Arbeitsgerichtliches Verfahren	20
3. Anordnung	3		
4. Rechtsbehelfe	5		
5. Vorschuß für einen Dolmetscher	6		

I. Auslagenvorschuß[1]

1. Befugnis des Gerichts

1 Die Befugnis, vom Beweisführer **einen Vorschuß zu fordern** und von dessen Hinterlegung die Ladung des Zeugen abhängig zu machen, ist in das **pflichtgemäße Ermessen** des Gerichts gestellt. Bis zur Vereinfachungsnovelle vom 3. XII. 1976 (→ Einl. Rdnr. 159) war die Bestimmung als **Sollvorschrift** ausgestaltet und ist dann bewußt zur **Kannvorschrift** umfor-

---

[9] MünchKommZPO-*Damrau* Rdnr. 12; *Zöller-Greger*[20] Rdnr. 4.
[1] *Schmid* MDR 1982, 94; *Bachmann* DRiZ 1984, 401; *Sass* MDR 1985, 96; *Röbke* NJW 1986, 238. – Zu Fragen der Verrechnung des Vorschusses mit den späteren Gerichtskosten *OLG Oldenburg* JB 1987, 1197.

muliert worden. § 379 ist *lex specialis* zu § 68 Abs. 1 S. 2 GKG. Das Gericht hat bei seiner Ermessensausübung zum einen den Beschleunigungsgrundsatz zu berücksichtigen; daneben steht, insbesondere bei kostspieligen Beweisanträgen, das Interesse der Justizkasse und das Schutzbedürfnis des Klägers, das sich aus § 49 GKG ergeben kann. Hat das Gericht ohne eine entsprechende Aufforderung geladen, kann der Vorschuß nicht mehr verlangt werden[2]. Ist der Beweisführer zur Leistung des Vorschusses nicht in der Lage, so muß er um Gewährung von Prozeßkostenhilfe nachsuchen (→ Rdnr. 16). Soweit das Gericht den Beweis von Amts wegen angeordnet hat (→ Rdnr. 86 ff. vor § 128), gilt § 379 nicht[3]. Der Ladung steht das Ersuchen nach §§ 362 ff. gleich.

2. Person des Beweisführers

Beweisführer ist derjenige, der den Beweis angetreten hat, ohne Rücksicht darauf, ob ihn die Beweislast trifft oder nicht[4]. Nur wenn beide Parteien den Beweis angetreten haben, ist der Beweislastträger vorschußpflichtig[5]; von der nicht beweisbelasteten Partei darf ein Vorschuß nicht verlangt werden, weil sie nicht durch Nichtleistung des Vorschusses die Beweiserhebung verhindern können darf. Soll der von beiden Parteien benannte Zeuge zu anspruchsbegründenden Tatsachen *und* zu Einredetatsachen aussagen, so ist Vorschußschuldner nur die für die anspruchsbegründenden Tatsachen beweisbelastete Partei[6]. Tritt ein Streitgehilfe den Zeugenbeweis an, so wird die unterstützte Partei Vorschußschuldner[7].

3. Anordnung

Die Anordnung kann in dem Beweisbeschluß oder nachträglich – u. U., wenn dies die Sicherung der Staatskasse erforderlich macht, auch mehrmals[8] – getroffen werden. Die nichtverkündete Anordnung muß, damit die Verwirkungsfolgen des S. 2 eintreten können, nach § 329 Abs. 2 S. 2 dem Beweisführer förmlich zugestellt werden[9]; an den Gegner genügt einfache Mitteilung. Der beauftragte oder ersuchte Richter ist zu der Anordnung nicht berechtigt, wohl aber kann ihm das Prozeßgericht die Bestimmung des zu zahlenden Betrages überlassen[10]. Die **Höhe des Vorschusses** ist zu beziffern und richtet sich nach der voraussichtlichen Höhe der Zeugenentschädigung nach dem ZSEG. In dem Beschluß ist zugleich die richterliche (§ 224 Abs. 2) **Frist für die Zahlung** zu bestimmen[11]; eine Verlängerung der Frist durch Verfügung des Vorsitzenden allein dürfte nicht zu beanstanden sein[12]. Vgl. auch § 273 Abs. 3 S. 2 (→ dort Rdnr. 32).

---

[2] *OLG Frankfurt* OLGZ 1968, 437, 438.
[3] *RGZ* 109, 66; vgl. *OLG Schleswig* SchlHA 1971, 88; *OLG Hamburg* FamRZ 1986, 195. *In Zwangsvollstreckungssachen* gilt § 379 ZPO für von der beweisführenden Partei benannte Zeugen, *KG* Rpfleger 1968, 328.
[4] SeuffArch 87 (1933) 192 = LeipZ 1933 Sp. 946f. = ZZP 58 (1934) 70f. = HRR 1933, 1254; s. auch *RG* JW 1933, 1243; *Thomas-Putzo*[21] Rdnr. 2.
[5] *Baumbach-Lauterbach-Hartmann*[56] Rdnr. 4; *Rosenberg-Schwab-Gottwald*[15] § 122 VII 2; *Zöller-Greger*[20] Rdnr. 4; *Schneider* ZZP 76 (1963) 188; *Schmid* MDR 1982, 96. A. M. *OLG Düsseldorf* MDR 1974, 321 (beide Parteien als Gesamtschuldner); *Bachmann* DRiZ 1984, 401 (jede Partei uneingeschränkt vorschußpflichtig).
[6] *MünchKommZPO-Damrau* Rdnr. 3.
[7] *MünchKommZPO-Damrau* Rdnr. 3; *Zöller-Greger*[20] Rdnr. 4.
[8] *RG* JR 1925, 1383; *OLG München* MDR 1978, 412.
[9] *RG* a.a.O.
[10] *Weber* BlfRA 73, 960.
[11] *LG Bonn* JMBlNRW 1965, 209; *OLG Frankfurt* NJW 1986, 731 (in Anwaltsprozessen in der Regel mindestens drei Wochen).
[12] A. M. *RG* JR 1925, 1383; *OLG Colmar* OLG Rsp 29, 117.

4. Rechtsbehelfe

5 Gegen die Anordnung des § 379 findet *keine Beschwerde* statt[13], auch nicht bei Ablehnung der Zurücknahme der Anordnung[14] (vgl. → § 567 Rdnr. 16).

5. Vorschuß für einen Dolmetscher

6 § 379 ist nicht anwendbar (§ 402), wenn es sich um die Anforderung eines Vorschusses für einen Dolmetscher handelt, der zur Verhandlung mit einer der deutschen Sprache nicht mächtigen **Prozeßpartei** erforderlich ist[15]. Der Dolmetscher ist auch kein Sachverständiger, er wird in diesen Fällen vielmehr von Amts wegen zugezogen (§ 185 GVG); die Gerichtssprache ist deutsch. Die Ausführung von Amtspflichten darf nicht von Kostenvorschüssen abhängig gemacht werden. Vielmehr hat die Staatskasse die Kosten zu übernehmen. § 379 findet hingegen Anwendung, wenn die **Vernehmung des Zeugen** die Hinzuziehung eines Dolmetschers erfordert; dessen Entschädigung gehört zu den durch die Zeugenvernehmung entstandenen Auslagen[16].

II. Folgen der Nichtleistung

9 **Erfolgt** innerhalb der Frist **die Zahlung nicht**, so **unterbleibt die Ladung**; der Rechtsstreit wird ohne Rücksicht auf den Beweisantritt fortgesetzt[17]. Diese Rechtsfolgen ergeben sich unmittelbar aus dem Gesetz. Die Bezeichnung der Frist als »Ausschlußfrist« o. ä. ist ebensowenig erforderlich wie ein sonstiger Hinweis auf die gesetzlichen Rechtsfolgen[18]. Der nach § 370 anberaumte **Termin bleibt** bei Nichtzahlung jedoch **bestehen**; das Gericht ist nicht etwa befugt, alsbald nach Ablauf der Frist den Beweisbeschluß zurückzunehmen[19]. Der Partei bleibt das Recht, den Zeugen im Termin zu stellen oder andere Beweismittel geltend zu machen. Wenn der Zeuge ohne Ladung im Termin erscheint, ist er zu vernehmen[20]. Erscheint er nicht, hält die Partei den Antrag auf Ladung des Zeugen aber aufrecht, so kann das Gericht den Beweisantrag unter den Voraussetzungen der §§ 296, 296 a zurückweisen[21]. Dabei ist das Verschuldenserfordernis zu prüfen[22]. Die Zahlung kann auch noch nach Fristablauf erfolgen **(Nachholung)**. Dann ist nach **Satz 2** der Zeuge zu laden, wenn eine Verfahrensverzögerung durch seine Vernehmung nicht eintritt. Unterbleibt die Ladung trotz rechtzeitiger Nachholung, so liegt darin eine Verletzung des Anspruchs auf rechtliches Gehör[23]. § 528 Abs. 3 greift im Falle des § 379 nicht ein[24].

10 Auch in der **Berufungsinstanz** ist die Nachholung möglich[25]. Anders als bei § 356 wird der Beweisführer nach § 379 nicht mit dem Beweismittel ausgeschlossen[26].

---

[13] *OLG Frankfurt* JB 1973, 141 = Rpfleger, 63.
[14] *RG* JW 1899, 829; *OLG Dresden* SächsAnn 28, 549; *OLG Karlsruhe* BadRPr 1914, 23; *OLG Stuttgart* HRR 1930 Nr. 1969.
[15] *LG Bonn* JMBlNRW 1965, 209; *Schmid* MDR 1982, 97. A. M. *KG* MDR 1973, 325; *Zöller-Greger*[20] Rdnr. 1.
[16] *MünchKommZPO-Damrau* Rdnr. 11; *Zöller-Greger*[20] Rdnr. 1.
[17] Zur »Flucht in die Säumnis« bei versäumter Vorschußzahlung *OLG Hamm* NJW-RR 1995, 1038.
[18] Vgl. *OLG Frankfurt* (Fn. 2) 437.
[19] BGHZ 94, 97; *OLG Jena* JW 1938, 1271.
[20] *OLG Frankfurt* (Fn. 2) 438.

[21] *BGH* NJW 1998, 761 (Fristsetzung nach § 356 nicht erforderlich); BGHZ 94, 92 (97: Kein Verlust des Beweismittels); *OLG München* BayJMBl 1955, 174; *OLG Düsseldorf* JB 1979, 1075; *OLG München* DR 1943, 96; *LG Berlin* DR 1942, 1030 f.; a. M. *Weber* MDR 1979, 799 (Ausschluß des Beweismittels gemäß § 230).
[22] Allein die verspätete Zahlung des Vorschusses rechtfertigt nicht die Anwendung des § 296 Abs. 2, *OLG Hamm* NJW-RR 1995, 1151, 1152.
[23] BVerfGE 69, 141 = NJW 1986, 833.
[24] Vgl. *BVerfG* NJW 1985, 1150.
[25] *OLG Braunschweig* SeuffArch 41 (1886) 368.
[26] *BGH* NJW 1980, 343; *BGH* NJW 1982, 2559, 2560.

III. Keine Vorschußpflicht

Keine Vorschußpflicht besteht für die in § 2 GKG genannten Parteien. **13**

Die Vorschußpflicht entfällt ferner dann, wenn der Zeuge mit einer **Gebührenverzichtser-** **14**
klärung auf jede Entschädigung verzichtet, selbst wenn die Vorschußleistung bereits angeordnet worden war[27]. Der Verzicht soll auch unter einer Bedingung erklärt werden können[28]. Der Verzicht ist grundsätzlich unwiderruflich; soweit man einen Widerruf bei Täuschung, Drohung, Irrtum oder Wegfall der Geschäftsgrundlage zuläßt[29], kann er nur *vor* der Zeugenvernehmung erfolgen[30].

»Verbürgt« sich der Rechtsanwalt für die Auslagen, wird das Gericht vielfach im Rahmen **15**
seiner Ermessensausübung (→ Rdnr. 1) von der Vorschußleistung absehen. Der Anwalt wird sonstiger Kostenschuldner analog § 54 Nr. 2 GKG[31].

Ist dem Beweisführer **Prozeßkostenhilfe** gewährt worden, so ist § 379 (wie § 68 GKG) **16**
nicht anwendbar (→ § 122 Rdnr. 4)[32], und wenn z. B. dem Kläger die Prozeßkostenhilfe bewilligt worden ist, gilt dies nach § 122 Abs. 2 auch *für den Gegner der armen Partei als Beweisführer*[33]. Mit der nachträglichen Bewilligung von Prozeßkostenhilfe (→ Rdnr. 1) wird die Anordnung gegenstandslos. Ist die Prozeßkostenhilfe nur zu einem Bruchteil gewährt (→ § 114 Rdnr. 44), so ist die Anordnung nach § 379 nur bezüglich eines diesem *Bruchteil* entsprechenden Teiles der voraussichtlichen Auslagen zu treffen. Wird entgegen der bewilligten Prozeßkostenhilfe eine Anordnung nach § 379 erlassen, so liegt darin eine teilweise *Entziehung der Prozeßkostenhilfe, die die Beschwerde* (§ 127) eröffnet[34].

Der Anspruch des Zeugen an die Staatskasse, § 401, wird durch das Unterbleiben der **17**
Zahlung des Vorschusses nicht berührt.

IV. Arbeitsgerichtliches Verfahren

Im arbeitsgerichtlichen Verfahren kommt eine Anordnung nach § 379 nicht in Frage, da **20**
hier Kostenvorschüsse nicht erhoben werden, § 12 Abs. 4 S. 2 ArbGG.

§ 380 [Folgen des Ausbleibens des Zeugen]

(1) ¹Einem ordnungsgemäß geladenen Zeugen, der nicht erscheint, werden, ohne daß es eines Antrages bedarf, die durch das Ausbleiben verursachten Kosten auferlegt. ²Zugleich wird gegen ihn ein Ordnungsgeld und für den Fall, daß dieses nicht beigetrieben werden kann, Ordnungshaft festgesetzt.

(2) Im Falle wiederholten Ausbleibens wird das Ordnungsmittel noch einmal festgesetzt; auch kann die zwangsweise Vorführung des Zeugen angeordnet werden.

(3) Gegen diese Beschlüsse findet die Beschwerde statt.

Gesetzesgeschichte: Ursprünglich § 345 CPO, durch Nov. 98, RGBl 256 (→ Einl. Rdnr. 113), inhaltlich verändert zu § 380 geworden. Änderungen durch Gesetz vom 17. VIII. 1920, RGBl I 1579 (→ Einl. Rdnr. 121), Bek. 24, RGBl I 437 (→ Einl. Rdnr. 123f.), KontrRG Nr. 34 und Gesetz vom 2. III. 1974, BGBl I 469 (→ Einl. Rdnr. 152).

---

[27] Vgl. *BVerfG* NJW 1986, 833.
[28] *OLG Düsseldorf* MDR 1991, 66 (Vernehmung bei einem bestimmten Gericht).
[29] MünchKommZPO-*Damrau* Rdnr. 5.
[30] *Zöller-Greger*[20] Rdnr. 3.
[31] *OLG Düsseldorf* MDR 1991, 161; *Zöller-Greger*[20] Rdnr. 2.

[32] S. auch *RGZ* 42, 369; *RG* SeuffArch 54 (1899) 212.
[33] Vgl. *RGZ* 55, 268; 109, 66.
[34] *RGZ* 42, 369; 55, 268; *OLG Karlsruhe* BadRPr 1914, 23; *KG* OLGZ 1971, 424 (Beschwerdebefugnis auch für den Gegner).

Stichwortverzeichnis → »Schlüssel zum Zeugenbeweis« zu Beginn der Vorbemerkungen vor § 373.

I. Bedeutung	1	3. Ausbleiben des prozeßunfähigen (minderjährigen) Zeugen	20
II. Voraussetzungen		4. Verfahren	22
1. Ordnungsgemäße Ladung	3	IV. Beschwerde	25
2. Nichterscheinen im Termin	4	V. Vollstreckung	
3. Nichtvorliegen einer Ausnahme von der Erscheinungspflicht; ausreichende Entschuldigung	5	1. Ordnungsmittel	27
		2. Kosten	28
4. Sonstige Ausnahmen	6	VI. Wiederholtes Ausbleiben	30
III. Folgen des Ausbleibens		VII. Rechtshilfe im Verhältnis zum Ausland	
1. Ordnungsmittel beim prozeßfähigen Zeugen		1. Ausländische Rechtshilfeersuchen	33
a) Ahndung von Amts wegen	9	2. Rechtshilfeabkommen	34
b) Ordnungsgeld und Ordnungshaft	11	3. Die Haager Übereinkommen von 1954 und 1970	35
2. Verurteilung in die Kosten beim prozeßfähigen Zeugen	15	VIII. Analoge Anwendungen	38

I. Bedeutung

1 Nach Abs. 1 Satz 1 sind dem nicht erschienenen Zeugen (im Interesse der Parteien als Kostenschuldner) die durch sein Ausbleiben verursachten Kosten aufzuerlegen. Abs. 1 Satz 2 dient dazu, die öffentlich-rechtliche Zeugenpflicht (→ Rdnr. 31 vor § 373) durchzusetzen. Zu diesem Zweck wird gegen den nicht erschienenen Zeugen ein Ordnungsmittel verhängt. Das Ordnungsmittel trägt repressiven Charakter[1]. Bei wiederholtem Ausbleiben kann der Zeuge auch zwangsweise vorgeführt werden (Abs. 2). Auf diesem Wege läßt sich die Erscheinenspflicht durchsetzen. Verweigert der vorgeführte Zeuge Aussage oder Eid, ist nach § 390 zu verfahren.

II. Voraussetzungen

1. Ordnungsgemäße Ladung

3 Die formlose Benachrichtigung (z.B. nach § 377 Abs. 1 S. 2) genügt für eine ordnungsgemäße Ladung. Das Gericht hat in diesem Fall das Ordnungsmittel auch dann auszusprechen, wenn es einen Beleg über die Ladung (Aktenvermerk über die mündliche Mitteilung, die Übergabe des einfachen Briefes usw.) nicht hat, § 381 Abs. 1 S. 1. Ordnungsgemäß geladen ist der Zeuge auch dann, wenn er dem Gericht gegenüber auf eine Ladung verzichtet, nachdem er vom Termin Kenntnis erlangt hat. Die Einhaltung einer Ladungsfrist (§ 217) ist nicht vorgeschrieben; der Richter hat nach freiem Ermessen zu beurteilen, ob die Mitteilung so zeitig erfolgte, daß dem Zeugen rechtzeitiges Erscheinen zugemutet werden konnte[2], → auch § 217 Rdnr. 6. Die Ladung muß inhaltlich § 377 Abs. 2 genügen[3]. Gegen eine Person, die als Zeuge geladen worden ist, obwohl sie als Partei zu vernehmen wäre, können keine Maßnahmen nach § 380 verhängt werden[4]. Wegen des Reisekostenvorschusses → § 401 Rdnr. 13. Wird der Termin aufgehoben, so wird damit die Ladung auch dann hinfällig, wenn der Zeuge von der Aufhebung nichts wußte[5].

---

[1] In den Materialien wird von »Ungehorsamsstrafe« gesprochen, *Hahn* 310 f.
[2] *OLG Posen* SeuffArch 65 (1910) 294; *Bergerfurth* JZ 1971, 85.
[3] *OLG Frankfurt* MDR 1979, 236; *OLG Celle* NJW 1977, 540 = OLGZ 366.
[4] *OLG Karlsruhe* FamRZ 1973, 104.
[5] *KG* SeuffArch 56 (1901) 33.

2. Nichterscheinen im Termin

Ein Zeuge ist nicht erschienen, wenn er beim Aufruf der Sache nicht anwesend ist (§ 220 Abs. 1) oder sich vor der Vernehmung entfernt[6] oder nach § 158 entfernt wird (→ auch § 390 Rdnr. 2). Während bei der Partei vom Gesetz (§ 220 Abs. 2) das Nicht-Verhandeln der Säumnis gleichgesetzt wird, ist das Schweigen des Zeugen nicht dem Nichterscheinen gleichgestellt; die gegenüber den Parteien unterschiedliche Beteiligung des Zeugen am Verfahren verlangt auch eine andere Sanktion bei der Aussageverweigerung (vgl. § 390). Nicht erschienen im Sinne des § 380 ist aber derjenige Zeuge, der in einem nicht vernehmungsfähigen Zustand (etwa betrunken) zur Vernehmung erscheint[7]. Erscheint der Zeuge verspätet, ehe das Ordnungsmittel verhängt ist, so kann es nicht »wegen verspäteten Erscheinens« auferlegt werden[8]. Ist dagegen in dem Zeitpunkt, wo er sich stellt, das Ordnungsmittel bereits ausgesprochen, so kommt es darauf an, ob das verspätete Erscheinen entschuldbar ist oder nicht, so daß nach § 381 zu verfahren ist.

4

3. Nichtvorliegen einer Ausnahme von der Erscheinungspflicht; ausreichende Entschuldigung

Ausnahmen von der Erscheinungspflicht statuieren etwa §§ 382, 386 Abs. 3 oder § 375 Abs. 2. Schließlich hat die Belastung des Zeugen mit einer Ungehorsamsfolge aber auch dann zu unterbleiben, wenn das Ausbleiben genügend *entschuldigt* ist (→ § 381 Rdnr. 2, 10). Daß der Zeuge über das Beweisthema nichts weiß oder glaubt, infolge eines Irrtums des Gerichts geladen zu sein, ändert an seiner Pflicht zum Erscheinen nichts[9]. Ebensowenig schützt die (sonstige) irrige Annahme, nicht erscheinen zu müssen, vor den Ungehorsamsfolgen nach § 380[10], es sei denn, für den Zeugen war der Irrtum unvermeidbar. Bei der Verhängung von Ordnungsmitteln sind § 153 StPO, § 47 OWiG analog anzuwenden[11].

5

4. Sonstige Ausnahmen

Daß die Zwangsmaßnahmen nach § 380 grundsätzlich nicht Platz greifen, wenn der Zeuge eine *körperliche Untersuchung* verweigert, ist → Rdnr. 34 vor § 371 ausgeführt. Wegen der Besonderheiten hinsichtlich *Untersuchungen zur Feststellung der Abstammung* s. § 372 a. Die Nichtbeantwortung schriftlicher Beweisfragen nach § 377 Abs. 3 kann ein Ordnungsmittel *nicht* nach sich ziehen, → § 377 Rdnr. 40.

6

III. Folgen des Ausbleibens[12]

1. Ordnungsmittel beim prozeßfähigen Zeugen

a) Ahndung von Amts wegen

Trotz des vorrangigen Interesses des Beweisführers an der Zeugenaussage setzt die Verhängung des Ordnungsmittels einen Parteiantrag nicht voraus. Grundlage der Zeugenpflicht

9

---

[6] Vgl. *RG* JW 1901, 37; *Bergerfurth* JZ 1971, 85.
[7] *OLG Königsberg* JW 1930, 2598; *Bergerfurth* JZ 1971, 85; MünchKommZPO-*Damrau* Rdnr. 2; *Kaiser* NJW 1968, 188; *Wieczorek*[2] A II b 2; *Zöller-Greger*[20] Rdnr. 2.
[8] *VGH Baden-Württemberg* JR 1980, 162; *OLG Bremen* JB 1979, 1898; a.A. MünchKommZPO-*Damrau* Rdnr. 2.
[9] Vgl. *OLG Jena* ThürBl 45, 137; *LG Mannheim* WM 1967, 123.
[10] *OLG München* NJW 1957, 306 = BayJMBl 93.
[11] *OLG Hamm* JMBlNRW 1971, 282; *LG Trier* NJW 1975, 1044. Dies ändert aber nichts an der Auferlegung der Kosten gemäß Abs. 1 S. 1.
[12] Vgl. *Landau* Gruchot 42 (1898) 484 ff., 494.

ist nicht der Beweisantritt, sondern die gerichtliche Ladung, die eine *öffentlich-rechtliche Pflicht* (→ Rdnr. 31 vor § 373) begründet, deren Nichterfüllung daher **von Amts wegen** geahndet wird (zum prozeßunfähigen Zeugen → Rdnr. 20). Überdies würde ein Antrag den Zeugen in Gegnerschaft zum Beweisführer bringen[13].

10 Der Beweisführer kann auch nicht mittelbar über die Verhängung des Ordnungsmittels disponieren, etwa indem er auf den Zeugen verzichtet[14]. Selbst der Umstand, daß sich die Vernehmung als überflüssig erweist, schließt die Ahndung des Nichterscheinens nicht aus (anders bei der Vorführung → Rdnr. 31). In diesen Fällen ist § 153 StPO aber analog anzuwenden (→ Rdnr. 5 a. E.).

b) Ordnungsgeld und Ordnungshaft

11 Die in § 380 angedrohten Maßnahmen sind Ordnungsmittel. Das **Ordnungsgeld** beträgt nach Art. 6 Abs. 1 EGStGB fünf bis 1000 DM. Bei der Festsetzung des Ordnungsmittels hat das Gericht den Grund des Nichterscheinens, die Bedeutung der Aussage und die persönlichen und wirtschaftlichen Verhältnisse des Zeugen zu berücksichtigen[15]. Die Festsetzung hat zu unterbleiben, wenn der Zeuge den verspäteten Zugang der Ladung glaubhaft macht oder sein Ausbleiben entschuldigt (→ § 381 Rdnr. 1).

12 Die **Ersatzordnungshaft** beträgt nach Art. 6 Abs. 2 EGStGB zwischen einem Tag und sechs Wochen[16]. Zum Vollzug s. § 171 StVollzG.

2. Verurteilung in die Kosten beim prozeßfähigen Zeugen

15 Der Zeuge ist schließlich auch zur **Kostentragung** zu verurteilen. Hier sind alle Kosten zu berücksichtigen, die dadurch entstehen, daß der Zeuge nochmals geladen und deshalb ein neuer Termin abgehalten werden muß (z. B. Reisekosten der Parteien oder anderer Zeugen; Zeugengebühren). Ob solche Mehrkosten angefallen sind, prüft nicht der Richter, sondern der Rechtspfleger im Kostenfestsetzungsverfahren (→ Rdnr. 16 f.)[17].

16 Eines Antrags der Parteien bedarf es nach dem Wortlaut des Gesetzes nicht. Allerdings besteht ein *Antragsrecht* und auch ein *Beschwerderecht* gegen die Ablehnung der Kostenauferlegung, denn die Parteien haben die Kosten zu tragen. Die Parteien können das Gericht auch nicht von der Kostenauferlegung freistellen, selbst wenn dies einverständlich erfolgt[18], denn die Staatskasse verliert damit einen Kostenschuldner aus § 54 Nr. 1 GKG.

17 Der Beschluß nach § 380 ist Vollstreckungstitel gemäß §§ 103, 794 Abs. 1 Nr. 2. Die Kosten sind nach § 104 festzusetzen, der Kostenfestsetzungsbeschluß bildet einen Vollstreckungstitel, → Rdnr. 28.

18 Die unterlegene Partei hat die durch das Nichterscheinen des Zeugen entstandenen Mehrkosten erst dann zu tragen, wenn die obsiegende Partei dartut, daß die Beitreibung *gegen den Zeugen* erfolglos verlaufen ist[19]. Vorher ist auch eine Festsetzung gegen die *Partei* nach §§ 91, 104 nicht zulässig[20].

---

[13] *Hahn* Materialien 310 f.
[14] *OLG Frankfurt* OLGZ 1983, 458; MünchKomm-ZPO-*Damrau* Rdnr. 5; *Zöller-Greger*[20] Rdnr. 3; auch *Hahn* Materialien 311; a. A. *Thomas-Putzo*[21] Rdnr. 9; *Wieczorek*[2] A II a.
[15] MünchKommZPO-*Damrau* Rdnr. 7.
[16] Seit dem Einführungsgesetz zum Strafgesetzbuch vom 2. III. 1974 (BGBl I 469) ist die Anordnung einer Ersatz-Ordnungshaft wieder möglich, die durch Art. 7 des Ersten Gesetzes zur Reform des Strafrechts vom 25. VI. 1969 (BGBl I 645) unterbunden war. Hierzu näher 19. Aufl. dieses Komm. II 1 b mit Fn. 8. – *OLG Düsseldorf* MDR 1973, 592; *OLG Hamm* NJW 1973, 1133 ließen bereits vor 1974 eine Ersatz-Ordnungshaft zu.
[17] MünchKommZPO-*Damrau* Rdnr. 6.
[18] A. A. bei einverständlichem Handeln der Parteien MünchKommZPO-*Damrau* Rdnr. 5.
[19] *OLG München* NJW 1968, 1727 = JB 645 = Rpfleger 290. Denn der Anspruch der Partei geht in erster Linie auf Freistellung von den durch das Ausbleiben verursachten Kosten gegenüber dem Zeugen, vgl. *BayVerfGH* 18, 138; *RG* SeuffArch 46 (1891) 144.
[20] *Zöller-Greger*[20] Rdnr. 4.

3. Ausbleiben des prozeßunfähigen (minderjährigen) Zeugen

Die fehlende Regelung der Situation des prozeßunfähigen Zeugen (→ Rdnr. 3 vor § 373, → § 377 Rdnr. 3, → § 383 Rdnr. 2 ff.) zeigt sich auch bei § 380. Besonders beim **minderjährigen Zeugen** fragt es sich, wer die Folgen des Ausbleibens zu tragen hat. **Auch hier ist auf das Alter und die Einsichtsfähigkeit abzustellen.** Gegen ein schuldunfähiges Kind (unter 14 Jahre) ist eine Ordnungsmaßnahme ohnehin ausgeschlossen[21]. Die Eltern (der gesetzliche Vertreter des prozeßunfähigen Zeugen) können niemals verurteilt werden, da es insoweit an einer gesetzlichen Vorschrift fehlt[22]; auch vormundschaftsgerichtliche Maßnahmen kommen nicht in Betracht[23]. – Dasselbe gilt für die Verurteilung zum Tragen der **Kosten**. Eine Verurteilung der Eltern scheidet auch insoweit mangels gesetzlicher Grundlage aus. Der *Minderjährige* kann nur verurteilt werden, wenn er die Einsicht besitzt, daß ihn durch sein Ausbleiben im Termin solche Folgen treffen würden. Hierbei kann es beim schuldfähigen Minderjährigen möglich sein, daß über ihn zwar das Ordnungsmittel verhängt wird, weil er das Wesen der Ladung sehr wohl erkannte, daß er aber nicht zur Kostentragung verurteilt wird, da ihm diese Einsicht fehlte. *Das Gericht ist deshalb bei prozeßunfähigen Zeugen zu einer sorgsamen Prüfung der individuellen Voraussetzungen von Ordnungsmaßnahme und Kostenverurteilung angehalten.*

20

4. Verfahren

Über die Verhängung des Ordnungsmittels und die Kostenauferlegung wird durch **Beschluß** entschieden. Zum Antrag der Parteien → Rdnr. 16. Eine mündliche Verhandlung ist nicht erforderlich[24]; im Hinblick auf die jederzeit mögliche Aufhebung gemäß § 381 Abs. 1 Satz 2 auch *nicht vorgängiges* rechtliches Gehör des Zeugen. Der Beschluß wird dem Zeugen nach § 329 Abs. 3 von Amts wegen zugestellt. Für die Parteien genügt einfache Mitteilung, § 329 Abs. 2. Zur Vollstreckung → Rdnr. 27 f.

22

IV. Beschwerde

Die (einfache) **Beschwerde**, die nach Abs. 3 dem **Zeugen** gegen diese Beschlüsse zusteht, hat nach § 572 Abs. 1 aufschiebende Wirkung (→ auch § 381 Rdnr. 27). Richtet sie sich gegen die Anordnung des beauftragten oder ersuchten Richters, so folgt eine Beschwerde erst nach der Entscheidung des Prozeßgerichts gemäß § 576 Abs. 1, die zunächst einzuholen ist[25], s. auch § 400. Weitere Beschwerde ist in den Grenzen des § 567 Abs. 3 statthaft. Das Verfahren ist **gebührenfrei** nur insoweit, als für den Beschluß keine Gebühr erhoben wird. Wird die Beschwerde als unzulässig verworfen oder als unbegründet zurückgewiesen, wird eine volle Gebühr erhoben (Anlage zu § 11 Abs. 1 GKG, Nr. 1909). Die erfolgreiche Beschwerde ist gebührenfrei, die außergerichtlichen Kosten des Zeugen fallen in analoger Anwendung von § 467 Abs. 1 StPO, § 46 Abs. 1 OWiG der Staatskasse zur Last[26]. Wegen der Anwaltsgebühren im Falle der Beschwerdeeinlegung s. § 61 Abs. 1 Nr. 1 BRAGO. Es besteht jedoch kein Anwaltszwang, → § 569 Rdnr. 12. Zum Beschwerderecht der **Parteien** →

25

---

[21] *LG Bremen* NJW 1970, 1430 (m. Nachw.); *Löwe-Rosenberg-Dahs*[24] § 51 Rdnr. 2; KMR-*Paulus* StPO (Loseblattsammlung Stand März 1998) § 51 Rdnr. 14; *Skupin* MDR 1965, 866 f.

[22] *Hamm* NJW 1965, 1613 = OLGSt § 51 Nr. 1; *Kleinknecht-Meyer-Goßner* StPO[43] § 51 Rdnr. 1 und § 214 Rdnr. 3; *Löwe-Rosenberg-Dahs*[24] (Fn. 21) Rdnr. 4; *Skupin* MDR 1965, 865.

[23] A. A. MünchKommZPO-*Damrau* Rdnr. 16.

[24] MünchKommZPO-*Damrau* Rdnr. 8.

[25] Ebenso *Bergerfurth* JZ 1971, 87; *Thomas-Putzo*[21] Rdnr. 11; *Wieczorek*[2] B II III; a. M. *LG Frankenthal* NJW 1961, 1363: unmittelbar Beschwerde.

[26] BFH BB 1986, 587; OLG Hamm MDR 1980, 322; OLG Bamberg MDR 1982, 585; *Thomas-Putzo*[21] Rdnr. 12; a. M. OLG Frankfurt MDR 1984, 322; OLG Düsseldorf MDR 1985, 60; *Zöller-Greger*[20] Rdnr. 10; *Baumbach-Lauterbach-Hartmann*[56] Rdnr. 13. Diese wollen die Kosten gemäß § 11 ZSEG der letztlich unterlegenen Partei auferlegen.

Rdnr. 16, wenn ein Antrag auf Kostenauferlegung zurückgewiesen wurde. Die Beschwerde ist auch statthaft, wenn das Gericht untätig bleibt oder den Beschluß, dem Zeugen die Kosten aufzuerlegen, aufhebt (→ § 381 Rdnr. 24).

V. Vollstreckung

1. Ordnungsmittel

27 Zuständig[27] für die Vollstreckung des Ordnungsgeldes ist grundsätzlich der Rechtspfleger, soweit sich nicht der Richter im Einzelfall die Vollstreckung ganz oder teilweise vorbehält, § 31 Abs. 3 RPflG. Das Ordnungsgeld wird nach § 1 Abs. 1 Nr. 3 JBeitrO beigetrieben. Wegen der Ordnungshaft → Rdnr. 12.

2. Kosten

28 Der Beschluß über die Verurteilung des Zeugen in die *Kosten* bildet für jede Partei[28] einen Titel zur Kostenfestsetzung, § 794 Abs. 1 Nr. 2 (→ Rdnr. 17).

VI. Wiederholtes Ausbleiben

30 Ein wiederholtes Ausbleiben (Abs. 2) liegt nur vor, wenn gegen den Zeugen schon einmal eine Ordnungsmaßnahme wegen Ausbleibens *verhängt* (d.h. ausgesprochen und nicht etwa nach § 381 Abs. 1 S. 2 wieder aufgehoben) ist. Ob die Ordnungsmaßnahme auch vollstreckt wurde, ist gleichgültig. Es muß alsdann neben der Verurteilung in die Kosten *noch einmal auf eine Ordnungsmaßnahme erkannt werden*. Gleiche Höhe der Ordnungsmaßnahme verlangt das Gesetz nicht. Eine **dritte** und öftere **Wiederholung** der Festsetzung von **Ordnungsmitteln ist ausgeschlossen**[29].

31 Die **zwangsweise Vorführung zum Zwecke der Vernehmung** steht dagegen im Ermessen des Gerichtes; sie wird gleichfalls von Amts wegen angeordnet und durch den Gerichtsvollzieher oder Gerichtswachtmeister bewirkt. Selbstverständlich kann die Vorführung auch erstmalig bei einem dritten oder späteren Ausbleiben angeordnet werden[30].

VII. Rechtshilfe im Verhältnis zum Ausland

1. Ausländische Rechtshilfeersuchen

33 Wegen der Geltung des § 380 bei der Erledigung **ausländischer Rechtshilfeersuchen** → Einl. Rdnr. 894 f., 897.

---

[27] *Mümmler* JB 1975, 579.
[28] Nicht aber für deren Prozeßbevollmächtigten, *LG Berlin* JB 1978, 927.
[29] Wie hier *OLG Karlsruhe* NJW 1967, 2166; *OLG Dresden* SächsAnn 29, 264 f.; MünchKommZPO-*Damrau* Rdnr. 10; *Rosenberg-Schwab-Gottwald*[15] § 122 IV 2; *Löwe-Rosenberg-Dahs*[24] (Fn. 21) Rdnr. 18; KMR-*Paulus* (Fn. 21) Rdnr. 36; *Eb. Schmidt* Lehrkomm. StPO § 51 Rdnr. 10; *Wieczorek*[2] B II b 1. **A. M.** (für mehrmalige Bestrafung) *Baumbach-Lauterbach-Hartmann*[56] Rdnr. 10; *Thomas-Putzo*[21] Rdnr. 7; *Zöller-Greger*[20] Rdnr. 8; KG MDR 1960, 768 = NJW 1726 = JZ 446 mit Argumenten aus der Entstehungsgeschichte und dem Argument, daß sich der Zeuge sonst seinen Zeugenpflichten entziehen könnte. Angesichts des *eindeutigen* Wortlauts des Gesetzestextes (»noch einmal«) erscheint es unzulässig, für weitere Ordnungsmittel bei dritter und öfteren Wiederholungen einzutreten. Nachdem im Jahre 1974 § 380 Abs. 2 novelliert wurde und der Änderungsgesetzgeber trotz der Diskussion um die Bestimmung am Wortlaut »noch einmal« festgehalten hat, kann es nunmehr keinem Zweifel unterliegen, daß lediglich *eine nochmalige* Festsetzung der Ordnungsmittel zulässig ist, nicht aber etwa weitere Festsetzungen. Dem Gesetzgeber war die Diskussion zu dieser Zeit bekannt (vgl. 19. Aufl. dieses Komm.), so daß er den eindeutigen Wortlaut hätte ändern müssen, wenn er ihn für unzutreffend gehalten hätte.
[30] Wegen der insoweit anfallenden Gebühren des Gerichtsvollziehers vgl. *Hartmann* Kostengesetze[27] § 26 GV KostG Rdnr. 8, 9 ff.

2. Rechtshilfeabkommen

Zu Rechtshilfeabkommen oder sonstigen bilateralen Vereinbarungen, die Vorschriften 34
über eine Vermittlungstätigkeit des Konsularbeamten bei Gestellung und Vernehmung von
Zeugen enthalten → Einl. Rdnr. 880 ff.

3. Die Haager Übereinkommen von 1954 und 1970

Soweit keine zweiseitigen Abkommen bestehen oder soweit in ihnen keine abschließen- 35
de Regelung enthalten ist, gilt die Bestimmung des Art. 10 des Haager Übereinkommens
vom 18. III. 1970 über die Beweisaufnahme im Ausland in Zivil- oder Handelssachen, →
Anh. § 363 Rdnr. 75 ff. Das Übereinkommen gilt im Verhältnis zu den → Anh. § 363 Rdnr. 7
genannten Staaten; es trat gegenüber diesen Staaten an die Stelle des Haager Übereinkommens über den Zivilprozeß vom 1. III. 1954, *Text* → Anh. § 363 Rdnr. 165.

VIII. Analoge Anwendungen

Wegen der Anwendung der §§ 380, 381 auf das persönliche Erscheinen der Parteien s. 38
§ 141 Abs. 3, § 273 Abs. 4 S. 2 (→ § 141 Rdnr. 33 ff., → § 273 Rdnr. 28), in Familiensachen s.
§ 613 Abs. 2, in Kindschaftssachen s. § 640 Abs. 1, § 613 Abs. 2, → auch § 279 Rdnr. 16.

§ 381 [Genügende Entschuldigung des Ausbleibens]

(1) ¹Die Festsetzung eines Ordnungsmittels und die Auferlegung der Kosten sowie die Anordnung der zwangsweisen Vorführung unterbleiben, wenn der Zeuge glaubhaft macht, daß
ihm die Ladung nicht rechtzeitig zugegangen ist, oder wenn sein Ausbleiben genügend entschuldigt ist. ²Erfolgt die Glaubhaftmachung oder die genügende Entschuldigung nachträglich, so werden die gegen den Zeugen getroffenen Anordnungen wieder aufgehoben.

(2) Die Anzeigen und Gesuche des Zeugen können schriftlich oder zum Protokoll der
Geschäftsstelle oder mündlich in dem zur Vernehmung bestimmten neuen Termin angebracht werden.

Gesetzesgeschichte: Ursprünglich § 346 CPO, durch Nov. 98, RGBl 256 (→ Einl. Rdnr. 113), inhalt-
lich verändert zu § 381 geworden. Änderungen durch Gesetz vom 9. VII. 1927, RGBl I 175 (→ Einl.
Rdnr. 125), VO vom 30. XI. 1927, RGBl I 334 (→ Einl. Rdnr. 125), VO vom 17. VI. 1933, RGBl I 394 (→
Einl. Rdnr. 125) und Gesetz vom 2. III. 1974, BGBl I 469 (→ Einl. Rdnr. 152).

Stichwortverzeichnis → »Schlüssel zum Zeugenbeweis« zu Beginn der Vorbemerkungen
vor § 373.

I. Bedeutung	1	III. Verfahren	
II. Voraussetzungen der Nichtfestsetzung		1. Gesuche des Zeugen	19
und Aufhebung von Ordnungsmaßnahmen		2. Rechtliches Gehör	20
bzw. Kostenauferlegung		3. Entscheidung	
1. Nicht (rechtzeitiger) Zugang der Ladung	6	a) Verfahren vor der Ordnungsmittel-	
2. Entschuldigung des Ausbleibens	9	festsetzung bzw. Kostenauferlegung	21
a) Entschuldigungsgründe	10	b) Aufhebungsverfahren	24
b) Feststellung	15	c) Verhältnis Aufhebungsverfahren	
		zu Beschwerde	27

I. Bedeutung

1 *Materiellrechtlich* darf ein Ordnungsmittel gegen den nicht erschienenen Zeugen nicht verhängt werden, wenn er die Ladung nicht oder nicht rechtzeitig erhalten hat oder sein Ausbleiben nicht pflichtwidrig, weil entschuldigt ist. *Verfahrensrechtlich* setzt die Festsetzung von Ordnungsmitteln und die Kostenauferlegung gegen den ausgebliebenen Zeugen aber nicht voraus, daß die Gründe für das Nichterscheinen vor Verhängung dieser Maßnahmen vollständig festgestellt werden. Nach § 380 kann das Gericht Ordnungsmaßnahmen gegen den ausgebliebenen Zeugen verhängen, wenn er ordnungsgemäß geladen worden war. Den *Zugang* der Ladung kann es regelmäßig nicht im Wege des Urkundenbeweises feststellen, wenn nach § 377 Abs. 1 Satz 2 durch formlose Übersendung geladen wurde und eine Zustellungsurkunde daher nicht bei den Gerichtsakten ist (→ § 380 Rdnr. 3). Aus der Fassung des § 381 folgt, daß auch ohne Prüfung des Zugangs der Ladung ein Ordnungsmittel allein aufgrund des Ausbleibens des Zeugen verhängt werden darf[1]. Der Zeuge kann freilich nachträglich geltend machen, die Ladung sei ihm verspätet oder überhaupt nicht zugegangen. Hierzu genügt Glaubhaftmachung. In diesem Fall ist der Beschluß nach Abs. 1 Satz 2 aufzuheben. Der Zeuge wird durch diese Regelung aber nicht daran gehindert, bereits vor der Verhängung des Ordnungsmittels und der Kostenauferlegung geltend zu machen, die Ladung sei ihm nicht oder verspätet zugegangen.

2 Gleiches gilt, wenn der Zeuge sein Ausbleiben genügend entschuldigt. Aus der Fassung des Abs. 1 Satz 2 folgt, daß das Gericht Ordnungsmaßnahmen verhängen kann, ohne zuvor den Grund des Fernbleibens und die Verschuldensfrage vollständig aufzuklären. Wiederum obliegt es dem Zeugen, nachträglich Entschuldigungsgründe geltend zu machen, ohne daß ihn die Beweislast träfe (→ Rdnr. 16). Der Zeuge ist aber nicht gehindert, schon vor Erlaß des Beschlusses Entschuldigungsgründe vorzutragen.

3 Das Verfahren zur Festsetzung des Ordnungsmittels und der Kostenauferlegung nach §§ 380 f. erinnert in den Grundzügen an das **Amtsverfahren der freiwilligen Gerichtsbarkeit**. Das Gericht wird bei der Durchsetzung der Zeugenpflicht nicht als neutrale Instanz tätig, sondern verfolgt ein nicht von den Parteien abgeleitetes staatliches Eingriffsrecht[2]. Es gilt die Offizialmaxime (→ § 380 Rdnr. 16) und der Untersuchungsgrundsatz (vgl. § 12 FGG); das Gericht ist nach Maßgabe des § 381 Abs. 1 Satz 2 an seine Entscheidung nicht gebunden (vgl. § 18 FGG).

II. Voraussetzungen der Nichtfestsetzung und Aufhebung von Ordnungsmaßnahmen bzw. Kostenauferlegung

1. Nicht (rechtzeitiger) Zugang der Ladung

6 Die jetzige Regelung, nach der die formlose Mitteilung der Ladung genügt (→ § 377 Rdnr. 2), hat bewußt die Möglichkeit in Kauf genommen, daß der Zeuge erst spät oder gar erst durch die Zustellung des Beschlusses über die Festsetzung von Ordnungsmitteln von dem Termin seiner Vernehmung erfährt. Zum Ausgleich muß der Nichtzugang bzw. verspätete Zugang nicht bewiesen werden, sondern das Gesetz begnügt sich mit Glaubhaftmachung (s. § 294). Obgleich im Verfahren der Untersuchungsgrundsatz gilt und es daher eine Beweisführungslast nicht gibt, wird dem Zeugen insbesondere mit der Versicherung an Eides statt (§ 294 Abs. 1) ein Mittel in die Hand gegeben, aus eigener Initiative tätig zu werden.

---

[1] So auch *RGZ* 54, 431 unten.

[2] Zu diesem Merkmal der freiwilligen Gerichtsbarkeit *Brehm* Freiwillige Gerichtsbarkeit[2] Rdnr. 32.

An die Glaubhaftmachung dürfen keine hohen Anforderungen gestellt werden. In der Regel genügt es, wenn der Zeuge eidesstattlich versichert, die Ladung nicht oder verspätet erhalten zu haben[3].

Nach dem Normzweck, die Feststellung des Ladungsmangels zu erleichtern, gilt die Glaubhaftmachung nicht nur für den Fall des verspäteten Zugangs der Ladung, sondern auch für den im Wortlaut nicht genannten Fall des Nichtzugangs[4]. 7

2. Entschuldigung des Ausbleibens

Maßnahmen nach § 380 dürfen nicht ergehen bzw. müssen wieder aufgehoben werden, wenn der Zeuge sein Ausbleiben genügend entschuldigt. 9

a) Entschuldigungsgründe

Ein Entschuldigungsgrund liegt vor, wenn Umstände vorliegen, die auch eine Wiedereinsetzung in den vorigen Stand rechtfertigen würden[5] (zur Kasuistik → Wiedereinsetzungsschlüssel § 233 Rdnr. 64 ff.). Als Entschuldigungsgründe sind deshalb auch anzusehen: Unfälle oder Pannen auf der Fahrt zum Gericht[6], Störungen im Betrieb der öffentlichen Verkehrsmittel (z. B. Streik), Krankheit, unaufschiebbare Geschäfte[7], betriebsbedingte Unabkömmlichkeit eines Selbständigen[8], Abwesenheit vom Wohnort[9], religiöse Rücksichten (an Feiertagen). Auch die unverschuldete Unkenntnis der Ladung bei Ersatzzustellung[10] wird regelmäßig genügen; der Zeuge muß sich ein **Verschulden der Ersatzperson nicht zurechnen** lassen[11]. Entschuldigen kann ferner der Irrtum über die Erscheinenspflicht, etwa wenn ein Rechtsanwalt eine falsche Auskunft erteilt[12]. Der Urlaub muß nicht verschoben oder unterbrochen werden. 10

Keine Entschuldigungsgründe sind etwa Irrtum über oder Vergessen des Terminstags[13], auch Arbeitsunfähigkeit, wenn der Zeuge reisen und aussagen kann. 11

Eine *Ordnungsmaßnahme* wegen **Verspätung der Entschuldigung** ist in der ZPO **nicht** vorgesehen[14], auch wenn eine rechtzeitige Entschuldigung eine Terminsverlegung ermöglicht und Kosten erspart hätte. Den Zeugen trifft nach der ZPO mithin keine Pflicht, die Entschuldigungsgründe unverzüglich geltend zu machen. Eine Analogie zu § 51 Abs. 2 Satz 2 StPO verbietet sich hinsichtlich der strafähnlichen Ordnungsmittel, nicht aber bezüglich der Kostenauferlegung[15] (→ auch Rdnr. 24). 12

---

[3] *Zöller-Greger*[20] Rdnr. 1 a.
[4] Insoweit a. A. MünchKommZPO-*Damrau* Rdnr. 2, der übersieht, daß die Glaubhaftmachung ein Privileg des Zeugen ist.
[5] Gegen diesen Maßstab MünchKommZPO-*Damrau* Rdnr. 6.
[6] Eine geringe Verzögerung muß der Zeuge allerdings einplanen, *OLG Schleswig* MDR 1978, 323 (L); *OLG Nürnberg* NJW-RR 1999, 788: Bei üblicher Reisedauer von sechs bis sieben Stunden genügen zwei Stunden eingeplanter Verspätung; aber der Zeuge muß das Gericht von sich abzeichnender Verspätung benachrichtigen.
[7] *OLG Bamberg* SeuffArch 70 (1915) 211; *OLG Hamm* MDR 1974, 330 (L) (stark einschränkend). Die Zeugenpflicht geht der Berufspflicht des Anwalts grundsätzlich vor, *BFH* NJW 1975, 1248; strenger MünchKommZPO-*Damrau* Rdnr. 8.
[8] *OLG Düsseldorf* OLG-Report 1994, 170.
[9] *OLG Posen* OLG Rsp 23, 180.

[10] S. auch *KG* SeuffArch 56 (1901) 33 (Nichtbeantwortung des Gesuchs um Verlegung); *KG* OLG Rsp 20, 322 und *OLG Köln* MDR 1975, 320 (Abbestellung durch den Anwalt).
[11] *OLG Düsseldorf* NJW-RR 1995, 1341; auch zu Organisationspflichten.
[12] MünchKommZPO-*Damrau* Rdnr. 7; Beispiel: Der Rechtsanwalt verzichtet auf den Zeugen und teilt ihm mit, er müsse daher nicht erscheinen (→ § 380 Rdnr. 10).
[13] MünchKommZPO-*Damrau* Rdnr. 10.
[14] Ebenso *Baumbach-Lauterbach-Hartmann*[56] Rdnr. 4; *OLG Hamburg* JW 1919, 742; a. M. *Wieczorek*[2] B II b; *OLG Düsseldorf* NJW 1969, 149: Eine solche Entschuldigung sei nicht ausreichend. Im *Strafprozeß* genügt die schuldhaft verspätete Entschuldigung seit der Neufassung des § 51 Abs. 2 StPO durch das Strafverfahrensänderungsgesetz 1979 vom 5. X. 1978 (BGBl I 1645) nicht mehr. Daß die ZPO im Gegensatz zur StPO nicht geändert wurde, spricht für die hier vertretene Ansicht.
[15] MünchKommZPO-*Damrau* Rdnr. 12.

13 Die Frage, ob die Entschuldigungsgründe als genügend anzusehen sind, ist eine Rechtsfrage[16]. Ein Ermessen besteht nicht.

b) Feststellung

15 Materiellrechtlich ist das Ausbleiben des ordnungsgemäß geladenen Zeugen entschuldigt, wenn Umstände vorliegen, die sein Nichterscheinen nicht als pflichtwidrig erscheinen lassen. Es gilt der **Untersuchungsgrundsatz**. Das schließt aber die im Gesetz vorgesehene Mitwirkung des Zeugen nicht aus[17]; dieser hat den Entschuldigungsgrund hinreichend substantiiert darzulegen, so daß das Gericht ggf. darüber Beweis erheben kann. Das Gericht hat nicht nur die vom Zeugen, sondern auch die von dritter Seite ihm zur Kenntnis gebrachten Gründe zu berücksichtigen; es kann auch Ermittlungen von Amts wegen anstellen[18]. Vielfach wird sich das Gericht schon aufgrund der Würdigung des Verfahrensstoffs vom Vorliegen eines Entschuldigungsgrundes überzeugen können. Ist dies nicht der Fall, ist Beweis zu erheben. Glaubhaftmachung ist insoweit nicht als Beweismittel vorgesehen[19]. Die Grundsätze des Freibeweises finden keine Anwendung[20] (→ vor § 355 Rdnr. 24).

16 Den Zeugen trifft **nicht** die **Feststellungslast** für die Entschuldigungsgründe[21]. Läßt sich nicht klären, ob die tatsächlichen Voraussetzungen für die vom Zeugen vorgetragene Entschuldigung vorliegen, muß das Ordnungsmittel aufgehoben werden. Es ist rechtsstaatlich ausgeschlossen, einer Person Ordnungsmittel repressiven Charakters auf Dauer aufzuerlegen, wenn nicht alle Voraussetzungen feststehen. Verfassungsrechtlich verstößt eine Feststellungslast des Zeugen für die Entschuldigungsgründe gegen das Schuldprinzip. Rechtsstaatlich akzeptabel erscheint es noch, das Gericht ohne Prüfung aller Umstände allein aufgrund seines Nichterscheinens für berechtigt zu halten, gegen den Zeugen Ordnungsmittel zu verhängen. Spätestens im Aufhebungsverfahren müssen aber alle Voraussetzungen hierfür festgestellt werden.

III. Verfahren

1. Gesuche des Zeugen

19 Die Gesuche des Zeugen unterliegen nach Abs. 2 nicht dem Anwaltszwang, vgl. § 78 Abs. 2. Sie können sowohl die Entschuldigung wie die Terminsverlegung bezwecken; § 227 ist hier nicht anwendbar.

2. Rechtliches Gehör

20 Neben dem Zeugen ist auch den Parteien rechtliches Gehör zu gewähren[22]. Sie sind als Beteiligte von der Entscheidung unmittelbar betroffen, wenn dem Zeugen die Kosten nicht auferlegt werden. Eine mündliche Verhandlung ist nicht erforderlich.

---

[16] MünchKommZPO-*Damrau* Rdnr. 11.
[17] Zur Mitwirkung Beteiligter beim Untersuchungsgrundsatz *Brehm* Freiwillige Gerichtsbarkeit[2] Rdnr. 298; → auch Rdnr. 3.
[18] *RGZ* 56, 79f.
[19] A.A. *Schumann* in der Vorauf. Rdnr. 3; wie hier MünchKommZPO-*Damrau* Rdnr. 5; unklar *Zöller-Greger*[20] Rdnr. 2.
[20] A.A. MünchKommZPO-*Damrau* Rdnr. 5; *Zöller-Greger*[20] Rdnr. 2.
[21] *RGZ* 56, 79; *Wieczorek*[2] A IV; AK-ZPO-*Rüßmann* Rdnr. 1; wohl auch *Zöller-Greger*[20] Rdnr. 2; a.A. die 18. Aufl. dieses Kommentars; MünchKommZPO-*Damrau* Rdnr. 5; *Thomas-Putzo*[21] Rdnr. 2.
[22] MünchKommZPO-*Damrau* Rdnr. 17.

3. Entscheidung

a) Verfahren vor der Ordnungsmittelfestsetzung bzw. Kostenauferlegung

Liegen genügende Entschuldigungsgründe nicht vor, werden das Ordnungsmittel festgesetzt und dem Zeugen die Kosten durch Beschluß auferlegt. Hiergegen ist die Beschwerde nach § 380 Abs. 3 statthaft. Ein Aufhebungsverfahren kann nicht beantragt werden, denn die Entschuldigung erfolgt nicht »nachträglich«. 21

Ist das Nichterscheinen entschuldigt, so unterbleibt die Festsetzung des Ordnungsmittels und die Auferlegung der Kosten. Hat eine Partei die Kostenauferlegung beantragt, ist durch (beschwerdefähigen → Rdnr. 27) Beschluß zu entscheiden. Zuständig ist das Prozeßgericht, nach § 400 der beauftragte oder ersuchte Richter. 22

Wegen der Kosten des Entschuldigungsbeweises → § 401 Rdnr. 2. 23

b) Aufhebungsverfahren

Ist der Zeuge als entschuldigt anzusehen bzw. ist ihm die Ladung nicht (rechtzeitig) zugegangen (→ Rdnr. 6 ff.), sind die getroffenen Anordnungen vom Prozeßgericht bzw. dem beauftragten oder ersuchten Richter (§§ 400, 576) wieder aufzuheben. Das Gericht kann auch die Maßnahme aufheben, die Auferlegung der *Kosten* jedoch bestehen lassen, wenn der Zeuge zwar entschuldigt ist, die rechtzeitige Anzeige aber unterlassen hatte[23] (→ Rdnr. 12). Der Aufhebungsbeschluß ist dem Zeugen und, soweit es sich um die Prozeßkosten handelt, den Parteien von Amts wegen mitzuteilen, § 329 Abs. 2 (→ § 380 Rdnr. 22). Ist ein Ordnungsmittel bereits bezahlt, so ist es infolge der Wiederaufhebung der Anordnung zurückzuzahlen[24]. 24

Gegen die Zurückweisung des Aufhebungsgesuchs hat der Zeuge die Beschwerde nach § 380 Abs. 3. 25

c) Verhältnis Aufhebungsverfahren zu Beschwerde

Wurde gegen den Zeugen ein Ordnungsmittel festgesetzt bzw. wurden dem Zeugen die Kosten auferlegt, so kann der Zeuge zwischen dem Aufhebungsverfahren nach § 381 Abs. 1 Satz 2 und der Beschwerde nach § 380 Abs. 3 wählen. Auch im Beschwerdeverfahren können Entschuldigungsgründe geltend gemacht werden. Die aufschiebende Wirkung der Beschwerde (§ 572) gilt auch im Aufhebungsverfahren. Wird der Aufhebungsantrag zurückgewiesen, kann der Zeuge Beschwerde einlegen (→ Rdnr. 25). 27

§ 382 [Vernehmung von Ministern und Parlamentariern]

(1) Die Mitglieder der Bundesregierung oder einer Landesregierung sind an ihrem Amtssitz oder, wenn sie sich außerhalb ihres Amtssitzes aufhalten, an ihrem Aufenthaltsort zu vernehmen.

(2) Die Mitglieder des Bundestages, des Bundesrates, eines Landtages oder einer zweiten Kammer sind während ihres Aufenthaltes am Sitz der Versammlung dort zu vernehmen.

---

[23] *OLG Hamburg* OLG Rsp 37, 143; *OLG Stuttgart* MDR 1963, 1020 = JR 187; a. M. *LAG Bayern* AP Nr. 1; *OLG Karlsruhe* NJW 1972, 589 und Justiz 1983, 119; *OLG Bremen* OLGZ 1978, 116; *OLG Braunschweig* NdsRpfl 1977, 232; *OLG Hamburg* JR 1962, 351 (zum Strafprozeß): Aufhebung des Beschlusses *insgesamt*.

[24] Aber darüber hinaus keine Erstattung von Zinsen und Schäden, *RG* Gruchot 40 (1896) 662. Prozeßzinsen (§ 291 BGB) müssen aber wohl erstattet werden.

(3) Zu einer Abweichung von den vorstehenden Vorschriften bedarf es:
für die Mitglieder der Bundesregierung der Genehmigung der Bundesregierung,
für die Mitglieder einer Landesregierung der Genehmigung der Landesregierung,
für die Mitglieder einer der im Abs. 2 genannten Versammlungen der Genehmigung dieser Versammlung.

Gesetzesgeschichte: Ursprünglich § 347 CPO, durch Nov. 98, RGBl 256 (→ Einl. Rdnr. 113) inhaltlich unverändert zu § 382 geworden. Änderungen durch Bek. 24, RGBl I 437 (→ Einl. Rdnr. 123f.), Gesetz vom 27. III. 1930, RGBl I 96 (→ Einl. Rdnr. 125), Nov. 50, BGBl I 455 (Einl. Rdnr. 148).

Stichwortverzeichnis → »Schlüssel zum Zeugenbeweis« zu Beginn der Vorbemerkungen vor § 373.

I. Zweck	1	III. Vernehmung von Mitgliedern gesetzgebender Versammlungen	3
II. Vernehmung von Regierungsmitgliedern	2	IV. Genehmigung	5

I. Zweck

1   § 382 dient nicht den einzelnen Mitgliedern der Regierungen, Parlamente und sonstigen in Abs. 2 genannten Organen, sondern dem **Schutze der Funktionsfähigkeit** dieser Verfassungsorgane. Die Erscheinungspflicht bei einem entfernten Gericht soll die politische Arbeit der Regierungen und Parlamente nicht beeinträchtigen. Organe der rechtsprechenden Gewalt (BVerfG und oberste Gerichtshöfe des Bundes [Art. 95 GG]) fallen nicht darunter. Die Vorschrift ist von Amts wegen zu beachten.

II. Vernehmung von Regierungsmitgliedern

2   Die in Abs. 1 aufgeführten Personen dürfen vorbehaltlich der Abweichung gemäß Abs. 3 nur an ihrem **Amtssitz** oder bei auch nur vorübergehender Abwesenheit an ihrem jeweiligen *Aufenthaltsort* vernommen werden. Zu dem Personenkreis zählen die der jeweiligen Regierung angehörenden Mitglieder; besteht sie auch aus anderen Personen als den Ministern (z. B. Staatssekretäre in Bayern oder Sachsen), so gehören sie dazu (selbstverständlich auch der Bundeskanzler und die Ministerpräsidenten), in den *Stadtstaaten* die (regierenden) Bürgermeister und Senatoren. Die Vernehmung kann an der Gerichtsstelle (→ § 219 Rdnr. 1) erfolgen; Vernehmung in der Wohnung ist nicht vorgeschrieben (anders § 375 Abs. 2).

III. Vernehmung von Mitgliedern gesetzgebender Versammlungen

3   *Mitglieder* der im Abs. 2 aufgeführten Organe müssen nicht nur dann am Ort der Versammlung vernommen werden, wenn ihr dortiger Aufenthalt in die Tagungszeit (Sitzungsperiode) fällt, sondern stets dann, wenn sie sich am Ort der Versammlung aufhalten[1]. Es kann jedoch schon während des Aufenthalts am Ort der Versammlung eine Ladung vor ein anderes Gericht auf die Zeit nach der Beendigung dieses Aufenthalts erlassen werden, wenn ein solcher Zeitpunkt feststeht. Dies ist freilich oft nicht abzusehen, zumal auch in den Parlamentsferien Ausschuß- und Sondersitzungen stattfinden oder sonstige Verpflichtungen des

---

[1] MünchKommZPO-*Damrau* Rdnr. 4; a. A. *Zöller-Greger*[20] Rdnr. 3.

Parlamentariers bestehen (z. B. Besprechungen mit Ministerialbeamten, Sachverständigen, anderen Abgeordneten usw.). Zu den Mitgliedern gesetzgebender Versammlungen gehören die Mitglieder der Bürgerschaften der *Stadtstaaten*, nicht aber sonstige Stadtrats-(Gemeinderats-)Mitglieder.

Als **zweite Kammer** ist (bis zu seiner Abschaffung mit Wirkung zum 1. I. 2000[2]) der *Senat in Bayern* anzusehen, vgl. Art. 34 ff. der Verfassung des Freistaates Bayern. In anderen Bundesländern besteht keine zweite Kammer.   4

IV. Genehmigung

Ob die **Genehmigung** zu einer Abweichung von Abs. 1, 2 einzuholen ist, entscheidet *das Gericht nach freiem Ermessen*[3]. Sie kann aber auch vom Beweisführer eingeholt werden. Bei der Erteilung der Genehmigung hat der Beweisführer nur ein formelles subjektives öffentliches Recht, d. h. Anspruch auf fehlerfreie Ermessensausübung und auf Bescheid. Soweit Gesetzgebungsorgane die Genehmigung erteilen[4], handelt es sich dabei jedoch um keinen Verwaltungsakt im technischen Sinn, sondern um schlichte Parlamentsbeschlüsse, die allenfalls mit der Verfassungsbeschwerde angefochten werden können. Die Erteilung der Genehmigung durch ein Exekutivorgan (Regierung) ist dagegen als Verwaltungsakt zu qualifizieren (vgl. → § 376 Rdnr. 21 zum Fall der Aussagegenehmigung des Beamten). Die Bereitschaft des Zeugen, sich am Gerichtsort vernehmen zu lassen, macht die Einholung der Genehmigung nicht entbehrlich[5]; § 382 schützt nicht den einzelnen Abgeordneten, sondern die Funktionsfähigkeit des jeweigen politischen Organs (→ Rdnr. 1). Das Fehlen der Genehmigung macht jedoch eine unter Verstoß gegen § 382 zustandegekommene Aussage *prozessual nicht unverwertbar*[6]; denn die Bestimmung hat keine prozessuale Zwecksetzung, sondern dient nur den genannten Verfassungsorganen (→ Rdnr. 1).   5

§ 383 [Zeugnisverweigerungsrecht aus persönlichen Gründen]

(1) Zur Verweigerung des Zeugnisses sind berechtigt:
1. der Verlobte einer Partei;
2. der Ehegatte einer Partei, auch wenn die Ehe nicht mehr besteht;
3. diejenigen, die mit einer Partei in gerader Linie verwandt oder verschwägert, in der Seitenlinie bis zum dritten Grad verwandt oder bis zum zweiten Grad verschwägert sind oder waren;
4. Geistliche in Ansehung desjenigen, was ihnen bei der Ausübung der Seelsorge anvertraut ist;

---

[2] Gesetz zur Abschaffung des Bayerischen Senats v. 20. II. 1998, GVOBl 42.
[3] Vgl. auch *RGSt* 26, 256.
[4] Vgl. Punkt C der »Grundsätze in Immunitätsangelegenheiten und in Fällen der Genehmigung gemäß § 50 Abs. 3 StPO und § 382 Abs. 3 ZPO sowie bei Ermächtigungen gemäß § 90 b Abs. 2, § 194 Abs. 4 StGB« vom 15. VIII. 1980 (BGBl I 1261), für die 13. Wahlperiode übernommen am 6. II. 1995 (BGBl I 248): »Die Genehmigung zu einer Abweichung von § 50 Abs. 1 StPO und § 382 Abs. 2 ZPO, wonach die Mitglieder des Bundestages am Sitz der Versammlung zu vernehmen sind, kann **im Wege der Vorentscheidung** gemäß Nummer 13 der Grundsätze in Immunitätsangelegenheiten erteilt werden. Die Staatsanwaltschaften und Gerichte richten ihre Anträge unmittelbar an den Präsidenten des Bundestages. Einer Genehmigung bedarf es nicht, wenn der Termin zur Vernehmung außerhalb der Sitzungsperioden des Bundestages liegt.« Nr. 13 lautet: »Hat der Ausschuß aufgrund der ihm erteilten Ermächtigung (Nr. 8, 11, 12 B und C) eine Vorentscheidung getroffen, wird diese dem Bundestag durch den Präsidenten schriftlich mitgeteilt, ohne auf die Tagesordnung gesetzt zu werden. Sie gilt als Entscheidung des Bundestages, wenn nicht innerhalb von sieben Tagen nach Mitteilung Widerspruch erhoben wird.«
[5] A. A. MünchKommZPO-*Damrau* Rdnr. 6.
[6] *Baumbach-Lauterbach-Hartmann*[56] Rdnr. 1.

5. Personen, die bei der Vorbereitung, Herstellung oder Verbreitung von periodischen Druckwerken oder Rundfunksendungen berufsmäßig mitwirken oder mitgewirkt haben, über die Person des Verfassers, Einsenders oder Gewährsmanns von Beiträgen und Unterlagen sowie über die ihnen im Hinblick auf ihre Tätigkeit gemachten Mitteilungen, soweit es sich um Beiträge, Unterlagen und Mitteilungen für den redaktionellen Teil handelt;

6. Personen, denen kraft ihres Amtes, Standes oder Gewerbes Tatsachen anvertraut sind, deren Geheimhaltung durch ihre Natur oder durch gesetzliche Vorschrift geboten ist, in betreff der Tatsachen, auf welche die Verpflichtung zur Verschwiegenheit sich bezieht.

(2) Die unter Nr. 1 bis 3 bezeichneten Personen sind vor der Vernehmung über ihr Recht zur Verweigerung des Zeugnisses zu belehren.

(3) Die Vernehmung der unter Nr. 4 bis 6 bezeichneten Personen ist, auch wenn das Zeugnis nicht verweigert wird, auf Tatsachen nicht zu richten, in Ansehung welcher erhellt, daß ohne Verletzung der Verpflichtung zur Verschwiegenheit ein Zeugnis nicht abgelegt werden kann.

Gesetzesgeschichte: Ursprünglich § 348 CPO, durch Nov. 98, RGBl 256 (→ Einl. Rdnr. 113), inhaltlich unverändert zu § 383 geworden. Änderungen durch Gesetz vom 25. VII. 1975, BGBl I 1973 (→ Einl. Rdnr. 156), und durch das Adoptionsgesetz vom 2. VII. 1976, BGBl I 1749 (→ Einl. Rdnr. 160).

Stichwortverzeichnis → »Schlüssel zum Zeugenbeweis« zu Beginn der Vorbemerkungen vor § 373.

I. Allgemeines zum Zeugnisverweigerungsrecht	
1. Grundgedanken der Regelung	1
2. Zeugnisverweigerungsrecht von Minderjährigen	2
a) Einsichtsfähigkeit des Minderjährigen	5
b) Zustimmungsverweigerung durch den gesetzlichen Vertreter	6
c) Fehlende Einsichtsfähigkeit in das Wesen des Zeugnisverweigerungsrechts	7
d) Zustimmung beider Elternteile	9
e) Ausschluß der Eltern von der gesetzlichen Vertretung	10
3. Grenzen der Regelung des Zeugnisverweigerungsrechts	12
a) Persönliche Grenzen	13
aa) Abgeordnete	14
bb) Konsularbeamte	15
b) Sachliche Grenzen	16
4. Verweigerung des Zeugnisses und Widerruf der Verweigerung	19
5. Materiell-rechtliche Schweigepflicht und prozessuales Zeugnisverweigerungsrecht	21
II. Zeugnisverweigerungsrecht wegen persönlicher Beziehungen	27
1. Parteibegriff	
a) Grundlagen	28
b) Folgerungen	30
2. Verlöbnis	33
3. Ehegatten, Verwandte und Verschwägerte	34
III. Andere Zeugnisverweigerungsrechte	35
1. Geistliche	
a) Begriff des Geistlichen	36
b) Umfang des Zeugnisverweigerungsrechts	37
2. Presseangehörige	39
3. Zeugnisverweigerung kraft Amtes, Standes oder Gewerbes	
a) Beamte und andere Personen des öffentlichen Dienstes	
aa) Beamte	71
bb) Andere Personen des öffentlichen Dienstes	72
b) Rechtspflegeberufe	74
c) Heilberufe	79
d) Spezielle Geheimhaltungspflichten	82
e) Verkehrsübliche Geheimhaltungspflichten	85
f) Anvertraute Tatsachen	90
g) Geheimzuhaltende Tatsachen	91
IV. Die Belehrung	
1. Belehrung der Verlobten, Ehegatten und Angehörigen	100
2. Belehrung von Minderjährigen	101
3. Belehrung bei den übrigen Verweigerungsberechtigten	103
V. Beschränkung der Vernehmung (Absatz 3)	106

I. Allgemeines zum Zeugnisverweigerungsrecht[1]

1. Grundgedanken der Regelung

In den §§ 383 – 385 wird die Befugnis zur Verweigerung des Zeugnisses als *Ausnahme* von der allgemeinen öffentlich-rechtlichen Zeugnispflicht geregelt (→ Rdnr. 31 vor § 373). Die Regelung in § 383 erhält ihre Rechtfertigung aus der Überlegung, daß den hier genannten **Personen Konfliktslagen erspart werden sollen**. Gerade in Fällen dieser Art würde die uneingeschränkte Durchführung des Prinzips der Zeugnispflicht infolge solcher Konfliktslagen zudem zu einer erheblichen Herabminderung des Beweiswerts der Aussagen führen. Die Befugnis zur Verweigerung des Zeugnisses umfaßt auch die Berechtigung zur Verweigerung der Eidesleistung (→ § 392 Rdnr. 7).

1

2. Zeugnisverweigerungsrecht von Minderjährigen

Die soeben ausgesprochene Zweckbestimmung des § 383 zeigt sich vor allem bei der Behandlung des Zeugnisverweigerungsrechts von **Minderjährigen**: Das Zeugnisverweigerungsrecht ist ein höchstpersönliches Recht, so daß der minderjährige Zeuge trotz seiner beschränkten Geschäftsfähigkeit das Zeugnis **selbständig verweigern** darf. Dieses Verweigerungsrecht steht ihm unabhängig von seinem Alter und seinem Einsichtsvermögen zu. Kein zur Aussageverweigerung berechtigter Zeuge ist gegen seinen Willen zur Aussage verpflichtet, mag er auch noch so jung und mag ihm auch das Wesen des Zeugnisverweigerungsrechts noch so unklar sein.

2

Da es im Gegensatz zur abstrakt festgelegten Eidesmündigkeit (§ 393) keine Norm über die Zeugnismündigkeit gibt, regelt sich die Fähigkeit, in einem Prozeß Zeuge zu sein, nach der konkreten Einsichtsfähigkeit des Kindes (→ Rdnr. 3 vor § 373). Wegen dieser variablen Grenze der Zeugnismündigkeit ergeben sich *Schwierigkeiten hinsichtlich der Einsichtsfähigkeit in das Zeugnisverweigerungsrecht* und damit hinsichtlich der für die Ausübung dieses Rechts zuständigen Person. Angesichts der fehlenden gesetzlichen Regelung der Zeugenstellung des Minderjährigen und der Ausübung von prozessualen Befugnissen durch den minderjährigen Zeugen ist vieles auf diesem Gebiet noch streitig und ungeklärt. Vielfach erweisen sich die von Lehre und Rechtsprechung für den Strafprozeß erarbeiteten Antworten als für den Zivilprozeß ohne weiteres verwertbar.

3

a) Einsichtsfähigkeit des Minderjährigen

Bejaht das Gericht die Einsichtsfähigkeit des minderjährigen Zeugen in die Bedeutung einer Aussage als Zeuge, ist dem betreffenden minderjährigen Zeugen regelmäßig[2] zugleich auch das Recht zuerkannt, das Zeugnis *selbst* zu verweigern. **Einer Zustimmung des oder der gesetzlichen Vertreter zur Ausübung des Zeugnisverweigerungsrechts bedarf es dann nicht.** Deshalb begründet auch die Zustimmung[3] des gesetzlichen Vertreters zur Aussage keine Zeugnispflicht des Minderjährigen. Denn was für den Strafprozeß anerkannt ist[4], hat insoweit wegen der Gleichheit der möglichen Konfliktslage auch im Zivilprozeß zu gelten:

5

---

[1] Vgl. dazu im allg. *Kohlhaas* NJW 1967, 666; *Kühl* JuS 1986, 115; *Lenckner* NJW 1965, 321 ff.; *E. Schneider* JurBüro 1970, 1021; *Wach* GerS 66, 1 ff.; *BGHSt* NJW 1980, 794.
[2] *BGHSt* NJW 1967, 360.
[3] Zu ihr näher → Rdnr. 7.
[4] Die Einfügung des Abs. 2 von § 52 StPO durch G vom 9. XII. 1974 (BGBl I 3393) bestätigt die bisherige Rspr., so *BGHSt* 14, 24, 159 ff.; *BGHSt* NJW 1979, 1722; JR 1967, 468 = FamRZ 668 = RdJ 1968, 348 (L) = LM § 52 StPO Nr. 27 (L; *Pelchen*). Anders noch *BGHSt* 12, 235 (zum Untersuchungsverweigerungsrecht). Eingehend zum ganzen *Bosch* Grundsatzfragen des Beweisrechts (1963) 25 ff.

Das die Aussage verweigernde Kind ist im übrigen auch darüber zu belehren, daß es trotz Zustimmung des gesetzlichen Vertreters zur Zeugenaussage nicht auszusagen braucht (näher → Rdnr. 101 ff.). **Gegen seinen Willen darf das das Zeugnis verweigernde Kind nicht in die hier auftretenden Konfliktslagen hineingebracht werden.** Dabei ist es, wie auch sonst beim Zeugnisverweigerungsrecht, unerheblich, ob vom Kind bei objektiv bestehendem Zeugnisverweigerungsrecht das Zeugnis subjektiv aus sachbezogenen Motiven verweigert wird.

b) Zustimmungsverweigerung durch den gesetzlichen Vertreter

6 Ist das minderjährige Kind zur Aussage bereit, verweigert aber der gesetzliche Vertreter die Zustimmung, **darf ebenfalls das Kind nicht als Zeuge vernommen werden**[5]. Die die Rechtsordnung durchziehende Tendenz zum Minderjährigenschutz gebietet, daß der Minderjährige hier vor einer von ihm selbst möglicherweise nicht gesehenen Konfliktslage bewahrt wird. Nur wenn *eindeutig* feststeht, daß der Minderjährige die geistige Reife besitzt, um die Tragweite des Verweigerungsrechts nach § 383 selbständig umfassend beurteilen zu können, kann vertreten werden, daß ausnahmsweise eine Vernehmung des aussagewilligen Zeugen trotz verweigerter Zustimmung seines gesetzlichen Vertreters durchgeführt wird[6].

c) Fehlende Einsichtsfähigkeit in das Wesen des Zeugnisverweigerungsrechts

7 Bejaht das Gericht zwar die Einsichtsfähigkeit des Kindes hinsichtlich der Bedeutung einer Zeugenaussage, verneint es aber die Einsicht in das Wesen des Zeugnisverweigerungsrechts, kommt es an sich allein auf die Verweigerung durch den gesetzlichen Vertreter an. Aber auch bei solch fehlender Einsicht lediglich in das Wesen des Zeugnisverweigerungsrechts **vermag eine etwaige Weigerung des Kindes nicht durch die Zustimmung des gesetzlichen Vertreters überspielt werden**[7]. Denn die Konfliktslage des minderjährigen Zeugen bleibt erhalten, auch wenn er sich im einzelnen oder überhaupt nicht des Konfliktes bewußt ist. *Niemand von den in § 383 Nr. 1 – 3 ZPO genannten Personen soll aussagen, wenn er es nicht will*[8]. Aus diesem Grunde gelten selbst bei den soeben genannten Situationen die Begründungen und Ergebnisse zu oben → Rdnr. 5.

d) Zustimmung beider Elternteile

9 Da die nach dem vorher Gesagten vielfach erforderliche Zustimmung[9] im Regelfall von *beiden* Elternteilen als den gesetzlichen Vertretern erteilt werden muß, **ist die Zustimmung**

---

[5] BGHSt 21, 303 = NJW 1967, 2273 = MDR 1023 = JZ 1968, 35 (L) = LM § 52 StPO Nr. 27; BGHSt 23, 221 f. = MDR 1970, 432 = JZ 261 = NJW 766; *Bosch* (Fn. 4) 49 ff.; *Gernhuber-Coester-Waltjen* FamR⁴ (1994) § 57 VII 6, S. 885; *Löwe-Rosenberg-Dahs* StPO²⁴ § 52 Rdnr. 45.

[6] Für den Strafprozeß ergibt sich dies aus § 52 Abs. 2 S. 1 StPO. Vgl. auch *BayObLGZ* 1985, 53 und 1966, 343 = FamRZ 644 (*Bosch*) = NJW 1967, 206; *OLG Stuttgart* FamRZ 1965, 515 = Justiz 334 (L), vgl. zum ganzen auch *Reuter* Kindergrundrechte und elterliche Gewalt (1968) 34 ff., 215 ff. *Bosch* (Fn. 4) 38 ff. geht von der Altersgrenze von 14 Jahren aus.

[7] BGHSt 14, 159 ff. = NJW 1960, 1396 = MDR 599 = JZ 378 (L) = LM § 52 StPO Nr. 17; BGHSt 23, 222; BGHSt StV 1983, 494.

[8] *E. Schneider* (Fn. 1) Sp. 1921.

[9] BGHSt NJW 1967, 360; BGHSt 21, 303 f.;

BayObLG (Fn. 6) u. a. nehmen eine Zustimmungsbedürftigkeit der Aussage des minderjährigen Zeugen an, der ein Zeugnisverweigerungsrecht besitzt. Das bedeutet, daß ohne diese Zustimmung der Zeuge nicht vernommen werden darf (*BGHSt* 21, 303, 305). Demgemäß darf das Gericht solange nicht vernehmen, als die Zustimmung nicht vorliegt. Insofern ist die Verfahrenslage anders, als wenn man ein dem gesetzlichen Vertreter zustehendes Verweigerungsrecht im Namen des Kindes gibt, weil dann die Aussage solange zulässig wäre, als nicht die Verweigerung durch den gesetzlichen Vertreter erklärt worden wäre. Freilich *bedarf es keiner Zustimmung*, wenn der Zeuge eindeutig die Konfliktslage erkennt und deshalb weiß, welche Bedeutung seine Aussage trotz des ihm zustehenden Zeugnisverweigerungsrechts besitzt (→ Rdnr. 6) bzw. (nach *Bosch* [Fn. 4], 38 ff.; → Fn. 6), wenn der Zeuge das 14. Lebensjahr erreicht hat.

solange nicht erteilt, als sich die Eltern nicht einigen können. Seit der Beseitigung des Stichentscheids (§ 1628 BGB)[10] besteht für den Vater keine Prärogative mehr.

e) Ausschluß der Eltern von der gesetzlichen Vertretung

Von der Vertretung des Zeugen kann der gesetzliche Vertreter unter Umständen aber ausgeschlossen sein, vor allem wenn er selbst Partei des Rechtsstreits ist. Diese Frage spielt besonders im Ehescheidungsprozeß eine Rolle. Die Eltern sind dann von der gesetzlichen Vertretung des Kindes ausgeschlossen. Hinsichtlich der Zustimmung zur Aussage ist ein Pfleger vom Vormundschaftsgericht zu bestellen (§ 1909 BGB)[11]. Ist nur *ein* Elternteil Partei, ist die Zustimmung vom nichtbeteiligten Elternteil zu erteilen[12], es sei denn, auch für ihn liegen Ausschlußgründe vor.

10

3. Grenzen der Regelung des Zeugnisverweigerungsrechts

Als Ausnahme vom generellen Zeugniszwang erfährt die Regelung eine scharfe zweifache Begrenzung:

12

a) Persönliche Grenzen

In *persönlicher* Hinsicht ist die Ausnahme begrenzt. Das bedeutet, daß nur die in § 383 genannten Personen von dem hier statuierten Zeugnisverweigerungsrecht Gebrauch machen dürfen. Die Vorschriften sind aber *analog anwendbar* für diejenigen Personen, die als Zeugen zu vernehmen sind (→ Rdnr. 5 f. vor § 373). Daher steht das Zeugnisverweigerungsrecht auch der **prozeßunfähigen Partei** zu[13], die nicht Zeugnis in eigener Sache ablegen muß. Ein Zeugnisverweigerungsrecht haben auch die **materielle Partei** bei der Prozeßstandschaft und der Gemeinschuldner im Prozeß des Insolvenzverwalters[14]. Zu den Angehörigen usw. in diesen Fällen → Rdnr. 30 ff.

13

aa) Abgeordnete: Ein spezielles Zeugnisverweigerungsrecht enthält Art. 47 GG für die **Abgeordneten des Deutschen Bundestags**. Danach dürfen diese über Personen, die ihnen in ihrer Eigenschaft als Abgeordnete oder denen sie in dieser Eigenschaft Tatsachen anvertraut haben, sowie über diese Tatsachen selbst das Zeugnis verweigern[15]. Die **Abgeordneten des Europarats** sind gemäß Art. 25 der Satzung des Europarats grundsätzlich Mitglieder des Parlaments des jeweiligen Mitgliedsstaates; damit steht den deutschen Europaratsmitgliedern das Zeugnisverweigerungsrecht gemäß Art. 47 GG zu. Entsprechendes gilt für die **Mitglieder des Europäischen Parlaments** gemäß § 6 Europaabgeordnetengesetz vom 6. IV. 1979 (BGBl I 413) und für die **Abgeordneten der Landtage** nach Maßgabe der Länderverfassungen: Baden-Württemberg Art. 39; Bayern Art. 29 (hier auch für die Senatsmitglieder [→

14

---

[10] *BVerfGE* 10, 59 ff. = NJW 1959, 1483 = FamRZ 416; vgl. auch BGBl 1959 I 633. Damit setzt sich der ablehnende Elternteil durch, *Bosch* (Fn. 4) 52 f. Ob notfalls das Vormundschaftsgericht die Sperre der Ablehnung überwinden kann, ist sehr zweifelhaft, vgl. *Bosch* a. a. O.
[11] *OLG Stuttgart* MDR 1986, 58; *BayObLG* (Fn. 6) a. a. O.; *Schneider* (Fn. 1) Sp. 1022, der allerdings zutreffend betont, daß diese Bestellung nur dann notwendig ist, wenn überhaupt eine Zustimmungsbedürftigkeit (→ Fn. 9) gegeben ist, und daß beim einsichtsfähigen Zeugen deshalb keine Bestellung notwendig ist, weil er ja auch nicht der Zustimmung bedarf, vgl. auch *Bosch* (Fn. 4) 53 ff. und sehr weit *LG Mannheim* MDR 1971, 663.

[12] *OLG Stuttgart* NJW 1971, 2237 (eingehend zum Strafprozeß m. w. N.); ablehnend *Schoene* NJW 1972, 930: beide Elternteile seien dann ausgeschlossen.
[13] *Lent* ZZP 52 (1927) 14; MünchKommZPO-*Damrau* Rdnr. 4; *Zöller-Greger*[20] Rdnr. 2.
[14] *Jaeger-Henckel* KO[9] § 6 Rdnr. 71; a. A. *Häsemeyer* Insolvenzrecht[2] (1998) Rdnr. 13.24, der nur ein Verweigerungsrecht nach § 384 ZPO anerkennt.
[15] Ebenso die Gehilfen und Angestellten dieser Personen, so *Heitzer* NJW 1952, 89; *Maunz* in *Maunz-Dürig-Herzog* GG (Loseblattsammlung, Stand 1994) Art. 47 Rdnr. 8; *v. Mangoldt-Klein* GG[3] (1991) Art. 47 II 4.

auch § 382 Rdnr. 4] Art. 38 BV); Berlin Art. 51 Abs. 2; Brandenburg Art. 59; Bremen Art. 96; Hamburg Art. 17; Hessen Art. 97; Mecklenburg-Vorpommern Art. 24 Abs. 3; Niedersachsen Art. 16; Nordrhein-Westfalen Art. 49; Rheinland-Pfalz Art. 95; Saarland Art. 83; Sachsen Art. 56; Sachsen-Anhalt Art. 59; Schleswig-Holstein Art. 24 Abs. 3; Thüringen Art. 56 der Landesverfassung.

15   bb) **Konsularbeamte:** Ein weiteres spezielles Zeugnisverweigerungsrecht steht den Konsularbeamten ausländischer Staaten zur Seite, wenn sie über Umstände ihres dienstlichen Bereichs aussagen sollen (näher → § 377 Rdnr. 21 ff.).

b) Sachliche Grenzen

16   In *sachlicher* Hinsicht ist die Regelung der Zeugnisverweigerungsrechte grundsätzlich **ebenfalls abschließend**. Andere als die in § 383 und in § 384 aufgezählten Gründe können keine Berücksichtigung finden. Damit ist nicht gesagt, daß sonst keine Konfliktlagen auftreten, wenn vom Zeugen die Offenbarung seines Wissens gefordert wird. In der Abwägung zwischen der Erhellung der Wahrheit und der Respektierung solcher Konfliktsituationen hat sich das Gesetz zum Zeugniszwang entschieden. Im Interesse der Wahrheit muß deshalb der einzelne Zeuge solche Konfliktlagen in Kauf nehmen. Dies gilt insbesondere bei **vertraglich übernommenen Schweigepflichten**, die prozessual außer Betracht bleiben müssen, soweit es sich nicht um ein Kunst- oder Gewerbegeheimnis (→ § 384 Rdnr. 13) handelt[16]. Das dem Schutz des **Adoptionsgeheimnisses** dienende Verbot, Adoptionen und ihre Umstände auszuforschen oder aufzudecken (§ 1758 BGB), begründet ebenfalls kein Zeugnisverweigerungsrecht; regelmäßig überwiegt das in § 1758 Abs. 1 BGB einschränkend genannte öffentliche Interesse an der Zeugenaussage[17].

17   Ausnahmsweise kann ein Recht zur Zeugnisverweigerung unmittelbar auf die Verfassung gestützt werden. Es kann das Grundrecht aus Art. 4 Abs. 1 GG verletzen, wenn ein Zeuge in einem Gerichtssaal aussagen muß, der mit einem (christlichen) Kreuz ausgestattet ist[18]. Wird ein Zeuge durch Drohungen für den Fall seiner Aussage unter Druck gesetzt, kann aus Art. 2 Abs. 2 GG ein Zeugnisverweigerungsrecht folgen[19]. Zum Schutz der Pressefreiheit → Rdnr. 62. Zur *Eides*verweigerung aus Gewissensgründen → § 392 Fn. 3.

4. Verweigerung des Zeugnisses und Widerruf der Verweigerung

19   Der zur Verweigerung des Zeugnisses Berechtigte kann bis zum Abschluß der Vernehmung in jedem Zeitpunkt beliebig von diesem Recht Gebrauch machen[20]. Ein zuvor ausdrücklich erklärter *Verzicht auf das Verweigerungsrecht* steht dem nicht entgegen: Das Recht ist insoweit **unverzichtbar**. Daß für den Zivilprozeß eine dem § 52 Abs. 3 Satz 2 StPO entsprechende Vorschrift fehlt, läßt keinen Gegenschluß zu: Die für die Schaffung des § 52 Abs. 3 Satz 2 StPO maßgebliche Überlegung gilt gleichermaßen für das Zeugnisverweigerungsrecht im Zivilprozeß.

20   Die **Verweigerung des Zeugnisses** kann von dem Gericht **bei der Beweiswürdigung nur mit großer Vorsicht als Indiz** verwertet werden (→ § 286 Rdnr. 10 ff., → § 384 Rdnr. 25). Da die Zeugnisverweigerung in einem späteren Verfahrensstadium kein Verwertungsverbot für

---

[16] *OLG Dresden* OLG Rsp 31, 57; JW 1919, 939; *KG* KGBl 1920, 18; *OLG Nürnberg* BayJMBl 1954, 66.
[17] MünchKommBGB-*Lüderitz*³ § 1758 Rdnr. 7.
[18] Vgl. *BVerfGE* 35, 366 (allgemein zu mündlicher Verhandlung); MünchKommZPO-*Damrau* Rdnr. 2; a. A. *Zöller-Greger*²⁰ § 383 Rdnr. 3 (Aussageverweigerungsrecht nur für Juden); *OLG Nürnberg* NJW 1966, 1926.
[19] *OLG Hamm* OLGZ 89, 468, 469 (im konkreten Fall verneint).
[20] *RG* SeuffArch 56 (1901) 329; *BayObLGZ* 1956, 392; *OLG Hamburg* OLG Rsp 17, 162; *OLG München* OLG Rsp 20, 326; *OLG Nürnberg* BayJMBl 1954, 66 u. a.

die früher erfolgte Aussage schafft[21] (grundsätzlich anders § 252 StPO!), hindert sie eine Beweisaufnahme über etwaige frühere Äußerungen des Verschweigenden nicht[22]. Insbesondere können daher Protokolle über frühere Vernehmungen als Urkunden (→ § 284 Rdnr. 34 ff.) verwertet und erst recht erforderlichenfalls Zeugen über die frühere Aussage vernommen werden[23].

5. Materiell-rechtliche Schweigepflicht und prozessuales Zeugnisverweigerungsrecht[24]

Scharf zu trennen ist das *prozessuale Zeugnisverweigerungsrecht* von der Frage nach einer eventuell bestehenden *materiell-rechtlichen Schweigepflicht*. Es handelt sich dabei nicht um zweierlei Aspekte eines einheitlichen Problems: Das materiell-rechtliche (evtl. strafrechtlich-sanktionierte, vgl. §§ 203, 353 b StGB) Gebot der Schweigepflicht findet *nicht notwendig* eine Entsprechung in einem prozessualen Zeugnisverweigerungsrecht. Letzterem muß keineswegs immer eine materiell-rechtliche Verschwiegenheitspflicht gegenüberstehen. So sind beispielsweise Abgeordnete (→ Rdnr. 14) schweige*berechtigt*, *nicht* aber materiell auch dazu *verpflichtet* (gleiches gilt etwa für Geistliche, → Rdnr. 36). Umgekehrt sind Fälle denkbar, in denen der Schweigepflicht kein Zeugnisverweigerungsrecht korrespondiert (→ Rdnr. 16 zur vertraglich vereinbarten Schweigepflicht). Im Zivilprozeß erfaßt die Generalklausel des § 383 Abs. 1 Nr. 6 regelmäßig alle Fälle einer materiell-rechtlichen gesetzlichen Schweigepflicht[25]. Im Strafprozeß liegen die Dinge dagegen anders, weil der Katalog des § 53 StPO nur ganz bestimmten einzeln aufgeführten Berufsgruppen ein Zeugnisverweigerungsrecht gewährt. 21

Die Frage nach der Berechtigung der Zeugnisverweigerung beantwortet sich allein nach prozessualen Gesichtspunkten. So wenig wie die bloße Zeugenstellung eine Befugnis zum Bruch des Geheimnisses (§ 203 StGB!) schafft[26], so wenig könnte aus materiell-rechtlichen Erwägungen eine Pflicht zur Aussage hergeleitet werden. Der Konflikt ist in § 383 Abs. 1 Nr. 6 gelöst: Er schafft die Möglichkeit, der Schweigepflicht nachzukommen. Der etwa wegen übergesetzlichen Notstandes[27] nicht strafbare Bruch des Berufsgeheimnisses begründet aber *nicht* gleichzeitig die prozessuale Zeugen*pflicht*. Die Grenze der Ausnahmeregelung des § 383 zieht § 385, nicht aber § 203 StGB[28]. Nur in den – im Zivilprozeß in Hinblick auf § 383 Abs. 1 Nr. 6 nur selten auftretenden – Fällen, in denen der Schweigepflicht kein Zeugnisverweigerungsrecht entspricht, wirkt die gerichtliche Aussagepflicht als Rechtfertigungsgrund bei einer an sich gegebenen Verletzung der Verschwiegenheitspflicht: Die Offenbarung der geheimzuhaltenden Tatsachen ist dann nicht mehr als unbefugt anzusehen[29]. 23

Aus der strikten Trennung von materieller Schweigepflicht und prozessualen Zeugnisverweigerungsrecht folgt weiterhin, daß **Aussagen, die unter Bruch der Geheimhaltungspflicht infolge Nichtausübung des Verweigerungsrechts zustande kamen,** prozessual nicht etwa un- 24

---

[21] *OLG Braunschweig* NdsRpfl 1960, 162.
[22] *BayObLGZ* 1913, 253.
[23] Im Strafprozeß ist diese Verfahrensweise sehr eingeschränkt, vgl. *Roxin* Strafverfahrensrecht[24] (1995) § 44 B III Rdnr. 21.
[24] Dazu vor allem *Lenckner* (Fn. 1) m. w. N.
[25] *Lenckner* (Fn. 1) 322; *Konzen* Rechtsverhältnisse zwischen Prozeßparteien (1976) 148.
[26] *Lenckner* (Fn. 1) 324; *Schönke-Schröder-Lenckner* StGB[25] (1997) § 203 Rdnr. 29. Ob der Zeuge aussagen soll, hat er selbst zu entscheiden. Die Frage nach der Rechtfertigung beantwortet sich nach den Grundsätzen des übergesetzlichen Notstands (vgl. *Maurach-Schroe-*

der-Maiwald Strafrecht Besonderer Teil[8] § 29 III 5, Rdnr. 48).
[27] *RGSt* 61, 242 und die strafrechtliche Literatur sowie: *RGSt* 38, 64; *BGHSt* 24, 72; *BGH* NJW 1968, 2288 (*Händel*); 1969, 555; *OLG München* MDR 1956, 565; *OLG Celle* NJW 1963, 406; *Kohlhaas* DAR 1957, 345; *Martin* DAR 1970, 302.
[28] So auch *OLG Hamburg* OLG Rsp 6, 126 ff.; *Lenckner* (Fn. 1) 327; für den Strafprozeß ebenso *Löwe-Rosenberg-Dahs* StPO[24] (1986) § 53 Rdnr. 5 ff.; *KMR-Paulus* StPO (Loseblattsammlung Stand März 1998) § 53 Rdnr. 53; anders früher *RGZ* 53, 316.
[29] *Lenckner* (Fn. 1) 323; → § 376 Rdnr. 40.

zulässig oder unverwertbar wären[30]; denn § 383 (ebenso § 384) begründet lediglich ein Zeugnisverweigerungs*recht* (anders ist die Rechtslage bei Fehlen der Aussagegenehmigung in den Fällen des § 376, → § 385 Rdnr. 14 zum Unterschied von Aussagegenehmigung und Entbindung von der Schweigepflicht). Wegen Abs. 3 → Rdnr. 106 ff.

II. Zeugnisverweigerungsrecht wegen persönlicher Beziehungen

27   Die Weigerungsgründe Nr. 1 – 3 beruhen auf einem **persönlichen** Verhältnis zwischen dem Zeugen und einer Partei und gelten für die Vernehmung als Ganzes, vorbehaltlich der Ausnahmen für einzelne Fragen, § 385. Besteht das Verhältnis nur zu einem der Streitgenossen[31], so ist die Verweigerung berechtigt, es sei denn, daß der Gegenstand der Vernehmung ausschließlich für die Entscheidung den anderen gegenüber von Bedeutung ist, → dazu auch § 61 Rdnr. 11[32]. Zum Zeugnisverweigerungsrecht der prozeßunfähigen Partei → Rdnr. 13.

1. Parteibegriff

a) Grundlagen

28   Der Parteibegriff in § 383 Abs. 1 Nr. 1 bis 3 bedarf der Präzisierung für die Fälle der **Prozeßstandschaft**, insbesondere der Prozeßführung der **Partei kraft Amtes**. Der historische Gesetzgeber ging für § 383 vom materiellen Parteibegriff aus. Der heute herrschende formelle Parteibegriff (→ Rdnr. 2 vor § 50) hat die Funktion, die Prozeßführung über fremde Rechte im eigenen Namen dogmatisch zu bewältigen. Daraus folgt nicht, daß der formelle Parteibegriff für alle »Parteifunktionen« maßgeblich sein muß[33]. Vielmehr ist im Wege der Auslegung zu ermitteln, ob eine Bestimmung auf ein formelles oder ein materielles Parteiverständnis ausgerichtet ist. Die formelle Anknüpfung der Parteilehre hat allein die Aufgabe, einem Rechtsfremden die Prozeßführung zu ermöglichen. Sie bezweckt keine andere Bestimmung der Subjekte des Zeugnisverweigerungsrechts. Für § 383 ist daher im Ausgangspunkt am **materiellen Parteibegriff** festzuhalten.

29   Diese Ansicht führt kaum zu anderen Ergebnissen als die **herrschende Meinung**, die auf der Basis der formellen Parteilehre im Wege der *Analogie* die Zeugnisverweigerungsrechte auf die Angehörigen der materiellen Partei erstreckt[34], andererseits im Wege der *einschränkenden Auslegung* den Angehörigen der formellen Partei ein Zeugnisverweigerungsrecht versagt[35].

b) Folgerungen

30   In den Fällen der gesetzlichen und gewillkürten **Prozeßstandschaft** entscheidet über das Zeugnisverweigerungsrecht die in § 383 Abs. 1 Nr. 1 bis 3 genannte persönliche **Beziehung**

---

[30] Für den Strafprozeß bereits entschieden in *BGHSt* 9, 59 ff.; gleiches hat im Hinblick auf die Gleichheit der Interessenlage im Zivilprozeß zu gelten; kritisch aber *Lenckner* (Fn. 1) 326 f. Die Frage hat im Strafprozeß größere Bedeutung, weil dort eine dem § 383 Abs. 3 entsprechende Bestimmung fehlt. Da § 383 Abs. 3 im allgemeinen als lex imperfecta verstanden wird, kann der Fall auch im Zivilprozeß auftreten.

[31] Oder zu einem streitgenössischen Streitgehilfen, *Walsmann* Die streitgenössische Nebenintervention (1905) 201.

[32] Im Ergebnis ebenso (trotz grundsätzlich abweichender Formulierungen; → § 61 Fn. 21) *RG* JW 1899, 257; *OLG Celle* OLG Rsp 17, 160; *OLG München* OLG Rsp 19, 113; s. auch *RGSt* 16, 154 (vgl. auch *RGSt* 3, 161).

[33] *Henckel* Parteilehre und Streitgegenstand im Zivilprozeß (1961) 125 ff.

[34] *Schumann* in der Vorauf. für den Gemeinschuldner; AK-ZPO-*Rüßmann* Rdnr. 6; *Thomas-Putzo*[21] Rdnr. 3.

[35] MünchKommZPO-*Damrau* Rdnr. 5; AK-ZPO-*Rüßmann* Rdnr. 6; *Zöller-Greger*[20] Rdnr. 2; *Thomas-Putzo*[21] Rdnr. 3; insoweit a. A. *Schumann* in der Vorauf.

des Zeugen zum **Inhaber** des geltend gemachten **materiellen Rechts**[36]. Ist der Zeuge Angehöriger des Prozeßstandschafters, scheidet ein Zeugnisverweigerungsrecht hingegen aus. Zwar mag auch hier eine Konfliktslage bestehen. Diese berechtigt aber nicht zur Verweigerung des Zeugnisses; die Prozeßführung über ein fremdes Recht im Wege der Prozeßstandschaft darf in diesem Punkte nicht anders als die Prozeßführung bei gewillkürter oder gesetzlicher Vertretung behandelt werden. Zum Zeugnisverweigerungsrecht des Rechtsträgers → Rdnr. 13.

An dieser Lösung ist auch in den Fällen der Prozeßführung einer **Partei kraft Amtes** (insbesondere des Insolvenzverwalters) festzuhalten. Die **Angehörigen der Partei kraft Amtes** haben **kein Zeugnisverweigerungsrecht** gemäß Nr. 1 bis 3[37]. 31

Untermauern läßt sich dieses Ergebnis mit dem Hinweis, daß zwar die in Abs. 1 Nr. 1 bis 3 vorausgesetzte persönliche Beziehung zur formellen Partei besteht, diese Partei aber ein Recht verfolgt, das *nicht zu ihrem Privatvermögen* gehört. Dementsprechend ist der Vermögensverwalter auch nicht mit seinem Privatvermögen von der Rechtskraft betroffen. Da sein Prozeßinteresse in einem fremden Interessevermögen begründet ist, fehlt es an der für § 383 Abs. 1 Nr. 1 bis 3 vom Gesetzgeber vorausgesetzten Konfliktlage (→ auch Rdnr. 3 vor § 50). – Auf der → Rdnr. 28 vertretenen Basis haben die **Angehörigen der Inhaber der verwalteten Vermögen** (Gemeinschuldner usw.) hingegen ein **Zeugnisverweigerungsrecht**[38]. Auch hier spielt der Gesichtspunkt eine Rolle, daß das Prozeßinteresse im Vermögen des Rechtsträgers begründet ist. – Diese Ergebnisse stimmen überein mit den Folgerungen der **Vertretertheorie**[39]. 32

2. Verlöbnis

Hierzu zählt **jedes zivilrechtlich wirksame**[40] **Verlöbnis** (§ 1297 BGB). Bei unwirksamen Verlöbnissen ist zu unterscheiden: Ein Verlöbnis, das wegen § 134 oder § 138 BGB *nichtig* ist, berechtigt nicht zu einer Zeugnisverweigerung[41]. Dies gilt besonders dann, wenn ein Partner (oder beide) bereits anderweitig verheiratet ist[42]. Dagegen kann das Verlöbnis eines *Minderjährigen* auch dann zur Zeugnisverweigerung berechtigen, wenn die Zustimmung des gesetzlichen Vertreters fehlt[43]. Ausschlaggebend ist hier die Ernstlichkeit des Eheversprechens. Da es sich um eine gesetzlich anerkannte Konfliktlage handelt, muß die zivilrechtliche Unwirksamkeit nicht unbedingt die Versagung des Zeugnisverweigerungsrechts bewirken. Gefahren des Mißbrauchs dieses Zeugnisverweigerungsrechts werden durch solch eine prozessuale Betrachtungsweise nicht größer; die Möglichkeit des Ausweichens auf § 384 Nr. 2 ist gerade in diesen Fällen ohnedies häufig gegeben. Die Unabhängigkeit des Prozeßrechts vom Zivilrecht geht freilich nicht soweit, daß zivilrechtlich gültige Verlöbnisse 33

---

[36] BGHZ 74, 379, 382 (für Angehörige des Gemeinschuldners).
[37] A. A. *Schumann* in der Vorauff.; *Häsemeyer* Insolvenzrecht² (1998) Rdnr. 13.25; *Jaeger-Henckel* KO⁹ § 6 Rdnr. 68 f.; *Kilger-K. Schmidt* KO¹⁷ § 6 Anm. 7 e; wie hier im Ergebnis MünchKommZPO-*Damrau* Rdnr. 5; AK-ZPO-*Rüßmann* Rdnr. 6; *Thomas-Putzo*²¹ Rdnr. 3; *Zöller-Greger*²⁰ Rdnr. 2.
[38] MünchKommZPO-*Damrau* Rdnr. 5; AK-ZPO-*Rüßmann* Rdnr. 6; *Zöller-Greger*²⁰ Rdnr. 2; vgl. daneben *Kisch* in: Die Reichsgerichtspraxis im deutschen Rechtsleben (1929) 6, 25; *Weber* KTS 1955, 102, 109; *Jaeger-Henckel* KO⁹ § 6 Rdnr. 69; *Kilger-K. Schmidt* KO¹⁷ § 6 Anm. 7 e.
[39] Vgl. *Lent* ZZP 62 (1941) 129, 134.
[40] Allgemein dazu H. J. *Bruns* MDR 1953, 460 (»Verlöbnis« des Heiratsschwindlers); ferner *Gernhuber-Coester-Waltjen* Familienrecht⁴ (1994) § 4 I 4, § 8 I 5; *D. Schwab* Familienrecht⁹ (1999) Rdnr. 37. – Auch das nach *ausländischem* Recht wirksame Verlöbnis berechtigt zur Verweigerung.
[41] *Thomas-Putzo*²¹ Rdnr. 2. Zum Teil a. M. 19. Aufl. dieses Kommentars.
[42] RGZ 170, 72; 105, 245 (Verlöbnis eines anderweitig Verlobten). Ebenso für den Strafprozeß BGH NStZ 1983, 564; 1986, 206; BayObLG NJW 1983, 831 (auch wenn die Scheidung bereits betrieben wird). In seltenen Fällen sind Ausnahmen denkbar, so bei der Ehefrau eines Vermißten, die vom Tod ihres Mannes überzeugt ist, OLG Schleswig NJW 1950, 899 und SchlHA 1969, 198.
[43] RGZ 61, 267; *Zöller-Greger*²⁰ Rdnr. 8.

prozessual irrelevant sein können: sie gewähren auf jeden Fall ein Zeugnisverweigerungsrecht.

3. Ehegatten, Verwandte und Verschwägerte

34 Der hier angesprochene Personenkreis entspricht § 41 Nr. 2 und 3 (→ dort Rdnr. 10 f.). Die **Ehe** muß wirksam geschlossen worden sein; spätere Scheidung (§ 1564 BGB) oder Aufhebung (§ 1313 BGB) lassen das Zeugnisverweigerungsrecht nicht entfallen. Eine im Ausland geschlossene, in Deutschland aber nicht wirksame (»hinkende«) Ehe wird einer nicht mehr bestehenden Ehe gleichgestellt[44]. Zwischen den nicht miteinander verheirateten Eltern (Mutter s. § 1591 BGB; Vater s. 1592 Nr. 2 und 3 BGB) eines Kindes besteht hingegen kein Zeugnisverweigerungsrecht; das gilt auch für Partner einer »**nichtehelichen Lebensgemeinschaft**«[45]; mögliche Konflikte zwischen Aussagepflicht und persönlicher Beziehung müssen hingenommen werden (→ Rdnr. 13 und 16). – **Verwandtschaft und Schwägerschaft** richten sich nach §§ 1589 f. BGB (vgl. Art. 51 EGBGB). Ein Verwandtschaftsverhältnis besteht heute (zur Entwicklung → Voraufl. Rdnr. 30) zwischen dem (»nichtehelichen«) Kind und dem nicht mit der Mutter verheirateten Vater, falls die Voraussetzungen des § 1592 Nr. 1 oder 2 BGB vorliegen. Die **Adoption** eines Minderjährigen begründet ein Verwandtschafts- und Schwägerschaftsverhältnis zum Annehmenden und dessen Verwandten und Verschwägerten (§ 1754 BGB), die Adoption Volljähriger nur zum Annehmenden (§ 1770 BGB). Das Erlöschen des Verwandtschaftsverhältnisses zu den bisherigen Verwandten (§ 1755 BGB) berührt das Zeugnisverweigerungsrecht des Angenommenen nicht, da frühere Verwandtschaft genügt. Gleiches gilt bei Aufhebung des Annahmeverhältnisses (§ 1764 BGB) und bei erfolgreicher Vaterschaftsanfechtung (§ 1599 BGB)[46].

III. Andere Zeugnisverweigerungsrechte

35 Unter Nr. 4 und 6 wird gewissen Personen **auf Grund der besonderen Vertrauensstellung**, die sie *Dritten* (nicht notwendig den Parteien, → Rdnr. 95) gegenüber einnehmen, ein Verweigerungsrecht *insoweit* gewährt, als die *Geheimhaltung* von ihnen *erwartet* werden darf[47]. Wegen der Entbindung von der Schweigepflicht → § 385 Rdnr. 12.

1. Geistliche

a) Begriff des Geistlichen

36 Der unter § 383 Abs. 1 Nr. 4 fallende Personenkreis der **Geistlichen** umfaßt alle Religionsdiener, die in einer Religionsgesellschaft die Funktionen der Seelsorge als Amt verrichten. Vgl. zu Nr. 4 auch Art. 9 des Reichskonkordats (→ § 385 Rdnr. 16) mit dem Heiligen Stuhl vom 20. VII. 1933. Für nichtkatholische Geistliche vgl. etwa auch Art. 144 Abs. 3 der Bayerischen Verfassung (abgedruckt in → § 385 Fn. 32). Ob die Religionsgesellschaft staatlich anerkannt ist, bleibt deshalb außer Betracht, weil hier nicht das Amt, sondern die Vertrauensstellung entscheidet[48] und anderenfalls der Geistliche unter Nr. 6 fiele (→ auch Rdnr. 85).

---

[44] MünchKommZPO-*Damrau* Rdnr. 16.
[45] MünchKommZPO-*Damrau* Rdnr. 15; *Zöller-Greger*[20] Rdnr. 9.
[46] Einschränkend *Zöller-Greger*[20] Rdnr. 10 (Wegfall des Zeugnisverweigerungsrechts für die »die Folgezeit betreffenden Tatsachen«).

[47] RGZ 53, 41. Vgl. auch juristisch ergiebig *Wiebel* Das Berufsgeheimnis in den freien Berufen – Untersuchungen zur Soziologie und Geschichte der Berufe des Arztes, Rechtsanwalts und Strafverteidigers (1970).
[48] So auch *Baumbach-Lauterbach-Hartmann*[56] Rdnr. 5; *Förster-Kann* Fn. 2 d aa; *Kann* ZZP 37 (1908)

b) Umfang des Zeugnisverweigerungsrechts

Die geheimzuhaltenden Tatsachen setzen nicht etwa eine geheime oder auch nur vertrauliche Offenbarung an den Geistlichen voraus. Es muß sich auch nicht etwa um eine Tatsache handeln, die nicht anderen bekannt ist. Das Recht zur Zeugnisverweigerung knüpft an die Mitteilung bei Ausübung der Seelsorge an. Es wird darauf abgestellt, was die Geistlichen in *ihrer Eigenschaft*[49] *als Seelsorger* erfahren haben[50], → auch Rdnr. 90. Maßgeblich ist deshalb nicht die *Art der Mitteilung*, so daß es gleichgültig ist, ob die Mitteilung unter dem Siegel des Beichtgeheimnisses erfolgte und ob nach den Gesetzen der betreffenden kirchlichen Gemeinschaft oder nach den Strafgesetzen eine Verpflichtung zur Geheimhaltung überhaupt besteht. **Entscheidend ist vielmehr, ob der einzelne Gläubige darauf vertrauen konnte, daß die mitgeteilte Tatsache von dem betreffenden Geistlichen geheimgehalten werden würde.** Aus diesem Grunde gehört auch der Versuch des Geistlichen, eine Sühne in Ehesachen herbeizuführen, zur Seelsorge[51]. Andererseits ist rechtsgeschäftliches Handeln oder etwa der Vermögenserwerb für die Kirche[52] keine Tatsache, die dem Zeugnisverweigerungsrecht unterliegt. Auch auf Mitteilungen, die ein Geistlicher in Ausübung der Seelsorge einem Dritten gemacht haben soll, ist § 383 Abs. 1 Nr. 4 nicht anwendbar[53].   37

2. Presseangehörige

Nr. 5 ist eingefügt worden durch G vom 25. VII. 1975[54]; die Vorschrift ist wortgleich mit § 53 Abs. 1 Nr. 5 StPO. Die Bestimmung dient vor dem Hintergrund der in Art. 5 Abs. 1 Satz 2 GG gewährleisteten Kontrollfunktion von Presse und Rundfunk dem **Schutz der Tätigkeit** von **Presse** und **Rundfunk** (»Redaktionsgeheimnis«) im Hinblick auf das **Vertrauensverhältnis zu Informanten**. Maßgeblich für die Auslegung der Bestimmung sind nicht die Landespressegesetze[55], sondern der *verfassungsrechtliche* Presse- und Rundfunkbegriff; den landesrechtlichen Definitionen kommt nur Indizwirkung zu[56]. Zu Zeugnisverweigerungsrechten in Landespressegesetzen → Rdnr. 66.   39

a) Zur Verweigerung des Zeugnisses sind berechtigt die Mitarbeiter von »**periodischen Druckwerken** oder **Rundfunksendungen**«.   40

aa) »**Periodisch**« ist ein Druckwerk, das in Fortsetzungsabsicht und ständiger Folge erscheint, ohne daß eine regelmäßige Erscheinungsweise vorliegen muß. Als maßgeblicher Erscheinungsabstand werden *sechs Monate* genannt[57]. Hierzu rechnen deshalb vor allem *Zeitungen* und *Zeitschriften*, daneben aber auch Informationsblätter, Anzeigenblätter mit   41

142; a. M. MünchKommZPO-*Damrau* Rdnr. 22; *Zöller-Greger*[20] Rdnr. 11 und die im Strafverfahren vorherrschende Ansicht (*Leonhard* ZStW 26 [1906], 430f.; *Löwe-Rosenberg-Dahs* StPO[24] [1986] Rdnr. 20 m. w. N.). Nach dieser Ansicht sind nur Geistliche der staatlich anerkannten Religionsgemeinschaften zeugnisverweigerungsberechtigt.
[49] So ausdrücklich § 53 Abs. 1 Nr. 1 – 5 StPO.
[50] Also was ihnen **anvertraut** oder **bekanntgeworden** ist, vgl. § 53 Abs. 1 Nr. 1 StPO. Diese Vorschrift hatte ursprünglich denselben Wortlaut wie § 383 Abs. 1 Nr. 4 ZPO. Die Änderung der StPO (durch Nov. v. 4. VIII. 1953, BGBl I 744) diente nur der Klarstellung. Es wäre verfehlt, hieraus ein argumentum e contrario herzuleiten. Trotz des verschiedenen Wortlauts umfaßt also das Zeugnisverweigerungsrecht sowohl im Zivil- als auch im Strafprozeß alle Tatsachen, die dem Geistlichen als solchem bekanntgeworden sind, z. B. die Frage, ob jemand gebeichtet hat oder nicht, *RG* HRR 1928, Nr. 1674.
[51] *LG Nürnberg-Fürth* FamRZ 1964, 513 = BayJMBl 142.
[52] A. M. *OLG Zweibrücken* SeuffArch 57 (1902) 475; s. dagegen *Sinteis* DJZ 1903, 120.
[53] *RG* SeuffArch 39 (1884) 91.
[54] Vgl. hierzu *Kunert* MDR 1975, 885; *Groß* NJW 1975, 1763; *ders.* in Festschrift für *Schiedermair* (1976) 223.
[55] So aber *Schumann* in der Voraufl., MünchKommZPO-*Damrau* Rdnr. 26.
[56] *Dreier-Schulze-Fielitz* Grundgesetz Kommentar (1996) Art. 5 Rdnr. 69 (»Indikator«).
[57] *Schumann* in der Voraufl.; MünchKommZPO-*Damrau* Rdnr. 26, allerdings unter Hinweis auf Landespressegesetze.

redaktionellem Inhalt, Vereinsmitteilungen, sofern sie in ständiger Folge erscheinen. Nicht unter die Vorschrift fallen *Flugblätter, Flugschriften* oder ähnliche Veröffentlichungen zu einem bestimmten Ereignis, selbst wenn sie in ihrem Titel eine auf ein Periodikum hinweisende Bezeichnung »Zeitung«, »Nachrichten« usw. verwenden, wie überhaupt der Name, unter dem das Druckwerk erscheint, für die Qualifizierung als »periodisches Druckwerk« nicht entscheidend ist. *Bücher* sind in aller Regel nicht als periodische Druckwerke anzusehen, selbst wenn Fortsetzungen geplant oder Neuauflagen vorgesehen sind; nur ausnahmsweise können Bücher als Periodika angesprochen werden[58], die in ständiger Folge, wenn auch mit unregelmäßigen Abständen, erscheinen. Im Regelfall steht einem Journalisten daher kein Zeugnisverweigerungsrecht zu, wenn er über einen Vorfall in einem Buch berichtet, wohl aber, wenn derselbe Beitrag in einer Zeitung oder in einer Zeitschrift enthalten ist[59]. Dieses Ergebnis ist vor dem Hintergrund von Art. 5 Abs. 1 Satz 2 GG, der Pressefreiheit auch für nicht periodische Werke gewährt[60], und Art. 3 GG nicht unproblematisch[61], denn es steht mitunter im Belieben des Journalisten oder mag während der Recherchen überhaupt noch nicht absehbar sein, ob der Beitrag als Buch oder in einer Zeitschrift usw. erscheint. In diesen Fällen kann sich ein Zeugnisverweigerungsrecht ausnahmsweise unmittelbar aus Art. 5 Abs. 1 Satz 2 GG ergeben[62] (→ auch Rdnr. 62), wenn die Buchveröffentlichung ähnlich wie eine Veröffentlichung in Periodika eine Kontroll- und Meinungsbildungsfunktion erfüllt.

45 Für den Begriff »**Druckwerk**« sind die Legaldefinitionen in den Landespressegesetzen ebenfalls nicht abschließend, aber Indikator. Danach sind als Druckwerke anzusprechen alle mittels der Buchdruckerpresse oder eines sonstigen zur Massenherstellung geeigneten Vervielfältigungsverfahrens hergestellten oder zur Verbreitung bestimmten Schriften, besprochene Tonträger[63], bildliche Darstellungen mit und ohne Schrift, Bildträger und Musikalien mit Text oder Erläuterungen. Auch die vervielfältigten Mitteilungen von Nachrichtenagenturen gehören hierher[64]. Maßgeblich für den Begriff des Druckwerks ist lediglich die Massenherstellung, nicht der *Inhalt*. Daher spielt es keine Rolle, ob die betreffende Veröffentlichung aus der Sicht des Gerichts oder der Prozeßbeteiligten wertvoll oder nicht wertvoll ist. Das Zeugnisverweigerungsrecht haben daher die Mitarbeiter von wissenschaftlichen Zeitschriften genauso wie diejenigen von bloßen Anzeigenblättern mit redaktionellen Beiträgen, von Vereinsmitteilungsblättern usw.

46 Der Pressebegriff ist entwicklungsoffen[65]. Darunter fallen auch Presseerzeugnisse, die nicht als »Druckwerk«, sondern mittels moderner Informationstechnologie über **Datennetze** (»Internet«) usw. verbreitet werden[66]. Es kommt nicht darauf an, ob dieselben Beiträge auch in Printmedien publiziert werden. Ferner ist unerheblich die Form der Informationsvermittlung; ob der Beitrag individuell *abgerufen* werden kann oder ob er *zeitgleich* an mehrere Leser, Hörer usw. übermittelt wird, spielt keine Rolle.

---

[58] Vgl. *Skibbe* DRiZ 1976, 159.
[59] Kritisch hierzu *Löffler-Achenbach* PresseR⁴ (1997) § 23 LPG Rdnr. 40 f.
[60] *Maunz-Dürig-Herzog* (1992) Art. 5 Rdnr. 132.
[61] *Hennemann* Pressefreiheit und Zeugnisverweigerungsrecht (1978) 119 ff. hält die Beschränkung auf periodische Druckwerke für verfassungswidrig.
[62] BVerfG NJW 1990, 701 m. w. N. (zu § 102 Abs. 1 Nr. 4 AO) bejaht diese Möglichkeit grundsätzlich; zust. *Dreier-Schulze-Fielitz* Grundgesetz Kommentar (1996) Art. 5 Rdnr. 146.
[63] Dieser Begriff ist *weit* auszulegen, vgl. *Löffler* (Fn. 58) § 7 LPG Rdnr. 33. Entscheidend ist, daß es sich um eine Verkörperung mit geistigem Sinngehalt handelt.

Daher fallen auch *digitale* Träger (z. B. *Disketten*) darunter.
[64] Dies ist in einigen Landespressegesetzen ausdrücklich bestimmt: § 7 Abs. 2 in Baden-Württemberg, Brandenburg, Bremen, Hamburg, Niedersachsen, Nordrhein-Westfalen, Rheinland-Pfalz, Saarland und Schleswig-Holstein; § 6 Abs. 2 in Berlin, Mecklenburg-Vorpommern, Sachsen-Anhalt und Thüringen; zu Sachsen vgl. § 15 Abs. 1 SächsPresseG.
[65] Vgl. *Dreier-Schulze-Fielitz* Grundgesetz Kommentar (1996) Art. 5 Rdnr. 69 zur verfassungsrechtlichen Ebene, die auf § 383 ausstrahlt.
[66] Ablehnend zu Btx MünchKommZPO-*Damrau* Rdnr. 26.

bb) **»Rundfunksendungen«** sind alle unter Benutzung elektrischer Schwingungen für die Allgemeinheit verbreiteten Darstellungen. Es fallen darunter sowohl die durch *Kabel* verbreiteten Sendungen wie die von Sendern auf der Erde (*terrestrisch*) oder von *Satelliten* ausgestrahlten Beiträge, ohne daß zwischen Sender und Empfänger eine Verbindung besteht. Zum Rundfunk gehört sowohl der **Hörfunk** als auch das **Fernsehen**. 48

b) **»Berufsmäßige« Mitarbeiter** sind nicht nur Verleger, Journalisten und Redakteure, sondern auch Beschäftigte im technischen und verwaltungsmäßigen Bereich wie Sendeleiter, Kameraleute, Tontechniker, Drucker, Sekretärinnen, Boten, Grossisten[67] usw. Die Mitarbeit muß weder hauptberuflich noch entgeltlich sein[68]. 51

c) Das Zeugnisverweigerungsrecht der Mitarbeiter bezieht sich auf den gesamten **»redaktionellen Teil«**. Welchen *Inhalt* er hat (Informationen, Unterhaltung usw.) spielt keine Rolle. **Nicht** hierher gehört der **Anzeigenteil**, → aber Rdnr. 62. 52

d) Das Zeugnisverweigerungsrecht erstreckt sich auf **»Person** des Verfassers, Einsenders oder Gewährsmanns von Beiträgen und Unterlagen« (»Informantenschutz«[69]) sowie **inhaltlich** auf die den Mitarbeitern »im Hinblick auf ihre Tätigkeit gemachten Mitteilungen«. 53

aa) Ist die **Person** des Gewährsmanns im Druckwerk namentlich genannt, bestehen hinsichtlich dieses Gewährsmanns keine weiteren personenbezogenen Zeugnisverweigerungsrechte. Deshalb umfaßt nur ganz ausnahmsweise das Zeugnisverweigerungsrecht auch den **Aufenthaltsort** eines namentlich genannten Informanten[70]. Der Gewährsmann selbst hat kein Zeugnisverweigerungsrecht. 54

bb) **Inhaltlich** ist das Zeugnisverweigerungsrecht unbeschränkt. Es greift auch ein, wenn der Mitarbeiter des Druckwerks über Straftaten informiert ist. Das Zeugnisverweigerungsrecht erstreckt sich auch auf solche Mitteilungen, die von dem Presseorgan noch nicht veröffentlicht wurden und auch auf solche Mitteilungen, die es in Zukunft nicht veröffentlichen will. 55

Nur hinsichtlich solcher Mitteilungen besteht ein Zeugnisverweigerungsrecht, die die Mitarbeiter des Presseorgans **»im Hinblick auf ihre Tätigkeit«** erhalten haben. Es muß sich also gerade um eine Information handeln, die mit der beruflichen **Tätigkeit des Presseangehörigen zusammenhängt**. Damit sind in erster Linie alle Informationen geschützt, die dem Mitarbeiter des Presseorgans gezielt gerade in dieser seiner Eigenschaft gemacht werden. Geschützt sind aber auch solche Informationen, die der Presseangehörige zufällig bei seiner Pressearbeit erhält, also z.B. von einer Person, die nicht weiß, daß er Journalist ist. Das Zeugnisverweigerungsrecht erstreckt sich aber nicht auf Mitteilungen, die keinen Zusammenhang mit der Pressearbeit haben. Ob ein solcher Zusammenhang besteht, hängt von dem beruflichen Arbeitsgebiet des betreffenden Mitarbeiters ab. Das Zeugnisverweigerungsrecht besteht auch für auf Pressekonferenzen gewonnene Informationen. Vertraulichkeit wird bei § 383 Abs. 1 Nr. 5 nicht vorausgesetzt[71] (zu Nr. 6 → Rdnr. 90). 56

cc) Das Zeugnisverweigerungsrecht bezieht sich **nicht** auf **selbstrecherchiertes** Material, da es insoweit an einem schützenswerten Vertrauensverhältnis zu Dritten (→ Rdnr. 39) fehlt. Nur wenn die selbstrecherchierten Tatsachen in untrennbarem Zusammenhang mit von Dritten erteilten Informationen stehen oder zur Enttarnung des Informanten führen können, erstreckt sich das Zeugnisverweigerungsrecht auch auf eigene Wahrnehmungen[72]. 58

e) Das Zeugnisverweigerungsrecht des Pressemitarbeiters **endet nicht**, wenn der **Infor-** 61

---

[67] *BVerfGE* 77, 346 = AfP 1988, 15 = NJW 1833.
[68] *Löffler* NJW 1978, 913; vgl. zum *Begriff der Presse* auch *Schmitt-Glaeser* AöR 113 (1988) 52, 81 f.
[69] *BGH* NJW 1990, 525 (zu § 53 Abs. 1 Nr. 5 StPO).
[70] *BGH* NJW 1979, 1212.
[71] *OLG München* NJW 1989, 1226.
[72] *BGH* NJW 1990, 525 f. (zu § 53 Abs. 1 Nr. 5 StPO) im Hinblick auf Sprache, Dolmetscher und Honorar eines Interviews (zu § 53 Abs. 1 Nr. 5 StPO).

mant auf die Verschwiegenheit **verzichtet**; dies ergibt sich aus § 385 Abs. 2 (→ dort Rdnr. 11).

62 f) Der in Art. 5 Abs. 1 S. 1 GG enthaltene Schutz der Pressefreiheit kann es notwendig machen, ein **Zeugnisverweigerungsrecht über den Wortlaut von Nr. 5 hinaus zu gewähren**[73]. So kann es sich auf den Auftraggeber einer Chiffreanzeige erstrecken, wenn diese einen Beitrag zur öffentlichen Meinungsbildung enthält oder mit Kontrollaufgaben der Presse zu tun hat[74].

63 g) **Daneben** kann sich ein Zeugnisverweigerungsrecht **auch aus Nr. 6** sowie **aus § 384 Nr. 3 ergeben** (→ § 384 Rdnr. 13).

66 h) Früher war die Frage sehr umstritten, ob das Zeugnisverweigerungsrecht für Presseangehörige zum *Presserecht* gehört und damit in die Gesetzgebungskompetenz der Länder fällt (Art. 75 Nr. 2 GG) oder als Regelung des »*Strafrechts*« bzw. des »*gerichtlichen Verfahrens*« der konkurrierenden Gesetzgebung unterliegt[75] (Art. 74 Nr. 1 GG). Dieser Streit ist vom Bundesverfassungsgericht im Sinne der letztgenannten Auffassung entschieden worden[76]. Damit ist klar, daß für den **Zivilprozeß allein** §§ 383 ff. zur Anwendung kommen und **nicht** die Zeugnisverweigerungsrechte in den **Landespressegesetzen**. In einigen Ländern sind die Regelungen, die ein Zeugnisverweigerungsrecht enthielten, inzwischen aufgehoben worden[77]. Soweit sie in den anderen Ländern noch gelten[78], können sie nur in Verfahren Anwendung finden, die sich allein nach Landesrecht richten, so vor den Verfassungs-(Staats-)Gerichtshöfen der Länder, ferner für bestimmte Disziplinarverfahren (z. B. gegen Landesbeamte) oder für landesrechtlich geregelte berufsgerichtliche Verfahren (gegen Ärzte, Apotheker usw.).

3. Zeugnisverweigerung kraft Amtes, Standes oder Gewerbes

a) Beamte und andere Personen des öffentlichen Dienstes

aa) Beamte

71 Unter Nr. 6 fallen zunächst alle Personen in einer *durch* **Amt**, **Stand** *oder* **Gewerbe** begründeten Vertrauensstellung (→ Rdnr. 35), denen eine **gesetzliche Schweigepflicht** obliegt. Das sind besonders *Beamte* und *andere Personen des öffentlichen Dienstes* – nicht nur die Beamten i. S. des BBG (→ § 376), soweit sie während ihres Dienstes oder auch nach dessen Beendigung zur Verschwiegenheit verpflichtet sind. Die **Verschwiegenheitspflicht ist beim Beamten zweifach**: Sie besteht allgemein dem Dienstherrn gegenüber mit der Wirkung, daß eine Aussage nur mit Genehmigung des Dienstvorgesetzten zulässig ist, s. § 376: Daneben besteht sie gegenüber den Beteiligten, in deren Interesse die Geheimhaltungspflicht vorgeschrieben ist, mit der Wirkung, daß *der Beamte prozessual ein Zeugnisverweigerungsrecht hat*, das jedoch entfällt, wenn ihn der Beteiligte von der Verschwiegenheitspflicht entbunden hat, § 385 Abs. 2. Besonders beim **Steuergeheimnis** besteht diese Pflicht gegenüber dem Steuerpflichtigen, so daß selbst die Genehmigung nach § 376 nicht dazu führt, daß der Beamte kein Zeugnisverweigerungsrecht hat; im Gegenteil ist er (ohne Entbindung) zur Aussage*verweigerung* (öffentlich-rechtlich) sogar verpflichtet, → auch § 376 Rdnr. 5.

---

[73] *Löffler* (Fn. 58).
[74] BVerfGE 64, 108 ff.
[75] 19. Aufl. dieses Kommentars, Anm. III 6 c; *Gebhard* Das Zeugnisverweigerungsrecht der Presse im Zivilprozeß (1973) 73 ff.
[76] BVerfGE 36, 193 ff.

[77] Bremen, Hamburg, Hessen, Niedersachsen und Schleswig-Holstein; § 12 in Bayern ist gemäß BayRS 2250-1-I »gegenstandslos«.
[78] § 23 in Baden-Württemberg, Rheinland-Pfalz und Saarland; § 18 in Berlin; § 24 in Nordrhein-Westfalen.

bb) Andere Personen des öffentlichen Dienstes

Ferner fallen unter § 383 Nr. 6 die (nichtbeamteten) **Arbeiter und Angestellten bei Behörden**, soweit sie nicht landesrechtlich hinsichtlich der Verschwiegenheitspflicht den Beamten gleichgestellt sind (→ § 376 Rdnr. 36 ff.). Alles was unter die Amtsverschwiegenheit des Beamten fällt, muß hier als »anvertraut« gelten; der Aussagegenehmigung nach § 61 Abs. 2 BBG (→ § 376 Rdnr. 9 ff.) entspricht hier die Entbindung nach § 385 Abs. 2, → § 385 Rdnr. 27.

72

b) Rechtspflegeberufe

Unter Nr. 6 fallen ferner die Rechtspflegeberufe. Zur Verschwiegenheitspflicht der **Richter** → § 376 Rdnr. 25 ff. Die **Notare** sind im Verhältnis zu den Beteiligten gesetzlich zur Verschwiegenheit verpflichtet, § 18 BNotO. Von dieser Verschwiegenheitspflicht sind die Notare grundsätzlich nur durch die Beteiligten zu befreien, ausnahmsweise durch die Aufsichtsbehörde (→ auch § 376 Rdnr. 41).

74

Einer gesetzlichen Schweigepflicht unterliegen in derselben Weise nach § 43 a Abs. 2 S. 1 BRAO die **Rechtsanwälte** (zu den ausländischen Anwälten → Rdnr. 87), die **Verteidiger** in Strafsachen – soweit sie keine Rechtsanwälte sind –, **Patentanwälte**, vereidigte **Buchprüfer** (vereidigte Bücherrevisoren), **Steuerberater**[79] (vgl. die Aufzählung in § 203 Abs. 1 Nr. 3 StGB). Ferner unterliegen derselben Schweigepflicht die *Gehilfen dieser Berufsangehörigen* sowie die bei ihnen *zur Ausbildung beschäftigten Personen* (§ 203 Abs. 3 StGB). Bei einer **Sozietät** unterliegen der Pflicht zur Verschwiegenheit alle zu dieser gemeinsamen Praxis verbundenen und in ihr tätigen Personen[80]. Nach § 49 b Abs. 4 Satz 1 BRAO trifft die Verschwiegenheitspflicht auch einen Rechtsanwalt, der eine anwaltliche Gebührenforderung erwirbt.

75

Zu den anvertrauten Tatsachen bei den Rechtspflegeberufen → Rdnr. 91 und Rdnr. 93.

76

c) Heilberufe

Ein Zeugnisverweigerungsrecht kommt allen Angehörigen der Heilberufe zu, sofern es sich um einen Beruf handelt, der eine staatlich geregelte Ausbildung erfordert (vgl. § 203 Abs. 1 Nr. 1 StGB). Als Heilberufe zählen **Ärzte**[81], **Zahnärzte, Apotheker, Hebammen**. Ein Zeugnisverweigerungsrecht kraft Natur der Sache haben aber auch diejenigen Personen, die nicht einem gesetzlichen Berufsgeheimnis unterliegen, aber einen Heilberuf ausüben, etwa die **Heilpraktiker** und **Psychologen**[82]. Wie bei den Rechtspflegeberufen steht den *Gehilfen*[83] und *Auszubildenden* ein Zeugnisverweigerungsrecht zu.

79

---

[79] *BGH* DB 1983, 1921 = MDR 1984, 48; *BGH* ZIP 1994, 1103, 1110 r. Sp.
[80] *OLG Frankfurt* SeuffArch 50 (1895) 102 Nr. 53. Allgemein zu den Rechtspflegeberufen: *Schönke-Schröder-Lenckner*[25] (1997) § 203 Rdnr. 37; zu den Gehilfen (Notarbürovorsteher) RGZ 54, 360.
[81] Allgemein zu den Verschwiegenheitspflichten der Heilberufe *Schönke-Schröder-Lenckner*[25] § 203 Rdnr. 35. *Narr* Ärztliches Berufsrecht (Loseblattausgabe) Rdnr. 745 ff. Siehe ferner § 9 der (Muster-) Berufsordnung für die deutschen Ärztinnen und Ärzte in der vom 100. Ärztetag beschlossenen Fassung (NJW 1997, 3076). Da aber die Berufsausübungsregelung bei Ärzten eine Materie betrifft, die *ausschließlich* der Länderkompetenz unterliegt, haben die Landesärztekammern auf Grund der Landesgesetze über die Ärztekammern sogenannte Berufsordnungen erlassen, die für sämtliche Ärz-

te bindend sind und Bestimmungen über die ärztliche Schweigepflicht enthalten. Die einschlägigen Vorschriften sind abgedruckt bei *Etmer-Bolck* Bundesärzteordnung, Kommentar (Loseblattausgabe). Zum Zeugnisverweigerungsrecht der Ärzte: *K. Müller* in: *Mergen* Die juristische Problematik der Medizin 2 (1971) 63 ff., 106 sowie weiterhin *Flor* JR 1953, 368; *Kallfelz* JW 1936, 1343 ff.; *Nagel* DRiZ 1977, 33; *Porsch* JR 1956, 453 ff.; *Schuegraf* NJW 1961, 961 dazu *Karstädt* NJW 1961, 2050 (betreffend die ärztliche Schweigepflicht gegenüber dem Dienstherrn); *Woesner* NJW 1957, 692. Tierärzten steht kein Zeugnisverweigerungsrecht zu, BVerfGE 38, 312 = NJW 1975, 588.
[82] BVerfGE 33, 367 = NJW 1972, 2214; *Blau* NJW 1973, 2234; *Kühne* NJW 1971, 491, 1438; zu *Erziehungsberatern Kühne* RdJ 1971, 178.
[83] BGHSt MDR 1985, 597; *OLG Dresden* OLG Rsp

80 Zu den anvertrauten Tatsachen bei den Heilberufen → Rdnr. 90 und → Rdnr. 92.
81 Wegen der ähnlichen Interessenlage ist auch Sozialarbeitern ein Zeugnisverweigerungsrecht zuzubilligen[84].

d) Spezielle Geheimhaltungspflichten

82 In verschiedenen Spezialgesetzen[85] ist eine Verschwiegenheitspflicht statuiert. Wem gegenüber diese Pflicht besteht und ob sie zu einem Zeugnisverweigerungsrecht führt, bedarf in jedem Fall einer sorgfältigen Prüfung. Dabei muß beachtet werden, daß der Gesetzgeber bei seiner Regelung häufig nicht an das Zeugnisverweigerungsrecht dachte. Die Antwort wird danach zu finden sein, ob die Verschwiegenheitspflicht lediglich im Interesse der Beteiligten oder auch (oder nur) im öffentlichen Interesse ausgesprochen wurde. Danach beurteilt sich auch, ob eine Entbindung von der Schweigepflicht eine Bedeutung im Prozeß hat. Beispielsweise kann aus § 17 UWG angesichts dessen wettbewerbsrechtlicher Ausrichtung ein Zeugnisverweigerungsrecht nicht abgeleitet werden.

83 Zum Zeugnisverweigerungsrecht der *Abgeordneten* und *Konsularbeamten* → Rdnr. 14 und → Rdnr. 15.

e) Verkehrsübliche Geheimhaltungspflichten

85 Auch ohne eine gesetzliche Schweigepflicht gehören ferner hierher alle Personen, die einen Beruf ausüben oder ein **Gewerbe** in dem weiten zu → § 183 Rdnr. 3 f. dargelegten Sinne betreiben (→ auch § 384 Rdnr. 13), vermöge dessen nach der **Verkehrssitte** eine gleichartige oder ähnliche Vertrauensstellung und Geheimhaltungspflicht geschaffen wird.

87 Zu diesen Personen sind namentlich auch die Mitglieder der Betriebsräte[86] und Personalräte zu rechnen (→ auch § 384 Rdnr. 13). Ferner gehören hierher z. B. der **Bankier**[87], die Inhaber von *Auskunfteien* und *Inkassobüros* u.a.m.[88] (wegen der Genannten → auch § 384 Fn. 32 ff.) sowie die *Gehilfen* und *Angestellten* dieser Personen[89], → dazu auch § 385 Fn. 31.

23, 180 (Ehefrau des Arztes als gelegentliche Gehilfin). S. auch *OLG Posen* OLG Rsp 35, 86 (Testamentsvollstrecker hinsichtlich der Aufzeichnung des verstorbenen Arztes); *BVerfGE* 32, 373 ff. = DVBl 1972, 383 (Nachfolger des Arztes, der Praxis übernommen hat, hinsichtlich des Inhalts der Krankenkartei).

[84] Zust. *OLG Hamm* NJW-RR 1992, 583; a. A. *OLG Köln* FamRZ 1986, 709; *Zöller-Greger*[20] Rdnr. 20. – Im Strafprozeß haben sie kein solches Recht, da sie in der abschließenden Regelung (→ Rdnr. 21) des § 53 StPO nicht genannt sind, *BVerfGE* 33, 367 = NJW 1972, 2214. Daher steht auch *Drogenberatern* im *Strafprozeß* in der Regel kein solches Recht zu, *BVerfG* (Nichtannahmebeschluß der 3. Kammer des Zweiten Senats) NStZ 1988, 418 (zu *LG Mainz* NJW 1988, 1744). Im *Zivilprozeß* ist ihnen jedoch ein Zeugnisverweigerungsrecht zu gewähren.

[85] Wegen der *Schöffen* und ehrenamtlichen Richter (§ 43, § 45 Abs. 1 S. 2, § 45 a DRiG, §§ 20 ff. ArbGG) gilt insoweit nichts Besonderes. Wegen der *Sachverständigen* siehe §§ 30, 96 AO 1977 u.a. m. Eine Zusammenstellung von gesetzlichen Verschwiegenheitspflichten findet sich bei *Schulz* GoltdArch 109 (1962) 274 ff.

[86] Anders als im Strafprozeß, da sie in § 53 StPO nicht genannt sind, *BVerfG* (Vorprüfungsausschuß) NJW 1979, 1286.

[87] *OLG Köln* MDR 1968, 931; *RG* JW 1915, 830; *BayObLG* NS 1, 290; *OLG Colmar* OLG Rsp 13, 159; *OLG Dresden* OLG Rsp 40, 377. Vgl. auch *KG* JW 1928, 120 (→ Fn. 78); *Müller* NJW 1963, 837; *Paul* Sparkasse 1960, 219; *Sichtermann* MDR 1952, 143 sowie *ders.* Bankgeheimnis und Bankauskunft[3] (1984) 37 f.; *Wolff* DB 1968, 698.

[88] *OLG Darmstadt* LeipzZ 1914, 503 (*Haftpflichtversicherungsunternehmen*), *KG* HRR 1931, Nr. 145 (Geschäftsführer einer *Kassenärzte-Vereinigung* hinsichtlich der Einnahmen eines Arztes aus der Kassenpraxis; insoweit enthalten die Landesgesetze über die Ärztekammern [→ Fn. 81] ausdrückliche Verschwiegenheitsgebote), *OLG Düsseldorf* JW 1930, 725; *LG Tübingen* JZ 1960, 493 (*Verbandssyndici* und *Verbandsgeschäftsführer*); *OLG Nürnberg* BB 1964, 827 (*Wirtschaftsprüfer*); zum Konkurs- und Vergleichsverwalter sowie sonstigen insolvenzrechtlichen Organen *Robrecht* KTS 1971, 139.

[89] S. auch *RG* JW 1928, 1344; *OLG Colmar* OLG Rsp 13, 159; *OLG Bamberg* OLG Rsp 17, 160; *OLG Kiel* JW 1936, 2941 u. a. S. ferner *OLG Nürnberg* BayJMBl 1954, 66 (*Beauftragter eines Gewerbebetriebs*).

Der **Kaufmann**[90] (etwa Spediteur, Kommissionär usw.) als *solcher* **gehört hierher nicht**, wohl aber aus den → § 384 Rdnr. 19 genannten Gründen der **kaufmännische Angestellte**[91], wenn ihm ein Gewerbegeheimnis anvertraut ist. Im übrigen ist unerheblich, ob die Betätigung *Haupt- oder Nebenberuf*[92] und ob sie staatlich erlaubt oder nur geduldet ist, ferner ob sie im Inland oder Ausland betrieben wird; demgemäß gehören hierher auch *ausländische Rechtsanwälte*[93], soweit sie nicht in Deutschland niedergelassen sind und damit gemäß §§ 206, 207 Abs. 2 BRAO ohnehin die Verschwiegenheitspflicht aus § 43 a Abs. 2 BRAO (→ Rdnr. 75) besteht. Denn nicht ein Vorrecht des Zeugen, sondern der Schutz des Anvertrauten steht in Frage, arg. § 385 Abs. 2. Auch Geistliche können – über Nr. 4 hinaus – vermöge ihres Standes unter Nr. 6 fallen, sofern ihnen Tatsachen anvertraut sind[94]. Hierher gehören auch ehemalige Geschäftsführer einer GmbH und ehemalige Vorstandsmitglieder einer AG[95].

f) Anvertraute Tatsachen

In allen Fällen der Nr. 6 müssen die *Tatsachen* dem Zeugen **anvertraut** sein[96], wobei der Begriff des »Anvertrauens« weit zu fassen ist[97]. Der Zeuge muß die Tatsachenkenntnis *auf Grund seiner Vertrauensstellung* oder im Zusammenhang damit[98] erlangt haben und zwar mit der Erwartung der Geheimhaltung, gleichviel ob ihm das Vertrauen freiwillig oder unter gesetzlichem Zwang[99] entgegengebracht wurde. Dazu gehören aber nicht nur die Mitteilungen Dritter, sondern auch die *eigenen Wahrnehmungen und Handlungen des Zeugen*[100]. Beim Notar etwa Wahrnehmungen hinsichtlich der Geschäftsfähigkeit der Urkundsbeteiligten[101]. Folglich kann auch der Umstand, daß etwas *nicht geschehen* ist, darunter fallen[102]. Nicht anvertraut sind dagegen Tatsachen, die dem Zeugen zum Zwecke der Weitergabe an Dritte mitgeteilt sind, soweit diese Ermächtigung reicht[103], und solche, bei denen der Anvertrauende von vornherein wußte, daß der Zeuge die Mitteilung für einen Dritten empfing[104], ferner Mitteilungen, die sich jeder Dritte unter entsprechenden Aufwendungen ebenfalls verschaffen kann[105].

90

---

[90] *RGZ* 53, 40 f.
[91] A.A. *Schumann* in der Vorauft.
[92] *Kohler* ZZP 26 (1899) 334 ff.; *OLG Braunschweig* SeuffArch 53 (1898) 358 (*Rechtslehrer als Gutachter*).
[93] *Kulischer* JW 1931, 122; a. M. *Sommer* LeipzZ 1932, 85.
[94] *OLG Zweibrücken* SeuffArch 57 (1902) 475 (→ auch Rdnr. 36); s. auch *OLG Dresden* SächsAnn 38, 351.
[95] *OLG Koblenz* NJW-RR 1987, 809. Das Problem stellt sich erst nach dem Ausscheiden dieser Personen, da sie vorher nur als Partei vernommen werden können.
[96] *RGZ* 67, 362 f. S. auch *KG* KGBl 1915, 51 (Vertragsverhandlungen mit einem Anwalt als Vertragspartner kein Anvertrauen von Tatsachen), *KG* JW 1928, 120 (Kenntnisse auf Grund geschäftlicher Beteiligung fallen nicht unter Nr. 6); *OLG Düsseldorf* JW 1930, 725.
[97] *BGH* NJW 1984, 2893; *LG Nürnberg-Fürth* FamRZ 1964, 513. *OLG Düsseldorf* MDR 1951, 681: Kenntnisse auf Grund gesellschaftlichen Verkehrs fallen nicht unter Nr. 6.
[98] *BGH* DB 1983, 1921 = MDR 1984, 48; *RGZ* 30, 355; 53, 168; *KG* KGBl 1903, 56; a. M. *KG* OLG Rsp 6, 128.

[99] *RGZ* 54, 3.
[100] So auch *RGZ* 53, 168 f.; 54, 360 f.; *RG* JW 1902, 167; 1903, 271; 1906, 174; *KG* OLG Rsp 20, 323; *OLG Naumburg* OLG Rsp 9, 137; *OLG Hamburg* OLG Rsp 19, 109; *OLG Colmar* OLG Rsp 20, 324; *OLG Düsseldorf* MDR 1951, 681; *OLG Köln* MDR 1968, 931 (L) = DB 1533 u. a. m.; a. M. *RGZ* 35, 100; *OLG Stettin* OLG Rsp 2, 11; *OLG München* MDR 1981, 853.
[101] *OLG Schleswig* SchlHA 1950, 89 = DNotZ 170.
[102] A.M. *KG* OLG Rsp 6, 128.
[103] *OLG Colmar* OLG Rsp 20, 324.
[104] Ärztliche Untersuchung im Auftrage des *Gegners*, *OLG Hamburg* OLG Rsp 19, 110. Ähnlich bei *Zuziehung eines Pfarrers zu Vertragsverhandlungen*, *OLG Nürnberg* MDR 1963, 508 = FamRZ 260 (*Bosch*): Die Zuziehung des Pfarrers kann auch Beweisfunktionen haben.
[105] Z. B. Auskünfte von *Auskunfteien*, die gegen Bezahlung jedem erteilt werden, *OLG Colmar* OLGRsp 25, 108; s. auch *OLG Düsseldorf* JW 1930, 725 (Aussage des *Verbandsgeschäftsführers* über Eintragung in eine *Schwarze Liste*, die allen Verbandsangehörigen mitgeteilt ist).

g) Geheimzuhaltende Tatsachen

91 Welche anvertrauten Tatsachen nach Nr. 6 **geheimzuhalten** sind, bestimmt sich bei *gesetzlicher Schweigepflicht*, z. B. des **Beamten**, nach den dafür maßgebenden Vorschriften, → auch Rdnr. 71. Die Pflicht des § 203 StGB für **Rechtsanwälte** usw. bezeichnet als solche Tatsachen die *Privatgeheimnisse*, und dieser Begriff deckt sich mit den *ihrer Natur nach geheimzuhaltenden Tatsachen* bei den übrigen Personen. Was dazu gehört, hat der Richter nach seiner Lebenserfahrung zu beurteilen[106], wobei die Rücksicht auf die Verkehrssitte und auf die berechtigten Erwartungen der Parteien, der Zusammenhang der Tatsachen mit anderen[107] und der Zeitpunkt der Vernehmung[108] entscheiden, namentlich gegenüber *Auskunfteien*[109], *Kreditinstituten*[110], zu Rate gezogenen *Sach- und Rechtsverständigen*[111].

92 Der **Arzt** ist hinsichtlich lebender Personen[112] zur Geheimhaltung bei *jeder* Art der Behandlung und jeder Krankheit verpflichtet, weil der Zusammenhang mit den sonstigen persönlichen Verhältnissen niemals zu überblicken ist[113]. Dabei macht es grundsätzlich keinen Unterschied, ob dem Arzt die Tatsachen bei einer Untersuchung, der sich der Patient freiwillig unterzieht, bekannt wurden oder ob der Patient die Untersuchung zu dulden verpflichtet war. Letzteres kann etwa im Rahmen eines Strafverfahrens der Fall sein, wenn der Arzt im Auftrag des Gerichts tätig wurde. Das Nichtbestehen der Schweigepflicht bzw. des Zeugnisverweigerungsrechts in diesem Strafverfahren ändert nichts am Zeugnisverweigerungsrecht nach allgemeinen Vorschriften im nachfolgenden Zivilprozeß[114], weil die strafprozessuale Pflicht zur Duldung der Untersuchung sich aus dem dort zu klärenden Prozeßgegenstand ergab.

93 Beim **Anwalt** (und ebenso beim Rechtsbeistand) gehören hierher regelmäßig die Instruktion der Partei an ihren Vertreter, sowohl die Tatsache selbst, wie der Inhalt, ohne daß die Geheimhaltungspflicht besonders auferlegt oder begründet zu sein brauchte[115]. Ohne Bedeutung ist es dabei, ob eine Vertretung oder lediglich eine Beratung stattgefunden[116] oder der Angegangene seine Tätigkeit abgelehnt[117] oder sie aus anderem Grund nicht ausgeübt hat[118].

94 Tatsachen, die sich in **öffentlichen Verhandlungen** vollzogen haben[119] oder sonst der **Öffentlichkeit zugänglich** geworden sind[120], sind nicht mehr »ihrer Natur nach« geheimzuhalten. Wegen der Schweigepflicht *nach dem Tode* desjenigen, zu dessen Gunsten die Schweigepflicht besteht, → Fn. 112 und → § 385 Rdnr. 26. Wegen des Verhältnisses von § 383 Abs. 1 Nr. 6 und § 384 Nr. 3 → § 384 Rdnr. 19.

95 Ohne Bedeutung ist, ob die Geheimhaltungspflicht gegenüber *einer* oder *beiden Parteien* oder gegenüber einem Dritten besteht[121].

---

[106] *RGZ* 33, 362; *RG* SeuffArch 43 (1888) 359; JW 1893, 347; *OLG Naumburg* OLG Rsp 9, 137 u. a.
[107] *OLG Hamburg* OLG Rsp 19, 109f.
[108] *RGZ* 33, 362; 54, 325.
[109] *RGZ* 53, 15f.; *OLG Bamberg* BayrZ 1908, 228 (Quelle der Auskunft); *OLG München* SeuffArch 66 (1911) 210 (Person des Auskunftsempfängers und Inhalt der Auskunft); → aber auch § 384 Fn. 31.
[110] *OLG Celle* SeuffArch 60 (1905) 210. S. auch wegen der *Verleger anonymer Werke OLG Dresden* SächsArch 7, 110.
[111] → Fn. 92; a. M. → *OLG Jena* ZZP 26 (1899) 518.
[112] Die Schweigepflicht des Arztes endigt nicht mit dem *Tod des Patienten*, wie § 203 Abs. 4 StGB klarstellt. Der Umfang kann jedoch nach dem Tod des Patienten abnehmen. Entscheidend ist der (mutmaßliche) Wille des Patienten, *BGH* NJW 1984, 2894. Vgl. dazu auch →
§ 385 Rdnr. 26 wegen der Entbindung von der Schweigepflicht durch die Erben des Verstorbenen.
[113] S. auch *Dassel* Recht 1909, 395; *KG* OLG Rsp 20, 323; a. M. *OLG Dresden* OLG Rsp 15, 137.
[114] *BGHZ* 40, 288.
[115] *RGZ* 30, 382; 50, 383; KGBl 1903, 56; 1920, 86; a. M. *OLG Dresden* SächsArch 7, 112.
[116] *OLG Karlsruhe* OLG Rsp 13, 158; *OLG München* BlfRA 71, 24. Scheinbar a. M. *RG* Gruchot 43 (1899) 509.
[117] *RGZ* 40, 253.
[118] *RGZ* 54, 360f.
[119] *KG* OLG Rsp 5, 69.
[120] Eintragungen in die Patentrolle, *RG* Gruchot 52 (1908) 445f.; weiter *OLG Düsseldorf* MDR 1951, 681.
[121] *RGZ* 53, 181; a. M. ansch. *RGZ* 67, 362f.

Kollidiert die gesetzliche Schweigepflicht mit einer auf einer anderen gesetzlichen Vor- 96
schrift beruhenden *Auskunftspflicht*, so ist es eine Frage abwägender Gesetzesauslegung,
welche Vorschrift als die stärkere vorzugehen hat.

IV. Die Belehrung

1. Belehrung der Verlobten, Ehegatten und Angehörigen

Die *Belehrung* der Verlobten, Ehegatten und Angehörigen braucht erst bei der Verneh- 100
mung zu erfolgen und ist im Protokoll festzustellen; daß sie bei jeder Vernehmung wiederholt wird, ist abweichend von § 52 Abs. 3 StPO nicht erforderlich. Bei der Anordnung der *schriftlichen Beantwortung* der Beweisfrage (→ § 377 Rdnr. 45) ist die Belehrung in die Anordnung aufzunehmen; das Verfahren nach § 377 Abs. 3 dürfte bei den aufgeführten Personen aber wohl kaum zweckmäßig sein. Die Unterlassung der Belehrung macht die Aussage unverwertbar, ein Verstoß kann Berufung und Revision begründen. Der Mangel heilt aber gemäß § 295[122].

2. Belehrung von Minderjährigen

Hinsichtlich der Belehrung des **minderjährigen Zeugen** (→ Rdnr. 2 ff.) ist auf dessen Ver- 101
ständnis vom Zeugnisverweigerungsrecht abzustellen. Hat er dieses Verständnis, ist es ausreichend, daß **allein er über das Zeugnisverweigerungsrecht belehrt wird**[123]. Eine Belehrung des gesetzlichen Vertreters ist dann nicht notwendig[124]. Wenn auch der gesetzliche Vertreter trotz des Aussagewillens des Minderjährigen die Verweigerung aussprechen kann (näher → Rdnr. 6), so muß gleichwohl nicht auch der Vertreter belehrt werden, es sei denn, dem Gericht erscheint es zweifelhaft, ob der Zeuge das volle Verständnis des Zeugnisverweigerungsrechts besitzt. Jedenfalls empfiehlt es sich angesichts der noch immer unklaren Rechtsstellung des minderjährigen Zeugen, den gesetzlichen Vertreter (die Eltern) nach Möglichkeit auch zu belehren, etwa bei ihrer Anwesenheit im Gerichtssaal oder bereits anläßlich der Ladung.

Fehlt dem Minderjährigen die Verständnisfähigkeit gegenüber dem Zeugnisverweige- 102
rungsrecht, **muß** *der gesetzliche Vertreter belehrt werden*[125], in der Regel beide[126] Elternteile. Regelmäßig wird dies schon deshalb nicht auf Schwierigkeiten stoßen, weil bei solchen Zeugen eine erwachsene Begleitperson anwesend sein wird. Zu beachten ist jedoch, daß selbst in diesem Fall **der Minderjährige darüber zu belehren ist, daß er nicht deshalb aussagen muß, weil sein gesetzlicher Vertreter in die Aussage eingewilligt hat**[127]. Wie in → Rdnr. 7 ausgeführt ist, kann auch derjenige minderjährige Zeuge seine Aussage verweigern, der nicht die Einsicht in das Zeugnisverweigerungsrecht besitzt.

---

[122] *BGH* NJW 1985, 1158 und 1470. Dies gilt auch in Ehesachen, *RG* WarnRsp 1911 Nr. 206.
[123] *BGHSt* 14, 162; *BGH* VRS 1969, 23 (hinsichtlich eines 15 Jahre alten Zeugen); *Löwe-Rosenberg-Dahs* StPO[24] § 52 Rdnr. 45. Nach *Bosch* (Fn. 4, vgl. Fn. 6 und Fn. 9) ist der über 14 Jahre alte Zeuge stets selbst zu belehren.

[124] *Löwe-Rosenberg-Dahs* (Fn. 123) a.a.O.
[125] So für den Strafprozeß § 52 Abs. 3 StPO. Nach der Lösung von *Bosch* (Fn. 6 und 9) 49 bedarf es bis zum Alter des Zeugen von 14 Jahren der Belehrung.
[126] *Kohlhaas* NJW 1960, 4.
[127] *BGHSt* 21, 305 f.; vgl. *BGHSt* 14, 160; *Schneider* (Fn. 1) Sp. 1021.

3. Belehrung bei den übrigen Verweigerungsberechtigten

103   In den Fällen der Nr. 4 bis 6 ist eine Belehrung wohl vorwiegend deshalb nicht vorgeschrieben, weil bei diesen Zeugen eine Kenntnis ihres Rechts im allgemeinen vorausgesetzt werden kann. Dies trifft aber nicht immer zu, und **eine Belehrung ist sicherlich oft angebracht und keinesfalls verboten**[128]. Auch wo sie sich empfiehlt, kann die Unterlassung aber nicht als Verfahrensverstoß behandelt werden, weil ein gesetzliches Gebot fehlt und offenbar bewußt nicht gegeben ist (→ auch Rdnr. 107).

V. Beschränkung der Vernehmung (Absatz 3)

106   Auch wenn die in Nr. 4 bis 6 aufgeführten Personen sich zur Ablegung des Zeugnisses bereit erklärt haben, darf der Richter **gemäß Abs. 3** die **Vernehmung nicht auf solche Tatsachen richten**, von denen »erhellt«, daß das Zeugnis ohne Verletzung jener Pflicht nicht abgelegt werden kann.

107   Er hat danach von Amts wegen darauf zu achten, daß seine Fragen den Zeugen nicht zu Aussagen über derartige Tatsachen veranlassen. Sagt der Zeuge ungefragt über sie aus, liegt es mindestens im Sinne der Vorschrift, *wenn der Richter ihn auf sein Verweigerungsrecht hinweist*, weil die Wahrung der berührten Schweigepflicht ein wesentlicher Bestandteil unserer Rechtsordnung ist, an der auch die Allgemeinheit interessiert ist, und das Gericht schon den Verdacht vermeiden sollte, eine u. U. strafbare Verletzung der Schweigepflicht zu fördern. Die Berücksichtigung einer gleichwohl erstatteten Aussage kann es jedoch nicht ablehnen[129].

108   Dem Wortlaut nach gilt Abs. 3 nur für solche Personen, denen etwas *anvertraut* ist. Er muß aber sinngemäß auch für die Fälle gelten, wo die Pflicht bzw. das Recht zur Geheimhaltung nicht zugunsten bestimmter Personen, sondern im *Allgemeininteresse* besteht. Dahin gehören das **Beratungs- und Abstimmungsgeheimnis der Richter** einschließlich der *Schöffen und ehrenamtlichen Richter*[130]. Der nicht nur im Interesse der Richter getroffene Schutz des Beratungsgeheimnisses rechtfertigt auch die Einbeziehung der *Schiedsrichter* in diesen Schutz[131]. Die Entbindung von der Schweigepflicht durch die am Prozeß Beteiligten gemäß § 385 Abs. 2 berührt das Beratungs- und Abstimmungsgeheimnis nicht, ebensowenig die Genehmigung der vorgesetzten Dienstbehörde. Das Beratungs- und Abstimmungsgeheimnis findet aber da seine Grenzen, wo etwa *höhere Interessen der Rechtsverfolgung* oder *-verteidigung* bestehen, hinter denen das Interesse an der Geheimhaltung zurücktreten muß, → § 309 Rdnr. 7[132]. In *entsprechender* Anwendung des Abs. 3 darf ferner das Gericht die Zeugenvernehmung nicht darauf erstrecken, wie der Zeuge bei einer auf gesetzlicher Vorschrift beruhenden *geheimen Wahl* oder *Abstimmung* sein Stimmrecht ausgeübt hat[133].

---

[128] Für Belehrung im Strafverfahren *Henkel* Strafverfahrensrecht[2] (1968) 210; *Sauter* Das Berufsgeheimnis und sein strafrechtlicher Schutz (1910) 305; a. M. die h. L.

[129] *BGH* NJW 1977, 1198; *BGH* NJW 1990, 1735; *BayObLG* NJW-RR 1991, 7; a. M. *Baumbach-Lauterbach-Hartmann*[56] Rdnr. 20; *Thomas-Putzo*[21] Rdnr. 11; *Gießler* NJW 1977, 1185.

[130] *Baumbach-Lauterbach-Hartmann*[56] Rdnr. 20; *Thomas-Putzo*[21] Rdnr. 8. Vgl. ferner § 376 Rdnr. 41 ff. und § 309 Rdnr. 7.

[131] *BGHZ* 23, 138, 141; *RGZ* 129, 15, 17.

[132] *RGZ* 89, 13; s. hierzu *Kohlhaas* NJW 1953, 401.

[133] *RArbG* 9, 142 (Betriebsratswahl); offenlassend bezüglich Beschlußfassung des Betriebsrats in Kündigungseinspruchssachen *RArbG* 10, 158.

§ 384 [Zeugnisverweigerungsrecht aus sachlichen Gründen]

Das Zeugnis kann verweigert werden:
1. über Fragen, deren Beantwortung dem Zeugen oder einer Person, zu der er in einem der im § 383 Nr. 1 bis 3 bezeichneten Verhältnisse steht, einen unmittelbaren vermögensrechtlichen Schaden verursachen würde;
2. über Fragen, deren Beantwortung dem Zeugen oder einem seiner im § 383 Nr. 1 bis 3 bezeichneten Angehörigen zur Unehre gereichen oder die Gefahr zuziehen würde, wegen einer Straftat oder einer Ordnungswidrigkeit verfolgt zu werden;
3. über Fragen, die der Zeuge nicht würde beantworten können, ohne ein Kunst- oder Gewerbegeheimnis zu offenbaren.

Gesetzesgeschichte: Ursprünglich § 349 CPO, durch Nov. 98, RGBl 256 (→ Einl. Rdnr. 113), inhaltlich verändert zu § 384 geworden. Änderung von Nr. 2 (→ Rdnr. 6) durch EG zum Gesetz über Ordnungswidrigkeiten vom 24. V. 1968, BGBl I 503 (→ Einl. Rdnr. 150).

Stichwortverzeichnis → »Schlüssel zum Zeugenbeweis« zu Beginn der Vorbemerkungen vor § 373.

I. Bedeutung	1	3. Nr. 3: Geheimnisoffenbarung	
II. Die drei Fälle des § 384		a) Schutzbereich	13
1. Nr. 1: Unmittelbarer vermögensrechtlicher Schaden		b) Geschützte Personen	17
		III. Umfang des Verweigerungsrechts	
a) Unmittelbarkeit des Schadens	3	1. Recht des Zeugen, Belehrung	24
b) Mittelbarer Schaden	4	2. Umfang des Verweigerungsrechts	25
2. Nr. 2: Unehre oder strafgerichtliche Verfolgung	6	3. Verweigerung der Eidesleistung	26

I. Bedeutung

Im Gegensatz zu § 383 gründet sich das Zeugnisverweigerungsrecht nach § 384 *nicht* auf die persönlichen Beziehungen oder die Stellung des Zeugen. Der Grund liegt vielmehr darin, daß die Antwort auf eine *einzelne Frage* die **Verhältnisse** des Zeugen oder seiner Angehörigen **beeinträchtigen kann**.

Daraus folgt, daß sich das Zeugnisverweigerungsrecht aus § 384 immer nur auf eine **bestimmte Frage** bezieht; die Bestimmung gibt nicht das Recht, die Aussage insgesamt zu verweigern[1]. Eine gänzliche Verweigerung des Zeugnisses kommt nur in Betracht, wenn sämtliche Fragen unter § 384 fallen. *Beweisverfahrensrechtlich* setzt dies voraus, daß dem Zeugen die Fragen zunächst einmal gestellt werden müssen[2]. Von der Vernehmung darf nicht abgesehen werden, weil sich der Zeuge vorab pauschal auf ein Zeugnisverweigerungsrecht nach § 384 beruft.

---

[1] *BGH* NJW 1994, 197 f.   [2] *BGH* NJW 1994, 197 f.

II. Die drei Fälle des § 384

1. Nr. 1: Unmittelbarer vermögensrechtlicher Schaden

a) Unmittelbarkeit des Schadens

3 Der *vermögensrechtliche* Schaden für den Zeugen oder seine Angehörigen muß eine unmittelbare Folge der *Beantwortung* der Frage (nicht der Entscheidung des Prozesses) sein[3]. Ein *unmittelbarer* Schaden droht, wenn durch die Beantwortung einer Frage die tatsächlichen Voraussetzungen für eine Haftung des Zeugen als Schuldner (auch Unterhaltsschuldner)[4], Mitschuldner, Bürge, Regreßschuldner begründet oder die Durchführung einer schon bestehenden Verpflichtung durch das Beweismittel der Aussage erleichtert[5] werden könnte (→ auch Rdnr. 8). Zu beachten ist, daß trotz eines drohenden unmittelbaren Schadens dann **kein Verweigerungsrecht** besteht, wenn die Voraussetzung der **Nr. 1 von § 385 Abs. 1** vorliegt (Zuziehung als Zeuge zu Rechtsgeschäft).

b) Mittelbarer Schaden

4 **Kein Zeugnisverweigerungsrecht** besteht beim Drohen eines bloß *mittelbaren* Schadens, z. B. beim als Zeugen vernommenen Gläubiger einer der Parteien, wenn durch den Sieg der Gegenpartei die *Zahlungsfähigkeit* seines Schuldners gemindert wird. Kein Zeugnisverweigerungsrecht hat der Kaufmann, der infolge seiner Aussage *allgemeine geschäftliche Nachteile* zu befürchten hat[6], der Beamte, der eine mögliche Beförderung geschmälert sieht[7], oder der Steuerzahler, wenn die Gemeinde im Prozeß unterliegt usw.[8]. Kein unmittelbarer Schaden entsteht, wenn die Aussage einer vertraglichen Schweigepflicht widerspricht (→ § 383 Rdnr. 16). Daß der Schaden eine von dem Zeugen vertretene Person, namentlich eine juristische Person trifft, genügt nicht[9]: Der etwaige Schaden trifft dann gerade nicht ihn, sondern eine Person, die nicht einvernommen ist. Gleiches gilt, wenn der Zeuge Gesellschafter ist, für den bei der juristischen Person eintretenden Schaden[10]. Anders wird hingegen entschieden, wenn der Zeuge Gesellschafter einer OHG oder KG ist[11]. Ob diese Differenzierung gerechtfertigt ist, erscheint zweifelhaft.

2. Nr. 2: Unehre oder strafgerichtliche Verfolgung

6 Nr. 2 wurde durch das Einführungsgesetz zum Gesetz über Ordnungswidrigkeiten vom 24. V. 1968 (BGBl I 503) geändert.

---

[3] So auch *RG* SeuffArch 47 (1892) 241. – Beispiel: Durch die wahrheitsgemäße Aussage werden Tatsachen offenbart, die die Geltendmachung eines Anspruchs gegen den Zeugen erleichtern; *OLG Celle* NJW 1953, 426.

[4] *OLG Karlsruhe* NJW 1990, 2758: Mehrverkehrszeuge im Ehelichkeitsanfechtungsprozeß.

[5] *RG* JW 1899, 5; *OLG Celle* NJW 1953, 426; *OLG Stuttgart* NJW 1971, 945 = Justiz 216; a. M. *Zöller-Greger*[20] Rdnr. 4; *RGZ* 32, 381; *OLG Kassel* OLG Rsp 21, 83; *OLG Rostock* OLG Rsp 35, 87; *KG* KGBl 1925, 53; JW 1925, 1527 u.a.: Die Beantwortung müßte die *Grundlage* des Anspruchs schaffen (zu eng, weil die Antwort auf eine Frage im allgemeinen nicht anspruchsbegründend wirkt).

[6] *OLG Dresden* OLG Rsp 5, 69. Hier ist an den Fall zu denken, daß sich ein Kaufmann durch eine bestimmte Aussage über Geschäftspraktiken, politische oder weltanschauliche Handlungen oder Meinungen mißliebig machen würde und den Verlust von Kunden zu erwarten hätte.

[7] *OLG Nürnberg* BayJMBl 1963, 10f.

[8] Daß der *Anwalt* mit Rücksicht auf seinen durch das Zurückbehaltungsrecht an den Handakten (§ 50 Abs. 3 BRAO) gesicherten Gebührenanspruch das Zeugnis über den Inhalt der Handakten nicht verweigern kann, *OLG Frankfurt* JW 1933, 530.

[9] Wie hier auch *Zöller-Greger*[20] Rdnr. 4; a. M. *Baumbach-Lauterbach-Hartmann*[56] Rdnr. 4: Danach reicht, daß der Schaden z. B. eine Körperschaft trifft, deren Vertreter der Zeuge ist.

[10] *MünchKommZPO-Damrau* Rdnr. 7.

[11] *MünchKommZPO-Damrau* Rdnr. 7.

Die Beantwortung einer Frage gereicht dem Zeugen oder seinen Angehörigen zur **Un-** 7
ehre, wenn die kundzugebende Tatsache[12] eine Gefahr für die Ehre begründet[13]. »Erheblich« muß die Gefahr nicht sein[14]. Daß die Handlung selbst für den Zeugen« unehrenhaft ist, wird nicht gefordert; es **genügt**, wenn sie nur **einen Schluß auf ein unehrenhaftes Verhalten gestattet**. Maßgeblich sind die aktuellen Wertvorstellungen, wobei die Wertordnung des Grundgesetzes und die örtlichen und gesellschaftlichen Verhältnisse des Zeugen berücksichtigt werden müssen[15]. Ob die tatsächlichen Voraussetzungen für die Anwendung des § 384 Nr. 2 gegeben sind, entscheidet, wie auch bei allen anderen Weigerungsgründen, die richterliche Beweiswürdigung. Die im Gesetz enthaltenen Begriffe sind hingegen unbestimmte **Rechtsbegriffe**[16], die auch der Nachprüfung durch das Revisionsgericht eröffnet sind. Besonders bei Fragen aus der **Intimsphäre** kommt es jedoch sehr auf den Einzelfall an. Zielt die Frage auf einen *Ehebruch* des Zeugen, kann sie stets verweigert werden[17] (auch wenn der Zeuge keinen Ehebruch begangen hat, → Rdnr. 25); dasselbe gilt für den unverheirateten Partner bei der Frage nach einem Geschlechtsverkehr mit einem verheirateten Partner[18]. Sind beide Partner *unverheiratet*, so kann der inzwischen eingetretene Wandel der Moralauffassungen nicht übersehen werden. Meistens sind in diesem Fall geschlechtliche Beziehungen nicht als unehrenhaft anzusehen[19]. Dies gilt insbesondere, wenn die Partner offen eine nichteheliche Lebensgemeinschaft eingegangen sind. Andererseits darf das Gericht nicht vernachlässigen, daß auch heute noch außereheliche Geschlechtsbeziehungen gelegentlich als unehrenhaft betrachtet werden. Letztlich ist deshalb das Gericht in diesen Fragen aufgerufen, unter sorgsamer Beachtung der maßgeblichen Wertvorstellungen zu entscheiden, ob ihm die Beantwortung als unehrenhaft erscheint[20]. Im Hinblick auf *homosexuelle Beziehungen* hat sich der Wandel der gesellschaftlichen Moralauffassungen noch nicht vollzogen. Die Antwort auf eine dahinlautende Frage kann verweigert werden.

Die Gefahr **strafrechtlicher Verfolgung** besteht auch dann, wenn nicht ohne weiteres sicher ist, daß auch eine Verfolgung oder Verurteilung erfolgen werde[21] oder wenn nur die Durchführung eines möglichen Strafverfahrens durch das Beweismittel der Aussage erleichtert werden würde[22]. Grundsätzlich genügt auch die Gefahr der *Wiederaufnahme* eines Strafverfahrens, freilich nicht eine völlig entfernte, gleichsam theoretische Möglichkeit[23]. 8

---

[12] Nicht zur Unehre gereicht dem Zeugen, daß er überhaupt aussagt. Deshalb besteht kein Verweigerungsrecht z. B. bei ehrenwörtlicher Schweigepflicht, *OLG Dresden* OLG Rsp 5, 69; bei Schweigepflicht des Redakteurs, *OLG Darmstadt* JW 1928, 822 (zur Verweigerung nach Nr. 3 → Rdnr. 13).
[13] Der bloße Widerspruch mit gegenteiligen Erzählungen des Zeugen genügt nicht, *RG* JW 1899, 74.
[14] *OLG Karlsruhe* NJW 1994, 528.
[15] *OLG Karlsruhe* NJW 1994, 528, s. a. *OVG Lüneburg* NJW 1978, 1493.
[16] Anders ältere Aufl. dieses Komm. mit Nachweisen, die ganz allgemein davon sprachen, daß richterliches Ermessen entscheide, ob ein unehrenhaftes Verhalten vorliegt.
[17] *OLG Celle* DAVorm 1980, 487; *OLG Nürnberg* MDR 1975, 937 (Zeugnisverweigerungsrecht für Witwe bezüglich ehebrecherischen Verhaltens ihres verstorbenen Ehemannes); *RG* JW 1913, 139; *Strutz* FamRZ 1967, 86f. Über die Glaubhaftmachung in diesem Falle → § 386 Fn. 5; über die Würdigung der Verweigerung → Rdnr. 25 sowie → § 286 Rdnr. 11. Strafbar ist der Ehebruch nicht mehr (§ 172 StGB wurde durch das Erste StrRG vom 25. VI. 1969 [BGBl I 645] aufgehoben); allein die Abschaffung der Strafbarkeit macht ihn aber nicht ehrenhaft.

[18] *OLG Karlsruhe* NJW 1994, 528; zur Zeugenaussage einer Prostituierten im Strafprozeß *BayObLG* JR 1980, 432. Im *Strafprozeß* steht dem Zeugen allerdings *kein* vergleichbares Verweigerungsrecht zu; es besteht lediglich die Möglichkeit der Zurückweisung der Frage nach § 68 a StPO.
[19] Die frühere Judikatur nahm eine aus heutiger Sicht merkwürdige Differenzierung vor, indem sie dem *Mann* das Zeugnisverweigerungsrecht absprach (*RG* WarnRsp 1912 Nr. 280; *OLG Hamburg* OLG Rsp 15, 138; *OLG Stuttgart* OLG Rsp 40, 378; a. M. *RG* HRR 1931 Nr. 624), nicht aber der *Frau*.
[20] → auch Text bei Fn. 48.
[21] *RGZ* 23, 133; *RG* JW 1902, 168; vgl. auch *BHGSt* 10, 104. Wenn allerdings *unzweifelhaft* die Tat unter ein Straffreiheitsgesetz (Amnestie) fällt, besteht kein Zeugnisverweigerungsrecht, *BGHSt* 4, 131. Bei einer *verjährten* Straftat muß beachtet werden, daß die Verjährungsfrist zuungunsten des Täters durch Gesetz verlängert werden kann (*BVerfGE* 25, 269), so daß die Verjährung nicht in jedem Fall eine Sicherheit vor einer Strafverfolgung gibt.
[22] *RG* SeuffArch 64 (1909) 428.
[23] *OLG Celle* NJW-RR 1991, 62.

Gleichgestellt ist die Verfolgung aufgrund einer **Ordnungswidrigkeit**. Wegen der identischen Konfliktslage sind ebenso zu behandeln: *Verfahren vor den Jugendgerichten* (selbst wenn sie nicht mit Strafe, sondern mit Erziehungsmaßregeln oder Zuchtmitteln [§§ 9 ff. JGG] enden[24]) und vor den *Verfassungsgerichten* (wegen quasistrafrechtlicher Angelegenheiten[25]). Auch die Gefahr einer anwaltsrechtlichen Maßnahme (§ 114 BRAO) oder disziplinarrechtlichen Verfolgung berechtigt zur Verweigerung des Zeugnisses[26]. Nach anderer Ansicht soll es hier darauf ankommen, ob die Beantwortung dem Zeugen zur Unehre gereichen würde[27] oder ob er im Gefolge eines solchen Verfahrens mit *unmittelbaren* Vermögensnachteilen (→ Rdnr. 3) zu rechnen hat.

10 Ein Zeugnisverweigerungsrecht ist auch den *ausländischen Zeugen* zuzubilligen, die in ihrer Heimat wegen der wahren Aussage möglicherweise einer **rechtsstaatswidrigen Strafverfolgung** ausgesetzt sind[28]. Freilich bedeutet bereits die Weigerung des Zeugen mit *dieser* Begründung für ihn die Gefahr späterer Verfolgung, selbst wenn zum Vortrag dieser Gründe die Öffentlichkeit ausgeschlossen werden kann. Je deutlicher die Gefahr solcher Verfolgungen für das Gericht ist, um so mehr wird es mit Vorsicht und Behutsamkeit das Sträuben des Zeugen behandeln müssen. Den Zeugen erst einmal aussagen zu lassen und die möglicherweise erzwungene Unwahrheit dann bei der Beweiswürdigung zu berücksichtigen, ist nur als letzter Ausweg gangbar[29].

11 Aus dem Verhältnis von materiell-rechtlicher Schweigepflicht und prozessualem Zeugnisverweigerungsrecht (→ § 383 Rdnr. 21) ergibt sich, daß sich die Gefahr strafgerichtlicher Verfolgung (entsprechendes gilt für ein Verfahren nach dem OWiG) lediglich auf **Lebensvorgänge** beziehen kann, die zeitlich bereits **vor der Aussage** liegen. Der Gefahr einer strafrechtlichen (o. ä.) Verfolgung **durch die jeweilige Aussage** (d. h. weil der Zeuge aussagt, obwohl er schweigen müßte) kann sich der Zeuge in der Regel durch die Berufung auf sein Zeugnisverweigerungsrecht (§ 383 Abs. 1 Nr. 6) entziehen. Denn der (strafrechtlich sanktionierten) materiell-rechtlichen Geheimhaltungspflicht entspricht – jedenfalls für den Bereich des Zivilprozesses (→ § 383 Rdnr. 21) – ein prozessuales Zeugnisverweigerungsrecht. Nur in den Fällen, in denen dem Zeugen ein Zeugnisverweigerungsrecht nicht zur Seite stehen sollte, muß er aussagen. Die Zeugnispflicht wirkt sich dann aber materiell-rechtlich als Rechtfertigungsgrund aus.

3. Nr. 3: Geheimnisoffenbarung

a) **Schutzbereich**

13 Nr. 3 schützt Kunst- und Gewerbegeheimnisse. Zu den Gewerbegeheimnissen zählen *technische* und *kaufmännische* Fertigkeiten, Methoden und Tatsachen, die *nicht allgemein bekannt* sind und an denen ein *Geheimhaltungswille* und *-interesse* besteht. Der Begriff »Geheimnis« deckt sich mit den ihrer Natur nach im geschäftlichen Verkehr geheimzuhal-

---

[24] *Geerds* Festschrift für Stock (1966) 174; *BGHSt* 9, 34.
[25] *BGHSt* 17, 135 f. zur bayerischen Ministeranklage; *Hellmuth v. Weber* JZ 1953, 297 zur Grundrechtsverwirkung; *Löwe-Rosenberg-Dahs* StPO[24] (1986) § 55 Rdnr. 7; *KMR-Paulus* StPO (Loseblattsammlung, Stand März 1998) § 55 Rdnr. 7. Nachweise zu den verfassungsrechtlichen Verfahren → § 322 Fn. 542.
[26] *Zöller-Greger*[20] Rdnr. 6; *Baumann* Festschrift für Kleinknecht (1985) 19 ff. Anders allerdings *Baumbach-Lauterbach-Hartmann*[56] Rdnr. 5; *Wieczorek*[2] B II c 2 und (für den Strafprozeß) *OLG Hamburg* MDR 1984, 335 sowie alle Kommentare zu § 55 StPO. Diese meinen, die Regelung des § 55 StPO sei abschließend und keiner Analogie fähig. Dagegen spricht aber, daß für den Fall, daß die Gefahr einer Abgeordneten- oder Ministeranklage droht, eine analoge Anwendung zugelassen worden ist, *BGHSt* 17, 128 (135).
[27] Vgl. etwa *RG* JW 1895, 478.
[28] Vgl. *BGHSt* 17, 345 ff.; *OLG Braunschweig* JZ 1953, 477.
[29] *Arndt* NJW 1963, 433 f. empfiehlt diesen Weg als generelle Lösung. Damit zwingt man den Zeugen entweder zur Unwahrheit oder zum Heroismus.

tenden Tatsachen gemäß § 383 Abs. 1 Nr. 6[30]. Beispiele bilden Herstellungsverfahren, Arbeitsmittel, Kundenlisten, Informationsquellen[31], Bezugsquellen und Einkaufspreise von Waren[32], Gehälter, Kreditverhältnisse, Bedingungen von Vertragsschlüssen[33]; Preiskalkulationen usw.[34], nicht aber die Verkaufspreise[35]. Gewerbe ist hier wie auch sonst (→ § 183 Rdnr. 3) im Sinne jeder auf Erwerb gerichteter dauernder Tätigkeit zu verstehen, umfaßt also insbesondere auch das Handelsgewerbe[36], *nicht* aber die Tätigkeit als Betriebsrat; insoweit kommt nur die Möglichkeit eines Zeugnisverweigerungsrechts nach § 383 (→ dort Rdnr. 87) in Betracht.

Das **Kunstgeheimnis** bezieht sich auf urheberrechtsfähige Werke (§ 2 UrhG) und dient dem Schutze des Erstveröffentlichungsrechts (§ 12 UrhG); der Schöpfer soll nicht als Zeuge gezwungen werden, sein Werk vor der Veröffentlichung inhaltlich mitzuteilen oder zu beschreiben. 14

Nicht geschützt wird das **Wissenschaftsgeheimnis**. Wissenschaft ist auf Offenlegung der Resultate planmäßigen Forschens ausgerichtet. Das schließt es aber nicht aus, daß im Einzelfall ein Zeuge eine vorzeitige Veröffentlichung im Rahmen seiner Vernehmung verweigern darf, denn zur Forschungsfreiheit gehört auch die Bestimmung über den Zeitpunkt der Veröffentlichung der Ergebnisse. Für den Sachverständigen besteht diese Möglichkeit nicht. 15

b) Geschützte Personen

Die Bestimmung bezieht sich auf diejenigen Fälle, in denen die Offenbarung eines **eigenen Geheimnisses des Zeugen** in Frage steht. Maßgeblich hierfür ist, ob Geheimhaltungswille und -interesse in der Person des Zeugen liegen. Auf ein »eigenes« Geheimnis kann sich auch der Lizenznehmer, etwa beim technischen Geheimnis, berufen. 17

Unter Nr. 3 fallen nach herrschender Meinung auch Kunst- und Gewerbegeheimnisse, zu deren Geheimhaltung der Zeuge **Dritten** gegenüber vertraglich oder gesetzlich verpflichtet ist[37], etwa der Zeuge als Arbeitnehmer aufgrund des Arbeitsvertrags dem Arbeitgeber[38] oder durch Vereinbarung anderen Gewerbetreibenden gegenüber[39]. Eine Entbindung von der Verschwiegenheitspflicht kommt danach nicht in Betracht, weil sich § 385 Abs. 2 nur auf § 383 Nr. 4 und 6, nicht aber auf § 384 bezieht. Der Schutzberechtigte wird daher gezwungen, auf sein Schutzrecht zu verzichten[40]. Die herrschende Meinung sieht sich ferner gezwungen, § 384 nicht anzuwenden, wenn der Zeuge Geheimnisträger einer Partei ist[41]. 18

---

[30] *RGZ* 53, 43; *RG* Gruchot 52 (1908) 445 f.; *RGZ* 54, 324; *OLG Hamburg* OLG Rsp 25, 109 f.; MDR 1977, 761; *OLG Hamm* JMBlNRW 1952, 178.
[31] *RG* JW 1904, 69; *OLG Hamburg* OLG Rsp 5, 67; *OLG München* OLG Rsp 25, 108; JW 1926, 618; *OLG Stuttgart* HRR 1931 Nr. 53; vgl. auch *OLG Hamburg* OLG Rsp 27, 97. Offengelassen von *RGZ* 53, 15; a. M. *OLG Colmar* OLG Rsp 25, 108.
[32] *OLG Darmstadt* DJZ 1902, 32; *OLG Celle* OLG Rsp 17, 162.
[33] *OLG Hamburg* OLG Rsp 21, 83.
[34] *OLG Hamburg* OLG Rsp 33, 69 (Umfang des Bezuges); SeuffArch 71 (1916) 172 (Makler über vermittelte Geschäfte); *OLG Hamm* JMBlNRW 1952, 178 (Schätzer eines Kraftfahrzeuges über Mängel); *OLG Düsseldorf* MDR 1978, 147 (steuerliche Verhältnisse); *Stürner* JZ 1985, 453. Bedenklich *OLG Hamburg* JW 1918, 108 (Umfang des Vermögens und der Einnahmen eines Gewerbetreibenden [verneinend]).
[35] *RGZ* 53, 43; ebensowenig Höhe der Miete oder Pacht *AG Frankfurt* WM 1959, 62.

[36] *RGZ* 53, 42; 54, 325; *RG* JW 1902, 21; 1905, 344; *OLG Stuttgart* WRP 1977, 127 (für extensive Auslegung, die auch einen Verband zur Förderung gewerblicher Interessen umfaßt); *OLG Hamburg* OLG Rsp 13, 159; 21, 83; *OLG Karlsruhe* HRR 1932 Nr. 170 u.a.; a. M. *OLG Dresden* OLG Rsp 5, 69.
[37] *MünchKommZPO-Damrau* Rdnr. 13; *Schlosser* ZZP 95 (1982) 364, 365; *Zöller-Greger* Rdnr. 7; a. A. *Rosenberg-Schwab-Gottwald*[15] § 122 V 3 b.
[38] *RGZ* 53, 42; *Stürner* Die Aufklärungspflicht der Parteien des Zivilprozesses (1976) 229; *Gottwald* BB 1979, 1780; *OLG Dresden* SeuffArch 56 (1901) 330; *OLG Hamburg* OLG Rsp 5, 67; *OLG Naumburg* NaumbZtg 1910, 7; *OLG Kassel* SeuffArch 69 (1914) 373; *OLG Braunschweig* OLG Rsp 27, 97; *KG* JW 1920, 154.
[39] *RG* SeuffArch 49 (1894) 365.
[40] *MünchKommZPO-Damrau* Rdnr. 13; weniger weit geht *Stürner* JZ 1985, 453, 454: § 385 Abs. 2 analog.
[41] *MünchKommZPO-Damrau* Rdnr. 13; *Zöller-Greger*[20] Rdnr. 7; *Stürner* JZ 1985, 453, 454, 455 ff.

19 Vorzugswürdig ist daher die Lösung, unter § 384 **nur eigene Geheimnisse des Zeugen** zu fassen, im übrigen aber den Kreis der von § 383 Abs. 1 Nr. 6 geschützten Personen weit zu ziehen[42]. Das hat den Vorzug, daß eine Entbindung auf der Grundlage des § 385 Abs. 2 erfolgen kann, ohne daß auf das Geheimnisschutzrecht insgesamt verzichtet werden muß. Nach der hier vertretenen Auffassung fällt daher der kaufmännische Angestellte, dem ein Geheimnis offenbart wurde, nicht unter § 384, sondern unter § 383 Abs. 1 Nr. 6[43].

20 Eine geheime Tatsache kann sowohl als eigenes Geheimnis unter § 384 Nr. 3 als auch als fremdes Geheimnis unter § 383 Abs. 1 fallen. Werden etwa einem Presseangehörigen vertrauliche Informationen gegeben, so können § 384 Nr. 3 und § 383 Abs. 1 Nr. 5 konkurrieren.

21 Die Entbindung von der Schweigepflicht nach § 385 Abs. 2 berührt nicht das Zeugnisverweigerungsrecht aus § 384[44].

III. Umfang des Verweigerungsrechts

1. Recht des Zeugen, Belehrung

24 Da § 384 nur ein Recht des Zeugen aufstellt, darf eine hierher fallende Frage nicht als unzulässig (§ 397 Abs. 3) abgelehnt werden[45]. Eine Belehrung des Zeugen über sein Recht ist in § 384 nicht vorgeschrieben[46], wenn sie auch, zum mindesten in den Fällen der Nr. 1 und 2, angemessen erscheint, um unwahre Aussagen zu verhüten. Die unrichtige Belehrung stellt sich dagegen als ein Mangel des Verfahrens dar[47].

2. Umfang des Verweigerungsrechts

25 Wie in den Fällen des § 384 die *Fragen zu beantworten* wären, ist gleichgültig. Der Zeuge hat das Recht, über Tatsachen, die unter eine dieser drei Kategorien fallen, **sich gar nicht zu äußern**; er kann also z. B. die Antwort ablehnen, wenn auch nur ihre Bejahung ihm zur Unehre gereichen würde, während er in der Lage ist, sie zu verneinen[48]. Deshalb bedarf es, wenn das Gericht (dazu → § 286 Rdnr. 11) *aus der Zeugnisverweigerung Schlüsse ziehen will, besonderer Vorsicht.* Diese ist höchstens ein Indiz; entscheidend ist die Lage des Einzelfalls[49] und die möglichen Motive des Zeugen[50]. Es geht in aller Regel nicht an, etwa aus

---

[42] *Gottwald* BB 1979, 1780, 1781 l. Sp.
[43] A. A. *Schumann* in der Voraufl.
[44] *Geerds* Festschrift für *Stock* (1966) 174; *BGHSt* 9, 34. Diese Feststellung ist wichtig, wenn ein Geheimnis vorliegt, das gegenüber einem Dritten besteht und das gleichzeitig ein *eigenes* Geheimnis des Zeugen ist. Die Entbindung des Dritten befreit nur von der Verpflichtung, ein *fremdes* Geheimnis zu wahren. Mit dieser Begrenzung der Gegenausnahme in § 385 Abs. 2 auf die Fälle des § 383 Abs. 1 Nr. 4 und 6 hat das Gesetz eine der Zweckbestimmung entsprechende Regelung getroffen: Die Geheimhaltung wegen besonderer persönlicher Beziehungen ist unangebracht, wenn der in den Geheimnisschutz Einbezogene kein Interesse an der Geheimhaltung mehr hat. Damit wird aber nicht berührt das Interesse an der Geheimhaltung um der *Sache* willen. Es soll niemand gezwungen werden, *eigene* Betriebs- oder Produktionsgeheimnisse zu offenbaren.
[45] S. auch *RGSt* 9, 426.
[46] *RG* JW 1896, 398; *RGSt* 10, 154; *RAG* ArbRspr 1931, 320; *BayObLG* 1968, 178; *OLG Köln* Rpfleger 1985, 494.
[47] *RG* WarnRspr 1920 Nr. 212.
[48] *BGHZ* 26, 391 = NJW 1958, 826 = MDR 1958, 414 (*Pohle* 753) = FamRZ 1958, 169 (*Bosch*) = ZZP 71 (1958) 465 = LM § 384 Nr. 2 (L; *Johannsen*); *OLG Hamburg* FamRZ 1965, 277; *RG* WarnRspr 1911 Nr. 104; 1912 Nr. 229; 1919 Nr. 123, 143; 1920 Nr. 212; 1927 Nr. 701; *RGSt* 36, 114; *OLG Bamberg* SeuffArch 60 (1905) 469; *OLG Celle* OLG Rsp 1, 448; *OLG Hamburg* OLG Rsp 20, 325; *OLG Karlsruhe* JW 1931, 2043; *OLG Saarbrücken* SaarlRZtschr 1950, 78; *Imig* SaarlRZtschr 1950, 50; a. M. *Heiden* SaarlRZtschr 1950, 49 u. a.
[49] *OLG Hamm* VersR 1983, 870. Verwertbarkeit als Indiz z. B. bejaht bei Ehebruchszeugen, die das Zeugnis verweigern, von *RG* HRR 1933 Nr. 539; *BayObLGZ* 1 Nr. 18; *KG* FamRZ 1969, 421; ablehnend dagegen *RG* WarnRspr 1912 Nr. 229. Kritisch *Jaeger* DRZ 1950, 105; *Weigelin* JR 1951, 71. Vgl. auch *Peters* ZZP 77 (1964) 444 ff.
[50] Dazu *Buchwald* SJZ 1949, 361; *Proskauer* NJW 1953, 50; *Kohlhaas* JR 1955, 43. Keine Befragung des Zeugen über Motive *BGHSt* 6, 279 = NJW 1954, 1496.

der Zeugnisverweigerung nach Nr. 3, zumal beim Angestellten, auf eine bestimmte Fabrikationsart zu schließen[51]. Wegen des besonderen Schutzzweckes der Bestimmung braucht der Zeuge keine konkreten Angaben über den Weigerungsgrund zu machen (bereits das würde ihn möglicherweise strafgerichtlicher Verfolgung aussetzen oder das Betriebsgeheimnis lüften); eine allgemeine Angabe der Voraussetzungen reicht.

3. Verweigerung der Eidesleistung

Wegen der nachträglichen *Verweigerung der Eidesleistung* → § 392 Rdnr. 7. 26

§ 385 [Ausnahmen vom Zeugnisverweigerungsrecht]

(1) In den Fällen des § 383 Nr. 1 bis 3 und des § 384 Nr. 1 darf der Zeuge das Zeugnis nicht verweigern:
1. über die Errichtung und den Inhalt eines Rechtsgeschäfts, bei dessen Errichtung er als Zeuge zugezogen war;
2. über Geburten, Verheiratungen oder Sterbefälle von Familienmitgliedern;
3. über Tatsachen, welche die durch das Familienverhältnis bedingten Vermögensangelegenheiten betreffen;
4. über die auf das streitige Rechtsverhältnis sich beziehenden Handlungen, die von ihm selbst als Rechtsvorgänger oder Vertreter einer Partei vorgenommen sein sollen.

(2) Die im § 383 Nr. 4, 6 bezeichneten Personen dürfen das Zeugnis nicht verweigern, wenn sie von der Verpflichtung zur Verschwiegenheit entbunden sind.

Stichwortverzeichnis → »Schlüssel zum Zeugenbeweis« zu Beginn der Vorbemerkungen vor § 373.

I. Die einzelnen Fälle	1	b) Entbindung von der Pflicht zur Verschwiegenheit	12
1. Zuziehung bei der Errichtung eines Rechtsgeschäfts (Nr. 1)	2	c) Aussagegenehmigung für Beamte	14
2. Angelegenheiten des Familienstandes (Nr. 2)	3	2. Personenkreis	16
3. Durch das Familienverhältnis bedingte Vermögensangelegenheiten (Nr. 3)	4	3. Entbindung von der Verschwiegenheitspflicht durch einen Vertreter	21
4. Rechtsvorgänger oder Vertreter (Nr. 4)	8	a) Höchstpersönliche Rechte	23
II. Entbindung von der Schweigepflicht		b) Vermögenswerte Rechte	25
1. Allgemeines		4. Entbindung nach dem Tode desjenigen, dem gegenüber die Pflicht besteht	26
a) Verschwiegenheitspflicht im Interesse der Allgemeinheit	11	5. Erklärung der Entbindung	27

I. Die einzelnen Fälle

§ 385 enthält in Abs. 1 **Ausnahmen von dem Zeugnisverweigerungsrecht** nach §§ 383 f., beschränkt sich aber auf die Fälle, in denen das *allgemeine* Verweigerungsrecht des Verlobten, Ehegatten oder Angehörigen (§ 383 Abs. 1 Nr. 1 – 3) oder das *besondere* wegen der *Gefahr vermögensrechtlichen Schadens* (§ 384 Nr. 1) *in Frage* steht. Wegen der Beeidigung in 1

---
[51] Vgl. *RG* JW 1936, 2921; *Gottwald* BB 1979, 1781.

diesen Fällen → § 391 Rdnr. 12. Die übrigen Verweigerungsrechte (§ 383 Abs. 1 Nr. 4 – 6, § 384 Nr. 2, 3) bleiben auch im Falle des Abs. 1 unberührt[1] (→ aber Rdnr. 11 ff.).

1. Zuziehung bei der Errichtung eines Rechtsgeschäfts (Nr. 1)

2   Nr. 1 bezieht sich auf Zeugen, die zur **Errichtung eines Rechtsgeschäfts zugezogen**[2] wurden, und zwar nur auf den Akt der Errichtung selbst sowie auf den Inhalt des Rechtsgeschäfts, nicht jedoch auf andere damit in Verbindung stehende Vorgänge, ebensowenig auf Zeugen für Vorverhandlungen[3]. Die Aussage kann hier dem Zeugen zugemutet werden: Er hat sich beim Abschluß des Rechtsgeschäfts als *Zeuge* zur Verfügung gestellt. Könnte er nunmehr anerkanntermaßen das Zeugnis verweigern, so läge hierin die gesetzliche Anerkennung eines »venire contra factum proprium«.

2. Angelegenheiten des Familienstandes (Nr. 2)

3   Die Ausnahme vom Zeugnisverweigerungsrecht rechtfertigt sich bei Familienmitgliedern zum einen durch das Interesse an der Klärung statusrechtlicher Verhältnisse und an der Richtigkeit der Personenstandsbücher, wie aber auch aus der Erwägung, daß Konfliktsituationen hier selten sein werden. **Familienmitglieder** sind alle Personen, die durch Verwandtschaft, Schwägerschaft oder Ehe in Rechtsbeziehung stehen[4]. Häusliche Gemeinschaft (Kleinfamilie) ist nicht erforderlich und nicht genügend (nichteheliche Lebensgemeinschaft). Ausgesagt werden muß über Geburten, Heiraten und Sterbefälle der Familienmitglieder, nicht über Scheidung. Die Bestimmung ist eng auszulegen. Über Ursachen oder Umstände der Ereignisse muß nicht ausgesagt werden. Ein Verweigerungsrecht besteht daher bei der Frage nach der Todesursache oder nach der eine Geburt bedingende Zeugung[5]. Die Mutter hat im Vaterschaftsfeststellungsprozeß des Kindes (§ 1600 d BGB) somit ein Zeugnisverweigerungsrecht nach § 383 Abs. 1 Nr. 3 (→ dort Rdnr. 34) im Hinblick auf Fragen nach Geschlechtsverkehr. Ein aus dem Recht des Kindes auf Kenntnis der eigenen Abstammung abgeleiteter materiellrechtlicher **Anspruch auf Benennung des Vaters**[6] hebt ihr Zeugnisverweigerungsrecht nicht auf[7]. Die Voraussetzungen und die Rechtsfolgen dieses Anspruchs sind (noch) ungeklärt. Insbesondere besteht die Gefahr, daß auch die von seinen Befürwortern unter Hinweis auf § 888 Abs. 2 verneinte Vollstreckbarkeit[8] durch Zwangshaft nach § 390 Abs. 2 unterlaufen wird.

3. Durch das Familienverhältnis bedingte Vermögensangelegenheiten (Nr. 3)

4   Nr. 3 setzt voraus, daß die *Tatsachen*, über die ausgesagt werden soll, Vermögensangelegenheiten betreffen[9], die durch das Familienverhältnis des Zeugen bedingt sind oder zur Zeit ihres Bestehens bedingt waren, wogegen es nicht darauf ankommt, ob der *Rechtsstreit* selbst auf diesem Verhältnis beruht[10]. Vermögensangelegenheiten dieser Art sind: Annahme

---

[1] RG JW 1899, 536.
[2] Zufällige Anwesenheit genügt nicht, *Zöller-Greger*[20] Rdnr. 2.
[3] RG SeuffArch 56 (1901) 329; a. A. MünchKomm-ZPO-*Damrau* Rdnr. 2.
[4] MünchKommZPO-*Damrau* Rdnr. 3; *Zöller-Greger*[20] Rdnr. 3 nennt Ehegatten nicht.
[5] RGZ 169, 48; LSG Hessen NJW 1989, 2711; MünchKommZPO-*Damrau* Rdnr. 3.
[6] vgl. BVerfGE 96, 56; LG Bremen FamRZ 1998, 1039; je m. w. N.
[7] A.A. *Staudinger-Rauscher* (1997) Einl. §§ 1589ff. Rdnr. 97; wohl auch AG Rastatt FamRZ 1996, 1299, 1301 r. Sp., das aus diesem Grunde einem Auskunftsanspruch zurückhaltend gegenüber steht.
[8] *Staudinger-Rauscher* (1997) Einl. §§ 1589ff. Rdnr. 96; a. A. z. B. *Eidenmüller* JuS 1998, 789, 792 r. Sp. m. w. N.
[9] D. h. in tatsächlicher Beziehung dazu stehen, OLG Celle OLG Rsp 17, 330.
[10] RG JW 1903, 24f.; BayObLG NS 8, 490; OLG Dresden SächsAnn 24, 541f.

oder Ausschlagung von Erbschaften[11], erbrechtliche Ansprüche[12], Ansprüche aus ehelichem Güterrecht oder aus Vereinbarungen darüber[13], Unterhaltsansprüche[14], Gutsüberlassungsverträge zwischen Eltern und Kindern[15], Abfindungen erbberechtigter Kinder[16] usw.

Nach dem Zweck der Vorschrift gehören hierher auch *Rechtsgeschäfte allgemeiner Art unter Angehörigen*, sofern sie nur im *konkreten Fall durch das Familienverhältnis bedingt* waren[17], sie dürfen aber nicht bloß äußerlich damit zusammenhängen[18]. Nicht dagegen gehören zu diesen Vermögensverhältnissen die Vermögensangelegenheiten zur Zeit der Eingehung der Ehe[19] oder die Vaterschaft zu dem »nichtehelichen« Kinde, denn diese ist weder eine Vermögensangelegenheit der Mutter noch durch ihre Familienverhältnisse bedingt[20]. 5

4. Rechtsvorgänger oder Vertreter (Nr. 4)

Die Zeugnispflicht des Rechtsvorgängers oder Vertreters umfaßt alle Fälle der Rechtsnachfolge (→ § 325 Rdnr. 19 ff.) und der gesetzlichen oder sonstigen Vertretung (→ § 455 Rdnr. 2 ff.) im weitesten Sinne, auch die einer rein tatsächlichen Vertretung[21]. Sie erstreckt sich aber nur auf dasjenige Rechtsverhältnis, in dem die Vertretung oder Rechtsnachfolge stattfand[22], und auf die *eigenen Handlungen* des Vorgängers oder Vertreters, nicht auf ihre Wahrnehmungen[23], aber auch auf die vor der Rechtsnachfolge vorgenommenen Handlungen[24] und auf *alle Handlungen*, nicht nur diejenigen, die das Rechtsverhältnis begründen[25]. Ob der Rechtsnachfolger bzw. der Vertretene oder sein Gegner den Zeugen benannt hat, ist gleichgültig. 8

Zur Anwendung der Nr. 4 ist erforderlich und genügend, daß der Beweisführer die *Behauptung* aufstellt, der Zeuge habe als Rechtsvorgänger oder Vertreter gehandelt[26]. Ein Beweis dafür ist nicht nötig (arg. »sein sollen«)[27]. Ist aber die Vertretereigenschaft widerlegt, sei es durch die Aussage des Zeugen selbst, wenn das Gericht ihr Glauben schenkt (§ 286), oder durch andere Beweismittel, so besteht hinsichtlich der Handlung selbst das Verweigerungsrecht[28]. 9

II. Entbindung von der Schweigepflicht

1. Allgemeines

a) Verschwiegenheitspflicht im Interesse der Allgemeinheit: Für eine Entbindung von der Schweigepflicht ist zunächst dort kein Raum, wo die *Pflicht nicht im Interesse bestimmter* 11

---

[11] *OLG Celle* SeuffArch 55 (1900) 469.
[12] *RG* JW 1895, 8.
[13] *BayObLG* NS 7, 205.
[14] *OLG Oldenburg* SeuffArch 47 (1892) 102; *OLG Düsseldorf* FamRZ 1980, 617.
[15] *RG* JW 1894, 416.
[16] *RG* SeuffArch 45 (1890) 101; *OLG Hamm* OLG Rsp 37, 145.
[17] *RGZ* 40, 345; *RG* SeuffArch 54 (1899) 222; JW 1899, 814 f.; 1909, 319; Gruchot 56 (1912) 1059; *OLG Breslau* OLG Rsp 21, 84 u. a.; a. M. *BayObLG* NS 4, 457; *OLG München* OLG Rsp 21, 84.
[18] *RG* JW 1902, 20; SeuffArch 64 (1909) 351.
[19] *RG* SeuffArch 51 (1896) 227.
[20] *RGSt* 36, 1; 61, 402; dazu auch *OLG München* BayrZ 1905, 320; *Maassen* Recht 1902, 369; *Brettner* Recht 1904, 494; *Seifarth* Recht 1904, 571 f.; *Goldmann* DJZ 1903, 472; *Tebelmann* DJZ 1903, 570; *Sauerlandt* DJZ 1909, 1491 f.; *Glaser* DJZ 1910, 250; *Hagen* BayrZ 1906, 471. Insoweit hat das Nichtehelichengesetz (→ Einl. Rdnr. 151) an der Rechtslage nichts geändert.
[21] *OLG Hamm* OLG Rsp 40, 377; a. M. *OLG Köln* NJW 1955, 1561 = ZZP 69 (1956) 56; *RG* JW 1911, 489; *OLG Dresden* OLG Rsp 15, 138: Tätigkeit als Beistand, Berater oder dergleichen reicht nicht; erforderlich ist vielmehr Vertretereigenschaft im Rechtssinne.
[22] *RG* JW 1899, 257.
[23] *RGZ* 53, 112; *RG* OLG Rsp 17, 162.
[24] *OLG Celle* SeuffArch 36 (1881) 479.
[25] *RGZ* 47, 430.
[26] Nicht, wenn er gerade das Gegenteil behauptet, *RGZ* 53, 111 f.; *RG* JW 1911, 489.
[27] *OLG Marienwerder* SeuffArch 48 (1893) 353; *OLG Celle* SeuffArch 51 (1896) 358; *OLG Kassel* OLG Rsp 21, 83.
[28] *OLG Celle* a. a. O.

Personen, sondern der Allgemeinheit besteht, wie namentlich bei dem gerichtlichen Beratungs- und Abstimmungsgeheimnis (dazu → § 383 Rdnr. 108). Daher nennt Abs. 2 die Presseangehörigen (§ 383 Abs. 1 Nr. 5) nicht; deren Zeugnisverweigerungsrecht bezweckt nämlich nicht nur den Schutz des Informanten, sondern auch den der grundgesetzlich garantierten Pressefreiheit (→ § 383 Rdnr. 39).

12   b) **Entbindung von der Pflicht zur Verschwiegenheit:** Bei den in § 383 Abs. 1 Nr. 4 und 6 bezeichneten Personen, für die Abs. 1 nicht gilt (→ Rdnr. 1), **entfällt dagegen das Recht der Zeugnisverweigerung, wenn sie von der Verpflichtung zur Verschwiegenheit entbunden** sind, vorausgesetzt, daß dies nach dem für den einzelnen Fall zur Anwendung kommenden Recht wirksam geschehen kann. Die Folge der Entbindung ist, daß der Zeuge seiner dann wieder uneingeschränkt bestehenden Zeugnispflicht in vollem Umfang nachzukommen hat. **Die Entbindung kann aber ein eigenes Zeugnisverweigerungsrecht gemäß § 384 nicht beseitigen** (→ § 384 Rdnr. 21).

14   c) **Aussagegenehmigung für Beamte:** Zu unterscheiden sind *Entbindung* von der Schweigepflicht und Erteilung der *Aussagegenehmigung für Beamte* bei an sich bestehender Pflicht zur Amtsverschwiegenheit (→ § 376 Rdnr. 5): Das Fehlen der Aussagegenehmigung schafft ein Verbot zur Vernehmung, gegebenenfalls ein Verwertungsverbot, wenn ungeachtet dieses Fehlens dennoch ausgesagt wurde. Die fehlende Entbindung von der Schweigepflicht bleibt prozessual ohne Bedeutung (→ aber Rdnr. 27), hat aber evtl. Konsequenzen auf materiell-rechtlichem Gebiet (§ 203 StGB).

2. Personenkreis

16   **Katholische Geistliche** können nach Art. 9 Reichskonkordat vom 20. VII. 1933 (RGBl II 679)[29] über alle Tatsachen, die ihnen bei der Ausübung der Seelsorge – nicht nur bei der Beichte – anvertraut worden sind, nicht um Auskunft angehalten werden; dies gilt auch dann, wenn sie von der Verschwiegenheitspflicht entbunden sind[30]. Art. 9 des Reichskonkordats gilt als innerstaatliches Recht und ist lex specialis zu § 385 Abs. 2.

17   Das gleiche ist für **evangelische Geistliche**[31] und aus Paritätsgründen, gemäß dem Grundsatz der Wahrung der religiösen Neutralität sowie im Hinblick darauf, daß die Vertrauensstellung entscheidet (und nicht die staatliche Anerkennung der Religionsgesellschaft → § 383 Rdnr. 36), auch für **Geistliche anderer Religionsgesellschaften** anzunehmen[32].

18   Bei **Beamten** *konkurriert* die Entbindung von der Schweigepflicht durch die dazu berechtigte Privatperson in bestimmten Fällen mit der Genehmigung des Dienstvorgesetzten. Sie bedürfen dann außer der Aussagegenehmigung auch der Entbindung (→ auch Rdnr. 14 und → § 376 Rdnr. 5).

19   Bei den **übrigen Personen** des § 383 Nr. 6 bedarf es einer Erklärung desjenigen, demgegenüber die Pflicht besteht. Das ist beim *Rechtsanwalt* der Mandant, selbst wenn der Auftraggeber und Gebührenschuldner eine andere Person ist, z. B. der Arbeitgeber (zur Insolvenz des Mandanten → Rdnr. 25). Beim *Notar* gilt die gesetzliche Regelung des § 18 Abs. 1

---

[29] Zur Fortgeltung: *BVerfGE* 6, 309 f. = NJW 1957, 705 und *Pirson* Evangelisches Staatslexikon³ (1987) Stichwort »Vertragsstaatskirchenrecht« Sp. 3818.

[30] Münsterischer Kommentar zum Codex Iuris Canonici (CIC)-Lüdicke Can. 983 Anm. 6 (vgl. für den Kanonischen Prozeß Can. 1548 § 2, n. 1 und Can. 1550 § 2, n. 2 Codex Iuris Canonici 1983); *LG Nürnberg-Fürth* FamRZ 1964, 513 = BayJMBl 142.

[31] *LG Fulda* SJZ 1950, 826; ebenso auch *Bosch* FamRZ 1963, 262; *Flor* JR 1953, 368, 372; *Rosenberg-Schwab-Gottwald*¹⁵ § 122 V 3 a.

[32] *Obermayer* Evangelisches Staatslexikon³ (1987) Stichwort »Beichtgeheimnis« Sp. 186 f.; Art. 144 Abs. 3 der Bayerischen Verfassung (»Geistliche können vor Gerichten und anderen Behörden nicht um Auskunft über Tatsachen angehalten werden, die ihnen in ihrer Eigenschaft als Seelsorger anvertraut worden sind«) ist angesichts der vorrangigen bundesrechtlichen Regelung in der ZPO insoweit ohne Bedeutung; *Meder* Die Verfassung des Freistaates Bayern⁴ (1992) Art. 144 Rdnr. 3; *Nawiasky-Leusser-Schweiger-Zacher* Die Verfassung des Freistaates Bayern (Loseblattausgabe) Art. 144 Rdnr. 12.

Satz 2 BNotO. Beim *Arzt* ist es der Patient, nicht der Ehegatte, auch wenn dieser den Arzt zugezogen hat[33] (zur Entbindung nach dem Tode des Patienten → Rdnr. 26). Bei Angestellten (→ § 383 Rdnr. 87) ist das der Dritte, z. B. der Bankkunde, nicht der Geschäftsherr[34]. Deshalb kommt es nicht immer auf das Vertragsverhältnis an, sondern auf die Person, zu deren Schutz die Schweigepflicht besteht. *Sie muß nicht Vertragspartner des Schweigepflichtigen sein.*

3. Entbindung von der Verschwiegenheitspflicht durch einen Vertreter

Berechtigt zur Entbindung ist grundsätzlich *die Person, gegenüber der die Verschwiegenheitspflicht besteht.* Da das Recht auf Verschwiegenheit aber kein schlechthin höchstpersönliches ist, sondern Ausfluß desjenigen Rechtsverhältnisses, dem die geheimzuhaltende Tatsache angehört[35], ist bei der Frage, ob ein *Vertreter* von der Schweigepflicht entbinden kann, zu differenzieren: 21

a) Höchstpersönliche Rechte: Soweit höchstpersönliche Rechte in Frage stehen, kann nur und ausschließlich derjenige von der Verschwiegenheitspflicht entbinden, in dessen Interesse der Geheimhaltungsschutz (mit)geschaffen wurde. Das bedeutet etwa, daß der Arzt grundsätzlich nur vom Patienten von seiner Schweigepflicht entbunden werden kann (→ Rdnr. 19). 23

Vom *gesetzlichen Vertreter* kann bei *höchstpersönlichen* Beziehungen (z. B. Arzt – Patient) allenfalls dann entbunden werden, wenn dem Geschützten die erforderliche Einsichtsfähigkeit fehlt (wobei Alter und Geschäftsfähigkeit allein erst in zweiter Linie zu beachten sind)[36]. Zu beachten ist in diesen Fällen, daß bei *voll einsichtsfähigen* **Minderjährigen** eine wirksame Entbindung von der Schweigepflicht nur bei *Gleichklang* zwischen gesetzlichem Vertreter und Minderjährigem vorliegt. Weder die Entbindung durch den Minderjährigen (ohne Zustimmung des gesetzlichen Vertreters), noch die Entbindung durch den gesetzlichen Vertreter (ohne die Zustimmung des Minderjährigen) sind für sich allein wirksam. Die Interessenlage entspricht hier im wesentlichen der bei der Frage der Ausübung des Zeugnisverweigerungsrechts durch Minderjährige (dazu → § 383 Rdnr. 2 ff.). 24

b) Vermögenswerte Rechte: Auf vermögensrechtlichem Gebiet kann das Recht der Entbindung allein vom gesetzlichen Vertreter (und damit auch gegen den Widerspruch des Minderjährigen) und etwa auch von einem **Generalbevollmächtigten** ausgeübt werden[37]. Es kann dann auch auf den **Erben** übergehen[38], und im Falle der Insolvenz steht es bezüglich der zur Masse gehörigen Rechtsverhältnisse dem *Insolvenzverwalter* zu[39], sofern nicht *daneben* noch ein selbständiges Interesse des Gemeinschuldners vorliegt[40]. Besteht die Pflicht mehreren Personen gegenüber, so müssen *sämtliche* Berechtigte entbinden[41]. 25

---

[33] *OLG Karlsruhe* NJW 1960, 1392.
[34] *RG* HRR 1928 Nr. 1361; zur Entbindung des *Reporters* durch den Informanten *LG München* ArchPR XV (1970) 161 sowie → § 384 Rdnr. 18 f.
[35] Dazu *KG* OLG Rsp 29, 120.
[36] Unzutreffend insoweit *OLG München* JW 1932, 2176, das offenbar schematisch auf die Geschäftsfähigkeit abstellen will.
[37] *OLG Celle* NJW 1955, 1844; a. M. *KG* KGBl 1907, 92. Die Prozeßvollmacht genügt nicht, um jemanden namens der Partei von der Schweigepflicht zu entbinden, *OLG München* SeuffArch 66 (1911) 332.

[38] *OLG Stuttgart* MDR 1983, 236; *OLG Dresden* SächsAnn 30, 331 (*Anwalt*); *OLG Colmar* OLG Rsp 27, 98 (*Notar*); für Notar insoweit a. M. *OLG Jena* ThürBl 40, 236; zum Anwalt und Notar → auch Rdnr. 19.
[39] *RGZ* 59, 85; *BGHZ* 109, 260, 270; *BGH* ZIP 1994, 1103, 1110 r. Sp.; *OLG Düsseldorf* NJW-RR 1994, 958; *Jaeger-Weber* KO[8] (1973) § 207 Anm. 34.
[40] *RG* SeuffArch 61 (1906) 333; *OLG Nürnberg* MDR 1977, 144.
[41] *RGZ* 50, 353; *RG* JW 1906, 174; SeuffArch 61 (1906) 333; *OLG Dresden* SächsAnn 30, 331.

4. Entbindung nach dem Tode desjenigen, dem gegenüber die Pflicht besteht

26 Die Schweigepflicht reicht **grundsätzlich über den Tod** des durch die Verschwiegenheitspflicht Geschützten **hinaus**. Daher endet die Schweigepflicht des Arztes nicht mit dem Tode des Patienten[42], die Verschwiegenheitspflicht des Rechtsanwalts oder Steuerberaters nicht mit dem Tode des Mandanten[43] usw. Die Frage, ob und inwieweit der Schweigepflichtige nach dem Tode des durch die Verschwiegenheitspflicht Geschützten von der Schweigepflicht freigestellt ist, richtet sich nach dem **erklärten oder mutmaßlichen Willen** des Patienten, Mandanten usw.[44]; dabei soll die Aufklärung von Zweifeln über seine *Testier*fähigkeit im wohlverstandenen Interesse des Erblassers liegen[45]. Ist der Schweigepflichtige von seiner Verschwiegenheitspflicht aufgrund des Erblasserwillens nicht freigestellt, so geht das Recht zur Entbindung bei auf **Vermögensinteressen** bezogenen Schweigepflichten auf die *Erben* über[46]. Im Hinblick auf **höchstpersönliche Angelegenheiten** scheidet ein Übergang auf die Erben, aber auch auf die Angehörigen aus, falls nicht ein anderer Erblasserwille erkennbar ist; insbesondere kann der Erblasser einen Dritten ermächtigen, nach seinem Tode das Entbindungsrecht wahrzunehmen.

5. Erklärung der Entbindung

27 Die Erklärung kann vor und im Prozeß, dem Zeugen[47], dem Gegner oder dem Gericht[48] gegenüber erfolgen, insbesondere auch durch die Benennung des Zeugen seitens des Berechtigten[49]. Bei den nichtbeamteten Behördenbediensteten (→ § 383 Rdnr. 72) muß das Gericht die Behörde um eine Äußerung ersuchen, ob die Entbindung ausgesprochen wird, § 376 Abs. 3; eine Aussagegenehmigung nach § 376 ist bei diesen Personen nicht erforderlich (→ § 376 Rdnr. 37). Wird die Erklärung nicht abgegeben und besteht nach bürgerlichem Recht eine Pflicht dazu, so bedarf es eines *besonderen* Prozesses und einer Verurteilung dazu gemäß § 894. Dieses genügt aber, denn der Zeuge hat, wie Abs. 2 zeigt, kein Recht um seiner selbst willen (→ auch § 383 Rdnr. 87)[50]. Der Nachweis für die Entbindung obliegt dem Beweisführer. Durch die Versagung der Entbindung wird die Beweisführung unmöglich; das Gericht kann die Ladung des Zeugen ablehnen[51]. Die Versagung kann von dem Gericht bei der Beweiswürdigung frei verwertet werden[52], wobei – wie auch sonst bei der Würdigung von Verweigerungen[53] – Vorsicht und Zurückhaltung am Platze ist.

28 Die Frage der **Widerruflichkeit der Entbindung** von der Verschwiegenheitspflicht wird *uneinheitlich* beantwortet. Man unterscheidet, ob es sich um eine Entbindung »im Prozeß« handelt, die als Prozeßhandlung unwiderruflich sei[54], oder um eine dem Zeugen gegenüber

---

[42] BGH NJW 1984, 2893, 2894; *BayObLG* NJW-RR 1991, 1287.
[43] *OLG Stuttgart* NJW 1983, 1070 (LS).
[44] BGH NJW 1983, 2627; BGH NJW 1984, 2895; *BayObLG* NJW-RR 1991, 1287.
[45] BGH NJW 1984, 2895; *OLG Frankfurt* NJWE-FER 1998, 15, 16 r. Sp.; anders für die *Geschäfts*fähigkeit *LG Düsseldorf* NJW 1990, 2327.
[46] *OLG Stuttgart* NJW 1983, 1070 (LS).
[47] *OLG Hamburg* OLG Rsp 19, 110.
[48] RG JW 1896, 586.
[49] *OLG Darmstadt* DJZ 1902, 396.
[50] *OLG Hamburg* OLG Rsp 3, 245 f.; 23, 168. Nicht ausreichend ist ein »Zwischenurteil« im Verfahren zwischen den Parteien, wonach der Zeuge für zeugnispflichtig erklärt wird, weil eine Partei einen Rechtsanspruch gegen die andere dahingehend habe, den Zeugen von der Schweigepflicht zu entbinden, RGZ 53, 315 f.; *OLG Hamburg* OLG Rsp 6, 126. Einen Anspruch auf Entbindung von der Verschwiegenheitspflicht unter den Parteien halten für möglich *Gottwald* BB 1979, 1781; *Stürner* JZ 1985, 459 im Rahmen eines Geheimverfahrens (→ § 357 Rdnr. 17 f.).
[51] *RG* WarnRsp 1912 Nr. 130.
[52] *RG* JW 1915, 1361. Im Einzelfall kann die Verweigerung eine Beweisvereitelung darstellen → § 286 Rdnr. 123 m. w. N.; *Stürner* Die Aufklärungspflicht der Parteien des Zivilprozesses (1976) 202 ff.
[53] Wegen der Beweiswürdigung der Verweigerung des Zeugnisses → § 383 Rdnr. 20.
[54] *KG* JW 1916, 1144; OLG Rsp 39, 57; *BayObLG* FamRZ 1990, 1012, 1013; *Schumann* in der Voraufl. Rdnr. 27; *Zöller-Greger*[20] Rdnr. 11; **a.A.** *OLG Hamburg* OLG Rsp 19, 110; *OLG München* SeuffArch 66 (1911) 170; *MünchKommZPO-Damrau* Rdnr. 11.

erklärte »außerprozessuale« Entbindung, die als frei widerruflich behandelt wird[55]; andere stützen die freie Widerruflichkeit auf eine Analogie zu § 168 Satz 2 BGB[56]; auch wird die Widerruflichkeit bejaht, solange die Partei auf den Zeugen verzichten könne[57]. Danach entscheiden Zufälligkeiten der Entbindungserklärung über die Widerruflichkeit. Vielmehr sollte die **Entbindung stets als widerruflich** angesehen werden. Die Partei öffnet mit der Entbindung ihre Geheimnissphäre; ein Grund, sie an ihre Disposition zu binden, besteht nicht. Wird allerdings während der Aussage des Zeugen die Entbindung widerrufen, kann die bis dahin gemachte Aussage verwertet werden; überdies unterliegt der Widerruf der Entbindung (ebenso wie ihre Versagung, → Rdnr. 27) der freien Beweiswürdigung.

§ 386 [Angabe der Weigerungsgründe]

(1) Der Zeuge, der das Zeugnis verweigert, hat vor dem zu seiner Vernehmung bestimmten Termin schriftlich oder zum Protokoll der Geschäftsstelle oder in diesem Termin die Tatsachen, auf die er die Weigerung gründet, anzugeben und glaubhaft zu machen.

(2) Zur Glaubhaftmachung genügt in den Fällen des § 383 Nr. 4, 6 die mit Berufung auf einen geleisteten Diensteid abgegebene Versicherung.

(3) Hat der Zeuge seine Weigerung schriftlich oder zum Protokoll der Geschäftsstelle erklärt, so ist er nicht verpflichtet, in dem zu seiner Vernehmung bestimmten Termin zu erscheinen.

(4) Von dem Eingang einer Erklärung des Zeugen oder von der Aufnahme einer solchen zum Protokoll hat die Geschäftsstelle die Parteien zu benachrichtigen.

Gesetzesgeschichte: Ursprünglich § 351 CPO, durch Nov. 98, RGBl 256 (→ Einl. Rdnr. 113), inhaltlich verändert zu § 386 geworden. Änderungen durch Gesetz vom 9. VII. 1927, RGBl I 175 (→ Einl. Rdnr. 125), VO vom 30. XI. 1927, RGBl I 334 (→ Einl. Rdnr. 125) und Gesetz vom 25. VII. 1975, BGBl I 1973 (→ Einl. Rdnr. 156).

Stichwortverzeichnis → »Schlüssel zum Zeugenbeweis« zu Beginn der Vorbemerkungen vor § 373.

I. Erklärung der Weigerung		3. Keine Verwirkung nicht geltend gemachter Weigerungsgründe	6
1. Angabe und Glaubhaftmachung der Tatsachen	1	II. Schriftliche Erklärung	9
2. Entscheidung über den Weigerungsgrund	4	III. Benachrichtigung der Parteien	11

I. Erklärung der Weigerung[1]

1. Angabe und Glaubhaftmachung der Tatsachen

In allen Fällen der **Zeugnisverweigerung** hat der Zeuge die Tatsachen anzugeben, auf 1
die sich die Weigerung stützt, und das Gericht hat nur über diese Tatsachen zu entscheiden, s. auch § 389 Abs. 3[2]. Die Angaben müssen so weit ins einzelne gehen, daß dem Richter

---

[55] BGH NJW 1986, 3077, 3079 r. Sp.
[56] MünchKommZPO-*Damrau* Rdnr. 11.
[57] OLG Celle NdsRpfl 1962, 260.

[1] H. Meyer ZZP 17 (1892) 459 ff.
[2] RGZ 54, 326.

ein Urteil über den Weigerungsgrund, z. B. das Geschäftsgeheimnis, möglich ist[3]. Sagt der Zeuge in der mündlichen Verhandlung über seinen Weigerungsgrund aus, kann er sich bei unwahren Behauptungen nach § 153 StGB strafbar machen[4]. Die vorgetragenen Tatsachen sind ferner nach § 294 **glaubhaft zu machen**, soweit sie nicht schon nach den Umständen, insbesondere aus dem Inhalt der gestellten Fragen, ohne weiteres glaubhaft sind, wie z. B. bei der Frage nach dem Ehebruch (→ § 384 Rdnr. 7)[5]. Der Zeuge kann also auch die Wahrheit der von ihm zur Begründung seines Zeugnisverweigerungsrechts vorgetragenen Tatsachen an Eides Statt versichern und zwar auch bei schriftlicher Erklärung (→ Rdnr. 9), → auch § 294 Fn. 24. Unwahre Behauptungen sind dann nach § 156 StGB strafbar[6].

2   Die *Versicherung auf einen geleisteten Diensteid* (§ 155 Nr. 2 StGB) in den Fällen des § 383 Abs. 1 Nr. 4 und 6 steht neben den anderen Mitteln der Glaubhaftmachung.

2. Entscheidung über den Weigerungsgrund

4   Wird die Weigerung begründet, so ist darüber nach § 387 zu entscheiden; also nicht nur dann, wenn der Zeuge die §§ 383 f. oder § 61 BBG (bzw. eine entsprechende landesrechtliche Bestimmung, → § 376 Rdnr. 72 ff.) vorbringt, sondern auch dann, wenn er mit Rücksicht z. B. auf seine Eigenschaft als gesetzlicher Vertreter (→ Rdnr. 7 f. vor § 373) das Zeugnis ablehnt[7] oder wenn er meint, daß die von ihm geforderte Antwort ein Gutachten enthalte[8] oder dgl. Auch wenn der angeführte Grund vom Gesetz nicht anerkannt ist (→ § 383 Rdnr. 16), ist nach § 387 zu verfahren. Auch abwegige Gründe, die evident kein Verweigerungsrecht geben (Berufung auf Zeitmangel, Forderung der Verdoppelung der Zeugengebühr[9]), sollten nicht als »vorgeschützt« und damit unerheblich behandelt werden[10], denn eine Grenzziehung zwischen nicht anerkannten und evident unerheblichen Gründen ist nicht möglich. Vor Mißbrauch schützt die Kostentragungspflicht (→ § 387 Rdnr. 11). Bei der Weigerung ohne Angabe von Gründen greift § 390 Platz.

3. Keine Verwirkung nicht geltend gemachter Weigerungsgründe

6   Daß der Zeuge *mehrere* ihm zur Seite stehende Weigerungsgründe dergestalt gleichzeitig geltend zu machen hätte, daß mit dem Zwischenurteil eine Verwirkung hinsichtlich der nicht geltend gemachten Gründe einträte, ist dem Gesetz *nicht* zu entnehmen, → auch § 390 Rdnr. 3[11]. Schon nach allgemeinen Grundsätzen über die innerprozessuale Bindungswirkung von gerichtlichen Entscheidungen ist der Zeuge selbst bei rechtskräftiger Verwerfung eines Weigerungsgrundes mit dem Vorbringen eines anderen Weigerungsgrundes dann

---

[3] *OLG Hamburg* OLG Rsp 13, 159.
[4] Die Unwahrheit der Aussage kann auch in der in einer Wertung (»Unehre« § 384 Nr. 2) oder in dem Gebrauch geläufiger Rechtsbegriffe (»Verlöbnis«, »Ehe« § 383 Abs. 1 Nr. 1, 2) enthaltenen Tatsachenbehauptung liegen *Schönke-Schröder-Lenckner* StGB[25] [1997] Rdnr. 11 vor § 153). Die Umstände, aus denen sich ein Zeugnisverweigerungsrecht ergeben könnte, unterliegen jedenfalls dann der Wahrheitspflicht des Zeugen, wenn er von seinem Zeugnisverweigerungsrecht Gebrauch macht und sich auf diese Umstände beruft.
[5] S. auch *RG* JW 1903, 241; SeuffArch 64 (1909) 428; JW 1913, 139 f.; HRR 1933 Nr. 539; *OLG Bamberg* SeuffArch 60 (1905) 469; *OLG Hamburg* und *OLG München* OLG Rsp 20, 325 f.; *OLG Darmstadt* SeuffArch 66 (1911) 427. Sehr weitgehend *OLG Zweibrücken* SeuffArch 57 (1902) 475; hierzu weiter *Jaeger* DRZ 1950, 105.
[6] BGHSt 7, 1; *Schönke-Schröder-Lenckner* (Fn. 4) § 156 Rdnr. 14; einschränkend Leipziger Kommentar-*Willms* § 156 Rdnr. 12, 7.
[7] *LG Bochum* JW 1929, 1156.
[8] *OLG Naumburg* OLG Rsp 29, 122.
[9] *OLG Bamberg* BayJMBl 1952, 237.
[10] A. A. *Schumann* in der Voraufl.; MünchKommZPO-*Damrau* § 387 Rdnr. 1.
[11] *RG* JW 1889, 169; *KG* OLG Rsp 19, 112; *Baumbach-Lauterbach-Hartmann*[56] Rdnr. 3; MünchKommZPO-*Damrau* § 387 Rdnr. 3; *Rosenberg-Schwab-Gottwald*[15] § 122 V 3 c; *Wieczorek*[2] B III b; a. M. *KG* JW 1928, 738 mit Anm. (im Sinne der hier vertretenen Ansicht) von *Striemer*.

nicht präkludiert, wenn er hierzu einen ganz anderen Tatsachenkomplex vorträgt[12]. Da sich, wie aus § 389 Abs. 3 S. 2, 2. HS. folgt, der Weigerungsstreit *eng an den vom Zeugen vorgetragenen Weigerungsgrund knüpft*, tritt bei der rechtskräftigen Verwerfung eines geltend gemachten Weigerungsgrundes auch nur **eine Bindung hinsichtlich gerade dieses einzelnen Weigerungsgrundes** ein, so daß dem Zeugen nicht verwehrt ist, etwa nach Rechtskraft der Weigerungsentscheidung nunmehr einen anderen im Gesetz enthaltenen Weigerungsgrund vorzutragen, *selbst wenn es sich um denselben Tatsachenkomplex handelt*. Demgemäß kann der als Mittäter möglicherweise in Betracht kommende Zeuge zunächst versuchen, ein Zeugnisverweigerungsrecht als Verlobter der beklagten Partei zu erlangen; bei Scheitern dieses Versuchs ist ihm nicht verwehrt, nunmehr aus § 384 Nr. 1 ein Verweigerungsrecht herzuleiten, ohne daß er hierzu neue Tatsachen vorzutragen hätte. Aus dieser Situation folgt zugleich auch, daß der Zeuge nicht verpflichtet ist, ihm zustehende weitere Weigerungsgründe sogleich vorzutragen. Da er nicht mit weiteren Gründen präkludiert wird, kann er den Erfolg des zunächst vorgeschützten Weigerungsgrundes abwarten.

II. Schriftliche Erklärung

Die Weigerung kann **vor dem Termin schriftlich** oder zu Protokoll der Geschäftsstelle oder im Termin selbst erklärt werden. Die Erklärung vor dem Termin *befreit* den Zeugen von der *Pflicht zum Erscheinen* im Termin, wenn sie sich auf die *ganze Zeugenvernehmung* bezieht, sich also auf ein persönliches Verhältnis gründet, § 383 Abs. 1 Nr. 1 – 3, oder den ganzen Gegenstand der Vernehmung, § 377 Abs. 2 Nr. 2, umfaßt. Daß die Weigerung sich später als grundlos herausstellt (etwa weil der Zeuge im Termin von seiner Schweigepflicht entbunden wurde), ist unerheblich[13]. Bleibt der Zeuge dagegen aus, ohne in der Erklärung Gründe anzugeben[14], oder nach einer Weigerung, die sich nur auf einzelne Punkte bezieht, so treffen ihn die Folgen des § 380[15].   9

III. Benachrichtigung der Parteien

Die **Benachrichtigung nach Abs. 4** soll es ermöglichen, daß die Partei sofort durch Verzicht   11
auf den Zeugen (→ § 387 Rdnr. 8) die Angelegenheit erledigt, anderenfalls dient sie zur Vorbereitung des Zwischenstreits nach §§ 387 ff. Einer Zustellung der Benachrichtigung bedarf es nicht, → Rdnr. 39 vor § 166. Unterbleibt die Benachrichtigung, knüpfen sich hieran in der Regel keine Folgen (→ § 387 Rdnr. 6).

§ 387   [Zwischenstreit über Zeugnisverweigerung]

(1) **Über die Rechtmäßigkeit der Weigerung wird von dem Prozeßgericht nach Anhörung der Parteien entschieden.**
(2) **Der Zeuge ist nicht verpflichtet, sich durch einen Anwalt vertreten zu lassen.**
(3) **Gegen das Zwischenurteil findet sofortige Beschwerde statt.**

---

[12] → § 322 Rdnr. 103 ff.; *Blomeyer*[2] § 87 I 1 b, § 89 V 1; *Rosenberg-Schwab-Gottwald*[15] § 151 III 1 a; *Thomas-Putzo*[21] § 322 Rdnr. 33 f.; *Zöller-Vollkommer*[20] § 318 Rdnr. 11.
[13] Anders, wenn der Zeuge schon *im Zeitpunkt der Ladung* von der Schweigepflicht entbunden war, *RG* JW 1896, 586. Der Zeuge hat dann zu erscheinen. Ebenso, wenn der Zeuge nach Erklärung der Weigerung, aber vor Terminsbeginn von der Schweigepflicht entbunden wurde.
[14] *OLG Hamburg* OLG Rsp 20, 325.
[15] Ein Zeuge, der das Zeugnis verweigert hat, ist nur dann erneut zu laden, wenn anzunehmen ist, daß er jetzt aussagen werde, *BGH* NJW-RR 1987, 445.

§ 387 I   Siebenter Titel: Zeugenbeweis

Gesetzesgeschichte: Ursprünglich § 352 CPO, durch Nov. 98, RGBl 256 (→ Einl. Rdnr. 113), inhaltlich unverändert zu § 387 geworden.

Stichwortverzeichnis → »Schlüssel zum Zeugenbeweis« zu Beginn der Vorbemerkungen vor § 373.

I. Zwischenstreit		III. Zwischenurteil	
1. Zuständigkeit und Verfahren	1	1. Besonderes Zwischenurteil	11
2. Beteiligte Personen	2	2. Beschwerde	12
3. Mehrmalige Weigerung	4	IV. Weiteres Verfahren	15
II. Verhandlung		1. Rechtmäßige Weigerung	17
1. Ablauf	6	2. Verworfene Weigerung	18
2. Verzicht auf das Zeugnis	8	3. Gebühren	20

I. Zwischenstreit

1. Zuständigkeit und Verfahren

1   Über die **Rechtmäßigkeit der Zeugnisverweigerung** kann nur das *Prozeßgericht* entscheiden. Das *Verfahren* regeln die §§ 387, 388 für den Fall der Vernehmung vor dem Prozeßgericht, § 389 für den der Weigerung vor dem beauftragten oder ersuchten Richter.

2. Beteiligte Personen

2   Durch die Verweigerung entsteht **zwischen der beweisführenden Partei**, an deren Stelle im Falle des § 399 der Gegner tritt (→ Rdnr. 12), **und dem Zeugen ein Zwischenstreit**[1] (zur Bedeutung des Parteiverhaltens → Rdnr. 8). Dieser Streit ist aber nicht als eigentlicher Parteienstreit aufzufassen, sondern als Teil des Beweisaufnahmeverfahrens, der **von Amts wegen**[2] erledigt wird (→ § 361 Rdnr. 1). Für die Parteien gilt Anwaltszwang wie sonst, der Zeuge *kann* sich nach § 79 vertreten lassen, Abs. 2. Hinsichtlich des **minderjährigen** (prozeßunfähigen) **Zeugen** fehlt es auch hier an einer Regelung (→ § 383 Rdnr. 2 ff. zum Zeugnisverweigerungsrecht, → § 377 Rdnr. 3 zur Ladung, → § 380 Rdnr. 20 zu den Ordnungsmitteln). In Anwendung der an diesen Stellen entwickelten Ansicht ist *der prozeßunfähige Zeuge in dem Zwischenstreit jedenfalls dann prozeßfähig*, wenn er das Wesen von Zeugnis und Zeugnisverweigerungsrecht voll zu erkennen vermag.

3. Mehrmalige Weigerung

4   Die §§ 387 ff. sind bei jeder Weigerung anwendbar, unabhängig davon, ob ein im Gesetz vorgesehener oder unzulässiger Weigerungsgrund vorgebracht wird (→ § 386 Rdnr. 4). Bei **mehrmaliger Weigerung** findet das Verfahren jeweils von neuem statt, sofern nicht über den konkreten Weigerungsgrund bereits rechtskräftig entschieden ist[3], → § 386 Rdnr. 6.

---

[1] *RGZ* 13, 414; 20, 378; 28, 437; *OLG Hamburg* MDR 1963, 852 = FamRZ 652; FamRZ 1965, 277; *OLG Köln* JMBlNRW 1973, 209; a. M. (für den Finanzprozeß) *BFH* BB 1978, 1052, wonach die Parteirolle des Hauptprozesses unverändert bleibt; der Zeuge wird »Nebenbeteiligter«.

[2] Nach einer gegenteiligen Ansicht soll ein *Antrag des Beweisführers* erforderlich sein, *OLG Koblenz* DAVorm 1977, 646; *Zöller-Greger*[20] Rdnr. 2.

[3] S. auch *OLG Marienwerder* SeuffArch 51 (1896) 228.

II. Verhandlung

1. Ablauf

Findet die Vernehmung vor dem Prozeßgericht (auch dem Einzelrichter) statt und ist der *Zeuge erschienen* (über den Fall des Ausbleibens s. § 388), so ist **sofort über den Zwischenstreit zu verhandeln**, auch wenn die Mitteilung nach § 386 Abs. 4 unterblieben war. Der Zeuge hat seine Weigerung zu begründen und glaubhaft zu machen (→ § 386 Rdnr. 1), soweit dies erforderlich und nicht bereits vorher geschehen ist. Sind die Parteien anwesend, so sind sie zu hören. Das Gericht hat aber auch dann auf Grund des ihm vorliegenden Materials zu entscheiden, wenn eine oder beide Parteien ausgeblieben sind[4]. Eine Versäumnisfolge zum Nachteil der Partei, etwa der Verzicht auf den Zeugen oder die Anerkennung des Weigerungsrechts, tritt nicht ein. Für die tatsächlichen Voraussetzungen etwaiger Ausnahmen vom Zeugnisverweigerungsrecht (z.B. § 385 Abs. 1 Nr. 1 gegenüber § 383 Abs. 1 Nr. 3) trägt die beweisbelastete Partei die Beweisführungslast[5]. Für diese Beweisführung genügt, wie beim Zeugen, Glaubhaftmachung. Unter Umständen ist – im Rahmen des Zwischenstreits – Beweis darüber zu erheben, ob die Voraussetzungen der Gegenausnahme vorliegen. Erst nach Erledigung des Zwischenstreits, der einen Teil des Beweisverfahrens bildet, ist der Termin zur mündlichen Verhandlung bestimmt, § 370.

6

2. Verzicht auf das Zeugnis

Erkennt der Beweisführer den Weigerungsgrund an, so ist dies ein **Verzicht auf das Zeugnis**[6], und die gleiche Wirkung tritt ein, wenn er erschienen ist und der unrechtmäßigen Weigerung nicht widerspricht (§ 295)[7]. Jedoch kann nach § 399 nunmehr der Gegner die Vernehmung beantragen und den Zwischenstreit mit dem Zeugen weiterführen[8].

8

III. Zwischenurteil

1. Besonderes Zwischenurteil

Die Entscheidung hat durch ein besonderes Zwischenurteil zu erfolgen. Eine Entscheidung in den Gründen des Endurteils ist insoweit unzulässig, als die Beschwerde stattfindet (→ Rdnr. 12), die sonst gegenstandslos wäre[9]. Über die *Kosten des Zwischenstreits* ist nach den Regeln der §§ 91 ff. zu entscheiden. Der Zeuge gilt insoweit als Partei[10]. Es kommt daher für die Anfechtung auch § 99 zur Anwendung.

11

2. Beschwerde

Gegen das Zwischenurteil findet, sofern es nicht von einem Oberlandesgericht erlassen ist (§ 567 Abs. 4)[11], **sofortige Beschwerde** statt. Wird die Verweigerung für *begründet* erklärt, so

12

---

[4] *OLG Koblenz* DAVorm 1977, 646.
[5] *OLG Breslau* OLG Rsp 20, 326.
[6] RGZ 20, 378, 380; *RG* Gruchot 30 (1886) 1129; SächsArch 13, 567; *OLG Bamberg* SeuffArch 60 (1905) 469.
[7] *RG* JW 1894, 82; Gruchot 40 (1896) 915; JW 1899, 534, 536 u.a.
[8] *OLG Bamberg* SeuffArch 60 (1905) 469.
[9] → § 389 Rdnr. 3 a. E.
[10] S. auch *RG* JW 1899, 141; *OLG Bamberg* SeuffArch 60 (1905) 469; *OLG Kiel* OLG Rsp 17, 106; *OLG Hamburg* OLG Rsp 19, 112; 25, 109; 33, 70; *OLG Frankfurt* NJW 1968, 1240 = OLGZ, 290; a. M. *OLG Hamburg* OLG Rsp 5, 67. Da im Falle des § 387 (anders als in dem des § 389) der Zeuge zu dem Termin *als Zeuge* geladen ist, hat er Anspruch auf Zeugengebühren.
[11] Wohl aber, wenn vom Landgericht als Berufungsgericht erlassen, *OLG München* JZ 1952, 426. So auch *Baumbach-Lauterbach-Hartmann*[56] Rdnr. 5; *Thomas-Putzo*[21] Rdnr. 5; *Wieczorek*[2] B III; *Zöller-Greger*[20] Rdnr. 7.

steht die Beschwerde in der Regel nur dem Beweisführer[12], dem Gegner aber nur insoweit zu, als er von dem Recht des § 399 Gebrauch gemacht hat (→ Rdnr. 2) oder jetzt Gebrauch macht[13].

13   Wird die Weigerung *verworfen*, so hat nur der Zeuge die Beschwerde; denn ein Recht einer Partei auf Nichtvernehmung eines Zeugen, außer im Falle des Verzichts nach § 399, besteht nicht[14]. Wird auf die Beschwerde[15] des Zeugen die Verweigerung für rechtmäßig erklärt, so hat dagegen der Beweisführer und der Gegner (sofern er vom Recht des § 399 Gebrauch gemacht hat, → Rdnr. 12 a. E.) die weitere Beschwerde und umgekehrt[16], § 568 Abs. 2. Auch wenn sich das Hauptverfahren inzwischen erledigt hat, bleibt die Beschwerde zulässig[17].

IV. Weiteres Verfahren

15   Die Zustellung des Urteils von Amts wegen (§ 317) setzt die Notfrist für die Erhebung der sofortigen Beschwerde in Lauf (§ 577 Abs. 2). Die Beschwerde hat zwar keine aufschiebende Wirkung in Beziehung auf den Fortgang des Prozesses (§ 572), wohl aber hinsichtlich des weiteren Verfahrens gegen den Zeugen (§ 390 Abs. 1 »rechtskräftig«) und dadurch mittelbar hinsichtlich der völligen Erledigung des Rechtsstreits in der Instanz.

1. Rechtmäßige Weigerung

17   Ist die Weigerung rechtmäßig erklärt, so ist die Beweisaufnahme zunächst erledigt, und es kann in demselben Termin (§ 370 Abs. 1) weiter verhandelt werden. Will eine Partei Beschwerde einlegen, so muß die Verhandlung bis zu ihrer Erledigung vertagt werden. Ändert das Beschwerdegericht ab, so ist der Termin nach § 368 von Amts wegen zu bestimmen und der Zeuge zu laden; bestätigt es, so ist, da nunmehr die Beweisaufnahme endgültig erledigt ist, der Termin zur Verhandlung gleichfalls von Amts wegen zu bestimmen.

2. Verworfene Weigerung

18   Wird die Weigerung verworfen, so kann gegen den Zeugen erst nach Rechtskraft des Zwischenurteils gemäß § 390 vorgegangen werden. Wird die Rechtskraft nachgewiesen, so ist nunmehr der Termin nach § 368 zu bestimmen und der Zeuge zu laden. Darüber, daß dem Zeugen durch das Zwischenurteil etwaige *weitere* Zeugnisverweigerungsgründe nicht abgeschnitten sind, → § 386 Rdnr. 6. Wird das Zwischenurteil aufgehoben, so ist, da die Beweisaufnahme jetzt erledigt ist, Termin zur mündlichen Verhandlung von Amts wegen (→ Rdnr. 17) anzuberaumen.

3. Gebühren

20   Für das Zwischenurteil wird keine gesonderte Gebühr erhoben. Die Zurückweisung der Beschwerde als unzulässig ist nach KV Nr. 1909 gebührenpflichtig. Für die Anwaltsgebühren ist davon auszugehen, daß der Zwischenstreit zur Instanz gehört, § 37 Nr. 3 BRAGO. Wegen der Beschwerde vgl. § 61 Abs. 1 Nr. 1 BRAGO.

---

[12] *OLG Celle* OLG Rsp 15, 270.
[13] *OLG Hamburg* OLG Rsp 15, 138; 25, 110; *OLG Kassel* SeuffArch 69 (1914) 373.
[14] *RGZ* 20, 379; *RG* Gruchot 39 (1895) 1143 u. a.; *OLG Frankfurt* MDR 1983, 236; ähnlich *BFH* BB 1982, 1353; a. M. *Baumbach-Lauterbach-Hartmann*[56] Rdnr. 5.
[15] Das Beschwerdegericht kann auch die prozeß- und materiellrechtliche Zulässigkeit überprüfen, *OLG München* NJW 1977, 341.
[16] *RGZ* 32, 381; 53, 40 f.
[17] *OLG Köln* FamRZ 1986, 708.

§ 388 [Zwischenstreit über schriftliche Zeugnisverweigerung]

Hat der Zeuge seine Weigerung schriftlich oder zum Protokoll der Geschäftsstelle erklärt und ist er in dem Termin nicht erschienen, so hat auf Grund seiner Erklärungen ein Mitglied des Prozeßgerichts Bericht zu erstatten.

Gesetzesgeschichte: Ursprünglich § 353 CPO, durch Nov. 98, RGBl 256 (→ Einl. Rdnr. 113), inhaltlich unverändert zu § 388 geworden. Änderungen durch Gesetz vom 9. VII. 1927, RGBl I 175 (→ Einl. Rdnr. 125) und VO vom 30. XI. 1927, RGBl I 334 (→ Einl. Rdnr. 125).

Stichwortverzeichnis → »Schlüssel zum Zeugenbeweis« zu Beginn der Vorbemerkungen vor § 373.

Ist der Zeuge in dem *Termin vor dem Prozeßgericht* (→ § 387 Rdnr. 6) *nicht erschienen*, so bedarf es einer Entscheidung nach § 387 nur dann, wenn er seine *Weigerung vor* dem Termin *ordnungsmäßig* nach § 386 erklärt hat, → § 386 Rdnr. 9. Es findet aber kein Versäumnisverfahren statt, sondern Berichterstattung nach § 388 und sodann Gehör der Parteien und Entscheidung nach § 387. Zur Säumnis einer Partei → § 387 Rdnr. 6. **1**

§ 389 [Zeugnisverweigerung vor dem beauftragten oder ersuchten Richter]

(1) Erfolgt die Weigerung vor einem beauftragten oder ersuchten Richter, so sind die Erklärungen des Zeugen, wenn sie nicht schriftlich oder zum Protokoll der Geschäftsstelle abgegeben sind, nebst den Erklärungen der Parteien in das Protokoll aufzunehmen.
(2) Zur mündlichen Verhandlung vor dem Prozeßgericht werden der Zeuge und die Parteien von Amts wegen geladen.
(3) ¹Auf Grund der von dem Zeugen und den Parteien abgegebenen Erklärungen hat ein Mitglied des Prozeßgerichts Bericht zu erstatten. ²Nach dem Vortrag des Berichterstatters können der Zeuge und die Parteien zur Begründung ihrer Anträge das Wort nehmen; neue Tatsachen oder Beweismittel dürfen nicht geltend gemacht werden.

Gesetzesgeschichte: Ursprünglich § 354 CPO, durch Nov. 98, RGBl 256 (→ Einl. Rdnr. 113), inhaltlich unverändert zu § 389 geworden. Änderungen durch Gesetz vom 9. VII. 1927, RGBl I 175 (→ Einl. Rdnr. 125) und VO vom 30. XI. 1927, RGBl I 334 (→ Einl. Rdnr. 125).

Stichwortverzeichnis → »Schlüssel zum Zeugenbeweis« zu Beginn der Vorbemerkungen vor § 373.

I. Verfahren vor dem beauftragten oder ersuchten Richter	1	II. Verfahren vor dem Prozeßgericht	3
		III. Arbeitsgerichtliches Verfahren	6

I. Verfahren vor dem beauftragten oder ersuchten Richter

Erfolgt die **Verweigerung des Zeugnisses vor dem beauftragten oder ersuchten Richter**, so hat in jedem Fall das *Prozeßgericht* über die Rechtmäßigkeit zu entscheiden, → § 387 Rdnr. 1 ff.[1], es sei denn, daß der Beweisführer vor diesem Richter *auf den Zeugen verzich-* **1**

---

[1] Wiederholtes Ersuchen ohne Entscheidung gemäß § 389 ist unzulässig, *OLG Dresden* SächsAnn 22, 523; 25, 78; *OLG Braunschweig* OLG Rsp 18, 380.

tet. Der beauftragte oder ersuchte Richter hat für diese Entscheidung die abschließende Grundlage zu schaffen. Erklärt der Zeuge seine Weigerung im Termin, so ist seine Weigerung nebst den Erklärungen der Parteien, soweit sie anwesend sind, in das Protokoll aufzunehmen, § 160 Abs. 3 Nr. 3, § 162. Hat der Zeuge vor dem Termin eine ordnungsmäßige schriftliche Erklärung abgegeben (→ § 386 Rdnr. 9), so sind etwaige Parteierklärungen zu protokollieren. Dagegen kann aus dem Unterbleiben solcher Erklärungen vor dem beauftragten oder ersuchten Richter (anders → § 387 Rdnr. 8) kein Schluß auf den Verzicht (§ 399) gezogen werden[2].

II. Verfahren vor dem Prozeßgericht

3   Außer dem Fall des Verzichtes (→ Rdnr. 1) sendet der Richter das Protokoll an das **Prozeßgericht**; dieses lädt den Zeugen und die Parteien *von Amts wegen* durch die Geschäftsstelle »zur mündlichen Verhandlung«. Der Zeuge wird sonach nicht als solcher nach § 377, sondern als *Partei im Zwischenstreit* geladen und hat deshalb auf Zeugengebühren keinen Anspruch, auch wenn er sich in der Verhandlung vernehmen läßt[3]. In der mündlichen Verhandlung erfolgt der Vortrag des Berichterstatters, Abs. 3. Sodann wird der Zwischenstreit nach Maßgabe des Abs. 3 verhandelt, auch wenn der Zeuge oder die Parteien nicht erschienen sind (→ § 387 Rdnr. 6), sofern nur die Ladung ordnungsmäßig, nicht etwa eine Zeugenladung, war[4]. Durch das *Verbot, neue Tatsachen und Beweise* für die bisherige Weigerung geltend zu machen (Abs. 3 S. 2, 2. HS.), ist nicht untersagt, daß der **Zeuge** die Zeugnisverweigerung unter einem anderen *rechtlichen* Gesichtspunkt begründet[5] oder die schon vorgebrachten Tatsachen näher erläutert[6] und daß die **Parteien** Umstände vortragen, die die Weigerung ausschließen sollen[7]; auch kann ein neues Zeugnisverweigerungsrecht geltend gemacht werden[8], → auch § 387 Rdnr. 4. Die Entscheidung erfolgt durch ein Zwischenurteil, für das § 387 (→ dort Rdnr. 11) gilt. Unzulässig wäre es, die Entscheidung ohne Ladung nach § 389 in den Gründen des Endurteils zu treffen[9].

4   Ist die Ladung des Zeugen unterblieben und nur Termin nach § 370 anberaumt, so verliert die Partei im Fall unterlassener Rüge (§ 295) das Recht, eine Entscheidung über die Verweigerung zu verlangen[10].

III. Arbeitsgerichtliches Verfahren

6   Im arbeitsgerichtlichen Verfahren hat § 389 für den Fall entsprechend zu gelten, daß der Zeuge vor dem nach Maßgabe des § 58 Abs. 1 ArbGG mit der Beweisaufnahme befaßten Vorsitzenden oder vor dem ersuchten Arbeits- oder Amtsgericht (→ § 355 Rdnr. 33 ff.) die Aussage verweigert. Der Vorsitzende steht hier dem beauftragten oder ersuchten Richter gleich.

---

[2] *BayObLG* NS 8, 490 f.
[3] *RGZ* 28, 437; 43, 409. Dies gilt aber nur, wenn er ausdrücklich nach § 389 geladen war, *RG* JW 1897, 233 f.; a. M. *RG* JW 1899, 281.
[4] *RGZ* 67, 343; *RG* SeuffArch 54 (1899) 475. Anderenfalls ist die Entscheidung abzulehnen; dagegen gibt es keine Beschwerde *BayObLG* NS 2, 788 f.
[5] *RG* JW 1889, 169; *OLG Kassel* OLG Rsp 21, 83; *Zöller-Greger*[20] Rdnr. 3.
[6] *RG* JW 1902, 21; *Wieczorek*[2] B II b 2.
[7] *RGZ* 67, 362 f.; a. M. *KG* OLG Rsp 29, 121.
[8] MünchKommZPO-*Damrau* Rdnr. 6.
[9] *RGZ* 13, 414; 43, 409 u. a.
[10] → die Entscheidungen in § 387 Fn. 6 f.; a. M. *RG* Gruchot 41 (1897) 1175 und *RG* JW 1897, 208.

§ 390 [Zwangsmittel bei Zeugnisverweigerung]

(1) ¹Wird das Zeugnis oder die Eidesleistung ohne Angabe eines Grundes oder aus einem rechtskräftig für unerheblich erklärten Grund verweigert, so werden dem Zeugen, ohne daß es eines Antrages bedarf, die durch die Weigerung verursachten Kosten auferlegt. ²Zugleich wird gegen ihn ein Ordnungsgeld und für den Fall, daß dieses nicht beigetrieben werden kann, Ordnungshaft festgesetzt.

(2) ¹Im Falle wiederholter Weigerung ist auf Antrag zur Erzwingung des Zeugnisses die Haft anzuordnen, jedoch nicht über den Zeitpunkt der Beendigung des Prozesses in dem Rechtszuge hinaus. ²Die Vorschriften über die Haft im Zwangsvollstreckungsverfahren gelten entsprechend.

(3) Gegen die Beschlüsse findet die Beschwerde statt.

Gesetzesgeschichte: Ursprünglich § 355 CPO, durch Nov. 98, RGBl 256 (→ Einl. Rdnr. 113), inhaltlich unverändert zu § 390 geworden. Änderungen durch Gesetz vom 17. VIII. 1920, RGBl 1579 (→ Einl. Rdnr. 121), Bek. 24, RGBl I 437 (→ Einl. Rdnr. 123f.), und Gesetz vom 2. III. 1974, BGBl I 469 (→ Einl. Rdnr. 152).

Stichwortverzeichnis → »Schlüssel zum Zeugenbeweis« zu Beginn der Vorbemerkungen vor § 373.

I. Ordnungsmaßnahmen	1	III. Zuständigkeit, Beschwerde		
1. Verweigerung ohne Begründung	2	1. Beauftragter und ersuchter Richter	16	
2. Verworfener Verweigerungsgrund	3	2. Beschwerde	18	
3. Ordnungsgeld und Ordnungshaft	4	IV. Sonstige Folgen der Weigerung	19	
II. Wiederholte Zeugnisverweigerung, Zeugniszwang im engeren Sinn		V. Entsprechende Anwendung	21	
		VI. Rechtshilfe im Verkehr zum Ausland	24	
1. Zwangshaft	7			
2. Rechtsnatur der Zwangshaft	11			
3. Dauer der Zwangshaft	14			

I. Ordnungsmaßnahmen[1]

Die Voraussetzungen einer Ordnungsmaßnahme[2] *wegen* **Verweigerung des Zeugnisses** oder der **Eidesleistung** (im Gegensatz zum Nichterscheinen, § 380) sind: **1**

1. Verweigerung ohne Begründung

Eine Voraussetzung ist, daß das Zeugnis (→ § 386 Rdnr. 1 ff.) *oder die Eidesleistung* (→ § 392 Rdnr. 6) *ohne Angabe eines Grundes*[3] verweigert wird, sei es im Termin oder nach § 386 vor dem Termin. Ein Mangel der Glaubhaftmachung genügt nicht. *Entfernt* sich der Zeuge vor seiner Vernehmung oder wird er entfernt (§ 158), so liegt ein Fall des § 380 vor; entfernt er sich *während* der Vernehmung, so liegt darin u. U. eine Zeugnisverweigerung.   **2**

---

[1] *Landau* Gruchot 42 (1898) 484 ff.
[2] Bei der nach Abs. 1 auszusprechenden Maßnahme handelt es sich um ein regelrechtes *Ordnungsmittel*, nicht um eine Beugemaßnahme; ebenso *Rosenberg-Schwab-Gottwald*[15] § 122 IV; *Zöller-Greger*[20] Rdnr. 1.
[3] Gleichbehandelt wird die Angabe eines *abwegigen* Grundes, z. B. *OLG Nürnberg* NJW 1966, 1926, oder eines nicht ernst gemeinten Grundes, *Baumbach-Lauterbach-Hartmann*[56] Rdnr. 3; *Thomas-Putzo*[21] Rdnr. 1; → aber § 386 Rdnr. 4.

§ 390 I, II Siebenter Titel: Zeugenbeweis 316

2. Verworfener Verweigerungsgrund

3   Ebenfalls muß die Maßnahme ausgesprochen werden, wenn der geltend gemachte *Grund* der Verweigerung *rechtskräftig* nach §§ 387–389 *verworfen* worden ist und der Zeuge auf der Verweigerung beharrt. Macht der Zeuge jetzt *neue Gründe* der Weigerung geltend, so bedarf es, auch wenn der neue Grund schon früher vorhanden war, einer neuen Entscheidung, da die Rechtskraft sich nur auf den vorgebrachten Weigerungsgrund bezieht (→ § 389 Rdnr. 3)[4], → auch § 386 Rdnr. 6.

3. Ordnungsgeld und Ordnungshaft

4   **Das Gericht hat von Amts wegen die in Abs. 1 enthaltene Ordnungsmaßnahme durch Beschluß auszusprechen,** sofern nicht der Beweisführer vor der Festsetzung des Ordnungsmittels auf das Zeugnis verzichtet. Dagegen hat der nachträgliche Verzicht keinen Einfluß auf die erlassene Ordnungsmaßnahme. Ob gegen den Zeugen bereits wegen Nichterscheinens nach § 380 eine Ordnungsmaßnahme ergangen ist oder ob er vorgeführt wurde, ist für eine Ahndung nach § 390 ohne Bedeutung; die Ordnungsmittel sind unabhängig voneinander. Im übrigen gilt für die Ordnungsmaßnahme nach § 390 Abs. 1 dasselbe wie für die des § 380.

II. Wiederholte Zeugnisverweigerung, Zeugniszwang im engeren Sinn

1. Zwangshaft

7   Ist gegen den Zeugen eine Ordnungsmaßnahme nach Abs. 1 verhängt (vollzogen muß sie nicht sein), so hat das Gericht von Amts wegen einen *neuen Termin* zur Vernehmung anzuberaumen und den Zeugen hierzu zu laden, § 377 Abs. 1. Bleibt der Zeuge aus, so ist nach § 380 zu verfahren; beharrt er auf seiner grundlosen (→ Rdnr. 2 f.) Weigerung, so kann von dem Beweisführer oder (im Falle des § 399) von der Gegenpartei **ein Antrag auf Erzwingung des Zeugnisses durch Zwangshaft gestellt werden.**

8   Das Erfordernis des Antrags in Abs. 2 (anders Abs. 1) und die zeitliche Begrenzung der Haft durch die Prozeßbeendigung zeigen, daß es sich bei der Zwangshaft um eine **Beugehaft** handelt. Wird kein Antrag gestellt, so liegt darin ein Verzicht auf das Zeugnis; sind die Parteien im Termin nicht erschienen, so ist § 367 anwendbar. Die Anordnung erfolgt ohne Angabe einer Zeitdauer durch Gerichtsbeschluß, der dem Zeugen, wenn nicht eine Verkündung stattgefunden haben sollte, von Amts wegen zuzustellen ist (§ 750 Abs. 1).

9   Die in § 911 a. F. geregelte **Vorschußpflicht des Antragstellers** ist nach der Neufassung dieser Vorschrift durch G vom 1. II. 1979 (BGBl I 127) **entfallen**.

2. Rechtsnatur der Zwangshaft

11   **Die Haft dient zur Erzwingung des Zeugnisses**[5] – nicht der Eidesleistung[6] (→ § 392 Rdnr. 6) –, ist also (anders als die Ordnungsmittel des § 380 und die des Abs. 1, → Rdnr. 2 und → § 380 Rdnr. 11) *kein Ordnungs-*, sondern ein **Zwangsmittel**, auf das dementsprechend die Bestimmungen über die Haft im Zwangsvollstreckungsverfahren (§§ 904–913)

---

[4] *RG* JW 1889, 169; *KG* OLG Rsp 19, 112; MünchKommZPO-*Damrau* Rdnr. 3; *Zöller-Greger*[20] Rdnr. 2; a. M. *KG* JW 1928, 738.

[5] Nicht aber dazu, daß der Zeuge sein Erinnerungsbild auffrischt, *OLG Nürnberg* BayJMBl 1954, 66; zu § 378 → Rdnr. 22.

[6] A.A. *Schumann* in der Vorauf.

anzuwenden sind. Sie wird beendet, sobald der Zeuge das Zeugnis ablegt oder auf seine Vernehmung oder auf die Fortsetzung der Haft verzichtet wird. Das Recht zum Verzicht steht nur der Partei zu, die den Antrag auf Erzwingung des Zeugnisses gestellt hat; der Prozeßgegner hat kein Recht zum Widerspruch; denn § 399 ist insoweit in diesem Verfahrensstadium nicht anwendbar.

Die Vollstreckung der Haft gegen *Mitglieder des Bundestages*, eines *Landtages* oder einer *zweiten Kammer* ist während der Tagung unstatthaft, sofern nicht die Versammlung sie genehmigt, § 904 Nr. 1. 12

3. Dauer der Zwangshaft

Nach § 913 dauert die Haft längstens 6 Monate, sofern sie nicht nach Abs. 2 schon vorher durch die Beendigung des Prozesses in der Instanz aufhört. Dem steht es gleich, wenn das Gericht durch Teil- oder Zwischenurteil über den Streitpunkt entscheidet, für den der Zeuge benannt ist (§ 318). Das Gericht braucht mit dem Erlaß des Urteils nicht zu warten, bis alle Zwangsmittel gegen den Zeugen erschöpft sind. 14

Wird der Zeuge in der höheren Instanz wieder benannt, so kann er bei abermaliger Weigerung nochmals der Zwangshaft unterworfen werden; dies darf jedoch, *sofern das Zeugnis in allen Instanzen über denselben Punkt gefordert und verweigert wird*, in allen Instanzen *zusammen* nicht über 6 Monate dauern. 15

III. Zuständigkeit, Beschwerde

1. Beauftragter und ersuchter Richter

Sowohl die Festsetzung der Maßnahme (Abs. 1) wie der Beschluß über die Beugehaft können auch von dem *beauftragten* oder *ersuchten* Richter ausgehen (§ 400). Für die Ladung vor den letzteren nach Rechtskraft des Zwischenurteils über die Weigerung (→ Rdnr. 2 f.) gilt das zu → § 387 Rdnr. 18 Bemerkte. 16

2. Beschwerde

Die Beschwerde (Abs. 3) ist an keine Frist gebunden und hat aufschiebende Wirkung (§ 572 Abs. 1); es gilt das zu → § 380 Rdnr. 25 Bemerkte. Sie darf auf neue Tatsachen und Beweise gestützt werden (§ 570); auch kann erst jetzt im Beschwerdeweg ein Grund der Weigerung angegeben oder nach der Verwerfung des geltend gemachten ein neuer Weigerungsgrund vorgetragen werden. 18

IV. Sonstige Folgen der Weigerung

Die Zeugnisverweigerung kann bei der Beweiswürdigung frei verwertet werden, → § 286 Rdnr. 10 ff. Ob sie den Zeugen zum *Schadensersatz* verpflichtet, bestimmt das bürgerliche Recht (→ Rdnr. 56 und Fn. 83 vor § 373). 19

Für das Verfahren nach § 390 werden **Gerichtsgebühren** nicht erhoben; wegen der Anwaltsgebühren im Falle der Beschwerdeeinlegung siehe § 61 Abs. 1 Nr. 1 BRAGO. 20

V. Entsprechende Anwendung

21 § 390 ist bei Verweigerung der Untersuchung nach § 372 a entsprechend anwendbar (§ 372 a Abs. 2 S. 1)[7], ferner gemäß § 378 Abs. 2 (→ dort Rdnr. 16 f.).

VI. Rechtshilfe im Verkehr zum Ausland

24 Für die Geltung des § 390 bei der Erledigung **ausländischer Rechtshilfeersuchen** gilt das bei § 380 Gesagte → dort Rdnr. 33 ff.

§ 391 [Beeidigung]

Ein Zeuge ist, vorbehaltlich der sich aus § 393 ergebenden Ausnahmen, zu beeidigen, wenn das Gericht dies mit Rücksicht auf die Bedeutung der Aussage oder zur Herbeiführung einer wahrheitsgemäßen Aussage für geboten erachtet und die Parteien auf die Beeidigung nicht verzichten.

Gesetzesgeschichte: Ursprünglich § 356 CPO, durch Nov. 98, RGBl 256 (→ Einl. Rdnr. 113), inhaltlich unverändert zu § 391 geworden. Änderungen durch Nov. 09, RGBl 475 (→ Einl. Rdnr. 115) und Nov. 33, RGBl I 780 (→ Einl. Rdnr. 133 f.) → auch unten Rdnr. 1.

Stichwortverzeichnis → »Schlüssel zum Zeugenbeweis« zu Beginn der Vorbemerkungen vor § 373.

I. Beeidigung der Zeugen	
1. Grundsatz ... 1	a) Zeitpunkt der Entscheidung ... 18
2. Voraussetzungen ... 2	b) Vernehmung durch das Prozeßgericht ... 19
a) Erforderlichkeit der Beeidigung ... 3	c) Vernehmung durch den beauftragten oder ersuchten Richter ... 20
b) Sinn der gesetzlichen Ausgestaltung ... 4	d) Beweiswürdigung bei unterbliebener Beeidigung ... 23
3. Ermessen ... 6	5. Beeidigung auf einen Teil der Aussage ... 25
a) Bedeutung des Rechtsstreits und der Aussage ... 9	II. Der Verzicht beider Parteien ... 27
b) Abwägungskriterien ... 12	III. Arbeitsgerichtliches Verfahren ... 35
c) Beweiswürdigung ... 15	
d) Korrektur durch das Berufungsgericht ... 16	
4. Zeitpunkt der Entscheidung. Vernehmung vor dem Prozeßgericht und dem beauftragten oder ersuchten Richter	

I. Beeidigung der Zeugen[1]

1. Grundsatz

1 Nach § 391 früherer Fassung mußte, vorbehaltlich der gesetzlichen Ausnahmen (→ § 377 Rdnr. 35, → § 393) und des Verzichts beider Parteien, jeder im Streitverfahren vernommene Zeuge beeidet wer-

---

[7] S. hierzu *OLG Zweibrücken* FamRZ 1979, 1072; 1986, 493; *OLG Düsseldorf* FamRZ 1986, 191.

[1] Lit.: *E. Schneider* MDR 1969, 429; *H. Schneider* NJW 1966, 333; *Schröder* ZZP 64 (1951) 216 ff.

den. Die Nov. 33 hat nach dem Vorbild des ArbGG (§ 58 Abs. 2) den gesetzlichen Zwang zur Beeidigung fallen lassen und **die Beeidigung** – soweit sie nicht nach § 393 schlechthin unzulässig ist – **in das Ermessen des Gerichts gestellt.** Es ist damit eine der letzten formalen Regeln des Beweisrechts beseitigt. Dem Grundsatz der freien Beweiswürdigung (§ 286) entspricht es, wenn das Gericht befugt ist, auch der unbeeidigten Zeugenaussage Glauben zu schenken. Praktisch liegt die *rechtspolitische Bedeutung* der jetzigen Regelung vor allem darin, daß damit der oft beklagten Bagatellisierung des Eides wirksam entgegengewirkt wird. Sie trägt auch der Tatsache Rechnung, daß der Eid nicht mehr ein selbständiger, allgemein anerkannter Verpflichtungsgrund ist[2]. Über die **Verweigerung der Eidesleistung** → § 392 Rdnr. 6 f.

2. Voraussetzungen

Die beiden im § 391 aufgeführten Tatbestände bilden keine Gegensätze. 2

a) Erforderlichkeit der Beeidigung

Es soll nicht darauf ankommen, ob das Gericht vom Standpunkt mehr oder weniger rein 3 gefühlsmäßiger Erwägungen den Eid für erforderlich hält. Es muß vielmehr darauf abgestellt werden, ob es der *Partei*, zu deren Ungunsten die Aussage geht, billigerweise zugemutet werden kann, sich der Aussage ohne eine besonders feierliche Bekräftigung innerlich zu unterwerfen: Gerade für die ehrliche Partei bedeutet es u. U. eine starke Belastung, wenn das Gericht nicht ihr, sondern dem einfachen Wort eines Dritten glaubt.

b) Sinn der gesetzlichen Ausgestaltung

Das Gesetz will dem vorbeugen, daß der Zeuge die vom Gericht aus sachlichen Gründen 4 für geboten erachtete Beeidigung in jedem Falle als Zweifel an seiner Glaubwürdigkeit und damit als einen gegen seine Person gerichteten Vorwurf empfindet.

Auf welchen der beiden Tatbestände das Gericht die Anordnung der Beeidigung stützt, ist 5 ohne Bedeutung; einer Begründung bedarf die Anordnung nicht.

3. Ermessen

Wenn früher die Beeidigung zwingend vorgeschrieben war (→ Rdnr. 1), so darf jetzt nicht 6 umgekehrt angenommen werden, daß das Gesetz grundsätzlich die unbeeidigte Aussage für ausreichend hält und die Beeidigung nur auf besondere Ausnahmefälle beschränkt wissen will. Das Gesetz hat vielmehr die Frage der Beeidigung unter bewußter Vermeidung einer für den Zweifelsfall geltenden Direktive in das Ermessen des Gerichts gestellt. Nachdem auch die falsche uneidliche Zeugenaussage mit Strafe bedroht ist (§ 153 StGB), sind aus dem Unterlassen der Beeidigung nicht mehr so große Gefahren für die Rechtspflege zu besorgen wie vorher.

Das in § 391 gewährte Ermessen ist gebunden. Es erfährt seine Begrenzung durch den In- 7 halt der Vorschrift. Die für die Ermessensausübung des Gerichts **maßgebenden Gesichtspunkte** sind im wesentlichen folgende[3]:

---

[2] *H. Schneider* (Fn. 1) a.a.O.; *Schröder* (Fn. 1) 222f.
[3] Eingehend die Entscheidung *BGHZ* 43, 368 = *ZZP* 79 (1966) 140 (*Grunsky*) = LM § 391 Nr. 1 (L; *Johannsen*). Ergänzend dazu *BGH DRiZ* 1967, 361 und *NJW* 1972, 584. Kritisch zu *BGHZ* 43, 368: *E. Schneider* (Fn. 1) a.a.O.

a) Bedeutung des Rechtsstreits und der Aussage

9   Es muß ein grundsätzlicher Unterschied gemacht werden je nach der Bedeutung des Rechtsstreits überhaupt und ferner je nach der Bedeutung der konkreten Aussage: Ist die Aussage des Zeugen in einem wesentlichen Punkt für die Urteilsbildung von *entscheidender Bedeutung* – steht oder fällt insbesondere der Prozeß mit der Aussage eines einzelnen Zeugen –, so ist grundsätzlich Beeidigung geboten. Das Gericht muß sich in solchen Fällen, gerade auch wenn es dem Zeugen nach dem subjektiven Eindruck vollen Glauben schenkt, der Problematik der eigenen Menschenkenntnis bewußt sein. Anders ist es je nach Lage der Umstände in den Fällen, wo die Aussage des einzelnen Zeugen *nur ein Glied in der Kette* einer umfassenden Beweisführung ist.

10   Ferner kann das Gericht unter dem Gesichtspunkt der *Glaubwürdigkeit* von der Beeidigung absehen, wenn es die Aussage für so *unglaubwürdig* hält, daß sich an dieser Bewertung durch die Beeidigung nichts ändern würde; denn dann ist die Beeidigung zur Herbeiführung einer wahrheitsgemäßen Aussage eben nicht »geboten«[4]. Erachtet das Gericht die Aussage ihrem Inhalt nach für *unerheblich*, so kommt die Beeidigung unter dem Glaubwürdigkeitsgesichtspunkt nur dann in Frage, wenn der Verdacht besteht, daß der Zeuge Erhebliches verschwiegen hat.

b) Abwägungskriterien

12   Besonders vorsichtiger Abwägung bedarf es in den im früheren § 393 Nr. 3 und 4 (→ dort Rdnr. 1) aufgeführten Fällen, wo der Zeuge nach altem Recht (bis zum Jahr 1933) regelmäßig unbeeidigt zu vernehmen war, seine Beeidigung aber besonders beschlossen werden konnte. Es sind dies die nach § 383 Abs. 1 Nr. 1 – 3, § 384 Nr. 1, 2 zur **Zeugnisverweigerung berechtigten Personen**, sowie diejenigen, die an dem **Obsiegen der einen oder anderen Partei ein rechtliches Interesse** haben, und der **Zedent des Anspruchs**. In diesen Fällen ist von der Beeidigung im allgemeinen nicht zu dem Zweck Gebrauch zu machen, um einen möglicherweise unter dem Verdacht der Befangenheit stehenden Zeugen nachträglich zur Angabe der Wahrheit zu bestimmen, sondern nur dann, wenn das **Gericht die Aussage für wahrheitsgemäß** hält und nach den Umständen des Falles und der Persönlichkeit des Zeugen auf seine **Aussage besonderen Wert** legt. Verneint z. B. der nach § 384 Nr. 2 zeugnisverweigerungsberechtigte Zeuge die in sein Wissen gestellte *unehrenhafte* Handlung oder bestätigt der *Ehegatte* (vgl. § 383 Abs. 1 Nr. 2) als Zeuge die Behauptungen der Partei, so wird es, wenn das Gericht den Aussagen Glauben schenken will, die Rücksicht auf die Gegenpartei (→ Rdnr. 3) grundsätzlich erfordern, den Zeugen zu beeidigen. Anders regelmäßig, wenn dieser Zeuge die ihm zur Unehre gereichende Handlung bestätigt oder zuungunsten der Partei aussagt, zu der er in verwandtschaftlichen oder wirtschaftlichen Beziehungen steht. Wegen der *nachträglichen Eidesverweigerung* der zur Zeugnisverweigerung berechtigten Personen → § 392 Rdnr. 7; im übrigen wegen der Eidesverweigerung → § 390 Rdnr. 2.

c) Beweiswürdigung

15   Die Anordnung oder Ablehnung der Beeidigung enthält *keine Bindung* hinsichtlich der *Beweiswürdigung*. Das Gericht ist in der Bewertung der beeidigten Aussage ebenso frei wie früher, wo alle Zeugenaussagen grundsätzlich beeidigt wurden[5].

---

[4] Ebenso, wenn eine Aussage wegen eines Erinnerungsfehlers als unglaubwürdig angesehen wird, *OLG Köln* MDR 1971, 933 (L).

[5] *Schröder* (Fn. 1) 217.

d) Korrektur durch das Berufungsgericht

Das Ermessen des Gerichts unterliegt der Korrektur des Berufungsgerichts in dem Sinne, daß es die in erster Instanz unterbliebene Beeidigung seinerseits vornehmen kann oder die beeidigte Aussage abweichend vom vorinstanzlichen Urteil würdigt. Eine Nachprüfung des Ermessens in der **Revisionsinstanz** kommt wie sonst nur insoweit in Frage, als es sich um eine rechtsirrige Auffassung von seinen Grenzen handelt[6], z.B. wenn das Gericht beim Ehegatten die Möglichkeit einer Beeidigung überhaupt nicht in Erwägung gezogen hat, oder etwa, wenn es geglaubt hat, an die eidliche Aussage gesetzlich gebunden zu sein. 16

4. Zeitpunkt der Entscheidung. Vernehmung vor dem Prozeßgericht und dem beauftragten oder ersuchten Richter

a) Zeitpunkt der Entscheidung

Eine sachgemäße Beurteilung der Frage, ob die Aussage der Beeidigung bedarf, ist in aller Regel erst **nach erfolgter Vernehmung** möglich. 18

b) Vernehmung durch das Prozeßgericht

Bei der Vernehmung vor dem **Prozeßgericht**, dem Kollegium wie dem Einzelrichter, ergeben sich in dieser Hinsicht keine Schwierigkeiten. Sachlich handelt es sich dabei um eine Ergänzung des Beweisbeschlusses[7], die in sinngemäßer Anwendung des § 360 auch ohne mündliche Verhandlung erfolgen kann; die Beeidigung kann daher auch dann angeordnet werden, wenn die Parteien nicht anwesend sind. 19

c) Vernehmung durch den beauftragten oder ersuchten Richter

Hat die Vernehmung durch einen beauftragten oder ersuchten Richter stattzufinden, so empfiehlt es sich, zur Vermeidung einer mit einer zweimaligen Zeugenladung verbundenen unerwünschten Verzögerung und Verteuerung des Prozesses stets über die Frage der Beeidigung bereits in dem *Beweisbeschluß* zu befinden. Es ergibt sich hier eine gewisse Kollision zwischen dem Bestreben des Gesetzes nach Beschleunigung der Prozesse und dem nach möglicher Vermeidung entbehrlicher Eide. Da die Vernehmung durch den beauftragten oder ersuchten Richter nach Nov. 33 (§ 375) anders als früher die seltene Ausnahme bildet, wird praktisch der letzteren Tendenz des Gesetzes kein Abbruch getan, wenn das Prozeßgericht von vornherein um Beeidigung in allen den Fällen ersucht, in denen es mit der Wahrscheinlichkeit rechnet, daß es bei Bewertung der Aussage auf deren Beeidigung Gewicht legen wird. Dies gilt besonders dann, wenn die Vernehmung durch Ersuchen im *Ausland* erledigt werden muß. Zur Zulässigkeit der Eidesabnahme **im Ausland** → § 363 Rdnr. 42. 20

Hat sich das *Prozeßgericht in dem Beweisbeschluß zu der Frage der Vereidigung nicht geäußert*, so hat sich der beauftragte oder ersuchte Richter grundsätzlich auf die unbeeidigte Vernehmung zu beschränken; es liegt aber im Rahmen seiner sich aus der sinngemäßen Anwendung des § 360 ergebenden Befugnisse, die **Beeidigung des Zeugen von sich aus vor- 21

---

[6] *BGH* NJW 1952, 384 Nr. 12; *BGHZ* 43, 368, 370; *BVerwG* FamRZ 1977, 392 = NJW 1978, 388; *OGHZ* 1, 226 = NJW 1949, 146; *Rosenberg-Schwab-Gottwald*[15] § 122 VI.

[7] *OLG Nürnberg* BayJMBl 1953, 36.

zunehmen, wenn er sie auf Grund seines Eindrucks von dem Zeugen und der Art der Aussage für geboten erachtet[8].

d) Beweiswürdigung bei unterbliebener Beeidigung

23   Ist die Beeidigung des Zeugen bei seiner Vernehmung entsprechend der Entschließung des Gerichts oder versehentlich unterblieben und eine nachträgliche Beeidigung infolge Todes usw. nicht mehr möglich, so ist die unbeeidigte Aussage frei zu würdigen.

5. Beeidigung auf einen Teil der Aussage

25   Namentlich bei umfangreichen Aussagen kann es zweckmäßig sein, den Zeugen *nur auf bestimmte, wesentliche Punkte* seiner Aussage zu beeidigen. Das ist nach § 391 zulässig. Besonders, wenn der Zeuge nicht unmittelbar nach seiner Vernehmung, sondern nachträglich in einem besonderen Termin beeidigt wird, wird es sich empfehlen, die Beeidigung auf die wesentlichen Punkte zu beschränken[9]. Dabei ist es aber mit Rücksicht auf ein etwaiges späteres Strafverfahren wegen Verletzung der Eidespflicht unbedingt notwendig, eindeutig klarzustellen, *welche Teile der Aussage unter Eid gestellt sind.* In anderen Fällen wird es sich empfehlen, offensichtlich unerhebliche Einzelheiten vor der Beeidigung aus der Aussage zu entfernen, um die Gefahr unrichtiger Eide zu vermindern[10].

II. Der Verzicht beider Parteien

27   **Die Beeidigung hat zu unterbleiben, wenn beide Parteien darauf verzichten.** Der Beibehaltung dieser Vorschrift in der Nov. 33 liegt der Gedanke zugrunde, daß das Gericht der dargelegten (→ Rdnr. 2 ff.) Erwägungen und Rücksichten auf die Parteien enthoben sein soll, *wenn keine der Parteien auf die Beeidigung Wert legt.* Ob in dem Verzicht die Anerkennung der Glaubwürdigkeit des Zeugen oder der Unerheblichkeit seiner Aussage oder endlich die Absicht liegt, den Zeugen vor der Leistung eines Meineides zu bewahren, macht keinen Unterschied.

28   In der Bewertung der infolge Parteiverzichts unbeeidigt gebliebenen Aussage ist das Gericht ebenso frei wie sonst; denn die Beweiswürdigung liegt grundsätzlich außerhalb des Verfügungsbereiches der Parteien.

29   Wegen der Unwirksamkeit des Verzichts auf Beeidigung im *Eheprozeß* s. § 617 und in *Kindschaftssachen* § 640 Abs. 1.

30   Der Verzicht deckt nur die konkrete einzelne Vernehmung, nicht etwa auch eine spätere nochmalige Vernehmung des Zeugen, selbst wenn sie dasselbe Beweisthema betrifft. Er erstreckt sich dementsprechend auch nur auf die Instanz. In der nächsten Instanz kann daher die Beeidigung der bereits früher erstatteten Aussage ohne nochmalige Vernehmung nachgeholt werden[11]. Über die **Verweigerung** der Eidesleistung → § 392 Rdnr. 6.

III. Arbeitsgerichtliches Verfahren

35   Für das **arbeitsgerichtliche Verfahren** *erster* und *zweiter Instanz* ist die Beeidigung der Zeugen und Sachverständigen in § 58 Abs. 2 S. 1 (§ 64 Abs. 7) ArbGG abschließend dahin

---

[8] So auch *Baumbach-Lauterbach-Hartmann*[56] Rdnr. 8; MünchKommZPO-*Damrau* Rdnr. 7; ablehnend *Rosenberg-Schwab-Gottwald*[15] § 122 VI; *Thomas-Putzo*[21] Rdnr. 2; *Zöller-Greger*[20] Rdnr. 6.

[9] *Rosenberg-Schwab-Gottwald*[15] § 122 VI.
[10] *BGHSt* 1, 151.
[11] *Zöller-Greger*[20] Rdnr. 5.

geregelt, daß die Beeidigung *nur* stattfindet, wenn die Kammer sie im Hinblick auf die Bedeutung des Zeugnisses für notwendig erachtet. Sachlich liegt darin eine Abweichung von der ZPO insofern, als hier durch die Worte »nur« und »notwendig« (statt des schwächeren Ausdrucks »geboten«) und das Fehlen der zweiten Alternative (Druckmittel zur Herbeiführung einer wahrheitsgemäßen Aussage) die *Grundtendenz des Gesetzes dahin zum Ausdruck gekommen ist, daß die uneidliche Aussage die Regel bilden soll.* Dies war aus der (heute überholten) Erwägung angeordnet, daß es sich bei der weit überwiegenden Mehrzahl der arbeitsgerichtlichen Prozesse mehr oder weniger um Bagatellstreitigkeiten handelt (→ Rdnr. 6ff.). Praktisch bedeutet die abweichende Fassung indessen keinen nennenswerten Unterschied, da auch hier die Entschließung im freien Ermessen des Gerichts steht. Obwohl § 58 Abs. 2 ArbGG den *Verzicht* der Parteien nicht ausdrücklich nennt, ist insoweit § 391 entsprechend anwendbar, so daß in diesem Fall die Beeidigung ausscheidet[12].

Zur eidesstattlichen Versicherung im Falle des § 377 Abs. 3 → § 377 Rdnr. 55.   36

§ 392 [Nacheid; Eidesnorm]

¹Die Beeidigung erfolgt nach der Vernehmung. ²Mehrere Zeugen können gleichzeitig beeidigt werden. ³Die Eidesnorm geht dahin, daß der Zeuge nach bestem Wissen die reine Wahrheit gesagt und nichts verschwiegen habe.

Gesetzesgeschichte: Ursprünglich § 357 CPO, durch Nov. 98, RGBl. 256 (→ Einl. Rdnr. 113), inhaltlich unverändert zu § 392 geworden. Änderungen durch Nov. 09, RGBl. 475 (→ Einl. Rdnr. 115).

Stichwortverzeichnis → »Schlüssel zum Zeugenbeweis« zu Beginn der Vorbemerkungen vor § 373.

I. Nacheid	1	2. Eidesverweigerung bei Zeugnisverweigerungsrecht	7
II. Eidesnorm	4	3. Beweiswert der Aussage bei Eidesverweigerung	9
III. Verweigerung des Eides			
1. Grundsatz	6		

I. Nacheid

Die Beeidigung erfolgt stets **als Nacheid** (sog. *assertorischer Eid*) *nach der Vernehmung,* d.h. wenn das Gericht die Vernehmung als beendigt erachtet. Der *Voreid* (sog. *promissorischer Eid*) ist unstatthaft und keine Beeidigung im Sinne des Gesetzes[1], auch nicht beim Einverständnis der Parteien. Zweckmäßig und üblich, aber nicht notwendig ist es, mit der Beeidigung bis zu dem Abschluß und der *Verlesung des Protokolls* zu warten. Wird der Zeuge nach der Beeidigung in derselben Sitzung *weiter befragt,* so muß, wenn die weiteren Antworten ebenfalls unter den Eid gestellt werden sollen, in entsprechender Anwendung des § 398 Abs. 3 die *Versicherung der Richtigkeit der Aussage* abgegeben werden. Anderenfalls wäre die nachträgliche Aussage unbeeidigt im Sinne des § 391.   1

---

[12] *Grunsky* ArbGG7 (1995) § 58 Rdnr. 24.

[1] OLG Kassel OLG Rsp 23, 184; *Rosenberg-Schwab-Gottwald*[15] § 122 VI. Die Frage, ob ein Voreid ein Meineid i. S. d. § 154 StGB sein kann (bejahend *RGSt* 70, 366), ist von der hier zu behandelnden prozessualen Frage zu trennen, *Eb. Schmidt* Lehrkommentar zur StPO (1957) § 59 Rdnr. 3.

2   *Mehrere Zeugen,* die in derselben Sache vernommen werden, können *gleichzeitig* vereidigt werden, vgl. aber § 481 Abs. 5.

II. Eidesnorm

4   Die Eidesnorm enthält seit der Nov. 09 nicht mehr die Worte »und nichts hinzugesetzt«, weil die Bekundung der reinen Wahrheit ohnedies Zusätze verbietet. Wird das Zeugnis teilweise verweigert (§ 383 Abs. 1 Nr. 4 – 6, § 384), so kann in die Norm ein entsprechender Vorbehalt aufgenommen werden[2]. Doch genügt auch ein Hinweis bei der Eidesbelehrung. Zum Verschweigen → auch § 396 Rdnr. 2.

5   Über die Abnahme des Eides s. § 481.

III. Verweigerung des Eides[3]

1. Grundsatz

6   Verweigert der Zeuge den Eid mit einer Begründung (insbesondere im Falle → Rdnr. 7), ist nach § 387 zu verfahren[4]. Wird der Grund rechtskräftig für unerheblich erklärt oder verweigert der Zeuge den Eid ohne Angabe eines Grundes, so sind nach § 390 Abs. 1 Ordnungsmittel festzusetzen. *Zwangs*haft zur Erzwingung des *Eides* kommt nicht in Betracht, da § 390 Abs. 2 nur für die »Erzwingung des Zeugnisses« die Haft vorsieht[5].

2. Eidesverweigerung bei Zeugnisverweigerungsrecht

7   Nach der Fassung des Gesetzes ist es zweifelhaft, ob der Zeuge, der nach §§ 383 ff. zur Verweigerung der Aussage berechtigt ist, nach und trotz erfolgter Aussage noch zur **Verweigerung der Eidesleistung** befugt ist. Überwiegende Gründe sprechen für die **Zulässigkeit einer Eidesverweigerung auch nach der Aussage**[6]: § 390 Abs. 1 trennt zwischen Verweigerung des Zeugnisses und der Verweigerung des Eides. Auch die StPO regelt im § 63 ausdrücklich die selbständige Eidesverweigerung. Das Gericht hat die in Betracht kommenden Personen **über das Eidesverweigerungsrecht ebenso zu belehren wie über das Zeugnisverweigerungsrecht**[7].

3. Beweiswert der Aussage bei Eidesverweigerung

9   Das Gericht hat die Aussage auch dann nach § 286 frei zu würdigen, wenn der Zeuge den Eid verweigert[8]. Es kommt nicht darauf an, ob die Eidesverweigerung unberechtigt oder in den Fällen eines Zeugnisverweigerungsrechts (→ Rdnr. 7) berechtigt ist. Unrichtig ist es, die Eidesverweigerung *stets* dahin zu würdigen, daß dadurch die Aussage jeden Beweiswert verliere; freilich *kann* dieser Schluß unter Berücksichtigung der Einzelfallumstände gezogen werden[9].

---

[2] *RGZ* 23, 133.

[3] Als beachtlichen Grund für eine Eidesverweigerung sieht das Bundesverfassungsgericht die individuelle Glaubensfreiheit an, die die Ableitung des Eides verbietet (*BVerfGE* 33, 23 = NJW 1972, 1183 = DRiZ 210). In diesem Fall ist der Zeuge zur eidesgleichen Bekräftigung gemäß § 484 verpflichtet; durch die Änderung dieser Vorschrift durch G vom 20. XII. 1974 (BGBl I 3686) wurde den Bedenken des Bundesverfassungsgerichts Rechnung getragen.

[4] *MünchKommZPO-Damrau* § 391 Rdnr. 3; a. A. *Zöller-Greger*[20] § 391 Rdnr. 1 (Gericht entscheide nach § 286).

[5] A.A. *Schumann* in der Vorauf. § 390 Rdnr. 11.

[6] Ebenso *BGHZ* 43, 374; *RG* JW 1901, 399 f.; *MünchKommZPO-Damrau* § 391 Rdnr. 2; *Schoetensack* GerS 75, 234.

[7] A.A. *MünchKommZPO-Damrau* § 391 Rdnr. 2.

[8] *MünchKommZPO-Damrau* § 391 Rdnr. 2; a.A. *Zöller-Greger*[20] § 391 Rdnr. 1.

[9] *OGHZ* 1, 227.

§ 393 [Uneidliche Vernehmung]

Personen, die zur Zeit der Vernehmung des sechzehnte Lebensjahr noch nicht vollendet oder wegen mangelnder Verstandesreife oder wegen Verstandesschwäche von dem Wesen und der Bedeutung des Eides keine genügende Vorstellung haben, sind unbeeidigt zu vernehmen.

Gesetzesgeschichte: Ursprünglich § 358 CPO, durch Nov. 98, RGBl 256 (→ Einl. Rdnr. 113), inhaltlich verändert zu § 393 geworden. Änderungen durch Nov. 09, RGBl 475 (→ Einl. Rdnr. 115), Nov. 33, RGBl I 780 (→ Einl. Rdnr. 133 f.), und Erstes Gesetz zur Reform des Strafrechts vom 25. VI. 1969, BGBl I 645 (→ Einl. Rdnr. 150).

Stichwortverzeichnis → »Schlüssel zum Zeugenbeweis« zu Beginn der Vorbemerkungen vor § 373.

I. Allgemeines	II. Eidesmündigkeit, fehlendes Einsichts-
1. Geschichtlicher Hintergrund 1	vermögen 8
2. Unbeeidigte Vernehmung 3	III. Arbeitsgerichtliches Verfahren 11
3. Prüfung von Amts wegen 4	
4. Würdigung der Aussagen 6	

I. Allgemeines

1. Geschichtlicher Hintergrund

Die Neufassung der Bestimmung beruht auf Art. 40 des Ersten Gesetzes zur Reform des Strafrechts vom 25. VI. 1969 (BGBl I 645) und trat am 1. IV. 1970 in Kraft (Art. 105 Nr. 2 des StRG). Die Streichung der früheren Nr. 2 (Uneidliche Vernehmung der zur eidlichen Vernehmung unfähigen Personen) war nötig geworden, weil § 196 des Strafgesetzbuches ersatzlos gestrichen wurde (Art. 1 Nr. 45 des 1. StRG). Die Nr. 3 und 4 (die nach § 383 Abs. 1 Nr. 1 – 3, § 384 Nr. 1, 2 zur Verweigerung des Zeugnisses berechtigten Personen sowie die am Obsiegen einer Partei rechtlich Interessierten und der Zedent), bei denen grundsätzlich die unbeeidete Vernehmung, aber die Möglichkeit der Beeidigung nach Ermessen des Gerichts vorgesehen war, sind bereits durch Nov. 33 aufgehoben worden, da die Frage der Beeidigung im § 391 allgemein in das Ermessen des Gerichts gestellt wurde, → § 391 Rdnr. 6 ff.   **1**

2. Unbeeidigte Vernehmung

Die Personen des § 393 sind unter Ausschluß des richterlichen Ermessens stets **unbeeidigt zu vernehmen**. Die *Vernehmung* der in § 393 genannten Zeugen selbst wird durch die Vorschrift nicht berührt. Sie darf nur wegen Zeugnisunfähigkeit (→ Rdnr. 3 vor § 373) oder aus den in → § 284 Rdnr. 51 ff. dargestellten Gründen abgelehnt werden.   **3**

3. Prüfung von Amts wegen

Ob einer der Fälle des § 393 vorliegt, hat der vernehmende Richter von Amts wegen zu prüfen.   **4**

4. Würdigung der Aussagen

6 Die Würdigung der Aussagen von Zeugen, die nach § 393 unbeeidigt zu vernehmen sind, ist wie sonst (→ § 391 Rdnr. 15) dem freien richterlichen Ermessen anheimgestellt. Der Richter *kann* ihnen vollen Glauben schenken, hat aber im allgemeinen starke Vorsicht zu üben. Bei Verstoß[1] gegen § 393 ist die Aussage zu würdigen, als wäre die Beeidigung unterblieben. Eine *Heilung* (§ 295) ist dagegen nicht möglich.

II. Eidesmündigkeit, fehlendes Einsichtsvermögen

8 Die **Eidesmündigkeit** beginnt für den *Zeugeneid* mit dem vollendeten 16. Lebensjahr. Wegen der Beeidigung als *Partei* s. § 455 Abs. 2.

9 Ob eine Person wegen mangelnder Verstandesreife oder wegen Verstandesschwäche von dem Wesen und der Bedeutung des Eides keine genügende Vorstellung hat, ist von Fall zu Fall zu prüfen[2].

III. Arbeitsgerichtliches Verfahren

11 § 393 gilt auch im **arbeitsgerichtlichen Verfahren**. Wenn in § 58 Abs. 2 S. 1 ArbGG abschließend bestimmt ist, daß der Zeuge nur unter den dort vorgesehenen Voraussetzungen beeidigt werden darf (→ § 391 Rdnr. 35), so wird dabei vorausgesetzt, daß seine Beeidigung nach der ZPO überhaupt zulässig ist.

§ 394 [Einzelvernehmung]

(1) Jeder Zeuge ist einzeln und in Abwesenheit der später abzuhörenden Zeugen zu vernehmen.

(2) Zeugen, deren Aussagen sich widersprechen, können einander gegenübergestellt werden.

Gesetzesgeschichte: Ursprünglich § 359 CPO, durch Nov. 98, RGBl 256 (→ Einl. Rdnr. 113), inhaltlich unverändert zu § 394 geworden.

Stichwortverzeichnis → »Schlüssel zum Zeugenbeweis« zu Beginn der Vorbemerkungen vor § 373.

I. Einzelvernehmung[1]

1 Die Vernehmung erfolgt in Abwesenheit der noch nicht vernommenen Zeugen. Trotz der Fassung ist dies nur eine Ordnungsvorschrift, auf die die Revision nicht gestützt werden kann[2]. Da die Bestimmung die Unbefangenheit des Zeugen sichern soll, rechtfertigt sie auch

---

[1] Auf die gerichtliche Kenntnis der Umstände der Eidesunmündigkeit kommt es nicht an; es genügt die objektive Verletzung des § 393, *BGHSt* 22, 266 (zu § 60 StPO).

[2] Bloße Zweifel an der Verstandesreife genügen nicht, *RGSt* 47, 297. Die Auffassung, daß ein Chinese wegen der Verschiedenheit von asiatischem und europäischem Kulturkreis nicht eidesfähig sei, *RGZ* 85, 76, gehört der Vergangenheit an.

[1] Allgemein zur Behandlung von Zeugen E. *Schneider* Beweis und Beweiswürdigung[5] (1994) Rdnr. 872 ff. m. w. N.; *Rüßmann* DRiZ 1985, 41; *Berlit* DRiZ 1965, 91 und *Ostermeyer* DRiZ 1965, 162.

[2] RG JW 1928, 1857; BAGE 6, 1 ff.; OLG Düsseldorf MDR 1979, 409; *Rosenberg-Schwab-Gottwald*[15] § 122 VII 5.

seine Entfernung von der der Beweisaufnahme vorhergehenden *mündlichen Verhandlung*[3] und von der Erhebung anderer Beweismittel; eine Verletzung des Öffentlichkeitsprinzips (§ 169 GVG) liegt nicht vor. Die bereits gehörten Zeugen können, sofern nicht die Öffentlichkeit ausgeschlossen ist[4] oder das Gericht aus besonderen Gründen die Entfernung anordnet, der Vernehmung der späteren Zeugen beiwohnen; entfernen dürfen sie sich, auch wenn eine gemeinschaftliche Beeidigung (§ 392) nicht stattfindet, nur, wenn das Gericht sie entläßt[5] oder der Termin geschlossen ist. Auf Sachverständige und folglich auf Zeugen, die zugleich Sachverständige sind (→ § 414 Rdnr. 4), ist der Abs. 1 nicht anwendbar (→ § 402 Rdnr. 6). Wegen der Parteien s. §§ 357, 397.

Wegen der *Parteivernehmung* → § 451 Rdnr. 14.   2

II. Gegenüberstellung

Die Gegenüberstellung kann bei sich widersprechenden Aussagen von Amts wegen, auch   4
von einem beauftragten oder ersuchten Richter, angeordnet werden. Es kann dazu die wiederholte Vernehmung eines Zeugen nötig sein, § 398 Abs. 1. Sie bildet einen Teil der Vernehmung des Zeugen, auf die die Parteien jedoch keinen Anspruch haben[6].

§ 395 [Vernehmung zur Person]

(1) Vor der Vernehmung wird der Zeuge zur Wahrheit ermahnt und darauf hingewiesen, daß er in den vom Gesetz vorgesehenen Fällen unter Umständen seine Aussage zu beeidigen habe.

(2) ¹Die Vernehmung beginnt damit, daß der Zeuge über Vornamen und Zunamen, Alter, Stand oder Gewerbe und Wohnort befragt wird. ²Erforderlichenfalls sind ihm Fragen über solche Umstände, die seine Glaubwürdigkeit in der vorliegenden Sache betreffen, insbesondere über seine Beziehungen zu den Parteien vorzulegen.

Gesetzesgeschichte: Ursprünglich § 360 CPO, durch Nov. 98, RGBl 256 (→ Einl. Rdnr. 113), inhaltlich unverändert zu § 395 geworden. Änderungen durch Bek. 24, RGBl I 437 (→ Einl. Rdnr. 123 f.) und Nov. 33, RGBl I 780 (→ Einl. Rdnr. 133 f.), → auch Rdnr. 6.

Stichwortverzeichnis → »Schlüssel zum Zeugenbeweis« zu Beginn der Vorbemerkungen vor § 373.

| I. Ablauf der Vernehmung | 1 | III. Wahrheitspflicht, Zeugeneid | 8 |
| II. General- und Glaubwürdigkeitsfragen | 3 | | |

I. Ablauf der Vernehmung

Die Zeugenvernehmung beginnt mit der **Vernehmung zur Person**. Ihr geht die Wahrheits-   1
ermahnung und der Hinweis auf eine mögliche Beeidigung voraus (Abs. 1). Die **Ermahnung zur Wahrheit** und der Hinweis auf die unter Umständen erfolgende Beeidigung ist durch die

---

[3] BAG AP 1988 § 394 Nr. 1.
[4] *Kurz* BlfRA ErgBd 15, 145 f.
[5] Dies nur mit *Zustimmung der Parteien*, wenn der Termin nicht geschlossen ist, *Baumbach-Lauterbach-Hartmann*[56] Rdnr. 3.
[6] BAG NJW 1968, 566.

Nov. 33 eingeführt, da § 480 die Fälle der unbeeidigten Aussage nicht deckt. Der Zeuge ist jetzt auch auf die Strafbarkeit einer falschen uneidlichen Aussage (§ 153 StGB) hinzuweisen, ohne daß der Richter den Zeugen im einzelnen über die Tatbestandsmodalitäten zu unterrichten hätte. Sachlich handelt es sich um eine Ordnungsvorschrift, auf die die Revision nicht gestützt werden kann[1].

II. General- und Glaubwürdigkeitsfragen

3   Die sog. **Generalfragen** (Abs. 2) dienen dazu, die Identität der Zeugen festzustellen und die Statthaftigkeit der Beeidigung zu prüfen. Die Vernehmung richtet sich insoweit nur auf Vor- und Zunamen, Alter[2], Stand (im Sinne der beruflichen Stellung, nicht des Familienstandes) oder Gewerbe und Wohnort (nicht -anschrift).

5   Die sog. **Glaubwürdigkeitsfragen**, auch die Frage nach der Verwandtschaft mit den Parteien, sind nur *erforderlichenfalls* nach richterlichem Ermessen zu stellen[3], wobei auf tunlichste Schonung der Zeugen, besonders bei Fragen nach Vorstrafen, Bedacht zu nehmen ist. Gerade auch bei den Generalfragen muß der Zeuge vor jeder Verletzung seitens des Gerichts oder Prozeßbeteiligter geschützt sein (→ auch Rdnr. 33 ff. und 46 vor § 373). Zu den Generalfragen gehören auch Fragen nach den Verhältnissen der §§ 383 Abs. 1 Nr. 1 – 3, 384 Nr. 1 und 2, 385 Abs. 1 Nr. 4.

6   Die Frage nach dem *Religionsbekenntnis* ist seinerzeit auf Grund der Anpassungsvorschrift im Art. VIII Abs. 2 der Nov. 24 wegen Art. 136 der WeimRVerf gestrichen worden. Dieser Verfassungsartikel ist jetzt ein Bestandteil des Bonner Grundgesetzes, Art. 140 GG.

III. Wahrheitspflicht, Zeugeneid

8   Die Wahrheitspflicht und der Zeugeneid beziehen sich im Hinblick auf die Bedeutung der Identitätsfrage beim Zeugenbeweis auch auf die Beantwortung der Fragen des § 395; eine Beeidigung *nur* ihretwegen kommt aber nicht in Frage. Andererseits gilt ein Zeugnisverweigerungsrecht auch für die Fragen des § 395.

§ 396   [Vernehmung zur Sache]

(1) Der Zeuge ist zu veranlassen, dasjenige, was ihm von dem Gegenstand seiner Vernehmung bekannt ist, im Zusammenhang anzugeben.

(2) Zur Aufklärung und zur Vervollständigung der Aussage sowie zur Erforschung des Grundes, auf dem die Wissenschaft des Zeugen beruht, sind nötigenfalls weitere Fragen zu stellen.

(3) Der Vorsitzende hat jedem Mitglied des Gerichts auf Verlangen zu gestatten, Fragen zu stellen.

Gesetzesgeschichte: Ursprünglich § 361 CPO, durch Nov. 98, RGBl 256 (→ Einl. Rdnr. 113), inhaltlich unverändert zu § 396 geworden.

---

[1] *BAGE* 6, 1 ff.; *Baumbach-Lauterbach-Hartmann*[56] Rdnr. 3; *Thomas-Putzo*[21] Rdnr. 1; *Wieczorek*[2] A I.

[2] Es ist dabei zulässig, nach dem Geburtsdatum zu fragen; dies ist in der Regel zweckmäßiger als die Frage nach dem Alter, *Herminghausen* DRiZ 1951, 225.

[3] *RGSt* 45, 405.

Stichwortverzeichnis → »Schlüssel zum Zeugenbeweis« zu Beginn der Vorbemerkungen vor § 373.

I. Vernehmung zur Sache (Abs. 1)	II. Weitere Fragen (Abs. 2 und 3) 6
1. Ablauf der Vernehmung 1	III. Protokollierung 9
2. Verwendung von Aufzeichnungen 4	
3. Heilung 5	

I. Vernehmung zur Sache[1]

1. Ablauf der Vernehmung (Abs. 1)

Der Vernehmung zur Person (§ 395) folgt die hier geregelte Vernehmung zur Sache. Sie **1** beginnt damit, daß der Zeuge dasjenige **im Zusammenhang** angibt, was er von dem **Gegenstand der Vernehmung** (§ 377 Abs. 1 Nr. 2) weiß. Um jede Beeinflussung oder auch nur den Anschein der Beeinflussung zu vermeiden, ist größter Wert darauf zu legen, daß der **Zeuge zunächst einmal ununterbrochen und ohne präzise Fragen über den Beweisgegenstand berichtet**. Je zurückhaltender die Vernehmung geleitet wird, desto unverfälschter ist die Zeugenaussage. Eine gewisse behutsame Führung ist allerdings bei vielen Zeugen notwendig, um das Beweisthema wirklich anklingen zu lassen und auch zu erschöpfen.

Bei der Vernehmung hat der Zeuge alles anzugeben, was erkennbar mit der Beweisfrage **2** in untrennbarem Zusammenhang steht und für die Entscheidung des Rechtsstreits erheblich ist. *Der Beweisbeschluß (§ 359) umgrenzt das Beweisthema*. Ist z. B. eine Zeugin nach dem Beweisbeschluß zu befragen, ob sie mit A und B Geschlechtsverkehr gehabt habe, so braucht sie keine Angaben darüber zu machen, daß sie mit C geschlechtlich verkehrt hat[2]. Wegen des Rechts des Zeugen, einen **Rechtsbeistand** hinzuzuziehen → Rdnr. 51 vor § 373. – Über die Vernehmung tauber und stummer Zeugen → § 186 GVG und zur Beeidigung § 483.

2. Verwendung von Aufzeichnungen

Es ist dem Zeugen nicht verwehrt, seine **etwaigen Notizen**[3] einzusehen, namentlich, wo **4** es sich um Tabellen, Berechnungen, Statistiken, Bilanzen o. ä. handelt (→ auch § 377 Rdnr. 37). Zur Vorbereitungs*pflicht* → § 378. Auch ist es nicht ausgeschlossen, daß der Zeuge nach oder neben der mündlichen Darstellung dem Gericht eine hiermit übereinstimmende *Aufzeichnung übergibt*, die dann dem Zeugen vorgelesen, von ihm genehmigt und dem Protokoll als Anlage beigefügt wird[4]. Eine schriftliche Erklärung des Zeugen als *Ersatz* der Vernehmung (insbesondere die Nachreichung einer Aufzeichnung zur Ergänzung der Aussage) ist nur unter den Voraussetzungen des § 377 Abs. 3 zulässig[5] (dazu → § 377 Rdnr. 43).

---

[1] Zur Technik der Zeugenvernehmung: *Arntzen* Vernehmungspsychologie (1978); *Bender, Röder, Nack* Tatsachenfeststellung vor Gericht (1981); *Bernhardt* Festgabe für Rosenberg (1949) 42 ff.; *Geerds* Vernehmungstechnik[5] (1976); *Hellwig* Psychologie und Vernehmungstechnik[4] (1951) 204 ff., 299 ff.; *Krönig* Kunst der Beweiserhebung im Zivilprozeß[3] (1959); *ders.* DRiZ 1960, 178; *Levin* Prozeßleitung (1913) 178 ff.; *Lindemann* DJ 1942, 695; *Schaub* AuR 1968, 170; im übrigen die Hinweise → Fn. 1 vor § 373 und *E. Schneider* MDR 1965, 14, 181, 351, 535; *ders.* Beweis und Beweiswürdigung[5] (1994) Rdnr. 872 ff.

[2] BGHSt 3, 221 = NJW 1952, 1384.
[3] Aber nicht Schriftstücke, die die Parteien aufgesetzt haben, *RG* JW 1904, 363 f.
[4] RGZ 16, 116; *RG* JW 1928, 1857; *Silbermidt* JW 1930, 110; 1931, 1066. Gegen *Ratz* AcP 133 (1931) 37 ff., der die Übergabe einer schriftlichen Aufzeichnung erheblich weiter zulassen will. Unzulässig ist dagegen die Bezugnahme des Zeugen auf eine nach Diktat einer Partei niedergeschriebene Auslassung, *RG* Gruchot 62 (1918) 253.
[5] RGZ 49, 374 (zu § 595); *RG* JW 1900, 71; 1904, 363.

3. Heilung

5   Ein Verstoß gegen § 396 ist – jedenfalls nach der Nov. 24 wegen § 377 – gemäß § 295 heilbar[6] und steht einer Bestrafung wegen Meineids nicht entgegen[7].

II. Weitere Fragen (Abs. 2 und 3)

6   **Erst wenn die zusammenhängende Aussage des Zeugen beendet ist, dürfen Fragen an ihn gestellt werden**[8]. Auch aus dieser Regelung ergibt sich die Notwendigkeit, den Zeugen zunächst (→ Rdnr. 1) ununterbrochen aussagen zu lassen. Bei den Fragen empfiehlt sich im übrigen, zunächst allgemeinere Fragen zu stellen, um dem Zeugen eine möglichst zusammenhängende Ergänzung seiner Aussage zu ermöglichen.

7   Die **Fragepflicht des Gerichts** ist in Abs. 2 und 3 in Übereinstimmung mit § 139 geregelt[9] (→ § 139 Rdnr. 30, → § 140 Rdnr. 4). Auch bei der Fragestellung ist jede Beeinflussung des Zeugen (→ Rdnr. 1) zu vermeiden. **Suggestive**[10] **Fragestellungen** dürfen nicht gewählt werden. Die Frage kann sich auch auf Tatsachen erstrecken, die in der Ladung oder dem Beweisbeschluß nicht ausdrücklich angeführt sind. Allerdings hat sich das Gericht bewußt zu sein, daß es nicht selbst Ermittlungen anstellen darf, wenn der Verhandlungsgrundsatz (→ Rdnr. 75 ff. vor § 128) für sein Verfahren gilt. *Deshalb darf es den Rahmen des Beweisthemas nicht durch sein Fragerecht sprengen*[11]. Insbesondere ist ihm verwehrt, **Ausforschungsfragen** zu stellen (zum Ausforschungs*beweis* → § 284 Rdnr. 40 ff.).

8   Wegen der **Fragestellung durch die Parteien** s. § 397, wegen der Beanstandung der Fragestellung vor dem beauftragten oder ersuchten Richter s. § 400. Dazu, daß der Vorsitzende die Zeugenvernehmung einem Gerichtsmitglied übertragen kann, → § 136 Rdnr. 1 ff.; bei ehrenamtlichen Richtern wird dies oft nicht zweckmäßig sein.

III. Protokollierung

9   Über die Protokollierung[12] s. § 160 Abs. 3 Nr. 4, §§ 161, 162, 159 Abs. 2. Wegen der Niederschrift in Kurzschrift s. § 160 a.

10   Mit der Unterzeichnung des Protokolls bescheinigt der die Vernehmung leitende Richter, daß das Niedergeschriebene mit der Aussage übereinstimmt. Daraus folgt, daß es unzulässig ist, wenn sich der Richter auf die Anhörung der Protokollverlesung und einige Fragen beschränkt, ohne selbst bei der Aussage anwesend zu sein[13].

11   Inwieweit *Einwendungen* gegen die protokollarische Feststellung der Aussage im Protokoll zu vermerken sind, steht im Ermessen des vernehmenden Richters; eine Revisionsrüge gegen die Verwertung der Aussage kann aber aus der Unterlassung nicht hergeleitet werden[14].

---

[6] → § 295 Rdnr. 18 und auch *RG* JW 1896, 656.
[7] *BGHSt* 16, 232 = NJW 1961, 2168; *RGSt* 62, 147; einschränkend 65, 273.
[8] *BAG* NJW 1983, 1691, 1693; *BFHE* 91, 385: Unzulässigkeit des Vorhalts früherer Aussagen *vor* dem zusammenhängenden Bericht.
[9] Die Verletzung der Fragepflicht kann einen wesentlichen Verfahrensmangel nach § 539 ZPO begründen, *OLG Koblenz* NJW-RR 1991, 1471.
[10] *Baumbach-Lauterbach-Hartmann*56 Rdnr. 3; *Bernhardt* (Fn. 1) 44; *Döhring* Erforschung des Sachverhalts im Prozeß (1964) 54 f.; *Krönig* DRiZ 1960, 180; *E. Schneider* MDR 1965, 537.
[11] Bedenklich *Baumbach-Lauterbach-Hartmann*56 Rdnr. 5: Weiterzige Fragestellung sei nötig.
[12] Dazu *Bernhardt* (Fn. 1) 44; *Levin* (Fn. 1) 195 ff. Das Protokoll muß die Einhaltung des Abs. 1 ergeben, *RGZ* 142, 119; *RG* Recht 1917 Nr. 2060; *Thomas-Putzo*21 Rdnr. 3.
[13] Vgl. den Fall *RGSt* 65, 273, wo der Protokollführer eine Vernehmung selbst vornahm und protokollierte.
[14] *RAG* ArbRsp 1930, 331.

§ 397 [Fragerecht der Parteien]

(1) Die Parteien sind berechtigt, dem Zeugen diejenigen Fragen vorlegen zu lassen, die sie zur Aufklärung der Sache oder der Verhältnisse des Zeugen für dienlich erachten.
(2) Der Vorsitzende kann den Parteien gestatten und hat ihren Anwälten auf Verlangen zu gestatten, an den Zeugen unmittelbar Fragen zu richten.
(3) Zweifel über die Zulässigkeit einer Frage entscheidet das Gericht.

Gesetzesgeschichte: Ursprünglich § 362 CPO, durch Nov. 98, RGBl 256 (→ Einl. Rdnr. 113), inhaltlich unverändert zu § 397 geworden.

Stichwortverzeichnis → »Schlüssel zum Zeugenbeweis« zu Beginn der Vorbemerkungen vor § 373.

I. Fragerecht der Parteien		4. Anregung durch Partei	6
1. Einzelne Fragen	1	II. Entscheidung des Gerichts	8
2. Unmittelbare Stellung von Fragen	2	III. Arbeitsgerichtliches Verfahren	13
3. Pflicht der Parteien	5		

I. Fragerecht der Parteien[1]

1. Einzelne Fragen

Das Fragerecht gibt den Parteien die Möglichkeit, in ihrem Sinne auf die Zeugeneinvernahme Einfluß zu nehmen. Es ist allerdings gegenüber der richterlichen Vernehmung gemäß § 396 nachrangig. Die Parteien, Streithelfer[2] und ihre Vertreter haben ein Recht nur auf die Vorlegung oder Stellung *einzelner Fragen*. Die Überlassung des Zeugenverhörs an die Parteien gestattet die ZPO weder als sog. Kreuzverhör des englisch-amerikanischen Prozesses, noch in der abgeschwächten Form des § 239 StPO (→ aber zu Art. 9 Abs. 2 HBÜ Anh. § 363 Rdnr. 72). Das Recht kann nur in der mündlichen Verhandlung ausgeübt werden; schriftliche sog. Fragestücke sind unzulässig[3]. Verlangen die Parteien, daß dem Zeugen Fragen *durch den Vorsitzenden vorgelegt* werden, so muß dieser die Frage stellen, sofern sie nicht nach Abs. 3 unzulässig erscheint. Ob er sie für sachdienlich erachtet, ist gleichgültig; das schließt aber nicht aus, daß ersichtlich nicht zur Sache gehörige Fragen zurückgewiesen werden (→ auch Rdnr. 8). Besondere Pflicht des Vorsitzenden ist es, darüber zu wachen, daß sich die Parteien bei der Stellung von Glaubwürdigkeitsfragen derselben Zurückhaltung befleißigen, die er selbst zu üben hat, → § 395 Rdnr. 5.   1

2. Unmittelbare Stellung von Fragen

Um unmittelbar Fragen zu stellen (Abs. 2), haben die Parteien wie die Anwälte erst die Erlaubnis des Vorsitzenden nachzusuchen. Der Inhalt der Frage braucht aber nicht im einzelnen mitgeteilt zu werden. Dem Verlangen eines *Anwalts muß* der Vorsitzende entsprechen, auch im Parteiprozeß, während er gegenüber dem Verlangen der Partei freies Ermessen hat (→ auch Rdnr. 13).   2

Ob der Richter die Fragestellung sofort oder erst nach Abschluß seiner Vernehmung   3

---

[1] → die Lit. zu § 396 Fn. 1 sowie *Haehling von Lanzenauer* DRiZ 1966, 223; *Rinsche* Prozeßtaktik2 (1989) Rdnr. 162 ff.
[2] *Zöller-Greger*[20] Rdnr. 1.
[3] Anders der Antrag, bestimmte Punkte in den Beweisbeschluß aufzunehmen, OLG Hamburg OLG Rsp 23, 193.

zuläßt, steht in seinem Ermessen, u. U. kann aber die Zurückstellung der Frage eine Beeinträchtigung der Partei und damit einen mit der Revision angreifbaren Verstoß gegen § 397 darstellen[4].

3. Pflicht der Parteien

5   Pflicht der Parteien und ihrer Vertreter und Beistände ist es, ohne Rücksicht auf ihre Interessen, das *Zustandekommen unwahrer Aussagen zu verhindern*; der Verstoß gegen diese Pflicht kann sich u. U. als Beihilfe zum Meineid darstellen[5].

4. Anregung durch Partei

6   Ist der Zeuge über bestimmte Behauptungen nicht befragt, so ist das kein Verfahrensverstoß, wenn die Partei, obwohl sie bei der Vernehmung zugegen war, die Stellung entsprechender Fragen nicht angeregt hat[6].

II. Entscheidung des Gerichts

8   *Weigert sich* der Vorsitzende, eine Frage zu stellen (Abs. 1) oder stellen zu lassen (Abs. 2) oder entstehen, von wem auch immer angeregt, **Zweifel über die Zulässigkeit** einer Frage, so **entscheidet das Gericht**. Unter unzulässigen Fragen sind sowohl gesetzlich unzulässige Fragen zu verstehen – also solche, die nach §§ 376, 383 Abs. 3 gesetzlich untersagt sind –, wie auch solche, die ersichtlich abwegig sind (→ Rdnr. 1). **Unzulässig sind** somit z. B. *Ausforschungs-* und *Suggestivfragen* (→ § 396 Rdnr. 7) sowie Fragestellungen, die nicht auf Tatsachen gerichtet sind oder mit dem Gegenstand des Prozesses in keinem Zusammenhang stehen oder bereits beantwortet sind. Gegen die Entscheidung des Prozeßgerichts findet eine Beschwerde nicht statt.

9   Die Bestimmungen des § 397 sind auch auf den *beauftragten oder ersuchten Richter* anwendbar (vgl. § 398 Abs. 2, § 400). *Lehnt dieser Richter nach § 400 die Stellung einer Frage ab*, so ist der Beschluß nach § 160 Abs. 3 Nr. 6 in dem Protokoll festzustellen. Ob dies in der Weise geschieht, daß zunächst die Frage und anschließend der Beschluß vermerkt oder der wesentliche Inhalt der Frage in den Beschluß aufgenommen wird, steht im Ermessen des Richters; ein Anrecht auf wörtliche Protokollierung ihrer Fragen haben die Parteien nicht.

10 Das Gericht oder auch der beauftragte oder ersuchte Richter sind befugt, ihre **Entscheidung abzuändern**, sofern die Sache noch bei ihnen anhängig ist[7].

III. Arbeitsgerichtliches Verfahren

13 Hier ist nur hervorzuheben, daß das Recht auf unmittelbare Fragestellung nur dem Anwalt der Partei, nicht ihrem Prozeßbevollmächtigten schlechthin, zusteht. Eine Ausdehnung des § 397 Abs. 2 auf Verbandsvertreter, § 11 ArbGG, erscheint daher nicht angängig[8] (→ auch § 78 Rdnr. 66).

---

[4] *Traumann* JW 1931, 2451; 1932, 99.
[5] *BGHSt* 17, 321: Strafbarkeit nur bei geheimem Einvernehmen mit dem Zeugen. Damit wurde die ältere Rspr. eingeschränkt, *BGHSt* 3, 18; *RGSt* 75, 273; *RG* JW 1936, 658.
[6] *RAG* ArbRS 1929, 218.
[7] *Wieczorek*[2] B 1.
[8] A. M. *Grunsky* ArbGG[7] (1995) § 11 Rdnr. 13.

§ 398 [Wiederholte und nachträgliche Vernehmung]

(1) Das Prozeßgericht kann nach seinem Ermessen die wiederholte Vernehmung eines Zeugen anordnen.

(2) Hat ein beauftragter oder ersuchter Richter bei der Vernehmung die Stellung der von einer Partei angeregten Frage verweigert, so kann das Prozeßgericht die nachträgliche Vernehmung des Zeugen über diese Frage anordnen.

(3) Bei der wiederholten oder der nachträglichen Vernehmung kann der Richter statt der nochmaligen Beeidigung den Zeugen die Richtigkeit seiner Aussage unter Berufung auf den früher geleisteten Eid versichern lassen.

Gesetzesgeschichte: Ursprünglich § 363 CPO, durch Nov. 98, RGBl 256 (→ Einl. Rdnr. 113), inhaltlich unverändert zu § 398 geworden.

Stichwortverzeichnis → »Schlüssel zum Zeugenbeweis« zu Beginn der Vorbemerkungen vor § 373.

I. Wiederholte Vernehmung		II. Nachträgliche Vernehmung	12
1. Begriff	1	III. Berufung auf den früheren Eid	16
2. Ermessensentscheidung	4	IV. Berufungsinstanz	21
3. Ermessensleitende Gesichtspunkte	6		
4. Anordnung	10		

I. Wiederholte Vernehmung

1. Begriff

Die wiederholte Einvernahme eines Zeugen belastet diesen und ist daher nur bei begründetem Anlaß vorzunehmen. Der Begriff der »wiederholten Vernehmung« setzt voraus, daß **derselbe Zeuge** zu **derselben Tatsache** in **diesem Rechtsstreit** nochmals gehört wird. Darunter fällt nach herrschender Meinung auch die erneute Vernehmung in höherer Instanz (→ Rdnr. 21) und die Vernehmung nach einer Vernehmung im selbständigen Beweisverfahren[1]. 1

Wird dagegen ein schon vernommener Zeuge über **neue Tatsachen** benannt, so steht eine »wiederholte« Vernehmung nicht in Frage; die Ablehnung seiner Vernehmung darf dann nur nach den allgemeinen Grundsätzen (→ § 284 Rdnr. 51 ff.) erfolgen[2]; ein Ermessen nach § 398 besteht nicht. Eine wiederholte Vernehmung liegt ferner nicht vor, wenn ein Zeuge erstmals vernommen werden soll, nachdem das Protokoll über eine frühere Aussage als Urkunde verwendet worden ist[3]. Keine wiederholte Vernehmung ist auch die Einvernahme eines Zeugen nach dessen schriftlicher Auskunft gemäß § 377 Abs. 3[4] (→ § 377 Rdnr. 49). Ebensowenig liegt eine wiederholte Vernehmung vor, wenn eine bislang vom beauftragten oder ersuchten Richter nicht gestellte Frage gestellt werden soll; dies ist eine *nachträgliche Vernehmung* (→ Rdnr. 12). 2

---

[1] *BGH* NJW 1970, 1920; MünchKommZPO-*Damrau* Rdnr. 2; *Zöller-Greger*[20] Rdnr. 1.
[2] *RGZ* 48, 386; *RG* SeuffArch 55 (1900) 356; JW 1913, 500 (bestimmt neue Einzelheiten eines Vorgangs, über den der Zeuge schon vernommen ist).
[3] *OGHZ* 1, 207; *BAGE* 20, 263; *BGHZ* 7, 122; → § 284 Rdnr. 34 ff.; a. M. *RG* JW 1908, 304.
[4] MünchKommZPO-*Damrau* Rdnr. 2; *Zöller-Greger*[20] Rdnr. 2.

2. Ermessensentscheidung

4   Die ZPO stellt die **wiederholte Vernehmung** eines Zeugen über den Gegenstand seiner früheren Vernehmung (→ Rdnr. 1) auch bei einem darauf gerichteten Antrag in das *Ermessen*[5] des Prozeßgerichts (zum Berufungsgericht → Rdnr. 21) und des beauftragten oder ersuchten Richters bis zur Erledigung seines Auftrags (§ 400). Die Ausübung des Ermessens unterliegt grundsätzlich nicht der Nachprüfung des Revisionsgerichts[6]; freilich werden die Grenzen richterlichen Ermessens zunehmend enger gezogen (→ Rdnr. 7).

3. Ermessensleitende Gesichtspunkte

6   Anlaß für eine Wiederholung der Zeugenvernehmung kann sein: Die Aussage stellt sich als **unbestimmt oder zweideutig** dar; nachträglich wird eine **Gegenüberstellung** für notwendig erachtet; die Aussage steht **nicht** mehr genügend in der **Erinnerung der Richter** fest; das **Prozeßgericht** will nach der Vernehmung durch einen beauftragten oder ersuchten Richter (→ § 355 Rdnr. 13) einen **unmittelbaren Eindruck** gewinnen; ebenso das Kollegium nach der Rückübertragung (→ § 348 Rdnr. 41); nach der → § 355 Rdnr. 11 f. vertretenen Auffassung, wenn ein **Wechsel in der Besetzung des Gerichts** stattgefunden hat.

7   In der neueren Rechtsprechung ist die Tendenz zu beobachten, zunehmend eine **Pflicht** zur Wiederholung der Vernehmung anzunehmen (zur Berufungsinstanz → § 526 Rdnr. 4 ff.): Die Zeugenvernehmung muß wiederholt werden, wenn die **erste Vernehmung** nicht ordnungsgemäß erfolgte und daher **nicht verwertet** werden kann[7], wenn das **Beweisthema nicht hinreichend differenziert benannt** wurde[8], wenn – nachdem der Zeuge durch einen Rechtshilferichter vernommen worden war – das Prozeßgericht dessen **Glaubwürdigkeit ohne persönlichen Eindruck nicht beurteilen** kann[9], wenn Anhaltspunkte für **neue Erkenntnisse** des Zeugen vorliegen.

8   Negativ läßt sich sagen, daß ohne besonderen Anlaß eine wiederholte Zeugenvernehmung unstatthaft ist. Ist nicht zu erwarten, daß die Zeugen ihre Aussage ändern, und bestehen auch im übrigen keine erheblichen Gründe, dann ist die wiederholte Vernehmung ein Mißbrauch der Zeugnispflicht[10].

4. Anordnung

10   Die Anordnung kann seitens des Prozeßgerichts auch ohne mündliche Verhandlung erfolgen (argumentum a maiore ad minus, § 360 S. 2, 2. HS.). Die Übertragung auf den beauftragten oder ersuchten Richter, § 375, ist für die wiederholte Vernehmung selbständig zu beurteilen.

II. Nachträgliche Vernehmung

12   Die **nachträgliche Vernehmung** stellt zwar auch, wie die wiederholte Vernehmung (→ Rdnr. 1), die nochmalige Anhörung desselben Zeugen dar; sie setzt aber gerade voraus, daß **diese** Frage an diesen Zeugen nicht gestellt wurde. Sie kann nach Abs. 2 (→ § 400 Rdnr. 3)

---

[5] Ein *Anspruch* der Prozeßpartei auf erneute Vernehmung besteht grundsätzlich nicht, *BAG* AP § 179 BGB Nr. 1 (*Schnorr v. Carolsfeld*) = DB 1965, 296 (L).
[6] *BGH* und *RG* oft, z.B. *BGHZ* 7, 122; 35, 370 und *RG* JW 1891, 120; 1892, 310; 1899, 339 f.; 1900, 657; WarnRsp 1908 Nr. 98; RAG ArbRspr 1932, 272; *OGHZ* 1, 226 = NJW 1949, 146; *BAG* AP § 398 Nr. 1 (*Pohle*); NJW 1968, 566.
[7] So auch, wenn der zur Zeugenvernehmung hinzugezogene Dolmetscher entgegen § 189 GVG nicht vereidigt worden ist, *BGH* NJW 1987, 260.
[8] Vgl. *BGH* NJW-RR 1994, 511 (Berufungsinstanz).
[9] *BGH* NJW 1990, 3088.
[10] *BAG* AP § 398 Fn. 1 (*Pohle*); *BGH* NJW 1970, 1181 f., 2297.

sowohl auf Antrag als auch von Amts wegen angeordnet werden, wenn der *beauftragte oder ersuchte Richter* – in dem Sonderfall des § 58 Abs. 1 S. 2 ArbGG auch der Vorsitzende – eine nach § 397 von einer Partei beantragte oder gestellte Frage *für unzulässig* erklärt hat. Die nachträgliche Vernehmung nach § 398 darf aber nur *durch das Prozeßgericht* angeordnet werden; es ist zulässig, daß das Prozeßgericht die Vernehmung zu dieser Frage vor dem beauftragten oder ersuchten Richter anordnet. Solange dieser jedoch mit der Sache befaßt ist, kann er *von sich aus* die Frage zulassen (→ § 400 Rdnr. 3). Die Vernehmung kann aber auch von dem Prozeßgericht selbst vorgenommen werden.

Sie beschränkt sich zunächst auf die verweigerte Frage, kann aber nach Bedarf auch auf andere erstreckt werden (→ auch § 396 Rdnr. 6 f.). Gegen die Entscheidung des Prozeßgerichts findet keine Beschwerde statt (§ 567, § 576)[11]. 13

Wegen der Protokollierung abgelehnter Fragen → § 397 Rdnr. 9. Wegen der Erforderlichkeit der mündlichen Verhandlung gilt das gleiche wie oben (→ Rdnr. 10). 14

III. Berufung auf den früheren Eid

Für die wiederholte wie für die nachträgliche Vernehmung gelten die Vorschriften der §§ 394 – 397. In beiden Fällen steht es im Ermessen des Prozeßgerichts bzw. des mit der nochmaligen Vernehmung betrauten Richters, ob er im Falle eidlicher Vernehmung die *Beeidigung wiederholen* oder den Zeugen die Richtigkeit seiner Aussage **unter Berufung auf den früher geleisteten Eid** versichern lassen will. Die Versicherung hat entsprechend § 392 stets nach der späteren Vernehmung zu erfolgen. Der bloße Hinweis auf den früher geleisteten Eid ersetzt nicht die Versicherung. Ob der Eid, auf den die Berufung erfolgt, ein Voreid (beim Sachverständigen, § 410) oder ein Nacheid (beim Zeugen stets, § 392) ist, gilt gleich[12]. *Strafrechtlich* stellt § 155 Nr. 2 StGB die Versicherung unter Berufung auf den früheren Eid der Eidesleistung gleich. 16

Eine *schriftliche* Versicherung der Richtigkeit der Aussage unter Berufung auf den früher geleisteten Eid ist nicht statthaft; für eine entsprechende Anwendung der Sondervorschrift des § 410 Abs. 2, 2. HS. ist kein Raum, da die Abnahme der Versicherung nach § 398 Abs. 3 ebenso wie die des Zeugeneides in engstem Zusammenhang mit der Eidesbelehrung (→ § 480 Rdnr. 1 ff.) steht. 17

Bei erneuter Vernehmung über **andere Tatsachen** (→ Rdnr. 2) entfällt das Ermessen des Gerichts hinsichtlich der Eidesfrage; es **muß erforderlichenfalls von neuem vereidigt werden**[13]. 18

IV. Berufungsinstanz

Die herrschende Meinung wendet § 398 auch in der Berufungsinstanz an[14] und sieht keinen Unterschied zwischen der wiederholten Vernehmung in derselben Instanz und in der Berufungsinstanz[15]. Die Wiederholung der Zeugenvernehmung steht damit im **Ermessen des Berufungsgerichts**. Dem hat *Grunsky* (→ § 526 Rdnr. 6) unter Hinweis auf § 355 mit Recht widersprochen. 21

Nicht anwendbar ist § 398 auch im Fall der **Nichtigkeits- oder Restitutionsklage**. 22

---

[11] *RG* SeuffArch 44 (1899) 468; ebenso *Wieczorek*[2] B I a.
[12] *RGSt* 72, 201; a. M. *RG* HRR 1932, Nr. 1606, wo nur die Berufung auf einen Voreid für möglich gehalten wird. Es handelt sich aber nicht um eine Unterstellung der zweiten Aussage unter die frühere Beteuerung, sondern um eine neue Beteuerung, für die nur eine andere Form vorgesehen ist.
[13] *RGZ* 48, 386; *RG* JW 1902, 361.
[14] Vgl. Nachw. § 526 Fn. 7; Nachw. zur älteren Rspr. Fn. 12 bis 21 in der Vorauf1.
[15] *Pohle* Anm. zu BAG AP § 398 Nr. 1.

§ 399 [Verzicht auf Zeugen]

Die Partei kann auf einen Zeugen, den sie vorgeschlagen hat, verzichten; der Gegner kann aber verlangen, daß der erschienene Zeuge vernommen und, wenn die Vernehmung bereits begonnen hat, daß sie fortgesetzt werde.

Gesetzesgeschichte: Ursprünglich § 364 CPO, durch Nov. 98, RGBl 256 (→ Einl. Rdnr. 113), inhaltlich unverändert zu § 399 geworden.

Stichwortverzeichnis → »Schlüssel zum Zeugenbeweis« zu Beginn der Vorbemerkungen vor § 373.

I. Verzicht durch den Beweisführer   1   II. Rechte des Prozeßgegners   5

I. Verzicht durch den Beweisführer

1   Der Beweisführer kann bis zum Abschluß der Vernehmung jederzeit **auf den benannten Zeugen verzichten.** Der Verzicht ist, wie jede andere Prozeßhandlung (→ Rdnr. 158 ff. vor § 128), in der **mündlichen Verhandlung** oder zum Protokoll des beauftragten oder ersuchten Richters zu erklären; *die Erklärung im Schriftsatz* hat selbständige Bedeutung im Falle der Entscheidung ohne mündliche Verhandlung, § 128 Abs. 2, → § 128 Rdnr. 89 f., oder nach Aktenlage, §§ 251 a, 331 a; sie ist aber auch darüber hinaus wirksam[1]. Der (in der Tatsacheninstanz widerrufliche) Verzicht[2] kann sich auf den Termin oder die Instanz beschränken, wobei aber die Partei die Gefahr späterer Zurückweisung nach §§ 282, 296, 296 a, 529 läuft[3].

2   Die Möglichkeit eines **stillschweigenden Verzichts** durch schlüssige Handlung wird grundsätzlich anerkannt[4], etwa wenn eine Partei ihren Beweisantrag nicht wiederholt, nachdem sie die Aufklärungstätigkeit des Gerichts als erschöpft angesehen hat[5] oder nach der Zustimmung zur Verwertung von Akten aus einem anderen Verfahren[6]. Bei der Annahme eines stillschweigenden Verzichts ist **Zurückhaltung** zu üben[7]. Die Aufklärung nach § 139 geht vor[8]. Eine Last der Partei, bereits angebotene Zeugen nochmals zu benennen, besteht grundsätzlich nicht. Keinesfalls darf der Verfahrensfehler, der im Übergehen eines Beweisangebots liegt, mit der Figur des stillschweigenden Verzichts »geheilt« werden.

3   Da aber der Gegner sich jederzeit desselben Beweismittels bedienen kann, so vereinfacht und beschleunigt es das Verfahren[9], wenn nach § 399 (vgl. auch § 436) der Gegner *die Vernehmung des erschienenen Zeugen* oder, wenn sie bereits begonnen hat, ihre *Fortsetzung* verlangen kann, mag der Vernehmungstermin vor dem Prozeßgericht oder vor dem Richterkommissar stattfinden. *Nach der Vernehmung* des Zeugen[10] ist ein Verzicht auf seine Aussage nicht mehr möglich; durch Unterlassen des Vortrags des Beweisergebnisses können die

---

[1] *Baumbach-Lauterbach-Hartmann*[56] Rdnr. 3; *Wieczorek*[2] A I. Andernfalls müßte das Gericht einen Zeugen laden, obwohl ihn unter Umständen beide Parteien nicht mehr hören wollen. A. M. 19. Aufl. dieses Kommentars.
[2] *BAG* NJW 1974, 1349.
[3] *RG* JW 1896, 333; *Schumann* Anm. AP § 139 Nr. 3 sub I b.
[4] *BGH* NJW 1994, 329; *BGH* NJW-RR 1987, 1403; MünchKommZPO-*Damrau* Rdnr. 3; *Zöller-Greger*[20] Rdnr. 2.
[5] *BGH* NJW 1994, 329, 330 (im konkreten Fall verneint).

[6] *OLG Karlsruhe* NJW-RR 1986, 864 (bedenklich).
[7] Vgl. *BGH* NJW-RR 1987, 1403, 1404: Kein Verzicht, wenn die Partei um Überprüfung des Beweisbeschlusses bittet; *OLG Celle* NJW-RR 1995, 1407: Kein Verzicht (auf Sachverständigengutachten), wenn Kostenvorschuß unter Hinweis auf die fehlende Vorschußpflicht nicht bezahlt wird.
[8] Vgl. *BGH* NJW 1994, 329, 330.
[9] *Hahn* Materialien[2] 316.
[10] Aber nur, wenn sie ordnungsgemäß durchgeführt ist, *Pohle* Anm. zu *ArbG Stade* AP § 163 a Nr. 1.

Parteien die Aussage nicht wieder ausschalten, → § 285 Rdnr. 5 ff. und → § 128 Rdnr. 32. Wegen der Entscheidung nach Lage der Akten (§ 251 a) und derjenigen ohne mündliche Verhandlung, § 128 Abs. 2, → jedoch § 285 Rdnr. 9 ff.

II. Rechte des Prozeßgegners

Macht der Prozeßgegner von der Befugnis des § 399 *keinen Gebrauch*, so kann er den Zeugen selbständig benennen. Schlägt die verzichtende Partei ihn von neuem vor, so gelten § 296 Abs. 1, 2.   5

§ 400 [Befugnisse des beauftragten oder ersuchten Richters]

Der mit der Beweisaufnahme betraute Richter ist ermächtigt, im Falle des Nichterscheinens oder der Zeugnisverweigerung die gesetzlichen Verfügungen zu treffen, auch sie, soweit dies überhaupt zulässig ist, selbst nach Erledigung des Auftrages wieder aufzuheben, über die Zulässigkeit einer dem Zeugen vorgelegten Frage vorläufig zu entscheiden und die nochmalige Vernehmung eines Zeugen vorzunehmen.

Gesetzesgeschichte: Ursprünglich § 365 CPO, durch Nov. 98, RGBl 256 (→ Einl. Rdnr. 113), inhaltlich unverändert zu § 400 geworden.

Stichwortverzeichnis → »Schlüssel zum Zeugenbeweis« zu Beginn der Vorbemerkungen vor § 373.

I. Allgemeines	1	2. Zulässigkeit einer von einer Partei angeregten Frage	11
II. Anordnungen	3	3. Festsetzung der Parteikosten	12
III. Entscheidungen		IV. Rechtsbehelfe	14
1. Selbständige Streitigkeiten	7		

I. Allgemeines

Der § 400 will den **beauftragten oder ersuchten Richter** bei der Vollziehung des Auftrags nicht auf die hier aufgezählten Befugnisse *beschränken*. Er enthält nur eine **beispielhafte Aufzählung**, um bezüglich einzelner besonderer praktischer Fragen Zweifel zu verhindern; daher die Fassung »ist ermächtigt« (s. auch § 366).   1

II. Anordnungen

Die auf das Zeugenverhör bezüglichen **Anordnungen** und Verfügungen stehen dem beauftragten oder ersuchten Richter unbedingt zu, soweit sie zur Erledigung des Auftrags gehören. Er hat also namentlich den *Termin* zu bestimmen, zu vertagen oder zu verlegen (§§ 361, 362, 229), die *Ladung* nach § 377 zu veranlassen. Im Termin hat er die *Sitzungspolizei* auszuüben, §§ 176 ff., 180 GVG, den Zeugen *zu vernehmen* und entsprechend einem dahingehenden Auftrag zu beeidigen, die Gegenüberstellung der Zeugen zu bewirken (§ 394) und die *Wiederholung der Vernehmung* anzuordnen (→ § 398 Rdnr. 1). Er ist auch befugt, eine *nachträgliche Vernehmung* (zum Begriff → § 398 Rdnr. 2 und 12) dadurch vorzunehmen, daß er eine früher von ihm verweigerte Frage stellt. § 398 Abs. 2 steht dem nicht   3 entgegen, da diese Vorschrift nur dem *Prozeß*gericht die Befugnis überträgt, trotz der Verweigerung der Frage durch den beauftragten oder ersuchten Richter die Vernehmung über diese Frage vor dem Prozeßgericht anzuordnen. Ohne § 398 Abs. 2 wäre es zweifelhaft, ob nicht das Prozeßgericht an diese Entscheidung des anderen Richters gebunden wäre. Wie auch das Prozeßgericht eine bisher nicht zugelassene Frage nachträglich gestatten darf (→ § 397 Rdnr. 10), ist hierzu der beauftragte oder ersuchte Richter solange befugt, als er noch mit der Beweisaufnahme befaßt ist.

4   Wegen der selbständigen Entschließung über die Beeidigung → § 391 Rdnr. 20. Er ist ferner befugt, beim *Ausbleiben* des Zeugen oder bei *Zeugnisverweigerung* alle nach §§ 380f. und § 390 zulässigen Maßregeln nach eigenem Ermessen[1] anzuordnen und, soweit es zulässig ist, selbst nach Erledigung des Auftrages wieder *aufzuheben*. Endlich hat er nach § 16 ZSEG (→ § 401 Rdnr. 7) die *Zeugengebühr* festzusetzen.

5   Die *schriftliche Beantwortung* der Beweisfragen anzuordnen, ist er nicht befugt, → § 377 Rdnr. 43.

III. Entscheidungen

1. Selbständige Streitigkeiten

7   Zur Entscheidung von selbständigen Streitigkeiten unter den Parteien oder mit dem Zeugen ist nur das Prozeßgericht (auch der Einzelrichter) auf Grund mündlicher Verhandlung oder was dem gleichsteht (§ 128 Abs. 2, § 251 a) berechtigt (§ 366), insbesondere zur Entscheidung über die *Verweigerung des Zeugnisses* oder des Zeugeneides (→ § 392 Rdnr. 6), s. dazu §§ 386 f., 389.

8   Dagegen wird durch den Widerspruch einer Partei gegen eine nach → Rdnr. 3 von dem beauftragten usw. Richter getroffene Anordnung oder Verfügung noch nicht ein Zwischenstreit nach § 366 begründet.

2. Zulässigkeit einer von einer Partei angeregten Frage

11 Über die Zulässigkeit einer von einer Partei angeregten Frage an den Zeugen, § 397 Abs. 2, § 398 Abs. 2, hat nach § 400 der beauftragte oder ersuchte Richter *vorläufig* zu entscheiden, während die endgültige Entscheidung dem Prozeßgericht zusteht. Wegen der *Protokollierung* → § 397 Rdnr. 9. *Verweigert* er die Frage, so kann das Prozeßgericht nachträglich die Vernehmung des Zeugen auf Antrag (§ 576) oder von Amts wegen (§ 398 Abs. 2) auch ohne mündliche Verhandlung (→ § 398 Rdnr. 10) anordnen; die Entscheidung unterliegt nicht der Beschwerde und kann erst mit dem Endurteil angefochten werden. Stellt dagegen der beauftragte oder ersuchte Richter die Frage, so unterbleibt die Entscheidung durch das Prozeßgericht als gegenstandslos, vgl. § 575 Rdnr. 1 f.; es ist aber dem Prozeßgericht überlassen, welchen Wert es der Beantwortung einer unzulässigen Frage beilegen will.

3. Festsetzung der Parteikosten

12 Zur Festsetzung der Parteikosten ist nur der Urkundsbeamte der Geschäftsstelle des Prozeßgerichts zuständig (→ § 103 Rdnr. 14 ff.).

---

[1] Soweit die Maßregeln angeordnet werden *müssen*, z.B. § 380 Abs. 1, ist er dazu verpflichtet, *OLG Hamm* OLG Rsp 2, 237.

IV. Rechtsbehelfe

Das Prozeßgericht ist weder an die vorläufige Entscheidung noch an die Anordnungen und Verfügungen des beauftragten oder ersuchten Richters gebunden. Die einen wie die anderen fallen unter die Entscheidungen, die es nach § 576 abändern kann[2] (→ § 576 Rdnr. 1 ff.). Ausgenommen sind nur die Maßregeln der *Sitzungspolizei*, § 181 GVG (→ Rdnr. 145 vor § 128) und die *Festsetzung der Gebühren* der Zeugen und Sachverständigen (→ § 401 Rdnr. 10). 14

§ 401 [Zeugenentschädigung]

Der Zeuge wird nach dem Gesetz über die Entschädigung von Zeugen und Sachverständigen entschädigt.

Gesetzesgeschichte: Ursprünglich § 366 CPO, durch Nov. 98, RGBl 256 (→ Einl. Rdnr. 113), inhaltlich unverändert zu § 401 geworden. Änderungen durch Nov. 24, RGBl I 135 (→ Einl. Rdnr. 123 f.) und Gesetz vom 26. VII. 1957, BGBl I 861 (→ Einl. Rdnr. 150).

Stichwortverzeichnis → »Schlüssel zum Zeugenbeweis« zu Beginn der Vorbemerkungen vor § 373.

I. Allgemeines	1	4. Beschwerde	10
II. Umfang der Entschädigung nach dem ZSEG	2	5. Form	11
III. Geltendmachung		IV. Vorschuß, Erstattung, Wiedereinziehung	
1. Antrag, Frist	4	1. Vorschuß	13
2. Gerichtliche Festsetzung	7	2. Erstattung	14
3. Änderung	8	3. Wiedereinziehung	15
		V. Arbeitsgerichtliches Verfahren	17

I. Allgemeines

§ 401 Abs. 1 alter Fassung hatte neben einer allgemeinen Verweisung auf die Gebührenordnung für Zeugen und Sachverständige in der Fassung der Bekanntmachung vom 21. XII. 1925 (RGBl I 471) die Entschädigung des Zeugen bei schriftlicher Beantwortung der Beweisfrage geregelt, § 165 Abs. 2, 3 GVG ein Recht auf Entschädigung nach dem Recht des Aufenthaltsorts und auf Vorschuß anerkannt. Das *KostenänderungsG* vom 26. VII. 1957 (BGBl I 861, 902, 932) hat in dem **Gesetz über die Entschädigung von Zeugen und Sachverständigen (ZSEG)**[1] die einschlägigen Vorschriften in einigen Punkten geändert, sie alle zusammengefaßt und zugleich unter Aufhebung des § 165 GVG den Inhalt der §§ 401, 413 ZPO auf eine allgemeine Verweisung auf das ZSEG beschränkt. Das ZSEG gilt nunmehr in der Fassung der Bekanntmachung vom 1. X. 1969 (BGBl I 1756 → Einl. Rdnr. 198, zuletzt geändert durch G vom 28. IV. 1997, BGBl I 996). Dieses Gesetz regelt heute abschließend Grund und Höhe des öffentlich-rechtlichen Anspruchs auf Zeugen- und Sachverständigenentschädigung. Der Anspruch richtet sich gegen den Bund bzw. das Land, dessen Gericht den Zeugen geladen (vernommen) hat. 1

---

[2] *RGZ* 68, 66 f.; *OLG Bamberg* OLG Rsp 1, 241.

[1] *Berner* Rpfleger 1957, 405; *Hartmann* Kostengesetze[27] (1997); *Meyer-Höver-Bach*[20] (1997).

II. Umfang der Entschädigung nach dem ZSEG

2   Der Zeuge wird für seinen *Verdienstausfall* entschädigt, einerlei ob er mündlich vernommen oder schriftlich befragt wird, § 2 Abs. 1 ZSEG. Zur Höhe der Entschädigung s. § 2 Abs. 2 – 5, § 4 ZSEG. Ferner werden ihm die *Fahrtkosten*, § 9 ZSEG, der durch Abwesenheit vom Aufenthaltsort oder durch die Wahrnehmung eines Termins am Aufenthaltsort entstandene Aufwand, § 10 ZSEG, sowie sonstige *notwendige bare Auslagen* ersetzt, § 11 ZSEG; zur Aufrundung des Betrags s. § 12 ZSEG. Sonstige notwendige Auslagen sind auch die Kosten für den Nachweis, daß ein Zeuge oder Sachverständiger entschuldigt ausgeblieben ist, → § 381 Rdnr. 23. Der Anspruch besteht beim mündlich zu befragenden Zeugen nur soweit, als dieser in seiner Eigenschaft als solcher geladen ist, gleichviel ob er in dem Termin vernommen worden ist oder nicht. Ist *der Zeuge irrtümlich* geladen, so besteht der Anspruch gleichwohl, da für den Zeugen nicht zu erkennen ist, daß er nicht zu erscheinen braucht. Bei dem *mitgebrachten oder freiwillig erschienen Zeugen* ist Voraussetzung des Anspruchs lediglich, daß der Zeuge vernommen worden ist. § 1 ZSEG macht hier keinen Unterschied zwischen geladenem und gestelltem Zeugen, sondern verlangt lediglich die Heranziehung zu Beweiszwecken[2]. Bei schuldhafter Unterlassung der rechtzeitigen *Anzeige* vom Wechsel des Aufenthaltsortes verringert sich der Reisekostenanspruch, wenn der Zeuge andernfalls vor einem näheren Gericht vernommen worden wäre[3].

III. Geltendmachung

1. Antrag, Frist

4   Zeugen und Sachverständige werden nur *auf Verlangen* entschädigt; Ansprüche erlöschen, wenn sie nicht **binnen drei Monaten** nach Beendigung der Zuziehung bei dem zuständigen Gericht geltend gemacht worden sind, § 15 ZSEG. Zur Verjährung s. § 196 Abs. 1 Nr. 17 BGB.

5   *Zuständig* ist das Gericht, von dem der Zeuge herangezogen ist. Das Verlangen kann formlos an den Richter oder die anweisende Stelle gerichtet werden.

2. Gerichtliche Festsetzung

7   Eine gerichtliche Festsetzung erfolgt, wenn der Zeuge sie beantragt oder das Gericht sie für angemessen hält, § 16 ZSEG. Der Antrag ist an keine Form oder Frist (→ jedoch Rdnr. 4) gebunden. Die Festsetzung ist Sache des Gerichts, auch des Einzelrichters, des beauftragten oder des ersuchten Richters, der jeweils den Zeugen herangezogen hat. Der Rechtspfleger ist zuständig, wenn er den Zeugen zugezogen hat. Das Festsetzungsverfahren schließt den Klageweg aus[4], → Rdnr. 11 vor § 91, → § 103 Rdnr. 1. Bei der Festsetzung ist das Gericht in der Frage, ob eine Zeugen- oder Sachverständigenvernehmung vorliegt, nicht an den Beweisbeschluß oder gar an den Beweisantritt gebunden; es entscheidet vielmehr, wie die Beweisaufnahme tatsächlich verlaufen ist[5].

---

[2] *Hartmann* (Fn. 1) § 1 ZSEG Rdnr. 11; *Meyer-Höver-Bach* (Fn. 1) Rdnr. 32; *Zöller-Greger*[20] Rdnr. 2; *OLG Stettin*, *OLG Hamburg* OLG Rsp 23, 280; sowie (z. T. abweichend) *Gaedeke* DJ 1939, 1307; *OLG Koblenz* NJW 1967, 1866 je mit der Einschränkung, daß dann die Reisekosten nur erstattet werden, wenn die Vernehmung durch den ersuchten Richter untunlich gewesen wäre. A. M. *OLG Stuttgart* MDR 1964, 857: Einvernahme des Zeugen nicht erforderlich, wenn die Gestellung nur zweckdienlich war.

[3] *RG* JW 1898, 388; *Hartmann* (Fn. 1) § 9 ZSEG Rdnr. 19 f.; *Meyer-Höver-Bach* (Fn. 1) Rdnr. 15.5.

[4] *RGZ* 43, 47; 104, 118; *Hartmann* (Fn. 1) ZSEG (Grundzüge).

[5] *OLG München* BayrZ 1927, 82; *OLG Hamburg* JB 1985, 1218.

3. Änderung

Das Gericht kann seine Festsetzung nicht mehr von Amts wegen ändern, gleichgültig ob **8** das Verfahren noch vor dem Gericht der Festsetzung oder bereits in der Rechtsmittelinstanz schwebt. Die diesbezügliche Regelung in Abs. 1 S. 4, 5 ist durch die Nov. 75 aufgehoben worden.

4. Beschwerde

Die Festsetzung unterliegt der Beschwerde, wenn der Wert des Beschwerdegegenstandes **10** 100 DM überschreitet. Sie ist abschließend in § 16 ZSEG geregelt; § 568 Abs. 3 gilt daher nicht. Beschwerdeberechtigt sind der Zeuge und die Staatskasse, nicht etwa die Parteien. Das Rechtsmittel ist bei dem Gericht einzulegen, das die Entschädigung festgesetzt hat; dieses kann der Beschwerde abhelfen. § 576 gilt nicht, so daß die Beschwerde gegen die Festsetzung eines *ersuchten* Richters an das diesem, gegen die Festsetzung eines *beauftragten* Richters an das dem Prozeßgericht im Instanzenzug übergeordnete Gericht geht[6]. Eine Beschwerde an einen obersten Gerichtshof des Bundes ist nicht zulässig, eine weitere Beschwerde ist nicht statthaft.

5. Form

Anträge, Erklärungen und Beschwerden können zu Protokoll der Geschäftsstelle gegeben **11** oder schriftlich eingereicht werden, ohne daß es der Mitwirkung eines Rechtsanwalts bedürfte, § 16 Abs. 3 ZSEG.

IV. Vorschuß, Erstattung, Wiedereinziehung

1. Vorschuß

Zum Abhängigmachen der Vernehmung von einem Vorschuß *des Beweisführers* → § 379 **13** Rdnr. 1. Geladenen – also nicht nur schriftlich befragten (§ 377 Abs. 3) – Zeugen ist auf Antrag ein Vorschuß *aus der Staatskasse* zu bewilligen, wenn sie nicht über die Mittel für eine Reise verfügen oder wenn ihnen, insbesondere wegen der Höhe der Reisekosten, nicht zugemutet werden kann, diese aus eigenen Mitteln vorzuschießen, § 14 ZSEG[7]. Es kann auch die gerichtliche Festsetzung des Vorschusses beantragt werden, wofür § 16 ZSEG sinngemäß gilt, → Rdnr. 7. Die Zeugenpflicht besteht aber auch bei Ablehnung eines Vorschusses.

2. Erstattung

Der Staatskasse gegenüber haften die Parteien, soweit sie Kostenschuldner sind, → **14** Rdnr. 29 ff. vor § 91, für die Erstattung der als Auslagen vom Gericht an den Zeugen gezahlten Entschädigung.

---

[6] *RGZ* 17, 352 ff.; *RG* JW 1899, 771 f.
[7] S. hierzu die bundeseinheitlichen Verwaltungsbestimmungen vom 1. VIII. 1977, abgedruckt z. B. bei *Piller-Hermann* Justizverwaltungsvorschriften (Loseblattsammlung) Nr. 10 d und bei *Hartmann* (Fn. 1) § 18 ZSEG Anhang I.

3. Wiedereinziehung

15 Dem Zeugen **zuviel gezahlte Beträge** kann die Gerichtskasse von diesem nach § 1 Abs. 1 Nr. 8 JustizbeitreibungsO vom 11. III. 1937 (RGBl I 298, BGBl III 365–1) wieder einziehen.

V. Arbeitsgerichtliches Verfahren[8]

17 Das ZSEG gilt nach seinem Abs. 1 für die Heranziehung von Zeugen und Sachverständigen zu Beweiszwecken von einem Gericht ohne Einschränkung auf bestimmte Zweige der Gerichtsbarkeit, also auch für die Gerichte für **Arbeitssachen**. Bei der Festsetzung (→ Rdnr. 7) wirken die Beisitzer nach § 53 ArbGG nicht mit.

---

[8] Vgl. hierzu die Vereinbarung vom 1. IV. 1968, i. d. F. v. 1. IV. 1978, abgedruckt z. B. bei *Piller-Hermann* (Fn. 7) Nr. 10 d Anlage I und bei *Hartmann* (Fn. 1) § 18 ZSEG Anhang II.

Achter Titel

Beweis durch Sachverständige

Vorbemerkungen

I. Begriff und Rechtsnatur	1
1. Besondere Sachkunde	1
2. Helfer (Berater) des Richters	3
3. Begriff des Sachverständigen	4
4. Freie Beweiswürdigung	6
II. Aufgaben und Tätigkeit	7
1. Tatsachenfeststellung	7
2. Feststellung der Rechtssätze	8
3. Rechtliche Würdigung durch das Gericht	11
4. Möglicher Inhalt des Gutachtens	12
5. Ausgangssachverhalt, Ermittlungen des Sachverständigen	16
III. Zuziehung von Sachverständigen	25
1. Auf Antrag oder von Amts wegen	25
2. Pflichtgemäßes Ermessen	26
3. Nachprüfung durch höhere Instanzen	27
4. Inhalt des Ermessens	28
a) Erforderlichkeit besonderer Sachkunde	29
b) Eigene Sachkunde des Gerichts	30
c) Erwerb von Fachwissen	32
5. Ermessensfehler	34
6. Bedeutung der Kostenfrage	35
7. Weiteres Gutachten	36
8. Auswahl, Behördengutachten	37
IV. Sachverständigenpflicht	38
V. Rechtsstellung und Verantwortlichkeit	40
1. Strafrechtliche Verantwortung	40
2. Rechtsstellung des Sachverständigen, keine öffentlich-rechtliche Haftung	41
3. Zivilrechtliche Haftung	43
a) Anwendbare Vorschriften, keine Analogie zum Haftungsprivileg des Spruchrichters	43
b) Haftung aus § 826 BGB	45
c) Haftung aus § 823 Abs. 2 BGB	46
d) Haftung aus § 823 Abs. 1 BGB	49
e) Ergebnis	53
VI. Verwertung bereits vorhandener Gutachten, Privatgutachten	54
1. Gutachten aus anderen Verfahren	54
2. Privatgutachten	56
VII. Die gesetzliche Regelung (Überblick)	60

Stichwortverzeichnis zum Sachverständigenbeweis (vor § 402 bis § 414)

Abgrenzung von Zeugenbeweis vor § 402 Rdnr. 4, 5
Ablehnung
– des Sachverständigen § 404 Rdnr. 7, § 406 Rdnr. 1 ff.
– eines Beweisantrags vor § 402 Rdnr. 55, § 403 Rdnr. 4
– und Entschädigungsanspruch § 413 Rdnr. 5
Ablehnungsantrag § 406 Rdnr. 25 ff.
Akten (Herausgabepflicht) § 407 a Rdnr. 7 f., § 409 Rdnr. 2a
Allgemeine Beeidigung § 410 Rdnr. 10 ff., § 411 Rdnr. 5
Allgemeine Erfahrungssätze § 412 Rdnr. 6
Allgemeines Persönlichkeitsrecht vor § 402 Rdnr. 51
Alternativsachverhalt § 404 a Rdnr. 4
Amtsärzte § 404 Rdnr. 22
Amtsverschwiegenheit § 408 Rdnr. 7 f.

Anhörung des Sachverständigen zu Ablehnungsantrag § 406 Rdnr. 30
Anknüpfungstatsachen § 403 Rdnr. 3, § 404 a Rdnr. 4, § 412 Rdnr. 6
Anordnung des Erscheinens § 411 Rdnr. 10
Antrag auf Ladung des Sachverständigen § 411 Rdnr. 11 ff.
Anwesenheitsrecht der Parteien § 404 a Rdnr. 8
Anzahl der Sachverständigen § 404 Rdnr. 1, § 404 Rdnr. 33, § 405 Rdnr. 1
Arbeitsgerichtliches Verfahren § 402 Rdnr. 8, § 405 Rdnr. 5, § 406 Rdnr. 41, § 413 Rdnr. 8
Ärztliche Geheimhaltungspflicht vor § 402 Rdnr. 20
Ärztliche Unterlagen § 407 a Rdnr. 7
Ärztliche Untersuchung vor § 402 Rdnr. 20
Aufgaben des Sachverständigen vor § 402 Rdnr. 12
Aufwandsentschädigung § 413 Rdnr. 3
Augenscheinsgehilfe vor § 402 Rdnr. 5

Augenscheinsmittler vor § 402 Rdnr. 5
Ausgangssachverhalt vor § 402 Rdnr. 16
Auslagenvorschuß § 402 Rdnr. 2, § 411 Rdnr. 13
Ausländische Behörde § 405 Rdnr. 2
Ausländische Beweiserhebung vor § 402 Rdnr. 21
Ausländischer Sachverständiger § 404 Rdnr. 2
Ausländisches Recht vor § 402 Rdnr. 9
Ausschließungsgründe § 406 Rdnr. 5 ff.
Auswahl des Sachverständigen § 403 Rdnr. 2, § 404 Rdnr. 1 ff.
– durch beauftragten oder ersuchten Richter § 405 Rdnr. 1
Beamte als Sachverständige § 408 Rdnr. 6 ff.
Beauftragter Richter § 402 Rdnr. 1, § 405 Rdnr. 1, § 406 Rdnr. 32, § 408 Rdnr. 5, § 411 Rdnr. 1, § 412 Rdnr. 13
Beeidigung
– des Sachverständigen § 402 Rdnr. 4, § 406 Rdnr. 17, § 410 Rdnr. 1 ff.
– des sachverständigen Zeugen § 414 Rdnr. 3
Befangenheit § 406 Rdnr. 7 ff.
Befreiung von der Gutachterpflicht § 406 Rdnr. 15
Befugnisse des Sachverständigen § 404 a Rdnr. 7 f.
Befundtatsachen § 404 a Rdnr. 5
Begriff des Sachverständigenbeweises vor § 402 Rdnr. 1
Behördengutachten vor § 402 Rdnr. 37, § 404 Rdnr. 10 ff., § 407 Rdnr. 2, § 411 Rdnr. 21 ff.
– Ablehnung § 406 Rdnr. 3
– Beeidigung § 410 Rdnr. 3
Beiziehung von Gutachten § 411 Rdnr. 19
Benennung des Sachverständigen § 403 Rdnr. 2
Berater des Richters vor § 402 Rdnr. 3
Bereiterklärung zur Gutachtenerstattung § 407 Rdnr. 5
Berufung auf geleisteten Eid § 410 Rdnr. 10 ff.
Berufungsinstanz § 402 Rdnr. 4, § 404 Rdnr. 6, § 406 Rdnr. 21, § 410 Rdnr. 14, § 411 Rdnr. 18, § 412 Rdnr. 6
Beschwerde bei Ablehnungsantrag § 406 Rdnr. 37
Besorgnis der Befangenheit § 406 Rdnr. 7 ff.
Betriebsgeheimnisse § 404 a Rdnr. 8
Beweisantrag § 403 Rdnr. 1 ff.
Beweisaufnahme durch Sachverständige vor § 402 Rdnr. 17
Beweisbeschluß § 403 Rdnr. 5, § 404 Rdnr. 1, § 404 a Rdnr. 3 f., § 404 a Rdnr. 10, § 405 Rdnr. 3, § 406 Rdnr. 17
Beweisthema § 403 Rdnr. 3
Beweiswürdigung § 406 Rdnr. 24, § 412 Rdnr. 1 ff.

Bundesbeauftragter für Unterlagen des Staatssicherheitsdienstes § 404 Rdnr. 10
Bundeskonsul § 405 Rdnr. 2
Demoskopische Gutachten vor § 402 Rdnr. 1, 23
Dolmetscher vor § 402 Rdnr. 1, 61, § 406 Rdnr. 1
Durchführbarkeit des Gutachtenauftrags § 407 a Rdnr. 2
Eidesleistung § 410 Rdnr. 8 ff.
Eidesstattliche Versicherung § 411 Rdnr. 5
Eigene Sachkunde des Gerichts vor § 402 Rdnr. 30 ff.
Eingriffe des Sachverständigen § 407 a Rdnr. 4
Einigung
– über Entschädigung des Sachverständigen § 413 Rdnr. 2
– über Person des Sachverständigen § 404 Rdnr. 32 ff., § 405 Rdnr. 4, § 406 Rdnr. 22
Einseitige Information § 406 Rdnr. 12
Einstweilige Verfügung § 406 Rdnr. 14
Einverständnis der Parteien mit Privatgutachten vor § 402 Rdnr. 58
Einweisung des Sachverständigen § 404 a Rdnr. 3
Einwendungen der Parteien § 411 Rdnr. 15 ff.
Einzelvernehmung § 402 Rdnr. 6
Entbindung von der Sachverständigenpflicht § 408 Rdnr. 5 ff.
Entlassung des Sachverständigen § 404 Rdnr. 4
Entschädigung des Sachverständigen § 407 a Rdnr. 6, § 413 Rdnr. 1 ff.
Entscheidung über Ablehnung § 406 Rdnr. 32
Erfahrungssätze vor § 402 Rdnr. 13
Ergänzungsbeschluß § 405 Rdnr. 3
Ergänzungsfragen der Parteien § 411 Rdnr. 15 ff.
Erläuterung des schriftlichen Gutachtens § 411 Rdnr. 10
Ermessen
– bei Beeidigung § 410 Rdnr. 1 ff.
– bei Zuziehung von Sachverständigen vor § 402 Rdnr. 26
Ermessensfehler vor § 402 Rdnr. 34
Ermittlungen des Sachverständigen vor § 402 Rdnr. 17 ff.
Ernennung des Sachverständigen § 404 Rdnr. 1 ff.
– durch beauftragten oder ersuchten Richter § 405 Rdnr. 1
Ersuchter Richter § 402 Rdnr. 1, § 405 Rdnr. 1, § 406 Rdnr. 32, § 408 Rdnr. 5, § 411 Rdnr. 1, § 412 Rdnr. 13
Fachbehörde § 404 Rdnr. 11
Fachkundige Beisitzer vor § 402 Rdnr. 3
Fachliteratur vor § 402 Rdnr. 32
Fachwissen der Richter vor § 402 Rdnr. 30 ff.
Fahrlässigkeit des Sachverständigen vor § 402 Rdnr. 50 ff.
Fahrtkosten § 413 Rdnr. 3

Fragerecht der Parteien § 411 Rdnr. 11
Freie Beweiswürdigung § 412 Rdnr. 1 ff.
Freiheitsentziehung vor § 402 Rdnr. 51
Fristsetzung
– an Sachverständigen § 411 Rdnr. 8
– für Einwendungen der Parteien § 411 Rdnr. 16
Frühere Gutachtertätigkeit § 406 Rdnr. 8 f.
Frühere Vernehmung
– als Sachverständiger § 406 Rdnr. 6
– als Zeuge § 406 Rdnr. 6
Früheres Recht vor § 402 Rdnr. 10
Gegengutachten vor § 402 Rdnr. 57, § 406 Rdnr. 15, § 412 Rdnr. 4
Gegenstand der Begutachtung § 403 Rdnr. 3
Gegenüberstellung § 402 Rdnr. 4
Geheimhaltung § 404 a Rdnr. 5, 8
Geheimhaltungspflicht vor § 402 Rdnr. 20, § 408 Rdnr. 7
Gemeindeprüfungsanstalt § 404 Rdnr. 10
Gemeinschaftliches Gutachten § 402 Rdnr. 6, § 404 Rdnr. 9, § 411 Rdnr. 2
Gerichtlicher Hinweis auf Pflichten des Sachverständigen § 407 a Rdnr. 9
Geschäftsbeziehungen § 406 Rdnr. 10
Geschäftsunterlagen § 404 a Rdnr. 6, 8
Gesundheitsämter § 404 Rdnr. 22
Gewerbe § 407 Rdnr. 3
Gewohnheitsrecht vor § 402 Rdnr. 9
Glaubhaftmachung des Ablehnungsgrundes § 406 Rdnr. 28
Glaubwürdigkeitsgutachten vor § 402 Rdnr. 7
Gutachten aus anderen Verfahren vor § 402 Rdnr. 54 ff.
Gutachtenerstattungspflicht § 407 Rdnr. 1 ff.
Gutachtenverweigerung § 402 Rdnr. 3
Gutachtenverweigerungsrecht § 408 Rdnr. 1 ff.
Gutachterausschüsse nach BBauG § 404 Rdnr. 11, 26, § 406 Rdnr. 3
Haftung des Sachverständigen vor § 402 Rdnr. 41 ff.
Haftungsprivileg vor § 402 Rdnr. 44
Handwerker § 404 Rdnr. 20
Handwerksinnungen § 404 Rdnr. 30
Handwerkskammern § 404 Rdnr. 30
Helfer des Richters vor § 402 Rdnr. 3
Herausgabe von Akten und Unterlagen § 407 a Rdnr. 7 f., § 409 Rdnr. 2a
Hilfspersonen vor § 402 Rdnr. 39, § 404 Rdnr. 8, § 406 Rdnr. 4, § 407 Rdnr. 3, § 413 Rdnr. 3
Hinweis auf Kosten § 407 a Rdnr. 5
Hinweise des Gerichts § 407 a Rdnr. 9
Industrie- und Handelskammern § 404 Rdnr. 29
Kammern für Handelssachen vor § 402 Rdnr. 3
Klärung des Gutachtenauftrags § 407 a Rdnr. 4
Kollegialbehörde § 411 Rdnr. 23
– Ablehnung § 406 Rdnr. 3

– Beeidigung § 410 Rdnr. 3
Konstruktionsöffnung § 404 a Rdnr. 7, § 407 a Rdnr. 4
Konsul § 405 Rdnr. 2
Kooperation von Gericht und Sachverständigen § 404 a Rdnr. 1
Kosten des Gutachtens vor § 402 Rdnr. 35, § 407 a Rdnr. 5, § 413 Rdnr. 1 ff.
Kostenvorschuß § 402 Rdnr. 2, § 407 a Rdnr. 5, § 413 Rdnr. 7
Kraftfahrzeugverkehr § 404 Rdnr. 21
Kürzung der Sachverständigenentschädigung § 407 a Rdnr. 6, 9, § 413 Rdnr. 5
Ladung des Sachverständigen § 411 Rdnr. 11 ff.
Landgerichtsärzte § 404 Rdnr. 22
Mangelhaftes Gutachten § 412 Rdnr. 10, § 413 Rdnr. 5
Materielle Beweisunmittelbarkeit vor § 402 Rdnr. 54
Meinungsumfrage vor § 402 Rdnr. 1, 23
Mieterhöhungsverlangen vor § 402 Rdnr. 56
Mitarbeiter § 407 a Rdnr. 3
Mitgutachter § 404 Rdnr. 9
Mitteilung an die Parteien § 404 a Rdnr. 9
Mitwirkung bei früherer richterlicher Entscheidung § 408 Rdnr. 12
Mündliche Erläuterung des Gutachtens § 411 Rdnr. 10 ff.
Mündliche Gutachtenerstattung § 411 Rdnr. 1 ff.
Mündliche Verhandlung § 403 Rdnr. 5, § 411 Rdnr. 6
Nacheid § 410 Rdnr. 5
Nachträgliche Ablehnung § 406 Rdnr. 18 ff.
Nebenintervenient § 406 Rdnr. 27
Nebentätigkeitsrecht § 408 Rdnr. 9 ff.
Neue Begutachtung § 406 Rdnr. 23, § 412 Rdnr. 7 ff.
Neue Bundesländer § 413 Rdnr. 2a
Nicht verwertbares Gutachten § 413 Rdnr. 5
Nichterscheinen des Sachverständigen § 409 Rdnr. 1
Niederlegung des Gutachtens § 411 Rdnr. 4
Notarkammern § 404 Rdnr. 27
Obergutachten § 412 Rdnr. 7
Offenlegungspflicht § 404 a Rdnr. 5
Öffentlich ausgeübte Wissenschaft § 407 Rdnr. 3
Öffentlich bestellte Sachverständige § 404 Rdnr. 15 ff., § 407 Rdnr. 2
Öffentlich bestellter Wissenschaftler § 407 Rdnr. 4
Öffentliche Behörden § 404 Rdnr. 10 ff.
Ordnungsgeld gegen Sachverständige § 407 a Rdnr. 8, § 409 Rdnr. 3 ff., § 411 Rdnr. 7 ff.
Ortsübliche Vergleichsmiete § 404 Rdnr. 5
Parteiöffentlichkeit § 404 a Rdnr. 8, § 406 Rdnr. 11

Patentamt § 404 Rdnr. 10, 25
Patentanwaltskammer § 404 Rdnr. 28
Person des Sachverständigen
- Auswahl § 404 Rdnr. 1 ff., § 405 Rdnr. 1
- Benennung im Beweisantrag § 403 Rdnr. 2
Pflicht zur Erstattung von Gutachten § 407 Rdnr. 1 ff.
Pflichten des Sachverständigen § 407 a Rdnr. 1 ff.
Private Institute § 404 Rdnr. 12
Privatgutachten vor § 402 Rdnr. 56 ff., § 406 Rdnr. 16, § 411 Rdnr. 20, § 412 Rdnr. 4
Prüfung
- der Zuziehung eines Sachverständigen vor § 402 Rdnr. 26 ff.
- des Gutachtens § 412 Rdnr. 2 ff.
Rechtliche Würdigung vor § 402 Rdnr. 11
Rechtliches Gehör vor § 402 Rdnr. 57, § 406 Rdnr. 29 f., § 404 a Rdnr. 9, § 411 Rdnr. 6, § 411 Rdnr. 12
Rechtsanwaltskammern § 404 Rdnr. 28
Rechtsbehelfe bei Ablehnungsantrag § 406 Rdnr. 34 ff.
Rechtsgutachten vor § 402 Rdnr. 8
Rechtshilfe vor § 402 Rdnr. 21
Rechtsnatur des Sachverständigenbeweises vor § 402 Rdnr. 1
Rechtspflege-Vereinfachungsgesetz vor § 402 Rdnr. 60, § 404 a Rdnr. 1, § 407 a Rdnr. 1
Rechtzeitigkeit der Ablehnung § 406 Rdnr. 17 ff.
Reform vor § 402 Rdnr. 60
Revisionsgericht vor § 402 Rdnr. 27, § 406 Rdnr. 21, § 410 Rdnr. 14, § 412 Rdnr. 6, § 412 Rdnr. 8
Richter als Sachverständige § 408 Rdnr. 6 ff.
Richterliche Leitung § 404 a Rdnr. 2
Sachkunde des Gerichts § 412 Rdnr. 2 ff.
Sachverhaltsalternative vor § 402 Rdnr. 16
Sachverständigenpflicht vor § 402 Rdnr. 38, § 407 Rdnr. 1 ff.
Sachverständigenvergütung § 413 Rdnr. 1 ff.
Sachverständiger Zeuge § 404 Rdnr. 2, § 414 Rdnr. 1 ff.
Sanktionen gegen Sachverständige § 409 Rdnr. 1 ff.
Schadensersatzpflichten vor § 402 Rdnr. 43 ff.
Schlußfolgerungen vor § 402 Rdnr. 14
Schreibaufwendungen § 413 Rdnr. 3
Schriftliche Begutachtung § 411 Rdnr. 3 ff.
- Beeidigung § 410 Rdnr. 6, 12
Schriftliche Ergänzung des Gutachtens § 411 Rdnr. 10
Schutzgesetz vor § 402 Rdnr. 46 ff.
Seeämter § 408 Rdnr. 12
Selbständiges Beweisverfahren (Ablehnung) § 406 Rdnr. 20
Sozialgerichtliches Verfahren § 403 Fn. 1

Statuten vor § 402 Rdnr. 9
Steuerberaterkammern § 404 Rdnr. 28
Strafrechtliche Verantwortung vor § 402 Rdnr. 40
Streithilfe § 406 Rdnr. 27
Streitgenossen § 406 Rdnr. 26
Streitwert bei Ablehnung § 406 Fn. 124
Stundensatz § 413 Rdnr. 2
Tatsachenfeststellung durch Sachverständige vor § 402 Rdnr. 7
Technische Normen vor § 402 Rdnr. 33
Übersetzer vor § 402 Rdnr. 1, § 406 Rdnr. 1
Übertragung
- der Auswahl des Sachverständigen § 404 Rdnr. 13 f.
- des Gutachtens auf andere Personen § 404 Rdnr. 8, § 407 a Rdnr. 3
Ungünstiges Ergebnis des Gutachtens § 406 Rdnr. 13
Unmittelbarkeitsgrundsatz vor § 402 Rdnr. 17, 22, 54
Unterlassungsansprüche vor § 402 Rdnr. 53a
Untersuchungen durch Sachverständige § 404 a Rdnr. 7 f.
Untersuchungsergebnisse (Herausgabepflicht) § 407 a Rdnr. 7, § 409 Rdnr. 2a
Urkundenbeweis vor § 402 Rdnr. 54, 58, § 411 Rdnr. 19
Verantwortung des Sachverständigen vor § 402 Rdnr. 40 ff.
Vergütung des Sachverständigen § 413 Rdnr. 1 ff.
Vermessungsingenieure § 404 Rdnr. 23
Vernehmung
- des Sachverständigen § 411 Rdnr. 1 ff., 14
- von Abgeordneten § 402 Rdnr. 3
- von Beamten § 402 Rdnr. 1
- von Ministern § 402 Rdnr. 3
- von Richtern § 402 Rdnr. 1
Verschwiegenheitspflicht § 408 Rdnr. 7 f.
Verspätete Einwendungen § 411 Rdnr. 17
Verstorbener Sachverständiger § 411 Rdnr. 11
Verweigerung der Gutachtenerstattung § 402 Rdnr. 3, § 408 Rdnr. 1 ff.
Verzicht
- auf Beeidigung § 410 Rdnr. 2
- auf Vernehmung § 402 Rdnr. 7
Verzögerung der Gutachtenerstattung § 411 Rdnr. 7 ff.
Voreid § 410 Rdnr. 5
Vorschriften über den Zeugenbeweis vor § 402 Rdnr. 60, § 402 Rdnr. 1 ff.
Vorschuß für Sachverständigen § 413 Rdnr. 7
Vorschußpflicht § 402 Rdnr. 2
Wahrnehmungen durch den Sachverständigen vor § 402 Rdnr. 15, § 414 Rdnr. 1
Wegfall des Entschädigungsanspruchs § 407 a Rdnr. 6, § 413 Rdnr. 5

Weisungen des Gerichts § 404 a Rdnr. 2
Weiteres Gutachten § 412 Rdnr. 7 ff.
Widerrufsansprüche vor § 402 Rdnr. 53a
Widersprechende Gutachten § 412 Rdnr. 10
Widerspruchsfreiheit des Gutachtens § 412 Rdnr. 3
Wiederholte Vernehmung § 402 Rdnr. 4, § 406 Rdnr. 23
Wiederholter Ungehorsam § 409 Rdnr. 7
Wildschadensschätzer § 404 Rdnr. 24
Wirtschaftsprüfer § 404 Rdnr. 19
Zahlung des Auslagenvorschusses § 402 Rdnr. 2

Zeitpunkt
– der Ablehnung § 406 Rdnr. 17 ff.
– des Antrags auf mündliche Erläuterung § 411 Rdnr. 15 ff.
– des Beweisbeschlusses § 403 Rdnr. 5
Zeugen- und Sachverständigenentschädigungsgesetz § 413 Rdnr. 1 ff.
Zeugenbeweis vor § 402 Rdnr. 4, 5, § 414 Rdnr. 1 ff.
Zurückweisung von Einwendungen § 411 Rdnr. 16
Zwangsbefugnisse vor § 402 Rdnr. 19

I. Begriff und Rechtsnatur des Sachverständigenbeweises[1]

1. Besondere Sachkunde

Oft genug sieht sich der Richter mit Fragen befaßt, zu deren sicherer Beurteilung seine eigenen Kenntnisse und Fähigkeiten nicht ausreichen. Die Zuziehung von Sachverständigen ermöglicht es dem Gericht, sich auf die **besondere Sachkunde anderer Personen** zu stützen. Diese Sachkunde kann in der Beherrschung bestimmter, allgemein anerkannter[2] Wissenschaften (z. B. der Medizin, Biologie, Chemie, Ingenieurwissenschaften bzw. Technik, Infor-

1

---

[1] Lit. zum Sachverständigenbeweis: *Arens* Gutachter im Prozeß, in: *M. Rehbinder* (Hrsg.) Recht im sozialen Rechtsstaat (1973), 261; *ders.* Stellung und Bedeutung des technischen Sachverständigen im Prozeß, in: *Gilles* (Hrsg.) Effektivität des Rechtsschutzes und verfassungsmäßige Ordnung, Die deutschen Landesberichte zum VII. Internationalen Kongreß für Prozeßrecht in Würzburg 1983 (1983), 299; *Bartsch-Hildebrand* (Hrsg.) Der EDV-Sachverständige (1987); *Bayerlein* (Hrsg.) Praxishandbuch Sachverständigenrecht[2] (1996); *Bleutge* Die Hilfskräfte des Sachverständigen – Mitarbeiter mit Verantwortung? NJW 1985, 1185; *Bremer* Der Sachverständige[2] (1973); *Broß* Richter und Sachverständiger, dargestellt anhand ausgewählter Probleme des Zivilprozeßrechts, ZZP 102 (1989), 413; *Daub* Die Tatsachenerhebung durch den Sachverständigen (1997); *Döbereiner-von Keyserlingk* Sachverständigen-Haftung mit Haftungsbegrenzung sowie Versicherung des privaten und gerichtlichen Sachverständigen (1979); *Döhring* Die Erforschung des Sachverhalts im Prozeß (1964), 256; *Forster* (Hrsg.) Praxis der Rechtsmedizin (1986); *Franzki* Der Sachverständige – Diener oder Herr des Richters? DRiZ 1991, 314; *Jessnitzer-Frieling* Der gerichtliche Sachverständige[10] (1992); *Kahlke* Der Sachverständige in der Berufungsinstanz, ZZP 94 (1981), 50; *Kerameus* Die Entwicklung des Sachverständigenbeweises im deutschen und griechischen Zivilprozeßrecht (1963); *Klocke* Der Sachverständige und seine Auftraggeber[3] (1987); *Krönig* Die Kunst der Beweiserhebung[3] (1959), 51 ff.; *Kury* (Hrsg.) Ausgewählte Fragen und Probleme forensischer Begutachtung (1987); *Laufs* Arztrecht[5] (1993) Rdnr. 451 ff.; *Marburger* Wissenschaftlich-technischer Sachverstand und richterliche Entscheidung im Zivilprozeß (1986); *Klaus Müller* Der Sachverständige im gerichtlichen Verfahren, Handbuch des Sachverständigenbeweises[3] (1988); *Musielak-Stadler* Grundfragen des Beweisrechts (1984), 56, 81; *Nagel* Die Grundzüge des Beweisrechts im europäischen Zivilprozeß (1967), 373 (rechtsvergleichend); *Nicklisch* (Hrsg.) Der technische Sachverständige im Prozeß, Landesberichte und Generalbericht, VII. Internationaler Kongreß für Prozeßrecht Würzburg 1983 (1984); *Olzen* Das Verhältnis von Richtern und Sachverständigen im Zivilprozeß unter besonderer Berücksichtigung des Grundsatzes der freien Beweiswürdigung, ZZP 93 (1980), 66; *Pieper-Breunung-Stahlmann* Sachverständige im Zivilprozeß (1982) (dazu *Rudolph* ZZP 97 [1984] 114); *Pieper* Richter und Sachverständiger im Zivilprozeßrecht, ZZP 84 (1971), 1; *ders.* Rechtsstellung des Sachverständigen und Haftung für fehlerhafte Gutachten, Gedächtnisschr. für R. Bruns (1980), 167; *Plagemann* Das Gutachten des medizinischen Sachverständigen im Sozialgerichtsprozeß und im Arzt-Haftpflicht-Prozeß, AnwBl 1983, 368; *Rudolph* Möglichkeiten und Grenzen einer sachkundigen Besetzung der Richterbank, JZ 1975, 316; *ders.* Die Zusammenarbeit des Richters und des Sachverständigen, Wirtschaft und Verwaltung 1988, 33; *Schimanski* Beurteilung medizinischer Gutachten (1976); *Schmidhäuser* Zeuge, Sachverständiger und Augenscheinsgehilfe, ZZP 72 (1959), 365; *E. Schneider* Beweis und Beweiswürdigung[5] (1994), 307 ff.; *Schnapp* Parteiöffentlichkeit bei Tatsachenfeststellungen durch den Sachverständigen? Festschr. für Menger (1985), 557; *Schreiber* Die zivilrechtliche Haftung von Prozeßbeteiligten, ZZP 105 (1992), 129; *Sendler* Richter und Sachverständige, NJW 1986, 2907; *Stein* Das private Wissen des Richters (1893); *Volze* Sachverständigenfragen, Ausgewählte Probleme aus der Praxis (1986); *Wellmann* (Hrsg.) Der Sachverständige in der Praxis[6] (1997).

[2] Ein parapsychologisches Gutachten ist dagegen kein geeignetes Beweismittel, *BGH*(St) NJW 1978, 1207; *Wimmer* NJW 1976, 1131.

matik und EDV, Psychologie[3], Philologie, Geschichtswissenschaft) liegen oder in Erfahrungen und Kenntnissen auf bestimmten Gebieten des Erwerbslebens (z.B. des Bankgewerbes oder des Feinmechanikerhandwerks) oder auch der Kunst und des Sports. Die erforderliche Übersetzung einer fremdsprachigen Urkunde hat ebenfalls durch einen Sachverständigen zu erfolgen, also nach den Vorschriften des Sachverständigenbeweises[4], nicht durch einen Dolmetscher (§§ 185f. GVG), da dessen Aufgabe nur darin liegt, die Verständigung innerhalb des Prozesses zu ermöglichen. Auch bei der Einholung eines **demoskopischen Gutachtens**[5] (Meinungsumfrage) handelt es sich um einen Sachverständigenbeweis[6]; die besondere Sachkunde liegt hier in der Beherrschung der Technik solcher Erhebungen.

2   Eine *abstrakt-generelle* Umschreibung des **Begriffs Sachkunde** läßt sich nicht geben; entscheidend ist, daß es sich um Kenntnisse und Fähigkeiten handelt, die zur Entscheidung des Rechtsstreits notwendig sind, die aber das *Gericht nicht oder nicht in ausreichendem Maße besitzt*. Der Sachverständige hat auch im Zivilprozeß sehr große Bedeutung erlangt. Das beruht zum einen auf der weitgespannten Zuständigkeit der Gerichte, zum anderen auf dem raschen Fortschreiten der Wissenschaften und der Komplizierung der Lebensverhältnisse.

2. Helfer (Berater) des Richters

3   Die Mitwirkung von Sachverständigen ist in der ZPO als Form des **Beweises** geregelt. Der Sachverständige steht also *außerhalb des erkennenden Spruchkörpers*: Er ist nicht selbst Richter, sondern **Helfer**[7], präziser noch **Berater**[8] **des Richters**. An sich kann auch durch eine besondere Besetzung des Gerichts dafür gesorgt werden, daß bei der Rechtsprechung auf bestimmten Lebensgebieten Personen mitwirken, die hier über besondere Sachkunde verfügen[9]. Diesen Weg ist der Gesetzgeber z.B. bei der Schaffung der *Kammern für Handelssachen* gegangen (ehrenamtliche Richter aus dem Kreis der Kaufleute, § 109 GVG). Hier braucht ein Sachverständiger nicht etwa deshalb hinzugezogen zu werden, weil dem Vorsitzenden besondere kaufmännische Kenntnisse fehlen. Auch die höheren Instanzen können sich regelmäßig auf die Sachkunde der Kammern für Handelssachen auf kaufmännischem Gebiet stützen und deshalb von der Zuziehung entsprechender Sachverständiger absehen[10]. Ein weiteres Beispiel bieten die mit rechtskundigen und technischen Mitgliedern besetzten Senate des Bundespatentgerichts[11], §§ 65ff. PatG. Ob es rechtspolitisch gesehen empfehlenswert ist, auch auf anderen Lebensgebieten *Kammern mit besonders fachkundiger Be-*

---

[3] Von besonderer Bedeutung ist dies in Familiensachen, dazu *Dickmeis* Die kinderpsychologische Begutachtung im familiengerichtlichen Verfahren, NJW 1983, 2053; *Puls* Beteiligung von Psychologen und Psychiatern als Sachverständige in familiengerichtlichen Verfahren, ZBlJugR 1984, 8; *Berk* Der psychologische Sachverständige in Familienrechtssachen (1985); *Böhm* Rechtliche Probleme der Anordnung, Erstellung und Verwertung von Sachverständigengutachten im Rahmen familiengerichtlicher Entscheidungen in Sorgerechtssachen, DAVorm 1985, 731.

[4] BGH NStZ 1998, 158 = NJW 1998, 1087 (LS); NJW 1965, 643 (beide zum Strafprozeß).

[5] Die Zulässigkeit solcher Beweiserhebungen wird mit Recht bejaht, *BGH* JZ 1963, 225 = MDR 1962, 963; BGHZ 21, 182, 195; GRUR 1957, 426, 428; *OLG München* GRUR 1956, 379; *OLG Hamburg* NJW 1959, 106; *OLG Hamm* GRUR 1991, 636 (LS) (auch als Gegenbeweis, wenn das Gericht aufgrund eigener Sachkunde die Gefahr der Irreführung durch Werbung bejaht). Zur Beweiswürdigung BGH LM § 286 (B) Nr. 65 = NJW-RR 1987, 350. → auch Rdnr. 23 u. 35. – Aus der Lit. *Böhm*

Demoskopische Gutachten als Beweismittel in Wettbewerbsprozessen (1985); *Knaak* Demoskopische Umfragen in der Praxis des Wettbewerbs-und Warenzeichenrechts (1986); *Sauberschwarz* Gutachten von Markt- und Meinungsforschungsinstituten als Beweismittel im Wettbewerbs- und Warenzeichenprozeß (1969); *Baumbach-Hefermehl* Wettbewerbsrecht[20] § 3 UWG Rdnr. 118a ff.

[6] *OLG München* GRUR 1956, 379; *OLG Hamburg* NJW 1959, 106; *Jessnitzer-Frieling*[10] (Fn. 1) Rdnr. 101; *Sauberschwarz* (Fn. 5) 13. – A.M. *Brüggemann* Judex statutor und judex investigator (1968), 399.

[7] Mit dieser Bezeichnung wird *Jessnitzer-Frieling*[10] (Fn. 1) Rdnr. 242 gefolgt. Die Motive zur ZPO § 258 = *Hahn* Mat. 316 sprachen von Gehilfen des Richters. Vgl. auch *Arbab-Zadeh* NJW 1970, 1217 (Helfer der Wahrheitsfindung, nicht des Richters).

[8] So BGH NJW 1998, 3355, 3356 (Berater des Tatrichters).

[9] Vgl. *Pieper* ZZP 84 (1971), 6.

[10] RGZ 110, 49.

[11] Dazu *Sendler* NJW 1986, 2907, 2914.

setzung zu schaffen[12], erscheint sehr zweifelhaft. Die Vielfalt der Lebensverhältnisse würde dem auf jeden Fall Grenzen ziehen. Den – wechselnden – Sachverständigen generell zum Mitglied des Gerichts zu machen[13], dürfte sich schon angesichts der mangelnden Rechtskenntnisse des Sachverständigen kaum empfehlen.

3. Begriff des Sachverständigen

Als Mittel des *Beweises durch persönliche Vernehmung* ist der Begriff des Sachverständigen vor allem von dem des Zeugen (dazu → vor § 373 Rdnr. 17) abzugrenzen[14]. Die entscheidenden Kriterien sind, daß der Sachverständige **vom Gericht wegen seiner besonderen Sachkunde mit der Erstattung eines Gutachtens beauftragt** wird. Der Zeuge sagt dagegen über Wahrnehmungen aus, die er ohne gerichtlichen Auftrag gemacht hat. Zeuge ist daher auch, wer über Wahrnehmungen berichtet, die er nur aufgrund seiner besonderen Sachkunde, aber ohne gerichtlichen Auftrag gemacht hat (z. B. der an den Unfallort gerufene Arzt), → § 414 Rdnr. 1.

4

Andererseits fällt auch der sog. **Augenscheinsgehilfe** nicht unmittelbar unter den Begriff des Sachverständigen: er berichtet zwar über Wahrnehmungen, die er im Auftrag des Gerichts gemacht hat, und ist ebenso ersetzbar wie der Sachverständige, doch fehlt bei ihm das Merkmal besonderer Sachkunde. Näher zum Augenscheinsgehilfen (Augenscheinsmittler) → vor § 371 Rdnr. 15. Dieselbe Person kann in einem Rechtsstreit **Zeuge und Sachverständiger** sein, → § 414 Rdnr. 4.

5

4. Freie Beweiswürdigung

An die Ausführungen des Sachverständigen ist das Gericht in keinem Fall gebunden. Das Gutachten ist vielmehr frei zu würdigen (§ 286), näher → § 286 Rdnr. 14 und vor allem → § 412 Rdnr. 1 ff.

6

II. Aufgaben und Tätigkeit des Sachverständigen

1. Tatsachenfeststellung

Wie aus der Einordnung als Beweismittel hervorgeht, hat der Sachverständige den Richter bei der **Feststellung von Tatsachen** zu unterstützen. Dabei kann es sich um die *unmittelbar rechtserheblichen Tatsachen* oder auch um *Indizien* für diese handeln. Auch Tatsachen, die für den Beweiswert anderer Beweismittel relevant sind, können Gegenstand des Sachverständigenbeweises sein. In Betracht kommen z. B. (bisher vor allem im Strafprozeß) Sachverständigengutachten von Psychologen und Psychiatern über die *Glaubwürdigkeit von Zeugen*. Zu den Schranken, die dabei zur Wahrung der Rechte des Zeugen eingehalten werden müssen, → vor § 373 Rdnr. 41 ff.

7

---

[12] Vgl. *J. Blomeyer* ZRP 1970, 155 f., der die Bildung von Fachkammern (mit doppelt – juristisch und fachwissenschaftlich – ausgebildeten Richtern) anregt. S. auch *Pieper* ZZP 84 (1971), 36. Skeptisch mit Recht *Rudolph* JZ 1975, 316; *Franzki* DRiZ 1991, 314, 316; *Olzen* ZZP 93 (1980), 66, 82; *Arens* Stellung und Bedeutung des technischen Sachverständigen im Prozeß (Fn. 1) 303 ff.; *Sendler* NJW 1986, 2906, 2910.

[13] Dagegen *Friederichs* ZZP 83 (1970), 416 f. S. auch *Pieper* ZZP 84 (1971), 39.

[14] Dazu vor allem *Schmidhäuser* ZZP 72 (1959), 365, der eine differenzierende Begriffsbildung vorschlägt, je nachdem, um welche Rechtsfolge es geht.

2. Feststellung der Rechtssätze

8 Die Kenntnis der einschlägigen **Rechtssätze** muß das Gericht dagegen selbst besitzen bzw. sich durch das Studium der Gesetze und der Literatur aneignen. Ein **Rechtsgutachten** über das geltende deutsche Gesetzes- und Verordnungsrecht darf das Gericht daher in aller Regel nicht einholen, → § 293 Rdnr. 12 f. Von den **Parteien** vorgelegte Rechtsgutachten[15] hat das Gericht in gleicher Weise zu beachten wie die Rechtsausführungen der Parteien bzw. ihrer Anwälte. Um einen Sachverständigenbeweis handelt es sich dabei nicht.

9 **Ausländisches Recht,** Gewohnheitsrecht und Statuten sind dagegen gemäß § 293 Gegenstand des Beweises, so daß darüber auch ein Sachverständigengutachten eingeholt werden kann, für das die Regeln der §§ 402 ff. gelten, → § 293 Rdnr. 43.

10 In entsprechender Anwendung des § 293 erscheint es zulässig, über das **früher im Inland geltende Recht** ein Sachverständigengutachten einzuholen, wenn die Feststellung dem Gericht ähnliche Schwierigkeiten bereitet wie die Ermittlung ausländischen Rechts, → § 293 Rdnr. 13.

3. Rechtliche Würdigung durch das Gericht

11 Das Gutachten des Sachverständigen hat sich auf Ausführungen zur Tatsachenfeststellung zu beschränken. Die **rechtliche Würdigung** der Tatsachen (Subsumtion unter die in den Rechtsnormen enthaltenen Begriffe) ist alleinige Aufgabe des Gerichts[16]. Besondere Vorsicht ist geboten, wenn in der Alltags- oder Fachsprache Wörter gebraucht werden, die mit Rechtsbegriffen gleichlauten (z. B. Ursächlichkeit, Sorgfalt, Fahrlässigkeit, Verschulden). Der Sachverständige muß klar dartun, welche *tatsächlichen* Feststellungen er jeweils meint, und das Gericht muß gegebenenfalls auf eine Präzisierung dringen. Auch bei der Feststellung von Handelsbräuchen, Verkehrssitten usw. muß scharf unterschieden werden zwischen der – dem Sachverständigenbeweis zugänglichen – Frage, welche Handelsbräuche usw. *tatsächlich* befolgt bzw. artikuliert werden, und der allein dem Gericht vorbehaltenen Rechtsfrage, ob der Handelsbrauch usw. von der Rechtsordnung als solcher anzuerkennen ist.

4. Möglicher Inhalt des Gutachtens

12 Die **Aufgaben des Sachverständigen** und damit der **Inhalt** seines Gutachtens können verschieden gestaltet sein[17].

13 a) Das Gericht kann den Sachverständigen um Auskunft über das Bestehen von wissenschaftlichen Lehrsätzen, Erfahrungssätzen, Kunstregeln usw. ersuchen. Dann erschöpft sich die Tätigkeit des Sachverständigen in der **Vermittlung dieser generellen Sätze.**

14 b) In den meisten Fällen aber fordert das Gericht den Sachverständigen auf, kraft seiner Sachkunde zu konkreten, prozeßerheblichen **Tatsachen** Stellung zu nehmen. Das Gutachten hat dann einen *zweifachen Inhalt:* Es gibt Auskunft über Sätze der Wissenschaft usw., wendet sie aber gleichzeitig auf den konkreten Fall an und gelangt zu **Schlußfolgerungen** über das Vorliegen oder Nichtvorliegen konkreter Tatsachen[18].

---

[15] Zur Kostenerstattung → § 91 Rdnr. 62; ferner *OLG Koblenz* Rpfleger 1986, 107 (Erstattungsfähigkeit bei schwieriger anwaltlicher Gebührenfrage bejaht); abl. *E. Schneider* MDR 1988, 547.

[16] *BAG* AP § 412 Nr. 1, AP §§ 22, 23 BAT 1975 Nr. 29 (*Zängl*) = BlStSozArbR 1980, 311 (eine Frage der rechtlichen Würdigung, deren Beantwortung nicht dem Sachverständigen überlassen werden darf, ist auch, ob im Sinne der tarifvertraglichen Eingruppierungsmerkmale eine »entsprechende Tätigkeit« ausgeübt wird).

[17] Vgl. *Jessnitzer-Frieling*[10] (Fn. 1) Rdnr. 1 ff.; *Pieper* ZZP 84 (1971), 8.

[18] Übereinstimmend *BGH* NJW 1978, 751 (rechtlich handelt es sich aber um Werturteile, so daß in der Regel kein Anspruch auf Widerruf wegen Unwahrheit von Tatsachen in Betracht kommt).

c) Die Tätigkeit des Sachverständigen kann auch darin bestehen, (sinnliche) **Wahrnehmungen** zu machen, die *nur mit Hilfe besonderer Sachkunde möglich* sind (z. B. mikroskopische Untersuchungen), → Rdnr. 18. Die Wiedergabe dieser Wahrnehmungen im Rahmen des Gutachtens ist Bestandteil des Sachverständigenbeweises; der Sachverständige wird nicht etwa insoweit zum Zeugen, → § 414 Rdnr. 1, § 410 Rdnr. 7. Aus den Wahrnehmungen werden vom Sachverständigen meist konkrete Schlüsse auf die prozeßrelevanten Tatsachen gezogen, so daß das Gutachten den in Rdnr. 14 dargestellten Inhalt hat. 15

5. Ausgangssachverhalt, Ermittlungen des Sachverständigen[19]

Das Gericht hat dem Sachverständigen so klar wie möglich anzugeben, **von welchen Tatsachen** er bei seinem Gutachten **auszugehen** hat[20], § 404a Abs. 3. Es darf nicht dem Sachverständigen einfach die Gerichtsakte übersenden und ihm die Feststellung überlassen, welche Parteibehauptungen streitig oder nichtstreitig, welche Tatsachen bereits bewiesen oder noch unbewiesen sind. Die Feststellung des streitigen und unstreitigen Prozeßstoffes sowie die Würdigung der erhobenen Beweise ist allein Sache des Prozeßgerichts[21]. Das Gericht kann dem Sachverständigen *einen* bestimmten Ausgangssachverhalt oder eine *Sachverhaltsalternative*[22] unterbreiten. 16

Das Prozeßgericht darf dem Sachverständigen grundsätzlich **nicht die Erledigung einer Beweisaufnahme** (z. B. die Vernehmung von Zeugen, die Einnahme eines Augenscheins) **übertragen**. Dem steht der Grundsatz der *Unmittelbarkeit* entgegen, → § 355 Rdnr. 22 f. Ausnahmen sind anzuerkennen, wenn die Beweisaufnahme durch den Richter aus tatsächlichen oder rechtlichen Gründen unmöglich ist, → § 355 Rdnr. 24. Das Gericht kann bei der Einnahme des Augenscheins Sachverständige zuziehen, § 372, ebenso bei der Vernehmung von Zeugen[23], und dem Sachverständigen auch gestatten, Fragen an die Zeugen zu stellen (vgl. § 80 StPO)[24]. Zum Augenscheinsgehilfen → Rdnr. 5. Die Praxis spricht allerdings geradezu von einer Übertragung des Augenscheins und einem Ortstermin des Sachverständigen[25], aber doch wohl unter der zumindest stillschweigenden Prämisse, daß es zur Einnahme des Augenscheins besonderer Sachkunde bedarf, so daß sie bereits zur Sachverständigentätigkeit zählt. 17

Das Verbot einer *Übertragung* von Beweisaufnahmen auf den Sachverständigen bedeutet aber nicht, daß **Ermittlungen des Sachverständigen** überhaupt zu unterbleiben hätten. Zum einen gehört es vielfach zu seiner Aufgabe, Wahrnehmungen zu machen, die nur er kraft seiner Sachkunde überhaupt machen kann[26]. Aber auch sonst darf der Sachverständige tatsächliche Angaben sammeln, soweit er diese als **Material** für sein Gutachten für erforderlich hält. Er darf also Besichtigungen vornehmen[27], Urkunden, Pläne, Karteien einsehen, Personen befragen[28] usw. Soweit erforderlich, hat das Gericht nach § 404a Abs. 4 insoweit nähere Anordnungen zu treffen, → auch § 404a Rdnr. 7 f. 18

---

[19] Dazu *Jessnitzer-Frieling*[10] (Fn. 1) Rdnr. 316 ff.; *Bayerlein/Franzki* in PraxisHdb. SachverständigenR § 14; *Daub* (Fn. 1).
[20] BGHZ 23, 207, 213; LM § 402 Nr. 11; BGHZ 37, 389 = NJW 1962, 1770; BFH NJW 1982, 1608; OLG Hamburg MDR 1962, 414; *Jessnitzer-Frieling*[10] (Fn. 1) Rdnr. 316 f.; *Friederichs* ZZP 83 (1970), 408.
[21] Vgl. BGHZ 23, 207, 213.
[22] Vgl. *Jessnitzer-Frieling*[10] (Fn. 1) Rdnr. 319 f.
[23] Dies kann z. B. im Arzthaftungsprozeß empfehlenswert sein, vgl. *H. Franzki-D. Franzki* NJW 1975, 2224, 2228.
[24] *MünchKommZPO-Damrau* § 404a Rdnr. 5; *Zöller-Greger*[21] § 404a Rdnr. 4.

[25] Vgl. *Franzki* in PraxisHdb. SachverständigenR § 14 Rdnr. 54 ff.; *Jessnitzer-Frieling*[10] (Fn. 1), Rdnr. 337 ff.
[26] BGH LM § 402 Nr. 11, § 144 Nr. 3; VersR 1958, 512; 1960, 998; FamRZ 1970, 17 (Schriftuntersuchung mit Stereomikroskop).
[27] Vgl. *BAG* AP § 402 Nr. 2.
[28] Das widerspricht wohl nicht der von der Rsp. gebrauchten Formulierung, es sei dem Sachverständigen grundsätzlich verwehrt, von sich aus Zeugen oder Parteien über wesentliche Streitpunkte zu vernehmen, so BGH VersR 1960, 998; NJW 1970, 1921; OLG Nürnberg BayJMBl 1953, 9. Fragen, die der Sachverständige zur Materialbeschaffung stellt, sind eben keine derartige Vernehmung von Zeugen und Parteien. Treffender aber

19 **Zwangsbefugnisse** stehen dem Sachverständigen dabei **nicht** zu Gebote, jedoch kommt – einen materiell-rechtlichen Anspruch vorausgesetzt (→ vor § 371 Rdnr. 33) – eine Verurteilung des Gegners oder eines Dritten zur Duldung der Besichtigung, des Betretens einer Wohnung durch den Sachverständigen[29] o. ä. in Betracht, → vor § 371 Rdnr. 35.

20 Eine **Verpflichtung** der Parteien oder Dritter, sich im Zusammenhang mit einem Sachverständigengutachten einer **ärztlichen Untersuchung** zu unterziehen, besteht grundsätzlich nicht[30], → vor § 371 Rdnr. 34, anders jedoch im Bereich des § 372 a (Untersuchungen zur Feststellung der Abstammung). Das Gericht darf selbst bei Einwilligung der Partei keine Begutachtung anordnen, die mit einem erheblichen Eingriff in die körperliche Integrität oder gar mit Lebensgefahr verbunden wäre[31]. Wenn eine Verpflichtung zur Duldung der Untersuchung bestand (§ 372 a) oder der Betroffene mit der Untersuchung einverstanden war, besteht keine ärztliche Geheimhaltungspflicht für den Sachverständigen, soweit es um die Erstattung des Gutachtens im Prozeß geht[32].

21 Tatsachenfeststellungen durch einen Sachverständigen **im Ausland** sind keine gerichtliche Beweisaufnahme i.S. des § 363 (näher → § 363 Rdnr. 20ff.). Ob solche Untersuchungen oder Besichtigungen des vom deutschen Gericht ernannten Sachverständigen im Ausland ohne Inanspruchnahme ausländischer Rechtshilfe durchgeführt werden dürfen[33], erscheint gleichwohl zweifelhaft, da diese Tätigkeiten auf den gerichtlichen Auftrag zurückgehen und insofern eine Verletzung der Gebietshoheit angenommen werden kann. Es erscheint daher angemessen, im Wege der Rechtshilfe (Ersuchen um Verfahrenshilfe, § 46 ZRHO) um Zustimmung des ausländischen Staates zu den geplanten Maßnahmen des Sachverständigen zu bitten[34], a.M. → *Chr. Berger* § 363 Rdnr. 22.

22 Zur Frage der **Parteiöffentlichkeit** → § 357 Rdnr. 8ff., zu richterlichen Anordnungen darüber (§ 404 a Abs. 4) → § 404 a Rdnr. 8. Der Grundsatz der **Unmittelbarkeit** steht den oben genannten Ermittlungen des Sachverständigen nicht entgegen, weil es sich hier nicht um eine gerichtliche Beweisaufnahme und auch nicht um einen Ersatz dafür handelt. Es wäre nicht sachgerecht, alle derartigen Hilfswahrnehmungen dem Gericht vorzubehalten. Denn erst aus der Sachkunde des Sachverständigen und aus seinen Überlegungen ergibt sich regelmäßig, *auf welche Umstände es ankommt*, mögen diese auch – wenn man weiß, daß sie von Bedeutung sind – für den Laien beobachtbar oder erfragbar sein. Durch die Zulassung eigener Ermittlungen des Sachverständigen dürfen aber die **prozessualen Rechte der Parteien** in keiner Weise beschnitten werden. Wenn also der Sachverständige sich auf solche von ihm getroffene, aber auch dem Laien mögliche Feststellungen stützt und eine Partei deren Richtigkeit bestreitet, dann steht es ihr frei, darüber eine **Beweisaufnahme** (z.B. Augenscheinseinnahme, Zeugenvernehmung usw.) zu **beantragen**[35]. Diese Beweisaufnahme darf

---

BGH NJW 1955, 671: das Ergebnis einer solchen Anhörung *darf nicht so gewertet werden*, als sei die Vernehmung durch den Richter erfolgt. Man braucht dem Sachverständigen keine seine Tätigkeit u.U. behindernden Grenzen zu ziehen, wenn man beachtet, daß auf Antrag in jedem Fall eine gerichtliche Vernehmung der Zeugen oder Parteien stattfinden muß. Nicht entscheidend ist bei dieser Betrachtungsweise, ob die Parteien im voraus mit einer Tatsachenfeststellung durch den Sachverständigen einverstanden sind, a.M. *Tropf* DRiZ 1985, 87.

[29] Dazu *BVerfGE* 75, 318 = NJW 1987, 2500 (das Betreten einer Wohnung durch einen Sachverständigen darf grundsätzlich nur nach *vorheriger* Anhörung des Wohnungsinhabers angeordnet werden).

[30] S. auch *BGHZ* 98, 32 = NJW 1986, 3077 (keine Pflicht eines Schiedsrichters, sich auf Verlangen einer Partei psychiatrisch untersuchen zu lassen).

[31] *OLG Düsseldorf* NJW 1984, 2635.

[32] *BayObLG* NJW 1973, 2251.

[33] So *Wussow* Festschr. für Korbion (1986), 493 ff.; *Geimer* Internationales Zivilprozeßrecht[3] (1997) Rdnr. 445; *Zöller-Geimer*[21] § 363 Rdnr. 5, 155; offenlassend *Meilicke* NJW 1984, 2017.

[34] So *Jessnitzer* BauR 1975, 73, 75 (grundsätzlich auch *Jessnitzer-Frieling*[10] [Fn. 1] Rdnr. 629); *Leipold* Lex fori, Souveränität, Discovery – Grundfragen des Internationalen Zivilprozeßrechts (1989), 46 ff.

[35] Vgl. *BGHZ* 23, 207; 37, 389 = NJW 1962, 1770; LM § 144 Nr. 3; *OLG Nürnberg* BayJMBl 1953, 9. – Werden die betreffenden Tatsachen bestritten, aber keine Anträge auf gerichtliche Vernehmung von Zeugen usw. gestellt, so ist die Verwertung der vom Sachverständigen über seine Ermittlungen gemachten Angaben zulässig (vgl. *BGHZ* 23, 207), wie ja die ZPO auch sonst kein Verbot mittelbarer Beweise kennt (→ § 355 Rdnr. 28, vor § 373 Rdnr. 17 Fn. 39).

das Gericht *nicht deshalb ablehnen,* weil bereits der Sachverständige die Sache besichtigt bzw. die betreffende Person angehört habe.

Bei der Erstellung eines **demoskopischen Gutachtens** (z. B. über die Verkehrsgeltung eines Firmenbestandteils oder einer Warenausstattung) muß eine größere Zahl von Personen vom Gutachter (bzw. dessen Hilfskräften) befragt werden. Darin liegt *keine unzulässige Umgehung des Zeugenbeweises,* für den der Unmittelbarkeitsgrundsatz gelten würde[36]. Die befragten Personen sind nicht Zeugen, da sie nicht über das Beweisthema aussagen, sondern nur Material für das Gutachten liefern sollen. Zudem kann die Befragung, bei der es vor allem auf die Auswahl der zu befragenden Personen, die Formulierung der entscheidenden Fragen und ihre Einbettung in einen größeren Fragenkatalog ankommt, nur durch den Sachverständigen bzw. durch die von ihm angeleiteten Hilfskräfte sachgerecht durchgeführt werden. Die **Grundlagen** eines solchen Gutachtens (bzw. einer Umfrage, die einer Auskunft der Industrie- und Handelskammer zugrundeliegt[37]) müssen so weit **offengelegt** werden, daß eine kritische Würdigung des Gutachtens möglich ist.

23

Zur Zuziehung von **Hilfskräften** → § 404 Rdnr. 8, → § 407 a Rdnr. 3.

24

III. Die Zuziehung von Sachverständigen

1. Auf Antrag oder von Amts wegen

Das Gericht kann sowohl auf **Antrag** einer Partei als auch **von Amts wegen** (→ §§ 3, 144, 273 Abs. 2 Nr. 4, 287, 372, 412, 442) Sachverständige hinzuziehen.

25

2. Pflichtgemäßes Ermessen

Eine **Verpflichtung** zur Zuziehung von Sachverständigen kann sich aus besonderen gesetzlichen Bestimmungen ergeben, doch ist dies in der ZPO nicht der Fall (s. aber §§ 185 f. GVG zur Zuziehung eines Dolmetschers). Vielmehr steht es **im pflichtgemäßen richterlichen Ermessen,** ob eine Begutachtung durch Sachverständige angeordnet wird[38], → auch § 144 Rdnr. 3 f. Das gilt auch dann, wenn ein Parteiantrag auf Gutachteneinholung gestellt wird. Der Antrag wird aber dem Gericht Anlaß zu besonders sorgfältiger Prüfung geben, ob ohne die Zuziehung eines Sachverständigen entschieden werden kann.

26

3. Nachprüfung durch höhere Instanzen

Daß die Zuziehung von Sachverständigen im Ermessen des Gerichts steht, hat vor allem für den Umfang der **Nachprüfung** durch höhere Instanzen Bedeutung. Das **Berufungsgericht** ist berechtigt und verpflichtet, das Ermessen selbst auszuüben und gegebenenfalls im jetzigen Prozeßstadium Sachverständige zu hören. Das **Revisionsgericht** ist dagegen auf die Prüfung beschränkt, ob die Grenzen des richterlichen Ermessens beachtet wurden. Dazu allgemein → §§ 549, 550 Rdnr. 20.

27

---

[36] Zutr. *OLG Hamburg* NJW 1959, 106; *Sauberschwarz* (Fn. 5) 15.
[37] BGH LM § 346 (B) HGB Nr. 4 = NJW 1966, 502 (zur Feststellung eines Handelsbrauchs); LM § 402 Nr. 27 = MDR 1980, 308 (zur Feststellung der Nichtvoraussehbarkeit eines Schadens). S. auch *OLG Oldenburg* BB 1973, 19 (die Namen der Befragten brauchen nicht offengelegt zu werden).
[38] BGH NJW 1951, 481; VersR 1959, 392; *RGZ* 99, 72; 103, 386; 130, 31; *Stein* (Fn. 1) 80 ff.

4. Inhalt des Ermessens

28 Das **richterliche Ermessen** umfaßt dem Gehalt nach verschiedene **Teilaspekte.**

a) Erforderlichkeit besonderer Sachkunde

29 Zunächst hat das Gericht zu erwägen, ob zur Feststellung der rechtserheblichen Tatsachen überhaupt eine bestimmte **Sachkunde erforderlich** ist. Daß hier dem Gericht ein gewisser Spielraum der Beurteilung zukommt, ist eine Folge des Grundsatzes der freien Beweiswürdigung (§ 286).

b) Eigene Sachkunde des Gerichts

30 Weiter muß sich das Gericht darüber klar werden, ob es die **erforderliche Sachkunde selbst besitzt.** Auch hier steht ihm notwendigerweise ein Beurteilungsspielraum zu. Es besteht kein Verbot, ein über die allgemeine (durchschnittliche) Bildung hinausgehendes **Fachwissen der Richter** zu verwerten[39]. Das Gericht sollte aber in der Einschätzung seiner eigenen Sachkunde eher zurückhaltend sein. Will es ein Wissen an Erfahrungssätzen usw. verwerten, das über die allgemeine Lebenserfahrung, die normalen Kenntnisse eines gebildeten Menschen, hinausgeht, so muß es davon den Parteien Mitteilung machen und ihnen **Gelegenheit zur Stellungnahme** geben[40]. Dessen bedarf es nicht schon, wenn der Richter das Fachwissen, das er durch die Behandlung ähnlicher Fälle erworben hat, bei der Würdigung von Sachverständigengutachten verwendet und den Gutachten folgt, wohl aber, wenn er sich *entscheidend* auf seine durch Gutachten in anderen Prozessen vermittelte eigene Sachkunde stützt[41]. Auch in der Urteilsbegründung muß in solchen Fällen näher dargelegt werden, wieso sich das Gericht die überdurchschnittliche Sachkunde zuschreiben durfte[42]. Dabei genügt der Hinweis auf medizinische Lehrbücher grundsätzlich nicht, um die erforderliche Sachkunde des Gerichts zu begründen[43].

31 Die Sachkunde braucht **nicht bei allen Mitgliedern des Gerichts** vorhanden zu sein[44]; es genügt, wenn einer der Richter sie besitzt. Er ist dann in der Lage, die sachkundigen Erwägungen anzustellen und sie den anderen Mitgliedern des Gerichts zur Kenntnis zu bringen. Für diese ergibt sich dann die gleiche Situation wie bei der Würdigung eines Sachverständigengutachtens.

c) Erwerb von Fachwissen

32 Stellt das Gericht fest, daß eine besondere Sachkunde nötig ist, über die die Richter nicht verfügen, so braucht es deswegen noch nicht unbedingt einen Sachverständigen heranzuziehen. Es kann auch – jedenfalls in einfacher gelagerten Fällen – durch Studium von Fach-

---

[39] *RG* JR 1927 Nr. 965; *Stein* (Fn. 1) 74 ff.; *Pieper* ZZP 84 (1971), 14; *Jessnitzer-Frieling*[10] (Fn. 1) Rdnr. 111. Vgl. auch *BGH* VersR 1970, 566 (Schiffahrtsgericht). Daß eine Unterscheidung von allgemeiner Bildung und besonderer Sachkunde praktisch kaum durchführbar und innerlich unberechtigt ist, hob bereits *Stein* (Fn. 1) 83 besonders hervor.

[40] *BGH* LM § 286 (B) Nr. 23 = JZ 1968, 670; *Döhring* JZ 1968, 641; *Baumgärtel* VersR 1975, 677, 678 f. (zu Fragen der Kfz-Schäden).

[41] *BGH* NJW 1991, 2824, 2825.

[42] Vgl. *BGH* LM § 286 (E) Nr. 15 = MDR 1970, 321 (komplizierte technische Frage); *OLG Hamm* NJW 1970, 907 (zu § 244 Abs. 4 StPO, Glaubwürdigkeit eines epileptischen Zeugen); *BGHSt* 12, 18, 20; *OLG Hamm* JMBlNRW 1965, 58 (Strafprozeß). S. auch *BVerwG* NJW 1988, 925.

[43] *BGH* NJW 1993, 2378.

[44] Vgl. – zum Strafprozeß – *BGHSt* 2, 164, 165; 12, 18, 19 f.; *OLG Köln* NJW 1958, 881 (verlangt aber dann Erörterung in der Hauptverhandlung). – A.M. *Pieper* ZZP 84 (1971), 18 (Mehrheit der Richter müsse besondere Fachkenntnisse haben).

büchern, Benutzung von Nachschlagewerken o. ä. die **erforderlichen Kenntnisse selbst erwerben.** Soweit dieser Weg gangbar ist, steht er mit der Zuziehung von Sachverständigen zur Wahl. Hier liegt also ein echtes Rechtsfolgeermessen vor. Doch ist vor einer Überschätzung der Fähigkeit zu warnen, durch ein rasches Selbststudium in kompliziertere Wissenschaften einzudringen. Der Verzicht auf ein Sachverständigengutachten kommt im allgemeinen nur in Betracht, wenn die zu beurteilende Frage unmittelbar aus der Literatur beantwortet werden kann, in der Regel dagegen nicht, wenn dazu eine Auswertung nötig ist, die ihrerseits fachliche Kenntnisse voraussetzt[45].

Technische Normen[46] kann das Gericht ebenfalls unmittelbar heranziehen; auch hierzu ist den Parteien Gelegenheit zur Stellungnahme zu geben[47]. Eine Bindung des Gerichts an solche Regelwerke besteht nicht. 33

5. Ermessensfehler

Die **Nichteinholung** eines Sachverständigengutachtens ist vor allem dann **ermessensfehlerhaft,** wenn sich das Gericht eine Sachkunde zuschreibt, von der (unter Berücksichtigung der vom Gericht gegebenen Begründung) nicht ersichtlich ist, wieso sie dem Gericht zukommen kann[48]. Nicht selten stellt der Verzicht auf einen Sachverständigen bei medizinischen bzw. psychiatrischen Fragen[49] einen Rechtsfehler dar, aber auch, wenn es z.B. um eine wirtschaftliche Bewertung geht, wird ein Sachverständigengutachten oft unverzichtbar sein[50]. Auch im Bereich des § 287 darf das Gericht zur Beurteilung einer Frage, die Fachwissen voraussetzt, nur dann auf die Einholung eines Sachverständigengutachtens verzichten, wenn es entsprechende eigene Sachkunde darzulegen vermag[51]. Ein Ermessensfehler liegt auch dann vor, wenn das Gericht von der Zuziehung eines Sachverständigen Abstand nimmt, weil es einem allgemein anerkannten Wissenschaftszweig ablehnend gegenübersteht. Die Zuziehung des Sachverständigen darf ferner nicht davon abhängig gemacht werden, ob das Gericht sich in der Lage sieht, die Richtigkeit der wissenschaftlichen Lehre und deren Anwendung auf den Einzelfall nachzuprüfen[52], → auch § 412 Rdnr. 4. 34

6. Bedeutung der Kostenfrage

Grundsätzlich ist es (abgesehen von der Regelung des § 287 Abs. 2) nicht zulässig, die Einholung eines an sich notwendigen Gutachtens wegen der zu hohen **Kosten** abzulehnen. Dagegen ist es legitim, wenn das Gericht die *Kostenfrage bei der Ausübung seines Ermes-* 35

---

[45] *BGH* LM § 276 (Hb) BGB Nr. 22 = NJW 1977, 2120 (zu medizinischen Fragen). S. auch *BGH* LM § 286 (B) Nr. 52 = NJW 1984, 1408 (das Gericht darf nicht allein aufgrund des Studiums von Fachliteratur von den Ausführungen ärztlicher Sachverständiger abweichen; es muß zunächst die Gutachter mit seinen Bedenken konfrontieren).

[46] Um Sachverständigengutachten im Sinne des Prozeßrechts handelt es sich dabei nicht, und es erscheint auch nicht förderlich, insoweit von »antizipierten Sachverständigengutachten« zu sprechen, *Nicklisch* NJW 1983, 841, 849; *Rittstieg* NJW 1983, 1098; *Marburger* (Fn. 1) 61. – A.M. jedoch *BVerwG* NJW 1978, 1450, 1451 im Anschluß an *Breuer* DVBl 1978, 34 (s. auch *Breuer* AöR 101 [1976] 46, 82); *Vieweg* NJW 1982, 2473. – Wie *Pieper* BB 1987, 273, 280 mit Recht betont, bedarf es keiner Zuordnung zum Beweisrecht, da der Richter Erfahrungssätze auch außerhalb des Prozesses ermitteln darf.

[47] *Marburger* (Fn. 1) 61 f.; *Pieper* BB 1987, 273, 280.
[48] Vgl. *BGH* NJW 1951, 481; LM § 286 (E) Nr. 6 = VersR 1954, 290 (Beurteilung ärztlicher Behandlung); VersR 1962, 662 sowie oben Fn. 42.
[49] Beispiele: *BGH* NJW 1994, 794 (Beurteilung der Suizidgefahr); *BGH* NJW 1997, 1640 (psychisch verursachte Folgeschäden); *BGH* NJW 1996, 1059 = ZZP 110 (1997), 109 (*Oda*) (Prozeßfähigkeit); *BGH* NJW-RR 1997, 664 (Freiheit der Willensbildung bei Suizid).
[50] Beispiele: *BGH* FamRZ 1989, 954, 956 (Bewertung von Vermögensgegenständen beim Zugewinnausgleich); *BGH* NJW 1993, 1796 (voraussichtlicher Erlös einer Grundstücksversteigerung; Zeugenbeweis ist dazu grundsätzlich ungeeignet).
[51] *BGH* NJW 1995, 1619; *BGH* NJW 1996, 584, 586 = EWiR § 287 ZPO 1/96, 235 (*Schiemann*).
[52] OGHZ 3 (1950), 124. – Bedenkl. *BAG* SAE 1972, 72, 75 (*Leipold*).

sens berücksichtigt und gegebenenfalls z. B. einem Gutachten der Industrie- und Handelskammer den Vorzug vor der Einholung eines sehr teuren demoskopischen Gutachtens gibt[53], vorausgesetzt freilich, daß der Beweiswert des Kammergutachtens ausreichend ist. Die Kosten sind dabei in Relation zum Wert des Streitgegenstands zu sehen. Auch wenn es keine andere ausreichende Beweismöglichkeit gibt, wird die Einholung eines ganz unverhältnismäßig teuren Gutachtens dann abgelehnt werden können, wenn die Prozeßführung der einen Partei darauf abzielt, den Gegner auf diese Weise wirtschaftlich zu ruinieren; denn zu schikanösem Verhalten darf das Gericht nicht die Hand reichen. – Zur Pflicht des Sachverständigen, auf unerwartet hohe Kosten hinzuweisen, → § 407 a Rdnr. 5 f.

7. Weiteres Gutachten

36 Zur Einholung eines **weiteren Gutachtens** und zur **Würdigung** von Gutachten → § 412.

8. Auswahl, Behördengutachten

37 Zur **Auswahl** des Sachverständigen → § 404. Auch wenn das **Gutachten einer Behörde** eingeholt wird, handelt es sich um einen Sachverständigenbeweis, → § 404 Rdnr. 11 mit Nachw. Die Betrachtung als *Urkundenbeweis* würde dem Charakter der Beweisführung nicht gerecht und birgt außerdem die Gefahr in sich, daß wichtige der Wahrheitsfindung und den Parteiinteressen dienende Verfahrensregeln außer acht gelassen werden. Zum Ablehnungsrecht → § 406 Rdnr. 3, zur Beeidigung → § 410 Rdnr. 3, zum Fragerecht der Parteien → § 411 Rdnr. 21 ff. Zur sog. **amtlichen Auskunft,** die aber nur in engem Rahmen als Beweismittel zulässig ist, → vor § 373 Rdnr. 57.

IV. Die Sachverständigenpflicht

38 Die Sachverständigenpflicht ist ebenso wie die Zeugnispflicht (→ vor § 373 Rdnr. 31 ff.) eine **öffentlich-rechtliche Verpflichtung.** Sie umfaßt außer dem Erscheinen, der Abgabe des Gutachtens und der Eidesleistung auch die Pflicht zur sachgemäßen Vorbereitung des Gutachtens. Zu den Ermittlungen des Sachverständigen → Rdnr. 16 ff. Weil der Sachverständige **ersetzbar** ist, sind der Sachverständigenpflicht **nur bestimmte Personen** unterworfen, → § 407. Auch diese Personen können nach richterlichem Ermessen von ihrer Verpflichtung entbunden werden, → § 408 Rdnr. 5. Zum Recht zur **Verweigerung der Gutachtenerstattung** → § 408 Rdnr. 2 f.

39 Der Sachverständige ist **nicht befugt,** den **Auftrag** von sich aus an eine andere Person **weiterzugeben**[54] oder, weil seine eigene Sachkunde nicht ausreicht, einen weiteren Sachverständigen um ein Gutachten zu bitten[55]. Dagegen ist es zulässig, zur Ausarbeitung des Gutachtens **Hilfskräfte** heranzuziehen, doch muß der vom Gericht ernannte Sachverständige die Verantwortung für das Gutachten tragen, näher → § 404 Rdnr. 8. Der Sachverständige ist befugt, zur Vervollständigung seines Wissens die Literatur zu Rate zu ziehen oder auch *Auskünfte anderer sachkundiger Personen* einzuholen[56]. Darauf darf er auch in seinem Gutachten Bezug nehmen, nur muß es sich insgesamt um ein aufgrund eigener sachkundiger Überlegungen erstelltes Gutachten handeln.

---

[53] Die Pflicht, eine solche Möglichkeit zu prüfen, betont *BGH* MDR 1962, 963 = JZ 1963, 225. – Eingehend zum Kostenproblem bei den demoskopischen Gutachten *Sauberschwarz* (Fn. 5) 19 ff. S. auch *Vöge* NJW 1957, 1307.

[54] *BSG* NJW 1965, 368; *Friederichs* ZZP 83 (1970), 406.

[55] *Friederichs* JZ 1974, 257 (krit. zu *BGHSt* 22, 268).

[56] *BGH* VersR 1960, 998; *RGZ* 151, 349, 356; *OLG Köln* NJW 1962, 2161.

V. Rechtsstellung und Verantwortlichkeit des Sachverständigen

1. Strafrechtliche Verantwortung

Wird der Sachverständige beeidigt (§ 410 Abs. 1) oder gibt er die Versicherung auf den allgemein geleisteten Eid (§ 410 Abs. 2, § 155 Nr. 2 StGB) ab, so ist sowohl die *vorsätzliche* als auch die *fahrlässige Abgabe eines falschen Gutachtens* mit **Strafe** bedroht (§§ 154, 155, 163 StGB). Die *uneidliche* Abgabe eines falschen Gutachtens ist dagegen nur bei *Vorsatz* strafbar (§ 153 StGB).

40

2. Rechtsstellung des Sachverständigen, keine öffentlich-rechtliche Haftung

Der vom Gericht ernannte Sachverständige steht **nicht in vertraglichen Beziehungen** zu den Parteien[57], auch dann nicht, wenn mit der Ernennung dem Vorschlag einer der Parteien (→ § 404 Rdnr. 31) oder einer Einigung der Parteien (→ § 404 Rdnr. 32) gefolgt wurde. Die Grundsätze über die Haftung des außergerichtlichen Sachverständigen, auch gegenüber Dritten[58], lassen sich daher nicht hierher übertragen. Durch die Ernennung wird vielmehr ein **öffentlich-rechtliches Verhältnis** zwischen dem Sachverständigen und dem Staat als Träger der Gerichtsbarkeit begründet. Von einem *öffentlich-rechtlichen Vertrag* zu sprechen[59], ist schon deshalb nicht angebracht, weil in den Fällen der Sachverständigenpflicht (→ § 407) das Rechtsverhältnis ohne Einverständniserklärung (Annahme) des Sachverständigen begründet wird. Auch wenn keine Sachverständigenpflicht besteht, ist die Figur des Vertrags nicht sachgerecht, weil der Inhalt des Rechtsverhältnisses nicht auf gegenseitigen Vereinbarungen beruht, sondern ganz durch den vom Gericht aufgrund des Beweisbeschlusses erteilten Auftrag und durch die gesetzlichen Vorschriften bestimmt wird.

41

Ansprüche der Parteien (insbesondere auf Schadensersatz wegen Abgabe eines fehlerhaften Gutachtens) ergeben sich aus dem Rechtsverhältnis des öffentlichen Rechts **nicht**[60], da die Parteien daran nicht beteiligt und auch keine besonderen Schutzwirkungen dieses Rechtsverhältnisses zugunsten der Parteien erkennbar sind[61]. Da der Sachverständige nicht zum Täger hoheitlicher Gewalt wird[62], kommen auch Ansprüche aus Amtspflichtverletzung, insbesondere eine **Staatshaftung** (§ 839 BGB, Art. 34 GG) nicht in Betracht[63]. Anders ist es nur, wenn das Gutachten von einem *Beamten* erstellt wird, zu dessen Amtspflichten die Begutachtung gehört[64].

42

---

[57] *BGH* LM § 831 BGB (Fc) Nr. 1; *OGH* HEZ Bd. 2, 236, 238. Anders *BGHZ* 42, 313 = LM § 1035 Nr. 1 = NJW 1965, 298 für den vom *Schiedsgericht* beauftragten Sachverständigen, aber mit der Maßgabe, daß die Haftung nicht weiter reicht als beim vom staatlichen Gericht ernannten Sachverständigen. → auch § 1035 Rdnr. 3.

[58] BGHZ 127, 378 = NJW 1995, 392; *BGH* NJW 1998, 1059.

[59] So *OLG Hamm* MDR 1950, 221; *LG Stuttgart* NJW 1954, 1411; *LG Weimar* VersR 1955, 263. Offenlassend BGH LM § 831 BGB (Fc) Nr. 1. S. auch *OLG Zweibrücken* JurBüro 1965, 906 (kein Werkvertrag mit dem Fiskus).

[60] *BGH* LM § 831 BGB (Fc) Nr. 1; *OLG Hamm* MDR 1950, 221; *LG Weimar* VersR 1955, 263.

[61] Daher besteht auch keine Haftung aus einem öffentlich-rechtlichen Vertrag mit Schutzwirkung für die betroffene Partei, zutreffend *OLG Düsseldorf* NJW 1986, 2891 entgegen *Wasner* NJW 1986, 119, 120.

[62] Vgl. *Rosenberg-Schwab-Gottwald*[15] § 123 IV 4 e.

[63] BGHZ 59, 310; *Friederichs* DRiZ 1973, 113, 114. – A.M. *Pieper* Gedächtnisschr. für R. Bruns (Fn. 1) 167, 175 ff.

[64] Vgl. *Bremer* (Fn. 1) 69 f.

3. Die zivilrechtliche Haftung[65]

a) Anwendbare Vorschriften, keine Analogie zum Haftungsprivileg des Spruchrichters

43 Da keine öffentlich-rechtliche Haftungsregelung eingreift (→ Rdnr. 42) und zwischen dem Sachverständigen und den Parteien auch keine vertraglichen Beziehungen bestehen (→ Rdnr. 41), bestimmt sich die Haftung des Sachverständigen für Fehler bei der Gutachtenerstattung allein nach dem **Deliktsrecht** des BGB.

44 Eine ausdrückliche Regelung für die Haftung des Sachverständigen ist darin nicht enthalten, insbesondere keine **Privilegierung**, während der Staat wegen Pflichtverletzungen des Spruchrichters nur in dem engen Rahmen des § 839 Abs. 2 BGB i. V. mit Art. 34 GG, d. h. bei strafbaren Handlungen des Richters (Rechtsbeugung), in Anspruch genommen werden kann. Auch ein Schadensersatzanspruch gegen den Sachverständigen kann insofern in gewissem Umfang zur Wiederaufrollung eines rechtskräftig abgeschlossenen Prozesses führen, als geprüft werden muß, ob das Gutachten falsch war und der Rechtsstreit ohne das Gutachten anders zu entscheiden gewesen wäre. Dieser Umstand und auch die Bewertung der Stellung des Sachverständigen als Helfer des Richters (→ Rdnr. 3, vgl. auch die Ablehnbarkeit, → § 406) könnten für eine entsprechende Anwendung des **spruchrichterlichen Haftungsprivilegs** (§ 839 Abs. 2 BGB) sprechen. Doch sind Stellung und Aufgaben der Sachverständigen einerseits und des Spruchrichters auf der anderen Seite letztlich doch zu unterschiedlich, als daß – anders als beim Schiedsrichter[66] – die Analogie gerechtfertigt wäre[67].

b) Haftung aus § 826 BGB

45 Bei näherer Betrachtung erweist sich die Anwendung der im Recht der unerlaubten Handlungen enthaltenen Haftungstatbestände auf den Sachverständigen in mehrfacher Hinsicht als problematisch. Unzweifelhaft besteht eine Ersatzpflicht aus § 826 BGB, sofern eine *vorsätzliche*, sittenwidrige Schädigung vorliegt. Die Haftung aus § 826 BGB wird bejaht, wenn bewußt oder leichtfertig ein falsches Gutachten abgegeben wurde und zumindest bedingter Schädigungsvorsatz gegeben war. Da dies aber nur selten feststellbar sein wird[68], gewinnt die Frage einer Haftung nach § 823 Abs. 2 BGB in Verbindung mit einem Schutzgesetz zugunsten der Parteien erhebliche Bedeutung.

c) Haftung aus § 823 Abs. 2 BGB

46 Zum Teil wird § 410 Abs. 1 S. 2 als **Schutzgesetz** herangezogen[69], woraus sich dann eine Haftung für Vorsatz und Fahrlässigkeit ergeben würde. Dem ist aber mit Recht entgegenge-

---

[65] Dazu eingehend *Jessnitzer-Frieling*[10] (Fn. 1) 674 ff.; *K. Müller*[3] (Fn. 1) Rdnr. 953 ff.; *Döbereiner-von Keyserlingk* (Fn. 1); *Hopt* Schadensersatz aus unberechtigter Verfahrenseinleitung (1968), 284 ff.; *J. Blomeyer* Schadensersatzansprüche des im Prozeß Unterlegenen wegen Fehlverhaltens Dritter (1972), 117 ff.; *Pieper* Gedächtnisschr. für R. Bruns (Fn. 1) 167 ff.

[66] Für Verschulden bei Fällung des Schiedsspruchs gilt grundsätzlich eine dem § 839 Abs. 2 BGB entsprechende Haftungsbeschränkung als vereinbart, → vor § 1025 Rdnr. 15.

[67] So auch *LG Ansbach* NJW 1956, 1205; *K. Müller*[3] (Fn. 1) Rdnr. 961 b; *Döbereiner-von Keyserlingk* (Fn. 1) Rdnr. 240; *Hopt* (Fn. 65) 284 f.; *ders.* JZ 1974, 551, 552 f.; *J. Blomeyer* (Fn. 65) 226 ff.; *ders.* ZRP 1974, 214, 219 ff.; *Arndt* DRiZ 1973, 272, 273; *Rasehorn* NJW 1974, 1172, 1173; *Hellmer* NJW 1974, 556; *Damm* JuS 1976, 359, 360 f.; *Wasner* NJW 1986, 119; *Schreiber* ZZP 105 (1992), 129, 138 ff.

[68] S. (zum außergerichtlichen Gutachten) BGH NJW 1991, 3282; NJW 1956, 1595; BB 1960, 1301; VersR 1962, 805; zum gerichtlichen Sachverständigen OLG München VersR 1977, 482; OLG Hamm ZfBR 1994, 20 = VersR 1995, 225.

[69] *OGH* HEZ Bd. 2, 236, 239; *OLG Hamm* MDR 1950, 221; *Hendrix* BB 1961, 996; *Andresen* NJW 1962, 1760 (zu § 79 StPO); *K. Müller*[3] (Fn. 1) Rdnr. 973 ff.; *Hopt* (Fn. 65) 289; *J. Blomeyer* (Fn. 65) 124 ff.; *ders.* ZRP 1974, 214, 217; *Damm* JuS 1976, 359, 362; *Schreiber* ZZP 105 (1992), 129, 135; *MünchKommZPO-Damrau* § 402 Rdnr. 13.

halten worden, daß § 410 Abs. 1 S. 2 nur die Eidesnorm festlegt[70]. Gewiß liegt dem § 410 und dem gesamten Sachverständigenrecht die allgemeine Vorstellung des Gesetzgebers zugrunde, daß der Sachverständige sein Gutachten unparteiisch und nach bestem Wissen und Können abzugeben habe. Von einer *Norm*, die ein *bestimmtes* Gebot oder Verbot zum Schutz bestimmter Personen enthält[71], und damit von einem Schutzgesetz im Sinne des § 823 Abs. 2 BGB kann man aber dabei kaum sprechen. Auch die in § 407a enthaltenen Bestimmungen über Pflichten des Sachverständigen sind nach ihrer Zweckrichtung nicht als Schutzgesetze anzusehen[72].

Geht man davon aus, so kommen nur die **Strafvorschriften als Schutzgesetze** in Betracht[73]. Wird der Sachverständige *beeidigt* oder gibt er die *Berufung auf einen allgemein geleisteten Eid* (§ 410 Abs. 2) ab, so führt sowohl die vorsätzliche als auch die fahrlässige Falschbegutachtung gemäß § 823 Abs. 2 BGB i.V.m. §§ 154, 155, 163 StGB zur Schadensersatzpflicht. Bei *unbeeidigter* Begutachtung haftet der Sachverständige dagegen nur für Vorsatz (§ 823 Abs. 2 BGB i.V.m. § 153 StGB). 47

Bedenkt man, daß der Sachverständige sehr häufig nicht beeidigt wird (→ § 410 Rdnr. 1 f.), daß die Parteien die Beeidigung nicht erzwingen können, andererseits aber auch der Sachverständige sich nicht gegen die Anordnung der Beeidigung wehren kann, so wirkt die vom eher zufälligen Umstand der Vereidigung abhängende unterschiedliche Haftung nicht unbedingt überzeugend[74]. Immerhin wird durch die Vereidigung dem Sachverständigen seine Verpflichtung besonders eindringlich vor Augen gehalten; dies vermag die erhöhte Verantwortlichkeit in diesem Fall wenigstens soweit zu rechtfertigen, daß in dieser Regelung des geltenden Rechts kein Verstoß gegen das aus dem Gleichheitsgrundsatz (Art. 3 Abs. 1 GG) zu entnehmende Willkürverbot zu sehen ist. 48

d) Haftung aus § 823 Abs. 1 BGB

Für den **unbeeidigt gebliebenen** Sachverständigen kommt eine Haftung aus § 823 Abs. 1 BGB in Betracht[75], wenn das schuldhaft unrichtig erstattete Gutachten zu einem Fehlurteil führte und dadurch[76] in eines der in § 823 Abs. 1 BGB genannten Rechte oder Rechtsgüter eingegriffen wurde (z.B. in das Eigentum durch ein falsches Feststellungsurteil oder in die Freiheit durch eine falsche strafrechtliche Verurteilung). 49

---

[70] *BGHZ* 42, 313 (Fn. 57). Gegen die Betrachtung des § 410 als Schutzgesetz auch *BGHZ* 62, 54, 57 = NJW 1974, 312, 313; *OLG Celle* NJW 1960, 387; *OLG Köln* NJW 1962, 1773 (zu § 79 StPO); *OLG München* MDR 1983, 403; *OLG Hamm* MDR 1983, 933; ZfBR 1994, 20, 21 = VersR 1995, 225; *OLG Düsseldorf* NJW 1986, 2891 f.; *Rosenberg-Schwab-Gottwald*[15] § 123 IV 4 e; *Weimar* VersR 1955, 263; *Jessnitzer-Frieling*[10] (Fn. 1) 687. – Auch § 9 der Mustersachverständigenordnung, der § 410 wiedergibt, ist kein Schutzgesetz, *LG Köln* MDR 1990, 821.

[71] So die von der Rsp zu § 823 Abs. 2 BGB herausgearbeiteten Anforderungen, s. *RGZ* 128, 300; 138, 168. Die Aufstellung allgemeiner Grundsätze genügt nicht, *BGH* GRUR 1962, 159, 162; *BGH* Warn 1965, 313. Vgl. zum Begriff des Schutzgesetzes auch *Knöpfle* NJW 1967, 697; *Larenz-Canaris* SchuldR II[13] § 77 II; *Esser-Weyers* SchuldR II[7] § 56 I; *Fikentscher* SchuldR[9] § 104 II; *MünchKomm-Mertens*[3] § 823 Rdnr. 162 ff.; *Soergel-Zeuner* BGB[12] § 823 Rdnr. 289 ff.

[72] Ebenso *MünchKommZPO-Damrau* § 407a Rdnr. 3 u. 9.

[73] *BGHZ* 42, 313 (Fn. 57) (zu § 163 StGB); LM § 823 BGB (Be) Nr. 8 (zu § 156 StGB); *Weimar* VersR 1955, 264; *Glaser* JR 1971, 367. Anders *J. Blomeyer* (Fn. 65) 151 ff. *Deutsch* VersR 1987, 113, 114 bezweifelt, daß allgemeine Vermögensinteressen durch das Verbot fahrlässig falscher Aussagen geschützt sind.

[74] Vgl. *K. Müller*[3] (Fn. 1) Rdnr. 975, der eine Haftung aus § 823 Abs. 2 BGB unabhängig von der Vereidigung befürwortet. – Gegen eine Verknüpfung der Haftungsfrage mit dem Sachverständigeneid und darüber hinaus für eine Abschaffung der Vereidigung des Sachverständigen hatte sich die Kommission für das Zivilprozeßrecht ausgesprochen, s. Bericht der Kommission, hrsg. vom Bundesministerium der Justiz (1977), 143, 157; *Franzki* DRiZ 1976, 97, 101.

[75] *Glaser* JR 1971, 366.

[76] Davon zu unterscheiden ist der Fall, daß eine Partei unmittelbar durch Handlungen des Sachverständigen bei der Vorbereitung des Gutachtens (z.B. durch ärztliche Untersuchungsmaßnahmen) geschädigt wird. Insoweit gilt uneingeschränkt § 823 Abs. 1 BGB, *BGHZ* 59, 310; 62, 54, 62.

50 Der **BGH** hat jedoch – vor allem unter Hinweis auf die Funktion des Sachverständigen sowie die Notwendigkeit, seine Unabhängigkeit zu wahren, und in dem Bestreben, eine (mittelbare) Wiederaufrollung abgeschlossener Prozesse zu vermeiden – eine derartige Haftung sowohl für leichte[77] als auch für grobe[78] Fahrlässigkeit abgelehnt. Dies läßt sich, methodisch gesehen, vielleicht vertreten, indem man den Schutzzweck des § 823 Abs. 1 BGB nicht auf diese spezifische Art der Rechts- bzw. Rechtsgutsverletzung bezieht und daher einen Fall fehlender Tatbestandsmäßigkeit (keine »Verletzung« i.S. des § 823 Abs. 1 BGB) annimmt. Der Inhalt der Sorgfaltspflichten des Sachverständigen wird im Grunde nicht davon beeinflußt, ob das Urteil, falls es aufgrund des Gutachtens unrichtig ausfällt, letztlich eines der in § 823 Abs. 1 BGB genannten Rechte oder Rechtsgüter beeinträchtigt, weshalb die Bejahung der Haftung nur in den Fällen des § 823 Abs. 1, dann aber gleich für jede Fahrlässigkeit, problematisch erscheint. Der BGH hat allerdings keine klare dogmatische Begründung für seine Entscheidung geliefert, sondern in erster Linie allgemeine (teils eher rechtspolitische) Erwägungen angestellt. Die Entscheidung des BGH ist daher vielfach kritisiert worden[79].

51 Die vom BGH gewählte Art und Weise der Begründung war wohl auch mitentscheidend dafür, daß das **BVerfG**[80] in diesem Urteil insoweit eine Überschreitung der Grenzen richterlicher Rechtsfortbildung[81] gesehen hat, als der BGH auch für den Fall einer **Freiheitsentziehung** aufgrund eines grob fahrlässig fehlerhaft erstatteten Gutachtens einen Schadensersatzanspruch verneinte. Zwar wurde diese Entscheidung vor allem auch auf den Rang des verfassungsrechtlich verbürgten Rechts der Freiheit der Person (Art. 2 Abs. 2 S. 2 GG) gestützt, aber die Bewertung als unzulässige Rechtsfortbildung hat der Nichtanwendung des § 823 Abs. 1 BGB bei grober Fahrlässigkeit generell den Boden entzogen. Dabei ist zudem zu bedenken, daß auch die anderen durch § 823 Abs. 1 BGB geschützten Rechte und Rechtsgüter weitgehend verfassungsrechtlich garantiert sind (insbesondere das Eigentum, Art. 14 Abs. 1 GG, aber auch das **allgemeine Persönlichkeitsrecht**[82], Art. 1 u. 2 GG).

52 Zulässig bleibt, zwischen leichter und grober Fahrlässigkeit des Sachverständigen zu differenzieren. Allerdings waren vier Richter des BVerfG der Meinung, eine Beschränkung der Haftung des Sachverständigen aus § 823 Abs. 1 BGB müsse, auch soweit es um leichte Fahrlässigkeit gehe, durch den Gesetzgeber angeordnet werden[83]. Die übrigen vier Richter, auf deren Ansicht die Entscheidung beruht, nahmen dagegen bei einem Ausschluß der Haftung für leichte Fahrlässigkeit keine Verfassungsverletzung an[84]. Es ist also aus verfassungsrechtlichen Gründen nicht verwehrt, insoweit an der Rechtsprechung des BGH (→ Rdnr. 50) festzuhalten, als dort die Haftung des Sachverständigen für *leichte* Fahrlässigkeit im Rahmen des § 823 Abs. 1 BGB verneint wurde.

---

[77] *BGH* NJW 1968, 787.
[78] *BGHZ* 62, 54 = NJW 1974, 312 (dazu *Hellmer* NJW 1974, 556) = JZ 1974, 548 (*Hopt*) = MDR 1974, 300 (dazu *Speckmann* MDR 1975, 461). Diese Entscheidung wurde aufgehoben durch *BVerfGE* 49, 304 (Fn. 80). – Die Haftung für grobe Fahrlässigkeit bejaht *OLG Nürnberg* FamRZ 1988, 1270 (LS) = VersR 855 (LS).
[79] Gegen die Entscheidung des *BGH* u.a. *Hopt* JZ 1974, 551; *Hellmer* NJW 1974, 556; *Rasehorn* NJW 1974, 1172; *Arndt* DRiZ 1974, 185; *J. Blomeyer* ZRP 1974, 214; *Speckmann* MDR 1975, 461; *E. Schneider* JurBüro 1975, Sp. 433; *Damm* JuS 1976, 359; *Pieper* Gedächtnisschr. für R. Bruns (Fn. 1) 167, 171 ff.; *Krauß* Strafverteidiger 1985, 512, 513 ff.; *Wasner* NJW 1986, 119.
[80] *BVerfGE* 49, 304 = NJW 1979, 305 = JZ 1979, 60 (krit. *Starck*).
[81] *BVerfGE* 49, 304, 319 (Fn. 80).
[82] Dazu *BGH* NJW 1989, 2941 (Geldentschädigung, wenn leichtfertig ein unrichtiges ärztliches Attest für ein Unterbringungsverfahren erstellt wurde).
[83] *BVerfGE* 49, 304, 323 (Fn. 80). Dazu krit. *Deutsch* VersR 1987, 113, 116.
[84] *BVerfGE* 49, 304, 324 (Fn. 80).

e) Ergebnis

Somit haftet nach geltendem Recht der unbeeidet gebliebene Sachverständige im Rahmen des § 823 Abs. 1 BGB nur für Vorsatz und grobe Fahrlässigkeit[85], im Rahmen des § 823 Abs. 2 BGB (i.V.m. § 153 StGB) nur für Vorsatz, während der beeidigte Sachverständige gemäß § 823 Abs. 2 BGB (i.V.m. §§ 154, 155, 163 StGB) auch bei bloßen Vermögensschäden und bei jeder Fahrlässigkeit in Anspruch genommen werden kann. Eine Verbesserung dieses wenig befriedigenden Rechtszustandes muß dem Gesetzgeber überlassen bleiben[86]. 53

Nur unter den genannten Voraussetzungen sind auch **Widerrufsansprüche**[87] oder **Unterlassungsansprüche**[88] gegen einen gerichtlichen Sachverständigen denkbar. 53a

VI. Verwertung bereits vorhandener Gutachten, Privatgutachten

1. Gutachten aus anderen Verfahren

Da die ZPO *nicht* dem Grundsatz der *materiellen Beweisunmittelbarkeit* folgt (→ § 355 Rdnr. 28) und auch keine den §§ 250 ff. StPO entsprechende Beschränkung der Verwertung von Niederschriften enthält, ist die Verwertung bereits **vorhandener Sachverständigengutachten aus einem anderen Prozeß**[89] (z. B. einem vorhergehenden Strafprozeß[90] oder einem Beweissicherungsverfahren zwischen anderen Parteien[91]) oder einem Verfahren über die Bestellung eines Pflegers[92] oder aus einem *Vorverfahren bei einer Behörde*[93] zulässig, → § 284 Rdnr. 34 ff. Ebenso kann im Arzthaftungsprozeß die Begutachtung durch eine Gutachter- und Schlichtungsstelle verwertet werden[94]. Dem *Gehalt* nach handelt es sich auch hier um einen *Sachverständigenbeweis*; blickt man dagegen auf die äußere Form, so liegt ein **Urkundenbeweis** vor[95]. Der Urheber des Gutachtens wird dadurch nicht im jetzigen Prozeß zum Sachverständigen ernannt. Wenn aber eine Partei beantragt, den früher tätig gewordenen Sachverständigen im jetzigen Prozeß persönlich zu hören, so darf dieser Antrag nicht wegen des Vorliegens eines schriftlichen Gutachtens abgelehnt werden, vielmehr ist eine Vernehmung als Sachverständiger oder als sachverständiger Zeuge anzuordnen[96]. 54

Will sich das Gericht auf Gutachten aus anderen Prozessen stützen, so muß es die Parteien darauf **hinweisen** und ihnen Gelegenheit zur Einsicht und zur Stellungnahme geben; 55

---

[85] So auch *LG Köln* MDR 1990, 821. – Gegen eine Haftungsfreistellung bei leichter Fahrlässigkeit jedoch *Schreiber* ZZP 105 (1992), 129, 137 f.

[86] Die Kommission für das Zivilprozeßrecht schlug die Einfügung eines § 839a BGB vor, wonach der Sachverständige (ohne Begrenzung auf die Fälle des § 823 Abs. 1 BGB) bei vorsätzlicher oder grob fahrlässiger Erstattung eines unrichtigen Gutachtens haften sollte, s. Bericht (Fn. 74) 142 f., 358 f.; *Franzki* DRiZ 1976, 97, 100 f. Ähnlich der Vorschlag von *J. Blomeyer* ZRP 1974, 214, 221. Andere Reformvorschläge bei *Pieper* Gedächtnisschr. für R. Bruns (Fn. 1) 167, 180 (Staatshaftung, aber Begrenzung des Rückgriffs des Staates gegen den Sachverständigen auf Vorsatz oder grobe Fahrlässigkeit).

[87] Außerdem nur gegenüber Tatsachenbehauptungen, nicht gegenüber Wertungen, vgl. *BGH* NJW 1989, 2941.

[88] *LG Köln* MDR 1990, 821 (gegen den unbeeidigt gebliebenen Sachverständigen nicht bei einfacher Fahrlässigkeit).

[89] *BGH* VersR 1956, 63; *OLG München* NJW 1986, 263; s. auch *BVerwG* NJW 1986, 3221 (betr. amtliche Auskünfte und Gutachten).

[90] *BGH* VersR 1958, 340, 341; 1963, 195; NJW 1983, 121.

[91] *OLG Frankfurt* MDR 1985, 853. – Zur Verwertung im Verfahren zwischen denselben Parteien → § 493.

[92] *BGH* NJW 1997, 3096.

[93] *BGHZ* 44, 75 (der Entschädigungsbehörde erstattetes Gutachten). *BGH* RzW 1967, 426 = MDR 1967, 999 (LS) hält es für zulässig, ein Gutachten, das im behördlichen Entschädigungsverfahren von einem Angestellten oder Beamten der Entschädigungsbehörde erstattet wurde, wie ein bei Gericht erstattetes Gutachten zu verwerten. Dem kann nicht zugestimmt werden, vielmehr müßten in diesem Fall die im obigen Text (Rdnr. 56) für Privatgutachten aufgestellten Regeln gelten.

[94] *BGH* LM § 402 Nr. 31 = NJW 1987, 2300 (bei Zweifel an der Sachkunde muß das Gericht aber ein Gutachten durch einen Fachmann einholen).

[95] Vgl. zu den verschiedenen Aspekten *R. Bruns* Lb[2] Rdnr. 195 c. – Die Rsp (z. B. Fn. 89, 90) spricht durchgängig von einer Verwertung im Wege des Urkundenbeweises. Eine andere Frage ist, ob es sich um ein im Urkundenprozeß taugliches Beweismittel handelt, dazu → § 592 Rdnr. 17.

[96] *BGH* NJW 1997, 3096, 3097.

andernfalls ist der Anspruch auf rechtliches Gehör (Art. 103 Abs. 1 GG, → vor § 128 Rdnr. 9ff.) verletzt[97]. Da bei der Verwertung eines bereits vorhandenen Gutachtens wichtige Befugnisse der Parteien entfallen (Fragerecht, Ablehnungsrecht, Möglichkeit der Einigung über die Person des Gutachters), darf ein **Antrag** einer Partei, im gegenwärtigen Prozeß einen Sachverständigen zu ernennen, *nicht mit dem Hinweis auf das bereits vorliegende Gutachten abgelehnt werden*[98], → auch § 284 Rdnr. 36. Die förmliche Hinzuziehung eines Sachverständigen (geeignetenfalls auch desselben, der das Gutachten im Vorprozeß erstattet hat) ist auch geboten, wenn das urkundenbeweislich zu verwertende Gutachten nicht ausreicht, um von einer Partei gestellte aufklärungsbedürftige Fragen zu beantworten[99].

2. Privatgutachten

56 Den Parteien steht es frei, selbst Gutachten in Auftrag zu geben und diese **Privatgutachten** dem Gericht vorzulegen. Sie sind als **Bestandteil des Parteivorbringens** zu betrachten und zu würdigen[100]. Das gilt auch für das Gutachten eines öffentlich bestellten oder vereidigten Sachverständigen, auf das der Vermieter gemäß § 2 Abs. 2 S. 3 des G zur Regelung der Miethöhe (vom 18. XII. 1974, BGBl I 3603, 3604) zum Zwecke der Begründung seines Mieterhöhungsverlangens verweist[101].

57 Es macht insoweit keinen Unterschied, ob die Partei sich bei der Ausarbeitung der im eigenen Namen vorgetragenen Argumentation der Hilfe sachkundiger Personen bedient oder ob ein vom Parteischriftsatz gesondertes Gutachten vorgelegt wird. Die Ausführungen des Privatgutachters sind vor allem bei der gerichtlichen Überlegung zu berücksichtigen, ob zur Entscheidung des Rechtsstreits eine besondere Sachkunde nötig ist, die das Gericht selbst nicht besitzt. Wird diese Frage bejaht, so darf aber von der **Ernennung eines gerichtlichen Sachverständigen** nicht deswegen abgesehen werden, weil bereits ein überzeugendes Privatgutachten vorliege[102]. Sonst würden wichtige Richtigkeitsgarantien zugunsten der anderen Partei (Fragerecht, näher → § 411 Rdnr. 16, Ablehnungsrecht, Beeidigung) entfallen. Legen die Parteien sich im Ergebnis widersprechende Privatgutachten kompetenter Sachverständiger vor, so darf der Tatrichter grundsätzlich nicht ohne Erhebung eines gerichtlichen Sachverständigengutachtens einem der Privatgutachten den Vorzug geben[103]. Der Satz, das Gericht sei darin frei, ob es den Ausführungen eines Privatgutachters oder eines gerichtlich bestellten Gutachters folge[104], ist bedenklich, da das Privatgutachten **kein Beweismittel**[105] darstellt. Es kann aber – als Parteivorbringen – dem Gericht Anlaß geben, dem Gutachten **des gerichtlichen Sachverständigen nicht zu folgen** (zur Würdigung eines Gutachtens → § 412 Rdnr. 1 ff.) und aufgrund eigener (u. U. auch erst erworbener) Sachkunde anders zu entscheiden bzw. ein zweites gerichtliches Gutachten einzuholen. Das Gericht muß sich mit Einwendungen gegen das Gutachten des gerichtlichen Sachverständigen, die auf Privatgut-

---

[97] *BGH* NJW 1991, 2824.
[98] *BGH* NJW 1983, 121. S. auch *BGH* VersR 1958, 340, 341; 1982, 793, 795. – Anders *BGH* VersR 1963, 195, das den Antrag, auch im gegenwärtigen Prozeß einen Sachverständigen zu ernennen, als Antrag auf ein Obergutachten (→ § 412 Rdnr. 7 ff.) auffaßt, über den nach pflichtgemäßem Ermessen zu entscheiden sei.
[99] *BGH* NJW 1995, 1294; NJW 1997, 3381.
[100] *BGH* VRS 26, 86 (1964); VersR 1963, 1188 (LS), VersR 1981, 576; VersR 1993, 899, 900; *OLG Oldenburg* NdsRpfl 1997, 29. – *BGH* NJW 1982, 2874, 2875 = LM § 286 (A) Nr. 41 u. *BGHZ* 98, 32, 40 = NJW 1986, 3077,

3079 sprechen von »urkundlich belegtem Parteivortrag«. S. auch *OLG Karlsruhe* VersR 1984, 1194 (von einem Juristen unterzeichnetes medizinisches Gutachten eines »Instituts für Kunstfehlerbegutachtung« ist als »schlichter Parteivortrag« zu werten).
[101] *BayObLGZ* 1987, 260, 265. – Näher zu diesen Gutachten *MünchKommBGB-Voelskow*³ § 2 MHG Rdnr. 52 ff.
[102] *BGH* VersR 1981, 576.
[103] *BGH* VersR 1993, 899.
[104] *BGH* VersR 1960, 470.
[105] Sehr klar *RGZ* 9, 375, 380.

achten gestützt werden, sorgfältig auseinandersetzen[106], nach Ansicht des *BGH*[107] nicht anders als bei widersprechenden Gutachten von gerichtlich bestellten Sachverständigen. Zur Klärung kann die mündliche Anhörung des gerichtlichen Sachverständigen (§ 411 Abs. 3) geboten sein[108]. Es verstößt gegen den Anspruch auf **rechtliches Gehör** (Art. 103 Abs. 1 GG, → vor § 128 Rdnr. 9 ff.), wenn das Gericht unkritisch den Ausführungen eines gerichtlichen Sachverständigen folgt, ohne sich mit den substantiierten Ausführungen in einem Privatgutachten auseinanderzusetzen[109].

In gleicher Weise **wie ein vom Gericht eingeholtes Gutachten** kann das Privatgutachten nur dann behandelt werden, wenn **beide Parteien** damit einverstanden sind[110]. Dann bestehen keine Bedenken gegen die Verwertung (in der äußeren Form des Urkundenbeweises), da keine öffentlichen Interessen im Spiel sind. Dem Gericht steht es (ebenso wie im Fall des § 404 Abs. 4, → § 404 Rdnr. 35) frei, trotzdem noch andere Sachverständige zu beauftragen. 58

Zur Erstattung der **Kosten** für ein Privatgutachten → § 91 Rdnr. 60 ff. Zu **Rechtsgutachten** → Rdnr. 8. 59

VII. Die gesetzliche Regelung (Überblick)

Der achte Titel regelt den Sachverständigenbeweis durch eine **Generalverweisung** auf die Vorschriften über den Zeugenbeweis (§ 402) sowie durch einige besondere Vorschriften, die im wesentlichen das Verfahren und die Mitwirkung der Parteien dabei betreffen. Der besonderen Stellung des Sachverständigen als **unparteiischem Helfer des Richters** trägt vor allem die Möglichkeit der Ablehnung (§ 406) Rechnung. Die **letzten Änderungen des Gesetzes** (Einfügung von § 404 a und § 407 a; Änderungen der §§ 405, 406, 409, 411) erfolgten durch das Rechtspflege-VereinfachungsG vom 17. XII. 1990 (BGBl. I 2847) mit dem Ziel, die Zusammenarbeit zwischen Parteien, Sachverständigen und Richtern zu verbessern, um eine rasche, kostensparende und richtige Erledigung des Rechtsstreits zu fördern[111]. 60

Die §§ 402 ff. gelten nicht nur dann, wenn ein *Beweisantrag* vorliegt (§ 403), sondern auch bei der Zuziehung von Sachverständigen *von Amts wegen* (§§ 144, 273 Abs. 2 Nr. 4, 372, 412, 442) und ebenso im *selbständigen Beweisverfahren*, §§ 485, 492. Die Zuziehung von **Dolmetschern** ist in §§ 185 f. GVG besonders geregelt[112]. 61

Zum Sachverständigenbeweis **im schiedsrichterlichen Verfahren** → §§ 1049 f., zur Zuziehung von Sachverständigen durch den **Rechtspfleger** → § 104 Rdnr. 4, durch den **Gerichtsvollzieher** und das Vollstreckungsgericht → § 813. 62

---

[106] *BGH* NJW 1996, 1597; NJW 1998, 2735.
[107] *BGH* NJW-RR 1994, 219, 220; LM § 609 BGB Nr. 6 = NJW 1986, 1928.
[108] *BGH* NJW-RR 1994, 219, 221 (dabei ist auch Zuziehung der Privatgutachter zu erwägen); erst recht gilt dies bei einem Parteiantrag auf Ladung, *OLG Celle* VersR 1993, 629, 630; → auch § 411 Rdnr. 11 ff.
[109] *BVerfG* NJW 1997, 122 (betr. Unternehmensbewertung).
[110] *BGHZ* 98, 32, 40 = NJW 1986, 3077; *BGH* NJW 1997, 3381, 3382; *BAG* AP § 412 Nr. 1 (zust. *Wieczorek*). – A.M. *BGH* VersR 1962, 450; LM § 286 (E) Nr. 7, wonach die Verwertung eines Privatgutachtens im Wege des Urkundenbeweises auch gegen den Widerspruch einer Partei zulässig sein soll; ebenso *LG Braunschweig* WuM 1977, 10; *Baumbach-Lauterbach-Hartmann*[57] vor § 402 Rdnr. 23; eingeschränkt *Rosenberg-Schwab-Gottwald*[15] § 123 II 4. – Will sich das Gericht auf die Darlegungen des Privatgutachters stützen, so gibt *BGH* VersR 1967, 585 den Parteien einen Anspruch auf persönliche Anhörung, dazu → § 411 Rdnr. 16.
[111] So die Begr. zum Entwurf, BT-Drucks. 11/3621, S. 22.
[112] Wird in anderen Fällen (z. B. zur Übersetzung einer fremdsprachigen Urkunde) ein Sprachkundiger zugezogen, so gelten die allgemeinen Regeln über den Sachverständigenbeweis, → Rdnr. 1.

§ 402 [Anwendbarkeit der Vorschriften über den Zeugenbeweis]

Für den Beweis durch Sachverständige gelten die Vorschriften über den Beweis durch Zeugen entsprechend, insoweit nicht in den nachfolgenden Paragraphen abweichende Vorschriften enthalten sind.

Gesetzesgeschichte: Bis 1900 § 367 CPO.

I. Anwendbare Vorschriften	1	III. Arbeitsgerichtliches Verfahren	8
II. Unanwendbare Vorschriften	5		

I. Anwendbare Vorschriften

1   Von den Vorschriften über den Zeugenbeweis sind folgende auch auf den Beweis durch Sachverständige **anwendbar:**

§ 375 (Beweisaufnahme durch einen beauftragten oder ersuchten Richter).

§ 376 (Vernehmung von Richtern und Beamten, dazu → § 408 Rdnr. 6 ff.).

§ 377 **Abs. 1 und 2** (Ladung).

2   § 379 **(Auslagenvorschuß):** Die Beauftragung des Sachverständigen oder die Ladung zur Erläuterung eines schriftlichen Gutachtens[1] kann demnach von der Zahlung eines **Auslagenvorschusses** abhängig gemacht werden[2]. Dies gilt aber nur bei einer durch Parteiantrag veranlaßten Begutachtung bzw. Erläuterung, nicht bei von Amts wegen (§ 144) angeordnetem Sachverständigenbeweis[3]. Wird der Vorschuß bei einem auf Antrag angeordneten Sachverständigenbeweis nicht rechtzeitig bezahlt (zu den Rechtsfolgen → § 379 Rdnr. 9), so führt dies allein nicht zum Verlust des Beweismittels[4]; vielmehr ist bei nachträglicher Zahlung der Beweis zu erheben, soweit nicht nach § 296 wegen Verspätung zurückzuweisen ist. Auch bei Nichtzahlung des Vorschusses bleibt die Gutachteneinholung *von Amts* wegen zulässig und gegebenenfalls geboten[5], zum richterlichen Ermessen und dessen Grenzen → vor § 402 Rdnr. 25 bis 34. Dasselbe gilt, wenn ein nach Ablauf der Vorschußfrist wiederholter Antrag auf Begutachtung gemäß § 296 Abs. 1 oder 2[6] als verspätet zurückgewiesen wird[7], so daß eine solche Zurückweisung im Grunde ihre Substanz verliert (→ auch § 144 Rdnr. 3, → § 296 Rdnr. 43).

3   § 381 (Entschuldigung des Ausbleibens).

§ 382 (Vernehmung von Ministern und Abgeordneten).

§§ 383, 384 (Recht zur Verweigerung der Gutachtenerstattung, dazu → § 408 Rdnr. 2 f.).

§§ 386 bis 389 (Erklärung der Gutachtenverweigerung, Zwischenstreit, Gutachtenverweigerung vor verordnetem Richter)[8].

4   § 391 (Beeidigung, dazu → § 410 Rdnr. 1).

§ 392 Satz 2 (Gleichzeitige Beeidigung mehrerer Sachverständiger, → § 481 Rdnr. 9).

---

[1] *BGH* LM § 379 Nr. 1 = MDR 1964, 502.

[2] Auch nach Erteilung des Gutachtenauftrags ist die Anforderung eines weiteren Auslagenvorschusses zulässig, *OLG München* OLGZ 1978, 484; → auch § 407a Rdnr. 5. – Zur gesamtschuldnerischen Haftung der anderen Partei *OLG Stuttgart* MDR 1987, 1035 (nur dann, wenn die Einholung des Gutachtens auch auf ihrem Beweisantrag beruht).

[3] *OLG Hamburg* FamRZ 1986, 195; *RGZ* 109, 66; *KG* OLG Rsp 15 (1907), 138; *OLG Hamburg* HRR 1930 Nr. 64. – Auch bei der Anordnung des Sachverständigenbeweises von Amts wegen kann gemäß § 68 Abs. 3 GKG ein Auslagenvorschuß erhoben werden, aber die Beauftragung oder Ladung des Sachverständigen darf nicht von der Leistung des Vorschusses abhängig gemacht werden.

[4] *OLG Köln* NJW-RR 1997, 1291.

[5] *RGZ* 7, 389; 109, 66; 155, 39; WarnRsp 1908 Nr. 256. S. auch *BGH* LM § 114 GKG Nr. 1 = MDR 1976, 396 (zur Vorschußpflicht nach GKG).

[6] Dazu *OLG Köln* JMBlNRW 1984, 33 (Nichtzahlung beruht nicht immer auf grober Nachlässigkeit).

[7] Vgl. *LG Itzehoe* SchlHA 1963, 246.

[8] *OLG Bamberg* BayJMBl 1952, 237.

§ 393 (Unbeeidigte Vernehmung).
§ 394 Abs. 2 (Gegenüberstellung).
§§ 395, 396 (Vernehmung).
§ 397 (Fragerecht der Parteien, dazu → § 411 Rdnr. 11).
§ 398 (Wiederholte Vernehmung): Eine erneute Anhörung des Sachverständigen durch das **Berufungsgericht** ist geboten, wenn es dessen Ausführungen, auch die bei einer mündlichen Anhörung in der Vorinstanz[9], anders würdigen will als das Erstgericht[10].
§ 400 (Verfügungen des mit der Beweisaufnahme betrauten Richters).

II. Unanwendbare Vorschriften

Dagegen sind folgende Bestimmungen durch die §§ 403 bis 413 **ersetzt**: 5
§ 373 (Beweisantritt, → § 403).
§ 377 Abs. 3 (Schriftliche Beantwortung der Beweisfrage, → § 411 Rdnr. 3).
§ 380 (Sanktionen bei Nichterscheinen, → § 409).
§ 385 (Ausnahme vom Zeugnisverweigerungsrecht, beim Sachverständigen dem Inhalt nach gegenstandslos).
§ 390 (Zeugniszwang, → § 409).
§ 392 Sätze 1 und 3 (Nacheid, Eidesnorm, → § 410).
§ 394 Abs. 1 (Einzelvernehmung): Bei einem von mehreren Sachverständigen *gemein-* 6 *schaftlich erstatteten* Gutachten können auch die mündlichen Ausführungen gemeinschaftlich erfolgen[11]. Aber auch bei *mehreren getrennten* Gutachten erscheint es nicht erforderlich, daß die Vernehmung des einen Gutachters unbedingt in Abwesenheit der übrigen Gutachter erfolgt, weil hier kaum die Gefahr der Beeinflussung besteht[12]. Die Art der Vernehmung liegt daher insoweit im Ermessen des Gerichts.
§ 399 (Verzicht auf Zeugenvernehmung): Da der Sachverständigenbeweis gegebenenfalls 7 von Amts wegen zu erheben ist, kann der Verzicht einer Partei nur die Bedeutung einer Anregung haben.
§ 401 (Entschädigung, → § 413).

III. Arbeitsgerichtliches Verfahren

Zu den Besonderheiten des **arbeitsgerichtlichen Verfahrens** → § 355 Rdnr. 33 ff., § 375 Rdnr. 17, 8
§ 391 Rdnr. 35, § 393 Rdnr. 11, § 397 Rdnr. 13.

§ 403 [Beweisantritt]

Der Beweis wird durch die Bezeichnung der zu begutachtenden Punkte angetreten.

Gesetzesgeschichte: Bis 1900 § 368 CPO.

I. Bedeutung des Beweisantrags	1	IV. Ablehnung eines Beweisantrags		4
II. Nicht notwendige Benennung des Sachverständigen	2	V. Zeitpunkt des Beweisbeschlusses und der Ausführung		5
III. Anknüpfungstatsachen und Gegenstand der Begutachtung	3			

---
[9] *BGH* NJW 1994, 803.
[10] *BGH* NJW 1993, 2380.
[11] *RGZ* 8, 344.
[12] Vgl. *RGZ* 8, 346.

I. Bedeutung des Beweisantrags

1 Die Zuziehung von Sachverständigen kann auf Antrag oder von Amts wegen (§ 144 Abs. 1) erfolgen. Gleichwohl ist der Parteiantrag[1] mehr als eine bloße Anregung. Es ist von einem Recht auf Beweis auszugehen. Wenn die Partei durch den Antrag zum Ausdruck bringt, daß sie zur Beurteilung der streitigen Tatsachen eine besondere, dem Gericht nicht zur Verfügung stehende Sachkunde für erforderlich hält, ist die Zuziehung eines Sachverständigen besonders sorgfältig zu erwägen.

II. Nicht notwendige Benennung des Sachverständigen

2 Die **Person des Sachverständigen** braucht im Beweisantritt (anders als beim Zeugenbeweis, § 373) nicht bezeichnet zu werden, da die Auswahl durch das Prozeßgericht erfolgt (§ 404 Abs. 1). Doch ist es zulässig und vielfach auch zweckmäßig, wenn die Partei geeignete Personen nennt. Das Gericht kann die Parteien dazu auffordern, § 404 Abs. 3. Die *Einigung* der Parteien über die Person des Sachverständigen bindet das Gericht, → § 404 Rdnr. 32.

III. Anknüpfungstatsachen und Gegenstand der Begutachtung

3 Die Angabe der zu begutachtenden Punkte erfordert nicht, daß die Partei im einzelnen darlegt, auf welchem wissenschaftlichen Weg der Sachverständige zu seinem Ergebnis kommen soll; es genügt, wenn die Partei das Ergebnis hinreichend konkret bezeichnet[2]. Der Antragsteller muß hinreichende Anknüpfungstatsachen darlegen, aufgrund deren sich das beantragte Sachverständigengutachten als geeignetes Beweismittel darstellt (keine Beweiserhebung ins Blaue hinein). Auf der anderen Seite dürfen an die Substantiierung der Behauptungen des Beweisführers gerade beim Sachverständigenbeweis keine übertriebenen Anforderungen gestellt werden, da schon zur Beurteilung dessen, was als Anknüpfungstatsache geeignet ist, oft besondere Sachkunde nötig ist, so daß auch diese Beurteilung bereits dem Sachverständigen zu überlassen ist[3], → auch § 284 Rdnr. 48. Da die Erhebung des Sachverständigenbeweises auch ohne Parteiantrag zulässig ist (§ 144 Abs. 1), kann das Gericht zusätzlich auch **andere** als die von der Partei bezeichneten **Punkte** in den Beweisbeschluß aufnehmen. Das **Beweisthema** ist im Beweisbeschluß und im Auftrag an den Sachverständigen so exakt wie möglich zu bezeichnen[4], → auch § 404a Rdnr. 2 ff.

IV. Ablehnung eines Beweisantrags

4 Für die **Ablehnung des Antrags** auf Einholung eines Sachverständigengutachtens gelten zunächst die bei § 284 Rdnr. 54 ff. zusammengestellten Gründe. Darüber hinaus kann die Zuziehung eines Sachverständigen abgelehnt werden, wenn das Gericht die erforderliche Sachkunde selbst besitzt, näher → vor § 402 Rdnr. 30.

---

[1] Im sozialgerichtlichen Verfahren wird wegen § 160 Abs. 2 Nr. 3 SGG zwischen Beweisantritt iS einer Parteianregung und Beweisantrag unterschieden, *BSG* SozR 3-1500 § 160 SGG Nr. 9. Nach der Terminologie der ZPO sind Beweisantritt und Beweisantrag dagegen dasselbe.
[2] *BGH* NJW 1995, 130, 131.
[3] *OLG Düsseldorf* VuR 1992, 109; zu strenge Anforderungen an die Anknüpfungstatsachen stellt dagegen *LG Heilbronn* VuR 1992, 111 (beide Entscheidungen zur Verursachung von Gesundheitsschäden durch Holzschutzmittel).
[4] Vgl. *Tröndle* JZ 1969, 376; *Pieper* ZZP 84 (1971), 20.

V. Zeitpunkt des Beweisbeschlusses und der Ausführung

Der Beweisbeschluß, in dem die Begutachtung angeordnet wird, kann bereits **vor der** 5
mündlichen Verhandlung erlassen (§ 358a S. 1) und ausgeführt (§ 358a S. 2 Nr. 4) werden,
→ § 358a Rdnr. 34.

§ 404   [Auswahl der Sachverständigen]

(1) ¹Die Auswahl der zuzuziehenden Sachverständigen und die Bestimmung ihrer Anzahl erfolgt durch das Prozeßgericht. ²Es kann sich auf die Ernennung eines einzigen Sachverständigen beschränken. ³An Stelle der zuerst ernannten Sachverständigen kann es andere ernennen.
(2) Sind für gewisse Arten von Gutachten Sachverständige öffentlich bestellt, so sollen andere Personen nur dann gewählt werden, wenn besondere Umstände es erfordern.
(3) Das Gericht kann die Parteien auffordern, Personen zu bezeichnen, die geeignet sind, als Sachverständige vernommen zu werden.
(4) Einigen sich die Parteien über bestimmte Personen als Sachverständige, so hat das Gericht dieser Einigung Folge zu geben; das Gericht kann jedoch die Wahl der Parteien auf eine bestimmte Anzahl beschränken.

Gesetzesgeschichte: Bis 1900 § 369 CPO.

I. Die Ernennung	1	8. Keine Übertragung der Auswahl	13
1. Auswahl durch das Gericht	1	II. Öffentlich bestellte Sachverständige	15
2. Zuständigkeit	3	1. Allgemeines	15
3. Entlassung und Neuernennung, Gutachten durch andere Personen	4	2. Überblick	17
		A. Einzelpersonen	18
4. Berufungsgericht	6	B. Behörden	25
5. Anfechtung	7	III. Aufforderung der Parteien	31
6. Hilfspersonen, gemeinschaftliches Gutachten	8	IV. Einigung der Parteien	32
7. Behördengutachten, private Einrichtungen	10		

I. Die Ernennung

1. Auswahl durch das Gericht

Die Ernennung der Sachverständigen erfolgt im **Beweisbeschluß**. Das Gericht bestimmt 1
nach pflichtgemäßem **Ermessen** die **Anzahl** der Sachverständigen und die Abgabe gemeinschaftlicher oder getrennter Gutachten; es kann sich auch auf einen einzigen Gutachter beschränken. Ebenso steht ihm, da die Sachverständigen fungible Personen sind (→ vor § 402 Rdnr. 4, → vor § 373 Rdnr. 17), vorbehaltlich des Abs. 4 die **Auswahl** der Personen nach seinem pflichtgemäßen **Ermessen** zu[1]. Dies gilt auch im Rahmen des **selbständigen Beweisverfahrens** (anders als im früheren Beweissicherungsverfahren)[2]. Das Gericht hat sehr sorgfäl-

---

[1] *BGHZ* 28, 303 = LM Nr. 4; LM Nr. 3; LM BEG 1956 § 209 Nr. 37 = MDR 1961, 397 (auch in Entschädigungssachen).

[2] *OLG Düsseldorf* OLGZ 1994, 85.

tig zu prüfen, welches spezielle Fachwissen zur jeweiligen Begutachtung erforderlich ist[3] und welche konkrete Person über dieses Fachwissen verfügt[4]. Wenn sich die Sachkunde nicht schon ohne weiteres aus der Berufsbezeichnung[5] oder der beruflichen Tätigkeit des Gutachters ergibt, hat das Gericht darüber in der Entscheidung nähere Angaben zu machen[6].

2   Bei der Auswahl hat das Gericht auch darauf zu achten, daß der Sachverständige bei den Parteien ein seiner Aufgabe entsprechendes Ansehen und Vertrauen genießt. Insoweit ist auf die **Auffassungen der Parteien** Rücksicht zu nehmen. Personen, an deren Neutralität und Objektivität gezweifelt werden kann, sollten von vornherein nicht als Gutachter bestellt werden. Es wird daher oft empfehlenswert sein, dem in Aussicht genommenen Sachverständigen entsprechende Fragen, etwa nach persönlichen und geschäftlichen Kontakten zu den Parteien, zu stellen[7]. Zum Ablehnungsrecht der Parteien → § 406. Das Recht des Gerichts, den Sachverständigen zu ernennen, kann nicht dadurch umgangen werden, daß die Partei die Vernehmung eines sachverständigen Zeugen (dazu → § 414 Rdnr. 1) beantragt[8]; vielmehr liegt darin kein zulässiger Beweisantrag, wenn ein Sachverständigengutachten erforderlich ist. – Die Bestellung eines Sachverständigen, der nicht in der Bundesrepublik Deutschland wohnt, kommt im allgemeinen nicht in Betracht, weil er nicht der deutschen Gerichtsbarkeit und damit auch nicht dem Sachverständigenzwang nach der ZPO unterliegt[9].

2. Zuständigkeit

3   Die Ernennung der Sachverständigen ist Aufgabe des **Prozeßgerichts,** kann aber auch dem **beauftragten** oder **ersuchten Richter** übertragen werden, → § 405.

3. Entlassung und Neuernennung, Gutachten durch andere Personen

4   Ebenso wie bei der Ernennung ist das Gericht bei der **Entlassung** (Entziehung des Auftrags)[10] und **Neuernennung** frei. Soll für einen bestellten Sachverständigen ein **anderer** ernannt werden, so bedarf es dazu keiner mündlichen Verhandlung, § 360 S. 2. Gemäß § 360 S. 4 sind aber die Parteien vorher tunlichst zu hören. Das Ablehnungsrecht (§ 406) rechtfertigt es nicht, von der vorherigen Anhörung eine Ausnahme zu machen. In jedem Fall ist die Partei von der Änderung unverzüglich zu benachrichtigen (§ 360 S. 4).

5   Wurde ein schriftliches Gutachten von einem **anderen als dem im Beweisbeschluß ernannten Sachverständigen** erstattet, und will das Gericht dieses Gutachten verwerten, so hat es diese Absicht den Parteien rechtzeitig mitzuteilen und Gelegenheit zur Stellungnahme zu geben[11]. Wenn das Gericht den Verfasser zum gerichtlichen Sachverständigen ernennt, muß dies den Parteien eindeutig zu erkennen gegeben werden[12]. Eine Verwendung im Wege des Urkundenbeweises ersetzt nicht die Ernennung eines Sachverständigen[13], → auch vor § 402 Rdnr. 55.

---

[3] Vgl. *BGH* MDR 1998, 488 (Patentverletzungsstreit).
[4] Vgl. *BVerwG* NJW 1984, 2645 (Ermessensüberschreitung, wenn statt des ursprünglich bestellten leitenden Arztes ein noch in der Weiterbildung zum Facharzt befindlicher Assistenzarzt zum Sachverständigen ernannt wird); *Friederichs* ZZP 83 (1970), 404.
[5] Zur Frage, wer sich im Verkehr als Sachverständiger bezeichnen darf, *BGH* MDR 1997, 1049 = NJW-RR 1997, 1193.
[6] *BayObLGZ* 1986, 214 = NJW 1986, 2892 (zur ärztlichen Begutachtung der Geschäftsfähigkeit).
[7] Dazu *Franzki* DRiZ 1991, 314, 317f.

[8] *LG Frankfurt* VersR 1993, 1138.
[9] *BSG* SozR Nr. 38 zu § 109 SGG; *LSG Baden-Württemberg* MedR 1986, 85, 87. – Für Zulässigkeit einer formlosen Anfrage *Geimer* Internationales Zivilprozeßrecht[3] Rdnr. 441.
[10] *OLG Brandenburg* BauR 1996, 432, 433.
[11] *BGH* LM § 360 Nr. 1 = NJW 1978, 2602 (LS).
[12] *BGH* LM § 286 (B) Nr. 60 = NJW 1985, 1399 = JZ 1986, 241 (zust. *Giesen*).
[13] *BGH* LM § 286 (B) Nr. 60 (Fn. 12) (wenn die Parteien das schriftliche Gutachten angreifen); *BSG* NJW 1985, 1422.

4. Berufungsgericht

Die Auswahlfreiheit steht auch dem **Berufungsgericht** zu. Es kann die Sachverständigen der 1. Instanz oder andere Gutachter vernehmen. Zur Notwendigkeit erneuter Anhörung → § 402 Rdnr. 4.   6

5. Anfechtung

Die **Beschwerde** ist weder gegen die Ernennung[14] noch gegen die Entlassung[15] eines Sachverständigen statthaft, da diese Anordnungen Teile des Beweisbeschlusses sind[16]. Eine **Ermessensüberschreitung** kann mit dem Rechtsmittel gegen das Endurteil (Berufung oder Revision) geltend gemacht werden[17]. Die Ermessensüberschreitung kann aber nicht damit begründet werden, es liege ein *Ablehnungsgrund* vor bzw. einem Ablehnungsgesuch sei zu Unrecht nicht stattgegeben worden[18]. Insoweit gilt *ausschließlich* die Regelung des § 406.   7

6. Hilfspersonen, gemeinschaftliches Gutachten

Daß der beauftragte Gutachter **Hilfspersonen** zuzieht, ist vielfach zweckmäßig oder sogar unumgänglich und kollidiert auch nicht mit den Regeln der ZPO[19]. Sachverständiger i.S. der ZPO ist dann immer nur die leitende Person, → vor § 402 Rdnr. 39. Wenn eine Einzelperson als Sachverständiger ernannt ist, kann diese die Begutachtung **nicht** auf andere Personen als verantwortliche Gutachter **übertragen**[20] oder, weil ihre eigene Sachkunde nicht ausreicht, einen **weiteren Sachverständigen** um ein Gutachten bitten[21]. Die Unterschrift unter einem schriftlichen Gutachten muß klar erkennen lassen, wer die Verantwortung dafür trägt[22]. Es genügt nicht, wenn der Sachverständige das von anderen Personen (Hilfskräften bzw. Mitarbeitern) erstellte Gutachten lediglich (sei es auch mit dem Vermerk »einverstanden«) **unterzeichnet**[23]. Zur nachträglichen Ernennung zum Sachverständigen → Rdnr. 4.   8

Die ZPO gestattet es aber auch, ein **gemeinschaftliches Gutachten** durch mehrere Personen erstellen zu lassen, die dann sämtliche zu gerichtlichen Sachverständigen zu ernennen sind[24] und gemeinsam für das Gutachten verantwortlich zeichnen. Das Gericht kann einen bestellten Sachverständigen bitten, **Vorschläge für einen Mitgutachter** zu machen, dem Sachverständigen aber nicht die **Auswahl** des Mitgutachters nach dessen Belieben überlassen[25].   9

---

[14] *LG Düsseldorf* DWW 1992, 26.
[15] Auch keine Beschwerde des Sachverständigen, *OLG Brandenburg* BauR 1996, 432, 433 (aber Beschwerde gegen Aberkennung der Entschädigung statthaft).
[16] *RG* JW 1900, 590; *OLG Dresden* SächsArch 11 (1901), 754.
[17] Vgl. *BGH* LM Nr. 1 = NJW 1953, 659 (Wahl eines Sachverständigen, der nur für einen Teil der zu beurteilenden Umstände zuständig ist).
[18] *BGHZ* 28, 303 = LM Nr. 4 = NJW 1959, 434; LM Nr. 3 = NJW 1959, 293; VRS 29 (1965), 430.
[19] Vgl. *BGH* VersR 1960, 998; VersR 1972, 927, 929; *BVerwG* NJW 1969, 1591; NJW 1984, 2645; *OLG Hamburg* VersR 1981, 787; *OLG Frankfurt* FamRZ 1981, 485 (zum psychologischen Gutachter; dieser muß angeben, wer die Hilfskräfte waren und welche Ausbildung sie genossen haben); *OLG Frankfurt* MDR 1983, 849; VersR 1994, 610 (Mitarbeit des Oberarztes bei Gutachten des Chefarztes); *OLG Düsseldorf* VersR 1981, 1147; *Hanack* NJW 1961, 2044; *Friederichs* ZZP 83 (1970), 406; *Bleutge* NJW 1985, 1185. – Auch die Zuziehung eines Dolmetschers zur Verständigung mit einer Untersuchungsperson ist zulässig, vgl. *BGH* NJW 1970, 1242 (Strafprozeß).
[20] *BSG* NJW 1965, 368; VersR 1990, 992; *Friederichs* ZZP 83 (1970), 406.
[21] *Friederichs* JZ 1974, 257 (krit. zu *BGHSt* 22, 268); s. auch *OLG Frankfurt* MDR 1983, 849.
[22] Vgl. *Hanack* NJW 1961, 2043 f.
[23] *BVerwG* NJW 1984, 2645; *BSG* NJW 1973, 1438; 1985, 1422; VersR 1990, 992; *OLG Frankfurt* MDR 1983, 849. Auch eine Unterschrift mit dem Zusatz »einverstanden aufgrund eigener Untersuchung und Urteilsbildung« lassen *BGH* VersR 1972, 927, 929 und *BVerwG* NVwZ 1993, 771 (unter Berücksichtigung der konkreten Umstände) genügen.
[24] *Friederichs* NJW 1970, 1991; *ders.* ZZP 83 (1970), 407.
[25] *OLG Stuttgart* Justiz 1975, 273 (LS).

7. Behördengutachten, private Einrichtungen

10 Die ZPO geht, freilich ohne ausdrücklich einen solchen Grundsatz zu formulieren, davon aus, daß als Sachverständige *bestimmte natürliche Personen* bestellt werden. Daß **öffentliche Behörden** als solche Gutachten erstatten können, ist aber z. T. ausdrücklich bestimmt (z. B. Gutachten des Patentamts, § 29 PatentG, § 58 MarkenG, § 21 GebrauchsmusterG, → auch Rdnr. 25). Darüber hinaus ist es allgemein zulässig, öffentliche Behörden (sog. Fachbehörden) als solche mit der Begutachtung zu beauftragen[26], soweit diese zu ihrem Aufgabenkreis gehört. Die StPO sieht das ausdrücklich vor (§§ 83 Abs. 3, 256 Abs. 1 StPO), und für den Zivilprozeß kann hier nichts anderes gelten. Daher kann z. B. die Gemeindeprüfungsanstalt Baden-Württemberg in Fragen der Organisation und Wirtschaftlichkeit der Verwaltung als Sachverständiger hinzugezogen werden[27]. Soweit ein Behördengutachten mangels entsprechender Aufgabe der Behörde nicht in Betracht kommt, können Mitarbeiter der Behörde zu Sachverständigen bestellt werden, z. B. Mitarbeiter des Bundesbeauftragten für die Unterlagen des Staatssicherheitsdienstes[28]. Wenn dagegen die Gutachtenerstattung zu den Aufgaben der Behörde gehört, erscheint eine unmittelbare Beauftragung einzelner Bediensteter in ihrer amtlichen Tätigkeit problematisch, weil damit das Gericht in den innerdienstlichen Organisationsablauf eingreift[29].

11 Das **Gutachten einer Fachbehörde** stellt (wovon auch § 1 Abs. 2 ZSEG ausgeht) einen **Sachverständigenbeweis** dar[30]. Die vom Gesetz im Interesse der Parteien und der Wahrheitsfindung aufgestellten Regeln sind auch hier (gegebenenfalls modifiziert[31]) anzuwenden. Zur Ablehnung → § 406 Rdnr. 3, zur Beeidigung → § 410 Rdnr. 3, zur mündlichen Erläuterung (Fragerecht) → § 411 Rdnr. 21 ff. Auch bei den Gutachten der **Gutachterausschüsse** nach §§ 192 ff. Baugesetzbuch handelt es sich um einen Sachverständigenbeweis[32], zur Ablehnung → aber § 406 Rdnr. 3. Zum Begriff der **amtlichen Auskunft** (die ihrem Inhalt nach ein Sachverständigengutachten darstellen kann) → vor § 373 Rdnr. 57. Bei der Erstattung des Behördengutachtens ist klarzustellen, **welche natürlichen Personen** dieses Gutachten verantwortlich erstellt haben.

12 Soweit zum Wirkungsbereich **privater Einrichtungen** (z. B. Privatkliniken, private Forschungsanstalten, Meinungsforschungsinstitute) auch die Gutachtenerstattung gehört, ist **nicht das Institut**[33], der Verein[34] oder die Gesellschaft[35] usw. als solche, sondern die **konkrete natürliche Person** (gegebenenfalls mehrere), die das Gutachten erstellen wird, als Sach-

---

[26] Vgl. *BGH* MDR 1964, 223 = LM § 402 Nr. 16; *RGZ* 44, 149; *OLG Köln* BauR 1980, 588 (Fn. 30); *VGH München* NVwZ-RR 1996, 328; *Jessnitzer-Frieling*[10] (vor § 402 Fn. 1) Rdnr. 73; *Bremer*[2] (vor § 402 Fn. 1) 111f.; *Baumbach-Lauterbach-Hartmann*[57] vor § 402 Rdnr. 10; *Behmer* MDR 1968, 766. – A.M. *K. Müller*[3] (vor § 402 Fn. 1) Rdnr. 146 ff., wonach die prozessuale Funktion des Sachverständigen stets der natürlichen Person (dem Sachbearbeiter) zukommt.

[27] *BGH* NJW 1998, 3355.

[28] *ArbG Berlin* NZA 1992, 593, 596.

[29] Ablehnend daher *VGH München* NVwZ-RR 1996, 328.

[30] Ebenso *BGHZ* 62, 93, 95 = NJW 1974, 701 = LM § 402 Nr. 23 (LS, *Johannsen*); *BGH* BB 1976, 480; *BGHZ* 89, 114, 119; *OLG Köln* BauR 1980, 588 = *Schäfer-Finnern-Hochstein*, Rechtsprechung zum privaten Baurecht, § 406 ZPO Nr. 2 (Bundesanstalt für Materialprüfung); *Hanack* NJW 1961, 2042; *E. Peters* Der sog. Freibeweis im Zivilprozeß (1962), 126; *Bremer*[2] (vor

§ 402 Fn. 1) 112; *Jessnitzer-Frieling*[10] (vor § 402 Fn. 1) Rdnr. 76; *Rosenberg-Schwab-Gottwald*[15] § 123 III 1; *Baumbach-Lauterbach-Hartmann*[57] vor § 402 Rdnr. 10; *Kerameus* (vor § 402 Fn. 1) 75 (soweit kollektive Begutachtung gesetzlich vorgesehen). – Hinsichtlich des Gutachtens des Vorstands der Rechtsanwaltskammer im Gebührenrechtsstreit gegen eine Betrachtung als Sachverständigengutachten *OLG Celle* NJW 1973, 203 = AnwBl 1973, 144 (dagegen *Heinrich* AnwBl 1973, 124); *OLG München* NJW 1975, 884.

[31] *BGHZ* 62, 93, 95 (Fn. 30).

[32] Ebenso (zu §§ 136 ff. BBauG) *BGHZ* 62, 93 (Fn. 30); *BFH/NV* 1997, 236, 237. – A.M. *OLG Düsseldorf* MDR 1968, 766 (krit *Behmer*) = NJW 1968, 1095, 1482 (krit. *R. Meyer*); *KG* NJW 1971, 1848 sowie *OLG Stuttgart* BWNotZ 1987, 46 (behördliche Auskunft); *LG Berlin* NJW 1964, 672.

[33] *OLG Düsseldorf* FamRZ 1989, 1101.

[34] Vgl. *OLG Karlsruhe* MDR 1975, 670.

[35] Vgl. *OLG München* NJW 1974, 611 (GmbH).

verständiger zu ernennen³⁶. Andernfalls würde die gerichtliche Auswahlpflicht vernachlässigt, → auch Rdnr. 13.

8. Keine Übertragung der Auswahl

Das **Gericht darf den Gutachtenauftrag nicht** der **Leitung** einer Klinik, eines Instituts usw. mit der Bitte **übersenden,** *die Leitung möge die geeignete Person auswählen und ihr den Auftrag übermitteln*³⁷. Ebensowenig darf dem ernannten Sachverständigen die Auswahl eines Mitgutachters überlassen werden, → Rdnr. 9. **13**

Das Gericht könnte auf diesem Wege zwar u. U. die Schwierigkeiten und Verzögerungen vermeiden, die sich ergeben können, wenn es selbst die als Sachverständiger geeignete Person ausfindig machen muß. Ein etwaiges Ablehnungsrecht der Parteien würde bei diesem Verfahren nicht verkürzt: Die Ablehnung könnte gemäß § 406 Abs. 2 S. 2 noch nach Einreichung des schriftlichen Gutachtens erfolgen, wenn der Partei vorher die Person des Gutachters ohne ihr Verschulden nicht bekannt war. Eine solche nachträgliche Ablehnung würde allerdings eine Verzögerung bewirken, durch die der ursprüngliche Vorteil mehr als wettgemacht würde. *Unzulässig* ist das geschilderte Verfahren aber vor allem deswegen, weil die Auswahl des Sachverständigen **alleinige Aufgabe des Gerichts** ist. Das Gericht kann auch sonst nicht Teile seiner Befugnisse aus Zweckmäßigkeitsgründen auf andere Personen übertragen. Natürlich kann sich das Gericht bei der Auswahl des Rates einer Klinikleitung usw. bedienen (telefonische Anfrage!), → auch Rdnr. 9; es kann die getroffene Auswahl auch nachträglich ändern (→ Rdnr. 4). **14**

II. Öffentlich bestellte Sachverständige³⁸

1. Allgemeines

Die **öffentliche Bestellung** von Sachverständigen erleichtert es dem Gericht, sachkundige und zuverlässige Personen als Gutachter zu finden. Der Richter wird durch § 404 Abs. 2 **in erster Linie** auf die öffentlich bestellten Sachverständigen verwiesen, kann aber *nach seinem Ermessen* auch **andere Personen** wählen, wenn besondere Umstände dies erfordern. Bestellt das Gericht andere Personen, so liegt darin in der Regel kein Verfahrensfehler. § 404 Abs. 2 als reine Ordnungsvorschrift zu bezeichnen³⁹, erscheint indes zu weitgehend; es sind auch Fälle denkbar, in denen sich die Bestellung anderer als der öffentlich bestellten Sachverständigen als ermessensfehlerhaft darstellt. **15**

Welche Personen als Sachverständige öffentlich bestellt werden können und wer sie bestellt, ist nur zum Teil bundesrechtlich geregelt; im übrigen gilt Landesrecht⁴⁰, → auch § 410 Fn. 7 zur allgemeinen Beeidigung. Es kommen sowohl **Einzelpersonen** als auch **Behörden** in **16**

---

³⁶ *Jessnitzer-Frieling*¹⁰ (vor § 402 Fn. 1) Rdnr. 102; *Jessnitzer* NJW 1971, 1075.

³⁷ Ebenso *OLG München* NJW 1968, 202; *OLG Düsseldorf* FamRZ 1989, 1101; *Friederichs* NJW 1965, 1100; 1970, 1991; 1972, 1114; *ders.* ZZP 83 (1970), 404; *M. Stern* NJW 1969, 2262; *Pieper* ZZP 84 (1971), 21; *Laufs* NJW 1976, 1121, 1124; *Jessnitzer-Frieling*¹⁰ (vor § 402 Fn. 1) Rdnr. 103; *Kerameus* (vor § 402 Fn. 1) 70. – A.M. *BVerwG* NJW 1969, 1591; *Hanack* NJW 1961, 2042f., die ein derartiges Verfahren billigen. Daß nicht selten *mehrere* Spezialisten an einem Gutachten mitwirken müssen (vgl. *Hanack* NJW 1961, 2043), ist kein ausreichender Grund, die Beauftragung der Klinikleitung zuzulassen und ihr die Einzelauswahl zu übertragen. Die Beteiligten sind entweder *Hilfskräfte* des persönlich verantwortlichen Gutachters oder sie sind *sämtlich* zu Gutachtern zu ernennen, → Rdnr. 9.

³⁸ Dazu *Stober* Der öffentlich bestellte Sachverständige zwischen beruflicher Bindung und Deregulierung (1991).

³⁹ *BayObLG* FamRZ 1991, 618, 619; *Zöller-Greger*²¹ Rdnr. 2; *MünchKommZPO-Damrau* Rdnr. 7.

⁴⁰ S. z.B. für Bayern G über öffentlich bestellte und beeidigte Sachverständige v. 11. X. 1950, BayRS 701–1-W. Dazu *Bock* in *Bayerlein* (Hrsg.) PraxisHdb. SachverständigenR² § 4 Rdnr. 14 ff.

Betracht. Die Bestellung deckt sich nicht immer mit der allgemeinen Vereidigung (dazu → § 410 Rdnr. 10 ff.).

2. Überblick

17 Öffentlich bestellte Sachverständige i.S. des § 404 Abs. 2 sind u. a.:

A. Einzelpersonen

18 a) Nach § 36 GewO **im Bereich der Wirtschaft** bestellte Sachverständige. Die Bestellung erfolgt durch die von den Landesregierungen bestimmten Stellen, zumeist durch die Industrie- und Handelskammern[41].

19 b) Nach der Wirtschaftsprüferordnung (v. 24.VII.1961, BGBl I 1049 in der Fassung v. 5.XI.1975, BGBl I 2803) bestellte **Wirtschaftsprüfer** und vereidigte Buchprüfer, vgl. § 2 Abs. 3 Nr. 1, § 129 Abs. 3 Nr. 1 Wirtschaftsprüferordnung.

20 c) Nach § 91 Abs. 1 Nr. 8 HandwerksO **von den Handwerkskammern** bestellte Sachverständige. Diese erstatten Gutachten über die Qualität der von Handwerkern gelieferten Ware oder bewirkten Leistungen und über die Angemessenheit der Preise[42].

21 d) Nach dem Kraftfahrsachverständigengesetz (v. 22.XII.1971, BGBl I 2086) amtlich anerkannte Sachverständige für den **Kraftfahrzeugverkehr**.

22 e) Die **Amtsärzte** (Ärzte der Gesundheitsämter), sofern ihnen durch Landesrecht die gerichtsärztliche Tätigkeit übertragen wurde (vgl. § 3 Abs. 1 Nr. III des Gesetzes v. 3.VII.1934, RGBl I 531), sowie die **Landgerichtsärzte** bei den Landgerichten in Bayern gemäß § 4 Abs. 1 Nr. 1 der Verordnung v. 9.IX.1986, GVBl 316 i.V. mit Art. 3 Abs. 2 und Art. 5 des Gesetzes v. 12.VII. 1986, GVBl 120 (Gutachtenerstattung in Gerichtssachen).

23 f) Die öffentlich bestellten **Vermessungsingenieure** (vgl. § 1 Abs. 1 Nr. 4 der Berufsordnung v. 20.I. 1938, RGBl I 40; die Länder haben überwiegend neue Berufsordnungen erlassen).

24 g) Die nach den Bestimmungen der Länder aufgrund der Ermächtigung in § 35 Bundesjagdgesetz (z.B. in Nordrhein-Westfalen § 36 des LandesjagdG in der Fassung v. 7.XII.1994, GVNW 1995, 2) bestellten **Wildschadensschätzer**.

B. Behörden

25 a) Das **Patentamt**. Es ist nach § 29 PatentG, § 58 Abs. 1 MarkenG, § 21 Abs. 1 GebrauchsmusterG verpflichtet, über Fragen, die Patente, Marken und Gebrauchsmuster betreffen, Gutachten abzugeben, wenn in dem Verfahren voneinander abweichende Gutachten mehrerer Sachverständiger vorliegen.

26 b) Die **Gutachterausschüsse** nach §§ 192 ff. Baugesetzbuch (Gutachten über den Wert von Grundstücken und sonstige Wertermittlungen), dazu → Rdnr. 11.

27 c) Die **Notarkammern** (§ 67 Abs. 4 BNotO) und die Bundesnotarkammer (§ 78 Nr. 4 BNotO – Gutachten für Bundesgerichte). Sie erstatten Gutachten in Angelegenheiten der Notare.

28 d) Die **Vorstände der Rechtsanwaltskammern** (§ 73 Abs. 2 Nr. 8 BRAO) und die Bundesrechtsanwaltskammer (§ 177 Abs. 2 Nr. 5 BRAO – Gutachten für Bundesgerichte) sowie der **Vorstand der Patentanwaltskammer** (§ 69 Abs. 2 Nr. 7 PatAnwO). S. auch § 12 Abs. 2 BRAGO (Gutachten des Vorstands der Rechtsanwaltskammer im Rechtsstreit über Rahmengebühren obligatorisch), dazu → Fn. 30. – Ferner die **Steuerberaterkammern** und die **Bundessteuerberaterkammer** (§ 76 Abs. 2 Nr. 7, § 86 Abs. 2 Nr. 6 SteuerberatungsG).

29 e) Die **Industrie- und Handelskammern** (vgl. § 1 Abs. 1 des Gesetzes zur vorläufigen Regelung des Rechts der Industrie- und Handelskammern v. 18.XII.1956, BGBl I 920).

30 f) Die **Handwerksinnungen** (§ 54 Abs. 1 Nr. 8 HandwerksO), die **Kreishandwerkerschaft** (§ 87 Nr. 4 HandwerksO) und die **Handwerkskammern** (§ 91 Abs. 1 Nr. 2 HandwerksO).

---

[41] Zu den Einzelheiten s. *Jessnitzer-Frieling*[10] (vor § 402 Fn. 1) Rdnr. 41 ff.; *Bremer*[2] (vor § 402 Fn. 1) 79 ff.; *Bock* (Fn. 40) § 3.

[42] Hierzu *Jessnitzer-Frieling*[10] (vor § 402 Fn. 1) Rdnr. 47; *Bock* (Fn. 40) § 4.

III. Aufforderung der Parteien

Die **Aufforderung zur Bezeichnung geeigneter Personen** (Abs. 3) ist vielfach zweckmäßig. Eine Verpflichtung der Partei, dem Gericht Vorschläge zu unterbreiten, erwächst daraus nicht. Abgesehen von Abs. 4 (Einigung) sind die **Parteivorschläge nicht bindend**.   **31**

IV. Einigung der Parteien

Einigen sich die Parteien über bestimmte Personen als Sachverständige und teilen sie diese Einigung dem Prozeßgericht *vor* Erlaß des Beweisbeschlusses mit, so ist das Gericht daran **gebunden**. Die Einigung muß sich auf eine **bestimmte Person** beziehen; eine Vereinbarung, die Auswahl solle einer Klinikleitung o. ä. übertragen werden oder das Gericht solle den Sachverständigen aus dem Personal einer bestimmten Klinik oder Forschungsanstalt auswählen, ist nicht zulässig. Geht die Anzeige von der Einigung bei Gericht erst ein, nachdem im Beweisbeschluß bereits ein anderer Sachverständiger ernannt worden war, so *kann* das Gericht den Beschluß entsprechend ändern, ohne aber dazu verpflichtet zu sein.   **32**

Das Gericht kann die Wahl der Parteien im voraus (bei der Aufforderung nach Abs. 3) oder nachträglich **auf eine bestimmte Anzahl** beschränken. Nennen die Parteien dennoch eine größere Zahl von Sachverständigen, so tritt das freie Wahlrecht des Gerichts wieder in Kraft. Das Gericht ist in diesem Fall nicht auf die Auswahl aus den von den Parteien genannten Personen beschränkt[43].   **33**

Wieweit die **Bindung an die Einigung** reicht, ist zweifelhaft. Das Recht, die Bestellung der Sachverständigen, auf die sich die Parteien geeinigt haben, deswegen abzulehnen, weil diese Personen nicht sachkundig oder sonst ungeeignet wären, kann dem Gericht angesichts des klaren Gesetzeswortlauts nicht zugestanden werden[44]. Etwas anderes folgt auch nicht aus allgemeinen Prinzipien, zumal sonst die Gefahr einer unzulässigen Vorwegnahme der Beweiswürdigung (→ § 284 Rdnr. 67) bestünde. In extremen Fällen kann die Einigung aber wegen Rechtsmißbrauchs unbeachtlich sein, etwa wenn die gewählten Personen *ganz offensichtlich* nicht als Sachverständige geeignet sind.   **34**

Von § 404 Abs. 4 unberührt bleibt dagegen das Recht des Gerichts, **neben den von den Parteien gewählten Personen** noch **weitere,** vom Gericht ausgesuchte Sachverständige zu bestellen, sei es gleichzeitig[45] oder wenn sich das erstattete Gutachten als unzureichend erweist[46] (dazu → § 412 Rdnr. 7 ff.). Würde man nur die *nachträgliche* Bestellung weiterer Sachverständiger zulassen, so könnten sich vermeidbare Verfahrensverzögerungen ergeben.   **35**

---

[43] *Baumbach-Lauterbach-Hartmann*[57] Rdnr. 6; *Thomas-Putzo*[21] Rdnr. 2 f.
[44] Zutr. *Bremer*[2] (vor § 402 Fn. 1) 119.
[45] *Baumbach-Lauterbach-Hartmann*[57] Rdnr. 6; *Zöller-Greger*[21] Rdnr. 4; *Thomas-Putzo*[21] Rdnr. 2. – A.M. *Bremer*[2] (vor § 402 Fn. 1) 119; *MünchKommZPO-Damrau* Rdnr. 10; *Musielak-Huber* Rdnr. 6.
[46] A.M. *Schlosser* Einverständliches Parteihandeln im Zivilprozeß (1968), 26 (keine Befugnis des Gerichts zur Zuziehung eines weiteren Sachverständigen, wenn Parteien einig, daß *nur* der von ihnen benannte Gutachter zu hören); ebenso *Wagner* Prozeßverträge (1998), 690. Nach der hier vertretenen Ansicht (→ vor § 128 Rdnr. 237) kann dagegen die Befugnis des Gerichts, Beweise von Amts wegen zu erheben, nicht durch Parteidisposition eingeschränkt werden.

§ 404 a [Leitung und Weisungen des Gerichts]

(1) Das Gericht hat die Tätigkeit des Sachverständigen zu leiten und kann ihm für Art und Umfang seiner Tätigkeit Weisungen erteilen.
(2) Soweit es die Besonderheit des Falles erfordert, soll das Gericht den Sachverständigen vor Abfassung der Beweisfrage hören, ihn in seine Aufgabe einweisen und ihm auf Verlangen den Auftrag erläutern.
(3) Bei streitigem Sachverhalt bestimmt das Gericht, welche Tatsachen der Sachverständige der Begutachtung zugrunde legen soll.
(4) Soweit es erforderlich ist, bestimmt das Gericht, in welchem Umfang der Sachverständige zur Aufklärung der Beweisfrage befugt ist, inwieweit er mit den Parteien in Verbindung treten darf und wann er ihnen die Teilnahme an seinen Ermittlungen zu gestatten hat.
(5) ¹Weisungen an den Sachverständigen sind den Parteien mitzuteilen. ²Findet ein besonderer Termin zur Einweisung des Sachverständigen statt, so ist den Parteien die Teilnahme zu gestatten.

Gesetzesgeschichte: Eingefügt durch Rechtspflege-Vereinfachungsgesetz vom 17. XII. 1990 (BGBl I 2847).

I. Normzweck	1	1. Aufgabe des Gerichts	4
II. Richterliche Leitung	2	2. Offenlegung der zugrunde gelegten Tatsachen durch den Sachverständigen	5
III. Frühzeitige Zuziehung des Sachverständigen und Einweisung in seine Aufgabe	3	V. Befugnisse des Sachverständigen und Teilnahme der Parteien	7
IV. Bestimmung des zugrunde liegenden Sachverhalts	4	VI. Wahrung der Parteirechte	9
		VII. Rechtsbehelfe	10

I. Normzweck[1]

1   Die durch das Rechtspflege-Vereinfachungsgesetz 1990 eingefügte Vorschrift[2] soll dazu dienen, sowohl die Aufgaben als auch die Befugnisse des Sachverständigen klar festzulegen und auf diese Weise die Verwertbarkeit des Gutachtens zu sichern. Zugleich soll möglichen Ablehnungsgründen vorgebeugt werden, die sich aus dem Verhalten des Sachverständigen ergeben könnten, wenn er die Grenzen seiner Befugnisse oder die Rechte der Parteien nicht genügend beachtet. Die Vorschrift unterstreicht insgesamt die Bedeutung einer effektiven Kooperation von Gericht und Sachverständigem, hat aber nicht den Zweck, die Eigenverantwortung und die wissenschaftliche Unabhängigkeit des Sachverständigen zu beschneiden. Die Befugnisse und Pflichten nach § 404a hat das Prozeßgericht, also der voll besetzte Spruchkörper, im Fall des § 405 der mit der Ernennung des Sachverständigen betraute beauftragte oder ersuchte Richter, § 405 S. 2.

II. Richterliche Leitung

2   Abs. 1 ist dem § 78 StPO nachgebildet. Bei der »Leitung«, insbesondere bei der Erteilung von Weisungen für Art und Umfang der Tätigkeit des Sachverständigen[3], wird die Abgren-

---

[1] Lit.: Daub Die Tatsachenerhebung durch den Sachverständigen (1997).
[2] Zur Entstehung Daub (Fn. 1) 23 ff.

[3] Auch zur Beseitigung der Folgen eines von ihm vorgenommenen Eingriffs kann der Sachverständige angewiesen werden, OLG Celle BauR 1998, 1281.

zung des Auftrags, also die Klärung der Beweisfrage im Vordergrund stehen. Nicht zuletzt können Zweifel und Rückfragen des Sachverständigen Anlaß zu gerichtlichen Weisungen geben. Diese sind stets auch den Parteien mitzuteilen, Abs. 5 S. 1. Auch Weisungen hinsichtlich der Art und Weise des Vorgehens des Sachverständigen im einzelnen sind zulässig (→ Rdnr. 7 f.), doch ist dabei die Fachkunde des Sachverständigen zu respektieren. Auch Anordnungen für den Umgang des Sachverständigen mit den Prozeßbeteiligten sind möglich; insoweit ist vor allem Abs. 4 von Bedeutung.

III. Frühzeitige Zuziehung des Sachverständigen und Einweisung in seine Aufgabe

Abs. 2 ist nichts anderes als eine nähere Erläuterung zu Abs. 1. Es kann durchaus nützlich sein, den Sachverständigen schon vor dem Erlaß des Beweisbeschlusses hinzuziehen, um mit ihm über eine klare und den verfügbaren wissenschaftlichen Methoden gerecht werdende Formulierung des Beweisthemas zu sprechen. Eine Einweisung in seine Aufgabe bzw. eine nähere Erläuterung des Auftrags wird dagegen vor allem nach dem Erlaß des Beweisbeschlusses in Frage kommen. Weisungen des Gerichts sind nach Abs. 5 S. 1 den Parteien mitzuteilen und daher schriftlich festzuhalten, mag auch zunächst eine telefonische Klärung zwischen Gericht und Sachverständigem[4] stattgefunden haben.   3

IV. Bestimmung des zugrunde liegenden Sachverhalts

1. Aufgabe des Gerichts

Die klare Angabe des vom Sachverständigen zugrunde zu legenden Sachverhalts (Abs. 3), sei es am besten im Beweisbeschluß oder in einem gesonderten, den Parteien mitzuteilenden (Abs. 5 S. 1) Beschluß[5], ist besonders wichtig, um Mißverständnisse und Unklarheiten in dem zu erstellenden Gutachten zu vermeiden, → auch vor § 402 Rdnr. 16. Das Gericht kann auch Alternativsachverhalte vorgeben, zu denen sich der Sachverständige äußern soll[6]. Stellt der Tatrichter fest, daß der Sachverständige von unzutreffenden Anknüpfungstatsachen ausgegangen ist, so muß er eine Ergänzung des Gutachtens oder mündliche Erläuterung (§ 411 Abs. 3) aufgrund der zutreffenden Anknüpfungstatsachen einholen[7].   4

2. Offenlegung der zugrunde gelegten Tatsachen durch den Sachverständigen

Der Sachverständige muß die Tatsachen, die er bei seinem Gutachten verwertet hat (**Befundtatsachen**), offenlegen, soweit deren Kenntnis zur Würdigung des Gutachtens erforderlich ist; dies gebietet auch der Anspruch der Parteien auf rechtliches Gehör[8]. Eine etwaige Schweigepflicht des Sachverständigen gegenüber Dritten ändert daran grundsätzlich nichts[9]. Sieht sich der Sachverständige gleichwohl an der Offenlegung der Tatsache gehindert, so ist sein Gutachten nicht verwertbar. Einschränkungen der Offenlegungspflicht sind aber nach Ansicht des BVerfG[10] denkbar, wenn die betreffenden Tatsachen generell geheimhaltungsbedürftig sind und nicht nur der konkrete Sachverständige an der Offenlegung gehindert ist.   5

---

[4] Dies empfiehlt *MünchKommZPO-Damrau* Rdnr. 4.
[5] *MünchKommZPO-Damrau* Rdnr. 5.
[6] *Baumbach-Lauterbach-Hartmann*[57] Rdnr. 6; *MünchKommZPO-Damrau* Rdnr. 5; *Zöller-Greger*[21] Rdnr. 3.
[7] *BGH* NJW 1997, 1446.
[8] *BVerfGE* 91, 176 = NJW 1995, 40; *BVerfG* NJW 1997, 1909.
[9] *BGH* NJW 1994, 2899 = LM § 412 Nr. 9.
[10] *BVerfGE* 91, 176, 183 (Fn. 8).

Diese Voraussetzung hat das BVerfG[11] jedoch bei Gutachten über die ortsübliche Vergleichsmiete nicht als gegeben angesehen und daher mit Recht hinreichend konkrete Angaben über die herangezogenen Vergleichsobjekte verlangt (Mietpreis, Adresse der Vergleichswohnung, Angaben über Beschaffenheit der Wohnung). Ebenso muß der Sachverständige die Vergleichsobjekte und Vergleichspreise nennen, wenn er im Rahmen eines Gutachtens über den Grundstückswert auf Vergleichsmieten abstellt[12].

6 Beruht ein Sachverständigengutachten auf **Geschäftsunterlagen**, die eine Partei zwar dem Sachverständigen zur Verfügung stellt, die aber dem Gericht und dem Gegner gegenüber **nicht offengelegt** werden, so ist das Gutachten nicht verwertbar[13].

V. Befugnisse des Sachverständigen und Teilnahme der Parteien

7 Nach Abs. 4 soll das Gericht, soweit dies nach Lage des Einzelfalles nötig ist, klarstellen, welche Untersuchungen der Sachverständige durchzuführen hat, auf welche Unterlagen er zurückgreifen soll und inwieweit er dabei von den Parteien direkt Auskünfte verlangen kann. Dem Sachverständigen sind zur Vorbereitung seines Gutachtens solche Fragen an Parteien oder Zeugen zu gestatten, die er nur aufgrund seiner besonderen Fachkunde stellen kann[14]. Auch Anordnungen über Eingriffe in eine zu untersuchende Sache (z. B. Konstruktionsöffnungen bei einem Bauwerk) kommen in Betracht, → § 407a Rdnr. 4 u. 5; ebenso (nach Abs. 1) Weisungen an den Sachverständigen, die Folgen solcher Eingriffe wieder zu beseitigen[15]. Das Gericht hat stets zu erwägen, ob es die Ermittlungen nicht besser selbst (als förmliche Beweiserhebung) in Anwesenheit des Sachverständigen durchzuführen hat[16]. Dabei muß beachtet werden, daß die Beweiserhebung als solche dem Sachverständigen nicht übertragen werden kann, → vor § 402 Rdnr. 17. Daran hat Abs. 4 nichts geändert. Zulässig bleiben formlose Ermittlungen (Materialsammlung) durch den Sachverständigen, → vor § 402 Rdnr. 18. Es kann auch die Einsicht bestimmter, für das Gutachten erforderlicher Unterlagen bei Behörden angeordnet werden[17]. Zwangsbefugnisse stehen dem Sachverständigen nicht zur Verfügung, → vor § 402 Rdnr. 19f.

8 Gerichtliche Anordnungen über die Gestattung der Teilnahme der Parteien sind sowohl auf Anfrage des Sachverständigen als auch aufgrund von Anregungen einer Partei denkbar. Leider enthält Abs. 4 keinen inhaltlichen Maßstab darüber, wann die Teilnahme zu gestatten ist. Insoweit ist von einer, durch Abs. 4 der Sache nach bestätigten, analogen Anwendung des § 357 auszugehen, also grundsätzlich den Parteien (stets beiden) Gelegenheit zur Anwesenheit zu geben, soweit nicht die Art der Untersuchung oder Rechte der Beteiligten, insbesondere Persönlichkeitsrechte, entgegenstehen. Näher → § 357 Rdnr. 8ff. Das Interesse einer Partei an der Wahrung von Betriebsgeheimnissen rechtfertigt es nicht, der Gegenpartei die Einsicht in die vom Sachverständigen herangezogenen Geschäftsunterlagen zu versagen und ihr den Zutritt zu den Büroräumen zu verwehren, in denen der Sachverständige die Unterlagen prüft[18], → auch vor § 128 Rdnr. 122a zur Unzulässigkeit von Geheimverfahren.

---

[11] *BVerfGE* 91, 176, 184 (Fn. 8); *BVerfG* NJW 1997, 1909. – Die entgegengesetzte Rechtsprechung von Instanzgerichten (z. B. *LG Bonn* NJW-RR 1993, 1037, 1038) ist damit überholt.
[12] *BGH* NJW 1994, 2899 (Fn. 9).
[13] *BGHZ* 116, 47, 58 = NJW 1992, 1817, 1819.
[14] *BGH* NJW 1997, 3096, 3097.
[15] *OLG Celle* BauR 1998, 1281; *OLG Düsseldorf* NJW-RR 1997, 1360. S. auch *OLG Frankfurt* NJW 1998, 2834 = BauR 1998, 1052 (krit. *Nittner*).
[16] *Thomas-Putzo*[21] Rdnr. 5.
[17] *OLG München* BauR 1993, 768.
[18] *OLG Köln* NJW-RR 1996, 1277. Ein eigenes Recht zur Suche nach Unterlagen beim Gegner (i.S. der discovery des US-amerikanischen Rechts) hat die Partei jedoch nicht, *OLG Köln* aaO.

VI. Wahrung der Parteirechte

Daß nach Abs. 5 S. 1 Weisungen, die dem Sachverständigen erteilt werden, auch den Parteien mitzuteilen sind, entspricht dem Anspruch auf rechtliches Gehör[19] und erlaubt den Parteien, dazu Stellung zu nehmen. Unter einer Weisung ist dabei jede Äußerung des Gerichts gegenüber dem Sachverständigen zu verstehen, die sich auf den Inhalt und die Ausführung des Begutachtungsauftrags bezieht. Dem Recht auf Gehör dient auch das in Abs. 5 S. 2 ausdrücklich vorgesehene Recht der Parteien, an einem gerichtlichen Termin zur Einweisung des Sachverständigen teilzunehmen. Die Parteien können auf diese Weise frühzeitig in die Zusammenarbeit einbezogen werden. Wird gegen Abs. 5 verstoßen, so liegt ein Verfahrensfehler vor, der ein Rechtsmittel begründen kann[20]. 9

VII. Rechtsbehelfe

Anordnungen nach § 404 a sind Bestandteil des Beweisbeschlusses oder dienen zu dessen Ergänzung. Sie sind daher wie der Beweisbeschluß (→ § 358 Rdnr. 5) nicht selbständig anfechtbar, weder durch die Parteien noch durch den Sachverständigen. Dies gilt auch für Anordnungen über Ermittlungen des Sachverständigen nach Abs. 4[21]. 10

§ 405 [Auswahl durch verordneten Richter]

¹Das Prozeßgericht kann den mit der Beweisaufnahme betrauten Richter zur Ernennung der Sachverständigen ermächtigen. ²Er hat in diesem Falle die Befugnisse und Pflichten des Prozeßgerichts nach den §§ 404, 404 a.

Gesetzesgeschichte: Bis 1900 § 370 CPO. S. 2 neu gefaßt durch Rechtspflege-Vereinfachungsgesetz vom 17. XII. 1990 (BGBl I 2847).

I. Zweck und Inhalt der Ermächtigung	1	III. Einigung der Parteien über die Person des Sachverständigen	4
II. Ausspruch der Ermächtigung	3	IV. Arbeitsgerichtliches Verfahren	5

I. Zweck und Inhalt der Ermächtigung

Die Übertragung der Aufnahme des Sachverständigenbeweises auf einen **beauftragten oder ersuchten** Richter darf, sofern es sich nicht um die Zuziehung zur Einnahme eines Augenscheins handelt (dazu s. § 372 Abs. 2), nur in den Grenzen des § 375 erfolgen. Da aber eine geeignete Auswahl vielfach nur an Ort und Stelle möglich ist, gestattet es § 405, auch die Ernennung der Sachverständigen mit zu übertragen. Damit gehen nach S. 2 zugleich die **Auswahl** und die **Bestimmung der Zahl** auf den beauftragten oder ersuchten Richter über. Ebenso hat dieser die Leitungs- und Weisungsbefugnisse nach § 404 a, wobei allerdings (vor allem beim ersuchten Richter) eine Kooperation mit dem Prozeßgericht erforderlich werden kann, die S. 2 nicht ausschließt. 1

---

[19] Ebenso *Zöller-Greger*[21] Rdnr. 5.
[20] *Thomas-Putzo*[21] Rdnr. 7.

[21] *OLG München* BauR 1993, 768.

2   Entsprechend § 405 kann die Auswahl auch der nach § 363 ersuchten **ausländischen Behörde** oder dem **Bundeskonsul**[1] überlassen werden, da auch in diesem Fall das Prozeßgericht oft nicht zur Ernennung in der Lage sein wird. – Für die **weitere Übertragung** der Ermächtigung gilt § 365. – Seit der Novelle 1924 stellt sich § 405 nur noch als Ergänzung zu § 360 S. 2, 3 dar, wonach der beauftragte oder ersuchte Richter auch zur Ernennung anderer Sachverständiger befugt ist.

II. Ausspruch der Ermächtigung

3   Die Ermächtigung ist **in dem Beweisbeschluß** oder einem **Ergänzungsbeschluß** nach § 360 auszusprechen. Sie ist in beiden Fällen **unanfechtbar.** Die Ernennung des Sachverständigen bedarf keiner vorherigen Verhandlung. Ob die Parteien vorher gehört werden (vgl. § 360 S. 4), ist eine Frage der Zweckmäßigkeit im Einzelfall. Analog § 360 S. 4 sind die **Parteien von der Ernennung unverzüglich zu benachrichtigen;** der förmlichen Zustellung bedarf die Anordnung nicht, → § 360 Rdnr. 21 a.E.

III. Einigung der Parteien über die Person des Sachverständigen

4   An eine dem *Prozeßgericht* mitgeteilte **Einigung** der Parteien über die Person des Sachverständigen (§ 404 Abs. 4) ist auch der beauftragte oder ersuchte Richter gebunden. Die Vereinbarung gemäß § 404 Abs. 4 bleibt auch *nach Erteilung der Ermächtigung* gemäß § 405 zulässig; sie bindet aber den beauftragten oder ersuchten Richter nur, wenn sie ihm vor Ernennung des Sachverständigen angezeigt ist. Auf eine ihm später mitgeteilte Vereinbarung hin *kann* der beauftragte oder ersuchte Richter seinen Beschluß nach § 360 S. 2, 3 ändern.

IV. Arbeitsgerichtliches Verfahren

5   Im **arbeitsgerichtlichen Verfahren** beschränkt sich die Bedeutung der Vorschrift im wesentlichen auf den ersuchten Richter. Ist dem Vorsitzenden die Einnahme eines Augenscheins außerhalb des Gerichtsgebäudes (aber am Gerichtssitz) übertragen (§ 58 Abs. 1 S. 2 ArbGG, → § 355 Rdnr. 35), so kann er auch zur Ernennung eines beizuziehenden Sachverständigen ermächtigt werden.

§ 406   [Ablehnung des Sachverständigen]

(1) ¹Ein Sachverständiger kann aus denselben Gründen, die zur Ablehnung eines Richters berechtigen, abgelehnt werden. ²Ein Ablehnungsgrund kann jedoch nicht daraus entnommen werden, daß der Sachverständige als Zeuge vernommen worden ist.

(2) ¹Der Ablehnungsantrag ist bei dem Gericht oder Richter, von dem der Sachverständige ernannt ist, vor seiner Vernehmung zu stellen, spätestens jedoch binnen zwei Wochen nach Verkündung oder Zustellung des Beschlusses über die Ernennung. ²Zu einem späteren Zeitpunkt ist die Ablehnung nur zulässig, wenn der Antragsteller glaubhaft macht, daß er

---

[1] Vgl. *BGH* LM § 209 BEG 1956 Nr. 73 und 88 (Auswahl des Sachverständigen kann in Entschädigungssachen der zuständigen Auslandsvertretung überlassen werden).

ohne sein Verschulden verhindert war, den Ablehnungsgrund früher geltend zu machen. ³Der Antrag kann vor der Geschäftsstelle zu Protokoll erklärt werden.

(3) Der Ablehnungsgrund ist glaubhaft zu machen; zur Versicherung an Eides Statt darf die Partei nicht zugelassen werden.

(4) Die Entscheidung ergeht von dem im zweiten Absatz bezeichneten Gericht oder Richter; eine mündliche Verhandlung der Beteiligten ist nicht erforderlich.

(5) Gegen den Beschluß, durch den die Ablehnung für begründet erklärt wird, findet kein Rechtsmittel, gegen den Beschluß, durch den sie für unbegründet erklärt wird, findet sofortige Beschwerde statt.

Gesetzesgeschichte: Bis 1900 § 371 CPO. Abs. 3 geändert durch die Novelle 1898. Das Gesetz vom 9. VII. 1927 (RGBl I 175) und die zur Ausführung ergangene VO vom 30. XI. 1927 (RGBl I 334) ersetzten in Abs. 2 S. 3 die Bezeichnung »Gerichtsschreiberei« durch »Geschäftsstelle«. Abs. 5 geändert durch die Novelle 1950. Abs. 2 neu gefaßt durch Rechtspflege-Vereinfachungsgesetz vom 17. XII. 1990 (BGBl I 2847).

I. Ablehnungsgründe	1	2. Glaubhaftmachung des Ablehnungsgrundes	28
1. Allgemeines	1	3. Rechtliches Gehör	29
2. Behördengutachten	3	4. Entscheidung	32
3. Ausschließungsgründe	5	5. Rechtsfolgen der erfolgreichen Ablehnung	33
4. Besorgnis der Befangenheit	7	IV. Anfechtung	34
II. Rechtzeitigkeit der Ablehnung	17	1. Rechtsbehelfe	34
1. Maßgeblicher Zeitpunkt	17	2. Verfahren bei der Beschwerde	37
2. Nachträgliche Ablehnung	18	3. Weitere Beschwerde	38
3. Einigung der Parteien	22	4. Anfechtung des Endurteils	39
4. Wiederholte Vernehmung	23	V. Kosten	40
5. Berücksichtigung bei der Beweiswürdigung	24	VI. Arbeitsgerichtliches Verfahren	41
III. Verfahren	25		
1. Ablehnungsantrag	25		

I. Die Ablehnungsgründe

1. Allgemeines

Daß das Gesetz die **Ablehnung von Sachverständigen** gestattet, entspricht einerseits der Auswechselbarkeit des Sachverständigen und andererseits seiner Stellung als unabhängiger Helfer (Berater) des Richters. Schon der **Anschein der Parteilichkeit** oder **Unsachlichkeit** soll durch die Ablehnung vermieden werden[1]. Die Ablehnung ist sowohl bei den auf Parteiantrag wie auch bei den von Amts wegen zugezogenen Sachverständigen zulässig, auch im Verfahren der Bewilligung von Prozeßkostenhilfe (§ 118 Abs. 2 S. 3 ZPO)[2], ebenso bei **Dolmetschern**[3] (§ 191 GVG) und (da diese ebenfalls als Sachverständige hinzugezogen werden) Übersetzern[4]. Zur Ablehnung im selbständigen Beweisverfahren → Rdnr. 20 sowie → § 492 Rdnr. 6 f.

1

---

[1] Sehr kritisch zum finanziellen Einfluß auf Gutachter *Lanz* ZRP 1998, 336 (für Gesetzesänderungen).
[2] *BGH* VRS 29 (1965), 430.
[3] Auch hier ist ein Ablehnungsantrag erforderlich, *BVerwG* NJW 1984, 2055 = JZ 1984, 681; *VG Köln* NJW 1986, 2207.

[4] *OLG Köln* NJW 1987, 1091 (zum Rechtshilfeverkehr mit dem Ausland; der Übersetzer darf nicht selbst Partei sein).

2 Die Ablehnung kann sowohl auf die **Ausschließungsgründe** des § 41 wie auf die **Besorgnis der Befangenheit** (§ 42 Abs. 2) gestützt werden.

2. Behördengutachten

3 Da die Ablehnungsgründe ihrer Natur nach auf natürliche Personen zugeschnitten sind, können **Behörden** oder **Kollegialorgane** nicht als solche als Sachverständige abgelehnt werden[5], wie ja auch die Richterablehnung nicht gegenüber dem Gericht als ganzem möglich ist (→ vor § 41 Rdnr. 4). Eine Behörde, zu deren Aufgabenbereich die Gutachtenerstattung gehört, ist auch nicht deshalb ablehnbar, weil der Träger der Behörde an dem Rechtsstreit als Partei beteiligt ist[6]. Dagegen ist die Ablehnung der **einzelnen für die Behörde handelnden Personen** zulässig[7]. Besondere Bestimmungen für die behördliche Gutachtertätigkeit können aber als Spezialregeln die Anwendbarkeit des § 406 ausschließen; dies ist für die Gutachterausschüsse nach dem Baugesetzbuch wegen § 192 Abs. 3 S. 1 Baugesetzbuch anzunehmen[8]. Bei berechtigten Einwendungen gegen die Unparteilichkeit des Vorgehens des Gutachterausschusses kann die Einholung eines anderen Gutachtens geboten sein[9].

4 **Hilfspersonen** des Sachverständigen (→ § 404 Rdnr. 8) können nicht abgelehnt werden[10], doch können Umstände in der Person des Gehilfen (z. B. Verhalten des Gehilfen) dazu führen, daß die Ablehnung des *Sachverständigen* berechtigt ist[11].

3. Ausschließungsgründe

5 Auch die **Ausschließungsgründe** (§ 41) müssen durch einen Ablehnungsantrag geltend gemacht werden, sind also nicht etwa von Amts wegen zu beachten.

6 Die **frühere Vernehmung als Zeuge** in derselben Sache (§ 41 Nr. 5) rechtfertigt gemäß Abs. 1 S. 2 die Ablehnung eines Sachverständigen nicht, da sich daraus regelmäßig kein Anlaß zu Zweifeln an der Unparteilichkeit ergibt. Dasselbe gilt bei einer **früheren Vernehmung als Sachverständiger,** so daß – obwohl § 406 Abs. 1 S. 2 nur die frühere Zeugenvernehmung nennt – § 41 Nr. 5 auch insoweit nicht anwendbar ist[12]. Die Tätigkeit als Sachverständiger in einer vorhergehenden Instanz in derselben Sache fällt auch nicht unter § 41 Nr. 6, weil es sich dabei nicht um die Mitwirkung bei dem *Erlaß* der angefochtenen Entscheidung handelt[13]. Vgl. auch § 412 Abs. 1, der die erneute Begutachtung durch denselben Sachverständigen besonders erwähnt. Auch die Gutachtertätigkeit in einem früheren[14] oder einem parallel laufenden[15] Strafverfahren rechtfertigt keine Ablehnung. Im Einzelfall kann die frühe-

---

[5] Ebenso *OLG Köln* BauR 1980, 588 = *Schäfer-Finnern-Hochstein*, Rechtsprechung zum privaten Baurecht, § 406 ZPO Nr. 2; *OLG Nürnberg* NJW 1967, 401; *OLG München* MDR 1959, 667.

[6] *VGH München* NVwZ-RR 1996, 328 (städtisches Gesundheitsamt); → auch Fn. 40.

[7] Vgl. *BVerwG* NJW 1969, 1591; *VGH München* NVwZ-RR 1996, 328, 329. – A.M. *OLG Köln* BauR 1980, 588 (Fn. 5) (statt dessen Berücksichtigung im Rahmen der Beweiswürdigung). Für Ablehnbarkeit bei einer amtlichen Auskunft, die inhaltlich einem Sachverständigengutachten entspricht, mit Recht *BVerwG* NJW 1988, 2491.

[8] *BGHZ* 62, 93, 94 = NJW 1974, 701 = LM § 402 Nr. 23 (LS, *Johannsen*) (zu § 139 BBauG); *OLG Frankfurt* NJW 1965, 306 u. 542 (zust. *Hönn*); *OLG Stuttgart* NJW-RR 1987, 190; *OLG Hamm* NJW-RR 1990, 1471;

OLG Oldenburg FamRZ 1992, 451; *BFH/NV* 1997, 236 (offenlassend, ob auch die Ablehnung einzelner Mitglieder stets ausgeschlossen ist).

[9] *OLG Oldenburg* FamRZ 1992, 451.

[10] *OLG Zweibrücken* MDR 1986, 417.

[11] *OLG Karlsruhe* Justiz 1980, 79; *OLG Köln* OLGZ 1983, 121 (nicht aber verwandtschaftliche Beziehungen zwischen dem Sachverständigen und dem Gehilfen).

[12] *OLG Köln* MDR 1990, 1121; *Baumbach-Lauterbach-Hartmann*[57] Rdnr. 4; *Thomas-Putzo*[21] Rdnr. 1.

[13] Ebenso *OLG Köln* MDR 1990, 1121, 1122; *Thomas-Putzo*[21] Rdnr. 1; *Baumbach-Lauterbach-Hartmann*[57] Rdnr. 4; s. auch *BGH* MDR 1961, 397 = LM § 209 BEG Nr. 37. – A.M. *Kahlke* ZZP 94 (1981), 50, 68.

[14] *OLG Köln* MDR 1990, 1121.

[15] *OLG Stuttgart* MDR 1964, 63.

re Vernehmung als Sachverständiger die Besorgnis der Befangenheit (§ 42 Abs. 2) begründen, doch wird das nur ausnahmsweise der Fall sein[16], → auch Rdnr. 8.

4. Besorgnis der Befangenheit

Für die **Ablehnung wegen Besorgnis der Befangenheit** (§ 42 Abs. 2) kommt es nicht darauf an, ob das Gericht selbst Zweifel an der Unparteilichkeit des Gutachters hat. Entscheidend ist vielmehr, ob **vom Standpunkt der ablehnenden Partei aus**[17] genügende objektive Gründe vorliegen, die in den Augen eines vernünftigen Menschen geeignet sind, Zweifel an der Unparteilichkeit und Objektivität des Sachverständigen zu erregen. Dazu → § 42 Rdnr. 2. Sowohl die Besorgnis der *bewußten* wie die der *unbewußten*[18] Voreingenommenheit rechtfertigt die Ablehnung.

7

Beispielsfälle:

Daß der Sachverständige[19] bereits früher in derselben Sache[20] ein **außergerichtliches Gutachten im Auftrag einer Partei** oder ihrer Versicherung[21] abgegeben hat, wird die Ablehnung zumeist rechtfertigen[22], auch wenn der Gegner vorprozessual mit der Begutachtung einverstanden war[23], nicht dagegen, daß der Sachverständige im selbständigen Beweisverfahren von einer der Parteien als Gutachter benannt worden war[24], auch nicht die Erstattung eines Gutachtens im Auftrag einer vor dem Prozeß eingeschalteten Schlichtungsstelle für Arzthaftungsfragen[25]. Die Besorgnis der Befangenheit ergibt sich nicht daraus, daß der Sachverständige (Klinikdirektor) von einer Partei Patienten überwiesen erhält[26], und auch nicht aus einer früheren gewerblichen Zusammenarbeit des Sachverständigen mit dem Privatgutachter der Gegenpartei[27]. Die Besorgnis der Befangenheit kann sich auch aus einer **früheren Tätigkeit** des Sachverständigen für einen am Prozeß nicht beteiligten Dritten ergeben, wenn es sich um einen gleichartigen Sachverhalt und einen parallelen Interessenkonflikt handelte[28], ebenso aus der Tätigkeit für die Gesamtheit der Wohnungseigentümer, von denen im Prozeß einer Partei ist[29].

8

Auch die **frühere Abgabe eines Schiedsgutachtens** (→ vor § 1025 Rdnr. 21 ff.) kann die Besorgnis der Befangenheit begründen[30]. Daß ein zum Sachverständigen ernannter **Arzt** die **Partei selbst behandelt**

9

---

[16] Verneinend *RG* SeuffArch 60 (1905), 124 und *BGH* LM BEG 1956 § 209 Nr. 37 (Vernehmung in früherer Instanz).

[17] *BGH* LM Nr. 5 = NJW 1975, 1363; *OLG Hamm* VersR 1980, 722; *OLG Stuttgart* NJW 1958, 2122; *OLG München* NJW 1963, 1682; VersR 1968, 207; *OLG Köln* OLGZ 1993, 341.

[18] *OLG Bamberg* OLG Rsp 9 (1904), 73 f.; SeuffArch 64 (1909), 124.

[19] Kein Ablehnungsgrund ist dagegen, daß ein Schüler des Sachverständigen bereits früher im Gutachten erstattet hatte, *OLG Schleswig* SchlHA 1979, 23.

[20] Gutachtenerstattung in anderen Fällen rechtfertigt die Ablehnung nicht ohne weiteres (verneinend z. B. *OLG Karlsruhe* VersR 1973, 865; *OLG Koblenz* NJW-RR 1992, 1470), es sei denn, daß ein ständiges Auftragsverhältnis bestand, *OLG Nürnberg* JurBüro 1981, 776; *LG Kassel* VersR 1957, 726. Auch kann sich die Besorgnis der Befangenheit daraus ergeben, daß der Sachverständige wiederholt in anderen Fällen für eine der Parteien als Privatgutachter tätig war und diese Partei sowie der Sachverständige dies dem Gegner verschwiegen hatten, *OLG Karlsruhe* Justiz 1986, 360 = BauR 1987, 599.

[21] *BGH* NJW 1972, 1133; *OLG Frankfurt* MDR 1969, 225. Anders *OLG Koblenz* MDR 1984, 675 (da der Versicherer am Rechtsstreit nicht beteiligt war). Daß der Sachverständige häufiger Gutachten für den Haftpflichtversicherer einer Partei erstattet, rechtfertigt die Ablehnung nicht, *OLG Köln* OLGZ 1993, 341. – A.M. *Musielak-Huber* Rdnr. 10; allg. krit. *Lanz* ZRP 1998, 337.

[22] Vgl. dazu *RG* JW 1896, 248; 1897, 345; 1902, 216, 545; 1906, 88; *OLG Hamburg* SeuffArch 70 (1915), 250; *OLG Frankfurt* JW 1931, 2042; VRS 51 (1976), 212, die die Ablehnung im Regelfall zulassen.

[23] *OLG Oldenburg* NdsRPfl 1997, 29.

[24] *OLG Köln* in *Schäfer-Finnern-Hochstein* Rechtsprechung zum privaten Baurecht, § 406 ZPO Nr. 1.

[25] *OLG Braunschweig* MDR 1990, 730.

[26] *OLG Karlsruhe* OLGZ 1984, 104 = Justiz 1984, 60.

[27] *OLG Frankfurt* VersR 1981, 557 = ZIP 1981, 209.

[28] *OLG Frankfurt* ZIP 1982, 1489 = NJW 1983, 581 (mehrere Erwerber von Eigentumswohnungen); *OLG Düsseldorf* NJW-RR 1997, 1428 (Privatgutachten für andere Erwerber desselben Haustyps im selben Baugebiet).

[29] *OLG Frankfurt* BB 1987, 26 (LS) (aber nicht bei Einverständnis der Parteien mit dieser doppelten Tätigkeit).

[30] *RG* JW 1899, 726 f. S. auch *LG Bonn* BauR 1988, 632 (Befangenheit nicht schon wegen Erstattung des Schiedsgutachtens, aber wegen Honorarrechtsstreits mit einer Partei).

hat, macht ihn nicht generell befangen[31], wohl aber dann, wenn er sich im Rahmen seines Gutachtens zu seiner eigenen früheren Diagnose oder zu seiner Behandlungsweise äußern müßte[32]. Auch ein Vorgesetzter des behandelnden Arztes ist nicht von vornherein als befangen anzusehen[33].

10 Die Ablehnung ist regelmäßig begründet, wenn der Sachverständige ein **eigenes Interesse** an der Sache hat[34] oder mit einer Partei oder ihrem Anwalt in Feindschaft lebt[35], nicht aber, wenn er sich gegen ehrenrührige bzw. provokative Angriffe entschieden zur Wehr setzt[36]. Enge persönliche Beziehungen[37] des Sachverständigen können die Ablehnung rechtfertigen, so auch, wenn der Sachverständige (sei es auch vor längerer Zeit) bei dem Geschäftsführer einer Partei promoviert hat[38]. Abgelehnt werden kann ein Gutachter, der in **ständigen Geschäftsbeziehungen** erheblichen Ausmaßes zu einer Partei[39] oder **im abhängigen Dienst einer Partei** steht[40] oder z. B. mit einem Versicherungsunternehmen in ständiger Verbindung steht, das einer Partei im Falle ihres Unterliegens Versicherungsschutz zu gewähren hat. Auch ein Mandatsverhältnis zwischen dem Sachverständigen und dem Prozeßbevollmächtigten des Gegners kann die Ablehnung rechtfertigen[41]. Die Eigenschaft als **Konkurrent** in einem besonderen Handels- oder Fabrikationszweig[42] kann ebenfalls die Ablehnung begründen; ebenso kann wegen des Konkurrenzverhältnisses die Ablehnung eines im selben Amtsgerichtsbezirk tätigen Konkursverwalters begründet sein, der die Schlußrechnung eines anderen Konkursverwalters begutachten soll[43]. Ob es als Befangenheitsgrund ausreicht, wenn der Sachverständige Geschäftsführer eines Facharbeitskreises ist, dem auch die Partei angehört[44], erscheint zweifelhaft.

11 Führt der Sachverständige eine Orts- und Sachbesichtigung **in Anwesenheit nur einer der Parteien** durch, ohne die andere zu benachrichtigen und ihr Gelegenheit zur Teilnahme zu geben (zum Anwesenheitsrecht → § 357 Rdnr. 9 f.), so läßt ihn dies ebenfalls als befangen erscheinen[45], nicht dagegen ei-

---

[31] *OLG Köln* VersR 1992, 517.
[32] *OLG Celle* NdsRpfl 1966, 197; *LG Hildesheim* MDR 1963, 852. S. auch *LG Stuttgart* MDR 1962, 910. Die Ablehnung kann auch dann gerechtfertigt sein, wenn auf Grund längerer Behandlung ein besonderes Vertrauensverhältnis zwischen der Partei und dem Arzt besteht, so daß die Befürchtung begründet ist, der Arzt stehe dem prozessualen Anliegen der Partei nicht unbefangen gegenüber, *OLG Rostock* VersR 1996, 124; OLG Rsp 31 (1915), 70; *OLG Darmstadt* OLG Rsp 37 (1918), 146. – Der mit Erfolg abgelehnte Arzt kann als **sachverständiger Zeuge** über die Wahrnehmungen bei der Behandlung vernommen werden, → Rdnr. 33 sowie → § 414 Rdnr. 2.
[33] *OLG Karlsruhe* FamRZ 1991, 965.
[34] *RG* JW 1903, 272; *OLG Bamberg* OLG Rsp 9 (1904), 73; *KG* OLG Rsp 19 (1909), 113; *OLG Kiel* OLG Rsp 41 (1921), 271. – Nicht ausreichend ist aber z. B. die einfache Mitgliedschaft des Sachverständigen in einem Hausbesitzer- oder Mieterverein, wenn es um die Erstellung eines Gutachtens über die örtliche Vergleichsmiete geht, *LG München I* WuM 1982, 303.
[35] *RG* JW 1903, 67. S. auch *OLG München* VersR 1968, 207 (Ablehnung gerechtfertigt bei Spannungen zwischen dem Sachverständigen und dem Versicherer der ablehnenden Partei); *OLG Stuttgart* Justiz 1965, 196 (Auseinandersetzung mit dem Prozeßbevollmächtigten der ablehnenden Partei); *OLG Celle* MDR 1970, 243 (Befangenheit nicht deshalb gegeben, weil sich der Sachverständige gegen Vorwürfe einer Partei verteidigt).
[36] *OLG Düsseldorf* BB 1975, 627.
[37] Aber nicht schon, daß der Sachverständige und eine Partei als Handwerker desselben Berufszweigs miteinander bekannt sind, *OLG Frankfurt* BauR 1998, 829.
[38] *OLG Köln* VersR 1993, 72.
[39] *OLG Celle* ZMR 1996, 211 = NJW-RR 1996, 1086. – S. auch *OLG München* MDR 1998, 858 (für bestimmte Artikel auf Belieferung durch die Partei angewiesen).
[40] *RG* JW 1898, 220; 1899, 487; 1902, 608; s. auch RGZ 66, 53 (Stadtverordneter der beklagten Gemeinde). Vgl. auch *OLG München* ZZP 55 (1930), 164 (Beamter der beklagten Reichsbahn, verneinend); *OVG Berlin* NJW 1970, 1390 (Sachverständiger, der im Dienst des beklagten Landes steht, ist nicht befangen, wenn seine dienstliche Tätigkeit keine Berührungspunkte mit dem Gegenstand des Prozesses hat); ähnlich *OVG Lüneburg* NdsRpfl 1985, 285. Zu weitgehend *OLG Hamburg* MDR 1983, 412 (Befangenheit eines Hochschullehrers, weil dieser im Beamtenverhältnis zur Partei steht).
[41] *BGH* LM Nr. 7 = NJW-RR 1987, 893.
[42] *RG* JW 1899, 672; *OLG Hamburg* OLG Rsp 20 (1910), 327. Die bloße Tätigkeit in derselben Branche wird aber nicht genügen, *OLG Düsseldorf* JurBüro 1980, 284; *OLG München* MDR 1989, 828.
[43] *OLG Köln* Rpfleger 1990, 88 = ZIP 1990, 58.
[44] So *OLG Schleswig* SchlHA 1997, 42 (unter wenig überzeugender Berufung auf § 41 Nr. 4 in entsprechender Anwendung).
[45] *BGH* LM Nr. 5 = NJW 1975, 1363; *OLG München* NJW-RR 1998, 1687; *OLG Schleswig-Holstein* SchlHA 1957, 11; *OLG Celle* NdsRpfl 1959, 155; *OLG Köln* JMBlNRW 1968, 213; *OLG Hamburg* MDR 1969, 489; *OLG Bremen* MDR 1963, 768 (LS); *OLG Frankfurt* FamRZ 1986, 1021 (*Bosch*); *LG Wuppertal* MDR 1960, 1017. – A.M. *LG Berlin* MDR 1964, 423 (zust. *Schalhorn*); für einen konkreten Fall *LG Bremen* MDR 1997, 502. – Im allgemeinen besteht keine Besorgnis der Befangenheit, wenn der Sachverständige die Hinzuziehung *beider* Parteien zu einer vorbereitenden Ortsbesichtigung für erforderlich hielt, *OLG München* OLGZ 1983, 355; im Ergebnis ebenso *OLG Dresden* NJW-RR 1997, 1354 (das aber die Geltung der Parteiöffentlichkeit grundsätzlich ablehnt). Auch bei Besichtigungen im Rahmen langfristiger Reihenuntersuchungen und vereinzelter Nichtzuziehung einer Partei braucht die Besorgnis der Befangenheit nicht begründet zu sein, *OLG Koblenz* OLGZ 1977, 109. – S. auch *KG* JurBüro 1969, 448 (zust. *Schalhorn*). Besorgnis der Befangenheit, wenn sich der Sachverständige von einer Partei Material für das Gutachten geben läßt und dieses verwendet, ohne der *anderen* Partei Kenntnis zu geben. Ähnlich *OLG Koblenz* VersR 1977, 1133 = MDR 1978, 148 (einseitige Beschaffung des Untersuchungs-

ne vorbereitende Besichtigung des Unfallorts ohne die Parteien zusammen mit dem sachbearbeitenden Polizisten[46]. Zur Besorgnis der Befangenheit führt die Weigerung, einen Ortstermin in Gegenwart des technischen Beraters einer Partei durchzuführen[47], oder die Nichtwahrnehmung eines vereinbarten Ortstermins allein aufgrund der Erklärungen einer Partei und ohne Rücksicht auf drohende Beweisvereitelung[48], nicht dagegen eine mit Genehmigung des Gerichts ohne vorherige Information der Partei durchgeführte Messung von Lärmbeeinträchtigungen[49] oder die Nichtzuziehung der anderen Partei zu einer ärztlichen Untersuchung des Gegners[50]. Hört der Vorsitzende den Sachverständigen im Beratungszimmer unter Ausschluß der Parteien an, um dann einen Vergleichsvorschlag zu unterbreiten, so kann dies den Eindruck erwecken, Gericht und Sachverständiger wollten bestimmte Erkenntnisse geheimhalten, um die Vergleichsbereitschaft einer widerstrebenden Partei zu fördern; aus deren Sicht erscheint daher die Besorgnis der Befangenheit beim Richter wie beim Sachverständigen gegeben[51].

Die Ablehnung ist auch begründet, wenn sich der Sachverständige über den Sachverhalt in einem **einseitigen Gespräch** mit Angestellten nur der einen Partei informiert hat[52]. Eine telefonische Bitte des Prozeßbevollmächtigten einer Partei (ohne Wissen der anderen Partei), der Sachverständige möge den Besichtigungstermin zur Vorbereitung des Gutachtens möglichst bald anberaumen, erscheint dagegen nicht geeignet, Zweifel an der Unparteilichkeit des Gutachters zu wecken[53], ebensowenig eine telefonische Information durch den Sachverständigen über die Notwendigkeit eines weiteren Kostenvorschusses[54]. Läßt sich der Sachverständige zum Ortstermin von einer Partei **in deren Kraftwagen mitnehmen**, so kann sich daraus jedenfalls bei einer längeren Autofahrt die Besorgnis der Befangenheit ergeben[55]. 12

Die Besorgnis der Befangenheit kann sich aus einseitigen **Äußerungen** des Sachverständigen ergeben, etwa aus einer distanzlosen, verletzend wirkenden Bemerkung bei einer ärztlichen Untersuchung[56], oder aus der unbesehenen Abqualifizierung eines angekündigten Privatgutachtens als Gefälligkeitsgutachten[57].

Ein für eine Partei **ungünstiges Ergebnis** des Gutachtens oder eine angeblich zu hohe Entschädigungsforderung des Sachverständigen rechtfertigen die Ablehnung nicht[58], ebensowenig der Umstand, daß der Gutachter im schriftlichen Gutachten von einer bei einer Ortsbesichtigung gemachten mündlichen Äußerung abweicht[59], auch nicht, daß das Gutachten (für die Partei ungünstige) Rechtsausführungen enthält[60]. Dagegen kann sich die Besorgnis der Befangenheit daraus ergeben, daß der Gutachter, statt die ihm gestellte Beweisfrage zu beantworten, die Schlüssigkeit und Erheblichkeit des Parteivorbringens untersucht und feststellt, es komme auf die Beweisfrage nicht an[61], oder daß er eigenmächtig vom Gutachtenauftrag abweicht und sich dadurch auf die Seite einer Partei stellt[62], oder die im Beweisbeschluß vorgegebenen Beweisthemen umformuliert und den Parteivortrag gänzlich unberücksichtigt läßt[63]. 13

Auch im Verfahren über eine **einstweilige Verfügung** kann ein von der Partei gestellter Gutachter, den das Gericht als Sachverständigen vernehmen will, aus den Gründen des Abs. 1 abgelehnt werden[64], jedoch kann es im Hinblick auf die Gegebenheiten des Eilverfahrens (Glaubhaftmachung nur durch präsente Beweismittel, → § 294 Rdnr. 11) zur Begründung nicht genügen, daß der mitgebrachte Gutachter von der Partei ausgewählt und teilweise bezahlt wurde und ohne Anwesenheit des Gegners das Streitobjekt besichtigte[65] oder daß er zuvor ein schriftliches Gutachten zum Zwecke der Glaubhaftmachung erstellt hatte[66]. 14

---

gutes). Anders dagegen, wenn das zu untersuchende Beweisstück zwar von einer Partei überbracht, aber erst später in Gegenwart des Gegners besichtigt wird, *OLG Hamburg* MDR 1986, 153.
[46] *OLG Stuttgart* NZV 1996, 323.
[47] *OLG Düsseldorf* MDR 1979, 409.
[48] *AG Kassel* WuM 1993, 415.
[49] *OLG Saarbrücken* JurBüro 1998, 499.
[50] *OLG Saarbrücken* OLGZ 1980, 37.
[51] A.M. *OLG Stuttgart* NJW-RR 1996, 1469; dazu abl. *E. Schneider* NJW 1997, 1832 (zur Richterablehnung).
[52] *OLG Hamm* MDR 1973, 144; zu großzügig dagegen *OLG Düsseldorf* NJW-RR 1986, 740. Unschädlich ist es, wenn sich der Sachverständige mit dem Gutachterausschuß (BBauG) bei einer Stadt in Verbindung setzt, auch wenn die Stadt Partei ist, *OLG Düsseldorf* BB 1972, 1248.

[53] Zutreffend Schultz gegen *LG Aurich* MDR 1985, 853.
[54] *OLG Frankfurt* FamRZ 1989, 410.
[55] *OLG Karlsruhe* Justiz 1980, 79.
[56] *OLG Schleswig* SchlHA 1997, 42.
[57] *OLG Zweibrücken* NJW 1998, 912.
[58] *OLG München* Rpfleger 1980, 303 = JurBüro 1980, 1055.
[59] *OLG Karlsruhe* AgrarR 1976, 75.
[60] *OLG Karlsruhe* MDR 1994, 725.
[61] *OLG Köln* NJW-RR 1987, 1198.
[62] *OLG Schleswig* SchlHA 1997, 43.
[63] *OLG Bamberg* MedR 1993, 351.
[64] *OLG Nürnberg* NJW 1978, 954.
[65] *OLG Nürnberg* MDR 1977, 849.
[66] *OLG Nürnberg* NJW 1978, 954.

15 Der Umstand, daß schon **Gegengutachten** vorliegen[67] oder ein angeblicher **Mangel an Sachkunde**[68] rechtfertigen die Ablehnung nicht. Hier kommt aber eine **Befreiung von der Gutachterpflicht** nach § 408 Abs. 1 S. 2 in Betracht, → § 408 Rdnr. 5. Auf diesem Wege werden auch zweckmäßig Konflikte bereinigt, bei denen es sich nicht eigentlich um Zweifel an der Objektivität des Sachverständigen handelt, sondern um mangelndes Vertrauen aus weltanschaulichen und ähnlichen Gründen, → auch § 404 Rdnr. 2.

16 **Privatgutachter** (→ vor § 402 Rdnr. 56 f.) können nicht abgelehnt werden.

II. Rechtzeitigkeit der Ablehnung

1. Maßgeblicher Zeitpunkt

17 Die Ablehnung findet erst **nach der Ernennung** der Sachverständigen statt[69]; die Parteien können aber auch schon vorher Einwände gegen die etwa vorgeschlagenen Sachverständigen erheben. Die Ablehnung muß gemäß Abs. 2 S. 1 **vor Beginn der Vernehmung** (§ 395), spätestens aber (gleich ob mündliche oder schriftliche Begutachtung angeordnet wurde[70]) binnen zwei Wochen nach Verkündung oder Zustellung des Beschlusses über die Ernennung (in diesem Prozeß[71]) erfolgen, unabhängig davon, ob etwa das schriftliche Gutachten bereits erstattet ist. Ein nach der Vernehmung erlassener Beweisbeschluß, der eine schriftliche Begutachtung anordnet und die Beweisfragen genauer formuliert, eröffnet keine neue Ablehnungsfrist[72]. Dabei ist aber vorausgesetzt, daß die Partei weiß, wer der verantwortliche Verfasser des Gutachtens ist[73]. Die Beeidigung oder die Berufung auf den im allgemeinen geleisteten Eid (§ 410) gehört, wenn sie vor Erstattung des Gutachtens erfolgt, noch nicht zur Vernehmung. – Zur Ablehnung im Verfahren über eine einstweilige Verfügung → Rdnr. 14.

2. Nachträgliche Ablehnung

18 Eine **nachträgliche Ablehnung** ist gemäß Abs. 2 S. 2 nur zulässig, wenn glaubhaft gemacht wird (§ 294)[74], daß der Antragsteller ohne sein Verschulden den Ablehnungsgrund nicht früher geltend machen konnte, sei es, daß der Ablehnungsgrund erst **später entstanden oder der Partei bekanntgeworden** ist. Seit der Neufassung des Abs. 2 S. 2 steht die verschuldete Unkenntnis einer nachträglichen Ablehnung entgegen, wobei einfache Fahrlässigkeit genügt.

19 Die nachträgliche Ablehnung ist nur dann zulässig, wenn der Ablehnungsantrag **unverzüglich** nach der Erlangung der Kenntnis vom Ablehnungsgrund gestellt wird[75]. Dies gilt insbesondere, wenn sich die Ablehnungsgründe erst aus dem schriftlichen Gutachten ergeben[76], wobei aber nicht die für die inhaltliche Befassung mit dem Gutachten erforderliche

---

[67] RG SeuffArch 60 (1905), 123; OLG Karlsruhe BadRPr 1905, 139; OLG Breslau OLG Rsp 19 (1909), 114.
[68] *OLG München* JurBüro 1977, 1782; *LG Mönchengladbach* WuM 1993, 415.
[69] RG SeuffArch 59 (1904), 81; *OLG München* NJW 1958, 1192.
[70] Ebenso *Musielak-Huber* Rdnr. 13.
[71] Auf die Ernennung in einem Parallelverfahren kommt es dabei nicht an. Dies meint wohl *OLG Köln* VersR 1992, 517.
[72] *OLG Oldenburg* JurBüro 1996, 491.
[73] *OLG Köln* MDR 1975, 670.
[74] RG SeuffArch 51 (1896), 360. Hier auch die Versicherung an Eides Statt zulässig, da Abs. 3 insoweit nicht gilt.

[75] *OLG Koblenz* NJW-RR 1992, 1470, 1471 (dies gilt auch nach Neufassung des Abs. 2 S. 2); NJW-RR 1999, 72, 73; *OLG Karlsruhe* NJW 1958, 188; BB 1977, 1424, 1425; *OLG München* NJW 1964, 1576; *OLG Nürnberg* MDR 1970, 150; *OLG Oldenburg* MDR 1975, 408; *OLG Saarbrücken* OLGZ 1982, 366 (Verspätung jedenfalls, wenn die Ablehnung erst nach Ablauf einer zur Stellungnahme gesetzten Frist erfolgt); *BayObLGZ* 1986, 186, 188 = FamRZ 1986, 829. Da unverzüglich nicht sofort, sondern ohne schuldhaftes Zögern bedeutet (wie in § 121 Abs. 1 BGB), sind die Umstände des Einzelfalls durchaus zu berücksichtigen und eine angemessene Überlegungsfrist einzuräumen.
[76] *OLG Düsseldorf* BauR 1998, 366 = NJW-RR 1998, 933 (Ablehnung mehr als einen Monat nach Erhalt des

Zeit entscheidend ist[77]. Eine nach § 411 Abs. 4 gesetzte Frist ist daher für die Rechtzeitigkeit der Ablehnung nicht maßgebend[78]. Eine verspätete Ablehnung wird auch nicht dadurch zulässig, daß die Partei ihre Ansicht über die Wichtigkeit der Ausführungen des Gutachters ändert[79]. Angesichts der gesetzlichen Regelung in Abs. 2 S. 2, die in der Regel zum selben Ergebnis führen wird, erscheint eine analoge Anwendung des § 43 nicht veranlaßt[80].

Die Ablehnung eines Sachverständigen ist bereits im **selbständigen Beweisverfahren** zulässig (→ § 492 Rdnr. 5). Daher ist eine Ablehnung im späteren Hauptprozeß nur noch nach Maßgabe des Abs. 2 zulässig[81], also nur wenn der Antragsteller den Ablehnungsgrund ohne Verschulden nicht schon im selbständigen Beweisverfahren geltend machen konnte. Die Ablehnung muß auch dann zulässig bleiben, wenn das Gericht im selbständigen Beweisverfahren über die schon damals geltend gemachte Ablehnung nicht sachlich entschieden hat[82], sei es im Hinblick auf die Eilbedürftigkeit der Beweissicherung oder weil das Gericht der Auffassung folgte, im selbständigen Beweisverfahren gebe es keine Ablehnung. Soweit danach die nachträgliche Ablehnung noch zulässig ist, muß aber zusätzlich verlangt werden, daß jetzt noch eine Begutachtung durch einen Sachverständigen möglich ist. Andernfalls wäre es mit dem Zweck des selbständigen Beweisverfahrens nicht vereinbar, dem damals erstatteten Gutachten durch Ablehnung die Verwertbarkeit völlig zu nehmen. Es sollte vielmehr in solchen Fällen dabei bewenden, die geltend gemachten Bedenken gegen die Unparteilichkeit im Rahmen der Beweiswürdigung zu berücksichtigen. 20

Wird der Ablehnungsgrund erst **nach Beendigung der Instanz** bekannt, so kann der Ablehnungsantrag vor dem Gericht der abgeschlossenen Instanz nicht mehr gestellt werden[83] (ebensowenig wie ein Gesuch auf Ablehnung des Richters, → § 44 Rdnr. 5), da das Gericht aus der Ablehnung keine Folgerung mehr ziehen könnte. Wird aber Berufung eingelegt, so sollte man den Ablehnungsantrag *in der Berufungsinstanz* zulassen[84]. Bei erfolgreicher Ablehnung ist dann das Gutachten für das Berufungsgericht nicht verwertbar. Vor dem *Revisionsgericht* kann der Ablehnungsantrag dagegen nicht mehr gestellt werden, da die Tatsachenfeststellung vom Revisionsgericht grundsätzlich nicht zu überprüfen ist, so daß eine erfolgreiche Ablehnung ohne Konsequenzen bliebe. 21

3. Einigung der Parteien

Ist der Sachverständige auf Grund einer **Einigung der Parteien** nach § 404 Abs. 4 ernannt worden, so ist eine Ablehnung nur zulässig, wenn der Ablehnungsgrund erst *nach der Einigung* entstanden oder der Partei bekanntgeworden ist[85]. 22

4. Wiederholte Vernehmung

Die Ausschließung des Ablehnungsrechts nach Abs. 2 gilt auch im Falle **wiederholter Vernehmung**[86] oder schriftlicher Ergänzung des Gutachtens[87], nicht dagegen, wenn von dem 23

Gutachtens ist verspätet); *OLG Koblenz* NJW-RR 1999, 72 (nach einem Monat verspätet); *LG Kassel* FamRZ 1997, 889 (zwei Wochen nach Erhalt des Gutachtens genügt).
[77] *OLG Schleswig* SchlHA 1997, 91.
[78] Vgl. *OLG Koblenz* NJW-RR 1992, 1470, 1471 (jedenfalls hinsichtlich Verlängerungen dieser Frist); NJW-RR 1999, 72.
[79] *OLG München* VersR 1994, 746 (nach ursprünglicher Äußerung der Partei, den Sachverständigen nicht ablehnen zu wollen, obwohl sich aus dem Gutachten die Befangenheit ergebe).

[80] *MünchKommZPO-Damrau* Rdnr. 7. – A.M. *OLG Düsseldorf* MDR 1994, 620; *Musielak-Huber* Rdnr. 13.
[81] Vgl. *OLG Köln* VersR 1993, 72, 73.
[82] *OLG München* ZIP 1983, 1515 (zum früheren Beweissicherungsverfahren).
[83] A.M. *OLG Düsseldorf* MDR 1956, 305; *OLG Hamburg* NJW 1960, 784.
[84] So auch *OLG Köln* MDR 1977, 57.
[85] *RG* JW 1903, 385.
[86] *RGZ* 43, 399; *KG* HRR 1931, 1975.
[87] *OLG Köln* MDR 1983, 412.

Sachverständigen ein **neues** (zweites) Gutachten gefordert wird⁸⁸. Wird er in der Berufungsinstanz von neuem vernommen, so wirkt der Verlust des Ablehnungsrechtes fort⁸⁹; denn die bereits vor dem Schluß der mündlichen Verhandlung in erster Instanz eingetretenen Ausschlußwirkungen gelten auch in der Berufungsinstanz, → § 525 Rdnr. 3. – Daß der Ablehnungsantrag nicht schon im Verfahren über die Bewilligung von Prozeßkostenhilfe gestellt wurde, steht der Ablehnung im streitigen Verfahren nicht entgegen⁹⁰.

5. Berücksichtigung bei der Beweiswürdigung

24   Bestehen Zweifel an der Unvoreingenommenheit des Sachverständigen, ohne daß ein Ablehnungsantrag gestellt wird, so sind diese Umstände bei der Beweiswürdigung zu berücksichtigen⁹¹. Auch ein ausgeschlossener Ablehnungsgrund kann zur Anfechtung des **Beweiswertes** des Gutachtens verwendet werden⁹².

III. Verfahren

1. Ablehnungsantrag

25   Aus § 406 Abs. 2 S. 1 ergibt sich, daß der **Ablehnungsantrag**⁹³ **beim Prozeßgericht anzubringen** ist, auch wenn die Vernehmung durch einen beauftragten oder ersuchten Richter erfolgt⁹⁴; nur bei der *Ernennung* durch den beauftragten oder ersuchten Richter, §§ 360 S. 3, 405, ist der Antrag an diesen⁹⁵ zu richten, und zwar auch im Falle der Ablehnung nach Gutachtenerstattung, § 412 Abs. 2. Er kann in der mündlichen Verhandlung oder schriftlich oder zu Protokoll der Geschäftsstelle erklärt werden, Abs. 2 S. 3, und unterliegt deshalb nicht dem Anwaltszwang, § 78 Abs. 3.

26   Ablehnungsberechtigt sind die **Parteien,** bei **einfachen Streitgenossen** jeder einzeln, doch führt dann die Ablehnung wegen § 61 auch nur im Prozeß des Ablehnenden zur Unzulässigkeit der Gutachtertätigkeit⁹⁶. Bei **notwendigen Streitgenossen** wird man ebenfalls das Ablehnungsrecht dem einzelnen zugestehen müssen, aber die erfolgreiche Ablehnung durch einen Streitgenossen wirkt wegen der Notwendigkeit einheitlicher Entscheidung für den gesamten Prozeß.

27   Der **Streitgehilfe** kann (abgesehen vom Fall des § 69) nur ablehnen, soweit nicht die unterstützte Partei die Gutachtenerstattung wünscht⁹⁷, → auch § 67 Rdnr. 11. Im Insolvenzverfahren ist der **Insolvenzverwalter** ablehnungsberechtigt, soweit er in seiner eigenen Rechtsstellung betroffen ist⁹⁸.

---

⁸⁸ *RG* SächsArch 13 (1903), 571; *BayObLGZ* 1986, 186, 188 (Fn. 75). – Einschränkend *OLG Düsseldorf* WM 1970, 1305 (Ablehnung bei Anordnung der Begutachtung eines weiteren Punktes nur zulässig, soweit sich Ablehnungsgrund aus dieser Anordnung erstmals ergibt).
⁸⁹ *OLG Düsseldorf* WM 1970, 1305; ebenso in der Beschwerdeinstanz, *BayObLGZ* 1986, 186, 188 (Fn. 75). – A.M. *RGZ* 66, 277.
⁹⁰ *BGH* VRS 29 (1965), 430.
⁹¹ *BGH* LM § 286 (B) Nr. 43 = NJW 1981, 2009.
⁹² *RGZ* 43, 402; 64, 434.
⁹³ Bloßer Vortrag der Gründe ohne Antrag genügt nicht, *RG* JW 1910, 481 f.
⁹⁴ *RG* SeuffArch 51 (1896), 360.
⁹⁵ *RG* JW 1903, 48.
⁹⁶ Bei einer Ablehnung durch mehrere einfache Streitgenossen braucht über die Ablehnung nicht einheitlich entschieden zu werden, aber die Besorgnis der Befangenheit wird oft aus der Sicht aller Streitgenossen begründet sein, auch wenn sie in erster Linie das Verhältnis zu einem der Streitgenossen betrifft, vgl. *OLG Frankfurt* BauR 1982, 307 (die grundsätzliche Frage nach der Notwendigkeit einheitlicher Entscheidung wurde offengelassen).
⁹⁷ Daher ist die Ablehnung durch den Streitgehilfen auch dann nicht wirksam, wenn die unterstützte Partei zwar erklärt, sie wolle der Ablehnung nicht entgegentreten, zugleich aber die Vernehmung des Sachverständigen beantragt, *OLG Frankfurt* MDR 1983, 232. Zweckmäßig sollte in solchen Fällen auf eine eindeutige Erklärung hingewirkt werden.
⁹⁸ *OLG Köln* Rpfleger 1990, 88 = ZIP 1990, 58 (mit der Prüfung der Schlußrechnung beauftragter Sachverständiger).

2. Glaubhaftmachung des Ablehnungsgrundes

Der **Ablehnungsgrund** ist **glaubhaft zu machen,** § 294. Die Versicherung an Eides Statt seitens der ablehnenden Partei ist jedoch ausgeschlossen, nicht dagegen der Antrag auf Vernehmung des (anwesenden, § 294 Abs. 2) Gegners nach § 445, → § 294 Rdnr. 15. Die Bezugnahme auf das Zeugnis des Sachverständigen genügt – anders als in § 44 Abs. 2 S. 2 – nicht generell zur Glaubhaftmachung[99], doch kann die Aussage des anwesenden Sachverständigen im Einzelfall zur Glaubhaftmachung ausreichen (→ Rdnr. 31). 28

3. Rechtliches Gehör

Das Verfahren folgt, sofern nicht der Antrag in der mündlichen Verhandlung angebracht und erledigt wird, nach Abs. 4 den in → § 128 Rdnr. 39 ff. dargestellten Regeln der **fakultativen mündlichen Verhandlung.** Aus dem Anspruch auf rechtliches Gehör (Art. 103 Abs. 1 GG) folgt, daß der **Gegner der ablehnenden Partei** vor der Entscheidung **zu hören** ist, zumal der dem Antrag stattgebende Beschluß unanfechtbar ist (→ Rdnr. 34), so daß der Gegner seinen Standpunkt auch nicht nachträglich geltend machen kann. 29

Zweifelhaft ist, ob auch der **Sachverständige** stets zu hören ist[100], oder ob dies, wie vielfach unter Ablehnung einer entsprechenden Anwendung des § 44 Abs. 3[101] angenommen wird, nur nach Maßgabe der Umstände erforderlich ist[102]. Der Sachverständige ist nicht Partei des Prozesses und hat daher hinsichtlich des Prozeßgegenstands kein Recht auf Gehör, → vor § 128 Rdnr. 25. Er wird aber durch eine erfolgreiche Ablehnung insoweit in seiner eigenen Rechtsstellung betroffen, als seine Eignung zur Sachverständigentätigkeit im konkreten Prozeß verneint wird. Auch wird die Behauptung der Besorgnis der Befangenheit häufig auf angebliche Pflichtverletzungen des Sachverständigen gestützt, so daß auch der Gesichtspunkt des Schutzes der Persönlichkeit bzw. der beruflichen Tätigkeit für die obligatorische Anhörung spricht. Im Hinblick auf Art. 103 Abs. 1 GG und in analoger Anwendung des § 44 Abs. 3 erscheint es daher geboten, dem Sachverständigen **stets Gelegenheit zu geben,** sich zu dem Ablehnungsantrag zu äußern (abgesehen von den Fällen, in denen der Antrag als unzulässig zurückgewiesen wird). Nimmt der Sachverständige zu dem Ablehnungsantrag Stellung, so müssen die Parteien darüber unterrichtet werden und sich dazu äußern können[103]. 30

Gesteht der Sachverständige den Ablehnungsgrund zu, so ist dies frei zu würdigen. 31

4. Entscheidung

Die **Entscheidung** hat in jedem Fall vor der Entscheidung in der Hauptsache durch einen **besonderen Beschluß** des Prozeßgerichts (auch des Einzelrichters, → § 349 Rdnr. 9), im Falle der §§ 360 S. 3, 405 (→ Rdnr. 25) des beauftragten oder ersuchten Richters zu erfolgen[104], 32

---

[99] *RG* SeuffArch 42 (1887), 230; *KG* OLGRsp 17 (1908), 331.
[100] So *OLG Koblenz* NJW 1977, 395 (LS) (unter Hinweis auf § 44 Abs. 3; Nachholung in der Beschwerdeinstanz möglich); *OLG Karlsruhe* OLGZ 1984, 104 (jedenfalls, wenn Ablehnung auf Umstände außerhalb des schriftlichen Gutachtens bzw. des Protokolls über die mündliche Vernehmung gestützt wird); *Schultz* MDR 1985, 854 (im Regelfall Gebot der Fairneß); *AK-ZPO-Wassermann* Rdnr. 10; *Musielak-Huber* Rdnr. 17 (grundsätzlich).
[101] *RG* JW 1899, 303; *KG* OLG Rsp 17 (1908), 331;

Zöller-Greger[21] Rdnr. 12a; *MünchKommZPO-Damrau* Rdnr. 11.
[102] So *OLG München* WRP 1976, 396 (Anhörung nicht stets erforderlich); *OLG Schleswig* SchlHA 1979, 23; *Baumbach-Lauterbach-Hartmann*[57] Rdnr. 28 (grundsätzlich unnötig); *Thomas-Putzo*[21] Rdnr. 9.
[103] *OLG Koblenz* NJW 1977, 395 (LS); OLGZ 1977, 109 = VersR 1977, 231 (LS) (Nachholung in der Beschwerdeinstanz möglich).
[104] *OLG Düsseldorf* JZ 1977, 564; *OLG Schleswig* SchlHA 1982, 30; *BayObLG* FamRZ 1982, 1136 (LS).

Abs. 5, und zwar auch dann, wenn das Gericht den Ablehnungsantrag für offensichtlich unzulässig hält[105]. Die bloße Anordnung der Vernehmung enthält keine Entscheidung über den Antrag, da die ZPO stillschweigende Beschlüsse nicht kennt, → § 329 Rdnr. 4[106]. Ebenso ist es unzulässig, die Entscheidung über das Gesuch abzulehnen und den Ablehnungsgrund der Beweiswürdigung vorzubehalten[107] oder die Entscheidung in das Endurteil aufzunehmen[108]. Zur **Anfechtung** bei einem derartigen Mangel → Rdnr. 36. Solange über den Ablehnungsantrag nicht entschieden ist, darf die gerichtliche Erhebung des Sachverständigenbeweises nicht durchgeführt bzw. fortgeführt und der Sachverständige nicht vereidigt werden[109].

5. Rechtsfolgen der erfolgreichen Ablehnung

33   Der erfolgreich **abgelehnte Sachverständige** darf nicht als Gutachter vernommen und ein etwa bereits erstattetes Gutachten (oder – beim Dolmetscher – eine Übersetzung[110]) nicht verwertet werden. Dagegen ist es zulässig, ihn **als (sachverständigen) Zeugen** zu hören, und zwar auch über Tatsachen, die ihm bei der Vorbereitung oder Erstellung des Gutachtens bekannt geworden sind[111], → § 414 Rdnr. 2. Zur Auswirkung der erfolgreichen Ablehnung auf den **Entschädigungsanspruch** des Sachverständigen → § 413 Rdnr. 5.

IV. Anfechtung

1. Rechtsbehelfe

34   a) Gegen den **Beschluß**, der die Ablehnung für **begründet** erklärt, findet **kein Rechtsmittel** statt. Dies gilt angesichts des klaren Wortlauts des Abs. 5 auch bei einer Verletzung des Rechts des Gegners der ablehnenden Partei auf Gehör[112] (→ Rdnr. 29), da aus Art. 103 Abs. 1 GG nicht zu schließen ist, daß bei einem Verstoß stets ein zivilprozessuales Rechtsmittel gegeben sein muß, → vor § 128 Rdnr. 53. Jedoch sollte bei *eindeutiger* Verletzung des Rechts auf Gehör die **Gegenvorstellung** zugelassen werden, → vor § 128 Rdnr. 54e ff.

35   b) Gegen den **Beschluß**, der die Ablehnung für **unbegründet** oder den Ablehnungsantrag für **unzulässig** erklärt, findet die **sofortige Beschwerde** nach § 577 statt. Dies gilt auch, wenn diese Entscheidung durch das Landgericht im Berufungs- oder Beschwerdeverfahren getroffen wurde, § 567 Abs. 3 S. 2. Die Beschwerde steht nur der ablehnenden Partei, nicht dem Sachverständigen zu. Über die Beschwerde gegen einen Beschluß des **Familiengerichts** hat das Oberlandesgericht zu entscheiden, § 119 Abs. 1 Nr. 2 GVG[113]. Gegen Entscheidungen der Oberlandesgerichte ist die Beschwerde ausgeschlossen (§ 567 Abs. 4 S. 1).

36   c) Eine Anfechtung der Entscheidung mit dem **Endurteil** ist demnach durch die §§ 512, 548 ausgeschlossen[114]. Hat das Gericht dagegen die Entscheidung über den Ablehnungsan-

---

[105] *BayObLG* FamRZ 1988, 213 (LS) (anders erst bei Rechtsmißbrauch).
[106] A.M. *RG* JW 1911, 52 f.
[107] *RG* SeuffArch 52 (1897), 109.
[108] RGZ 60, 110 f.; JW 1906, 572. – Weitergehend verlangt *OLG Düsseldorf* JMBlNRW 1970, 235, über den Ablehnungsantrag müsse so frühzeitig entschieden werden, daß vor der Verkündung eines Endurteils noch die 2-Wochen-Frist des § 577 Abs. 2 für die Beschwerde nach § 406 Abs. 5 genutzt werden könne. Dieses Erfordernis erscheint nicht gerechtfertigt, weil die *Entscheidung* über die Beschwerde doch nicht abgewartet werden müßte, → Rdnr. 37 bei Fn. 118.
[109] *OLG Köln* JMBlNRW 1968, 213.
[110] *BVerwG* NJW 1985, 757.
[111] *BGH* NJW 1965, 1492; *Stein* Das private Wissen (1893), 67 f.
[112] A.M. *OLG Frankfurt* MDR 1984, 323 unter Bezugnahme auf *OLG Frankfurt* MDR 1979, 940 (zu § 46, dagegen → vor § 128 Rdnr. 53a; gegen eine Erweiterung des Rechtszuges wegen Verletzung des rechtlichen Gehörs bei der Richterablehnung auch *BayObLG* NJW 1989, 44).
[113] *Bosch* FamRZ 1986, 1022; ebenso (ohne Begründung) *OLG Frankfurt* FamRZ 1986, 1021.
[114] *RG* JW 1896, 638; JW 1915, 592.

trag überhaupt **unterlassen**, so liegt darin ein Verfahrensfehler, der mit dem Rechtsmittel gegen das Endurteil geltend gemacht werden kann. Wurde die **Entscheidung über den Ablehnungsantrag** unzulässigerweise **in das Endurteil aufgenommen**, so ist zu unterscheiden: Erklärte das Gericht die Ablehnung für *begründet*, so kann dies ebensowenig wie ein entsprechender selbständiger Beschluß angegriffen werden. Die *Ablehnung* des Antrags in den Gründen des Endurteils kann dagegen mit dem gegen das Urteil zulässigen Rechtsmittel angefochten werden, da der Partei durch den Fehler des Gerichts nicht die Anfechtungsmöglichkeit genommen werden darf. Der Mangel führt auf Berufung zur Aufhebung des Urteils und Zurückverweisung[115]. Dies gilt aber nicht in der Revisionsinstanz, d. h. gegenüber dem Urteil eines OLG, weil hier auch der gesonderte, den Antrag ablehnende Beschluß nach § 567 Abs. 4 S. 1 unanfechtbar wäre[116].

2. Verfahren bei der Beschwerde

Die **Beschwerde** folgt den §§ 567 ff., bei Entscheidungen des beauftragten oder ersuchten Richters den §§ 576, 577 Abs. 4[117] (also zunächst befristete Erinnerung an das Prozeßgericht). Sie hat keine aufschiebende Wirkung, § 572; es ist daher zulässig, wenn auch unangemessen, vor ihrer Erledigung den Sachverständigen zu vernehmen und das Endurteil zu erlassen[118]. Durch die Vernehmung allein wird die Beschwerde nicht berührt[119]. Sie wird durch den *Erlaß des (berufungsfähigen) Endurteils* erster Instanz nicht unzulässig, und die eingelegte Beschwerde wird dadurch nicht gegenstandslos[120]; denn dem Berufungsgericht wäre die Nachprüfung des Beschlusses durch § 512 entzogen[121]. Anders ist es, *sobald das Endurteil in der Berufungsinstanz ergangen ist*, da sich dann aus einem Erfolg des Beschwerdeführers ein Rechtsbehelf für die Revisionsinstanz nicht ergeben würde[122]. Ein Versäumnisurteil steht der Beschwerde oder der Weiterbetreibung einer vorher eingelegten wegen § 342 nicht entgegen[123]. Mit der *Rechtskraft* des Urteils wird die Beschwerde in jedem Fall unzulässig.

37

3. Weitere Beschwerde

Eine weitere Beschwerde ist mangels gesetzlicher Statthafterklärung (§ 568 Abs. 2 S. 1) in keinem Fall zulässig.

38

4. Anfechtung des Endurteils

Das **Endurteil** kann mit der Begründung angefochten werden, das Gericht sei bei der **Auswahl** der Sachverständigen **ermessensfehlerhaft** verfahren. Der Ermessensfehler kann aber nicht aus einem zurückgewiesenen oder nicht durch Ablehnungsantrag geltend gemachten

39

---

[115] *OLG Köln* MDR 1974, 761 = BB 1974, 717; *OLG Hamm* OLGZ 1974, 321 = Rpfleger 1974, 193; *OLG Karlsruhe* BB 1974, 1424 (anders bei einem wegen Verspätung unzulässigen Ablehnungsgesuch); *E. Schneider* JurBüro 1974, 439.
[116] BGH LM Nr. 6 = NJW 1979, 720 (LS) = MDR 1979, 398; LM § 404 Nr. 3 = NJW 1959, 293. – A.M. BAG AP § 406 Nr. 1 (zust. *Baumgärtel*) = JZ 1960, 606 (dagegen auch *E. Schneider* JurBüro 1974, 441), weil in der Unterlassung eines gesonderten Beschlusses ein *Verfahrensfehler* liege, der in der Revisionsinstanz gerügt werden könne.
[117] *RG* JW 1903, 48.

[118] BGH NJW 1972, 1133; *RG* JW 1995, 539; s. auch RGZ 60, 110 f.
[119] *OLG Breslau* OLG Rsp 5 (1902), 71.
[120] BGH NJW 1972, 1133; *OLG Zweibrücken* MDR 1966, 423.
[121] BGH NJW 1972, 1133; KG JW 1926, 1597; ZZP 52 (1927), 429.
[122] RGZ 60, 110 f.; 64, 431; SeuffArch 62 (1907), 166. Die Frage ist kaum mehr von Bedeutung, da die Entscheidung eines *OLG* über den Ablehnungsantrag ohnehin nicht angefochten werden kann (§ 567 Abs. 4 S. 1).
[123] RGZ 64, 429 ff.

Ablehnungsgrund hergeleitet werden, da insoweit ausschließlich das Verfahren nach § 406 zulässig ist, → § 404 Rdnr. 7 mit Nachw.

V. Kosten

40 Das Verfahren gehört zur Instanz und ist daher **gebührenfrei** (s. dazu § 37 Nr. 3 BRAGO). Zum Beschwerdeverfahren[124] s. § 61 Abs. 1 Nr. 1 BRAGO (5/10 Gebühr), Nr. 1953 KV zum GKG (1 Gebühr bei Verwerfung oder Zurückweisung der Beschwerde).

VI. Arbeitsgerichtliches Verfahren

41 Im arbeitsgerichtlichen Verfahren entscheidet zwar über die Ablehnung von *Gerichtspersonen* die Kammer in der vollen Besetzung, und gegen den Beschluß findet, auch wenn er die Ablehnung für unbegründet erklärt, keine Beschwerde statt, § 49 ArbGG, → § 45 Rdnr. 5 ff., § 46 Rdnr. 6 f. Auf die Ablehnung von Sachverständigen sind diese Vorschriften nicht unmittelbar anwendbar, da der Sachverständige keine Gerichtsperson ist; aber auch für eine entsprechende Anwendung besteht kein ersichtlicher Grund. Es bleibt demnach bei der allgemeinen Regel, daß der außerhalb der mündlichen Verhandlung ergehende **Ablehnungsbeschluß ohne Mitwirkung der Beisitzer** ergeht, § 53 ArbGG, und der Beschluß des Arbeitsgerichts nach Maßgabe des § 406 Abs. 5 der **sofortigen Beschwerde** unterliegt[125].

§ 407 [Pflicht zur Erstattung des Gutachtens]

(1) Der zum Sachverständigen Ernannte hat der Ernennung Folge zu leisten, wenn er zur Erstattung von Gutachten der erforderten Art öffentlich bestellt ist oder wenn er die Wissenschaft, die Kunst oder das Gewerbe, deren Kenntnis Voraussetzung der Begutachtung ist, öffentlich zum Erwerb ausübt oder wenn er zur Ausübung derselben öffentlich bestellt oder ermächtigt ist.

(2) Zur Erstattung des Gutachtens ist auch derjenige verpflichtet, der sich hierzu vor Gericht bereit erklärt hat.

Gesetzesgeschichte: Bis 1900 § 372 CPO.

I. Gutachtenerstattungspflicht kraft beruflicher Stellung

1 Da der Sachverständige regelmäßig ersetzbar ist, stellt das Gesetz **keine allgemeine Pflicht zur Erstattung von Gutachten** auf. § 407 beschränkt die Sachverständigenpflicht (dazu → vor § 402 Rdnr. 38) vielmehr auf **bestimmte Personengruppen**.

---

[124] Zum **Streitwert** (→ § 3 Rdnr. 13, → § 46 Rdnr. 5b) *OLG Köln* MDR 1976, 322 = Rpfleger 1976, 226; JMBlNRW 1981, 66 (nichtvermögensrechtliche Angelegenheit, Streitwert unabhängig vom Wert der Hauptsache zu bewerten). – A.M. ausführlich *OLG Koblenz* NJW-RR 1998, 1222 (Streitwert nach dem vollen Wert der Hauptsache zu bemessen); *OLG Frankfurt* MDR 1980, 145 (Streitwert in der Regel ein Drittel des Werts der Hauptsache); wieder anders *OLG Bremen* JurBüro 1976, 1356 (nach dem Interesse an der Ablehnung zu bemessen, nicht stets geringer als der Wert der Hauptsache). – S. auch *OLG München* Rpfleger 1987, 332 (außergerichtliche Kosten des Prozeßgegners nicht erstattungsfähig, dagegen → § 46 Rdnr. 5a).

[125] *LAG Hamm* AP § 49 ArbGG 1979 Nr. 1 = MDR 1986, 787; *LAG Kiel* AP § 49 ArbGG Nr. 1 (zust. *Wieczorek*); *Grunsky* ArbGG[7] § 49 Rdnr. 10a; *Germelmann-Matthes-Prütting* ArbGG[2] § 49 Rdnr. 4.

1. Öffentliche Bestellung zur Erstattung von Gutachten

Die öffentliche Bestellung zur Erstattung von Gutachten bestimmter Art muß durch eine bundes- oder landesgesetzlich hierzu ermächtigte Behörde erfolgt sein. Die Bestellung kann sich auf Einzelpersonen, aber auch auf Behörden und Kollegialorgane beziehen. Zusammenstellung → § 404 Rdnr. 17 ff.

2. Öffentliche Ausübung einer Wissenschaft usw.

Öffentlich ausgeübt wird eine Wissenschaft, eine Kunst oder ein Gewerbe, wenn die Ausübung dem Publikum gegenüber erfolgt[1], und zwar muß dies *zum Erwerb*, nicht unentgeltlich aus Liebhaberei oder Idealismus geschehen. Das Wort **Gewerbe** umfaßt hier wie in § 183 Abs. 1 (→ § 183 Rdnr. 3 ff.) und in § 383 Abs. 1 Nr. 6, § 384 Nr. 3 jede dauernde Erwerbstätigkeit, auch die des Landwirts, Kaufmanns, Fabrikanten, Lehrers, Schriftstellers usw. Ob die Ausübung für eigene Rechnung oder gegen Entgelt in fremdem Geschäftsbetrieb erfolgt, spielt keine Rolle[2].

3. Öffentliche Bestellung zur Ausübung einer Wissenschaft usw.

Zur Ausübung einer Wissenschaft usw. **öffentlich bestellt oder ermächtigt** sind z. B. angestellte Lehrer und Dozenten, Rechtsanwälte, approbierte Ärzte und alle, die zu einem einer Konzession bedürfenden Beruf ermächtigt sind. Öffentliche *Ausübung zum Erwerb* ist hier *nicht* erforderlich. Wegen der Beamten s. § 408 Abs. 2.

II. Bereiterklärung

Andere Personen haben die Sachverständigenpflicht nur dann, wenn sie sich **vor Gericht zur Gutachtenerstattung bereit erklärt** haben, sei es allgemein zur Abgabe von Gutachten einer gewissen Art oder im einzelnen Fall. Es genügt, daß der Sachverständige auf die Ladung erscheint, ohne zu widersprechen, oder daß er in sonstiger Weise ohne Widerspruch den Auftrag zur Begutachtung entgegennimmt. Gericht ist auch der beauftragte oder ersuchte Richter.

III. Zum Verfahren bei **Verweigerung des Gutachtens** → § 408 Rdnr. 2 f.

§ 407a [Pflichten des Sachverständigen]

(1) [1]Der Sachverständige hat unverzüglich zu prüfen, ob der Auftrag in sein Fachgebiet fällt und ohne die Hinzuziehung weiterer Sachverständiger erledigt werden kann. [2]Ist das nicht der Fall, so hat der Sachverständige das Gericht unverzüglich zu verständigen.
(2) [1]Der Sachverständige ist nicht befugt, den Auftrag auf einen anderen zu übertragen. [2]Soweit er sich der Mitarbeit einer anderen Person bedient, hat er diese namhaft zu machen und den Umfang ihrer Tätigkeit anzugeben, falls es sich nicht um Hilfsdienste von untergeordneter Bedeutung handelt.
(3) [1]Hat der Sachverständige Zweifel an Inhalt und Umfang des Auftrages, so hat er unverzüglich eine Klärung durch das Gericht herbeizuführen. [2]Erwachsen voraussichtlich Ko-

---

[1] *RGZ* 50, 391. [2] *RGZ* 50, 391.

sten, die erkennbar außer Verhältnis zum Wert des Streitgegenstandes stehen oder einen angeforderten Kostenvorschuß erheblich übersteigen, so hat der Sachverständige rechtzeitig hierauf hinzuweisen.

(4) ¹Der Sachverständige hat auf Verlangen des Gerichts die Akten und sonstige für die Begutachtung beigezogene Unterlagen sowie Untersuchungsergebnisse unverzüglich herauszugeben oder mitzuteilen. ²Kommt er dieser Pflicht nicht nach, so ordnet das Gericht die Herausgabe an.

(5) Das Gericht soll den Sachverständigen auf seine Pflichten hinweisen.

Gesetzesgeschichte: Eingefügt durch Rechtspflege-Vereinfachungsgesetz vom 17. XII. 1990 (BGBl I 2847).

I. Zweck	1	V. Hinweis auf unerwartet hohe Kosten	5
II. Prüfung der Durchführbarkeit	2	VI. Pflicht zur Herausgabe von Akten, Unterlagen und Untersuchungsergebnissen	7
III. Verbot der Übertragung des Auftrags und Benennung der Mitarbeiter	3	VII. Gerichtlicher Hinweis	9
IV. Klärung des Auftrags	4		

I. Zweck

1 Die durch das Rechtspflege-Vereinfachungsgesetz 1990 eingefügte Vorschrift konkretisiert die Pflicht des Sachverständigen in einigen praktisch wichtigen Punkten. Durch die Hervorhebung dieser Pflichten soll vor allem vermeidbaren Verzögerungen entgegengewirkt werden. Außerdem sollen die Parteien nicht durch unerwartet hohe Kosten überrascht werden. Die in § 407 a enthaltenen Regeln sind nicht als Schutzgesetze iS des § 823 Abs. 2 BGB anzusehen, → vor § 402 Rdnr. 46.

II. Prüfung der Durchführbarkeit

2 Die unverzügliche (§ 121 Abs. 1 S. 1 BGB: ohne schuldhaftes Zögern) Prüfung durch den Sachverständigen, ob er den Auftrag aufgrund seiner Fachkunde allein erledigen kann oder ob dies entweder überhaupt nicht oder nur zusammen mit anderen Sachverständigen möglich ist, soll verhindern, daß der beauftragte Sachverständige erst nach längerer Untätigkeit entsprechende Mitteilungen macht. Die rasche Information versetzt das Gericht in die Lage, weitere Sachverständige hinzuziehen oder einen anderen Sachverständigen zu bestellen (§ 404 Abs. 1 S. 1 und 3). Ein Verstoß des Sachverständigen gegen Abs. 1 kann zum Wegfall seines Entschädigungsanspruchs führen, wenn das Gutachten nicht verwertbar ist (→ § 413 Rdnr. 5) oder jedenfalls ein weiterer Gutachter bestellt werden muß[1].

III. Verbot der Übertragung des Auftrags und Benennung der Mitarbeiter

3 Daß der Sachverständige nicht befugt ist, von sich aus den Auftrag auf eine andere Person zu übertragen, ergibt sich an sich schon aus § 404 Abs. 1 S. 1 (Auswahl durch das Gericht), wurde aber durch § 407 a Abs. 2 S. 1 besonders betont, da in dieser Hinsicht in der Praxis zum Teil Probleme aufgetreten sind. Im Gegensatz zur Übertragung des Auftrags ist die Einschaltung von Mitarbeitern[2] zulässig und in vielen Bereichen auch unumgänglich, →

---

[1] *MünchKommZPO-Damrau* Rdnr. 4.

[2] Krit. zur gesetzlichen Abgrenzung *Baumbach-Lauterbach-Hartmann*[57] Rdnr. 4 f.

auch § 404 Rdnr. 8. Allerdings besteht dabei die Gefahr, daß die Beurteilung der Sachkunde von außen her kaum mehr möglich ist und die Verantwortung für das Gutachten verwischt wird. Abs. 2 S. 2 will dem dadurch entgegenwirken, daß der Sachverständige die von ihm eingesetzten Mitarbeiter benennen muß, soweit es sich nicht nur um untergeordnete Hilfsdienste handelt. Die Benennung braucht nicht vor Beginn der Arbeiten des Sachverständigen und seiner Mitarbeiter zu erfolgen[3]. Es genügt also, wenn bei Abgabe des schriftlichen Gutachtens die Tätigkeit der Mitarbeiter deutlich gemacht wird. Die im schriftlichen Gutachten fehlenden Angaben können bei der mündlichen Anhörung des Sachverständigen nachgeholt werden[4].

IV. Klärung des Auftrags

Abs. 3 S. 1 enthält eine eigentlich selbstverständliche Nebenpflicht des Sachverständigen. Wenn für den Sachverständigen der Inhalt oder der Umfang des ihm erteilten Auftrages unklar sind, so hat er sich unverzüglich um eine Klarstellung durch das Gericht zu bemühen. Eine Rückfrage kann auch deshalb erforderlich sein, weil der Sachverständige Eingriffe in eine Sache (z. B. Konstruktionsöffnungen bei einem Bauwerk) für erforderlich hält. Ordnet das Gericht solche Maßnahmen an[5], so sind sie gleichwohl nur zulässig, wenn der hinsichtlich der betroffenen Sache Verfügungsberechtigte einwilligt[6]; eine Weigerung trotz Zumutbarkeit der Maßnahme kann aber eine Beweisvereitelung (→ § 286 Rdnr. 121, → § 444 Rdnr. 7) darstellen. Daß das Gericht verpflichtet ist, dem Sachverständigen die nötigen Erläuterungen zu geben, ergibt sich aus § 404 a Abs. 1 und 2. Solche Weisungen sind jeweils den Parteien mitzuteilen, § 404 a Abs. 5 S. 1.

4

V. Hinweis auf unerwartet hohe Kosten

Die in Abs. 3 S. 2[7] vorgeschriebene Information über voraussichtlich entstehende Gutachterkosten in unerwarteter Höhe ist für die Parteien insofern wichtig, als sie möglicherweise durch das Kostenrisiko dazu veranlaßt werden, auf die Beweisaufnahme zu verzichten und sich gütlich zu einigen[8]. Denkbar ist auch, daß die Parteien (oder eine Partei) in einem solchen Fall ein weniger aufwendiges Verfahren (etwa unter Nutzung von § 287 Abs. 2 oder § 495 a) anregen[9]. Das Gericht kann, wenn der bisher angeforderte Kostenvorschuß überschritten wird, die Beweisaufnahme von der Einzahlung eines weiteren Vorschusses durch den Beweisführer abhängig machen (§§ 379, 402). Daß die Beweiserhebung durch Sachverständigenbeweis unzulässig wäre, wenn die Kosten außer Verhältnis zum Wert des Streitgegenstands stehen, läßt sich aus Abs. 3 S. 2 nicht entnehmen. Zu dieser allgemeinen Frage → vor § 402 Rdnr. 35. Eine erhebliche Überschreitung des Kostenvorschusses nimmt die Rsp bereits an, wenn die voraussichtlichen Kosten 20 bis 25 % höher liegen[10]. Die Überschreitung des Kostenvorschusses kann auch dadurch zustandekommen, daß der Sachverständige kostspielige Eingriffe in ein Bauwerk (Konstruktionsöffnungen) für erforderlich hält[11], → auch Rdnr. 4.

5

---

[3] Anders noch der Regierungsentwurf (BT-Drucks. 11/3621, S. 6), aus dem aber aufgrund einer Anregung des Bundesrates (BT-Drucks. 11/3621, S. 69; Gegenäußerung der Bundesregierung aaO S. 74) die Worte »vor Beginn ihrer Arbeiten« im Interesse der Praktikabilität gestrichen wurden.
[4] *OLG Frankfurt* VersR 1994, 610, 611.
[5] Die Ausführung ist dann Aufgabe des Sachverständigen, *OLG Frankfurt* NJW 1998, 2834 = BauR 1998, 1052 (krit. *Nittner*).

[6] *OLG Brandenburg* BauR 1996, 432, 434.
[7] Die Regelung gilt auch im FG-Verfahren, *BayObLGZ* 1997, 353, 355 = NJW-RR 1998, 1294.
[8] Vgl. Begr. BT-Drucks. 11/3621, S. 40.
[9] *LG Osnabrück* JurBüro 1996, 153, 154.
[10] *BayObLGZ* 1997, 353, 355 = NJW-RR 1998, 1294; *OLG Zweibrücken* JurBüro 1997, 96, 97; *OLG Schleswig* JurBüro 1997, 539.
[11] *OLG Brandenburg* BauR 1996, 432.

6 Verstößt der Sachverständige schuldhaft gegen die Anzeigepflicht, so hat er eine **Kürzung seiner Entschädigung** hinzunehmen, wobei ihm aber die Rsp eine moderate Überschreitung des Vorschusses zubilligt[12]. Die Kürzung unterbleibt aber, wenn festgestellt werden kann, daß der Sachverständigenauftrag auch bei Hinweis auf die erhöhten Kosten uneingeschränkt geblieben wäre[13].

VI. Pflicht zur Herausgabe von Akten, Unterlagen und Untersuchungsergebnissen

7 Anlaß zu einem gerichtlichen Herausgabeverlangen kann nach Fertigstellung des Gutachtens, aber auch bei dessen Verzögerung oder aus sonstigen Gründen bestehen. Die Herausgabepflicht des Sachverständigen erstreckt sich nach Abs. 4 S. 1 nicht nur auf die ihm überlassenen Gerichtsakten, sondern auch auf Unterlagen, die er selbst für die Begutachtung beigezogen hat. Die Gesetzesbegründung nennt als Beispiele Krankengeschichten, Röntgenaufnahmen, Lichtbilder und sonstige medizinisch-technische Aufzeichnungen[14]. Daß auch die Untersuchungsergebnisse unverzüglich herauszugeben oder mitzuteilen sind, erscheint insofern nicht ganz unproblematisch, als es grundsätzlich in der Verantwortung des Sachverständigen liegt, wie er sein Gutachten begründet und auf welche Ergebnisse er dabei Bezug nimmt. Dem Gesetzgeber schwebte sogar vor, daß Zwischenergebnisse herauszugeben oder mitzuteilen sind, damit gegebenenfalls ein anderer Sachverständiger die Arbeiten fortführen kann[15]. Es wird sich im wesentlichen um Meßergebnisse handeln, weniger dagegen um Zwischenschritte des Gutachtens, deren Isolierung problematisch sein könnte.

8 Abs. 1 S. 1 und 2 sind nicht so zu verstehen, daß das Gericht zuerst die Herausgabe zu verlangen hat und erst bei Erfolglosigkeit dieser Aufforderung die Herausgabe anordnen darf; vielmehr kann (je nach Sachlage) auch sogleich ein Herausgabebeschluß ergehen[16]. Der Herausgabebeschluß ist nicht anfechtbar[17]. Er kann aber auf Gegenvorstellung hin aufgehoben oder abgeändert werden. Die angeordnete Herausgabe der Akten und der Unterlagen kann nach § 409 mit Ordnungsmitteln erzwungen werden. Außerdem ermöglicht § 1 Abs. 1 Nr. 2 b JBeitrO die zwangsweise Wegnahme der Akten und sonstigen Unterlagen aufgrund einer gerichtlichen Herausgabeanordnung nach Abs. 4 S. 2. Zu den sonstigen Unterlagen iS dieser Vorschrift, die ausdrücklich auf § 407 a Abs. 4 S. 2 verweist, sind auch die in Abs. 4 S. 2 (neben den *beigezogenen* Unterlagen) genannten Untersuchungsergebnisse zu zählen[18].

VII. Gerichtlicher Hinweis

9 Der in Abs. 5 vorgesehene Hinweis auf die Pflichten des Sachverständigen wird in allgemeiner Form, auch durch Abdruck des Gesetzestextes[19] mit dem Gutachterauftrag verbunden werden können. Bei einem häufiger zugezogenen Sachverständigen wird dergleichen entbehrlich sein[20]. Es sind aber auch spätere Hinweise, vor allem aus konkretem Anlaß, zulässig. Eine Nichtbeachtung des Abs. 5 stellt keinen Verfahrensfehler dar, auf den sich et-

---

[12] *OLG Celle* NJW-RR 1997, 1295 (20 bis 25 %); *LG Osnabrück* JurBüro 1996, 153 (20 %); *LG Bückeburg* NdsRpfl 1996, 57, 58 (20 %). – *LG Lüneburg* NdsRpfl 1995, 45 billigt sogar das Doppelte des Vorschusses zu.
[13] BayObLGZ 1997, 353 = NJW-RR 1998, 1294 (das Feststellungsrisiko trägt insoweit aber der Sachverständige); *OLG Zweibrücken* JurBüro 1997, 96; *OLG Schleswig* JurBüro 1997, 539; *LG Osnabrück* JurBüro 1996, 322 (abl. *Paul*).
[14] BT-Drucks. 11/3621, S. 40.
[15] BT-Drucks. 11/3621, S. 40.
[16] *MünchKommZPO-Damrau* Rdnr. 16.
[17] *MünchKommZPO-Damrau* Rdnr. 19; *Zöller-Greger*[21] Rdnr. 4.
[18] A.M. *MünchKommZPO-Damrau* Rdnr. 20 u. § 409 Rdnr. 5.
[19] *Zöller-Greger*[21] Rdnr. 5.
[20] Vgl. Begr. BT-Drucks. 11/3621, S. 40.

wa ein Rechtsmittel stützen ließe[21]. Auch kann, selbst wenn der Hinweis nicht erfolgt ist, die Nichtbeachtung von Sachverständigenpflichten zur Aberkennung oder Kürzung der Sachverständigenvergütung führen[22]. In diesem Zusammenhang kann es in besonderen Fällen angezeigt sein, das Verhalten des Gerichts nach § 254 BGB zugunsten des Sachverständigen zu berücksichtigen[23].

§ 408 [Gutachtenverweigerungsrecht]

(1) ¹Dieselben Gründe, die einen Zeugen berechtigen, das Zeugnis zu verweigern, berechtigen einen Sachverständigen zur Verweigerung des Gutachtens. ²Das Gericht kann auch aus anderen Gründen einen Sachverständigen von der Verpflichtung zur Erstattung des Gutachtens entbinden.
(2) ¹Für die Vernehmung eines Richters, Beamten oder einer anderen Person des öffentlichen Dienstes als Sachverständigen gelten die besonderen beamtenrechtlichen Vorschriften. ²Für die Mitglieder der Bundes- oder einer Landesregierung gelten die für sie maßgebenden besonderen Vorschriften.
(3) Wer bei einer richterlichen Entscheidung mitgewirkt hat, soll über Fragen, die den Gegenstand der Entscheidung gebildet haben, nicht als Sachverständiger vernommen werden.

Gesetzesgeschichte: Bis 1900 § 373 CPO. Änderung des Abs. 3 durch die Novelle 1909, des Abs. 2 durch Gesetz vom 27. III. 1930 und durch die Novelle 1950.

I. Die Verweigerung der Gutachtenerstattung	1	II. Die Entbindung von der Sachverständigenpflicht	5
1. Ablehnung durch nicht verpflichtete Personen	1	III. Beamte und Richter als Sachverständige	6
2. Verweigerungsrechte der an sich zur Gutachtenerstattung verpflichteten Personen	2	1. Bereich der Amtsverschwiegenheit	7
		2. Nebentätigkeitsrecht	9
3. Kein Verweigerungsrecht aus Abs. 1 S. 2 oder Abs. 3	4	IV. Frühere Mitwirkung bei einer richterlichen Entscheidung	12

I. Die Verweigerung der Gutachtenerstattung

1. Ablehnung durch nicht verpflichtete Personen

Wer **nicht** nach § 407 zur Erstattung eines Gutachtens **verpflichtet** ist, kann die Begutachtung **ohne Angabe von Gründen** ablehnen.   1

2. Verweigerungsrechte der an sich zur Gutachtenerstattung verpflichteten Personen

Die nach § 407 **zur Gutachtertätigkeit verpflichteten Personen** können gemäß § 408 Abs. 1 S. 1 das Gutachten verweigern, wenn einer der Gründe vorliegt, die nach §§ 383 bis 385 zur Zeugnisverweigerung berechtigen würden[1].   2

---

[21] *Thomas-Putzo*[21] Rdnr. 1.
[22] *MünchKommZPO-Damrau* Rdnr. 23.
[23] A.M. *MünchKommZPO-Damrau* Rdnr. 23.
[1] Zum Aussageverweigerungsrecht des medizinischen Sachverständigen (§ 383 Abs. 1 Nr. 6, → dort Rdnr. 79, 90, 92) s. *K. Müller* Der medizinische Sachverständige 1975, 52; *H.H. Kühne* JZ 1981, 647 (zum Strafprozeß). → auch vor § 402 Rdnr. 20.

3 Wegen des *Verfahrens* → die entsprechend anwendbaren[2] §§ 386 bis 389. Die Entscheidung erfolgt auch im Fall des § 405 durch das Prozeßgericht und erübrigt sich, sofern dieses oder der beauftragte oder ersuchte Richter den Sachverständigen nach § 360 S. 2 und 3, § 404 Abs. 1 S. 3, § 405 durch einen anderen ersetzt oder nach § 408 Abs. 1 S. 2 entläßt. Das Verfahren ist gebührenfrei; wegen der Anwaltsgebühren s. § 37 Nr. 3 BRAGO (zum Rechtszug gehörender Zwischenstreit).

3. Kein Verweigerungsrecht aus Abs. 1 S. 2 oder Abs. 3

4 Die Möglichkeit einer Entbindung von der Sachverständigenpflicht nach Abs. 1 S. 2 oder die Sollvorschrift des Abs. 3 geben **kein Recht** zur Verweigerung der Gutachtenerstattung.

II. Die Entbindung von der Sachverständigenpflicht

5 Das Gericht kann den Sachverständigen auch **aus anderen Gründen von der Verpflichtung entbinden,** um Härten des Sachverständigenzwangs[3] oder Konflikten mit Berufspflichten usw. abzuhelfen, aber auch um den Sachverständigen von der Pflicht zu befreien, wenn ihm die erforderlichen Fachkenntnisse fehlen oder er die Abgabe des schriftlichen Gutachtens verzögert (dazu auch → § 411). Das Gericht – auch der beauftragte oder ersuchte Richter, § 360 S. 3 – kann darüber ohne mündliche Verhandlung entscheiden; die §§ 386 ff. sind hier nicht anwendbar.

III. Beamte und Richter als Sachverständige

6 Bei der **Sachverständigentätigkeit von Beamten und Richtern** – wegen der der Regelung unterstehenden Personen → § 376 Rdnr. 25 ff. – ist zu unterscheiden:

1. Bereich der Amtsverschwiegenheit

7 Soweit die Gutachtertätigkeit in das Gebiet der **Amtsverschwiegenheit** fällt, darf der Beamte als Sachverständiger nur mit Genehmigung seines Dienstvorgesetzten oder nach Beendigung des Beamtenverhältnisses mit Genehmigung seines letzten Dienstvorgesetzten aussagen. Die Genehmigung kann nach § 39 Abs. 3 S. 3 BRRG, § 62 Abs. 2 BBG und den entsprechenden Vorschriften der Landesbeamtengesetze[4] (z. B. § 80 Abs. 2 Baden-Württembergisches LBG i.d.F. vom 19. III. 1996, GBl 286) versagt werden, wenn die Erstattung des Gutachtens *den dienstlichen Interessen Nachteile bereiten würde* (näher → § 376 Rdnr. 1 ff.). – Diese Bestimmungen gelten über § 46 DRiG bzw. die entsprechenden Landesgesetze (z. B. § 8 Baden-Württembergisches LRiG i.d.F. vom 19. VII. 1972, GBl 432) auch für die Richter. Ferner sind die Vorschriften über das Beratungsgeheimnis zu beachten (§ 43 DRiG).

8 Sinngemäß gilt auch hier die Regelung des § 376 Abs. 3, wonach das Prozeßgericht die **Genehmigung einzuholen** hat.

---

[2] Vgl. *OLG Bamberg* BayJMBl 1952, 237.
[3] Vgl. zur Unzumutbarkeit *LG Bochum* NJW 1986, 2890.
[4] Zusammenstellung der Vorschriften → § 376 Rdnr. 70 ff.

2. Nebentätigkeitsrecht

Zu beachten sind ferner die Vorschriften der §§ 64 ff. BBG (auf Richter im Bundesdienst anwendbar über § 46 DRiG) sowie der Ländergesetze über **Nebentätigkeiten**. Darunter können auch gerichtliche Gutachten fallen; eine Ausnahme von der Genehmigungspflicht besteht jedoch nach § 66 Abs. 1 Nr. 4 BBG hinsichtlich der mit Lehr- oder Forschungsaufgaben zusammenhängenden selbständigen Gutachtertätigkeit von Lehrern an öffentlichen Hochschulen oder Hochschulen der Bundeswehr und von Beamten an wissenschaftlichen Instituten und Anstalten. Zu beachten ist aber dabei die *Anzeigepflicht* nach § 52 S. 2 HochschulrahmenG i.V. mit landesrechtlichen Bestimmungen. 9

Soweit der Beamte der Genehmigung bedarf, ist es *seine* Sache, sie einzuholen. Für die Erteilung sind die bundes- und landesrechtlichen Nebentätigkeitsverordnungen maßgebend. 10

Wird dem Beamten die **Genehmigung** versagt, so entfällt damit seine Pflicht zur Erstattung des Gutachtens. 11

IV. Frühere Mitwirkung bei einer richterlichen Entscheidung

Personen, die bei einer **richterlichen Entscheidung mitgewirkt** haben, sollen nach Abs. 3 über Fragen, die den Gegenstand der Entscheidung gebildet haben, nicht als Sachverständige vernommen werden. Die Vorschrift ist namentlich im Interesse der Beisitzer der **Seeämter**[5] eingefügt und bedeutet eine Mahnung an die Gerichte, in solchen Fällen von der Bestellung zum Gutachter abzusehen bzw. den Abs. 1 S. 2 anzuwenden. Die Bestimmung gibt dem Sachverständigen kein Verweigerungsrecht und ihre Nichtbeachtung ist keine Gesetzesverletzung (Sollvorschrift). Richterliche Entscheidung im Sinne des § 408 Abs. 3 ist jede in einem staatlich geordneten oder anerkannten Verfahren ergangene Entscheidung, auch die von Ehren-, Disziplinar- und Schiedsgerichten. 12

§ 409 [Folgen des Nichterscheinens oder der Weigerung]

(1) ¹Wenn ein Sachverständiger nicht erscheint oder sich weigert, ein Gutachten zu erstatten, obgleich er dazu verpflichtet ist, oder wenn er Akten oder sonstige Unterlagen zurückbehält, werden ihm die dadurch verursachten Kosten auferlegt. ²Zugleich wird gegen ihn ein Ordnungsgeld festgesetzt. ³Im Falle wiederholten Ungehorsams kann das Ordnungsgeld noch einmal festgesetzt werden.

(2) **Gegen den Beschluß findet Beschwerde statt.**

Gesetzesgeschichte: Bis 1900 § 374 CPO. Abs. 3 aF aufgehoben durch Gesetz vom 17. VIII. 1920 (RGBl 1579). Die Bezeichnung der Sanktion, die Abs. 1 vorsieht, wurde geändert durch die Neubekanntmachung der ZPO nach der Novelle 1924 (»Geldstrafe« ersetzt durch »Ordnungsstrafe«) sowie durch das EinführungsG zum StGB vom 2. III. 1974 (BGBl I 469) (»Ordnungsstrafe« ersetzt durch »Ordnungsgeld«). Abs. 1 S. 1 neu gefaßt durch Rechtspflege-Vereinfachungsgesetz vom 17. XII. 1990 (BGBl I 2847).

---

[5] Die Anwendung des § 408 Abs. 3 ist auch dann gerechtfertigt, wenn man die Seeämter nicht als Gerichte ansieht (gegen die Gerichtsqualität des Bundesoberseeamts *BVerwG* JZ 1970, 137 [*Schick*]). § 408 Abs. 3 will die Zuziehung von Personen verhindern, die sich in der Sache schon in einer Entscheidung festgelegt haben und denen es daher möglicherweise an der Unbefangenheit fehlt. Dieser sachliche Grund ist von der Gerichtseigenschaft unabhängig.

I. Voraussetzungen der Sanktionen	1	1. Höhe	3
1. Nichterscheinen	1	2. Besonderheiten	4
2. Weigerung	2	III. Wiederholter Ungehorsam	7
3. Nichtrückgabe von Akten oder sonstigen Unterlagen	2a	IV. Anfechtung	8
II. Festsetzung von Ordnungsgeld gegen Sachverständige	3	V. Hinweis	9

I. Voraussetzungen der Sanktionen

1. Nichterscheinen

1 Die **Verhängung von Sanktionen wegen Nichterscheinens** findet nur statt, wenn ein nach § 407 verpflichteter Sachverständiger[1] nach ordnungsgemäßer Ladung (§ 377 Abs. 1 und 2) nicht erscheint, ohne die Weigerung gemäß § 386 Abs. 3 im voraus zu erklären. Dies gilt nicht bei (auch nachträglicher) hinreichender **Entschuldigung**[2], näher → § 381.

2. Weigerung

2 Die **Verhängung von Sanktionen wegen Weigerung** tritt ein, wenn der nach § 407 verpflichtete Sachverständige ohne Angabe eines Weigerungsgrundes oder nach rechtskräftiger Verwerfung des angegebenen Grundes (→ § 408 Rdnr. 3) die Abgabe des Gutachtens oder die Eidesleistung (→ § 410 Rdnr. 9) verweigert. Wegen Verschleppung der Abgabe eines schriftlichen Gutachtens s. § 411 Abs. 2. Die Verhängung des Ordnungsgeldes (nicht die Verwerfung der Verweigerung, → § 408 Rdnr. 3) kann auch durch den mit der Beweisaufnahme betrauten Richter ausgesprochen werden, § 400.

3. Nichtrückgabe von Akten oder sonstigen Unterlagen

2a Die Sanktionen des § 409 gelten auch, wenn der Sachverständige einer gerichtlichen Anordnung, Akten sowie beigezogene Unterlagen oder auch Untersuchungsergebnisse[3] herauszugeben (→ § 407 a Rdnr. 7 f.), nicht rechtzeitig nachkommt.

II. Festsetzung von Ordnungsgeld gegen Sachverständige

1. Höhe

3 Das Ordnungsgeld beträgt 5 bis 1000 DM, Art. 6 Abs. 1 S. 1 EGStGB.

2. Besonderheiten

4 Gegenüber den für Zeugen geltenden Bestimmungen (§§ 380, 390) bestehen folgende Unterschiede:

5 a) Kann das Ordnungsgeld nicht beigetrieben werden, so ist **keine Verurteilung zur Ordnungshaft** zulässig.

---

[1] *RGZ* 23, 337 f.
[2] *LG Bochum* NJW 1986, 2890.
[3] Diese werden in der Gesetzesbegründung, BT-Drucks. 11/3621, S. 41, ausdrücklich genannt, sind also mit den »sonstigen Unterlagen« im Gesetzestext mitgemeint.

b) Bei wiederholtem Ausbleiben oder wiederholter Weigerung ist **weder die zwangsweise Vorführung noch die Zwangshaft zulässig.** 6

III. Wiederholter Ungehorsam

Der wiederholte Ungehorsam umfaßt das wiederholte Nichterscheinen und die wiederholte Weigerung, aber auch die Weigerung nach Nichterscheinen und umgekehrt. Voraussetzung der erneuten Bestrafung ist, daß der Beschluß über das erste Ordnungsmittel durch Verkündung oder Zustellung *erlassen*, wenn auch nicht *vollzogen* ist, → § 411 Fn. 9. Die Sanktion kann dann aber nur »noch einmal«, also nicht zum dritten usw. Mal verhängt werden[4], → § 380 Rdnr. 30. Gleiche Höhe des Ordnungsgeldes wird nicht verlangt. Mit der zweiten Sanktion ist das Verfahren gegen den Sachverständigen im Fall des Ausbleibens wie in dem der Weigerung zu Ende. – Wegen wiederholter Fristversäumnis bei schriftlicher Begutachtung → § 411 Rdnr. 8. 7

IV. Anfechtung

Gegen den Beschluß findet nach Abs. 2 die (einfache) Beschwerde statt; → auch § 411 Rdnr. 9. Die Beschwerde hat aufschiebende Wirkung gemäß § 572 Abs. 1. 8

V. Im übrigen ist auf die **Bemerkungen zu §§ 380, 381 und 390** zu verweisen. 9

§ 410 [Beeidigung]

(1) ¹**Der Sachverständige wird vor oder nach Erstattung des Gutachtens beeidigt.** ²**Die Eidesnorm geht dahin, daß der Sachverständige das von ihm erforderte Gutachten unparteiisch und nach bestem Wissen und Gewissen erstatten werde oder erstattet habe.**

(2) **Ist der Sachverständige für die Erstattung von Gutachten der betreffenden Art im allgemeinen beeidigt, so genügt die Berufung auf den geleisteten Eid; sie kann auch in einem schriftlichen Gutachten erklärt werden.**

Gesetzesgeschichte: Bis 1900 § 375 CPO. Abs. 1 geändert durch die Novelle 1909, Abs. 2 (→ auch Rdnr. 10) geändert durch die Novelle 1924. Bei der Neubekanntmachung 1950 wurde Abs. 1 S. 1 ohne inhaltliche Änderung sprachlich neu gefaßt.

I. Notwendigkeit der Beeidigung	1		4. Verfahren bei Abnahme des Eides	8
1. Gerichtliches Ermessen	1		5. Verweigerung der Eidesleistung	9
2. Behördengutachten	3		III. Berufung auf den geleisteten Eid bei allgemeiner Beeidigung	10
3. Bedeutung für die Sachverständigenhaftung	4		1. Gesetzesentwicklung	10
II. Vor- und Nacheid, Verfahren	5		2. Voraussetzungen	11
1. Wahlmöglichkeit des Gerichts	5		IV. Verfahrensverstöße	14
2. Eid bei schriftlicher Begutachtung	6		V. Arbeitsgerichtliches Verfahren	15
3. Eid bei Zeugen- und Sachverständigeneigenschaft	7			

---

[4] Ausführlich *OLG Celle* OLGZ 1975, 372 = NdsRpfl 1975, 242. – A.M. *K. Müller*[3] (vor § 402 Fn. 1) Rdnr. 434, 443; *Baumbach-Lauterbach-Hartmann*[57] Rdnr. 4; *Zöller-Greger*[21] Rdnr. 2.

I. Die Notwendigkeit der Beeidigung

1. Gerichtliches Ermessen

1   Für die Frage, ob der Sachverständige zu beeidigen ist, gelten nach § 402 i.V.m. § 391 die gleichen Regeln wie beim Zeugenbeweis. Danach ist der Sachverständige zu beeidigen, wenn das Prozeßgericht (das Kollegium oder der Einzelrichter) dies mit Rücksicht auf die Bedeutung des Gutachtens oder zur Herbeiführung einer wahrheitsgemäßen Äußerung für geboten erachtet. Die Beeidigung steht damit **im pflichtgemäßen Ermessen des Gerichts**[1].

2   Im **Regelfall** wird, da der Beweiswert des Gutachtens in der mehr oder weniger überzeugenden Kraft der Darlegung liegt, **kein Anlaß zur Beeidigung** bestehen[2]. Anders ist es, wenn das Gutachten zum wesentlichen Teil auf eigenen Beobachtungen des Sachverständigen aufbaut, → vor § 402 Rdnr. 15; hier kann besonders die Rücksicht auf die betroffene Partei, → § 391 Rdnr. 3, die Beeidigung als geboten erscheinen lassen. Zur Auswirkung der Beeidigung auf die Haftung des Sachverständigen → vor § 402 Rdnr. 47 f. Bei beiderseitigem **Verzicht** der Parteien, s. § 391 Schlußhalbs., hat die Beeidigung zu unterbleiben, auch soweit es sich um eine Beweisaufnahme von Amts wegen handelt. Zur Beeidigung durch den beauftragten oder ersuchten Richter → § 391 Rdnr. 20 f.

2. Behördengutachten

3   Soweit ein **Behördengutachten** von einem *einzelnen Beamten* im Namen der Behörde erstellt wurde, bestehen keine Bedenken, ihn auch zu beeidigen. Anders ist es, wenn das Gutachten einer *Kollegialbehörde* (vgl. § 256 Abs. 2 StPO) von einem von der Behörde benannten Vertreter erläutert wird (→ § 411 Rdnr. 23). Nach dem Sinn des Eides muß hier die Beeidigung des Vertreters unterbleiben[3], da es sich nicht um *sein* (d. h. um ein von ihm allein erstattetes) Gutachten handelt, so daß er als Einzelperson nicht die Verantwortung dafür trägt.

3. Bedeutung für die Sachverständigenhaftung

4   Zur Frage, ob § 410 als **Schutzgesetz i.S. des § 823 Abs. 2 BGB** angesehen werden kann, → vor § 402 Rdnr. 46.

II. Vor- und Nacheid, Verfahren

1. Wahlmöglichkeit des Gerichts

5   Während beim Zeugen nach § 392 S. 1 nur der Nacheid zulässig ist, läßt § 410 Abs. 1 S. 1 dem Gericht die **freie Wahl zwischen Vor- und Nacheid** des Sachverständigen. Es bedarf insoweit keines besonderen Gerichtsbeschlusses. Wird die Vernehmung dem beauftragten oder ersuchten Richter übertragen, so kann das Prozeßgericht zugleich die Wahl der Eidesform treffen; anderenfalls steht sie dem beauftragten oder ersuchten Richter zu.

---

[1] *BGH* NJW 1998, 3355; *BayObLG* FamRZ 1991, 618, 619.
[2] *RG* HRR 1937, 868 (a.E.); HRR 1939, 385 = DR 1939, 185.
[3] Ebenso *Jessnitzer-Frieling*[10] (vor § 402 Fn. 1) Rdnr. 97, 525; *Leineweber* MDR 1980, 7, 9. S. auch *Löwe-Rosenberg-Gollwitzer* StPO[24] § 256 Rdnr. 60 (Eid nicht als Vertreter der Kollegialbehörde, jedoch dann, wenn sich der Behördenvertreter das Gutachten persönlich zu eigen macht). – A.M. wohl *Kleinknecht/Meyer-Goßner* StPO[44] § 83 Rdnr. 5; *KMR-Paulus* StPO[8] § 256 Rdnr. 33; *Eb. Schmidt* Lehrkomm. zur StPO II (1957), § 256 Rdnr. 13.

2. Eid bei schriftlicher Begutachtung

Wird **schriftliche Begutachtung angeordnet,** so ergibt sich die Form des Einzeleides von selbst dadurch, ob die persönliche Vernehmung (→ § 411 Rdnr. 1 f., 3, 10 ff.) vor oder nach Erstattung des Gutachtens stattfindet. Der *vor* der mündlichen Vernehmung geleistete Voreid deckt auch das nachher erstattete schriftliche Gutachten[4]. Wird der Sachverständige zunächst mündlich ohne Beeidigung vernommen und dann erst eine schriftliche Gutachtenerstattung angeordnet, so muß die Eidesnorm sowohl auf das schon mündlich abgegebene als auch auf das noch zu erstattende Gutachten Bezug nehmen, wenn beide durch den Eid gedeckt sein sollen.

6

3. Eid bei Zeugen- und Sachverständigeneigenschaft

Ist eine Person **zugleich Zeuge und Sachverständiger** (→ § 414 Rdnr. 4), so ist zur Vermeidung doppelter Eidesleistung der Nacheid zu wählen. – Die **Wahrnehmungen**, die der Sachverständige als solcher gemacht hat, werden durch den Sachverständigeneid gedeckt[5], → vor § 402 Rdnr. 15. Dagegen erstreckt sich der Sachverständigeneid nicht auf die Antworten auf die **Generalfragen**[6] (Fragen zur Person usw., § 395 Abs. 2).

7

4. Verfahren bei Abnahme des Eides

Die **Form des Eides** ergibt sich aus § 410 verbunden mit § 481. Über das Verfahren bei Abnahme des Eides → §§ 478 ff. Zum Dolmetschereid → § 189 GVG. Bei **wiederholter Vernehmung** genügt die Berufung auf den geleisteten Eid nach §§ 398 Abs. 3, 402, → § 398 Rdnr. 16 ff.

8

5. Verweigerung der Eidesleistung

Bei einer nicht berechtigten **Verweigerung der Eidesleistung** gilt § 409. Die Gleichstellung mit der Nichtabgabe des Gutachtens folgt aus § 390 Abs. 1, der durch § 409 nur modifiziert wird.

9

III. Berufung auf den geleisteten Eid bei allgemeiner Beeidigung

1. Gesetzesentwicklung. – Durch § 20 VO GVG (v. 20. III. 1935, RGBl I 403) war die Einrichtung der allgemeinen Beeidigung beseitigt worden. Die Novelle 1950 (Art. 8 Nr. 7) hat den § 20 VO GVG aufgehoben; damit ist die allgemeine Beeidigung wieder zulässig geworden[7].

10

---

[4] *OLG Jena* SeuffArch 66 (1911), 418.
[5] RGZ 9, 375, 379; Gruchot 34 (1890), 752; RGSt 30, 3; *Stein* Das private Wissen (1893), 67; *Hegler* AcP 104 (1909), 287. Soweit der Sachverständige dagegen über Wahrnehmungen berichtet, die er unabhängig von seinem Begutachtungsauftrag (z. B. schon vorher) gemacht hat, ist er Zeuge und gegebenenfalls als solcher zu beeidigen, *OLG Hamm* NJW 1954, 1820; *Eb. Schmidt* (Fn. 3) § 79 Rdnr. 8; *Löwe-Rosenberg-Dahs* StPO[24] § 79 Rdnr. 20; *Schmidhäuser* ZZP 72 (1959), 400; *Karlsruher Komm.-StPO-Pelchen*[3] § 79 Rdnr. 7. – A. M. RGSt 43, 439; 44, 12.
[6] RGSt 12, 128; 20, 235; *Löwe-Rosenberg-Dahs* StPO[24] § 79 Rdnr. 16; *Karlsruher Komm.-StPO-Pelchen*[3] § 79 Rdnr. 7.
[7] Die durch § 20 VO GVG seinerzeit aufgehobenen Ländervorschriften sind durch die Aufhebung des § 20 VO GVG nicht von selbst wieder aufgelebt, doch können neue Vorschriften über die allgemeine Beeidigung geschaffen werden, vgl. *Jessnitzer-Frieling*[10] (vor § 402 Fn. 1) 34 Fn. 37; *Wieczorek*[2] A III a. S. z. B. das Bayerische G über öffentlich bestellte und beeidigte Sachverständige v. 11. X. 1950, BayRS 701-1-W; die Bremer VO über die öffentliche Bestellung und Vereidigung von Sachverständigen (v. 23. V. 1977, GBl 253).

2. Voraussetzungen

11   Ist ein Sachverständiger für die Erstattung von Gutachten der betreffenden Art **allgemein beeidigt,** so genügt gemäß Abs. 2 die Berufung auf den geleisteten Eid (nicht ein bloßer Hinweis des Gerichts darauf)[8] anstatt besonderer Beeidigung in demselben Umfang, wie sonst der Sachverständigeneid zu leisten ist[9]. Voraussetzung ist aber, daß das Gericht überhaupt die Beeidigung angeordnet hat[10]. Die Berufung auf den allgemeinen Dolmetschereid (§ 189 Abs. 2 GVG) genügt nicht, wenn eine Tätigkeit als Sachverständiger (→ vor § 402 Rdnr. 1) vorliegt[11]. Die allgemeine Beeidigung muß durch die hierzu landesgesetzlich berufene Behörde, nicht notwendig durch ein Gericht, erfolgt sein[12]. Sie ist mit der öffentlichen Bestellung (→ § 404 Rdnr. 15) nicht identisch, läuft aber vielfach damit parallel. Das Landesrecht hat auch zu bestimmen, ob die Beeidigung nur für einen bestimmten Bezirk oder für das ganze Land wirkt[13] und für welche Zeitdauer sie erfolgt[14].

12   Die Berufung auf den geleisteten Eid kann nach Abs. 2, 2. HS auch in dem **schriftlichen Gutachten**[15] erklärt werden[16]. In strafrechtlicher Hinsicht ist die Berufung auf den allgemein geleisteten Eid der Ableistung eines Eides gleichgestellt, § 155 Nr. 2 StGB.

13   Eine **Verpflichtung,** statt der Beeidigung die Berufung auf den geleisteten Eid abzugeben, **besteht nicht;** wenn sich der Sachverständige weigert, kann er zu einem Gerichtstermin zur Vereidigung geladen werden, während die Festsetzung eines Ordnungsgeldes unzulässig ist[17].

IV. Verfahrensverstöße

14   Das Ermessen hinsichtlich der Beeidigung kommt auch dem Berufungsgericht zu; die Beeidigung kann also in der **Berufungsinstanz** nachträglich angeordnet werden. Das **Revisionsgericht** ist dagegen auf die Nachprüfung beschränkt, ob die untere Instanz die Grenzen ihres Ermessens verkannt hat[18]. – Hatte das Gericht die Beeidigung beschlossen, ist aber statt des Sachverständigeneides der Zeugeneid abgenommen worden, so gilt der Sachverständige als nicht vereidigt.

15   V. Zur Beeidigung im **arbeitsgerichtlichen Verfahren** → § 391 Rdnr. 35.

§ 411   [Schriftliche Gutachtenerstattung]

(1) ¹Wird schriftliche Begutachtung angeordnet, so hat der Sachverständige das von ihm unterschriebene Gutachten auf der Geschäftsstelle niederzulegen. ²Das Gericht kann ihm hierzu eine Frist bestimmen.

---

[8] *RGZ* 9, 377.
[9] Vgl. *RGSt* 30, 33.
[10] *Peters* NJW 1990, 1832. – A.M. *Jessnitzer* DS (Der Sachverständige) 1991, 38, 39; *Müller* Der Sachverständige³ (1988) Rdnr. 482.
[11] *BGH* NStZ 1998, 158, 159 = NJW 1998, 1087 (LS).
[12] Vgl. § 7 i.V. mit § 1 Abs. 1 der Bremer VO über die öffentliche Bestellung und Vereidigung von Sachverständigen v. 23.V. 1977 (GBl 253).
[13] *RGSt* 37, 364 nahm z.B. für das frühere Preußen Beschränkung auf den Gerichtsbezirk an.

[14] Vgl. *RGSt* 29, 300f. (Wirksamkeit des Eides endet mit Wegfall der öffentlichen Bestellung).
[15] Räumlicher Zusammenhang ist damit nicht gefordert; die Erklärung in einem besonderen Schriftstück genügt, sofern sich nur einwandfrei erkennen läßt, auf welches Gutachten sich die Erklärung bezieht.
[16] Ein Stempel »öffentl. best. u. vereid. Sachverständiger« bzw. ein entsprechender maschinenschriftlicher Zusatz unter der Unterschrift des Sachverständigen genügt dazu nicht, vgl. *OLG München* VersR 1984, 590.
[17] *LG Frankfurt* MDR 1989, 75.
[18] *RG* HRR 1939, 385 = DR 1939, 185.

(2) ¹Versäumt ein zur Erstattung des Gutachtens verpflichteter Sachverständiger die Frist, so kann gegen ihn ein Ordnungsgeld festgesetzt werden. ²Das Ordnungsgeld muß vorher unter Setzung einer Nachfrist angedroht werden. ³Im Falle wiederholter Fristversäumnis kann das Ordnungsgeld in der gleichen Weise noch einmal festgesetzt werden. ⁴§ 409 Abs. 2 gilt entsprechend.

(3) Das Gericht kann das Erscheinen des Sachverständigen anordnen, damit er das schriftliche Gutachten erläutere.

(4) ¹Die Parteien haben dem Gericht innerhalb eines angemessenen Zeitraums ihre Einwendungen gegen das Gutachten, die Begutachtung betreffende Anträge und Ergänzungsfragen zu dem schriftlichen Gutachten mitzuteilen. ²Das Gericht kann ihnen hierfür eine Frist setzen; § 296 Abs. 1, 4 gilt entsprechend.

Gesetzesgeschichte: Bis 1900 § 376 CPO. Änderung des Abs. 1 durch die Novelle 1924 und das Gesetz vom 9.VII.1927 (RGBl I 175). Abs. 2 neu gefaßt durch das EinführungsG zum StGB vom 2.III.1974 (BGBl I 469). Abs. 4 angefügt durch Rechtspflege-Vereinfachungsgesetz vom 17.XII.1990 (BGBl I 2847).

I. Mündliche Gutachtenerstattung 1	IV. Erläuterung des schriftlichen Gutachtens 10
1. Zuständigkeit für die Vernehmung 1	1. Ermessen bei der Anordnung von Amts wegen 10
2. Durchführung 2	2. Fragerecht der Parteien, Pflicht zur Ladung 11
II. Anordnung schriftlicher Begutachtung 3	3. Durchführung 14
III. Verfahren bei schriftlicher Begutachtung 4	V. Zeitliche Schranken für Einwendungen und Anträge der Parteien 15
1. Niederlegung des Gutachtens 4	VI. Sonderfälle 19
2. Berufung auf den allgemein geleisteten Eid 5	1. Beiziehung vorhandener Gutachten 19
3. Mündliche Verhandlung 6	2. Privatgutachten 20
4. Ordnungsgeld bei nicht rechtzeitiger Erstattung 7	3. Behördengutachten 21

I. Mündliche Gutachtenerstattung

1. Zuständigkeit für die Vernehmung

Der Sachverständigenbeweis kann nach § 402 i.V.m. §§ 394 ff. durch **Vernehmung** des Sachverständigen, also durch *mündliche Gutachtenerstattung*, erhoben werden. Die Vernehmung und gegebenenfalls (§§ 391, 410) die Beeidigung obliegen dem *Prozeßgericht* (Kollegium oder Einzelrichter). Die Übertragung auf einen beauftragten oder ersuchten Richter ist nur nach Maßgabe des § 375 zulässig. Zur zulässigen Anordnung und Durchführung der Begutachtung **vor der mündlichen Verhandlung** → § 358 a Rdnr. 34.

2. Durchführung

Für die **Durchführung** der mündlichen Gutachtenerstattung gelten die §§ 394 ff. entsprechend; zur Nichtanwendbarkeit des § 394 Abs. 1 → § 402 Rdnr. 6. Die Ladung des Sachverständigen erfolgt nach § 377 Abs. 1 und 2. Der geladene Sachverständige ist nicht berechtigt, einen Vertreter oder Mitarbeiter zu schicken[1]. Hat das Gericht eine **gemeinsame Begutachtung durch mehrere Sachverständige** angeordnet (→ § 404 Rdnr. 9), so müssen al-

---

[1] Vgl. *Hanack* NJW 1961, 2044.

le Sachverständigen vor Gericht auftreten und das Gutachten erstatten[2]. Eine **gemeinsame Vernehmung** mehrerer Gutachter ist zulässig, → § 402 Rdnr. 6.

II. Anordnung schriftlicher Begutachtung

3   Aufgrund des § 411 *kann*[3] das Gericht (auch noch nach mündlicher Vernehmung) **ohne besondere Voraussetzungen** eine **schriftliche Begutachtung anordnen**. Für diese Anordnung ist es unerheblich, ob die Parteien ihr Einverständnis dazu geben oder nicht. Die schriftliche Begutachtung wird sehr häufig angebracht sein, insbesondere wenn die Haupttätigkeit des Sachverständigen auf dem Gebiet der technischen oder naturwissenschaftlichen (z.B. chemischen, medizinischen) Untersuchung, der Buchprüfung oder Statistik liegt und bei der Vernehmung nach Lage des Falles im wesentlichen nur die Ergebnisse der Untersuchung mitgeteilt werden könnten. Auch eine entsprechende Anwendung der ausschließlich auf den Zeugenbeweis zugeschnittenen Vorschrift des § 377 Abs. 3 kommt nicht in Frage. Zur Anordnung und Durchführung der Begutachtung bereits **vor der mündlichen Verhandlung** → § 358 a Rdnr. 34.

III. Verfahren bei schriftlicher Begutachtung

1. Niederlegung des Gutachtens

4   Das schriftliche Gutachten ist *auf der Geschäftsstelle* des Prozeßgerichts bzw. des ersuchten Richters formlos »niederzulegen«. Damit ist die gegenständliche Überlassung des Gutachtentextes für die Gerichtsakten gemeint. Weder ist persönliche Übergabe erforderlich, noch auch Überreichung gerade an die Geschäftsstelle. Das Gutachten kann z.B. mit der Post übersandt werden. Zur Unterzeichnung bei Einschaltung von Mitarbeitern → § 404 Rdnr. 8. Einer Beglaubigung der Unterschrift bedarf es nicht; etwaige Zweifel an der Echtheit können nach Abs. 3 oder in anderer Weise behoben werden[4]. Erklärung zu Protokoll der Geschäftsstelle findet nicht statt. Das Gericht kann eine **Frist** zur Erstattung des Gutachtens festsetzen.

2. Berufung auf den allgemein geleisteten Eid

5   Die Berufung des **allgemein beeidigten Sachverständigen** auf den geleisteten Eid kann nach § 410 Abs. 2 auch im schriftlichen Gutachten erklärt werden. Dagegen gibt es keine Rechtsgrundlage dafür, eine **eidesstattliche Versicherung** der Richtigkeit des Gutachtens zu verlangen[5]. Man kann nicht davon ausgehen, daß das Gericht immer dann, wenn es zur Vereidigung befugt ist, sich statt dessen mit einer eidesstattlichen Versicherung begnügen darf. Auch bei der schriftlichen Zeugenaussage ist seit der Neufassung des § 377 (1990) die eidesstattliche Versicherung nicht mehr vorgesehen, → § 377 Rdnr. 35.

---

[2] *BGH* LM § 355 Nr. 2.
[3] Die Justizverwaltungen können die schriftliche Begutachtung nicht vorschreiben, um Rechtshilfekosten (durch mündliche Gutachtenerstattung vor einem ersuchten Richter) zu ersparen, *RGZ* 69, 371; *RG* JW 1909, 22; *OLG Hamburg* OLG Rsp 9 (1904), 440.

[4] *RGZ* 9, 375.
[5] *Jessnitzer* DS (Der Sachverständige) 1991, 38; *Jessnitzer-Frieling*[10] (vor § 402 Fn. 1) Rdnr. 480; *Zöller-Greger*[21] Rdnr. 4; a.M. *Baumbach-Lauterbach-Hartmann*[57] Rdnr. 3; *Thomas-Putzo*[21] Rdnr. 2; *Rosenberg-Schwab-Gottwald*[15] § 123 IV 4 c.

3. Mündliche Verhandlung

Der **Inhalt** des schriftlichen Gutachtens ist im Termin von den Parteien **vorzutragen**[6] oder nach Maßgabe des § 137 Abs. 3 in Bezug zu nehmen, § 285. Wegen der Entscheidung nach Aktenlage (§ 251a) und derjenigen ohne mündliche Verhandlung (§ 128 Abs. 2) → § 285 Rdnr. 9 ff. Zum **Recht auf Gehör** → vor § 128 Rdnr. 35b ff. (dort vor allem Fn. 166).

4. Ordnungsgeld bei nicht rechtzeitiger Erstattung

Daß bis zur Erstattung des Gutachtens häufig sehr viel Zeit vergeht, stellt eine wichtige Ursache der **Prozeßverzögerung** dar[7]. Das Gericht sollte daher von der Möglichkeit der Fristsetzung Gebrauch machen und sorgfältig auf die **Einhaltung der Frist** achten.

Nach Abs. 2 kann der zur schriftlichen Erstattung des Gutachtens aufgeforderte Sachverständige zur rechtzeitigen Erledigung durch **Ordnungsgeld** angehalten werden. Wegen des Sanktionsrahmens → § 409 Rdnr. 3. Die Festsetzung hat eine Androhung unter Setzung einer **Nachfrist** zur Voraussetzung; eine Fristsetzung bei Übermittlung des Auftrags genügt nicht. Die Verhängung eines Ordnungsgeldes ist nicht zulässig, wenn die Nichteinhaltung der Frist **entschuldigt** ist[8] (entsprechend § 381 Abs. 1). Die zweite Verhängung[9] setzt eine zweite Androhung mit Fristsetzung voraus (»in gleicher Weise«). Wegen des wiederholten Ungehorsams → § 409 Rdnr. 7. Die Versäumung der Nachfrist steht der Weigerung und dem Nichterscheinen gleich; mehr als insgesamt 2 Ordnungsgelder können dem Sachverständigen nicht auferlegt werden. – Zur Befreiung von der Sachverständigenpflicht bei verzögerter Gutachtenerstattung → § 408 Rdnr. 5.

Gegen die Verhängung des Ordnungsgeldes, aber auch bereits gegen die Nachfristsetzung und Androhung des Ordnungsgeldes[10] ist gemäß Abs. 2 S. 4 i.V.m. § 409 Abs. 2 die (einfache) **Beschwerde** statthaft.

IV. Erläuterung des schriftlichen Gutachtens

1. Ermessen bei der Anordnung von Amts wegen

Das Prozeßgericht kann nach Abs. 3 das **Erscheinen des Sachverständigen**[11] anordnen, damit er das schriftliche Gutachten erläutere[12]. Die Anordnung kann ohne vorausgehende mündliche Verhandlung ergehen. Es steht *im pflichtgemäßen Ermessen* des Gerichts, ob es von sich aus von dieser Befugnis Gebrauch machen will[13]. Wenn aber der Sachverständige von einem anderen Sachverhalt ausgegangen ist als dem nach Ansicht des Gerichts zugrunde zu legenden, so ist entweder auf eine schriftliche Ergänzung des Gutachtens hinzuwirken oder der Sachverständige zur mündlichen Erläuterung zu laden[14]. Dasselbe gilt, wenn die Aussagen des Sachverständigen unvollständig sind[15] oder dem Gericht unklar erscheinen[16].

---

[6] BGHZ 35, 370, 373 (Fn. 18).
[7] Vgl. *Baumgärtel* JZ 1971, 446; *Mes* ZRP 1971, 93; *Henke* ZZP 83 (1970), 157.
[8] Zu den Anforderungen an die Entschuldigung *OLG Celle* NJW 1972, 1524.
[9] Ihre Verhängung setzt nicht voraus, daß das erste Ordnungsgeld *vollstreckt* worden ist. Ob die Vollstreckung erfolgt, sollte bei der Ermessensentscheidung über das zweite Ordnungsgeld berücksichtigt werden, *OLG Köln* JMBlNRW 1968, 272.
[10] *OLG München* MDR 1980, 1029 = VersR 1980, 1078.

[11] Nicht dagegen von Hilfskräften bzw. Mitarbeitern, *BVerwG* NJW 1984, 2645.
[12] Wertvolle praktische Hinweise (insbesondere zur Gutachtenerstattung in Bauprozessen) gibt *Bender* DRiZ 1969, 105.
[13] BGHZ 6, 398, 401 (Fn. 18); VRS 23 (1962), 334; RG HRR 1935 Nr. 1549.
[14] *BGH* LM § 286 (B) Nr. 43 = NJW 1981, 2009.
[15] *BGH* NJW 1997, 803.
[16] *BGH* LM § 286 (B) Nr. 45 = MDR 1982, 212.

Eine mündliche Anhörung kann insbesondere geboten sein, wenn Privatgutachten vorgelegt wurden, die zu einem anderen Ergebnis als der gerichtlich bestellte Sachverständige kommen[17]. – Zur erneuten Anhörung in der **Berufungsinstanz** → § 402 Rdnr. 4.

2. Fragerecht der Parteien, Pflicht zur Ladung

11 Neben der Vorschrift des § 411 Abs. 3 sind gemäß § 402 auch die Bestimmungen des § 397 entsprechend anwendbar. Danach sind die **Parteien berechtigt, dem Gutachter Fragen vorlegen zu lassen,** die sie zur Aufklärung der Sache für dienlich halten. Dieses Recht darf den Parteien auch bei schriftlicher Begutachtung nicht genommen werden. Die Rechtsprechung folgert daraus mit Recht, daß **Anträgen** der Parteien auf Ladung des Sachverständigen zum Zweck der Ausübung des Fragerechts **stattgegeben werden muß**[18]. Dies gilt auch im Verfahren der freiwilligen Gerichtsbarkeit[19]. Das Recht der Partei auf Befragung des Sachverständigen ist unabhängig davon, ob das Gericht nach pflichtgemäßem Ermessen gemäß § 411 Abs. 3 das Erscheinen des Sachverständigen anzuordnen hat[20]. Es besteht auch, wenn zur Ermittlung ausländischen Rechts ein (förmliches) Sachverständigengutachten eingeholt wurde[21]. Ist der Sachverständige, der das schriftliche Gutachten erstattet hat, mittlerweile **verstorben,** so muß, wenn eine Partei den Antrag auf Ladung gestellt hat, ein neuer Sachverständiger ernannt werden, damit diesem Fragen zum Inhalt des Gutachtens gestellt werden können[22].

12 Die beantragte Anordnung des Erscheinens des Sachverständigen kann (soweit kein Rechtsmißbrauch vorliegt) nicht mit der Begründung **abgelehnt** werden, es sei davon keine weitere Klärung des Sachverhalts zu erwarten[23] bzw. das schriftliche Gutachten sei ausreichend und überzeugend[24]. Wird ein Antrag einer Partei auf mündliche Erläuterung des Gutachtens vom Gericht völlig übergangen oder kommt ihm das Gericht allein deshalb nicht nach, weil es das Gutachten für überzeugend und nicht erörterungsbedürftig hält, so ist der Anspruch auf rechtliches Gehör (Art. 103 Abs. 1 GG) verletzt[25]. Dasselbe gilt, wenn eine weitere Anhörung abgelehnt wird, obwohl noch nicht alle von der Partei schriftlich vorgelegten und nicht unzulässigen Fragen erörtert werden konnten[26].

13 **Zeitliche Schranken** für den Antrag auf mündliche Erläuterung und die Notwendigkeit, Ergänzungsfragen vorher rechtzeitig mitzuteilen, ergeben sich aus Abs. 4, → Rdnr. 14a ff. Die Ladung des Sachverständigen kann von der Zahlung eines **Auslagenvorschusses** abhängig gemacht werden[27]. Zum Antrag im **selbständigen Beweisverfahren** → § 492 Rdnr. 3. – Es kann auch eine **erneute mündliche Anhörung** geboten sein, so z. B. wenn gegen schriftliche Ergänzungen des Gutachtens neue Bedenken erhoben werden[28].

---

[17] *BGH* NJW-RR 1994, 219; NZV 1997, 72, 73; NJW-RR 1998, 1527; *OLG Köln* NJW 1994, 394.
[18] *BGHZ* 6, 398 = LM Nr. 1 (LS, *Johannsen*) = NJW 1952, 1214; *BGHZ* 24, 9 = LM Nr. 2 (LS, *Johannsen*) = FamRZ 1957, 16; *BGHZ* 35, 370 = LM Nr. 4 = NJW 1961, 2308; VersR 1957, 802; 1968, 257 (auch bei Beweisaufnahme im Rahmen des § 287); *BAG* AP §§ 22, 23 BAT Nr. 16 = Betrieb 1968, 808 = MDR 1968, 529; AP §§ 22, 23 BAT 1975 Nr. 29 (*Zängl*) = BlStSozArbR 1980, 311 = RdA 1980, 181 (LS) (Ablehnung des Antrags kann auch Verstoß gegen Art. 103 Abs. 1 GG darstellen). – Zur Erläuterung des Gutachtens durch einen im Ausland wohnhaften Sachverständigen s. *BGH* LM Nr. 3, Nr. 13 = MDR 1980, 931 = IPRax 1981, 57 (das Gericht muß den Sachverständigen nicht zum Erscheinen zu bewegen versuchen, vielmehr Befragung auf einem der in § 363 vorgesehenen Wege), dazu *Nagel* IPRax 1981, 47.
[19] *BVerfG* FamRZ 1992, 1043; *OLG Hamm* OLGZ 1992, 409 = FamRZ 1992, 1087.
[20] *BGH* NJW-RR 1997, 1487.
[21] *BGH* LM Nr. 11 = NJW 1975, 2142; NJW 1994, 2959; näher → § 293 Rdnr. 43.
[22] *BGH* LM Nr. 12 = NJW 1978, 1633 (LS) = MDR 1978, 829.
[23] *BGHZ* VersR 1961, 415; *BAG* AP §§ 22, 23 BAT Nr. 16 (Fn. 18).
[24] *BGH* NJW 1997, 802; NJW 1998, 162.
[25] *BVerfG* NJW 1998, 2273; s. auch *BVerfG* NJW-RR 1996, 183.
[26] *BGH* LM § 315 BGB Nr. 52a.
[27] *BGH* NJW 1964, 658; *OLG Schleswig-Holstein* SchlHA 1954, 188 (Vorschußpflicht der Partei, die das persönliche Erscheinen verlangt).
[28] *BGH* LM Nr. 18 = NJW 1986, 2886.

3. Durchführung der mündlichen Erläuterung

Für die **Vernehmung** des Sachverständigen gilt das → Rdnr. 1 f. Gesagte. Wichtige Äußerungen des Sachverständigen, insbesondere eine Abweichung von seinem schriftlichen Gutachten, müssen im Protokoll oder in einem Vermerk des Berichterstatters hinreichend klar und vollständig niedergelegt werden, um eine revisionsgerichtliche Überprüfung zu ermöglichen, ob der Sachverständige richtig verstanden wurde[29]. – Sind die Akten noch bei dem um die Einholung des Gutachtens ersuchten *auswärtigen Gericht*, so kann dieses den Termin zur Erläuterung des Gutachtens, sei es auf Antrag, sei es von Amts wegen, von sich aus abhalten. 14

V. Zeitliche Schranken für Einwendungen und Anträge der Parteien

Abs. 4 wurde durch das Rechtspflege-Vereinfachungsgesetz 1990 eingefügt, um Verzögerungen durch Parteieinwendungen und Anträge, vor allem auf Anhörung des Sachverständigen, zu vermeiden, die erst kurz vor dem Verhandlungstermin erfolgen. Die Parteien müssen Einwendungen und Anträge innerhalb eines angemessenen Zeitraums[30] nach Kenntnis von der Niederlegung des schriftlichen Gutachtens auf der Geschäftsstelle mitteilen, ebenso Ergänzungsfragen in hinreichend konkreter Form, wenn auch nicht bis ins einzelne vorformuliert[31], angeben, gleich ob diese schriftlich oder im Rahmen einer beantragten mündlichen Anhörung des Sachverständigen beantwortet werden sollen. Zusatzfragen bei der Anhörung werden dadurch nicht von vornherein ausgeschlossen, vor allem nicht solche, zu denen erst die Äußerungen des Sachverständigen bei der Anhörung Anlaß geben[32]. Die besondere Mitteilung von Einwendungen ist entbehrlich, wenn die Angriffe gegen das Gutachten bereits aus den Schriftsätzen und aus vorgelegten Privatgutachten hervorgehen[33]. 15

Das Gericht kann nach Abs. 4 S. 2 eine **Frist setzen**. Bei deren Bemessung muß auf den Umfang des Gutachtens und die Schwierigkeit der Materie Rücksicht genommen werden, um die Parteirechte nicht zu verkürzen. Nur wenn eine Frist gesetzt wurde, sind verspätete Einwendungen und Anträge, auch der Antrag auf mündliche Erläuterung des Gutachtens, unter den Voraussetzungen des § 296 Abs. 1 (Verzögerung des Rechtsstreits, keine angemessene Entschuldigung) zurückzuweisen. Auch ein nach Ablauf der gesetzten Frist und erst zwei Tage vor dem Verhandlungstermin gestellter Antrag kann nach Ansicht des BGH[34] (→ aber dagegen § 296 Rdnr. 60) nicht durch Teilurteil zurückgewiesen werden, wenn seine Zulassung nicht zur Verzögerung des Rechtsstreits im ganzen führt. Eine sonstige Verkürzung des Fragerechts, etwa allein wegen des Umfangs (zulässiger) Fragen, ist nicht zulässig[35]. 16

Für die Rechtzeitigkeit der Ablehnung des Sachverständigen ist die Frist nach Abs. 4 S. 2 nicht maßgebend, → § 406 Rdnr. 19. 17

Wurde einem in erster Instanz rechtzeitig gestellten Antrag auf Ladung des Sachverständigen zur mündlichen Anhörung nicht entsprochen, so muß das **Berufungsgericht** dem in zweiter Instanz wiederholten Antrag stattgeben[36]. Aber auch wenn eine Partei in erster Instanz das Recht auf Anordnung des Erscheinens des Sachverständigen verloren hat, muß das Gericht in zweiter Instanz prüfen, ob die Ladung des Sachverständigen von Amts wegen 18

---

[29] *BGH* NJW 1995, 779.
[30] Die Angemessenheit hat sich vor allem an der Schwierigkeit des Sachverhalts zu orientieren. Beispiele aus dem selbständigen Beweisverfahren → § 492 Fn. 3; im gewöhnlichen Prozeß sollte der Maßstab eher strenger sein.
[31] Vgl. *BVerwG* NJW 1996, 2318; *OLG Köln* BauR 1995, 885.
[32] Vgl. Begr. BT-Drucks. 11/3621, S. 41.
[33] *BGH* NZV 1997, 72, 73.
[34] *BGH* NJW-RR 1997, 1487, 1488.
[35] *BGH* LM § 315 BGB Nr. 50 a.
[36] *BGH* NJW 1996, 788 = LM § 397 Nr. 11; NJW 1997, 802, 803.

(§ 411 Abs. 3) geboten ist[37]. Anlaß zu einer mündlichen Anhörung von Amts wegen kann – trotz Verlusts des Antragsrechts nach Abs. 4 – neuer substantiierter Parteivortrag, auch ein Privatgutachten, geben[38]. Eine erstmals in der Berufungsinstanz beantragte Anhörung ist nicht geboten, wenn es um unerhebliche oder eindeutig beantwortete Fragen ohne jeden Erläuterungsbedarf geht[39].

VI. Sonderfälle

1. Beiziehung vorhandener Gutachten

19   Das Gericht kann (sowohl auf Antrag als auch von Amts wegen) bereits **vorhandene schriftliche Gutachten** (aus anderen Prozessen oder Verwaltungsverfahren) zuziehen und verwerten, dazu → § 284 Rdnr. 34 und → vor § 402 Rdnr. 54 f. Der äußeren Form nach liegt hier ein *Urkundenbeweis*[40] vor; es findet weder eine Vernehmung noch eine Beeidigung statt. Soweit dies für erforderlich gehalten wird, muß der Gutachter im jetzigen Prozeß zum Sachverständigen ernannt werden.

2. Privatgutachten

20   Von den Parteien vorgelegte **Privatgutachten** sind als Teil des Parteivorbringens zu behandeln, näher → vor § 402 Rdnr. 56 ff. Um einen Sachverständigenbeweis im Sinne des Gesetzes handelt es sich dabei nicht. Daher haben die Parteien **kein Recht, die persönliche Vernehmung des Privatgutachters zu verlangen** und ihm Fragen zu stellen[41]. Nur bei *Einverständnis beider Parteien* ist das Privatgutachten ebenso wie das Gutachten eines gerichtlich ernannten Sachverständigen zu würdigen, → vor § 402 Rdnr. 58. In einem solchen Fall ist entsprechend dem → Rdnr. 11 Gesagten ein Recht der Parteien auf Anordnung der persönlichen Vernehmung zu bejahen[42]. Der bisherige Privatgutachter sollte dann zum gerichtlichen Sachverständigen ernannt werden.

3. Behördengutachten

21   Wird vom Gericht die Einholung eines **Behördengutachtens** angeordnet, so handelt es sich dabei um einen **echten Sachverständigenbeweis,** → § 404 Rdnr. 11. Auch hier sind die oben dargestellten allgemeinen Regeln sachgerecht, wonach es im Ermessen des Gerichts liegt, ob die Begutachtung mündlich oder schriftlich durchgeführt wird.

22   Das **Fragerecht der Parteien** besteht auch bei einem Behördengutachten. Zur sog. amtlichen Auskunft → vor § 373 Rdnr. 57. Soweit bei einem Behördengutachten die mündliche Erstattung bzw. die mündliche Erläuterung des schriftlichen Gutachtens angezeigt erscheint, ist diejenige natürliche Person zu laden, die das Gutachten erstellt hat (→ § 404 Rdnr. 11)[43].

23   Beim Gutachten einer **Kollegialbehörde** empfiehlt sich die entsprechende Anwendung des § 256 Abs. 2 StPO (gerichtliches Ersuchen an die Behörde, eines ihrer Mitglieder mit der Vertretung zu beauftragen). Wegen der Besonderheiten eines solchen Gutachtens wird man

---

[37] *BGH* NJW-RR 1997, 1487; NJW 1992, 1459.
[38] *BGH* NJW-RR 1998, 1527.
[39] *OLG Oldenburg* NJW-RR 1999, 178, 179.
[40] → vor § 402 Rdnr. 54.
[41] *BGH* VRS 26 (1964), 86; VersR 1962, 231.
[42] Ebenso *BGH* VersR 1967, 585, wenn sich das Gericht auf die Darlegungen des Privatgutachters stützen will. Nach der hier vertretenen Ansicht (→ vor § 402 Rdnr. 58) kann das Privatgutachten nur bei Einverständnis beider Parteien als Sachverständigengutachten verwertet werden.
[43] A.M. *OLG Celle* NJW 1973, 203 zum Kostengutachten des Vorstands der Rechtsanwaltskammer, weil es sich dabei nicht um ein Gutachten i.S. des Sachverständigenbeweises handle.

aber mit dem BGH[44] nach gerichtlichem Ermessen statt einer Ladung auch eine gerichtliche Aufforderung zulassen müssen, schriftlich auf Fragen zu antworten, da dann eine Stellungnahme des Kollegialorgans erlangt werden kann. Die Partei hat also in solchen Fällen kein Recht auf Ladung; sie muß außerdem nach Kenntnis des Gutachtens ihre Einwände dem Gericht mitteilen[45]. – Zur Beeidigung → § 410 Rdnr. 3.

§ 412 [Neue Begutachtung]

(1) Das Gericht kann eine neue Begutachtung durch dieselben oder durch andere Sachverständige anordnen, wenn es das Gutachten für ungenügend erachtet.

(2) Das Gericht kann die Begutachtung durch einen anderen Sachverständigen anordnen, wenn ein Sachverständiger nach Erstattung des Gutachtens mit Erfolg abgelehnt ist.

Gesetzesgeschichte: Bis 1900 § 377 CPO.

I. Freie Beweiswürdigung	1	II. Neue Begutachtung	7
1. Grundsatz	1	III. Verfahren bei Anordnung erneuter Begutachtung	12
2. Anforderungen an die Beweiswürdigung	2		
3. Überprüfung in den Rechtsmittelinstanzen	6		

I. Freie Beweiswürdigung

1. Grundsatz

Nicht anders als die übrigen Beweismittel unterliegen auch Sachverständigengutachten der **freien Beweiswürdigung des Gerichts**[1], → § 286 Rdnr. 6 ff. Es gibt auch keine Vermutung der Richtigkeit eines Sachverständigengutachtens[2]. Das gilt auch dann, wenn der Sachverständige aufgrund einer Einigung der Parteien (§ 404 Abs. 4) bestellt wurde, → § 404 Rdnr. 32. Zwischen den Gutachten der öffentlich bestellten Sachverständigen (§ 404 Abs. 2) und anderen Gutachten besteht kein rechtlicher Unterschied. Auch an ein übereinstimmendes Gutachten einer Mehrheit von Sachverständigen ist das Gericht nicht gebunden; es kann bei einem Widerstreit der Meinungen seinem Urteil die Ansicht der Minderheit zugrunde legen. Zur Bedeutung der Ausführungen eines **Privatgutachters** → vor § 402 Rdnr. 56 ff.

1

2. Anforderungen an die Beweiswürdigung

Da das Fehlen ausreichender eigener Sachkunde des Richters den Anlaß für die Gutachteneinholung bildet (→ vor § 402 Rdnr. 1, 30), ist die *Fähigkeit des Gerichts, das Gutachten*

2

---

[44] *BGHZ* 62, 93, 95 = NJW 1974, 701 = LM § 402 Nr. 23 (LS, *Johannsen*).
[45] *BGHZ* 62, 93, 95 (Fn. 44).
[1] Vgl. *BGH* LM § 286 (B) Nr. 2 = NJW 1951, 566; *BGHZ* 12, 41 = LM § 402 Nr. 3 (LS, *Johannsen*) = NJW 1954, 553; VersR 1956, 63; LM § 411 Nr. 3; LM § 286 (B) Nr. 15 = NJW 1961, 2061; LM § 404 Nr. 8. – S. aber *Pieper* ZZP 84 (1971), 30, der die Auffassung, ein Sachverständigengutachten unterliege generell der freien gerichtlichen Würdigung, für unrealistisch und in dieser Allgemeinheit unrichtig hält. Auch *Olzen* ZZP 93 (1980), 66, 77 ff. betont die faktischen Beschränkungen des Gerichts. – Hinweise zur Würdigung von Gutachten geben *Döhring* Die Erforschung des Sachverhalts im Prozeß (1964), 260; *E. Schneider* Beweis und Beweiswürdigung[5] (1994), Rdnr. 1426 ff.
[2] *BGH* LM § 286 (B) Nr. 45 = MDR 1982, 212.

zu prüfen, notwendigerweise beschränkt[3]. Der Richter darf aber keinesfalls blindlings einem Gutachten folgen. Der Grundsatz der freien Beweiswürdigung stellt dem Gericht die schwierige Aufgabe, einerseits auch gegenüber einem Sachverständigengutachten kritische Unbefangenheit zu bewahren, andererseits aber die **Grenzen der eigenen Sachkunde** nicht aus den Augen zu verlieren.

3   In jedem Fall ist **zu prüfen,** ob das Gutachten von zutreffenden und vollständigen tatsächlichen Grundlagen ausgeht[4], ob es in sich widerspruchsfrei ist, die Sätze der Logik sowie die Regeln der allgemeinen Erfahrung beachtet und zu einem klaren Ergebnis gelangt. Dabei ist darauf zu achten, ob etwa der Gutachter aus »kollegialer« Rücksichtnahme klare Aussagen vermieden hat; gegebenenfalls muß das Gericht den Sachverständigen zur Erläuterung veranlassen[5].

4   Das Gericht hat sich aber auch mit den **fachlichen** bzw. **wissenschaftlichen Darlegungen** des Gutachters auseinanderzusetzen, soweit es dazu in der Lage ist[6]. Der Richter darf nicht (umgekehrt) die Verwertung eines Gutachtens davon abhängig machen, ob er imstande ist, die Richtigkeit der wissenschaftlichen Lehre und deren Anwendung auf den Einzelfall nachzuprüfen[7]. Hat das Gericht Bedenken gegen die Feststellungen des Sachverständigen, so muß es (wenn nicht ein anderer Sachverständiger eingeschaltet wird) zunächst den Sachverständigen zur Erläuterung bzw. Ergänzung seiner Ausführungen veranlassen[8]. Das Gericht muß auch von Amts wegen Widersprüchen nachgehen, die sich aus mehreren gutachtlichen Stellungnahmen desselben Sachverständigen ergeben[9]; → auch § 411 Rdnr. 10 zur notwendigen Anordnung einer mündlichen Erläuterung. Auch mit Einwendungen, die sich aus **Privatgutachten** ergeben, muß sich das Gericht sorgfältig auseinandersetzen, näher → vor § 402 Rdnr. 57.

5   Stets sind gemäß § 286 Abs. 1 S. 2 die **Gründe** anzugeben, weshalb das Gericht dem Gutachten gefolgt oder nicht gefolgt ist, → § 286 Rdnr. 12 ff. Darauf ist besondere Sorgfalt zu verwenden, wenn das Gericht zu anderen Feststellungen gelangt als der Gutachter. Es muß dann *die eigene Sachkunde darlegen*, seine Erkenntnisquellen offenlegen und sich mit den beachtlichen wissenschaftlichen Meinungen auseinandersetzen[10]. Zur Verwertung eigener Sachkunde und zur Heranziehung von Fachliteratur → auch vor § 402 Rdnr. 30 bis 33. Zu sich widersprechenden Gutachten → Rdnr. 7, 10. – Zur Beweiswürdigung bei der **Vaterschaftsfeststellung** → § 644 Anhang I.

3. Überprüfung in den Rechtsmittelinstanzen

6   Während das **Berufungsgericht** ein in erster oder zweiter Instanz erstattetes Gutachten ebenfalls frei zu würdigen hat, wobei es sich mit Widersprüchen zwischen einem erstinstanzlichen und einem zweitinstanzlichen Gutachten auseinandersetzen muß[11], ist das **Revisionsgericht** auf die Prüfung beschränkt, ob der Begründungspflicht (§ 286 Abs. 1 S. 2) genügt ist und ob die *rechtlichen Grenzen* des Grundsatzes der freien Beweiswürdigung ein-

---

[3] Vgl. *Arbab-Zadeh* NJW 1970, 1215 (zum Strafprozeß).
[4] Vgl. BGH LM § 144 Nr. 4; BGHZ 44, 75; MDR 1968, 37; BFH NJW 1982, 1608. – Ein Gutachten, das auf *Geheimunterlagen* gestützt wird, darf nicht verwertet werden, OLG Stuttgart NJW 1981, 2581; *Herschel* ZZP 62 (1941), 317.
[5] Dies gilt nicht zuletzt im Arzthaftungsprozeß, auch im Hinblick auf das Gebot der Waffengleichheit der Parteien, BGH LM § 286 (B) Nr. 42 = NJW 1980, 2751.
[6] Vgl. BGHZ 44, 75, 82.
[7] OGHZ 3 (1950), 124; BGH NJW 1951, 558 (betr. Blutgruppengutachten). S. auch BGH DB 1970, 1382 (Gutachten muß für den Richter nur im Gedankengang nachvollziehbar, dagegen für einen Fachmann in allen Schlußfolgerungen nachprüfbar sein).
[8] BGH LM § 286 (B) Nr. 44 = NJW 1981, 2578; VersR 1982, 849; LM § 286 (B) Nr. 52 = NJW 1984, 660.
[9] BGH NJW 1993, 269.
[10] BGH LM § 286 (B) Nr. 2 = NJW 1951, 566; LM § 286 (D) Nr. 2 = VersR 1954, 531; LM § 411 Nr. 3; LM § 286 (B) Nr. 14; VersR 1956, 191; 1957, 247; 1960, 470; Betrieb 1970, 1382.
[11] BGH NJW 1992, 2291.

gehalten wurden. Ein Rechtsfehler liegt z. B. vor, wenn das Gutachten mißverstanden wurde[12], wenn die auf das Gutachten gestützte Tatsachenfeststellung mit dem Inhalt des Gutachtens in Widerspruch steht[13] oder wenn das Gericht von einem Gutachten abwich, ohne seine eigene Sachkunde ausreichend darzulegen und sich mit den wissenschaftlichen Meinungen auseinanderzusetzen[14]. Geht der Tatrichter davon aus, daß der Sachverständige **unzutreffende Anknüpfungstatsachen** zugrundegelegt hat, so muß er ihn auf die richtigen Anknüpfungstatsachen hinweisen (§ 404 a Abs. 3) und eine Ergänzung des Gutachtens anfordern, darf aber nicht einfach seine eigene Wertung an die Stelle der Schlußfolgerungen des Sachverständigen setzen[15]. Soweit der Sachverständige Anknüpfungstatsachen zugrundelegt, die im Prozeß bestritten wurden, muß das Gericht hierzu eigene Feststellungen treffen und darf sich insoweit nicht mit der Ansicht des Gutachters begnügen[16]. Revisibel ist auch der Verstoß gegen allgemeine Erfahrungssätze (→ §§ 549, 550 Rdnr. 25) bzw. gegen allgemein gültige wissenschaftliche Erkenntnisse[17].

II. Neue Begutachtung

Das Gericht kann die *Ergänzung des Gutachtens* oder die *mündliche Erläuterung* (→ § 411) anordnen, um Unklarheiten und Lücken zu beheben. Es kann aber auch eine **neue Begutachtung** durch dieselben oder andere Sachverständige anordnen, wenn das erste Gutachten nicht zur Bildung der richterlichen Überzeugung ausreicht, sei es, weil das Gutachten Mängel aufweist oder weil der Gutachter nicht zu eindeutigen, hinreichend beweiskräftigen Schlüssen gelangt ist. Auch bei einer nachträglichen Ablehnung des Sachverständigen (→ § 406 Rdnr. 18) kann eine neue Begutachtung angeordnet werden, desgleichen wenn zwischen mehreren Sachverständigen ein Widerspruch besteht (Einholung eines Obergutachtens[18]).

7

Die Anordnung der erneuten Begutachtung liegt **im pflichtgemäßen Ermessen** des Gerichts (auch des Berufungsgerichts)[19]. Dabei sind Einwendungen einer Partei (auch auf ein Privatgutachten gestützte Bedenken) sorgfältig zu würdigen[20]. Das **Revisionsgericht**[21] ist auf die Überprüfung beschränkt, ob in der Ablehnung einer erneuten Begutachtung eine Ermessensüberschreitung liegt.

8

Entsprechend § 244 Abs. 4 S. 2 StPO[22] kann eine erneute Begutachtung abgelehnt werden, wenn durch das frühere Gutachten das Gegenteil der behaupteten Tatsache *bereits erwiesen* ist, doch besteht eine **Rechtspflicht zur Anhörung** eines weiteren Gutachters, wenn an der Sachkunde des früheren Gutachters Zweifel bestehen, wenn das erste Gutachten von unzutreffenden tatsächlichen Voraussetzungen ausgeht oder Widersprüche enthält oder

9

---

[12] *BGH* LM § 286 (B) Nr. 14.
[13] *BGH* VersR 1962, 49. – Ein Rechtsfehler liegt auch dann vor, wenn das Gericht von einem anderen Sachverhalt ausgeht als der Gutachter und sich dennoch auf das Gutachten stützt, *BGH* LM § 286 (B) Nr. 25 = MDR 1968, 37.
[14] Nachw. → Fn. 10.
[15] *BGH* NJW 1997, 1446.
[16] *OLG Köln* NJW 1994, 394.
[17] *BGHZ* 12, 41 = NJW 1954, 553. Vgl. auch *BSG* VersR 1969, 1092 (Verwertung eines auf unzulänglichen Unterlagen beruhenden ärztlichen Gutachtens).
[18] Die Terminologie schwankt; teils wird als Obergutachten jedes weitere Gutachten angesehen, teils das weitere Gutachten bei sich widersprechenden Erstgutachten, teils nur das zusätzliche Gutachten eines besonders qualifizierten Sachverständigen. Vgl. *Broß* ZZP 102 (1989), 413, 434 ff.; *Jessnitzer-Frieling*[10] Rdnr. 541 f.; *Bremer*[2] (vor § 402 Fn. 1) 130; *Kerameus* (vor § 402 Fn. 1) 112; *Walter-Küper* NJW 1968, 184.
[19] *BGH* MDR 1953, 605; VersR 1958, 847; 1960, 998, 999; 1988, 801 (LS); *BGHZ* 53, 245, 258 = NJW 1970, 946; *BAGE* 7, 321, 325; AP § 402 Nr. 2; AP § 412 Nr. 1; *BVerwG* NJW 1986, 2268.
[20] *BGH* LM § 609 BGB Nr. 6 = NJW 1986, 1928; s. auch *BGH* VersR 1981, 752; *OLG Stuttgart* VersR 1988, 410 (LS).
[21] Ebenso das Gericht der weiteren Beschwerde im FG-Verfahren, *OLG Karlsruhe* FamRZ 1991, 965.
[22] *BGHZ* 53, 245, 258 (Fn. 19); *BayObLG* MDR 1971, 765; *Walter-Küper* NJW 1968, 183.

wenn der neue Sachverständige über bessere Forschungsmittel (Hilfsmittel, Verfahren) oder neuere Erkenntnisse verfügt[23].

10 Eine Verpflichtung zur Einholung eines weiteren Gutachtens besteht, wenn sich das Erstgutachten als unvollständig erweist[24]. Das Gericht ist, da es sich sonst selbst widersprechen würde, auch dann zur Bestellung eines neuen Gutachters verpflichtet, wenn es das erhobene Gutachten inhaltlich für **mangelhaft** hält, sich aber selbst die erforderliche Sachkunde nicht zubilligt[25]. Dagegen besteht keine generelle Pflicht, ein erneutes Gutachten einzuholen, wenn sich **widersprechende Gutachten** vorliegen[26] oder wenn das Gericht von einem Gutachten abweichen will[27]. Bei einander widerstreitenden Gutachten muß aber das Gericht, ehe es einem der Gutachter folgt oder von einem non liquet ausgeht, zunächst versuchen, die Ursachen des Widerspruchs der Gutachter[28] zu klären, etwa durch Ladung zur mündlichen Erläuterung[29].

11 Hält das Gericht ein neues Gutachten an sich für erforderlich, so darf es davon nicht deshalb absehen, weil keine geeignete Person zur Gutachtenerstattung bereit ist; es muß die **Erstattung** gegebenenfalls gemäß §§ 407, 409 **erzwingen**[30].

III. Verfahren bei Anordnung erneuter Begutachtung

12 Die Anordnungen nach § 412 kann das Gericht **ohne mündliche Verhandlung** treffen; handelt es sich um die Vervollständigung des Gutachtens durch denselben Sachverständigen, so ergibt sich die Befugnis hierzu ohne weiteres aus der Aufgabe des Gerichts, für die erschöpfende Erledigung der angeordneten Beweisaufnahme zu sorgen, und hinsichtlich der Bestellung anderer Sachverständiger folgt dies unmittelbar aus § 360 S. 2.

13 Auch der *beauftragte oder ersuchte Richter* ist zu den Anordnungen befugt, § 360 S. 3. Freilich ist für ihn in dieser Hinsicht Zurückhaltung am Platz, → § 360 Rdnr. 20; er wird von der Befugnis zur Vernehmung weiterer Sachverständiger zweckmäßigerweise nur dann Gebrauch machen, wenn ihm die *Ernennung* des Sachverständigen übertragen war, § 405, und er bei der Auswahl offensichtlich fehlgegriffen hatte. Im übrigen ist es nicht seine Aufgabe, das erstattete Gutachten auf seinen Beweiswert zu prüfen.

14 Gegen die Ablehnung eines Antrags auf Einholung eines weiteren Sachverständigengutachtens ist die **Beschwerde nicht gegeben**[31].

---

[23] Vgl. *BGH* LM § 402 Nr. 18 = NJW 1964, 1184 (neu entdeckte Blutgruppensysteme).
[24] *BGH* NJW 1996, 730.
[25] Vgl. *BAG* AP Nr. 1. – Eine Pflicht zur Einholung eines Obergutachtens kann auch dann bestehen, wenn die vorhandenen Gutachten *grobe Mängel* aufweisen oder wenn es sich um *besonders schwierige Fragen* handelt (*BGH* MDR 1953, 605 = LM § 404 Nr. 2; VersR 1955, 280; 1958, 690, 847; 1959, 803; 1960, 596; 1962, 231; 1968, 901; 1970, 257; NJW 1962, 676; *BAGE* 7, 325).
[26] Ein weiteres Gutachten ist aber erforderlich, wenn dem Gericht die Sachkunde fehlt, um einem von zwei sich widersprechenden Gutachten den Vorzug zu geben, vgl. *BGH* FamRZ 1962, 115.
[27] Vgl. *BGH* LM § 286 (B) Nr. 15 = NJW 1961, 2061 (Abweichung von psychiatrischem Gutachten); *BGH* LM § 402 Nr. 24 = NJW 1975, 1463 (Abweichung von medizinischem Gutachten).
[28] Diese können in unterschiedlichen tatsächlichen Grundlagen oder in verschiedenen Wertungen liegen, *BGH* LM Nr. 5 = NJW 1987, 442.
[29] *BGH* LM Nr. 2 = MDR 1980, 662.
[30] *BAG* NJW 1965, 1876.
[31] *OLG Düsseldorf* BauR 1998, 366 (auch im selbständigen Beweisverfahren).

§ 413 [Entschädigung des Sachverständigen]

Der Sachverständige wird nach dem Gesetz über die Entschädigung von Zeugen und Sachverständigen entschädigt.

Gesetzesgeschichte: Bis 1900 § 378 CPO. Neu gefaßt durch Gesetz vom 26. VII. 1957 (BGBl I 861).

I. Die Entschädigung	1	5. Bedeutung der Kostenfrage für die Gutachteneinholung	6
1. Bemessung der Vergütung	2	II. Geltendmachung	7
2. Aufwendungsersatz	3	III. Arbeitsgerichtliches Verfahren	8
3. Vereinbarung mit der zuständigen Behörde	4		
4. Wegfall des Anspruchs	5		

I. Die Entschädigung

Zur Neufassung der Vorschrift durch das KostenÄndG v. 26. VII. 1957 → § 401 Rdnr. 1. **1**

1. Bemessung der Vergütung

Der Sachverständige erhält nach dem ZSEG i.d.F. v. 1. X. 1969 (BGBl I 1756, zuletzt geändert durch G vom 17. XII. 1997, BGBl I 3108)[1] eine **Entschädigung** für seine Leistungen, die nach dem **Zeitaufwand**[2] mit einem bestimmten Satz abgegolten werden. Für die Vorprüfung, ob das Gutachten erstattet werden kann, wird in der Regel keine Entschädigung gewährt[3], ebensowenig für eine Stellungnahme zu einem Ablehnungsgesuch[4]. Der **Stundensatz** von 50 bis 100 DM (§ 3 Abs. 2 S. 1 ZSEG) darf bei schriftlichen Gutachten, die sich für den Einzelfall *eingehend mit der wissenschaftlichen Lehre*[5] auseinandersetzen müssen, bis um 50 v.H. überschritten werden, § 3 Abs. 3 a ZSEG, ebenso (nach billigem Ermessen) bei unzumutbarem Erwerbsverlust durch die Heranziehung als Sachverständiger oder wenn der Gutachter seine Berufseinkünfte im wesentlichen als gerichtlicher oder außergerichtlicher Sachverständiger erzielt, § 3 Abs. 3 b ZSEG. Für eine Reihe **besonders aufgeführter Leistungen** (vor allem im Bereich der Medizin) sieht eine Anlage zu § 5 ZSEG bestimmte Sätze vor[6]. Ferner können Sachverständige die Entschädigung oder den Stundensatz erhalten, auf den sich die *Parteien geeinigt haben*, wenn ein ausreichender Betrag an die Staatskasse gezahlt ist, § 7 Abs. 1 ZSEG. Bei Zustimmung des Gerichts genügt unter den Voraussetzungen des § 7 Abs. 2 ZSEG auch die Erklärung einer Partei, wenn die andere vorher gehört ist; die Zustimmung oder Ablehnung sind unanfechtbar. Kommt eine Vereinbarung nach § 7 ZSEG nicht zustande, so darf die Beweiserhebung nicht schon deshalb unterbleiben, weil der Sachverständige das Gutachten zu den gesetzlichen Sätzen nicht erstellen will; wenn **2**

---

[1] Lit.: *Bleutge* Gesetz über die Entschädigung von Zeugen und Sachverständigen[3] (1995); *ders.* BB 1971, 504; *ders.* NJW 1977, 333; *Bremer*[2] (vor § 402 Fn. 1) 217 ff.; *Hartmann* Kostengesetze[28] V (ZSEG); *Jessnitzer-Frieling*[10] v. § 402 Fn. 1) Rdnr. 752 ff.; *Meyer-Höver-Bach* Gesetz über die Entschädigung von Zeugen und Sachverständigen[20] (1997).

[2] Zur Bestimmung des erforderlichen Zeitaufwands BGH LM ZuSEntschG Nr. 7 = NJW-RR 1987, 1470.

[3] BGH LM ZuSEntschG Nr. 5 = NJW 1979, 1939; OLG Köln Rpfleger 1993, 375.

[4] *OLG Köln* VersR 1995, 1508; *OLG Düsseldorf* MDR 1994, 1050; *OLG München* MDR 1994, 1050. – A.M. *OLG Frankfurt* MDR 1993, 485.

[5] Dem kann die eingehende Auseinandersetzung mit dem Stand der Technik gleichzusetzen sein, *BGH* LM ZuSEntschG Nr. 6 = MDR 1984, 665 (LS).

[6] Vgl. *BVerfG* MDR 1993, 21 (krit. *Kamphausen*) zu einer Richtervorlage wegen zu niedriger (damaliger) Entschädigungssätze, die aber wegen Nichtbeachtung der Möglichkeit verfassungskonformer Auslegung für unzulässig erklärt wurde.

keine Verpflichtung (§ 407) besteht, muß das Gericht einen anderen Sachverständigen beauftragen[7].

2a In den **neuen Bundesländern** gilt (noch) eine Gebührenermäßigung von 10 %, von der aber im Einzelfall abgesehen werden kann[8].

2. Aufwendungsersatz

3 Dem Sachverständigen werden auch wie einem Zeugen die **Fahrtkosten** erstattet und **Aufwandsentschädigung** wegen Abwesenheit vom Aufenthaltsort oder Wahrnehmung eines Termins gewährt, §§ 9, 10 ZSEG, → auch § 401 Rdnr. 2. Zur Erstattung von Aufwendungen für die Vorbereitung und Erstattung des Gutachtens (auch der notwendigen Aufwendungen für Hilfskräfte[9]) und von Schreibaufwendungen für das Gutachten selbst s. § 8 ZSEG, zu sonstigen Schreibauslagen usw. s. § 11 Abs. 2 ZSEG.

3. Vereinbarung mit der zuständigen Behörde

4 Mit Sachverständigen, die häufiger herangezogen werden, kann die oberste Landesbehörde oder die von ihr bestimmte Stelle eine **Entschädigung** im Rahmen der nach dem ZSEG zulässigen Entschädigungen **vereinbaren**, § 13 ZSEG.

4. Wegfall des Anspruchs

5 Ein **Wegfall des Entschädigungsanspruchs** wird dann angenommen, wenn der Sachverständige schuldhaft[10] ein nicht verwertbares Gutachten erstattet[11] oder wenn er einen Ablehnungsgrund[12] bewußt oder grob fahrlässig verursacht hat[13], z. B. indem er einen Ortstermin in Anwesenheit nur einer Partei ohne Benachrichtigung der Gegenseite durchführt[14]. Auch die Unterlassung der Mitteilung eines Ablehnungsgrundes kann zum Wegfall des Entschädigungsanspruchs führen[15]. Der Entschädigungsanspruch entfällt aber nicht, wenn sich die Parteien gleichwohl (trotz Ablehnung) das Ergebnis des Gutachtens zu eigen gemacht haben[16]. Zur Kürzung bei **unterlassenem Hinweis auf höhere Kosten** → § 407 a Rdnr. 6. Eine Anwendung des § 8 GKG (Nichterhebung von Kosten wegen unrichtiger Sachbehandlung) ist in diesen Fällen nicht gerechtfertigt, da es sich nicht um Fehler des Gerichts han-

---

[7] *OLG Düsseldorf* DB 1997, 2371.
[8] Einigungsvertrag, Anlage I, Kap. III, Sachgebiet A, Abschnitt III Nr. 25 a mit Änderung durch Ermäßigungssatz – AnpassungsVO vom 15.IV.1996, BGBl I 604; dazu näher *Enders* JurBüro 1996, 283.
[9] Dazu *OLG Hamm* Rpfleger 1989, 525 (Heranziehung und Bedingungen dafür obliegen dem Ermessen des Sachverständigen); *OLG München* NJW-RR 1999, 73 (der geltend gemachte Zeitaufwand für Mitarbeiter ist bei der Beurteilung des eigenen Zeitaufwands des Sachverständigen zu berücksichtigen); *Bleutge* JurBüro 1998, 340.
[10] *Hesse* NJW 1969, 2263, 2266; *Jessnitzer-Frieling*[10] (vor § 402 Fn. 1) Rdnr. 849. – A.M. *OLG Frankfurt* NJW 1963, 400.
[11] *Jessnitzer-Frieling*[10] (vor § 402 Fn. 1) Rdnr. 852; *OLG Frankfurt* MDR 1977, 761; Rpfleger 1977, 38; *LSG Saarland* JBl Saar 1965, 115 (dem gerichtlichen Auftrag nicht entsprechendes Gutachten); *OLG Hamburg* JurBüro 1975, 1349 (nicht im Rahmen des Beweisthemas liegende Tätigkeit); *OLG Koblenz* BB 1993,

1975 (schwerwiegende inhaltliche Mängel). Eine fahrlässig verursachte inhaltliche Unrichtigkeit läßt den Anspruch im allgemeinen nicht entfallen, *LG Bremen* NJW 1977, 2126.
[12] Der Ablehnungsgrund muß bewiesen sein, *OLG Hamm* MDR 1979, 942.
[13] *BGH* LM ZuSEntschG Nr. 4 = NJW 1976, 1154 (bei leichter Fahrlässigkeit kein Verlust des Entschädigungsanspruchs; die Beurteilung bei grober Fahrlässigkeit ließ der *BGH* offen); gegen Wegfall bei leichter Fahrlässigkeit auch *OLG Düsseldorf* NJW-RR 1997, 1353; für Wegfall bei grob fahrlässig verschuldeter Ablehnung *OLG Hamm* FamRZ 1994, 974; *KG* MDR 1993, 289; *OLG Hamburg* MDR 1987, 333. S. auch *K. Müller* JR 1981, 52.
[14] *OLG München* NJW-RR 1998, 1687; anders im konkreten Fall *KG* MDR 1993, 289 bei unterlassener Ladung beider Parteien.
[15] *OLG Celle* ZMR 1996, 211.
[16] *LG Bayreuth* JurBüro 1991, 437 (Vergleich auf der Grundlage des Gutachtens).

delt[17]. Die durch die Sachverständigenkosten belastete Partei kann auch nicht unmittelbar vom Sachverständigen Ersatz verlangen, sondern muß ihr Interesse mit der Kostenerinnerung (§ 5 GKG) verfolgen[18].

5. Bedeutung für die Gutachteneinholung

Zur Bedeutung der Kostenfrage bei der **Entscheidung, ob ein Gutachten eingeholt wird**, → vor § 402 Rdnr. 35. 6

II. Geltendmachung

Wegen **Vorschüssen,** Erstattung, Wiedereinziehung überzahlter Entschädigungen, wegen 7 der **Festsetzung,** deren Änderung und Anfechtung gilt nichts anderes als beim Zeugen, dazu → § 401. Die Geltendmachung des Entschädigungsanspruchs unterliegt nicht der für Zeugen geltenden Ausschlußfrist nach § 15 Abs. 2 ZSEG, doch kann das Gericht den Sachverständigen zur Bezifferung seiner Ansprüche unter Ausschlußdrohung auffordern, § 15 Abs. 3 ZSEG. Ein Vorschuß kann auch bei einer wenigstens dreißigtägigen überwiegenden Inanspruchnahme des Gutachters sowie für bare Aufwendungen bewilligt werden, § 14 Abs. 2 ZSEG. – Zur **Vorschußpflicht der Partei** → § 402 Rdnr. 2.

III. Das ZSEG gilt auch im **arbeitsgerichtlichen Verfahren,** → § 401 Rdnr. 17. 8

§ 414 [Sachverständige Zeugen]

Insoweit zum Beweise vergangener Tatsachen oder Zustände, zu deren Wahrnehmung eine besondere Sachkunde erforderlich war, sachkundige Personen zu vernehmen sind, kommen die Vorschriften über den Zeugenbeweis zur Anwendung.

Gesetzesgeschichte: Bis 1900 § 379 CPO.

I. Sachverständige Zeugen	1	II. Sachverständige und Zeugen in einer Person	4
1. Begriff	1		
2. Rechtliche Behandlung	3		

I. Sachverständige Zeugen[1]

1. Begriff

§ 414 soll außer Zweifel setzen, daß sachverständige Zeugen **wahre Zeugen,** nicht Sachverständige i.S. des Beweisrechts, sind, weil sie über ihre Wahrnehmungen von vergangenen Tatsachen und Zuständen aussagen sollen[2]. Von anderen Zeugen unterscheiden sie sich nur dadurch, daß zu der Bildung des Tatsachenurteils, das bei jeder Zeugenaussage notwendig 1

---

[17] *OLG Stuttgart* Rpfleger 1976, 189; *OLG Koblenz* Rpfleger 1981, 37. – A.M. *OVG Lüneburg* JurBüro 1990, 614 (abl. *Mümmler*).
[18] *BGH* NJW 1984, 870.

[1] Vgl. *Stein* Das private Wissen (1893), 9, 57f., 60; *Schmidhäuser* ZZP 72 (1959), 365 ff.
[2] Zur Abgrenzung *BVerwG* NJW 1986, 2268; *OLG Hamm* NJW 1972, 2003; *OLG Hamm* MDR 1988, 418 = Rpfleger 1988, 207; *VGH Kassel* MDR 1997, 97.

ist (→ vor § 373 Rdnr. 17, § 284 Rdnr. 9 ff.), bei ihnen eine besondere Sachkunde nötig war. Dagegen macht die Aussage über die *zum Zweck des Gutachtens*[3] gemachten **Wahrnehmungen** den Sachverständigen nicht zum Zeugen, → vor § 402 Rdnr. 15. Sie liegt vielmehr im Rahmen der Gutachtenerstattung und wird daher durch den Sachverständigeneid gedeckt, → § 410 Rdnr. 7.

2   Die Regeln des Zeugenbeweises gelten aber wieder, wenn die **Sachverständigenstellung beendet** wird (z.B. durch erfolgreiche Ablehnung oder durch Befreiung von der Gutachterpflicht) und der bisherige Sachverständige im Rahmen seines Auftrags Tatsachen wahrgenommen hat. Der bisherige Sachverständige kann (was vor allem bei mittlerweile vergangenen, d.h. jetzt nicht mehr wahrnehmbaren Tatsachen wichtig ist) über diese Wahrnehmungen als Zeuge[4] vernommen werden (→ auch § 406 Rdnr. 33). Das gilt auch für einen im selbständigen Beweisverfahren tätig gewordenen Sachverständigen, wenn er im späteren Prozeß nicht mehr zum Sachverständigen bestellt wird, oder in einem Prozeß zwischen anderen Parteien, in dem das Gutachten als solches nicht nach § 493 verwertet werden darf[5]. Wer für eine Partei ein Gutachten erstattet und kraft seiner besonderen Sachkunde Feststellungen – z.B. bei der Besichtigung eines Gegenstands – getroffen hat, kann darüber als sachverständiger Zeuge vernommen werden[6].

2. Rechtliche Behandlung

3   Für die sachverständigen Zeugen gelten die **Regeln des Zeugenbeweises ohne Einschränkung.** Für den Beweisantritt gilt demnach § 373, nicht § 403[7]. Eine beantragte Vernehmung kann nicht wegen hinreichender eigener Sachkunde des Gerichts abgelehnt werden[8]. Die *Ablehnung* nach § 406 ist nicht zulässig[9], und das Gericht darf die Vernehmung nicht wegen mangelnder Sachkunde des Zeugen ablehnen, vielmehr ist letztere erst durch die Vernehmung, nötigenfalls unter Zuziehung von Sachverständigen, festzustellen[10]. Der sachverständige Zeuge hat ferner, sofern von ihm ein Eid verlangt wird, § 391, nur den in § 392 normierten Eid zu leisten. Er hat nur Anspruch auf Zeugenentschädigung[11]. Die schriftliche Beantwortung der Beweisfragen ist nach § 377 Abs. 3 zulässig.

II. Sachverständige und Zeugen in einer Person

4   Soll jemand nicht nur über die (ohne gerichtlichen Auftrag erfolgte) **Wahrnehmung** vergangener tatsächlicher Zustände vernommen werden, sondern **außerdem auch ein Gutachten** aufgrund dieser Umstände oder der jetzigen Sachlage abgeben, so vereinigt er die Eigenschaft **eines Zeugen und eines Sachverständigen,** gleichviel in welcher Eigenschaft er geladen ist[12]. Das gleiche ist der Fall, wenn ein Sachverständiger auch über andere Tatsachen

---

[3] D.h. nach der Bestellung zum Sachverständigen. S. auch *BVerwG* NJW 1986, 2268; *Hegler* AcP 104 (1909), 270. – A.M. *RGSt* 43, 437; 44, 11 für den Strafprozeß.
[4] *BGH* NJW 1965, 1492 = DRiZ 273; *Stein* (Fn. 1) 67 f.
[5] *BGH* LM § 493 Nr. 3 = NJW-RR 1991, 254 = MDR 1991, 236.
[6] *BGH* LM Nr. 2 = MDR 1974, 382; *OLG Hamm* MDR 1988, 418 (Fn. 2).
[7] Vgl. *RG* WarnRspr 1913 Nr. 345.
[8] Vgl. *VGH Kassel* MDR 1997, 97.
[9] *RGZ* 59, 169; JW 1905, 116. Umstände, die bei einem Sachverständigen die Ablehnung hätten rechtfertigen können, sind aber bei der Beurteilung des Beweiswerts der Aussage zu berücksichtigen, *BGH* LM Nr. 2 (Fn. 6).
[10] *RG* Gruchot 30 (1886), 1028. – A.M. *RG* JW 1896, 657.
[11] *OLG Hamm* NJW 1972, 2003.
[12] *RG* JW 1898, 419 f.; JW 1902, 531. – In der Wiedergabe der Wahrnehmungen durch den sachverständigen Zeugen sind Schlußfolgerungen enthalten, die der Zeuge kraft seiner Sachkunde gezogen hat. Dadurch allein wird er aber nicht zugleich zum Sachverständigen. Dazu ist vielmehr eine Begutachtung erforderlich, die neben der Wiedergabe der Wahrnehmungen eigenständiges Gewicht hat. Vgl. zur Abgrenzung auch *OLG Frankfurt* NJW 1952, 717.

als die zum Zweck des Gutachtens gemachten Wahrnehmungen (→ Rdnr. 1 bei Fn. 3) aussagen soll. Es kommen dann neben den Bestimmungen über den Zeugenbeweis auch die Vorschriften der §§ 403 bis 413 über den *Sachverständigenbeweis* zur Anwendung. Der Sachverständige hat dann gegebenenfalls, § 391, wenn das Gericht seine gesamte Äußerung unter Eid stellen will, den Zeugen- und den Sachverständigeneid zu leisten, → § 410 Fn. 5. Daher kann er auch die Gebühren eines Sachverständigen beanspruchen[13].

---

[13] *RG* JW 1902, 531.

Neunter Titel

Beweis durch Urkunden

Vorbemerkungen

I. Begriff der Urkunde 1	II. Formelle Beweiskraft 7
1. Schriftlichkeit, elektronische Dokumente 1	III. Materielle Beweiskraft 9
2. Absichts- und Zufallsurkunden, Inhalt der Urkunde 2	1. Beweis der Erklärung des Ausstellers 10
	2. Beweis anderer Tatsachen 11
3. Unterschrift, Herstellung, Fotokopien, Telefax 3	3. Beweis einer anderen Erklärung 12
	IV. Beweisanordnung 13
4. Beweis durch den Inhalt 5	V. Ersetzung zerstörter oder abhanden gekommener Urkunden 16
5. Fremdsprachige Urkunden 6	

Stichwortverzeichnis zum Urkundenbeweis (vor § 415 bis § 444)

Abgabe einer Erklärung vor Behörde oder Urkundsperson § 415 Rdnr. 10
Abhanden gekommene Urkunden vor § 415 Rdnr. 16, § 416 Rdnr. 11
Abschrift § 420 Rdnr. 4, § 427 Rdnr. 6, § 435 Rdnr. 6
Absichtsurkunde vor § 415 Rdnr. 2
Aktenvorlage § 432 Rdnr. 12
Amtliche Anordnung in öffentlicher Urkunde § 417 Rdnr. 1
Amtsbefugnisse der Behörde oder Urkundsperson § 415 Rdnr. 5
Amtshilfe von Behörden § 432 Rdnr. 11
Änderungen bei notariellen Urkunden § 419 Rdnr. 2
Anerkennung der Echtheit § 439 Rdnr. 6
Anfechtung wegen Willensmangels § 415 Rdnr. 15, 18, § 416 Rdnr. 12
Anordnung der Vorlegung § 425 Rdnr. 1 ff.
Anspruch auf Rechnungslegung § 422 Rdnr. 9
Anwaltliches Empfangsbekenntnis § 418 Rdnr. 1, § 419 Fn. 2, 7
Apostille § 438 Rdnr. 13, 25
Arbeitsgerichtliches Verfahren § 434 Rdnr. 5
Art der Herstellung vor § 415 Rdnr. 3
Augenscheinsbeweis (Schriftvergleichung) § 441 Rdnr. 2a
Augenscheinsgegenstände vor § 415 Rdnr. 1b
Ausfertigung einer öffentlichen Urkunde § 435 Rdnr. 5
Ausforschungsverbot § 422 Rdnr. 5
Aushändigung der Urkunde § 416 Rdnr. 7, 10
Ausländische öffentliche Urkunden § 415 Rdnr. 9, § 418 Rdnr. 3, 5a, § 438 Rdnr. 1 ff.

Ausländische Personenstandsurkunden § 418 Rdnr. 5a, § 438 Rdnr. 33 ff.
Aussteller vor § 415 Rdnr. 10, § 437 Rdnr. 1
Auszug aus einer öffentlichen Urkunde § 435 Rdnr. 5
Beauftragter Richter § 420 Rdnr. 3, § 426 Rdnr. 4, § 434 Rdnr. 1 ff., § 442 Rdnr. 3
Befugnis zur öffentlichen Beglaubigung § 435 Rdnr. 7
Begebung der Urkunde § 416 Rdnr. 7, 10
Beglaubigte Abschrift § 435 Rdnr. 4, 6 f.
Beglaubigung der Unterschrift § 440 Rdnr. 3
Begleitumstände bei Privaturkunde § 416 Rdnr. 8
Begriff der Urkunde vor § 415 Rdnr. 1
Behörden § 415 Rdnr. 2 ff.
– der Europäischen Gemeinschaften § 438 Rdnr. 3
– im Besitz von Urkunden § 432 Rdnr. 1 ff.
Beiziehung von Akten § 432 Rdnr. 5, 12
Belgien (Befreiung von Legalisation) § 438 Rdnr. 37
Beschaffung der Urkunde § 420 Rdnr. 3
Beseitigung von Urkunden § 444 Rdnr. 1 ff.
Besitz der Urkunde § 416 Rdnr. 10, § 421 Rdnr. 5, § 422 Rdnr. 3, § 426 Rdnr. 11 ff.
Besitzdiener § 421 Rdnr. 5
Bestreiten der Vorlagepflicht § 425 Rdnr. 3
Bestreiten des Besitzes § 425 Rdnr. 4, § 426 Rdnr. 1
Bestrittene Urkunden (Verwahrung) § 443 Rdnr. 1 ff.
Beweis der Echtheit
– bei Privaturkunden § 440 Rdnr. 1

- bei öffentlichen Urkunden § 437 Rdnr. 1 ff.
Beweis der Unechtheit
- bei öffentlichen Urkunden § 437 Rdnr. 4
- bei Privaturkunden § 440 Rdnr. 4
Beweisanordnung vor § 415 Rdnr. 13
Beweisantrag § 420 Rdnr. 1, § 421 Rdnr. 4, § 432 Rdnr. 1
Beweisaufnahme von Amts wegen vor § 415 Rdnr. 13
Beweiserleichterung § 427 Rdnr. 6 f., § 444 Rdnr. 7 ff.
Beweiskraft öffentlicher Urkunden § 415 Rdnr. 10 ff.
Beweislast für Echtheit § 440 Rdnr. 1
Beweislastumkehr § 444 Rdnr. 7 ff.
Beweisvereitelung § 427 Rdnr. 1a, § 444 Rdnr. 7 ff.
Beweiszeichen vor § 415 Rdnr. 1b
Bezeichnung der Urkunde § 424 Rdnr. 2
Bezugnahme auf Urkunden § 423 Rdnr. 1
Blankettmißbrauch § 416 Rdnr. 13, § 440 Rdnr. 4
Blankounterschrift § 440 Rdnr. 2, 4
Bürgerlich-rechtliche Vorlegungsansprüche § 422 Rdnr. 7 ff.
Bürgschaftserklärung § 416 Fn. 16, § 440 Rdnr. 2
Computer-Datenspeicher vor § 415 Rdnr. 1 f.
Dänemark (Befreiung von Legalisation) § 438 Rdnr. 37
Datenschutz § 432 Rdnr. 12
DDR-Urkunden § 415 Rdnr. 9, § 438 Rdnr. 4, 11
Dienstaufsichtsbeschwerde bei Akten im Besitz einer Behörde § 432 Rdnr. 14
Digitale Signatur vor § 415 Rdnr. 1a
Dritte im Besitz der Urkunde § 428 Rdnr. 1, § 429 Rdnr. 1, § 430 Rdnr. 1, § 431 Rdnr. 1 ff.
Echtheit
- ausländischer öffentlicher Urkunden § 438 Rdnr. 1 ff.
- der Unterschrift § 440 Rdnr. 3
- öffentlicher Urkunden § 437 Rdnr. 1 f.
- öffentlicher Urkunden mit amtlicher Entscheidung § 417 Rdnr. 3
- von Privaturkunden § 416 Rdnr. 6, § 439 Rdnr. 1, § 440 Rdnr. 1
Ehesachen § 439 Rdnr. 8
Eidesstattliche Versicherung in notarieller Urkunde § 415 Rdnr. 12
Eigenhändige Unterschrift § 416 Rdnr. 3 f., § 439 Rdnr. 5
Eigenurkunden von Notaren § 415 Rdnr. 5
Eingangsvermerk § 418 Rdnr. 6
Einsicht in Akten und Vorlage durch Behörden § 432 Rdnr. 12. 17
Einsichtnahme in die Urkunde § 420 Rdnr. 6
Einsichtsanspruch § 422 Rdnr. 9
Eisenbahnfrachtbrief vor § 415 Rdnr. 8

Elektronische Dokumente vor § 415 Rdnr. 1a
Empfangsbekenntnis des Rechtsanwalts § 418 Rdnr. 1, § 419 Fn. 2, 7
Entscheidung in öffentlicher Urkunde § 417 Rdnr. 1
Entscheidungen § 422 Rdnr. 14
Erbausschlagung durch das Jugendamt § 415 Rdnr. 5, § 417 Rdnr. 1
Erbschein § 417 Rdnr. 1 f.
Ergänzungen bei notariellen Urkunden § 419 Rdnr. 2
Erheblichkeit der zu beweisenden Tatsache § 425 Rdnr. 1
Erklärung
- der Urkundsperson über die Echtheit § 437 Rdnr. 5
- in der Urkunde vor § 415 Rdnr. 10
- in öffentlicher Urkunde § 415 Rdnr. 10
Ersatzzustellung § 418 Rdnr. 4a
Ersetzung zerstörter Urkunden vor § 415 Rdnr. 16
Ersuchen um Mitteilung einer Urkunde an Behörde § 432 Rdnr. 1 ff.
Ersuchter Richter § 420 Rdnr. 3, § 426 Rdnr. 4, § 434 Rdnr. 1 ff., § 442 Rdnr. 3
EuGVÜ § 438 Rdnr. 12
Europäische Gemeinschaft § 438 Rdnr. 3
Europäisches Übereinkommen zur Befreiung von der Legalisation § 438 Rdnr. 25 ff.
Familienname bei Unterschrift § 416 Rdnr. 2a
Film vor § 415 Rdnr. 1b
Firma bei Unterschrift § 416 Rdnr. 2a
Form der öffentlichen Urkunde § 415 Rdnr. 6
Formelle Beweiskraft vor § 415 Rdnr. 7
- von Privaturkunden § 416 Rdnr. 7
Fotografie vor § 415 Rdnr. 1b
Fotokopie vor § 415 Rdnr. 4, § 435 Rdnr. 4, 6
Frachtbrief vor § 415 Rdnr. 8
Frankreich (Befreiung von Legalisation) § 438 Rdnr. 37
Fremdsprachige Urkunde vor § 415 Rdnr. 6
Fristsetzung zur Beibringung der Urkunde § 428 Rdnr. 2, § 430 Rdnr. 1, § 431 ff.
Gedruckte Urkunde § 416 Rdnr. 4
Gegenbeweis
- bei öffentlich beurkundeten Erklärungen § 415 Rdnr. 13 ff.
- bei öffentlichen Zeugnisurkunden § 418 Rdnr. 6 ff.
- bei Privaturkunden § 416 Rdnr. 11 ff.
- gegen öffentliche Urkunde mit amtlicher Entscheidung § 417 Rdnr. 3
Gerichtlicher Eingangsvermerk § 418 Rdnr. 6
Gerichtliches Protokoll § 415 Rdnr. 17
Gerichtsvollzieher § 415 Rdnr. 4
Geschäftsbücher § 422 Rdnr. 13

Geschäftsunfähigkeit und Beweiskraft § 416 Rdnr. 7
Gesetzlicher Vertreter § 421 Rdnr. 3
– und Verbleib der Urkunde § 426 Rdnr. 8
Geständnis der Echtheit § 439 Rdnr. 6
Glaubwürdigkeit des Ausstellers vor § 415 Rdnr. 11 f., § 415 Rdnr. 11
Griechenland (Befreiung von Legalisation) § 438 Rdnr. 37
Grundbuch § 432 Rdnr. 17, § 434 Rdnr. 2
Haager Urkundenübereinkommen § 438 Rdnr. 13 ff.
Handelsbücher vor § 415 Rdnr. 14, § 420 Rdnr. 7, § 421 Rdnr. 6, § 422 Rdnr. 13, § 434 Rdnr. 2
Handelsmakler vor § 415 Rdnr. 14, § 415 Rdnr. 4, § 422 Rdnr. 13
Handelsregister § 432 Rdnr. 17
Handzeichen § 416 Rdnr. 5
Herausgabe der Urkunde § 422 Rdnr. 8
Identität
– der erklärenden Person § 415 Rdnr. 11
– der erschienenen Parteien § 418 Rdnr. 4
Indiz vor § 415 Rdnr. 2, 11
Internationale Organisationen § 438 Rdnr. 3
Italien (Befreiung von Legalisation) § 438 Rdnr. 37
Jugendamt § 415 Rdnr. 4, 5, § 417 Rdnr. 1
Justizmitteilungsgesetz § 432 Rdnr. 12
Kindschaftssachen § 439 Rdnr. 8
Klage auf Vorlage der Urkunde § 429 Rdnr. 4
Konsul § 415 Rdnr. 3
– Legalisation § 438 Rdnr. 10
Konsularverträge (Legalisation) § 438 Rdnr. 38
Körperschaften des öffentlichen Rechts § 415 Rdnr. 3
Kraftfahrzeugkennzeichen vor § 415 Rdnr. 1b
Krankenunterlagen § 422 Rdnr. 9
Legalisation § 438 Rdnr. 1 ff.
Linguistische Gutachten § 442 Fn. 2
Luxemburg (Befreiung von Legalisation) § 438 Rdnr. 37
Mangelhafte Urkunden § 419 Rdnr. 1 ff.
Mängel
– einer öffentlichen Urkunde § 415 Rdnr. 7
– einer Privaturkunde § 440 Rdnr. 4
Material der Urkunde vor § 415 Rdnr. 3
Materielle Beweiskraft vor § 415 Rdnr. 9 ff., § 416 Rdnr. 9
Materiell-rechtliche Vorlegungsgründe § 422 Rdnr. 7 ff.
Mieterhöhungsverlangen § 422 Rdnr. 15
Mikrofilm vor § 415 Rdnr. 1
Ministerium für Staatssicherheit § 415 Rdnr. 9a
Mitteilung von Urkunden durch Behörden § 432 Rdnr. 16

Mittelbarer Besitz der Urkunde § 421 Rdnr. 5, § 422 Rdnr. 3
Nachforschung über Verbleib der Urkunde § 426 Rdnr. 2, 12, § 427 Rdnr. 1
Namensunterschrift § 416 Rdnr. 2a, § 439 Rdnr. 3
Nebenintervention § 421 Rdnr. 2 f., § 423 Rdnr. 2, § 429 Rdnr. 4
Nebenschrift § 416 Rdnr. 2, § 440 Rdnr. 2a
Nicht unterschriebene Urkunden vor § 415 Rdnr. 3, § 416 Rdnr. 14, § 439 Rdnr. 4
Nichtbestreiten der Echtheit § 439 Rdnr. 7
Nichtigkeit einer beurkundeten Erklärung § 415 Rdnr. 18
Nichtrechtsfähiger Verein und Klage auf Vorlegung § 430 Rdnr. 2
Nichtvorlegung § 427 Rdnr. 1
Notare § 415 Rdnr. 4. 5
Notariell beglaubigtes Handzeichen § 416 Rdnr. 5
Notarielle Beglaubigungen § 418 Rdnr. 1
Notwendige Streitgenossen § 444 Rdnr. 5
Oberschrift § 416 Rdnr. 2, § 440 Rdnr. 2a
Öffentlich beglaubigte Abschrift
– einer öffentlichen Urkunde § 435 Rdnr. 1
– einer Privaturkunde § 435 Rdnr. 4
Öffentlich beglaubigte Unterschrift § 416 Rdnr. 2a
Öffentlich beglaubigte Urkunde § 415 Rdnr. 8
Öffentlich bestellte Sachverständige § 415 Rdnr. 4
Öffentliche Behörde § 415 Rdnr. 3
Öffentliche Urkunde § 415 Rdnr. 1 ff., § 417 Rdnr. 1 ff., § 418 Rdnr. 1 ff., § 419 Rdnr. 1, § 435 Rdnr. 1, § 438 Rdnr. 1 ff.
Öffentliche Zeugnisurkunde vor § 415 Rdnr. 11b, § 418 Rdnr. 1
Öffentlicher Glaube § 415 Rdnr. 4
Österreich (Befreiung von Legalisation) § 438 Rdnr. 37
Parteivernehmung § 415 Rdnr. 13, § 418 Rdnr. 7, § 440 Rdnr. 1
Personen mit öffentlichem Glauben § 415 Rdnr. 4
Personenstandsregister § 418 Rdnr. 5, § 432 Rdnr. 17
Personenstandsurkunden § 418 Rdnr. 5 f.
– ausländische § 418 Rdnr. 6a, § 438 Rdnr. 33 ff.
Postzustellungsurkunden § 415 Rdnr. 4a, § 418 Rdnr. 4a, § 419 Rdnr. 1
Privatisierung der Post § 415 Rdnr. 4a, Rdnr. 5 Fn. 16
Privaturkunde
– Begriff § 416 Rdnr. 1
– Echtheitsbeweis § 440 Rdnr. 1
– Erklärung über die Echtheit § 439 Rdnr. 1

- Vermutung der Echtheit § 440 Rdnr. 2 ff.
- Vorlage in Urschrift § 435 Rdnr. 4

Protokoll § 415 Rdnr. 17
Prozeßvollmacht per Telefax § 416 Rdnr. 4a
Quittung vor § 415 Rdnr. 11, § 416 Rdnr. 9, § 422 Rdnr. 13
Rechnung § 422 Rdnr. 13
Rechnungslegung § 422 Rdnr. 9
Rechtliches Gehör § 420 Rdnr. 7
Rechtliches Interesse an der Urkundenvorlage § 422 Rdnr. 4
Rechtsmitteleinlegung per Telefax § 416 Rdnr. 4a
Rückgabe der Urkunde § 420 Rdnr. 5
Säumnis § 425 Rdnr. 5
Schallplatte vor § 415 Rdnr. 1b
Schiedsgutachten und Fristbestimmung § 431 Rdnr. 9
Schriftlichkeit vor § 415 Rdnr. 1
Schriftsachverständige § 442 Rdnr. 1
Schriftvergleichung § 441 Rdnr. 1 ff., § 442 Rdnr. 1 ff.
Schuldschein § 422 Rdnr. 13
Schweiz (Befreiung von Legalisation) § 438 Rdnr. 37
Staatsverträge über Legalisation § 438 Rdnr. 11 ff.
Standesbeamte § 415 Rdnr. 4
Steuergeheimnis § 432 Rdnr. 11
Streitgehilfe § 421 Rdnr. 2 f., § 423 Rdnr. 2, § 429 Rdnr. 4
Streitgenossen § 421 Rdnr. 2 f., § 426 Rdnr. 7, § 427 Rdnr. 2, § 444 Rdnr. 5
Tagebuch des Handelsmaklers vor § 415 Rdnr. 14, § 422 Rdnr. 13
Tatbestand des Urteils § 415 Rdnr. 17
Telefax vor § 415 Rdnr. 4a, § 416 Rdnr. 4a
Telegramm § 416 Rdnr. 4
Tonband vor § 415 Rdnr. 1b
Übersetzung vor § 415 Rdnr. 6, § 438 Rdnr. 5
Überweisungsauftrag § 416 Rdnr. 9
Unmittelbarer Besitz der Urkunde § 421 Rdnr. 5, § 422 Rdnr. 3
Unmittelbarkeit der Beweisaufnahme § 434 Rdnr. 1
Unrichtige Beurkundung § 415 Rdnr. 13 ff.
Unterlassene Nachforschung § 427 Rdnr. 1
Unterschriebene Privaturkunde § 439 Rdnr. 3
Unterschrift vor § 415 Rdnr. 3, § 416 Rdnr. 1, 2 ff.
Unterstempelte Urkunde § 416 Rdnr. 4
Urkunde in den Händen des Gegners § 421 Rdnr. 2 ff.
Urkunde in den Händen eines Dritten § 428 Rdnr. 1, § 430 Rdnr. 1
Urkundsbeamte der Geschäftsstelle § 415 Rdnr. 4, § 435 Rdnr. 7

Urkundsperson § 437 Rdnr. 5
Urschrift
- einer öffentlichen Urkunde § 435 Rdnr. 1, 5
- einer Privaturkunde § 435 Rdnr. 4

Urteil § 417 Rdnr. 1
Urteilstatbestand § 415 Rdnr. 17
Verbot des Ausforschungsbeweises § 422 Rdnr. 5
Vergleichungsschriften § 441 Rdnr. 3 ff.
Verhandlungen über ein Rechtsgeschäft § 422 Rdnr. 15
Vermutung
- der Echtheit einer Privaturkunde § 440 Rdnr. 2
- der Echtheit öffentlicher Urkunden § 437 Rdnr. 3 ff.
- der Vollständigkeit und Richtigkeit der Urkunde § 415 Rdnr. 12, § 416 Rdnr. 9

Vernehmung über Verbleib der Urkunde § 426 Rdnr. 2, 4 ff.
Vernichtung einer Urkunde § 416 Rdnr. 1
Vertragsentwürfe § 422 Rdnr. 15
Vertragsurkunde § 416 Rdnr. 9, § 422 Rdnr. 5, 13
Vertraulichkeit bei durch Behörden mitgeteilten Urkunden § 432 Rdnr. 16
Vertreter und Unterschrift § 416 Rdnr. 3
Vervielfältigung vor § 415 Rdnr. 4
Verwahrung bestrittener Urkunden § 443 Rdnr. 1 ff.
Verwaltungsakt in öffentlicher Urkunde § 417 Rdnr. 1
Verweigerung der Aussage über Urkundenverbleib § 426 Rdnr. 6
Verweigerung einer Urkundenerteilung durch Behörde § 432 Rdnr. 18
Verzicht
- des Beweisführers auf den Urkundenbeweis § 436 Rdnr. 1 f.
- des Gegners nach Bezugnahme auf die Urkunde § 423 Rdnr. 1

Vorbereitender Schriftsatz mit Bezugnahme auf Urkunde § 423 Rdnr. 1
Vorlegung der Urkunde § 420 Rdnr. 2, § 421 Rdnr. 1, § 435 Rdnr. 1 f.
- durch Dritte § 431 Rdnr. 1 ff.
- vor beauftragtem oder ersuchtem Richter § 434 Rdnr. 1 ff.

Vorlegungsantrag § 421 Rdnr. 4, § 424 Rdnr. 1 ff.
Vorlegungspflicht
- des Gegners § 422 Rdnr. 1 ff., § 423 Rdnr. 1 ff.
- Dritter § 429 Rdnr. 1
- von Behörden § 432 Rdnr. 1 ff.

Vorlesung bei notarieller Beurkundung § 415 Rdnr. 15
Vorname bei Unterschrift § 416 Rdnr. 2a
Wahrheit der notariell beurkundeten Erklärung § 415 Rdnr. 12
Willenserklärung vor § 415 Rdnr. 2, 10, 11

– in öffentlicher Urkunde § 415 Rdnr. 10
Willensmängel § 415 Rdnr. 15, 18
Wohnungseigentümerversammlung § 416 Rdnr. 1
Zerstörte Urkunden vor § 415 Rdnr. 16
Zerstörung von Urkunden § 444 Rdnr. 1 ff.
Zeugenvernehmung und Urkunde im Besitz eines Dritten § 429 Rdnr. 3
Zufallsurkunde vor § 415 Rdnr. 2

Zugestehen
– der Vorlagepflicht § 425 Rdnr. 2
– des Besitzes § 425 Rdnr. 2
Zustellungsurkunden § 415 Rdnr. 4a, § 418 Rdnr. 1, 4a
Zwischenurteil über Vorlegungspflicht § 425 Rdnr. 3 f., 6 f.

I. Begriff der Urkunde[1]

1. Schriftlichkeit, elektronische Dokumente

1 Urkunde i.S. der ZPO ist nur eine **schriftlich verkörperte Gedankenäußerung**[2], d.h. eine Aufzeichnung von Gedanken[3] in üblichen oder vereinbarten Wortzeichen. Die Urkunde muß unmittelbar gelesen werden können, d.h. es darf nicht erst eine Umsetzung in Schriftzeichen mittels technischer Hilfsmittel erforderlich sein[4] wie bei Mikrofilmen oder Computer-Datenspeichern.

1a **Elektronische Dokumente**[5], auch digital signierte Daten i.S. des Gesetzes zur digitalen Signatur vom 1. VIII. 1997 (BGBl I 1870)[6] sind keine Urkunden. Da aber die Ausdrucke Urkunden i.S. der ZPO darstellen[7] und im übrigen eine beweisrechtliche Verwertung als Mittel des Augenscheinsbeweises oder im Rahmen des Sachverständigenbeweises möglich ist[8], entsteht dadurch wohl keine Gesetzeslücke, die durch eine allgemeine analoge Anwendung von Vorschriften des Urkundenbeweises geschlossen werden müßte[9]. Auch für eine entsprechende Anwendung der Beweisregeln des Urkundenbeweises dürfte kaum ein Bedürfnis bestehen, da sich im Rahmen der freien Beweiswürdigung und der dazu entwickelten Rechtsinstitute durchaus vergleichbare Rechtsfolgen ergeben werden[10]. Sachgerecht erscheint es aber, die Vorschriften über Vorlegungspflichten und Vorlegungsanordnung analog anzuwen-

---

[1] Lit.: *Britz* Urkundenbeweisrecht und Elektroniktechnologie (1996), 89 ff.; *ders.* Beschränkung der freien Beweiswürdigung durch gesetzliche Beweisregeln? ZZP 110 (1997), 61; *Schreiber* Die Urkunde im Zivilprozeß (1982); *Reithmann* Allgemeines Urkundenrecht, Begriffe und Beweisregeln (1972); *Rüßmann* Moderne Elektroniktechnologie und Informationsbeschaffung im Zivilprozeß, in *Schlosser* (Hrsg.), Die Informationsbeschaffung für den Zivilprozeß – Die verfahrensmäßige Behandlung von Nachlässen, Ausländisches Recht und Internationales Zivilprozeßrecht (1996), 137 ff. – Rechtsvergleichend zum Urkundenbeweis *Nagel* Die Grundzüge des Beweisrechts im europäischen Zivilprozeß (1967), 323 ff.; *Teske* Der Urkundenbeweis im französischen und deutschen Zivil- und Zivilprozeßrecht (1990).

[2] Übereinstimmend z.B. BGHZ 65, 300, 301 = LM § 580 Ziff. 7 b Nr. 23 (LS, *Hagen*) = NJW 1976, 294 = JZ 1976, 181; OLG Köln DB 1983, 104, 105; *Rosenberg-Schwab-Gottwald*[15] § 121 I; *R. Bruns* ZPR[2] Rdnr. 192; *Schreiber* (Fn. 1) S. 32.

[3] Nicht etwa ein Granatsplitter, BVerwG ZfSH 1973, 80 (zu § 580 Nr. 7 b).

[4] Dazu *Schreiber* (Fn. 1) 35 ff. (der Sinn der Lautzeichen muß sich allein durch deren Wahrnehmung ermitteln lassen).

[5] *Britz* (Fn. 1) 99 ff., 132 ff.; *Rüßmann* (Fn. 1) 143 ff.; *Heun* CR 1995, 2, 3.

[6] Zum Signaturgesetz und seiner Bedeutung für das Beweisverfahren *Malzer* Zivilrechtliche Form und prozessuale Qualität der digitalen Signatur nach dem Signaturgesetz DNotZ 1998, 96; *Roßnagel* Die Sicherheitsvermutung des Signaturgesetzes NJW 1998, 3312; *Geis* Die digitale Signatur NJW 1997, 3000.

[7] A.M. *Heun* CR 1995, 2, 5.

[8] *Roßnagel* NJW 1998, 3312, 3314; → vor § 371 Rdnr. 7. Ob eine digitale Signatur i.S. des Signaturgesetzes einen Anscheinsbeweis für die Echtheit begründen kann, ist umstritten, dafür *Roßnagel* NJW 1998, 3312, 3315; a.M. *Malzer* DNotZ 1998, 96, 110.

[9] Ebenso *Rüßmann* (Fn. 1) 157.

[10] Dazu ausführlich *Britz* (Fn. 1) 230 ff., 258 ff. (Ergebnis); ebenso *Rüßmann* (Fn. 1) 157. – Zur Frage, ob neue gesetzliche Regeln geschaffen werden sollten *Britz* (Fn. 1), 237 ff.; *ders.* ZZP 110 (1997), 61, 86 ff., der im Ergebnis die Notwendigkeit verneint; s. zu den bisherigen rechtspolitischen Vorschlägen auch *Roßnagel* NJW 1998, 3312, 3315 mwN.

den, soweit es um elektronisch aufgezeichnete »Schriftstücke« geht. Für die kaufmännischen Unterlagen (→ auch Rdnr. 14) bestimmt § 261 HGB im Rahmen der handelsrechtlichen Vorlagepflicht, daß der Vorlagepflichtige auch die zum Lesen der Daten nötigen Geräte bereitzustellen und die erforderlichen Ausdrucke anzufertigen hat. Dies sollte analog im Rahmen der prozessualen Vorlagepflichten und Vorlageanordnungen angewendet werden, und zwar für alle elektronischen Dokumente, also über den Bereich der kaufmännischen Unterlagen hinaus.

Die von der wohl hM des Strafrechts[11] ebenfalls als Urkunden i. S. des § 267 StGB angesehenen *nichtschriftlichen*, zum Beweis geeigneten und bestimmten Verkörperungen von Gedanken (sog. **Beweiszeichen**, z. B. das amtliche Kraftfahrzeugkennzeichen, bestimmte Plomben und Siegelabdrücke; technische Aufzeichnungen erfaßt § 268 StGB) werden von der ZPO unter den allgemeineren Begriff der *Augenscheinsgegenstände* gestellt, von dem die Urkunde eine besonders geregelte Unterart bildet, → vor § 371 Rdnr. 5. Auch Fotografien, Tonbänder, Schallplatten, Filme, Disketten u. ä. sind nicht als Urkunden, sondern als Augenscheinsobjekte anzusehen[12], → vor § 371 Rdnr. 6. 1b

2. Absichts- und Zufallsurkunden, Inhalt der Urkunde

Für den Begriff der Urkunde ist es gleich, ob sie schon bei ihrer Errichtung *zum Beweis* der darin enthaltenen Gedankenäußerung *bestimmt* war (sog. **Absichtsurkunde**) oder ob sie damals (z. B. als Brief) nur dem Zweck der Mitteilung diente (sog. **Zufallsurkunde**). Für den Prozeß ist Urkunde *jedes Schriftstück, mit dessen Inhalt* (→ Rdnr. 5) *etwas bewiesen werden soll*, gleichviel, ob es für diesen Beweis tauglich ist oder nicht. Auch wer wertlose Schriftstücke vorlegt, führt einen (mißlungenen) Urkundenbeweis. Unerheblich ist es ferner, ob der in der Urkunde verkörperte Gedanke eine rechtlich geregelte **Willenserklärung**, ein Rechtsgeschäft, ist oder ein **Geständnis, Zeugnis** oder **Gutachten** (zur Verwertung von Protokollen über Zeugenaussagen sowie von Sachverständigengutachten aus anderen Verfahren und von Privatgutachten → § 284 Rdnr. 34 ff., → vor § 402 Rdnr. 54 ff.) oder endlich eine außerhalb des Rechtsverkehrs liegende Erklärung (z. B. ein Brief mit Angaben über das Zusammenleben mit einem neuen Partner), die als Indiz für rechtlich erhebliche Tatsachen in Betracht kommt. Dieser Unterschied hat nur für die Beweiskraft Bedeutung. 2

3. Unterschrift, Herstellung, Fotokopien, Telefax

Unerheblich ist für den Begriff der Urkunde ferner, ob der Aussteller die Urkunde **unterschrieben** hat, sofern nur seine Urheberschaft sonst dargetan ist, vorbehaltlich einerseits der Formvorschriften für öffentliche Urkunden, → § 415, andererseits der zivilrechtlichen Notwendigkeit der Unterschrift. Zur Unterschrift als Voraussetzung der Beweiskraft von Privaturkunden, → § 416 Rdnr. 1 ff. Ebenso unerheblich ist das **Material**, aus dem die Urkunde besteht, und die **Art der Herstellung**[13] (Handschrift, Schreibmaschine, Buchdruck, Fotokopie[14], Telefax[15], mechanische Vervielfältigung, computergefertigter Bescheid). 3

Mit der Einordnung von Vervielfältigungen, insbesondere **Fotokopien**, in den Urkundenbegriff i. S. der ZPO[16] ist aber nicht mehr gesagt, als daß eine (versuchte) Beweisführung 4

---

[11] Dazu *Kienapfel* Urkunden im Strafrecht (1967); *Samson* Urkunden und Beweiszeichen (1968); *Schönke-Schröder-Cramer* StGB[25] § 267 Rdnr. 20 ff.
[12] BGHZ 65, 300, 302 (Fn. 2).
[13] *OLG Köln* DB 1983, 104, 105. Vgl. *Stein* Der Urkunden- und Wechselprozeß (1887), 116 ff. und → § 416 Rdnr. 2 ff.

[14] *FG Berlin* NJW 1977, 2232.
[15] *OLG Köln* NJW 1992, 1774.
[16] Im Strafrecht wird der Fotokopie dagegen bereits die Urkundeneigenschaft (i. S. des § 267 StGB) abgesprochen, es sei denn, daß die Kopie nach dem Willen des Ausstellers an die Stelle des Originals treten sollte bzw. der Anschein erweckt wurde, es handle sich um ein Ori-

durch den Inhalt eines solchen Schriftstücks innerhalb der Beweismittelsystematik der ZPO als Urkundenbeweis zu betrachten ist. Davon zu unterscheiden ist die Frage, ob die Vervielfältigung (Fotokopie) im konkreten Fall zur Führung des Urkundenbeweises tauglich ist[17]. Dies ist zu bejahen, wenn die Fotokopie usw. nach dem Willen des Ausstellers der Urkunde oder nach gesetzlichen Vorschriften dazu bestimmt ist, im Rechtsverkehr die Originalurkunde zu ersetzen[18]. Anderenfalls handelt es sich lediglich um Abschriften (→ § 435 Rdnr. 6) einer anderen Urkunde (der Urschrift), die – wenn sie nicht beglaubigt sind – den Beweis durch die Urschrift im allgemeinen nicht ersetzen können, näher → § 435 Rdnr. 1 ff., 4. Werden Urkunden in Fotokopie vorgelegt, so ist eine Beweiserhebung durch Vorlage oder Beiziehung der Originalurkunden aber nur geboten, wenn die Übereinstimmung mit dem Original bestritten bzw. bezweifelt wird[19].

4a Beim **Telefax** ist dagegen, wenn es sich um eine darin enthaltene empfangsbedürftige Willenserklärung handelt, die beim Empfänger ankommende Urkunde das Original[20], so daß seine Vorlage den Anforderungen des Urkundenbeweises genügt[21]. Eine andere Frage ist, ob der Echtheitsbeweis[22] gelingt und ob das Telefax den materiell-rechtlichen oder prozessualen Formvorschriften genügt, → auch § 416 Rdnr. 4a.

4. Beweis durch den Inhalt

5 Urkundenbeweis ist der **Beweis durch den Inhalt der Urkunde** im Gegensatz zum Augenscheinsbeweis durch ihre Form, z. B. bei der Handschriftenvergleichung, → § 441.

5. Fremdsprachige Urkunde

6 Daß die Urkunde in deutscher Sprache abgefaßt ist, ist weder für den Begriff der Urkunde noch für die prozessuale Verwertung erforderlich. § 184 GVG steht der Verwertung nicht entgegen[23], → vor § 128 Rdnr. 151. Ob das Gericht eine **fremdsprachige Urkunde** unmittelbar benutzt oder die Beibringung einer Übersetzung anordnet (→ § 142 Rdnr. 7 ff., → § 438 Rdnr. 5), steht in seinem Ermessen[24].

II. Formelle Beweiskraft

7 Der Urkunde kommt unter der Voraussetzung ihrer Echtheit, → § 437 Rdnr. 1 f., zunächst eine formelle Beweiskraft zu: Die Urkunde beweist nur, aber auch immer, daß der **Aussteller** die in der Urkunde enthaltene **Erklärung** (im weiteren Sinn) **abgegeben** hat. Die ZPO regelt die formelle Beweiskraft für öffentliche Urkunden in § 417 und für Privaturkunden in § 416.

8 Die Sonderregeln für den **Eisenbahnfrachtbrief**[25] in § 61 Abs. 2 und 3 EVO wurden durch das Transportrechtsreformgesetz vom 25. VI. 1998 (BGBl I 1588) aufgehoben. Die Beweis-

---

ginal. Näher s. *BayObLG* NJW 1989, 2553; NJW 1990, 3221; NJW 1992, 3311; *Schönke-Schröder-Cramer* StGB[25] (1997) § 267 Rdnr. 42; *Tröndle-Fischer* StGB[49] (1999) § 267 Rdnr. 12b.

[17] Ebenso auch die Frage, ob die Fotokopie eine Urkunde i.S. des § 580 Nr. 7 b darstellt (bejahend *FG Berlin* NJW 1977, 2232; *Zoller* NJW 1993, 429, 435) und ob eine nicht beglaubigte Fotokopie den Anforderungen des Urkundenprozesses genügt (verneinend *OLG Düsseldorf* JZ 1988, 572 = MDR 1988, 504, mit Recht bejahend, wenn die Übereinstimmung der Ablichtung mit dem Original nicht bestritten wird, *OLG Köln* DB 1983, 104, 105; bejahend für Telefax *OLG Köln* MDR 1991, 900).

[18] *Schreiber* (Fn. 1) 28 ff., 32.
[19] *OLG Naumburg* OLG-NL 1995, 81 (Kopien des Grundbuchauszuges).
[20] Ebenso *OLG Köln* NJW 1992, 1774, 1775. Zutreffende Terminologie auch bei *LG Bonn* CR 1995, 35.
[21] *OLG Köln* NJW 1992, 1774.
[22] Dazu *LG Bonn* CR 1995, 35.
[23] *OLG Zweibrücken* FamRZ 1998, 1445, 1446.
[24] RGZ 162, 282, 287.
[25] Vgl. dazu BGHZ 6, 304; zur Beweiskraft und zur Widerlegung des Gewichtsvermerks (Wiegestempel) s. BGHZ 16, 217 = NJW 1955, 625.

kraft des **Frachtbriefs** für den Inhalt des Frachtvertrags, den Zustand des übernommenen Gutes usw. richtet sich nunmehr nach § 409 HGB n.F. Ferner s. Art. 11 § 3 der Einheitlichen Rechtsvorschriften für den Vertrag über die internationale Eisenbahnbeförderung von Gütern (CIM), abgedruckt als Anhang B zum Übereinkommen über den internationalen Eisenbahnverkehr (COTIF) vom 9.V.1980 (BGBl 1985 II 130, 224, 1001).

III. Materielle Beweiskraft

Von der formellen Beweiskraft ist die materielle Beweiskraft der Urkunde zu unterscheiden, unter der man diejenige *Bedeutung* versteht, welche die in der Urkunde enthaltene Erklärung *für das Beweisthema* hat[26]. 9

1. Beweis der Erklärung des Ausstellers

Wird der Urkundenbeweis geführt, um darzutun, daß der **Aussteller** die in der Urkunde enthaltene **Erklärung abgegeben** hat, so ist die Beweisaufnahme mit der Feststellung der Echtheit beendet, → Rdnr. 7f. Der Urkundenbeweis ist in diesen Fällen das **zuverlässigste Beweismittel**. Was weiter folgt, ist die inhaltliche Würdigung (Auslegung) der Erklärung[27], ihre rechtliche Würdigung, gegebenenfalls ihre Anfechtung nach bürgerlichem Recht, → § 415 Rdnr. 15f., → § 416 Rdnr. 9, 12. Dies gilt sowohl dann, wenn die zu beweisende Erklärung eine **Willenserklärung** ist, z.B. das Angebot oder die Annahme beim Vertragsschluß, eine Kündigung usw., als auch dann, wenn sie ein Zeugnis oder Gutachten ist. Soll nachgewiesen werden, daß der Notar eine Parteierklärung falsch beurkundet habe[28], so ist die Frage, *was* er beurkundet hat, mit der Vorlegung der (echten) Urkunde erledigt. Eine Prüfung der Glaubwürdigkeit des Ausstellers kommt in allen diesen Fällen nicht in Betracht. 10

2. Beweis anderer Tatsachen

Anders ist es, wenn die in der Urkunde enthaltene *Erklärung nicht selbst das Beweisthema* ist, sondern ein **Indiz** dafür (Wechselausstellung für kaufmännischen Verkehr), insbesondere (→ § 288 Rdnr. 24) ein außergerichtliches Zugestehen (Quittung) oder Verneinen einer Tatsache, oder ein Zeugnis (z.B. über den Ablauf eines Streits) oder Gutachten (z.B. über die Arbeitsunfähigkeit) über das Beweisthema ist. Auch solche in der Erklärung bezeugte tatsächliche Vorgänge können durch die Urkunde bewiesen werden, also z.B. die Zahlung durch eine Quittung des Empfängers[29], jedoch hat das Gericht insoweit in **freier Beweiswürdigung**[30] zu erwägen, ob die Erklärung der Wahrheit entspricht[31] bzw. welche Schlußfolgerungen auf das Beweisthema aus der Abgabe der Erklärung zu ziehen sind, und es sind dabei alle im Wege des Gegenbeweises vorgebrachten Momente gleichfalls zu würdigen. Der Urkunde kommt in diesen Fällen nicht etwa von vornherein ein besonders hoher Beweiswert zu. Soweit es sich dabei nicht um indizierende *Willenserklärungen* handelt, ist 11

---

[26] Anders die Betrachtungsweise von *R. Bruns* ZPR[2] Rdnr. 194 (S. 305, dort Fn. 26), der unter der materiellen Beweiskraft den Wahrheitswert des Urkundeninhalts versteht.

[27] Vgl. *Stein* Das private Wissen des Richters (1893), 44f.

[28] Vgl. RGZ 61, 95f.

[29] Vgl. *BGH* NJW 1988, 2741 = JZ 1988, 934 (Quittung); WM 1988, 524 (gestempelter Einzahlungsbeleg); *OLG Saarbrücken* MDR 1997, 1107 (Quittung); *OLG Frankfurt* NJW-RR 1991, 172 (hoher Beweiswert einer Bankquittung über Einzahlung). – *LG Ingolstadt* WM 1996, 2145 gelangt im konkreten Fall zur Erschütterung des Beweiswerts einer Eintragung in einem Sparzertifikat (dazu *Harbeke* WuB I C 2. Sparkonto 1.97, der die Übereinstimmung mit der Rsp des BGH bezweifelt).

[30] Hinweise dazu bei *Döhring* Die Erforschung des Sachverhalts im Prozeß (1964), 294ff.

[31] Vgl. *BayObLG* SeuffArch 47 (1892), 211. – Frei zu würdigen sind auch ärztliche Zeugnisse und Krankengeschichten, vgl. RG HRR 1930, 1864. → aber § 286 Rdnr. 24a zur Arbeitsunfähigkeitsbescheinigung.

hier vor allem die *Glaubwürdigkeit des Ausstellers* maßgebend, z.B. die des Kaufmanns, der ein Geschäft in seine Bücher[32] eingetragen hat, oder desjenigen, der das außergerichtliche Geständnis abgelegt hat.

11b Nur bei **öffentlichen Zeugnisurkunden,** bei denen der Aussteller Behörde oder Urkundsperson ist, wird die Glaubwürdigkeit des Ausstellers durch *gesetzliche Beweisregeln*[33] festgelegt, sowohl dann, wenn er eine vor ihm abgegebene *Erklärung* eines anderen (§ 415, → Rdnr. 12), wie dann, wenn er *andere Tatsachen* bezeugt, § 418, s. ferner § 165 (Sitzungsprotokoll), § 202 Abs. 2 (Nachweis der Auslandszustellung), § 314 (Beweiskraft des Urteilstatbestandes). Bei einem **privaten Aussteller** entscheidet dagegen grundsätzlich die freie Beweiswürdigung, die häufig negativ ausfallen wird, → § 284 Rdnr. 35. *Sonderregeln* enthalten § 198 Abs. 2, § 212 a (Empfangsbekenntnis des Anwalts als Zustellungsnachweis), § 104 Abs. 2 S. 2 (Versicherung des Anwalts über das Entstehen von Postgebühren usw.).

3. Beweis einer anderen Erklärung

12 Von der in der Urkunde *enthaltenen* Erklärung des *Ausstellers* (z.B. des Notars im Fall des § 415) verschieden ist die **durch die Urkunde erwiesene Erklärung eines anderen,** z.B. im Fall des § 415 der vor der Behörde oder Urkundsperson erscheinenden Partei[34]. Diese erwiesene Erklärung kann nun das *Beweisthema* selbst sein (Klage auf Auflassung aus notariellem Kaufvertrag) oder ein *Indiz* dafür (vollstreckbare Urkunde als Indiz für Benachteiligung der Gläubiger), insbesondere ein außergerichtliches Geständnis (auch ein Protokoll über ein Geständnis in einem anderen Prozeß, → § 288 Rdnr. 24). Ihre materielle Beweiskraft ist stets ohne gesetzliche Bindung nach den soeben dargestellten Grundsätzen frei zu würdigen, → § 415 Rdnr. 12.

IV. Beweisanordnung[35]

13 Der Urkundenbeweis ist regelmäßig **von den Parteien anzutreten.** Eine Befugnis des Gerichts, die Vorlegung von Urkunden **von Amts wegen** anzuordnen, besteht nach der ZPO in den Fällen der §§ 142, 143, 273 Abs. 2 Nr. 1, 2 und im Geltungsbereich der Untersuchungsmaxime (→ vor § 128 Rdnr. 87 ff., vor allem in Ehe- und Kindschaftssachen). Zur Frage, inwieweit das Gericht bei den von Amts wegen zu prüfenden (prozessualen) Fragen von sich aus Beweis erheben kann, → vor § 128 Rdnr. 97.

14 Außerdem kann das Gericht auf Antrag oder von Amts wegen die Vorlegung der **Handelsbücher** einer Partei und des *Tagebuchs der Handelsmakler* (auch wenn diese nicht Partei sind) anordnen, §§ 102, 258, 260 HGB, und zwar (arg. § 7 HGB) auch in Nicht-Handelssachen[36]. Diese Regeln gelten auch für auf Datenträgern geführte bzw. aufbewahrte Handelsbücher (§ 239 Abs. 4, § 257 Abs. 3 HGB). Mit der Vorlagepflicht ist die Verpflichtung verbunden, die zum Lesen der Daten erforderlichen Hilfsmittel zur Verfügung zu stellen und die nötigen Ausdrucke herzustellen, § 261 HGB. Die Anordnung setzt voraus, daß die Partei bestimmte Streitpunkte angegeben hat, vgl. § 259 HGB; lediglich zur Information des Beweisführers darf sie nicht erfolgen[37]. Die Pflicht dem Gegner gegenüber bleibt dabei unberührt, → § 422 Rdnr. 9, 13 ff. Über die Nichtbefolgung → § 427 Rdnr. 5.

---

[32] Zur freien Würdigung von Handelsbüchern s. *BGH* MDR 1955, 92 (kein Anscheinsbeweis) sowie → § 416 Fn. 42. Zum Echtheitsbeweis → § 440 Fn. 1.

[33] Die Mot. 262 nahmen unzutreffend an, daß es sich hier um die formelle Beweiskraft handle.

[34] Zu weit geht *RGSt* 39, 346 f., das zwei Urkunden annimmt.

[35] S. dazu *Siegel* Die Vorlegung von Urkunden im Prozeß (1904), 95 ff.

[36] *RGZ* 69, 20 f.

[37] *RG* JW 1900, 274; 1902, 545; *Siegel* (Fn. 35) 119 (zum früheren § 46 HGB).

Über den Urkundenbeweis als **Ersatz des Zeugen- und Sachverständigenbeweises** → **15**
§ 284 Rdnr. 34 ff., → § 363 Rdnr. 8, → vor § 402 Rdnr. 54, → § 411 Rdnr. 19.

V. Ersetzung zerstörter oder abhanden gekommener Urkunden

Über die **Ersetzung** zerstörter oder abhanden gekommener *gerichtlicher oder notarieller* **16**
Urkunden s. VO[38] v. 18. VI. 1942, RGBl I 395 sowie § 6 ZuständigkeitsergänzungsG v. 7. VIII. 1952, BGBl I 407 (Ersatzzuständigkeit für Gerichte, an deren Sitz deutsche Gerichtsbarkeit nicht mehr ausgeübt wird). Die genannte VO gilt aber gemäß § 57 Abs. 10 BeurkG *nicht* für Urkunden, die unter §§ 1, 68 BeurkG fallen, also nicht für **öffentliche Beurkundungen,** auch wenn sie vor Inkrafttreten des BeurkG erfolgt sind. Für die Ersetzung solcher Urkunden ist § 46 BeurkG[39] maßgebend.

§ 415 [Beweiskraft öffentlicher Urkunden über abgegebene Erklärungen]

(1) Urkunden, die von einer öffentlichen Behörde innerhalb der Grenzen ihrer Amtsbefugnisse oder von einer mit öffentlichem Glauben versehenen Person innerhalb des ihr zugewiesenen Geschäftskreises in der vorgeschriebenen Form aufgenommen sind (öffentliche Urkunden), begründen, wenn sie über eine vor der Behörde oder der Urkundsperson abgegebene Erklärung errichtet sind, vollen Beweis des durch die Behörde oder die Urkundsperson beurkundeten Vorganges.
(2) Der Beweis, daß der Vorgang unrichtig beurkundet sei, ist zulässig.

Gesetzesgeschichte: Bis 1900 § 380 CPO.

I. Begriff der öffentlichen Urkunde	1	II. Beweiskraft	10
1. Aussteller	2	1. Abgabe einer Erklärung	10
a) Öffentliche Behörden	3	2. Beweis des Vorgangs	11
b) Personen mit öffentlichem Glauben	4	3. Freie Würdigung des Erklärungsinhalts	12
c) Zustellungsurkunden von Postbediensteten	4a	III. Gegenbeweis	13
2. Amtsbefugnisse	5	1. Zulässigkeit	13
3. Form	6	2. Gegenstand der Beweisführung	14
4. Öffentlich beglaubigte Urkunden	8	3. Ausnahmen	17
5. Ausländische Urkunden	9	4. Nichtigkeit, Anfechtung	18
6. Urkunden aus der ehemaligen DDR	9a		

I. Begriff der öffentlichen Urkunde

§ 415 bestimmt den Begriff der öffentlichen Urkunde zunächst für das Gebiet des Zivil- **1**
prozesses; dieser Legaldefinition kommt aber allgemeine Bedeutung für die gesamte Rechtsordnung zu[1]. Die Vorschrift stellt **drei Voraussetzungen** auf:

---

[38] Lit.: *Jansen* FGG[2] III § 46 BeurkG Rdnr. 11 ff.; *Hornig* DJ 1942, 417; *Henne* Das Standesamt 1954, 278. – Zum Verhältnis zur materiellen Rechtskraft → § 322 Rdnr. 201 Fn. 260.
[39] Dazu *Jansen* (Fn. 38) Rdnr. 1 ff.; *Huhn-v. Schuckmann* BeurkG[3] (1995), § 46.

[1] So für das Strafrecht *RGSt* 42, 234; 71, 102; *BGHSt* 19, 21; *Schönke-Schröder-Cramer* StGB[25] § 271 Rdnr. 4; *Leipziger Kommentar-Tröndle*[10] (29. Lieferung 1982), § 271 Rdnr. 4; *Systematischer Kommentar-Hoyer*[6], Stand 1998, § 271 Rdnr. 9; für das Grundbuchrecht *BGHZ* 25, 188; *Horber-Demharter* GBO[22] § 29 Rdnr. 29.

1. Aussteller

2   Die Urkunde muß durch eine **öffentliche Behörde** oder durch eine mit **öffentlichem Glauben versehene Person** ausgestellt[2] worden sein.

3   a) Für den Begriff der **öffentlichen Behörde**[3] sind zwei Elemente wesentlich. Es muß sich um eine selbständige Stelle handeln, die durch ihre Organisation in den allgemeinen Organismus der Behörden in der Art eingefügt ist, daß ihr **Bestand von dem einzelnen Amtsträger unabhängig ist**. Ob die Stelle mit einem oder mehreren Beamten besetzt ist, ist unerheblich. Die zweite Voraussetzung ist, daß die Funktionen der Stelle ein **Ausfluß der Staatsgewalt** sind. Die Stelle muß also dazu berufen sein, unter öffentlicher Autorität für die Erreichung der Zwecke des Staates oder der von ihm geförderten Zwecke tätig zu sein. Welche Stellen im einzelnen in Betracht kommen, bestimmt das (Bundes- oder Landes-)Verwaltungsrecht am Ort der Errichtung der Urkunde[4]. Zu Urkunden ausländischer Behörden → Rdnr. 9. Es gehören hierher alle *Bundesbehörden*, die *Länderbehörden*, ferner die Behörden der *Gemeinden* und Gemeindeverbände sowie der *Anstalten und Körperschaften des öffentlichen Rechts*, insbesondere auch der gesetzlichen Berufsvertretungen[5] (Industrie- und Handelskammern u. dgl.) u. a. m. Privatrechtlich organisierte Verwaltungskörper (juristische Personen des Privatrechts) sind auch dann, wenn ihnen öffentliche Aufgaben übertragen sind, nur bei ausdrücklicher gesetzlicher Bestimmung den Behörden gleichzustellen[6]. Die *deutschen Konsuln* vereinigen die Eigenschaft einer öffentlichen Behörde mit der einer Urkundsperson, § 8 Abs. 1, §§ 10 ff., insbesondere § 15 Abs. 4 KonsularG v. 11. IX. 1974, BGBl I 2317 (→ auch § 438 Rdnr. 10).

4   b) Zu den **mit öffentlichem Glauben versehenen Personen** gehören die **Notare**, BNotO v. 24. II. 1961, BGBl I 98, und solche Personen, denen die Bundes- oder Landesgesetzgebung die Befugnis übertragen hat, Tatsachen mit öffentlichem Glauben zu beurkunden, sei es allgemein oder nur mit Beschränkung auf gewisse Arten von Beurkundungen. Letzteres ist z. B. der Fall bei den Urkundsbeamten der Geschäftsstelle[7], den Gerichtsvollziehern[8] und den Gerichtswachtmeistern bezüglich der ihnen nach den Prozeßgesetzen und Geschäftsanweisungen zukommenden Beurkundungen[9], bei den Standesbeamten (z. B. Beurkundung von Erklärungen nach §§ 29 a, 29 b, 31 a PStG), bei den nach § 49 Abs. 1 S. 1 Nr. 1 JWG zur Beurkundung von Vaterschaftsanerkenntnissen und Zustimmungserklärungen ermächtigten Beamten oder Angestellten des Jugendamtes, bei den Konsuln nach § 8 Abs. 1, §§ 10 ff. KonsularG (→ § 438 Rdnr. 10)[10] und bei den Markscheidern nach § 64 Abs. 2 S. 2 BBergG v. 13. VIII. 1980, BGBl I 1310[11]. Die Handelsmakler, §§ 93 ff. HGB, und die öffentlich bestellten Sachverständigen[12] gehören nicht hierher.

---

[2] Durch Aufnahme in behördliche Akten oder ähnliches wird eine Privaturkunde niemals zu einer öffentlichen Urkunde, KG OLG Rsp 26 (1913), 377 (eröffnetes privatschriftliches Testament).

[3] S. die zusammenfassende Definition in *BGHZ* 25, 188. Danach ist eine öffentliche Behörde »ein in den allgemeinen Organismus der Behörden eingefügtes Organ der Staatsgewalt, das dazu berufen ist, unter öffentlicher Autorität für die Erreichung der Zwecke des Staates oder der von ihm geförderten Zwecke tätig zu sein, gleichviel ob das Organ unmittelbar vom Staate oder von einer dem Staate untergeordneten Körperschaft zunächst für deren Angelegenheiten bestellt ist, sofern die Angelegenheiten zugleich in den Bereich der bezeichneten Zwecke fallen, wobei es für den Begriff der Behörde nicht wesentlich ist, ob die ihr übertragenen Befugnisse Ausübung obrigkeitlicher Gewalt sind oder nicht«. – Grundlegend *RGSt* 18, 46, das vor allem das Erfordernis organisatorischer Selbständigkeit hervorhob. S. ferner *RGSt* 26, 193; *BGHZ* 3, 116; *BayObLGZ* 1954, 325.

[4] *RGSt* 8, 372.

[5] *BGH* LM Nr. 1.

[6] *BGHZ* 3, 121 (vom Staat zur Verwaltung von Umstellungsgrundschulden herangezogene Kreditinstitute sind keine Behörden). Hiergegen *Sprengel* JZ 1952, 138.

[7] Vgl. *OLG München* OLGZ 1980, 465, 468 (betr. Sitzungsprotokoll).

[8] Dazu *OLG Köln* NJW-RR 1986, 863 (Protokoll über Annahmeverzug); *LG Mannheim* Rpfleger 1989, 72 (Zustellungsurkunde).

[9] *KG* OLG Rsp 10 (1905), 391.

[10] S. dazu *KG* OLG Rsp 29 (1914), 305 ff.

[11] Vgl. *RG* JW 1888, 164.

[12] Vgl. *RG* HRR 1937, 869.

c) Öffentliche Urkunden sind auch die von **Postbediensteten** ausgestellten **Zustellungsurkunden**. Dabei blieb es auch nach der Privatisierung der Post[13], da diese nach § 16 Abs. 1 PostG damaliger Fassung insoweit mit hoheitlicher Gewalt beliehen war und die Bediensteten der Post als mit öffentlichem Glauben versehene Personen i.S. des § 415 Abs. 1 anzusehen waren. Nunmehr ergibt sich die Beleihung mit hoheitlicher Gewalt und die Befugnis zur Ausstellung öffentlicher Zustellungsurkunden aus §§ 33, 34 PostG vom 22. XII. 1997 (BGBl I 3294)[14]. Durch § 195 Abs. 2 S. 3 idF des Gesetzes zur Änderung des Gesetzes über die Zwangsversteigerung und die Zwangsverwaltung und anderer Gesetze v. 18. II. 1998 (BGBl I 866) wurde ausdrücklich klargestellt, daß für die Zustellungsurkunden der Bediensteten der Deutschen Post AG § 418 entsprechend gilt (wobei das Wort »entsprechend« eigentlich fehl am Platze ist). Zur Beweiskraft von Zustellungsurkunden → § 418 Rdnr. 4a.

2. Amtsbefugnisse

Die Aufnahme der Urkunde muß **innerhalb der gesetzlichen Grenzen der Amtsbefugnisse**[15] der Behörde (bzw. des gesetzlichen Geschäftskreises der Urkundsperson) liegen, also innerhalb ihrer öffentlich-rechtlichen Zuständigkeit erfolgt sein. Soweit die Vornahme *privatrechtlicher* Geschäfte in diese Funktion einbezogen ist, sind auch die Urkunden über Verträge usw. solcher Behörden öffentliche Urkunden[16]. Dasselbe gilt für Erbausschlagungen durch das Jugendamt als Amtsvormund[17]. Ob die Urkunde Tatsachen betrifft, die Dritte angehen, oder lediglich die inneren Verhältnisse der Behörde, macht keinen Unterschied. Auch die sog. **Eigenurkunden** von Notaren stellen öffentliche Urkunden dar[18]. Unter den Grenzen der Amtsbefugnisse sind nur die *sachlichen* zu verstehen; örtliche Unzuständigkeit kann die Ungültigkeit des Aktes zur Folge haben, berührt aber den Charakter der Urkunde nicht[19].

3. Form

Die Urkunde muß **in der vorgeschriebenen Form** aufgenommen sein, d.h. allen *wesentlichen* Formvorschriften genügen[20], während die Nichtbefolgung bloßer Ordnungs- (»Soll-«) Vorschriften (→ aber § 419 Rdnr. 2 zur Form bei Ergänzung notarieller Urkunden) ebenso

---

[13] BGH NJW 1998, 1716; OLG Frankfurt NJW 1996, 3159; BFH NJW 1997, 3264. – A.M. VG Frankfurt NJW 1997, 3329; Späth NJW 1997, 2155; W. Löwe/P. Löwe ZIP 1997, 2002.
[14] Bis 31. XII. 2002 ist die Deutsche Post AG »Exklusivlizenznehmer« für Briefsendungen, § 51 PostG. Später gelten §§ 33, 34 PostG auch für andere Lizenznehmer, die Briefzustellungsdienstleistungen erbringen, soweit sie nicht nach § 33 Abs. 2 PostG auf Antrag von der Verpflichtung zur Ausführung förmlicher Zustellungen befreit sind.
[15] Vgl. BGH LM Nr. 1.
[16] BGHZ 6, 305, 307, 312 (Beförderungspapiere der Eisenbahn); 45, 362, 366 (Einwilligung des Jugendamts als Amtsvormund zur Adoption); NJW 1963, 1631 (Sparkassenbuch einer bayerischen öffentlichen Sparkasse); BayObLGZ 1954, 329; LG Dresden Rpfleger 1995, 67 (Vollmachterteilung durch Treuhandanstalt). S. auch RGSt 8, 409 (Eisenbahnfahrkarte); 24, 130 (Postanweisung); OVG Hamburg NJW 1993, 277 (Rückzahlungsschein des Postamts im Rahmen des Postsparkassendienstes); BayObLG NJW 1993, 2947 (Sparbuch der Deutschen Bundespost Postbank, auch nach dem damaligen Stand der Postreform). – Für nach der Privatisierung von Bahn und Post errichtete Urkunden kann dies nicht mehr gelten, soweit nicht eine Beleihung mit öffentlicher Gewalt vorliegt, → zur Zustellung Rdnr. 4a. - Dagegen liegt keine öffentliche Urkunde vor, wenn eine Behörde als Bevollmächtigte einer Privatperson gehandelt hat, LG Kiel DNotZ 1987, 48.
[17] LG Kiel Rpfleger 1990, 420; LG Berlin Rpfleger 1994, 167.
[18] BGHZ 78, 39 = DNotZ 1981, 118; BayObLG DNotZ 1983, 434 (Reithmann). Es handelt sich dabei um die Beurkundung von Erklärungen des Notars, die dieser aufgrund Vollmacht eines Beteiligten zur Ergänzung oder Abänderung von ihm beurkundeter oder beglaubigter Erklärungen abgibt.
[19] S. auch KG OLG Rsp 17 (1908), 331.
[20] Vgl. z.B. RGSt 23, 205 (Unterschrift des Zahlungsbefehls).

unerheblich ist[21] wie die der Vorschriften über den Inhalt der Urkunde[22]. Bundesgesetzliche Formvorschriften enthalten vor allem das BeurkundungsG, Art. 80 f. WG, § 10 Abs. 3 KonsularG usw., ferner die ZPO für Protokolle, Zustellungsurkunden und vollstreckbare Ausfertigungen (→ §§ 159 f., 190 ff., 198, 202, 725, 762), für Urteile (→ §§ 313, 313 a, 313 b, 315, 317) und Beschlüsse (→ § 329 Rdnr. 6 ff.), sowie entsprechend die StPO, InsO usw. Ist die Einhaltung einer besonderen Form nicht vorgeschrieben, so entfällt dieses Erfordernis des Begriffes; es liegen aber auch dann öffentliche Urkunden vor, sofern die sonstigen Voraussetzungen gegeben sind.

7   Kann eine Urkunde wegen eines **Mangels der Erfordernisse** Nr. 1 bis 3 nicht als öffentliche gelten, so ist sie wie eine Privaturkunde zu behandeln[23] und ihr Beweiswert nach § 286 frei zu würdigen. Die formelle Beweiskraft einer Privaturkunde nach § 416 kommt ihr in diesem Fall nur zu, wenn sie den Voraussetzungen des § 416 entspricht[24]. Aber das Gericht *kann* ihr vollen Beweiswert beilegen[25].

4. Öffentlich beglaubigte Urkunden

8   Verschieden von den öffentlichen Urkunden über Erklärungen sind die **öffentlich beglaubigten Urkunden** (§§ 726 f., 731, 750 f., 756, 765; § 40 BeurkG). Das sind *Privaturkunden*[26], deren Unterschrift oder Handzeichen durch eine unter § 418[27] fallende *öffentliche Urkunde* in ihrer Echtheit beglaubigt ist. Vgl. § 129 BGB.

5. Ausländische Urkunden

9   Öffentliche Urkunden sind unter den Voraussetzungen des § 415 und mit der Beweiskraft dieser Vorschrift auch die von den Behörden und Urkundspersonen des **Auslandes** errichteten Urkunden[28]. Ob die Urkunde von einer mit öffentlichem Glauben versehenen Person innerhalb ihres Geschäftskreises und in der vorgeschriebenen Form errichtet wurde, richtet sich dann nach dem einschlägigen ausländischen Recht[29]. Zur *Legalisation* → § 438, zur Formwahrung durch ausländische Beurkundung → § 438 Fn. 9.

6. Urkunden aus der ehemaligen DDR

9a In der ehemaligen DDR errichtete öffentliche Urkunden stehen den inländischen öffentlichen Urkunden grundsätzlich gleich, → § 438 Rdnr. 4. Die im Ministerium für Staatssicherheit angefertigten Dokumente über die Tätigkeit von Mitarbeitern oder auch Verneh-

---

[21] *KG* OLG Rsp 17 (1908), 369 f. (zu § 176 Abs. 3 FGG aF). Auch § 44 BeurkG (Verbindung mehrerer Blätter mit Schnur und Prägesiegel) ist Sollvorschrift; ein Verstoß dagegen ist nach § 419 zu würdigen. Weitergehend *OLG Schleswig* DNotZ 1972, 556 (bei Verbindung mit Klebestreifen fehle es an der vorgeschriebenen Form i.S. des § 415).

[22] So auch *RGSt* 12, 331.

[23] BGHZ 37, 90 = NJW 1962, 1152.

[24] S. auch Mot. 261 ff.; *OLG Königsberg* OLG Rsp 3 (1901), 349.

[25] RG SeuffArch 54 (1899), 224.

[26] *BayObLG* DNotZ 1985, 220, 222 (*Winkler*) = Rpfleger 1985, 105. S. auch RGZ 13, 330; 60, 223; JW 1901, 583; *RGSt* 38, 52.

[27] Ebenso *BayObLG* DNotZ 1985, 220, 222 (Fn. 26);

OLG Hamm JMBlNRW 1964, 53 = DNotZ 1965, 46; NJW 1991, 365, 366; *Jansen* FGG² III § 40 BeurkG Rdnr. 11. Soweit bei einer öffentlichen Beglaubigung beurkundet ist, die Unterschrift sei vor dem Notar anerkannt worden, s. jetzt § 40 Abs. 3 BeurkG, fällt der Beglaubigungsvermerk unter § 415.

[28] So auch *BGH* LM § 418 Nr. 3; *OLG Düsseldorf* IPRax 1996, 423, 425; *BVerwG* NJW 1987, 1159; *Nagel* Die Grundzüge des Beweisrechts im europäischen Zivilprozeß (1967), 427; *Nagel-Gottwald* Internationales Zivilprozeßrecht⁴ § 9 Rdnr. 109; *Schack* Internationales Zivilverfahrensrecht² (1996) Rdnr. 702. Offenlassend BGHZ 37, 395.

[29] *OLG Düsseldorf* IPRax 1996, 423, 425 (iranischer Notar).

mungsprotokolle sind aber schon aufgrund ihrer besonderen Zweckrichtung nicht als öffentliche Urkunden i.S. des § 415 anzusehen[30].

II. Beweiskraft

1. Abgabe einer Erklärung

Voraussetzung der Beweiskraft nach § 415 ist stets die *Echtheit* der Urkunde, dazu → § 437. § 415 regelt die Beweiskraft derjenigen öffentlichen Urkunden, die über eine **vor der Behörde oder Urkundsperson abgegebene Erklärung** (im weitesten Sinn, → vor § 415 Rdnr. 2) errichtet sind, also ein amtliches Zeugnis über die Tatsache dieser Erklärung (z.B. Auflassung, letztwillige Verfügung, Eheschließung) enthalten. Dahin gehören auch die Protokolle der streitigen und freiwilligen Gerichtsbarkeit und der Urteilstatbestand (§ 313 Abs. 1 Nr. 5). Auch die notarielle Niederschrift über die Hauptversammlung einer AG erbringt nach Abs. 1 vollen Beweis für die Abgabe und den Inhalt der beurkundeten Erklärungen, z.B. des Widerspruchs gegen Beschlüsse[31]. Die Erklärung ist auch dann vor der Behörde oder Urkundsperson abgegeben, wenn der Inhalt eines als Anlage *übergebenen* und beurkundeten *Schriftstücks* von dem Dritten als von ihm herrührend anerkannt wird (§ 160 Abs. 5, § 297, anders bei der öffentlich beglaubigten Unterschrift, § 40 Abs. 3 BeurkG, → Rdnr. 8). Jede Bezeugung eines *anderen Vorgangs* als einer Erklärung, z.B. die einer Belehrung der Parteien, fällt unter § 418, selbst wenn sie in einer im übrigen unter § 415 fallenden Urkunde steht. Zu den Urkunden, die eine Anordnung, Verfügung oder Entscheidung der Behörde enthalten, → § 417.

10

2. Beweis des Vorgangs

Eine dem § 415 entsprechende Urkunde erbringt für und gegen jedermann »**vollen**«[32] **Beweis des beurkundeten Vorgangs**[33]; die freie Beweiswürdigung ist hinsichtlich der Glaubwürdigkeit des Ausstellers (→ vor § 415 Rdnr. 11) ausgeschlossen[34]. Diese Wirkung erstreckt sich auf die **Abgabe der Erklärung** nach **Zeit, Ort** und **sonstigen Umständen** (auch: vor der genannten Urkundsperson[35]) und auf den **Inhalt der Erklärung**[36]. Ob sie sich auch auf die **Identität der erklärenden Person** erstreckt[37] oder nur darauf, daß der Erklärende sich einen bestimmten Namen beigelegt habe[38], hängt von ihrem Inhalt ab. Bei *notariellen* Urkunden gehört die Feststellung der Identität mit zu dem an der Beweiskraft teilnehmenden Inhalt der Urkunde[39], soweit nicht in der Urkunde vermerkt ist, daß sich der Notar keine Gewißheit über die Person verschaffen konnte, § 10 Abs. 2 BeurkG.

11

---

[30] *VG Greifswald* DtZ 1995, 455; *VG Meiningen* NJ 1995, 158, 159. Zur Beweiswürdigung *BAG* DtZ 1994, 121, 122 (Verpflichtungserklärung begründet keinen Anscheinsbeweis für späteres Tätigwerden für das Ministerium für Staatssicherheit); *BAG* DtZ 1994, 190.

[31] *BGH* NJW 1994, 320 (auch zum Beweis der unrichtigen Beurkundung nach Abs. 2).

[32] *Schreiber* (vor § 415 Fn. 1) 13 (dort Fn. 1) weist darauf hin, daß diese aus der Zeit gesetzlicher Regeln über halben und vollen Beweis stammende Formulierung heute überholt ist.

[33] Welcher Vorgang als beurkundet anzusehen ist, stellt eine Frage der Auslegung der Urkunde dar, *RGZ* 96, 181 (Erstreckung des Verlesungsvermerks auf Protokollanlagen).

[34] A.M. *Pagenstecher* Zur Lehre von der materiellen Rechtskraft (1905), 186.

[35] *BGH* (St) JZ 1987, 522 (*H. Schumann*); *BGH* (St) NJW 1975, 940 (die Beurkundung umfaßt auch das ständige Zugegensein des Notars bei der Vorlesung der Niederschrift).

[36] S. auch *KG* KGJ 44 (1913), 212; 45 (1914), 187.

[37] So für die Urkunde der FG *KG* OLG Rsp 17 (1908), 369f. Vgl. auch *KG* RJA 16 (1922), 342; KGJ 52 (1921), 112.

[38] So für das Protokoll der ZPO *RGSt* 39, 346f.

[39] *LG Berlin* DNotZ 1963, 250; *Keidel-Kuntze-Winkler* FGG[13], Teil B (BeurkG), § 10 Rdnr. 19f.; *Jansen* FGG[2] III § 10 BeurkG Rdnr. 9. Zur öffentlichen Beglaubigung *OLG Hamm* JMBlNRW 1964, 53 (→ Fn. 27).

3. Freie Würdigung des Erklärungsinhalts

12   Dagegen sagt das Gesetz absichtlich **nicht,** daß auch die **Richtigkeit** des Inhalts der Erklärung, also die **Wahrheit der Erklärung,** durch die Urkunde bewiesen werde[40]. Zwar spricht für die Vollständigkeit und Richtigkeit notariell beurkundeter Vereinbarungen[41] eine Vermutung, → § 286 Rdnr. 116, doch folgt diese nicht aus § 415. Welche Bedeutung im übrigen der Tatsache beizulegen ist, daß eine Person eine Erklärung abgegeben hat, hängt davon ab, ob die Abgabe der Erklärung selbst Beweisthema oder Indiz dafür oder Zeugnis (Aussage) darüber ist. Ob durch die Erklärung *über* eine Tatsache diese Tatsache selbst bewiesen wird, hat das Gericht im Wege der *freien Beweiswürdigung* zu entscheiden, → vor § 415 Rdnr. 12[42]. Insbesondere wird durch die notarielle Beurkundung einer eidesstattlichen Versicherung zwar deren Abgabe nach Abs. 1 bewiesen, nicht aber die inhaltliche Richtigkeit des eidesstattlich Versicherten[43].

III. Gegenbeweis

1. Zulässigkeit

13   Abs. 2 gestattet den **Beweis,** daß der Vorgang **unrichtig beurkundet** sei. Erforderlich ist der *Nachweis der Unrichtigkeit.* Durch den Beweis der *möglichen* Unrichtigkeit oder durch bloße Anzweifelung der Richtigkeit wird die Beweiskraft der Urkunde nicht beseitigt oder abgeschwächt[44]. Der Gegenbeweis ist in demselben Umfang zulässig, den die Beweisregel des Abs. 1 hat, d. h. in der Beschränkung auf die Erklärung der Urkundsperson (→ auch Rdnr. 18). Der Gegenbeweis kann wegen § 445 Abs. 2 *nicht durch Parteivernehmung* geführt werden[45], → § 445 Rdnr. 17a. Umgekehrt kommt zur Entkräftung eines gelungenen Beweises der unrichtigen Beurkundung auch keine Parteivernehmung nach § 448 in Betracht[46]. Vom Beweis der *Unrichtigkeit* der Beurkundung ist der Beweis der *Unechtheit* der Urkunde zu unterscheiden, → dazu § 437 Rdnr. 4 f.

2. Gegenstand der Beweisführung

14   Gegenstand der Beweisführung ist nur die **objektive Unrichtigkeit der Beurkundung** in bezug auf die Tatsache der Erklärung, die näheren Umstände (Ort, Zeit usw.) oder die Identität der beurkundenden Person oder des Erklärenden (→ Fn. 37 ff.). Dazu gehört auch der Nachweis, daß die Erklärung ganz oder zum Teil *nicht* oder daß sie *anders* abgegeben worden sei.

15   Bei rechtsgeschäftlichen Erklärungen ist aber auf die Abgrenzung des *Unrichtigkeitsnachweises* vom Anwendungsbereich der Regeln über *Willensmängel* (vor allem über die **Anfechtung** wegen Irrtums oder arglistiger Täuschung, §§ 119, 123 BGB) zu achten. Die grundsätzliche Geltung des objektiv Erklärten kann nur nach den Regeln des BGB, nicht schlechthin durch Unrichtigkeitsnachweis (Beweis des Fehlens des subjektiven Erklärungswillens) beseitigt werden. Es kann also z. B. nachgewiesen werden, daß eine bestimmte be-

---

[40] *BGH* LM Nr. 6 = MDR 1993, 1119 = NJW-RR 1993, 1379; *BGH* (St) JZ 1987, 522 (*H. Schumann*): Beurkundung eines Scheingeschäfts ist daher keine Falschbeurkundung. Vgl. auch *BGH* NJW 1980, 1000; *BayObLGZ* 1952, 52. Zur Beweiswürdigung *E. Schneider* JurBüro 1974, 165.

[41] Dazu *BGH* DNotZ 1986, 78 (*Reithmann*): die Vermutung erstreckt sich nur auf die getroffenen Vereinbarungen, nicht auf Hinweise, Informationen o. ä.

[42] Vgl. *RGZ* 22, 298; SeuffArch 54 (1899), 224.
[43] *BayObLG* DNotZ 1993, 598.
[44] Vgl. *RGZ* 131, 284. → auch § 418 Fn. 22.
[45] *BGH* LM Nr. 3 = MDR 1965, 818 = DNotZ 1965, 636; *RGZ* 15, 375.
[46] *BGH* NJW 1994, 320, 321.

urkundete Erklärung weder *abgegeben* noch von der Urkundsperson *vorgelesen* wurde[47], so daß sich auch die Genehmigung und Unterzeichnung nicht darauf bezog; in diesem Fall wurde die Erklärung schon objektiv nicht abgegeben. Die Beurkundung ist also hier objektiv unrichtig. Anders zu beurteilen ist das Vorbringen, die Erklärung sei zwar vorgelesen worden, aber die genehmigende Person habe sie *überhört*. Hier liegt der objektive Erklärungstatbestand vor; denn die Genehmigung und Unterzeichnung deckt nach ihrem objektiven Sinn die vorgelesene Niederschrift. Die Unwirksamkeit kann hier *nur nach den Vorschriften des bürgerlichen Rechts*, vor allem nach dessen *Anfechtungsregeln*, herbeigeführt werden[48]. Soweit es um den Beweis eines Anfechtungstatbestandes geht, ist der Nachweis des Überhörens ungeachtet der Beurkundung erheblich und zulässig.

Eine Aufklärung über die *Entstehung der unrichtigen Beurkundung* (z.B. durch Fälschung, Irrtum der Urkundsperson usw.) ist zwar nicht erforderlich, aber zum Gelingen des Beweises dienlich (§ 286). 16

3. Ausnahmen

Ausnahmen von Abs. 2 enthalten für das **gerichtliche Protokoll** und für den **Tatbestand des Urteils** die § 165 S. 2 und § 314 S. 2 (→ die Bem. dazu) sowie § 80 ZVG. Diese Beweisregeln gelten aber nur für dasjenige Verfahren (einschließlich der höheren Instanzen), dem die Protokolle bzw. der Tatbestand entstammen[49]. 17

4. Nichtigkeit, Anfechtung

Unabhängig vom Gegenbeweis nach Abs. 2, der sich nur auf die *Erklärung* der Urkundsperson bezieht, ist die Entkräftung der durch die Urkunde erwiesenen Erklärung durch Darlegung ihrer **Nichtigkeit** nach bürgerlichem Recht, durch **Anfechtung** wegen Irrtums usw. (→ Rdnr. 15) oder durch Widerlegung ihres Beweiswertes als Indiz, → vor § 415 Rdnr. 12 und → § 416 Rdnr. 12. Damit wird die *Beweiswirkung* der Urkunde hinsichtlich des beurkundeten Vorgangs nicht beseitigt. 18

§ 416 [Beweiskraft von Privaturkunden]

Privaturkunden begründen, sofern sie von den Ausstellern unterschrieben oder mittels notariell beglaubigten Handzeichens unterzeichnet sind, vollen Beweis dafür, daß die in ihnen enthaltenen Erklärungen von den Ausstellern abgegeben sind.

Gesetzesgeschichte: Bis 1900 § 381 CPO. Änderung durch das BeurkundungsG vom 28. VIII. 1969 (BGBl I 1513).

---

[47] Vgl. *BGH* Rpfleger 1957, 110. Ist die Niederschrift von den Beteiligten eigenhändig unterschrieben worden, so wird nach § 13 Abs. 1 S. 3 BeurkG vermutet, daß sie in Gegenwart des Notars vorgelesen und von den Beteiligten genehmigt ist. Dies ist wichtig, wenn die Urkunde keine Feststellung der Verlesung und Genehmigung enthält.

[48] Ebenso *BGHZ* 71, 260 = LM Nr. 4 (LS, *Linden*) = NJW 1978, 1480 (unter Aufgabe der früheren Rsp); *Rosenberg-Schwab-Gottwald*[15] § 121 III 2a (1); *Baumbach-Lauterbach-Hartmann*[57] Rdnr. 11; *Zöller-Geimer*[21] Rdnr. 6.

[49] So (zu § 80 ZVG) *BGH* LM § 80 ZVG Nr. 1 = NJW 1963, 1060.

I. Unterschriebene Privaturkunden	1	II. Formelle Beweiskraft	7
1. Begriff der Privaturkunde	1	III. Materielle Beweiskraft	9
2. Anforderungen an die Unterschrift; Telegramm, Telefax	2	IV. Gegenbeweis	11
3. Notariell beglaubigtes Handzeichen	5	V. Andere Privaturkunden	14
4. Echtheit der Urkunde	6		

I. Unterschriebene Privaturkunden[1]

1. Begriff der Privaturkunde

1 **Privaturkunden** sind alle Urkunden (→ vor § 415 Rdnr. 1), die nicht öffentliche Urkunden nach § 415 sind. Zu den Privaturkunden gehört z.B. auch die Niederschrift über die Versammlung der Wohnungseigentümer[2] (sofern sie nicht etwa notariell beurkundet wurde). Private Urkunden sind auch solche, die als öffentliche Urkunden ausgestellt werden sollten, aber wegen eines Mangels an einem wesentlichen Erfordernis nicht als öffentliche gelten können[3], während sie doch Urkunden bleiben, → § 415 Rdnr. 7. Die *Namensunterschrift* des Ausstellers ist an sich für den *Begriff* der Privaturkunde nicht wesentlich, → vor § 415 Rdnr. 3[4]. Aber in § 416 ist nur für diejenigen Privaturkunden, die **vom Aussteller unterschrieben oder unterzeichnet** sind, eine gesetzliche Beweisregel gegeben (bezüglich aller anderen → Rdnr. 14). – Eine (nicht ausgeführte) Zusage, eine Vertragsurkunde zu vernichten, hindert die spätere Verwertung im Rahmen des Urkundenbeweises und die Anwendung des § 416 nicht[5].

2. Anforderungen an die Unterschrift; Telegramm, Telefax

2 **Unterschrieben** ist die Urkunde, wenn der Name des Ausstellers *unter der Urkunde*, nicht nur im Text steht, gleichviel ob er *zeitlich* vor oder nach dem Text niedergeschrieben ist (→ Rdnr. 13). Die Unterschrift muß den Text der Urkunde räumlich abschließen; ein über dem Text stehender Namenszug (»**Oberschrift**«) genügt nicht[6], ebenso wenig ein Namenszug neben dem Text (»**Nebenschrift**«)[7].

2a Die Unterschrift muß so bestimmt sein, daß sich die Person des Ausstellers daraus entnehmen läßt. Der *Familienname* genügt, auch ohne Beifügung des Vornamens. Gleichgültig ist auch, ob der Name dem Unterzeichner *gesetzlich* zukommt oder, wie z.B. der Künstlername, nur *tatsächlich* von ihm geführt wird[8]. Die Firma gilt im Handelsverkehr als Name des Kaufmanns (§ 17 Abs. 1 HGB). Der bloße *Vorname* genügt nur dann, wenn über die Identität des Unterzeichners und darüber, daß es sich nicht um eine noch unvollendete Unterzeichnung handelt, nach Lage der Sache kein Zweifel besteht, wie bei Urkunden, die von Bischöfen bloß mit Unterzeichnung des Vornamens ausgefertigt sind, oder bei Briefen von Familienangehörigen oder nahe Befreundeten[9]. Daß die **Unterschrift öffentlich beglaubigt**

---

[1] Dazu *Britz* Urkundenbeweisrecht und Elektroniktechnologie (1996) 136 ff.; vgl. auch *Siegel* AcP 111 (1914), 1 ff.
[2] Sie hat daher hinsichtlich der Richtigkeit ihres Inhalts keine gesetzliche Beweiskraft, *BayObLGZ* 1973, 68, 75; 1982, 445, 448; 1984, 213, 216; *BayObLG* NJW-RR 1990, 210, 211.
[3] *BGHZ* 37, 90 = NJW 1962, 1152.
[4] S. *RGZ* 2, 416; *RGSt* 11, 185.
[5] *OLG Köln* JMBlNRW 1997, 32.
[6] *BGHZ* 113, 48 = NJW 1991, 487 = JZ 1991, 406 (*Köhler*) = JR 1991, 287 (*Schubert*).
[7] *BGH* NJW 1992, 829.
[8] Auch bei Gewerbebetrieb unter anderem Namen, ohne daß eine Firma im Rechtssinne vorliegt; s. auch *RG* Gruchot 31 (1887), 904.
[9] Eine andere Frage ist, ob eine solche Unterschrift für die nach bürgerlichem Recht geforderte Schriftform genügt. S. *RGZ* 87, 109 (privatschriftliches Testament in Briefform [bejaht]).

ist, ändert den Charakter der Urkunde als Privaturkunde nicht (→ § 415 Fn. 26). – Zur **Blankounterschrift** → Rdnr. 13.

Die Unterschrift braucht **nicht eigenhändig** zu sein. Auch wenn der **Vertreter** mit dem Namen des Vertretenen unterschreibt, liegt selbst in dem strengen Sinn des § 126 BGB eine Unterschrift des Vertretenen vor[10]. Ob die Urkunde dem Vertretenen als Aussteller zuzurechnen ist, hängt vom Bestehen der *Vertretungsmacht* ab. Der Beweis der Echtheit der Unterschrift (→ § 440 Rdnr. 3) erfordert daher gegebenenfalls den Beweis der Vertretungsmacht, der unabhängig von der Urkunde zu führen ist. 3

Die Unterschrift braucht auch **nicht handschriftlich** zu sein. Ähnlich wie bei der Unterschrift des Vertreters ist nicht die mechanische Herstellung der Unterschrift durch den Aussteller, sondern die *Unterzeichnung mit Wissen und Willen des Ausstellers* das Entscheidende. Auch eine **gedruckte oder unterstempelte Urkunde** eignet sich zur Anerkennung nach § 439; allerdings ist der Echtheitsbeweis etwas schwieriger ist als sonst. Außerdem lassen Verkehr und Gesetz die unterstempelte Urkunde und das ihr rechtlich gleichstehende **Telegramm** so allgemein zu, daß die Auslegung der ZPO keinen Anlaß hat, hinter der Zeit zurückzubleiben. Vgl. auch § 127 S. 2, § 793 Abs. 2 S. 2 BGB; § 408 Abs. 2 S. 3 HGB; § 3 Abs. 1 S. 2 VVG usw.[11]. Gleichgültig ist dabei, ob das Ankunftstelegramm sich als die Nachbildung einer geschriebenen Aufgabedepesche darstellt oder ob das Telegramm mündlich (durch den Fernsprecher) aufgegeben, ebenso ob das Schriftstück an die Empfangsstelle durch Fernschreiber, Telefon oder Funkspruch übermittelt ist: Die Ursächlichkeit des Willens ist dieselbe. Unberührt von der Beweiskraft bleibt das Erfordernis handschriftlicher Unterschrift gemäß §§ 126f., 2247 Abs. 1 BGB usw.[12]. Zur Unterzeichnung bestimmender Schriftsätze → § 129 Rdnr. 9ff. 4

Ebenso genügt die Unterschrift auf einem **Telefax**[13], gleich ob der handschriftliche Namenszug wiedergegeben ist oder eine maschinenschriftliche Unterzeichnung[14]. Voraussetzung der Beweiskraft ist die Echtheit des Telefax[15]. Zur Frage, was die Originalurkunde darstellt, → vor § 415 Rdnr. 4a. Eine andere Frage ist, ob der Zugang einer Erklärung in Form des Telefax die Formerfordernisse des materiellen Rechts[16] oder des Prozeßrechts erfüllt. Dem Erfordernis, die Bevollmächtigung durch eine schriftliche Prozeßvollmacht nachzuweisen und diese zu den Gerichtsakten abzugeben (§ 80 Abs. 1), genügt eine Übermittlung der erteilten Vollmacht per Telefax nicht[17]. Die Rechtsmitteleinlegung und -begründung durch Telefax sind wirksam, wenn die Kopiervorlage durch einen postulationsfähigen Anwalt unterzeichnet ist[18]. – Zu **elektronischen Dokumenten** → vor § 415 Rdnr. 1. 4a

---

[10] *RGZ* 59, 51ff.; 74, 69ff. (VZS); 81, 1; *OLG Marienwerder* OLG Rsp 2(1901), 51; *OLG Königsberg* OLG Rsp 4 (1902), 209; *Rosenberg* Stellvertretung im Prozeß (1908), 297ff.; *Leist* Recht 1909, 653ff. Gegen *RGZ* 58, 387 (s. auch *RGZ* 50, 55; 76, 100; 81, 1), das den Fall der sog. Schreibhilfe anders behandeln will, s. *Rosenberg* aaO. Das gleiche gilt bei Absendung eines mit dem Namen des Vertretenen unterzeichneten Telegramms, *RGZ* 87, 144.

[11] Vgl. *Stein* Der Urkunden- und Wechselprozeß (1887), 116ff.; *RGZ* 7, 383; 11, 416; 14, 335; s. auch *RGSt* 13, 168; 21, 183; 29, 358; 31, 61.

[12] Vgl. *RGZ* 47, 165; 74, 340f.

[13] Dazu *Tschentscher* Beweis und Schriftform bei Telefaxdokumenten CR 1991, 141; *Ebnet* Rechtsprobleme bei der Verwendung von Telefax NJW 1992, 2985; *Laghzaoui/Wirges* Der Einsatz von Telefaxgeräten als zivilprozessuales Problem MDR 1996, 230; *Pape/Notthoff* Prozeßrechtliche Probleme bei der Verwendung von Telefax NJW 1996, 417; *Elzer/Jacoby* Durch Fax übermittelte Willenserklärungen und Prozeßhandlungen ZIP 1997, 1821.

[14] Ebenso *Bork* JZ 1997, 256, 257. – A.M. *OLG Köln* NJW 1992, 1774, das eine nicht unterzeichnete und daher nicht unter § 416 fallende Privaturkunde annimmt.

[15] Zum Beweis der Echtheit ausführlich *LG Bonn* CR 1995, 35.

[16] Verneinend für die Bürgschaftserklärung *BGHZ* 121, 224 = NJW 1993, 1126; ebenso für den Schuldbeitritt eines Verbrauchers *BGH* NJW 1997, 3169.

[17] *BGH* NJW 1994, 2298 (dazu krit. *Karst* NJW 1995, 3278); *BFH* JZ 1997, 255 (zust. *Bork*, anders aber *Bork* für den Fall, daß die Partei die Vollmacht durch Telefax erteilt).

[18] *BGH* NJW 1990, 188; NJW 1993, 1655 u. 3141; NJW 1994, 2097; *BAG* NJW 1996, 3164 (Paraphe genügt nicht); näher → § 129 Rdnr. 9f. – Anders für das »Computerfax« Vorlagebeschluß des *BGH* an den Gemeinsamen Senat der Obersten Gerichtshöfe des Bundes, NJW 1998, 3649; zust. *Schwachheim* NJW 1999, 621.

3. Notariell beglaubigtes Handzeichen

5 Wegen der Unterzeichnung mittels **notariell beglaubigten Handzeichens** vgl. § 126 Abs. 1, § 129 Abs. 1 BGB, §§ 39 f. BeurkG und § 10 Abs. 1 KonsularG.

4. Echtheit der Urkunde

6 Voraussetzung der Beweisregel des § 416 ist, daß die Echtheit der Unterschrift und des Textes der Urkunde feststeht[19]. Es muß also die Unterschrift dem Aussteller zuzuordnen sein (→ Rdnr. 2 ff.), und die darüber stehende Schrift muß vom Aussteller selbst stammen oder jedenfalls mit dessen Willen dort stehen[20]. Des Beweises (→ § 440 Rdnr. 1) bedarf die Echtheit, wenn sie vom Gegner des Beweisführers bestritten ist, näher → § 439. Steht die Echtheit der Unterschrift fest, so wird die Echtheit der darüber stehenden Schrift (widerleglich) vermutet, → § 440 Rdnr. 2. Zum Gegenbeweis bei Mißbrauch eines Blanketts → Rdnr. 13.

II. Formelle Beweiskraft

7 Die **formelle Beweiskraft** der unter § 416 fallenden Privaturkunden bedeutet wie sonst (→ vor § 415 Rdnr. 7), daß die in der Urkunde enthaltene **Erklärung** – also nicht bloß die Namensunterschrift – **vom Aussteller abgegeben** worden ist, und zwar auch dann, wenn der Unterschreibende der Sprache, in der die Urkunde abgefaßt ist, nicht kundig ist[21]. Geschäftsunfähigkeit (→ auch Fn. 25), beschränkte Geschäftsfähigkeit oder Gebrechlichkeit des Ausstellers ändern an der formellen Beweiskraft nichts[22]. Diese Beweiskraft bedarf nur dann der Ergänzung durch den Nachweis der *Begebung* der Urkunde (dazu → Rdnr. 10), wenn das bürgerliche Recht die Aushändigung der Urkunde zur Voraussetzung der Rechtswirksamkeit macht[23]. Daß die Erklärung vom Aussteller stammt und auch *abgegeben* (gegebenenfalls an den Adressaten abgesandt) wurde (daß also nicht bloß ein Entwurf vorliegt), wird schon durch die Urkunde bewiesen. Dagegen bezieht sich die Beweiskraft nicht auf den *Zugang* der Erklärung.

8 Eine Unterscheidung nach dem **Inhalt** der Erklärung (insbesondere danach, ob es sich um eine Willenserklärung oder eine Erklärung über Tatsachen handelt, → vor § 415 Rdnr. 2) wird hier nicht gemacht, weil der Inhalt nur für die materielle Beweiskraft (→ Rdnr. 9) von Bedeutung ist. Dagegen erstreckt sich die formelle Beweiswirkung der Privaturkunde nicht – wie im Fall des § 415 – auch auf die die Erklärung begleitenden Umstände, insbesondere nicht auf **Zeit** (→ auch Fn. 27 ff.) und **Ort**. Der Beweiswert dieser Angaben unterliegt vielmehr der freien Beweiswürdigung; ihre Richtigkeit kann durch Beweismittel jeder Art bewiesen und widerlegt werden[24]. Die formelle Beweiskraft erfaßt nur die Abgabe der Erklärung, nicht deren inhaltliche Wahrheit bzw. Richtigkeit, → Rdnr. 9.

III. Materielle Beweiskraft

9 Die **materielle Beweiskraft** der nach § 416 formell bewiesenen Erklärung (→ vor § 415 Rdnr. 9 ff.), die Bedeutung für den zu führenden Beweis, hängt davon ab, ob die *Erklärung selbst* das Beweisthema ist oder nur ein *Zeugnis* darüber oder ein *Indiz*. Im ersten Fall

---

[19] BGH NJW 1988, 2741 = JZ 1988, 934.
[20] BGH NJW 1988, 2741 (Fn. 19).
[21] RG Gruchot 31 (1887), 905; SächsArch 10 (1900), 367.
[22] OLG Köln MDR 1964, 155.
[23] A.M. *Schultze* Grünhut 22 (1895), 84 ff., 153 ff.; ZZP 22 (1896), 106 ff., → aber auch Fn. 30.
[24] BGH LM § 415 Nr. 6 = MDR 1993, 1119 = NJW-RR 1993, 1379 (Zeitpunkt); *RGZ* 16, 438; 31, 337 f.; im Ergebnis auch *RGZ* 73, 279 f.

steht nur noch die *Auslegung* der Erklärung und ihre *rechtliche Wirksamkeit* (Gültigkeit gegenüber Formvorschriften, Zugang usw.) in Frage, die außerhalb der Beweiswürdigung liegen. Im zweiten Fall sind dagegen das Zeugnis (die in der Erklärung enthaltenen Angaben über tatsächliche Vorgänge, z.B. die Bestätigung der Zahlung durch eine Quittung) oder das Indiz nach § 286 frei zu würdigen[25], → vor § 415 Rdnr. 11. Die Erteilung eines Überweisungsauftrags an eine Bank beweist z.B. nicht dessen Ausführung, auch nicht in Form eines Anscheinsbeweises[26]. Eine Vertragsurkunde hat aber im Verhältnis der Parteien[27] die **Vermutung der Vollständigkeit und Richtigkeit** für sich[28], auch hinsichtlich Datums- und Ortsangaben[29], → auch § 286 Rdnr. 116. Zur Zulässigkeit von beweisrechtlichen Parteivereinbarungen → § 286 Rdnr. 132 ff.

Auch die Bedeutung der **Aushändigung** einer Urkunde und des *Besitzes* der Urkunde für die Vollendung oder die Aufhebung eines Rechtsgeschäfts sind frei zu würdigen. Der Beweis, daß die nach bürgerlichem Recht erforderliche *Aushändigung* erfolgt ist, wird jedoch durch die *tatsächliche Vermutung aus dem Besitz der Urkunde* unterstützt (§ 286)[30].   **10**

IV. Gegenbeweis

Ein **Gegenbeweis gegen die formelle Beweiskraft** des § 416 (→ Rdnr. 7 f.) ist in der Richtung möglich[31], daß die nur als Entwurf gedachte Urkunde dem Aussteller abhanden gekommen ist[32]. Die Parteivernehmung ist insoweit wegen § 445 Abs. 2 nicht als Beweismittel zulässig, → § 415 Rdnr. 13 und → § 445 Rdnr. 17a. Im übrigen ist mit der Echtheit von selbst die Tatsache, daß die Erklärung abgegeben wurde, bewiesen[33].   **11**

Die Gegenbeweisführung kann sich sonst nur **gegen die Echtheit** (§ 440) oder **gegen die materielle Beweiskraft** der Urkunde (→ Rdnr. 9 f.), also *gegen die Richtigkeit oder Wirksamkeit des Inhalts der Erklärung* richten. Es ist dann frei zu würdigen, welche Bedeutung bei Willenserklärungen nach bürgerlichem Recht dem Umstand zukommt, daß der Aussteller die Urkunde nicht gelesen oder nicht verstanden hat; es gelten hier die Vorschriften über *Irrtum und arglistige Täuschung* (§§ 119, 123 BGB)[34]. Die Erklärung kann auch nach § 116 S. 2 BGB (dem Gegner bekannter Vorbehalt, das Erklärte nicht zu wollen) oder nach § 117 Abs. 1 BGB (Scheingeschäft) nichtig sein. Ferner kann nachgewiesen werden, daß die Erklärung nach dem übereinstimmenden Willen der Parteien einen anderen Sinn haben sollte, als er an sich in den Worten liegt[35]. Bei Erklärungen, die keine Willenserklärungen sind, z.B.   **12**

---

[25] *BGH* LM § 415 Nr. 6 (Fn. 24); NJW 1988, 2741 (Fn. 19); NJW 1986, 3086 = LM Nr. 4; *BGH* MDR 1978, 917 (zur ärztlichen Dokumentation); *OLG Saarbrücken* MDR 1997, 1107 (Quittung). Auch der Beweiswert der von einem Geschäftsunfähigen ausgestellten Quittung ist frei zu würdigen, *OLG Karlsruhe* MDR 1978, 667; dazu *Stötter* MDR 1978, 632.
[26] *BGH* NJW-RR 1997, 177.
[27] Dazu *KG* MDR 1977, 674 (die tatsächliche Vermutung für die Richtigkeit des in der Privaturkunde angegebenen Datums gilt nur zwischen den Vertragsparteien, nicht gegen Dritte). Anders ist es, wenn sich der Dritte gegenüber den Vertragsparteien auf die *Richtigkeit* des in der Urkunde angegebenen Datums beruft, *A. Mayer/M. Mayer* ZZP 105 (1992), 287, 292.
[28] *BGH* WM 1987, 938 (Nachweis der Rückdatierung reicht zur Widerlegung nicht aus). Zur Unterscheidung von der Beweiskraft nach § 416, § 440 Abs. 2 BGH NJW-RR 1989, 1323, 1324.
[29] *A. Mayer/M. Mayer* ZZP 105 (1992), 287, 291 entgegen *BGH* NJW-RR 1990, 737, 738.
[30] So auch *Schultze* Grünhut 22 (1895), 130, wodurch dessen Widerspruch gegen die h.L. (→ Fn. 23) die praktische Bedeutung fast völlig verliert.
[31] A.M. *MünchKommZPO-Schreiber* Rdnr. 10.
[32] Anders *Britz* (Fn. 1) 136 ff., 225 ff., 265 (Ergebnis); s. auch *ders.* ZZP 110 (1997), 71, 83 ff. Danach regelt § 416 den unwiderleglichen Beweis für die Abgabe einer Willenserklärung gemäß § 130 BGB, doch soll dies nicht die Tatsache umfassen, die Erklärung willentlich in den Verkehr gebracht zu haben, so daß bei einer darauf gestützten Anfechtung der Erklärung freie richterliche Beweiswürdigung gelte.
[33] Vgl. *RG* JW 1903, 178 und die Entsch. in Fn. 34.
[34] *RGZ* 5, 385 f.; 57, 360; 77, 309; JW 1895, 42; 1897, 108, 418; 1899, 46, 574; *OLG Rostock* OLG Rsp 1 (1900), 12; *OLG Bamberg* OLG Rsp 13 (1906), 162; *OLG Karlsruhe* OLG Rsp 13 (1906), 323; *OLG Braunschweig* OLG Rsp 19 (1909), 55; SeuffArch 53 (1898), 106; *OLG Hamburg* OLG Rsp 23 (1911), 85; SeuffArch 64 (1909), 294. – A.M. *Riezler* AcP 95 (1904), 357 ff.
[35] Vgl. *RGZ* 62, 49; JW 1910, 60 f.; *RG* Gruchot 52 (1908), 426.

außergerichtlichen Geständnissen, genügt der Nachweis der Unwahrheit oder der rechtswidrigen Art des Zustandekommens[36]. Endlich kann die *Unvollständigkeit der Erklärung* (mündliche Abreden neben schriftlichem Vertrag) geltend gemacht werden[37]. Wegen der Beweislast in diesen Fällen → Rdnr. 9 u. § 286 Rdnr. 116 (Vermutung der Vollständigkeit). Als Beweismittel ist, da es nicht um eine Entkräftung der in § 416 festgelegten (formellen) Beweiskraft geht, auch der Antrag auf Parteivernehmung, § 445, zulässig.

13 Als *Gegenbeweis gegen die Echtheit* ist jedoch der Beweis anzusehen, daß die Urkunde durch **Mißbrauch eines Blanketts** entstanden sei. Dadurch, daß eine Urkunde von dem Aussteller in blanco oder mit Offenlassung wesentlicher Teile unterzeichnet ist, wird ihre Beweiskraft nach § 416 nicht berührt[38]; denn diese Vorschrift gilt nach Wortlaut und Absicht auch für solche Urkunden, die *nach der Unterzeichnung* niedergeschrieben sind, weil die Ausstellung eines Blanketts dem Empfänger die Vollmacht erteilt, dem Schriftstück einen bestimmten Inhalt zu geben. Die Behauptung, daß die Urkunde durch Mißbrauch eines Blanketts entstanden sei, richtet sich hiernach nur gegen die Vermutung des § 440 Abs. 2, die durch den Beweis der unbefugten Ausfüllung oder der Überschreitung der Vollmacht entkräftet werden kann[39]. – Zur Frage der Formwahrung bei Blankounterschrift → § 440 Rdnr. 2.

V. Andere Privaturkunden

14 Privaturkunden, die den Erfordernissen des § 416 nicht entsprechen, unterliegen der freien Würdigung des Gerichts (§ 286), das daher nicht verpflichtet, aber auch nicht gehindert ist, sie als vollbeweisend für oder gegen den Aussteller[40] anzusehen. Dahin gehören **nicht unterschriebene Urkunden**[41], Notizen, Eintragungen in Handelsbüchern[42], aber auch ein vor Zeugen errichtetes, nicht unterzeichnetes Nottestament[43]. – Zur Beweiskraft des *Eisenbahnfrachtbriefs* → vor § 415 Rdnr. 8.

§ 417 [Beweiskraft öffentlicher Urkunden mit amtlichen Anordnungen oder Entscheidungen]

Die von einer Behörde ausgestellten, eine amtliche Anordnung, Verfügung oder Entscheidung enthaltenden öffentlichen Urkunden begründen vollen Beweis ihres Inhalts.

Gesetzesgeschichte: Bis 1900 § 382 CPO.

I. Beweiskraft 1   II. Gegenbeweis 3

I. Beweiskraft

1 § 417 handelt von solchen **öffentlichen Urkunden** (zum Begriff der öffentlichen Urkunde → § 415 Rdnr. 1 ff.), die im Gegensatz zu den Urkunden über Erklärungen (→ § 415

---

[36] Vgl. *RG* Gruchot 48 (1904), 1128.
[37] Vgl. *RGZ* 52, 23 ff.; 68, 15 und dazu *RG* JW 1906, 226, 348.
[38] *RGZ* 57, 66; *KG* OLG Rsp 30 (1915), 333.
[39] *BGH* NJW 1986, 3086 (Fn. 25); NJW 1988, 2741 (Fn. 19); NJW-RR 1989, 1323; *RGZ* 23, 110 ff.; 57, 68; *RG* JW 1896, 204. S. auch *Schultze* Grünhut 22 (1895), 164 ff.; ZZP 22 (1896), 143 ff.
[40] *RG* WarnRsp 1911 Nr. 411.
[41] *BGH* WM 1988, 524 (gestempelter Einzahlungsbeleg); *OLG Köln* DB 1983, 104, 105.
[42] *BGH* MDR 1955, 92 (kein Anscheinsbeweis); *OLG Hamm* NJW 1987, 964 (Bank-Kontoblätter); *RG* JW 1910, 154; *Baumbach-Duden-Hopt* HGB[29] § 238 Rdnr. 3.
[43] *BGH* LM Nr. 1.

Rdnr. 10) und den sog. Zeugnisurkunden (→ § 418 Rdnr. 1) eine amtliche **Anordnung, Verfügung** oder **Entscheidung** (z. B. in einem gerichtlichen Urteil, einem Erbschein, § 2365 BGB, oder einem Verwaltungsakt) enthalten. Hier beweist die Urkunde, ihre Echtheit vorausgesetzt, gegenüber jedermann, daß die **Anordnung** usw. **ergangen ist,** und zwar mit demjenigen *Inhalt,* der sich aus der Urkunde ergibt, und unter den darin angegebenen *Umständen* (Zeit[1], Ort, Teilnahme usw.). § 417 gilt auch für Erbausschlagungen durch das Jugendamt als Amtsvormund[2].

Dagegen erstreckt sich die formelle Beweiskraft **nicht auf die sachliche Richtigkeit** der Anordnung, des Verwaltungsakts (z. B. einer Ausfuhrgenehmigung)[3] oder der Entscheidung, und folglich beim Urteil weder auf das entschiedene Rechtsverhältnis noch auf die Beurteilung rechtlicher Vorfragen[4] oder auf die Richtigkeit der Tatsachenfeststellung (→ § 322 Rdnr. 84ff.). Ob der Urkunde auch insoweit Beweiskraft zukommt, ist in freier Beweiswürdigung zu beurteilen[5]. Welche *Wirkung* einer Entscheidung zukommt, bestimmt sich nicht nach § 415, sondern nach den Regeln über die materielle Rechtskraft usw. (zu den Urteilswirkungen → § 322 Rdnr. 8ff.). Daß z. B. aufgrund des Erbscheins das Bestehen des darin angegebenen Erbrechts[6] vermutet wird, ergibt sich aus § 2365 BGB, nicht aus § 417.

2

II. Gegenbeweis

Ein **Gegenbeweis** ist nur gegen die **Echtheit** möglich. Denn gegen die Tatsache, daß die Anordnung getroffen worden ist, wäre, *wenn die Echtheit der Urkunde feststeht,* ein Gegenbeweis nicht denkbar, da der Akt selbst Gegenstand der sinnlichen Wahrnehmung ist[7]. Hinsichtlich der begleitenden Umstände, Ort, Zeit usw., wäre zwar ein Nachweis der Unrichtigkeit denkbar; er ist aber durch die absichtliche Nichtaufnahme einer dem Abs. 2 des § 415 entsprechenden Bestimmung ausgeschlossen[8]. § 417 regelt dagegen nicht, welche *Rechtsbehelfe* gegen die in der Urkunde enthaltene Anordnung nach Prozeß- oder Verwaltungsrecht zulässig sind. Sie bleiben von § 417 unberührt.

3

Über die Entkräftung bloßer *Abschriften* oder *Ausfertigungen* → § 435 Rdnr. 5 f.

4

§ 418 [Beweiskraft anderer öffentlicher Urkunden]

(1) Öffentliche Urkunden, die einen anderen als den in den §§ 415, 417 bezeichneten Inhalt haben, begründen vollen Beweis der darin bezeugten Tatsachen.
(2) Der Beweis der Unrichtigkeit der bezeugten Tatsachen ist zulässig, sofern nicht die Landesgesetze diesen Beweis ausschließen oder beschränken.
(3) Beruht das Zeugnis nicht auf eigener Wahrnehmung der Behörde oder der Urkundsperson, so ist die Vorschrift des ersten Absatzes nur dann anzuwenden, wenn sich aus den Landesgesetzen ergibt, daß die Beweiskraft des Zeugnisses von der eigenen Wahrnehmung unabhängig ist.

---

[1] *OLG Köln* MDR 1985, 1048 = Rpfleger 1985, 442 (Beweiskraft erstreckt sich auch auf die Datumsangabe bei der Festsetzung der Vergütung für den Nachlaßpfleger).
[2] *LG Kiel* Rpfleger 1990, 420; *LG Berlin* Rpfleger 1994, 167.
[3] *OLG Frankfurt* NStZ 1996, 234.
[4] Vgl. *OLG Neustadt* NJW 1964, 2163.
[5] *BGH* NJW 1980, 1000.

[6] Nicht das Vorhandensein der zugrundeliegenden Tatsachen (Abstammung, Testament), *BGH* NJW 1964, 558.
[7] Vgl. auch *RGZ* 146, 133 (kein Gegenbeweis nach § 417 in der Richtung möglich, daß die Entscheidung in anderem Sinne verkündet worden sei).
[8] Ebenso *Rosenberg-Schwab-Gottwald*[15] § 121 III 2 a (2); *Thomas-Putzo*[21] Rdnr. 2. – A.M. *Baumbach-Lauterbach-Hartmann*[57] Rdnr. 3.

Gesetzesgeschichte: Bis 1900 § 383 CPO.

I. Öffentliche Zeugnisurkunden	1	III. Gegenbeweis	6
II. Beweiskraft	4		
1. Eigene Wahrnehmungen	4		
2. Andere Urkunden	5		

I. Öffentliche Zeugnisurkunden

1 § 418 regelt die Beweiskraft der sog. Zeugnisurkunden, d. h. derjenigen öffentlichen Urkunden (→ § 415 Rdnr. 1 ff.), die weder Anordnungen, Verfügungen oder Entscheidungen einer Behörde (§ 417) enthalten, noch Erklärungen eines Dritten bezeugen (§ 415), sondern **Zeugnisse über Wahrnehmungen anderer Art** oder über die **eigenen Handlungen** der öffentlichen Behörde oder Urkundsperson enthalten. Hierher gehören z. B. die Protokolle über richterlichen Augenschein (§ 160 Abs. 3 Nr. 5), die Zustellungsurkunden (§§ 190 ff.), das Empfangsbekenntnis des Rechtsanwalts[1], die Protokolle der Gerichtsvollzieher[2] über Vollstreckungshandlungen (§ 762), das Rechtskraftzeugnis (→ Fn. 9), die Wechselproteste (Art. 79 ff. WG), Eingangsvermerke (Eingangsstempel)[3] (zur Widerlegung → Rdnr. 6 ff.), die Beurkundungen des Standesbeamten. Außerdem gehören hierher die Zeugnisse der Grundbuchämter, Registerrichter usw., die notariellen Bescheinigungen und **Beglaubigungen** von Abschriften und Unterschriften nach §§ 39 ff. BeurkG (→ § 415 Rdnr. 8) sowie die amtliche Auskunft (→ vor § 373 Rdnr. 57). S. auch die in §§ 1010 f. vorgesehenen Zeugnisse über die Nichtvorlage von Wertpapieren.

2 Nicht hierher gehören Urkunden, die eine *rechtliche Beurteilung* enthalten, wie z. B. die Feststellung des Notars über die Testierfähigkeit[4], Notarbestätigungen, die rechtliche Schlußfolgerungen ziehen[5], oder die Bescheinigung eines Konsularbeamten über die Staatsangehörigkeit einer Person[6]. Bei Schriftsätzen einer am Verfahren beteiligten Behörde in einem Verwaltungsverfahren oder einem gerichtlichen Verfahren wird es sich im allgemeinen um Meinungsäußerungen, nicht um eine Bezeugung von Tatsachen i.S. des Abs. 1 handeln[7]. Selbstverständlich kann ein und dieselbe Urkunde teils unter die Bestimmung des § 415, teils unter diejenige des § 418 fallen, wie z. B. die Protokolle, oder gleichzeitig Erklärungen Privater enthalten. – Zur Beweiskraft des Eisenbahnfrachtbriefs → vor § 415 Rdnr. 8.

3 § 418 gilt auch für Urkunden **ausländischer Behörden**[8]; zu ausländischen Personenstandsurkunden → Rdnr. 5a; zur Legalisation → § 438.

---

[1] *BGH* NJW 1987, 1335 (es erbringt vollen Beweis für den darin genannten Zustellungszeitpunkt; an den Nachweis eines falschen Datums sind strenge Anforderungen zu stellen); MDR 1987, 821; *OLG Frankfurt* Rpfleger 1978, 261. S. auch *BGH* NJW 1987, 325, 2679; *LAG Köln* MDR 1987, 699. → § 198 Rdnr. 24 ff., → § 212 a Rdnr. 9. Gegen die Betrachtung als öffentliche Urkunde *LG Mannheim* Rpfleger 1989, 72 (aber Gleichstellung in der Wirkung). Zur Notwendigkeit der eigenhändigen Unterschrift *BGH* JZ 1989, 155 = NJW 1989, 838 (Faksimile-Stempel genügt nicht).

[2] *OLG Köln* NJW-RR 1986, 863 (Fn. 22).

[3] *BGH* VersR 1998, 1439 (gerichtlicher Eingangsstempel beweist den Zeitpunkt des Eingangs).

[4] *OGHZ* 2 (1949), 54 (bewiesen wird die Überzeugung des Notars und damit ein Indiz für die Testierfähigkeit).

[5] *OLG Frankfurt* Rpfleger 1996, 151.

[6] *RG* WarnRsp 1918 Nr. 145.

[7] Vgl. *BVerwG* NJW 1984, 2962.

[8] *BGH* LM Nr. 3; *BVerwG* NJW 1987, 1159; *RG* JW 1927, 1096; *Nagel-Gottwald* Internationales Zivilprozeßrecht[4] § 9 Rdnr. 109. Offenlassend *BGHZ* 37, 389, 395.

II. Die Beweiskraft

1. Eigene Wahrnehmungen

Wenn die bezeugten Tatsachen von der Behörde oder Urkundsperson **selbst wahrgenommen** wurden oder wenn **eigene Handlungen** der Behörde oder Urkundsperson bezeugt werden, erbringt die öffentliche Urkunde (wie im Fall des § 415) vollen Beweis[9]. Die Beweiskraft erstreckt sich auf die *bezeugten Tatsachen*[10], *auf Ort und Zeit der Ausstellung* der Urkunde und auf die *Identität erschienener Parteien*, wenn die Urkunde ergibt, daß die Identität von der Behörde oder Urkundsperson festgestellt wurde (→ § 415 Rdnr. 11).

Die **Postzustellungsurkunden** sind auch nach der Privatisierung der Post öffentliche Urkunden, → § 415 Rdnr. 4a. Durch § 195 Abs. S. 3 2 idF des Gesetzes zur Änderung des Gesetzes über die Zwangsversteigerung und die Zwangsverwaltung und anderer Gesetze vom 18. II. 1998 (BGBl I 866) wurde ausdrücklich bestimmt, daß § 418 für Zustellungsurkunden der Deutschen Post AG entsprechend gilt. Die Postzustellungsurkunde beweist die Übergabe an den Empfänger, wenn dies in der Urkunde vermerkt ist[11]. Sie vermag im Falle einer Ersatzzustellung durch Niederlegung (§ 182) bei entsprechendem Inhalt gemäß Abs. 1 zu beweisen, daß der Zustellungsbeamte den Empfänger nicht angetroffen und die Mitteilung über die Niederlegung in den Hausbriefkasten des Empfängers eingelegt hat[12]. Daraus ergibt sich in der Regel auch, daß der Adressat die Mitteilung erhalten hat und von ihr Kenntnis nehmen konnte[13]. Daß der Empfänger unter der angegebenen Anschrift tatsächlich eine Wohnung hatte, wird dagegen durch die Zustellungsurkunde nicht nach § 418 bewiesen[14], doch kann sich daraus ein für den Beweis ausreichendes Indiz ergeben[15].

2. Andere Urkunden

Anderen Zeugnisurkunden[16] kommt nur dann die gleiche Beweiskraft zu, wenn dies durch Bundes-[17] oder Landesgesetze[18] **bestimmt** ist. Soweit dies nicht der Fall ist, gilt die *freie Beweiswürdigung* (§ 286). Die Beweiskraft der Eintragungen in die **Personenstandsbücher** und der **Personenstandsurkunden** ergibt sich aus §§ 60, 66 PStG idF v. 8. VIII. 1957, BGBl I 1125. Gemäß § 61 der AusfVO (v. 12. VIII. 1957, BGBl I 1139, Neufassung Bek. v. 25. II. 1977, BGBl I 377) gelten die Vorschriften über die Beweiskraft auch für die vom 1. I. 1876 an geführten Standesregister und die im Lande Baden-Württemberg geführten Familienregister; für den seit dem 1. VII. 1938 geführten Zweiten Teil des Blattes im Familienbuch gelten die früheren Vorschriften. Die Beweiskraft der aus der Zeit vor dem PStG (d. h. vor dem 1. I. 1876) stammenden Personenstandsbeurkundungen der Geistlichen und Zivilstandsbeamten bestimmt sich nach den früheren (landesrechtlichen) Bestimmungen[19].

---

[9] Das gilt auch für das Rechtskraftzeugnis nach § 706, *BGH* LM § 706 Nr. 1, → auch § 706 Rdnr. 1 f.

[10] Nicht zu den Rechtsverhältnissen (z. B. Vertretungsmacht), vgl. *BayObLGZ* 1918, 122. S. auch *RGZ* 129, 37. Zur Beweiskraft eines Sparkassenbuchs einer bayerischen öffentlichen Sparkasse s. *BGH* NJW 1963, 1631.

[11] Vgl. (auch zu den Anforderungen an den Nachweis der Unrichtigkeit) *KG* VRS 83 (1992), 52; *OLG Düsseldorf* VRS 87 (1994), 441.

[12] *BVerfG* NJW 1992, 224, 225; *OLG Frankfurt* NJW 1996, 3159; *BVerwG* NJW 1986, 2127.

[13] *BGH* VersR 1984, 81, 82 (gegen *OLG Hamm* MDR 1982, 501); VersR 1986, 787.

[14] *BVerfG* NJW 1992, 224, 225 (aber Indizwirkung); *LG Berlin* MDR 1987, 503.

[15] *OLG Düsseldorf* MDR 1998, 1499.

[16] Z.B. einer Bescheinigung des Sozialamts über Sozialhilfezahlungen der Stadtkasse, *OLG Hamburg* FamRZ 1981, 980, oder eine Bescheinigung des Trägers der Unterhaltsvorschußkasse über Leistungen durch diese Kasse, *OLG Hamburg* FamRZ 1982, 425. S. zum Nachweis derartiger Leistungen bzw. der Rechtsnachfolge (Überleitung von Ansprüchen) auch *OLG Karlsruhe* FamRZ 1981, 387; *OLG Stuttgart* FamRZ 1981, 696; *OLG Hamm* FamRZ 1981, 915.

[17] *BGH* LM Nr. 3.

[18] Z.B. für Gemeinderatsprotokolle, *BGH* LM BayGemeindeO Nr. 1.

[19] So ausdrücklich § 99 der früheren AusfVO zum PStG (v. 19. V. 1938, RGBl I 533). Vgl. *RG* JW 1938, 1538; Gruchot 48 (1904), 1133 (kein Beweis der Ehelichkeit durch Taufschein).

5a   Für **ausländische Personenstandsurkunden** gilt freie Beweiswürdigung[20]. Jedoch sind Personenstandsurkunden aus den Mitgliedstaaten der EG in Verfahren über sozialrechtliche Leistungsansprüche von Wanderarbeitnehmern nach EuGH[21] zu beachten, solange nicht die Richtigkeit durch konkrete Anhaltspunkte ernstlich in Frage gestellt ist. Zur Legalisation → § 438 Rdnr. 33 ff.

III. Gegenbeweis

6   Die Beweiswirkung der Abs. 1 und 3 kann nach Abs. 2 durch den **Beweis der Unrichtigkeit der bezeugten Tatsachen** entkräftet werden. Nachweis der Fälschung ist nicht erforderlich; andererseits ist der Gegenbeweis nicht schon damit erbracht, daß die *Möglichkeit* der Unrichtigkeit dargetan ist; es muß umgekehrt die **Möglichkeit der Richtigkeit ausgeschlossen werden**[22]. Es genügt also z. B. nicht die Glaubhaftmachung der Unrichtigkeit durch eidesstattliche Versicherung, um einem gerichtlichen[23] Eingangsvermerk die Beweiskraft zu nehmen, sondern es muß die volle richterliche Überzeugung von der Unrichtigkeit begründet werden[24]. Zum Zwecke des Gegenbeweises angebotene Beweise (z. B. Zeugenvernehmungen) dürfen nicht mit der Begründung abgelehnt werden, das Gericht sei von der Richtigkeit der Urkunde bereits überzeugt[25]. Voraussetzung der Beweiserhebung ist substantiiertes Bestreiten (dazu allgemein → § 138 Rdnr. 27 ff.), nicht dagegen, daß eine gewisse Wahrscheinlichkeit für die Unrichtigkeit der bezeugten Tatsachen dargelegt ist[26].

7   Durch Parteivernehmung kann der Gegenbeweis wegen § 445 Abs. 2 nicht geführt werden, → § 415 Rdnr. 13, → § 445 Rdnr. 17a, erst recht nicht durch eidesstattliche Versicherung der Partei[27]. Soweit freilich die in der Urkunde bezeugten Tatsachen nur ein *Indiz* für das Beweisthema darstellen, bleibt die Parteivernehmung über das Beweisthema selbst zulässig.

8   Der Gegenbeweis kann durch die Bundesgesetzgebung **ausgeschlossen** oder beschränkt werden, s. z. B. wegen des Protokolls § 165 sowie § 80 ZVG, wegen des Urteilstatbestands § 314, dazu → § 415 Rdnr. 17. Soweit die Urkunden nicht aufgrund bundesgesetzlicher Vorschrift errichtet sind, können auch die Landesgesetze den Gegenbeweis ausschließen oder beschränken.

---

[20] Vgl. *Hepting-Gaaz* Personenstandsrecht (Stand September 1997) § 66 PStG Rdnr. 14 ff.
[21] *EuGH*, Urteil vom 2. XII. 1997, Rs. C-336/94 (Dafeki/Landesversicherungsanstalt Württemberg), Slg. 1997 I 6771.
[22] RGZ 131, 284, 288; RAGE 16 (1936), 259; *BVerwG* NJW 1969, 1730; BGHZ 16, 227 (zu § 61 EVO); *OLG Hamm* JurBüro 1966, 889; *Köln* NJW-RR 1986, 863 = MDR 1986, 765 (zum Protokoll des Gerichtsvollziehers über den Annahmeverzug des Schuldners); *LAG Düsseldorf* JurBüro 1987, 1565 (zur auf ein Versäumnisurteil gesetzten Bescheinigung der Zustellung zu einem bestimmten Zeitpunkt).
[23] Zum Eingangsstempel des Finanzamts BFHE 119, 368; 178, 303.
[24] *BGH* VersR 1973, 186; 1977, 721; 1984, 442; 1998, 1439. Glaubhaftmachung der Unrichtigkeit genügt jedoch wegen § 236 Abs. 2 S. 1, soweit es sich um Voraussetzungen der Wiedereinsetzung handelt, *BGH* LM § 236 (C) Nr. 8 = MDR 1983, 749 (betr. Eingang eines Fristverlängerungsantrags). S. zur Widerlegung eines Eingangsstempels auch *BGH* VersR 1982, 652; *BVerwG* NJW 1969, 1730; *KG* OLGZ 1976, 361 = VersR 1976, 886; *OLG Frankfurt* AnwBl 1978, 310 (zust. *Staehly*); BFHE 119, 368. Ein Freibeweis zum Nachweis der Unrichtigkeit, der auch durch eidesstattliche Versicherung geführt werden könnte, erscheint entgegen *BGH* VersR 1975, 924; NJW 1987, 2875, 2876; VersR 1998, 1439; *KG* MDR 1986, 1032 mit den beweisrechtlichen Regeln der ZPO hier wie allgemein (→ vor § 128 Rdnr. 97, → vor § 355 Rdnr. 24) unvereinbar.
[25] *BVerwG* NJW 1984, 2962. → § 284 Rdnr. 78.
[26] Insofern zu weitgehend *BVerwG* NJW 1985, 1179; 1986, 2127, 2128.
[27] S. auch (aber letztlich offenlassend) *OLG Düsseldorf* GRUR 1984, 78.

§ 419 [Beweiskraft von Urkunden mit Mängeln]

Inwiefern Durchstreichungen, Radierungen, Einschaltungen oder sonstige äußere Mängel die Beweiskraft einer Urkunde ganz oder teilweise aufheben oder mindern, entscheidet das Gericht nach freier Überzeugung.

Gesetzesgeschichte: Bis 1900 § 384 CPO.

I. Beweiskraft bei äußeren Mängeln   1
II. Auswirkungen auf die Gültigkeit   3

I. Beweiskraft bei äußeren Mängeln

Ist eine öffentliche oder private Urkunde mit **äußeren Mängeln** (Durchstreichungen, Radierungen, Einschaltungen[1], Überstempelung[2], Veränderungen im Anschriftenfeld einer Postzustellungsurkunde[3], Lücken, Rissen, Flecken, unleserlichen oder geklebten Stellen, auf Verfälschung hinweisende Anordnung des Textes[4]) behaftet[5], die bei Errichtung der Urkunde selbst oder später entstanden sind, so sind die §§ 415 bis 418 nicht anwendbar. Vielmehr unterliegt die Beweiskraft insgesamt der freien Würdigung durch das Gericht (§ 286)[6]. Das Gericht ist aber dadurch nicht gehindert, der Urkunde volle Beweiskraft zuzusprechen[7]. Zur Auswirkung auf die Echtheitsvermutung des § 440 Abs. 2 → § 440 Rdnr. 4. Die freie Würdigung erstreckt sich auf die Urkunde als Ganzes, nicht bloß auf die Frage, welcher Einfluß den Mängeln als solchen beizulegen ist[8], und wird dadurch nicht ausgeschlossen, daß die Änderungen von den Beteiligten genehmigt sind.   1

Die *unter Beobachtung der gesetzlichen Vorschriften*[9] in **öffentlichen Urkunden** vermerkten Durchstreichungen, Zusätze und Abänderungen stellen jedoch keine äußeren Mängel i.S. des § 419 dar[10]; sie sind vielmehr selbst vollwertige Teile der öffentlichen Urkunden. Bei notariellen Urkunden müssen z.B. Zusätze und nicht nur geringfügige Änderungen am Rande der Urkunde vom Notar gesondert unterzeichnet werden (s. jetzt § 44a Abs. 1 BeurkG idF vom 31. VIII. 1998, BGBl I 2585)[11]; andernfalls entfällt insoweit die Beweiskraft nach § 415 Abs. 1, und es ist über den Beweiswert nach freier Überzeugung zu entscheiden[12]. Zu den Formanforderungen an die Berichtigung offensichtlicher Unrichtigkeiten durch Nach-   2

---

[1] Dies sind äußerlich erkennbare Einfügungen, wobei die Nachträglichkeit nicht feststehen, sondern nur möglich sein muß, *BGH* LM Nr. 1 = MDR 1966, 835 = NJW 1966, 1657.
[2] *BGH* MDR 1987, 821; NJW 1992, 512 (beide zur Überstempelung des Eingangsdatums in einem anwaltlichen Empfangsbekenntnis; → auch Fn. 7).
[3] *VGH Kassel* NJW 1990, 467 (Überklebung); NJW 1996, 1075 (Streichung und Neueinfügung).
[4] *BGH* NJW 1980, 893 = JR 1980, 376 (*Olzen*) = LM Nr. 2 (in Verbindung mit auffälligem Schriftbild und einem auf nachträgliche Veränderung hinweisenden Format der Urkunde).
[5] Ob der Fall ist, ist nach § 286 zu beurteilende Tatfrage, *BGH* NJW-RR 1989, 1323, 1324.
[6] *BGH* MDR 1987, 915 = NJW 1988, 60; *BGH* NJW 1992, 829, 830.
[7] *RG* SeuffArch 63 (1908), 294. Nur bedarf dies der Begründung nach § 286, *RG* JW 1902, 128. So wird z.B. ein anwaltlicher Bürovermerk auf der vollstreckbaren Ausfertigung eines Schuldtitels (Vollstreckungsbescheid) weder dessen Beweiskraft noch die Fähigkeit beeinträchtigen, Grundlage der Zwangsvollstreckung zu sein (a.M. *LG Bremen* DGVZ 1982, 8). Vgl. auch *RGZ* 60, 426 f. (Bleistiftvermerk auf einem Wechsel). S. auch *BGH* VersR 1968, 309: *anwaltliches Empfangsbekenntnis* beweist Zustellung an dem ursprünglich angegebenen Tag, auch wenn das Datum später geändert wurde (der Anwalt hatte das Empfangsbekenntnis zurückverlangt und ausgebessert), → auch Fn. 2. Zur Entkräftung ist Gegenbeweis nötig, → auch § 418 Fn. 1.
[8] S. auch *RGZ* 29, 430; WarnRsp 1909 Nr. 428.
[9] Vgl. dazu *Jansen* FGG² III § 8 BeurkG Rdnr. 13 ff.; *Keidel-Kuntze-Winkler* FGG¹³, Teil B, § 8 BeurkG Rdnr. 14 ff.
[10] *BGH* DNotZ 1956, 643 = Rpfleger 1957, 110.
[11] Zur Neuregelung *Reithmann* Berichtigung notarieller Urkunden DNotZ 1999, 27.
[12] *BGH* NJW 1994, 2768 = LM § 415 Nr. 8 (dazu *Wochner* DNotZ 1995, 31); *BGH* DNotZ 1956, 643 = Rpfleger 1956, 110; *Reithmann* DNotZ 1999, 27, 29. Dies entspricht dem Zweck dieser Formvorschrift, auch wenn sie im Gesetz (jetzt § 44a BeurkG) als Sollvorschrift formuliert ist. Eine generelle Aussage, wonach ein Verstoß gegen Sollvorschriften stets der Beweiskraft nach § 415 Abs. 1 entgegensteht, erscheint jedoch problematisch.

tragsvermerk des Notars s. § 44a Abs. 2 BeurkG nF. Zur Protokollberichtigung → § 164 Rdnr. 9ff., § 165 Rdnr. 11, zur Urteilsberichtigung → § 319 Rdnr. 14, → auch (zur Übertragung stenografischer Niederschriften) § 160a Rdnr. 6ff.

II. Auswirkungen auf die Gültigkeit

3 Inwieweit die hier bezeichneten Mängel die **Eigenschaft als öffentliche Urkunde** (→ § 415 Rdnr. 6f.) oder die **Gültigkeit eines Rechtsgeschäfts** berühren, bestimmt sich nach den Formvorschriften des öffentlichen oder bürgerlichen Rechts.

§ 420 [Beweisantritt durch Vorlegung der Urkunde]

Der Beweis wird durch die Vorlegung der Urkunde angetreten.

Gesetzesgeschichte: Bis 1900 § 385 CPO.

I. Beweisantritt	1	III. Beweisaufnahme	6
II. Vorlegung der Urkunde	2	IV. Vorbereitung des Urkundenbeweises	9

I. Beweisantritt

1 Der **Antritt des Urkundenbeweises** gestaltet sich verschieden, je nachdem, ob sich die Urkunde in den Händen des Beweisführers (§ 420), des Gegners (§ 421), eines Dritten (§ 428) oder einer öffentlichen Behörde oder eines öffentlichen Beamten (§ 432), auch des erkennenden Gerichts selbst (→ § 432 Rdnr. 10), befindet.

II. Vorlegung der Urkunde

2 Hat der **Beweisführer** selbst die **Urkunde in Händen** oder kann er sie ohne Mitwirkung des Gerichts beschaffen (§ 432 Abs. 2), so erfolgt der Beweisantritt durch die Vorlegung der Urkunde, d.h. grundsätzlich der **Urschrift** (näher → § 435 Rdnr. 1ff.), in der mündlichen Verhandlung, womit (als Teil der mündlichen Verhandlung) die Angabe des wesentlichen Inhalts der Urkunde (→ § 128 Rdnr. 31) und die Bezeichnung der in Bezug genommenen Stelle zu verbinden ist[1].

3 Das bloße *Erbieten zur Vorlegung* unter Bezeichnung der Urkunde genügt nur unter den Voraussetzungen des § 434. Die Vorlegung *vor einem beauftragten oder ersuchten Richter* ohne Anordnung des Prozeßgerichts nach § 434 ist keine Beweisantretung. Hat die Partei versäumt, die Urkunde mitzubringen, oder soll die Urkunde erst beschafft oder ausgestellt werden, so kann zwar die Verhandlung zu diesem Zweck nach § 227 vertagt werden, aber ein *Recht* der Partei darauf besteht nicht, und für die Kosten der Vertagung gilt § 95.

4 Die Vorlegung einer nicht beglaubigten **Abschrift** ist im allgemeinen (→ aber § 435 Rdnr. 4) kein Beweisantritt, sondern lediglich Behauptung über das Vorhandensein und den Inhalt einer Urkunde, vgl. auch § 427 S. 1 Schlußhalbsatz.

---

[1] Vgl. *RGZ* 130, 21. Das Gericht braucht nicht die in Betracht kommende Stelle aus einer Urkundensammlung oder aus Büchern herauszusuchen.

Über die **Vorlegung** → § 435. Die Urkunde wird nicht Teil der Gerichtsakten, ausgenommen die Vollmacht, § 80, und den Fall des § 443. Zur Anordnung, daß die Schriftstücke eine bestimmte Zeit auf der Geschäftsstelle verbleiben, s. § 142 Abs. 2. Im übrigen kann die Partei, die die Urkunde vorgelegt hat[2], deren **Rückgabe** verlangen, → § 142 Rdnr. 6.   5

III. Beweisaufnahme

Die **Beweisaufnahme** besteht in der **Einsichtnahme** in die vorgelegte Urkunde; mündlicher Vortrag ist hierzu nicht erforderlich, → § 128 Rdnr. 31. Legt der Beweisführer die Urkunde nur zum Teil vor, so kann das Gericht eine vollständige Vorlegung, abgesehen von § 142 Abs. 1, nicht von Amts wegen herbeiführen; es hat vielmehr den Beweiswert des vorgelegten Teiles frei zu würdigen.   6

Auch der **Gegner** hat ein **Recht** darauf, die dem Gericht vorgelegten Urkunden einzusehen. Dies wird auch durch den Anspruch auf rechtliches Gehör gefordert (→ auch vor § 128 Rdnr. 35a ff). Bei der Vorlage von **Handelsbüchern** beschränkt sich aber das Einsichtsrecht auf die für den Streitpunkt relevanten Teile, von denen auch ein Auszug gefertigt werden kann, § 259 S. 1 HGB. Der übrige Inhalt der Bücher ist, soweit es zur Prüfung einer ordnungsgemäßen Führung notwendig ist, nur dem Gericht gegenüber offenzulegen, § 259 S. 2 HGB.   7

Die Aufnahme des Urkundenbeweises kann dadurch unzulässig werden, daß die Urkunde **rechtswidrig erlangt**, z. B. gestohlen worden ist, dazu → § 284 Rdnr. 56 ff.   8

IV. Vorbereitung des Urkundenbeweises

Bezüglich der **Vorbereitung des Urkundenbeweises** → §§ 131, 133 bis 135; über die Befugnis des Gerichts, **von Amts wegen** die Vorlegung von Urkunden anzuordnen, → vor § 415 Rdnr. 13 f.   9

§ 421 [Vorlegung der Urkunde durch den Gegner]

Befindet sich die Urkunde nach der Behauptung des Beweisführers in den Händen des Gegners, so wird der Beweis durch den Antrag angetreten, dem Gegner die Vorlegung der Urkunde aufzugeben.

Gesetzesgeschichte: Bis 1900 § 386 CPO.

I. Das Vorlegungsverfahren	1	III. Der Vorlegungsantrag	4
II. Gegner und Dritte	2		

I. Das Vorlegungsverfahren

§§ 421 bis 427 handeln von der **Vorlegung** (Edition) einer Urkunde **durch den Prozeßgegner**, §§ 428 bis 432 von der **durch Dritte**. §§ 422, 423, 429 beschäftigen sich mit der *Vor-*   1

---

[2] Es ist nicht Aufgabe des Gerichts, einen etwaigen Streit der Parteien über die Berechtigung an der Urkunde zu entscheiden, vgl. *LG Bonn* FamRZ 1967, 678. Droht eine Beseitigung oder Vernichtung der Urkunde, so kann gegebenenfalls eine einstweilige Verfügung zur Sicherung des behaupteten Rechts an der Urkunde erwirkt werden.

legungspflicht, die übrigen Paragraphen mit dem Verfahren. Die hier geregelte Vorlegung ist die zum Zweck des Urkundenbeweises, d. h. des *Beweises durch den Inhalt* einer Urkunde. Zum Zweck des *Beweises des Besitzes* der Urkunde findet das Verfahren der §§ 421 ff. nicht statt[1], ebensowenig zum Beweis dafür, daß dem Gegner eine bestimmte Urkunde (Kündigung) *zugegangen* sei[2].

II. Gegner und Dritte[3]

2   Der Antrag, dem **Gegner** die Vorlegung aufzugeben, kann nur von der **Partei** gestellt werden, und zwar von einem (einfachen oder notwendigen) **Streitgenossen** nur dann, wenn ihm selbst ein Anspruch auf Vorlage gegen den Gegner zusteht[4]. Zur Würdigung der Nichtvorlage bei Streitgenossenschaft → § 427 Rdnr. 2. Der **Streitgehilfe** kann den Antrag sowohl auf einen Anspruch der Partei wie auf ein eigenes Recht gründen[5], vorbehaltlich des Widerspruchs der Hauptpartei (→ § 67 Rdnr. 11 ff.). Bei dem *streitgenössischen* Streitgehilfen, § 69, kann die Hauptpartei nicht widersprechen, sofern der Antrag auf einen eigenen Vorlegungsanspruch des Streitgehilfen gestützt wird[6].

3   Gegner ist, wer zur Zeit der Entscheidung über den Antrag dem Beweisführer als Partei (→ vor § 50 Rdnr. 1 ff.) gegenübersteht, also nicht die ausgeschiedene Partei in den Fällen der §§ 75 ff., 265 f. oder beim gewillkürten Parteiwechsel (→ allg. § 264 Rdnr. 96 ff., 103 ff.). Besitzt der **gesetzliche Vertreter** die Urkunde in dieser Eigenschaft, so besitzt eben die Partei die Urkunde, → § 426 Rdnr. 8, im übrigen ist er Dritter. **Streitgenossen auf der anderen Parteiseite** sind, solange die Streitgenossenschaft besteht, stets Gegner → § 61 Rdnr. 11; ihre Vorlegungspflicht ist aber für jeden selbständig zu beurteilen. **Streitgehilfen auf der Seite des Gegners** sind Dritte, → § 67 Rdnr. 21[7], sofern sie nicht nach § 69 als Streitgenossen des Gegners gelten, → § 69 Rdnr. 11[8]. **Streitgenossen des Beweisführers** und seine und seiner Streitgenossen Streitgehilfen sind stets Dritte.

III. Der Vorlegungsantrag

4   Der **Antrag**, dem *Gegner* die Vorlegung einer Urkunde aufzugeben[9], ist als **Beweisantrag** möglichst frühzeitig in der mündlichen Verhandlung zu stellen, → §§ 284 Rdnr. 3 f., 29 ff., § 282 Rdnr. 19. Er fällt nicht unter § 297[10]. Die *schriftsätzliche Mitteilung*, die im Anwaltsprozeß erfolgen soll, §§ 129, 130 Nr. 5, §§ 132, 282 Abs. 2, ist nur Ankündigung; sie hat jedoch die Wirkung des Beweisantritts selbst in den Fällen der Entscheidung nach Aktenlage, §§ 251 a, 331 a, und derjenigen ohne mündliche Verhandlung, § 128 Abs. 2 und 3, → § 128 Rdnr. 89 f., 119.

5   Die Urkunde muß sich nach der Behauptung des Beweisführers **in den Händen** des Gegners befinden. Der **unmittelbare Besitz** reicht auf jeden Fall aus. Da aber das Gesetz den

---

[1] RGZ 44, 424 f.; OLG Karlsruhe BadRPr 07, 246; *Siegel* Die Vorlegung von Urkunden im Prozeß (1904), 194 f.

[2] *Siegel* (Fn. 1) 198 f.

[3] Vgl. *Siegel* (Fn. 1) 104 ff.

[4] RG HRR 1933 Nr. 1466; *Siegel* (Fn. 1) 108; *Förster-Kann*[3] 2 a; *Seuffert-Walsmann*[12] 2 a.

[5] *Siegel* (Fn. 1) 107; *Förster-Kann*[3] 2 b. – Abweichend *Walsmann* Streitgenössische Nebenintervention (1905), 228 f.; *Seuffert-Walsmann*[12] 2 a (der *streitgenössische* Nebenintervenient könne die Vorlage aufgrund eines Anspruchs der unterstützten Partei nur dann verlangen, wenn ihm der Anspruch abgetreten wurde oder er zur Ausübung des Anspruchs bevollmächtigt oder ermächtigt wurde). Die prozessualen Rechte des streitgenössischen Nebenintervenienten (§ 69) können aber doch nicht geringer sein als die des gewöhnlichen Nebenintervenienten.

[6] *Seuffert-Walsmann*[12] 2 a.

[7] *Siegel* (Fn. 1) 104.

[8] *Walsmann* (Fn. 5).

[9] Über die klageweise Geltendmachung → § 422 Rdnr. 1. Trotz falscher Bezeichnung als Widerklage kann ein solcher Antrag vorliegen, RG Gruchot 54 (1910), 437 f. (gegen OLG München OLG Rsp 19 (1909), 101); OLG Frankfurt DB 1979, 2476 = MDR 1980, 228 (Umdeutung).

[10] RG HRR 1933 Nr. 1466 und → § 297 Rdnr. 9.

Ausdruck unmittelbarer Besitz nicht verwendet (auch nicht in §§ 423, 424 S. 1 Nr. 4, § 430), scheiden auch Fälle des mittelbaren Besitzes nicht generell aus. Nach dem Sinn des Gesetzes kommt es darauf an, ob der Gegner eine Zugriffsmöglichkeit auf die Urkunde besitzt, die ihm ohne weiteres die Vorlage im Prozeß ermöglicht. Der **mittelbare Besitz** genügt daher, wenn der Gegner aufgrund des Besitzmittlungsverhältnisses die Urkunde jederzeit an sich ziehen kann[11]. Trotz eines Besitzmittlungsverhältnisses hat aber *auch* der unmittelbare Besitzer die Urkunde »in Händen«[12]. In Betracht kommen z.B. Urkunden, die der Gegner bei einer Bank in Verwahrung gegeben hat. Am Erfordernis des Besitzes ist aber festzuhalten; es genügt daher nicht, daß der Gegner (ohne mittelbarer Besitzer zu sein) aus tatsächlichen oder rechtlichen Gründen die Möglichkeit hat, sich die Urkunde von einem Dritten zu beschaffen[13]. Bei **Besitzdienerschaft** (§ 855 BGB) hat der Besitzherr die Urkunde i.S. des § 421 in Händen, nicht der Besitzdiener[14], da er nur nach den Weisungen des Besitzherrn mit der Urkunde verfahren darf.

Über die einzelnen **Erfordernisse des Antrags** → § 424. Die Aufforderung nach § 134 ist kein Vorlegungsantrag, ebensowenig der Antrag, die Vorlegung von Handelsbüchern gemäß § 258 HGB anzuordnen, → dazu vor § 415 Rdnr. 14. – Im **Urkundenprozeß** sind Vorlegungsanträge ausgeschlossen (§ 595 Abs. 3, → § 595 Rdnr. 3). Über die Anordnung der Vorlegung *von Amts wegen* → vor § 415 Rdnr. 13 f., über die zum Zweck der *Schriftvergleichung* → § 441. 6

§ 422 [Vorlegungspflicht des Gegners nach bürgerlichem Recht]

Der Gegner ist zur Vorlegung der Urkunde verpflichtet, wenn der Beweisführer nach den Vorschriften des bürgerlichen Rechts die Herausgabe oder die Vorlegung der Urkunde verlangen kann.

Gesetzesgeschichte: Bis 1900 § 387 CPO. Geändert durch die Novelle 1898.

I. Die Pflicht zur Vorlegung im Prozeß	1	2. Vorlegungs-, Einsichts- und Rechnungslegungsansprüche	9
1. Besitz der Urkunde	3	3. Vorlegungspflicht nach § 810 BGB	10
2. Rechtliches Interesse, Ausforschungsverbot	4	a) Errichtung im Interesse des Vorlegungsberechtigten	11
3. Inhalt der Pflicht, anzuwendendes Recht	6	b) Beurkundung eines Rechtsverhältnisses	12
II. Die materiell-rechtlichen Vorlegungsgründe	7	c) Urkunde über Verhandlungen	15
1. Herausgabeansprüche	8		

I. Die Pflicht zur Vorlegung im Prozeß

Die **Verpflichtung des Gegners zur Vorlegung von Urkunden im Prozeß**[1] regelt § 422 im Anschluß an die **zivilrechtliche Vorlegungspflicht**; daneben besteht die rein prozessuale Vor- 1

---

[11] Ähnlich *Schreiber* (vor § 415 Fn. 1) 133; *Grimme* JA 1985, 320, 324; *Baumbach-Lauterbach-Hartmann*[57] Rdnr. 1; *Wieczorek*[2] A II; *Siegel* (Fn. 1) 142 ff., 151; *Zöller-Stephan*[21] Rdnr. 1; *Thomas-Putzo*[21] Rdnr. 1.
[12] *Schreiber* (vor § 415 Fn. 1) 124 ff.
[13] RG SeuffArch 58 (1903), 336.
[14] *Wieczorek*[2] § 131 Anm. A I b. – A.M. *Schreiber*

(vor § 415 Fn. 1) 133; *AK-ZPO-Rüßmann* Rdnr. 1; *MünchKommZPO-Schreiber* § 420 Rdnr. 2.

[1] Lit.: *Siegel* Die Vorlegung von Urkunden im Prozeß (1904); *Schreiber* (vor § 415 Fn. 1); *Grimme* Der Anspruch auf Einsichtnahme in (Vertrags-)Urkunden nach § 810 BGB, JA 1985, 320.

legungspflicht des § 423, die durch die eigene *Bezugnahme auf die Urkunde* begründet wird. Die Regelung gilt nur für *Urkunden* in dem → vor § 415 Rdnr. 1 dargelegten Sinn[2]. Die Vorlegungspflicht ist weder eine allgemeine öffentlich-rechtliche Pflicht nach Art der Zeugnispflicht[3], noch auch schlechthin eine privatrechtliche Pflicht[4], sondern in allen Fällen eine **prozessuale Last**[5] mit den in § 427 geregelten Folgen. Durch Klage oder Widerklage kann die Pflicht des Gegners zur Vorlegung vor dem Prozeßgericht nicht durchgesetzt werden[6].

2   Das bürgerliche Recht enthält keine Regeln über die Vorlegung *im Prozeß*. Aus der Verweisung des § 422 ergibt sich aber, daß die *Gründe* der prozessualen Vorlegungspflicht dem bürgerlichen Recht zu entnehmen sind, freilich mit nicht unerheblichen Abweichungen.

1. Besitz der Urkunde

3   Die prozessuale Pflicht setzt immer (§ 424 S. 1 Nr. 4, § 430) voraus, daß sich der Gegner oder der Dritte im **Besitz** der Urkunde befindet[7]. Ausreichend ist stets der *unmittelbare* Besitz; der *mittelbare* Besitz genügt, wenn der Gegner oder der Dritte (§ 429) kraft des Besitzmittlungsverhältnisses die Urkunde jederzeit an sich bringen und vorlegen kann[8].

2. Rechtliches Interesse, Ausforschungsverbot

4   Vielfach sind die Ansprüche des BGB, insbesondere der des § 810 BGB (→ Rdnr. 10 ff.), abhängig von dem **rechtlichen Interesse** dessen, der die Vorlegung verlangt. Dieses Interesse ist aber dort ausschließlich das Interesse an der *Kenntnisnahme* von der Urkunde (Einsicht), nicht das an ihrer Vorlegung an Dritte[9]: Wer den Inhalt der Urkunde kennt, kann ihre Vorlegung nach § 810 BGB nicht verlangen[10]. Die prozessuale Vorlegung aber bezweckt *Beweisführung*, Vorlegung an das Gericht (→ Rdnr. 6); sie hat ihre Hauptbedeutung bei Urkunden, die der Beweisführer gerade kennt, vielleicht selbst ausgestellt hat. Daher muß für die prozeßrechtliche Pflicht, und zwar sowohl des Gegners als des Dritten, das **Beweisinteresse** genügen[11].

5   Der Zweck der Vorlegungspflicht besteht darin, den Beweis der vom Beweisführer *behaupteten* Tatsachen zu ermöglichen. Dagegen ist der Vorlegungsantrag unzulässig, wenn er ganz ohne tatsächliche Behauptungen gestellt wird, um die Tatsachen erst zu ermitteln. Auch hier gilt grundsätzlich das **Verbot des Ausforschungsbeweises**[12] (→ § 284 Rdnr. 40 ff., → § 373 Rdnr. 3). Das rechtliche Interesse i.S.v. § 810 BGB ist zu verneinen, wenn durch die Einsicht erst die Grundlagen für die Rechtsverfolgung, z.B. Anhaltspunkte für ein pflichtwidriges Verhalten des Gegners, ermittelt werden sollen, während bei einem Auskunftsan-

---

[2] Zur Vorlegungspflicht bei *Augenscheinsobjekten* → vor § 371 Rdnr. 32 ff.
[3] Die Zeugnisverweigerungsrechte spielen daher als solche keine Rolle. Eine andere Frage ist, ob eine Konfliktsituation etwa zum Wegfall der in § 422 vorausgesetzten materiellen Verpflichtung führt. Dazu *Schreiber* (vor § 415 Fn. 1) 177 ff. (wegen eines schutzwürdigen Geheimhaltungsinteresses kann unzulässige Rechtsausübung vorliegen).
[4] Vgl. *Klöppel* Gruchot 37 (1893), 448; *Siegel* (Fn. 1) 110.
[5] Vgl. *Goldschmidt* Prozeß als Rechtslage (1925), 110. – A.M. *E. Peters* ZZP 82 (1969), 200, 210 mwN.
[6] OLG Frankfurt DB 1979, 2476 = MDR 1980, 228; *Siegel* (Fn. 1) 136 ff.; *Baumgärtel* Festschrift f. Schima (1969), 46; *Stürner* Die Aufklärungspflicht der Parteien des Zivilprozesses (1976) 257 f.; *Grimme* JA 1985, 320,

323. Unberührt bleibt aber eine klageweise Geltendmachung des Anspruchs auf Vorlegung oder Herausgabe außerhalb des laufenden Prozesses, *Gottwald* ZZP 92 (1979), 365 f.
[7] Vgl. *Siegel* (Fn. 1) 142 ff.
[8] → § 421 Rdnr. 5 mit Nachw.
[9] *Siegel* (Fn. 1) 117 ff.
[10] RG WarnRsp 1912 Nr. 304. Vgl. auch *RG* Gruchot 49 (1905), 283 f.
[11] OLG Frankfurt JW 1933, 531. Vgl. auch *Siegel* (Fn. 1) 123, bei dem dieser wichtige Unterschied nicht genügend hervortritt. – A.M. OLG Braunschweig OLG Rsp 27 (1913), 98.
[12] BGH LM § 810 BGB Nr. 3 und Nr. 5 = MDR 1971, 574; OLG Köln JMBlNRW 1966, 285; *OLG Hamm* NJW-RR 1987, 1395 = WM 1987, 1297; LG Berlin WuM 1986, 184.

spruch aus § 666 BGB solche Schranken nicht bestehen[13]. Daß der Beweisführer zunächst allgemeine Behauptungen aufgestellt hat und sie anhand der vorzulegenden Urkunde näher bestimmen will, steht also der Vorlegungspflicht nicht entgegen, wenn der materielle Vorlegungsgrund dem Zweck dient, eine derartige nähere Ermittlung zu ermöglichen (z. B. die Ansprüche auf Rechnungslegung). Ein ausgeschiedener Kommanditist hat, wenn konkrete Anhaltspunkte für ein Mißverhältnis zwischen dem für die Abfindung maßgebenden Buchwert und dem wirklichen Wert der Gesellschaft bestehen, Anspruch auf Einsicht in die für die Wertermittlung erforderlichen Unterlagen der Gesellschaft[14]. Ein Antrag auf Vorlage einer Vertragsurkunde verstößt nicht deshalb gegen das Ausforschungsverbot, weil der Antragsteller, der keine Vertragsurkunde mehr besitzt, dadurch Klarheit über die Einzelheiten des Vertragsinhalts gewinnen will[15]. Vielmehr kann eine Partei, die wegen Verlusts ihrer Vertragsurkunde über den Inhalt der vertraglichen Vereinbarungen im unklaren ist, vom Gegner Auskunft und Einsicht in die Vertragsunterlagen, im Prozeß Vorlage der Vertragsurkunde verlangen[16]. Die Grenzziehung richtet sich insgesamt weniger nach prozessualen Gesichtspunkten als nach dem Umfang und dem Zweck der materiell-rechtlichen Pflicht zur Vorlegung und Einsichtsgewährung.

3. Inhalt der Pflicht, anzuwendendes Recht

Auch der *Inhalt der Verpflichtung* ist ein anderer als im materiellen Recht. Die prozeßrechtliche Pflicht geht immer auf **Vorlegung vor dem Prozeßgericht,** auch wenn die zivilrechtliche Pflicht auf Herausgabe oder auf Vorlegung an einem bestimmten Ort (§ 811 BGB) gerichtet ist[17]. Die Vorlegung vor einem anderen Gericht ist immer nur nach § 434 ins Ermessen des Gerichts gestellt. Die Pflicht zur Vorschuß- und Sicherheitsleistung (§ 811 Abs. 2 BGB) besteht im Prozeß nicht[18]. Die **Folgen der Nichterfüllung** sind in §§ 426 f. für alle Fälle gleichmäßig als rein prozessuale geordnet, ohne Rücksicht auf die nach bürgerlichem Recht etwa eintretenden Folgen (Schadensersatz, Rücktrittsrecht, Vertragsstrafe)[19]. Daraus folgt für das **anzuwendende Recht,** daß es immer nur das des Prozeßgerichts sein kann; nur für die Voraussetzungen der Verpflichtungsgründe kann, z. B. beim Miteigentum, das nach dem internationalen Privatrecht maßgebende fremde Recht in Betracht kommen[20].

6

II. Die materiell-rechtlichen Vorlegungsgründe

Die Vorlegungspflicht nach § 422 setzt stets einen Anspruch des *bürgerlichen* Rechts voraus; öffentlich-rechtliche Ansprüche auf Einsicht oder Erteilung von Abschriften usw., z. B. nach § 299, §§ 915 d ff.; § 9 HGB usw. genügen nicht[21], dazu auch → § 432 Rdnr. 4.

7

1. Herausgabeansprüche

Zunächst gehören hierher die Fälle, in denen der Beweisführer die **Herausgabe** der Urkunde als Sache verlangen kann. Darunter fallen privatrechtliche Ansprüche jeder Art, per-

8

---

[13] BGHZ 109, 260, 267 f. = NJW 1990, 510, 511.
[14] BGH LM § 810 BGB Nr. 13 = NJW 1989, 3272. S. auch BGH NJW 1989, 225 zum Anspruch eines ausgeschiedenen Gesellschafters bei einer GmbH u. Co. KG auf Herausgabe einer Abschrift des Prüfungsberichts für den Jahresabschluß.
[15] OLG Schleswig NJW-RR 1991, 1338.
[16] BGH LM § 810 BGB Nr. 15 = WM 1992, 977 = ZIP 1992, 938.

[17] Ebenso *Siegel* (Fn. 1) 112, 124 f.
[18] *Siegel* (Fn. 1) 127 f.
[19] *Siegel* (Fn. 1) 131 f.
[20] *Siegel* (Fn. 1) 242 f.; *Riezler* Internationales Zivilprozeßrecht (1949), 485.
[21] *Siegel* (Fn. 1) 6 f.

sönliche wie dingliche, also aus Eigentum (vgl. dazu § 952 BGB), Miteigentum, Besitz, Pfandrecht, ferner obligatorische Ansprüche aus Kauf, Verwahrung, Geschäftsbesorgung, Auftrag usw., auch Ansprüche aus unerlaubten Handlungen usw. S. ferner die besonderen Vorschriften über die Herausgabe der Urkunde als Beweismittel für die Abtretung in §§ 402, 410, 413 BGB, für den Kauf von Sachen und ähnliche Verträge §§ 444 f. BGB, für die Tilgung (Rückgabe des Schuldscheins usw.) §§ 371, 1144 BGB, § 45 SchiffsRG, weiter Art. 50 WG, § 836 Abs. 3 ZPO. Der Anspruch auf *Erteilung eines Auszugs*, § 444 BGB, § 87 c Abs. 2, § 101 HGB, ist kein Anspruch auf Herausgabe oder Vorlegung, wohl aber der Anspruch des Handelsvertreters nach § 87 c Abs. 4 HGB (→ Fn. 34). Auch die Verpflichtung zur Ablieferung eines Testaments an das Nachlaßgericht, § 2259 BGB, begründet keinen Anspruch auf Vorlegung, arg. § 83 FGG.

2. Vorlegungs-, Einsichts- und Rechnungslegungsansprüche

9   Das Recht, die **Vorlegung** zu verlangen oder, was damit identisch ist[22], in die Urkunde **Einsicht** zu nehmen, gewährt das Privatrecht den Beteiligten bei *dauernden Rechtsverhältnissen,* namentlich bei der Gesellschaft und ähnlichen, s. § 716 BGB, §§ 118, 157 Abs. 3, §§ 166, 233, 498 HGB, § 111 Abs. 2, § 175 Abs. 2 AktienG, § 51 a GmbHG, § 24 VerlagsG. Dazu treten die sämtlichen → § 254 Rdnr. 6 aufgeführten Ansprüche auf **Rechnungslegung**, da diese nur durch Vorlegung der vorhandenen urkundlichen Beweisstücke erfüllt werden können[23], sodann die Ansprüche auf Vorlegung an eine Behörde, besonders das Grundbuchamt, §§ 896, 1145 BGB[24], sowie der allgemeine Vorlegungsanspruch nach § 809 BGB[25]. Auch ein Anspruch des Patienten gegen den Arzt bzw. den Krankenhausträger auf Einsicht in die **Krankenunterlagen** wird heute grundsätzlich bejaht[26]. Durch §§ 102, 258, 260 HGB (→ vor § 415 Rdnr. 14) werden Ansprüche der Partei weder begründet noch berührt, § 258 Abs. 2 HGB[27].

3. Vorlegungspflicht nach § 810 BGB

10   Am wichtigsten ist die allgemeine, auf den Zweck oder den Inhalt der Urkunde gegründete **Vorlegungspflicht des § 810 BGB**[28]. Das BGB gibt den Anspruch auf Einsicht (und damit auf Vorlegung) gegen den Besitzer als solchen (→ § 26 Rdnr. 4 f.)[29] in drei Fällen, ohne dadurch eine vorsichtige entsprechende Anwendung auf ähnliche Fälle auszuschließen[30]. § 810 setzt stets ein **rechtliches Interesse** an der Einsichtnahme voraus, dazu → Rdnr. 4. Die **drei Fälle** des § 810 sind:

11   a) Die Urkunde ist **im Interesse des Vorlegungsberechtigten errichtet,** sei es ausschließlich oder im gemeinsamen Interesse des Berechtigten und eines anderen, z. B. des Gegners[31]. Die Urkunde muß also schon bei der Errichtung nach ihrem Zweck dazu bestimmt gewesen sein,

---

[22] *Siegel* (Fn. 1) 10 f.
[23] Vgl. *RGZ* 20, 45.
[24] A.M. *Siegel* (Fn. 1) 11 f.
[25] *RGZ* 69, 405 f.; *Siegel* (Fn. 1) 71 ff. Der Anspruch muß aber in Ansehung der Urkunde als solcher bestehen, *RG* HRR 1933 Nr. 1466.
[26] *BGHZ* 85, 327 = *NJW* 1983, 328; *BGHZ* 85, 339 = NJW 1983, 330; *BGH* NJW 1983, 2627; NJW 1985, 674 = JZ 1985, 286 (mit Anm. *Giesen*); NJW 1989, 764 (jedoch können therapeutische Gründe entgegenstehen, insbesondere bei psychiatrischer Behandlung); *Ahrens* NJW 1983, 2609; *MünchKomm-Hüffer*[3] § 810 Rdnr. 14 ff.
[27] *Siegel* (Fn. 1) 98, 101.
[28] Eingehend darüber *Siegel* (Fn. 1) 12 ff., sowie die Kommentare zum BGB. Zur Vorlegungspflicht des Haftpflichtversicherers s. *Wussow* NJW 1962, 420; *OLG Düsseldorf* VersR 1980, 270 (LS) (kein Anspruch des Geschädigten auf Vorlage einer Schadensmeldung des Schädigers).
[29] *BGH* NJW 1989, 225, 226 (der Anspruch richtet sich gegen jeden, der gegenwärtig Besitzer der Urkunde ist).
[30] *OLG Posen* OLG Rsp 4 (1902), 52; *Siegel* (Fn. 1) 39 f. S. weiter auch *RG* HRR 1933 Nr. 1466. Grundsätzlich für weitere Auslegung des § 810 BGB *BGH* LM § 810 BGB Nr. 5 (Fn. 12).
[31] Vgl. darüber *Kohler* AcP 79 (1892), 925 ff.

dem Beweisführer allein oder mit anderen zum Nachweis zu dienen oder seine rechtlichen Beziehungen zu fördern, insbesondere Rechte für ihn zu begründen[32], wie z. B. Zustellungsurkunden, Testamente, Vollmachten usw., → auch Rdnr. 14 bei Fn. 43, Rdnr. 15 bei Fn. 45.

b) In der Urkunde ist ein **zwischen dem Vorlegungsberechtigten und einem anderen bestehendes Rechtsverhältnis beurkundet.** Dieser andere braucht nicht der Besitzer der Urkunde zu sein; ebensowenig wird gemeinschaftliche Errichtung der Urkunde gefordert[33]. Wann und zwischen welchen Personen ein Rechtsverhältnis besteht, ist eine Frage des Privatrechts. Auch der pfändende Gläubiger tritt zum Drittschuldner in ein solches. Vgl. auch wegen des Kommissionärs § 392 HGB[34].

Nicht notwendig ist, daß das beurkundete Rechtsverhältnis *noch* besteht[35] oder daß es *rechtswirksam* ist[36], ebensowenig, daß die Urkunde für sich allein das *ganze* Rechtsverhältnis beurkundet[37]; es genügt, daß die Urkunde eine objektive und unmittelbare Beziehung zu dem Rechtsverhältnis aufweist, an dem der Vorlegungsberechtigte beteiligt ist[38]. Es gehören hierher alle *Urkunden über Rechtsgeschäfte*, sowohl **Verträge** wie einseitige Willenserklärungen, sofern der Beweisführer im letzteren Fall die Erklärung abgegeben oder empfangen hat, einschließlich der dem anderen Teil übergebenen Urkunde bei Ausfertigung in mehreren Exemplaren (§ 126 Abs. 2 S. 2 BGB); ferner **Schuldscheine, Quittungen** (§ 368 BGB)[39], **Rechnungen;** die im Geschäftsverkehr zwischen Gewerbetreibenden usw. und ihren Abnehmern oder Arbeitern über wiederkehrende Leistungen geführten **Geschäftsbücher** (z. B. Lohnbücher), auch wenn sie nur von einem Vertragsteil geführt werden; ferner die Bücher von Sparkassen und ähnlichen Instituten, soweit sie die Beurkundung der auf den einzelnen Einleger usw. bezüglichen Rechtsverhältnisse enthalten. Die **Handelsbücher** der Kaufleute, einschließlich des Tagebuchs des Handelsmaklers, gehören hierher, soweit sie Einträge enthalten, durch die gegenseitige Rechtsverhältnisse beurkundet werden[40], nicht aber die Bücher als Ganzes[41]. Die Pflicht nach § 810 BGB steht bei den Handelsbüchern *neben* der Anordnung der Vorlegung von Amts wegen nach §§ 258 ff. HGB, → vor § 415 Rdnr. 14, und ist unabhängig davon, ob deren Voraussetzungen vorliegen.

Hierher gehören auch die **Entscheidungen** von Gerichten und anderen Behörden. Dagegen fallen **nicht** unter § 810 Rechnungs- und Haushaltsbücher, die der Besitzer **nur zu eigenem Gebrauch** führt[42], sowie Urkunden, die *nicht von vornherein zum Beweis be-*

---

[32] *BGH* LM § 810 BGB Nr. 5 = MDR 1971, 574 (kein Anspruch eines Vergleichsgaranten auf Einsicht in Protokolle des Gläubigerbeirats); LM § 810 BGB Nr. 7 = NJW 1981, 1733 (kein Anspruch eines Stipendiaten auf Einsicht in die von einem Verein als Stipendiengeber geführte Personalakte). S. auch *RGZ* 69, 405 f. (Nietzsche-Briefe); WarnRspr 1912 Nr. 304 (verneint hinsichtlich der Handakten des Prozeßbevollmächtigten); die wohl h.M. bejaht jedenfalls die 2. Alt. des § 810 BGB, soweit der Inhalt der Handakten in unmittelbarer Beziehung zu dem Mandat und seinen einzelnen Rechtsfolgen steht, vgl. *MünchKomm-Hüffer*[3] § 810 Rdnr. 8, der darüber hinaus die Frage aufwirft, ob nicht auch § 810 BGB 1. Alt. eingreift; *Staudinger-Marburger* BGB[13] § 810 Rdnr. 21; *RGRK-Steffen* BGB[12] § 810 Rdnr. 116; *Borgmann-Haug* Anwaltshaftung[3] (1995) § 23 Rdnr. 151 f. (S. 154); a.M. *Soergel-Mühl* BGB[11] § 810 Rdnr. 9.
[33] *Siegel* (Fn. 1) 25.
[34] *Siegel* (Fn. 1) 35 f., 45 f.; s. ferner *RGZ* 56, 112 (Bürge); 87, 10 (Handlungsagent, s. jetzt § 87c Abs. 4 HGB); *OLG Hamburg* OLG Rsp 2 (1901), 134 und *OLG Dresden* SächsAnn 21 (1900), 535 (Miterben).
[35] *Siegel* (Fn. 1) 49 f.
[36] *Siegel* (Fn. 1) 62 f.
[37] *BGH* LM § 810 BGB Nr. 3; *RGZ* 56, 112; 87, 14; 117, 332, 333.
[38] *BGH* LM § 810 BGB Nr. 3; s. auch *BGHZ* 55, 201, 203 (es genügt, wenn der beurkundete Vorgang in unmittelbarer rechtlicher Beziehung zu dem fraglichen Rechtsverhältnis steht).
[39] *OLG Hamburg* OLG Rsp 25 (1912), 30.
[40] Dazu *BGHZ* 55, 201, 203 (Einsichtsrecht, wenn von den in den Geschäftsbüchern verbuchten Geschäftsabschlüssen Provisionsansprüche abhängen); *BGH* MDR 1977, 820 (Einsichtsrecht des ausgeschiedenen GmbH-Gesellschafters, soweit zur Berechnung eines Abfindungsanspruchs notwendig); *RGZ* 20, 45; 56, 112 f.; 117, 332 (Einsichtsrecht des ausgeschiedenen OHG-Gesellschafters); *RG* Gruchot 49 (1905), 832 f.; vgl. auch *RGZ* 89, 1.
[41] Vgl. auch *RG* Gruchot 40 (1896), 960; *OLG Posen* OLG Rsp 4 (1902), 52; *OLG Hamburg* OLG Rsp 25 (1912), 30.
[42] *Siegel* (Fn. 1) 18, 56 f.; *RG* SeuffArch 49 (1894), 366 (Akten einer Behörde); *BayObLG* SeuffArch 60 (1905), 124 (Aufzeichnungen für den inneren Dienst).

stimmt sind (→ vor § 415 Rdnr. 2), z. B. Briefe, aus denen sich ein Ehebruch (Scheidungsgrund nach früherem Recht) ergeben soll[43].

15   c) Die Urkunde enthält **Verhandlungen, die über ein Rechtsgeschäft** zwischen dem Vorlegungsberechtigten und einem anderen (nicht bloß dem Besitzer) oder einem von beiden und dem gemeinschaftlichen Vermittler geführt worden sind. Es muß sich aber um *die Verhandlungen selbst* handeln, also z. B. um Briefe und Entwürfe, die zwischen den verhandelnden Parteien gewechselt wurden. Hierher (oder zu den Urkunden über ein Rechtsverhältnis, → Rdnr. 12) wird man auch das Mieterhöhungsverlangen zu rechnen haben, so daß der Vermieter, der das Schreiben nicht mehr besitzt, Vorlage vom Mieter verlangen kann[44]. Nicht hierher gehören dagegen Aufzeichnungen, die ein Teil *über* die Verhandlungen für seinen privaten Gebrauch gemacht hat[45], und auch nicht die Korrespondenz zwischen einer Vertragspartei und dem von ihr mit dem Abschluß des Geschäfts Beauftragten.

§ 423 [Vorlegungspflicht des Gegners bei Bezugnahme]

Der Gegner ist auch zur Vorlegung der in seinen Händen befindlichen Urkunden verpflichtet, auf die er im Prozeß zur Beweisführung Bezug genommen hat, selbst wenn es nur in einem vorbereitenden Schriftsatz geschehen ist.

Gesetzesgeschichte: Bis 1900 § 388 CPO.

I. Vorlagepflicht aufgrund Bezugnahme

1   Dadurch, daß eine Partei[1] in dem anhängigen Prozeß zum Beweis auf eine angeblich in ihren Händen befindliche Urkunde **Bezug nimmt,** entsteht für den Gegner (→ § 421 Rdnr. 3) ein selbständiger **prozeßrechtlicher** (→ § 422 Rdnr. 1) **Anspruch auf Vorlegung** dieser Urkunde[2]. Dieser Anspruch ist unabhängig von dem auf Niederlegung der Urkunde nach § 134. Die Bezugnahme in einem vorbereitenden Schriftsatz genügt, aber immer muß die Urkunde **als Beweismittel** in Bezug genommen sein, nicht nur ihr Inhalt[3]. Späterer Verzicht des Gegners auf das Beweismittel ist unerheblich. Zur Anordnung der Vorlage → § 425, zu den Folgen der Nichtvorlage → § 427.

2   Aufgrund der Bezugnahme kann die Urkundenvorlegung auch *von Amts wegen* angeordnet werden, § 142 Abs. 1.

II. Nebenintervention

3   Die Pflicht entsteht im Fall der Nebenintervention (Streithilfe) nur für denjenigen, der selbst auf die Urkunde Bezug genommen hat[4].

---

[43] *RGZ* 32, 372. S. auch *RGZ* 69, 405.
[44] A.M. *AG München* WuM 1992, 136.
[45] *BGHZ* 60, 275, 292; *RGZ* 152, 213; *KG* NJW 1989, 532, 533.

[1] Vgl. auch *BayObLG* SeuffArch 60 (1905), 124 (Bezugnahme durch einen Zeugen genügt nicht).
[2] Vgl. *Siegel* (§ 422 Fn. 1) 91 ff.
[3] Vgl. *RGZ* 35, 109; 69, 405 f.; HRR 1933 Nr. 1466.
[4] S. auch *Siegel* (§ 422 Fn. 1) 94 f.

§ 424 [Vorlegungsantrag]

¹Der Antrag soll enthalten:
1. die Bezeichnung der Urkunde;
2. die Bezeichnung der Tatsachen, die durch die Urkunde bewiesen werden sollen;
3. die möglichst vollständige Bezeichnung des Inhalts der Urkunde;
4. die Angabe der Umstände, auf welche die Behauptung sich stützt, daß die Urkunde sich in dem Besitz des Gegners befindet;
5. die Bezeichnung des Grundes, der die Verpflichtung zur Vorlegung der Urkunde ergibt.
²Der Grund ist glaubhaft zu machen.

Gesetzesgeschichte: Bis 1900 § 389 CPO.

I. Bedeutung der Vorschrift 1 II. Die einzelnen Erfordernisse 2

I. Bedeutung der Vorschrift

Das **Vorlegungsverfahren gegen den Prozeßgegner** (§§ 424 bis 427) wird eingeleitet durch den **Antrag auf Vorlegung**, § 424, dessen Erfordernisse in einer »Soll«-Vorschrift aufgezählt sind, aber nach den Motiven[1] dennoch *wesentlich* sein sollen. Die Frage ist kaum von praktischer Bedeutung, da das Gericht nach § 139 verpflichtet ist, der Partei Gelegenheit zur Ergänzung zu geben, und einen Antrag, der auch dann den Erfordernissen des § 424 nicht entspricht, wohl stets als nicht begründet im Sinne der §§ 425 f. zurückweisen wird[2]. Dazu → § 425 Rdnr. 1. Der Antrag, die Vorlegung von Handelsbüchern von Amts wegen anzuordnen, → vor § 415 Rdnr. 14, unterliegt nicht dem § 424[3].   1

II. Die einzelnen Erfordernisse

Nr. 1. Die **Bezeichnung der Urkunde** besteht in der Angabe ihrer unterscheidenden Merkmale: Datum, Aussteller usw., bei umfangreichen Urkunden auch der maßgebenden Stellen. In der Bezeichnung liegt zugleich die Behauptung, daß die Urkunde *existiert*. Eines Beweises dafür bedarf es nicht, und ein Gegenbeweis ist ausgeschlossen; es ist dann der Besitz zu bestreiten und nach § 426 zu verfahren[4]. Ist das Gericht dagegen davon überzeugt (§ 286, s. auch § 291), daß die Urkunde *nicht existiert*, so erübrigt sich auch die Vernehmung nach § 426[5].   2

Nr. 2. Aufgrund der Bezeichnung der **zu beweisenden Tatsachen** hat der Richter die Erheblichkeit der Urkunde zu beurteilen (§ 425)[6]. Zum Verbot des Ausforschungsbeweises → § 422 Rdnr. 5.   3

Nr. 3. Die möglichst vollständige **Bezeichnung des Inhalts**[7] soll die Erklärung des Gegners ermöglichen und ist wegen der Regelung des § 427 (bei Nichtvorlegung) erforderlich; sie kann durch Vorlegung einer Abschrift oder Kopie der Urkunde ersetzt werden.   4

Nr. 4. Es muß behauptet werden, daß sich die Urkunde im Besitz des Gegners befindet. Zur Frage, ob der mittelbare Besitz ausreicht, → § 421 Rdnr. 5. Außerdem müssen die Umstände angegeben werden, auf die sich die Behauptung des Besitzes stützt[8]. Vgl. dazu §§ 238, 257 HGB. Glaubhaftmachung dieser Umstände ist nicht erforderlich (arg. Nr. 5 und   5

---

[1] Mot. 268.
[2] *RG* HRR 1933 Nr. 1466.
[3] *RG* JW 1903, 100 f.
[4] S. auch *RGZ* 92, 222.
[5] Vgl. *RGZ* 92, 222 (zum früheren Vorlegungseid).
[6] S. auch *RG* JW 1911, 945.
[7] Dazu *BGHZ* 60, 275, 291.
[8] Vgl. *KG* NJW 1993, 2879 (Originalbelastungsbeleg bei Kreditkartengeschäft nicht im Besitz des Karteninhabers).

§ 430)⁹, ebensowenig ein Antrag auf Vernehmung nach § 426. Die Angabe der näheren Umstände soll dem Gegner ermöglichen, sich über den Besitz zu erklären.

6   **Nr. 5.** Der **Vorlegungsgrund** (§§ 422, 423) ist tatsächlich zu substantiieren und nach § 294 glaubhaft zu machen.

§ 425   [Anordnung der Vorlegung]

Erachtet das Gericht die Tatsache, die durch die Urkunde bewiesen werden soll, für erheblich und den Antrag für begründet, so ordnet es, wenn der Gegner zugesteht, daß die Urkunde sich in seinen Händen befinde, oder wenn der Gegner sich über den Antrag nicht erklärt, die Vorlegung der Urkunde an.

Gesetzesgeschichte: Bis 1900 § 390 CPO.

I. Verfahren 1	3. Bestreiten des Besitzes 4
1. Zugestehen des Besitzes und der Vorlagepflicht 2	4. Säumnis 5
2. Entscheidung bei Bestreiten der Vorlegungspflicht 3	II. Bedeutung des Zwischenurteils, Anfechtung 6

I. Verfahren

1   Das **Gericht hat zu prüfen,** ob der **Antrag** den Erfordernissen des § 424 genügt und ob die durch die Urkunde zu erweisende **Tatsache erheblich** ist. Das letztere gilt zwar bei allen Beweisanordnungen, ist aber hier besonders hervorgehoben, um lästige Zumutungen für den Gegner und Verzögerungen des Prozesses zu vermeiden. Im übrigen gelten die allgemeinen Regeln über die Ablehnung von Beweisanträgen, → § 284 Rdnr. 51 ff. Zum Verbot eines Ausforschungsbeweises → § 422 Rdnr. 5. Anträge, die danach unbegründet sind, können sofort **zurückgewiesen** werden, → § 424 Rdnr. 1, und zwar durch Beschluß oder im Streitfall auch durch Zwischenurteil (§ 303) oder in den Gründen des Endurteils[1]. Beschwerde findet nicht statt, § 567. Besteht ein solches Bedenken gegen den Antrag nicht, so hat sich der **Gegner** über ihn **zu erklären.**

1. Zugestehen des Besitzes und der Vorlagepflicht

2   **Gesteht er** den **Besitz** und die seine **Pflicht** begründenden Tatsachen zu, so gilt § 288. Erklärt er sich in der mündlichen Verhandlung nicht oder nicht genügend, so ist beides als zugestanden anzusehen, § 138 Abs. 3. In beiden Fällen hat das Gericht die **Vorlegung** durch Beweisbeschluß **anzuordnen.**

2. Entscheidung bei Bestreiten der Vorlegungspflicht

3   Wenn die **Vorlegungspflicht** aus rechtlichen oder tatsächlichen Gründen[2] **bestritten** wird, muß das Gericht darüber entscheiden. Wird die Vorlegungspflicht bejaht, so ist die *Vorlegung*

---

⁹ *Siegel* (§ 422 Fn. 1) 153 f.

[1] Dies gilt auch dann, wenn der Antrag sich als »Widerklage« bezeichnet, → § 421 Fn. 9.
[2] *Siegel* (§ 422 Fn. 1) 158.

durch Beweisbeschluß anzuordnen. Über den Zwischenstreit selbst ist nach Wahl des Gerichts (§ 303) durch *Zwischenurteil* oder erst *in den Gründen des Endurteils* zu entscheiden.

3. Bestreiten des Besitzes

Bestreitet dagegen der Gegner den **Besitz,** so ist nach § 426 zu verfahren; bestreitet er außerdem die *Pflicht zur Vorlegung,* so empfiehlt es sich jedenfalls, diese Pflicht durch Zwischenurteil (→ Rdnr. 3) festzustellen.   4

4. Säumnis

Eine auf die Vorlegungspflicht beschränkte **Versäumnisentscheidung** ist wegen § 332 nur dann zulässig, wenn der Termin *nur* zur Erledigung des Zwischenstreits bestimmt war (§ 347 Abs. 2).   5

II. Bedeutung des Zwischenurteils, Anfechtung

Das **Zwischenurteil** über die Vorlegungspflicht (→ Rdnr. 3 f.) bindet das Gericht nicht hinsichtlich der *Erheblichkeit* der unter Beweis gestellten Tatsache, weil diese nur einen Entscheidungsgrund für das lediglich über die Pflicht zur Vorlegung entscheidende Zwischenurteil bildet.   6

Das Zwischenurteil ist **nicht selbständig anfechtbar**[3], → § 303 Rdnr. 9; eine **Beschwerde** findet gegen die Entscheidung über den Vorlegungsantrag in keinem Fall statt (§ 567).   7

§ 426 [Vernehmung des Gegners über den Verbleib der Urkunde]

[1]Bestreitet der Gegner, daß die Urkunde sich in seinem Besitz befinde, so ist er über ihren Verbleib zu vernehmen. [2]In der Ladung zum Vernehmungstermin ist ihm aufzugeben, nach dem Verbleib der Urkunde sorgfältig zu forschen. [3]Im übrigen gelten die Vorschriften der §§ 449 bis 454 entsprechend. [4]Gelangt das Gericht zu der Überzeugung, daß sich die Urkunde im Besitz des Gegners befindet, so ordnet es die Vorlegung an.

Gesetzesgeschichte: Bis 1900 § 391 CPO. Änderungen durch die Novelle 1898 und die Novelle 1933.

I. Vernehmung über den Verbleib der Urkunde	1	III. Streitgenossen, gesetzlicher Vertreter	7
1. Voraussetzungen	1	IV. Behörden	9
2. Vernehmung, Nachforschungspflicht	2	V. Würdigung der Aussage	10
II. Verfahren	3	1. Besitz der Urkunde	11
1. Anordnung der Vernehmung	4	2. Nichterfüllung der Nachforschungspflicht	12
2. Gegenstand der Vernehmung, Beeidigung	5	3. Kein Besitz	13
3. Verweigerung der Aussage, Ausbleiben der Partei	6	4. Beseitigung der Urkunde	14

---

[3] Anders bei inkorrekter Entscheidung durch Teilurteil, aus dem möglicherweise vollstreckt werden könnte, *BGH* ZZP 92 (1979), 362 (*Gottwald*).

I. Vernehmung über den Verbleib der Urkunde

1. Voraussetzungen

1 § 426 regelt den Fall, daß der **Gegner den Besitz der Urkunde bestreitet,** → § 425 Rdnr. 4. Die Vorschrift setzt daneben voraus, daß der Antrag an sich begründet und die zu beweisende Tatsache erheblich ist (→ § 425 Rdnr. 1). Anderenfalls ist eine beantragte Vernehmung abzulehnen (durch Beschluß, Zwischenurteil nach § 303 oder in den Gründen des Endurteils). Ist *auch die Pflicht zur Vorlegung bestritten,* so ist, wenn das Gericht einen alsbaldigen endgültigen Ausspruch darüber für geboten hält, → § 425 Rdnr. 3 f., mit dem Beschluß nach § 426 ein Zwischenurteil darüber zu verbinden. Zur **Nichtexistenz** der Urkunde → § 424 Rdnr. 2.

2. Vernehmung, Nachforschungspflicht

2 Wird der Besitz der Urkunde bestritten, so ist der Bestreitende, ohne daß es eines dahingehenden Antrags bedarf, **über den Verbleib der Urkunde zu vernehmen.** In der Ladung ist der Partei die *Verpflichtung zur Nachforschung* aufzuerlegen, mit der Wirkung, daß sich die Vernehmung auch auf das zur Nachforschung Unternommene zu erstrecken hat und sich an die nichtordnungsmäßige Erfüllung der Nachforschungspflicht die Beweisfolgen des § 427 knüpfen, → § 427 Rdnr. 6 ff. Die Nachforschungspflicht beschränkt sich auf den Besitzbereich der Partei. Beachtet man dies, so besteht kein Grund, Satz 2 lediglich als Soll-Vorschrift zu betrachten[1].

II. Verfahren

3 Das **Verfahren** ist durch Verweisung auf die die Parteivernehmung betreffenden §§ 449 ff. näher geregelt.

1. Anordnung der Vernehmung

4 Die Vernehmung ist **durch Beschluß anzuordnen,** § 450 Abs. 1 S. 1. Für eine Ablehnung der Vernehmung entsprechend § 446 ist kein Raum. Der Gegner ist, gleichviel, ob er sich zur Vernehmung bereit erklärt oder überhaupt nicht erklärt, nach § 450 Abs. 1 S. 2 persönlich durch förmliche Zustellung von Amts wegen zu **laden.** Dabei ist ihm in der Ladung nach § 426 S. 2 aufzugeben, nach dem Verbleib der Urkunde sorgfältig zu forschen. Nach § 451 mit § 375 kann unter den dort vorgesehenen Voraussetzungen die Vernehmung einem **beauftragten oder ersuchten Richter** übertragen werden. Eine schriftliche Auskunft kann nicht angeordnet werden, da § 451 nicht auf § 377 Abs. 3 verweist. Ist der Gegner in dem Termin, in dem die Vernehmung beschlossen wird, **persönlich anwesend,** so kann die sofortige Vernehmung nur dann erfolgen, wenn er in der Lage ist, bestimmte Angaben über den Verbleib der Urkunde zu machen, wenn es also einer vorherigen Nachforschung nicht bedarf.

2. Gegenstand der Vernehmung, Beeidigung

5 Gegenstand der Vernehmung ist der **Verbleib der Urkunde.** Die Partei hat danach gegebenenfalls auch darüber auszusagen, bei welchem Dritten sich gegenwärtig die Urkunde be-

---

[1] A.M. *MünchKommZPO-Schreiber* Rdnr. 3.

findet. Werden über den augenblicklichen Besitz der Urkunde keine Angaben gemacht, so ist die Vernehmung darauf zu erstrecken, welche Nachforschungen die Partei angestellt hat. Ob die **Beeidigung der Aussage** angeordnet wird, steht im Ermessen des Gerichts, § 452 Abs. 1 S. 1.

3. Verweigerung der Aussage, Ausbleiben der Partei

Wird die Aussage im ganzen oder die Beantwortung bestimmter Fragen *verweigert*, so steht es dem Gericht frei, nach § 453 daraus Schlüsse zu ziehen, → Rdnr. 10 ff.; ebenso, wenn die Partei in dem zu ihrer Vernehmung bestimmten Termin ausbleibt, § 454. 6

III. Streitgenossen, gesetzlicher Vertreter

Stehen dem Beweisführer **Streitgenossen** als Gegner gegenüber, so kommen für das Verfahren nach § 426 nur diejenigen in Betracht, für die die Vorlegungspflicht besteht. Insoweit sind sie, ebenso wie für den Vorlegungsantrag, selbständig zu beurteilen, → § 421 Rdnr. 3. Anders, wenn sich der Vorlegungsantrag gegen die Streitgenossen gemeinsam richtet, z. B. gegen die auf der Gegenseite stehende Erbengemeinschaft wegen einer zum Nachlaß gehörenden Urkunde. In diesem Fall bestimmt das Gericht nach § 449, ob alle oder nur einzelne und zwar welche der Streitgenossen nach § 426 zu vernehmen sind. Zur Anwendung des § 427 bei Streitgenossenschaft → § 427 Rdnr. 2. 7

Ist der Gegner nicht prozeßfähig, so ist der **gesetzliche Vertreter** zu vernehmen bzw. bei mehreren gesetzlichen Vertretern nach Bestimmung des Gerichts alle oder nur einzelne. Wenn in § 426 der § 455 nicht mitangeführt ist, so besagt das sachlich nur, daß der Abs. 2 des § 455 nicht gelten soll; denn die Nachforschungspflicht kann nur dem gesetzlichen Vertreter selbst auferlegt werden und über ihre Erfüllung kann nur er persönlich vernommen werden. 8

IV. Behörden

Bei **Behörden** ist der den Staat usw. *vertretende* Beamte zu vernehmen; die Sondervorschrift des § 426 Abs. 4 früh. Fass., wonach der für die *Verwahrung* der Urkunde zuständige Beamte zu vernehmen war, ist mit der Änderung durch die Novelle 1933 gestrichen worden. 9

V. Würdigung der Aussage

Das Gesetz stellt ebenso wie bei der Parteivernehmung, § 453, das Ergebnis der Vernehmung in die **freie Würdigung des Gerichts**. Danach ist zu unterscheiden: 10

1. Besitz der Urkunde

Gelangt das Gericht aufgrund der Aussage oder ihrer Verweigerung (§ 453 Abs. 2) zu der Überzeugung, daß der Gegner die Urkunde **besitzt**, so ordnet es nunmehr die Vorlegung an, § 426 S. 4. Ebenso, wenn es das Ausbleiben im Vernehmungstermin als Aussageverweigerung würdigt, § 454 Abs. 1. Kommt dann der Gegner der Vorlegungsanordnung nicht nach, so gilt § 427. 11

2. Nichterfüllung der Nachforschungspflicht

12 Gelangt das Gericht zwar nicht zu der Überzeugung, daß der Gegner die Urkunde besitzt, wohl aber, daß er der ihm auferlegten **Nachforschungspflicht nicht sorgfältig nachgekommen** ist, so gilt ebenfalls § 427.

3. Kein Besitz

13 Gewinnt das Gericht nicht die Überzeugung, daß der Gegner die Urkunde besitzt, erachtet es aber die **Nachforschungspflicht für erfüllt,** oder ist es überzeugt, daß der Gegner die Urkunde **nicht besitzt,** so ist der im Wege des Vorlegungsantrags angetretene Urkundenbeweis gescheitert. Ob das Gericht dies durch Beschluß (Ablehnung eines Antrags auf Vorlegung gemäß § 426 S. 4) oder durch Zwischenurteil oder in den Gründen des Endurteils feststellt, ist gleich. Die Ablehnung der Vorlegungsanordnung nach S. 4 kann nicht selbständig mit der Beschwerde angefochten werden.

4. Beseitigung der Urkunde

14 Gelangt das Gericht zu der Überzeugung, daß der Gegner die Urkunde in doloser Absicht **beseitigt** hat, so liegt der Fall des § 444 vor.

§ 427 [Folgen der Nichtvorlegung]

¹Kommt der Gegner der Anordnung, die Urkunde vorzulegen, nicht nach oder gelangt das Gericht im Falle des § 426 zu der Überzeugung, daß er nach dem Verbleib der Urkunde nicht sorgfältig geforscht habe, so kann eine vom Beweisführer beigebrachte Abschrift der Urkunde als richtig angesehen werden. ²Ist eine Abschrift der Urkunde nicht beigebracht, so können die Behauptungen des Beweisführers über die Beschaffenheit und den Inhalt der Urkunde als bewiesen angenommen werden.

Gesetzesgeschichte: Bis 1900 § 392 CPO. Geändert durch die Novelle 1933.

I. Folgen der Nichtvorlegung und der unterlassenen Nachforschung 1	II. Beweiserleichterungen 6
1. Freie Beweiswürdigung 1	1. Beigebrachte Abschrift 6
2. Entscheidung im Endurteil 3	2. Behauptungen des Beweisführers 7
3. Gegenbeweis 4	
4. Von Amts wegen angeordnete Vorlegung 5	

I. Folgen der Nichtvorlegung und der unterlassenen Nachforschung

1. Freie Beweiswürdigung

1 § 427 regelt die Folgen der Nichtvorlegung und der Nichterfüllung der Nachforschungspflicht (§ 426 S. 2) durch den Gegner, und zwar seit der Novelle 1933 auf der Grundlage der **freien Beweiswürdigung.** Im Ergebnis werden durch § 427 **Beweiserleichterungen** ermöglicht, jedoch ohne starre Bindung des Gerichts. Andere Folgen als die in § 427 bestimmten treten nicht ein. Insbesondere findet eine *Zwangsvollstreckung* zur Vorlegung der Urkunde nach § 883 nicht statt; ebensowenig kommen Zwangsmittel wie bei der Zeugnisverweigerung in Frage. Hatte die Vorlegung oder die Vernehmung nach § 426 vor einem beauftragten oder ersuchten Richter zu erfolgen, so bestimmt sich der weitere Verlauf des Verfahrens nach § 370 Abs. 2. – *Materiell-rechtliche Ansprüche* aufgrund des gegnerischen Verhaltens bleiben unberührt.

In § 427 kommt ebenso wie in § 446 der Gedanke der **Beweisvereitelung** zum Ausdruck. Allgemein dazu → § 286 Rdnr. 121; § 444 Rdnr. 7. 1a

Bei einer (einfachen oder notwendigen) **Streitgenossenschaft** treten die Wirkungen des § 427 auch im Verhältnis zu denjenigen Streitgenossen ein, die den Vorlegungsantrag nicht gestellt hatten oder gegen die sich die Vorlegungsanordnung nicht richtete (→ § 421 Rdnr. 2f.). Das folgt daraus, daß es sich um Fragen der freien Beweiswürdigung handelt, die gegenüber allen Streitgenossen einheitlich erfolgt (→ § 61 Rdnr. 10, → auch § 449 Rdnr. 3). 2

2. Entscheidung im Endurteil

Die Folgen des § 427 können nur durch **Endurteil** ausgesprochen werden und können, weil sie erst mit dem Schluß der mündlichen Verhandlung eintreten, in der **zweiten Instanz** durch nachträgliche Vorlegung der Urkunde usw. beseitigt werden, → § 525 Rdnr. 3. Die nachträgliche Vernehmung über den Verbleib der Urkunde ist nur nach § 533 zulässig, → § 533 Rdnr. 8. 3

3. Gegenbeweis

Ein Beweis, daß die vorgelegte Abschrift unrichtig oder die Behauptungen über Beschaffenheit und Inhalt der Urkunde unwahr seien, ist, da die freie Beweiswürdigung gilt, als **Gegenbeweis** nicht ausgeschlossen. Die *Parteivernehmung* ist allerdings, wenn das Gericht die Beweiswirkung nach § 427 bejaht, wegen § 445 Abs. 2 nicht zulässig. 4

4. Von Amts wegen angeordnete Vorlegung

War die Vorlegung nicht auf Antrag des Beweisführers nach §§ 421 ff., sondern nach §§ 142 f.; §§ 102, 258 HGB usw. (→ vor § 415 Rdnr. 14) **von Amts wegen** angeordnet, so ist die Nichtbefolgung der richterlichen Anordnung ohne weiteres wie sonst nach § 286 (→ § 286 Rdnr. 10 f.) frei zu würdigen, wobei § 427 regelmäßig als Richtlinie dienen wird, → auch § 142 Rdnr. 5. 5

II. Beweiserleichterungen

1. Beigebrachte Abschrift

Das Gericht »kann« eine vom Beweisführer beigebrachte **Abschrift** der Urkunde als **richtig**, d.h. als mit der Urschrift übereinstimmend ansehen, was im Ergebnis auf die Feststellung der Echtheit der Urkunde hinausläuft. Die frühere dahingehende *zwingende* Beweisregel ist beseitigt, doch wird die Annahme der Richtigkeit sehr häufig gerechtfertigt sein. Wegen der *materiellen Beweiskraft* der Urkunde für das Beweisthema → vor § 415 Rdnr. 9 ff. Ob die Abschrift vor oder nach der Nichtvorlage der Urkunde vorgelegt wird, ist gleich; bei nachträglicher Vorlegung wird allerdings regelmäßig größere Skepsis geboten sein. Wegen des Gegenbeweises auf Unrichtigkeit der Abschrift → Rdnr. 4. 6

2. Behauptungen des Beweisführers

7   Ist keine Abschrift beigebracht, so stellt es S. 2 in das Ermessen des Gerichts, ob es die **Behauptungen** des Beweisführers über die Urkunde als bewiesen ansehen oder sonstigen Beweis verlangen will. Es müssen aber hinreichend substantiierte Behauptungen des Beweisführers vorliegen[1]. S. 2 erstreckt sich nur auf die **Beschaffenheit** der Urkunde (ob öffentliche oder private Urkunde, Hauptbuch oder Journal usw.) und auf ihren **Inhalt** (§ 424 S. 1 Nr. 3), nicht dagegen unmittelbar auf die Tatsache, die *durch die Urkunde* erwiesen werden soll (§ 424 S. 1 Nr. 2).

8   Welche **Schlüsse aus der Urkunde** auf das eigentliche Beweisthema zu ziehen sind, bestimmt sich nach den allgemeinen Grundsätzen, → § 286 und → vor § 415 Rdnr. 9 ff. Nur wenn gerade der Inhalt der Urkunde das Beweisthema selbst ist (→ vor § 415 Rdnr. 10), fällt der Inhalt mit der zu erweisenden Tatsache zusammen.

§ 428 [Beweisantritt bei Urkunde in den Händen eines Dritten]

Befindet sich die Urkunde nach der Behauptung des Beweisführers in den Händen eines Dritten, so wird der Beweis durch den Antrag angetreten, zur Herbeischaffung der Urkunde eine Frist zu bestimmen.

Gesetzesgeschichte: Bis 1900 § 393 CPO.

I. Allgemeines[1]

1   Die §§ 428 bis 432 regeln das Verfahren, wenn die **Urkunde** sich **in den Händen eines Dritten** befindet. Zur Frage, wer Dritter ist, → § 421 Rdnr. 2 f. Ist der Dritte *zur Vorlegung im Prozeß bereit*, so wird der Beweis nach § 420 durch die von dem Beweisführer veranlaßte Vorlegung angetreten. Anderenfalls findet innerhalb des anhängigen Prozesses lediglich eine summarische Vorprüfung statt, die mit der Fristsetzung nach § 431 abschließt. Die Durchsetzung des Anspruchs gegen den Dritten erfolgt außerhalb des Hauptprozesses, → § 429 Rdnr. 4. Im *Urkundenprozeß* ist dieses Verfahren nicht anwendbar (§ 595 Abs. 3, → § 595 Rdnr. 3).

II. Der Antrag auf Fristsetzung

2   Die **Fristsetzung** ist eine den Beweis vorbereitende Anordnung, die nach § 431 Abs. 1 S. 2 ohne vorherige mündliche Verhandlung getroffen werden kann. Dazu → § 431 Rdnr. 2. Die Fristsetzung kann daher auch **durch schriftliches Gesuch beantragt** werden. Zum Verhältnis zur Fristsetzung nach § 356 → § 431 Rdnr. 2. Wegen der Fortsetzung des Verfahrens → § 431 Rdnr. 6 ff.

---

[1] *BGH* LM § 810 Nr. 15 = WM 1992, 977 = ZIP 1992, 938; *BAG* DB 1976, 1020 = AP Nr. 24 zu § 1 TVG Tarifverträge Bau.

[1] Vgl. *Siegel* (§ 422 Fn. 1) 220 ff.

§ 429 [Vorlegungspflicht Dritter]

Der Dritte ist aus denselben Gründen wie der Gegner des Beweisführers zur Vorlegung einer Urkunde verpflichtet; er kann zur Vorlegung nur im Wege der Klage genötigt werden.

Gesetzesgeschichte: Bis 1900 § 394 CPO.

I. Vorlegungspflicht dritter Personen 1
II. Verhältnis zur Zeugenvernehmung 3
III. Die Klage gegen den Dritten 4

I. Vorlegungspflicht dritter Personen

Die **Vorlegungspflicht Dritter** (über den Begriff → § 421 Rdnr. 2 f.) hat denselben Umfang 1 wie die des Prozeßgegners, d. h. der Dritte ist insoweit zur Vorlegung verpflichtet, als er es wäre, wenn er Prozeßgegner wäre. Der Verpflichtungsgrund des § 423 kann auf den Dritten nur dann sinngemäße Anwendung finden, wenn er als Streitgehilfe oder frühere Partei (§§ 75 f., 265) am Prozeß beteiligt ist oder war und selbst auf die Urkunde **Bezug genommen** hat. Im übrigen gilt die Verweisung des § 422 auf die **Gründe des bürgerlichen Rechts**. Aufgrund dieser Verweisung trifft auch den Dritten eine *prozeßrechtliche* Vorlegungspflicht, → § 422 Rdnr. 1 f. Er ist daher zur Vorlegung *in einem Verhandlungstermin* vor dem Prozeßgericht (bzw. im Fall des § 434 vor dem beauftragten oder ersuchten Richter) verpflichtet, auch wenn der Anspruch des Beweisführers nach bürgerlichem Recht auf Herausgabe oder auf Vorlegung an einem anderen Ort (§ 811 BGB) geht. Der Dritte muß sich ferner, auch wenn er sonst nur der Partei Einsicht gestatten müßte, die Kenntnisnahme durch den Gegner (→ § 420 Rdnr. 7) gefallen lassen. Soweit die Vorlegungspflicht nach materiellem Recht ein rechtliches Interesse voraussetzt, genügt das *Beweisinteresse*, → § 422 Rdnr. 4.

Wegen der Vorlegung der *Tagebücher eines Handelsmaklers* als Dritten → vor § 415 2 Rdnr. 14.

II. Verhältnis zur Zeugenvernehmung

Die Vorlegung einer Urkunde durch einen Dritten ist von der Zeugenvernehmung strikt 3 zu unterscheiden. Zwar kann einem Zeugen nach Maßgabe des § 378 aufgegeben werden, Aufzeichnungen und Unterlagen mitzubringen, doch dienen diese nur seiner eigenen Aussage. Es erwächst daraus keine Verpflichtung, diese Anforderungen oder Unterlagen dem Gericht oder den Parteien vorzulegen. Dies wird durch § 378 Abs. 1 S. 2 klargestellt[1]. Andererseits kann ein Antrag auf Zeugenvernehmung nicht deshalb abgelehnt werden, weil er sich auf Tatsachen bezieht, die auch den Inhalt von Urkunden betreffen, zu deren Vorlage der Dritte nicht verpflichtet ist. Insoweit greift die Zeugenpflicht weiter als die Vorlegungspflicht. Wenn aber die Vernehmung nur darauf abzielt, auf diese Weise den Inhalt von Urkunden zu ermitteln, zu deren Vorlage keine Verpflichtung besteht, während der Zeuge keine eigenen Kenntnisse über diese Tatsachen besitzt, liegt im Antrag auf Zeugenvernehmung eine unzulässige Umgehung der Grenzen der Vorlegungspflicht[2].

---

[1] Zum Sinn des § 378 Abs. 1 S. 2 s. Begr. BT-Drucks. 11/3621, S. 39.

[2] *OLG Köln* JMBl NRW 1989, 188 (zur Vernehmung des Sachbearbeiters einer Versicherung über den Inhalt einer dort geführten Akte).

III. Die Klage gegen den Dritten

4   Das **Verfahren gegen den Dritten** ist ein **selbständiger Prozeß,** für den weder ein besonderer Gerichtsstand noch ein besonderes Verfahren gilt. Der Vorlegungsanspruch kann nur durch die Partei geltend gemacht werden, die den Antrag nach § 428 gestellt hat; hat ihn der *Streitgehilfe* gestellt, so muß die unterstützte Partei klagen[3], anders jedoch, wenn der Streitgehilfe selbst einen Anspruch auf Vorlegung hat[4]. Der Gegner des Beweisführers kann sowohl diesem wie dem Dritten als Streitgehilfe beitreten. Zum *Beweis des Besitzes* sind alle Beweismittel einschließlich des Antrags auf Parteivernehmung nach § 445 zulässig. Das Verfahren nach § 426 ist dagegen nicht anwendbar. Zur *Zwangsvollstreckung* → § 883 Rdnr. 1 ff.[5]. Bleibt die Vollstreckung ohne Erfolg, so ist der im Hauptprozeß angetretene Urkundenbeweis gescheitert.

§ 430   [Vorlegungsantrag bei Urkunde in den Händen eines Dritten]

Zur Begründung des nach § 428 zu stellenden Antrages hat der Beweisführer den Erfordernissen des § 424 Nr. 1 bis 3, 5 zu genügen und außerdem glaubhaft zu machen, daß die Urkunde sich in den Händen des Dritten befinde.

Gesetzesgeschichte: Bis 1900 § 395 CPO.

I. Begründung des Antrags auf Fristsetzung

1   **Form und Inhalt des Antrags** bestimmen sich nach § 424; nur sind hier, über § 424 Abs. 1 Nr. 4 hinausgehend, auch die Umstände, auf die der *Besitz* des Dritten gegründet wird, glaubhaft zu machen, sofern der Besitz des Dritten nicht unstreitig ist. Daß ein die Vorlegungspflicht des Dritten begründender Umstand (§ 424 S. 1 Nr. 5) erst später eintreten wird (z. B. zu erwartende Abtretung des Vorlegungsanspruchs), rechtfertigt die Fristsetzung nach § 431 nicht[1]. Über die *Prüfung* der Voraussetzungen der Fristsetzung → § 431.

II. Antrag eines nichtrechtsfähigen Vereins

2   Daß der **nichtrechtsfähige Verein** nicht selbst gegen den Dritten auf Vorlegung klagen kann[2], sondern die Mitglieder klagen müssen, → § 50 Rdnr. 24, hindert die Fristsetzung nicht.

---

[3] Abw. *Wieczorek*[2] A, der die Klage des Streitgehilfen genügen lassen will.
[4] *Baumbach-Lauterbach-Hartmann*[57] Rdnr. 3.
[5] Zur Rechtskraft gegenüber einem späteren Besitzer der Urkunde vgl. *Siegel* (§ 422 Fn. 1) 251 ff.

[1] RGZ 135, 131.
[2] A.M. *Jung* NJW 1986, 157, 160.

§ 431 [Frist zur Vorlegung durch Dritte]

(1) ¹Ist die Tatsache, die durch die Urkunde bewiesen werden soll, erheblich und entspricht der Antrag den Vorschriften des vorstehenden Paragraphen, so hat das Gericht eine Frist zur Vorlegung der Urkunde zu bestimmen. ²Die Frist kann ohne mündliche Verhandlung bestimmt werden.

(2) Der Gegner kann die Fortsetzung des Verfahrens vor dem Ablauf der Frist beantragen, wenn die Klage gegen den Dritten erledigt ist oder wenn der Beweisführer die Erhebung der Klage oder die Betreibung des Prozesses oder die Zwangsvollstreckung verzögert.

Gesetzesgeschichte: Bis 1900 § 396 CPO. Änderung durch die Neubekanntmachung 1924.

I. Die Entscheidung über den Antrag auf Fristsetzung 1	II. Bedeutung der Fristsetzung und Fortsetzung des Verfahrens 5
1. Prüfung 1	1. Bedeutung 5
2. Fristsetzung 2	2. Fortsetzung des Verfahrens 6
3. Rechtsmittel 3	a) Mitteilung des Beweisführers 6
a) Gegen die Ablehnung der Fristsetzung 3	b) Fristablauf ohne Ergebnis 7
b) Gegen die Fristsetzung 4	c) Antrag des Gegners 8
	III. Entsprechende Anwendung bei Schiedsgutachten 9

I. Die Entscheidung über den Antrag auf Fristsetzung

1. Prüfung

Das Gericht hat zu prüfen, ob der Antrag auf Fristsetzung den **Erfordernissen des § 430** 1 genügt und ob die unter Beweis gestellte **Tatsache erheblich** ist. Auf die Erklärung des Gegners über den Antrag kommt es (anders als bei § 425) nicht an. Fehlt es an einer der genannten Voraussetzungen, so ist der Antrag sofort **zurückzuweisen** (→ § 425 Rdnr. 1). Ist der Antrag begründet, so führt er zur Bestimmung der Frist nach Abs. 1 durch Beschluß. Stets muß eine *bestimmte* Frist festgesetzt werden. Für die **Bemessung der Frist** ist entscheidend, welche Zeitspanne für den Prozeß gegen den Dritten voraussichtlich erforderlich sein wird. Die Frist kann als richterliche nach §§ 224 f. verlängert werden.

2. Fristsetzung

Die **Fristsetzung** ist im Gegensatz zu der Anordnung der Vorlegung der in den Händen 2 des Gegners befindlichen Urkunde, → § 425 Rdnr. 2, *kein Beweisbeschluß*; sie ordnet die Beweisaufnahme nicht an, sondern dient lediglich dazu, der beweisführenden Partei Gelegenheit zu geben, die Urkunde von sich aus zu beschaffen und sie dann nach § 420 vorzulegen. Soweit § 431 anwendbar ist, schließt die Vorschrift als Sonderregel eine Heranziehung des § 356 aus, → § 356 Rdnr. 3. Mit Rücksicht auf den *vorbereitenden Charakter* der Anordnung ist ähnlich wie in § 356 vom Erfordernis der obligatorischen mündlichen Verhandlung abgesehen. Da die Fristsetzung zu einer Verzögerung des Verfahrens führt, wird es aber im Hinblick auf das Interesse des Gegners in der Regel angemessen sein, ihm in mündlicher Verhandlung Gelegenheit zur Stellungnahme zu geben.

3. Rechtsmittel

3 a) Die **Ablehnung der Fristbewilligung** unterliegt der **Beschwerde**, § 567 Abs. 1. Die Überprüfung durch das Beschwerdegericht wird sich aber auf die speziellen prozessualen Voraussetzungen der Fristbestimmung beschränken müssen. Wäre auf die Beschwerde hin auch zu prüfen, ob die unter Beweis gestellte Tatsache zu Recht als *unerheblich* angesprochen wurde[1], so würde die Entscheidung des Rechtsstreits ganz oder doch in wesentlichen Teilen auf das Beschwerdegericht verlagert. Das kann nicht der Sinn der Beschwerde sein, zumal die umfassende Begründung dafür, weshalb die Tatsache als nicht erheblich angesehen wurde, erst mit dem Endurteil gegeben wird. Das Problem ist das gleiche wie bei der Anfechtung eines Beweisbeschlusses, der auf eine Aussetzung hinausläuft. Dazu → § 359 Rdnr. 5 Fn. 9 mit Nachw.

4 b) **Gegen die Fristsetzung** ist grundsätzlich **kein Rechtsmittel** gegeben. Man wird aber die **Beschwerde** entsprechend § 252 für zulässig ansehen müssen, wenn die Fristsetzung auf eine Aussetzung hinausläuft, weil unzulässigerweise eine unbestimmte Frist gesetzt wurde oder weil eine übermäßig lange Dauer der Frist bestimmt wurde[2].

II. Bedeutung der Fristsetzung und Fortsetzung des Verfahrens

1. Bedeutung

5 Die Bedeutung der Fristsetzung liegt, wenn dies im Wortlaut des Gesetzes auch nicht ganz klar zum Ausdruck kommt, darin, daß dem Beweisführer der *Zeitraum für die Beschaffung der Urkunde* frei bleiben muß. Daß er die Urkunde vor Ablauf der Frist etwa auf der Geschäftsstelle niederlegt, ist nicht erforderlich.

2. Fortsetzung des Verfahrens

a) Mitteilung des Beweisführers

6 Hat der Beweisführer innerhalb der Frist die **Verurteilung** oder die **Vorlegungsbereitschaft** des Dritten erreicht, so steht es bei ihm, durch eine Mitteilung an das Gericht bzw. einen Antrag (→ § 216 Rdnr. 6) die Bestimmung eines Termins zur mündlichen Verhandlung vor dem Prozeßgericht gemäß § 216 herbeizuführen und in diesem die Urkunde vorzulegen. Zur Vorlegung vor dem beauftragten oder ersuchten Richter → § 434.

b) Fristablauf ohne Ergebnis

7 Ist die Frist ohne Ergebnis abgelaufen oder verzichtet der Beweisführer auf die Verfolgung des Vorlegungsanspruchs, so ist von Amts wegen[3] **Verhandlungstermin** nach § 216 zu bestimmen.

---

[1] Dafür 18. Aufl. dieses Kommentars.
[2] Vgl. *Wieczorek*[2] B I; *Baumbach-Lauterbach-Hartmann*[57] Rdnr. 4; *Zöller-Geimer*[21] Rdnr. 1. Zur entsprechenden Frage bei der Fristsetzung nach § 356 → § 356 Rdnr. 15.

[3] Ebenso *Zöller-Geimer*[21] Rdnr. 2. – A.M. – stets nur auf Antrag – *Baumbach-Lauterbach-Hartmann*[57] Rdnr. 5; *Thomas-Putzo*[21] Rdnr. 3.

c) Antrag des Gegners

Der Gegner ist vor Ablauf der Frist nur bei Erledigung oder Verzögerung des Prozesses gegen den Dritten (Abs. 2) berechtigt, die Fortsetzung des Verfahrens (d. h. die Bestimmung eines Verhandlungstermins, → vor § 214 Rdnr. 7) zu beantragen. In dem fortgesetzten Verfahren kann sich dann der Beweisführer der Urkunde nur noch durch Vorlegung (§ 420) als Beweismittel bedienen. 8

III. Entsprechende Anwendung bei Schiedsgutachten

Wird eine Klage erhoben, ohne daß das kraft Vereinbarung erforderliche Schiedsgutachten vorliegt, so kann dem Kläger analog §§ 356, 431 eine Frist zur Beibringung des Schiedsgutachtens gesetzt werden[4]. 9

§ 432 [Urkunde in den Händen von Behörden oder Beamten]

(1) Befindet sich die Urkunde nach der Behauptung des Beweisführers in den Händen einer öffentlichen Behörde oder eines öffentlichen Beamten, so wird der Beweis durch den Antrag angetreten, die Behörde oder den Beamten um die Mitteilung der Urkunde zu ersuchen.

(2) Diese Vorschrift ist auf Urkunden, welche die Parteien nach den gesetzlichen Vorschriften ohne Mitwirkung des Gerichts zu beschaffen imstande sind, nicht anzuwenden.

(3) Verweigert die Behörde oder der Beamte die Mitteilung der Urkunde in Fällen, in denen eine Verpflichtung zur Vorlegung auf § 422 gestützt wird, so gelten die Vorschriften der §§ 428 bis 431.

Gesetzesgeschichte: Bis 1900 § 397 CPO.

I. Der Antrag und seine Voraussetzungen	1	II. Die Vorlagepflicht der Behörden und das weitere Verfahren	
1. Verschiedene Formen des Beweisantritts	1	1. Vorlagepflicht	11
2. Inhalt des Antrags	5	2. Ablehnung des Ersuchens	14
3. Entscheidung über den Antrag	6	3. Mitteilung der Urkunde	16
4. Erst zu schaffende Urkunden	9	III. Eigene Beschaffung durch die Parteien	17
5. Urkunden beim Prozeßgericht	10		

I. Der Antrag und seine Voraussetzungen[1]

1. Verschiedene Formen des Beweisantritts

Befindet sich die Urkunde (gleich ob es sich um eine öffentliche oder eine private Urkunde handelt) nach der Behauptung des Beweisführers **in den Händen einer öffentlichen Behörde** (Verwaltungsbehörde, Gericht usw., → § 415 Rdnr. 3) oder eines öffentlichen Beamten[2] (→ § 376 Rdnr. 31 ff.), so bestehen verschiedene Möglichkeiten des Beweisantritts: 1

---

[4] *BGH* LM § 304 Nr. 49 = JZ 1988, 1080; *BGH* NJW 1994, 586, 588 (anders im konkreten Fall); → auch vor § 1025 Rdnr. 32.

[1] Lit.: *Arnold* NJW 1953, 1283.
[2] Dazu sind i.S. des § 432 Abs. 1 auch die Notare zu rechnen, *RG* JW 1898, 159; *MünchKommZPO-Schreiber* Rdnr. 2.

2   a) Ist die Behörde oder der Beamte **Prozeßgegner** (→ § 421 Rdnr. 3), so sind auf das Vorlegungsverfahren und auf die Vorlegungspflicht die §§ 421 bis 427 anzuwenden.

3   b) Ist die Behörde oder der Beamte **Dritter** (→ § 421 Rdnr. 3), so ist das Vorlegungsverfahren nach §§ 428 bis 431 zulässig. Das ergibt sich aus § 432 Abs. 3.

4   c) Darüber hinaus kann nach § 432 Abs. 1 der Beweis auch durch den Antrag angetreten werden, das Gericht möge die Behörde oder den Beamten um die Übersendung der Urkunde ersuchen. Diese Möglichkeit ist vor allem in den Fällen wichtig, in denen der Partei **kein Vorlegungsanspruch** i.S. des § 422 zusteht. Die Heranziehung öffentlicher Akten wird also durch die Einschaltung des Gerichts erleichtert. Zur Ausnahme nach Abs. 2 → Rdnr. 17 f. Im Urkundenprozeß ist § 432 nicht anwendbar, → § 595 Rdnr. 3.

2. Inhalt des Antrags

5   Zum **Antritt des Beweises** nach § 432 Abs. 1 bedarf es keines den Erfordernissen des § 430 bzw. § 424 entsprechenden Antrags. Immerhin muß der (in mündlicher Verhandlung zu stellende) Antrag die zu erweisenden Tatsachen so genau ersehen lassen, daß eine Prüfung ihrer Erheblichkeit möglich ist, und Anhaltspunkte dafür bieten, daß sich die Urkunde im Besitz der Behörde befindet. Die **Urkunden** müssen so **genau bezeichnet werden,** daß ein sachgemäßes Ersuchen an die Behörde gerichtet werden kann. Der Antrag auf Beiziehung ganzer Akten oder gar Aktenbündel genügt nicht, vielmehr müssen die einzelnen Urkunden (z. B. Protokolle, Gutachten, behördliche oder gerichtliche Anordnungen und Entscheidungen) bezeichnet werden, die als Beweismittel dienen sollen[3]. Freilich kann eine exakte Bezeichnung der Urkunde (nach Ausstellungsdatum, Blatt der Akten) nicht verlangt werden, da die Partei davon vielfach keine Kenntnis hat. Es ist aber jedenfalls nicht der Sinn des § 432, die Akten beizuziehen, um festzustellen, ob sich darin irgendwelche Urkunden befinden, die als Beweismittel dienen können. Wird ohne hinreichende Benennung der Urkunden dem Antrag auf Beiziehung von Akten stattgegeben, so wird deren Inhalt nicht generell zum Prozeßstoff, sondern nur, soweit er einen von den Parteien im gegenwärtigen Prozeß vorgetragenen Sachverhalt betrifft[4].

3. Entscheidung über den Antrag

6   Über den Antrag hat das Prozeßgericht ebenso wie über einen sonstigen Beweisantrag **zu beschließen.** Ordnet es die Beiziehung der Urkunde an, so geschieht dies durch *Beweisbeschluß*, § 358. Nach Möglichkeit wird das Gericht die Beiziehung bereits *vor der mündlichen Verhandlung* im Wege *vorbereitender Anordnung* nach § 273 Abs. 2 Nr. 2 veranlassen. Ob die Behörde verpflichtet ist, dem Ersuchen zu entsprechen (→ Rdnr. 11 ff.), braucht das Gericht nicht vor der Anordnung festzustellen; wohl aber ist der Antrag abzulehnen, wenn dem Gericht bekannt ist, daß die Urkunden nicht vorgelegt werden dürfen. Dabei geht es allein um das Verhältnis zwischen dem *Gericht* und der Behörde; darauf, inwieweit die Behörde die Urkunden, wie etwa Strafakten oder Strafregister, den *Parteien* zur Einsicht vorlegen würde, kommt es nicht an. Wenn aber die Urkunde nur zur vertraulichen Kenntnisnahme übermittelt wird, ist sie unverwertbar (→ Rdnr. 16 a. E.), und wenn dies bereits vorher feststeht, hat schon das Ersuchen um Übersendung der Urkunde zu unterbleiben.

7   Gibt das Gericht dem **Antrag nicht statt** (weil es den Beweisantritt für unerheblich hält oder aus sonstigen Gründen, → Rdnr. 5), so ist ebensowenig wie sonst, wenn das Gericht auf

---

[3] *BGH* NJW 1994, 3295, 3296; DRiZ 1963, 60; *Teplitzky* JuS 1968, 72. S. auch *BGHSt* 6, 128.   [4] *BGH* NJW 1994, 3295, 3296.

einen angebotenen Beweis nicht eingeht, ein ablehnender Beschluß nötig. Darüber, weshalb das Gericht den Beweis nicht erhebt, haben die Gründe des Endurteils Aufschluß zu geben. Gegen die Ablehnung des Antrags findet demgemäß (im Gegensatz zu § 431, → § 431 Rdnr. 3) *keine Beschwerde* statt.

Der Beweisbeschluß wird dadurch ausgeführt, daß der Vorsitzende, bzw. im Verfahren vor 8 dem Einzelrichter dieser, das **Ersuchungsschreiben** von Amts wegen erläßt (entsprechend §§ 362 f.). Dieses Ersuchen ist, auch wenn es an ein Gericht geht, *kein Rechtshilfeersuchen* i.S. der §§ 157 ff. GVG (→ Rdnr. 14).

4. Erst zu schaffende Urkunden

§ 432 geht davon aus, daß sich die Urkunde im Besitz der Behörde befindet. Die Bestim- 9 mung ist aber entsprechend anwendbar, wenn es sich um eine **erst zu schaffende Urkunde** (z.B. um Auszüge aus Registern und Büchern) handelt. Zur amtlichen Auskunft → vor § 373 Rdnr. 57.

5. Urkunden beim Prozeßgericht

Befinden sich die Urkunden oder Akten **in der Verwahrung des Prozeßgerichts,** auch 10 einer anderen Abteilung (Kammer) desselben Gerichts, so bedarf es keines Antrags nach § 432. Es genügt die Berufung auf die Akten und ihre *formlose Beiziehung*[5].

II. Die Vorlagepflicht der Behörden und das weitere Verfahren

1. Vorlagepflicht

Die Behörde oder der Beamte haben nach den für sie maßgebenden Vorschriften (vgl. 11 auch § 168 GVG) zu prüfen, ob sie **dem Gericht gegenüber** (→ Rdnr. 6) zur Vorlegung verpflichtet sind und ob die Genehmigung der vorgesetzten Dienststelle erforderlich ist. Die Pflicht geht hier regelmäßig viel weiter als gegenüber den Parteien. Die ZPO enthält allerdings keine dem § 99 Abs. 1 S. 1 VwGO entsprechende Bestimmung über eine Vorlagepflicht der Behörden[6]. Daß die Vorlegung nicht nach Belieben verweigert werden kann, ergibt sich aber aus der in Art. 35 Abs. 1 GG ausgesprochenen und in den Verwaltungsverfahrensgesetzen geregelten **Verpflichtung zur Amtshilfe,** näher → Einl. (20. Aufl.) Rdnr. 634. Die Amtshilfe kann immer nur insoweit beansprucht werden, als die ersuchte Behörde zu der gewünschten Amtshandlung berechtigt ist[7], § 5 Abs. 2 S. 1 Nr. 1 VwVfG. Eine Verpflichtung zur Urkundenvorlage besteht nicht, soweit es sich um Vorgänge handelt, die nach einem Gesetz oder ihrem Wesen nach geheimzuhalten sind, § 5 Abs. 2 S. 2 VwVfG. So schließt das *Steuergeheimnis* (§ 30 AO) eine Vorlegung der darunter fallenden Urkunden aus. § 432 Abs. 1 enthält nicht etwa eine Norm, aus der sich die Befugnis zur Durchbrechung des Steuergeheimnisses ergibt. Die Vorlegung ist aber zulässig, wenn die Betroffenen zustimmen.

Auf die Vorlegung von **Urkunden aus den Akten eines Zivilprozesses** wird man § 299 12 Abs. 2 entsprechend anzuwenden haben. Diese Vorschrift gilt unmittelbar, wenn ein Gericht

---

[5] Vgl. *BGH* MDR 1998, 759 = BauR 1998, 634 (auch im Urkundenprozeß); *Stein* Urkunden- und Wechselprozeß (1887), 193.
[6] Gegen eine entsprechende Anwendung der §§ 99 f. VwGO vor den Zivilgerichten *BVerwGE* 30, 154 = MDR 1969, 75.

[7] *Maunz* in *Maunz-Dürig* GG, Stand Oktober 1996, Art. 35 Rdnr. 6; *Klein* in *Schmidt-Bleibtreu-Klein* GG[9] Art. 35 Rdnr. 1 und 3, → auch § 299 Rdnr. 27.

durch Gewährung von *Akteneinsicht* Amtshilfe leisten soll, → § 299 Rdnr. 27. Dann kann aber auch die *Vorlegung* von Urkunden aus den Prozeßakten nur im gleichen Umfang zulässig sein. Das ersuchende Gericht hat ein rechtliches Interesse im Sinne des § 299 Abs. 2, wenn es in dem von ihm zu entscheidenden Prozeß auf die angeforderten Urkunden ankommt. Es bleibt aber zu prüfen, ob diesem Interesse nicht höherrangige Interessen der Parteien des anderen Prozesses entgegenstehen. → § 299 Rdnr. 20 ff., insbesondere Rdnr. 22. Das Gericht wird daher z. B. die Akten eines Eheprozesses nicht ohne Einwilligung der Parteien zur Verwertung in einem Rechtsstreit herausgeben dürfen, in dem es um die Wirksamkeit einer mit angeblichen moralischen Verfehlungen begründeten Kündigung geht (→ auch § 299 bei Fn. 51 zur Vorlage an eine Verwaltungsbehörde). Soweit es um die **Übermittlung personenbezogener Daten** geht, sind die eingehenden Vorschriften des **Justizmitteilungsgesetzes** (JuMiG) vom 18. VI. 1997 (BGBl. I S. 1430) zu beachten.

13 Auch soweit der Vorlegung keine ausdrücklichen Rechtsnormen entgegenstehen, können **berechtigte private oder öffentliche Interessen** die Vorlage verbieten. Die ersuchte Behörde hat also stets zu beachten, aufgrund welchen Rechtsverhältnisses und zu welchem Zweck sie die Urkunde besitzt; sie muß gegebenenfalls eine *Interessenabwägung* vornehmen.

2. Ablehnung des Ersuchens

14 Wird das Ersuchen abgelehnt, so kann das ersuchende Gericht die *Dienstaufsichtsbeschwerde* zur vorgesetzten Behörde erheben[8]. Eine Beschwerde nach § 159 GVG ist auch dann ausgeschlossen, wenn die ersuchte Behörde ein Gericht ist, da ein Fall der Rechtshilfe nicht vorliegt[9]. Das Gericht hat die Parteien von der Ablehnung des Ersuchens zu benachrichtigen. Dem **Beweisführer** steht es dann frei, nach dem einschlägigen Verwaltungsrecht einen **Rechtsbehelf** bei der vorgesetzten Behörde oder gegebenenfalls **Klage** bei den Verwaltungsgerichten zu erheben. Ob der Rechtsbehelf bzw. die Klage Erfolg hat, hängt davon ab, ob dem Beweisführer ein Anspruch gegen die Behörde auf Vorlegung der Urkunde im Prozeß zusteht. Aus der Verpflichtung zur Amtshilfe ergibt sich kein derartiger Anspruch der Partei[10]. Soweit keine besonderen Regeln eingreifen, entscheidet der Partei gegenüber das pflichtgemäße Ermessen der Behörde[11].

15 Ist die Behörde oder der Beamte **als Dritter zur Vorlegung nach § 422 oder § 423 verpflichtet,** so kann der Beweisführer aufgrund des Abs. 3 den Beweis nach § 428 antreten und die Vorlegung im ordentlichen Rechtsweg, soweit er zulässig ist[12], erzwingen. Abs. 3 hat dann die Bedeutung, daß ein solcher durch die Ablehnung des Ersuchens veranlaßter Antrag nicht unter § 282 Abs. 1, 2, § 296 Abs. 2 fällt. Wegen der Entbehrlichkeit der mündlichen Verhandlung vor der Beschlußfassung nach § 431 → § 431 Rdnr. 2.

3. Mitteilung der Urkunde

16 Teilt die Behörde die Urkunde mit, so hat die Geschäftsstelle die Parteien entsprechend § 362 Abs. 2 formlos zu benachrichtigen. Die **Beweisaufnahme** erfolgt durch Einsichtnahme in der mündlichen Verhandlung. Im Fall der Entscheidung ohne mündliche Verhandlung, § 128 Abs. 2 und 3, und derjenigen nach Lage der Akten, §§ 251 a, 331 a, sowie im Verfah-

---

[8] *Maunz* in *Maunz-Dürig* GG (Fn. 7) Art. 35 Rdnr. 10; *Klein* in *Schmidt-Bleibtreu-Klein* GG[9] Art. 35 Rdnr. 8.
[9] *OLG Augsburg* OLG Rsp 9 (1904), 147. → Einl. (20. Aufl.) Rdnr. 630, 634.
[10] Vgl. *BVerwGE* 30, 154 (Fn. 6); *Maunz* in *Maunz-Dürig* GG (Fn. 7) Art. 35 Rdnr. 11.

[11] *BVerwGE* 30, 154 (Fn. 6).
[12] § 432 Abs. 3 hat nicht den Sinn, den ordentlichen Rechtsweg über die einschlägigen Vorschriften hinaus für zulässig zu erklären. Anders seinerzeit *Siegel* Die Vorlegung von Urkunden im Prozeß (1904), 238.

ren ohne Mündlichkeit (→ § 128 Rdnr. 39ff.) kann das Gericht, sofern die Benachrichtigung nach § 362 Abs. 2 erfolgt ist, die Urkunde ohne weiteres als Beweismittel verwerten. Falls die Behörde die Akten nur **zur vertraulichen Kenntnisnahme** mitteilt, ist eine Verwertung im Prozeß stets *ausgeschlossen,* → näher § 299 Rdnr. 13.

III. Eigene Beschaffung durch die Parteien

Die Mitwirkung des Gerichts wird nach Abs. 2 als unnötig ausgeschlossen, wenn die Parteien sich die Urkunden *nach gesetzlicher Vorschrift* (§ 12 EGZPO) *selbst verschaffen können;* es ist dann der Beweis nach § 420 anzutreten oder ein Antrag auf Fristsetzung nach § 428 zu stellen. Hierher gehören insbesondere die Vorschriften, welche die öffentlichen Behörden oder Beamten **verpflichten**[13], Ausfertigungen, beglaubigte Abschriften (§ 435), Auszüge usw. aus öffentlichen Büchern, wie Grundbüchern, Personenstandsbüchern, Handelsregistern, an die Beteiligten oder an jedermann zu erteilen. Vgl. z. B. § 34 Abs. 1 S. 2, § 78 Abs. 2, §§ 85, 162 FGG, § 12 Abs. 2 GBO, §§ 43 ff. Grundbuchverfügung, §§ 299, 792, 896 ZPO, § 9 Abs. 2 HGB, § 61 a PersStG, § 179 Abs. 3 InsO. Daß den Parteien **Einsicht gestattet ist,** genügt nicht[14], → § 299 Rdnr. 25, § 175 InsO (→ aber § 299 Rdnr. 17a), § 42 ZVG, § 31 PatentG.

17

Hat die Behörde die **Erteilung der Urkunde verweigert** oder kann die Partei, z. B. bei Urteilen, die *Urschrift* (soweit diese erforderlich ist, → § 435) nicht erlangen, so liegt die Ausnahme des Abs. 2 nicht vor; es ist dann Abs. 1 anwendbar. Es würde dem Sinn des § 432 Abs. 2 nicht gerecht, die Partei auf die *Einlegung eines Rechtsbehelfs* gegen die Ablehnung der Urkundenerteilung zu verweisen[15]. Die Partei soll das Gericht nicht bemühen dürfen, wenn sie selbst in einfacher und rascher Weise die Urkunde beschaffen kann. Das ist nicht der Fall, wenn erst der zeitraubende und in den Erfolgsaussichten regelmäßig unsichere Weg eines Rechtsbehelfs beschritten werden müßte.

18

§ 433 [Aufgehoben]

Gesetzesgeschichte: Bis 1900 § 398 CPO. Aufgehoben durch die Novelle 1924. Die Vorschrift regelte die Zurückweisung eines verspäteten Beweisantritts. An die Stelle des § 433 trat zunächst § 283 aF, seit der Vereinfachungsnovelle 1976 gelten §§ 296, 296 a.

§ 434 [Vorlegung einer Urkunde vor kommissarischem Richter]

Wenn eine Urkunde bei der mündlichen Verhandlung wegen erheblicher Hindernisse nicht vorgelegt werden kann oder wenn es bedenklich erscheint, sie wegen ihrer Wichtigkeit und der Besorgnis ihres Verlustes oder ihrer Beschädigung vorzulegen, so kann das Prozeßgericht anordnen, daß sie vor einem seiner Mitglieder oder vor einem anderen Gericht vorgelegt werde.

---

[13] § 432 Abs. 2 gilt nicht, wenn die Erteilung von Abschriften im *Ermessen* der Behörde steht, *RGZ* 84, 142.
[14] Vgl. KG AnwBl 1973, 305 (das Gericht darf die Beschaffung von Aktenauszügen aus einem vorangegangenen Straf- oder Bußgeldverfahren nicht den Parteien auferlegen).

[15] Ebenso *MünchKommZPO-Schreiber* Rdnr. 4. – A.M. *Arnold* NJW 1953, 1283, wenn der Rechtsbehelf nach der Überzeugung des Gerichts sichere Aussicht auf Erfolg bietet.

§ 434 I, II   Neunter Titel: Beweis durch Urkunden   470

Gesetzesgeschichte: Bis 1900 § 399 CPO.

I. Anordnung der Vorlegung vor beauftragtem oder ersuchtem Richter	1
1. Voraussetzungen	1
2. Anordnung	3
II. Verfahren bei der Vorlegung	4
III. Arbeitsgerichtliches Verfahren	5

I. Voraussetzungen und Entscheidung

1. Anordnung der Vorlegung vor beauftragtem oder ersuchtem Richter

1 § 434 enthält eine **Ausnahme vom Grundsatz der Unmittelbarkeit der Beweisaufnahme** (§ 355 Abs. 1 S. 1). Die Vorlegung vor dem beauftragten oder ersuchten Richter setzt stets eine *besondere gerichtliche Anordnung* voraus, → § 420 Rdnr. 3. § 434 ist sowohl dann anwendbar, wenn die beweisführende Partei die Urkunde besitzt, als auch dann, wenn ein Vorlegungsantrag nach §§ 421 ff., 428 ff., 432 gestellt wird.

2 Die Anordnung setzt **keinen förmlichen Antrag** voraus, doch müssen die Hindernisse, die der Vorlegung in der mündlichen Verhandlung vor dem Prozeßgericht entgegenstehen, geltend gemacht werden. Dies ist Sache des zur Vorlegung Verpflichteten, auch des Dritten im Fall der §§ 428 ff. Als erhebliches Hindernis i.S. des § 434 kommt z.B. bei Handelsbüchern ihre Unentbehrlichkeit für den Geschäftsbetrieb, bei Grundbüchern die Unzulässigkeit ihrer Herausgabe in Betracht.

2. Anordnung

3 Das Gericht hat die Wahl, ob es die Vorlegung vor einem beauftragten oder ersuchten Richter anordnen oder zur Vorlegung der Urkunde einen *Termin außerhalb der Gerichtsstelle* abhalten will (§ 219). Die **Anordnung der Vorlegung** vor dem beauftragten oder ersuchten Richter erfolgt durch einen **Beweisbeschluß**, in dem gegebenenfalls zugleich die Anordnung der Vorlegung nach § 425 oder die Fristsetzung nach § 428 ausgesprochen wird. Die Anordnung kann *nur aufgrund mündlicher Verhandlung* ergehen, soweit nicht nach § 128 Abs. 2 und 3, § 251a ohne solche entschieden werden kann. Liegt dagegen bereits ein Beweisbeschluß über die Aufnahme des Urkundenbeweises vor, so kann die Anordnung nach § 434 als *nachträgliche Ergänzung* über die Art der Ausführung der Beweisaufnahme ergehen. Diese ergänzende Anordnung kann auch *ohne mündliche Verhandlung* getroffen werden, → § 360 Rdnr. 11.

II. Verfahren bei der Vorlegung

4 Die **Beweisaufnahme vor dem beauftragten oder ersuchten Richter** erfolgt wie im Fall des § 420 (→ § 420 Rdnr. 6) durch Einsichtnahme in die Urkunde. Der beauftragte oder ersuchte Richter wird, um dem Prozeßgericht eine zuverlässige Kenntnis zu verschaffen, eine beglaubigte Abschrift der Urkunde oder der in Betracht kommenden Teile zurückbehalten und, soweit erforderlich, im Protokoll die Umstände feststellen, die für die Würdigung der Echtheit oder des Beweiswerts erheblich sind. Zwingend vorgeschrieben ist die Protokollierung jedoch nicht[1]. Der beauftragte oder ersuchte Richter ist auch befugt, **Parteierklärungen über die Echtheit** (→ § 439 Rdnr. 2 ff.) entgegenzunehmen. Die Rechtsfolge des § 439 Abs. 3

---
[1] *BGH* DB 1962, 1438.

tritt allerdings erst ein, wenn der Gegner auch vor dem Prozeßgericht keine Erklärung über die Echtheit der Urkunde abgibt. Über das weitere Verfahren nach Erledigung der Beweisaufnahme → § 370.

III. Arbeitsgerichtliches Verfahren

§ 434 gilt auch im **arbeitsgerichtlichen Verfahren**. Aus § 58 Abs. 1, § 64 Abs. 7 ArbGG ergibt sich, daß bei einer an der Gerichtsstelle (d. h. im Gerichtsgebäude) erfolgenden Vorlegung die Übertragung auf den Vorsitzenden unzulässig ist; es kommt dann nur eine außerhalb der mündlichen Verhandlung stattfindende Vorlegung vor der Kammer in Betracht; dazu auch → § 355 Rdnr. 34. 5

§ 435 [Vorlegung einer öffentlichen Urkunde in Urschrift oder beglaubigter Abschrift]

¹Eine öffentliche Urkunde kann in Urschrift oder in einer beglaubigten Abschrift, die hinsichtlich der Beglaubigung die Erfordernisse einer öffentlichen Urkunde an sich trägt, vorgelegt werden; das Gericht kann jedoch anordnen, daß der Beweisführer die Urschrift vorlege oder die Tatsachen angebe und glaubhaft mache, die ihn an der Vorlegung der Urschrift verhindern. ²Bleibt die Anordnung erfolglos, so entscheidet das Gericht nach freier Überzeugung, welche Beweiskraft der beglaubigten Abschrift beizulegen sei.

Gesetzesgeschichte: Bis 1900 § 400 CPO.

I. Durchführung der Vorlegung	1	II. Urschrift, Ausfertigung und Abschrift	5
1. Öffentliche Urkunden	1	1. Urschrift, Ausfertigung	5
2. Privaturkunden	4	2. Beglaubigte Abschrift	6
		3. Befugnis zur Beglaubigung	7

I. Durchführung der Vorlegung

1. Öffentliche Urkunden

Die Urkunden müssen in der Regel in der Urschrift vorgelegt werden. Bei **öffentlichen Urkunden** sollte eine Ausfertigung als Urschrift behandelt werden, → Rdnr. 5. Darüber hinaus läßt aber § 435 auch die Vorlegung einer **öffentlich beglaubigten Abschrift** zu. Dies gilt auch für ausländische öffentliche Urkunden[1]. Aus dieser Regelung ergibt sich, daß den öffentlich beglaubigten Abschriften öffentlicher Urkunden *grundsätzlich dieselbe Beweiskraft* zukommt wie der Urschrift. Das gilt auch dann, wenn die Beglaubigung nicht von derselben Behörde ausgestellt ist, von der die Urschrift herrührt. 1

Hat aber das Gericht **Bedenken gegen die Richtigkeit der Abschrift,** so muß es dem Beweisführer alternativ aufgeben, entweder die Urschrift vorzulegen oder die Tatsachen anzugeben und glaubhaft zu machen, die ihn daran hindern. Ohne solche Anordnung darf der öffentlich beglaubigten Abschrift die Beweiskraft nicht versagt werden. Die Beweiskraft der öffentlich beglaubigten Abschrift muß aber auch dann bejaht werden, wenn der Beweisführer der Anordnung nachkommt und Umstände glaubhaft macht, die ihn an der Vorlegung 2

---

[1] *BVerwG* NJW 1987, 1159 (auch bei Beglaubigung durch eine ausländische Behörde).

der Urschrift hindern. Nur wenn die Anordnung (in ihren beiden Alternativen) erfolglos bleibt, hat das Gericht nach freier Überzeugung (§ 286) über den Beweiswert der vorgelegten beglaubigten Abschrift zu entscheiden.

3 Für die Anordnung nach § 435 ist nur dann Raum, wenn der Beweisführer eine beglaubigte Abschrift vorlegt oder ihre Vorlegung ankündigt. Da es sich um eine unselbständige, ergänzende Anordnung handelt, kann diese in entsprechender Anwendung des § 360 S. 2 (→ § 360 Rdnr. 11) auch *ohne vorausgehende mündliche Verhandlung* erlassen werden.

2. Privaturkunden

4 Bei **Privaturkunden** sieht das Gesetz wegen der Erklärung über die Echtheit (§ 439) und mit Rücksicht auf § 419 keine Ausnahme von dem Grundsatz vor, daß die **Urschrift** (das Original) vorzulegen ist[2]. Gegen die Vorlage einer Abschrift (oder Fotokopie) bestehen aber im Bereich der Verhandlungsmaxime keine Bedenken, wenn der Gegner die Übereinstimmung mit der Urschrift und die Echtheit der Urschrift **nicht bestreitet**[3]. Außerdem sollte die Vorlage einer **öffentlich beglaubigten Abschrift** gestattet werden, wenn der Beweisführer glaubhaft macht, daß er zur Vorlage der Urschrift nicht in der Lage ist. Der Beweiswert der beglaubigten Abschrift ist aber dann frei zu würdigen[4]. Eine **nicht beglaubigte Abschrift** (auch **Fotokopie**, → vor § 415 Rdnr. 3 f.) ist ebenfalls als zulässiges Mittel des Urkundenbeweises anzusehen, wenn weder Urschrift noch beglaubigte Abschrift vom Beweisführer vorgelegt werden können; ob und welcher Beweiswert ihr zukommt, ist eine Frage der freien Beweiswürdigung[5].

II. Urschrift, Ausfertigung und Abschrift

1. Urschrift, Ausfertigung

5 Der Begriff der **Urschrift** steht im Gegensatz zum Entwurf und zur Abschrift. **Ausfertigungen** einer Urkunde (→ dazu § 170 Rdnr. 7 ff.), die für den Rechtsverkehr als Urschrift gelten (z. B. nach § 47 BeurkG), wird man i.S.v. § 435 S. 1 als Urschrift anzusehen haben. Allerdings bleibt der Ausfertigung gegenüber der Beweis offen, daß sie mit der Urschrift in den Gerichts- oder Behördenakten nicht übereinstimme oder daß eine nicht erlassene Entscheidung (z. B. ein nicht verkündetes Urteil) ausgefertigt sei. Der bloße **Auszug** aus einer öffentlichen Urkunde ist keine Abschrift i.S. des § 435, aber er kann eine selbständige öffentliche Urkunde darstellen, wie z. B. die Abschriften aus standesamtlichen Büchern. Auf beglaubigte Abschriften von beglaubigten Abschriften einer öffentlichen Urkunde ist § 435 nicht anwendbar[6]. Der Beweiswert solcher Urkunden ist frei zu würdigen.

2. Beglaubigte Abschrift

6 **Abschriften** sind Vervielfältigungen jeder Art, mag es sich um Schrift, Druck oder Bild (Fotokopie)[7] handeln, und ohne Unterschied, ob die Abschrift nachträglich oder gleichzeitig (als Durchschlag) mit der Urschrift hergestellt ist. Der **Beglaubigungsvermerk** muß auf die Abschrift gesetzt werden; die Fotokopie einer mit Beglaubigungsvermerk versehenen Abschrift kann nicht ihrerseits die beglaubigte Abschrift ersetzen.

---

[2] *BGH* LM Nr. 1 = NJW 1980, 1047 = JR 1980, 243 (zust. *Baumgärtel*); DB 1986, 798; *BGH* NJW 1992, 829, 830; *OLG Düsseldorf* NJW-RR 1995, 737.

[3] *BGH* NJW 1990, 1170; *OLG Köln* DB 1983, 104, 105; *LG Mainz* WuM 1979, 116.

[4] *BGH* LM Nr. 1 (Fn. 2).

[5] *BGH* DB 1986, 798 (zur Fotokopie).

[6] A.M. *Wieczorek*[2] A I b.

[7] BGHZ 36, 62; *BayObLGZ* 1969, 97, 104; → § 170 Rdnr. 15, 24.

3. Befugnis zur Beglaubigung

Über die **Befugnis zur öffentlichen Beglaubigung** von Abschriften und über ihre **Form** entscheiden die Bundes-und Landesgesetze. Zur *notariellen* Beglaubigung von Abschriften s. §§ 39, 42 BeurkG. Außerdem ist in den → § 432 Rdnr. 17 angeführten Vorschriften offenbar als selbstverständlich vorausgesetzt, daß der *Urkundsbeamte der Geschäftsstelle* zur Beglaubigung befugt ist. Besondere Bestimmungen enthalten die § 170 Abs. 2, § 190 Abs. 3, §§ 196, 210, 317 Abs. 4, → auch § 438 Rdnr. 38.

7

§ 436 [Verzicht nach Vorlegung einer Urkunde]

Der Beweisführer kann nach der Vorlegung einer Urkunde nur mit Zustimmung des Gegners auf dieses Beweismittel verzichten.

Gesetzesgeschichte: Bis 1900 § 401 CPO.

I. Kein einseitiger Verzicht nach Vorlegung

Der **Ausschluß des einseitigen Verzichts** auf eine Urkunde tritt nach § 436 mit der **Vorlegung** (→ § 420 Rdnr. 2 ff.) ein, mag sie durch den Beweisführer, den Gegner oder einen Dritten erfolgen. Die Niederlegung auf der Geschäftsstelle ist keine Vorlegung.

1

II. Voraussetzungen und Wirkungen eines Verzichts

Bis zur Vorlegung ist ein Verzicht des Beweisführers zulässig, der jedoch den durch die Bezugnahme (§ 423) erworbenen Anspruch des Gegners auf Vorlegung nicht berührt. Nach § 436 ist aber ein solcher Verzicht auch noch **nach der Vorlegung** zulässig, wenn der Prozeßgegner zustimmt. Das Gericht darf dann bei der Beweiswürdigung die Urkunde (trotz der Kenntnis davon) nicht berücksichtigen. Es kann aber auch jetzt noch **von Amts wegen** nach §§ 142, 143 die Verwertung der Urkunde als Beweismittel anordnen[1], soweit nicht die unter Beweis gestellte Tatsache bzw. ihr Nichtvorliegen unstreitig geworden ist.

2

§ 437 [Vermutung der Echtheit inländischer öffentlicher Urkunden]

(1) Urkunden, die nach Form und Inhalt als von einer öffentlichen Behörde oder von einer mit öffentlichem Glauben versehenen Person errichtet sich darstellen, haben die Vermutung der Echtheit für sich.

(2) Das Gericht kann, wenn es die Echtheit für zweifelhaft hält, auch von Amts wegen die Behörde oder die Person, von der die Urkunde errichtet sein soll, zu einer Erklärung über die Echtheit veranlassen.

Gesetzesgeschichte: Bis 1900 § 402 CPO.

---

[1] Ebenso *Wieczorek*[2] B II; *Zöller-Geimer*[21] Rdnr. 1. – A.M. *Thomas-Putzo*[21] Rdnr. 1; einschränkend *Baumbach-Lauterbach-Hartmann*[57] Rdnr. 1.

I. Begriff und Feststellung der Echtheit	1	II. Die Vermutung der Echtheit öffentlicher	
1. Begriff der Echtheit	1	Urkunden	3
2. Feststellung der Echtheit	2	1. Voraussetzungen	3
		2. Wirkung	4
		III. Klärung von Zweifeln	5

I. Begriff und Feststellung der Echtheit

1. Begriff der Echtheit

1 Die Beweiskraft der Urkunden ist bedingt durch die Echtheit. → vor § 415 Rdnr. 7, → § 415 Rdnr. 10. Echt ist eine Urkunde im Sinne des Strafrechts (§ 267 StGB), wenn sie von demjenigen herrührt, den die Unterschrift oder der Text als Aussteller bezeichnet, im Sinne des Zivilprozeßrechts dagegen dann, wenn sie **von demjenigen herrührt, den der Beweisführer als den Aussteller bezeichnet.** Eigenhändige Niederschrift oder Unterschrift ist dazu nicht erforderlich; vielmehr ist die *Zurückführung auf den Willen des Ausstellers* entscheidend. Zur Unterschrift durch den Vertreter mit dem Namen des Vertretenen und zur gedruckten oder gestempelten Unterzeichnung → § 416 Rdnr. 3 f.

2. Feststellung der Echtheit

2 Die Echtheit oder Unechtheit einer Urkunde kann nach § 256 im Wege selbständiger Klage festgestellt werden, → § 256 Rdnr. 51 ff.; innerhalb des Prozesses kann sie Gegenstand eines Zwischenstreites werden, doch ist die Zwischenfeststellungsklage nach § 256 Abs. 2 nicht zulässig (→ § 256 Rdnr. 131). Die **Feststellung der Echtheit** erfolgt bei öffentlichen Urkunden nach §§ 437 und 438, bei Privaturkunden nach §§ 439 und 440; die §§ 441 bis 443 beziehen sich auf beide Arten von Urkunden. Der Beweis der Unverfälschtheit oder Veränderung kann durch jede Art von Beweismitteln, namentlich durch die Urkunde selbst, geführt werden.

II. Die Vermutung der Echtheit öffentlicher Urkunden

1. Voraussetzungen

3 **Inländische öffentliche Urkunden** (→ § 415 Rdnr. 1 ff.), die in Urschrift bzw. Ausfertigung (→ § 435 Rdnr. 5) vorgelegt wurden, haben nach § 437 die **Vermutung**[1] **der Echtheit** für sich, sofern sie, was das Gericht namentlich bei Durchstreichungen, Radierungen usw. (§ 419) zu prüfen und frei zu würdigen hat, die Merkmale der Echtheit nach Form und Inhalt an sich tragen. Für öffentlich beglaubigte Abschriften gilt dasselbe, wenn sie das Gericht nach § 435 S. 1 für genügend hält. Inländische Urkunden, die keiner Legalisation bedürfen, sind auch solche Urkunden, die in denjenigen Gebieten des seinerzeitigen deutschen Reiches errichtet wurden, die nicht zur Bundesrepublik Deutschland gehören. Zu den ausländischen öffentlichen Urkunden → § 438, zu öffentlichen Urkunden aus der ehemaligen DDR → § 438 Rdnr. 4.

---

[1] Vgl. *Hedemann* Die Vermutung (1904), 253 f. – A.M. *Rosenberg* Beweislast[5] 221 Fn. 1, der die Vorschrift als *Beweisregel* ansieht, weil sie sich anders als die gesetzlichen Vermutungen nicht auf ein bestimmtes Beweisthema beziehe. Das überzeugt nicht; die bestimmte vermutete Tatsache ist die Echtheit der Urkunde, auf die es als Voraussetzung der Beweiskraft ankommt. Zum Begriff der gesetzlichen Vermutung → § 292 Rdnr. 1 ff.

2. Wirkung

Die Vermutung der Echtheit (→ Rdnr. 1) erstreckt sich auf den **ganzen Inhalt der Urkunde**, jedoch nicht auf durchstrichene, radierte oder eingeschaltete Stellen (→ § 419) und nicht auf die Zuständigkeit des Ausstellers. Die Vermutung kann gemäß § 292 S. 1 durch den **Beweis der Unechtheit** entkräftet werden. Dieser Beweis kann auch durch den Antrag auf Parteivernehmung nach § 445 geführt werden[2], § 292 S. 2 (→ § 292 Rdnr. 16, → auch § 440 Rdnr. 4).

III. Klärung von Zweifeln

Wenn dem Gericht bei Einsicht der Urkunde **Zweifel an der Echtheit** entstehen, so kann es auch ohne Bestreiten der Echtheit durch eine Partei von Amts wegen die **Aufklärung der entstandenen Zweifel** beschließen. An das Parteiverhalten (Anerkennen oder Bestreiten der Echtheit) ist das Gericht nicht gebunden, → § 438 Rdnr. 1. Die Anordnung nach § 437 Abs. 2 kann gemäß § 273 Abs. 2 Nr. 2 auch von dem Vorsitzenden außerhalb der mündlichen Verhandlung getroffen werden. Die **Behörde** oder **Urkundsperson** ist nach Abs. 2 zur **Erklärung über die Echtheit** verpflichtet. Führt die Anwendung des Abs. 2 zu keinem Ergebnis, so ist das Gericht, solange nicht der Beweis der Unechtheit erbracht ist, trotz der bestehenden Zweifel an die Echtheitsvermutung des § 437 gebunden. – Nach Abs. 2 kann auch vorgegangen werden, wenn Zweifel entstehen, ob eine beglaubigte Abschrift mit der Urschrift übereinstimmt[3].

§ 438 [Echtheit ausländischer öffentlicher Urkunden]

(1) Ob eine Urkunde, die als von einer ausländischen Behörde oder von einer mit öffentlichem Glauben versehenen Person des Auslandes errichtet sich darstellt, ohne näheren Nachweis als echt anzusehen sei, hat das Gericht nach den Umständen des Falles zu ermessen.

(2) Zum Beweise der Echtheit einer solchen Urkunde genügt die Legalisation durch einen Konsul oder Gesandten des Bundes.

Gesetzesgeschichte: Bis 1900 § 403 CPO.

I. Echtheit ausländischer Urkunden 1	III. Sonderregeln durch Staatsverträge 11
1. Prüfung der Echtheit 1	1. Allgemeines, Regelung des EuGVÜ für ausländische Urteile 11
2. Begriff der ausländischen öffentlichen Urkunde 2	2. Haager Übereinkommen 13
3. Urkunden aus der ehemaligen DDR 4	3. Europäisches Übereinkommen über von diplomatischen oder konsularischen Vertretern errichtete Urkunden 25
4. Übersetzungen 5	
II. Legalisation 6	4. Multilaterale Übereinkommen über ausländische Personenstandsurkunden 33
1. Beweis der Echtheit durch Legalisation 6	
2. Inhalt der Legalisation 7	5. Bilaterale Verträge 36
3. Unrichtigkeitsnachweis 9	6. Konsularverträge 38
4. Zuständigkeit der deutschen Konsuln 10	

---

[2] A.M. *Rosenberg* (Fn. 1), der aufgrund der Betrachtung als Beweisregel § 445 Abs. 2 anwenden will.

[3] Vgl. *OLG Frankfurt* DNotZ 1993, 759 (*Kanzleiter*).

I. Echtheit ausländischer Urkunden

1. Prüfung der Echtheit

1   Auf **ausländische öffentliche Urkunden** ist die Vermutung des § 437 nicht anwendbar, weil ihre äußeren Merkmale und die sich hierauf beziehenden Einrichtungen des Auslandes dem inländischen Richter nicht immer bekannt sind. Das Gericht entscheidet daher *nach den konkreten Umständen aufgrund freier Beweiswürdigung*[1], ob die Urkunde – auch ohne eine Legalisation oder Apostille (→ Rdnr. 25) – als echt anzusehen ist[2], und zwar ohne Bindung an das Parteiverhalten[3]. Das ergibt sich im Wege eines Umkehrschlusses aus §§ 439 f., die nur bei Privaturkunden auf das Anerkennen oder Bestreiten der Echtheit abstellen. Bei ausländischen öffentlichen Urkunden kann das Gericht also trotz des Geständnisses der Echtheit näheren Nachweis fordern, aber auch, obwohl die Echtheit bestritten ist, die Urkunde ohne weiteren Beweis als echt ansehen. Wurde allerdings die Legalisation von der zuständigen deutschen Botschaft verweigert, so wird sich die Annahme der Echtheit regelmäßig verbieten[4]. Von der Frage der Echtheit ist diejenige der **Beweiskraft** ausländischer öffentlicher Urkunden zu unterscheiden, dazu → § 415 Rdnr. 9, → § 418 Rdnr. 3, 5a.

2. Begriff der ausländischen öffentlichen Urkunde

2   Ausländische öffentliche Urkunden sind alle von ausländischen Behörden oder Urkundspersonen errichteten Urkunden, auch wenn die Errichtung *im Inland* erfolgte (z. B. durch diplomatische oder konsularische Vertreter).

3   Auch Behörden **internationaler Organisationen** sind i.S. des § 438 als ausländische Behörden anzusehen[5]. Dies gilt auf jeden Fall, wenn die Bundesrepublik Deutschland der Organisation *nicht* angehört. Ist die Bundesrepublik Deutschland dagegen Vertragsstaat des völkerrechtlichen Vertrags, auf dem die Errichtung der internationalen Behörde beruht, so könnte sich aus Bestimmungen des ratifizierten Vertrags eine Gleichstellung mit inländischen Urkunden ergeben. Doch sind, soweit ersichtlich, solche Bestimmungen nicht vorhanden, auch nicht für diejenigen Urkunden, die von **Behörden der Europäischen Gemeinschaften** (Europäischen Union) ausgestellt sind. Aus der inländischen *Verbindlichkeit* einer Entscheidung einer internationalen Behörde (zur Frage der Wirkung von Urteilen internationaler Gerichte → § 328 Rdnr. 77 ff.) folgt allein nicht, daß es sich i.S. des § 437 um eine inländische Behörde handelt. Die Frage des Echtheitsnachweises ist von der Frage der Entscheidungswirkungen streng zu unterscheiden. (So sind Urteile des Europäischen Gerichtshofs sowie auf Zahlung lautende Entscheidungen des Rates oder der Kommission der EWG im Inland vollstreckbar, Art. 187, 192 EGV, → § 723 Anh. A Rdnr. 27, doch läßt Art. 192 Abs. 2 S. 2 EGV die Prüfung der Echtheit des Titels bei der Erteilung der Vollstreckungsklausel ohne Einschränkung zu.) Dennoch dürfte nach dem heute erreichten Stand der Entwicklung mehr dafür sprechen, Urkunden von Behörden der Europäischen Gemeinschaften wie inländische öffentliche Urkunden zu behandeln. Beläßt man es dagegen bei der Anwendung des § 438, so wird doch jedenfalls die freie Beweiswürdigung vielfach dazu führen, diese Urkunden ohne näheren Nachweis als echt anzusehen. – Zu Personenstandsurkunden aus der EG → § 418 Rdnr. 5a.

---

[1] Vgl. *BVerwG* NJW 1987, 1159.
[2] So auch *KG* HRR 1931 Nr. 30; *LG Berlin* II JW 1926, 626 bezüglich Urkunden, die in nach dem ersten Weltkrieg abgetretenen Gebieten von dortigen, ehemals deutschen Notaren aufgenommen sind.
[3] Ebenso *Baumbach-Lauterbach-Hartmann*[57] Rdnr. 3; *Thomas-Putzo*[21] Rdnr. 1. – A.M. *Wieczorek*[2] A I a (§ 439 Abs. 1 u. 2 analog).
[4] Vgl. *OLG Bremen* FamRZ 1992, 1083.
[5] A.M. *Wieczorek*[2] § 415 Anm. C I b 1.

3. Urkunden aus der ehemaligen DDR

Von Behörden und Urkundspersonen der ehemaligen **DDR** ausgestellte öffentliche Urkunden sind als inländisch i.S. der §§ 437, 438 zu behandeln[6]. Zu Akten des Ministeriums für Staatssicherheit → § 415 Rdnr. 9a. Zu Urkunden aus ehemals deutschen Gebieten → § 437 Rdnr. 3.

4. Übersetzungen

Zur Beweiskraft von **Übersetzungen** fremdsprachiger Urkunden vgl. § 2 der VO v. 21. X. 1942, RGBl I 609[7]. Zur Benutzung fremdsprachiger Urkunden → vor § 415 Rdnr. 6.

II. Legalisation

1. Beweis der Echtheit durch Legalisation

Nach Abs. 2 genügt die Bestätigung der Herkunft der Urkunde, sog. **Legalisation**[8], durch einen Konsul oder Gesandten (Botschafter) des Bundes zum **Beweis der Echtheit**[9]. Das gleiche wird durch § 2 des Gesetzes v. 1. V. 1878, RGBl 89, allgemein (also über das Gebiet des Zivilprozesses hinaus) angeordnet. Daß dort von der »Annahme der Echtheit« gesprochen wird, bedeutet keinen sachlichen Unterschied.

2. Inhalt der Legalisation

Die Legalisation bestätigt in Form eines auf die Urkunde gesetzten Vermerks (§ 13 Abs. 3 KonsularG) die Echtheit der Unterschrift, die Eigenschaft, in welcher der Unterzeichner der Urkunde gehandelt hat, sowie gegebenenfalls die Echtheit des Siegels, mit dem die Urkunde versehen ist (§ 13 Abs. 2 KonsularG; das Gesetz nennt dies **Legalisation im engeren Sinn**). Diese Angaben werden gemäß § 438 Abs. 2 durch die Legalisation bewiesen. Dagegen beweist die Legalisation nicht die Zuständigkeit der ausländischen Behörde und die Einhaltung der Formvorschriften[10]. Eine stufenförmige Echtheitsbestätigung, indem die deutsche Botschaft die Echtheit der Unterschrift des ausländischen Außenministeriums bestätigt, das seinerseits die Echtheit der Unterschrift des Notars bestätigt, stellt keine Legalisation dar[11].

---

[6] Dies erschien auch vor der Wiedervereinigung zutreffend, s. Voraufl. Rdnr. 4. – Zur Legalisation von Urkunden aus der ehemaligen DDR zur Verwendung im Ausland *Bindseil* DNotZ 1992, 275, 288f.

[7] S. dazu *Jansen* FGG[2] III Einl. BeurkG Rdnr. 24f.

[8] Dazu *Bindseil* Internationaler Urkundenverkehr DNotZ 1992, 275; *Bülow-Böckstiegel-Geimer-Schütze (Schmidt)* Der Internationale Rechtsverkehr in Zivil- und Handelssachen (Stand Januar 1998) Bd. II Teil D; *Hecker* Handbuch der konsularischen Praxis (1982); *Hoffmann-Glietsch* Konsularrecht; *Kierdorf* Die Legalisation von Urkunden (1975); *Langhein* Kollisionsrecht der Registerurkunden, Anglo-amerikanische notarielle Urkunden im deutschen Registerrecht Rpfleger 1996, 45; *Luther* Beglaubigungen und Legalisationen im zwischenstaatlichen vertraglosen Verkehr und nach Staatsvertragsrecht, MDR 1986, 10; *Jansen* (Fn. 7) Rdnr. 33 ff.; *Höfer-Huhn* Allgemeines Urkundenrecht (1968), 100; *Keidel-Kuntze-Winkler* FGG[13] Teil B, Einl. BeurkG Rdnr. 81 ff.; ferner *Bülow* DNotZ 1955, 9, 40; *Bärmann* AcP Bd. 159 (1960/1961), 7; *Arnold* DNotZ 1975, 581; *Soergel-Kegel* BGB[12] Bd. 10, Anh. IV zu Art. 38 EGBGB Rdnr. 197 ff.; *MünchKomm-Spellenberg*[3] Art. 11 EGBGB Rdnr. 95 ff.

[9] Davon zu unterscheiden ist die Frage, ob durch die ausländische Urkunde den jeweiligen (insbes. deutschen) Formvorschriften genügt wird, s. dazu *Soergel-Kegel* BGB[12] Art. 11 EGBGB Rdnr. 34 f.; *MünchKomm-Spellenberg*[3] Art. 11 EGBGB Rdnr. 44 f.; *Erman-Hohloch*[9] Art. 11 EGBGB Rdnr. 19 ff. – Zur Legalisation und Apostille im Grundbuchverfahren *Roth* IPrax 1994, 86 (zu *BayObLG* IPrax 1994, 122).

[10] *Kierdorf* (Fn. 8) 14 mwN.

[11] *OLG Düsseldorf* IPrax 1996, 423, 426 (zur Urkunde eines iranischen Notars).

8   Gemäß § 13 Abs. 4 KonsularG kann, wenn die Rechtslage unzweifelhaft ist, auf Antrag in dem Vermerk auch bestätigt werden, daß der Aussteller zur Aufnahme der Urkunde zuständig war und daß die Urkunde in der den Gesetzen des Ausstellungsorts entsprechenden Form aufgenommen worden ist (**Legalisation im weiteren Sinn**). Diese Bestätigung wird in aller Regel genügen; sie fällt aber nicht unter § 438 Abs. 2 und ist für das Gericht nicht bindend[12].

3. Unrichtigkeitsnachweis

9   Der **Nachweis der Unrichtigkeit** der Legalisation oder der **Unechtheit** der Urkunde ist niemals ausgeschlossen.

4. Zuständigkeit der deutschen Konsuln

10   Nach § 13 Abs. 1 des KonsularG v. 11. IX. 1974, BGBl I 2317 sind die deutschen **Konsularbeamten** zur Legalisation derjenigen öffentlichen Urkunden befugt, die in ihrem Amtsbezirk ausgestellt worden sind.

III. Sonderregelungen[13] durch Staatsverträge

1. Allgemeines, Regelung des EuGVÜ für ausländische Urteile

11   Mehrere **zweiseitige und mehrseitige völkerrechtliche Verträge** sehen vor, daß bestimmte ausländische öffentliche Urkunden nicht der Beglaubigung (Legalisation) bedürfen. Damit sind diese Urkunden den inländischen **gleichgestellt;** das durch § 438 eingeräumte gerichtliche *Ermessen* besteht also hier nicht[14]. Soweit sich eine Befreiung von der Legalisation nur aus einem von der ehemaligen **DDR** geschlossenen Vertrag ergab, gilt dies auch für ausländische Alturkunden nicht weiter[15].

12   Geplant ist ein Übereinkommen zur Befreiung von Urkunden von der Legalisation in den Mitgliedstaaten der **Europäischen Gemeinschaften**[16]. Schon jetzt bedürfen Urteile und andere gerichtliche Entscheidungen der Vertragsstaaten nach Art. 49 EuGVÜ weder einer Legalisation noch einer sonstigen Förmlichkeit.

2. Das Haager Übereinkommen[17] zur Befreiung ausländischer öffentlicher Urkunden von der Legalisation vom 5. X. 1961, BGBl 1965 II 875

13   Durch dieses Abkommen werden die öffentlichen Urkunden aus den Vertragsstaaten von der Legalisation befreit. Zur Bestätigung der Echtheit darf nur die Anbringung einer **Apostille** verlangt werden[18]. Sie wird von der zuständigen Behörde des Staates ausgestellt, in

---

[12] *Kierdorf* (Fn. 8) 28.
[13] Dazu ausführlich *Bülow-Böckstiegel-Geimer-Schütze* (*Schmidt*) (Fn. 8); *Hoffmann-Glietsch* (Fn. 8) Anhang zu § 13 KonsularG; Texte und Fundstellen auch bei *Jayme-Hausmann* Internationales Privat- und Verfahrensrecht[9] (1998), 2. Teil, G (S. 578 ff.). Weitere Lit. → Fn. 8.
[14] Ebenso *RG* JW 1927, 1096.
[15] *Bindseil* DNotZ 1992, 275, 289.
[16] Der Entwurf wurde am 25. V. 1987 in Brüssel unterzeichnet. Näher s. *Jayme/Kohler* IPRax 1989, 337, 346.
[17] Dazu *Ferid* RabelsZ 27 (1962), 413; *Weber* DNotZ 1967, 469; *Blumenwitz* DNotZ 1968, 728; *Höfer-Huhn* (Fn. 8) 113; *Kierdorf* (Fn. 8) 110 ff.
[18] Soweit nicht aufgrund zwei- oder mehrseitiger Verträge (→ Rdnr. 34 ff.) weitergehende Befreiungen vorgesehen sind, Art. 3 Abs. 2 des Übereink. S. dazu *Weber* DNotZ 1967, 471.

dem die Urkunde errichtet worden ist[19]. Auch wenn keine Apostille vorliegt, kann aber nach freier Beweiswürdigung (→ Rdnr. 1) die Echtheit der Urkunde bejaht werden[20].

Das Übereinkommen ist für die Bundesrepublik Deutschland seit 13. II. 1966 in Kraft, s. die Bek. v. 12. II. 1966, BGBl II 106, und zwar im Verhältnis zu **Andorra** (BGBl 96 II 2802), **Antigua und Barbuda** (BGBl 86 II 542), **Argentinien** (BGBl 88 II 235), **Armenien** BGBl 94 II 2532), **Australien** (BGBl 95 II 222), **Bahamas** (BGBl 77 II 20), **Barbados** (BGBl 96 II 934), **Belarus** (BGBl 93 II 1005), **Belgien** (BGBl 76 II 199), **Belize** (BGBl 93 II 1005), **Bosnien-Herzegowina** (BGBl 94 II 82), **Botsuana** (BGBl 70 II 121), **Brunei Darussalam** (BGBl 88 II 154), **El Salvador** (BGBl 96 II 934), **Fidschi** (BGBl 71 II 1016), **Finnland** (BGBl 85 II 1006), **Frankreich** (BGBl 66 II 106), **Grenada** (BGBl 75 II 366), **Griechenland** (BGBl 85 II 1108), **Irland** (BGBl 99 II 142), **Israel** (BGBl 78 II 1198), **Italien** (BGBl 78 II 153), **Japan** (BGBl 70 II 752), **(Rest?)Jugoslawien** (BGBl 66 II 106), **Kroatien** (BGBl 94 II 82), **Lesotho** (BGBl 72 II 1466), **Lettland** (BGBl 96 II 1016), **Liechtenstein** (BGBl 72 II 1466), **Litauen** (BGBl 97 II 1400), **Luxemburg** (BGBl 79 II 684), **Malawi** (BGBl 68 II 76), **Malta** (BGBl 68 II 131), **Marschallinseln** (BGBl 92 II 948), **Mauritius** (BGBl 70 II 121), **Mazedonien** (BGBl 94 II 1191), **Mexiko** (BGBl 95 II 694), **Niederlande** (BGBl 66 II 106, 67 II 1811, 2082, 87 II 255), **Niue** (BGBl 99 II 142), **Norwegen** (BGBl 83 II 478), **Österreich** (BGBl 68 II 76), **Panama** (BGBl 91 II 998), **Portugal** (BGBl 69 II 120, 70 II 121), **Russische Föderation** (BGBl 92 II 948), **San Marino** (BGBl 95 II 222), **Schweiz** (BGBl 73 II 176), **Seychellen** (BGBl 79 II 417), **Slowenien** (BGBl 93 II 1005), **Spanien** (BGBl 78 II 1330), **St. Kitts u. Nevis** (BGBl 94 II 3765), **Südafrika** (BGBl 95 II 326), **Suriname** (BGBl 77 II 593), **Swasiland** (BGBl 79 II 417), **Tonga** (BGBl 72 II 254), **Tschechische Republik** (BGBl 99 II 142), **Türkei** (BGBl 85 II 1108), **Ungarn** (BGBl 73 II 65), **Venezuela** (BGBl 99 II 142), **Vereinigtes Königreich Großbritannien und Nordirland** (BGBl 66 II 106), **Vereinigte Staaten (USA)** (BGBl 81 II 903), **Zypern** (BGBl 73 II 391).

Text des Übereinkommens:

Art. 1 Haager Urkundenübereinkommen

(1) Dieses Übereinkommen ist auf öffentliche Urkunden anzuwenden, die in dem Hoheitsgebiet eines Vertragsstaates errichtet worden sind und die in dem Hoheitsgebiet eines anderen Vertragsstaates vorgelegt werden sollen.

(2) Als öffentliche Urkunden im Sinne dieses Übereinkommens werden angesehen:

a) Urkunden eines staatlichen Gerichts oder einer Amtsperson als Organ der Rechtspflege, einschließlich der Urkunden, die von der Staatsanwaltschaft oder einem Vertreter des öffentlichen Interesses, von einem Urkundsbeamten der Geschäftsstelle oder von einem Gerichtsvollzieher ausgestellt sind;

b) Urkunden der Verwaltungsbehörden;

c) notarielle Urkunden;

d) amtliche Bescheinigungen, die auf Privaturkunden angebracht sind, wie z. B. Vermerke über die Registrierung, Sichtvermerke zur Feststellung eines bestimmten Zeitpunktes und Beglaubigungen von Unterschriften.

(3) Dieses Übereinkommen ist jedoch nicht anzuwenden

a) auf Urkunden, die von diplomatischen oder konsularischen Vertretern errichtet sind;

b) auf Urkunden der Verwaltungsbehörden, die sich unmittelbar auf den Handelsverkehr oder auf das Zollverfahren beziehen.

Art. 2 Haager Urkundenübereinkommen

[1]Jeder Vertragsstaat befreit die Urkunden, auf die dieses Übereinkommen anzuwenden ist und die in seinem Hoheitsgebiet vorgelegt werden sollen, von der Legalisation. [2]Unter Legalisation im Sinne dieses Übereinkommens ist nur die Förmlichkeit zu verstehen, durch welche die diplomatischen oder konsularischen Vertreter des Landes, in dessen Hoheitsgebiet die Urkunde vorgelegt werden soll, die Echtheit der Unterschrift, die Eigenschaft, in welcher der Unterzeichner der Urkunde gehandelt hat, und gegebenenfalls die Echtheit des Siegels oder Stempels, mit dem die Urkunde versehen ist, bestätigen.

---

[19] Zur Ausstellung der Apostille für deutsche Urkunden s. die VO v. 23. II. 1966, BGBl. I 138.

[20] *BayObLG* IPRax 1994, 122; zust. *Roth* IPRax 1994, 86, 88.

Art. 3 Haager Urkundenübereinkommen

17 (1) Zur Bestätigung der Echtheit der Unterschrift, der Eigenschaft, in welcher der Unterzeichner der Urkunde gehandelt hat, und gegebenenfalls der Echtheit des Siegels oder Stempels, mit dem die Urkunde versehen ist, darf als Förmlichkeit nur verlangt werden, daß die in Artikel 4 vorgesehene Apostille angebracht wird, welche die zuständige Behörde des Staates ausstellt, in dem die Urkunde errichtet worden ist.

(2) Die in Absatz 1 erwähnte Förmlichkeit darf jedoch nicht verlangt werden, wenn Gesetze oder andere Rechtsvorschriften des Staates, in dem die Urkunde vorgelegt wird, oder dort bestehende Gebräuche oder wenn Vereinbarungen zwischen zwei oder mehreren Vertragsstaaten sie entbehrlich machen, sie vereinfachen oder die Urkunde von der Legalisation befreien.

Art. 4 Haager Urkundenübereinkommen

18 (1) Die in Artikel 3 Absatz 1 vorgesehene Apostille wird auf der Urkunde selbst oder auf einem mit ihr verbundenen Blatt angebracht; sie muß dem Muster entsprechen, das diesem Übereinkommen als Anlage[21] beigefügt ist.

(2) ¹Die Apostille kann jedoch in der Amtssprache der Behörde, die sie ausstellt, abgefaßt werden. ²Die gedruckten Teile des Musters können auch in einer zweiten Sprache wiedergegeben werden. ³Die Überschrift »Apostille (Convention de la Haye du 5 octobre 1961)« muß in französischer Sprache abgefaßt sein.

Art. 5 Haager Urkundenübereinkommen

19 (1) Die Apostille wird auf Antrag des Unterzeichners oder eines Inhabers der Urkunde ausgestellt.

(2) Ist die Apostille ordnungsgemäß ausgefüllt, so wird durch sie die Echtheit der Unterschrift, die Eigenschaft, in welcher der Unterzeichner der Urkunde gehandelt hat, und gegebenenfalls die Echtheit des Siegels oder Stempels, mit dem die Urkunde versehen ist, nachgewiesen.

(3) Die Unterschrift und das Siegel oder der Stempel auf der Apostille bedürfen keiner Bestätigung.

Art. 6 Haager Urkundenübereinkommen

20 (1) Jeder Vertragsstaat bestimmt die Behörden, die zuständig sind, die Apostille nach Artikel 3 Absatz 1 auszustellen.

(2) ¹Er notifiziert diese Bestimmung dem Ministerium für Auswärtige Angelegenheiten der Niederlande bei der Hinterlegung der Ratifikations- oder der Beitrittsurkunde oder bei der Erklärung über die Ausdehnung des Übereinkommens. ²Er notifiziert ihm auch jede Änderung, die in der Bestimmung dieser Behörden eintritt.

Art. 7 Haager Urkundenübereinkommen

21 (1) Jede nach Artikel 6 bestimmte Behörde hat ein Register oder ein Verzeichnis in einer anderen Form zu führen, in das die Ausstellung der Apostillen eingetragen wird; dabei sind zu vermerken:

a) Die Geschäftsnummer und der Tag der Ausstellung der Apostille,

b) der Name des Unterzeichners der öffentlichen Urkunde und die Eigenschaft, in der er gehandelt hat, oder bei Urkunden ohne Unterschrift die Behörde, die das Siegel oder den Stempel beigefügt hat.

(2) Auf Antrag eines Beteiligten hat die Behörde, welche die Apostille ausgestellt hat, festzustellen, ob die Angaben, die in der Apostille enthalten sind, mit denen des Registers oder des Verzeichnisses übereinstimmen.

Art. 8 Haager Urkundenübereinkommen

22 Besteht zwischen zwei oder mehreren Vertragsstaaten ein Vertrag, ein Übereinkommen oder eine Vereinbarung des Inhalts, daß die Bestätigung der Unterschrift, des Siegels oder des Stempels gewissen Förmlichkeiten unterworfen ist, so greift dieses Übereinkommen nur ändernd ein, wenn jene Förmlichkeiten strenger sind als die in den Artikeln 3 und 4 vorgesehenen.

---

[21] Hier nicht abgedruckt, s. BGBl 1965 II 883 f.

Art. 9 Haager Urkundenübereinkommen

Jeder Vertragsstaat trifft die notwendigen Maßnahmen, um zu vermeiden, daß seine diplomatischen oder konsularischen Vertreter die Legalisation in Fällen vornehmen, in denen dieses Übereinkommen von der Legalisation befreit. 23

Art. 10–15 Haager Urkundenübereinkommen

Enthalten Bestimmungen über *Ratifizierung, Inkrafttreten* und *Beitritt;* sie sind nicht abgedruckt. 24

3. Das Europäische Übereinkommen zur Befreiung der von diplomatischen oder konsularischen Vertretern errichteten Urkunden von der Legalisation[22] vom 7. VI. 1968, BGBl 1971 II 85

Die von den diplomatischen oder konsularischen Vertretern der Vertragsstaaten in ihrer amtlichen Eigenschaft und in Wahrnehmung ihrer Aufgaben errichteten Urkunden werden durch das Abkommen von der Legalisation befreit. Anders als im Bereich des Haager Übereinkommens (→ Rdnr. 13 ff.), das die von den diplomatischen oder konsularischen Vertretern errichteten Urkunden ausdrücklich ausnimmt, gibt es hier auch **keine Apostille** zum Nachweis der Echtheit. In Zweifelsfällen kann jedoch eine Stelle des Staates, dessen diplomatischer oder konsularischer Vertreter die Urkunde ausgestellt hat, um Überprüfung der Echtheit der Urkunde ersucht werden. Ein derartiges Ersuchen kann an die deutsche Botschaft in dem ausländischen Staat zur Weiterleitung an das Außenministerium jenes Staates gerichtet werden[23]. 25

Das Übereinkommen ist gemäß Bekanntmachung vom 27. VII. 1971, BGBl II 1023 für die Bundesrepublik Deutschland seit 19. IX. 1971 in Kraft, und zwar im Verhältnis zu **Frankreich** (BGBl 71 II 1023), **Griechenland** (BGBl 79 II 338), **Italien** (BGBl 71 II 1313), **Liechtenstein** (BGBl 73 II 1248), **Luxemburg** (BGBl 79 II 938), **Niederlande** (BGBl 71 II 1023), **Norwegen** (BGBl 81 II 561), **Österreich** (BGBl 73 II 746), **Polen** (BGBl 95 II 251), **Portugal** (BGBl 83 II 116), **Schweden** (BGBl 73 II 1676), **Schweiz** (BGBl 71 II 1023), **Spanien** (BGBl 82 II 639), **Tschechische Republik** (BGBl 98 II 2373), **Türkei** (BGBl 87 II 427), **Vereinigtes Königreich Großbritannien und Nordirland** (BGBl 71 II 1023, 72 II 48), **Zypern** (BGBl 71 II 1023). 26

Text des Übereinkommens:

Art. 1 Europäisches Übereinkommen

Unter Legalisation im Sinne dieses Übereinkommens ist nur die Förmlichkeit zu verstehen, die dazu bestimmt ist, die Echtheit der Unterschrift auf einer Urkunde, die Eigenschaft, in welcher der Unterzeichner der Urkunde gehandelt hat, und gegebenenfalls die Echtheit des Siegels oder Stempels, mit dem die Urkunde versehen ist, zu bestätigen. 27

Art. 2 Europäisches Übereinkommen

(1) Dieses Übereinkommen ist auf Urkunden anzuwenden, die von den diplomatischen oder konsularischen Vertretern einer Vertragspartei in ihrer amtlichen Eigenschaft und in Wahrnehmung ihrer Aufgaben in dem Hoheitsgebiet irgendeines Staates errichtet worden sind und die vorgelegt werden sollen:
  a) in dem Hoheitsgebiet einer anderen Vertragspartei oder
  b) vor diplomatischen oder konsularischen Vertretern einer anderen Vertragspartei, die ihre Aufgaben in dem Hoheitsgebiet eines Staates wahrnehmen, der nicht Vertragspartei dieses Übereinkommens ist.
(2) Dieses Übereinkommen ist auch auf amtliche Bescheinigungen wie z.B. Vermerke über die Registrierung, Sichtvermerke zur Feststellung eines bestimmten Zeitpunktes und Beglaubigungen von Un- 28

---

[22] Dazu *Arnold* NJW 1971, 2109; *Kierdorf* (Fn. 8) 112.   [23] *Arnold* NJW 1971, 2111 (dort Fn. 19).

terschriften anzuwenden, die von den diplomatischen oder konsularischen Vertretern auf anderen als den in Absatz 1 genannten Urkunden angebracht sind.

Art. 3 Europäisches Übereinkommen

29   Jede Vertragspartei befreit die Urkunden, auf die dieses Übereinkommen anzuwenden ist, von der Legalisation.

Art. 4 Europäisches Übereinkommen

30   (1) Jede Vertragspartei trifft die notwendigen Maßnahmen, um zu vermeiden, daß ihre Behörden die Legalisation in Fällen vornehmen, in denen dieses Übereinkommen von der Legalisation befreit.
(2) ¹Jede Vertragspartei stellt, soweit erforderlich, die Prüfung der Echtheit der Urkunden sicher, auf die dieses Übereinkommen anzuwenden ist. ²Für diese Prüfung werden Gebühren oder Auslagen irgendwelcher Art nicht erhoben; sie wird so schnell wie möglich vorgenommen.

Art. 5 Europäisches Übereinkommen

31   Dieses Übereinkommen geht im Verhältnis zwischen den Vertragsparteien den Bestimmungen von Verträgen, Übereinkommen oder Vereinbarungen vor, welche die Echtheit der Unterschrift diplomatischer oder konsularischer Vertreter, die Eigenschaft, in welcher der Unterzeichner einer Urkunde gehandelt hat, und gegebenenfalls die Echtheit des Siegels oder Stempels, mit dem die Urkunde versehen ist, der Legalisation unterwerfen oder unterwerfen werden.

Art. 6–10 Europäisches Übereinkommen

32   Bestimmungen über *Ratifikation*, *Inkrafttreten*, *Beitritt* und *Kündigung*; nicht abgedruckt.

4. Multilaterale Übereinkommen[24] über ausländische Personenstandsurkunden[25]

33   Auszüge aus Personenstandsbüchern und Personenstandsurkunden, die nach Maßgabe der folgenden Abkommen erteilt werden, sind **von der Legalisation freigestellt.** Zur Beweiskraft ausländischer Personen-Standsurkunden, die von der Echtheit zu unterscheiden ist, → § 418 Rdnr. 5a.

a) Übereinkommen über die Erteilung gewisser für das Ausland bestimmter Auszüge aus Personenstandsbüchern vom 27. IX. 1956, BGBl 1961 II 1055

34   Das Abkommen ist für die Bundesrepublik Deutschland seit 23. XII. 1961 in Kraft, s. Bek. v. 8. I. 1962, BGBl II 42. Es gilt im Verhältnis zu **Belgien** (BGBl 75 II 1414), **Frankreich** (BGBl 62 II 42), **Italien** (BGBl 69 II 107), **(Rest?)Jugoslawien**[26] (BGBl 67 II 2467), **Luxemburg** (BGBl 62 II 42), **Niederlande** (BGBl 62 II 42, 87 II 200), **Österreich** (BGBl 65 II 1953), **Portugal** (82 II 276), **Schweiz** (BGBl 62 II 42), **Türkei** (BGBl 62 II 42).

b) Übereinkommen über die kostenlose Erteilung von Personenstandsurkunden und den Verzicht auf ihre Legalisation vom 26. IX. 1957, BGBl 1961 II 1055, 1067

35   Das Abkommen ist für die Bundesrepublik Deutschland seit 24. XII. 1961 in Kraft, s. Bek. v. 8. I. 1962, BGBl II 43. Es gilt im Verhältnis zu **Belgien** (BGBl 66 II 613), **Frankreich** (BGBl 62 II 43), **Italien** (BGBl 69 II 107, 77 II 210), **Luxemburg** (BGBl 62 II 43), **Niederlande** (BGBl 62 II 43, 87 II 255), **Österreich** (BGBl 65 II 1953, 77 II 210), **Portugal** (82 II 550), **Schweiz** (BGBl 62 II 43), **Türkei** (BGBl 63 II 314).

---

[24] Weitere Übereinkommen für bestimmte Sachgebiete s. *Bülow-Böckstiegel-Geimer-Schütze* (*Schmidt*) (Fn. 8) Teil II D IV (788.1–12).

[25] Dazu *Maßfeller* Das Standesamt 1962, 148.

[26] Nach *Jayme-Hausmann* (Fn. 13) S. 583 Fn. 3 in Kraft für Bosnien-Herzegowina, Kroatien, Mazedonien und Slowenien.

5. Bilaterale Verträge

Zweiseitige Abkommen[27], durch die **bestimmte ausländische Urkunden von der Legalisation befreit** werden, bestehen mit folgenden Staaten: 36

Belgien (Vertrag über die Befreiung öffentlicher Urkunden von der Legalisation v. 13. V. 1975, BGBl 1980 II 815, 1981 II 142). 37
Dänemark (Beglaubigungsabkommen v. 17. VI. 1936, RGBl II 213, wieder anwendbar, BGBl 1953 II 186).
Frankreich[28] (Abkommen über die Befreiung öffentlicher Urkunden von der Legalisation v. 13. IX. 1971, BGBl 1974 II 1074, 1100, 1975 II 353).
Griechenland (Art. 24 des Rechtshilfeabkommens v. 11. V. 1938, RGBl 1939 II 848, AusfVO v. 31. V. 1939, RGBl II 847, wieder anwendbar, BGBl 1952 II 634).
Italien[29] (Vertrag über den Verzicht auf die Legalisation von Urkunden v. 7. VI. 1969, BGBl 1974 II 1069, 1975 II 660).
Luxemburg (Abkommen über den Verzicht auf die Beglaubigung und über den Austausch von Personenstandsurkunden sowie über die Beschaffung von Ehefähigkeitszeugnissen v. 3. VI. 1982, BGBl 1983 II 698, 1984 II 188, 498).
Österreich (Beglaubigungsvertrag v. 21. VI. 1923, RGBl 1924 II 55, 61, 91, wieder anwendbar, BGBl 1952 II 436). Ferner Vertrag über den Verzicht auf die Beglaubigung und über den Austausch von Personenstandsurkunden sowie über die Beschaffung von Ehefähigkeitszeugnissen v. 18. XI. 1980, BGBl 1981 II 1050, 1982 II 207, 459, 1984 II 915.
Schweiz (Beglaubigungsvertrag[30] v. 14. II. 1907, RGBl 411, 415, weiter in Kraft, vgl. BayJMBl 1952, 204). – Ferner Abkommen über den Verzicht auf die Beglaubigung und über den Austausch von Personenstandsurkunden und Zivilstandsurkunden sowie über die Beschaffung von Ehefähigkeitszeugnissen v. 4. XI. 1985, BGBl 1988 II 126. Mit dem Inkrafttreten dieses Abkommens am 1. VII. 1988, Bek. v. 22. IV. 1988, BGBl II 467, 697, ist der Vertrag über den Verzicht auf die Beglaubigung von Personenstandsurkunden[31] v. 6. VI. 1956, BGBl 1960 II 454, 2123, außer Kraft getreten.

6. Konsularverträge

In mehreren Konsularverträgen (Fundstellen → § 377 Rdnr. 27) ist bestimmt, daß gewisse von den **ausländischen Konsuln** aufgenommene oder beglaubigte Urkunden sowie Übersetzungen den inländischen öffentlichen Urkunden gleichgestellt sind, so daß **keine Legalisation** erforderlich ist. So etwa (im einzelnen unterschiedlich) in den Verträgen mit **Großbritannien und Nordirland, Fidschi, Grenada, Jamaika, Malawi, Mauritius, Sowjetunion** (jetzt Russische Föderation und sonstige Nachfolgestaaten), **Spanien, Türkei, USA**. Kraft der Meistbegünstigungsklausel gilt dies wohl auch im Verhältnis zu **Kolumbien, Iran (Persien), Irland, Japan**. Fundstellen dieser Verträge → § 377 Rdnr. 28. 38

§ 439 [Erklärung des Gegners über die Echtheit von Privaturkunden]

(1) Über die Echtheit einer Privaturkunde hat sich der Gegner des Beweisführers nach der Vorschrift des § 138 zu erklären.

(2) Befindet sich unter der Urkunde eine Namensunterschrift, so ist die Erklärung auf die Echtheit der Unterschrift zu richten.

---

[27] Zu weiteren bilateralen Abkommen, die für ihren sachlichen Anwendungsbereich die Befreiung von der Legalisation vorsehen, s. *Bülow-Böckstiegel-Geimer-Schütze (Schmidt)* (Fn. 8) Teil II D IV (788.1–12); *Hecker* (Fn. 8) Rdnr. B 126 (dort Fn. 6).

[28] Dazu *Arnold* DNotZ 1975, 581.
[29] Dazu *Arnold* DNotZ 1975, 581.
[30] Dazu *Vortisch* Das Standesamt 1966, 263.
[31] Dazu *Maßfeller* Das Standesamt 1956, 181, 209.

(3) Wird die Erklärung nicht abgegeben, so ist die Urkunde als anerkannt anzusehen, wenn nicht die Absicht, die Echtheit bestreiten zu wollen, aus den übrigen Erklärungen der Partei hervorgeht.

Gesetzesgeschichte: Bis 1900 § 404 CPO.

I. Die Erklärung über die Echtheit einer Privaturkunde	1	III. Wirkung der Anerkennung und der unterbliebenen Erklärung	6
II. Gegenstand der Erklärung	2		
1. Unterschriebene Urkunde	3		
2. Nicht unterschriebene Urkunde	4		

I. Die Erklärung über die Echtheit einer Privaturkunde

1   Wird eine **Privaturkunde** nach § 420 oder § 434 in *Urschrift* (→ § 435 Rdnr. 5) vorgelegt, so liegt darin zugleich die *Behauptung ihrer Echtheit*. Nach der Vorlegung hat sich der Gegner im landgerichtlichen Verfahren von sich aus **über die Echtheit** wie über andere Tatsachen nach § 138 **zu erklären;** die richterliche Aufklärungspflicht, § 139, gilt auch hier. Im **amtsgerichtlichen Verfahren** muß in jedem Fall eine *Aufforderung zu der Erklärung* erfolgen (§ 510). Bei einer Urkunde, die nach der Angabe des Beweisführers von dem Gegner selbst geschrieben oder unterschrieben sein soll, ist nach § 138 Abs. 4 eine Erklärung mit Nichtwissen unzulässig[1].

II. Gegenstand der Erklärung

2   Die **Last der Erklärung** (→ § 138 Rdnr. 24) erstreckt sich auf **alle Privaturkunden.**

1. Unterschriebene Urkunde

3   Befindet sich unter der Urkunde eine **Namensunterschrift,** so ist die Erklärung über die *Echtheit der Unterschrift* erforderlich (Abs. 2) und genügend (§ 440 Abs. 2), auch wenn die Unterschrift nicht eigenhändig, sondern auf mechanischem Weg oder mit Hilfe eines anderen erfolgt ist, → § 416 Rdnr. 3 f.

2. Nicht unterschriebene Urkunde

4   Ist die Urkunde **nicht unterschrieben,** so ist die Erklärung nur auf die *Echtheit des Textes* zu richten. Dies gilt auch für die mit *Handzeichen* unterzeichnete Urkunde; denn die etwaige Beglaubigung hat nur Bedeutung für den *Beweis* der Echtheit (§ 440), nicht für die *Erklärung* darüber. Wird die Echtheit bestritten, so hat sich der Beweis, sofern das Handzeichen nicht beglaubigt ist (§ 440 Abs. 2), auf den ganzen Text der Urkunde zu erstrecken.

5   Soweit nach bürgerlichem Recht für die Gültigkeit von Rechtsgeschäften **eigenhändige Niederschrift** des ganzen Textes verlangt wird, vgl. § 2247 Abs. 1 BGB (eigenhändiges Testament), erstreckt sich zwar die Pflicht zur Erklärung auch auf die eigenhändige Niederschrift des Textes, aber das ist dann keine Frage der Echtheit i.S. der §§ 439 f.

---

[1] Durch eine vorprozessuale Anerkennung wird das Bestreiten nicht ausgeschlossen. – A.M. *OLG Dresden* SeuffArch 64 (1909), 288, → aber § 440 Rdnr. 1 bei Fn. 3.

III. Wirkung der Anerkennung und der unterbliebenen Erklärung

Wird die **Echtheit anerkannt**, so liegt ein *gerichtliches Geständnis* vor, auf das die §§ 288 bis 290 anwendbar sind[2]. Wird die Echtheit weder ausdrücklich noch nach dem Gesamtinhalt der Erklärungen bestritten, so gilt die Urkunde nach Abs. 3 als anerkannt. Diese Wirkung tritt aber im amtsgerichtlichen Verfahren nur dann ein, wenn die Partei durch das Gericht zur Erklärung über die Echtheit der Urkunde aufgefordert wurde, § 510.

Hat die Partei **keine Erklärung** über die Echtheit abgegeben, so kann sie – vorbehaltlich einer Zurückweisung wegen Verspätung, §§ 296, 527f. – die Echtheit noch bis zum Schluß der mündlichen Verhandlung, auch in der Berufungsinstanz, **bestreiten**[3], ebenso im **Nachverfahren**, wenn im Vorverfahren des Urkunden- bzw. Wechselprozesses keine Erklärung abgegeben wurde[4]. Über den Fall des Bestreitens der Echtheit → § 440 Rdnr. 1.

Die Bestimmung des **Abs. 3** ist **in Ehe- und Kindschaftssachen nicht anwendbar** (§§ 617, 640 Abs. 1) und gilt nicht bezüglich der *von Amts wegen zu berücksichtigenden* Punkte (→ vor § 128 Rdnr. 91ff.).

§ 440 [Beweis der Echtheit einer Privaturkunde]

(1) Die Echtheit einer nicht anerkannten Privaturkunde ist zu beweisen.

(2) Steht die Echtheit der Namensunterschrift fest oder ist das unter einer Urkunde befindliche Handzeichen notariell beglaubigt, so hat die über der Unterschrift oder dem Handzeichen stehende Schrift die Vermutung der Echtheit für sich.

Gesetzesgeschichte: Bis 1900 § 405 CPO. Abs. 2 geändert durch das BeurkundungsG vom 28. VIII. 1969 (BGBl I 1513).

I. Echtheitsbeweis	1	III. Widerlegung der Vermutung	4
II. Vermutung der Echtheit	2		

I. Echtheitsbeweis

Der **Beweis der Echtheit einer nicht anerkannten** (→ § 439 Rdnr. 6f.) **Privaturkunde** kann, sofern nicht das Gericht unter besonderen Umständen trotz des Bestreitens die Echtheit als erwiesen ansieht (§ 286)[1], durch **alle Arten von Beweismitteln,** namentlich auch durch Antrag auf Parteivernehmung nach §§ 445ff. geführt werden. Auch Parteivernehmung von Amts wegen nach § 448 ist zulässig. Die Beweislast für die Echtheit trägt diejenige Partei, die sich als Beweisführer auf die Urkunde beruft[2]. Hat der Aussteller die Echtheit vor dem Prozeß anerkannt, so ist dies ein außergerichtliches Geständnis, → § 288 Rdnr. 24, das regelmäßig als Indiz der Echtheit genügen wird[3]. Eine Besonderheit bildet nur die **Schriftvergleichung** (§§ 441, 442).

---

[2] So auch RGZ 97, 162.
[3] BGHZ 82, 115, 119 = NJW 1982, 183 = JZ 1982, 71 = JR 1982, 333 (zust. K. Schreiber).
[4] BGHZ 82, 115 (Fn. 3).

[1] So *RGZ* 72, 292 = JW 1910, 154 für nach Form und Inhalt korrekte Handelsbücher, deren Echtheit nur unsubstantiiert bestritten worden war. → § 286 Rdnr. 10.
[2] BGH NJW 1988, 2741; NJW 1995, 1683.
[3] → § 439 Fn. 1.

II. Vermutung der Echtheit

2   Abs. 2 enthält eine **gesetzliche Vermutung**[4] **für die Echtheit** des über der Unterschrift oder dem Handzeichen stehenden Textes der Urkunde, d. h. dafür, daß der Text eine Erklärung des Unterzeichners darstellt[5], nicht aber für die inhaltliche Richtigkeit des Textes (insoweit → vor § 415 Rdnr. 9 ff.). Die Vermutung gilt, wenn entweder die Echtheit der Unterschrift durch Geständnis oder Beweis festgestellt oder das Handzeichen notariell beglaubigt ist (→ § 416 Rdnr. 5). Die Vermutung gilt auch, wenn es sich zunächst um eine **Blankounterschrift** handelte und der Text später darüber gesetzt wurde[6]; es wird dann vermutet, daß die Urkunde vereinbarungsgemäß ausgefüllt wurde[7], → § 416 Rdnr. 13. Eine andere Frage ist, ob durch eine blanko unterschriebene Urkunde die Formvorschriften des materiellen Rechts gewahrt werden. Hinsichtlich der Schriftform für die Bürgschaftserklärung (§ 766 S. 1 BGB) ist die Frage zu verneinen, wenn dem Gläubiger die Ausfüllung überlassen blieb[8].

2a Für einen nicht *über* der Unterschrift stehenden, sondern erst *nachfolgenden* Text gilt die Vermutung nicht. § 440 Abs. 2 kann weder bei einem über dem Text (»Oberschrift«)[9] noch bei einem am Rand daneben (»Nebenschrift«)[10] stehenden Namenszug angewendet werden.

3   Bei *unterschriebenen* Urkunden ist demnach der **Beweis** lediglich **auf die Echtheit der Unterschrift zu richten.** Die Beweiskraft einer *Beglaubigung der Unterschrift* richtet sich nach § 415 oder § 418, → § 415 Fn. 27, → § 418 Rdnr. 1. Die Unterschrift ist *echt,* wenn der Name des Ausstellers *mit seinem Willen* unter die Urkunde gesetzt ist, → § 437 Rdnr. 1, § 416 Rdnr. 3 f. (insbesondere zu der durch den Vertreter mit dem Namen des Vertretenen unterzeichneten Urkunde und zur mechanisch hergestellten Unterzeichnung).

III. Widerlegung der Vermutung

4   Die Vermutung des Abs. 2 kann nach § 292 S. 1 durch **Beweis des Gegenteils,** also der Unechtheit, **widerlegt** werden. Dieser Beweis kann auch durch Antrag auf Parteivernehmung des Gegners geführt werden[11], → auch § 445 Rdnr. 18. Inwieweit Mängel der Urkunde, Durchstreichungen, Radierungen, Einschaltungen usw. (§ 419)[12] die Vermutung entkräften, hat das Gericht frei zu würdigen, § 419. Zur Widerlegung der Vermutung ist insbesondere die Tatsache geeignet, daß der Text nicht mit Wissen und Willen desjenigen, von dem die Unterschrift herrührt, über diese gesetzt oder daß er nachträglich ohne seinen Willen verändert ist[13]. Hierher gehört also auch der Nachweis eines **Blankettmißbrauchs,** näher → § 416 Rdnr. 13. Für diese Tatsachen trägt, da sie die Vermutung widerlegen sollen, der Gegner die Beweislast[14]. Steht jedoch fest, daß eine **Einfügung** *nach Fertigstellung und Unterzeichnung* der Urkunde erfolgt ist, so muß derjenige, der sich auf die Echtheit beruft, beweisen, daß die Einfügung mit Wissen und Willen des Unterzeichners erfolgt ist[15]. Die Vermutung des Abs. 2 gilt insoweit nicht[16].

---

[4] *Hedemann* Die Vermutung (1904), 253 f. – A. M. *Rosenberg* Beweislast[5] 221 Fn. 1 (Beweisregel). → dazu § 437 Fn. 1.
[5] Nicht etwa dafür, daß er von ihm selbst geschrieben ist, vgl. *RGZ* 64, 406 f.
[6] *BGH* DB 1965, 1665 = WM 1965, 1062; NJW 1986, 3086 = LM § 416 Nr. 4; *OLG Düsseldorf* VersR 1979, 626; *OLG Hamm* WM 1984, 829; *Wieczorek*[2] A II b 1.
[7] *BGH* NJW-RR 1989, 1323, 1324.
[8] BGHZ 132, 119 = NJW 1996, 1467; *OLG Köln* ZIP 1998, 150 (auch spätere Aushändigung der ausgefüllten Bürgschaftsurkunde an den Bürgen führt nicht zur Wirksamkeit). – *BGH* aaO bejaht aber eine Haftung des Bürgen gegenüber dem Gläubiger, der eine vollständige Urkunde erhält und ihr nicht ansehen kann, daß sie durch einen anderen ergänzt wurde.
[9] BGHZ 113, 48 = NJW 1991, 487.
[10] *BGH* NJW 1992, 829.
[11] *BGH* NJW 1988, 2741 = JZ 1988, 934.
[12] *RG* SeuffArch 63 (1908), 294; JW 1917, 106.
[13] Vgl. *RGZ* 64, 407.
[14] RGZ 23, 110 f.; 47, 66, 406 f.
[15] *BGH* DB 1965, 1665 (Fn. 6); *BayObLG* DNotZ 1985, 220, 222 (*Winkler*) = Rpfleger 1985, 105.
[16] *LG Itzehoe* DNotZ 1990, 519 (zur nachträglichen Änderung im Text einer Erklärung, die durch beglaubigte Unterschrift abgeschlossen ist).

§ 441 [Schriftvergleichung]

(1) Der Beweis der Echtheit oder Unechtheit einer Urkunde kann auch durch Schriftvergleichung geführt werden.

(2) In diesem Falle hat der Beweisführer zur Vergleichung geeignete Schriften vorzulegen oder ihre Mitteilung nach der Vorschrift des § 432 zu beantragen und erforderlichenfalls den Beweis ihrer Echtheit anzutreten.

(3) ¹Befinden sich zur Vergleichung geeignete Schriften in den Händen des Gegners, so ist dieser auf Antrag des Beweisführers zur Vorlegung verpflichtet. ²Die Vorschriften der §§ 421 bis 426 gelten entsprechend. ³Kommt der Gegner der Anordnung, die zur Vergleichung geeigneten Schriften vorzulegen, nicht nach oder gelangt das Gericht im Falle des § 426 zu der Überzeugung, daß der Gegner nach dem Verbleib der Schriften nicht sorgfältig geforscht habe, so kann die Urkunde als echt angesehen werden.

(4) Macht der Beweisführer glaubhaft, daß in den Händen eines Dritten geeignete Vergleichungsschriften sich befinden, deren Vorlegung er im Wege der Klage zu erwirken imstande sei, so gelten die Vorschriften des § 431 entsprechend.

Gesetzesgeschichte: Bis 1900 § 406 CPO. Abs. 3 neu gefaßt durch die Novelle 1924.

I. Schriftvergleichung	1	II. Beschaffung von Vergleichungsschriften	6
1. Zulässigkeit	1	1. Schriften im Besitz des Beweisführers oder des Gegners	6
2. Rechtsnatur; geeignete Schriftstücke	2	2. Schriften im Besitz Dritter	7
3. Echtheit der Vergleichungsschriften	3		
4. Kein Zwang zur Herstellung von Vergleichungsschriften	4		
5. Schriftsachverständige	5		

I. Schriftvergleichung[1]

1. Zulässigkeit

Der Beweis der *Echtheit, Unechtheit und Veränderung* einer Urkunde (→ § 440 Rdnr. 1) kann auch durch Schriftvergleichung geführt werden, d. h. durch **Vergleich der Urkunde mit anderen erweislich von dem Aussteller herrührenden Schriftstücken**. Dies ist bei öffentlichen wie bei Privaturkunden möglich, sowohl hinsichtlich des Textes wie der Unterschrift (§ 440 Abs. 2). 1

2. Rechtsnatur; geeignete Schriftstücke

Dieser Beweis ist ein *Indizienbeweis mit Augenscheinsobjekten*[2], die jedoch hinsichtlich ihrer Herbeischaffung vom Gesetz ausnahmsweise wie Urkunden behandelt werden (→ Rdnr. 6f.). §§ 144 und 372 Abs. 2 sind daher nicht anwendbar. 2

Ob aus der Betrachtung als Augenscheinsbeweis folgt, daß der Echtheitsbeweis durch Schriftvergleichung im Urkundenprozeß ausgeschlossen ist (→ § 595 Rdnr. 2a), erscheint zweifelhaft[3]. Zur Schriftvergleichung geeignet sind alle von der Hand des angeblichen Aus- 2a

---

[1] S. dazu *Deitigsmann* JZ 1953, 494; *ders.* Grundlagen und Praxis der gerichtlichen Handschriftenvergleichung (1954); *Pfanne* Handschriftenvergleichung für Juristen und Kriminalisten (1971); *Michel* Gerichtliche Schriftvergleichung (1982).

[2] Ebenso *BAG* AP Nr. 1 (zust. *Walchshöfer*) = BB 1982, 117.

[3] Für Zulässigkeit *Becht* NJW 1991, 1993.

stellers herrührenden Schriften, ohne Unterscheidung, ob sie eine Unterschrift enthalten oder nicht, auch wenn es keine Urkunden im Rechtssinne sind. Bloße Handzeichen, auch wenn sie beglaubigt sein sollten, eignen sich dagegen kaum zur Vergleichung. Eine *Zustimmung* des Schrifturhebers ist weder zur Schriftvergleichung durch das Gericht noch zur Begutachtung durch einen Sachverständigen erforderlich[4].

3. Echtheit der Vergleichungsschriften

3   Die Vergleichsstücke müssen nach den allgemeinen Regeln zum Gegenstand der mündlichen Verhandlung gemacht werden[5]. In Beziehung auf die *Erklärung* über die **Echtheit der Vergleichungsschriften** und den *Beweis* der Echtheit sind die für Urkunden geltenden Regeln anwendbar. Es ist also zwischen öffentlichen und Privaturkunden zu unterscheiden. Für öffentliche Urkunden gelten die §§ 437 f., für private Urkunden die §§ 138, 439, 510; die Echtheit einer Privaturkunde kann daher auch bei versäumter Erklärung des Gegners als zugestanden angenommen werden. Eine Ablehnung des Echtheitsbeweises hinsichtlich der Vergleichungsschriften ist nur in den → § 284 Rdnr. 51 ff., insbesondere Rdnr. 54 ff. dargestellten Grenzen statthaft[6].

4. Kein Zwang zur Herstellung von Vergleichungsschriften

4   Ein **Zwang,** zur Herstellung einer Vergleichungsschrift **eigenhändig etwas niederzuschreiben,** kann auf den Aussteller der Urkunde nicht ausgeübt werden. Das schließt aber nicht aus, daß, wenn eine Partei Aussteller der Urkunde sein soll, eine Weigerung im Wege freier Würdigung bei der Entscheidung verwertet wird.

5   5. Zur Heranziehung von **Schriftsachverständigen** → § 442 Rdnr. 1 f.

II. Beschaffung von Vergleichungsschriften

1. Schriften im Besitz des Beweisführers oder des Gegners

6   Befinden sich die geeigneten Vergleichungsschriften **in der Hand des Beweisführers,** so sind sie wie Urkunden nach § 420 vorzulegen. Besitzt sie der **Gegner,** so kommen die §§ 421 bis 426 zur Anwendung. Kommt der Gegner der Vorlegungsanordnung nicht nach bzw. hat er nicht sorgfältig nach dem Verbleib des Schriftstücks geforscht, so kann das Gericht nach § 441 Abs. 3 S. 3 den Echtheitsbeweis und, wenn die Vorlegung zum Zweck des Beweises der Unechtheit (Abs. 1) angeordnet ist, diesen Beweis als geführt ansehen. – Zur Frage der Zustimmung des Schrifturhebers → Rdnr. 2.

2. Schriften im Besitz Dritter

7   Befindet sich ein **Dritter im Besitz der Vergleichungsschriften,** so wird nach § 431 verfahren, mit der Maßgabe, daß der Antragsteller nicht nur den Grund der Vorlegungspflicht (§ 424 S. 1 Nr. 5) und den Besitz des Dritten (§ 430), sondern außerdem auch noch glaubhaft zu machen hat, daß die Schriften, die der Dritte besitzt, zur Vergleichung geeignet und

---

[4] *BAG* AP Nr. 1 (Fn. 2). Anders wäre es wohl bei einem graphologischen Gutachten (*BAG* aaO läßt dies offen).

[5] *RG* JW 1932, 944.
[6] Vgl. auch *RG* JW 1892, 217.

somit i.S. der § 424 S. 1 Nr. 2, § 431 Abs. 1 erheblich sind. Im übrigen gelten die §§ 429 und 432. Befinden sich **Vergleichungsschriften im Gewahrsam des Gerichts,** so werden diese formlos beigezogen, → § 432 Rdnr. 10. Dies ist entsprechend § 273 Abs. 2 Nr. 2 auch von Amts wegen möglich[7]. Die Vergleichungsschriften müssen auch hier zum Gegenstand der mündlichen Verhandlung gemacht werden[8].

§ 442 [Ergebnis der Schriftvergleichung]

Über das Ergebnis der Schriftvergleichung hat das Gericht nach freier Überzeugung, geeignetenfalls nach Anhörung von Sachverständigen, zu entscheiden.

Gesetzesgeschichte: Bis 1900 § 407 CPO.

I. Durchführung der Schriftvergleichung

Die **Schriftvergleichung** erfolgt als Einnahme eines Augenscheins **durch das Prozeßgericht.** Sie ist *Beweisaufnahme,* unterliegt also der Parteiöffentlichkeit, § 357[1]. Ob das Gericht **Schriftsachverständige**[2] hören will, hängt wie auch sonst (→ vor § 402 Rdnr. 26, 28 ff.) von seinem pflichtgemäßen Ermessen ab, auch wenn die Parteien sich ausdrücklich auf Sachverständige berufen haben[3]. Die Zuziehung eines Sachverständigen wird aber zumeist angemessen sein. Der Sachverständige muß, um die Begleitumstände würdigen zu können, über den Stand des Verfahrens und die bisherigen Beweiserhebungen informiert werden[4]. Hat der Sachverständige zuvor bereits ein Privatgutachten erstellt, so kann er in der Regel wegen Besorgnis der Befangenheit (→ § 406 Rdnr. 8) abgelehnt werden[5]. 1

Das Gericht hat nach **freier Überzeugung** zu entscheiden, ob es trotz der allgemein anerkannten Unsicherheit dieser Beweisführung die Echtheit oder Unechtheit als erwiesen annehmen will[6]. Das ergibt sich an sich bereits aus dem allgemeinen Grundsatz der **freien Beweiswürdigung** (§ 286), der in § 442 für die Schriftvergleichung besonders wiederholt wird[7]. Folgt das Gericht den Ausführungen eines gerichtlich bestellten Sachverständigen nicht, so muß es dies begründen, und aus der Begründung muß sich ergeben, daß die Abweichung nicht durch den Mangel an Sachkunde beeinflußt ist[8], → auch § 412 Rdnr. 2 ff. 2

II. Beauftragter oder ersuchter Richter

Die Übertragung der Schriftvergleichung auf einen **beauftragten oder ersuchten Richter** nach § 434 ist nicht ausgeschlossen, wenn auch regelmäßig nicht zweckmäßig. 3

---

[7] So auch *Zöller-Geimer*[21] Rdnr. 2. – A.M. *Wieczorek*[2] A I; *Baumbach-Lauterbach-Hartmann*[57] Rdnr. 5.
[8] RG JW 1916, 964.
[1] S. auch RG JW 1916, 964.
[2] Vgl. *Langenbruch* JR 1950, 212 sowie die Lit. → § 441 Fn. 1. – Linguistische Gutachten, die sich auf einen Sprachvergleich stützen, kommen für den Echtheitsbeweis i.S. des § 441 nicht in Betracht. Sehr skeptisch zu dieser Methode in anderem Zusammenhang (Ermittlung des Autors anonymer Briefe) LAG Köln VersR 1995, 1074,
[3] RG JW 1892, 217; HRR 1929 Nr. 162.

[4] *Pfanne* NJW 1974, 1439 gegen *OLG Celle* NJW 1974, 616.
[5] BAG AP § 441 Nr. 1 (zust. *Walchshöfer*) = BB 1982, 117 (es kann dagegen nicht lediglich der Bezugnahme auf das Privatgutachten widersprochen werden).
[6] Bei sich widersprechenden Gutachten von Schriftsachverständigen wird auch das Gericht vielfach keine Klarheit gewinnen können, vgl. *OLG München* NJW 1970, 1924.
[7] Ebenso *BGH* LM § 286 (A) Nr. 41 = NJW 1982, 2874.
[8] *BGH* LM § 286 (A) Nr. 41 (Fn. 7).

§ 443 [Verwahrung bestrittener Urkunden]

Urkunden, deren Echtheit bestritten ist oder deren Inhalt verändert sein soll, werden bis zur Erledigung des Rechtsstreits auf der Geschäftsstelle verwahrt, sofern nicht ihre Auslieferung an eine andere Behörde im Interesse der öffentlichen Ordnung erforderlich ist.

Gesetzesgeschichte: Bis 1900 § 408 CPO. Änderung (»Geschäftsstelle« statt »Gerichtsschreiberei«) durch Gesetz vom 9. VII. 1927 (RGBl I 175).

I. Verwahrung bestrittener Urkunden

1   Die vorgelegten Urkunden werden grundsätzlich *nicht Bestandteil der Gerichtsakten*, → § 420 Rdnr. 5. § 443 ordnet aber die Verwahrung auf der Geschäftsstelle an, wenn die Echtheit der Urkunde bestritten ist oder ihr Inhalt verändert sein soll. Dadurch sollen die Urkunden gegen Vernichtung oder Veränderung geschützt werden.

2   **Nach Erledigung des Prozesses** sind auch diese Urkunden demjenigen, der sie vorgelegt hat, zurückzugeben, → § 142 Rdnr. 6 sowie → § 420 Fn. 2. Die Auslieferung an eine andere Behörde im Interesse der öffentlichen Ordnung kann z. B. zum Zweck der strafgerichtlichen Verfolgung oder der Berichtigung öffentlicher Bücher erfolgen.

3   II. § 443 findet auch auf Urkunden Anwendung, die **von Dritten vorgelegt** wurden.

§ 444 [Beseitigung von Urkunden]

Ist eine Urkunde von einer Partei in der Absicht, ihre Benutzung dem Gegner zu entziehen, beseitigt oder zur Benutzung untauglich gemacht, so können die Behauptungen des Gegners über die Beschaffenheit und den Inhalt der Urkunde als bewiesen angesehen werden.

Gesetzesgeschichte: Bis 1900 § 409 CPO.

I. Voraussetzungen		2. Anwendung bei Streitgenossen	5
1. Erfordernisse	1	3. Würdigung des angenommenen	
2. Beweis	3	Inhalts	6
II. Rechtsfolge	4	III. Schuldhafte Beweisvereitelung	
1. Beweiswirkung	4	in sonstigen Fällen	7

I. Voraussetzungen

1. Erfordernisse

1   § 444 setzt voraus, daß eine Urkunde, die eine Partei durch Vorlegung oder Vorlegungsantrag im Prozeß *hätte benutzen können*, vom Gegner[1] *beseitigt* (d. h. der Vorlegung entzogen, unzugänglich gemacht) oder zur Benutzung *untauglich gemacht* ist. Ob dies während

---

[1] Das Verhalten eines Dritten ist ebenso zu bewerten, sofern die Partei nach allgemeinen Rechtsgrundsätzen dafür verantwortlich zu machen ist, *RGZ* 101, 197.

des Prozesses oder vorher geschah, gilt gleich. Das Gesetz erfordert die **Absicht,** dem Beweisführer die Benutzung der Urkunde zu entziehen. Rechtswidrigkeit im zivilrechtlichen Sinn verlangt § 444 dagegen nicht. § 444 kann daher auch dann eingreifen, wenn die Urkunde, die von der Partei beseitigt wurde, in deren Eigentum stand.

§ 444 gilt aber nur, wenn die Partei bei einem Vorlegungsantrag nach §§ 422, 423 **zur Vorlegung verpflichtet** gewesen wäre[2]. Bestand im Zeitpunkt der Vernichtung keine Vorlegungspflicht, so ist auch keine Sanktion der Beseitigung der Urkunde gerechtfertigt. Man kann dann nicht von einer Entziehung der Benutzung sprechen.

2. Beweis

Der **Beweis** der Voraussetzungen des § 444 folgt den allgemeinen Regeln. Der Tatbestand des § 444 kann sich auch ohne weitere Beweismittel aus der Aussage der gemäß § 426 über den Verbleib der Urkunde vernommenen Partei ergeben, → § 426 Rdnr. 14.

II. Rechtsfolge

1. Beweiswirkung

Der Richter ist nach § 444 berechtigt, die **Behauptungen** des Beweisführers über Beschaffenheit und Inhalt der Urkunde **als bewiesen anzusehen**[3]. Legt der Beweisführer eine Abschrift vor, so behauptet er damit, daß die Urkunde den Inhalt der Abschrift habe, → § 427 Rdnr. 6. Die durch § 444 eingeräumte Befugnis sollte nicht als bloße Wiederholung des Grundsatzes der freien Beweiswürdigung, sondern als *besondere Rechtsfolge eines arglistigen Verhaltens* angesehen und gehandhabt werden. In der Regel wird daher die Wirkung zugunsten des Beweisführers zu bejahen sein. Zu verneinen ist diese Wirkung allerdings, wenn der Beweisführer andere Behauptungen über den Inhalt der Urkunde aufstellt, nachdem die Vernichtung der Urkunde bekannt wurde. Dem Gegner des Beweisführers bleibt in jedem Fall die Möglichkeit, den von ihm behaupteten Urkundeninhalt durch andere Beweismittel nachzuweisen.

2. Anwendung bei Streitgenossen

Soweit die Rechtslage des § 444 über die freie Beweiswürdigung hinausgeht, kann sie nur im Verhältnis zwischen dem Beweisführer und der Partei, die die Urkunde beseitigt hat, eintreten, nicht gegenüber **Streitgenossen,** die an diesem Prozeßrechtsverhältnis unbeteiligt sind (§ 61). Diesen Streitgenossen gegenüber ist das Verhalten aber im Wege freier Beweiswürdigung zu berücksichtigen. Sind bei **notwendiger Streitgenossenschaft** die Voraussetzungen des § 444 nur gegenüber einem Teil der Streitgenossen erfüllt, so bleibt es wegen der Notwendigkeit einheitlicher Entscheidung generell bei der freien Beweiswürdigung.

3. Würdigung des angenommenen Inhalts

Die *Bedeutung* des angenommenen Inhalts der Urkunde für das *Beweisthema* ist gegebenenfalls noch besonders zu würdigen, → vor § 415 Rdnr. 9 ff.

---

[2] Ebenso *Wieczorek*[2] B I; *Zöller-Geimer*[21] Rdnr. 2; *E. Peters* ZZP 82 (1969), 205. Zur Frage einer allgemeinen Vorlagepflicht → Fn. 7.

[3] Zur Anwendung im Verwaltungsprozeß vgl. BVerwGE 10, 270.

III. Schuldhafte Beweisvereitelung in sonstigen Fällen

7 Über § 444 hinausgehend wird generell angenommen, daß die schuldhafte (vorsätzliche oder fahrlässige) Beweisvereitelung[4] durch die nicht beweisbelastete Partei[5] nicht ohne Folgen bleiben kann. Über die Voraussetzungen und die Rechtsfolgen bestehen freilich beträchtliche Unklarheiten. Nach der hier vertretenen Auffassung können die Folgen der Beweisvereitelung nur eintreten, wenn einer *besonderen materiellen oder prozessualen Pflicht zuwidergehandelt wurde*, ein Beweismittel aufzubewahren, seine Beeinträchtigung zu unterlassen, ein Beweismittel im Prozeß bereitzustellen usw., → § 286 Rdnr. 121 a.E. bei Fn. 400[6]. Eine *allgemeine Mitwirkungspflicht* der Parteien bei der Stoffsammlung[7] liegt der ZPO *nicht* zugrunde. Als Rechtsfolge der Beweisvereitelung kommt in erster Linie eine *Umkehr der Beweislast* (→ § 286 Rdnr. 121 bei Fn. 397 f.) zum Nachteil dessen in Betracht, der den Beweis vereitelt hat. Doch gehen die Auffassungen über die Rechtsfolgen der Beweisvereitelung auseinander[8]. Der BGH spricht bei Verletzungen der Dokumentationspflicht von »Beweiserleichterungen bis hin zur Beweislastumkehr«, sieht also die Beweislastumkehr nicht als regelmäßige Folge an[9].

8 **Anwendungsbeispiele** (→ bereits § 286 Rdnr. 123 ff.): Eine erhebliche Rolle spielt die Beweisvereitelung bei möglicherweise fingierten Verkehrsunfällen[10], etwa durch sofortige Verschrottung des Unfallfahrzeugs. Andererseits gehören die Kosten für die Aufbewahrung eines PKW, wenn diese erforderlich ist, um den Einwand des fingierten Unfalls abwehren zu können, dann auch zu den erstattungsfähigen Prozeßkosten[11]. Wenn die Aufklärung vom Kläger, der Ersatz von der Haftpflichtversicherung verlangt, durch die unwahre Behauptung vereitelt wird, die beteiligten Unfallfahrzeuge seien an unbekannte Personen veräußert worden, so hat der Kläger die Folgen (Klageabweisung) zu tragen[12]. – Geht es um Ansprüche aus einer Unfallzusatzversicherung und verzichtet der Versicherer vorprozessual auf eine (angebotene) Autopsie zur Klärung der Unfallursache, so ist aufgrund dieser Beweisvereitelung eine Beweislastumkehr zu Lasten der Versicherung anzunehmen, wenn diese im Prozeß bestreitet, daß der Tod durch den Unfall eingetreten ist[13]. Im Arzthaftungsprozeß geht es zu Lasten des Klägers (Angehöriger des Verstorbenen), wenn er ohne triftigen Grund die Zustimmung zu einer Sektion zwecks Klärung der Todesursache verweigert[14].

9 Diese allgemeinen Grundsätze müssen auch dann gelten, wenn es um den Beweis durch Urkunden geht. Daher kann (obwohl § 444 nur den Fall *arglistigen* Verhaltens regelt) die **fahrlässige**[15] (und pflichtwidrige) **Entziehung** oder **Untauglichmachung** einer Urkunde dazu führen, daß die *Beweislast* auf diejenige Partei übergeht, die durch ihr Verhalten die Benut-

---

[4] Dazu → § 286 Rdnr. 120 ff. mit Nachw.; *Baumgärtel* Festschrift für Kralik (1986), 63; *Oberheim* JuS 1997, 61.

[5] Verhindert der Beweisbelastete die Beweisführung, so trifft ihn der Nachteil ohnehin, vgl. *Michalski* NJW 1991, 2069. → auch Fn. 13.

[6] A.M. *Gerhardt* AcP 169 (1969), 289, 304 (s. aber 308 ff.)

[7] Dafür *E. Peters* ZZP 82 (1969), 200, 208; *Stürner* Die Aufklärungspflicht der Parteien des Zivilprozesses (1976), 134 ff. (zur Urkundenvorlage 144 ff.), 378 (Ergebnis). Dazu → § 138 Rdnr. 22.

[8] Differenzierend *Baumgärtel* (Fn. 4) 73 f. (teils Abstufung des Beweismaßes, teils Beweislastumkehr). – Für Berücksichtigung bei der Beweiswürdigung *Rosenberg-Schwab-Gottwald*[15] § 117 II 6 a; *E. Schneider* MDR 1969, 7; *E. Peters* (Fn. 7) 221; *Gerhardt* (Fn. 6) 307. Ferner → § 286 Rdnr. 399.

[9] So z.B. *BGH* DB 1985, 1020 = MDR 1985, 669. Eine Beweislastumkehr hält der *BGH* aaO nur dann für angezeigt, »wenn dem Geschädigten nach tatrichterlichem Ermessen die auch nur teilweise Beweisführungslast für ein pflichtwidriges Verhalten des Gegners angesichts eines von diesem verschuldeten Aufklärungshindernisses billigerweise nicht mehr zugemutet werden kann.« → auch (zum Arzthaftungsprozeß) § 286 Rdnr. 130. Diese Lösung ist zwar flexibel, aber dafür auch kaum vorhersehbar und wegen der Vermengung von Beweislast und Beweiswürdigung bedenklich. Zur Kritik → § 286 Rdnr. 130; *Leipold* Beweismaß und Beweislast im Zivilprozeß, Schriftenreihe der juristischen Gesellschaft in Berlin, Heft 93 (1985), 21 ff.

[10] Dazu *Kääb* NZV 1990, 5, 7.

[11] OLG Koblenz NJW-RR 1997, 640.

[12] OLG Stuttgart NZV 1993, 73.

[13] LG Bautzen VersR 1996, 366. – Die beweispflichtige Partei, die selbst eine Obduktion durchführen lassen könnte, kann sich dagegen nicht auf die Unterlassung der Obduktion durch den Gegner berufen, BSG NJW 1994, 1303.

[14] LG Köln NJW 1991, 2974.

[15] ArbG Regensburg BB 1990, 1421. – Vgl. auch *Ordemann* NJW 1962, 1902.

zung der Urkunde unmöglich gemacht hat, bzw. daß im Rahmen der Beweiswürdigung *Beweiserleichterungen* zugunsten des Gegners zu gewähren sind. Entsprechend der Regelung, die das Gesetz für den Fall der arglistigen Urkundenbeseitigung getroffen hat (→ Rdnr. 4), wird man auch hier dem Gericht einen gewissen Spielraum zubilligen müssen: Die Beweislastumkehr (bzw. Beweiserleichterung) ist als *regelmäßige* Folge anzusehen; sie tritt aber ausnahmsweise nicht ein, wenn sie den besonderen Umständen des Falles nicht gerecht würde.

Zehnter Titel

Beweis durch Parteivernehmung

Vorbemerkungen

I. Zur geschichtlichen Entwicklung 1
II. Die Parteivernehmung als Beweismittel 2
   1. Beweismittel 2
   2. Freie Beweiswürdigung 3
   3. Abgrenzung von der persönlichen Anhörung der Parteien 4
4. Verwertung von Aussagen aus einem anderen Verfahren 8
5. Lügendetektor 10
III. Parteivernehmung und Zeugenbeweis 11
IV. Sonderregeln 13
V. Arbeitsgerichtliches Verfahren 15

I. Zur geschichtlichen Entwicklung

1 Die Novelle 1933 hat den früher in §§ 410 ff. CPO, seit 1900 in §§ 445 ff. geregelten »gestabten« Eid durch die **Parteivernehmung**[1] ersetzt[2]. Diese wurde als Ersatz für den Parteieid zuerst im englischen Recht eingeführt; in der Folge wurde sie auch in zahlreichen nordamerikanischen Prozeßgesetzen übernommen. In Österreich ist sie bereits durch das Gesetz vom 27. IV. 1873 für das Verfahren in geringfügigen Rechtssachen eingeführt und dann in die ZPO vom 1. VIII. 1895 (§§ 371 ff.) übernommen worden.

II. Die Parteivernehmung als Beweismittel

1. Beweismittel

2 Die Parteivernehmung ist in jeder Hinsicht **reines Beweismittel**. Zu den durch Parteivernehmung zu beweisenden *Tatsachen* → § 445 Rdnr. 3 bis 6.

2. Freie Beweiswürdigung

3 Gesetzliche Beweisregeln bestehen nicht. Die Parteiaussage, gleichviel ob sie unbeeidigt oder beeidigt erfolgt, untersteht ebenso wie die Ablehnung der Vernehmung (§ 446) und die Verweigerung der Aussage (§ 453 Abs. 2) ausschließlich der **freien richterlichen Beweiswürdigung**, § 286.

---

[1] Lit.: *Gehrlein* Warum kaum Parteibeweis im Zivilprozeß? ZZP 110 (1997), 451 ff.; *Münks* Vom Parteieid zur Parteivernehmung in der Geschichte des Zivilprozesses (1992); *Nagel* Die Grundzüge des Beweisrechts im europäischen Zivilprozeß (1967), 222, 302 (rechtsvergleichend); *ders.* Kann die Subsidiarität der Parteivernehmung in der deutschen ZPO noch vertreten werden? Festschr. für Habscheid (1989), 195 ff.; *Polyzogopoulos* Parteianhörung und Parteivernehmung in ihrem gegenseitigen Verhältnis (1976) (dazu Bespr. *Kollhosser* ZZP 91 [1978] 102); *Rüßmann* Praktische Probleme des Zeugenbeweises im Zivilprozeß KritV 1989, 361, 364 f.; *J.P. Schmidt* Teilbarkeit und Unteilbarkeit des Geständnisses im Zivilprozeß (1972), 96 ff.; *E. Schneider* Beweis und Beweiswürdigung[5] (1994) Rdnr. 1498 ff.; *Schöpflin* Die Beweiserhebung von Amts wegen im Zivilprozeß (1992), 258 ff.; *ders.* Die Parteianhörung als Beweismittel NJW 1996, 2134; *Wittschier* Die Parteivernehmung in der zivilprozessualen Praxis (1989).

[2] Zur geschichtlichen Entwicklung von Parteieid und Parteivernehmung vgl. *J.P. Schmidt* (Fn. 1), 96 ff.; *Münks* (Fn. 1).

3. Abgrenzung von der persönlichen Anhörung der Parteien

Während die Parteivernehmung dem *Beweis* dient, hat die persönliche **Anhörung der Partei nach § 141** nur den Zweck, den *Sachvortrag* der Partei, also ihre Tatsachenbehauptungen, zu klären. Zur Abgrenzung → § 141 Rdnr. 2. Die Parteianhörung kann dazu führen, daß bestimmte Tatsachen unstreitig werden oder nicht mehr behauptet werden; sie dient dagegen nicht dem Beweis streitiger Tatsachen[3] → auch § 286 Fn. 21. Nach geltendem Recht sind Parteianhörung und Parteivernehmung nach Voraussetzungen und Wirkungen strikt auseinanderzuhalten, → § 141 Rdnr. 2. Auch eine Reform, beide Rechtsinstitute zusammenzufassen[4] oder gar die Vorschriften über die Parteivernehmung zu streichen[5], erscheint nicht empfehlenswert. Eine andere Frage ist, ob die Zulässigkeit der Parteivernehmung durch den Gesetzgeber erweitert werden sollte[6], wofür vieles spricht. Zur Frage, ob schon nach geltendem Recht eine Erweiterung durch **verfassungskonforme Auslegung** geboten ist, → § 448 Rdnr. 16 ff.

Werden die von einer Partei im Rahmen der Anhörung nach § 141 gemachten Äußerungen als Beweismittel gewertet, so liegt darin ein Verfahrensfehler[7]. *Nur die Aussage der Partei bei einer nach §§ 445ff. angeordneten Parteivernehmung stellt ein zulässiges Beweismittel dar.* Daß nach § 286 bei der Beweiswürdigung der gesamte Inhalt der Verhandlung zu berücksichtigen ist, ändert daran nichts. Aus § 286 ergibt sich u. a., daß die Äußerungen der Parteien bei der Beurteilung der Bedeutung und des Beweiswerts anderer Beweismittel zu beachten sind. Auf die *Glaubwürdigkeit der Aussage einer Partei* kann die Tatsachenfeststellung dagegen nur dann gestützt werden, wenn eine Parteivernehmung nach §§ 445ff. erfolgt ist[8]. Das gilt auch dann, wenn die Parteiaussage neben anderen Beweismitteln als Grundlage der Tatsachenfeststellung dienen soll.

Die mehrfach wiederholte Aussage des BGH[9], im Rahmen der Würdigung des gesamten Inhalts der Verhandlungen und des Ergebnisses der Beweisaufnahme dürfe einer Parteierklärung, auch wenn sie außerhalb einer förmlichen Parteivernehmung erfolgt sei, der Vorzug vor den Bekundungen eines Zeugen gegeben werden, ist zumindest mißverständlich. Wenn es darum geht, die Glaubwürdigkeit der Zeugen zu erschüttern, auf die sich der beweispflichtige Gegner stützt, erscheint die Aussage zutreffend und widerspricht dann auch nicht dem Satz, die Parteiäußerung dürfe nicht als Beweismittel gewertet werden. Dagegen wäre der Widerspruch offensichtlich, wenn eine beweispflichtige Partei den ihr obliegenden Beweis durch ihre Äußerung im Rahmen der Verhandlung oder bei einer Anhörung nach § 141 erbringen könnte. Hinsichtlich des Beweises des äußeren Bildes eines Fahrzeugdiebstahls ist der BGH[10] in der Tat so vorgegangen. Dem kann nicht gefolgt werden; vielmehr muß dann aufgrund des aus den Verhandlungen und der Parteianhörung gewonnenen »An-

---

[3] Gegen den Einsatz der Parteianhörung zu Beweiszwecken *Brehm* Bindung des Richters an den Parteivortrag und Grenzen freier Verhandlungswürdigung (1982), 230 ff. *Meyke* MDR 1987, 358, 360 sieht dagegen im Ergebnis von Anhörung und Parteivernehmung grundsätzlich gleichwertige Erkenntnisquellen für die Überzeugungsbildung des Gerichts, betont aber andererseits, die Darlegungen einer Partei bei ihrer Anhörung seien nur Parteivorbringen und nicht Beweismittel. Für Beweisfunktion der Parteianhörung *Rüßmann* (Fn. 1) 367; *Schöpflin* NJW 1996, 2134; *Terbille* VersR 1996, 408 (jedenfalls bei Streit über Diebstahlsversicherung).

[4] Dafür in neuerer Zeit *Polyzogopoulos* (Fn. 1) 143. Zust. *Kollhosser* ZZP 91 (1978), 102, 106. S. auch *J. P. Schmidt* (Fn. 1) 123; *Wittschier* (Fn. 1) Rdnr. 30 ff.

[5] Dies empfiehlt *AK-ZPO-Rüßmann*, vor § 445 Rdnr. 4; *ders.* KritV 1989, 361, 366.

[6] Dafür (vor allem durch Streichen der Subsidiarität) *Nagel* Festschr. für Habscheid (Fn. 1), 202 f.

[7] *BGH* NJW 1992, 1558, 1559; NJW-RR 1988, 394; WM 1987, 1562; MDR 1967, 834 = LM § 445 Nr. 3; BAGE 14, 266 = AP § 448 Nr. 1 (Pohle). – A.M. *AK-ZPO-Rüßmann* vor § 445 Rdnr. 5; *Schöpflin* NJW 1996, 2134.

[8] Ebenso *MünchKommZPO-Peters* § 141 Rdnr. 4. – Bedenklich *BGH* LM § 286 (B) Nr. 4 = ZZP 65 (1952), 270 (Verwertung der mit eidesstattlicher Versicherung versehenen Erklärung einer Partei, ohne daß Parteivernehmung angeordnet worden wäre).

[9] *BGH* NJW 1999, 363, 364; NJW 1998, 306, 307; BGHZ 122, 115, 121 = NJW 1993, 1638, 1640; *BGH* NJW-RR 1990, 1061, 1063.

[10] *BGH* NJW-RR 1991, 983, 984 = VersR 1991, 917 = MDR 1992, 137. Lit. hierzu → § 448 Fn. 5.

fangsbeweises« eine Parteivernehmung der beweispflichtigen Partei nach § 448 angeordnet werden, → § 448 Rdnr. 6.

7 Die bei der Parteivernehmung gemachte Aussage dient *nur* dem Beweis; sie ist niemals darüber hinaus eine Prozeßhandlung der Partei. Insbesondere stellt die der Partei ungünstige Aussage **kein Geständnis** i.S. der §§ 288 ff. dar[11], → § 288 Rdnr. 12; die **Berichtigung der Aussage** steht daher nicht unter den Schranken des § 290.

4. Verwertung von Aussagen aus einem anderen Verfahren

8 **Aussagen** einer Partei, die **in einem früheren Verfahren** gemacht und dort protokolliert wurden, können an sich im Wege des Urkundenbeweises verwertet werden[12]. Dies darf aber nicht zu einer Umgehung der Regeln über die Parteivernehmung führen. Nur wenn die Partei unmittelbar durch das erkennende Gericht vernommen wird, kann die Glaubwürdigkeit richtig gewürdigt werden, da es dabei entscheidend auf den eigenen Eindruck des Gerichts ankommt. Auch darf dem Gegner das Recht, bei der Vernehmung anwesend zu sein (§ 357 Abs. 1) und gegebenenfalls Fragen zu stellen (§§ 451, 397), nicht genommen werden. Daher darf eine **beantragte Parteivernehmung nicht deshalb abgelehnt werden,** weil bereits eine Aussage der Partei aus einem früheren Verfahren vorliegt[13], → § 284 Rdnr. 36. Der Antrag auf Vernehmung des Gegners darf auch nicht deshalb unberücksichtigt bleiben, weil das *Gegenteil der unter Beweis gestellten Tatsachen* schon durch die frühere Aussage des Gegners erwiesen sei (§ 445 Abs. 2)[14].

9 Hält das Gericht eine **Parteivernehmung von Amts wegen** nach § 448 für geboten, so darf diese ebenfalls nicht durch Verwertung einer früheren Aussage ersetzt werden. Doch ist es in allen Fällen zulässig, *neben* der unmittelbaren Vernehmung der Partei auch ihre frühere Aussage bei der Beweiswürdigung zu berücksichtigen[15].

5. Lügendetektor

10 Auch bei Zustimmung der betreffenden Partei oder auch beider Parteien ist der sog. Lügendetektor (Polygraphentest) auch im Zivilprozeß kein geeignetes Beweismittel[16]. Die Gründe, die für eine Unzulässigkeit im Strafprozeß sprechen[17], insbesondere die ungesicherte Methode, gelten hier genauso.

III. Parteivernehmung und Zeugenbeweis

11 **Die Abgrenzung zum Zeugenbeweis** richtet sich nach dem Satz, daß *Zeugen* alle Personen sein können, die *im konkreten Prozeß nicht den Vorschriften über die Parteivernehmung unterstehen*, → vor § 373 Rdnr. 1 f. Zur Parteivernehmung bei Streitgenossenschaft → § 449, zur Vernehmung des gesetzlichen Vertreters und der prozeßunfähigen Partei → § 455.

12 Die Aussage einer Person kann auch dann verwertet werden, wenn **offengeblieben** ist, ob eine Partei- oder eine Zeugenvernehmung stattgefunden hat[18], → vor § 373 Rdnr. 2 bei

---

[11] *BGHZ* 129, 108 = NJW 1995, 1432 = LM § 288 Nr. 11 (abl. *Wax*) = JR 1996, 56 (*Preuß*) unter Aufgabe der entgegenstehenden früheren Rechtsprechung. Zust. *Lemcke* VersR 1995, 989; abl. *Hülsmann* NJW 1997, 617. Weitere Nachw. → § 288 Fn. 37.
[12] Vgl. *BGH* WM 1969, 1052 und → § 284 Rdnr. 34 u. 39.
[13] *BGH* LM § 445 Nr. 3; FamRZ 1966, 566.
[14] *BGH* FamRZ 1966, 566.
[15] *BGH* LM § 445 Nr. 3; FamRZ 1966, 566.
[16] *LAG Rheinland-Pfalz* MDR 1998, 1119.
[17] Dazu ausführlich *BGH* NJW 1999, 657 (völlig ungeeignetes Beweismittel). – Einen verfassungsrechtlichen Anspruch auf Zulassung dieses Beweismittels verneint *BVerfG* NJW 1998, 1938.
[18] *BGH* LM § 373 Nr. 3 = ZZP 71 (1958), 114 = WM 1957, 877.

Fn. 8. Wird eine Person **irrtümlich als Zeuge statt als Partei vernommen,** und hat sie ausgesagt, so braucht die Vernehmung nicht wiederholt zu werden, sondern die Aussage ist als Parteiaussage zu würdigen[19]. Im umgekehrten Fall liegt es dagegen näher, eine Wiederholung der Vernehmung für nötig zu erachten, da der Zeuge strengeren Sanktionen bei unwahrer Aussage unterliegt als die Partei. Soweit man (in beiden Fällen) einen an sich zur Wiederholung der Vernehmung nötigenden Verfahrensfehler bejaht, so wird dieser jedenfalls dann nach § 295 geheilt, wenn der Gegner den Mangel trotz Kenntnis nicht gerügt hat[20], → auch vor § 373 Rdnr. 2 bei Fn. 6. – Wenn die *Aussage verweigert* wurde, muß die Vernehmung in der korrekten Art wiederholt werden, weil die Weigerungsgründe und die Rechtsfolgen der Weigerung jeweils unterschiedlich sind. – Hat das Gericht im Urteil eine Parteiaussage fehlerhaft als Zeugenaussage behandelt (oder umgekehrt), so wird man im allgemeinen eine fehlerhafte Beweiswürdigung annehmen müssen[21].

IV. Sonderregeln

Die Parteivernehmung ist im **Eheprozeß** ebenso wie im gewöhnlichen Verfahren zulässig; 13 das Verfahren ist jedoch in § 613 teilweise abweichend gestaltet (→ § 613 Rdnr. 6 ff.), und der Verzicht der Parteien auf die Beeidigung ist in § 617 ausgeschlossen. Zur Anhörung des Gegners im **Verfahren** über die Gewährung von **Prozeßkostenhilfe** → § 118 Rdnr. 13 ff.; eine Parteivernehmung ist in diesem Verfahren unzulässig, → § 118 Rdnr. 26. Zur Frage, ob eine Parteivernehmung im selbständigen Beweisverfahren nach § 485 Abs. 1 zulässig ist, → § 485 Rdnr. 5. Die Parteivernehmung *auf Antrag* ist nicht zulässig zum Beweis der Tatsachen, die eine **Restitutionsklage** begründen sollen (§ 581 Abs. 2), doch ist eine Parteivernehmung von Amts wegen nach § 448 möglich, → § 581 Rdnr. 7. Im **Urkunden- und Wechselprozeß** ist die Parteivernehmung zum Beweis der anspruchsbegründenden Tatsachen nicht zulässig, § 592 S. 1. Sie ist aber zulässiges Beweismittel im Rahmen des § 595 Abs. 2 (→ § 595 Rdnr. 4) und des § 605 Abs. 1 (→ § 605 Rdnr. 1).

Zur Parteivernehmung bei der **Schadensermittlung** und der Feststellung der Höhe einer 14 Forderung → § 287 Rdnr. 35 ff. Zur Parteivernehmung zum Zweck der **Glaubhaftmachung** → § 294 Rdnr. 8.

V. Arbeitsgerichtliches Verfahren

Die Vorschriften über die Parteivernehmung gelten im **arbeitsgerichtlichen Verfahren** ent- 15 sprechend, § 46 Abs. 2, § 64 Abs. 6 ArbGG.

§ 445 [Antrag auf Vernehmung des Gegners]

(1) Eine Partei, die den ihr obliegenden Beweis mit anderen Beweismitteln nicht vollständig geführt oder andere Beweismittel nicht vorgebracht hat, kann den Beweis dadurch antreten, daß sie beantragt, den Gegner über die zu beweisenden Tatsachen zu vernehmen.

(2) Der Antrag ist nicht zu berücksichtigen, wenn er Tatsachen betrifft, deren Gegenteil das Gericht für erwiesen erachtet.

---

[19] *BGH* WM 1977, 1007; *Leipold* AP § 451 Nr. 1.
[20] *BGH* LM § 27 DBG Nr. 2.
[21] Recht großzügig *BGH* WM 1968, 1099: Die Behandlung einer Parteiaussage als Zeugenaussage schadet nicht, wenn kein Anhaltspunkt dafür vorliegt, daß das Gericht die Aussage höher bewertet als eine Parteiaussage. S. auch *BGH* WM 1977, 1007.

Gesetzesgeschichte: Bis 1900 § 410 CPO. Geändert durch die Novelle 1933 (→ vor § 445 Rdnr. 1).

I. Normzweck	1
II. Gegenstand der Parteivernehmung	3
1. Beweis von Tatsachen	3
2. Keine Beschränkung auf eigene Handlungen und Wahrnehmungen	5
III. Bedeutung der Beweislast	7
1. Beweislast des Antragstellers	7
2. Gegenbeweis	8
3. Abgeschwächte Bedeutung der Beweislast wegen §§ 447, 448	9
4. Falsche Beurteilung der Beweislast	10
5. Beweiswürdigung und Beweislast	11
IV. Subsidiarität der Parteivernehmung	12
1. Grundsatz	12
2. Verhältnis zu anderen Beweismitteln der beweispflichtigen Partei	14
3. Verhältnis zu Beweismitteln des Gegners der beweispflichtigen Partei	16
V. Unzulässigkeit der Parteivernehmung nach Abs. 2	17
VI. Beweisantritt	20
1. Bezeichnung der Tatsachen	21
2. Nur Antrag auf Vernehmung	22
3. Vernehmung der Gegenpartei	23
4. Kein Erfordernis der Wahrscheinlichkeit	26
5. Antragsberechtigung	27
6. Rücknahme	28
VII. Entscheidung über den Antrag	29
VIII. Sonderregeln	31

I. Normzweck

1 Die Bestimmung umschreibt die Voraussetzungen, unter denen eine Partei die Parteivernehmung beantragen, also verlangen kann. Dafür zieht das Gesetz jedoch enge Grenzen. Den Antrag kann nur die beweispflichtige Partei stellen; sie kann nur die Vernehmung des Gegners beantragen, und dem Antrag ist nicht zu entsprechen, wenn das Gericht das Gegenteil der unter Beweis gestellten Tatsachen bereits für erwiesen erachtet (Abs. 2). Insgesamt behandelt die ZPO damit die Parteivernehmung nur als **subsidiäres Beweismittel**.

2 Die Regelung ist geprägt von dem nachvollziehbaren Mißtrauen gegenüber Aussagen in eigener Sache. Daher arbeitet das Gesetz mit **generell-abstrakten Schranken** und begnügt sich nicht damit, Bedenken gegen die Tauglichkeit der Parteiaussage im Rahmen der freien Beweiswürdigung nach Maßgabe des konkreten Falles zu berücksichtigen. Allerdings erhält dadurch die Frage, wessen Vernehmung als *Partei* und damit nur unter den engen Voraussetzungen des § 445 verlangt werden kann und wer als *Zeuge* zu benennen und dann stets zu vernehmen ist, eine nicht immer einleuchtende Bedeutung. So kann es eher zufällig sein, ob an Vertragsverhandlungen ein gesetzlicher Vertreter der Partei (nur als Partei vernehmbar, → § 455 Rdnr. 2) oder ein leitender Angestellter (der ohne weiteres Zeuge sein kann) beteiligt war. Auch daß man durch Abtretung einer Forderung dem bisherigen Gläubiger die Zeugenstellung verschaffen kann, ist wegen der für die Parteivernehmung geltenden Grenzen problematisch (→ auch § 448 Rdnr. 15). Während § 445 kaum einen Auslegungsspielraum in dieser Richtung enthält, können die hier gezogenen Schranken immerhin durch die Anwendung des § 448 gelockert werden. In Fällen der Beweisnot erscheint zudem eine verfassungskonforme Auslegung des § 448 geboten, die dem verfassungsrechtlich garantierten Recht auf Beweis gerecht wird, näher → § 448 Rdnr. 16 ff.

II. Gegenstand der Parteivernehmung

1. Beweis von Tatsachen

3 Die Parteivernehmung ist als **Beweismittel** (→ vor § 445 Rdnr. 2) nur über **Tatsachen** (→ § 284 Rdnr. 9 ff.) zulässig. Soweit es sich bei der Angabe von Tatsachen um Subsumtionen unter schwierige tatsächliche Begriffe, insbesondere solche technischer Art oder unter rechtliche Begriffe (z. B. »ich habe gekauft«) handelt, muß der Richter soweit notwendig auf die rein tatsächlichen Grundlagen der in der Angabe enthaltenen Subsumtion zurückgehen. Wie weit dies erforderlich ist, ist von Fall zu Fall zu entscheiden, → § 284 Rdnr. 13 f. Die Parteivernehmung hat nicht den Zweck, *Erfahrungssätze* (→ § 284 Rdnr. 16) und *Fachwissen* zu vermitteln; dies ist Aufgabe des Sachverständigenbeweises (→ vor § 402 Rdnr. 12 ff.). Über Wahrnehmungen, die eine besondere Sachkunde voraussetzten, kann die Partei dagegen ebenso berichten wie ein Zeuge, vgl. § 414.

Ob die Tatsachen **äußere** sind, die mit den Sinnen wahrnehmbar waren, oder **innere** (Vorgänge und Zustände im Bewußtsein, im Seelenleben), ist gleichgültig. Der gute oder böse Glaube, die Überzeugung, das Wissen von Tatsachen sind ebenso Tatsachen wie eine bestimmte Absicht. Das gilt auch von hypothetischen inneren Tatsachen, d. h. von der Frage, wie eine Partei gehandelt haben würde (→ § 284 Rdnr. 12). Die Tatsachen können sowohl Handlungen als auch Unterlassungen sein. Auch über unsittliche oder strafbare Handlungen ist eine Parteivernehmung zulässig; zur Verweigerung der Aussage in solchen Fällen → § 446 Rdnr. 9. 4

2. Keine Beschränkung auf eigene Handlungen und Wahrnehmungen

Die Parteivernehmung kann sich sowohl auf **eigene** Handlungen oder Wahrnehmungen der zu vernehmenden Partei als auch auf **fremde** Tatsachen beziehen[1]. Die Partei ist nur gehalten, das zu bekunden, was sie über bestimmte Tatsachen weiß oder nicht weiß. Sie steht also im Fall des Nichtwissens nicht unter einem Gewissenszwang. Gegenstand des Beweises kann das Wissen von fremden Tatsachen (z. B. die Kenntnis von der Zahlungseinstellung) oder auch die fremde Tatsache selbst sein. 5

Der Unterschied zwischen eigenen und fremden Tatsachen ist bei der Parteivernehmung nur insofern von tatsächlicher Bedeutung, als der **Beweiswert der Parteiaussage** wesentlich davon abhängt, ob die Partei unmittelbar über eigenes Erleben oder nur über Tatsachen aussagt, von denen sie durch Mitteilungen anderer Kenntnis erlangt hat (zum Zeugen vom Hörensagen → vor § 373 Rdnr. 17 mit Fn. 39). 6

III. Bedeutung der Beweislast

1. Beweislast des Antragstellers

Nur die **beweispflichtige Partei** kann den Antrag auf Vernehmung des **Gegners** stellen[2]. Die antragstellende Partei muß also nach den → § 286 Rdnr. 25 ff. dargestellten Regeln die **Beweislast** für die unter Beweis gestellten Tatsachen tragen. Es handelt sich dabei um eine Auswirkung der *subjektiven* Beweislast (Beweisführungslast), → § 286 Rdnr. 29 ff., die im Verfahren mit Verhandlungsmaxime mit der objektiven Beweislast einhergeht. Beweispflichtig ist auch diejenige Partei, die eine *gesetzliche Vermutung* zu entkräften hat. Dabei geht es um einen Hauptbeweis, → § 292 Rdnr. 15. Dementsprechend läßt § 292 S. 2 den Antrag auf Parteivernehmung ausdrücklich zu. 7

2. Gegenbeweis

Zum **Gegenbeweis** (→ § 284 Rdnr. 7), also zur Entkräftung der von der beweispflichtigen Partei vorgebrachten Beweismittel, ist der Antrag auf Parteivernehmung dagegen *nicht* 8

---

[1] *RG* JW 1936, 817.   [2] Dazu krit. *J. P. Schmidt* (vor § 445 Fn. 1) 116 ff.

*zulässig*³. Diese Regelung, die sich aus § 445 Abs. 1 ergibt, beruht auf demselben Grundgedanken wie § 445 Abs. 2: Die Parteivernehmung ist nicht zulässig, um andere Beweismittel, die zur Überzeugung des Gerichts ausreichen, zu entkräften. Hat die beweisbelastete Partei ihrerseits den Beweis nicht erbracht, so ist ein Gegenbeweis ohnehin überflüssig.

3. Abgeschwächte Bedeutung der Beweislast wegen §§ 447, 448

9   Die **Bedeutung der Beweislast** für den Beweis durch Parteivernehmung ist aber dadurch **wesentlich gemindert,** daß nach § 447 bei Einverständnis beider Parteien auch die *beweispflichtige* Partei vernommen werden kann, → § 447 Rdnr. 1. Außerdem kann die Vernehmung einer Partei nach § 448 *von Amts wegen ohne Rücksicht auf die Beweislast* angeordnet werden. Die Vernehmung des Beweisführers von Amts wegen ist ferner im Fall des § 287 (Ermittlung des Schadens bzw. der Höhe einer Forderung) zulässig, → § 287 Rdnr. 35 ff.

4. Falsche Beurteilung der Beweislast

10 Beurteilt das Gericht die Beweislast falsch und ordnet es daher auf Antrag der nicht beweispflichtigen Partei die Vernehmung der beweispflichtigen Partei (ohne deren Zustimmung) an, so liegt darin ein **Verfahrensfehler,** der auch die Revision der beweisbelasteten Partei begründen kann⁴. Daß die beweispflichtige Partei durch die Anordnung in die Lage versetzt wird, über die ihr günstigen Tatsachen auszusagen, ändert am Vorliegen des Verfahrensfehlers nichts; denn das braucht nicht immer ein Vorteil zu sein. Der Verfahrensfehler kann allerdings durch Unterlassung der Rüge nach § 295 geheilt werden⁵. Man wird aber auch einen Verfahrensfehler zum Nachteil der *nicht beweispflichtigen* Partei annehmen müssen⁶, weil in dem Beweisantrag allein kein *Einverständnis* mit der Vernehmung des Gegners (auch für den Fall seiner Beweispflicht) zu sehen ist. Anders ist es, wenn sich eine Partei ohne Rücksicht auf die Beweislast mit der Vernehmung des Gegners einverstanden erklärt hat, → § 447 Rdnr. 1.

5. Beweiswürdigung und Beweislast

11 Bei der **Beweiswürdigung** (→ § 453 Rdnr. 1 bis 3) spielt die Frage der **Beweislast** keine Rolle. Was die vernommene Partei ausgesagt hat, ist zu berücksichtigen, gleich ob es zugunsten der beweisbelasteten oder der anderen Partei ausgefallen ist⁷, → auch vor § 128 Rdnr. 79, § 286 Rdnr. 10.

IV. Subsidiarität der Parteivernehmung

1. Grundsatz

12 Das Gesetz weist der Parteivernehmung eine **subsidiäre Stellung** zu: Die Parteivernehmung soll erst dann erfolgen, wenn der Beweisführer überhaupt keine anderen Beweismittel vorgebracht hat oder wenn die von ihm vorgebrachten und vom Gericht erhobenen Be-

---

³ *OLG Düsseldorf* MDR 1995, 959. Dies gilt auch für die Erschütterung eines Anscheinsbeweises. Vgl. LG Krefeld VersR 1979, 634. – A.M. *AK-ZPO-Rüßmann* Rdnr. 2; *Baumbach-Lauterbach-Hartmann*⁵⁷ Rdnr. 9.
⁴ Ebenso *Baumbach-Lauterbach-Hartmann*⁵⁷ Rdnr. 6.
⁵ Ebenso *Baumbach-Lauterbach-Hartmann*⁵⁷ Rdnr. 6. – A.M. *MünchKommZPO-Schreiber* Rdnr. 9; *Musielak-Huber* Rdnr. 7.
⁶ *Born* JZ 1981, 775, 779; *Wieczorek*² D I a 1; *Baumbach-Lauterbach-Hartmann*⁵⁷ Rdnr. 6.
⁷ Vgl. *OLG Stuttgart* VersR 1958, 649. → dazu auch § 447 Fn. 1.

weise nicht zur Begründung der notwendigen richterlichen Überzeugung von der Wahrheit der Tatsachen (§ 286) ausreichen. Zunächst sind also jeweils die sonstigen vom Beweisführer angebotenen Beweise zu erheben. Eine Vernehmung greifbarer Zeugen, die verspätet angeboten wurden, darf nicht deshalb wegen Verfahrensverzögerung (§ 296 Abs. 1 u. 2, § 528 Abs. 1 u. 2) abgelehnt werden, weil der Verhandlungstermin bereits durch eine Parteivernehmung zum selben Beweisthema ausgelastet sei[8].

Daß mit den anderen Beweismitteln bereits **Anhaltspunkte für die Wahrheit** der unter Beweis gestellten Tatsachen erbracht wurden, ist (anders als im Fall des § 448, → § 448 Rdnr. 5) **nicht erforderlich**[9]. Zur Aussetzung der Parteivernehmung, wenn *neue Beweismittel* vorgebracht wurden (§ 450 Abs. 2), → § 450 Rdnr. 7 ff. Mit der Durchführung der Parteivernehmung sind, da sich formale Beweisfolgen an sie nicht knüpfen, **weitere Beweiserhebungen** über dieselbe Tatsache nicht ausgeschlossen, → § 453 Rdnr. 5. 13

2. Verhältnis zu anderen Beweismitteln der beweispflichtigen Partei

Hat das Gericht ohne Berücksichtigung vorher oder gleichzeitig vorgebrachter anderer Beweismittel die Parteivernehmung durchgeführt, so kann darauf eine Revisionsrüge nur dann gestützt werden, wenn das Gericht nach dem Ergebnis der Parteivernehmung von der Erhebung der weiteren Beweise abgesehen hat[10]; der Verstoß liegt dann z. B. in der Nichtberücksichtigung des angetretenen Zeugenbeweises. Hat umgekehrt das Gericht zunächst den Zeugenbeweis erhoben, so folgt aus der subsidiären Stellung der Parteivernehmung, daß die Partei, wenn sie auch nach der Zeugenvernehmung an dem Antrag auf Parteivernehmung festhält, diesen **wiederholen** muß[11]. Eine Wiederholung des Antrags kann aber nicht erwartet werden, wenn das Gericht zu erkennen gab (insbesondere durch einen Aufklärungsbeschluß), daß es die andere Partei für beweispflichtig hält; wenn es diese Ansicht nach Erhebung der von der anderen Partei angebotenen Beweise ändert, muß es dem Antrag auf Parteivernehmung stattgeben[12], zumindest der Partei einen Hinweis (§ 139) und damit Gelegenheit zur Aufrechterhaltung des Antrags auf Parteivernehmung geben. Ein solcher Hinweis bzw. eine Frage des Gerichts an die beweispflichtige Partei, ob der Antrag aufrechterhalten wird, erscheint auch sonst geboten, wenn das Gericht nach Ausschöpfung der sonstigen Beweismittel den Beweis noch nicht als geführt betrachtet[13]. 14

Sind sowohl der **Zeuge** als auch der **Gegner der Partei** vernommen worden, so ist dadurch, daß die Parteivernehmung zuerst stattgefunden hat, weder der Beweisführer noch der Gegner beschwert; denn die Reihenfolge, in der verschiedene Beweise erhoben werden, ist bei dem unter dem Grundsatz der freien Beweiswürdigung stehenden Verfahren ohne Belang. 15

3. Verhältnis zu Beweismitteln des Gegners der beweispflichtigen Partei

Hat die beweispflichtige Partei die Vernehmung des Gegners beantragt, dieser aber **Gegenbeweise** durch Benennung von Zeugen usw. angetreten, so steht es im Ermessen des Gerichts, ob es zunächst diese Gegenbeweise erheben will. Notwendig ist dies nicht[14]; das 16

---

[8] *BGH* NJW 1991, 1181.
[9] *BGHZ* 33, 63 = LM Nr. 4 = MDR 1960, 830.
[10] Vgl. *Wieczorek*[2] D III b; *Rosenberg-Schwab-Gottwald*[15] § 124 II 1.
[11] *RGZ* 154, 228 (nach Ansicht des RG ist der Antrag auf Parteivernehmung neben anderen Beweismitteln unzulässig); *Baumbach-Lauterbach-Hartmann*[57] Rdnr. 1; *MünchKommZPO-Schreiber* Rdnr. 7; *Thomas-Putzo*[21]

Rdnr. 2; offenlassend *BGH* NJW-RR 1993, 2 = FamRZ 1993, 413, 414. – A.M. *Wieczorek*[2] D III c. Krit. auch *Musielak-Huber* § 450 Rdnr. 3 unter Hinweis auf § 450 Abs. 2 S. 2.
[12] *BGH* NJW 1991, 1290, 1291.
[13] *BGH* NJW-RR 1993, 2 = FamRZ 1993, 413, 414; *OLG Oldenburg* NJW-RR 1990, 125; *Wieczorek*[2] D III c.
[14] A.M. *Wieczorek*[2] D III b.

Gesetz gibt dem Gegner kein Anrecht darauf, mit dem eigenen Wissen bis zur Erhebung dieser Beweise zurückzuhalten.

V. Unzulässigkeit der Parteivernehmung nach Abs. 2

17 Die Parteivernehmung des Gegners nach § 445 ist nur zulässig, solange die Tatsache *nicht erwiesen* (§ 286) ist. Wenn nämlich die Parteibehauptung bereits voll bewiesen ist, so ist die Vernehmung nach allgemeinen Grundsätzen überflüssig, → § 284 Rdnr. 77. **Hält das Gericht das Gegenteil für erwiesen,** so ist nach Abs. 2 (abweichend von anderen Beweismitteln, → § 284 Rdnr. 78), der *Antrag* auf Vernehmung des Gegners *nicht mehr zu berücksichtigen.* Diese Regelung beruht auf der subsidiären Stellung der Parteivernehmung. Sie ist allerdings problematisch, wenn der beweisbelasteten Partei keine sonstigen Beweismittel zur Verfügung stehen. Hier sollte man in **verfassungskonformer Auslegung** des § 448 ein Recht auf eigene Vernehmung oder auf Vernehmung des Gegners bejahen, → § 448 Rdnr. 22.

17a Voraussetzung des § 445 Abs. 2 ist, daß das Gericht die **volle Überzeugung** (§ 286) vom Gegenteil hat, ohne Unterschied, ob es zu dieser Annahme auf Grund *freier Beweiswürdigung* nach vorgängiger Beweisaufnahme oder ohne solche auf Grund des Inhalts der mündlichen Verhandlung oder der Offenkundigkeit (§ 291) gelangt ist, oder kraft einer *gesetzlichen Beweisregel* das Gegenteil einer Parteibehauptung für erwiesen erachtet, wie in den Fällen der §§ 165, 415 bis 418, 438. Daher kann z. B. der Beweis der unrichtigen Beurkundung nach § 415 Abs. 2 nicht durch Parteivernehmung geführt werden[15]. Der Beweis gegen die *materielle* Beweiskraft (→ vor § 415 Rdnr. 9 ff.) einer durch die Urkunde bewiesenen privaten Erklärung kann aber auch durch Parteivernehmung geführt werden, → § 416 Rdnr. 12 a. E. Die *Aussage des Gegners aus einem früheren Verfahren* ist bei der Beurteilung der Frage, ob das Gegenteil erwiesen ist, nicht zu berücksichtigen, → vor § 445 Rdnr. 8 a. E.

18 Dagegen kann der Beweis des Gegenteils einer **gesetzlich vermuteten Tatsache** gemäß § 292 S. 2 auch durch den Antrag auf Parteivernehmung nach § 445 geführt werden, → § 292 Rdnr. 16. Daher ist der Antrag auf Parteivernehmung des Gegners auch zulässig, um die Vermutung der Echtheit der Urkunde (§ 440 Abs. 2, → § 440 Rdnr. 4) zu widerlegen[16].

19 Über die Beweisführung durch Antrag auf Parteivernehmung beim **Widerruf eines gerichtlichen Geständnisses** → § 290 Rdnr. 3.

VI. Beweisantritt

20 Der Beweisantritt erfordert die **Bezeichnung der zu beweisenden Tatsachen** und die **Erklärung,** daß der **Gegner** über sie vernommen werden soll. Zum Verhältnis des Antrags zu anderen Beweisangeboten → Rdnr. 12 ff.

1. Bezeichnung der Tatsachen

21 Die **Tatsachen** müssen **bestimmt bezeichnet werden.** Die Angabe des abstrakten gesetzlichen Tatbestandsmerkmals genügt nicht. Die Parteivernehmung darf nicht dazu benutzt werden, den Gegner über Verhältnisse auszuforschen, über die der Beweisführer bestimmte Behauptungen nicht aufzustellen vermag[17]. Für die Begrenzung der Bestimmtheit kommt es

---

[15] *BGH* LM § 415 Nr. 3 = MDR 1965, 818 = DNotZ 1965, 636.
[16] *BGH* WM 1988, 957.
[17] *BGH* LM § 109 HGB Nr. 3 = NJW 1958, 1491; BGHZ 33, 63 (Fn. 9); *BGH* LM § 154 StGB Nr. 69 = *BGH* Warn 1968 Nr. 117 = JZ 1968, 570; *OLG Königsberg* HRR 1936 Nr. 1677. S. auch *A. Blomeyer* ZPR[2] § 80 II 3, der auf die Zumutbarkeit für die zu vernehmende Partei abstellt.

nicht darauf an, ob der zu vernehmende Gegner ein sicheres Wissen hat, sondern darauf, daß der die Vernehmung beantragende Beweisführer eine Behauptung aufgestellt hat, die soweit im einzelnen bestimmt ist, daß das Gericht sie in dieser Form zur Grundlage seines Urteils machen könnte. Daher genügt z.B. nicht die allgemeine Behauptung vertragswidrigen Handelns ohne Angabe einzelner konkreter Tatsachen über die Art und Weise der Vertragsverletzung. Es gelten hier die allgemeinen Grundsätze über das **Verbot des Ausforschungsbeweises**, → § 284 Rdnr. 40 ff. (mit Nachw.), → § 373 Rdnr. 3. Die Anforderungen an die Konkretisierung der Tatsachen dürfen aber nicht überspannt werden, weil sich sonst allzu leicht Beweisschwierigkeiten für die beweisbelastete Partei ergeben.

2. Nur Antrag auf Vernehmung

Der Antrag muß **auf Vernehmung der Gegenpartei** gerichtet sein, d.h. darauf, den Gegner 22 nach seinem **Wissen** über die unter Beweis gestellte Tatsache zu befragen. Deshalb ist z.B. der Antrag unzulässig, der Gegner möge sich vor dem Prozeßgericht einer *Fachprüfung durch einen Sachverständigen* unterziehen[18]. Zur **Durchführung** der Vernehmung → § 451 Rdnr. 4, 5.

3. Vernehmung der Gegenpartei

Nach § 445 Abs. 1 kann nur die Vernehmung der **Gegenpartei** beantragt werden. Über 23 den Begriff der Partei → vor § 50 Rdnr. 1 ff., über die Abgrenzung gegenüber den für die Zeugenvernehmung in Betracht kommenden Personen → vor § 373 Rdnr. 1 ff. Der *Prozeßbevollmächtigte* kann nur als Zeuge vernommen werden, ebenso der gewöhnliche *Streitgehilfe* des § 67.

Der Antrag auf Vernehmung des **gesetzlichen Vertreters** ist stets als Antrag auf Parteivernehmung gemäß § 445 aufzufassen. Ob der gesetzliche Vertreter oder die prozeßunfähige Partei zu vernehmen ist, hat das Gericht nach § 455 zu entscheiden, ohne an Parteianträge gebunden zu sein, → § 455 Rdnr. 7.

Besteht die Gegenpartei aus **mehreren Streitgenossen**, so braucht die Partei keinen bestimmten zu benennen, § 449. Wird jedoch die Vernehmung *bestimmter* Streitgenossen beantragt, so ist das Gericht daran gebunden, → § 449 Rdnr. 2. Das gleiche gilt bei **mehreren gesetzlichen Vertretern**, → § 455 Rdnr. 6.

4. Kein Erfordernis der Wahrscheinlichkeit

Weitere Angaben sind zum Beweisantritt **nicht erforderlich**. Insbesondere bedarf es keiner näheren Darlegung der Umstände, durch die die zu beweisende Tatsache dem Gegner bekannt geworden ist. Ebensowenig kann das Gericht von dem Beweisführer eine *Glaubhaftmachung* der Tatsache fordern[19] oder Angaben über die Grundlagen seiner Kenntnis verlangen. Wegen *Unwahrscheinlichkeit der Tatsache* kann das Gericht die Vernehmung nicht ablehnen[20]. Die Vernehmung darf auch nicht deshalb abgelehnt werden, weil sie *wahrscheinlich keine Klärung* erbringen werde, sondern nur bei völliger Ungeeignetheit des Beweismittels, → § 446 Rdnr. 8 Fn. 2 sowie allgemein → § 284 Rdnr. 67 ff. Zum Ausschluß der Parteivernehmung, wenn das *Gegenteil bereits erwiesen* ist, → Rdnr. 17. Die Nichtberück-

---

[18] *BGH* LM § 109 HGB Nr. 3 (Fn. 17). – A.M. *E. Peters* Ausforschungsbeweis im Zivilprozeß (1966), 105.
[19] *BGHZ* 33, 63 (Fn. 9).
[20] Noch weniger deswegen, weil die zu beweisende Behauptung bestritten wird, *OLG Düsseldorf* NJW 1953, 307. – Zur Ablehnung der Vernehmung wegen schwerer gesundheitlicher Gefährdung durch die Vernehmung s. *BAG* NJW 1966, 2426.

sichtigung objektiv und subjektiv unwahrer Behauptungen wegen Verstoßes gegen die Wahrheitspflicht spielt daneben keine Rolle (→ § 138 Rdnr. 10f.); denn wenn die objektive Unwahrheit einer Behauptung feststeht, so ist eben das Gegenteil erwiesen.

5. Antragsberechtigung

27 **Zum Antrag** nach § 445 sind **berechtigt** die Partei bzw. ihr gesetzlicher Vertreter, der Prozeßbevollmächtigte (§ 81)[21] und, vorbehaltlich des Widerspruchs der Partei, der Streitgehilfe, → § 67 Rdnr. 16, ferner der streitgenössische Streitgehilfe, → § 69 Rdnr. 8, und jeder Streitgenosse.

6. Rücknahme

28 Der Antrag auf Vernehmung des Gegners kann bis zur Durchführung der Vernehmung zurückgenommen werden[22]; dies schließt (vorbehaltlich der Zurückweisung wegen Verspätung) nicht aus, später den Antrag erneut zu stellen[23]. Anders ist es, wenn die Partei einen endgültigen Verzicht erklärt hat. Eine Rücknahme des Antrags kann auch durch schlüssiges Verhalten erfolgen, doch kann davon nicht ausgegangen werden, wenn die Partei mit der Antragstellung auf den Schriftsatz Bezug nimmt, in dem der Antrag auf Parteivernehmung angekündigt war, mag dieser Antrag auch in der mündlichen Verhandlung nicht ausdrücklich gestellt worden sein[24]. Nach Durchführung der Beweisaufnahme durch Vernehmung der Partei erscheint die Rücknahme des Antrags nicht mehr zulässig, es sei denn, es wäre bei der Vernehmung ein Verfahrensfehler unterlaufen[25], → auch § 451 Rdnr. 16.

VII. Entscheidung über den Antrag

29 Darüber, ob ein ordnungsgemäßer Beweisantritt (→ Rdnr. 20) vorliegt, insbesondere ob er Tatsachen i.S. des → Rdnr. 3 bis 6 Gesagten betrifft und ob die Parteivernehmung nach dem → Rdnr. 12ff., 17ff. Bemerkten zulässig ist, entscheidet das Gericht (gegebenenfalls nach Ausübung seiner Fragepflicht, § 139), indem es die Parteivernehmung gemäß § 450 Abs. 1 durch **Beweisbeschluß** anordnet oder sie *durch Beschluß* oder *in den Gründen des Endurteils* ablehnt. Die Entscheidung ist nur mit dem Endurteil anfechtbar.

30 Zum **Einzelrichter** → § 450 Rdnr. 2.

VIII. Sonderregeln

31 Zum Ausschluß der Parteivernehmung in **besonderen Verfahrensarten** und zu **Sonderregeln** → vor § 445 Rdnr. 13f.

---

[21] Stellt der Anwalt den Antrag auf Parteivernehmung nicht, so liegt darin keine Pflichtverletzung, wenn keine Anhaltspunkte dafür gegeben waren, daß die zu benennende Partei von ihrem bisherigen Sachvortrag abrücken werde, *OLG Köln* NJW 1986, 725.

[22] *BGH* NJW-RR 1996, 1459, 1460.
[23] *BAG* AP § 451 Nr. 1 (zust. *Leipold*) = NJW 1974, 1349.
[24] *BGH* NJW-RR 1996, 1459, 1460.
[25] *Leipold* Anm. zu *BAG* AP § 451 Nr. 1.

§ 446 [Weigerung des Gegners]

Lehnt der Gegner ab, sich vernehmen zu lassen, oder gibt er auf Verlangen des Gerichts keine Erklärung ab, so hat das Gericht unter Berücksichtigung der gesamten Sachlage, insbesondere der für die Weigerung vorgebrachten Gründe, nach freier Überzeugung zu entscheiden, ob es die behauptete Tatsache als erwiesen ansehen will.

Gesetzesgeschichte: Bis 1900 § 411 CPO. Geändert durch die Novelle 1933 (→ vor § 445 Rdnr. 1).

I. Ablehnung der Parteivernehmung 1	5. Abgabe der Erklärung 6
1. Keine Pflicht der Partei 1	II. Würdigung der Ablehnungsgründe 8
2. Erklärung über die Bereitschaft zur Vernehmung 2	III. Nachträgliche Bereiterklärung zur Vernehmung 11
3. Unterlassung der Erklärung 3	
4. Inhalt der Erklärung 4	

I. Die Ablehnung der Parteivernehmung

1. Keine Pflicht der Partei

Anders als für den Zeugen besteht für die Partei **keine Verpflichtung, sich vernehmen zu lassen** und dadurch zur Tatsachenfeststellung beizutragen. Das Gericht kann aber die Weigerung, sich vernehmen zu lassen, zum Nachteil der Partei würdigen. Insofern kann man von einer **prozessualen Last** der Partei sprechen. Auch wenn sich die Partei zunächst zur Vernehmung bereit erklärt hat, kann sie später die Aussage (ganz oder teilweise) oder die Eidesleistung verweigern. *Zwangsmittel* sind weder in diesem Fall noch beim Ausbleiben der Partei im Vernehmungstermin zulässig, → § 453 Rdnr. 4, § 454 Rdnr. 1.   1

2. Erklärung über die Bereitschaft zur Vernehmung

Der **Gegner**, dessen Parteivernehmung beantragt ist, hat sich darüber **zu erklären,** ob er bereit ist, sich vernehmen zu lassen, und zwar auch dann, wenn er Einwendungen gegen die *Zulässigkeit* der Vernehmung erhebt (→ Rdnr. 4). Die Erklärung muß in der mündlichen Verhandlung bis zu ihrem Schluß (§ 296 a Rdnr. 8) abgegeben werden; im Fall der Entscheidung nach Aktenlage, §§ 251 a, 331 a, oder ohne mündliche Verhandlung, § 128 Abs. 2 u. 3, steht die schriftsätzliche Erklärung der mündlichen gleich, → § 128 Rdnr. 89, 92, § 251 a Rdnr. 14; zum Schlußzeitpunkt → § 128 Rdnr. 83 f., 94, 116, 119. Zur nachträglichen Erklärung → Rdnr. 11. Die Erklärung ist gemäß § 160 Abs. 3 Nr. 3, § 510 a **zu protokollieren,** → § 160 Rdnr. 18.   2

3. Unterlassung der Erklärung

Die Unterlassung der Erklärung steht der Ablehnung nur dann gleich, wenn das Gericht zur Erklärung **ausdrücklich aufgefordert** hat.   3

4. Inhalt der Erklärung

Die Erklärung des Gegners muß **unbedingt** sein; er kann nicht verlangen, daß zunächst über die gegen die *Zulässigkeit* der Vernehmung vorgebrachten Einwendungen entschieden   4 wird, oder mit der Erklärung bis zur Erledigung sonstiger Beweise warten[1]. Andererseits steht es im Ermessen des Gerichts, ob es die Erklärung sofort oder erst nach Abschluß einer sonstigen Beweisaufnahme verlangen will.

5   Die Erklärung kann nur in bejahendem oder verneinendem Sinn ergehen. Für eine *Zurückschiebung* der Vernehmung entsprechend der Zurückschiebung des Eides nach § 452 früherer Fassung (→ vor § 445 Rdnr. 1) ist kein Raum; eine solche Erklärung würde als Ablehnung auszulegen sein.

5. Abgabe der Erklärung

6   Die Erklärung kann wie jede andere prozessuale Willenserklärung von dem Prozeßbevollmächtigten abgegeben werden; im Anwaltsprozeß untersteht sie dem **Anwaltszwang**, § 78 Abs. 1. Die vom *Prozeßbevollmächtigten* erklärte Bereitwilligkeit zur Vernehmung steht einer späteren Aussageverweigerung (→ § 453 Rdnr. 4) seitens der *Partei selbst* nicht entgegen.

7   Zur Erklärung im Fall der **Streitgenossenschaft** → § 449 Rdnr. 3.

II. Die Würdigung der Ablehnungsgründe

8   Lehnt eine Partei es ab, sich vernehmen zu lassen, so weigert sie sich damit, durch Offenlegung des eigenen Wissens zur Aufklärung der streitigen Tatsachen beizutragen. *Formelle Beweisfolgen* in dem Sinne, daß nunmehr die Behauptung des Beweisführers als erwiesen anzusehen ist, knüpft das Gesetz an die Ablehnung nicht. § 446 stellt es vielmehr entsprechend dem allgemeinen Grundsatz der **freien Beweiswürdigung** (§ 286) in das pflichtgemäße Ermessen des Gerichts, welche Schlüsse es bezüglich der Wahrheit der zu erweisenden Behauptungen aus der Weigerung ziehen will. Dabei sind die für die Weigerung etwa vorgebrachten Gründe mit zu würdigen. Die ohne Angabe von Gründen erklärte Weigerung rechtfertigt regelmäßig den Schluß auf die Wahrheit der unter Beweis gestellten Tatsachen. Dasselbe gilt in der Regel, wenn die Vernehmung mit der Begründung abgelehnt wird, die Partei wisse nichts über die betreffenden Tatsachen. Darin liegt eine eigenmächtige Vorwegnahme des Vernehmungsergebnisses, zu der die Partei nicht befugt ist. Anders ist es, wenn sich aus der Weigerungserklärung (in Verbindung mit den unstreitigen oder bewiesenen Umständen) unzweifelhaft ergibt, daß die zu vernehmende Partei über die zu beweisende Tatsache nichts aussagen kann[2]. Dabei ist aber zur berücksichtigen, daß die Parteivernehmung nicht auf eigene Wahrnehmungen der Partei beschränkt ist, → § 445 Rdnr. 5.

9   Wird die Weigerung mit dem Hinweis auf **Betriebs-** oder **Geschäftsgeheimnisse**[3] begründet, oder damit, daß sich die Partei der Offenbarung **unehrenhafter** oder **strafbarer Handlungen** aussetzen würde, so kommt es ganz auf die Umstände des Einzelfalls an, ob sich daraus (gegebenenfalls in Verbindung mit anderen Beweismitteln) der Schluß auf die Wahrheit der unter Beweis gestellten Behauptungen ziehen läßt. Die bei der Würdigung einer entsprechenden Verweigerung der Zeugenaussage gebotene Zurückhaltung (→ § 384 Rdnr. 25) wird hier allerdings nicht in gleichem Maße angebracht sein. Gibt die Partei der Wahrung

---

[1] Ebenso *MünchKommZPO-Schreiber* Rdnr. 2. – A.M. *Wieczorek*[2] B I a.
[2] Dazu *OLG Düsseldorf* WM 1981, 369 sowie *LG Düsseldorf* WM 1973, 657 = DB 1973, 967 (zur Vernehmung des Vorstands einer Großbank über Hereinnahme eines Schecks durch eine Filiale). *Meyke* MDR 1987, 358, 361 meint hierzu, schon der Beweisbeschluß hätte nicht ergehen dürfen. In Betracht kommt eine Ablehnung wegen völliger Ungeeignetheit des Beweismittels, wobei aber Zurückhaltung geboten ist, näher → § 284 Rdnr. 67 ff.
[3] Zum Ausschluß der Öffentlichkeit → vor § 128 Rdnr. 119 ff. S. zu diesem Problemkreis *Gottwald* BB 1979, 1780; *Stürner* JZ 1985, 453; *Leppin* GRUR 1984, 695, 770. Zum Zeugnisverweigerungsrecht → § 384 Rdnr. 13 ff.

anderer Interessen den Vorrang, so ist es im allgemeinen nicht unbillig, wenn ihr dadurch im konkreten Prozeß Nachteile erwachsen. Dies gilt vor allem dann, wenn die Partei aufgrund einer erhöhten Pflichtenstellung dem Gegner gegenüber zur Mitwirkung an der Aufklärung verpflichtet ist[4].

Das Gericht hat die Partei (vor allem wenn sie nicht durch einen Anwalt vertreten ist) nach § 139 über die Tragweite der Ablehnung, insbesondere darüber zu **belehren**, daß durch die Bereiterklärung zur Vernehmung die Verweigerung der Aussage über bestimmte einzelne Fragen nicht ausgeschlossen wird. 9a

Zur Anwendung des § 446 beim Vorliegen einer **Streitgenossenschaft** → § 449 Rdnr. 3. 10

III. Nachträgliche Bereiterklärung zur Vernehmung

Lehnt die Partei es ab, sich vernehmen zu lassen, oder gibt sie trotz Aufforderung keine Erklärung ab, so **unterbleibt die Anordnung der Vernehmung.** Die Erklärung ist nicht als Angriffs- oder Verteidigungsmittel, sondern als Erklärung der Partei in ihrer Eigenschaft als Beweisperson anzusehen. Die §§ 282, 296, 528 (Zurückweisung wegen Verspätung) sind daher auf eine nachträgliche Bereiterklärung nicht anzuwenden[5]. Die Frage, ob das Gericht eine **nachträgliche Bereiterklärung**, sich vernehmen zu lassen, zu berücksichtigen hat, ist vielmehr aus der in § 533 Abs. 1 für die Berufungsinstanz getroffenen Regelung zu beantworten[6]: Soweit das *Berufungsgericht* die Vernehmung trotz Weigerung in der 1. Instanz anordnen kann, muß auch das *Gericht derselben Instanz* die Vernehmung trotz vorheriger Ablehnung anordnen können. Das Gericht darf also die Vernehmung entgegen der ursprünglichen Ablehnung nur anordnen, wenn die Partei von ihrem Standpunkt aus für die Ablehnung genügende, d. h. *als berechtigt anzuerkennende Gründe hatte* und diese Gründe seitdem *fortgefallen* sind. Ob auf die nachträgliche Bereiterklärung hin die Vernehmung anzuordnen ist, hängt im übrigen davon ab, ob auf Grund der dazwischen liegenden Verhandlung und einer etwaigen anderweitigen Beweisaufnahme das Gericht die Beweisfrage nicht schon in positivem oder negativem Sinn für geklärt erachtet, → § 445 Rdnr. 17. 11

§ 447 [Einverständnis mit der Vernehmung des Beweisführers]

Das Gericht kann über eine streitige Tatsache auch die beweispflichtige Partei vernehmen, wenn eine Partei es beantragt und die andere damit einverstanden ist.

Gesetzesgeschichte: Bis 1900 § 412 CPO. Geändert durch die Novelle 1933 (→ vor § 445 Rdnr. 1).

I. Parteivernehmung auf gemeinschaftliches Verlangen der Parteien	1	II. Gerichtliches Ermessen	4
1. Übereinstimmende Parteierklärungen	1	III. Keine Ablehnung der Vernehmung	5
2. Bindung an die Erklärung	2		
3. Rechtsnatur und allgemeine Voraussetzungen	3		

---

[4] Vgl. *BGH* NJW-RR 1991, 888, 891 = WM 1991, 942 (zum Ausschluß eines Gewerkschaftsmitglieds wegen Mitgliedschaft in einer gegnerischen Organisation).
[5] A.M. *Zöller-Greger*[21] Rdnr. 2; *OLG Karlsruhe* NJW-RR 1991, 200 = FamRZ 1991, 191 (wendet § 528 Abs. 1 an).

[6] Ebenso *Baumbach-Lauterbach-Hartmann*[57] Rdnr. 4. – A.M. *Wieczorek*[2] A I; *MünchKommZPO-Schreiber* Rdnr. 2, die die Verweigerung der Vernehmung für frei widerruflich halten.

I. Parteivernehmung auf gemeinschaftliches Verlangen der Parteien

1. Übereinstimmende Parteierklärungen

1   Während nach § 445 einseitiges Beweismittel der *beweispflichtigen* Partei nur die Vernehmung des *Gegners* ist, gestattet § 447 den Parteien, auch die **Vernehmung der beweispflichtigen Partei** als gemeinsames Beweismittel in den Prozeß einzuführen[1]. Ob der *Beweisführer* im Einverständnis mit dem Gegner beantragt, sich vernehmen zu lassen, oder der *Gegner* im Einverständnis mit der beweispflichtigen Partei den Antrag stellt, oder *beide Parteien* einen gemeinsamen Antrag stellen, ist gleich. Für die Erklärung gilt der **Anwaltszwang** nach § 78 Abs. 1; sie ist nach § 160 Abs. 3 Nr. 3, § 510a in das Protokoll aufzunehmen. Liegt ein Einverständnis nach § 447 vor, so verliert die Frage der *Beweislast* ihre Bedeutung für die Anordnung der Parteivernehmung; sie kann dann in diesem Zusammenhang offenbleiben[2]. Beantragt eine Partei ihre eigene Vernehmung, so genügt das *Schweigen* des Gegners nicht als Einverständnis[3].

2. Bindung an die Erklärung

2   Sobald die übereinstimmenden Parteierklärungen abgegeben sind, sind die Parteien an sie **gebunden**; eine nachträgliche einseitige Rücknahme des Antrags ist ebenso unzulässig wie ein einseitiger Widerruf des Einverständnisses[4]. Einen *übereinstimmenden Widerruf* der Erklärungen beider Parteien wird man zulassen können, solange die Vernehmung nicht erfolgt ist. Nach Durchführung der Vernehmung ist ein einseitiger[5] wie ein übereinstimmender Widerruf des Einverständnisses unzulässig. Zur Rechtsnatur des Einverständnisses → vor § 128 Rdnr. 170.

3. Rechtsnatur und allgemeine Voraussetzungen

3   Seinen Charakter als echtes **Beweismittel** verliert die Parteivernehmung durch das Einverständnis der Parteien nicht. In der Würdigung der Aussage oder ihrer Verweigerung ist das Gericht ebenso frei wie im Fall des § 445. Weiter hat das Gericht ebenso wie dort zu prüfen, ob es sich um Tatsachen handelt (→ § 445 Rdnr. 1 bis 4), ob diese erheblich sind, und ob die Vernehmung mit Rücksicht auf die bisherigen Verhandlungs- und Beweisergebnisse und andere vorgebrachte Beweismittel zulässig ist, → § 445 Rdnr. 10ff. (Subsidiarität), → § 445 Rdnr. 17ff. (Ausschluß der Parteivernehmung nach § 445 Abs. 2, wenn das Gegenteil bereits erwiesen ist).

---

[1] Wird die Gegenpartei *auf Antrag der beweispflichtigen* Partei nach § 445 vernommen, so ist ihre Aussage auch insoweit zu berücksichtigen, als sie zu ihren Gunsten ausfällt, → § 445 Rdnr. 11. Das gilt auch dann, wenn sich die Gegenpartei über Tatsachen äußert, für die sie die Beweislast trägt, die aber in so engem Zusammenhang mit dem Beweisthema stehen, daß sie bei einer dem § 396 entsprechenden Aussage (zusammenhängende Darstellung, → § 451 Rdnr. 4f.), mit zu erwähnen sind. Im Antrag des Beweisführers auch ein *beschränktes Einverständnis* zur Vernehmung des Gegners über die von diesem zu beweisenden Tatsachen nach § 447 zu sehen, entspricht dem Willen des Beweisführers in der Regel nicht und ist auch nicht erforderlich. S. dazu (im Ergebnis zutreffend) *OLG Stuttgart* VersR 1958, 649.

[2] A.M. *Born* JZ 1981, 775, 778; *Wieczorek*[2] A I, → auch § 445 Rdnr. 10. – Daß in aller Regel eine umfängliche Belehrung über die Beweislast erforderlich sein soll – so *MünchKommZPO-Schreiber* Rdnr. 2 – leuchtet nicht ein.

[3] *LG Krefeld* VersR 1979, 634; *VerfGH Berlin* JR 1994, 499, 500.

[4] Für Unwiderruflichkeit des Einverständnisses auch *Rosenberg-Schwab-Gottwald*[15] § 124 II 4b; *Zöller-Greger*[21] Rdnr. 3, die aber den Antrag für rücknehmbar halten. Dann kann aber die andere Partei den Antrag stellen und sich das Einverständnis zunutze machen. – Für Widerruflichkeit des Einverständnisses und Rücknehmbarkeit des Antrags vor der Beweisaufnahme *Gehrlein* ZZP 110 (1997), 451, 459; *MünchKommZPO-Schreiber* Rdnr. 2. Für entsprechende Anwendung des § 290 *Wieczorek*[2] A II.

[5] Ebenso *OLG Hamburg* MDR 1964, 414; insoweit unstr.

II. Gerichtliches Ermessen

Ob das **Gericht** dem gemeinschaftlichen Verlangen der Parteien nach Vernehmung der beweispflichtigen Partei **stattgeben will,** steht in seinem **Ermessen** (»kann«). Allerdings wird, sofern die beantragte Vernehmung zulässig ist, → Rdnr. 3, in der Regel kein Anlaß bestehen, sie abzulehnen. Anders u. U., wenn außerdem ein Antrag auf Vernehmung des Gegners des Beweisführers nach § 445 gestellt ist. Das Ermessen des Gerichts ist der Nachprüfung des Revisionsgerichts entzogen; die Ablehnung eines Antrags nach § 447 kann nach allgemeinen Grundsätzen mit der Revision nur insofern gerügt werden, als die Entscheidung ergibt, daß das Gericht hinsichtlich der Grenzen seines Ermessens von einer unrichtigen Rechtsauffassung ausgegangen ist.   4

III. Keine Ablehnung der Vernehmung

Eine Ablehnung der Vernehmung (§ 446) kommt im Fall des § 447 nicht in Frage, da § 447 das Einverständnis des zu Vernehmenden voraussetzt. Es bedarf daher auch **keiner weiteren Erklärung** über den Antrag.   5

§ 448 [Parteivernehmung von Amts wegen]

Auch ohne Antrag einer Partei und ohne Rücksicht auf die Beweislast kann das Gericht, wenn das Ergebnis der Verhandlungen und einer etwaigen Beweisaufnahme nicht ausreicht, um seine Überzeugung von der Wahrheit oder Unwahrheit einer zu erweisenden Tatsache zu begründen, die Vernehmung einer Partei oder beider Parteien über die Tatsache anordnen.

Gesetzesgeschichte: Bis 1900 § 413 CPO. Geändert durch die Novelle 1933 (→ vor § 445 Rdnr. 1).

I. Normzweck	1	IV. Notwendigkeit einer verfassungskonformen Auslegung ... 16
II. Voraussetzungen	5	V. Gegenstand der Vernehmung ... 23
1. Notwendige Wahrscheinlichkeit	5	VI. Anordnung der Vernehmung ... 24
2. Voraussichtlicher Überzeugungswert	9	VII. Verstöße ... 26
3. Gerichtliches Ermessen	10	VIII. Überprüfung in der Rechtsmittelinstanz ... 27
4. Anwendungsbereich	13	
III. Auswahl der Partei	14	
1. Ermessen und maßgebliche Umstände	14	
2. Vernehmung beider Parteien	15	

I. Normzweck[1]

Während die §§ 445, 447 die Parteivernehmung auf Antrag regeln, erlaubt § 448 ergänzend eine Parteivernehmung **von Amts wegen.** Dies stellt eine Ausnahme vom Verhandlungsgrundsatz dar (→ vor § 128 Rdnr. 78), die insofern überrascht, als eine Vernehmung   1

---

[1] Lit. → vor § 445 Fn. 1, ferner *Buß/Hohnert* Die »prozeßtaktische« Zession JZ 1997, 694; *Schlosser* EMRK und Waffengleichheit im Zivilprozeß NJW 1995, 1405; *Burkhard Schmidt* Die Begründung der Ablehnung einer Parteivernehmung nach § 448 ZPO MDR 1992, 637; *Schmidt-Schondorf* Menschenrechte im Zivilprozeß. Der Europäische Gerichtshof für Menschenrechte und das zivilprozessuale Beweisrecht JR 1996, 268; *Wittschier* Die Parteivernehmung (§§ 447, 448 ZPO) im Lichte der Entscheidung des Europäischen Gerichtshofs

§ 448 I, II   Zehnter Titel: Beweis durch Parteivernehmung

von Zeugen von Amts wegen im gewöhnlichen Zivilprozeß in keinem Fall zulässig ist. Der Widerspruch löst sich auf, wenn man den Hauptzweck des § 448 darin sieht, unter bestimmten Voraussetzungen auch Parteivernehmungen zu ermöglichen, die nach § 445 nicht erreicht werden können.

2   Bei der *Ermittlung der Höhe eines Schadens* bzw. einer Forderung kann nach § 287 Abs. 1 S. 3 unabhängig von den Voraussetzungen des § 448 die Vernehmung des Beweisführers angeordnet werden, → § 287 Rdnr. 35 ff.

3   § 448 verdient in der Praxis stärkere Beachtung. Statt die Parteianhörung wie ein Beweismittel zu bewerten (dagegen → § 141 Rdnr. 2, → vor § 445 Rdnr. 4), sollte in geeigneten Fällen aufgrund des § 448 die Vernehmung einer oder beider Parteien (→ Rdnr. 15) beschlossen werden[2].

4   Nach dem Wortlaut und dem bisher vorherrschenden Verständnis der Norm betrifft sie nur die Befugnis des Gerichts, von sich aus die Parteivernehmung zur Vervollständigung bereits vorhandener Grundlagen für die richterliche Überzeugungsbildung anzuordnen. Dieser Normzweck rechtfertigt es, eine Anfangswahrscheinlichkeit zur Voraussetzung der Anordnung zu machen. Um aber verfassungsrechtlich unzulässige Einschränkungen der Parteirechte, sich auf die Parteivernehmung als Beweismittel zu stützen, zu überwinden, erscheint eine verfassungskonforme Auslegung des § 448 notwendig, die im Ergebnis auf eine zumindest begrenzte Korrektur der Schranken aus § 445 hinausläuft. In diesem Bereich muß auf das Erfordernis einer Anfangswahrscheinlichkeit verzichtet werden. Im folgenden wird zunächst (→ Rdnr. 5 bis 15) der herkömmliche Anwendungsbereich dargestellt und sodann auf die verfassungskonforme Auslegung eingegangen (→ Rdnr. 16 ff.).

II. Voraussetzungen

1. Notwendige Wahrscheinlichkeit

5   Voraussetzung für die amtswegige Parteivernehmung ist, daß das **Ergebnis der Verhandlungen,** z. B. die Schlüsse aus unbestrittenen Indizien (→ § 284 Rdnr. 19) oder aus dem Verhalten der Parteien (→ § 286 Rdnr. 10), und das **Ergebnis der Beweisaufnahme nicht ausreichen,** um die richterliche Überzeugung zu begründen. Es muß also stets ein **gewisser, wenn auch geringer Grad**[3] **von Wahrscheinlichkeit** (ein sog. *Anfangsbeweis* bzw. eine *Anfangswahrscheinlichkeit*) für die Behauptung sprechen[4]: Stehen sich Behauptungen gänzlich beweislos gegenüber, so ist für eine Anordnung nach § 448 kein Raum[5]. Die Wahrscheinlichkeit muß für die durch Parteivernehmung zu beweisende Tatsache vorliegen; daran fehlt es, wenn das *Gegenteil wahrscheinlicher* ist[6], ebenso, wenn für das Gegenteil ein Anscheinsbeweis spricht[7]. Das Gericht muß von der Beweislage bei der *Anordnung* der Parteivernehmung ausgehen; es liegt aber kein Verfahrensfehler vor, wenn jedenfalls

---

für Menschenrechte vom 27. 10. 1993 DRiZ 1997, 247; *Zwanziger* Arbeitsrechtliche Standardsituationen und Parteivernehmung DB 1997, 776.

  [2] S. auch *Baumgärtel* MDR 1983, 478 (Parteivernehmung gemäß § 448 als wichtiges Mittel zur Vermeidung einer non-liquet-Entscheidung). Für einen zurückhaltenden Gebrauch des § 448 dagegen OLG München NJW-RR 1996, 958, 959; *Baumbach-Lauterbach-Hartmann*[57] Rdnr. 1; *MünchKommZPO-Schreiber* Rdnr. 1.
  [3] Es darf nicht fast schon Gewißheit verlangt werden, BGH NJW 1984, 721. Gegen zu hohe Anforderungen im konkreten Fall BGH NJW-RR 1994, 636.
  [4] Gegen diese bislang h.M. mit guten Gründen *Wittschier* (vor § 445 Fn. 1), Rdnr. 124 ff.; *ders.* DRiZ 1997,

247, 250; *Schöpflin* (vor § 445 Fn. 1), 269 ff.; *ders.* NJW 1996, 2134, 2136. – Zur Frage einer verfassungskonformen Auslegung → Rdnr. 16 ff.

  [5] *BGH* NJW 1989, 3222, 3223 = LM Nr. 7; NJW 1999, 363, 364; *OLG München* NJW-RR 1996, 958. Nach *BGH* NJW-RR 1991, 983 = VersR 1991, 917 = MDR 1992, 137 gilt dies auch für die Vernehmung der für den Diebstahl eines Kfz beweispflichtigen Partei; zu dieser besonderen Problematik *Hansen* VersR 1992, 23; *Zopfs* VersR 1993, 140; *Römer* NJW 1996, 2329.
  [6] Vgl. *OLG Saarbrücken* OLGZ 1984, 122. → auch zu Fn. 20.
  [7] LG Krefeld VersR 1979, 634. → auch § 445 Fn. 3.

zum Zeitpunkt der Vernehmung die erforderliche Wahrscheinlichkeit gegeben ist[8]. Sind noch **Beweise angeboten,** die zur erforderlichen Wahrscheinlichkeit führen können, so darf die Parteivernehmung nicht abgelehnt werden, bevor diese Beweise erhoben wurden[9]. Ein Zeugenbeweis, der keinen Vollbeweis erbringen wird, muß daher schon dann erhoben werden, wenn sich daraus möglicherweise der nötige Anfangsbeweis für die (bereits angeregte) Parteivernehmung des Beweisführers ergibt[10] (ganz abgesehen davon, daß eine Vorauswürdigung des angebotenen Zeugenbeweises in der Regel ohnehin unzulässig ist, → § 284 Rdnr. 69 f.).

Die notwendige Wahrscheinlichkeit kann sich daraus ergeben, daß der als Partei vernommene Gegner des Beweisführers die *Eidesleistung verweigert hat*; es kann dann die Vernehmung des Beweisführers nach § 448 angeordnet werden[11]. Die Wahrscheinlichkeit *kann* sich auch aus den in einem vorausgehenden Strafprozeß getroffenen Feststellungen ergeben[12]. Aus einer *Aussage*, die die zu vernehmende Partei *in einem früheren Prozeß* (auch etwa als Zeuge im Strafprozeß[13]) gemacht hat (→ vor § 445 Rdnr. 8), kann die Wahrscheinlichkeit in Verbindung mit dem jetzigen Vortrag und dem Ergebnis der Verhandlung hergeleitet werden. Die erforderliche Wahrscheinlichkeit kann auch ohne Beweisaufnahme aufgrund der Lebenserfahrung zu bejahen sein[14]. Auch die größere Plausibilität des Parteivortrags sollte beim Fehlen anderer Beweismittel genügen; dies ist der bessere Weg, als in solchen Fällen auf die Parteianhörung nach § 141 auszuweichen, → § 141 Rdnr. 2a, → vor § 445 Rdnr. 4 ff. Ebenso kann die Wahrscheinlichkeit aus den Angaben bei einer Parteianhörung nach § 141 in Verbindung mit den sonstigen Umständen entnommen werden[15]. Wenn aber die beweispflichtige Partei Zeugen benannt hat (sich also nicht in Beweisnot befindet), sind auch bei Glaubwürdigkeit der Partei zunächst die Zeugen zu vernehmen[16]. Eine bloße vorprozessuale Behauptung der Partei (in deren Schreiben) genügt nicht[17]. 6

Die vorhandenen Beweisanzeichen müssen erschöpfend gewürdigt werden, wobei auch eine bestehende **Beweisnot** der beweisbelasteten Partei zu berücksichtigen ist[18]. Die Beweisnot rechtfertigt es aber nach Ansicht des BGH[19] nicht, einen geminderten Wahrscheinlichkeitsmaßstab anzulegen. Zu den **Anforderungen an die Begründung** → Rdnr. 28. 7

Bei der Beurteilung des bisherigen Prozeßergebnisses spielt an sich die **Beweislast** keine Rolle, → Rdnr. 14 bei Fn. 29; wenn aber zugunsten des Beweispflichtigen gar nichts bewiesen ist, wohl aber zugunsten des Gegners einiger Beweis erbracht ist und ein Antrag auf Parteivernehmung des Gegners vom Beweispflichtigen nach § 445 nicht gestellt ist, so wäre die Parteivernehmung des Gegners zum mindesten unangemessen[20]; denn damit würde seine Lage sachlich dahin verschlechtert, daß er gegen eine unbewiesene Behauptung Gegenbeweise zu erbringen hätte. 8

---

[8] *BGH* LM Nr. 4 = MDR 1965, 287.
[9] *BGH* VersR 1984, 665 = VRS 67 (1984), 93.
[10] *OLG Koblenz* MDR 1998, 712.
[11] *ArbG Marburg* AP Nr. 2 = BB 1965, 988 (LS).
[12] Vgl. – jedoch im konkreten Fall offenlassend – *BGH* VersR 1984, 665 (Fn. 9).
[13] Vgl. *OLG Hamburg* MDR 1982, 340 (Strafsenat).
[14] *BGH* NJW-RR 1991, 983 = VersR 1991, 917 = MDR 1992, 137, 138; *Baumbach-Lauterbach-Hartmann*[57] Rdnr. 3.
[15] *Zöller-Greger*[21] Rdnr. 4; *Baumbach-Lauterbach-*

Hartmann[57] Rdnr. 3. Ebenso wohl *BGH* NJW-RR 1991, 983 (vorige Fn.).
[16] *BGH* MDR 1997, 638.
[17] *BGH* NJW 1989, 3222, 3223.
[18] BGHZ 110, 363, 366 = NJW 1990, 1721, 1722. – Dagegen *Burkhard Schmidt* MDR 1992, 637.
[19] BGHZ 110, 363, 366 = NJW 1990, 1721, 1722; *BGH* NJW-RR 1992, 920 = VersR 1992, 867; NJW 1998, 814, 815.
[20] BGHZ 30, 60 = LM § 581 Nr. 3 = NJW 1959, 1369 = MDR 1959, 647; *Krönig* MDR 1949, 735.

2. Voraussichtlicher Überzeugungswert

9   Weitere Voraussetzung ist, daß sich das Gericht **von der Parteivernehmung einen Überzeugungswert verspricht**[21], d. h. daß es annimmt, daß die Partei über die zu erweisende Tatsache etwas bekunden kann und ihrer unbeeidigten oder beeidigten Aussage Glauben beizumessen ist[22].

3. Gerichtliches Ermessen

10   Ob die Parteivernehmung von Amts wegen angeordnet wird, steht im **pflichtgemäßen Ermessen** des Gerichts[23], zur Überprüfung in den Rechtsmittelinstanzen und den Anforderungen an die Begründung → Rdnr. 27. Sie darf aber, wenn das Gericht sie an sich für erforderlich hält, nicht durch die Verwertung der Aussage einer Partei aus einem früheren Verfahren ersetzt werden, → vor § 445 Rdnr. 8. **Anträge** der Parteien haben nur die Bedeutung von Anregungen. Ein (unzulässiger) Antrag einer Partei auf Zeugenvernehmung ihres Geschäftsführers kann als Anregung zur Parteivernehmung auszulegen oder dahin umzudeuten sein[24].

11   Die Parteien können auch durch *Vereinbarung* die Befugnis des Gerichts zur Anordnung der Parteivernehmung nicht ausschließen[25].

12   Liegen die Voraussetzungen des § 448 vor, so darf die **Erhebung weiterer angebotener Beweise** und Gegenbeweise vorerst zurückgestellt werden, wenn das Gericht der Überzeugung ist, daß ihr Ergebnis doch nicht hinreichend sein wird, um die Parteivernehmung überflüssig zu machen. Dies gilt auch dann, wenn die beweispflichtige Partei, sofern ihr das bisherige Ergebnis günstig ist (→ Rdnr. 5), den Antrag auf Parteivernehmung des Gegners gestellt hat; das Gericht kann in einem solchen Fall unter Beiseitelassung des Antrags nach § 445 die Parteivernehmung des Beweisführers nach § 448 anordnen. Nach der Durchführung der Vernehmung gelten für die **Ablehnung weiterer Beweisanträge** die allgemeinen Grundsätze (→ § 284 Rdnr. 51 ff., → auch § 453 Rdnr. 5).

4. Anwendungsbereich

13   Die Anordnung der Parteivernehmung nach § 448 ist auch hinsichtlich der Tatsachen zulässig, auf die eine **Restitutionsklage** gestützt wird, → § 581 Rdnr. 7. Wegen der besonderen Regelung der Parteivernehmung im **Eheprozeß** → § 613. – Bei der entsprechenden Anwendung des § 448 im Verfahren der **Freiwilligen Gerichtsbarkeit** gilt das Erfordernis einer Anfangswahrscheinlichkeit (→ Rdnr. 5 ff.) aufgrund des dort herrschenden Untersuchungsgrundsatzes nicht[26].

---

[21] *BGH* WM 1968, 406; FamRZ 1967, 473; *OLG Hamm* VersR 1991, 330; *Burkhard Schmidt* MDR 1992, 637, 638. – A.M. *Schöpflin* (vor § 445 Fn. 1), 279 ff. (unzulässige vorweggenommene Beweiswürdigung).

[22] A.M. *BGH* VersR 1984, 665 (Fn. 9) (keine Ablehnung der Vernehmung wegen mangelnder Glaubwürdigkeit, wenn die sonstigen Voraussetzungen nach § 448 vorlagen). – S. auch *BGH* VersR 1958, 601; *KG* VersR 1958, 385 (im konkreten Fall gegen Anzweifelung der Glaubwürdigkeit vor der Vernehmung).

[23] *BGH* NJW 1999, 363, 364; LM Nr. 2; LM Nr. 4 = MDR 1965, 287; FamRZ 1967, 473; WM 1968, 406; NJW 1983, 2033; 1984, 721; FamRZ 1987, 152; BAGE 14, 266 = AP Nr. 1 (zust. *Pohle*) = NJW 1963, 2340; AP § 138 BGB Nr. 27. – A.M. *E. Peters* Richterliche Hinweispflichten und Beweisinitiativen im Zivilprozeß (1983), 148 (Pflicht zur Ausschöpfung der Beweismittel, wenn die Voraussetzungen gegeben sind); *Schöpflin* (vor § 445 Fn. 1), 262 ff.

[24] *BGH* NJW-RR 1994, 1143.

[25] → vor § 128 Rdnr. 237; ebenso *Eickmann* Beweisverträge im Zivilprozeß (1987), 80 f. – A.M. *Schlosser* Einverständliches Parteihandeln im Zivilprozeß (1968), 24 ff.; *Wagner* Prozeßverträge (1998), 690.

[26] *OLG Zweibrücken* MDR 1998, 1244; *BayObLGZ* 1970, 173, 176 f.

III. Auswahl der Partei

1. Ermessen und maßgebliche Umstände

Auch über die Frage, **welche Partei** zu vernehmen ist, entscheidet das Gericht nach seinem **pflichtgemäßen Ermessen**, → Rdnr. 10 bei Fn. 23. Dabei haben diejenigen Gründe den Ausschlag zu geben, die für die *Beweiskraft* der Aussage wesentlich sind. Neben der *persönlichen Vertrauenswürdigkeit* kommt vor allem die vermutlich bessere *Kenntnis* der zu erweisenden Tatsachen, vor allem aufgrund eigener Wahrnehmungen[27], in Betracht, ferner das bisherige Beweisergebnis und u.U. wesentlich auch das Verhalten im Prozeß, das je nach Lage des Falles Schlüsse hinsichtlich der Vertrauenswürdigkeit gestattet[28]. Der Gesichtspunkt der **Beweislast** ist nicht entscheidend[29]; → aber Rdnr. 8. Unterläßt es die *beweispflichtige* Partei, *andere vorhandene und zulässige Beweismittel* zu verwenden, so ist die Anordnung ihrer Vernehmung nicht angebracht[30]. Bringt eine Partei Beweise für Tatsachen vor, die die Glaubwürdigkeit des Gegners erschüttern würden, so würde in deren Übergehung ein Verstoß gegen § 286 liegen, wenn das Gericht gleichwohl seine Überzeugung auf der Aussage des Gegners aufbaut.

14

2. Vernehmung beider Parteien

Wenn verschiedene **selbständige Tatsachenkomplexe** zur Beurteilung stehen (z. B. Klagetatbestand und selbständiger Einredetatbestand, oder etwa die den Grund des Anspruchs betreffenden Tatsachen und solche, die sich nur auf den Betrag beziehen), so kann das Gericht über den einen Tatbestand die *eine* und über den anderen die *andere* Partei vernehmen. Hat die eine Seite durch **Abtretung** die Zeugenstellung erlangt, so wird dies vielfach dafür sprechen, im Interesse der Waffengleichheit den Gegner als Partei zu vernehmen[31]. Zulässig und nicht selten zweckmäßig ist es aber auch, **beide Parteien** über ein und denselben Vorgang zu vernehmen[32]. In Frage kommt dies vor allem dann, wenn es sich für beide Parteien um eigene Handlungen oder Wahrnehmungen handelt, also derselbe Vorgang (z.B. eine zwischen den Parteien persönlich geführte Vertragsverhandlung) von beiden Parteien verschieden dargestellt wird. In derartigen Fällen wird die Vernehmung beider Parteien u.U. weniger unter dem Gesichtspunkt veranlaßt sein, welche Darstellung die *glaubwürdigere* ist, als zu dem Zweck, unter möglichster Zergliederung der Vorgänge genau zu ermitteln, welches die eigentlichen Differenzpunkte der beiderseitigen Darstellungen sind. Vielfach wird es allerdings in derartigen Fällen praktischer sein, die Parteien zunächst nach § 141 zu Aufklärungszwecken zu hören und dann diejenige, deren Darstellung als die glaubwürdigere erscheint, zu vernehmen.

15

---

[27] *BGH* NJW 1999, 363, 364.
[28] Vgl. *RGZ* 145, 271 (es wäre unrichtig, Verstöße gegen die Wahrheitspflicht und ähnliche Gesichtspunkte erst für die Würdigung der Parteiaussage zurückzustellen); *BGH* NJW 1952, 384. – Zum Absehen von der Vernehmung wegen gesundheitlicher Gefährdung der Partei s. *BAG* NJW 1966, 2426.
[29] *BGH* VersR 1958, 601; LM Nr. 3 = VersR 1959, 199; NJW 1999, 363, 364; *RGZ* 145, 271.
[30] *BGH* MDR 1997, 638; *OLG Hamburg* MDR 1970, 58 (keine Vernehmung der beweispflichtigen Partei, wenn sie ihren Anwalt nicht als Zeugen benennt, obwohl er bei der Besprechung, um die es geht, anwesend war). Jedoch anders, wenn die beweispflichtige Partei einen Zeugen nicht benennt, der aus ihrer Sicht mit der Gegenpartei zu identifizieren ist (Organ der Gegenpartei), *BAG* AP Nr. 3 = DB 1975, 1660 (LS) = RdA 1975, 270 (LS); zust. *E. Peters* (Fn. 23) 93 (dort Fn. 9).
[31] *BGH* WM 1980, 1071, 1073; s. auch *BGH* NJW 1998, 306, 307. *Buß/Honert* JZ 1997, 694 schlagen dagegen vor, bei einer »prozeßtaktischen« Zession den Zedenten nur dann als Zeugen zuzulassen, wenn die Voraussetzungen einer Parteivernehmung nach §§ 447, 448 vorliegen.
[32] Ebenso *Wittschier* (vor § 445 Fn. 1) Rdnr. 181; *Zöller-Greger*[21] Rdnr. 5; *Musielak-Huber* Rdnr. 8 (grundsätzlich beide Parteien zu vernehmen). – Einschränkend dagegen *Baumbach-Lauterbach-Hartmann*[57] Rdnr. 10 (Vernehmung beider Parteien nur, wenn annähernd gleiche Bekundung zu erwarten).

IV. Notwendigkeit einer verfassungskonformen Auslegung

16 Für heilsame Unruhe hat eine Entscheidung des Europäischen Gerichtshofs für Menschenrechte (EGMR)[33] zum niederländischen Zivilprozeßrecht gesorgt. Der EGMR sah einen Verstoß gegen das Prinzip der Waffengleichheit und damit gegen Art. 6 Abs. 1 EMRK darin, daß es einer klagenden Gesellschaft verwehrt wurde, ihren Geschäftsführer als Zeugen für den Inhalt eines Gesprächs unter vier Augen zu benennen, während die Vernehmung des am Gespräch beteiligten Angestellten der Beklagten für zulässig erachtet wurde. Der EGMR betonte aber, er habe nicht allgemein darüber zu entscheiden, ob es zulässig sei, die Zeugenaussage einer als Partei beteiligten Person in einem Zivilprozeß auszuschließen.

17 Aus dieser Entscheidung wurden für das deutsche Recht unterschiedliche Folgerungen gezogen. Der BGH[34] bejahte die Möglichkeit, in solchen Fällen eine Benachteiligung der Partei, die selbst Verhandlungen geführt hat, im Rahmen der Ermessensentscheidung nach § 448 zu berücksichtigen, ließ aber offen, ob daraus die Notwendigkeit einer Anordnung der Parteivernehmung folgt, und verwies darauf, daß die durch ihre prozessuale Stellung bei der Aufklärung des Vier-Augen-Gesprächs benachteiligte Partei persönlich angehört und dadurch dem Grundsatz der Waffengleichheit genügt werden könne[35].

18 Die Frage, ob zur Verwirklichung der Waffengleichheit auch auf die Notwendigkeit der Anfangswahrscheinlichkeit im Rahmen des § 448 zu verzichten ist, warf der BGH nicht auf. In der Tat kann man, wenn man die Parteianhörung nach § 141 weitestgehend an die Stelle der Parteivernehmung treten läßt, dieses Problem umgehen. Hält man dagegen (nicht nur formal, sondern auch dem Inhalt nach) an der Aussage fest, daß nur die Parteivernehmung, nicht die Parteianhörung ein Beweismittel darstellt (→ vor § 445 Rdnr. 4 ff.), so lassen sich die Probleme nicht auf diesem Wege lösen.

19 In der Literatur wurden im Anschluß an die Entscheidung des EGMR sehr viel weitergehende Vorschläge entwickelt. Danach soll jedenfalls bei Vier-Augen-Gesprächen[36], nach manchen auch generell[37], auf die Anfangswahrscheinlichkeit verzichtet und dem Gericht die Pflicht auferlegt werden, auf Antrag[38] die Parteivernehmung anzuordnen.

20 Die Rechtsprechung (→ Fn. 40 bis 42) lehnt solche Folgerungen bislang ab[39] und betont, gerade weil nach § 448 die Parteivernehmung von einer Anfangswahrscheinlichkeit und damit einem sachlich berechtigten Kriterium abhänge, verstoße die Regelung nicht gegen den Grundsatz der Waffengleichheit. Es bleibe also dabei, daß die Vernehmung einer beweispflichtigen Partei nach § 448 nur angeordnet werden könne, wenn für die zu beweisenden Tatsachen eine gewisse Wahrscheinlichkeit spreche[40], nicht allein deshalb, weil der Partei kein Zeuge zur Verfügung stehe[41], und der Grundsatz der Waffengleichheit gebiete auch nicht, bei Anwendung des § 448 jeweils beide Parteien zu vernehmen[42].

---

[33] *EGMR* NJW 1995, 1413 (mit abw. Meinung der Richter *Martens* u. *Pettiti*) = ZEuP 1996, 484 (*M. Roth*).

[34] *BGH* NJW 1999, 363, 364; NJW 1998, 306, 307 = WuB VII A. § 448 ZPO 1.98 (*Ultsch*).

[35] Ebenso *OLG Zweibrücken* NJW 1998, 167; zust. E. *Schneider* MDR 1998, 690, 694; *Zöller-Greger*[21] Rdnr. 2 a.

[36] *Schlosser* NJW 1995, 1404, 1405; s. auch *ders.* Anm. zu *OLG Hamm* EWiR § 448 ZPO 1/94, 623; zust. *Musielak-Huber* Rdnr. 7; ebenso für das arbeitsgerichtliche Verfahren *Zwanziger* DB 1997, 776; ähnlich *M. Roth* ZEuP 1996, 484, 497 f. (für Erweiterung der Parteivernehmung bei Vier-Augen-Gesprächen und auch sonst bei Beweisnot). – Gegen solche Folgerungen *Schmidt-Schondorf* JR 1996, 268.

[37] *Gehrlein* ZZP 110 (1997), 472 ff.; → auch Fn. 4.

[38] Das Antragserfordernis betont *Zwanziger* DB 1997, 776, 777.

[39] Ebenso *Zöller-Greger*[21] Rdnr. 2a.

[40] *OLG München* NJW-RR 1996, 958.

[41] *OLG Düsseldorf* VersR 1999, 205. Den Unterschied zu dem von EGMR entschiedenen Fall will das Gericht darin sehen, daß hier auf der Gegenseite neben dem Verhandlungspartner ein Zeuge zugegen war. *AG Herborn* VersR 1999, 47 erklärt eine Vernehmung der beweispflichtigen Partei für geboten, wenn auch auf der Gegenseite kein Zeuge zur Verfügung steht.

[42] *LG Mönchengladbach* NJW-RR 1998, 501.

Ob der Grundsatz der Waffengleichheit den richtigen Ausgangspunkt bildet, erscheint 21 zweifelhaft. Das gilt auch im Fall des Vier-Augen-Gesprächs. Zutreffend wurde darauf hingewiesen[43], daß nach deutschem Recht die beweispflichtige Partei, die ihren Geschäftsführer nicht als Zeugen benennen kann und über keine anderen Beweismittel verfügt, beweisfällig bleibt, so daß es zu einer Vernehmung des vom Gegner als zulässigen Zeugen angebotenen Angestellten nicht erst kommt. Der eigentliche Sitz des Problems ist nicht die konkrete Gleichbehandlung beider Parteien in einem Zivilprozeß, sondern es geht um die grundsätzlichen Schranken des Beweises durch Parteivernehmung, die dann besonders in Erscheinung treten, wenn eine Partei über keine anderen Beweismittel verfügt als über die Parteiaussage. Diese Schranken ergeben sich aus § 445 in zweierlei Hinsicht. Zum einen kann keine Partei ihre eigene Vernehmung beantragen, sondern immer nur die des Gegners; zum anderen ist die Parteivernehmung nicht zulässig, wenn das Gericht das Gegenteil bereits für erwiesen erachtet. Dadurch gewinnt der Umstand, ob sich eine Partei auf die Aussage eines Mitarbeiters nach den Regeln des Zeugenbeweises berufen kann, oder ob dies, weil es sich um den gesetzlichen Vertreter handelt, nur nach den Regeln der Parteivernehmung möglich ist, entscheidendes Gewicht. So stellt sich die generelle Frage, ob nicht eine allgemeine Zulassung der Partei als Zeuge in eigener Sache den besseren Weg darstellt, wobei an die Stelle genereller Schranken die Beurteilung des Beweiswerts im Rahmen der freien Beweiswürdigung treten würde.

Dies ist zum einen ein rechtspolitisches Problem, zum anderen aber ergeben sich Zweifel, 22 ob das geltende Recht den verfassungsrechtlichen Vorgaben gerecht wird[44]. Aus dem verfassungsrechtlichen Anspruch auf effektiven Rechtsschutz[45], der aus dem Rechtsstaatsprinzip folgt, ist auch ein Recht der Parteien auf Beweis[46] und damit grundsätzlich auf Nutzung aller Beweismittel[47] zu entnehmen. Gleichwohl kann die Verwendung von Beweismitteln, die völlig ungeeignet sind, gewiß ausgeschlossen werden. Ob es aber noch im Rahmen des gesetzgeberischen Ermessensspielraums liegt, dem Beweis durch Parteivernehmung von vornherein mit Mißtrauen zu begegnen und ihn daher nur unter den aufgezeigten Schranken zuzulassen, erscheint sehr zweifelhaft[48]. Hier nun kann, will man nicht § 445 wegen der dort für das Beweisantragsrecht gezogenen Schranken geradezu für verfassungswidrig erklären[49], eine **verfassungskonforme Auslegung** des § 448 weiterhelfen[50]. Die Vorschrift bekommt auf diese Weise die Funktion, die in § 445 gezogenen Schranken durchlässig zu machen, wenn dies im Einzelfall zur Wahrung des Rechts auf Beweis geboten erscheint. Jedenfalls dann, wenn eine Partei über kein anderes Beweismittel in ihrem Lager verfügt als über ihre eigene Vernehmung, ergibt sich auf diese Weise eine Pflicht des Gerichts, die beantragte Vernehmung anzuordnen, ohne daß eine Anfangswahrscheinlichkeit verlangt werden darf. Dies muß auch dann gelten, wenn die beweispflichtige Partei für ihre Behauptung Zeu-

---

[43] *LG Mönchengladbach* NJW-RR 1998, 501, 502.
[44] Damit wird den verfassungsrechtlichen Bedenken von *Gehrlein* ZZP 110 (1997), 451, 466 ff. gefolgt.
[45] Spricht man vom Justizanspruch oder Justizgewährungsanspruch (so Walter, nächste Fn.), so liegt darin nur ein terminologischer Unterschied.
[46] Grundlegend zum Recht auf Beweis *Walter* Freie Beweiswürdigung (1979), 296 ff.; *ders.* NJW 1988, 567; *Habscheid* Das Recht auf Beweis ZZP 96 (1983), 306 ff.
[47] *Walter* (Fn. 46), 303 ff. folgert aus dem Recht auf Beweis, es dürfe weder einen numerus clausus der Beweismittel noch einen Vorwegausschluß fragwürdiger Beweismittel geben. – Der Aussage von *Zöller-Greger*[21] Rdnr. 2, es stehe dem Gesetzgeber frei, zu bestimmen, welche Erkenntnisquellen bei einer förmlichen Beweiserhebung zur Verfügung stehen, kann nicht gefolgt werden.

[48] Kritisch, insbes. zur Subsidiarität der Parteivernehmung *Walter* (Fn. 46), 305 f. Dagegen hält *Habscheid* ZZP 96 (1983), 306, 327 f. die bestehenden Einschränkungen in §§ 445, 448 für gerechtfertigt.
[49] Dies hätte, da die ZPO insgesamt nachkonstitutionelles Recht darstellt, die Pflicht zur Vorlage an das BVerfG nach Art. 100 GG (dazu → § 148 Rdnr. 50 ff.) zur Folge.
[50] Dafür bereits *Gehrlein* ZZP 110 (1997), 451, 474 f., der – über die hier vertretene Ansicht hinausgehend – vorschlägt, § 448 verfassungskonform dahin zu interpretieren, daß das Gericht ohne Erfordernis eines Anfangsbeweises der Anregung einer Partei nachkommen muß, sie selbst oder den Gegner zu vernehmen.

genbeweis anbieten konnte, der Gegner aber abgesehen von der eigenen Vernehmung über keine Beweismittel zur Erschütterung des Beweises verfügt. In dieser Situation kann aus verfassungsrechtlichen Gründen auch nicht an dem Grundsatz der Subsidiarität der Parteivernehmung i.S. des § 445 Abs. 2 festgehalten werden.

V. Gegenstand der Vernehmung

23   Die Vernehmung kann sich ebenso wie nach § 445 nur auf **Tatsachen**[51] (zum Begriff → § 284 Rdnr. 9 ff.) beziehen, → § 445 Rdnr. 3 bis 6. Auch die Vernehmung nach § 448 soll nicht in erster Linie (→ aber Rdnr. 15) dazu dienen, den Inhalt der tatsächlichen Behauptungen zu klären oder dazu erforderliche genauere Angaben erst aus den Parteien herauszuholen, sondern **bestimmte Behauptungen zu beweisen oder zu widerlegen**[52]. Der Richter kann aber die Vernehmung nach seinem Ermessen auf Tatsachen (Indizien, → § 284 Rdnr. 19 f.) erstrecken, die für das eigentliche Beweisthema nur *mittelbar* erheblich sind, wenn er sich dadurch die Überzeugung von der Wahrheit oder Unwahrheit der unmittelbar erheblichen Tatsache glaubt verschaffen zu können.

VI. Anordnung der Vernehmung

24   Die Vernehmung wird wie in den Fällen der §§ 445, 447 stets **durch Beschluß angeordnet**, § 450 Abs. 1. Eine Anordnung durch den **Vorsitzenden der Kammer für Handelssachen** oder durch den **Einzelrichter in der Berufungsinstanz** dürfte, abgesehen von den Fällen des § 349 Abs. 3 und des § 524 Abs. 4, stets unangemessen sein, da bereits die Anordnung eine weitgehende, wenn auch noch nicht abschließende Würdigung der gesamten bisherigen Verhandlung und Beweisaufnahme in sich schließt. Gelangt der Vorsitzende der Kammer für Handelssachen bzw. der Einzelrichter in der Berufungsinstanz bei Abschluß seines Verfahrens zum Ergebnis, daß die Vernehmung der einen oder beider Parteien nach § 448 sachgemäß ist, so ist zweckmäßig so zu verfahren, daß die Parteien unter Hinweis auf die Möglichkeit der Parteivernehmung für den vor dem Kollegium stattfindenden Termin nach § 273 Abs. 2 Nr. 3 mit § 141 Abs. 2 zum persönlichen Erscheinen aufgefordert werden und die Anordnung erst in dem Termin beschlossen wird.

25   Wegen der **Beeidigung** der vernommenen Partei und der Unzulässigkeit der Beeidigung beider Parteien → § 452 Rdnr. 3, 5. Zur **Würdigung** der Parteiaussage und der Aussage- oder Eidesverweigerung → § 453.

VII. Verstöße

26   Erfolgte die Parteivernehmung, ohne daß die Voraussetzungen des § 448 gegeben waren, so darf die Parteiaussage der Entscheidung nicht zugrunde gelegt werden[53]. Jedoch kann der Verfahrensfehler durch **Rügeverzicht** oder Unterlassung der Rüge gemäß § 295 geheilt werden[54]. Es genügt aber grundsätzlich die Rüge in der Berufungsbegründung (ebenso wie dies bei Fehlern bei der Urteilsfällung anerkannt ist), weil erst die Entscheidungsgründe darüber Aufschluß geben, wie das Gericht das Parteivorbringen und die anderen Beweismittel würdigt und ob daher das Gericht vom Vorliegen der erforderlichen Wahrscheinlichkeit ausgehen konnte[55]. Wird auch in der Berufungsbegründung der Verstoß gegen § 448 nicht gerügt,

---

[51] Die künftig zu erwartende Vereinstreue wird man hierzu kaum rechnen können, offenlassend *BGH* NJW 1985, 1216, 1217.
[52] *RG* WarnRsp 1935 Nr. 127.
[53] *BGH* NJW 1989, 3222, 3223.
[54] *BGH* VersR 1981, 1175, 1176 (kein Fall des § 295 Abs. 2).
[55] *BGH* NJW 1999, 363.

so ist auch das vom Gericht erster Instanz ausgeübte Ermessen in der Berufungsinstanz nicht mehr zu überprüfen[56].

VIII. Überprüfung in der Rechtsmittelinstanz

Die Ermessensentscheidung des Gerichts über die Parteivernehmung und die Beeidigung unterliegt (bei entsprechender Rüge, → Rdnr. 26) wie sonst der **Nachprüfung des Berufungsgerichts**[57]. Dieses kann auch die andere Partei vernehmen und in den Grenzen des § 533 Abs. 2 auch beeidigen. Das Ergebnis einer in erster Instanz zu Recht durchgeführten Parteivernehmung muß das Berufungsgericht in seine Beweiswürdigung einbeziehen, ohne daß es darauf ankommt, ob auch in der Berufungsinstanz Anlaß für eine Parteivernehmung bestand[58]. Zur Nichtverwertbarkeit der Aussage bei fehlerhafter Anordnung der Parteivernehmung → Rdnr. 26. Zur Wiederholung der Parteivernehmung in der Berufungsinstanz → § 451 Rdnr. 5 Fn. 5.

27

Für eine Nachprüfung in der **Revisionsinstanz** ist nur insoweit Raum, als in Frage steht, ob die untere Instanz die Grenzen ihrer Befugnis außer acht gelassen (d. h. die rechtlichen Voraussetzungen verkannt) oder von ihrem Ermessen einen fehlerhaften Gebrauch gemacht hat[59]. Das ist z. B. der Fall, wenn das untere Gericht es *erkennbar unterlassen* hat, die Frage der Parteivernehmung nach § 448 *überhaupt zu erwägen*[60]. Das Instanzgericht braucht aber *nicht in jedem Fall im Endurteil* ausdrücklich dazu Stellung zu nehmen, aus welchem Grund es von der Möglichkeit des § 448 keinen Gebrauch gemacht hat[61]. Das Schweigen der Entscheidungsgründe kann jedoch in Verbindung mit besonderen Umständen den Schluß auf einen Ermessensfehler gestatten[62], so etwa, wenn sich die Anordnung der Parteivernehmung nach dem bisherigen Stand der Beweisaufnahme geradezu aufdrängt[63] oder wenn die beweisbelastete Partei, die sich in Beweisnot befindet, die Parteivernehmung beantragt hat und eine gewisse Wahrscheinlichkeit für die Richtigkeit ihrer Tatsachenbehauptungen spricht[64]. Bei **Beweisnot** stellt der BGH[65] an die Gründe, aus denen der Tatrichter die Wahrscheinlichkeit verneint, hohe Anforderungen; sie müssen erkennen lassen, daß die Beweisnot berücksichtigt und alle Beweisanzeichen erschöpfend gewürdigt wurden.

28

Mit der Revision kann auch gerügt werden, das Gericht habe bei der **Auswahl** der zu vernehmenden oder zu beeidigenden Partei rechtlich fehlerhafte Erwägungen angestellt, also sich z. B. an die Beweislast gebunden geglaubt hat (→ Rdnr. 14).

29

---

[56] *BGH* VersR 1981, 1175, 1176.
[57] *OLG Saarbrücken* OLGZ 1984, 122, 123.
[58] *BGH* NJW 1999, 363, 364.
[59] *BGH* NJW 1984, 721, 722; NJW 1989, 3222; NJW 1997, 3230, 3231; NJW 1999, 363, 364.
[60] *BGH* NJW-RR 1994, 1143, 1144.
[61] *BGH* LM Nr. 2; NJW 1983, 2033; FamRZ 1987, 152; WM 1991, 150, 152; FamRZ 1988, 482, 485; BAG NJW 1966, 2426. Zum Schweigen eines Urteils über die Wahrscheinlichkeit (→ Rdnr. 5) als Voraussetzung einer angeordneten Parteivernehmung s. BAG AP § 138 BGB Nr. 27. – Krit. zu den Anforderungen des BGH an die Begründung *Burkhard Schmidt* MDR 1992, 637, 638 ff.

[62] *BAGE* 14, 266 (Fn. 23) (Verwertung einer Parteiaussage, ohne daß ihre Parteivernehmung angeordnet war, und Übergehung des Antrags der anderen Partei, sie zu vernehmen).
[63] *BGH* FamRZ 1987, 152; NZM 1998, 449 = Juris Nr. KORE529289800.
[64] *BGH* NJW 1983, 2033; *Baumgärtel* MDR 1983, 478.
[65] *BGHZ* 110, 363, 366 = NJW 1990, 1721, 1722. – Gegen die Berücksichtigung der Beweisnot als Kriterium für den Umfang der Begründungspflicht *Burkhard Schmidt* MDR 1992, 637.

§ 449 [Parteivernehmung bei Streitgenossen]

Besteht die zu vernehmende Partei aus mehreren Streitgenossen, so bestimmt das Gericht nach Lage des Falles, ob alle oder nur einzelne Streitgenossen zu vernehmen sind.

Gesetzesgeschichte: Bis 1900 § 414 CPO. Geändert durch die Novelle 1933 (→ vor § 445 Rdnr. 1).

I. Anwendungsbereich 1	III. Änderung oder Ergänzung der Anordnung 4
II. Ermessen des Gerichts, Parteianträge 2	

I. Anwendungsbereich

1 § 449 gilt für **alle Fälle der Streitgenossenschaft,** sowohl für die *gewöhnliche* (§ 61) als auch für die *notwendige* (§ 62), und ebenso für die *streitgenössische Streithilfe* (§ 69). Ausnahmsweise gelten nicht die Vorschriften über die Parteivernehmung, sondern diejenigen über den **Zeugenbeweis,** wenn das Beweisthema Tatsachen betrifft, die ausschließlich für die Entscheidung den anderen Streitgenossen gegenüber maßgebend sind, näher → § 61 Rdnr. 11. Ist in einem solchen Fall der *Antrag auf Parteivernehmung* gestellt, so ist er sinngemäß als Antritt des *Zeugenbeweises* aufzufassen. – Bei **mehreren gesetzlichen Vertretern** ist § 449 gemäß § 455 Abs. 1 S. 2 entsprechend anzuwenden, → § 455 Rdnr. 6.

II. Ermessen des Gerichts, Parteianträge

2 Das Gericht hat nach **pflichtgemäßem Ermessen** zu entscheiden, ob es alle oder nur einzelne Streitgenossen vernehmen will. Dabei ist vor allem zu bedenken, bei welchem Streitgenossen die *sicherste Kenntnis* von der zu beweisenden Tatsache (z. B. auf Grund unmittelbarer Wahrnehmung) erwartet werden kann. Bei einer Parteivernehmung *von Amts wegen* (§ 448) ist die Auswahl stets in das Ermessen des Gerichts gestellt. Handelt es sich um eine Parteivernehmung auf **Antrag** (§§ 445, 447), so gilt § 449, wenn der Antrag nicht auf die Vernehmung bestimmter Streitgenossen gerichtet ist, wenn sich also z. B. (im Fall des § 445) die beweisführende Partei darauf beschränkt, die Vernehmung der Gegenpartei zu beantragen. Gegen die Zulässigkeit eines solchen Antrags bestehen angesichts des § 449 keine Bedenken. Bezieht sich dagegen der **Antrag** auf die **Vernehmung bestimmter Streitgenossen,** so ist das Gericht nicht befugt, von der Vernehmung dieser Personen abzusehen und statt dessen andere Streitgenossen zu vernehmen[1]. Die als Partei zu vernehmende Person soll über ihre eigene Tatsachenwahrnehmung aussagen und ist deshalb grundsätzlich ebensowenig austauschbar wie ein Zeuge[2]. Dem Sinn des Antragsrechts sowie dem Verhandlungsgrundsatz (→ vor § 128 Rdnr. 75 ff., 78) entspricht es daher, der Partei auch die Bestimmung der Beweisperson zuzubilligen. § 449 ist insoweit einschränkend zu interpretieren und bei einem auf die Vernehmung bestimmter Streitgenossen gerichteten Beweisantrag nicht anzuwenden. Das Gericht kann aber, wenn die Voraussetzungen des § 448 gegeben sind, *von Amts wegen zusätzlich* auch noch andere Streitgenossen vernehmen, auf die sich der Parteiantrag nicht bezog.

3 Die **Aufforderung,** sich über die beantragte Vernehmung zu **erklären** (§ 446), hat das Gericht nur an diejenigen Streitgenossen zu richten, deren Vernehmung es für sachgerecht hält bzw. (bei einem bestimmten Antrag) deren Vernehmung beantragt ist. Die **Weigerung,** sich

---

[1] Ebenso *Zöller-Greger*[21] Rdnr. 1; *MünchKommZPO-Schreiber* Rdnr. 1; *Thomas-Putzo*[21] Rdnr. 1.

[2] Zum Zeugen vgl. *BGHSt* 22, 347, 348 = NJW 1969, 1219 = JZ 1970, 585; *BGH* NJW 1983, 126 (Strafsache) sowie → vor § 373 Rdnr. 17.

vernehmen zu lassen, bzw. das Unterlassen einer Erklärung durch einzelne Streitgenossen schließen die Vernehmung anderer Streitgenossen nicht aus. Das Gericht hat aber die Verweigerung der Aussage oder des Eides (§ 453 Abs. 2) bzw. das Unterlassen der Erklärung nach § 446 **auch im Verhältnis zu den übrigen Streitgenossen frei zu würdigen**[3]. Dies gilt sowohl bei einfacher als auch bei notwendiger Streitgenossenschaft. § 61, wonach bei der einfachen Streitgenossenschaft die Handlungen des einen Streitgenossen dem anderen weder zum Vorteil noch zum Nachteil gereichen, steht nicht entgegen, weil § 446 an die Weigerung bzw. das Unterlassen der Erklärung keine bestimmten Folgen knüpft, sondern die Frage in den Bereich der freien Beweiswürdigung verweist, → § 446 Rdnr. 8. Die freie Beweiswürdigung erfolgt (bei allen Formen der Streitgenossenschaft) einheitlich gegenüber allen Streitgenossen, → § 61 Rdnr. 10. Das Gericht muß sich aber deutlich vor Augen halten, daß es nicht um Ungehorsamsfolgen, sondern nur um Überlegungen der Beweiswürdigung geht.

III. Änderung oder Ergänzung der Anordnung

Erweist es sich vor oder nach Vernehmung der vom Gericht zunächst ausgewählten Streitgenossen als geboten, statt dessen oder außerdem noch **andere zu vernehmen,** so bedarf die Anordnung in entsprechender Anwendung des § 360 S. 2 *keiner vorherigen mündlichen Verhandlung.*   4

§ 450 [Anordnung der Parteivernehmung durch Beweisbeschluß]

(1) ¹Die Vernehmung einer Partei wird durch Beweisbeschluß angeordnet. ²Die Partei ist, wenn sie bei der Verkündung des Beschlusses nicht persönlich anwesend ist, zu der Vernehmung unter Mitteilung des Beweisbeschlusses persönlich durch Zustellung von Amts wegen zu laden.

(2) ¹Die Ausführung des Beschlusses kann ausgesetzt werden, wenn nach seinem Erlaß über die zu beweisende Tatsache neue Beweismittel vorgebracht werden. ²Nach Erhebung der neuen Beweise ist von der Parteivernehmung abzusehen, wenn das Gericht die Beweisfrage für geklärt erachtet.

Gesetzesgeschichte: Bis 1900 § 415 CPO. Geändert durch die Novelle 1933 (→ vor § 445 Rdnr. 1).

I. Beweisbeschluß	1	III. Aussetzung der Parteivernehmung nach Abs. 2	7
1. Notwendigkeit	1	1. Mündliche Verhandlung vor der Vernehmung	8
2. Befugnisse des Vorsitzenden der Kammer für Handelssachen bzw. des Einzelrichters in der Berufungsinstanz	2	2. Schriftsätzliche Beweisanträge	10
II. Ladung	3	3. Verfahren nach Erhebung der neuen Beweise	11
1. Voraussetzungen	3	IV. Beweisgebühr	14
2. Zustellung	4		
3. Mitteilung des Beweisbeschlusses	5		
4. Sicheres Geleit	6		

---

[3] Vgl. *Rosenberg-Schwab-Gottwald*[15] § 48 III 2 b.

I. Beweisbeschluß

1. Notwendigkeit

1   Die Parteivernehmung ist **stets**[1] durch **Beweisbeschluß** anzuordnen. Das gilt auch dann, wenn die Partei im Termin anwesend ist und sofort vernommen werden kann. Die Ausnahme vom Grundsatz des § 358 (Beweisbeschluß nur, wenn die Beweisaufnahme ein besonderes Verfahren erfordert) hat den Sinn, beiden Parteien Klarheit darüber zu verschaffen, daß eine Parteivernehmung erfolgt[2]. Das ist erforderlich, weil die Aussage der Partei bei der Vernehmung *Beweismittel* ist und damit eine ganz andere Bedeutung hat als das gewöhnliche Parteivorbringen und die Äußerung bei einer persönlichen Anhörung nach § 141; → vor § 445 Rdnr. 4 f. Zum Inhalt des Beweisbeschlusses → § 359. Wird eine Partei vernommen, *ohne* daß dies durch Beweisbeschluß angeordnet war, so liegt darin ein *Verfahrensfehler*. Dieser kann durch Unterlassen der Rüge gemäß § 295 Abs. 1 geheilt werden[3], aber nur, wenn für die Parteien erkennbar war, daß eine Parteivernehmung stattgefunden hatte[4].

2. Befugnisse des Vorsitzenden der Kammer für Handelssachen bzw. des Einzelrichters in der Berufungsinstanz

2   Die Parteivernehmung kann gemäß § 349 Abs. 1 S. 2 bzw. § 524 Abs. 2 S. 2 auch vom **Vorsitzenden der Kammer für Handelssachen** bzw. vom **Einzelrichter in der Berufungsinstanz** (→ auch § 524 Rdnr. 12) angeordnet werden. Die Anordnung sollte aber (abgesehen von den Fällen des § 349 Abs. 3 und des § 524 Abs. 4) dem Kollegium vorbehalten werden, soweit sie eine Würdigung der bisher erhobenen Beweise voraussetzt. Das ist stets bei der Anordnung nach § 448 (→ § 448 Rdnr. 10), zum Teil aber auch bei der Anordnung nach § 445 oder § 447 der Fall. Die **Durchführung** der Parteivernehmung sollte (abgesehen von § 349 Abs. 3 bzw. § 524 Abs. 4) grundsätzlich durch das Kollegium erfolgen[5], da es dabei entscheidend auf den unmittelbaren Eindruck ankommt.

II. Ladung

1. Voraussetzungen

3   Die Ladung der zu vernehmenden Partei ist nur erforderlich, wenn diese bei Verkündung des Beweisbeschlusses **nicht persönlich anwesend** war. Doch ist die Partei gleichwohl zu laden, wenn in dem Beweisbeschluß die Terminsbestimmung vorbehalten war (z. B. wegen einer vorher zu erledigenden auswärtigen Beweisaufnahme oder bei einem vor dem Kollegium zu erledigenden Beweisbeschluß des Vorsitzenden der Kammer für Handelssachen [→ auch § 349 Rdnr. 10] bzw. des Einzelrichters in der Berufungsinstanz).

---

[1] Die durch § 450 Abs. 1 angestrebte Klarheit ist auch dann erforderlich, wenn die Vernehmung einer anwesenden Partei im Verfahren über Arrest oder einstweilige Verfügung zur Glaubhaftmachung (→ § 294 Rdnr. 15) erfolgt. Daher ist es nicht gerechtfertigt, hier eine Ausnahme von der Notwendigkeit des Beweisbeschlusses zu machen. A.M. *OLG Düsseldorf* MDR 1960, 850.

[2] Vgl. *BAGE* 14, 266 = AP § 448 Nr. 1 (*Pohle*) = NJW 1963, 2340.

[3] *BGH* FamRZ 1965, 212. S. auch *BGH* WM 1987, 1562.

[4] *BGH* LM § 516 BGB Nr. 3.

[5] *BGH* FamRZ 1965, 212.

2. Zustellung

Die Ladung ist (neben der etwa erforderlichen Terminsbenachrichtigung an den Prozeß- 4
bevollmächtigten) **an die zu vernehmende Partei persönlich zu richten.** Im Gegensatz zu
§ 141 Abs. 2 S. 2 (Anordnung des persönlichen Erscheinens der Partei) und § 377 Abs. 1 S. 2
(Zeugenladung) bedarf es hier wegen der Wichtigkeit der Ladung (vor allem im Hinblick auf
§ 446) der **förmlichen Zustellung.** Diese kann auch im Wege der Ersatzzustellung bewirkt
werden.

3. Mitteilung des Beweisbeschlusses

Mit der Ladung ist der **Beweisbeschluß** oder gegebenenfalls der sich auf die Vernehmung 5
der Partei beziehende Teil des Beweisbeschlusses **mitzuteilen.** Ob der Ladung eine Abschrift
oder ein Auszug aus dem Beweisbeschluß beigefügt wird oder bei einem kurzen Beschluß
sein Inhalt von der Geschäftsstelle in die Ladung aufgenommen wird, ist sachlich gleich. Erforderlich ist nur, daß die Partei aus der ihr zugehenden Mitteilung ersieht, daß sie als Partei vernommen werden soll (im Gegensatz zu § 141), worüber sie vernommen werden soll,
und ob dies auf Antrag des Gegners (§ 445) oder von Amts wegen (§ 448) geschieht.

Zur **Durchführung der Vernehmung** → § 451. 6

4. Sicheres Geleit

Die Erteilung sicheren Geleits für einen Beschuldigten (§ 295 StPO) ist auch zulässig, um 6a
seine Vernehmung als Partei in einem Zivilprozeß zu ermöglichen, wobei im Rahmen der
Ermessensentscheidung die Interessen der Verfahrensbeteiligten gegen das Strafverfolgungsinteresse des Staates abzuwägen sind[6].

III. Aussetzung der Parteivernehmung nach Abs. 2

Abs. 2 S. 1 enthält eine Ergänzung des § 360. Der Vorschrift liegt der Gedanke der **Subsi-** 7
diarität der Parteivernehmung zugrunde, → § 445 Rdnr. 12. Die Parteivernehmung kann solange **zurückgestellt** werden, als Aussicht besteht, daß der streitige Sachverhalt durch andere Beweismittel aufgeklärt wird. Ob die Parteivernehmung auf Grund der §§ 445, 447 oder
448 angeordnet war, macht dabei keinen Unterschied.

1. Mündliche Verhandlung vor der Vernehmung

Findet der Termin zur Parteivernehmung vor dem Prozeßgericht statt, so liegt in der Re- 8
gelung eine Abweichung von dem Grundsatz, daß die mündliche Verhandlung der Parteien
erst *nach* Erledigung der Beweisaufnahme beginnt (→ § 370 Rdnr. 3). Das Gericht muß den
Parteien noch vor Eintritt in die Parteivernehmung das Wort zu etwaigen **neuen Beweisantritten** über das Thema der Parteivernehmung gestatten. Daß dann auch dem Gegner Gelegenheit zur Gegenäußerung zu gewähren ist, ist selbstverständlich. Es wird also in diesem
Fall eine **partielle mündliche Verhandlung** der Beweisaufnahme vorgelagert.

Die **Aussetzung der Parteivernehmung** steht im **pflichtgemäßen Ermessen** des Gerichts. 9
Zunächst hat das Gericht zu prüfen, ob etwa der neue Beweisantritt als verspätet i.S. des

---

[6] *BGH* NJW 1991, 2500 (betr. DDR-Spionagechef Markus Wolf; im Ergebnis die Erteilung sicheren Geleits ablehnend).

§ 296 Abs. 1 oder 2 zurückzuweisen ist. Auch wenn dies nicht der Fall ist, hat das Gericht die Wahl, ob es die Parteivernehmung zunächst durchführen oder unter deren Aussetzung vorher den neu angetretenen Beweis erheben will. Letzteres wird wegen der damit verbundenen Verzögerung regelmäßig nur dann sachgemäß sein, wenn begründete Aussicht besteht, daß sich durch die Erhebung des neuen Beweises die Parteivernehmung erübrigen wird. Anders ist es, wenn der neue Beweis sofort erhoben werden kann, wenn es sich also um vorgelegte Urkunden oder vom Beweisführer gestellte Zeugen handelt.

2. Schriftsätzliche Beweisanträge

10   Sind nach Anordnung der Parteivernehmung vor dem Beweistermin über das Beweisthema **neue Beweismittel schriftsätzlich vorgebracht,** so kann das Gericht die Durchführung der Parteivernehmung auch *ohne vorherige mündliche Verhandlung aussetzen,* → § 360 Rdnr. 18. Soweit aber die Erhebung der neuen Beweise einen Beweisbeschluß erfordert (→ § 358 Rdnr. 1), kann dieser *nicht ohne mündliche Verhandlung* erlassen werden (→ § 359 Rdnr. 5), es sei denn, daß die Voraussetzungen eines Beweisbeschlusses nach § 358 a S. 1 gegeben wären. Das gilt auch dann, wenn es sich bei dem neuen Beweismittel um Zeugen handelt; die Unterschiede zwischen Partei- und Zeugenvernehmung stehen einer entsprechenden Anwendung des § 360 S. 2 a.E. (Auswechslung von Zeugen) entgegen. Das Gericht kann aber die mündliche Verhandlung durch Anordnungen nach § 273 *vorbereiten* und dadurch Verzögerungen vermeiden. Diese Anordnungen sind nicht nur vor dem ersten Termin zulässig, → § 273 Rdnr. 15.

3. Verfahren nach Erhebung der neuen Beweise

11   Hat das Gericht zunächst die neu vorgebrachten Beweise erhoben, so ist nach Abs. 2 S. 2 entsprechend dem Grundsatz des § 445 (→ § 445 Rdnr. 12 ff., 17 ff.) von der Parteivernehmung nunmehr abzusehen, wenn das Gericht die **Beweisfrage für geklärt erachtet**[7]. Die Würdigung der Beweisaufnahme im Sinne der Entbehrlichkeit der Parteivernehmung setzt eine *mündliche Verhandlung über das Beweisergebnis* voraus. Die Beweiswürdigung erfolgt *endgültig* erst in den Gründen des Endurteils und ist nur mit diesem anfechtbar. Im Falle einseitiger oder beiderseitiger Säumnis kann nach §§ 251 a, 331 a eine Entscheidung nach Aktenlage ergehen, wobei auch das Ergebnis der inzwischen erhobenen Beweise zu berücksichtigen ist, → § 370 Rdnr. 7.

12   Bejaht das Gericht die Voraussetzungen des Abs. 2 S. 2, so sollte es den **Beweisbeschluß,** in dem die Parteivernehmung angeordnet worden war, der Klarheit wegen durch (nicht selbständig anfechtbaren) Beschluß **aufheben.** Unterbleibt die förmliche Aufhebung, so liegt darin allerdings *kein Verfahrensfehler*[8], da die Parteien schon auf Grund der Aussetzung nicht mit einer Durchführung der Parteivernehmung rechnen konnten, solange das Gericht diese nicht positiv anordnet.

13   Erachtet das Gericht nach Abschluß der zwischengeschobenen Beweisaufnahme die **Beweisfrage noch nicht für geklärt,** so ist das Beweisverfahren durch Erledigung der Parteivernehmung fortzuführen.

---

[7] Die Parteivernehmung ist dann unzulässig, *BGH* NJW 1974, 56 = LM § 398 Nr. 7.

[8] Ähnlich *Zöller-Greger*[21] Rdnr. 4; *Baumbach-Lauterbach-Hartmann*[57] Rdnr. 6; *Thomas-Putzo*[21] Rdnr. 2.

IV. Beweisgebühr

Die Beweisgebühr des Rechtsanwalts (§ 31 Abs. 1 Nr. 3 BRAGO) entsteht bei Beweiserhebung durch Parteivernehmung, grundsätzlich nicht bei Parteianhörung nach § 141 (anders kraft ausdrücklicher Bestimmung im Eheprozeß bei Anhörung nach § 613). Auch ohne förmlichen Beweisbeschluß entsteht aber die Beweisgebühr, wenn die Vernehmung zweifelsfrei der Beweisaufnahme diente[9], so wenn die Parteien auf die beabsichtigte Verwertung hingewiesen wurden und ihnen Gelegenheit zur Stellungnahme zum Beweisergebnis gegeben wurde[10]. Weitergehend wird es vielfach als genügend erachtet, wenn die protokollierten Angaben einer nach § 141 angehörten Partei im Urteil als Beweis gewürdigt und verwertet werden[11]. Wenn man die Anhörung nach § 141 mehr und mehr die Funktion einer Parteivernehmung übernehmen läßt (dagegen → vor § 445 Rdnr. 4 ff.), erscheint diese Ansicht verständlich. Richtiger wäre es, auch um die Abgrenzungsschwierigkeiten zu vermeiden, der förmlichen Parteivernehmung mehr Raum zu geben.

14

§ 451 [Ausführung der Vernehmung]

Für die Vernehmung einer Partei gelten die Vorschriften der §§ 375, 376, 395 Abs. 1, Abs. 2 Satz 1 und der §§ 396, 397, 398 entsprechend.

Gesetzesgeschichte: Bis 1900 § 416 CPO. Geändert durch die Novelle 1933 (→ vor § 445 Rdnr. 1) und (nur sprachlich) das Rechtspflege-Vereinfachungsgesetz vom 17. XII. 1990 (BGBl I 2847).

I. Anwendbare Vorschriften über die Zeugenvernehmung 1	4. Mitglieder der Bundesregierung 11
1. Unmittelbarkeit 2	5. Zeugnisverweigerungsrechte 12
2. Aussagegenehmigung bei Beamten 3	6. Beeidigung 13
3. Durchführung der Vernehmung 4	7. Vernehmung 14
4. Protokollierung 6	8. Glaubwürdigkeitsfragen 15
II. Nicht anwendbare Vorschriften 7	9. Rücknahme des Antrags 16
1. Ladung 8	III. Anspruch auf Entschädigung 17
2. Keine Vorschußpflicht 9	IV. Arbeitsgerichtliches Verfahren 19
3. Keine Zwangsmittel 10	

I. Anwendbare Vorschriften über die Zeugenvernehmung

Die Parteivernehmung vollzieht sich nach den in § 451 genannten **Vorschriften über die Zeugenvernehmung**.

1

1. Unmittelbarkeit

Es gilt der Grundsatz der Unmittelbarkeit. Die Übertragung der Vernehmung auf einen **beauftragten oder ersuchten Richter** ist nur in denselben engen Grenzen wie beim Zeugen-

2

---

[9] *BayVGH* BayVBl 1993, 221 u. 734 (unter Ablehnung der weitergehenden Ansicht).
[10] *OLG Karlsruhe* JurBüro 1994, 349 (*Mümmler*).
[11] Nachw. → § 141 Fn. 12; ferner *OLG München* AnwBl 1996, 346 (aber keine Beweisgebühr, wenn die Anhörung nur klären sollte, ob die Voraussetzungen des § 448 gegeben waren); *OLG Nürnberg* NJW-RR 1997,

127 (Beweisgebühr entsteht jedenfalls bei persönlicher Anhörung der Partei im Arzthaftungsprozeß zur Klärung der Kausalität einer unzureichenden ärztlichen Aufklärung); *Hartmann* Kostengesetze[28] § 31 BRAGO Rdnr. 141; differenzierend *Gerold/Schmidt/v. Eicken/Madert* BRAGO[13] § 31 Rdnr. 106.

beweis zulässig; im einzelnen → § 375 und wegen der Rüge von Verstößen → § 355 Rdnr. 30 ff. Zum Verfahren vor dem **Vorsitzenden der Kammer für Handelssachen** und vor dem **Einzelrichter in der Berufungsinstanz** → § 450 Rdnr. 2, 3.

2. Aussagegenehmigung bei Beamten

3   Bei Beamten gelten die bei § 376 wiedergegebenen Vorschriften über die Notwendigkeit der Aussagegenehmigung, und zwar ohne Unterschied, ob der Beamte als *Partei* oder in seiner Eigenschaft als *gesetzlicher Vertreter* des Staates vernommen wird. Welche Schlüsse das Gericht im Fall der Versagung der Genehmigung (→ § 376 Rdnr. 17 ff.) für das Beweisthema ziehen will, steht in seinem Ermessen. Es wird hier, da dem Gericht die Gründe, die für die Aufsichtsbehörde bei Versagung der Genehmigung maßgebend gewesen sind, im einzelnen zumeist nicht bekannt sein werden, besonders sorgfältige Abwägung geboten sein[1]; es geht jedenfalls nicht an, die Versagung der Genehmigung grundsätzlich ebenso wie die Verweigerung der Aussage, § 453 Abs. 2, zu bewerten.

3. Durchführung der Vernehmung

4   Die Vernehmung selbst ist ebenso durchzuführen wie beim Zeugen. Zur Vernehmung als Zeuge statt als Partei → vor § 445 Rdnr. 12. Die Partei hat, ebenso wie der Zeuge, alles lückenlos anzugeben, was mit den zum Beweis stehenden Tatsachen erkennbar im Zusammenhang steht. Der einzige Unterschied besteht darin, daß die Partei ihre Aussage überhaupt verweigern darf; macht sie von dieser Möglichkeit keinen Gebrauch, so darf sie auch nichts verschweigen[2]. Die Grenze wird durch das *Beweisthema* gezogen; die Partei ist nicht verpflichtet, ungefragt *neue* Tatsachen anzugeben, die zu einer weiteren Begründung der Klage dienen können[3]. Die Pflicht der Partei erstreckt sich nur auf die **Aussage**, d. h. auf die Angabe ihres *Wissens* über die unter Beweis gestellten Tatsachen. Sie ist nicht verpflichtet, sich etwa vor Gericht einer *fachlichen Prüfung durch einen Sachverständigen* zu unterziehen[4].

5   Im einzelnen vgl. § 395 Abs. 1 (vorherige Ermahnung zur Wahrheit und Hinweis auf die unter Umständen zu erwartende Beeidigung), § 395 Abs. 2 S. 1 (Beantwortung der Fragen zur Person, wegen S. 2 → Rdnr. 15), § 396 (geschlossene Darstellung mit anschließender Fragestellung, Fragebefugnis der Beisitzer), § 397 (Fragerecht der Parteien, unmittelbare Fragebefugnis der Anwälte, auch des Prozeßbevollmächtigten der zu vernehmenden Partei), § 398 (Wiederholung und Ergänzung der Parteivernehmung), → auch § 453 Rdnr. 2. Die **Wiederholung der Parteivernehmung** ist z. B. erforderlich, wenn das Berufungsgericht die Glaubwürdigkeit anders beurteilen will als die erste Instanz[5]. Zur Berichtigung der Aussage → vor § 445 Rdnr. 7 a. E.

4. Protokollierung

6   Die Aussage der Partei[6] ist gemäß § 160 Abs. 3 Nr. 4 zu protokollieren, → § 160 Rdnr. 19 ff. Die Parteien können auf die Protokollierung nicht im voraus verzichten, doch

---

[1] Anders *Wieczorek*[2] A II.
[2] Vgl. *BGHSt* Warneyer 1968 Nr. 117 = LM § 154 StGB Nr. 69 = JZ 1968, 570; *RG* JW 1936, 881.
[3] *BGH* (Fn. 2); → auch § 445 Rdnr. 21.
[4] *BGH* LM § 109 HGB Nr. 3 = NJW 1958, 1491 = JZ 1958, 541. – A.M. *E. Peters* Ausforschungsbeweis im Zivilprozeß (1966), 105.

[5] *BGH* NJW 1999, 363; NJW 1974, 56 = LM § 398 Nr. 7; VersR 1981, 1175 = LM § 487 HGB Nr. 2.
[6] Vgl. *BGH* NJW 1951, 110 = LM § 141 Nr. 2 = LM § 1 HaftpflichtG Nr. 2; RGZ 149, 63 (nur die Parteiaussage, nicht auch die Äußerung bei einer Anhörung nach §§ 137, 141 ist zu protokollieren).

wird der in der unterlassenen Protokollierung liegende Verfahrensfehler durch nachträglichen Verzicht bzw. Nichtrüge (§ 295) geheilt[7], → auch § 295 Rdnr. 11. Zur dann notwendigen Feststellung im Urteilstatbestand → § 160 Rdnr. 21. Nach § 161 Abs. 1 Nr. 1 kann die Protokollierung unterbleiben, wenn das Urteil nicht der Berufung oder Revision unterliegt. Dann muß aber der *wesentliche Inhalt* der Aussage in das *Urteil* aufgenommen werden[8]. Zur Protokollierung des *persönlichen Eindrucks* → § 453 Rdnr. 2.

II. Nicht anwendbare Vorschriften

Keine Anwendung finden folgende Vorschriften: 7

1. Ladung

§ 377. Die Ladung ist in § 450 Abs. 1 abweichend von § 377 Abs. 1, 2 geregelt. Eine **schriftliche Äußerung** entsprechend § 377 Abs. 3 ist bei der Parteivernehmung ausgeschlossen. 8

2. Keine Vorschußpficht

Eine Vorschußpflicht des Beweisführers nach § 379 kommt nicht in Frage, da die Partei keinen Anspruch auf Entschädigung gegen die Staatskasse nach § 401 hat, → Rdnr. 17. 9

3. Keine Zwangsmittel

Zwangsmittel zur Erzwingung des Erscheinens, §§ 380 f., sind nicht zulässig, → § 454 Rdnr. 1; s. aber wegen der Vernehmung im **Eheprozeß** § 613 Abs. 2. 10

4. Mitglieder der Bundesregierung

Die Vorschriften über die Vernehmung von Mitgliedern der Bundesregierung usw. an ihrem Amtssitz oder Aufenthaltsort, § 382, gelten hier nicht. Maßgebend sind insoweit nur die Vorschriften des § 375 Abs. 1 Nr. 2, 3. 11

5. Zeugnisverweigerungsrechte

Die §§ 383 bis 389 über das Zeugnisverweigerungsrecht sind nicht anwendbar, da eine Aussagepflicht für die Partei nicht besteht, § 453 Rdnr. 4. 12

6. Beeidigung

Die Beeidigung, §§ 391 bis 393, ist in § 452 besonders geregelt. Wegen § 393 → § 452 Rdnr. 14. Zur Zulässigkeit der gleichzeitigen Beeidigung mehrerer Personen → § 481 Rdnr. 9. 13

---

[7] *BVerwG* NVwZ 1986, 748; NJW 1988, 579.
[8] Näher → § 161 Rdnr. 14, § 313 Rdnr. 42 mit Nachw.; ferner *BGH* VersR 1965, 1075 = VRS 29 (1965), 347.

7. Vernehmung

14 Die entsprechende Anwendung des § 394 Abs. 1 (Einzelvernehmung) scheidet auch bei der Vernehmung beider Parteien (§ 448) angesichts des Grundsatzes der Parteiöffentlichkeit (§ 357 Abs. 1) aus. Ebensowenig gilt § 394 Abs. 1 im Verhältnis zu Zeugen; die zu vernehmende Partei braucht also nicht bei der Vernehmung von Zeugen abwesend zu sein bzw. vor diesen vernommen zu werden[9].

8. Glaubwürdigkeitsfragen

15 § 395 Abs. 2 S. 2 gilt nicht. Glaubwürdigkeitsfragen dürfen im Rahmen der Vernehmung an die Partei nicht gestellt werden[10]. Bringt der Gegner Einwendungen gegen die Glaubwürdigkeit der Partei vor, so muß er, wenn die Tatsachen streitig bleiben, entsprechenden Beweis antreten. Bestandteil der Aussage ist aber, woher die Partei das Wissen über die Tatsachen hat; danach kann also gefragt werden.

9. Rücknahme des Antrags

16 Die §§ 399, 400 gelten bei der Parteivernehmung nicht. Wegen § 401 → Rdnr. 17. Der Antrag auf Parteivernehmung kann jedoch zurückgenommen werden, näher → § 445 Rdnr. 28. Daß § 399 nicht entsprechend anwendbar ist, steht dem nicht entgegen, vielmehr folgt daraus nur, daß die Rücknahme des Antrags nicht dem Gegner das Recht gibt, entgegen § 445 seine eigene Vernehmung zu beantragen[11].

III. Anspruch auf Entschädigung

17 Einen **Anspruch auf Entschädigung** wegen Zeitversäumnis und auf Erstattung von Reisekosten (entsprechend § 401) hat die vernommene Partei gegen die Staatskasse **nicht**, auch nicht, wenn ihr Prozeßkostenhilfe bewilligt wurde. Wohl aber können einer **mittellosen Partei,** gleichviel ob ihr Prozeßkostenhilfe bewilligt wurde oder nicht, Reisezuwendungen[12] gewährt werden; diese Zuwendungen gehören dann zu den gerichtlichen Auslagen, GKG KV Nr. 9008.

18 Im Verhältnis zu dem **erstattungspflichtigen Gegner** gehören die Aufwendungen für die durch die Wahrnehmung des Vernehmungstermins entstandene Zeitversäumnis und die Reisekosten stets zu den **notwendigen Kosten** i.S. des § 91 Abs. 1 S. 2, dazu → § 91 Rdnr. 91.

IV. Arbeitsgerichtliches Verfahren

19 Im arbeitsgerichtlichen Verfahren ist an Stelle des in § 451 genannten § 375 der § 58 Abs. 1 ArbGG anzuwenden, dazu → § 375 Rdnr. 17. Bei der Kostenerstattung (→ Rdnr. 17, 18) ist im arbeitsgerichtlichen Verfahren erster Instanz eine *Entschädigung für Zeitversäumnis ausgeschlossen*, § 12 a Abs. 1 S. 1 ArbGG. Eine Bewilligung von *Reiseentschädigungen* an mittellose Parteien ist auch vor den Gerichten in Arbeitssachen möglich[13].

---

[9] Vgl. *RAG* ArbRS 31 (1938), 291.
[10] Ebenso *Wieczorek*[2] B II a. – A.M. *Baumbach-Lauterbach-Hartmann*[57] Rdnr. 3; *Zöller-Greger*[21] Rdnr. 1.
[11] *Leipold* Anm. zu BAG AP Nr. 1.
[12] Nach Maßgabe der bundeseinheitlich erlassenen Justizverwaltungsvorschriften, z.B. BayJMBl 1977, 199; für Baden-Württemberg Justiz 1977, 342; 1978, 190; mit weiteren Fundstellen abgedruckt bei *Hartmann* Kostengesetze[28] Anhang I nach § 18 ZSEG.
[13] Aufgrund bundeseinheitlicher Verwaltungsvorschriften, s. z.B. BayJMBl 1961, 29; 1978, 69; für Baden-Württemberg Justiz 1961, 71; 1978, 185; mit weiteren Fundstellen abgedruckt bei *Hartmann* Kostengesetze[28] Anhang II nach § 18 ZSEG.

§ 452 [Beeidigung bei Parteivernehmung]

(1) ¹Reicht das Ergebnis der unbeeidigten Aussage einer Partei nicht aus, um das Gericht von der Wahrheit oder Unwahrheit der zu erweisenden Tatsache zu überzeugen, so kann es anordnen, daß die Partei ihre Aussage zu beeidigen habe. ²Waren beide Parteien vernommen, so kann die Beeidigung der Aussage über dieselben Tatsachen nur von einer Partei gefordert werden.
(2) Die Eidesnorm geht dahin, daß die Partei nach bestem Wissen die reine Wahrheit gesagt und nichts verschwiegen habe.
(3) Der Gegner kann auf die Beeidigung verzichten.
(4) Die Beeidigung einer Partei, die wegen wissentlicher Verletzung der Eidespflicht rechtskräftig verurteilt ist, ist unzulässig.

Gesetzesgeschichte: Bis 1900 § 417 CPO. Geändert durch die Novelle 1933 (→ vor § 445 Rdnr. 1).

I. Beeidigung der Partei 1	II. Verfahren 10
1. Grundsatz 2	1. Anordnung 10
2. Ermessen des Gerichts 3	2. Eidesnorm, Eidesleistung 11
3. Zeitpunkt der Entscheidung 6	3. Keine Eidespflicht 12
4. Beschränkung auf wesentliche Punkte 7	III. Unzulässigkeit der Beeidigung 13
5. Verzicht 8	1. Rechtskräftige Bestrafung 13
6. Nachprüfung 9	2. Eidesmündigkeit 14

I. Beeidigung der Partei

Die Frage der **Beeidigung der Parteiaussage** ist ebenso wie beim Zeugenbeweis in das pflichtgemäße **Ermessen des Prozeßgerichts** gestellt[1]; zur Nachprüfung → Rdnr. 9.

1. Grundsatz

Wenn in § 452 Abs. 1 S. 1 die Entschließung über die Beeidigung lediglich darauf abgestellt ist, ob die unbeeidigte Parteiaussage hinreichende **Überzeugungskraft** für das Gericht besitzt oder nicht, und im Gegensatz zu § 391 die **Bedeutung** der Aussage daneben nicht erwähnt ist, so liegt darin keine bewußte sachliche Abweichung; denn die Erwägungen, die das Gericht bei der Zeugen- und der Parteiaussage anzustellen hat, sind inhaltlich die gleichen. Ebenso wie im Fall des § 391 (→ § 391 Rdnr. 3) hat daher das Gericht neben dem Gesichtspunkt der Glaubwürdigkeit auch zu berücksichtigen, ob der *Gegenpartei*, zu deren Ungunsten die Aussage lautete, *zugemutet* werden kann, auf Grund der uneidlichen Aussage das Unterliegen im Prozeß hinzunehmen. Das Gericht muß sich dabei vor Augen halten, daß die Anerkennung der Glaubwürdigkeit der einen Partei bei sich widersprechenden Darstellungen desselben Vorgangs die Verneinung der Glaubwürdigkeit des Gegners enthält und die Beeidigung das eindrucksvollste Mittel ist, um der einen Darstellung gegenüber der anderen in sichtbarer Form das stärkere Gewicht zu verleihen. Zu bedenken ist auch, daß eine vorsätzlich oder fahrlässig falsche Parteiaussage nur bei Beeidigung unter Strafe steht (§§ 153, 154, 163 StGB) und daß (abgesehen von § 580 Nr. 4, sofern ein Prozeßbetrug vorliegt) nur die spätere Aufdeckung einer *beeidigten* Falschaussage eine Restitutionsklage begründen kann (§ 580 Nr. 1).

---

[1] Ebenso *BGH* LM Nr. 1 = MDR 1964, 490 = FamRZ 1964, 250; *Zöller-Greger*²¹ Rdnr. 2; *MünchKommZPO-Schreiber* Rdnr. 1. – A.M. *E. Peters* Richterliche Hinweispflichten und Beweisinitiativen im Zivilprozeß (1983), 149 (der Richter sei zur Anordnung der Beeidigung verpflichtet, wenn die Voraussetzungen vorliegen).

2. Ermessen des Gerichts

3   Für das **Ermessen** des Gerichts ist in erster Linie wesentlich, ob die Partei zu ihren *Gunsten* oder *Ungunsten* ausgesagt hat. Hat sie im Fall des § 445 die in ihr Wissen gestellte gegnerische Behauptung bestätigt oder im Fall des § 448 die ihr günstige Darstellung nicht bestätigt, so besteht *kein Anlaß* zur Beeidigung. Dasselbe gilt, wenn die Partei über eine ihr günstige Tatsache keine bestimmten Angaben gemacht hat. Grundsätzlich anders ist es dagegen, wenn die Partei eine *ihr ungünstige Tatsache verneint* oder sich über eine solche mit *Nichtwissen* geäußert hat, obwohl ein bestimmtes Wissen nach Lage der Verhältnisse zu erwarten gewesen wäre. In derartigen Fällen steht die Aussage der Partei mit derjenigen eines am Ausgang des Rechtsstreits interessierten Zeugen auf gleicher Stufe, → § 391 Rdnr. 12. Ebenso wie dort wird auch hier die Beeidigung *nicht* zu dem Zweck zu verwenden sein, eine unter dem Verdacht der Unaufrichtigkeit stehende Partei *zur Wahrheit zu bestimmen*[2]; die Beeidigung wird vielmehr im allgemeinen nur dann angebracht sein, wenn das Gericht von dem inneren Beweiswert der Aussage überzeugt ist und die Beeidigung somit im wesentlichen den Zweck hat, der Aussage *im Verhältnis zum Gegner* Gewicht zu verleihen.

4   Wegen der Beeidigung in **Ehesachen** → § 613 Rdnr. 10.

5   Dem Ermessen des Gerichts ist nur insoweit eine Schranke gezogen, als es nach Abs. 1 S. 2 im Fall der **Vernehmung beider Parteien** (§ 448) zur Vermeidung einander widersprechender Eide nur die **eine** beeiden darf. Bei übereinstimmenden Aussagen greift Abs. 1 S. 2 seinem Zweck nach nicht ein[3], doch wird in einem solchen Fall die Beeidigung ohnehin regelmäßig entbehrlich sein. Im übrigen muß das Gericht die gegenüberstehenden Aussagen auf ihren inneren Beweiswert, größere oder geringere Wahrscheinlichkeit der Darstellung und größere oder geringere persönliche Glaubwürdigkeit (vermutlich bessere Erinnerung usw.) genau prüfen und abwägen. Der Gesichtspunkt der *Beweislast* ist auch hier nicht entscheidend, → § 448 Rdnr. 14 bei Fn. 29; → aber § 448 Rdnr. 8[4]. Hat eine Partei die **Eidesleistung verweigert,** so kann die Beeidigung der anderen angeordnet werden[5]. Eine Vereidigung beider Parteien unter Verstoß gegen Abs. 1 S. 2 steht einer Bestrafung wegen Meineids nicht entgegen[6].

3. Zeitpunkt der Entscheidung

6   Grundsätzlich ist die Entschließung über die Beeidigung **nach Abschluß der Vernehmung** zu treffen. Das Gericht kann aber in den Ausnahmefällen, in denen die Parteivernehmung durch einen beauftragten oder ersuchten Richter stattzufinden hat, § 451 mit § 375, zur Vermeidung wiederholter Ersuchen sofort die eidliche Vernehmung anordnen. Im einzelnen → § 391 Rdnr. 20f.; → auch Rdnr. 10ff.

4. Beschränkung auf wesentliche Punkte

7   Ebenso wie bei der Zeugenaussage ist es auch hier zulässig und vielfach zweckmäßig, die **Beeidigung auf die wesentlichen Punkte der Aussage zu beschränken,** dazu → § 391 Rdnr. 25.

---

[2] A.M. *BGH* LM Nr. 1 (im konkreten Fall wird aus dem Fehlen dieser Erwägung in den Urteilsgründen sogar ein Ermessensfehler entnommen).
[3] *OLG Düsseldorf* NStZ-RR 1996, 137, 138.
[4] S. hierzu *Krönig* MDR 1949, 735.
[5] *ArbG Marburg* AP § 448 Nr. 2 = BB 1965, 988 (LS). – A.M. *Wieczorek*[2] A II b 3.
[6] *OLG Düsseldorf* NStZ-RR 1996, 137.

5. Verzicht

Der **Verzicht** des Gegners auf die Beeidigung bindet das Gericht in demselben Umfang wie beim Zeugenbeweis, dazu → § 391 Rdnr. 27. Wegen der Ausnahme in *Ehesachen* → § 617.

8

6. Nachprüfung

Das Gericht hat die Frage der Beeidigung stets *von Amts wegen* zu prüfen. Das Ermessen des unteren Gerichts unterliegt der **Nachprüfung** des Berufungsgerichts, derjenigen des Revisionsgerichts jedoch, wie sonst, nur unter dem Gesichtspunkt, ob sich das Berufungsgericht seiner Prüfungsbefugnisse und der Grenzen seines Ermessens bewußt gewesen ist[7].

9

II. Verfahren

1. Anordnung

Die **Anordnung der Beeidigung** der Partei stellt sachlich eine Ergänzung des Beweisbeschlusses dar. Hat die Vernehmung vor dem Prozeßgericht in Anwesenheit der Gegenpartei stattgefunden, so ist den Parteien zunächst Gelegenheit zu geben, über die Frage der Beeidigung mündlich zu verhandeln. Ist der Gegner in dem Termin nicht vertreten, so kann die Anordnung entsprechend § 360 **auch ohne mündliche Verhandlung** ergehen, → § 391 Rdnr. 19.

10

2. Eidesnorm, Eidesleistung

Die **Eidesnorm** entspricht derjenigen beim Zeugeneid, § 392 S. 3. Aus § 452 ergibt sich, daß der Eid nur als **Nacheid** abgenommen werden darf. Über die Leistung des Eides → § 478 ff. Der Eid kann mit oder ohne religiöse Beteuerung geleistet werden (näher → § 481) oder durch die Bekräftigung gemäß § 484 ersetzt werden.

11

3. Keine Eidespflicht

Eine **Pflicht zur Leistung des Eides** besteht **nicht**. Zur Würdigung der Eidesverweigerung, die der Aussageverweigerung gleichzustellen ist, → § 453 Rdnr. 4.

12

III. Unzulässigkeit der Beeidigung

1. Rechtskräftige Verurteilung wegen Verletzung der Eidespflicht

Der immer noch im Gesetz enthaltene Abs. 4 erklärt die Beeidigung einer Partei für unzulässig, die **wegen wissentlicher Verletzung der Eidespflicht rechtskräftig verurteilt** ist[8].

13

---

[7] Vgl. auch *RG* JW 1937, 233. Recht weitgehend die Überprüfung durch *BGH* LM Nr. 1 (Fn. 2). → auch § 448 Rdnr. 27 ff.

[8] Es kam hier lediglich die Verurteilung wegen Meineids oder falscher eidesgleicher Bekräftigung (§§ 154, 155 StGB) in Betracht. – A.M. *RGZ* 46, 395, das auch die Verurteilung wegen eines Unternehmens der Verleitung zum Meineid (jetzt § 160 StGB) einbezog; *Wieczorek*[2] A I b; *Baumbach-Lauterbach-Hartmann*[57] Rdnr. 8; *Zöller-Greger*[21] Rdnr. 3. Dem Wortlaut des § 452 Abs. 4 wurde man besser gerecht, wenn man einen Verstoß gegen die *eigene* Eidespflicht verlangte; dann schieden die Fälle der (erfolgreichen oder erfolglosen) Anstiftung aus. Bei der Abgabe einer falschen eidesstattlichen Versicherung (§ 156 StGB) liegt keine Verletzung der *Eidespflicht* vor, weil ja gerade kein Eid geleistet wird.

Beim Zeugenbeweis gibt es, seit § 161 StGB (Eidesunfähigkeit als strafrechtliche Nebenfolge) im Jahre 1969 aufgehoben wurde, kein derartiges Eidesverbot mehr, näher zur Aufhebung des § 393 Nr. 2 → § 393 Rdnr. 1. Dagegen ist Abs. 4 vom Gesetzgeber vermutlich übersehen worden; sonst hätte er diese Bestimmung ebenfalls ausdrücklich aufgehoben. Da aber Abs. 4 nur die für Zeugen und Sachverständige geltende Eidesunfähigkeit auf die Parteivernehmung ausdehnte, ist die Vorschrift mit der Aufhebung des § 161 StGB und des § 393 Nr. 2 ebenfalls als **aufgehoben** bzw. **obsolet** geworden zu betrachten[9].

2. Eidesmündigkeit

14   Daß für die Parteivernehmung eine dem § 393 (Eidesmündigkeit) entsprechende Vorschrift fehlt, bedeutet praktisch kaum einen Unterschied. An sich folgt aus dem **Fehlen einer bestimmten Altersgrenze für die Eidesfähigkeit,** daß das Gericht **jede prozeßfähige Partei,** also auch den Minderjährigen unter 16 Jahren in den Fällen der §§ 112, 113 BGB (→ § 52 Rdnr. 4 ff.), beeidigen kann[10]. Die pflichtgemäße Ausübung des Ermessens wird aber hier regelmäßig zum Absehen von der Beeidigung führen. Ein Ermessensfehler wäre es, wenn das Gericht eine Partei beeidigen würde, von der es annimmt, daß sie wegen mangelnder Verstandesreife oder wegen Verstandesschwäche von dem Wesen und der Bedeutung des Eides keine genügende Vorstellung hat. Auch über die Frage, ob die nach § 455 Abs. 2 vernommene **prozeßunfähige Partei** zu beeidigen ist, entscheidet das pflichtgemäße Ermessen des Gerichts.

§ 453   [Freie Beweiswürdigung]

(1) Das Gericht hat die Aussage der Partei nach § 286 frei zu würdigen.
(2) Verweigert die Partei die Aussage oder den Eid, so gilt § 446 entsprechend.

Gesetzesgeschichte: Bis 1900 § 418 CPO. Geändert durch die Novelle 1933 (→ vor § 445 Rdnr. 1).

I. Würdigung der Aussage 1	III. Das weitere Verfahren 5
II. Die Aussageverweigerung und ihre Würdigung 4	

I. Würdigung der Aussage

1   Die Aussage der Partei, gleichviel ob sie uneidlich oder nach § 452 eidlich erfolgt ist, unterliegt wie alle sonstigen Beweismittel der **freien Würdigung** des Prozeßgerichts. Im *Fortfall der formellen Beweisregeln,* denen der ehemalige Parteieid unterstellt war (§§ 463 f. a.F.), lag eine der wesentlichsten Änderungen der Novelle 1933. Lediglich aus diesem Grund ist in § 453 der Grundsatz des § 286 für die Parteivernehmung wiederholt worden; sachlich handelt es sich nur um eine Klarstellung.

2   Da das erkennende Gericht **persönliche Eindrücke** nur insoweit verwerten kann, als es sie selbst gewonnen hat, muß die Parteivernehmung grundsätzlich vor dem Kollegium, nicht

---

[9] Für Weiteranwendbarkeit aber – durchweg ohne Begründung – *Zöller-Greger*[21] Rdnr. 3; *MünchKommZPO-Schreiber* Rdnr. 3; *Baumbach-Lauterbach-Hartmann*[57] Rdnr. 8; *Thomas-Putzo*[21] Rdnr. 5.

[10] A.M. *Wieczorek*[2] A I b 1.

vor dem Vorsitzenden der Kammer für Handelssachen oder dem Einzelrichter in der Berufungsinstanz, stattfinden, → § 450 Rdnr. 2. Ist ein **Richterwechsel** eingetreten, so können die Aussage und der persönliche Eindruck nur verwertet werden, wenn sie *im Protokoll festgehalten* sind[1]. Ist keine Protokollierung erfolgt oder kommt es bei der Würdigung der Glaubwürdigkeit auf den unmittelbaren Eindruck an, so ist die Parteivernehmung zu wiederholen. Zur Wiederholung in der Berufungsinstanz → § 451 Rdnr. 5 bei Fn. 5. Hat die Beweisaufnahme ausnahmsweise vor dem **Vorsitzenden der Kammer für Handelssachen** oder dem **Einzelrichter in der Berufungsinstanz** oder dem **beauftragten oder ersuchten Richter** (§ 451 mit § 375) stattgefunden, so können persönliche Eindrücke des vernehmenden Richters nur insoweit verwertet werden, als sie im Protokoll niedergelegt sind; eine Verwertung der *persönlichen Erinnerung* des im Kollegium mitwirkenden Vorsitzenden bzw. Einzelrichters ist ausgeschlossen[2].

Im übrigen ist auf die allgemeinen Ausführungen bei § 286 zu verweisen. 3

II. Die Aussageverweigerung und ihre Würdigung

Die **Partei** ist – im Gegensatz zum Zeugen – **weder zur Aussage noch zur Eidesleistung verpflichtet.** Zwangsmittel zur Erzwingung der Aussage oder der Eidesleistung sind nicht zulässig, auch nicht im Eheprozeß gegenüber der erschienenen Partei (§ 613 Abs. 2 erlaubt nur Sanktionen gegen die nicht erschienene Partei, → § 613 Rdnr. 13). Die Verweigerung der Aussage bedeutet ebenso wie die schon vor der Vernehmung erklärte Ablehnung, sich vernehmen zu lassen, die Weigerung, durch Offenlegung des eigenen Wissens zur Aufklärung der streitigen Tatsachen beizutragen. Abs. 2 stellt klar, daß das Gericht diese **Weigerung frei zu würdigen** hat. Dazu → § 446 Rdnr. 8 ff., zur nachträglichen Bereiterklärung → § 446 Rdnr. 11. Aus Abs. 2 läßt sich entnehmen, daß die **Verweigerung der Eidesleistung** der Verweigerung der Aussage gleichzustellen (und gemäß § 446 frei zu würdigen) ist. Das Gericht darf also nicht trotz der Eidesverweigerung die *Aussage* der Partei zu ihren Gunsten würdigen. 4

III. Das weitere Verfahren

Aus der subsidiären Stellung des Beweismittels der Parteivernehmung, → § 445 Rdnr. 12 ff. und § 448 Rdnr. 5, folgt, daß der Rechtsstreit nach der Parteivernehmung in aller Regel zur **Endentscheidung** reif sein wird, sei es, daß das Gericht die streitige Behauptung als erwiesen oder widerlegt oder die beweispflichtige Partei nunmehr als beweisfällig erachtet. Rechtlich notwendig ist dies aber nicht. Das **Vorbringen weiterer Beweismittel** zu demselben Beweisthema ist nicht ausgeschlossen, wenn auch gerade in diesem Fall die Voraussetzungen für die *Zurückweisung* nach § 296 Abs. 2 häufig vorliegen werden und dann die Ausübung des Ermessens im Sinne der Zurückweisung in der Regel sachgemäß sein wird. Anders ist es, wenn z. B. im Fall des § 448 der Gegner mit der Anordnung der Parteivernehmung nicht rechnen konnte und demgemäß vorher keinen Anlaß hatte, gegen die Glaubwürdigkeit der vernommenen Partei Einwendungen zu erheben und die dazu erforderlichen Beweise anzutreten. 5

---

[1] *BGH* VersR 1958, 256.   [2] Vgl. *RG* JW 1933, 2215 (zur Zeugenvernehmung durch den Einzelrichter früheren Rechts).

§ 454 [Ausbleiben der zu vernehmenden Partei]

(1) Bleibt die Partei in dem zu ihrer Vernehmung oder Beeidigung bestimmten Termin aus, so entscheidet das Gericht unter Berücksichtigung aller Umstände, insbesondere auch etwaiger von der Partei für ihr Ausbleiben angegebener Gründe, nach freiem Ermessen, ob die Aussage als verweigert anzusehen ist.

(2) War der Termin zur Vernehmung oder Beeidigung der Partei vor dem Prozeßgericht bestimmt, so ist im Fall ihres Ausbleibens, wenn nicht das Gericht die Anberaumung eines neuen Vernehmungstermins für geboten erachtet, zur Hauptsache zu verhandeln.

Gesetzesgeschichte: Bis 1900 § 419 CPO. Geändert durch die Novelle 1933 (→ vor § 445 Rdnr. 1).

I. Keine Erzwingung des Erscheinens … 1	1. Ausbleiben der Partei, Erscheinen des Prozeßbevollmächtigten … 11
II. Voraussetzungen des Ausbleibens … 2	2. Ausbleiben der Partei und des Prozeßbevollmächtigten … 13
III. Rechtsfolgen des Ausbleibens … 4	3. Erscheinen der Partei, Ausbleiben des Prozeßbevollmächtigten … 16
1. Würdigung nach freiem Ermessen … 4	
2. Sanktionen, Kosten … 7	
3. Ausbleiben in weiterem Termin … 8	V. Verfahren vor dem beauftragten oder ersuchten Richter … 17
4. Zeitpunkt der Würdigung … 9	
IV. Verfahren vor dem Prozeßgericht … 10	

I. Keine Erzwingung des Erscheinens

1 **Zwangsmittel,** um die Partei zum Erscheinen im Vernehmungstermin anzuhalten, sind im Gesetz – abgesehen vom Eheprozeß, § 613 Abs. 2 (→ § 613 Rdnr. 13) – **nicht vorgesehen,** da die Partei ihre Aussage ohne weiteres verweigern kann, → § 453 Rdnr. 4. Dagegen ist bei der Anordnung des *persönlichen Erscheinens zur Aufklärung des Sachverhalts* nach § 141 eine Befugnis zur Festsetzung von Ordnungsgeld vorgesehen. Darin liegt keine Unstimmigkeit; der grundsätzliche Unterschied zwischen beiden Fällen besteht darin, daß es im Fall des § 141 nicht um eine als Beweismittel dienende Aussage, sondern um eine nähere Darlegung der Parteibehauptungen geht. Diese kann das Gericht von der den Rechtsschutz begehrenden Partei verlangen und erforderlichenfalls auch durch Ordnungsgeld erzwingen. – Zur **Verzögerungsgebühr** nach § 34 GKG → Rdnr. 7.

II. Voraussetzungen des Ausbleibens

2 § 454 setzt voraus, daß die zu vernehmende Partei (im Fall des § 449 der zu vernehmende *Streitgenosse,* im Fall des § 455 Abs. 1 der zu vernehmende gesetzliche Vertreter, im Fall des § 455 Abs. 2 die zu vernehmende *prozeßunfähige Partei*) **nicht erscheint** (→ vor § 330 Rdnr. 5 ff.), auch wenn ein zur Verhandlung legitimierter Prozeßbevollmächtigter oder (im Fall des § 455 Abs. 2) gesetzlicher Vertreter anwesend ist. Bleibt ein **notwendiger Streitgenosse,** dessen Vernehmung angeordnet wurde, im Termin aus, so ändert die Anwesenheit eines anderen notwendigen Streitgenossen nichts an der Säumnis im Sinne des § 454. Die Wirkung des § 62 bezieht sich nur auf die Wahrnehmung des Termins, nicht auf die Parteiaussage. – Wenn die Partei erscheint, aber **nicht aussagt,** so liegt keine Säumnis, sondern eine Aussageverweigerung (§ 453 Abs. 2) vor. Der **Termin** muß *zur Parteivernehmung bestimmt* sein; war das persönliche Erscheinen der Partei zur Aufklärung des Sachverhalts nach § 141 oder § 273 Abs. 2 Nr. 3 angeordnet, so genügt das nicht. Ferner ist erforderlich, daß die Partei selbst im Wege förmlicher Zustellung von Amts wegen **ordnungsgemäß gela-**

den oder der Vernehmungstermin im vorausgegangenen Verhandlungstermin in persönlicher Anwesenheit der Partei bekanntgegeben wurde (§ 450 Abs. 1 S. 2). Ist die zu vernehmende Person trotz unterbliebener oder mangelhafter persönlicher Ladung im Termin erschienen, so ist der Mangel unerheblich.

Ist die zu vernehmende Partei erschienen, aber der **Gegner** oder sein Anwalt **ausgeblieben,** so ist nach § 367 Abs. 1 zu verfahren. 3

III. Rechtsfolgen des Ausbleibens

1. Würdigung nach freiem Ermessen

Liegen die → Rdnr. 2 dargelegten Voraussetzungen vor, so entscheidet nach Abs. 1 das 4
Gericht unter Berücksichtigung aller Umstände, insbesondere auch etwaiger von der Partei für ihr Ausbleiben angegebener Gründe, **nach freiem Ermessen, ob die Aussage als verweigert anzusehen ist.** Wird das bejaht, so tritt nach § 453 Abs. 2 i.V.m. § 446 die weitere Würdigung hinzu, welche *Schlüsse aus der Weigerung* für das Beweisthema zu ziehen sind, → näher § 446 Rdnr. 8 ff. sowie (bei Streitgenossenschaft) → § 449 Rdnr. 3.

Aus der Doppelstellung der Partei im Beweisverfahren als Beweisperson und als Prozeß- 5
subjekt folgt, daß sie die **Gründe für ihr Ausbleiben** sowohl (ebenso wie der Zeuge) unmittelbar als auch durch ihren Prozeßbevollmächtigten vorbringen kann. Der **Anwaltszwang** gilt also insoweit **nicht.**

Die **Würdigung** erstreckt sich darauf, ob aus dem Nichterscheinen Schlüsse auf den **Wil-** 6
len gezogen werden können, **nicht als Partei auszusagen.** Aus der bloßen Tatsache des *erstmaligen* Ausbleibens wird dieser Schluß im allgemeinen noch nicht gezogen werden können[1]. Ebenso wird das Gericht, wenn es einen von der Partei vorgebrachten Entschuldigungsgrund (z. B. anderweitige Inanspruchnahme, Erholungsreise) als nicht stichhaltig anerkennt, auf eine Weigerung nur schließen können, wenn es seine Auffassung über die Nichtstichhaltigkeit des Grundes durch Ablehnung eines Gesuches um Terminsverlegung, bei der Erörterung über den Terminstag in der mündlichen Verhandlung oder in anderer Weise der Partei gegenüber bereits zum Ausdruck gebracht hat.

2. Sanktionen, Kosten

Das Nichterscheinen zieht **keine Straf- oder Ordnungsgeldfolgen** nach sich. Das Gericht 7
darf, wenn die Partei ohne einen als berechtigt anzuerkennenden Grund im Vernehmungstermin ausgeblieben ist und um einen **neuen Termin** nachsucht oder sich bei der nächsten Verhandlung zur Vernehmung bereit erklärt, diese nicht unter dem Gesichtspunkt der Verwirkung ablehnen. Die Partei ist aber, wenn sie schuldhaft gehandelt hat, im Endurteil[2] nach § 95 mit den **Kosten des vergeblichen Termins,** z. B. mit den Reisekosten der Gegenpartei, zu belasten; ebenso kann im Fall des Verschuldens gegen sie die **Verzögerungsgebühr** nach § 34 GKG beschlossen werden[3]. Dem steht nicht entgegen, daß die Partei weder zum Erscheinen noch zur Aussage verpflichtet ist. Es kann aber von ihr erwartet werden, daß sie ihren Entschluß, nicht zu erscheinen, rechtzeitig mitteilt, damit Mehrkosten durch einen vergeblichen Termin vermieden werden können.

---

[1] Anders im konkreten Fall *LG Kiel* SchlHA 1977, 117.
[2] Die Auferlegung der durch das Ausbleiben verursachten Kosten durch Beschluß ist nicht zulässig, *OLG Oldenburg* Rpfleger 1965, 316 = NdsRpfl 1965, 82 (Beschwerde gegen einen solchen Beschluß ist statthaft), → auch § 91 Rdnr. 8.

[3] Ebenso *OLG Oldenburg* Rpfleger 1965, 316 (Fn. 2); *Baumbach-Lauterbach-Hartmann*[57] Rdnr. 4. – A.M. *MünchKommZPO-Schreiber* Rdnr. 1; *Zöller-Greger*[21] Rdnr. 8; *Musielak-Huber* Rdnr. 4.

3. Ausbleiben in weiterem Termin

8 Auch das **Ausbleiben in einem zweiten zur Vernehmung bestimmten Termin** ist frei zu würdigen. Das Gericht wird aber eine wiederholte Säumnis weit eher im Sinne einer Weigerung würdigen als die erste.

4. Zeitpunkt der Würdigung

9 Die dem Gericht in § 454 zugewiesene Würdigung ist zunächst nur *vorläufig* in dem Sinn, daß es sich darüber schlüssig werden muß, ob es einen neuen Vernehmungstermin bestimmen oder zur Hauptsache verhandeln will. Die **endgültige Würdigung** des Ausbleibens als Weigerung erfolgt erst **in den Gründen der Endentscheidung,** wobei keine Bindung an eine vorher geäußerte Auffassung besteht.

IV. Verfahren vor dem Prozeßgericht

10 War der **Termin zur Vernehmung vor dem Prozeßgericht** bestimmt, so ist zu unterscheiden:

1. Ausbleiben der Partei, Erscheinen des Prozeßbevollmächtigten

11 Ist die zu vernehmende Partei ausgeblieben, ihr Prozeßbevollmächtigter aber erschienen, so wird das Gericht zumeist aus den Erklärungen des Prozeßbevollmächtigten Aufschlüsse über den Grund des Ausbleibens erhalten. Ergeben sich, zumal wenn der Prozeßbevollmächtigte durch das Ausbleiben ebenfalls überrascht ist, keine Anhaltspunkte für ein absichtliches Fernbleiben, so hat das Gericht nach § 368 einen **neuen Vernehmungstermin** zu bestimmen. Andernfalls ist gemäß Abs. 2 **zur Hauptsache zu verhandeln**, ohne daß es eines dahingehenden Antrags bedürfte. Im weiteren Verlauf des Prozesses kann ein neuer Vernehmungstermin bestimmt werden, → Rdnr. 7.

12 Würdigt das Gericht das Ausbleiben als Aussageverweigerung und erachtet deshalb den Rechtsstreit zum Erlaß einer **Endentscheidung** für reif, rechnet es aber andererseits noch mit der Möglichkeit einer nachträglichen stichhaltigen Aufklärung des Ausbleibens, so ist zweckmäßig ein **Verkündungstermin** zu bestimmen. Geht bis zu dem Verkündungstermin eine Erklärung der ausgebliebenen Partei ein, die eine Würdigung des Ausbleibens im Sinne der Aussageverweigerung als nicht gerechtfertigt erscheinen läßt, so ist in dem Termin lediglich eine **neue Terminsbestimmung für die Parteivernehmung** zu verkünden. Daß das Gericht eine solche nachträgliche Erklärung berücksichtigen darf und zu berücksichtigen hat, ergibt sich daraus, daß es sich hier nicht um ein nachträgliches schriftsätzliches Prozeßvorbringen, sondern um eine Erklärung der Partei in ihrer Eigenschaft als Beweisperson handelt. Ist in Würdigung des Ausbleibens als Aussageverweigerung die **Entscheidung ergangen,** so kann die Partei diese Würdigung nur mit der **Berufung** gegen das Endurteil angreifen, und mit der **Revision** nur insoweit, als das Gericht die Grenzen seiner Würdigung verkannt hat (etwa, wenn es geglaubt hat, das Ausbleiben grundsätzlich als Aussageverweigerung würdigen zu müssen).

2. Ausbleiben der Partei und des Prozeßbevollmächtigten

13 Ist (im amtsgerichtlichen Verfahren) die nicht durch einen Prozeßbevollmächtigten vertretene Partei oder ist neben der Partei auch ihr Prozeßbevollmächtigter ausgeblieben, so muß sich das Gericht zunächst darüber schlüssig werden, ob es einen neuen Vernehmungstermin bestimmen oder in die Verhandlung zur Hauptsache eintreten will.

14 a) Zur **Bestimmung eines neuen Vernehmungstermins** wird nur dann Anlaß bestehen, wenn das Gericht mit einer Aufklärung der Gründe des Fernbleibens im Sinne einer unver-

schuldeten Verhinderung rechnet. Bestimmt das Gericht einen neuen Vernehmungstermin, so ist, da das Beweisverfahren nunmehr noch nicht abgeschlossen ist (→ § 370 Rdnr. 4), **für ein Versäumnisurteil kein Raum**. Da nicht in die Verhandlung eingetreten wird, kann kein Antrag auf Versäumnisurteil gestellt werden. Die Terminsbestimmung stellt daher (anders als im Fall des § 337, → dort Rdnr. 10) keine Zurückweisung eines Antrags auf Versäumnisurteil dar; es findet **keine Beschwerde** dagegen statt.

b) Der Regelfall wird der **Eintritt in die Verhandlung** sein, wodurch dem Gegner die Möglichkeit eröffnet wird, gegen die ausgebliebene Partei ein Versäumnisurteil zu erwirken. Statt des Versäumnisurteils kann der erschienene Gegner nach § 331 a auch Entscheidung nach Aktenlage beantragen. 15

3. Erscheinen der Partei, Ausbleiben des Prozeßbevollmächtigten

Ist im Anwaltsprozeß die zu vernehmende Partei persönlich erschienen, ihr Anwalt aber ausgeblieben, so ist zunächst die Vernehmung nach § 367 Abs. 1 durchzuführen. Nach deren Abschluß steht es dem Gegner frei, Versäumnisurteil oder Entscheidung nach Aktenlage zu beantragen, dazu → § 367 sowie → § 370 Rdnr. 7. 16

V. Verfahren vor dem beauftragten oder ersuchten Richter

Findet der **Vernehmungstermin** ausnahmsweise nach § 375 Abs. 1 Nr. 1 oder 2 vor einem **beauftragten oder ersuchten Richter** statt, so ist das Ausbleiben der zu vernehmenden Partei im Protokoll festzustellen. Ob alsbald ein neuer Termin von Amts wegen zu bestimmen[4] oder ob zunächst eine Erklärung der Partei abzuwarten ist, steht im Ermessen des beauftragten oder ersuchten Richters. Jedenfalls wird der ersuchte Richter zur Vermeidung von Verzögerungen durch erneute Aktenübersendung gut daran tun, mit der Rücksendung der Akten an das Prozeßgericht einige Tage zu warten. Sucht die Partei nach Versäumung des ersten Vernehmungstermins vor Rücksendung der Akten um die Anberaumung eines neuen Termins nach, so wird der ersuchte Richter im allgemeinen keinen Anlaß haben, diesem Gesuch nicht zu entsprechen, → auch Rdnr. 7. 17

§ 455 [Prozeßunfähige Partei; Vernehmung des gesetzlichen Vertreters]

(1) ¹Ist eine Partei nicht prozeßfähig, so ist vorbehaltlich der Vorschrift im Absatz 2 ihr gesetzlicher Vertreter zu vernehmen. ²Sind mehrere gesetzliche Vertreter vorhanden, so gilt § 449 entsprechend.

(2) ¹Minderjährige, die das sechzehnte Lebensjahr vollendet haben, können über Tatsachen, die in ihren eigenen Handlungen bestehen oder Gegenstand ihrer Wahrnehmung gewesen sind, vernommen und auch nach § 452 beeidigt werden, wenn das Gericht dies nach den Umständen des Falles für angemessen erachtet. ²Das gleiche gilt von einer prozeßfähigen Person, die in dem Rechtsstreit durch einen Betreuer oder Pfleger vertreten wird.

---

[4] Für Zulässigkeit der Bestimmung eines neuen Termins auch *Thomas-Putzo*[21] Rdnr. 8. – A.M. *Baumbach-Lauterbach-Hartmann*[57] Rdnr. 4.

Gesetzesgeschichte: Bis 1900 § 420 CPO. Geändert durch die Novelle 1933 (→ vor § 445 Rdnr. 1) und durch das Adoptionsgesetz vom 2. VII. 1976 (BGBl. I 1749); Abs. 2 S. 1 und 2 geändert durch Art. 4 Betreuungsgesetz vom 12. IX. 1990 (BGBl I 2002).

I. Stellung der prozeßunfähigen Partei 1	1. Voraussetzungen 7
II. Vernehmung des gesetzlichen Vertreters als Partei 2	2. Vernehmung neben dem gesetzlichen Vertreter 8
III. Mehrere gesetzliche Vertreter 6	3. Von Abs. 2 erfaßter Personenkreis 9
IV. Parteivernehmung trotz Prozeßunfähigkeit 7	V. Hinweise 13

I. Stellung der prozeßunfähigen Partei

1   Die **nicht prozeßfähigen Parteien** (→ § 51 Rdnr. 11 ff.) und diejenigen prozeßfähigen Parteien, die einen gesetzlichen Vertreter haben (→ § 53 Rdnr. 1 ff.), namentlich also diejenigen, die in dem Rechtsstreit **durch einen Betreuer oder Pfleger vertreten werden,** dürfen – vorbehaltlich der Ermächtigung in Abs. 2 – **nicht als Partei vernommen werden.** Dagegen ist ihre **Vernehmung als Zeugen zulässig**[1]. Von der Zeugenstellung ausgeschlossen sind nicht etwa alle Personen, die Partei *sind,* sondern nur jene, die im konkreten Prozeß *als Partei zu vernehmen sind*; näher → vor § 373 Rdnr. 1 ff., 5. Stellt also der Gegner eine Tatsache gerade in das Wissen der prozeßunfähigen Partei, so kann er ihre Vernehmung durch Antritt des Zeugenbeweises erreichen; ebenso kann sich der gesetzliche Vertreter auf das Zeugnis der von ihm vertretenen prozeßunfähigen Partei berufen. Welcher Beweiswert der Zeugenaussage beizumessen ist, ist eine andere Frage. Ein Mindestalter ist für die Zeugnisfähigkeit nicht erforderlich, → vor § 373 Rdnr. 3.

II. Vernehmung des gesetzlichen Vertreters als Partei

2   Für die Parteivernehmung tritt grundsätzlich (→ Rdnr. 7 ff.) der **gesetzliche Vertreter** des Prozeßunfähigen (→ § 51 Rdnr. 22 ff.) an dessen Stelle. Er kann daher **nicht als Zeuge** vernommen werden, näher → vor § 373 Rdnr. 7 f. Demgemäß sind in Prozessen einer Aktiengesellschaft, GmbH oder Genossenschaft der Vorstand bzw. die Geschäftsführer als Partei zu vernehmen, in Prozessen der Offenen Handelsgesellschaft oder Kommanditgesellschaft, wenn man sie richtiger Ansicht nach (→ § 50 Rdnr. 13) als parteifähiges Gebilde auffaßt, die nach §§ 125 f., 149 f. HGB zur Vertretung der Gesellschaft berufenen Gesellschafter oder Liquidatoren, nicht alle Gesellschafter (→ vor § 373 Rdnr. 6).

3   Betrachtet man **Insolvenzverwalter, Testamentsvollstrecker, Nachlaßverwalter** und **Zwangsverwalter** als gesetzliche Vertreter des Gemeinschuldners, Erben usw. (zum Meinungsstreit → vor § 50 Rdnr. 25 ff.), so sind diese Personen nach § 455 Abs. 1 **als Partei** zu vernehmen. Der **Gemeinschuldner, Erbe** usw. kann **als Zeuge** vernommen werden, da er nach dieser Ansicht in den vom Insolvenzverwalter usw. geführten Prozessen entsprechend § 53 prozeßunfähig ist und daher von den Regeln über die Parteivernehmung nicht erfaßt wird, → Rdnr. 1. Es ergibt sich also das gleiche Ergebnis wie bei der Betrachtung des Insolvenzverwalters als **Partei kraft Amtes,** → vor § 373 Rdnr. 6 ff. mit Nachw.

---

[1] *BGH* NJW 1965, 2253 = JZ 1965, 725 = LM § 373 Nr. 4. – Zur Zeugenvernehmung einer Partei unter 16 Jahren s. *Bertram* VersR 1965, 219. – Eine »informatorische Anhörung« – erwogen von *OVG Münster* FamRZ 1981, 699, 700 – ist nicht zulässig.

Wer zu vernehmen ist, bestimmt sich nach dem **Zeitpunkt der Vernehmung**. Tritt zwi- 4
schen dem Beweisantritt und der Vernehmung ein Wechsel in der Person des gesetzlichen
Vertreters ein, so kann, wenn es dem Beweisführer gerade auf die Kenntnis des Ausgeschiedenen ankommt, dieser als Zeuge benannt werden. Die Parteivernehmung kann dann nach
§ 450 Abs. 2 ausgesetzt werden.

Zur **irrtümlichen Vernehmung** des gesetzlichen Vertreters **als Zeuge statt als Partei** und 5
zum **Offenlassen** der Frage, ob eine Person gesetzlicher Vertreter ist und daher als Partei
vernommen wird, → vor § 445 Rdnr. 12.

III. Mehrere gesetzliche Vertreter

Hat die prozeßunfähige Partei, namentlich eine juristische Person, Gesellschaft usw., oder 6
einer von mehreren Streitgenossen **mehrere gesetzliche Vertreter** (§ 51 Rdnr. 27, 29), so gilt
nach Abs. 1 S. 2 § 449 entsprechend, d. h. das **Gericht bestimmt,** ob es alle oder nur einzelne vernehmen will. Dies gilt auch bei **Gesamtvertretung**[2]. Das Gericht ist aber **an einen Parteiantrag gebunden,** wenn es sich um eine Parteivernehmung auf Antrag handelt und dieser
auf die Vernehmung *bestimmter* gesetzlicher Vertreter gerichtet ist, → § 449 Rdnr. 2. – Das
Gericht ist bei der Auswahl nicht auf diejenigen der mehreren gesetzlichen Vertreter beschränkt, die in dem Prozeß auftreten, → vor § 373 Rdnr. 8. Unter Abs. 1 S. 2 gehören auch
die zur Geschäftsführung berechtigten Mitglieder der Offenen Handelsgesellschaft und ihre
Liquidatoren. – Abs. 1 S. 2, § 449 gelten entsprechend bei der **eidesstattlichen Offenbarungsversicherung**[3].

IV. Parteivernehmung trotz Prozeßunfähigkeit

1. In Abs. 2 ist dem Gericht die Ermächtigung gegeben, die gemäß § 445 oder § 447 be- 7
antragte oder gemäß § 448 von Amts wegen erfolgende Parteivernehmung in der Weise vorzunehmen, daß die **prozeßunfähige Partei** statt des gesetzlichen Vertreters **selbst vernommen** wird. Das Ermessen des Gerichts, das an Parteianträge nicht gebunden ist, ist insofern
eingeschränkt, als es sich um Tatsachen handeln muß, die in *eigenen Handlungen* der prozeßunfähigen Partei bestehen oder *Gegenstand ihrer Wahrnehmung* gewesen sind. Das Gericht hat bei der Ausübung des Ermessens zu berücksichtigen, um welche Tatsachen es sich
im konkreten Fall handelt und ob dazu eine verwertbare Aussage der prozeßunfähigen Partei erwartet werden kann. Auch die **Beeidigung** der prozeßunfähigen Partei ist zulässig, soweit das Gericht sie für notwendig hält (→ § 452 Rdnr. 1 ff.).

2. Dem Gericht ist es auch unbenommen, in den vorbezeichneten Fällen die Vernehmung 8
des Minderjährigen usw. **neben der des gesetzlichen Vertreters** (als Partei) zu beschließen.
Ebenso kann nach der Vernehmung der einen **nachträglich** die der anderen Person in Ergänzung des Beweisbeschlusses nach § 360 beschlossen werden.

3. Unter § 455 Abs. 2 fallen: 9

a) Die prozeßunfähigen **Minderjährigen,** die das 16. Lebensjahr vollendet haben. Minder- 10
jährige *prozeßfähige* Parteien (§§ 112, 113 BGB, → § 52 Rdnr. 4 ff.) fallen (wie sich aus
§ 455 Abs. 1 S. 1 entnehmen läßt) nicht unter § 455 Abs. 2; sie sind stets als Partei zu vernehmen. Zur Beeidigung → § 452 Rdnr. 14.

---

[2] *LG Frankfurt* Rpfleger 1993, 502.   [3] *LG Frankfurt* Rpfleger 1993, 502; näher → § 807 Rdnr. 44.

11 **b)** Diejenigen an sich prozeßfähigen Personen, die im Rechtsstreit durch einen **Pfleger** oder Betreuer vertreten werden und daher für diesen Prozeß gemäß § 53 als prozeßunfähig gelten (näher → § 53 Rdnr. 1 ff).

12 Eine entsprechende Anwendung des Abs. 2 auf *andere prozeßunfähige Parteien* scheidet aus, da die Vorschrift bewußt auf ganz bestimmte Arten prozeßunfähiger Personen beschränkt ist. Zur partiellen Prozeßfähigkeit → Rdnr. 10.

13 **V.** Zur **Parteivernehmung über den Verbleib von Urkunden** → § 426 Rdnr. 8. Zur **eidesstattlichen Versicherung über das Vermögen** usw. → § 807 Rdnr. 44 ff., § 889 Rdnr. 12.

§§ 456 bis 477   [Aufgehoben]

Gesetzesgeschichte: Durch die Novelle 1933 (→ vor § 445 Rdnr. 1) wurden die §§ 456 bis 477 aufgehoben.

Elfter Titel

Abnahme von Eiden und Bekräftigungen

Vorbemerkungen

I. Gesetzesgeschichte	1	IV. Die eidesstattliche Offenbarungsversicherung	8
II. Anwendungsbereich innerhalb der ZPO	2	V. Arbeitsgerichtliches Verfahren	9
III. Weitere Anwendungsfälle	6		

I. Gesetzesgeschichte

Der elfte Titel wurde in neuerer Zeit durch das Gesetz zur Ergänzung des Ersten Gesetzes zur Reform des Strafverfahrens vom 20. XII. 1974 (BGBl I 3686) **geändert**[1]. Vor allem trat neben den Eid die **Bekräftigung** gemäß § 484, näher → § 484 Rdnr. 1. Auch § 480 (Belehrung) und § 481 (Eidesleistung) erfuhren Änderungen. 1

II. Anwendungsbereich innerhalb der ZPO

Die Vorschriften des elften Titels gelten für alle in der ZPO vorgesehenen Eide, also 2
a) für die Eidesleistung der **Partei** (§ 452), deren Vernehmung angeordnet worden war 3
(§§ 445, 447, 448, § 613 Abs. 1, § 287 Abs. 1 S. 3, § 426);
b) für den Eid des **Zeugen** (§ 391); 4
c) für den Eid des **Sachverständigen** (§ 410). 5

III. Weitere Anwendungsfälle

Die Bestimmungen gelten darüber hinaus für den Eid des **Dolmetschers** (§ 189 GVG). Sie 6
sind auch im Bereich der **freiwilligen Gerichtsbarkeit** anzuwenden[2], § 15 Abs. 1 S. 1, § 79 S. 4 FGG.

Für die Vereidigung der *ehrenamtlichen Richter* (z. B. der Handelsrichter, Schöffen, eh- 7
renamtlichen Richter in der Arbeitsgerichtsbarkeit, § 45 Abs. 2 ff. DRiG) und *Rechtsanwälte* (§ 26 BRAO) gelten die Vorschriften nicht.

IV. Die eidesstattliche Offenbarungsversicherung

Der frühere **Offenbarungseid** wurde durch Gesetz vom 27. VI. 1970 (BGBl I 911) durch 8
eine **eidesstattliche Versicherung** ersetzt. Die §§ 478 bis 480, 483 sind bei der Abgabe der eidesstattlichen Versicherung entsprechend anzuwenden, § 807 Abs. 3 S. 2, § 883 Abs. 4, § 889 Abs. 1 S. 2, ferner § 79 S. 4 FGG, § 98 Abs. 1 S. 2 InsO. Zum Verfahren bei Abnahme der eidesstattlichen Versicherung → §§ 899 ff.

---

[1] Dazu Begr. BT-Drucks. 7/2526, 12 ff., 19 f., 26. Lit. zur damaligen Diskussion → § 484 Fn. 2.

[2] Auch bei der Abnahme und Beurkundung von Affidavits durch den Notar (§ 22 Abs. 1 BNotO, § 38 BeurkG), dazu *Bambring* DNotZ 1976, 726, 728, 737.

V. Arbeitsgerichtliches Verfahren

9 Die §§ 478 bis 484 gelten auch im **arbeitsgerichtlichen Verfahren,** § 46 Abs. 2, § 64 Abs. 6 ArbGG, → auch § 479 Rdnr. 8. Zu den Voraussetzungen der Beeidigung von Zeugen und Sachverständigen im arbeitsgerichtlichen Verfahren (§ 58 Abs. 2 S. 1 ArbGG) → § 391 Rdnr. 35.

§ 478 [Eidesleistung in Person]

Der Eid muß von dem Schwurpflichtigen in Person geleistet werden.

Gesetzesgeschichte: Bis 1900 § 440 CPO.

1 § 478 erklärt die **Eidesleistung durch Vertreter** schlechthin für **unzulässig**. Der gemäß § 455 Abs. 1 vernommene *gesetzliche Vertreter* ist *selbst* der Schwurpflichtige; es handelt sich also nicht um eine Ausnahme von § 478. Zur **Eidesunfähigkeit** → § 393 Rdnr. 1 ff., 8 f., → § 452 Rdnr. 14.

§ 479 [Eidesleistung vor dem kommissarischen Richter]

(1) Das Prozeßgericht kann anordnen, daß der Eid vor einem seiner Mitglieder oder vor einem anderen Gericht geleistet werde, wenn der Schwurpflichtige am Erscheinen vor dem Prozeßgericht verhindert ist oder sich in großer Entfernung von dessen Sitz aufhält.

(2) Der Bundespräsident leistet den Eid in seiner Wohnung vor einem Mitglied des Prozeßgerichts oder vor einem anderen Gericht.

Gesetzesgeschichte: Bis 1900 § 441 CPO. Abs. 2 hinsichtlich der Bezeichnung des Staatsoberhaupts geändert durch die Novelle 1898, durch die Neubekanntmachungen des Textes der ZPO nach der Novelle 1924 und nach der Novelle 1933 sowie durch die Novelle 1950.

I. Eidesleistung vor dem Prozeßgericht	1	III. Bundespräsident, Exterritoriale, ausländische Konsuln	6
II. Übertragung der Abnahme des Eides	2	IV. Arbeitsgerichtliches Verfahren	8
1. Voraussetzungen	2		
2. Verfahren bei der Übertragung	3		
3. Verfahren vor dem beauftragten oder ersuchten Richter	4		

I. Eidesleistung vor dem Prozeßgericht

1 Der Eid ist grundsätzlich **vor dem Prozeßgericht** zu leisten. Das entspricht dem Prinzip der Unmittelbarkeit, § 355 Abs. 1. Im landgerichtlichen Verfahren ist der Eid vor dem *Kollegium* abzulegen, vor dem *Einzelrichter* bzw. dem Vorsitzenden der Kammer für Handelssachen aber dann, wenn dieser die Vernehmung durchgeführt hat, → § 349 Rdnr. 7 ff., § 524 Rdnr. 9 ff.

II. Übertragung der Abnahme des Eides

1. Voraussetzungen

§ 479 gestattet die **Übertragung auf einen beauftragten oder ersuchten Richter**, ähnlich wie nach §§ 375, 402, 451 die Vernehmung von Zeugen, Sachverständigen und Parteien übertragen werden kann. Die Eidesabnahme durch den beauftragten oder ersuchten Richter ist nach Abs. 1 nur bei **Verhinderung** des Schwurpflichtigen und bei **Aufenthalt in großer Entfernung** zulässig. Darüber → § 375 Rdnr. 9 ff. Die Bedeutung des § 479 als selbständige Vorschrift ist gering, da die Beeidigung sich in aller Regel an die Vernehmung unmittelbar anschließen wird. In diesen Fällen ergibt sich die Befugnis, auch die Beeidigung zu übertragen, bereits aus §§ 375, 402, 451, da zur *Aufnahme* des Zeugenbeweises usw. auch die Beeidigung gehört. Daß sich § 479 nicht völlig mit § 375 deckt (es fehlt eine dem § 375 Abs. 1 Nr. 1 entsprechende Bestimmung), ist daher ohne Bedeutung.

2

2. Verfahren bei der Übertragung

Die Übertragung erfolgt durch den **Beweisbeschluß** bzw. durch einen *besonderen Beschluß*. Die **Beschwerde** ist gegen die Anordnung nicht statthaft[1], vgl. § 355 Abs. 2. Zur Geltendmachung eines Verstoßes gegen den Grundsatz der Unmittelbarkeit mit Rechtsmitteln → § 355 Rdnr. 30. Der Beschluß kann *ohne mündliche Verhandlung* erlassen oder geändert werden[2], doch sind die Parteien entsprechend § 360 S. 4 tunlichst vorher zu hören. Auch die Übertragung der Beeidigung auf ein *ausländisches* Gericht ist zulässig[3]; es gelten dann die §§ 363, 364, 369 direkt oder (soweit es sich nicht um eine Beweisaufnahme handelt) entsprechend.

3

3. Verfahren vor dem beauftragten oder ersuchten Richter

Über die *Terminsbestimmung* vor dem beauftragten oder ersuchten Richter s. §§ 361 f., über ihre *Bekanntmachung* (ohne Ladung i.e.S.) → vor § 214 Rdnr. 12 ff., über die *Benachrichtigung der Parteien* → § 357 Rdnr. 13, über die Kosten → § 91 Rdnr. 53, 102.

4

Erhebt sich vor dem beauftragten oder ersuchten Richter ein **Streit über die Eidesabnahme**, so entscheidet nach § 366 Abs. 1 das Prozeßgericht. Über den Fall, daß die zu beeidigende **Partei** zur Eidesleistung **nicht erscheint**, → § 454 Rdnr. 17.

5

III. Bundespräsident, Exterritoriale, ausländische Konsuln

Der **Bundespräsident** ist nach Abs. 2 in seiner Wohnung zu beeidigen, vgl. auch § 219 Abs. 2, § 375 Abs. 2. Dies ist vom Gesetz *zwingend* vorgeschrieben, so daß keine mündliche Verhandlung und keine besondere Entscheidung darüber erforderlich ist. Unter dem »anderen Gericht« ist, wie in Abs. 1 und in § 375 Abs. 1 (vgl. auch § 372 Abs. 2, § 434), das *Amtsgericht* des Ortes zu verstehen, an dem die Eidesleistung erfolgen soll, § 157 Abs. 1 GVG. Die Parteiöffentlichkeit (§ 357) ist auch hier einzuhalten, → auch § 357 Rdnr. 2, § 375 Rdnr. 15.

6

Ist der Eid von einem **Exterritorialen** oder von einem in Deutschland angestellten ausländischen **Konsul** zu leisten, so kann der Schwurpflichtige in entsprechender Anwendung

7

---

[1] *RGZ* 46, 366.
[2] *RGZ* 16, 411. – Gegen eine analoge Anwendung des § 360 S. 2 bei Übertragung der Beweisaufnahme aber *Chr. Berger* → § 360 Rdnr. 12.
[3] *RGZ* 46, 366.

der in § 377 Rdnr. 21 ff., 24 aufgeführten für die Zeugenvernehmung geltenden Bestimmungen verlangen, daß die Beeidigung in der Wohnung oder in den Räumen der Vertretung stattfindet.

IV. Arbeitsgerichtliches Verfahren

8 Im arbeitsgerichtlichen Verfahren gilt § 479 mit der sich aus § 58 Abs. 1 ArbGG ergebenden Modifikation, daß die an der Gerichtsstelle (d. h. im Gerichtsgebäude) des Arbeits- bzw. Landesarbeitsgerichts mögliche Eidesabnahme stets vor der *Kammer* stattzufinden hat, während in den übrigen Fällen die Beweisaufnahme und damit auch die Eidesabnahme auf den *Vorsitzenden* übertragen werden kann. Dazu auch → § 355 Rdnr. 33 ff. Bei einer unzulässigerweise durch den Vorsitzenden allein vorgenommenen Eidesabnahme wird es jedoch aus den gleichen Erwägungen wie in dem → § 357 Rdnr. 21 a. E. erörterten Fall einer Wiederholung der Eidesleistung nicht bedürfen.

§ 480 [Belehrung vor der Eidesleistung]

Vor der Leistung des Eides hat der Richter den Schwurpflichtigen in angemessener Weise über die Bedeutung des Eides sowie darüber zu belehren, daß er den Eid mit religiöser oder ohne religiöse Beteuerung leisten kann.

Gesetzesgeschichte: Bis 1900 § 442 CPO. Änderung durch Gesetz vom 20. XII. 1974 (BGBl I 3651).

I. Richterliche Hinweise

1 Der **Hinweis auf die Bedeutung des Eides** erfolgt durch den Richter, d. h. den *Vorsitzenden* (§ 136) des Prozeßgerichts bzw. den beauftragten oder ersuchten Richter. Die Parteien haben zwar kein Recht darauf, dem Schwurpflichtigen *unmittelbar Vorhalte zu machen*, aber das Gericht kann es ihnen gestatten[1], und praktisch können gerade diese Vorhalte durchaus von besonderem Wert sein. Ihre Bedeutung ist allerdings nicht so hoch einzuschätzen, daß die Beeidigung etwa bei Unterlassung der Benachrichtigung einer Partei als unwirksam anzusehen wäre, → § 357 Rdnr. 21 a. E. Soweit gemäß §§ 397, 402, 451 von den Parteien noch *Fragen* an den Zeugen usw. gerichtet werden, sind diese vor der Beeidigung zu beantworten.

2 Die Belehrung soll **in angemessener Weise** erfolgen, d. h. dem Bildungsstand und der Persönlichkeit des Schwurpflichtigen entsprechen. Sie umfaßt sowohl die Erläuterung der *allgemeinen* Bedeutung des Eides, also die Warnung vor einem Meineid und vor einem fahrlässigen Falscheid, als auch den Hinweis auf die Bedeutung und den vom Eid gedeckten Inhalt der *konkreten zu beeidigenden Aussage*[2]. Ferner muß der Vorsitzende den Schwurpflichtigen stets darüber belehren, daß er den Eid mit oder ohne *religiöse Beteuerung* leisten kann. Es erscheint zweckmäßig (wenn auch nicht zwingend vorgeschrieben), damit den Hinweis zu verbinden, daß hinsichtlich der Strafbarkeit eines Meineids bzw. eines fahrlässigen Falscheids zwischen beiden Eidesformen kein Unterschied besteht. Eine Belehrung über die Zulässigkeit der **Bekräftigung** statt des Eides (§ 484) ist nicht vorgeschrieben, → § 484 Rdnr. 3.

---

[1] *RGZ* 76, 103 f.; *OLG Colmar* OLG Rsp 27 (1913), 99 (beide zum früheren Parteieid).

[2] *OLG Hamburg* SeuffArch 52 (1897), 223.

Die erfolgte Belehrung ist gemäß § 160 Abs. 2 im **Protokoll** zu vermerken. Die **Verletzung** 3
des § 480 kann einen **Mangel des Verfahrens** begründen³.

II. Befragung über die persönlichen Verhältnisse

Eine Befragung über die persönlichen Verhältnisse ist in § 395 Abs. 2, §§ 402, 451 für die 4
Vernehmung von Zeugen, Sachverständigen und Parteien vorgeschrieben. Im übrigen (bei
der eidesstattlichen Offenbarungsversicherung, → vor § 478 Rdnr. 8) ist sie insoweit angemessen, als die *Identität* des Schwurpflichtigen (§ 478) festgestellt werden muß.

§ 481 [Eidesleistung]

(1) Der Eid mit religiöser Beteuerung wird in der Weise geleistet, daß der Richter die Eidesnorm mit der Eingangsformel:
»Sie schwören bei Gott dem Allmächtigen und Allwissenden«
vorspricht und der Schwurpflichtige darauf die Worte spricht (Eidesformel):
»Ich schwöre es, so wahr mir Gott helfe.«
(2) Der Eid ohne religiöse Beteuerung wird in der Weise geleistet, daß der Richter die Eidesnorm mit der Eingangsformel:
»Sie schwören«
vorspricht und der Schwurpflichtige darauf die Worte spricht (Eidesformel):
»Ich schwöre es.«
(3) Gibt der Schwurpflichtige an, daß er als Mitglied einer Religions- oder Bekenntnisgemeinschaft eine Beteuerungsformel dieser Gemeinschaft verwenden wolle, so kann er diese dem Eid anfügen.
(4) Der Schwörende soll bei der Eidesleistung die rechte Hand erheben.
(5) Sollen mehrere Personen gleichzeitig einen Eid leisten, so wird die Eidesformel von jedem Schwurpflichtigen einzeln gesprochen.

Gesetzesgeschichte: Bis 1900 § 443 CPO. Eidesformel geändert durch die Novelle 1909. Durch die Novelle 1950 wurde Abs. 2 eingefügt. Abs. 2 und Abs. 3 aF wurden zu Abs. 3 und 4 nF. Durch das Gesetz vom 20. XII. 1974 (BGBl I 3651) wurde der Inhalt der Eidesformel für den Eid ohne religiöse Beteuerung in Abs. 2 genauer geregelt, Abs. 3 nF wurde eingefügt. Abs. 3 und 4 aF wurden Abs. 4 und 5 nF.

I. Form der Eidesleistung	1	IV. Gleichzeitige Vereidigung mehrerer Personen	9
II. Eid ohne religiöse Beteuerung	4		
III. Äußere Form	8	V. Hinweise	11

I. Form der Eidesleistung

§ 481 regelt die Form der Eidesleistung für alle nach der ZPO zu leistenden Eide der Parteien und Dritter (→ vor § 478 Rdnr. 2 bis 6). Der Schwurpflichtige hat nur die sog. **Eidesformel** »Ich schwöre es usw.« nachzusprechen, nachdem der Richter ihm die Eingangsformel und die Eidesnorm vorgesprochen hat. Ohne das Nachsprechen der Worte »Ich schwöre es« liegt kein gültiger Eid vor; die religiöse Beteuerungsformel allein genügt also nicht¹.

---

³ *OLG Hamburg* SeuffArch 52 (1897), 223.   ¹ *RGSt* Recht 1933 Nr. 549.

Zur Eidesleistung durch **Stumme** → § 483 Rdnr. 1; bei **tauben Personen** ist § 483 entsprechend anzuwenden.

2   Die Eidesleistung (bzw. die Abgabe der Bekräftigung nach § 484) ist, da sie zur Aussage (§ 160 Abs. 3 Nr. 4) hinzugehört, im **Protokoll** zu vermerken. Eine Angabe der im Rahmen des § 481 gewählten Form der Eidesleistung ist nicht erforderlich[2] und auch nicht empfehlenswert.

3   Die **Eidesnorm** ergibt sich für den Zeugeneid aus § 392 S. 3, für den Sachverständigeneid aus § 410 Abs. 1 S. 2, für den Dolmetschereid aus § 189 Abs. 1 GVG und für den Eid der Partei aus § 452 Abs. 2. Ist der Schwurpflichtige der deutschen Sprache nicht mächtig, so ist der Eid in der ihm geläufigen **Fremdsprache** zu leisten (§ 188 GVG), gegebenenfalls unter Zuziehung eines Dolmetschers[3] (§ 185 GVG).

II. Eid ohne religiöse Beteuerung

4   Die Eidesleistung kann nach Abs. 2 auch **ohne religiöse Beteuerung** in der Weise erfolgen, daß sich der Schwörende auf die Worte »Ich schwöre es« beschränkt. Diese Regelung entspricht Art. 140 GG, Art. 136 Abs. 4, Art. 177 WeimRVerf. Die religiösen Schlußworte können also nicht erzwungen werden, und ihr Fehlen berührt die Gültigkeit des Eides weder in prozessualer noch in strafrechtlicher Hinsicht.

5   Bei Wahl der **Eidesform ohne religiöse Beteuerung**[4] hat der Richter gemäß Abs. 2 auch in der Eingangsformel den religiösen Bestandteil fortzulassen. Der Richter muß den Eidespflichtigen stets über die beiden Formen der Eidesleistung **belehren**, → § 480 Rdnr. 2.

6   Die Beifügung weiterer konfessioneller Bekräftigungen ist nach Abs. 3 zulässig; die Eidesformel kann aber dadurch nicht ersetzt werden. Um eine solche **Beteuerungsformel** anfügen zu können, genügt die Angabe des Schwurpflichtigen, er gehöre einer bestimmten Religions- oder Bekenntnisgemeinschaft an und es handle sich um eine Beteuerungsformel dieser Gemeinschaft. Eine Nachprüfung dieser Angaben durch das Gericht erfolgt nicht[5].

7   Zur **Eidesverweigerung aus Glaubens- oder Gewissensgründen** und zur dann abzugebenden **Bekräftigung** → § 484 Rdnr. 1.

III. Äußere Form

8   Die Vorschrift, daß der Schwörende die **rechte Hand** erheben *soll* (Abs. 4), hat diese Fassung erhalten, um auszudrücken, daß diese Form für die Gültigkeit des Eides nicht wesentlich ist. Andere Förmlichkeiten können nicht verlangt werden[6].

---

[2] Vgl. zum Strafprozeß *Kleinknecht/Meyer-Goßner* StPO[44] § 66c Rdnr. 1. *H. Maier* DRiZ 1988, 179 (zum Strafprozeß) hält es wegen Art. 3 Abs. 3, Art. 4 GG sogar für unzulässig, im Protokoll zu vermerken, ob der Eid mit oder ohne religiöse Beteuerung geleistet wurde.

[3] S. dazu *RGSt* 45, 304.

[4] Die Aussage oder der Eid in einem Gerichtssaal, in dem sich ein Kruzifix befindet, können unter Berufung auf das Grundrecht der Glaubens- und Bekenntnisfreiheit (Art. 4 Abs. 1 GG) verweigert werden. Dies folgt aus *BVerfGE* 35, 366 = NJW 1973, 2197. Anders noch *OLG Nürnberg* NJW 1966, 1926; *BayVerfGH* 20 (1967), 87, 95.

[5] So auch die Begr. zur Neuregelung, BT-Drucks. 7/2526, 19, 26. *Baumbach-Lauterbach-Hartmann*[57] Rdnr. 4 schließt eine Überprüfung bei begründeten Zweifeln nicht gänzlich aus, erklärt sie aber jedenfalls für untunlich.

[6] Die Bereitstellung eines Schwurkreuzes auf Verlangen des Eidespflichtigen ist zulässig, *BVerfGE* 35, 366, 373 (Fn. 4). – Sonstiges religiös motiviertes Verhalten des Schwurpflichtigen (vgl. *Jünemann* MDR 1970, 727) sollte das Gericht dulden, soweit dadurch nicht die Würde des Gerichts verletzt oder der Ablauf der Verhandlung gestört wird. – Zur Vereidigung von Mohammedanern vgl. *Jünemann* aaO; *Leisten* MDR 1980, 636.

IV. Gleichzeitige Vereidigung mehrerer Personen

Die gleichzeitige Beeidigung mehrerer Personen ist durch § 392 S. 2 bei **Zeugen** und (über § 402) bei **Sachverständigen** zugelassen. Gegen eine entsprechende Anwendung dieser Bestimmung auf die Beeidigung von **Dolmetschern** und **Parteien** bestehen keine Bedenken[7]. 9

Werden mehrere Personen gleichzeitig vereidigt, so braucht der Richter nach gemeinsamer Eidesbelehrung die **Eidesnorm** nur einmal vorzusprechen. Die **Eidesformel** hat dagegen jeder Schwurpflichtige einzeln nachzusprechen (Abs. 5). Soweit die Eidesnormen unterschiedlich sind (z. B. bei Zeugen und Sachverständigen), ist eine gemeinsame Beeidigung nicht möglich. 10

V. Hinweise

Zur **Versicherung an Eides Statt** als Mittel der *Glaubhaftmachung* → § 294 Rdnr. 16, zur *Versicherung auf den Diensteid* → § 386 Rdnr. 2, zur Berufung auf den *allgemein geleisteten Sachverständigeneid* → § 410 Rdnr. 10 ff. 11

§ 482 [Aufgehoben]

Gesetzesgeschichte: Die Vorschrift (bis 1900 § 444 CPO) wurde nach Änderungen durch die Novelle 1898 und durch die Novelle 1909 bei der Neubekanntmachung des Textes der ZPO nach der Novelle 1924 aufgehoben.

§ 483 [Eidesleistung durch Stumme]

(1) Stumme, die schreiben können, leisten den Eid mittels Abschreibens und Unterschreibens der die Eidesnorm enthaltenden Eidesformel.
(2) Stumme, die nicht schreiben können, leisten den Eid mit Hilfe eines Dolmetschers durch Zeichen.

Gesetzesgeschichte: Bis 1900 § 445 CPO.

I. Stumme, also auch Taubstumme, leisten den Eid durch Abschreiben und Unterschreiben der Eidesformel einschließlich der Eidesnorm, → § 481 Rdnr. 3, oder (wenn sie nicht schreiben können) mit Hilfe des Dolmetschers (§ 186 GVG) durch Zeichen. Ist eine Verständigung über Sinn und Bedeutung des Eides auch auf diesem Weg nicht möglich, so ist eine Beeidigung unmöglich. 1

II. Auf **taube** Personen und auf Personen, mit denen aufgrund hochgradiger Schwerhörigkeit eine mündliche Verständigung nicht möglich ist[1], ist § 483 entsprechend anzuwenden[2]. 2

---

[7] A.M. *MünchKommZPO-Schreiber* Rdnr. 4.

[1] Zur Abgrenzung vgl. *BGH* LM § 186 GVG Nr. 1 (LS) = LM § 259 Abs. 2 StPO Nr. 1.

[2] Ebenso *MünchKommZPO-Schreiber* Rdnr. 1; *Zöller-Greger*[21] Rdnr. 1.

§ 484 [Bekräftigung an Stelle des Eides]

(1) ¹Gibt der Schwurpflichtige an, daß er aus Glaubens- oder Gewissensgründen keinen Eid leisten wolle, so hat er eine Bekräftigung abzugeben. ²Diese Bekräftigung steht dem Eid gleich; hierauf ist der Verpflichtete hinzuweisen.

(2) Die Bekräftigung wird in der Weise abgegeben, daß der Richter die Eidesnorm als Bekräftigungsnorm mit der Eingangsformel:

»Sie bekräftigen im Bewußtsein Ihrer Verantwortung vor Gericht«

vorspricht und der Verpflichtete darauf spricht:

»Ja«.

(3) § 481 Abs. 3, 5, § 483 gelten entsprechend.

Gesetzesgeschichte: Bis 1900 § 446 CPO. Änderung durch Gesetz vom 20. XII. 1974 (BGBl I 3686).

I. Zulässigkeit der Bekräftigung 1	3. Gleichstellung mit dem Eid und
1. Normzweck 1	gerichtliche Hinweispflicht 3
2. Voraussetzungen 2	II. Abgabe der Bekräftigung 4

I. Zulässigkeit der Bekräftigung

1. Normzweck

1 Während § 484 aF (in Verbindung mit landesrechtlichen Gesetzen)[1] nur den Mitgliedern bestimmter Religionsgesellschaften den Gebrauch von Beteuerungsformeln anstelle des Eides gestattete, kann seit der Neufassung des § 484 durch das Gesetz zur Ergänzung des Ersten Gesetzes zur Reform des Strafverfahrensrechts vom 20. XII. 1974 (BGBl I 3686) jeder Schwurpflichtige statt der Eidesleistung eine Bekräftigung abgeben. Anlaß zu dieser Regelung gab vor allem, daß das BVerfG[2] ein Recht zur Verweigerung der Eidesleistung – und zwar auch der Eidesleistung ohne religiöse Beteuerung – aus Glaubensgründen (Art. 4 Abs. 1 GG) bejahte. Daher wurde – obwohl auch der Eid ohne religiöse Beteuerung bereits eine rein weltliche Versicherung der Wahrheit darstellt – mit der »Bekräftigung« eine weitere Form geschaffen, bei der auch die Worte »Eid« und »schwören« keine Verwendung finden[3].

2. Voraussetzungen

2 Der Schwurpflichtige braucht sich, um statt des Eides die Bekräftigung abgeben zu können, lediglich auf Glaubens- oder Gewissensgründe zu berufen, ohne diese näher erläutern zu müssen. Wie sich aus den Worten »gibt der Schwurpflichtige an« entnehmen läßt, findet eine Nachprüfung durch das Gericht nicht statt[4]. Die Bekräftigung darf nicht verweigert werden; es würde dann § 390 bzw. § 453 Abs. 2 gelten.

---

[1] Näher s. 19. Aufl. dieses Kommentars, § 484 I u. II.
[2] *BVerfGE* 33, 23 = NJW 1972, 1183 (abw. *Schlabrendorff*). – Lit. zu dieser Entscheidung und der Problematik der Eidesleistung: *Baumann* ZRP 1975, 38, 39; *Ebert* JR 1973, 397; *Engelmann* MDR 1973, 365; *Lange* Festschr. f. Gallas (1973), 427; *Heimann-Trosien* JZ 1973, 609; *Knoche* DRiZ 1973, 55; *Nagel* JR 1972, 413; *ders.* Jahrbuch der Wittnau zu Bremen, Bd. XIII (1974), 61; *v. Schlotheim* DRiZ 1972, 391; *Stolleis* JuS 1974, 770; *Woesner* NJW 1973, 169.
[3] Vgl. dazu die Begr. der Neuregelung, BT-Drucks. 7/2526, 12 ff., 19 f., 26.
[4] Begr., BT-Drucks. 7/2526, 19, 26. Ebenso *MünchKommZPO-Schreiber* Rdnr. 1. Nach *Baumbach-Lauterbach-Hartmann*⁵⁷ Rdnr. 4 ist eine Überprüfung jedenfalls untunlich.

3. Gleichstellung mit dem Eid und gerichtliche Hinweispflicht

Nach Abs. 1 S. 2 steht die statt des Eides abgegebene Bekräftigung dem Eid gleich. Dies gilt auch in strafrechtlicher Hinsicht, § 155 Nr. 1 StGB. Auf diese Bedeutung der Bekräftigung ist der Schwurpflichtige hinzuweisen, wenn er den Eid nicht leisten will. Dagegen ist eine generelle Belehrung über die Möglichkeit, den Eid zu verweigern, nicht vorgeschrieben[5]. Wenn aber der Schwurpflichtige den Eid verweigern will, ist ihm deutlich zu erklären, daß er dann statt des Eides die Bekräftigung abzugeben hat und diese nicht verweigern darf. 3

II. Abgabe der Bekräftigung

Der Richter hat die Eingangsformel des Abs. 2 zusammen mit der Bekräftigungsnorm vorzusprechen. Die Bekräftigungsnorm stimmt mit der Eidesnorm (§ 392 S. 3, § 410 Abs. 1 S. 2, § 452 Abs. 2, § 189 Abs. 1 GVG) wörtlich überein. Die Worte Eid, Eidesnorm, schwören dürfen nicht verwendet werden. Man sollte auch nicht von einer »eidesgleichen Bekräftigung«, sondern in Übereinstimmung mit dem Gesetz nur von »Bekräftigung« sprechen. Die Bekräftigung durch den Schwurpflichtigen besteht allein in dem Wort »ja«. Dieses ist jedoch unverzichtbar. Das Erheben der rechten Hand (§ 481 Abs. 4) darf nicht gefordert oder auch nur angeregt werden. Für Stumme (und Taube, → § 483 Rdnr. 2) gilt § 483 entsprechend, Abs. 2. Der Schwurpflichtige kann gemäß Abs. 2 auch der Bekräftigung eine **Beteuerungsformel** gemäß § 481 Abs. 3 anfügen. 4

Die **gleichzeitige Bekräftigung** durch mehrere Personen ist nach Abs. 2 mit § 481 Abs. 5 zulässig, dazu → § 481 Rdnr. 9. 5

---

[5] So auch Begr., BT-Drucks. 7/2526, 19, 26; *Baumbach-Lauterbach-Hartmann*[57] § 480 Rdnr. 3. Krit. dazu *Baumann* ZRP 1975, 38, 40.

Zwölfter Titel

Selbständiges Beweisverfahren

Vorbemerkungen

I. Inhalt und Zweck ... 1	1. Grundsätzlich keine Kostenentscheidung im Beweissicherungsverfahren, Ausnahmen ... 7
II. Verwandte Verfahren ... 3	2. Kostenerstattung aufgrund der Kostenentscheidung im Hauptprozeß ... 9
III. Haftung für die gerichtlichen Kosten, Streitwert, Prozeßkostenhilfe ... 4	3. Kostenerstattung ohne nachfolgenden Hauptprozeß ... 15
1. Haftung für die gerichtlichen Kosten ... 4	V. Arbeitsgerichtliches Verfahren ... 16
2. Streitwert ... 5	
3. Prozeßkostenhilfe ... 6	
IV. Kostenerstattung ... 7	

Stichwortregister zum selbständigen Beweisverfahren (vor § 485 bis § 494 a)

Abgabe § 486 Rdnr. 5, 13
Ablehnung
– einer gütlichen Einigung § 485 Rdnr. 26
– von Sachverständigen § 492 Rdnr. 6 f.
Amtsgericht § 486 Rdnr. 7 f.
Änderung des Antrags § 486 Rdnr. 23
Anfechtung
– der Entscheidung über den Antrag § 490 Rdnr. 5 ff.
– der Kostenauferlegung § 494 a Rdnr. 27
Anhängiger Prozeß § 485 Rdnr. 10, 13
Anhörung des Sachverständigen § 492 Rdnr. 3
Anordnung der Klageerhebung § 494 a Rdnr. 1 ff.
Antrag § 486 Rdnr. 16, § 487 Rdnr. 1 ff.
Antragsänderung § 486 Rdnr. 23
Antragsrücknahme § 486 Rdnr. 23
Anwaltsbeiordnung vor § 485 Rdnr. 7
Anwaltsgebühren vor § 485 Rdnr. 5, § 493 Rdnr. 6
Anwaltszwang § 486 Rdnr. 16, § 494 a Rdnr. 6, 20, 25
Anwesenheitsrecht der Parteien § 493 Rdnr. 11
Arbeitsgerichtliches Verfahren vor § 485 Rdnr. 17, § 486 Rdnr. 25, § 492 Rdnr. 15
Arrest § 486 Rdnr. 2
Ärztlicher Behandlungsfehler § 485 Rdnr. 19
Aufhebung des Beweisbeschlusses § 490 Rdnr. 7
Aufwand für Schadensbeseitigung § 485 Rdnr. 20
Augenschein § 485 Rdnr. 3, § 492 Rdnr. 8
Ausforschung § 485 Rdnr. 18
Auslagen vor § 485 Rdnr. 5
Auslagenvorschuß vor § 485 Rdnr. 5, 7
– für Anhörung des Sachverständigen § 492 Rdnr. 5
Ausland § 486 Rdnr. 11, 21, § 493 Rdnr. 7
Ausländische Rechtshilfe § 486 Rdnr. 3, § 493 Rdnr. 9
Ausländisches Beweissicherungsverfahren § 486 Rdnr. 11, § 493 Rdnr. 7
Aussetzung des Verfahrens § 490 Rdnr. 2
Auswahl des Sachverständigen § 487 Rdnr. 5
Baumängel § 485 Rdnr. 12, § 486 Rdnr. 18
Beauftragter Richter § 486 Rdnr. 3
Beeidigung § 485 Rdnr. 11
Beendigung des selbständigen Beweisverfahrens § 486 Rdnr. 19, § 487 Rdnr. 9, § 494 a Rdnr. 3
Beschwerde § 490 Rdnr. 5 f., 8
Besorgnis des Beweismittelverlusts § 485 Rdnr. 9 ff.
Bestimmung des zuständigen Gerichts § 486 Rdnr. 4, 7, 8
Beweisbeschluß § 490 Rdnr. 6
Beweisgebühr § 493 Rdnr. 6
Beweismittel § 485 Rdnr. 3 ff.
Beweissicherung im Ausland § 486 Rdnr. 11, 21, § 493 Rdnr. 7
Drittinteresse § 485 Rdnr. 25
Drohende Verjährung § 485 Rdnr. 9, 25
Durchführung der Beweisaufnahme § 492 Rdnr. 1 ff.
Eilzuständigkeit § 486 Rdnr. 7
Einigung der Parteien § 494 a Rdnr. 7
Einstweilige Verfügung § 486 Rdnr. 2
Einwendungen gegen Zulässigkeit der Beweisaufnahme § 492 Rdnr. 11 f., § 493 Rdnr. 2
Einzelrichter § 486 Rdnr. 3, 4

Entscheidung über den Antrag § 490 Rdnr. 1 ff.
Erfolgsaussichten vor § 485 Rdnr. 7
Erfüllung des Anspruchs § 494 a Rdnr. 7, 21
Erheblichkeit der Tatsachen § 485 Rdnr. 9
Erledigungserklärung vor § 485 Rdnr. 7
Erneute Begutachtung § 485 Rdnr. 29
Ersuchter Richter § 486 Rdnr. 3
Erweiterungsantrag vor § 485 Rdnr. 5
Familiensache § 486 Rdnr. 9
Fiskus vor § 485 Rdnr. 5
Floßunfälle vor § 485 Rdnr. 4
Form des Antrags § 486 Rdnr. 16
Freiwillige Gerichtsbarkeit vor § 485 Rdnr. 2, 3
Gegenantrag § 486 Rdnr. 22
Gegenstand der Begutachtung § 485 Rdnr. 15
Gegner § 487 Rdnr. 2
Gerichtliche Kosten vor § 485 Rdnr. 5
Gerichtsgebühr vor § 485 Rdnr. 5
Gewährleistung § 486 Rdnr. 18
Glaubhaftmachung § 485 Rdnr. 27, § 487 Rdnr. 7
Handschriftenvergleichung § 485 Rdnr. 4
Hauptsacheklage § 493 Rdnr. 1 ff., § 494 a Rdnr. 1 ff.
Hauptsacheprozeß § 485 Rdnr. 13 f.
– Kostenentscheidung vor § 485 Rdnr. 10 ff.
Klageerhebung § 494 a Rdnr. 15 ff.
Klagefrist § 494 a Rdnr. 1 ff.
Klagerücknahme (Kosten) vor § 485 Rdnr. 15
Kosten vor § 485 Rdnr. 5 ff., § 494 a Rdnr. 1 ff.
– bei unterlassener Hauptsacheklage § 494 a Rdnr. 20 ff.
– der ausländischen Beweissicherung § 493 Rdnr. 8
Kostenaufhebung vor § 485 Rdnr. 15
Kostenfestsetzungsverfahren vor § 485 Rdnr. 10
Kostenteilung vor § 485 Rdnr. 14
Ladung
– der Parteien zur mündlichen Erörterung § 492 Rdnr. 13
– des Gegners § 491 Rnr. 1, § 493 Rdnr. 10
– des Sachverständigen § 492 Rdnr. 1, 3
– zur Beweisaufnahme § 492 Rdnr. 1
Mängelursachen § 485 Rdnr. 7, 9
Materiell-rechtlicher Kostenanspruch vor § 485 Rdnr. 16, § 494 a Rdnr. 26
Mehrheit von Gegnern § 487 Rdnr. 2
Mündliche Erörterung des Gutachtens § 492 Rdnr. 3
Mündliche Verhandlung § 490 Rdnr. 1
Nichterscheinen des Gegners § 493 Rdnr. 10
Notwendigkeit der Kosten vor § 485 Rdnr. 13
Ortstermin des Sachverständigen § 493 Rdnr. 11
Ortsübliche Vergleichsmiete § 485 Rdnr. 17
Parteivernehmung § 485 Rdnr. 5
Personenschäden § 485 Rdnr. 19
Protokoll § 492 Rdnr. 10

Prozeßgericht § 486 Rdnr. 1 ff.
Prozeßkostenhilfe vor § 485 Rdnr. 7
Prozeßvergleich
– im Hauptsacheprozeß vor § 485 Rdnr. 15
– im selbständigen Beweisverfahren § 492 Rdnr. 13 f.
Rechtliches Interesse § 485 Rdnr. 21 ff.
Rechtshängigkeit § 486 Rdnr. 17
Rechtshilfe § 486 Rdnr. 11, § 493 Rdnr. 9
Rechtskräftige Abweisung § 485 Rdnr. 23
Rechtspflegevereinfachungsgesetz vor § 485 Rdnr. 1
Rechtsweg vor § 485 Rdnr. 2
Revisionsgericht § 486 Rdnr. 2
Rücknahme des Antrags vor § 485 Rdnr. 7, § 486 Rdnr. 23
Ruhen des Verfahrens § 490 Rdnr. 2
Sachmängel § 485 Rdnr. 19 f.
Sachverständigengutachten § 485 Rdnr. 3, 13 ff.
Sachverständige (Auswahl) § 487 Rdnr. 5
Sachverständige Zeugen § 485 Rdnr. 3
Säumnis
– des Beweisführers § 491 Rdnr. 4
– des Gegners § 491 Rdnr. 3, § 493 Rdnr. 10 f.
Schäden § 485 Rdnr. 19
Schiedsgerichtsbarkeit § 486 Rdnr. 15
Schiedsgutachten § 486 Rdnr. 15
Schiffsunfälle vor § 485 Rdnr. 4
Schriftliche Zeugenaussage § 492 Rdnr. 2
Schriftliches Gutachten § 492 Rdnr. 2, 3
Streitgenossen § 486 Rdnr. 4
Streithelfer vor § 485 Rdnr. 7, § 494 a Rdnr. 26
Streitverkündung § 487 Rdnr. 8 f.
Streitwert vor § 485 Rdnr. 6, § 486 Rdnr. 4, 6
Tatsachenbezeichnung § 487 Rdnr. 4
Terminsbestimmung § 490 Rdnr. 3
Terminsverlegung § 490 Rdnr. 3
Testierfähigkeit § 485 Rdnr. 24
Unbekannter Gegner § 494 Rdnr. 1
Unterbrechung
– der Verjährung § 486 Rdnr. 18
– der Verjährung durch Streitverkündung § 487 Rdnr. 8
– des selbständigen Beweisverfahrens § 490 Rdnr. 2
Unzuständigkeit § 486 Rdnr. 13 f.
Urkundenbeweis § 485 Rdnr. 4, § 493 Rdnr. 5, 10
Ursachen von Schäden § 485 Rdnr. 19
Vergleich vor § 485 Rdnr. 1, § 492 Rdnr. 14
Verjährung § 485 Rdnr. 9, 25
Verjährungsunterbrechung § 486 Rdnr. 18, § 487 Rdnr. 8
Verklarungsverfahren vor § 485 Rdnr. 4
Vermeidung eines Rechtsstreits § 485 Rdnr. 26
Vertreter für unbekannten Gegner § 494 Rdnr. 2
Verweisung § 486 Rdnr. 13

Verwertung der Beweisaufnahme im Hauptsacheprozeß § 493 Rdnr. 1 ff.
Verzicht auf den Anspruch § 494 a Rdnr. 8
Wechsel des Antragstellers vor § 485 Rdnr. 7
Wert einer Sache § 485 Rdnr. 17
Wiederholung der Beweisaufnahme im Hauptsacheprozeß § 493 Rdnr. 4
Wirkung der Kostenauferlegung § 494 a Rdnr. 26
Wohnungseigentumssachen § 494 a Rdnr. 27

Zeugen § 485 Rdnr. 3
Zeugenbenennung § 487 Rdnr. 5
Zurückweisung des Antrags § 490 Rdnr. 5
– Kostenfolgen vor § 485 Rdnr. 8
– wegen Unzuständigkeit § 486 Rdnr. 14
Zustand einer Person oder Sache § 485 Rdnr. 16 ff.
Zuständigkeit § 486 Rdnr. 1 ff.
Zustimmung des Gegners § 485 Rdnr. 6 ff.

I. Inhalt und Zweck[1]

1   Durch das **Rechtspflege-Vereinfachungsgesetz** vom 17. XII. 1990 (BGBl. 1990 I 2847) wurde der zwölfte Titel erheblich geändert. Während die Regelung früher nur die Sicherung gefährdeter Beweise erlaubte, wurde nun die Möglichkeit einer Beweiserhebung außerhalb eines anhängigen Prozesses stark erweitert. Ein wichtiges Ziel der Reform lag darin, eine **gütliche Einigung** der Parteien zu fördern und dadurch zur erwünschten Vermeidung von Prozessen beizutragen[2]. Das Gericht kann daher die Parteien zu einer mündlichen Erörterung laden, § 492 Abs. 3. Wird ein Vergleich protokolliert, so stellt dieser einen Vollstreckungstitel dar, § 794 Abs. 1 Nr. 1. Dem erweiterten Anwendungsbereich entsprechend, trat an die Stelle der bisherigen Formulierung »Sicherung des Beweises« die neue Bezeichnung »Selbständiges Beweisverfahren«.

2   Das selbständige Beweisverfahren ist eine gerichtliche Beweisaufnahme, die entweder vor Rechtshängigkeit eines Prozesses erfolgt oder aber während eines Prozesses zu einer Zeit, zu der sie vom Prozeßgericht noch nicht angeordnet ist[3] (→ auch § 485 Rdnr. 10) oder (wegen Unterbrechung usw., → Fn. 3 sowie → § 490 Rdnr. 2) nicht alsbald durchgeführt werden kann. Es handelt sich um ein besonderes Verfahren der streitigen Gerichtsbarkeit[4]. Eine *Beziehung auf einen bestimmten* Rechtsstreit ist zunächst nicht erforderlich, und eine Erklärung und Prüfung in dieser Hinsicht ist nicht geboten[5]. Notwendig ist aber, daß aus den Verhältnissen, die durch den Beweis festgestellt werden sollen, *überhaupt ein bürgerlicher Rechtsstreit entstehen kann*. Beweise für ein Strafverfahren oder ein Verwaltungsverfahren zu sichern, ist nicht Aufgabe des Verfahrens nach §§ 485 ff. vor den ordentlichen Gerichten. Davon zu unterscheiden ist, daß die §§ 485 ff. im Verfahren vor den Gerichten der Verwaltungs-, Finanz-[6] und Sozialgerichtsbarkeit teilweise entsprechend anwendbar sind (§ 98

---

[1] Lit.: *Cuypers* Das selbständige Beweisverfahren in der juristischen Praxis NJW 1994, 1985; *Kleine-Möller/Merl/Oelmaier* Handbuch des privaten Baurechts² (1997) § 17; *Koeble* Gewährleistung und selbständiges Beweisverfahren bei Bausachen² (1993); *Mugler* Das selbständige Beweisverfahren nach dem Rechtspflege-Vereinfachungsgesetz BB 1992, 797; *Pauly* Das selbständige Beweisverfahren in Bausachen JR 1996, 269; *ders.* Das selbständige Beweisverfahren in der Baurechtspraxis MDR 1997, 1087; *Quack* Neuerungen für den Bauprozeß, vor allem beim Beweisverfahren. Zur Bedeutung der Änderungen der ZPO durch das Rechtspflege-Vereinfachungsgesetz BauR 1991, 278; *Röthlein* Private Bausachen² (1995); *Schilken* Grundlagen des Beweissicherungsverfahrens, ZZP 92 (1979), 238; *Schreiber* Das selbständige Beweisverfahren NJW 1991, 2600; *Sturmberg* Der Beweis im Zivilprozeß, Selbständiges Beweisverfahren und Beweisaufnahme (1999); *Stürner* Das ausländische Beweissicherungsverfahren, IPRax 1984, 299; *Weise* Praxis des selbständigen Beweisverfahrens (1994); *Werner-Pastor* Der Bauprozeß⁸ (1996) Rdnr. 1 ff.; *Weyer* Erste praktische Erfahrungen mit dem neuen selbständigen Beweisverfahren BauR 1992, 313; *Zwanziger* Das selbständige Beweisverfahren in der Arbeitsgerichtsbarkeit ZZP 109 (1996), 79. – Lit. zu Streitwert- und Kostenfragen → § 494 a Fn. 1.

[2] Vgl. Begr. BT-Drucks. 11/3621, 23 f.

[3] Die beschleunigte Erledigung einer schon angeordneten Beweisaufnahme gehört nicht hierher, OLG Düsseldorf MDR 1981, 324; JurBüro 1984, 280. Dagegen kommt ein selbständiges Beweisverfahren in Betracht, wenn die Beweisaufnahme im Hauptprozeß zwar beschlossen ist, aber wegen Unterbrechung, Aussetzung oder Ruhen des Hauptprozesses nicht ausgeführt werden kann, OLG Düsseldorf aaO.

[4] So schon *Rosenberg* DRZ 1948, 312; ausführlich *Schilken* ZZP 92 (1979), 238, 239 ff.; ebenso *Rosenberg-Schwab-Gottwald*¹⁵ § 119 I; *Thomas-Putzo*²¹ vor § 485 Rdnr. 2.

[5] Übereinstimmend LG Berlin MDR 1988, 322.

[6] BFH NJW 1970, 1392.

VwGO, § 82 FGO, § 76 Abs. 3 SGG). Eine entsprechende Anwendung der §§ 485 ff. in den echten Streitverfahren der Freiwilligen Gerichtsbarkeit erscheint zulässig[7], soweit dort eine Lücke besteht. Zur Verwertbarkeit in anderen Rechtswegen → § 493 Fn. 2.

Das selbständige Beweisverfahren führt nicht zur Rechtshängigkeit des Anspruchs, in bestimmten Fällen (Sachmängelansprüche) aber zur **Unterbrechung der Verjährung**, näher → § 486 Rdnr. 18 f.

II. Verwandte Verfahren

Der Beweissicherung dient auch das **Verfahren nach § 164 FGG** (gerichtliche Ernennung, Beeidigung und Vernehmung von Sachverständigen in den Fällen, in denen nach den Vorschriften des bürgerlichen Rechts jemand den Zustand oder den Wert einer Sache durch Sachverständige feststellen lassen kann). Da § 164 FGG nur die Erhebung des *Sachverständigenbeweises* zuläßt und eine entsprechende bürgerlich-rechtliche Bestimmung voraussetzt, ist sein Anwendungsbereich wesentlich enger als derjenige der §§ 485 ff. Die Zulässigkeit des Verfahrens nach §§ 485 ff. schließt das Verfahren nach § 164 FGG nicht aus, ebensowenig umgekehrt[8]. Soweit sich die Anwendungsbereiche überschneiden, hat der Antragsteller die Wahl. Hat er das eine Verfahren gewählt, so fehlt für das andere das *Rechtsschutzbedürfnis*, wenn die begehrte Beweiserhebung bereits in dem ersten Verfahren stattfindet. Wurde das Beweissicherungsverfahren nach der ZPO gewählt, so kommt eine Abgabe an das im Verfahren der freiwilligen Gerichtsbarkeit zuständige Gericht nicht in Betracht[9].

Selbständig geregelt ist das Verfahren zur **Feststellung von Schiffs- und Floßunfällen**[10] in §§ 11 ff. BinnenschiffahrtsG (i.d.F. v. 20. V. 1898, RGBl 868) und in §§ 8 ff. FlößereiG (v. 15. VI. 1895, RGBl 341).

3

4

III. Haftung für die gerichtlichen Kosten, Streitwert, Prozeßkostenhilfe

1. Haftung für die gerichtlichen Kosten

Für die gerichtlichen Kosten des Verfahrens, also die **Gerichtsgebühr** (GKG KV Nr. 1600: 1/2 Gebühr) (zum Streitwert → Rdnr. 6) und die **Auslagen**, insbesondere für Zeugen und Sachverständige (GKG KV Nr. 9005), haftet der **Antragsteller**, § 49 S. 1 GKG, soweit nicht die Kostenbefreiung für den Fiskus (§ 2 GKG) eingreift[11]. Die Gebühr wird mit dem Antrag fällig, § 61 GKG, die Auslagen mit Beendigung des Verfahrens, § 63 Abs. 1 GKG. Wegen des Auslagenvorschusses und der regelmäßigen Abhängigmachung der gerichtlichen Handlung von der Zahlung dieses Vorschusses s. § 68 Abs. 1 GKG, für den Zeugenbeweis § 379 (→ dort Rdnr. 1), für den Sachverständigenbeweis § 379 i.V. mit § 402 (→ dort Rdnr. 2). Beantragt der Gegner Erweiterungen der Beweisaufnahme, so wird er dadurch insoweit selbst zum Antragsteller[12]. Zur Beweisaufnahme nach dem BinnenschiffahrtsG und FlößereiG (→ Rdnr. 4) s. § 50 Abs. 2 KostenO. – Wegen der **Anwaltsgebühren** s. §§ 37 Nr. 3, 48 BRAGO. Wegen der Kosten des nach § 494 Abs. 2 bestellten Vertreters eines unbekannten Gegners → § 494 Rdnr. 4.

5

---

[7] *BayObLG* MDR 1996, 144 = NJW-RR 1996, 528 (zu Wohnungseigentumssachen; auch § 494 a ist entsprechend anwendbar).
[8] *OLG Frankfurt* NJW-RR 1997, 581, 582 (dies gilt auch im Verhältnis zu landesrechtlichen Verfahren im Bereich der Freiwilligen Gerichtsbarkeit).
[9] *LG Berlin* MDR 1988, 322.
[10] Zu diesem »Verklarungsverfahren« und der Kostenerstattung *OLG Karlsruhe* (Schiffahrtsobergericht) JurBüro 1994, 224 (keine entsprechende Anwendung von § 494 a).
[11] Dazu krit. *Mugler* BB 1992, 797, 798, weil sich der Fiskus auf diese Weise die Kosten für Privatgutachten sparen könne.
[12] *OLG Koblenz* NJW-RR 1997, 1024.

2. Streitwert

6 Hierzu bereits → § 3 Rdnr. 41, Stichwort »Beweissicherungsverfahren«. Zutreffend erscheint es, den Streitwert nach dem (vom Gericht zu schätzenden) **Interesse des Antragstellers** an der Sicherung des Beweises zu bewerten; dieses ist in der Regel geringer zu bewerten als der Anspruch, der durchgesetzt oder abgewehrt werden soll[13]. Nach der Gegenansicht soll der Streitwert dem vollen Wert des zu sichernden oder abzuwehrenden Anspruchs entsprechen[14]. **Zuständig** für die Festsetzung des Streitwerts ist das Gericht, bei dem das Beweissicherungsverfahren durchgeführt wurde, nicht das Gericht, bei dem die Beweisverhandlungen benutzt werden[15].

3. Prozeßkostenhilfe

7 Die Zulässigkeit der Gewährung von Prozeßkostenhilfe für das Beweissicherungsverfahren ist zwar im Gesetz nicht ausdrücklich geregelt, entspricht aber dem Zweck der Prozeßkostenhilfe, dem finanziell Schwächeren ebenfalls eine effektive Rechtsverfolgung bzw. Rechtsverteidigung zu ermöglichen[16]. Bei der Beurteilung der Erfolgsaussichten ist, soweit es um die Gewährung der Prozeßkostenhilfe an den Antragsteller geht, auf den voraussichtlichen Erfolg des Beweisantrags, nicht auf den in der Hauptsache abzustellen[17]. Bei der Gewährung von Prozeßkostenhilfe an den Antragsgegner wird man allein darauf abstellen müssen, ob eine Anwaltsbeiordnung nach § 121 Abs. 1 oder 2 angezeigt ist; die Gewährung der Prozeßkostenhilfe kommt daher auch dann noch in Betracht, wenn über den Antrag auf selbständige Beweisaufnahme bereits positiv entschieden ist[18]. Die für den Hauptprozeß gewährte Prozeßkostenhilfe umfaßt als solche nicht auch die Kosten des Beweissicherungsverfahrens (→ § 119 Rdnr. 11)[19].

IV. Kostenerstattung

1. Grundsätzlich keine Kostenentscheidung im Beweissicherungsverfahren, Ausnahmen

8 Über die Kosten der Beweissicherung wird innerhalb des Verfahrens nach §§ 485 ff. grundsätzlich **nicht entschieden**[20]. Bei **Zurückweisung des Antrags auf Beweissicherung** (auch bei gleichzeitiger Anhängigkeit des Hauptprozesses[21]) sind jedoch entsprechend § 91 Abs. 1 dem Antragsteller durch Beschluß die Kosten aufzuerlegen[22]. Ebenso ist bei **Rücknahme** des (ohne anhängigen Hauptprozeß gestellten) Beweissicherungsantrags analog § 269 Abs. 3 S. 2 u. 3 auf Antrag des Gegners die Kostentragungspflicht des Antragstellers

---

[13] Nachw. → § 3 Rdnr. 41, Stichwort »Beweissicherungsverfahren«, ferner *OLG Celle* MDR 1993, 914; *LG Bonn* BauR 1995, 427, 429.
[14] Nachw. → § 3 Rdnr. 41, Stichwort »Beweissicherungsverfahren«; ferner *OLG Koblenz* JurBüro 1998, 267.
[15] *OLG Hamm* NJW 1976, 116.
[16] Nachw. → § 119 Fn. 34; ferner *OLG Köln* Rpfleger 1995, 303; *LG Freiburg* BauR 1998, 400.
[17] *OLG Köln* Rpfleger 1995, 303.
[18] *LG Freiburg* BauR 1998, 400. – A.M. *LG Karlsruhe* MDR 1993, 914.
[19] So auch *Werner-Pastor*[8] Rdnr. 140; *Zöller-Herget*[21] § 490 Rdnr. 5.
[20] Vgl. – insbes. zu den Ausnahmen – *Altenmüller* NJW 1976, 92.

[21] *OLG Frankfurt* MDR 1998, 128; *OLG München* BauR 1998, 1279.
[22] *OLG Frankfurt* OLGZ 1993, 441; BauR 1998, 891; *OLG Braunschweig* BauR 1993, 122; *OLG Brandenburg* BauR 1996, 584; *OLG Hamm* NJW-RR 1997, 959; *OLG Stuttgart* BauR 1995, 278; *LG Berlin* NJW-RR 1997, 585. Auch *BGH* NJW 1983, 284 neigt dieser Ansicht zu. – A.M. *OLG Köln* VersR 1992, 638; *OLG Düsseldorf* NJW 1972, 295, das die Kosten des Beweissicherungsverfahrens auch in einem solchen Fall zu den Kosten des Hauptprozesses zählt und auf die Anwendung des § 96 bei der Kostenentscheidung im Hauptprozeß verweist; *Baumbach-Lauterbach-Hartmann*[57] § 91 Rdnr. 193.

durch Beschluß auszusprechen[23]; nicht aber, wenn die Beweisaufnahme jedenfalls teilweise durchgeführt und bereits ein Hauptsacheverfahren eingeleitet wurde[24]. Bei Rücknahme des Antrags hat der Antragsteller auch die Kosten eines Streithelfers des Antragsgegners zu tragen[25]. Zahlt der Antragsteller den geforderten Auslagenvorschuß nicht und findet das selbständige Beweisverfahren dadurch sein faktisches Ende, so erscheint auf Antrag des Gegners ebenfalls ein Kostenbeschluß analog § 269 Abs. 3 zu Lasten des Antragstellers angemessen[26]. Auch wenn ein Wechsel des Antragstellers stattfand, sind dem ausscheidenden Antragsteller entsprechend § 269 Abs. 3 die Kosten des Gegners aufzuerlegen[27]. Wird das selbständige Beweisverfahren vor seiner Beendigung übereinstimmend oder auch einseitig **für erledigt erklärt,** so sollte eine Kostenentscheidung entsprechend den zu § 91 a entwickelten Regeln zugelassen werden[28]. Davon zu unterscheiden ist der Fall, daß aufgrund der durchgeführten Beweisaufnahme der Hauptsacheanspruch ganz oder teilweise erfüllt wird. Hier erscheint eine Kostenentscheidung analog § 91 a nicht zulässig[29], ebensowenig, wenn es nach Einholung des Gutachtens zu einem Vergleich (ohne Kostenregelung) über die Hauptsache kommt[30], da der Hauptsacheanspruch als solcher nicht anhängig war bzw. ist und es auch an einer hinreichenden Grundlage für die Beurteilung der Kostenfrage fehlen wird, → auch § 494 a Rdnr. 7. In diesen Fällen bleibt dann nur die Geltendmachung eines etwaigen materiell-rechtlichen Kostenerstattungsanspruchs (→ Rdnr. 16) in einem gesonderten Prozeß.

Für den Gegner eröffnet ferner (ohne ausschließlichen Charakter) § 494 a Abs. 2 einen Weg, um zu einer Kostenentscheidung zu seinen Gunsten zu gelangen. Diese wird erlassen, wenn der Antragsteller des selbständigen Beweisverfahrens nicht innerhalb einer ihm gesetzten Frist die Klage erhoben hat. Näher → § 494 a.

9

2. Kostenerstattung aufgrund der Kostenentscheidung im Hauptprozeß

Ist bereits während des Beweissicherungsverfahrens ein Hauptprozeß rechtshängig oder folgt dieser dem Beweissicherungsverfahren, so bilden die Kosten des Beweissicherungsverfahrens einen Teil der Kosten des Hauptprozesses und können aufgrund der Verurteilung in die »Kosten des Rechtsstreits« festgesetzt werden, ohne daß über sie besonders entschieden zu werden braucht[31]. Ob sie notwendig iS des § 91 waren, ist im Kostenfestsetzungsverfahren zu prüfen[32]. Es entscheidet sich wie sonst nach dem Zeitpunkt der vorzunehmenden Handlung (→ § 91 Rdnr. 45), d. h. hier des Beweissicherungsantrags (näher → § 91 Rdnr. 20). Eine besondere Klage auf Erstattung der Kosten ist, wenn es zum Hauptsacheprozeß kommt, in der Regel ausgeschlossen (→ vor § 91 Rdnr. 11, 20), ebenso die Gel-

10

---

[23] *OLG Frankfurt* OLGZ 1993, 441; *KG* MDR 1996, 968; NJW-RR 1992, 1023; *OLG Celle* MDR 1993, 914; *OLG Karlsruhe* NJW-RR 1992, 1406 = MDR 1992, 911; *OLG Köln* FamRZ 1995, 1216 u. 1217 (LS); *LG Halle* JurBüro 1997, 531. – A.M. *OLG Koblenz* MDR 1996, 101; *OLG Köln* FamRZ 1992, 1083; *Cuypers* NJW 1994, 1985, 1990.

[24] *OLG Thüringen* OLG-NL 1997, 283.

[25] *OLG München* BauR 1998, 592 (zum beigetretenen Streitverkündungsempfänger).

[26] *OLG Frankfurt* MDR 1995, 751; *OLG Celle* NJW-RR 1998, 1079.

[27] *OLG Frankfurt* BauR 1995, 426.

[28] *OLG Frankfurt* OLGZ 1993, 441 (Erledigung des selbständigen Beweisverfahrens ohne Beweiserhebung durch Zugeständnis der unter Beweis gestellten Tatsachen); *OLG Koblenz* BauR 1998, 1045 (Erledigung durch Totalschaden an dem zu untersuchenden PKW);

LG Hannover JurBüro 1998, 98 (Erledigung einer Beweisfrage durch Nachbesserung); *Notthoff/Buchholz* JurBüro 1997, 5, 8; *Notthoff* JurBüro 1998, 61, 62; *Thomas-Putzo*[21] § 494 a Rdnr. 6. – A.M. *OLG Hamburg* MDR 1998, 242; *LG Bonn* BauR 1994, 141; BauR 1995, 427.

[29] A.M. *Ende* MDR 1997, 123, 125. – Inwieweit *OLG Celle* MDR 1993, 914 eine Kostenentscheidung nach § 91 a im selbständigen Beweisverfahren für zulässig hält, wird nicht recht klar.

[30] *LG Tübingen* MDR 1995, 638; *LG Stade* MDR 1995, 1270.

[31] BGHZ 132, 96, 104 = NJW 1996, 1749, 1750; BGHZ 20, 4, 15 = LM § 485 Nr. 1; *OLG Nürnberg* OLGZ 1994, 351; *OLG Frankfurt* MDR 1984, 238 = JurBüro 1984, 768.

[32] BGHZ 132, 96, 104 = NJW 1996, 1749, 1751.

tendmachung im Hauptsacheprozeß als besonderer Schadensposten[33]. Zum ausländischen Beweissicherungsverfahren → § 493 Rdnr. 8. Ergänzend zu dem → § 91 Rdnr. 20 Gesagten ist auf folgende Punkte hinzuweisen:

11 a) **Hauptprozeß** ist der Prozeß, zu dessen Vorbereitung das Beweissicherungsverfahren betrieben wurde[34], aber auch ein Verfahren über eine einstweilige Verfügung hinsichtlich des Hauptsacheanspruchs[35]. Kommen als Hauptsacheprozeß mehrere Verfahren in Betracht, so sind die Kosten dem Verfahren zuzuordnen, in das die selbständige Beweisaufnahme zuerst eingeführt wurde[36]. Das Beweissicherungsverfahren muß sich inhaltlich auf den Gegenstand des Hauptprozesses beziehen[37], wobei es aber genügt, wenn die betroffene Forderung im Hauptprozeß zur Aufrechnung gestellt und darüber entschieden wurde[38] oder wenn die Beweissicherung sich auf die Rechtsverteidigung des Beklagten bezog[39].

12 b) Die **Parteien** des Hauptprozesses müssen mit den Parteien des selbständigen Beweisverfahrens identisch[40] oder deren Rechtsnachfolger sein[41]. Wird die Klage wegen **fehlender Passivlegitimation** des Beklagten abgewiesen, so hat der Kläger die dem Beklagten im selbständigen Beweisverfahren erwachsenen Kosten zu tragen; über die übrigen Kosten des selbständigen Beweisverfahrens ist im Prozeß gegen den wirklichen Schuldner zu entscheiden[42].

13 c) Die **Notwendigkeit der Kosten des selbständigen Beweisverfahrens** kann selbst dann bejaht werden, wenn die Beweisaufnahme im Hauptprozeß **nicht benutzt** wurde, → § 91 Rdnr. 20 mit Nachw. in Fn. 30. Wurde jedoch ein offensichtlich überflüssiges und nutzloses selbständiges Beweisverfahren veranlaßt, so kann das Prozeßgericht nach § 96 dem im Hauptprozeß obsiegenden Antragsteller die Kosten auferlegen[43]. Auch muß ein hinreichender Zusammenhang zwischen dem selbständigen Beweisverfahren und dem Hauptsacheprozeß bestehen, woran es fehlen kann, wenn die Klage schon aus anderen Gründen abgewiesen wird[44].

14 d) Eine Kostenteilung im Hauptsacheprozeß gilt auch für die Kosten eines vorausgegangenen selbständigen Beweisverfahrens[45], so wie dies auch bei Kosten eines Sachverständigengutachtens im Hauptprozeß der Fall wäre. Auch in anderen Fällen kommt eine **anteilige Kostenerstattung** in Betracht. So sind die Kosten eines einheitlichen Beweissicherungsverfahrens, das für mehrere Rechtsstreitigkeiten durchgeführt wurde, auf die einzelnen Prozesse im Verhältnis ihrer Streitwerte aufzuteilen[46]. Wenn der Streitwert des Hauptprozesses geringer ist als der Gegenstandswert des Beweissicherungsverfahrens, so sind die Kosten des Beweissicherungsverfahrens nur in Höhe des sich aus dem Verhältnis beider Werte ergebenden Teilbetrags zu den Kosten des Hauptprozesses zu rechnen[47]. Falls von mehreren Antragsgegnern im Beweissicherungsverfahren nur einer Beklagter im Hauptprozeß ist, können ihm auch die Kosten des Beweissicherungsverfahrens nur anteilig auferlegt werden[48].

---

[33] *OLG Düsseldorf* NJW-RR 1995, 1108, 1109.
[34] *OLG Koblenz* JurBüro 1981, 1070.
[35] *OLG Koblenz* JurBüro 1995, 481. – A.M. *OLG Schleswig* JurBüro 1987, 1223; *OLG München* MDR 1998, 1183.
[36] *OLG Koblenz* JurBüro 1995, 481, 482.
[37] *OLG Hamburg* JurBüro 1978, 239; *KG* JurBüro 1980, 1419; *OLG Stuttgart* JurBüro 1982, 1080; JurBüro 1982, 599; *KG* Rpfleger 1982, 195; *OLG Koblenz* JurBüro 1996, 375.
[38] *OLG München* JurBüro 1982, 1254; *KG* JurBüro 1979, 408; *LG Berlin* JurBüro 1979, 1374; *OLG Schleswig* JurBüro 1988, 1524.
[39] *OLG Hamm* JurBüro 1983, 1101.
[40] Nachw. → § 91 Fn. 32; ferner *OLG Koblenz* NJW-RR 1994, 574 (auch Abtretung eines etwaigen Erstattungsanspruchs durch eine Partei des selbständigen Beweisverfahrens genügt nicht).
[41] So z. B. bei Zession durch den Antragsteller des Beweissicherungsverfahrens an den Kläger im Hauptprozeß, *KG* JurBüro 1981, 1392; *OLG Düsseldorf* MDR 1985, 1032; ebenso bei Klage des Zwangsverwalters anstelle des im Beweissicherungsverfahren als Antragsgegner beteiligten Eigentümers, *OLG Hamburg* JurBüro 1983, 1257, oder bei Klage des Konkursverwalters anstelle des Antragsgegners im Beweissicherungsverfahren, *OLG Köln* JurBüro 1987, 433, auch bei Klage gegen den hinsichtlich des Beweissicherungsverfahrens nicht gutgläubigen Erwerber der Streitsache, jedenfalls wenn das Gutachten in den Hauptprozeß eingeführt wurde, *OLG Frankfurt* MDR 1984, 238 = JurBüro 1984, 768; *LG Berlin* JurBüro 1985, 286.
[42] BGHZ 20, 4 = LM § 485 Nr. 1.
[43] *OLG Schleswig* SchlHA 1975, 88; *OLG München* Rpfleger 1973, 446; *KG* Rpfleger 1979, 143, 144; *LG Frankenthal* MDR 1981, 940.
[44] *OLG Koblenz* NJW-RR 1997, 1277.
[45] A.M. *OLG Düsseldorf* NJW-RR 1997, 856, 857 (vollständige Erstattung aufgrund eines »unselbständigen materiell-rechtlichen Kostenerstattungsanspruchs«).
[46] Nachw. → § 91 Fn. 34; ferner *OLG Hamburg* MDR 1986, 591 = JurBüro 1986, 1086.
[47] *OLG Düsseldorf* NJW 1976, 115; *OLG Hamm* MDR 1979, 677; Rpfleger 1980, 69; JurBüro 1992, 396, 397 (*Mümmler*); *OLG Hamburg* MDR 1982, 326; *KG* Rpfleger 1986, 106; *OLG Bamberg* JurBüro 1987, 911.
[48] *OLG Köln* MDR 1986, 764. – A.M. *OLG Schleswig* JurBüro 1988, 349; JurBüro 1990, 57 (wenn durch die Beteiligung weiterer Antragsgegner keine ausscheidbaren Mehrkosten entstanden sind).

e) Wird im Hauptprozeß die **Klage zurückgenommen,** so erstreckt sich der Kostenanspruch nach 15
§ 269 Abs. 3 S. 2 u. 3 nicht auf die Kosten des selbständigen Beweisverfahrens[49]. Wenn aber die zurückgenommene Klage vom Antragsteller des selbständigen Beweisverfahrens erhoben war, sollte man analog § 494a Abs. 2 eine Entscheidung über die Kosten des selbständigen Beweisverfahrens zulassen[50], →
auch § 494a Rdnr. 18. In den übrigen Fällen wird man nach Rücknahme die Kostenerstattung so beurteilen müssen, als ob es nicht zu einem Hauptprozeß gekommen wäre (→ Rdnr. 16). Die in einem **Prozeßvergleich** im Hauptprozeß getroffene Kostenregelung wird im allgemeinen auch die Kosten eines vorangegangenen Beweissicherungsverfahrens erfassen[51], wenn nicht die Auslegung etwas anderes ergibt. Empfehlenswert ist eine ausdrückliche Vereinbarung[52]. In den Fällen der *Kostenaufhebung* (§ 92 Abs. 1, § 98) liegt es näher, die gerichtlichen Kosten des Beweissicherungsverfahrens zu den (hälftig zu teilenden) Gerichtskosten zu rechnen[53].

3. Kostenerstattung ohne nachfolgenden Hauptprozeß

Kommt es dagegen nicht zum Hauptprozeß und greift auch § 494a nicht ein (so von vorn- 16
herein für die Kosten des Antragstellers), so kann Erstattung nur verlangt werden, wenn
nach materiellem Recht ein Anspruch auf Ersatz der Kosten als **Schadensersatzanspruch**[54],
z.B. als *Verzugsschaden*[55], o.ä. besteht, → vor § 91 Rdnr. 14ff. Die Abwehr unbegründeter
Ansprüche mittels eines selbständigen Beweisverfahrens begründet allein keinen solchen
Anspruch[56]. Ein materiell-rechtlicher Erstattungsanspruch ist in einem gesonderten Prozeß
geltend zu machen. Dagegen läßt sich ein Erstattungsanspruch in diesen Fällen nicht auf eine analoge Anwendung des § 91 stützen[57]. Dieselben Regeln gelten für die restlichen Kosten, wenn aufgrund der Kostenentscheidung im Hauptprozeß nur eine anteilige Erstattung
verlangt werden kann[58] (→ Rdnr. 14).

---

[49] *OLG München* MDR 1998, 307 = NJW-RR 1998, 1078; *OLG Schleswig* JurBüro 1995, 36; *OLG Köln* BauR 1994, 411; *Baumbach-Lauterbach-Hartmann*[57] § 91 Rdnr. 198; *Zöller-Herget*[21] § 91 Rdnr. 13 Selbständiges Beweisverfahren; *Zöller-Greger*[21] § 269 Rdnr. 18b (anders bei Beweissicherung nach § 486 innerhalb des Hauptprozesses). – A.M. *OLG Düsseldorf* BauR 1997, 349 (s. aber die folgende Fn.); *OLG Hamburg* MDR 1998, 1124 (wenn die Klagerücknahme erfolgte, um eine Klageabweisung zu verhindern); *MünchKommZPO-Belz* § 103 Rdnr. 37; *MünchKommZPO-Lüke* § 269 Rdnr. 51; *Thomas-Putzo*[21] § 494a Rdnr. 5. Weitere Nachw. → § 269 Fn. 102.
[50] *OLG Düsseldorf* BauR 1997, 349 argumentiert der Sache nach genauso.
[51] Bejahend *OLG Hamm* JurBüro 1975, 1214; *OLG Hamburg* MDR 1986, 591; bejahend bei entsprechender Auslegung *OLG Braunschweig* JurBüro 1979, 1382; *OLG Frankfurt* VersR 1981, 265; *OLG Oldenburg* MDR 1983, 1030. – Verneinend *OLG Hamm* MDR 1982, 326; *OLG Schleswig* SchlHA 1982, 173; *OLG Frankfurt* MDR 1983, 941; *OLG Bamberg* JurBüro 1985, 1090. – Zur Auslegung einer über die Kosten des Beweissicherungsverfahrens getroffenen Regelung *OLG München* Rpfleger 1994, 227.
[52] Werden darin die Kosten des selbständigen Beweisverfahrens gesondert verteilt, so ist der Einwand abgeschnitten, die Mehrkosten seien durch Bestellung desselben Anwalts wie für den Hauptprozeß vermeidbar gewesen, *OLG Koblenz* JurBüro 1999, 33.
[53] Für Zuordnung zu den gerichtlichen Verfahrenskosten *OLG Nürnberg* OLGZ 1994, 351; MDR 1998, 861 (bei vereinbarter Aufhebung); *OLG München* Rpfleger 1981, 203; MDR 1987, 328; *OLG Köln* Schäfer-Finnern-Hochstein Rechtsprechung zum privaten Baurecht § 91 Nr. 2; Rpfleger 1986, 66; *OLG Stuttgart* Rpfleger 1982, 195; *KG* JurBüro 1982, 1078, 1521; *OLG Hamburg* JurBüro 1983, 1257; MDR 1983, 409; *OLG Köln* JurBüro 1987, 433; *OLG München* JurBüro 1987, 1410; *LG Düsseldorf* JurBüro 1987, 1074; *Zöller-Herget*[21] § 91 Rdnr. 13 Selbständiges Beweisverfahren. – Außergerichtliche Verfahrenskosten nehmen an *OLG Nürnberg* BauR 1995, 275; *OLG Celle* JurBüro 1974, 639; *OLG Schleswig* JurBüro 1977, 1626; *OLG Frankfurt* AnwBl 1981, 195; MDR 1983, 941; *OLG Nürnberg* MDR 1982, 941; *OLG Hamm* MDR 1982, 326; JurBüro 1983, 1101; *OLG Düsseldorf* BauR 1984, 550; *OLG Hamm* Rpfleger 1987, 384; *OLG Koblenz* JurBüro 1987, 1875; *LG Kleve* JurBüro 1989, 391 (zust. *Mümmler*); *Rosenberg-Schwab-Gottwald*[15] § 119 V 1; *Baumbach-Lauterbach-Hartmann*[57] § 91 Rdnr. 199.
[54] *BGH* NJW 1983, 284 = LM § 91 Nr. 26; *OLG Köln* VersR 1971, 425; *OLG Düsseldorf* MDR 1983, 846; *LG Hannover* JurBüro 1987, 1250; *AG Mönchengladbach* NJW 1972, 1055; *AG Köln* WuM 1973, 107; *Steckel* JurBüro 1980, 648; *E. Schneider* MDR 1981, 361; *Bank* JurBüro 1982, 978. Der Erstattungsanspruch kann sich auch als Nebenpflicht aus VOB B ergeben, *LG Hannover* JurBüro 1987, 1250.
[55] *AG Bonn* WuM 1992, 604 (Anspruch des Vermieters gegen den Mieter bei unberechtigter Mietminderung).
[56] *KG* NJW-RR 1996, 846.
[57] *BGH* NJW 1983, 284 = LM § 91 Nr. 26; NJW 1988, 2032 = ZZP 101 (1988), 298 (zust. *Becker-Eberhard*); *KG* NJW-RR 1996, 846, 847; *Bank* JurBüro 1982, 978, 980; allg. → vor § 91 Rdnr. 14.
[58] Vgl. *LG Kiel* SchlHA 1988, 31 (Klage auf Kostenerstattung ist dann hinsichtlich der gesamten Kosten des Beweissicherungsverfahrens zulässig); *LG Berlin* ZMR 1988, 341; *Steckel* JurBüro 1980, 646.

V. Arbeitsgerichtliches Verfahren

17 Die Vorschriften über das selbständige Beweisverfahren sind gemäß § 46 Abs. 2 S. 1, § 64 Abs. 6 S. 1 ArbGG (Urteilsverfahren) bzw. § 80 Abs. 2 ArbGG (Beschlußverfahren, nämlich als »Vorschriften über die Beweisaufnahme«) auch im arbeitsgerichtlichen Verfahren **anwendbar**[59]. Zur Zuständigkeit → § 486 Rdnr. 25. Nach dem Gebührenverzeichnis (Anlage 1 zum ArbGG) Nr. 9200, 9210 wird vor dem Arbeitsgericht wie vor dem Landesarbeitsgericht eine 4/10-Gebühr erhoben.

§ 485 [Zulässigkeit]

(1) Während oder außerhalb eines Streitverfahrens kann auf Antrag einer Partei die Einnahme des Augenscheins, die Vernehmung von Zeugen oder die Begutachtung durch einen Sachverständigen angeordnet werden, wenn der Gegner zustimmt oder zu besorgen ist, daß das Beweismittel verlorengeht oder seine Benutzung erschwert wird.

(2) ¹Ist ein Rechtsstreit noch nicht anhängig, kann eine Partei die schriftliche Begutachtung durch einen Sachverständigen beantragen, wenn sie ein rechtliches Interesse daran hat, daß

1. der Zustand einer Person oder der Zustand oder Wert einer Sache,
2. die Ursache eines Personenschadens, Sachschadens oder Sachmangels,
3. der Aufwand für die Beseitigung eines Personenschadens, Sachschadens oder Sachmangels festgestellt wird. ²Ein rechtliches Interesse ist anzunehmen, wenn die Feststellung der Vermeidung eines Rechtsstreits dienen kann.

(3) Soweit eine Begutachtung bereits gerichtlich angeordnet worden ist, findet eine neue Begutachtung nur statt, wenn die Voraussetzungen des § 412 erfüllt sind.

Gesetzesgeschichte: Bis 1900 § 447 CPO. Änderung durch die Novelle 1924. Die Überschrift des zwölften Titels und § 485 wurden neugefaßt durch Rechtspflege-Vereinfachungsgesetz vom 17. XII. 1990 (BGBl. I 2847).

I. Normzweck	1
II Antrag und gerichtliche Verpflichtung	2
III. Zulässige Beweismittel	3
1. Augenschein, Zeugen, Sachverständige	3
2. Urkunden	4
3. Parteivernehmung	5
IV. Selbständige Beweisaufnahme mit Zustimmung des Gegners	6
1. Bedeutung	6
2. Zustimmung	8
V. Selbständige Beweisaufnahme bei Besorgnis des Verlustes oder der erschwerten Benutzung eines Beweismittels	9
VI. Sachverständigengutachten bei rechtlichem Interesse	13
1. Vor Anhängigkeit eines Rechtsstreits	13
2. Gegenstand der Begutachtung	15
a) Zustand einer Person, Zustand oder Wert einer Sache	16
b) Ursachen von Personenschäden, Sachschäden oder Sachmängeln	19
c) Aufwand für die Beseitigung eines Personenschadens, Sachschadens oder Sachmangels	20
3. Rechtliches Interesse	21
4. Verhältnis zu § 164 FGG	28
VII. Erneute Begutachtung	29

I. Normzweck

1 Das selbständige Beweisverfahren nach Abs. 1 dient der Sicherung von Beweisen, deren spätere Benutzung gefährdet erscheint. Abs. 2 geht wesentlich darüber hinaus und erlaubt

---

[59] Dazu *Zwanziger* ZZP 109 (1996), 79.

hinsichtlich einer ganzen Reihe von Tatsachen bei Vorliegen eines rechtlichen Interesses die Einholung eines schriftliches Sachverständigengutachtens, obgleich noch kein Rechtsstreit anhängig ist. Der Zweck liegt hier in erster Linie in der Vermeidung eines Rechtsstreits.

II. Antrag und gerichtliche Verpflichtung

Die Beweiserhebung nach Abs. 1 und 2 erfolgt nur auf Antrag einer Partei, der nicht dem Anwaltszwang unterliegt, § 78 Abs. 2 iVm. § 486 Abs. 4. Zur gerichtlichen Zuständigkeit → § 486 Abs. 4. Daß nach Abs. 1 die Beweisaufnahme angeordnet bzw. nach Abs. 2 beantragt werden *kann*, bedeutet nicht, daß dem Gericht hier ein Ermessen eingeräumt wäre. Das Gericht muß vielmehr dem Antrag stattgeben, wenn nach seiner pflichtgemäßen Beurteilung dessen Voraussetzungen vorliegen. Es darf einen Antrag weder ganz noch teilweise aus Zweckmäßigkeitsgründen zurückweisen[1].   2

III. Zulässige Beweismittel

1. Augenschein, Zeugen, Sachverständige

Die Sicherung des Beweises wird durch Abs. 1 dem Beweismittel nach auf den **Augenschein**, den **Zeugenbeweis** und den Beweis durch **Sachverständige** in schriftlicher oder mündlicher Form[2], durch Abs. 2 auf schriftliche Sachverständigengutachten beschränkt. Die sachverständigen Zeugen sind Zeugen, § 414. Sachverständige können auch in Verbindung mit der Einnahme eines Augenscheins vernommen werden (§ 372). Bei einer Wiederholung der Vernehmung im nachfolgenden Prozeß können früher vernommene Sachverständige zu sachverständigen Zeugen werden, → § 414 Rdnr. 2.   3

2. Urkunden

Auf den **Urkundenbeweis** als solchen findet § 485 keine Anwendung. Es kann aber z.B. zur Feststellung der *Echtheit* eine Zeugenvernehmung nach § 485 Abs. 1 stattfinden, und auch die Einnahme eines Augenscheins an der Urkunde ist nicht ausgeschlossen, folglich auch nicht die *Handschriftenvergleichung* (§ 441), die nur ein Anwendungsfall des Augenscheins ist. Voraussetzung ist, daß die Urkunde vom Antragsteller oder – freiwillig – vom Gegner oder einem Dritten vorgelegt wird; ein Vorlegungsverfahren nach §§ 421 ff. kann im Rahmen des selbständigen Beweisverfahrens nicht stattfinden.   4

3. Parteivernehmung

Eine Parteivernehmung im selbständigen Beweisverfahren ist nicht vorgesehen. Eine **analoge Anwendung** des § 485 Abs. 1 erscheint gleichwohl nicht völlig ausgeschlossen[3], da die Nichtaufnahme der Parteivernehmung in den Gesetzestext auf die Zeit zurückgeht, in der die Regeln über den Parteieid galten (→ vor § 445 Rdnr. 1) und die Parteivernehmung noch nicht als der freien Beweiswürdigung unterstehendes Beweismittel anerkannt war[4].   5

---

[1] Ebenso *Schilken* ZZP 92 (1979), 238, 267. – A.M. OLG *Hamburg* OLG Rsp 5 (1902), 75.
[2] Begr. BT-Drucks. 11/3621, S. 41.
[3] A.M. *OLG Hamm* MDR 1994, 307; *Baumbach-Lauterbach-Hartmann*[57] Rdnr. 2; *Zöller-Herget*[20] vor § 485 Rdnr. 5.

[4] Vgl. *Hahn* Materialien zur CPO, S. 342 f. Bei der jüngsten Reform wurde die Frage, soweit erkennbar, nicht problematisiert.

IV. Selbständige Beweisaufnahme mit Zustimmung des Gegners

1. Bedeutung

6   Die hauptsächliche Bedeutung des selbständigen Beweisverfahrens mit Zustimmung des Gegners liegt in der **Beweisaufnahme vor Prozeßbeginn,** wenngleich die Anwendung auch während eines anhängigen Prozesses zulässig ist. Bei Zustimmung des Gegners braucht das Gericht nicht zu prüfen, ob Verlustgefahr usw. (→ Rdnr. 9 ff.) vorliegt.

7   Hinsichtlich der **festzustellenden Tatsachen** besteht (im Rahmen der erteilten Zustimmung) keine Einschränkung; die Beweisaufnahme kann sich daher auch auf **Mängelursachen** und auf die Notwendigkeit und die **Kosten** von Maßnahmen zur Beseitigung von Mängeln beziehen[5]. Es muß sich jedoch um Tatsachen, nicht um Rechtsfragen, handeln[6].

2. Zustimmung

8   Die Zustimmung muß, wenn nicht ein gemeinsamer Antrag gestellt ist, mit dem Antrag **glaubhaft** gemacht werden, § 487 Nr. 4[7]; im Falle der mündlichen Verhandlung kann die Zustimmung hier erklärt werden. Die Zustimmung ist, da sie die Grundlage des Verfahrens bildet, regelmäßig **nicht widerruflich,** anders aber beim Vorliegen eines Restitutionsgrundes (→ vor § 128 Rdnr. 226)[8].

V. Selbständige Beweisaufnahme bei Besorgnis des Verlustes oder der erschwerten Benutzung eines Beweismittels

9   Als zweiten Fall regelt Abs. 1 die Besorgnis des Verlustes oder der erschwerten Benutzung des Beweismittels, ohne daß in der Regel (→ aber Rdnr. 10 a. E.) die *Erheblichkeit* der zu beweisenden Tatsachen zu prüfen wäre[9] (→ auch § 487 Rdnr. 4). Eine Ablehnung wegen völliger Ungeeignetheit eines Beweismittels, z. B. eines Zeugen, wird selten in Betracht kommen, da die Beweiswürdigung nicht vorweggenommen werden darf[10]. Die **Gründe** der Verlustgefahr können sowohl sachlicher als auch persönlicher Natur sein. Als Beispiele sind zu nennen: Gefährliche Erkrankung, hohes Alter eines Zeugen[11], Antritt einer größeren Reise[12], bevorstehende Auswanderung[13], drohende Veränderung des Zustandes des Augenscheinsobjektes usw.[14], nicht aber die drohende Verjährung[15], nicht die Vernichtung der Kontounterlagen durch eine Bank, wenn diese in Form von Mikrofilmen weiter aufbewahrt werden[16]. Die Beweisaufnahme kann sich auch auf Mängelursachen erstrecken[17], ebenso auf

---

[5] *LG Stuttgart* BauR 1988, 250.
[6] Ebenso (trotz mißverständlichem Leitsatz) *LG Tübingen* BauR 1985, 359.
[7] Dies wurde durch die Neufassung des § 487 Abs. 1 Nr. 4 klargestellt, s. Begr. BT-Drucks. 11/3621, S. 42.
[8] Ebenso *Wussow* NJW 1969, 1401; *Schilken* ZZP 92 (1979), 238, 260 f.; *Schmitz* BauR 1981, 40; *Werner-Pastor*[5] (vor § 485 Fn. 1) Rdnr. 11. Für entsprechende Anwendung des § 290 dagegen *Wieczorek*[2] B III b 1.
[9] *OLG München* OLGZ 1975, 52; *OLG Hamm* NJW-RR 1998, 68. – *OLG Hamm* NJW-RR 1998, 933 = BauR 1998, 828 nimmt unter dem Gesichtspunkt des Rechtsschutzbedürfnisses eine kursorische Überprüfung vor und läßt die mögliche Erheblichkeit genügen.
[10] Vgl. *OLG Hamm* NJW-RR 1989, 1464 (zum Zeugen).
[11] *OLG Nürnberg* MDR 1997, 594 = NJW-RR 1998, 575 (bei Alter von 84 Jahren auch ohne Glaubhaftmachung einer drohenden Verschlechterung des Gesundheitszustandes); *KG* JurBüro 1977, 1627.
[12] Nicht jeder Wechsel des Aufenthaltes, *OLG Hamburg* OLG Rsp 19 (1909), 118.
[13] Daß die Beweisaufnahme im Ausland durchgeführt werden müßte, wird meist als Erschwerung im Sinn des § 485 anzusehen sein, *Riezler* Internationales ZPR (1949), 489; *Baumbach-Lauterbach-Hartmann*[57] Rdnr. 5. – A.M. *KG* OLG Rsp 15 (1907), 145.
[14] Zur Beweissicherung bezüglich eines Grundes zur Pflichtteilsentziehung vgl. *Pakuscher* JR 1960, 51.
[15] *LG Amberg* BauR 1984, 93; *Pauly* JR 1996, 269, 272; *MünchKommZPO-Schreiber* Rdnr. 11. – A.M. *Baumbach-Lauterbach-Hartmann*[57] Rdnr. 5.
[16] *OLG Frankfurt* NJW 1992, 2837.
[17] *LG Stuttgart* BauR 1988, 250; *Hesse* BauR 1984, 23.

Mängelbeseitigungsmaßnahmen und deren Kosten[18], sofern auch insoweit die Besorgnis des Beweisverlusts begründet ist.

Im anhängigen Prozeß kann die Verlustgefahr wegen des Aufschubs bis zu dem Zeitpunkt bestehen, in dem der Beweis nach § 358 (s. aber auch § 358a) angeordnet und aufgenommen werden kann. Hat daher das Gericht erster Instanz die Aufnahme einzelner Beweise nicht beschlossen, so ist das selbständige Beweisverfahren vor und nach dem Urteil zulässig, wenn der **Verlust bis zur Anordnung in der höheren Instanz** droht[19]. Im Rahmen des anhängigen Hauptprozesses können die Parteien die Beweisaufnahme in der Instanz nicht erzwingen (§ 360). Das Prozeßgericht darf den Antrag auf Beweiserhebung im selbständigen Beweisverfahren nicht deshalb zurückweisen, weil es nach seiner Ansicht auf die betreffenden Beweismittel nicht ankomme; denn die Beweismittel können durch eine andere Ansicht des Rechtsmittelgerichts Bedeutung gewinnen[20]. Wenn aber in der letzten Instanz die unter Beweis gestellten Tatsachen für nicht erheblich erachtet wurden, darf auch der Antrag auf Beweiserhebung im selbständigen Beweisverfahren abgelehnt werden[21]. 10

Das selbständige Beweisverfahren ist nicht zu dem Zweck zulässig, die **Beeidigung** eines im Hauptprozeß unbeeidigt vernommenen Zeugen zu erzwingen; insoweit muß es bei der Entscheidung des Prozeßgerichts (§ 391) bleiben[22]. 11

Der Umstand, daß der Antragsteller in der Lage ist, sich das **Beweismittel** durch geeignete Maßnahmen oder durch das Unterlassen von Veränderungen **zu erhalten,** macht den Antrag nur dann unzulässig, wenn dem Antragsteller nach Lage des Falles solche Maßnahmen **zugemutet** werden können[23]. Dabei sollte die Zumutbarkeit eng begrenzt werden; insbesondere wird man im allgemeinen nicht verlangen können, daß die Beseitigung von Baumängeln vorerst unterbleibt[24]. 12

VI. Sachverständigengutachten bei rechtlichem Interesse

1. Vor Anhängigkeit eines Rechtsstreits

Das selbständige Beweisverfahren ist unter den Voraussetzungen des Abs. 2 nur zulässig, wenn noch kein Rechtsstreit über den Anspruch anhängig ist, auf den sich die Beweiserhebung beziehen soll. Damit wird eine Doppelbelastung des Gerichts und des Gegners vermieden. Daher steht die Anhängigkeit eines Prozesses einem zusätzlichen selbständigen Beweisverfahren dann entgegen, wenn der zu klärende Sachverhalt zum Streitgegenstand, d. h. zu dem im Prozeß vorgetragenen Sachverhaltskomplex, gehört. Ein selbständiges Beweisverfahren über die Höhe einer Schadensposition, die bereits im Prozeß geltend gemacht, wenn auch noch nicht beziffert wurde, ist daher unzulässig[25]. Die Anhängigkeit eines Rechtsstreits steht auch dann entgegen, wenn sich der Antragsteller des selbständigen Beweisverfahrens in jenem Prozeß mit dem Sachverhalt (z.B. dem Vorliegen von Mängeln gegenüber einer Werklohnforderung) verteidigt, der im selbständigen Beweisverfahren geklärt 13

---

[18] *OLG Düsseldorf* BauR 1978, 506. – A.M. *LG Stuttgart* BauR 1988, 250.
[19] Unrichtig *OLG Celle* SeuffArch 58 (1903), 121.
[20] BGHZ 17, 117 = NJW 1955, 908 = LM § 486 Nr. 1.
[21] *OLG München* OLGZ 1975, 52.
[22] *OLG Nürnberg* BayJMBl 1953, 36.
[23] So auch *OLG Düsseldorf* BauR 1978, 506, 507; *Wussow* NJW 1969, 1402; *Locher* BauR 1979, 25;

Schmitz BauR 1981, 40; *Schilken* ZZP 92 (1979), 263; *Werner-Pastor*[8] (vor § 485 Fn. 1) Rdn. 19. – A.M. *KG* JW 1921, 1251 (bevorstehende Ernennung des als Zeugen in Betracht kommenden Angestellten zum Vorstandsmitglied). Dagegen *Heinitz* JW 1921, 1251.
[24] *OLG Köln* OLGZ 1994, 349 = MDR 1994, 94; *Weyer* BauR 1992, 313, 317.
[25] *OLG Düsseldorf* NJW-RR 1996, 510.

werden soll[26]; die Anträge im anhängigen und in dem gedachten, durch die selbständige Beweisaufnahme vorzubereitenden Rechtsstreit brauchen nicht identisch zu sein.

14 Wird nach Einleitung eines selbständigen Beweisverfahrens ein Hauptsacheprozeß begonnen, so wird das selbständige Beweisverfahren einzustellen sein, wenn kein Fall des Abs. 1 (Gefahr des Beweismittelverlustes) vorliegt[27]; nicht etwa ist umgekehrt der Hauptsacheprozeß bis zur Beendigung des selbständigen Beweisverfahrens auszusetzen. Ist das selbständige Beweisverfahren schon so weit gediehen, daß ein Sachverständiger ernannt wurde, sollte eine Weiterführung der Gutachtenerstellung im Rahmen des Hauptsacheverfahrens als zulässig angesehen werden, falls das Gericht des Hauptsacheprozesses einen entsprechenden Beschluß faßt.

2. Gegenstand der Begutachtung

15 Die Möglichkeit, bei Vorliegen eines rechtlichen Interesses eine schriftliche Begutachtung durch ein Sachverständigengutachten zu beantragen (Abs. 2), wurde bei der Reform im Jahre 1990 (→ vor § 485 Rdnr. 1) wesentlich erweitert. Nicht nur der Zustand von Personen oder Sachen, sondern auch die Ursachen von Schäden und der zur Schadensbeseitigung erforderliche Aufwand können jetzt Gegenstand einer selbständigen Beweiserhebung sein. Dadurch soll die Eignung des selbständigen Beweisverfahrens als Mittel zur Prozeßvermeidung verstärkt werden. Dieser Zweck darf nicht durch eine zu enge Auslegung der Voraussetzungen gefährdet werden.

a) Zustand einer Person, Zustand oder Wert einer Sache

16 Die selbständige Beweisaufnahme ist z. B. zulässig, um Sachmängel beim Kauf, Baumängel[28] (auch gegenüber einem Bürgen des Gewährleistungspflichtigen[29]), einschließlich der Frage, ob ein bestimmter Zustand den allgemein anerkannten Regeln der Technik widerspricht[30], den Zustand von Arbeitsräumen[31], die Beschädigung von Frachtgut, Mängel einer Mietwohnung[32] oder den Zustand der Wohnung bei Auszug des Mieters[33] oder vor einer Wohnungsmodernisierung[34] feststellen zu lassen. Die Feststellung wird sich im allgemeinen auf den gegenwärtigen, kann sich aber auch auf einen vergangenen Zustand beziehen[35]. Von einem Gewerbebetrieb ausgehende Lärmimmissionen wird man jedenfalls dann nicht als »Zustand« des betroffenen Grundstücks oder Gebäudes ansehen können, wenn die Einwirkungen einem ständigen Wechsel unterliegen[36]; man könnte freilich auch den Begriff des Zustands weit fassen und, wenn die möglichen Feststellungen ersichtlich für einen künftigen Rechtsstreit nichts bringen können, das berechtigte Interesse verneinen. Die Feststellung der Fehlerhaftigkeit eines früher erstatteten Gutachtens und des dadurch verursachten Vermögensschadens fällt unter keinen der in Abs. 2 geregelten Fälle und ist daher unzulässig[37]. Der Antrag darf sich auch nicht auf die Klärung einer *Rechtsfrage* beziehen[38].

---

[26] A.M. *OLG Düsseldorf* NJW-RR 1995, 1216, allerdings zur Ausdehnung eines bereit anhängigen selbständigen Beweisverfahrens auf einen weiteren Antragsgegner. Hier mag sich eine großzügigere Handhabung empfehlen.
[27] *OLG Dresden* NJW-RR 1998, 1101, 1102.
[28] Dazu *Pauly* JR 1996, 269.
[29] *OLG Frankfurt* MDR 1991, 989.
[30] *OLG München* BauR 1994, 275.
[31] *LAG Hamm* NZA 1997, 103.
[32] *LG Saarbrücken* WuM 1992, 144.
[33] Zur Beweissicherung bei Mietverträgen vgl. *Weimar* WM 1965, 5; *LG Braunschweig* ZMR 1986, 171.
[34] *LG Frankfurt* WuM 1982, 218.
[35] *OLG Oldenburg* MDR 1995, 746 (unter Hinweis auf den veränderten Wortlaut der Bestimmung).
[36] *OLG Düsseldorf* OLGZ 1992, 335 = MDR 1992, 807.
[37] *OLG Hamm* VRS Bd. 84 (1993), 429.
[38] *OLG Köln* BauR 1999, 195 (unzulässiger Antrag, festzustellen, daß bestimmte Mängel einem Handwerksmeister hätten auffallen müssen).

Nach wie vor nicht gedeckt sind Feststellungen über die **ortsübliche Vergleichsmiete**[39], da es dabei nicht um den Wert einer Sache geht, oder die Feststellung des Wertes von Anfangs- und Endvermögen in der Zugewinngemeinschaft[40]. 17

Der Antragsteller muß hinreichend **bestimmte Behauptungen** über den Zustand der Sache aufstellen, da das Verfahren der Aufnahme des Beweises, nicht der Ausforschung dient[41]. Behauptete Baumängel müssen jedenfalls nach dem äußeren Erscheinungsbild und dem betroffenen Bauteil genau beschrieben werden[42]. 18

b) Ursachen von Personenschäden, Sachschäden oder Sachmängeln

Wenn die behaupteten Mängel konkret angegeben sind (→ Rdnr. 18), kann die Begutachtung zur Feststellung der Ursachen und des zur Beseitigung nötigen Aufwands angeordnet werden, ohne daß der Antragsteller hinsichtlich dieser Punkte genauere, fachliches Wissen voraussetzende Angaben zu machen braucht[43]. Dagegen genügt es nicht, wenn ohne genaue Bezeichnung der Mängel gefragt wird, ob die Ausführung des Werks den Regeln der Technik entspreche o.ä.[44]. Auch die Begutachtung zur Klärung, ob ein behaupteter *ärztlicher Behandlungsfehler* vorliegt, ist als zulässig anzusehen[45], anders dagegen, wenn die zugrundezulegenden Anknüpfungstatsachen erst noch ermittelt werden müßten[46]. Zur zulässigen Klärung der Ursachen von Baumängeln gehört auch die Feststellung der für die Verantwortlichkeit beteiligter Personen maßgebenden Tatsachen[47]; der Antrag kann gegen alle Personen gerichtet werden, die ernsthaft als Verursacher in Betracht kommen[48]. Die rechtliche Bewertung, insbesondere die Beurteilung des Verschuldens, ist nicht Aufgabe des Gutachters, weshalb sich die selbständige Beweisaufnahme auch nicht darauf beziehen kann, ob ein bestimmtes schädigendes Ereignis vorhersehbar war[49]. 19

c) Aufwand für die Beseitigung eines Personenschadens, Sachschadens oder Sachmangels

In erster Linie geht es hier um die Höhe des zur Schadens- oder Mängelbeseitigung erforderlichen Aufwands. Jedoch kann sich die Beweisaufnahme auch darauf erstrecken, welche Maßnahmen zur Beseitigung nötig und möglich sind, da davon der Aufwand abhängt[50]. Hier sind, insbesondere in Bausachen, an die Substantiierung der Behauptungen keine zu hohen Anforderungen zu stellen, so daß auch Fragen nach den Ursachen und nach den Beseitigungsmöglichkeiten genügen[51], wenn hinreichend umrissen ist, um welche (behaupteten) Mängel es geht. 20

---

[39] *LG Köln* WuM 1996, 484; *LG Braunschweig* WuM 1996, 291; *LG Freiburg* WuM 1997, 337; *LG Berlin* NJW-RR 1997, 585. – A.M. *LG Köln* WuM 1995, 490; *Scholl* WuM 1997, 307; *Zöller-Herget*[21] Rdnr. 9; im Hinblick auf die Bestimmung der Nutzungsentschädigung nach § 557 Abs. 1 S. 1 BGB auch *AG Lörrach* WuM 1996, 31. – Zu weit geht es aber, bei Bejahung der Zulässigkeit eine sog. greifbare Gesetzwidrigkeit anzunehmen und deswegen entgegen § 490 Abs. 2 S. 2 eine außerordentliche Beschwerde zuzulassen, so aber *LG Berlin* NJW-RR 1997, 585; anders jedenfalls im konkreten Fall *LG Mainz* WuM 1997, 631.
[40] *LG Lüneburg* FamRZ 1984, 69 (auch keine analoge Anwendung der §§ 485 ff., wenn die Voraussetzungen des § 485 nicht erfüllt sind).
[41] *OLG Düsseldorf* JurBüro 1992, 426.

[42] *LG Köln* BauR 1992, 118.
[43] *KG* NJW-RR 1992, 575 = MDR 1992, 410.
[44] *LG Köln* BauR 1992, 118.
[45] *OLG Düsseldorf* MedR 1996, 132; MDR 1998, 1241; *OLG Stuttgart* NJW 1999, 874; *Mohr* MedR 1996, 454. – A.M. *OLG Köln* MDR 1998, 224 (zust. *Rehborn*) = NJW 1999, 875; *Rehborn* MDR 1998, 16.
[46] *OLG Nürnberg* JurBüro 1997, 612.
[47] *OLG Düsseldorf* NJW-RR 1997, 1312.
[48] *OLG Frankfurt* NJW-RR 1995, 831.
[49] *OLG München* OLGZ 1992, 470.
[50] Die Erstellung eines Leistungsverzeichnisses für die Mängelbeseitigung kann jedoch nicht verlangt werden, *OLG Düsseldorf* JurBüro 1992, 426.
[51] *LG Ellwangen* WuM 1997, 300.

3. Rechtliches Interesse

21 Anders als Abs. 1 setzt Abs. 2 keine Gefahr des Beweismittelverlustes voraus[52]. **Antragsberechtigt** ist jeder, der aus den zu begutachtenden Umständen ein Recht herleiten will[53], sowie derjenige, gegen den hieraus ein Anspruch hergeleitet werden kann.

22 Es genügt auch ein **mittelbares Interesse,** z. B. wenn der festzustellende gegenwärtige Zustand nur als Indiz für die Beweisführung wegen eines anderen Anspruchs von Bedeutung ist. Die **Erfolgsaussichten** eines künftigen Prozesses sind grundsätzlich nicht entscheidend. Auch die **Verjährung** ist daher nicht im selbständigen Beweisverfahren zu prüfen[54].

23 Das **Interesse fehlt** jedoch, wenn sich aus dem festzustellenden Zustand der Sache offensichtlich keine Ansprüche für den Antragsteller ergeben können[55], oder wenn kein Rechtsverhältnis und kein möglicher Prozeßgegner ersichtlich sind[56]. Ein berechtigtes Interesse liegt nicht vor, wenn der Anspruch bereits **rechtskräftig abgewiesen** ist und eine Restitutionsklage offensichtlich nicht in Betracht kommt[57]. Ob überhaupt zur Vorbereitung einer Wiederaufnahmeklage das selbständige Beweisverfahren zur Verfügung steht, wird man unter Berücksichtigung des Zwecks des Wiederaufnahmeverfahrens entscheiden müssen und im Fall des § 641 i jedenfalls zu verneinen haben[58].

24 Gegengerichtete Interessen können dazu führen, die Zulässigkeit der selbständigen Beweisaufnahme zu verneinen. So ist eine Begutachtung der **Testierfähigkeit** eines Erblassers zu dessen Lebzeiten nicht zulässig[59], da hier ein überwiegendes Interesse des Erblassers besteht, nicht mit einem solchen Verfahren überzogen zu werden. Das rechtliche Interesse kann auch deshalb zu verneinen sein, weil zunächst **andere sachgerechtere Wege** zur Klärung beschritten werden können, so wenn die anstehenden Fragen im Rahmen der Verwaltung der Wohnungseigentümergemeinschaft zu behandeln sind[60]. Das rechtliche Interesse fehlt auch, wenn ein von den Parteien zu denselben Fragen eingeleitetes Sachverständigenverfahren nach § 14 AKB noch nicht beendet ist[61].

25 Ob das Interesse ein **eigenes** ist oder das eines **Dritten**, das der Antragsteller kraft einer ihm gegenüber dem Dritten gesetzlich oder vertraglich obliegenden Pflicht wahrzunehmen hat (Kommissionär usw.), gilt gleich. Auch aus der **drohenden Verjährung** kann sich (anders als bei Abs. 1, → Rdnr. 9) ein rechtliches Interesse (an rascher Klärung) ergeben[62].

26 Als wichtigsten Fall des rechtlichen Interesses (ohne Ausschließlichkeit, d. h. das rechtliche Interesse kann auch anderweitig begründet werden[63]) hebt Abs. 2 S. 2 hervor, daß die Begutachtung der **Vermeidung eines Rechtsstreits** dienen kann. Nach dem Zweck der Vorschrift empfiehlt sich gerade hier eine **weite Auslegung**[64]. Daher ist die Eignung zur Vermeidung eines Rechtsstreits nicht schon deshalb zu verneinen, weil der Antragsgegner eine **gütliche Einigung ablehnt**[65].

---

[52] *OLG Düsseldorf* MedR 1996, 132, 133; *OLG Frankfurt* VersR 1992, 1151.
[53] Jeder einzelne Wohnungseigentümer ist berechtigt, hinsichtlich Mängel am gemeinschaftlichen Eigentum ein Beweissicherungsverfahren zu beantragen, BGH WM 1979, 1364 = MDR 1980, 222 = BauR 1980, 69.
[54] *OLG Köln* NJW-RR 1996, 573, 574.
[55] *LG Braunschweig* ZMR 1986, 171.
[56] *OLG Bamberg* NJW-RR 1995, 893; *LAG Hamm* NZA 1997, 103, 104.
[57] *LG Berlin* MDR 1993, 1015.
[58] *OLG Köln* FamRZ 1995, 369; → auch § 641 i Rdnr. 2a (das Gutachten muß dem Gericht vorgelegt werden; ein Antrag auf Gutachteneinholung genügt nicht).
[59] *OLG Frankfurt* NJW-RR 1997, 581 unter Bestätigung von *LG Frankfurt* Rpfleger 1997, 165.
[60] *AG Schwäbisch-Gmünd* WuM 1997, 299.
[61] *OLG Hamm* NJW 1998, 689.
[62] *Pauly* JR 1996, 269, 273; *Zöller-Herget*[21] Rdnr. 7 a; *MünchKommZPO-Schreiber* Rdnr. 13.
[63] *OLG Köln* NJW-RR 1996, 573; 574; *OLG Frankfurt* MDR 1991, 989; *Mugler* BB 1992, 797; *Zöller-Herget*[21] Rdnr. 7a.
[64] *KG* OLGZ 1992, 227, 229 = MDR 1992, 179; *OLG Zweibrücken* MDR 1992, 1178; *LG Ellwangen* WuM 1997, 301; *LG Saarbrücken* WuM 1992, 144; *Zöller-Herget*[21] Rdnr. 7 a. – A.M. *Schreiber* WuM 1997, 301.
[65] *OLG Bamberg* NJW-RR 1995, 893, 894; *OLG Oldenburg* MDR 1995, 746; *OLG Zweibrücken* MDR 1992, 1178; *OLG Hamm* MDR 1999, 184; *LG Passau* NJW-RR 1992, 767. – A.M. *LG Hannover* JurBüro 1992, 496.

Die tatsächlichen Voraussetzungen des rechtlichen Interesses sind nach § 487 Nr. 4 **glaub-** 27
haft zu machen. Keiner näheren Darlegung wird das Interesse in den Fällen bedürfen, in denen jemand nach den Vorschriften des bürgerlichen Rechts den Zustand oder den Wert einer Sache durch Sachverständige feststellen lassen kann, also z.B. in den Fällen der §§ 1034, 1067 Abs. 1, 2122 BGB, oder für den Beweis eines Zustandes zu sorgen hat, z.B. nach § 388 Abs. 1 HGB. S. auch §§ 64, 184 VersicherungsvertragsG.

4. Verhältnis zu § 164 FGG

In den Fällen, in denen nach den Vorschriften des Privatrechts jemand den Zustand oder 28
den Wert einer Sache durch Sachverständige feststellen lassen kann (→ Rdnr. 27), steht neben dem Beweissicherungsverfahren wahlweise auch das **Verfahren nach § 164 FGG** zur Verfügung, → vor § 485 Rdnr. 3.

VII. Erneute Begutachtung

Die Einschränkung durch Abs. 3 gilt sowohl in den Fällen des Abs. 1 als auch in denjeni- 29
gen des Abs. 2. Gemeint ist, daß bereits eine gerichtlich angeordnete Begutachtung erfolgt ist. Zu einer von diesem Gutachten umfaßten Beweisfrage ist eine erneute Begutachtung im Rahmen des selbständigen Beweisverfahrens nur zulässig, wenn sich entweder das Gutachten als ungenügend erweist (§ 412 Abs. 1) oder der Sachverständige nach Erstellung des Gutachtens mit Erfolg abgelehnt wurde (§ 412 Abs. 2, zur Ablehnung im selbständigen Beweisverfahren → § 492 Rdnr. 6f.). Diese Einschränkungen gelten auch, wenn der Gegner des ersten selbständigen Beweisverfahrens ein neues Beweisverfahren zu denselben Beweisfragen einleitet[66].

§ 486 [Zuständiges Gericht]

(1) Ist ein Rechtsstreit anhängig, so ist der Antrag bei dem Prozeßgericht zu stellen.
(2) ¹Ist ein Rechtsstreit noch nicht anhängig, so ist der Antrag bei dem Gericht zu stellen, das nach dem Vortrag des Antragstellers zur Entscheidung in der Hauptsache berufen wäre. ²In dem nachfolgenden Streitverfahren kann sich der Antragsteller auf die Unzuständigkeit des Gerichts nicht berufen.
(3) In Fällen dringender Gefahr kann der Antrag auch bei dem Amtsgericht gestellt werden, in dessen Bezirk die zu vernehmende oder zu begutachtende Person sich aufhält oder die in Augenschein zu nehmende oder zu begutachtende Sache sich befindet.
(4) Der Antrag kann vor der Geschäftsstelle zu Protokoll erklärt werden.

Gesetzesgeschichte: Bis 1900 § 448 CPO. Neu gefaßt durch Rechtspflege-Vereinfachungsgesetz vom 17. XII. 1990 (BGBl. I 2847).

---

[66] *OLG Düsseldorf* NJW-RR 1997, 1086.

I. Die Zuständigkeit	1	II. Der Antrag	16
1. Bei anhängigem Prozeß	1	1. Form	16
2. Vor anhängigem Prozeß	4	2. Wirkungen, insbesondere Unterbrechung der Verjährung	17
3. Eilzuständigkeit	7		
4. Beweissicherung im Ausland	11	3. Gegenantrag	22
5. Verweisung des Verfahrens; Zurückweisung des Antrags wegen Unzuständigkeit	13	4. Rücknahme und Änderung des Antrags	23
		5. Kosten	24
6. Verhältnis zu Schiedsgerichtsbarkeit und Schiedsgutachten	15	III. Arbeitsgerichtliches Verfahren	25

I. Zuständigkeit

1. Bei anhängigem Prozeß

1   Wenn der **Rechtsstreit bereits anhängig** ist, ist nach Abs. 1 das **Prozeßgericht** (gegebenenfalls das Familiengericht) zuständig, sollte auch das Thema des Beweises bisher im Prozeß nicht vorgebracht sein[1], und nur in Fällen **dringender Gefahr** das in Abs. 3 bezeichnete Amtsgericht, → Rdnr. 7. Dem Sinn der Vorschrift entspricht es, nicht auf den Eintritt der *Rechtshängigkeit* (Zustellung der Klage), sondern bereits auf die *Einreichung* der Klage abzustellen[2]. Der Antrag kann auch zusammen mit der Klageeinreichung beim Prozeßgericht gestellt werden. Die Zuständigkeit besteht fort, auch wenn nach Stellung des Antrags die Klage zurückgenommen wird, doch kann dadurch das rechtliche Interesse i. S. des § 485 Abs. 2 entfallen[3].

2   **Prozeßgericht** ist das Gericht einer jeden Instanz bis zur Einlegung eines Rechtsmittels gegen sein Urteil, → § 176 Rdnr. 8 ff.[4]. Beim Rechtsmittelgericht kann der Antrag unter gleichzeitiger Einreichung des Rechtsmittels gestellt werden. Prozeßgericht i. S. des § 486 Abs. 1 ist an sich auch das **Revisionsgericht.** Bezieht sich aber die Beweissicherung auf Tatsachen, deren Feststellung im Hauptprozeß nicht durch das Revisionsgericht erfolgen kann, so erscheint es dem Sinn des § 486 Abs. 1 angemessen, die Zuständigkeit des *Berufungsgerichts* zu bejahen[5]. Das Gericht, bei dem ein Verfahren über Arrest oder **einstweilige Verfügung** anhängig ist, ist nicht Prozeßgericht i. S. des Abs. 1[6].

3   Das Prozeßgericht muß über den Antrag entscheiden[7], kann aber die Beweisaufnahme unter den Voraussetzungen des § 375[8] einem Mitglied des Prozeßgerichts **übertragen** oder ein anderes Gericht (bzw. im Fall des § 363 eine **ausländische Behörde,** → auch Rdnr. 11), um die Beweisaufnahme **ersuchen.** Prozeßgericht ist auch der **Einzelrichter** in der ersten Instanz, dem der Rechtsstreit nach § 348 Abs. 1 übertragen wurde. Nur das selbständige Beweisverfahren auf den Einzelrichter zu übertragen, während der (bereits anhängige) Rechtsstreit bei der Kammer verbleibt, erscheint dagegen nicht angängig. Wenn die Sache dem **Einzelrichter in der Berufungsinstanz** zugewiesen ist, wird dieser im Rahmen des § 524 Abs. 2 S. 2 auch über den Antrag auf selbständige Beweisaufnahme befinden und die Beweiserhebung durchführen können; im übrigen ist die Kammer bzw. der Senat zuständig.

---

[1] *KG* OLG Rsp 15 (1907), 145 f.
[2] *OLG Oldenburg* Rpfleger 1960, 417; *OLG Hamm* MDR 1967, 225.
[3] Ebenso *Zöller-Herget*[21] Rdnr. 3.
[4] Vgl. *RG* VZS 68, 250 ff.; *W. Müller* ZZP 31 (1903), 293 ff., 307.
[5] *BGHZ* 17, 117 = LM Nr. 1 = NJW 1955, 908; *BVerwG* DVBl 1961, 383; *Schilken* JR 1984, 446, 449 f. Gegen eine Zuständigkeit des Revisionsgerichts auch *Marcus* Gruchot 34 (1890), 369; *W. Müller* ZZP 31 (1903), 306. – A. M. *Wieczorek*[2] A II a.

[6] *OLG Frankfurt* NJW 1985, 811 = MDR 1984, 1034 = ZIP 1984, 1410.
[7] Zur Abänderbarkeit des Beschlusses bei fehlerhafter Beurteilung der Zuständigkeit → § 490 Fn. 14.
[8] Daß die Zeugenvernehmung auch unabhängig von § 375 einem beauftragten Richter übertragen werden könne (so Vorauft. Rdnr. 8), wird man nach der Reform des Jahres 1990 nicht mehr annehmen können.

2. Vor anhängigem Prozeß

Vor Anhängigkeit des Rechtsstreits ist der Antrag beim künftigen Prozeßgericht zu stellen, genauer bei dem Gericht, das nach dem Vortrag des Antragstellers **in der Hauptsache zuständig** wäre, Abs. 2 S. 1. Soweit es hinsichtlich der sachlichen Zuständigkeit auf den **Streitwert** ankommt, ist auf den Zeitpunkt der Antragstellung abzustellen[9]. Sind mehrere Gerichte **wahlweise** (§ 35) zuständig, so ist der Antragsteller innerhalb des selbständigen Beweisverfahrens an die mit dem Antrag getroffene Wahl gebunden[10]. Bei einem gegen **Streitgenossen** gerichteten Antrag kann nach Maßgabe des § 36 Abs. 1 Nr. 3 ein für die Hauptsache und damit auch für das selbständige Beweisverfahren zuständiges Gericht bestimmt werden[11]; zur Eilzuständigkeit → Rdnr. 7, 8. – Die Zivilkammer kann das Verfahren entsprechend § 348 Abs. 1 dem **Einzelrichter** übertragen[12]. 4

Wenn zunächst das selbständige Beweisverfahren beantragt und danach (vor dessen Beendigung) der Hauptsacheprozeß bei einem anderen zuständigen Gericht anhängig gemacht wird, sollte das selbständige Beweisverfahren dorthin **abgegeben** werden, sofern nicht die Eilbedürftigkeit entgegensteht. 5

In einem nachfolgenden Prozeß über den Streitgegenstand, auf den sich das selbständige Beweisverfahren bezieht, kann sich der *Antragsteller* nach Abs. 2 S. 2 nicht auf die **Unzuständigkeit** dieses Gerichts berufen. Für den *Antragsgegner* gilt dies nicht[13]; auch wenn er die Unzuständigkeit im selbständigen Beweisverfahren nicht gerügt hat, greift nicht § 39 ein[14]. Wenn mehrere Gerichte **wahlweise** zur Verfügung stehen, ist weder der Antragsteller noch der Gegner gehindert, die Klage bei einem anderen Gericht zu erheben als bei demjenigen, das das selbständige Beweisverfahren durchgeführt hat. Auch bedeutet Abs. 2 S. 2 nicht, daß die Zuständigkeit verfestigt würde, wenn sich die maßgeblichen Umstände nachträglich geändert haben. Daher ist der Antragsteller auch dann nicht gehindert, bei einem anderen Eingangsgericht zu klagen (bzw. die sachliche Unzuständigkeit zu rügen), wenn der **Streitwert** des jetzt geltend gemachten Hauptsacheanspruchs niedriger oder höher liegt als im selbständigen Beweisverfahren angenommen[15]. 6

3. Eilzuständigkeit

Sowohl bei Anhängigkeit des Rechtsstreits als auch vor dieser kann der Antrag nach Abs. 3 in Fällen dringender Gefahr bei dem **Amtsgericht** gestellt werden, in dessen Bezirk sich eine zu vernehmende oder zu begutachtende Person aufhält (zum Begriff des Aufenthaltsortes → § 16 Rdnr. 11) oder sich die zu besichtigende oder zu begutachtende Sache befindet. Dies wird z. B. bei schwerer Erkrankung eines Zeugen oder bei drohendem Untergang einer Sache in Betracht kommen; aber auch, wenn ein einheitliches selbständiges Beweisverfahren gegenüber mehreren Antragsgegnern geboten erscheint und das Verfahren zur Bestimmung des zuständigen Gerichts (entsprechend § 36 Abs. 1 Nr. 3) eine zu lange Zeit in Anspruch nehmen würde[16]. 7

Sachverständige sind nicht als zu vernehmende Person i.S. des Abs. 3 anzusehen, da sie erst durch das Gericht innerhalb des selbständigen Beweisverfahrens zu bestellen sind[17]. Halten sich mehrere zu vernehmende Zeugen in **verschiedenen Amtsgerichtsbezirken** auf oder kann der Zeuge sachgemäß nur an Ort und Stelle in Verbindung mit einer Augen- 8

---

[9] *OLG Frankfurt* NJW-RR 1998, 1610.
[10] *OLG Zweibrücken* BauR 1997, 885; *Baumbach-Lauterbach-Hartmann*[57] Rdnr. 11.
[11] *BayObLG* NJW-RR 1998, 209.
[12] *Geffert* NJW 1995, 506.
[13] *OLG Frankfurt* NJW-RR 1998, 1610, 1611.
[14] *Zöller-Herget*[21] Rdnr. 4.
[15] *OLG Bamberg* IBR (Immobilien- und Baurecht) 1996, 528 (*Weinhardt*).
[16] *LG Kassel* BauR 1998, 1045.
[17] Ebenso *Schreiber* NJW 1991, 2600, 2602. Dafür spricht auch die Begr. BT-Drucks. 11/3621, S. 42.

scheinseinnahme in einem anderen als dem Aufenthaltsbezirk vernommen werden, so entspricht es dem praktischen Bedürfnis, hier die **Bestimmung des zuständigen Gerichts** in entsprechender Anwendung des § 36 Abs. 1 Nr. 3 zuzulassen[18], → § 36 Rdnr. 24.

9   Das bei dem Amtsgericht nach Abs. 3 eingeleitete selbständige Beweisverfahren ist **keine Familiensache,** auch wenn der Rechtsstreit über den Anspruch Familiensache wäre[19].

10 Die Zuständigkeit nach Abs. 3 **endet,** wenn der Hauptprozeß anhängig geworden ist[20].

4. Beweissicherung im Ausland

11 Die Anordnung einer **Zeugenvernehmung** oder einer **Augenscheinseinnahme im Ausland** ist durch ein deutsches Gericht vor Anhängigkeit des Hauptprozesses (→ auch Rdnr. 8) nicht möglich; es bleibt daher für die Partei nur die Möglichkeit, das ausländische Gericht nach Maßgabe des dortigen Rechts anzurufen[21]. Zur Verwertbarkeit bei ausländischem Beweissicherungsverfahren → § 493 Rdnr. 2. Jedoch kann (entsprechend dem → Rdnr. 4 Gesagten) eine Begutachtung durch einen in Deutschland wohnenden **Sachverständigen** angeordnet werden[22]. Falls dieser Sachverständige im Ausland Tatsachenerhebungen (insbesondere Besichtigungen) durchführen soll, muß dazu nach der hier vertretenen Auffassung (näher → vor § 402 Rdnr. 21) im Wege der Rechtshilfe die Zustimmung des ausländischen Staates eingeholt werden. Zur Vernehmung eines Zeugen oder Sachverständigen im Ausland bei Entschädigungssachen s. § 209 Abs. 4 BEG.

12 Die Beweissicherung durch das deutsche Gericht ist auch dann zulässig, wenn die **Beweisaufnahme in einem ausländischen Prozeß benutzt werden soll,** unabhängig davon, ob auch das ausländische Recht ein Beweissicherungsverfahren kennt[23].

5. Verweisung des Verfahrens; Zurückweisung des Antrags wegen Unzuständigkeit

13 Ist der Antrag beim örtlich oder sachlich unzuständigen Gericht gestellt, so sollte man auf Antrag des Antragstellers[24] eine **Verweisung an das zuständige Gericht** analog § 281 zulassen, und zwar mit für das selbständige Beweisverfahren bindender Wirkung[25]; denn auch hier sollten Zuständigkeitsfragen keine unverhältnismäßige Bedeutung gewinnen.

14 Wird der Antrag mangels Zuständigkeit **zurückgewiesen,** so sind dem Antragsteller entsprechend § 91 die Kosten des Verfahrens aufzuerlegen[26], → vor § 485 Rdnr. 8.

---

[18] *RGZ* 164, 307; *BayObLG* MDR 1988, 60.
[19] *LG Lüneburg* FamRZ 1984, 69.
[20] *OLG Braunschweig* NdsRpfl 1983, 141; *OLG München* OLGZ 1982, 200 (spätestens mit Anordnung der Aktenbeiziehung, für diesen Zeitpunkt *Zöller-Herget*[21] Rdnr. 7).
[21] Vgl. *Riezler* Internationales Zivilprozeßrecht (1949), 488 Fn. 60; *Meilicke* NJW 1984, 2017; *Wieczorek*[2] A II b 3. *Stürner* IPRax 1984, 299, 301 gibt der Partei dagegen ein Wahlrecht: Antrag beim deutschen Hauptsachegericht (analog § 486 Abs. 1, § 919, § 937 Abs. 1) mit ausländischer Beweishilfe oder Antrag beim ausländischen Gericht. Dagegen *Schack* Internationales Zivilverfahrensrecht[2] Rdnr. 429. Bejaht man eine deutsche Zuständigkeit, so kann ein Rechtshilfeersuchen nach dem Haager Beweisübereinkommen (→ Anhang zu § 363 A) gestellt werden, das, wie sich aus dessen Art. 1 Abs. 2 ergibt, auch die Aufnahme von Beweisen für künftige gerichtliche Verfahren umfaßt, *Stürner* IPRax 1984, 299, 300; → Anhang zu § 363 A Rdnr. 31.

[22] *Geimer* Internationales Zivilprozeßrecht[3] (1997) Rdnr. 1246; mit Bedenken *Meilicke* NJW 1984, 2017. Die Zuständigkeitsregeln des EuGVÜ gelten für das Beweissicherungsverfahren nicht, arg. Art. 24 EuGVÜ; *Geimer* aaO; *Stürner* IPRax 1984, 299, 300. – A.M. wohl *Wieczorek*[2] A II b 3.
[23] *AG Frankfurt* und *Cohn* JZ 1960, 540. Nur wenn feststeht, daß die Beweisaufnahme lediglich für den ausländischen Prozeß in Betracht kommt, dort aber mit Sicherheit nicht verwertet werden kann, kommt eine Zurückweisung wegen offensichtlicher Zwecklosigkeit in Betracht (→ § 487 Rdnr. 4).
[24] Nicht des Antragsgegners; auch § 506 ist im selbständigen Beweisverfahren vor dem AG nicht anwendbar, *OLG Frankfurt* NJW-RR 1998, 1610.
[25] *OLG Frankfurt* NJW-RR 1998, 1610 (im konkreten Fall allerdings gegen eine Bindungswirkung des Verweisungsbeschlusses wegen schwerer Verfahrensverstöße). – A.M. *OLG Zweibrücken* BauR 1997, 885 (nur formlose Abgabe ohne Bindungswirkung); *Zöller-Herget*[21] Rdnr. 2.
[26] *OLG Hamm* NJW-RR 1997, 959.

6. Verhältnis zu Schiedsgerichtsbarkeit und Schiedsgutachten

Trotz wirksamer Schiedsgerichtsklausel oder Schiedsgutachterklausel[27] ist das Beweissicherungsverfahren, ähnlich wie die Verfahren des einstweiligen Rechtschutzes (→ § 1027 a Rdnr. 6; s. jetzt §§ 1033, 1041 nF), aufgrund seiner Zweckrichtung nicht ausgeschlossen[28]. Wenn allerdings das Schiedsgericht bereits konstituiert ist oder rasch konstituiert werden kann, schließt die Zuständigkeit des Schiedsgerichts nach bisheriger Ansicht diejenige des staatlichen Gerichts aus[29]; nunmehr spricht aber § 1033 nF für eine in solchen Fällen fortdauernde Zuständigkeit auch der staatlichen Gerichte[29a]. Bei der Schiedsgutachterklausel wird § 485 Abs. 1 in Betracht kommen, dagegen das rechtliche Interesse i.S.v. § 485 Abs. 2 eher zu verneinen sein.

15

II. Der Antrag

1. Form

Der **Antrag** (zum Inhalt → § 487) kann schriftlich oder im Laufe der mündlichen Verhandlung oder zum Protokoll der Geschäftsstelle angebracht werden. Der Antrag unterliegt nicht dem Anwaltszwang, § 78 Abs. 3, wohl aber die etwaige mündliche Verhandlung darüber, → § 78 Rdnr. 21.

16

2. Wirkungen, insbesondere Unterbrechung der Verjährung

Durch den Antrag wird eine **Rechtshängigkeit** im prozessualen Sinn hinsichtlich des Hauptanspruchs[30] **nicht begründet,** ebensowenig treten ihre materiell-rechtlichen Wirkungen (§ 262) ein.

17

Bei der **Gewährleistung**[31] nach § 477 Abs. 2, § 480 Abs. 1, § 490 Abs. 1 S. 2, § 493, § 524 Abs. 2 S. 3, § 639 Abs. 1 BGB wird jedoch die **Verjährung unterbrochen**[32], auch durch **Streitverkündung** im selbständigen Beweisverfahren, → § 487 Rdnr. 8. Bei **Baumängeln** genügt es, wenn der Antragsteller bei Entscheidung des selbständigen Beweisverfahrens die Schadstellen und die aufgetretenen Schäden bezeichnet; die Verjährung der Gewährleistungsansprüche ist dann auch hinsichtlich solcher Ursachen unterbrochen, die der Antragsteller nicht benannt hat[33]. Die Verjährung wird auch durch einen **unzulässigen Antrag** unterbrochen, solange er nicht abgewiesen ist[34] (dann gilt § 212 BGB), nicht dagegen durch einen Antrag auf selbständige Beweisaufnahme gegen Unbekannt[35].

18

---

[27] *LG Hanau* MDR 1991, 989; *LG München I* NJW-RR 1994, 355 (zu § 14 AKB; → aber § 485 Rdnr. 24 zum Fall des bereits anhängigen Verfahrens nach § 14 AKB). – A.M. *OLG Düsseldorf* BauR 1998, 1111 (kein rechtliches Interesse i.S.v. § 485 Abs. 2); *Weise* (vor § 485 Fn. 1) Rdnr. 236; *Zanner* BauR 1998, 1154, 1159.

[28] *OLG Frankfurt* BauR 1993, 504; *Pauly* JR 1996, 269, 271; *Thomas-Putzo*[21] § 485 Rdnr. 10.

[29] *Schlosser* Das Recht der internationalen privaten Schiedsgerichtsbarkeit, 2. Aufl. (1989) Rdnr. 646; *Schwab-Walter* Schiedsgerichtsbarkeit[5] Kap. 15 Rdnr. 26. – A.M. *Pauly* JR 1996, 269, 271.

[29a] Vgl. *Zimmermann*[5] § 1033 Rdnr. 1, der die Beweissicherung nach §§ 485 ff. zu den vorläufigen oder sichernden Maßnahmen i.S.v. § 1033 rechnet. Dafür spricht auch die Begr. zu § 1033, BT-Drucks. 13/5274, S. 38 (einstweiliger Rechtsschutz zu Zwecken der Beweissicherung).

[30] Jedoch steht die Rechtshängigkeit eines selbständigen Beweisverfahrens einem zweiten Verfahren desselben Antragstellers bzw. des Antragsgegners mit demselben Inhalt entgegen, *Schilken* ZZP 92 (1979), 238, 251 ff.; *MünchKommZPO-Schreiber* § 485 Rdnr. 17.

[31] Nicht z.B. bei Ersatzansprüchen des Vermieters nach § 558 BGB, *LG Köln* MDR 1969, 315 = WM 1969, 1960; *AG Hannover* WuM 1973, 21; *MünchKomm-Voelskow*[3] § 558 Rdnr. 7.

[32] Dazu *Pauly* MDR 1997, 1087.

[33] BGH NJW-RR 1989, 148; NJW-RR 1992, 913 = MDR 1992, 780.

[34] BGH LM § 212 BGB Nr. 5 = NJW 1983, 1901; BGH NJW 1998, 1305.

[35] BGH LM § 485 Nr. 4 = NJW 1980, 1458.

19 Mit der **sachlichen Erledigung** des selbständigen Beweisverfahrens **endet** die Unterbrechung der Verjährung, d. h. die Verjährung wird neu in Gang gesetzt[36], § 217 BGB. Bei mündlicher Erstattung des Gutachtens oder mündlicher Erläuterung (→ § 492 Rdnr. 3) ist das selbständige Beweisverfahren jedenfalls mit dem Verlesen des Protokolls über die Vernehmung des Sachverständigen bzw. mit der Vorlage zur Durchsicht beendet[37]. Bei schriftlicher Gutachtenerstattung wird man das Verfahren mit der gerichtlichen Mitteilung des Gutachtens an beide Parteien[38] als beendet ansehen müssen, wenn nicht innerhalb eines angemessenen Zeitraums (→ § 492 Rdnr. 3) eine mündliche Erläuterung beantragt wird[39].

20 In den Fällen der § 478 Abs. 1 S. 2, § 479 S. 1, § 485 S. 1, § 639 Abs. 1 BGB dient der Antrag auf selbständige Beweisaufnahme zur Erhaltung des Anspruchs bzw. der Einrede oder der Aufrechnungsbefugnis. – Über den Zeitpunkt der Einreichung → § 207 Rdnr. 9 f.

21 Diese Wirkungen kommen auch dem **bei einem ausländischen Gericht** gestellten Beweissicherungsantrag zu, wenn das dortige Verfahren im wesentlichen dem deutschen Verfahren entspricht[40].

3. Gegenantrag

22 Solange die Beweisaufnahme nicht durchgeführt ist und unter der Voraussetzung, daß dadurch keine wesentliche Verzögerung eintritt, ist auch dem Gegner das Recht zu einem ergänzenden Antrag hinsichtlich desselben Sachkomplexes (und unter den Voraussetzungen des § 485) zuzugestehen[41], → auch vor § 485 Rdnr. 5. Ein Gegenantrag, der sich auf dieselben Fragen bezieht, ist dagegen ebenso unzulässig[42] wie ein Antrag auf ein erneutes selbständiges Beweisverfahren zum selben Beweisthema[43] (außer in den von § 485 Abs. 3 erfaßten Fällen).

4. Rücknahme und Änderung des Antrags

23 Der Antrag kann nachträglich zurückgenommen oder eingeschränkt werden, solange die Beweisaufnahme nicht erfolgt ist[44]. Unter derselben Voraussetzung sind Erweiterungen zuzulassen. Auch für solche Anträge gilt Abs. 4, so daß außerhalb einer mündlichen Verhandlung dafür kein Anwaltszwang besteht[45]. Die Antragsrücknahme bedarf nicht der Einwilligung des Gegners.

5. Kosten

24 Zu den **Kosten** des Verfahrens → vor § 485 Rdnr. 5 ff., 8 ff., → § 494 a. Zur Zuständigkeit für die **Streitwertfestsetzung** → vor § 485 Rdnr. 6.

---

[36] *BGHZ* 53, 43, 46 = NJW 1970, 419 = LM § 638 BGB Nr. 13 (LS, *Rietschel*).
[37] *BGHZ* 60, 212 = NJW 1973, 698 = LM § 477 BGB Nr. 20 (LS, *Hoffmann*).
[38] A.M. *LG Mönchengladbach* MDR 1984, 843 (Mitteilung an den Antragsteller maßgebend).
[39] *LG Frankfurt* MDR 1985, 149 = BauR 1985, 603; ähnlich (aber ohne zeitliche Grenze hinsichtlich des Antrags auf mündliche Erläuterung) *LG Köln* BauR 1985, 481. Ebenso im Hinblick auf die Entstehung der Beweisgebühr *OLG Köln* Rpfleger 1984, 332. Auch *BGHZ* 53, 43, 47 (Fn. 36) geht von dem Zeitpunkt der Mitteilung des Gutachtens aus; offenlassend *BGHZ* 60, 212, 213 (Fn. 37).
[40] *RG* SeuffArch 83 (1929) Nr. 104; *Rosenberg-Schwab-Gottwald*[15] § 119 III 3.
[41] *OLG Frankfurt* BauR 1996, 585; *OLG Düsseldorf* BauR 1996, 896. – Ein Gegenantrag ist jedenfalls dann unzulässig, wenn er eine andere Beweisfrage betrifft, ein anderer Sachverständiger beauftragt werden müßte und das Verfahren verzögert würde, *LG Münster* MDR 1998, 1500.
[42] *OLG Frankfurt* BauR 1997, 167.
[43] *OLG Köln* OLGZ 1992, 495.
[44] *OLG Köln* VersR 1994, 1328.
[45] *OLG Naumburg* JurBüro 1998, 267.

III. Arbeitsgerichtliches Verfahren

Ist der Rechtsstreit **im arbeitsgerichtlichen Verfahren anhängig,** so ist nach Abs. 1 i.V.m. 25
§ 46 Abs. 2 S. 1, § 64 Abs. 6 S. 1, § 72 Abs. 5 ArbGG das Arbeitsgericht oder Landesarbeitsgericht als Prozeßgericht für den Antrag zuständig. Bei noch nicht anhängigem Prozeß ist der Antrag nach Abs. 2 beim für die Klage zuständigen Arbeitsgericht zu stellen. In den Fällen des Abs. 3 bewendet es dagegen bei der Zuständigkeit des *Amtsgerichts*[46].

§ 487 [Inhalt des Antrags]

Der Antrag muß enthalten:
1. die Bezeichnung des Gegners;
2. die Bezeichnung der Tatsachen, über die Beweis erhoben werden soll;
3. die Benennung der Zeugen oder die Bezeichnung der übrigen nach § 485 zulässigen Beweismittel;
4. die Glaubhaftmachung der Tatsachen, die die Zulässigkeit des selbständigen Beweisverfahrens und die Zuständigkeit des Gerichts begründen sollen.

Gesetzesgeschichte: Bis 1900 § 449 CPO. Neu gefaßt durch Rechtspflege-Vereinfachungsgesetz vom 17. XII. 1990 (BGBl. I 2847).

I. Bedeutung der Antragserfordernisse 1	4. Darlegung und Glaubhaftmachung der Voraussetzungen 7
II. Die einzelnen Erfordernisses des Antrags 2	III. Streitverkündung 8
1. Bezeichnung des Gegners 2	
2. Bezeichnung der Tatsachen 4	
3. Benennung der Zeugen und Bezeichnung der sonstigen Beweismittel 5	

I. Bedeutung der Antragserfordernisse

Sämtliche Bestandteile des Antrags (Nr. 1 bis 4) sind **wesentlich;** fehlt es an einem dieser 1
Erfordernisse und wird dem Mangel auf Rückfrage nach § 139 nicht abgeholfen, so ist der Antrag zurückzuweisen.

II. Die einzelnen Erfordernisse

1. Bezeichnung des Gegners

Ist die von Nr. 1 verlangte Bezeichnung des Gegners nicht möglich, so gilt § 494. Es können 2
nen **mehrere Gegner** nebeneinander bezeichnet werden[1]. Auch kann das bereits anhängige selbständige Beweisverfahren auf weitere Gegner erstreckt werden, soweit dies vom Verfahrensstand her zumutbar erscheint[2]. Ob es dazu ausreicht, daß zu dem bereits erstellten

---

[46] So auch *LAG Frankfurt* NJW 1953, 1079; *Germelmann-Matthes-Prütting* ArbGG² § 58 Rdnr. 49.
[1] Z.B. mehrere Personen, die als Verursacher von Baumängeln ernsthaft in Betracht kommen, *OLG Frankfurt* NJW-RR 1995, 831.
[2] Z.B. wenn noch ein schriftliches Teilgutachten aussteht, das den einzubeziehenden Subunternehmer betrifft, *OLG Thüringen* BauR 1997, 701 (LS).

§ 487 II, III   Zwölfter Titel: Selbständiges Beweisverfahren

Sachverständigengutachten noch eine mündliche Anhörung unter Beteiligung des zusätzlichen Antragsgegners erfolgen kann[3], erscheint zweifelhaft.

3   Zu **Gegenanträgen** des Antragsgegners im selbständigen Beweisverfahren → § 486 Rdnr. 22.

2. Bezeichnung der Tatsachen

4   Zu Nr. 2 vgl. § 359 Nr. 1, §§ 371, 373, 377 Abs. 2 Nr. 2, § 403. Zur Notwendigkeit einer bestimmten Tatsachenbehauptung → § 485 Rdnr. 18. Die – mögliche – Erheblichkeit der Tatsachen ist nur insoweit darzulegen, als dies für die Beurteilung des Anordnungsgrundes, insbesondere des rechtlichen Interesses erforderlich ist, → auch § 485 Rdnr. 9, 10 a.E. Bei offensichtlich zwecklosen Anträgen (z. B. wenn der Anspruch bereits rechtskräftig abgewiesen ist, → § 485 Rdnr. 23) werden die Voraussetzungen des § 485, insbesondere das rechtliche Interesse nach § 485 Abs. 2, nicht gegeben sein; im übrigen ist eine Ablehnung wegen Rechtsmißbrauchs (→ vor § 253 Rdnr. 117 ff.) möglich.

3. Benennung der Zeugen und Bezeichnung der sonstigen Beweismittel

5   Zu Nr. 3 vgl. § 130 Nr. 5. Das Erfordernis der Benennung der Zeugen entspricht dem § 373. Die **Person des Sachverständigen** ist dagegen (seit der Reform 1990) nicht mehr vom Antragsteller, sondern vom Gericht zu bestimmen, § 404. Benennt der Antragsteller einen Sachverständigen, so ist das Gericht daran nicht gebunden[4]. Bei übereinstimmender Benennung durch Antragsteller und Antragsgegner gilt § 404 Abs. 4.

6   Zur **Ablehnung eines Sachverständigen** → § 492 Rdnr. 6 f.

4. Darlegung und Glaubhaftmachung der Voraussetzungen

7   Der Antragsteller hat die Voraussetzungen einer selbständigen Beweisaufnahme nach § 485 dazulegen und glaubhaftzumachen, sei es die Gefahr des Beweismittelverlustes, die Zustimmung des Gegners oder das rechtliche Interesse. Dasselbe gilt für die Tatsachen, von denen die Zuständigkeit des Gerichts (§ 486) abhängt. Der Antragsteller muß – sowohl im Hinblick auf das rechtliche Interesse als auch wegen der Zuständigkeit – auch angeben, hinsichtlich welchen Hauptsacheanspruchs bzw. für welche Verteidigung gegen einen Anspruch die Beweisaufnahme beantragt wird[5]. Für die *Glaubhaftmachung* gilt § 294. Soweit der Gegner die zur Begründung des Antrags vorgebrachten Tatsachen nicht bestreitet, ist eine Glaubhaftmachung entbehrlich[6].

III. Streitverkündung

8   Die zuvor streitige Frage, ob im selbständigen Beweisverfahren eine **Streitverkündung** an einen Dritten entsprechend § 72 erfolgen kann, hat der BGH[7] mit Recht bejaht. Die Folge ist, daß sich die streitverkündende Partei (sei es der Antragsteller oder der Antragsgegner) auch dem Streitverkündungsempfänger gegenüber auf die Beweisergebnisse stützen kann. Außerdem führt die Streitverkündung entsprechend § 209 Abs. 2 Nr. 4 BGB auch zur **Un-**

---

[3] So *OLG Düsseldorf* NJW-RR 1995, 1216.
[4] *OLG Düsseldorf* OLGZ 1994, 85; *OLG München* MDR 1992, 520.
[5] Dazu *Cuypers* NJW 1994, 1985, 1988.
[6] *OLG Oldenburg* IBR 1995, 320 (*Grimm*).
[7] BGHZ 134, 190 = NJW 1997, 859 (zust. *Kunze* NJW 1997, 1290) = JZ 1998, 260 (zust. *Gottwald/Malterer*) = LM § 209 BGB Nr. 86 (zust. *Schilken*).

terbrechung der Verjährung gegenüber dem Streitverkündungsempfänger[8], soweit, wie man einschränkend hinzufügen muß[9], das selbständige Beweisverfahren überhaupt zur Verjährungsunterbrechung in der Lage ist, → § 486 Rdnr. 18 ff.

Die Streitverkündung ist nicht mehr zulässig, wenn das **selbständige Beweisverfahren beendet** ist, so wenn nach Gutachtenerstattung innerhalb angemessener bzw. vom Gericht gesetzter Frist (§ 492 Abs. 1, § 411 Abs. 4) keine Anträge auf Ergänzung des Gutachtens oder mündliche Anhörung des Sachverständigen gestellt wurden[10]. 9

§§ 488, 489   [Aufgehoben]

Gesetzesgeschichte: § 488 (eingefügt durch die Novelle 1898) und § 489 (bis 1900 § 450 CPO) wurden durch die Novelle 1924 aufgehoben.

§ 490   [Entscheidung über den Antrag]

(1) Über den Antrag kann ohne mündliche Verhandlung entschieden werden.
(2) ¹In dem Beschluß, durch welchen dem Antrag stattgegeben wird, sind die Tatsachen, über die der Beweis zu erheben ist, und die Beweismittel unter Benennung der zu vernehmenden Zeugen und Sachverständigen zu bezeichnen. ²Der Beschluß ist nicht anfechtbar.

Gesetzesgeschichte: Bis 1900 § 451 CPO. Sprachlich geändert durch Rechtspflege-Vereinfachungsgesetz vom 17. XII. 1990 (BGBl. I 2847)

I. Verfahren 1	2. Bewilligender Beschluß (Beweisbeschluß) 6
II. Beschluß 3	3. Aufhebung des Beweisbeschlusses 7
III. Anfechtung und Aufhebung des Beschlusses 5	4. Beschwerde von Zeugen und Sachverständigen 8
1. Ablehnender Beschluß 5	

I. Verfahren

Die **Entscheidung** kann (und wird regelmäßig) **ohne mündliche Verhandlung** ergehen. Der Gegner hat Anspruch auf rechtliches Gehör (mündlich oder schriftlich), doch kann bei Eilbedürftigkeit auf vorherige Anhörung verzichtet werden, da die Aufhebung des Beschlusses möglich ist[1] (→ Rdnr. 7). Über das Verfahren → § 128 Rdnr. 39 ff. Gegenstand der Prüfung sind die Voraussetzungen des § 485, die Zuständigkeit nach § 486 und der Inhalt des Antrags nach § 487, nicht dagegen die Erheblichkeit der Tatsachen, → § 487 Rdnr. 4. 1

Für eine **Unterbrechung** oder **Aussetzung** des Verfahrens ist im selbständigen Beweisverfahren im allgemeinen nach seiner Zweckbestimmung **kein Raum**[2]; demgemäß berührt auch 2

---

[8] BGHZ 134, 190 (Fn. 7).
[9] In *BGHZ* 134, 190 ist diese Einschränkung allerdings nicht enthalten.
[10] *OLG Karlsruhe* MDR 1998, 238.

[1] *OLG Karlsruhe* BauR 1983, 188 = MDR 1982, 1026; *LG München* II ZMR 1985, 417.
[2] *OLG Hamm* NJW-RR 1997, 723 (keine Unterbrechung durch Eröffnung des Insolvenzverfahrens über das Vermögen des Antragsgegners).

eine Unterbrechung usw. eines etwa anhängigen Prozesses nicht das selbständige Beweisverfahren. Eine Anordnung des **Ruhens** des Verfahrens nach § 251 Abs. 1 erscheint dagegen zulässig und kann in den Fällen des § 485 Abs. 2 vor allem im Hinblick auf Vergleichsbemühungen zweckmäßig sein[3].

II. Beschluß

3   **Inhaltlich** muß der Beschluß nach Abs. 2 den Erfordernissen eines Beweisbeschlusses (§ 359 Nr. 1 und 2) entsprechen[4]. Mit dem Beschluß wird die **Bestimmung des Termins** durch den Vorsitzenden verbunden, sofern nicht nach §§ 361, 362 oder 363 verfahren wird. Der Beschluß ist, falls keine Verkündung stattfand, beiden Parteien von Amts wegen *mitzuteilen*, § 329 Abs. 2, und zwar, soweit er die Terminsbestimmung enthält, durch *förmliche Zustellung*. Zur Ladung des Gegners → § 491 Rdnr. 1.

4   Ein Antrag auf **Terminsverlegung** in der Zeit vom 1. Juli bis 31. August nach § 227 Abs. 3 S. 1 ist nicht von vornherein ausgeschlossen, doch wird häufig das Verfahren besonderer Beschleunigung bedürfen und daher nach § 227 Abs. 3 S. 3 der Antrag abzulehnen sein.

III. Anfechtung und Aufhebung des Beschlusses

1. Ablehnender Beschluß

5   Gegen den Beschluß, der den Antrag ganz oder durch eine vom Antrag abweichende Anordnung teilweise **ablehnt**[5], steht dem Antragsteller die Beschwerde nach § 567 Abs. 1 zu[6] (→ § 567 Rdnr. 13). Dies gilt nicht, wenn das Gericht einen anderen als den vom Antragsteller benannten Sachverständigen ernennt (→ § 487 Rdnr. 5); darin liegt keine teilweise Ablehnung des Antrags[7]. Auch die Ablehnung des Antrags, ein weiteres Sachverständigengutachten (über dieselben Beweisfragen) einzuholen, ist nicht anfechtbar[8]. Ob dem ablehnenden Beschluß nach Erschöpfung der Rechtsmittel *materielle Rechtskraft* zukommt, erscheint zweifelhaft[9]; jedenfalls kann der Antrag mit anderer oder ergänzter tatsächlicher Begründung oder auch nur mit verbesserter Glaubhaftmachung wiederholt werden[10].

2. Bewilligender Beschluß (Beweisbeschluß)

6   Gegen die **Bewilligung** findet kein Rechtsmittel statt, auch wenn sie auf Beschwerde erfolgt ist (→ § 568 Rdnr. 3)[11]. Auch wenn das Gericht einer Einschränkung des Antrags durch den Antragsteller Rechnung trägt, hat der Gegner kein Beschwerderecht. Eine Ausnahme von der Unanfechtbarkeit aufgrund »greifbarer Gesetzwidrigkeit« (dazu krit. *Grunsky* →

---

[3] *KG* NJW-RR 1996, 1086.
[4] *LG Frankfurt* JR 1966, 182.
[5] *OLG Dresden* OLG Rsp 13 (1906), 169. – Die Beschwerde ist auch gegeben, wenn in einer Verfügung des Vorsitzenden auf Bedenken der Kammer gegen die Zuständigkeit hingewiesen wird und trotz Erinnerung in angemessener Frist keine förmliche Entscheidung ergeht, *OLG Karlsruhe* OLGZ 1980, 62 = Justiz 1980, 80; zust. *Baumbach-Lauterbach-Hartmann*[57] Rdnr. 5; abl. *Zöller-Herget*[21] Rdnr. 4.
[6] *OLG Düsseldorf* NJW-RR 1997, 1086. – Die Beschwerde ist auch bei Ablehnung eines Antrags auf Ergänzung eines Gutachtens zulässig, *LG Mannheim* ZMR 1970, 120; ebenso bei Ablehnung eines Antrags auf weitere Beweiserhebung, *OLG Hamburg* OLGZ 1993, 320 (auch im Verfahren nach WEG).
[7] *OLG München* MDR 1992, 520; *OLG Frankfurt* NJW-RR 1993, 1341.
[8] *OLG Düsseldorf* BauR 1998, 366 = NJW-RR 1998, 933.
[9] Bejahend *Schilken* ZZP 92 (1979), 238, 258 f.
[10] So auch *Schilken* (Fn. 9).
[11] *OLG München* SeuffArch 56 (1901), 209.

§ 567 Rdnr. 9f.) wird selten in Betracht kommen[12]; eine Überschreitung des Antrags erscheint dazu allein nicht ausreichend[13].

3. Aufhebung des Beweisbeschlusses

Das Gericht kann aber, wenn sich nachträglich zeigt, daß die Voraussetzungen des Verfahrens fehlen (z.B. bei fehlerhafter Beurteilung der Zuständigkeit[14]) seinen **Beschluß aufheben**, → § 329 Rdnr. 13[15], wogegen, da sich die Zurücknahme inhaltlich als eine nachträgliche Ablehnung darstellt, die Beschwerde stattfindet[16]. Dagegen ist die Ablehnung der Aufhebung des Beweisbeschlusses nicht anfechtbar[17]. Eine unzulässige Beschwerde gegen die Anordnung der Beweissicherung kann in einen Antrag auf Aufhebung der Beweisanordnung **umgedeutet** (allg. zur Umdeutung → vor § 128 Rdnr. 196) werden[18]. 7

4. Beschwerde von Zeugen und Sachverständigen

Das **Beschwerderecht der Zeugen und Sachverständigen** (§ 380 Abs. 3, § 390 Abs. 3, § 402) wird durch Abs. 2 nicht berührt. 8

§ 491   [Ladung des Gegners]

(1) Der Gegner ist, sofern es nach den Umständen des Falles geschehen kann, unter Zustellung des Beschlusses und einer Abschrift des Antrags zu dem für die Beweisaufnahme bestimmten Termin so zeitig zu laden, daß er in diesem Termin seine Rechte wahrzunehmen vermag.
(2) Die Nichtbefolgung dieser Vorschrift steht der Beweisaufnahme nicht entgegen.

Gesetzesgeschichte: Bis 1900 § 452 CPO. Abs. 1 geändert durch die Novelle 1950 und (sprachlich) durch das Rechtspflege-Vereinfachungsgesetz vom 17. XII. 1990 (BGBl. I 2847).

I. Ladung   1   II. Säumnis   3

I. Ladung

Die **Ladung des Gegners** zu dem anberaumten Termin (→ § 490 Rdnr. 3) erfolgt mit der Zustellung des Beschlusses von Amts wegen, §§ 214, 497. Der Antragsteller hat für die genaue Bezeichnung des Gegners zu sorgen und soll nach § 253 Abs. 5, § 133 Abs. 1 S. 1 die erforderliche Abschrift des Antrags einreichen. Die Ladung muß, ohne daß eine bestimmte Ladungsfrist einzuhalten wäre, so zeitig geschehen, daß der Gegner im Termin seine Rechte wahrzunehmen vermag, d.h. die in den §§ 357, 397, 399, 402 enthaltenen Befugnisse und die Einwendungen gegen die Zulässigkeit der Beweisaufnahme (→ § 492 Rdnr. 11f.). 1

---

[12] Verneinend *LG Mainz* WuM 1997, 631; bejahend (aber nicht überzeugend) *LG Berlin* NJW-RR 1997, 585 (beide zur ortsüblichen Vergleichsmiete, → § 485 Rdnr. 17). Bejahend *OLG Celle* NdsRpfl 1992, 47, wenn das Gericht das ihm zustehende Auswahlermessen hinsichtlich der Person des Sachverständigen verkannt hat.
[13] A.M. *OLG Frankfurt* NJW-RR 1990, 1023.
[14] *LG Berlin* JR 1964, 146.
[15] Vgl. *OLG München* SeuffArch 56 (1901), 209; *KG* OLG Rsp 10 (1905), 48; *OLG Düsseldorf* OLG Rsp 25 (1912), 146.
[16] *OLG München* SeuffArch 56 (1901), 209.
[17] *OLG Frankfurt* BauR 1996, 587.
[18] *OLG Karlsruhe* MDR 1982, 1026 = BauR 1983, 188; *LG München* II ZMR 1985, 417.

2   Durch § 491 wird nicht ausgeschlossen, daß das Gericht im Fall des § 377 Abs. 3 S. 1 von der Anberaumung eines Termins absieht und dem Zeugen die Beweisfragen zur **schriftlichen Beantwortung** vorlegt bzw. nach § 485 Abs. 2 oder nach § 411 Abs. 1 ein **schriftliches Sachverständigengutachten** einholt, → § 492 Rdnr. 2.

II. Säumnis

3   Ist der **Gegner nicht erschienen,** so steht nach Abs. 2 der Umstand, daß er nicht geladen war, der Beweisaufnahme nicht entgegen. Die Bestellung eines Vertreters für den *bekannten* Gegner, dem die Ladung nicht zugestellt werden kann, ist nicht zulässig (§ 494). Die **Unterlassung der Ladung** hat aber nach § 493 Abs. 2 zur Folge, daß das Beweisergebnis nicht einer Beweisaufnahme im Hauptprozeß gleichsteht (→ § 493 Rdnr. 10).

4   **Bleibt der Beweisführer in dem Termin aus,** so findet nach § 367 Abs. 1 die Beweisaufnahme dennoch statt, soweit sie erfolgen kann. Zum Verfahren bei Einwendungen des Gegners gegen die Zulässigkeit der Beweisaufnahme → § 492 Rdnr. 11.

§ 492   [Beweisaufnahme; Protokoll]

(1) Die Beweisaufnahme erfolgt nach den für die Aufnahme des betreffenden Beweismittels überhaupt geltenden Vorschriften.

(2) Das Protokoll über die Beweisaufnahme ist bei dem Gericht, das sie angeordnet hat, aufzubewahren.

(3) Das Gericht kann die Parteien zur mündlichen Erörterung laden, wenn eine Einigung zu erwarten ist; ein Vergleich ist zu gerichtlichem Protokoll zu nehmen.

Gesetzesgeschichte: Bis 1900 § 453 CPO. Abs. 3 angefügt durch Rechtspflege-Vereinfachungsgesetz vom 17. XII. 1990 (BGBl. I 2847).

I. Die Durchführung der Beweisaufnahme	1	5. Augenschein	8
1. Anwendbare Vorschriften, Ladung zur Beweisaufnahme	1	6. Protokoll	10
2. Schriftliche Zeugenaussage, schriftliches Gutachten	2	II. Einwendungen gegen die Zulässigkeit der Beweisaufnahme	11
3. Mündliche Erörterung des Sachverständigengutachtens	3	III. Ladung zur mündlichen Erörterung, Vergleich	13
4. Ablehnung von Sachverständigen	6	IV. Arbeitsgerichtliches Verfahren	15

I. Die Durchführung der Beweisaufnahme

1. Anwendbare Vorschriften, Ladung zur Beweisaufnahme

1   Für die Beweisaufnahme gelten die **allgemeinen Vorschriften** der §§ 355–357, 361–369 neben den besonderen Bestimmungen über die Aufnahme der einzelnen Beweismittel (§§ 371–414). Die **Ladung** der Zeugen und Sachverständigen erfolgt auch hier von Amts wegen, über die Ladung der Parteien zum Beweisaufnahmetermin → §§ 490 Rdnr. 3, 491 Rdnr. 1; zur Ladung zwecks Einigungsversuch → Rdnr. 13. Zur Übertragung der Vernehmung auf einen **beauftragten oder ersuchten Richter** → § 486 Rdnr. 3.

2. Schriftliche Zeugenaussage, schriftliches Gutachten

Da § 492 Abs. 1 generell auf die allgemeinen Vorschriften verweist, ist es auch zulässig, nach § 377 Abs. 3 S. 1 dem Zeugen die **schriftliche Beantwortung der Beweisfragen** aufzugeben. Im Fall des § 485 Abs. 2 ist **schriftliche Begutachtung** durch den Sachverständigen anzuordnen. Aber auch bei selbständiger Beweisaufnahme nach § 485 Abs. 1 wird in der Regel die schriftliche Begutachtung angemessen sein, die nach § 411 Abs. 1 ohne besondere Voraussetzungen und ohne Zustimmung der Parteien angeordnet werden kann. Aus § 491 ergibt sich nichts Gegenteiliges. Die Vorschrift geht davon aus, daß ein Termin zur Beweisaufnahme stattfindet, und gibt dafür die notwendigen Regeln. Die Bestimmung befaßt sich aber nicht mit der Frage, *ob* ein Termin zur Vernehmung von Zeugen oder Sachverständigen unumgänglich ist.

3. Mündliche Erörterung des Sachverständigengutachtens

Dem **Antrag** einer Partei, den Sachverständigen zur **mündlichen Erörterung des Gutachtens** zu laden, muß stattgegeben werden, → § 411 Rdnr. 11, und zwar bereits im selbständigen Beweisverfahren[1]. Dies gilt auch in den Fällen des § 485 Abs. 2; daß dort die schriftliche Begutachtung vorgeschrieben ist, bedeutet nicht, daß keine mündliche Erörterung stattfinden könnte (und auf Antrag müßte)[2]. Es ist also dazu gegebenenfalls ein Termin zu bestimmen. Der Antrag sowie Einwendungen und Ergänzungsfragen sind gemäß § 411 Abs. 4 innerhalb angemessener Frist[3] nach Übersendung des schriftlichen Gutachtens vorzubringen; das Gericht kann hierfür eine Frist setzen. Wird ein Ablehnungsgesuch eingereicht, so kann die Entscheidung darüber abgewartet werden[4]. Das Gericht kann bei Ergänzungsfragen zunächst eine **schriftliche Äußerung** des Sachverständigen anfordern[5]; einem auch danach noch aufrechterhaltenen Antrag auf mündliche Anhörung muß aber (wenn nicht ein Rechtsmißbrauch vorliegt) stattgegeben werden.

Gegen die Ablehnung des Antrags ist die **Beschwerde** gegeben[6].

Die Zahlung des **Auslagenvorschusses** (§§ 402, 379, → § 402 Rdnr. 2) für die Anhörung obliegt der Partei, die die Anhörung beantragt hat[7].

4. Ablehnung von Sachverständigen

Die Ablehnung von Sachverständigen nach § 406 ist schon im selbständigen Beweisverfahren zulässig[8]. Eine Ausnahme ist allerdings zu machen, wenn durch die damit verbundene Verzögerung der Zweck des Verfahrens gefährdet wird[9]; dies kommt insbesondere in den Fällen des § 485 Abs. 1 in Betracht.

---

[1] *OLG Köln* VersR 1997, 511; BauR 1996, 754; *OLG München* BauR 1994, 663. – A.M. *OLG Düsseldorf* MDR 1994, 939 (Entscheidung nach pflichtgemäßem Ermessen); *LG Köln* WuM 1998, 110 (dazu *Scholl* WuM 1998, 77).

[2] *OLG Saarbrücken* NJW-RR 1994, 787. – A.M. *LG Köln* WuM 1998, 110.

[3] Zur Bemessung *OLG Düsseldorf* NJW-RR 1996, 1527 (zehn Wochen können bei nicht einfachem Sachverhalt noch angemessen sein); *OLG Köln* NJW-RR 1997, 1220 (bei umfangreichem Gutachten und Fehlen eines besonderen Beschleunigungsbedürfnisses sind sechs Wochen nach Übermittlung des Gutachtens noch angemessen); *OLG Köln* BauR 1997, 886 = NJW-RR 1998, 210 (vier Monate bei einfach gelagertem Sachverhalt zu lang); *OLG Frankfurt* BauR 1994, 139 (ein halbes Jahr auch bei sehr umfangreichem Gutachten zu lang).

[4] *OLG Köln* BauR 1995, 885, 886.

[5] Dies empfiehlt *Scholl* WuM 1998, 77.

[6] *LG Frankfurt* BauR 1985, 603 = MDR 1985, 149.

[7] *LG Düsseldorf* JurBüro 1987, 1250 (Beschwerde gegen Vorschußanforderung ist unzulässig).

[8] *KG* NJW-RR 1998, 144; *OLG Düsseldorf* NJW-RR 1997, 1428 (wegen früherer Tätigkeit als Privatgutachter); *OLG Celle* NJW-RR 1996, 1086 = ZMR 1996, 211; *OLG Köln* OLGZ 1993, 127 = VersR 1993, 72.

[9] *KG* NJW-RR 1998, 144.

7   Für den **Ablehnungsantrag** gilt § 406 Abs. 2; er ist im Regelfall innerhalb von zwei Wochen nach Zustellung des Beschlusses über die Ernennung zu stellen; bei erst später entstandenen oder bekannt gewordenen Ablehnungsgründen ist unverzügliche Antragstellung nötig[10], → § 406 Rdnr. 18 ff. Konnte der Ablehnungsantrag schon im selbständigen Beweisverfahren gestellt werden, so ist eine Geltendmachung im Hauptprozeß unzulässig[11], → auch § 406 Rdnr. 20. Die Zurückweisung des Ablehnungsantrags im selbständigen Beweisverfahren ist für den Hauptprozeß bindend[12]. Gegen einen Beschluß, der die Ablehnung für unbegründet erklärt, findet auch im selbständigen Beweisverfahren die **sofortige Beschwerde** nach § 406 Abs. 5 statt[13].

5. Augenschein

8   Aus dem Recht des Gerichts, die Augenscheinseinnahme anzuordnen, ergibt sich noch **nicht** die Pflicht, die **Augenscheinseinnahme zu dulden.** Insoweit gelten auch im Beweissicherungsverfahren die allgemeinen Grundsätze, → vor § 371 Rdnr. 32 ff.[14]. Die Weigerung ist aber im späteren Prozeß frei zu würdigen[15], → vor § 371 Rdnr. 37 ff. Soweit eine materiell-rechtliche Verpflichtung zur Duldung des Augenscheins (bzw. der Besichtigung durch einen Sachverständigen) besteht, kann diese bei Dringlichkeit im Wege der einstweiligen Verfügung durchgesetzt werden[16].

9   Abgesehen von den → vor § 371 Rdnr. 15 erörterten Sonderfällen (Augenscheinsmittler bei Unmöglichkeit des richterlichen Augenscheins) und abgesehen von Besichtigungen durch einen Sachverständigen im Rahmen der Gutachtenerstellung (→ vor § 402 Rdnr. 18) muß der Augenschein durch das **Gericht** eingenommen werden; es kann nicht etwa die Einnahme des Augenscheins durch den Antragsteller angeordnet werden[17].

6. Protokoll

10 Das Protokoll über die Beweisaufnahme, § 160 Abs. 3 Nr. 4, 5, verbleibt bei dem Gericht, das die Beweisaufnahme angeordnet hat, Abs. 2 und → § 362 Rdnr. 7.

II. Einwendungen gegen die Zulässigkeit der Beweisaufnahme

11 Erhebt im Termin zur Beweisaufnahme der Gegner **Einwendungen** gegen die Zulässigkeit der Beweisaufnahme, die aber auf die Unerheblichkeit der Tatsachen nicht gestützt werden können, → § 487 Rdnr. 4, so hat das Gericht darüber durch **Beschluß** zu entscheiden (→ § 128 Rdnr. 45, 50). Dies gilt auch da, wo sonst das Gericht nach mündlicher Verhandlung zu entscheiden hätte[18]. Gegen die Verwerfung der Einwendungen findet entsprechend § 490 Abs. 2 S. 2 **kein Rechtsmittel** statt, soweit nicht die Beschwerde nach den §§ 371 bis 414 gegeben ist[19]. Wird dagegen jetzt der Beschluß, in dem die Beweisaufnahme angeordnet wurde, **aufgehoben,** so unterliegt dies der Beschwerde (→ § 490 Rdnr. 7). Werden die Einwendungen vor dem beauftragten oder ersuchten Richter vorgebracht, so ist gemäß § 366 zu verfahren. Als *Prozeßgericht* gilt hierbei das Gericht, das die Beweisaufnahme beschlossen hat[20].

---

[10] Vgl. *OLG Düsseldorf* BauR 1998, 366 = NJW-RR 1998, 933 (mehr als einen Monat nach Erhalt des Ergänzungsgutachtens, aus dem der Ablehnungsgrund folgen soll, ist zu spät).
[11] *OLG Köln* VersR 1993, 1502.
[12] *OlG Frankfurt* NJW-RR 1990, 768.
[13] *OLG Frankfurt* NJW-RR 1993, 1341.
[14] *OLG Stettin* OLG Rsp 18 (1909), 47; *OLG München* OLG Rsp 19 (1909), 118 (Ausgrabung einer Leiche); *Pollak* ZZP 33 (1904), 235 ff.

[15] *RG* JW 1900, 838 f.; *Wussow* NJW 1969, 1406; *Werner-Pastor*[8] (vor § 485 Fn. 1) Rdnr. 86.
[16] Vgl. *OLG Stuttgart* NJW-RR 1986, 1448 (im konkreten Fall wurde der Anspruch verneint; auch keine Nebenpflicht aus Werkvertrag, da bereits ein gerichtliches Sachverständigengutachten eingeholt war).
[17] So aber der Antrag in *BayObLGZ* 1987, 289.
[18] A.M. *RG* JW 1902, 530 f.
[19] *OLG Karlsruhe* OLG Rsp 9 (1904), 138.
[20] Vgl. *RGZ* 97, 131.

Unterläßt es der Gegner, **Einwendungen vorzubringen,** so wird dadurch die spätere Geltendmachung im Prozeß nicht ausgeschlossen[21]. Eine Verhandlung über das *Beweisergebnis* findet im Beweissicherungsverfahren nicht statt[22]. 12

III. Ladung zur mündlichen Erörterung, Vergleich

Die Ladung zur mündlichen Erörterung, um den Rechtsstreit möglichst durch **Einigung der Parteien** beizulegen (Abs. 3), steht im gerichtlichen Ermessen. Sie wird vor allem in den Fällen des § 485 Abs. 2 in Betracht kommen. Wie sich aus der systematischen Stellung des Abs. 3 ergibt, ist in erster Linie an eine Erörterung des Rechtsstreits auf der Grundlage der erfolgten Beweisaufnahme gedacht. Es ist aber auch zulässig, die Parteien bereits zuvor zur mündlichen Erörterung zu laden, und wenn eine mündliche Verhandlung zur Vorbereitung der Entscheidung über den Antrag auf selbständige Beweisaufnahme anberaumt wird (zur fakultativen mündlichen Verhandlung → § 490 Rdnr. 1), kann dieser Termin auch für Bemühungen um eine gütliche Einigung genutzt werden. 13

In einem mündlichen Verhandlungstermin hat das Gericht stets einen **Vergleich** der Parteien zu Protokoll zu nehmen, unabhängig davon, ob die Ladung besonders auf Abs. 3 gestützt war. Der protokollierte Vergleich ist Vollstreckungstitel nach § 794 Abs. 1 Nr. 1. 14

IV. Arbeitsgerichtliches Verfahren

Für das arbeitsgerichtliche Verfahren folgt aus Abs. 1 auch die Geltung des § 58 Abs. 1 ArbGG, → § 355 Rdnr. 33 ff. Die **Zuziehung der Beisitzer** ist zwar hier weniger sinnvoll, da es sich nur in seltenen Ausnahmefällen ermöglichen lassen wird, dieselben Beisitzer später zur Entscheidung des Rechtsstreits heranzuziehen. Doch geht es nicht an, die Vorschrift des § 58 Abs. 1 ArbGG lediglich aus Zweckmäßigkeitserwägungen zu übergehen. 15

§ 493 [Verwertung der selbständigen Beweiserhebung im Hauptsacheprozeß]

(1) Beruft sich eine Partei im Prozeß auf Tatsachen, über die selbständig Beweis erhoben worden ist, so steht die selbständige Beweiserhebung einer Beweisaufnahme vor dem Prozeßgericht gleich.

(2) War der Gegner in einem Termin im selbständigen Beweisverfahren nicht erschienen, so kann das Ergebnis nur benutzt werden, wenn der Gegner rechtzeitig geladen war.

Gesetzesgeschichte: Bis 1900 § 454 CPO. Abs. 2 geändert durch die Novelle 1950. Neu gefaßt durch Rechtspflege-Vereinfachungsgesetz vom 17. XII. 1990 (BGBl. I 2847).

I. Die Bedeutung der selbständigen Beweisaufnahme im Hauptsacheprozeß	1	2. Ausländisches Beweissicherungsverfahren	7
1. Gleichstellung mit einer Beweisaufnahme vor dem Prozeßgericht	1	II. Nichterscheinen des Gegners	10

---

[21] Anders bei Arglist, vgl. *Wussow* NJW 1969, 1406, der aber auch schon bei verschuldetem Nichtvorbringen den späteren Ausschluß der Einwendung annimmt. Im übrigen ist das Verhalten bei der Beweiswürdigung zu berücksichtigen, während eine Beweislastumkehr aufgrund unterlassener Einwendungen (gegen ein Sachverständigengutachten) zu weit geht, a.M. OLG Düsseldorf ZMR 1988, 174 = BB 1988, 721 (LS).

[22] A.M. *Fricke* BauR 1977, 231, 234 (für analoge Anwendung des § 285, soweit nicht die Parteien darauf verzichten).

I. Die Bedeutung der selbständigen Beweisaufnahme im Hauptsacheprozeß

1. Gleichstellung mit einer Beweisaufnahme vor dem Prozeßgericht

1 Abs. 1 stellt die vor Gericht[1] erfolgte selbständige Beweisaufnahme einer vor dem Prozeßgericht[2] erfolgten Beweiserhebung gleich. Dies gilt auch für ein Verfahren über Arrest oder einstweilige Verfügung[3]. Die Verwertung der Beweisergebnisse ist nicht von einem Parteiantrag abhängig; es genügt, daß sich eine Partei auf die Tatsachen beruft, über die der Beweis erhoben wurde (und daß diese Tatsachen bestritten sind). Die Verwertung setzt keinen förmlichen Beweisbeschluß im Hauptsacheprozeß voraus.

2 **Einwendungen** gegen die Art und Weise der Beweisaufnahme und gegen die Zulässigkeit der Beweismittel werden durch Abs. 1 nicht ausgeschlossen, → § 492 Rdnr. 12.

3 Die **Zulässigkeit des selbständigen Beweisverfahrens** ist *nicht* Voraussetzung der späteren Verwertung der Beweise[4].

4 Das Gericht kann auf Antrag oder von Amts wegen die **Wiederholung** oder **Ergänzung** des Beweises anordnen, §§ 144, 398. Die zur Sicherung aufgenommenen Beweise haben **dieselbe rechtliche Natur** wie die innerhalb des anhängigen Verfahrens aufgenommenen; ihre Verwendung ist *kein Urkundenbeweis*[5] (anders als bei der Verwertung von Beweiserhebungsprotokollen oder Sachverständigengutachten aus anderen Prozessen, → § 284 Rdnr. 34, → vor § 402 Rdnr. 54). Daher gilt für die Anordnung einer erneuten Vernehmung eines Zeugen § 398[6], und für den Antrag auf erneute Begutachtung ist § 412 maßgebend[7]. Der Vortrag des Beweisergebnisses erfolgt nach § 285 Abs. 2, wenn die selbständige Beweisaufnahme nicht vor dem Gericht des Hauptprozesses stattfand.

5 Die Gleichstellung mit einer Beweisaufnahme im Hauptsacheprozeß setzt voraus, daß das selbständige Beweisverfahren **zwischen denselben Parteien** anhängig war wie der Hauptsacheprozeß[8]. Vernehmungsprotokolle oder schriftliche Sachverständigengutachten aus einem selbständigen Beweisverfahren **zwischen anderen Parteien** können aber im Wege des Urkundenbeweises eingeführt werden[9]. Dies rechtfertigt aber keine Ablehnung der Zeugenvernehmung oder der Einholung eines Sachverständigengutachtens im Hauptsacheprozeß. Einem Antrag auf Ladung des Sachverständigen zur Erläuterung des Gutachtens, das in einem selbständigen Beweisverfahren zwischen anderen Parteien erstattet wurde, ist stattzugeben, wenn der Antrag als Antrag auf Vernehmung als sachverständiger Zeuge (§ 414) aufzufassen ist[10].

6 Durch die Verwertung der Beweisergebnisse aus dem selbständigen Beweisverfahren im Hauptprozeß wird dort **keine Beweisgebühr** für die Prozeßbevollmächtigten ausgelöst[11].

---

[1] Weitergehend stellt § 97 Abs. 3 SachBerG die vom Notar in Vermittlungsverfahren eingeholten schriftlichen Gutachten für den nachfolgenden Rechtsstreit einer Beweisaufnahme vor dem Prozeßgericht gleich und erklärt § 493 für entsprechend anwendbar.

[2] Auch die Verwertbarkeit in Verfahren der freiwilligen Gerichtsbarkeit oder in anderen Zweigen der Gerichtsbarkeit (z. B. im verwaltungsgerichtlichen Verfahren, dagegen nicht ohne weiteres im Strafprozeß) sollte bejaht werden, um die oft bestehende Unklarheit über den zulässigen Rechtsweg nicht zum Nachteil der Partei ausschlagen zu lassen. S. dazu *H. Müller* NJW 1966, 721. Beachtet man § 493 Abs. 2, so ergeben sich auch für den Gegner keine unzumutbaren Nachteile.

[3] *OLG Koblenz* JurBüro 1995, 481.

[4] *Wussow* NJW 1969, 1403; *Thomas-Putzo*[21] Rdnr. 1.

[5] *RG* JW 1912, 802.

[6] Vgl. *BGH* NJW 1970, 1919; MDR 1965, 116 = LM § 11 BinnenschiffahrtsG Nr. 1 (zur Beweiserhebung im Verklarungsverfahren).

[7] *BGH* NJW 1970, 1919.

[8] *OLG Dresden* NJW-RR 1998, 1101, 1102.

[9] *OLG Frankfurt* MDR 1985, 853.

[10] *BGH* LM Nr. 3 = MDR 1991, 236.

[11] *OLG Hamm* JurBüro 1992, 396 (*Mümmler*) = MDR 1992, 713; *LG Kiel* JurBüro 1992, 539 (*Mümmler*). – A.M. noch *OLG Frankfurt* MDR 1979, 65; *LG Aachen* JurBüro 1990, 50 (abl. *Mümmler*); *Thomas-Putzo*[21] Rdnr. 1.

2. Ausländisches Beweissicherungsverfahren

Ausdrückliche Regeln über die Benutzung der Ergebnisse eines ausländischen Beweissicherungsverfahrens fehlen[12]. Es handelt sich dabei nicht um eine Frage der Anerkennung ausländischer *Entscheidungen* (zum Begriff → § 328 Rdnr. 102 ff.), da im Beweissicherungsverfahren nicht über die festzustellenden Tatsachen (und erst recht nicht über die Rechtslage) entschieden wird. Jedoch spricht die Analogie zu den Bestimmungen über die Anerkennung ausländischer Urteile dafür, auch die Ergebnisse eines ausländischen Beweissicherungsverfahrens in gleicher Weise wie die Ergebnisse eines deutschen Beweissicherungsverfahrens für **verwertbar** zu halten, wenn die Voraussetzungen des § 328 Nr. 1, 2, 4 und 5 in analoger Anwendung (Nr. 3 kommt hierfür wohl nicht in Betracht) gegeben sind und § 493 Abs. 2 nicht entgegensteht. Eine weniger weitgehende Lösung bestünde darin, die Regeln über die Verwertung von Gutachten und Vernehmungsprotokollen aus einem anderen deutschen Prozeß (→ § 284 Rdnr. 34, → vor § 402 Rdnr. 54) im Wege des *Urkundenbeweises*[13] entsprechend anzuwenden. Der Unterschied liegt darin, daß bei dieser Betrachtung eine erneute Vernehmung oder Begutachtung nicht unter Hinweis auf das Protokoll oder Gutachten aus dem früheren Verfahren abgelehnt werden darf (→ § 284 Rdnr. 36, → vor § 402 Rdnr. 55).

Zu weitgehend erscheint es, die **Kosten** des ausländischen Beweissicherungsverfahrens zu den Prozeßkosten des deutschen Hauptsacheprozesses zu rechnen[14]. Jedoch kommen materiell-rechtliche Erstattungsansprüche in Betracht, → vor § 485 Rdnr. 16.

Wird ein deutsches **Beweissicherungsverfahren mit ausländischer Rechtshilfe** durchgeführt (→ § 486 Rdnr. 3 u. 11), so gilt für die Benutzung der Ergebnisse unmittelbar § 493.

II. Nichterscheinen des Gegners

Die Benutzung der Beweisergebnisse durch den Antragsteller ist nach Abs. 2 ausgeschlossen, wenn der **zum Termin nicht erschienene Gegner** Widerspruch dagegen erhebt (§ 295) und nicht die rechtzeitige (§ 491 Abs. 1) Ladung des Gegners festgestellt wird. Auf die Gründe, aus denen die Ladung unterblieben ist, kommt es seit der Reform von 1990 nicht mehr an. Zweifelhaft ist, ob Abs. 2 nur die Gleichstellung der selbständigen Beweisaufnahme mit einer im Hauptprozeß vorgenommenen Beweisaufnahme ausschließt oder auch einer Benutzung der Beweisaufnahme im Wege des **Urkundenbeweises** (→ § 284 Rdnr. 34) entgegensteht[15]. Bedenkt man, daß auch die Beweiserhebungsprotokolle oder schriftlichen Gutachten aus einem selbständigen Beweisverfahren zwischen anderen Parteien im Wege des Urkundenbeweises verwendet werden können (→ Rdnr. 5), so sollte auch Abs. 2 dem nicht entgegenstehen[16]. Jedoch darf wegen der selbständigen Beweisaufnahme nicht die beantragte Vernehmung des Zeugen oder die Einholung eines Gutachtens im Hauptsacheprozeß abgelehnt werden.

Abs. 2 bezieht sich auf den gerichtlichen Termin. Jedoch steht auch bei Tatsachenerhebungen (insbesondere **Besichtigungen**) durch einen **Sachverständigen** den Parteien grundsätzlich ein Recht auf Anwesenheit zu, näher → § 357 Rdnr. 9 f. Dies muß auch im selbständigen Beweisverfahren gelten. Ist der Antragsgegner vom Ortstermin des Sachverständigen nicht benachrichtigt worden und daher nicht anwesend gewesen, so ist das Gutachten im anschließenden Rechtsstreit gegen den Willen des Antragsgegners nicht verwert-

---

[12] Gegen Verwertbarkeit nach § 493 *OLG Köln* NJW 1983, 2779 = IPRax 1984, 315; *Weise* (vor § 485 Fn. 1) Rdnr. 575; *Baumbach-Lauterbach-Hartmann*[57] Rdnr. 2; *Thomas-Putzo*[21] Rdnr. 1. Bejahend *Stürner* IPRax 1984, 299, 301; *Meilicke* NJW 1984, 2017, 2018.

[13] Dafür *Geimer* Internationales Zivilprozeßrecht[3] (1997) Rdnr. 2541.

[14] Insoweit zutr. *OLG Köln* (Fn. 12). – A.M. *Stürner* IPRax 1984, 299, 301; *Meilicke* NJW 1984, 2017, 2018.

[15] So *KG* JW 1922, 498. – A.M. *RGZ* 28, 412.

[16] *Zöller-Herget*[21] Rdnr. 5.

bar[17]. Dagegen gilt Abs. 1, wenn das Sachverständigengutachten zwar auf in einem früheren Beweissicherungsverfahren ohne Beteiligung des Gegners getroffenen Feststellungen aufbaut, diese aber unstreitig sind[18].

§ 494 [Unbekannter Gegner]

(1) **Wird von dem Beweisführer ein Gegner nicht bezeichnet, so ist der Antrag nur dann zulässig, wenn der Beweisführer glaubhaft macht, daß er ohne sein Verschulden außerstande sei, den Gegner zu bezeichnen.**

(2) **Wird dem Antrag stattgegeben, so kann das Gericht dem unbekannten Gegner zur Wahrnehmung seiner Rechte bei der Beweisaufnahme einen Vertreter bestellen.**

Gesetzesgeschichte: Bis 1900 § 455 CPO. Sprachlich geändert durch Rechtspflege-Vereinfachungsgesetz vom 17. XII. 1990 (BGBl. I 2847).

| I. Beweissicherung ohne Bezeichnung eines Gegners | 1 | II. Vertreterbestellung | 2 |

I. Beweissicherung ohne Bezeichnung eines Gegners

1   Ein Antrag **ohne Bezeichnung eines Gegners**, z. B. bei der Feststellung eines Schadens, dessen Urheber nicht bekannt ist[1], beeinträchtigt die prozessualen Rechte des Gegners (Anwesenheit bei der Beweisaufnahme, § 357, Fragerecht, §§ 397, 402, § 411 Abs. 3) und begründet die Gefahr, daß die Zeugen ihr Verweigerungsrecht wegen Verwandtschaft (§ 388 Abs. 1 Nr. 1 bis 3) verlieren oder der künftige Prozeßgegner selbst als Zeuge vernommen wird. Deshalb stellt die ZPO hier neben den allgemeinen Voraussetzungen des § 485 (sei es Abs. 1 oder Abs. 2) das Erfordernis auf, daß der Antragsteller das **unverschuldete Unvermögen**, den Gegner zu bezeichnen, **glaubhaft macht** (§ 294). Sache des Richters ist es, durch strenge Handhabung des § 494 Mißbrauch zu verhindern. Zur Wirkung (keine Unterbrechung der Verjährung) → § 486 Rdnr. 18.

II. Vertreterbestellung

2   Die **Bestellung eines Vertreters für den unbekannten[2] Gegner** steht im pflichtgemäßen Ermessen des Gerichts. Auf das Verfahren mit dem Vertreter, der die Stellung eines gesetzlichen Vertreters hat, → § 53 Rdnr. 8[3], sind die §§ 485 bis 493 anwendbar. Der Vertreter kann die Zustimmung nach § 485 Abs. 1 abgeben[4].

3   Die **Bestellung** erfolgt **kostenlos**. Besondere Anwaltsgebühren fallen nicht an, s. §§ 37 Nr. 3, 48 BRAGO. Eine Verpflichtung zur Übernahme des Amtes besteht nicht, vgl. den im wesentlichen gleichliegenden Fall des § 57, → § 57 Rdnr. 11.

---

[17] *OLG Köln* MDR 1974, 589 (LS) = JMBlNRW 1974, 137 = DB 1974, 1111; *OLG Frankfurt* IBR (Immobilien- und Baurecht) 1995, 85 (*Weber*); *E. Schneider* JurBüro 1974, 164; *Thomas-Putzo*[21] Rdnr. 2. – Für freie Würdigung dagegen *Baumbach-Lauterbach-Hartmann*[57] Rdnr. 4.
[18] *OLG Düsseldorf* NJW-RR 1994, 283.
[1] BGH NJW 1980, 1458 = MDR 1980, 663 = LM § 485 Nr. 4 nennt als Beispiel den flüchtigen Verursacher eines Unfalls.

[2] Wenn der Tod der Partei oder Wegfall des gesetzlichen Vertreters zu Unklarheiten führt, ist § 494 Abs. 2 entsprechend anzuwenden, *OLG Stuttgart* OLG Rsp 40 (1920), 379; *Zöller-Herget*[21] Rdnr. 2.
[3] *Rosenberg* Stellvertretung im Prozeß (1908), 544, 554.
[4] Ebenso *Schmitz* BauR 1981, 40. – A.M. *Münch-KommZPO-Schreiber* § 485 Rdnr. 6.

Die **Kosten der Vertretung** hat einstweilen der Antragsteller zu tragen; sie bilden für den nachfolgenden Prozeß einen Teil der außergerichtlichen, nach Maßgabe des § 91 erstattungsfähigen Prozeßkosten, → § 57 Rdnr. 11. Die Staatskasse haftet dem Vertreter nicht; demgemäß kann auch § 68 Abs. 1 GKG (Vorschußpflicht) hinsichtlich dieser Kosten nicht gelten. Einen Antrag nach § 494a kann der Vertreter nicht stellen; denn solange der Gegner unbekannt ist, kann auch nicht eine Frist zur Klageerhebung gegen ihn gesetzt werden. Der nach § 494 bestellte Vertreter ist für den Hauptsacheprozeß nicht vertretungsberechtigt. 4

§ 494a [Klagefrist und Kostenbeschluß]

(1) Ist ein Rechtsstreit nicht anhängig, hat das Gericht nach Beendigung der Beweiserhebung auf Antrag ohne mündliche Verhandlung anzuordnen, daß der Antragsteller binnen einer zu bestimmenden Frist Klage zu erheben hat.

(2) ¹Kommt der Antragsteller dieser Anordnung nicht nach, hat das Gericht auf Antrag durch Beschluß auszusprechen, daß er die dem Gegner entstandenen Kosten zu tragen hat. ²Die Entscheidung kann ohne mündliche Verhandlung ergehen. ³Sie unterliegt der sofortigen Beschwerde.

Gesetzesgeschichte: Eingefügt durch Rechtspflege-Vereinfachungsgesetz vom 17. XII. 1990 (BGBl. I 2847).

I. Normzweck ... 1	V. Anfechtung der Entscheidung ... 14
II. Voraussetzungen der Anordnung der Klageerhebung ... 3	VI. Klageerhebung bzw. deren Unterbleiben; Klagerücknahme und Abweisung als unzulässig ... 15
1. Beendigung der Beweiserhebung ... 3	VII. Fristwahrung ... 19
2. Kein anhängiger Rechtsstreit ... 4	VIII. Antrag auf Kostenauferlegung ... 20
3. Antrag auf Anordnung der Klageerhebung ... 5	IX. Ablehnungsgründe, insbesondere Erfüllung des Anspruchs ... 21
4. Fehlendes Rechtsschutzbedürfnis bei Erfüllung des Anspruchs, Parteieinigung, Verzicht ... 7	X. Verfahren ... 25
III. Zuständigkeit und Verfahren ... 9	XI. Wirkung der Kostenauferlegung ... 26
IV. Anordnung durch das Gericht ... 11	XII. Anfechtung ... 27

I. Normzweck[1]

Wird das selbständige Beweisverfahren durchgeführt, so wird über die **Kosten** im allgemeinen nicht innerhalb dieses Verfahrens entschieden. Zu den Ausnahmen, insbesondere bei Rücknahme des Antrags, → vor § 485 Rdnr. 8; § 494a ist insoweit nicht als entgegenstehende abschließende Regelung aufzufassen[2]. Im übrigen gehören die Kosten des selbständi- 1

---

[1] Lit.: *Bischof* Streitwert- und Kostenentscheidungsprobleme des neuen selbständigen Beweisverfahrens JurBüro 1992, 779; *Ende* Kostentragungspflicht im selbständigen Beweisverfahren bei nachträglicher Erfüllung des Hauptsacheanspruchs MDR 1997, 121; *Hansens* Selbständiges Beweisverfahren. Anwaltsvergütung, Gegenstandswert, Kostenerstattung Rpfleger 1997, 363; *Herget* Kostenentscheidung im »Selbständigen Beweisverfahren« MDR 1991, 314; *Notthoff/Buchholz* Kostenlastentscheidungen im selbständigen Beweisverfahren JurBüro 1996, 5; *Notthoff* Kostenlastentscheidung im selbständigen Beweisverfahren JurBüro 1998, 61; *Wirges* Einzelprobleme der Streitwert- und Kostengrundscheidung im selbständigen Beweisverfahren JurBüro 1997, 565.

[2] *OLG Hamm* NJW-RR 1997, 959. – A.M. *OLG Köln* FamRZ 1992, 1083. Weitere Nachw. zur Kostenentscheidung innerhalb des selbständigen Beweisverfahrens → vor § 485 Fn. 21 ff.

gen Beweisverfahrens zu den Kosten eines späteren **Hauptsacheprozesses,** in dem die erhobenen Beweise nach § 493 verwertet werden. Soweit der Antragsgegner des selbständigen Beweisverfahrens im Hauptsacheprozeß obsiegt, kann er also eine ihm günstige Kostenentscheidung auch hinsichtlich der im selbständigen Beweisverfahren für ihn entstandenen Kosten erlangen, näher → vor § 485 Rdnr. 10 ff.

2 Eine Lücke entsteht jedoch, wenn der Antragsteller des selbständigen Beweisverfahrens aufgrund der für ihn ungünstigen Ergebnisse der Beweisaufnahme **auf eine Hauptsacheklage verzichtet.** Diese Lücke soll zugunsten des Antragsgegners des selbständigen Beweisverfahrens durch § 494 a geschlossen werden. Die Vorschrift bezweckt nicht, den Antragsteller besonders zur Klageerhebung anzuhalten; vielmehr ist es ein von der Zwecksetzung des selbständigen Beweisverfahrens her durchaus erwünschtes Ergebnis, wenn der Hauptsacheprozeß entbehrlich geworden ist. Die **Fristsetzung** dient daher nur dazu, Klarheit darüber zu schaffen, ob eine Hauptsacheklage erfolgt. Der innere Grund für die nach Fristablauf auf Antrag auszusprechende **Kostentragungspflicht** ist nicht allein, daß der Antragsteller keine Hauptsacheklage erhoben hat. Vielmehr liegt der Kostentragungspflicht der Gedanke zugrunde, daß der Antragsteller nicht durch Unterlassen der Hauptsacheklage der Kostenpflicht entgehen soll, die sich bei Abweisung einer solchen Klage ergeben würde. Die Kostentragungspflicht nach Abs. 2 wurzelt mit anderen Worten in einem *mutmaßlichen Unterliegen* des Antragstellers in der Hauptsache.

II. Voraussetzungen der Anordnung der Klageerhebung

1. Beendigung der Beweiserhebung

3 Die Beweiserhebung ist beim Zeugenbeweis mit der Vernehmung der Zeugen beendet, beim Augenscheinsbeweis mit der Einnahme des Augenscheins durch den Richter. Bei schriftlichem Sachverständigengutachten ist eine Beendigung erst anzunehmen, wenn entweder eine mündliche Erläuterung erfolgt ist oder im Hinblick auf die zeitliche Begrenzung durch § 411 Abs. 4 (also nach Ablauf einer für Einwendungen usw. gesetzten Frist bzw. nach Verstreichen eines angemessenen Zeitraums) nicht mehr verlangt werden kann. § 494 a gilt nicht, wenn das selbständige Beweisverfahren ohne Beweiserhebung auf andere Weise beendet wurde[3], → vor § 485 Rdnr. 8 (insbesondere zur Antragsrücknahme und zur Erledigungserklärung).

2. Kein anhängiger Rechtsstreit

4 Die Vorschrift kommt nicht in Betracht, wenn das selbständigen Beweisverfahren nach § 485 Abs. 1 während eines anhängigen Prozesses durchgeführt wurde. In den anderen Fällen, also bei Verfahren nach § 485 Abs. 1 außerhalb eines Streitverfahrens und nach § 485 Abs. 2, ist entscheidend, ob bis zum Antrag auf Anordnung der Klageerhebung ein Rechtsstreit über denjenigen Streitgegenstand anhängig gemacht wurde, auf den sich die selbständige Beweisaufnahme nach dem Willen des Antragstellers bezog.

3. Antrag auf Anordnung der Klageerhebung

5 Zum Antrag nach § 494 a ist der Antragsgegner des selbständigen Beweisverfahrens berechtigt. Hat aber der Antragsgegner des selbständigen Beweisverfahrens eigenständige Be-

---

[3] *OLG Frankfurt* BauR 1996, 587, 589.

weisanträge gestellt, so ist er dadurch selbst zum Antragsteller geworden[4]. Es kann dann auch gegen ihn nach § 494 a vorgegangen werden.

Der Antrag unterliegt analog § 486 Abs. 4 **nicht** dem **Anwaltszwang**[5]; es wäre wenig sinnvoll, gerade für diesen Antrag den Anwaltszwang zu bejahen, obgleich das selbständige Beweisverfahren selbst keine Einschaltung eines Anwalts verlangt, solange keine mündliche Verhandlung stattfindet. **6**

4. Fehlendes Rechtsschutzbedürfnis bei Erfüllung des Anspruchs, Parteieinigung, Verzicht

Wenn der Anspruch, dessen tatsächliche Voraussetzungen durch die selbständige Beweisaufnahme festgestellt werden sollten, vom Antragsgegner mittlerweile erfüllt wurde, wäre eine Anordnung der Klageerhebung sinnwidrig. Dasselbe gilt, wenn sich der Antragsgegner vorbehaltlos zur Erfüllung bereit erklärt hat oder wenn eine Einigung über den Anspruch (z. B. ein Vergleich über das Vorhandensein von Mängeln und die Mängelbeseitigung[6]) erzielt wurde. Die Anordnung der Klageerhebung könnte in diesen Fällen nicht als Fundament für den Kostenausspruch nach Abs. 2 dienen. Für den Antrag auf Anordnung der Klageerhebung fehlt daher das Rechtsschutzbedürfnis[7]. Dies gilt jedoch nicht, wenn lediglich ein geringer Teil der im selbständigen Beweisverfahren geltend gemachten Mängel beseitigt wurde[8]. **7**

Gerade umgekehrt ist die Situation, wenn der Antragsteller des Beweisverfahrens nach der Beweisaufnahme verbindlich erklärt, er **verzichte** auf die Erhebung der Klage aus dem Hauptsacheanspruch. Hier hätte die Anordnung der Klageerhebung mit Fristsetzung keinen Sinn. Es fehlt daher insoweit das Rechtsschutzbedürfnis. Das bedeutet aber nicht, daß keine Kostenentscheidung nach Abs. 2 angemessen wäre. Vielmehr sind in diesen Fällen durch Beschluß nach Abs. 2 dem Antragsteller des selbständigen Beweisverfahrens die Kosten des Antragsgegners aufzuerlegen, ohne daß eine Anordnung nach Abs. 1 vorausging[9]. **8**

III. Zuständigkeit und Verfahren

Der Antrag ist bei dem Gericht zu stellen, bei dem das selbständige Beweisverfahren durchgeführt wurde. Für die Entscheidung ist der Richter, nicht der Rechtspfleger zuständig[10] (anders als im Fall des § 926, für den § 20 Nr. 14 RpflG gilt). **9**

Die Entscheidung ergeht stets ohne mündliche Verhandlung, doch ist dem Gegner das rechtliche Gehör, d. h. die Gelegenheit zur schriftlichen Stellungnahme, zu gewähren. **10**

IV. Anordnung durch das Gericht

Es genügt, die Klageerhebung in allgemeiner Form anzuordnen[11]. Damit ist hinreichend zum Ausdruck gebracht, daß die Klage der Zielsetzung entsprechen muß, die der Antrag- **11**

---

[4] *OLG Koblenz* NJW-RR 1997, 1024.
[5] *OLG Schleswig* BauR 1996, 590; *OLG Stuttgart* BauR 1995, 135; *OLG Düsseldorf* BauR 1999, 197; *Schmitz* BauR 1996, 340; *Baumbach-Lauterbach-Hartmann*[57] Rdnr. 4; *Zimmermann*[5] Rdnr. 2. – A.M. *OLG Zweibrücken* MDR 1995, 744 = NJW-RR 1996, 573; *MünchKommZPO-Schreiber* § 494 a Rdnr. 2; *Zöller-Herget*[21] Rdnr. 6; *Thomas-Putzo*[21] Rdnr. 1.
[6] *LG Stade* MDR 1995, 1270 (§ 494 a nicht anwendbar).
[7] *OLG Düsseldorf* BauR 1995, 279, 280.
[8] *OLG Frankfurt* BauR 1999, 195.

[9] *OLG Karlsruhe* MDR 1996, 1303 = NJW-RR 1996, 1343; *OLG Köln* MDR 1997, 105. – A.M. *LG Mainz* MDR 1995, 1271, allerdings für den Sonderfall, daß Kosten für den Antragsgegner erst durch die Bestellung des Anwalts für die Anträge nach § 494 a entstanden sind. Hier wird man die Kostenauferlegung wegen Rechtsmißbrauchs ablehnen können. *Zöller-Herget*[21] Rdnr. 4 betrachtet dies als Frage der Notwendigkeit der Kosten.
[10] *OLG Karlsruhe* NJW-RR 1992, 125.
[11] A.M. *OLG Düsseldorf* BauR 1995, 279, 280, das eine Präzisierung der zu erhebenden Klage verlangt.

steller mit dem selbständigen Beweisverfahren verfolgte. Ein Hinweis auf die Folgen, wenn innerhalb der Frist keine Klage erhoben wird, erscheint zweckmäßig, insbesondere wenn der Antragsteller im selbständigen Beweisverfahren nicht anwaltlich vertreten war. Vorgeschrieben ist eine solche Belehrung jedoch nicht, so daß ihr Fehlen an der Wirksamkeit der Anordnung nichts ändert; etwas anderes folgt auch nicht aus § 231 Abs. 1, 2. Halbs.[12].

12 Die **Frist** für die Klageerhebung hat das Gericht nach den Umständen, vor allem nach der für die Klagevorbereitung erforderlichen Zeit, zu bestimmen. Eine Verlängerung ist auf Antrag nach § 224 Abs. 2 möglich.

13 Der Anordnungsbeschluß ist dem Antragsteller des selbständigen Beweisverfahrens **förmlich zuzustellen**, § 329 Abs. 2 S. 2.

V. Anfechtung der Entscheidung

14 Die Zurückweisung des Antrags ist nach § 567 Abs. 1 mit der einfachen Beschwerde anfechtbar, während gegen den Anordnungsbeschluß und auch gegen einen Beschluß, der die Frist zur Klageerhebung verlängert[13], kein Rechtsmittel gegeben ist.

VI. Klageerhebung bzw. deren Unterbleiben; Klagerücknahme und Abweisung als unzulässig

15 Die Einleitung des Mahnverfahrens wird man wie bei § 926 (→ § 926 Rdnr. 11a) der Klageerhebung gleichzustellen haben. Auch muß die Anmeldung der Forderung im Insolvenzverfahren des Antragsgegners (§ 174 InsO) innerhalb der gesetzten Frist genügen, wenn es sich um eine Insolvenzforderung (§ 38 InsO) handelt, da hier zunächst eine Klage unzulässig wäre (§ 87 InsO). Zur Frage, ob in einem solchen Fall wegen wirtschaftlicher Aussichtslosigkeit die Klage ohne Kostenfolge nach Abs. 2 unterbleiben kann, → Rdnr. 23.

16 Als Hauptsacheklage genügt auch eine Widerklage in einem vom Antragsgegner des selbständigen Beweisverfahrens begonnenen Rechtsstreit. Dagegen stellt, wenn das selbständige Beweisverfahren auf die Feststellung von Werkmängeln gerichtet war, die Aufrechnung mit einer aus den Mängeln hergeleiteten Forderung oder die Geltendmachung eines Zurückbehaltungsrechts keine Klageerhebung dar[14], da in beiden Fällen auch vielfach offen ist, ob es zu einer Entscheidung über die Mängel und damit zu einem daran orientiertem Kostenausspruch kommen wird. Eine Klage auf Erstattung der Kosten des selbständigen Beweisverfahrens hindert die Anwendung des Abs. 2 ebenfalls nicht[15].

17 Wenn zwar eine Klage erhoben wurde, aber damit nur ein **Teil** des im selbständigen Beweisverfahren angestrebten Anspruchs bzw. ein Teil des dort behandelten Sachverhalts zum Gegenstand der Klage gemacht wurde, wird man die im selbständigen Beweisverfahren für den Antragsgegner entstandenen Kosten aufzuteilen (nach geschätzten Bruchteilen des Hauptsacheanspruchs[16]) und hinsichtlich des nicht im Hauptsacheprozeß geltend gemachten Teils eine Kostenentscheidung nach Abs. 2 zu erlassen haben[17].

---

[12] A.M. *OLG Köln* JMBl NRW 1997, 79; *Zöller-Herget*[21] Rdnr. 3; wohl auch *Thomas-Putzo*[21] Rdnr. 2.
[13] *OLG Düsseldorf* JurBüro 1993, 622.
[14] *OLG Köln* NJW-RR 1997, 1295; *OLG Düsseldorf* OLGZ 1994, 583 = MDR 1994, 201.
[15] *OLG Nürnberg* OLGZ 1994, 240.
[16] Insoweit a.M. *OLG Köln* Schäfer/Finnern/Hochstein § 494a Nr. 1, das darauf abstellt, in welchem Umfang der Streitgegenstand des Beweisverfahrens Eingang in das Hauptsacheverfahren gefunden hat.

[17] *OLG Düsseldorf* (7. Ziv.Sen.) MDR 1997, 979; *OLG Köln* Schäfer/Finnern/Hochstein § 494a Nr. 1; *LG Osnabrück* BauR 1995, 281; MDR 1994, 1052; *Bischof* JurBüro 1992, 779, 781 f. – A.M. (keine Entscheidung nach § 494a Abs. 2) *OLG Düsseldorf* (22. Ziv.Sen.) OLGZ 1993, 342 = BauR 1993, 370 sowie NJW-RR 1998, 367 (hinsichtlich der überschießenden Kosten des selbständigen Beweisverfahrens ist im Hauptsacheverfahren entsprechend § 96 zu entscheiden).

Fraglich ist die Rechtslage, wenn zunächst die Hauptsacheklage innerhalb der gesetzten **18** Frist erhoben, später aber zurückgenommen wurde, oder wenn die Hauptsacheklage als unzulässig abgewiesen wurde. Wenn die im Hauptsacheprozeß ergehende Kostenentscheidung die Kosten des selbständigen Beweisverfahrens nicht umfaßt, so entspricht es dem Zweck des § 494 a, auf Antrag eine Kostenentscheidung nach Abs. 2 zu erlassen[18]. War zwar keine Anordnung nach Abs. 1 ergangen, aber die Hauptsacheklage erhoben und dann zurückgenommen worden, so sollte ebenfalls ein Kostenbeschluß nach Abs. 2 (analog) für zulässig erachtet werden[19], da es sinnwidrig wäre, hier zunächst noch eine Anordnung nach Abs. 1 zu erlassen.

VII. Fristwahrung

Hinsichtlich der Fristwahrung ist § 270 Abs. 3 zu beachten[20]. Aber auch eine Klageerhebung, die erst nach Fristablauf, jedoch vor einer Entscheidung nach Abs. 2 erfolgt, hindert in **19** zumindest entsprechender Anwendung des § 231 Abs. 2 (wie bei § 926, → § 926 Rdnr. 12a) die Kostenauferlegung nach Abs. 2[21]. Dagegen geht es zu weit, die Frist auch dann noch als gewahrt anzusehen, wenn der Kläger den Kostenvorschuß innerhalb der Frist nicht bezahlt und dadurch die Zustellung verhindert hat, auch wenn er den Vorschuß noch vor der Entscheidung nach Abs. 2 bezahlt und die Klage bei korrektem Vorgehen noch vor dieser Entscheidung hätte zugestellt werden können[22]. Keinesfalls ist die Frist gewahrt, wenn die Klage erst nach Erlaß der Kostenentscheidung gemäß Abs. 2 eingereicht wurde[23].

VIII. Antrag auf Kostenauferlegung

Zur Frage des **Anwaltszwangs** gilt das → Rdnr. 6 Gesagte. Das Gesetz hindert nicht, den **20** Antrag nach Abs. 2 bereits mit dem Antrag auf die Anordnung nach Abs. 1 zu **verbinden**, ihn also für den Fall der nicht rechtzeitig erfolgenden Hauptsacheklage zu stellen. Praktisch ist dies aber wenig bedeutsam, denn man wird vom Antragsteller des § 494 a verlangen müssen, daß er nach dem Ablauf der gesetzten Frist dem Gericht mitteilt, daß keine Klage erhoben wurde. Da auch andere Gerichte für die Hauptsache zuständig sein können, könnte sonst das Gericht des selbständigen Beweisverfahrens nicht wissen, ob mittlerweile Hauptsacheklage erhoben wurde.

IX. Ablehnungsgründe, insbesondere Erfüllung des Anspruchs

Wenn der Gegner mittlerweile den Hauptsacheanspruch **erfüllt** hat, oder sich jedenfalls **21** vorbehaltlos zur Erfüllung bereit erklärt hat, wäre eine Klageerhebung sinnlos. In diesen Fällen kann daher kein Kostenausspruch nach Abs. 2 ergehen, obwohl die Klageerhebung trotz Anordnung nach Abs. 1 unterblieben ist[24]. Diese Einschränkung des Abs. 2 ergibt sich

---

[18] *OLG Karlsruhe* MDR 1996, 1303 = NJW-RR 1996, 1343, 1344; *OLG Düsseldorf* MDR 1997, 979 = NJW-RR 1998, 210; *Zöller-Herget*[21] Rdnr. 4a. Dies entspricht auch den Absichten des Gesetzgebers, genauer des Bundestags-Rechtsausschusses, BT-Drucks. 11/8283, S. 48, die in der Formulierung des Gesetzes allerdings nicht klar zum Ausdruck kamen.

[19] *OLG Düsseldorf* BauR 1997, 349. Das Gericht läßt allerdings offen, ob die Kostenentscheidung im Rahmen des § 269 Abs. 3 durch das Gericht des Hauptsacheprozesses oder entsprechend § 494 a Abs. 2 durch das Gericht des selbständigen Beweisverfahrens zu erlassen ist.

[20] *OLG Düsseldorf* NJW-RR 1998, 359, *Zöller-Herget*[21] Rdnr. 3. – A.M. *OLG Köln* Schäfer/Finnern/Hochstein § 494 a Nr. 1.

[21] *OLG Köln* Schäfer/Finnern/Hochstein § 494 a Nr. 1 (analog § 231); *Zöller-Herget*[21] Rdnr. 4 a; *Thomas-Putzo*[21] Rdnr. 4, 8.

[22] A.M. *OLG Düsseldorf* NJW-RR 1998, 359.

[23] *OLG München* IBR (Immobilien- und Baurecht) 1997, 132 (*Weber*).

[24] *OLG Düsseldorf* OLGZ 1994, 464 = MDR 1994, 201; *OLG Düsseldorf* BauR 1995, 877; *OLG Hamm* OLGZ 1994, 585 (LS); *OLG Karlsruhe* BauR 1998, 1278; *LG Osnabrück* BauR 1995, 281.

aus dessen Zweck, dem Antragsgegner dann einen Kostenanspruch zu geben, wenn das selbständige Beweisverfahren für den Antragsteller ungünstig geendet hat. Davon kann aber in der beschriebenen Situation gerade nicht die Rede sein.

22 Wird der Anspruch **teilweise erfüllt** und unterbleibt im übrigen eine Klageerhebung trotz Anordnung nach Abs. 1, so ist der Kostenauferlegungsbeschluß zu einer dem Wertverhältnis der Anspruchsteile entsprechenden Quote zu erlassen[25].

23 Ausnahmsweise kann eine Kostenauferlegung nach Abs. 2 auch deswegen abzulehnen sein, weil eine Klage des Antragstellers in der Hauptsache aus wirtschaftlichen Gründen **sinnlos** wäre, während gleichzeitig nach dem Ergebnis des selbständigen Beweisverfahrens der Erfolg der Klage offensichtlich wäre[26].

24 Die Kostenauferlegung wird ferner zu unterbleiben haben, wenn der Gegner glaubhaft macht, daß er die Frist **unverschuldet** nicht einhalten konnte; in solchen Fällen ist eine neue Frist zu setzen[27].

X. Verfahren

25 Die mündliche Verhandlung ist hier fakultativ, Abs. 2 S. 2; bei streitigem Vortrag, etwa zur Erfüllung des Anspruchs (→ Rdnr. 21 f.), kann sie durchaus sinnvoll sein. In der mündlichen Verhandlung gilt der Anwaltszwang. Wird keine mündliche Verhandlung anberaumt, so ist vor der Entscheidung das rechtliche Gehör durch Ermöglichung einer schriftlichen Stellungnahme zu gewähren.

XI. Wirkung der Kostenauferlegung

26 Die Kostenauferlegung nach Abs. 2 bezieht sich nur auf die dem **Antragsgegner** (und dessen **Streithelfer**[28]) im selbständigen Beweisverfahren entstandenen Kosten. Sie ist insoweit aber als endgültig anzusehen, kann also weder in einem doch noch stattfindenden Hauptsacheprozeß[29] noch aufgrund eines materiell-rechtlichen Kostenerstattungsanspruchs geändert werden. Hinsichtlich der übrigen Kosten steht dagegen der Beschluß nach Abs. 2 einem materiell-rechtlichen Erstattungsanspruch des **Antragstellers** des selbständigen Beweisverfahrens gegen den Antragsgegner nicht entgegen[30]. Waren beide Parteien im selbständigen Beweisverfahren Beweisführer, ist eine Kostenquotelung nötig[31].

XII. Anfechtung

27 Die über den Antrag ergehende Entscheidung, also sowohl die Auferlegung der Kosten als auch die Zurückweisung des Antrags, ist mit der sofortigen Beschwerde anfechtbar, Abs. 2 S. 3. Eine sofortige weitere Beschwerde ist mangels gesetzlicher Anordnung nicht statthaft, § 568 Abs. 2 S. 1, auch nicht bei Verletzung des Anspruchs auf rechtliches Gehör[32]. Dies gilt auch bei analoger Anwendung des § 494 a in Wohnungseigentumssachen[33].

---

[25] *OLG München* BauR 1997, 167; *OLG Koblenz* NJW-RR 1998, 68; *OLG Frankfurt* BauR 1999, 195, 197.
[26] *OLG Rostock* BauR 1997, 169. – A.M. *LG Göttingen* BauR 1998, 590 (zum Konkurs des Antragsgegners); *Zöller-Herget*[21] Rdnr. 5.
[27] *Zöller-Herget*[21] Rdnr. 5.
[28] *OLG Oldenburg* NJW-RR 1995, 829.
[29] Ebenso *Weise* (vor § 485 Fn. 1) Rdnr. 525. – A.M. *LG Kleve* NJW-RR 1997, 1356, das der Kostenentscheidung nach Abs. 2 nur vorläufigen Charakter zubilligt. Diese (ausführlich begründete) Konzeption dürfte sich aber doch zu weit von Wortlaut und Zweck des Gesetzes entfernen.
[30] *OLG Nürnberg* OLGZ 1994, 240.
[31] *Zöller-Herget*[21] Rdnr. 4a.
[32] A.M. *OLG Oldenburg* NJW-RR 1995, 829 (hier war eine Beschwerdeentscheidung zuungunsten des Streithelfers ergangen, ohne diesen zu beteiligen).
[33] *BayObLG* MDR 1996, 144 = NJW-RR 1996, 528.

Zweiter Abschnitt

Verfahren vor den Amtsgerichten

Vorbemerkungen

I. Zweck der Regelung und Gesetzesentwicklung	1	b) Obligatorisches Mahnverfahren	5
1. Allgemeines	1	c) Schiedsurteilsverfahren	6
2. Überblick über die Novellengesetzgebung	3	d) Gütegedanke, Schlichtung	7
		e) Amtsbetrieb	8
a) Reformen zur Förderung der Prozeßökonomie	4	f) Verfahren bei niedrigem Streitwert	9
		II. Zur Anwendung der Vorschriften im arbeitsgerichtlichen Verfahren	10

I. Zweck der Regelung und Gesetzesentwicklung

1. Allgemeines[1]

Die **sachliche Zuständigkeit,** also die Zuständigkeit in erster Instanz, ist zwischen den Amtsgerichten und den Landgerichten aufgeteilt, näher → § 1 Rdnr. 41 ff. Die ZPO widmet aber dem amtsgerichtlichen Verfahren *keine eigenständige Regelung.* Sie verweist vielmehr auf die Vorschriften über das landgerichtliche Verfahren (§ 495) und begnügt sich mit **wenigen Sonderbestimmungen**[2]. Um den besonderen Bedürfnissen der amtsgerichtlichen Prozesse besser gerecht zu werden, hat sich die Gesetzgebung (sog. Novellengesetzgebung) gerade mit dieser Materie häufig befaßt. Im Laufe der Entwicklung wurden manche zunächst nur für das amtsgerichtliche Verfahren geltenden Regeln auch für das landgerichtliche Verfahren übernommen (z. B. der Amtsbetrieb). Die Unterschiede zwischen beiden Verfahren wurden insgesamt eher abgebaut. Mit den besonderen Regeln für das amtsgerichtliche Verfahren wurden und werden zwei verschiedene Ziele verfolgt: einmal die Erreichung einer größeren **Prozeßökonomie** (Vereinfachung, Beschleunigung und Verbilligung des Streitverfahrens) und andererseits die Verwirklichung des **Gütegedankens** (→ Rdnr. 6). Eine zufriedenstellende gesetzgeberische Lösung bereitet vor allem deshalb Schwierigkeiten, weil im amtsgerichtlichen Verfahren einerseits geringfügige Streitigkeiten, andererseits aber auch größere und schwierigere, von Anwälten geführte Prozesse zu erledigen sind. Nicht zu verkennen ist auch, daß selbst Prozesse mit niedrigem Streitwert für die Betroffenen von großer Bedeutung sein können. Gegen eine allzu radikale Vereinfachung des Verfahrens bestehen daher Bedenken. Dagegen empfiehlt es sich, dem Richter bei **geringfügigem Streitwert** einen gewissen Spielraum in der Verfahrensgestaltung zuzugestehen. Dies erlaubt derzeit § 495 a.

Da vor dem Amtsgericht im allgemeinen (s. aber zum Anwaltszwang in Familiensachen § 78 Abs. 2) kein Anwaltszwang besteht, muß der Richter besonders darauf achten, daß auch unerfahrene Parteien ihre prozessualen Rechte nutzen können. Eine solche **rechtsfürsorgliche Tätigkeit** des Richters ist in §§ 499, 504, 510 vorgesehen. – Zu den einzelnen Unterschieden des amtsgerichtlichen Prozesses vom landgerichtlichen Verfahren → § 495 Rdnr. 2 ff.

---

[1] Umfassende rechtstatsächliche Angaben bei *Steinbach-Kniffka* Strukturen des amtsgerichtlichen Zivilprozesses, Methoden und Ergebnisse einer rechtstatsächlichen Aktenuntersuchung (1982); s. auch *Kniffka* Der amtsgerichtliche Zivilprozeß – ein bürgernahes Verfahren? DRiZ 1982, 13.

[2] Den umgekehrten Weg ging der ZPO-Entwurf von 1931, → Einl. (20. Aufl.) Rdnr. 130.

2. Überblick über die Novellengesetzgebung[3]

3   a) Die Novelle 1909 brachte eine größere Zahl wichtiger Abweichungen vom landgerichtlichen Verfahren. Diese Änderungen dienten der Erreichung einer **größeren Prozeßökonomie**. Die Abweichungen wurden später dadurch wieder wesentlich ausgeglichen, daß die weiteren Novellen, die EntlVO 1915 und die Novelle 1924, die Neuerungen auf den landgerichtlichen Prozeß ausgedehnt haben, vgl. §§ 139, 273, 281, § 313 Abs. 2.

4   b) Das seinerzeit aus Entlastungsgesichtspunkten eingeführte **obligatorische Mahnverfahren** für die zur amtsgerichtlichen Zuständigkeit gehörenden Geldansprüche (§ 1 der EntlVO 1915) bewährte sich auf die Dauer nicht; es wurde durch die VO vom 11. XII. 1924 (RGBl S. 772) zunächst für den Urkunden- und Wechselprozeß und dann durch die VO vom 19. VI. 1925 (RGBl S. 88) in vollem Umfang wieder außer Kraft gesetzt.

5   c) Durch die BeschleunigungsVO vom 22. XII. 1923 wurde das formfreie Bagatellverfahren (**Schiedsurteilsverfahren,** später § 510 c) geschaffen. Es wurde jedoch durch die Vereinfachungsnovelle 1976 wieder aufgehoben. → aber Rdnr. 8.

6   d) Der **Gütegedanke** hatte nach gewissen Ansätzen in der EntlVO 1915 (§ 18 ursprünglicher Zählung) in der Novelle 1924 seine Ausgestaltung dahin gefunden, daß dem amtsgerichtlichen Streitverfahren ein **besonderes Güteverfahren** vorausgehen mußte. Die Novelle 1950 hat das besondere Güteverfahren wieder beseitigt. § 495 Abs. 2 aF, der dem Richter aufgab, in jeder Lage des Verfahrens auf eine gütliche Beilegung des Rechtsstreits hinzuwirken, ging bei der Vereinfachungsnovelle 1976 in § 279 Abs. 1 S. 1 auf; heute besteht insoweit zwischen amts- und landgerichtlichem Verfahren kein Unterschied mehr. Näher, auch zur neueren Diskussion über Güte- und Schlichtungsverfahren, → § 279 Rdnr. 1 ff. Gegenwärtige Reformpläne zielen erneut auf die Einführung eines **obligatorischen Schlichtungsverfahrens** ab[4].

7   e) Daß die Novelle 1950 den **Amtsbetrieb** auch für das landgerichtliche Verfahren übernommen hat, trug ebenfalls dazu bei, die Unterschiede zwischen amtsgerichtlichem und landgerichtlichem Verfahren zu verringern.

8   f) Das Rechtspflege-Vereinfachungsgesetz vom 17. XII. 1990 (BGBl. I 2847) brachte mit § 495 a erneut die Möglichkeit zur Verfahrensgestaltung nach richterlichem Ermessen bei niedrigem Streitwert.

II. Zur Anwendung der Vorschriften im arbeitsgerichtlichen Verfahren

9   Die Vorschriften über das amtsgerichtliche Verfahren und die hier in Bezug genommenen sonstigen Bestimmungen der ZPO gelten – allerdings mit zahlreichen, zum Teil erheblichen Abweichungen – auch im **arbeitsgerichtlichen Verfahren 1. Instanz**, § 46 Abs. 2 S. 1 ArbGG. Eine wichtige Abweichung ist die Regelung des Güteverfahrens (**Güteverhandlung**) im ArbGG, → § 279 Rdnr. 17 ff. § 495 a (vereinfachtes Verfahren bei niedrigem Streitwert) gilt nicht, § 46 Abs. 2 S. 2 ArbGG. Die sonstigen Abweichungen sind bei den einzelnen Paragraphen behandelt.

---

[3] Näher zu den Novellen → Einl. (20. Aufl.) Rdnr. 113 bis 160 (mit Literaturangaben).

[4] Eine **Öffnungsklausel**, die dem Landesgesetzgeber für bestimmte Bereiche die Einführung eines obligatorischen vorgerichtlichen Schlichtungsverfahrens erlauben sollte, enthielt der Entwurf eines Gesetzes zur Vereinfachung des zivilgerichtlichen Verfahrens und des Verfahrens der freiwilligen Gerichtsbarkeit, BT-Drucks. 13/6398, s. auch Beschlußempfehlung und Bericht des Bundestags-Rechtsausschusses, BT-Drucks. 13/11042. Dieses Gesetz kam jedoch in der 13. Legislaturperiode des Bundestags nicht zustande. In dem von der CDU/CSU-Fraktion erneut eingebrachten gleichnamigen Entwurf (BT-Drucks. 14/163) ist die Öffnungsklausel wiederum enthalten. Die derzeitige Bundesjustizministerin *Däubler-Gmelin* kündigte eine Gesetzesinitiative der Bundesregierung »zur Verankerung der obligatorischen außergerichtlichen Streitschlichtung in der ZPO« an, ZRP 1999, 81, 82.

§ 495 [Anzuwendende Vorschriften]

Für das Verfahren vor den Amtsgerichten gelten die Vorschriften über das Verfahren vor den Landgerichten, soweit nicht aus den allgemeinen Vorschriften des ersten Buches, aus den nachfolgenden besonderen Bestimmungen und aus der Verfassung der Amtsgerichte sich Abweichungen ergeben.

Gesetzesgeschichte: Bis 1900 § 456 CPO. Der durch die Novelle 1950 angefügte Abs. 2 aF wurde durch die Vereinfachungsnovelle 1976 aufgehoben, dazu → vor § 495 Rdnr. 6.

I. Die Verfassung der Amtsgerichte	1	2. Besondere Vorschriften im zweiten Abschnitt des zweiten Buches	4
II. Die Abweichungen vom landgerichtlichen Verfahren	2	3. Folgerungen aus der Verfassung der Amtsgerichte	5
1. Besondere Regeln innerhalb der allgemeinen Vorschriften des ersten Buches	3	III. Das arbeitsgerichtliche Verfahren	6

I. Die Verfassung der Amtsgerichte

Den Amtsgerichten stehen **Einzelrichter** vor, § 22 Abs. 1 GVG. Jeder Richter beim Amtsgericht erledigt die ihm obliegenden Dienstgeschäfte als Einzelrichter, § 22 Abs. 4 GVG. Der Amtsrichter vereinigt in sich die Befugnisse des Vorsitzenden und des Gerichts. Wegen der sich daraus ergebenden Folgerungen → Rdnr. 5. In erheblichem Umfang werden Geschäfte des Amtsgerichts durch den **Rechtspfleger** erledigt. Sein Aufgabenbereich (u.a. Entscheidungen im Mahnverfahren, Kostenfestsetzungsverfahren, Zwangsvollstreckungsverfahren) ergibt sich aus dem RechtspflegerG v. 5. XI. 1969, BGBl I 2065 (mit zahlreichen späteren Änderungen). Zur Rechtspflegererinnerung, → Anhang zu § 576; zu beachten ist die Neuregelung durch das Dritte Gesetz zur Änderung des Rechtspflegergesetzes und anderer Gesetze vom 6. VIII. 1998 (BGBl. I 2030), durch das die einem Rechtsmittel vorgeschaltete Durchgriffserinnerung abgeschafft wurde.   1

II. Die Abweichungen vom landgerichtlichen Verfahren

Als wichtige Abweichung des amtsgerichtlichen Verfahrens vom Landgerichtsprozeß ist vor allem das **Fehlen des Anwaltszwangs** vor dem Amtsgericht (abgesehen von den in § 78 Abs. 2 genannten Familiensachen) zu nennen. Außerdem gelten im einzelnen folgende Besonderheiten: 2

1. Besondere Regeln innerhalb der allgemeinen Vorschriften des ersten Buches

Von den allgemeinen Vorschriften des ersten Buches enthalten besondere Regeln für das amtsgerichtliche Verfahren § 45 Abs. 2 (Ablehnung des Richters); § 79 (Vertretung der Partei); § 83 Abs. 2 (Vollmacht für einzelne Prozeßhandlungen); § 87 Abs. 1 (Erlöschen der Vollmacht); § 88 Abs. 2 (Prüfung der Vollmacht); § 90 (Beistand); § 121 Abs. 2 (Prozeßkostenhilfe: Beiordnung eines Anwalts); § 129 Abs. 2 (vorbereitende Schriftsätze); § 163 Abs. 2 (Protokollunterschrift); § 166 Abs. 2, § 168 (Vermittlung der Geschäftsstelle bei Zustellungen); § 217 (Ladungsfrist). – Eine vereinzelte Sondervorschrift enthält z.B. § 924 Abs. 2 S. 3 (Erhebung des Widerspruchs im Arrestverfahren).   3

2. Besondere Vorschriften im zweiten Abschnitt des zweiten Buches

4 Die besonderen Bestimmungen der §§ 496 ff. betreffen folgende Materien:
Vereinfachtes Verfahren und Urteil bei niedrigem Streitwert (§ 495 a);
Einreichung von Schriftsätzen (§ 496);
Terminsbestimmung und Ladung (§ 497);
Zustellung der Klage (§ 498);
Belehrung über schriftliches Anerkenntnis (§ 499);
Hinweispflicht bei Unzuständigkeit (§ 504);
Verweisung bei nachträglicher sachlicher Unzuständigkeit (§ 506);
Erklärung über Urkundenechtheit (§ 510);
Sitzungsprotokoll (§ 510 a);
Verurteilung zur Entschädigung zugleich mit der Verurteilung zur Vornahme einer Handlung (§ 510 b).

3. Folgerungen aus der Verfassung der Amtsgerichte

5 Aus der Verfassung der Amtsgerichte (→ Rdnr. 1) ergeben sich für das Verfahren insofern Abweichungen vom Landgerichtsprozeß, als die **Funktionen des Gerichts und die des Vorsitzenden zusammenfallen.** Die Übertragung der Beweisaufnahme auf einen anderen Richter beim Amtsgericht als beauftragten Richter (§ 355) ist ausgeschlossen, da als Prozeßgericht nur der Richter beim Amtsgericht als Einzelrichter anzusehen ist, nicht das Amtsgericht als Ganzes.

III. Das arbeitsgerichtliche Verfahren

6 Zur Zuständigkeit der Arbeitsgerichte → § 1 Rdnr. 139 ff. Zur Geltung der Vorschriften über das Verfahren vor dem Amtsgericht im Verfahren vor den Arbeitsgerichten → vor § 495 Rdnr. 9. Eine Besonderheit stellt die vor den Arbeitsgerichten obligatorische **Güteverhandlung** dar, näher → § 279 Rdnr. 17 ff. Zu **Vorverfahren** und **Schiedsverfahren**, die für das arbeitsgerichtliche Verfahren Bedeutung haben, → § 279 Rdnr. 26 ff.

§ 495 a [Verfahren und Urteil bei niedrigem Streitwert]

(1) ¹Das Gericht kann sein Verfahren nach billigem Ermessen bestimmen, wenn der Streitwert eintausendzweihundert Deutsche Mark nicht übersteigt. ²Auf Antrag muß mündlich verhandelt werden.

(2) ¹Das Gericht entscheidet über den Rechtsstreit durch Urteil, das keines Tatbestandes bedarf. ²Entscheidungsgründe braucht das Urteil nicht zu enthalten, wenn ihr wesentlicher Inhalt in das Protokoll aufgenommen worden ist.

Gesetzesgeschichte: Eingefügt durch Rechtspflege-Vereinfachungsgesetz vom 17. XII. 1990 (BGBl I 2847). Abs. 1 S. 1 geändert durch Gesetz zur Entlastung der Rechtspflege vom 11. I. 1993 (BGBl I 50).

I. Normzweck	1	IV. Billiges Ermessen und richterliche Verfügung	9
II. Anwendungsbereich hinsichtlich der Verfahrensarten	4	V. Reichweite der Gestaltungsfreiheit	11
III. Die Streitwertgrenze	7		

VI. Schriftliche und mündliche (auch telefonische) Verfahrenselemente	14
VII. Pflicht zur Anberaumung einer mündlichen Verhandlung auf Antrag	16
VIII. Modifizierung der Beweisaufnahme	19
IX. Vereinfachte Abfassung der Urteile	22
1. Weglassen des Tatbestandes	22
2. Weglassen von Entscheidungsgründen im Urteil	24
3. Ausnahmen, insbesondere bei zu erwartender Geltendmachung im Ausland	25
4. Erlaß des Urteils durch Zustellung	26
5. Entscheidung bei Säumnis	28
X. Rechtsmittel	29
XI. Gebühren	30
XII. Arbeitsgerichtliches Verfahren	31

I. Normzweck[1]

Die Frage, ob es sich empfiehlt, für Bagatellsachen ein vereinfachtes Verfahren vorzusehen, läßt den neueren deutschen Gesetzgeber von einem Extrem ins andere fallen. Hatte man noch durch die Vereinfachungsnovelle 1976 das alte (und durchaus bewährte) Schiedsurteil (bis zu einem Streitwert von 50 DM) abgeschafft, kehrte mit dem Rechtspflege-Vereinfachungsgesetz[2] des Jahres 1990 in Form des § 495 a eine inhaltlich vergleichbare Vorschrift wieder, die aber mit einem Streitwert von derzeit (seit dem Rechtspflege-Entlastungsgesetz 1993) bis zu 1 200 DM nicht geradezu auf Bagatellfälle beschränkt ist. Ihr Zweck ist es, den **Verfahrensaufwand** für Gericht und Parteien in einem angemessenen Verhältnis zur wirtschaftlichen Bedeutung des Streits zu halten und dadurch auch ein unverhältnismäßiges **Kostenrisiko** der Parteien zu vermeiden[3]. Dies geschieht zum einen dadurch, daß das Gericht den **Verfahrensablauf** nach billigem Ermessen bestimmen und dadurch gegenüber dem ordentlichen Prozeß vereinfachen kann. Zum anderen wird das Gericht dadurch entlastet, daß das **Urteil** keinen Tatbestand zu enthalten braucht und auch die Entscheidungsgründe nicht im Urteil wiedergegeben werden müssen, wenn ihr wesentlicher Inhalt in das Protokoll aufgenommen wurde.

1

Die **rechtspolitische Bewertung** der Vorschrift ist unterschiedlich[4]. Gerade in neuerer Zeit wurde im Anschluß an rechtstatsächliche Untersuchungen[5] die Gefahr eines Mißbrauchs zu Lasten der Parteirechte stark betont. Der Grundgedanke der Vorschrift erscheint durchaus berechtigt. Bedenklich sind aber zum einen die Erstreckung auf einen Wertbereich, in dem es nicht mehr um echte Bagatellen geht, und zum anderen (jedenfalls nach dem Text der ZPO) der Ausschluß von Rechtsmitteln auch bei schweren Verfahrensverstößen (dazu → Rdnr. 29).

2

---

[1] Lit.: *Bartels* Verfahren nach § 495 a ZPO DRiZ 1992, 106; *Bergerfurth* Das neue »Bagatellverfahren« nach § 495 a ZPO NJW 1991, 961; *Fischer* § 495 a ZPO – eine Bestandsaufnahme des »Verfahrens nach billigem Ermessen« MDR 1994, 978; *Hennrichs* Verfassungswidrigkeit des neuen § 495 a ZPO? NJW 1991, 2815; *Kunze* Das amtsgerichtliche Bagatellverfahren nach § 495 a (1995); *ders.* § 495 a ZPO – mehr Rechtsschutz ohne Zivilprozeßrecht? NJW 1995, 2750; *ders.* Das amtsgerichtliche Bagatellverfahren gemäß § 495 a ZPO und die Subsidiarität des BVerfG NJW 1997, 2154; *Kuschel-Kunze* Minima (non) curat praetor – Das Bagatellverfahren in der amtsgerichtlichen Praxis DRiZ 1996, 193; *Peglau* Säumnis einer Partei und kontradiktorisches Urteil NJW 1997, 2222; *Rottleuthner* Entlastung durch Entformalisierung? Rechtstatsächliche Untersuchungen zur Praxis von § 495 a ZPO und § 313 StPO (1997); *ders.* Umbau des Rechtsstaats? NJW 1996, 2473; *Städing* Anwendung des § 495 a in der Praxis NJW 1996, 691; *ders.* Eine Empfehlung für das vereinfachte Verfahren nach § 495 a ZPO DRiZ 1997, 209; *Stollmann* Zur Verfassungsmäßigkeit des neuen § 495 a ZPO NJW 1991, 1719; *Wollschläger* Bagatelljustiz? Eine rechtshistorische, rechtsvergleichende und empirische Untersuchung für die Einführung des vereinfachten Verfahrens am Amtsgericht, in: Blankenburg/Leipold/Wollschläger (Hrsg.) Neue Methoden im Zivilverfahren (1991), 13 ff.

[2] Die Vorschrift stammt aus dem Gesetzentwurf des Bundesrates, s. BT-Drucks. 11/4155, S. 4 (Text), 10 f. (Begr.), den sich der Bundestags-Rechtsausschuß entgegen dem Votum der Bundesregierung zu eigen machte, s. BT-Drucks. 11/8283, S. 48. Dabei wurde Abs. 2 S. 2 durch die Beschränkung auf den *wesentlichen Inhalt* der Entscheidungsgründe geändert.

[3] S. Begr. BT-Drucks. 11/4155, S. 10 f.

[4] Krit. z. B. *Redeker* NJW 1996, 1870; *Huff* DRiZ 1996, 346.

[5] *Rottleuthner* (Fn. 1).

3   Über eine rechtspolitische Kritik hinausgehend ist Abs. 2 in der Literatur zum Teil geradezu als **verfassungswidrig** bewertet worden, so hinsichtlich des hier zugelassenen Wegfalls des Tatbestands[6] oder hinsichtlich des Ersatzes der Entscheidungsgründe durch eine auf die wesentlichen Gründe beschränkte Wiedergabe im Protokoll[7]. Doch wird man, jedenfalls bei verfassungskonformer Handhabung, in diesen auf Entlastung von Schreibarbeit abzielenden Regeln keinen Verstoß gegen die rechtsstaatlichen Anforderungen an das Verfahren zu sehen haben. Voraussetzung ist allerdings, daß das Parteivorbringen aus den Akten hinreichend klar rekonstruierbar ist und die Wiedergabe der wesentlichen Gründe im Protokoll hinreichend Substanz hat und sich nicht auf formelhafte Wendungen beschränkt.

II. Anwendungsbereich hinsichtlich der Verfahrensarten

4   Wie sich aus dem Standort der Vorschrift ergibt, ist § 495 a nur im Verfahren vor den **Amtsgerichten** anzuwenden[8]. Eine analoge Anwendung vor dem Landgericht, wenn der Streitwert unter 1 200 DM liegt, erscheint angesichts des klar zum Ausdruck gekommenen Willens des Gesetzgebers nicht vertretbar.

5   Ob es sich um einen **vermögensrechtlichen** oder einen **nicht vermögensrechtlichen** Rechtsstreit handelt, spielt keine Rolle[9]. In Ehesachen (§ 608) und Folgesachen (§ 624 Abs. 3) ist § 495 a nicht anwendbar. Dasselbe gilt für die Familiensachen nach § 621 Abs. 1 Nr. 8 (§ 621 b) und nach § 621 Abs. 1 Nr. 1 bis 3, 6, 7 und 9 (folgt aus § 621 a Abs. 1). Dagegen ist in den Familiensachen nach § 621 Abs. 1 Nr. 4 und 5 (Unterhaltsklagen) § 495 a an sich anwendbar; doch wird der Streitwert in aller Regel höher liegen.

6   Der Anwendungsbereich des § 495 a beschränkt sich auf das **ordentliche Klageverfahren**[10]. Die Vorschrift gilt dagegen nicht für das Verfahren über Arrest oder einstweilige Verfügungen, für das Mahnverfahren, das Prozeßkostenhilfeverfahren und den Urkunden-, Wechsel- und Scheckprozeß. Diese Verfahren sind durch besondere Regeln gekennzeichnet, die ohnehin auf Beschleunigung und Vereinfachung abzielen. Auch der frühere § 510 c wurde so verstanden[11], daß sich seine Anwendbarkeit auf das ordentliche Klageverfahren beschränkt. Weder der Wortlaut des § 495 a noch die Gesetzesmaterialien geben Hinweise darauf, daß der Gesetzgeber des Jahres 1990 insoweit etwas anderes anstrebte.

III. Die Streitwertgrenze

7   Das Verfahren nach § 495 a ist nur zulässig, wenn der Streitwert 1 200 DM nicht übersteigt. Die Bemessung des Streitwerts richtet sich nach den §§ 2 ff. Das Gericht ist nicht berechtigt, an Stelle der Anwendung einer Streitwertvorschrift den Wert nach freiem Ermessen festzusetzen und etwa auf diese Weise unter die Anwendungsgrenze des § 495 a zu gelangen[12]. Gemäß § 4 Abs. 1 ist dabei hinsichtlich der Wertberechnung auf den Zeitpunkt der Einreichung der Klage abzustellen[13]. Anders ist es, wenn sich der **Streitgegenstand nachträglich ändert**, insbesondere durch teilweise Klagerücknahme oder durch Klageerweiterung,

---

[6] So *Stollmann* NJW 1991, 1719, 1721. Für Verfassungsmäßigkeit *LG Berlin* Grundeigentum 1992, 555; *Hennrichs* NJW 1991, 2815; *Kunze* (Fn. 1), 209.

[7] Für Verfassungswidrigkeit, soweit die Entscheidungsgründe über § 313 Abs. 3 hinaus weiter begrenzt werden dürfen, *Kunze* (Fn. 1), 228.

[8] Ebenso *Bergerfurth* NJW 1991, 961. De lege ferenda für eine Ausdehnung auf das landgerichtliche Verfahren *Pasker* ZRP 1991, 417.

[9] Ebenso *Bergerfurth* NJW 1991, 961;

[10] *Bergerfurth* NJW 1991, 961, 962; *Kunze* (Fn. 1), 74 ff. – A.M. *Zöller-Herget*[21] Rdnr. 4; *Musielak-Wittschier* Rdnr. 1.

[11] *Stein-Jonas-Schumann-Leipold*, 19. Aufl., § 510 c Anm. II 1.

[12] *LG Hildesheim* WuM 1996, 716 (zu § 9).

[13] Ebenso *Zöller-Herget*[21] Rdnr. 3. – A.M. *Bergerfurth* NJW 1991, 961, 962, der den Zeitpunkt der Klagezustellung für maßgebend hält.

Klageänderung oder nachträgliche Klagehäufung. In diesen Fällen kann das vereinfachte Verfahren nachträglich zulässig oder unzulässig werden[14].

Bei **Widerklage** findet keine Addition statt, § 5, 2. Halbs.; erst wenn die Widerklage für sich über der Streitwertgrenze liegt, ist § 495 a unanwendbar. Durch **Aufrechnung** wird der Streitwert nicht erhöht. In solchen Fällen kann es aber aufgrund des wirtschaftlich höheren Interesses der Parteien angezeigt sein, im Rahmen des eingeräumten Ermessens auf eine Anwendung des § 495 a zu verzichten[15]. 8

IV. Billiges Ermessen und richterliche Verfügung

Der Richter ist keinesfalls genötigt, bei niedrigen Streitwerten vom Normalverfahren abzuweichen. Bei sachgemäßer und an den Besonderheiten des Einzelfalles orientierter Anwendung bieten schon die allgemeinen Vorschriften über den frühen ersten Termin oder das schriftliche Vorverfahren in Verbindung mit den vielfältigen Möglichkeiten zur Fristsetzung erhebliche Gestaltungsspielräume. Ob der Richter eine vom Regelprozeß abweichende Verfahrensgestaltung vornimmt, hängt nicht von einem Antrag der **Parteien** ab, doch können diese (z.B. der Kläger in der Klageschrift) **Anregungen** geben. Im Rahmen des ihm eingeräumten billigen Ermessens hat der Richter zwischen dem Verfahrensaufwand sowohl für die Parteien als auch für das Gericht und dem zu erwartenden Nutzen der Verfahrensgestaltung **abzuwägen**. Dabei darf auch die Höhe des Streitwerts berücksichtigt werden, so daß sich z.B. bei »echten« Bagatellen eine besonders gestraffte Verfahrensgestaltung empfiehlt. 9

Soweit das Gericht von seinem Ermessen Gebrauch macht und die gesetzlichen Verfahrensregeln (innerhalb der bestehenden Grenzen, → Rdnr. 11 ff.) modifiziert, muß es die **Parteien darauf hinweisen**, am besten in einer gleich zu Beginn des Verfahrens zu erlassenden Verfügung[16]. Keinesfalls dürfen die Parteien durch derartige vom Gericht geschaffene Verfahrensmodifizierungen überrascht werden; dies würde regelmäßig auf eine Verletzung des Rechts auf Gehör oder des Rechts auf faire Verfahrensgestaltung hinauslaufen. 10

V. Reichweite der Gestaltungsfreiheit

Bei näherer Betrachtung erweist sich die dem Richter eingeräumte Gestaltungsfreiheit als auf einige (allerdings wichtige) Aspekte begrenzt. § 495 a erlaubt nicht etwa, das Verfahrensrecht als ganzes zu modifizieren und durch andersartige Regeln zu ersetzen. Wie auch in der Formulierung »sein Verfahren ... bestimmen« zum Ausdruck kommt, geht es um den **Verfahrensablauf in einem engeren Sinne**, also in erster Linie um die Art und Weise, wie die Verhandlung der Parteien und die Durchführung der Beweisaufnahme gestaltet wird, sowie um die in Abs. 2 besonders geregelte Abfassung der Urteile. Dies sind auch die in der Gesetzesbegründung besonders angesprochenen Punkte[17]. 11

Dagegen erlaubt es § 495 a nicht, von den **Sachentscheidungsvoraussetzungen** oder den Prozeßhandlungsvoraussetzungen abzuweichen, und auch die Dispositionsmöglichkeiten der Parteien bleiben unberührt. Dasselbe hat für die Entscheidungsformen zu gelten, wie auch Abs. 2 im Wege des Umkehrschlusses bestätigt. 12

Aber auch die richterliche Freiheit zur Gestaltung des Verfahrensablaufs ist insofern begrenzt, als die rechtsstaatlichen Erfordernisse des Verfahrens, insbesondere der **Anspruch** 13

---

[14] Ebenso *Bergerfurth* NJW 1991, 961, 962; *Zöller-Herget*[20] Rdnr. 3.
[15] Dies empfiehlt auch *Zöller-Herget*[21] Rdnr. 5.
[16] Praktische Empfehlungen für eine solche Verfügung bzw. Verfahrensordnung geben *Bartels* DRiZ 1992, 106; *Fischer* MDR 1994, 978, 983; *Kuschel-Kunze* DRiZ 1996, 193, 195; *Städing* DRiZ 1997, 209, 210 f.
[17] BT-Drucks. 11/4155, S. 10 f.

auf rechtliches Gehör (→ vor § 128 Rdnr. 9 ff.) sowie die Gleichheit vor dem Richter und der Anspruch auf faires Verfahren (→ vor § 128 Rdnr. 62 ff.) voll gewahrt werden müssen. So ist z.B. das Recht auf Gehör verletzt, wenn eine Frist gesetzt und dann bereits vor deren Ablauf entschieden wird[18], wenn die Mitteilung über die Anordnung schriftlichen Verfahrens erst nach Erlaß des Urteils erfolgt[19], wenn einer Partei keine Gelegenheit zur Stellungnahme zu einem Schriftsatz des Gegners mit relevantem Vorbringen gegeben wird[20], wenn in rechtlich unhaltbarer Weise eine Zurückweisung von Vorbringen erfolgt[21] oder wenn sonst erheblicher Vortrag einer Partei vom Gericht nicht zur Kenntnis genommen wurde[22]. – Erst recht gestattet § 495 a keine Abweichung vom materiellen Recht oder von den Beweislastregeln.

VI. Schriftliche und mündliche (auch telefonische) Verfahrenselemente

14 Im Bereich des § 495 a ist der Richter über die sonst bestehenden Grenzen (§ 128 Abs. 2 und 3) hinaus befugt, ein **schriftliches Verfahren** anzuordnen. Er kann den Parteien auch Fristen setzen, z.B. zur schriftlichen Klagerwiderung oder auch im späteren Verlauf des Verfahrens zur Stellungnahme zu einzelnen Punkten. Stets muß aber den Parteien die Verfahrensgestaltung klar mitgeteilt werden. Dabei erscheint es unumgänglich, ebenso wie in § 128 Abs. 3 den Zeitpunkt festzusetzen, bis zu dem Schriftsätze eingereicht werden können und der dem Schluß der mündlichen Verhandlung entspricht. Bei Fristsetzungen ist auf einen mit der Versäumung der Frist verbundenen Ausschluß von Vorbringen besonders hinzuweisen; andernfalls wäre das Recht auf Gehör verletzt. Ein Ausschluß von Vorbringen, ohne daß die gesetzlichen Voraussetzungen dafür vorliegen, ist auch im Verfahren nach § 495 a nicht zulässig[23].

15 Nicht ausgeschlossen erscheint (vor allem im unteren Streitwertbereich) auch eine **telefonische Verfahrensabwicklung,** wenn eine Konferenzschaltung unter Einbeziehung beider Parteien möglich ist oder etwa eine Partei vor Gericht anwesend ist und die andere telefonisch einbezogen werden kann. Bei einer Aufspaltung in bloße Zweier-Gespräche zwischen dem Richter und jeweils einer Partei kann die Wahrung des Rechts auf Gehör Schwierigkeiten bereiten. Werden, was denkbar erscheint, zu bestimmten Punkten Stellungnahmen der Parteien telefonisch eingeholt, so muß jeweils auf Information der anderen Seite geachtet werden, soweit die Äußerung etwas Neues enthält.

VII. Pflicht zur Anberaumung einer mündlichen Verhandlung auf Antrag

16 Nach Abs. 1 S. 2 ist das **Gericht verpflichtet,** eine mündliche Verhandlung anzuberaumen, wenn eine Partei dies **beantragt.** Diese Regelung wurde vorgesehen, um der Garantie einer öffentliche Verhandlung vor Gericht durch Art. 6 Abs. 1 der Europäischen Menschenrechtskonvention (→ vor § 128 Rdnr. 114 ff.) Rechnung zu tragen[24].

17 Über den **Zeitpunkt des Antrags** sagt das Gesetz nichts aus. Das Gericht kann dafür eine Frist setzen oder bestimmen, daß der Antrag in der Klageerwiderung zu stellen ist. Wenn keine solche Verfahrensgestaltung erfolgt, wird der Antrag zu beachten sein, bis ein vom

---

[18] *BVerfG* NJW-RR 1994, 254.
[19] *BVerfG* NJW-RR 1994, 254.
[20] *LG Duisburg* NJW-RR 1997, 1490, 1491.
[21] *BVerfG* NJW 1993, 1319.
[22] *LG Hildesheim* WuM 1996, 716.
[23] *BVerfG* NJW 1993, 1319.

[24] Gegen den früheren § 510 c, der keine solche Regelung enthielt, waren im Hinblick auf Art. 6 EMRK Bedenken erhoben worden, die man nur mit Mühe im Hinblick auf den (damaligen) echten Bagatellcharakter überwinden konnte, s. *Stein-Jonas-Schumann-Leipold,* 19. Aufl., § 510 c Anm. I 2.

Gericht allgemein für das Parteivorbringen gesetzter Schlußzeitpunkt verstrichen oder (wenn auch dies nicht geschehen ist) bis das Urteil erlassen ist.

Wird trotz Antrags **keine mündliche Verhandlung anberaumt**, so liegt darin, wenn der Antragsteller auf diese Weise keine hinreichende Gelegenheit zur Äußerung erhält, eine Verletzung des Rechts auf Gehör, die auch ohne Erreichung der Berufungssumme zur Zulässigkeit der Berufung führt[25], → Rdnr. 29. 18

VIII. Modifizierungen der Beweisaufnahme

Ein Hauptzweck der Vorschrift liegt darin, die **Beweiserhebung** zu **vereinfachen** und gerade dabei unverhältnismäßige Kosten zu vermeiden. Der Richter kann daher über die sonst bestehenden Möglichkeiten hinaus schriftliche Zeugenaussagen einholen und sich an andere Gerichte und Behörden mit der Bitte um Auskunft wenden. Auch eine **telefonische** Einholung von Auskünften oder eine telefonische Befragung eines Zeugen erscheint nicht ausgeschlossen, doch ergeben sich dabei die oben → Rdnr. 15 erwähnten Probleme bei der Wahrung des rechtlichen Gehörs[26]. Ob es zulässig ist, sich im Wege einer schriftlichen Vernehmung an Personen zu wenden, die von den Parteien nicht als Zeugen benannt wurden[27], und auf diese Weise von den durch den Beibringungsgrundsatz gezogenen Grenzen abzuweichen, erscheint dagegen zweifelhaft. Der Zweck der Vorschrift ist es nicht etwa, den Untersuchungsgrundsatz einzuführen, und derartiges Vorgehen würde auch kaum zu der angestrebten Vereinfachung des Verfahrens beitragen. Daher rechtfertigt es § 495 a auch nicht, etwa Beweis über Tatsachen zu erheben, die vom Gegner nicht bestritten oder gar zugestanden wurden. Bei streitigen Tatsachen erscheint es dagegen zulässig, die Parteien unabhängig von den Regeln der Parteivernehmung zu Stellungnahmen aufzufordern und diese bei der Tatsachenfeststellung zu verwerten. 19

Wird ein **Sachverständigengutachten** eingeholt, so gelten auch im vereinfachten Verfahren die Vorschriften über die Ablehnung wegen Besorgnis der Befangenheit, und bei der Entscheidung über die sofortige Beschwerde gegen die Zurückweisung eines Ablehnungsantrags (§ 406 Abs. 5) ist die Überprüfung nicht auf Ermessensfehler zu beschränken[28]. 20

Neben der Gestaltungsfreiheit hinsichtlich der Art und Weise der Beweisaufnahme ist aber § 495 a auch so zu verstehen, daß der **Umfang der Beweisaufnahme** stärker begrenzt werden kann als im Normalverfahren. Vor allem erlaubt es die Vorschrift, auf eine aufwendige Beweisaufnahme, z. B. durch Sachverständigengutachten, zu verzichten, wenn deren Kosten außer Verhältnis zum Streitwert stehen, und statt dessen etwa aufgrund der vorliegenden Parteistellungnahmen und formlos eingeholter Auskünfte zu entscheiden. Dies wird vor allem bei echten Bagatellfällen in Betracht kommen. Am Erfordernis der richterlichen Überzeugung (→ § 286 Rdnr. 1 ff.) aufgrund freier Beweiswürdigung ist aber auch im Rahmen des § 495 a festzuhalten. Eine bloße Glaubhaftmachung genügt nicht[29]. 21

---

[25] LG Hannover NJW-RR 1994, 1088.
[26] Dies hebt *Zöller-Herget*[21] Rdnr. 10 unter Hinweis auf die Vorteile eines Termins zur Beweisaufnahme vor dem Prozeßgericht hervor.
[27] Die Gesetzesbegründung (BT-Drucks. 11/4155, S. 11) spricht davon, das Gericht könne von den Parteien nicht benannte Auskunftspersonen befragen.
[28] A.M. *LG Baden-Baden* NJW-RR 1994, 1088.

[29] Dies wird auch in der Gesetzesbegründung (BT-Drucks. 11/4155 S. 11) betont. Wenn es dort weiter heißt, das Gericht müsse »alle Erkenntnisquellen ausschöpfen, die zur Bildung seiner Überzeugung (§ 286 Abs. 1) erforderlich sind«, bleibt von der zugleich angestrebten freieren Stellung (keine Bindung an die Beweisanträge der Parteien, so die Begr. aaO) wohl doch zu wenig übrig.

IX. Vereinfachte Abfassung der Urteile

1. Weglassen des Tatbestandes

22   Nach Abs. 2 S. 1 kann das Gericht auf die Abfassung eines Urteilstatbestandes verzichten. Dazu bedarf es keines Verzichts der Parteien. Dasselbe ist allerdings auch schon nach § 313a Abs. 1 S. 1 (seit der Änderung dieser Vorschrift im Jahre 1993, → § 313a Rdnr. 1) zulässig, sofern gegen das Urteil unzweifelhaft kein Rechtsmittel eingelegt werden kann. § 495a Abs. 2 S. 1 enthält diese Einschränkung nicht ausdrücklich, aber doch wohl deshalb, weil der Gesetzgeber davon ausging, daß die hier erfaßten Urteile grundsätzlich wegen Nichterreichens der Berufungssumme **nicht anfechtbar** sind. Soweit bei Urteilserlaß bereits erkennbar ist, daß gleichwohl eine **Anfechtung möglich** ist, sollte man analog § 313a Abs. 1 S. 1 auch die Anfertigung eines Tatbetandes für geboten erachten. Dies gilt vor allem[30], wenn das Amtsgericht in einem Prozeß über **Wohnungsmiete** bewußt von einer Entscheidung eines OLG oder des BGH abweicht, so daß § 511a Abs. 2 die Berufung ohne Erreichen der Berufungssumme eröffnet.

23   Im übrigen erscheint, auch aus verfassungsrechtlichen Gründen (→ Rdnr. 24), das Weglassen des Tatbestands nur dann akzeptabel, wenn sich, ungeachtet der aufgrund Abs. 1 etwa vorgenommenen Verfahrensvereinfachungen, das Parteivorbringen hinreichend klar aus den Prozeßakten entnehmen läßt.

2. Weglassen von Entscheidungsgründen im Urteil

24   Nach Abs. 2 S. 2 braucht das Urteil selbst keine Entscheidungsgründe zu enthalten, wenn deren wesentlicher Inhalt im Protokoll festgehalten ist. Es geht also anders als bei § 313a Abs. 1 S. 2 (bei Verzicht der Parteien) nicht darum, daß sich das Gericht die Formulierung der Entscheidungsgründe ersparen kann, sondern um den eher technischen Vorteil, daß diese gleich in das Protokoll aufgenommen werden können. Was den Umfang angeht, so erlaubt die in Abs. 2 S. 2 vorgesehene Beschränkung auf die »wesentlichen« Gründe kaum eine weitergehende Verkürzung als sie auch schon § 313 Abs. 3, jedenfalls bei konsequenter Handhabung, ermöglicht[31]. Auch zu den wesentliche Gründen i.S.v. Abs. 2 S. 2 gehören die maßgebenden Erwägungen sowohl in rechtlicher wie auch tatsächlicher Hinsicht, während bloß formelhafte Wendungen nicht genügen. Es muß, wie das *BVerfG*[32] formuliert, wie bei jedem Urteil eine **rational nachvollziehbare Begründung** gegeben werden, und wenn dies selbst bei Abweichung von der höchstrichterlichen Rechtsprechung nicht geschieht, so liegt darin ein Verstoß gegen das verfassungsrechtliche Willkürverbot.

3. Ausnahmen, insbesondere bei zu erwartender Geltendmachung im Ausland

25   § 495a Abs. 2 enthält zwar ausdrücklich keine dem § 313a Abs. 2 entsprechenden Anwendungsschranken. Da aber die Gründe, die in den dort geregelten Fällen gegen den Erlaß eines Urteils ohne Tatbestand und Entscheidungsgründe sprechen, auch in den Fällen des § 495a gelten, sollte man § 313a Abs. 2 analog anwenden[33]. Praktisch wird dies vor allem bei Urteilen in Betracht kommen, deren Geltendmachung im Ausland zu erwarten ist,

---

[30] A.M. *LG Berlin* Grundeigentum 1992, 555.
[31] Krit. zur Bedeutung des Abs. 2 S. 2 auch *Zöller-Herget*[21] Rdnr. 13.
[32] *BVerfG* NJW 1995, 2911,

[33] *Zöller-Herget*[21] Rdnr. 14 empfiehlt bei Urteilen mit Auslandsbezug die Nichtanwendung des § 495a Abs. 2, hält sie aber nicht für unzulässig.

§ 313a Abs. 2 Nr. 4. Hier ist analog § 313a Abs. 2 Nr. 4 S. 2 auch ein Recht auf eine nachträgliche Vervollständigung des Urteils anzuerkennen.

4. Erlaß des Urteils durch Zustellung

Für den Erlaß des Urteils enthält zwar Abs. 2 keine besondere Regel, doch kann das Gericht in Ausübung seines Ermessens nach Abs. 1 die sonst (grundsätzlich auch bei schriftlichem Verfahren, → vor § 128 Rdnr. 104 f.) erforderliche Verkündung des Urteils durch die Zustellung ersetzen[34], so wie dies § 310 Abs. 3 für Anerkenntnis- und Versäumnisurteile ohne mündliche Verhandlung vorsieht. Dies muß aber besonders zum Ausdruck gebracht werden, da über den Erlaß des Urteils Klarheit herrschen muß.

Die **Berufungsfrist** (soweit eine Berufung überhaupt zulässig ist, → Rdnr. 29) beginnt nur zu laufen, wenn auch das Protokoll, in dem die Entscheidungsgründe enthalten sind, zugestellt wurde, → § 516 Rdnr. 4. Ist dies geschehen, so wird die Berufungsfrist auch dann in Lauf gesetzt, wenn das Gericht wegen fehlerhafter Bestimmung des Streitwerts zu Unrecht § 495a angewandt hat[35].

5. Entscheidung bei Säumnis

Wird schriftliches Verfahren angeordnet, so ist für die Anwendung der §§ 330 ff. kein Raum; vielmehr ergeht, auch wenn eine Partei sich nicht oder nicht fristgerecht äußert, kontradiktorisches Urteil[36], → § 128 Rdnr. 96. Wenn dagegen eine mündliche Verhandlung anberaumt wurde, und eine Partei säumig ist, kann nach den allgemeinen Regeln nur Versäumnisurteil (§§ 330 ff.) oder Entscheidung nach Aktenlage unter den Voraussetzungen des § 331a erlassen werden. Anders ist es nur, wenn das Gericht den Parteien zuvor mitgeteilt hat[37], daß es auch bei Säumnis einer oder beider Parteien ein kontradiktorisches Urteil zu erlassen beabsichtigt. Andernfalls würden die Parteien, die von der Statthaftigkeit des Einspruchs nach Versäumnisurteil ausgehen dürfen, unzulässig überrascht und das Recht auf Gehör verletzt.

X. Rechtsmittel

Die Berufung gegen ein im vereinfachten Verfahren erlassenes Endurteil ist bei Nichterreichen der Berufungssumme unzulässig (§ 511a Abs. 1), soweit nicht § 511a Abs. 2 eingreift (→ dazu Rdnr. 22). Jedoch ist in **analoger Anwendung des § 513 Abs. 2** die Berufung auch ohne Erreichen der Berufungssumme als zulässig anzusehen (→ auch vor § 128 Rdnr. 54), wenn ohne mündliche Verhandlung entschieden und der **Anspruch auf rechtliches Gehör** (Art. 103 Abs. 1) verletzt wurde[38] (Beispiele → Rdnr. 13). Wenngleich der entgegengesetzte Standpunkt[39] aufgrund des anhaltenden Schweigens des Gesetzgebers nicht abwegig erscheint, so sollte doch allgemein auf diese Linie eingeschwenkt werden, nachdem auch

---

[34] Auch nach *Zöller-Herget*[21] Rdnr. 12; *MünchKommZPO-Deubner* Rdnr. 46; *Fischer* MDR 1994, 982 muß das Urteil nicht verkündet werden.

[35] *LG Berlin* Grundeigentum 1994, 405.

[36] Vgl. *LG Essen* NJW-RR 1993, 576.

[37] Dies verlangt auch *Zöller-Herget*[21] Rdnr. 12. Anders wohl *AG Ahrensburg* NJW 1996, 2516, das den Erlaß eines kontradiktorischen Urteils im Säumnisfall für zulässig hält, ohne auf eine vorherige Mitteilung dieser Verfahrensgestaltung abzustellen. – Generell gegen die Möglichkeit, im vereinfachten Verfahren statt eines Versäumnisurteils ein kontradiktorisches Urteil zu erlassen, *Peglau* NJW 1997, 2222.

[38] *LG Essen* NJW-RR 1993, 576; *LG Köln* MDR 1993, 906; *LG Hannover* NJW-RR 1994, 1088; *LG Duisburg* (21. Zivilkammer) NJW-RR 1997, 1490; *Baumbach-Lauterbach-Hartmann*[57] Rdnr. 30; *Musielak-Wittschier* Rdnr. 11.

[39] *LG Duisburg* (22. Zivilkammer) NJW-RR 1997, 317; *Grunsky* → § 513 Rdnr. 20.

das *BVerfG*[40] erklärt hat, daß es diese Ansicht für verfassungsrechtlich naheliegend, ja sogar für verfassungsrechtlich geboten[41] hält, und aufgrund der Subsidiarität der Verfassungsbeschwerde verlangt, daß vor Erhebung einer Verfassungsbeschwerde jedenfalls versucht wird, die Verfassungsverletzung im Wege der Berufung geltend zu machen. Angesichts dessen ist eine unterschiedliche Behandlung von Gericht zu Gericht, ja von Kammer zu Kammer desselben Gerichts, den Parteien nicht mehr zuzumuten.

XI. Gebühren

30 Auch bei Entscheidung ohne mündliche Verhandlung erhält der Rechtsanwalt nach § 35 BRAGO[42] dieselben Gebühren wie im Verfahren mit mündlicher Verhandlung, insbesondere die Verhandlungsgebühr. Für die Gerichtsgebühren gilt nichts Besonderes; auch der Erlaß eines Urteils ohne Tatbestand und Entscheidungsgründe führt nicht zu einer Ermäßigung.

XII. Arbeitsgerichtliches Verfahren

31 § 46 Abs. 2 S. 2 ArbGG schließt die Anwendung des § 495 a im arbeitsgerichtlichen Verfahren ausdrücklich aus. Es kann daher auch bei niedrigen Streitwerten weder das Verfahren nach billigem Ermessen gestaltet werden noch kann im Urteil auf Tatbestand und Entscheidungsgründe verzichtet werden[43].

§ 496 [Einreichung von Schriftsätzen; Erklärungen zu Protokoll]

Die Klage, die Klageerwiderung sowie sonstige Anträge und Erklärungen einer Partei, die zugestellt werden sollen, sind bei dem Gericht schriftlich einzureichen oder mündlich zum Protokoll der Geschäftsstelle anzubringen.

Gesetzesgeschichte: Bis 1900 § 457 CPO. Änderungen durch die Novelle 1909, die Novelle 1924 und das Gesetz vom 9. VII. 1927 bzw. die in dessen Ausführung ergangene VO vom 30. XI. 1927. Durch die Vereinfachungsnovelle 1976 wurden Abs. 1, 3 und 4 aF aufgehoben, Abs. 2 aF wurde zum einzigen Absatz.

I. Geltung des § 270 für Zustellungen, Mitteilungen und Fristwahrung
II. Zulässigkeit der Erklärung zu Protokoll
III. Arbeitsgerichtliches Verfahren

I. Geltung des § 270 für Zustellungen, Mitteilungen und Fristwahrung

1 Während bis zur Vereinfachungsnovelle 1976 die Zustellung für das amtsgerichtliche Verfahren noch in § 496 Abs. 1, 3 u. 4 geregelt war, gelten seither dieselben Bestimmungen wie für das landgerichtliche Verfahren, nämlich für die **Zustellung von Amts wegen** § 270 Abs. 1, für die Frage, ob **Zustellung oder formlose Mitteilung** erforderlich ist, § 270 Abs. 2 und für

---

[40] *BVerfG* NJW 1997, 1301. Wird die Berufung eingelegt und teilt das Gericht sodann mit, daß das Rechtsmittel unzulässig ist, so beginnt aber damit nach *BVerfG* NJW 1997, 1228 auch bereits die Frist für die Verfassungsbeschwerde zu laufen (nicht erst mit der später erfolgten Rücknahme der Berufung). Zu diesen Entscheidungen *Kunze* NJW 1997, 2154.

[41] *BVerfG* NJW 1999, 1176, 1177 (Nichtannahmebeschluß).

[42] In der Fassung des Kostenrechtsänderungsgesetzes 1994, wodurch die früher sehr umstrittene Frage geklärt wurde.

[43] *Grunsky* ArbGG[7] § 46 ArbGG Rdnr. 33.

die **Fristwahrung** bzw. die Unterbrechung der Verjährung § 270 Abs. 3. Zu allen Einzelheiten → § 270.

II. Zulässigkeit der Erklärung zu Protokoll

Nach § 496 hat die Partei bei der Klage und allen sonstigen Anträgen und Erklärungen, die zugestellt werden müssen, die **Wahl zwischen der Einreichung** (dazu → vor § 128 Rdnr. 189 ff.) **eines Schriftsatzes** (zur Beifügung von Abschriften → § 133) **und der Erklärung zum Protokoll der Geschäftsstelle**. Beide Möglichkeiten hat das Gericht auch dann einzuräumen, wenn es gemäß § 129 Abs. 2 den Parteien die Vorbereitung der mündlichen Verhandlung durch Schriftsätze aufgibt, → § 129 Rdnr. 39.

Die Regelung ist zwar auf den Parteiprozeß zugeschnitten, gilt aber **auch bei anwaltlicher Vertretung** und ebenso in den Fällen des Anwaltszwangs vor dem Amtsgericht (Familiengericht, § 78 Abs. 2), nicht dagegen (obwohl dort kein Anwaltszwang herrscht, → § 78 Rdnr. 28) in Wiedergutmachungssachen vor dem Landgericht[1].

Bei den Schriftsätzen und Erklärungen, die nach § 270 Abs. 2 lediglich formlos mitzuteilen sind, gilt im amtsgerichtlichen Verfahren ebenfalls § 496. Die Vorschrift muß erst recht für diejenigen Erklärungen gelten, die *an das Gericht oder die Geschäftsstelle gerichtet werden*, namentlich alle Gesuche, über die ohne mündliche Verhandlung entschieden werden kann, → § 128 Rdnr. 14 ff.

Näher über die **Erklärung zu Protokoll** → § 129 a sowie → § 159 Rdnr. 4 ff. Zum Mahnverfahren → § 702. Klagen und Klageerwiderungen sollen durch den *Rechtspfleger*[2] aufgenommen werden, § 24 Abs. 2 Nr. 2 RPflG, ebenso Rechtsbehelfe, sofern sie gleichzeitig begründet werden, § 24 Abs. 2 Nr. 1 RPflG, sowie andere nach Schwierigkeit und Bedeutung vergleichbare Anträge und Erklärungen, § 24 Abs. 2 Nr. 3 RPflG.

Eine Ablehnung der Protokollierung wegen **Unzuständigkeit** des Gerichts ist bei Klagen und Mahnanträgen schon deshalb ausgeschlossen, weil die Wirkung nach § 270 Abs. 3 dadurch vereitelt würde. Die Geschäftsstelle hat im übrigen die Parteien sachdienlich zu beraten. Gemäß § 129 a können die Erklärungen auch zu Protokoll eines **anderen Amtsgerichts** abgeben werden als desjenigen, an das sie gerichtet sind.

Eine Pflicht zur Aufnahme **telefonischer Erklärungen** besteht nicht (→ § 129 a Rdnr. 12), doch sollte man ein über die telefonische Erklärung aufgenommenes Protokoll als wirksam ansehen, → § 159 Rdnr. 8. Auch fristgebundene Erklärungen, wie z. B. der Einspruch (→ § 340 Rdnr. 1), können nicht telefonisch zu Protokoll der Geschäftsstelle abgegeben werden[3]. Folgt man der Gegenansicht, so muß für solche Fälle auch eine Pflicht zur Protokollierung bejaht werden.

III. Arbeitsgerichtliches Verfahren

§ 496 ist gemäß § 46 Abs. 2 S. 1 ArbGG im Verfahren vor den Arbeitsgerichten entsprechend anwendbar, d. h. die Klage usw. kann zu Protokoll der Geschäftsstelle des Arbeitsgerichts als Prozeßgericht angebracht werden. Zur Erklärung vor der Geschäftsstelle eines anderen Arbeitsgerichts (nicht dagegen eines Amtsgerichts) → § 129 a Rdnr. 20 ff.

---

[1] *BGH* LM § 210 BEG 1956 Nr. 22 (die Klage kann nicht zu Protokoll des LG erhoben werden, da § 496 Abs. 2 aF [jetzt § 496] nicht analog in Entschädigungssachen anwendbar ist).

[2] Zur Aufnahme von Erklärungen durch den Rechtspfleger *Müller-Engelmann* Rechtspfleger-Jahrbuch 1988, 342.

[3] *OLG Schleswig* ZIP 1984, 1017 (rechtskräftig, ZIP 1985, 1229) (auch dann unwirksam, wenn Aktenvermerk angefertigt wurde); *Fischer* MDR 1998, 885, 887.

§ 497 [Ladungen]

(1) ¹Die Ladung des Klägers zu dem auf die Klage bestimmten Termin ist, sofern nicht das Gericht die Zustellung anordnet, ohne besondere Form mitzuteilen. ²§ 270 Abs. 2 Satz 2 gilt entsprechend.

(2) ¹Die Ladung einer Partei ist nicht erforderlich, wenn der Termin der Partei bei Einreichung oder Anbringung der Klage oder des Antrages, auf Grund dessen die Terminsbestimmung stattfindet, mitgeteilt worden ist. ²Die Mitteilung ist zu den Akten zu vermerken.

Gesetzesgeschichte: Die Vorschrift wurde durch die Novelle 1909 in die ZPO eingefügt. Änderungen erfolgten durch das Gesetz vom 9. VII. 1927 bzw. die in dessen Ausführung ergangene VO vom 30. XI. 1927, durch die VO vom 17. VI. 1933 sowie die Vereinfachungsnovelle 1976.

I. Bedeutung der Vorschrift	
1. Terminsbestimmung und Ladung von Amts wegen 1	II. Formlose Mitteilung der Ladung an den Kläger 3
2. Vereinfachungen bei der Ladung 2	III. Mitteilung des Termins nach Abs. 2 5

I. Bedeutung der Vorschrift

1. Terminsbestimmung und Ladung von Amts wegen

1 Terminsbestimmung und Ladung wurden durch die Novellengesetzgebung zunächst für das amtsgerichtliche Verfahren, später auch für das landgerichtliche Verfahren dem Amtsbetrieb unterstellt, näher → vor § 166 Rdnr. 4. Seit der Vereinfachungsnovelle 1976, die den § 497 auf den heutigen Text reduzierte, gelten in diesem Bereich für das amtsgerichtliche Verfahren grundsätzlich dieselben Bestimmungen wie für das Verfahren vor dem Landgericht. Die **Termine** werden von Amts wegen bestimmt (§ 216), näher → vor § 214 Rdnr. 3 ff., → § 216 Rdnr. 3 ff. Ein Parteiantrag ist hierzu nur ausnahmsweise erforderlich, → vor § 214 Rdnr. 7. Die **Ladung** zu den Terminen erfolgt ebenfalls von Amts wegen, § 214. Die Ladung ist gemäß § 274 Abs. 1 durch die Geschäftsstelle zu veranlassen, näher → § 274 Rdnr. 1 ff. Zum Teil tritt an die Stelle der Ladung die Bekanntmachung des Termins, → vor § 214 Rdnr. 12. Zu Terminen, die in *verkündeten* Entscheidungen bestimmt sind, bedarf es im allgemeinen keiner Ladung, näher → § 218.

2. Vereinfachungen bei der Ladung

2 § 496 enthält heute nur noch einige Formerleichterungen, deren Geltung auf das amtsgerichtliche Verfahren beschränkt ist. Abs. 1 gestattet dem Gericht, dem **Kläger** die Ladung zum ersten Verhandlungstermin **formlos mitzuteilen.** Etwas weitergehend kann nach Abs. 2 eine **Ladung unterbleiben,** wenn der Termin bereits bei Einreichung der Klage (bzw. des Antrags, der zur Terminsbestimmung Anlaß gab) dem Kläger (bzw. dem Antragsteller) mitgeteilt wurde.

II. Formlose Mitteilung der Ladung an den Kläger

3 Die Ladung ist **von Amts wegen zuzustellen.** Im Interesse der Kostenersparnis ist jedoch im amtsgerichtlichen Verfahren die Zustellung der Ladung **an den Kläger** im Regelfall durch die **formlose Mitteilung** ersetzt, aber nur soweit es sich um den ersten auf die Klage bestimmten Termin handelt. Dies ist deshalb vertretbar, weil der Empfänger aufgrund seiner

Klage mit der baldigen Ladung (soweit kein schriftliches Vorverfahren angeordnet wird) zu rechnen hat. Eine wiederholte Zustellung (bzw. vereinfachte Übermittlung) derselben Ladung ist zulässig, → § 216 Rdnr. 34.

Die formlose Mitteilung der Ladung an den Kläger **gilt** nach Abs. 1 S. 2 i.V. mit § 270 Abs. 2 S. 2 am folgenden bzw. am zweiten Werktag nach Aufgabe zur Post **als bewirkt.** Dies hat Bedeutung für den Säumnisfall (§ 335 Abs. 1 Nr. 2), → § 270 Rdnr. 34, stellt dagegen **keine Vermutung des Zugangs** dar[1], bürdet also nicht etwa dem Kläger die Beweislast für den Nichterhalt bzw. den späteren Erhalt der Ladung auf, → § 270 Rdnr. 33. Wird ein Versäumnisurteil erlassen und bleibt nach Einspruch ungeklärt, ob der Einspruchsführer die formlose Mitteilung erhalten (bzw. rechtzeitig erhalten) hatte, so wird man das Versäumnisurteil iS des § 344 nicht als in gesetzlicher Weise ergangen auffassen dürfen, so daß dem Einspruchsführer keine Kostennachteile entstehen[2]. Um dergleichen zu vermeiden, empfiehlt es sich, eine rückgabepflichtige Empfangsbescheinigung beizufügen[3]. – Die **Einlassungsfrist** ist stets nur dem Beklagten gegenüber zu wahren, → § 274 Rdnr. 7.

4

III. Mitteilung des Termins nach Abs. 2

Nach **Abs. 2** bedarf es der **Ladung** und ebenso der **Bekanntmachung des Termins** (in den → vor § 214 Rdnr. 28 genannten Fällen) **nicht,** wenn die Partei die Klage oder die sonstige Erklärung, die zur Terminsbestimmung Anlaß gibt, **persönlich** (zur Zulässigkeit der Vertretung → Rdnr. 7) **einreicht** oder zu Protokoll erklärt und ihr dabei, d. h. bevor sie sich von der Gerichtsstelle entfernt hat, der Termin mitgeteilt worden ist.

5

Für den **Gegner** gilt § 497 Abs. 2 nicht[4]. Die Vorschrift kann auch nicht auf den Fall ausgedehnt werden, daß die Partei **bei späterer Gelegenheit** wieder an der Gerichtsstelle erscheint[5]. Die Zustellung der Ladung kann aber dann gemäß § 212 b durch Aushändigung erfolgen. Die Mitteilung nach § 497 Abs. 2 kann auch **mündlich** erfolgen, wenngleich sich dies wenig empfiehlt. Sie muß aber **in den Akten vermerkt werden,** d. h. in einer Form beurkundet sein, die im Fall der Säumnis den Beweis der Mitteilung erbringt. Dies erfordert eine vom mitteilenden Richter oder Urkundsbeamten zu unterschreibende Notiz. Mit dem Termin ist die etwa verfügte Abkürzung der Ladungsfrist mitzuteilen, § 226 Abs. 3. Auch diese Mitteilung ist in den Akten zu vermerken.

6

Der Partei steht gleich derjenige gesetzliche oder bevollmächtigte **Vertreter,** an den die Ladung sonst nach §§ 171, 176 (→ dort Rdnr. 17 ff.)[6] zuzustellen wäre, nicht aber ein *Bote* der Partei oder des Vertreters; denn die gerichtlichen Mitteilungen können auch formlos nur an dieselben Personen gerichtet werden, an die sie andernfalls zugestellt werden müßten[7]. Ist das *persönliche Erscheinen der Partei* angeordnet, so genügt die Mitteilung an den Prozeßbevollmächtigten nicht, § 141 Abs. 2 S. 2.

7

Abs. 2 gilt auch für den **Nebenintervenienten.** Wegen der Ladung von *Zeugen* s. § 377 Abs. 1 S. 2 und → § 377 Rdnr. 1 ff.

8

---

[1] Vgl. *BVerfGE* 36, 85, 88 = NJW 1974, 133. S. auch die vergleichbaren Regelungen in § 4 Abs. 1 VwZG, § 122 Abs. 2 AO, wonach im Zweifel die Behörde den Zugang und dessen Zeitpunkt nachzuweisen hat.

[2] So *Zöller-Herget*[21] Rdnr. 3 (außerdem für Niederschlagung der Gerichtskosten nach § 8 GKG); ähnlich *Baumbach-Lauterbach-Hartmann*[57] Rdnr. 6 (§ 8 GKG anzuwenden, wenn der Einspruchsführer die Ladung glaubhaft nicht erhalten hat).

[3] *BVerfGE* 36, 85, 88 (Fn. 1).

[4] *LG Tübingen* MDR 1956, 431.

[5] Ebenso *Wieczorek*[2] C II. – A.M. *Baumbach-Lauterbach-Hartmann*[57] Rdnr. 5.

[6] Die Voraussetzungen – Bestellung des Prozeßbevollmächtigten, nicht notwendig Überreichung der Vollmacht – sind dort näher erläutert.

[7] Ebenso *Striemer* JW 1910, 138; *Laubhardt* Recht 1910, 281.

§ 498 [Zustellung der zu Protokoll angebrachten Klage]

Ist die Klage zum Protokoll der Geschäftsstelle angebracht worden, so wird an Stelle der Klageschrift das Protokoll zugestellt.

Gesetzesgeschichte: Bis 1900 § 460 CPO, dann durch die Novelle 1898 zu § 499 geworden. Durch die Novelle 1909 wurde Abs. 2 geändert und die Vorschrift wurde zu § 498. Weitere Änderungen durch die Novelle 1924, die Neubekanntmachung des Textes der ZPO nach der Novelle 1933, die Novelle 1950 sowie die Vereinfachungsnovelle 1976.

I. Die Klageerhebung 1	2. Zustellung; Zeitpunkt der Rechtshängigkeit 2
1. Einreichung bzw. Erklärung zu Protokoll 1	II. Arbeitsgerichtliches Verfahren 5

I. Die Klageerhebung

1. Einreichung bzw. Erklärung zu Protokoll

1   Die **Klage** kann schriftlich eingereicht oder zu Protokoll der Geschäftsstelle erklärt werden, § 496. Zur Erklärung vor der Geschäftsstelle eines anderen Gerichts → § 129 a. Wegen der Abschriften → § 253 Rdnr. 162, wegen der Beglaubigung → § 210 Rdnr. 1 f., → § 253 Rdnr. 164. **Inhaltlich** muß die Klage dem § 253 entsprechen.

2. Zustellung; Zeitpunkt der Rechtshängigkeit

2   Die Klage wird durch die **Zustellung** der Klageschrift oder des Protokolls **erhoben**, → § 253 Rdnr. 9 ff. Auch im amtsgerichtlichen Verfahren ist entweder ein **schriftliches Vorverfahren** anzuordnen oder ein **früher erster Termin**[1] anzuberaumen (näher → § 272 Rdnr. 3 ff., zur Anordnung nach § 129 Abs. 2 → § 272 Rdnr. 12), soweit nicht im Rahmen des § 495 a eine andere Verfahrensgestaltung gewählt wird. Über die Erledigung zwischen Einreichung und Zustellung → § 91 a Rdnr. 9 ff.

3   Mit der Zustellung treten die **Wirkungen der Rechtshängigkeit,** §§ 261 ff., ein. Nur für die Wahrung der Fristen und die Unterbrechung der Verjährung gilt die **Rückdatierung** auf die Einreichung bzw. die Anbringung der Erklärung gemäß § 270 Abs. 3. Wird die Klage gemäß § 129 a bei der Geschäftsstelle eines anderen Amtsgerichts als desjenigen, an das die Klage als Prozeßgericht gerichtet ist, zu Protokoll gegeben, so ist unter der Einreichung iS des § 270 Abs. 3 erst der Eingang des Protokolls beim Prozeßgericht zu verstehen, § 129 a Abs. 2 S. 2, → auch § 129 a Rdnr. 18.

4   Über die **Heilung von Mängeln** gemäß § 295 ausführlich → § 253 Rdnr. 181.

II. Arbeitsgerichtliches Verfahren

5   Im arbeitsgerichtlichen Verfahren gilt § 498 ebenfalls, § 46 Abs. 2 S. 1 ArbGG. Zur zulässigen Erklärung zu Protokoll eines anderen Arbeitsgerichts, nicht dagegen eines Amtsgerichts, → § 129 a Rdnr. 20 ff.

---

[1] Auch in diesem Fall ist die Zustellung ohne Ladung eine wirksame Klageerhebung, → § 253 Rdnr. 176.

§ 499 [Belehrung über Anerkenntnis im schriftlichen Vorverfahren]

Mit der Aufforderung nach § 276 ist der Beklagte auch über die Folgen eines schriftlich abgegebenen Anerkenntnisses zu belehren.

Gesetzesgeschichte: Die Vorschrift wurde in der jetzigen Fassung durch die Vereinfachungsnovelle 1976 eingefügt. § 499 aF regelte dagegen die Einlassungsfrist im amtsgerichtlichen Verfahren.

I. Normzweck	1	IV. Zeitpunkt der Belehrung	6
II. Anwendungsbereich	3	V. Rechtsfolgen von Verstößen	7
III. Inhalt der Belehrung	4	VI. Arbeitsgerichtliches Verfahren	9

I. Normzweck

Auch im amtsgerichtlichen Verfahren hat der Richter vor der Zustellung der Klageschrift die Wahl zwischen der Anberaumung eines frühen ersten Termins oder der Anordnung eines schriftlichen Vorverfahrens, näher → § 272 Rdnr. 3 ff. Für den Fall der **Anordnung eines schriftlichen Vorverfahrens** fügt § 499 für das amtsgerichtliche Verfahren zu den schon nach § 276 Abs. 2, § 277 Abs. 2 vorgeschriebenen Belehrungen des Beklagten eine weitere **Belehrung über die Folgen eines schriftlichen Anerkenntnisses** hinzu. Der Beklagte ist darauf hinzuweisen, daß er bei Abgabe einer Anerkenntniserklärung ohne mündliche Verhandlung dem Anerkenntnis gemäß verurteilt werden kann (§ 307 Abs. 2, näher zum **Anerkenntnisurteil im schriftlichen Vorverfahren** → § 307 Rdnr. 46 ff.). 1

Diese Belehrung **bezweckt den Schutz des Beklagten,** der im amtsgerichtlichen Verfahren im allgemeinen nicht anwaltlich vertreten sein muß und dem es daher an sachkundiger rechtlicher Beratung fehlen kann. Allerdings kann die Belehrung gemäß § 499 dieses Defizit auch nur sehr bedingt ausgleichen. Der Hinweis auf die Folgen eines schriftlichen Anerkenntnisses vermag den Beklagten nur davor zu bewahren, eine Erklärung, die jedenfalls das Gericht als Anerkenntnis auffassen muß, abzugeben, obwohl er eine Verurteilung ohne mündliche Verhandlung gerade nicht wünscht. Um wirklich sachgerecht vorgehen zu können, müßte der Beklagte aber auch über die Vorteile Bescheid wissen, die ihm ein Anerkenntnis in bestimmten Fällen verschaffen kann, nämlich über die günstige Kostenregelung gemäß § 93 bei sofortigem Anerkenntnis. Eine Belehrung *darüber* ist im Gesetz jedoch nicht vorgesehen. Sie wäre auch wenig zweckmäßig, weil sie, um dem rechtsunkundigen Beklagten zu nützen, auch nähere Erläuterungen über die Voraussetzungen des § 93 einschließen müßte, die aber in abstrakter Form schwerlich griffig zu formulieren sind. Insgesamt erweist sich damit die Bestimmung als wenig durchdacht; sie belegt im Grunde nur, daß rechtliche Beratung nicht durch formularmäßige gerichtliche Hinweise ersetzt werden kann. 2

II. Anwendungsbereich

Die Belehrungspflicht besteht immer dann, wenn vor dem Amtsgericht ein **schriftliches Vorverfahren angeordnet** wurde. Ob im konkreten Fall *Anwaltszwang* besteht (§ 78 Abs. 2) spielt ebensowenig eine Rolle wie der Umstand, ob der Beklagte bereits anwaltlich vertreten ist. Auch ist unerheblich, ob der Kläger den *Antrag* auf schriftliches Anerkenntnisurteil bereits in der Klageschrift gestellt hat (§ 307 Abs. 2 S. 2); denn der Kläger kann diesen Antrag auch später noch stellen, → § 307 Rdnr. 48. 3

III. Inhalt der Belehrung

4 Die Folgen des Anerkenntnisses ergeben sich aus § 307 Abs. 2. Der Beklagte ist daher darauf hinzuweisen, daß er, wenn er den Klageanspruch durch schriftliche Erklärung ganz oder teilweise anerkennt, auf Antrag des Klägers **ohne mündliche Verhandlung** durch **Anerkenntnisurteil** gemäß dem Anerkenntnis verurteilt werden kann. Eine Belehrung über die *Form* der Anerkenntniserklärung (also etwa Hinweise auf die Möglichkeit der Abgabe zu Protokoll, § 496, und zwar auch bei einem anderen Amtsgericht, § 129 a) ist nicht vorgeschrieben[1]. Auch ein Hinweis auf die *Kostenfolgen*, insbesondere auf die Regelung des § 93 ist nicht notwendig[2]. Belehrungen über diese Fragen hinzuzufügen[3], ist dem Gericht nicht verboten, im allgemeinen wird solches Vorgehen aber, da eine vollständige, auf den konkreten Fall zugeschnittene Belehrung doch nicht möglich ist, nicht zweckmäßig sein. Auch eine Belehrung dahingehend, daß das Anerkenntnisurteil nicht mehr angefochten werden könne[4], ist nicht vorgeschrieben und nicht angezeigt, da auch insoweit recht unterschiedliche Fragen auftauchen können (Beispiel: der Beklagte will gegen das Anerkenntnisurteil einwenden, er habe in Wirklichkeit kein Anerkenntnis erklärt oder habe es wirksam widerrufen [näher zu diesen Fragen und den Rechtsmitteln gegen Anerkenntnisurteile → § 307 Rdnr. 41 f., 43 ff.]), bei denen ein solcher Hinweis sich dann als falsch oder zumindest als irreführend erweist.

5 Die Belehrung gemäß § 499 erfolgt **zusätzlich** zu der Belehrung gemäß § 276 Abs. 2 über die Frist nach § 276 Abs. 1 S. 1 (dazu → § 276 Rdnr. 15) und zu der Belehrung gemäß § 277 Abs. 2 über die Klageerwiderungsfrist nach § 276 Abs. 1 S. 2 (→ § 276 Rdnr. 21, → § 277 Rdnr. 17 ff.). Soweit **Anwaltszwang** besteht (§ 78 Abs. 2), ist dies bei den Belehrungen nach § 276 Abs. 2 und § 277 Abs. 2 zu berücksichtigen.

IV. Zeitpunkt der Belehrung

6 Die Belehrung ist zusammen mit den Fristsetzungen gemäß § 276, also **bei Zustellung der Klage** samt Anordnung des schriftlichen Vorverfahrens, zu erteilen. Sollte die Belehrung zunächst unterblieben sein, so kann sie innerhalb des schriftlichen Vorverfahrens **nachgeholt** werden.

V. Rechtsfolgen von Verstößen

7 Über die Rechtsfolgen, wenn die Belehrung unterblieben ist, enthält das Gesetz keine ausdrückliche Aussage. Geht man davon aus, daß die Bestimmung den Beklagten vor einem in seinen Konsequenzen nicht durchschauten und daher letztlich nicht gewollten Anerkenntnis schützen will (→ Rdnr. 2), so ist beim Fehlen der Belehrung das Anerkenntnisurteil im schriftlichen Vorverfahren **unzulässig**[5]. In der mündlichen Verhandlung kann ein Anerkenntnisurteil gemäß § 307 Abs. 1 ergehen, wenn der Beklagte im Verhandlungstermin (erneut) anerkennt; der Beklagte ist aber an seine wirkungslose schriftliche Anerkenntniserklärung nicht gebunden.

---

[1] Wie hier *Zöller-Herget*[21] Rdnr. 1.
[2] Ebenso *Zöller-Herget*[21] Rdnr. 1.
[3] *Baumbach-Lauterbach-Hartmann*[57] Rdnr. 3 empfiehlt die Mitteilung des Wortlauts von § 93; *Bischof* Der Zivilprozeß nach der Vereinfachungsnovelle (1980) Rdnr. 130 hält eine Belehrung über die Kostenfolge und über die Form der Erklärung für ratsam.
[4] So das von *Bischof* (Fn. 1) Rdnr. 136 (S. 91) mitgeteilte Muster.

[5] So auch *Zöller-Herget*[21] Rdnr. 2; *Pukall* Der Zivilprozeß in der gerichtlichen Praxis[5] (1992) Rdnr. 405; *Bender-Belz-Wax* Das Verfahren nach der Vereinfachungsnovelle und vor dem Familiengericht (1977) Rdnr. 156. – A.M. *Baumbach-Lauterbach-Hartmann*[57] Rdnr. 4, teils auch Alternativkommentar zur ZPO-*Menne* Rdnr. 2.

Probleme bereitet die **Anwendung des § 93.** An sich erscheint es zutreffend, ein sofortiges Anerkenntnis nur zu bejahen, wenn das Anerkenntnis bereits innerhalb des schriftlichen Vorverfahrens mit dem ersten Erklärungsschriftsatz erklärt wurde, → § 93 Rdnr. 5, → § 276 Rdnr. 47a. Wenn aber die vorgeschriebene gerichtliche Belehrung über das schriftliche Anerkenntnis (also auch über dessen *Möglichkeit* im schriftlichen Vorverfahren) unterblieben ist, ist das Anerkenntnis in der ersten mündlichen Verhandlung als sofortiges Anerkenntnis iS des § 93 zu betrachten, da ein Anerkenntnis im schriftlichen Vorverfahren bei dieser Fallgestaltung ohnehin unwirksam gewesen wäre (→ Rdnr. 7).

VI. Arbeitsgerichtliches Verfahren

Da im arbeitsgerichtlichen Verfahren kein schriftliches Vorverfahren stattfindet (§ 46 Abs. 2 S. 2 ArbGG), ist auch für die Anwendung des § 499 kein Raum.

§ 499 a–g   [Aufgehoben]

Gesetzesgeschichte: Die Vorschriften wurden durch die Novelle 1924 eingefügt; sie betrafen das obligatorische Güteverfahren. Die Novelle 1950 hat diese Bestimmungen zusammen mit der Abschaffung des obligatorischen Güteverfahrens gestrichen.

§ 500   [Aufgehoben]

Gesetzesgeschichte: Bis 1900 § 461 CPO. Änderungen durch die Novellen 1909, 1924 und 1950. Die Vorschrift, die für das amtsgerichtliche Verfahren den Parteien die Möglichkeit einräumte, an ordentlichen Gerichtstagen ohne Terminsbestimmung vor Gericht zu erscheinen und Klage zu erheben, wurde durch die Vereinfachungsnovelle 1976 aufgehoben.

§ 500 a   [Aufgehoben]

Gesetzesgeschichte: Die Vorschrift, die das obligatorische Güteverfahren betraf, wurde in die ZPO durch die Novelle 1924 eingefügt. Mit Abschaffung des obligatorischen Güteverfahrens durch die Novelle 1950 wurde sie aufgehoben (→ § 279 Rdnr. 2 ff.).

§ 501   [Aufgehoben]

Gesetzesgeschichte: Die durch die Novelle 1909 eingefügte Bestimmung über die Vorbereitung der mündlichen Verhandlung wurde durch die Novelle 1924 aufgehoben. Näher → § 273 Rdnr. 1.

§ 502   [Aufgehoben]

Die Vorschrift betraf die richterliche Hinweispflicht. Bis 1900 § 464 CPO, dann § 503, seit der Novelle 1909 mit Änderungen § 502. Durch die Novelle 1924 wurde die Bestimmung zugunsten des § 139 aufgehoben. Näher → § 139 Rdnr. 2.

§ 503 [Aufgehoben]

Eingefügt durch die Novelle 1909. Die Bestimmung sah entsprechend dem früheren § 251 Abs. 2 für den Fall beiderseitiger Terminsversäumnis das Ruhen des Verfahrens bis zur Ansetzung eines neuen Verhandlungstermins vor. Die Vorschrift wurde durch die Novelle 1924 in Zusammenhang mit der Änderung des § 251 und der Einfügung des § 251 a aufgehoben.

§ 504 [Belehrung über die örtliche oder sachliche Unzuständigkeit des Amtsgerichts]

Ist das Amtsgericht sachlich oder örtlich unzuständig, so hat es den Beklagten vor der Verhandlung zur Hauptsache darauf und auf die Folgen einer rügelosen Einlassung zur Hauptsache hinzuweisen.

Gesetzesgeschichte: Bis 1900 § 465 CPO. Änderungen durch die Novellen 1909 und 1924. Neufassung des Abs. 2 durch Gesetz vom 21. III. 1974 (BGBl. I 753). Durch die Vereinfachungsnovelle wurde Abs. 1 aF aufgehoben (er betraf den Zeitpunkt des Vorbringens prozeßhindernder Einreden, jetzt → § 282 Rdnr. 32 ff.). Der vorherige Abs. 2 wurde (mit wesentlichen Änderungen) einziger Absatz.

I. Normzweck 1	III. Zeitpunkt des Hinweises 5
II. Anwendungsbereich 2	IV. Form und Inhalt des Hinweises 6
1. Sachliche Unzuständigkeit 2	V. Rechtsfolgen bei unterbliebenem Hinweis 8
2. Örtliche Unzuständigkeit 3	VI. Arbeitsgerichtliches Verfahren 9
3. Internationale Unzuständigkeit 4	

I. Normzweck

1   Die Pflicht des Gerichts, den Beklagten auf die sachliche oder örtliche Unzuständigkeit sowie auf die Folgen einer rügelosen Einlassung zur Hauptsache aufmerksam zu machen, ist eine Erweiterung der allgemeinen Hinweispflicht nach § 139[1]. Der Hinweis auf die Unzuständigkeit soll verhindern, daß der Beklagte unbeabsichtigt durch rügelose Einlassung die Zuständigkeit des Gerichts nach § 39 herbeiführt. Dabei ist in erster Linie an den anwaltlich nicht vertretenen Beklagten gedacht. Doch gilt § 504 auch, wenn der Beklagte durch einen Rechtsanwalt vertreten ist[2]. Das Bestehen des Anwaltszwangs in den Fällen des § 78 Abs. 2 steht der Anwendung des § 504 (der auch vor dem Familiengericht gilt)[3] ebenfalls nicht entgegen.

II. Anwendungsbereich

1. Sachliche Unzuständigkeit

2   § 504 gilt für die sachliche Unzuständigkeit (→ § 1 Rdnr. 47a ff.), unabhängig davon, ob es sich um eine anderweitige ausschließliche Zuständigkeit handelt, wie in den Fällen des § 71 Abs. 2 GVG, oder nicht. Die Hinweispflicht besteht auch dann, wenn das Amtsgericht

---

[1] Vgl. *Laumen* Das Rechtsgespräch im Zivilprozeß (1984) 65, 151 ff., der in dem Hinweis auf die Unzuständigkeit ein vorgeschriebenes »Rechtsgespräch« sieht, während es sich bei dem Hinweis auf die Folgen der rügelosen Einlassung um eine bloße Rechtsbelehrung handle. Krit. zu dieser Unterscheidung *Häsemeyer* ZZP 98 (1985), 351, 353.
[2] *OLG Stuttgart* FamRZ 1980, 384, 385.
[3] *OLG Stuttgart* FamRZ 1980, 384, 385.

durch eine Klageerweiterung, eine Zwischenfeststellungsklage oder eine Widerklage unzuständig wird[4], dazu → § 506. Dagegen bezieht sich § 504 nicht auf die Zulässigkeit des Rechtswegs, auch nicht im Verhältnis zu den Arbeitsgerichten[5].

2. Örtliche Unzuständigkeit

Ebenso ist der Beklagte auf die fehlende örtliche Zuständigkeit hinzuweisen, auch hier unabhängig davon, ob eine anderweitige ausschließliche Zuständigkeit vorliegt oder nicht.

3. Internationale Zuständigkeit

Auch für die Frage der Internationalen Zuständigkeit ist von der Geltung des § 504 **vor dem deutschen Gericht** auszugehen, so daß bei unterbliebenem Hinweis auch keine Begründung der Internationalen Zuständigkeit durch rügelose Einlassung des Beklagten erfolgen kann[6], § 39 S. 2. Dies gilt auch im Bereich des EuGVÜ, → § 39 Rdnr. 15[7]. Für die Frage, ob ein **ausländisches Gericht** durch rügelose Einlassung des Beklagten i.S. des § 328 Abs. 1 Nr. 1 international zuständig geworden ist (→ § 328 Rdnr. 100), kommt es dagegen nicht auf § 504 an[8].

III. Zeitpunkt des Hinweises

Die Belehrung hat vor der Verhandlung des Beklagten zur Hauptsache (dazu → § 39 Rdnr. 4 ff.) zu erfolgen. Bis zum Schluß der mündlichen Verhandlung kann die Belehrung nachgeholt werden. Wird die Unzuständigkeit erst nach Schluß der mündlichen Verhandlung bemerkt, so genügt nicht etwa ein schriftlicher Hinweis des Gerichts; vielmehr muß die Verhandlung (auch im Hinblick auf § 278 Abs. 3) wieder eröffnet werden[9].

IV. Form und Inhalt des Hinweises

Der Hinweis auf die Unzuständigkeit erfolgt im Regelfall **in der mündlichen Verhandlung,** doch erscheint wegen § 273 Abs. 1 auch ein schriftlicher Hinweis vor dem Termin[10] zulässig. Im Falle einer Entscheidung ohne mündliche Verhandlung (§ 128 Abs. 2 u. 3) ist der Hinweis schriftlich zu geben. – Erfolgt der Hinweis in der mündlichen Verhandlung, so sollte er in das **Protokoll** aufgenommen werden[11].

---

[4] Ebenso *LG Hannover* MDR 1985, 772; *H. Müller* MDR 1981, 11; *ders.* JuS 1986, 135, 138; *Laumen* (Fn. 1) 152; *Zöller-Herget*[21] § 506 Rdnr. 3; *Thomas-Putzo*[21] Rdnr. 1. – A.M. *LG Hamburg* MDR 1978, 940 (die vom *LG Hamburg* zitierte Stelle aus der 19. Aufl. dieses Kommentars stammte aus der Zeit vor Einfügung des § 39 S. 2!); *AK-ZPO-Menne* § 506 Rdnr. 1 (aber Hinweispflicht nach § 278 Abs. 3).

[5] *ArbG Passau* NZA 1992, 428 (LS).

[6] So auch *Geimer* WM 1977, 66, 67; *J. Schröder* NJW 1980, 473, 479; *Kropholler* in: Handbuch des Internationalen Zivilverfahrensrechts, Bd. I (1982) Rdnr. 600; *Nagel-Gottwald* Internationales Zivilprozeßrecht[4] (1997) § 3 Rdnr. 85 ff.; *Schütze* Deutsches Internationales Zivilprozeßrecht (1985) 59; *Schack* Internationales Zivilverfahrensrecht[2] (1996) Rdnr. 485; *Laumen* (Fn. 1) 151 (dort Fn. 1). – A.M. *Katholnigg* BB 1974, 397.

[7] Nachw. → § 39 Fn. 51. – A.M. *Schütze* (Fn. 6) 60; *Kropholler* Europäisches Zivilprozeßrecht[6] (1998) Art. 18 Rdnr. 5; *Schulte-Beckhausen* Internationale Zuständigkeit durch rügelose Einlassung im Europäischen Zivilprozeßrecht (1994), 229 (jedoch für entsprechende Ergänzung des EuGVÜ).

[8] *OLG Frankfurt* NJW 1979, 1787; *Schütze* ZZP 90 (1977), 67, 75; *Prütting* MDR 1980, 368; *J. Schröder* NJW 1980, 473, 479; *Laumen* (Fn. 1) 151 (dort Fn. 1); *Geimer* Internationales Zivilprozeßrecht[3] (1997) Rdnr. 1426.

[9] *LG Hannover* MDR 1985, 772.

[10] *Bender-Belz-Wax* Das Verfahren nach der Vereinfachungsnovelle und vor dem Familiengericht (1977) Rdnr. 220; *Zöller-Herget*[21] Rdnr. 2 sehen darin sogar den Regelfall. Für Zulässigkeit der schriftlichen Belehrung auch *Laumen* (Fn. 1) 153.

[11] Dafür auch *Baumbach-Lauterbach-Hartmann*[57] Rdnr. 6.

7 Die vorgeschriebene Belehrung über die **Rechtsfolgen einer rügelosen Einlassung** muß den Beklagten klar darauf hinweisen, daß durch die Unterlassung der Rüge das Gericht endgültig zuständig wird. Da der Beklagte sonst sein Verhalten nicht sachgerecht steuern kann, hat ihm das Gericht auch diejenigen Rechtsfolgen zu erläutern, die sich bei Geltendmachung der Unzuständigkeit ergeben (Abweisung der Klage als unzulässig bzw. Verweisung an das zuständige Gericht bei entsprechendem Antrag des Klägers).

V. Rechtsfolgen bei unterbliebenem Hinweis

8 Die Unterlassung des Hinweises **hindert** gemäß § 39 S. 2 den **Eintritt der Zuständigkeit** durch rügelose Einlassung. Es kann dann auch kein Rügeverlust gemäß § 296 Abs. 3 eintreten[12], näher → § 39 Rdnr. 14. Auch nach Teilanerkenntnisurteil kann noch eine Verweisung an das zuständige Gericht erfolgen[13]. Dieselben Rechtsfolgen gelten auch, wenn bei nachträglich eingetretener Unzuständigkeit der Hinweis unterblieben ist, → Rdnr. 2.

Ob das Gericht zwar die Unzuständigkeit erkannt, aber den Hinweis unterlassen hat, oder ob es schon die Unzuständigkeit nicht bemerkt hat, spielt keine Rolle.

VI. Arbeitsgerichtliches Verfahren

9 § 504 ist im Verfahren vor dem Arbeitsgericht entsprechend anwendbar[14], § 46 Abs. 2 S. 1 ArbGG.

§ 505 [Aufgehoben]

Gesetzesgeschichte: Die Vorschrift (bis 1900 § 466 CPO) wurde durch die Novelle 1924 aufgehoben. Sie betraf das Verfahren bei Unzuständigkeit, jetzt → § 281.

§ 506 [Nachträgliche sachliche Unzuständigkeit]

(1) Wird durch Widerklage oder durch Erweiterung des Klageantrages (§ 264 Nr. 2, 3) ein Anspruch erhoben, der zur Zuständigkeit der Landgerichte gehört, oder wird nach § 256 Abs. 2 die Feststellung eines Rechtsverhältnisses beantragt, für das die Landgerichte zuständig sind, so hat das Amtsgericht, sofern eine Partei vor weiterer Verhandlung zur Hauptsache darauf anträgt, durch Beschluß sich für unzuständig zu erklären und den Rechtsstreit an das zuständige Landgericht zu verweisen.

(2) Die Vorschriften des § 281 Abs. 2, Abs. 3 Satz 1 gelten entsprechend.

Gesetzesgeschichte: Bis 1900 § 467 CPO. Änderungen durch die Novellen 1898, 1909, 1924 sowie die Vereinfachungsnovelle 1976.

---

[12] *AG Springe* NdsRpfl 1995, 65.
[13] *BGH* NJW-RR 1992, 1091.
[14] *BAG* AP § 504 Nr. 1 (zust. *Pohle*) = NJW 1965, 127; *Germelmann-Matthes-Prütting* ArbGG² § 46 Rdnr. 7. – A.M. *Zöller-Hergert*²¹ Rdnr. 3.

I. Voraussetzungen der Verweisung	1	2. Bei unbegründetem Verweisungsantrag	11
1. Widerklage, Klageerweiterung, Zwischenfeststellungsklage	2	3. Verweisungsbeschluß bei begründetem Antrag	12
2. Sachliche Zuständigkeit des Landgerichts	5	III. Weiteres Verfahren	14
3. Antrag, Hinweispflicht	6	IV. Handelssachen	15
4. Bedeutung der Zuständigkeit für die Klage	9	V. Berufungsinstanz	16
II. Die Entscheidung	10	VI. Verbindung von Prozessen	17
1. Ohne Verweisungsantrag	10	VII. Arbeitsgerichtliches Verfahren	18

I. Voraussetzungen der Verweisung

Im Gegensatz zu § 281 betrifft § 506 nur den Fall, daß **im Laufe des Rechtsstreits** ein Anspruch erhoben wird, für den im Fall der Klage das *Landgericht* zuständig wäre. Es wird dann auf Antrag der *ganze* Rechtsstreit an das Landgericht verwiesen. Zur Verweisung nach *Einspruch* → § 281 Rdnr. 23. Im Verhältnis zu besonderen Gerichten (→ § 281 Rdnr. 3) oder zu Gerichten eines anderen Zweiges der Gerichtsbarkeit (→ § 281 Rdnr. 74 ff.) ist § 506 nicht anwendbar. Zur Arbeitsgerichtsbarkeit → Rdnr. 18. 1

Im einzelnen setzt die Verweisung voraus:

1. Widerklage, Klageerweiterung, Zwischenfeststellungsklage

Vor dem Amtsgericht muß eine **Widerklage** (§ 33) oder **Zwischenfeststellungsklage** (§ 256 Abs. 2) erhoben oder der **Klageantrag** nach § 264 Nr. 2 oder 3 **erweitert** bzw. geändert worden sein. Die *besonderen* Zulässigkeitsvoraussetzungen der Widerklage[1] (→ § 33 Rdnr. 9 ff.), der Zwischenfeststellungsklage (→ § 256 Rdnr. 131 ff.) und der Klageerweiterung (→ § 264 Rdnr. 69 ff.) müssen gegeben sein. Fehlen sie, so ist die Widerklage oder die Zwischenfeststellungsklage unter Ablehnung des Verweisungsantrages abzuweisen[2]; im Falle der Klageerweiterung ist der neue Anspruch als unzulässig abzuweisen und gegebenenfalls über den ursprünglichen Anspruch zu entscheiden, → § 264 Rdnr. 42 f. 2

Bei einer **Teilklage** ist die Zwischenfeststellungsklage oder die Widerklage auf negative Feststellung hinsichtlich des Ganzen zulässig, → § 33 Rdnr. 2, § 256 Rdnr. 137, nicht nur hinsichtlich der den Klagebetrag übersteigenden Summe. Demgemäß ist die Verweisung auszusprechen, wenn der *Gesamtbetrag* die amtsgerichtliche Zuständigkeitsgrenze übersteigt[3]. 3

In nicht von § 264 Nr. 2 und 3 erfaßten Fällen der **Klageänderung** gilt nicht[4] § 506, sondern § 281, → § 281 Rdnr. 11, → § 264 Rdnr. 40. Bei **nachträglicher objektiver Klagehäufung** (die nach der in diesem Kommentar vertretenen Ansicht keine Klageänderung darstellt, → § 264 Rdnr. 11) sowie bei **nachträglicher subjektiver Klagehäufung** (gewillkürter Parteierweiterung, → § 264 Rdnr. 131 ff.) erscheint ebenfalls die Anwendung des § 281, nicht des § 506 angezeigt[5], vor allem im Hinblick auf die in diesen Fällen angemessene Ko- 4

---

[1] Dazu gehört nicht das Erfordernis eines Zusammenhangs zwischen Klage- und Widerklageanspruch, → § 33 Rdnr. 6 f. Für Beschränkung des § 506 auf Fälle des Zusammenhangs (konnexe Widerklagen) *Frank* Anspruchsmehrheiten im Streitwertrecht (1986), 278 ff.

[2] *Förster-Kann* 2 a.

[3] S. auch *Strauß* DRiZ 1910, 498; *Dreyer* DRiZ 1911, 702.

[4] A.M. *Wieczorek*[2] B.

[5] Teils a.M. *Frank* (Fn. 1) 132 ff. (für entsprechende Anwendung des § 506, wenn der Beklagte in die nachträgliche objektive Klagehäufung einwilligt oder diese sachdienlich erscheint sowie bei gewillkürter Parteierweiterung). – Für Anwendung des § 506 bei der Widerklage durch einen Dritten *Uhlmannsiek* JA 1996, 253, 258.

stenregelung in § 281 Abs. 3 S. 2. § 506 gilt auch nicht[6] bei **Anträgen auf Schadensersatz** nach § 717 Abs. 2 (→ § 717 Rdnr. 38), § 1065 Abs. 2 S. 2 oder § 302 Abs. 4, § 600 Abs. 2, da sich diese Anträge als »privilegierte Widerklagen« nicht auf die sachliche Zuständigkeit auswirken, → § 33 Rdnr. 24, und ebensowenig bei einem Antrag nach § 510 b, weil dieser keine für die sachliche Zuständigkeit relevante selbständige Klageerweiterung ist, → § 510 b Rdnr. 5. Zur **Verbindung von Prozessen** → Rdnr. 17.

2. Sachliche Zuständigkeit des Landgerichts

5   Für den neu erhobenen oder den erweiterten Anspruch in seinem Gesamtbetrag muß die **sachliche Zuständigkeit des Landgerichts** nach § 71 GVG i.V. mit § 23 GVG, gleichviel ob als ausschließliche oder nichtausschließliche, begründet sein. Die Widerklage muß also, da gemäß § 5 *keine Zusammenrechnung der Streitwerte* von Klage und Widerklage erfolgt, für sich gesehen in die landgerichtliche Zuständigkeit fallen.

3. Antrag, Hinweispflicht

6   Von **einer der Parteien** (nicht nur vom Kläger wie in § 281) muß in der mündlichen Verhandlung vor weiterer Verhandlung zur Hauptsache, d. h. bevor diese Partei nach der Erhebung der Widerklage usw. zur Hauptsache, (→ § 39 Rdnr. 4 ff.) verhandelt[7], der **Antrag** gestellt werden, den Rechtsstreit an das Landgericht zu verweisen. Soweit eine **Zuständigkeitsvereinbarung** zulässig ist, § 40, muß der Widerbeklagte usw. den Verweisungsantrag, durch den er zugleich die Rüge der Unzuständigkeit erhebt, **vor der Einlassung zur Hauptsache** auf die Widerklage usw. stellen, da sonst nach § 39 S. 1 die Zuständigkeit begründet und dadurch der Antrag beider Parteien endgültig (→ § 39 Rdnr. 13 f.) ausgeschlossen wird.

7   Die **Hinweispflicht** des Gerichts nach § 504 gilt auch für das Unzuständigwerden durch Widerklage, Zwischenfeststellungsklage oder Klageerweiterung, → § 504 Rdnr. 2. Das Unterbleiben des Hinweises schließt gemäß § 39 S. 2 die Zuständigkeitsbegründung durch rügelose Einlassung zur Hauptsache aus, → § 504 Rdnr. 8.

8   Der Antrag kann, ebenso wie derjenige nach § 281 (→ dort Rdnr. 15), auch **in Abwesenheit des Gegners** gestellt werden, → § 330 Rdnr. 5, § 331 Rdnr. 1. Die Verweisung kann auch durch Entscheidung nach Lage der Akten, § 251 a, oder im Fall des § 128 Abs. 2 ohne mündliche Verhandlung erfolgen, wenn der Antrag schriftsätzlich gestellt (angekündigt) war (→ § 251 a Rdnr. 14, → § 128 Rdnr. 89). Das Verfahren nach § 128 Abs. 3 wird dagegen in den für § 506 in Betracht kommenden Fällen nachträglich unzulässig (→ § 128 Rdnr. 111), doch sollte man gleichwohl noch die Verweisung im schriftlichen Verfahren zulassen.

4. Bedeutung der Zuständigkeit für die Klage

9   Die sachliche und örtliche **Zuständigkeit des Amtsgerichts für die Klage** bildet **keine Voraussetzung der Verweisung**. Die Zuständigkeit für die Klage ist nicht Voraussetzung der Zulässigkeit einer Widerklage, → § 33 Rdnr. 10. Auch die Zulässigkeit der Klageerweiterung hängt nicht davon ab, ob das Gericht für die Klage zuständig war. Es ist auch eine **Verbindung der beiden Verweisungen nach § 281 und § 506** dann möglich, wenn für die Klage das übergeordnete oder ein auswärtiges Landgericht oder ein anderes Amtsgericht zuständig ist. War für die Klage ein anderes Amtsgericht örtlich zuständig, kann die Verweisung nach

---

[6] *Förster-Kann* 2 a; *Wieczorek*[2] C II b. – A.M. *Seuffert* ZZP 40 (1910), 201.   [7] So auch *Förster-Kann* 2 b, bb.

§ 281 und § 506 unmittelbar an das Landgericht erfolgen, das dem für die Klage örtlich zuständigen Amtsgericht übergeordnet ist[8]. Nur muß zu einer solchen Doppelverweisung außer dem Antrag einer der Parteien nach § 506 auch der Antrag des Klägers nach § 281 vorliegen. Die Zulässigkeit einer solchen »**Diagonalverweisung**« wurde bei der Neufassung des § 506 durch die Vereinfachungsnovelle 1976 verdeutlicht, da es seither im Gesetzestext »an das zuständige Landgericht« statt zuvor »an das Landgericht« heißt[9]. Hinsichtlich Voraussetzungen und Rechtsfolgen (→ auch Rdnr. 13 u. 14 a.E.) erscheint aber nach wie vor die kumulative Anwendung von § 506 und § 281 angemessen[10].

II. Die Entscheidung

1. Ohne Verweisungsantrag

Wird die Unzuständigkeit gerügt oder nach § 40 von Amts wegen festgestellt, aber ein **Antrag auf Verweisung nicht gestellt,** so hat das Amtsgericht die Widerklage, den ganzen erweiterten Anspruch oder die Zwischenfeststellungsklage durch *Endurteil als unzulässig abzuweisen*. Eine Verweisung an das Landgericht von Amts wegen ist nicht gestattet. 10

2. Bei unbegründetem Verweisungsantrag

Wird der **Antrag** auf Verweisung als unbegründet **zurückgewiesen,** so hat dies durch Urteil zu geschehen. Dieses ist nur dann ein rechtsmittelfähiges Zwischenurteil nach § 280 Abs. 2, wenn der Verweisungsantrag vom Gegner der den neuen Anspruch erhebenden Partei ausgeht. Dagegen hängt die Anfechtbarkeit nicht davon ab, ob abgesonderte Verhandlung angeordnet wurde, → § 280 Rdnr. 16. Im übrigen kann die Entscheidung durch ein Zwischenurteil nach § 303 oder in den Gründen des Endurteils erfolgen, nicht durch Beschluß. 11

3. Verweisungsbeschluß bei begründetem Antrag

Wird die **Verweisung ausgesprochen,** so geschieht dies nach Abs. 2 **durch einen unanfechtbaren Beschluß,** der hinsichtlich der sachlichen Zuständigkeit für das Landgericht und die höheren Instanzen **bindend** ist, Abs. 2 i.V. mit § 281 Abs. 2. Die Bindung besteht auch dann, wenn die Voraussetzungen der Verweisung fehlen oder die Widerklage sich als unzulässig erweist. Zur Frage eines Wegfalls der Bindungswirkung bei besonders schweren Fehlern → § 281 Rdnr. 29 ff. 12

Seine **sachliche Zuständigkeit** hat das Landgericht nicht zu prüfen. Eine nachträgliche Beschränkung der Anträge berührt daher die Zuständigkeit des Landgerichts nicht. Dagegen hat das Landgericht seine **örtliche Zuständigkeit** nach den sonstigen Grundsätzen, also vorbehaltlich einer rügelosen Einlassung (§ 39), zu prüfen[11] und darüber nach §§ 280, 281 zu entscheiden, es sei denn, daß das Amtsgericht schon seine örtliche Zuständigkeit durch Zwischenurteil nach § 280 bejaht oder die Verweisung gleichzeitig (→ Rdnr. 9) nach § 281 und § 506 ausgesprochen hatte, zum Umfang der Bindungswirkung → auch § 281 Rdnr. 27 f. Ist der Rechtsstreit zunächst von einem Amtsgericht wegen örtlicher Unzuständigkeit an ein 13

---

[8] So auch *Zöller-Herget*[21] Rdnr. 6; *Thomas-Putzo*[21] Rdnr. 2. Dagegen will *AK-ZPO-Menne* Rdnr. 7 die Verweisung schon aufgrund § 506 an das örtlich zuständige Landgericht erfolgen lassen.

[9] Dazu Begr. BT-Drucks. 7/2729, 87.

[10] Die Begr. zur Neufassung (Fn. 9) enthält dazu keine klare Aussage.

[11] Ebenso *OLG München* OLGZ 1965, 189. – A.M. *Baumbach-Lauterbach-Hartmann*[57] Rdnr. 5 (Prüfung der sachlichen Zuständigkeit schließe die der örtlichen ein). Dazu auch → § 281 Fn. 81.

anderes Amtsgericht verwiesen worden und später von diesem gemäß § 506 an das übergeordnete Landgericht, so ist dieses bezüglich der sachlichen *und* der örtlichen Zuständigkeit gebunden[12].

III. Weiteres Verfahren

14 Wegen des **weiteren Verfahrens vor dem Landgericht** gilt das → § 281 Rdnr. 24 ff., 35 ff. Ausgeführte, wegen der Kosten und Gebühren → § 281 Rdnr. 39 ff. Nur ist die *Verurteilung des Klägers zu den Mehrkosten*, § 281 Abs. 3 S. 2, im Fall des § 506 nicht möglich. Es kann hier vielmehr nur beim Sieg des Klägers geprüft werden, ob diese Mehrkosten, besonders die Kosten mehrerer Anwälte, als *erstattungsfähig* gelten können, was bei einer vor der Erweiterung unzulässigen Teilklage[13] bzw. einer von Anfang an zu erwartenden Verweisung (näher → § 91 Rdnr. 107) zu verneinen ist. Jedoch ist § 281 Abs. 3 S. 2 anwendbar, wenn zugleich (→ Rdnr. 9) nach § 281 wegen örtlicher Unzuständigkeit an ein anderes Landgericht als das dem Amtsgericht übergeordnete verwiesen wurde[14].

IV. Handelssachen

15 Die Verweisung hat **an die Kammer für Handelssachen** zu erfolgen, wenn der Kläger dies vor dem Amtsgericht beantragt, § 96 Abs. 2 GVG. Dies schließt eine spätere Verweisung an die Zivilkammer nicht aus, wenn es sich um keine Handelssache handelt und der Beklagte die Verweisung beantragt, § 97 Abs. 1 GVG. Eine Verweisung von der Kammer für Handelssachen an die Zivilkammer ist von Amts wegen möglich, wenn die Widerklage, derentwegen die Verweisung nach § 506 erfolgte, nicht vor die Kammer für Handelssachen gehört, § 96 Abs. 2 GVG. Hier wird aber die Widerklage, wenn § 145 Abs. 2 dies erlaubt, abzutrennen und nur sie an die Zivilkammer zu verweisen sein[15]. Umgekehrt kann auf Antrag des Beklagten noch von der Zivilkammer an die Kammer für Handelssachen zu verweisen sein, wenn die Klage eine Handelssache darstellt, § 98 Abs. 1 GVG. Dies gilt aber nach § 98 Abs. 2 GVG nicht, wenn die Widerklage, die zur Verweisung an das Landgericht nach § 506 geführt hat, nicht vor die Kammer für Handelssachen gehört.

V. Berufungsinstanz

16 Ist das Amtsgericht dem Verweisungsantrag nicht gefolgt oder hat es sich trotz Zuständigkeit des Landgerichts für zuständig erklärt, so kann noch in der **Berufungsinstanz** auf Antrag die Verweisung des Rechtsstreits an das Landgericht als Gericht erster Instanz ausgesprochen werden, und zwar durch Urteil unter Aufhebung des angefochtenen erstinstanzlichen Urteils, → § 281 Rdnr. 37 ff. Dagegen ist eine Verweisung wegen einer *erst in der Berufungsinstanz neu eingetretenen* Widerklage, Erweiterung des Klageantrags oder Klagehäufung nicht möglich; denn das Amtsgericht war bis zum Urteil zuständig und die nachträgliche Häufung in der Berufungsinstanz kann keinen Grund zur Aufhebung des erstinstanzlichen Urteils und zur Verweisung an eine erstinstanzliche Kammer abgeben[16]. Das

---

[12] *OLG München* OLGZ 1965, 187.
[13] Dazu *OLG Stuttgart* SeuffArch 50 (1895), 348 (keine Erstattungsfähigkeit bei nicht veranlaßter Teilklage); *OLG Koblenz* MDR 1986, 1032 (Kosten des nur beim Amtsgericht zugelassenen klägerischen Anwalts erstattungsfähig, wenn Teilklage erhoben und dann wegen negativer Feststellungswiderklage an das Landgericht verwiesen wurde). Dazu auch → § 91 Fn. 409.
[14] *Zöller-Herget*[21] Rdnr. 7.
[15] Vgl. *Kissel* GVG[2] § 97 Rdnr. 5.
[16] RGZ 119, 379; *LG Zweibrücken* NJW-RR 1994, 1087; *Butzer* NJW 1993, 2649; *E. Schneider* MDR 1997, 221; *Baumbach-Lauterbach-Hartmann*[57] Rdnr. 6; *Zöller-Herget*[21] § 506 Rdnr. 4; *Thomas-Putzo*[21] Rdnr. 5; *Musielak-Wittschier* Rdnr. 1. – A.M. *OLG Oldenburg* NJW 1973, 810; *LG Aachen* NJW-RR 1990, 704; NJW-

Landgericht als Berufungsgericht ist aber für den bei ihm erhobenen Anspruch zuständig, so daß auch eine Verweisung an das Oberlandesgericht als Berufungsgericht nicht in Betracht kommt[17]. Zur Zulässigkeit einer Klageänderung in der Berufungsinstanz → § 263 Rdnr. 24.

VI. Verbindung von Prozessen

Durch die **Verbindung** mehrerer bei einem Amtsgericht anhängiger Prozesse nach § 147 wird das Amtsgericht *nicht nachträglich unzuständig*[18], → § 4 Rdnr. 8, § 147 Rdnr. 26. Eine Ausnahme wird dann gelten müssen, wenn ein Anspruch in unzulässiger Weise zunächst in mehrere gleichzeitig erhobene *Teilklagen* (vgl. § 2 Rdnr. 32 bei Fn. 76) aufgeteilt wurde[19]; denn sonst könnte der Kläger durch diese Teilklagen doch über die sachliche Zuständigkeit disponieren, → § 147 Rdnr. 26. Eine weitere Ausnahme gilt für *verbundene Anfechtungsprozesse* nach § 112 GenG, wenn der Streitgegenstand eines Prozesses die sachliche Zuständigkeit des Amtsgerichts übersteigt. Hier findet jedoch gegen den Verweisungsbeschluß die sofortige Beschwerde statt und die Anhängigkeit beim Landgericht tritt erst nach Rechtskraft des Verweisungsbeschlusses ein[20].

17

VII. Arbeitsgerichtliches Verfahren

Im arbeitsgerichtlichen Verfahren gilt § 506 nicht, da es nur *eine* erstinstanzliche Zuständigkeit (Arbeitsgericht) gibt. Jedoch kommt im Verhältnis zu den ordentlichen Gerichten eine entsprechende Anwendung des § 506 bei Erfindungsstreitigkeiten in Betracht, → § 1 Rdnr. 192a. Allgemein zur Verweisung im Verhältnis von Arbeitsgerichten und ordentlichen Gerichten → § 281 Rdnr. 100 ff.

18

§ 507   [Aufgehoben]

Gesetzesgeschichte: Die Vorschrift (bis 1900 § 469) betraf die Form der Antragstellung im amtsgerichtlichen Verfahren. Sie wurde durch die Novellen 1898, 1909 und 1924 geändert. Durch Gesetz vom 20. XII. 1974 (BGBl. I 3651) wurde die Bestimmung aufgehoben.

§ 508   [Aufgehoben]

Gesetzesgeschichte: Die Vorschrift, die durch die Novelle 1909 in die ZPO eingefügt wurde, betraf Besonderheiten des amtsgerichtlichen Versäumnisverfahrens. Sie wurde durch die Vereinfachungsnovelle 1976 aufgehoben.

RR 1999, 143; *LG Stuttgart* NJW-RR 1990, 704; *LG Kassel* NJW-RR 1996, 1340; *LG Hannover* MDR 1985, 329; *Deubner* JuS 1996, 821, 822 f.; *Rosenberg-Schwab-Gottwald*[15] § 39 II 2 b; *MünchKommZPO-Deubner* Rdnr. 17. Offenlassend *OLG Düsseldorf* MDR 1989, 74 (*E. Schneider*). – Wäre auch in diesem Fall das erstinstanzliche Urteil aufzuheben, so würde der siegreiche Kläger, der das Urteil vollstreckt hat, wegen § 717 Abs. 2 in eine unverdient ungünstige Lage kommen. Der wesentliche Unterschied zwischen diesem Fall und → § 281 Rdnr. 37 ff. behandelten Fällen ist der, daß dort das erstinstanzliche Urteil wegen Unzuständigkeit nicht hätte ergehen dürfen, hier aber die Zuständigkeit in erster Instanz begründet war.

[17] *BGH* LM § 36 Ziff. 6 Nr. 42 = NJW 1996, 2378 (LS) = NJW-RR 1996, 891 = JZ 1996, 975 (abl. *Rimmelspacher*); *Baumbach-Lauterbach-Hartmann*[57] Rdnr. 6; *Zöller-Herget*[21] Rdnr. 4; *Thomas-Putzo*[21] Rdnr. 5; *Musielak-Wittschier* Rdnr. 1. – A.M. *MünchKommZPO-Rimmelspacher* § 523 Rdnr. 12 (bei Klageänderung).
[18] Ebenso *Rosenberg-Schwab-Gottwald*[15] § 39 II 2 b. – A.M. *Wieczorek*[2] D II.
[19] Ebenso wohl *Baumbach-Lauterbach-Hartmann*[57] Rdnr. 3. – A.M. *Musielak-Wittschier* Rdnr. 1. – Für Anwendung von § 281 *MünchKommZPO-Deubner* Rdnr. 6.
[20] Vgl. *Seuffert* ZZP 40 (1910), 215 f.; *Förster-Kann* 7.

§ 509 [Aufgehoben]

Die Vorschrift, die den Zeitpunkt der Beweisaufnahme betraf, wurde durch die Novelle 1909 in die ZPO eingefügt. Durch die Novelle 1924 wurde die Regelung auf das landgerichtliche Verfahren als § 357 a ausgedehnt und § 509 aufgehoben. Zur Aufhebung des § 357 a → dort.

§ 510 [Unterbliebene Erklärung über Urkunden]

Wegen unterbliebener Erklärung ist eine Urkunde nur dann als anerkannt anzusehen, wenn die Partei durch das Gericht zur Erklärung über die Echtheit der Urkunde aufgefordert ist.

Gesetzesgeschichte: Bis 1900 § 468 CPO; durch die Novelle 1898 zunächst zu § 507 geworden. Seit der Novelle 1909 § 510.

1 Gibt eine Partei keine Erklärung über die Echtheit einer Privaturkunde ab, so ist die Urkunde gemäß § 439 Abs. 3 im Regelfall als anerkannt anzusehen. § 510 schreibt in Erweiterung und Verschärfung der richterlichen Fragepflicht eine **Aufforderung zur Erklärung über die Echtheit** vor, um die Partei vor einer nicht gewollten Anerkennung der Urkunde zu bewahren. Einer Feststellung der Aufforderung im Protokoll bedarf es nicht; die Feststellung im Tatbestand des Urteils genügt.

2 Inwieweit das Gericht verpflichtet ist, eine Partei zur Erklärung über Tatsachen aufzufordern, bestimmt sich auch im amtsgerichtlichen Verfahren nach § 139 Abs. 1. Eine Verschärfung dieser Pflicht ist aus § 510 nicht herzuleiten[1]. – Zur Pflicht des Gerichts, auf die sachliche oder örtliche Unzuständigkeit hinzuweisen, → § 504.

§ 510 a [Feststellung von Parteierklärungen im Sitzungsprotokoll]

Andere Erklärungen einer Partei als Geständnisse und Erklärungen über einen Antrag auf Parteivernehmung sind im Protokoll festzustellen, soweit das Gericht es für erforderlich hält.

Gesetzesgeschichte: Bis 1900 § 470 CPO. Durch die Novelle 1898 in Abs. 2 aF geringfügig geändert, von 1900 bis zur Novelle 1909 § 509. Durch die Novelle 1933 wurde Abs. 1 aF an die Änderung der Parteivernehmung (→ vor § 445 Rdnr. 1) angepaßt. Durch Gesetz vom 20. XII. 1974 (BGBl. I 3651) erhielt die Vorschrift die heutige Fassung.

I. Anwendungsbereich

1 Für die Aufnahme und den Inhalt des gerichtlichen Protokolls gelten auch im amtsgerichtlichen Verfahren die §§ 159 ff. Seit der Neuregelung durch das Gesetz vom 20. XII. 1974 erfaßt § 510 a nur noch »sonstige Erklärungen« i.S. des § 160 Abs. 3 Nr. 3, d.h. solche Erklärungen einer Partei, die weder ein Geständnis noch eine Erklärung über einen Antrag auf Parteivernehmung darstellen. Geständnisse sowie Erklärungen über einen Antrag auf Par-

---

[1] A.M. *MünchKommZPO-Deubner* Rdnr. 1.

teivernehmung sind nämlich nach § 160 Abs. 3 Nr. 3 stets im Protokoll festzustellen. Dasselbe gilt für Erklärungen, die ein Anerkenntnis, einen Anspruchsverzicht oder einen Vergleichsabschluß enthalten (zu protokollieren nach § 160 Abs. 3 Nr. 1), für die gestellten Anträge (zu protokollieren nach § 160 Abs. 3 Nr. 2), für die Rücknahme der Klage oder eines Rechtsmittels (zu protokollieren nach § 160 Abs. 3 Nr. 8) sowie für den Verzicht auf ein Rechtsmittel (zu protokollieren nach § 160 Abs. 3 Nr. 9).

II. Protokollierung

Das Gericht hat **von Amts wegen** die von § 510a erfaßten Erklärungen im Protokoll festzustellen, wenn es dies für erforderlich hält. Darüber entscheidet das Gericht nach pflichtgemäßem Ermessen[1]. In Betracht kommen z. B. Zulässigkeitsrügen oder wichtige Erklärungen über Tatsachen (Behauptungen, Bestreiten), wenn von der Partei kein vorbereitender Schriftsatz eingereicht wurde, in dem dieses Vorbringen enthalten ist. Die Aufnahme in das Protokoll kann gemäß § 160 Abs. 5 durch Aufnahme in eine Schrift ersetzt werden, die dem Protokoll als Anlage beigefügt und im Protokoll als solche bezeichnet ist. Für einen **Antrag** einer Partei auf Protokollierung gilt auch im amtsgerichtlichen Verfahren § 160 Abs. 4. 2

§ 510 b [Verurteilung zu Entschädigung bei Urteil auf Vornahme einer Handlung]

Erfolgt die Verurteilung zur Vornahme einer Handlung, so kann der Beklagte zugleich auf Antrag des Klägers für den Fall, daß die Handlung nicht binnen einer zu bestimmenden Frist vorgenommen ist, zur Zahlung einer Entschädigung verurteilt werden; das Gericht hat die Entschädigung nach freiem Ermessen festzusetzen.

Gesetzesgeschichte: Eingefügt durch die Novelle 1909.

I. Allgemeines	1	1. Materieller Anspruch	11
II. Voraussetzungen	3	2. Einwendungen	12
1. Verurteilung zu einer Handlung	3	3. Abweisung	13
2. Antrag	4	4. Verurteilung	14
3. Bedeutung des Antrags, Streitwertfragen	5	5. Festsetzung der Entschädigung	15
		V. Vorläufige Vollstreckbarkeit	16
4. Keine Notwendigkeit einer Begründung	7	1. Verurteilung zur Vornahme der Handlung	16
III. Die Entscheidung über den Antrag	8	2. Fristsetzung und Verurteilung zur Zahlung	17
1. Ermessen	8		
2. Berufungsinstanz	9	3. Erteilung der Vollstreckungsklausel	19
3. Verweisung	10	VI. Vollstreckungsgegenklage	20
IV. Das Verfahren bei sachlicher Entscheidung	11	VII. Arbeitsgerichtliches Verfahren	22

---

[1] Dazu *OLG Freiburg* ZZP 65 (1952), 291 (Angaben, die für den Klageanspruch von wesentlicher Bedeutung sind, müssen protokolliert werden).

I. Allgemeines

1 Hat der Kläger nach materiellem Recht im Fall der Nichterfüllung seines Anspruchs oder im Fall der Unmöglichkeit der Vollstreckung einen Anspruch auf Schadensersatz, so ist er in der Regel auf die Geltendmachung dieser beiden Ansprüche *in getrennten Prozessen* verwiesen. Dabei ist, wenn der Hauptanspruch nach den §§ 883 ff. zu vollstrecken ist, für den Schadensersatzanspruch das Prozeßgericht erster Instanz ausschließlich (§ 802) zuständig, § 893 Abs. 2. Die Verbindung beider Ansprüche in einer Klage ist *nach den allgemeinen Regeln* nur zulässig, wenn für den Schadensersatzanspruch die Voraussetzungen einer Klage auf künftige Leistung nach § 259 vorliegen[1], → § 260 Rdnr. 25. Wegen der Fristsetzung für die Erfüllung s. § 255.

2 § 510 b ermöglicht es aber, das **dreifache Ziel** der Verurteilung zur Vornahme einer Handlung, der Fristsetzung und der Verurteilung zur Zahlung einer Entschädigung durch einen einfachen **Inzidentantrag** zu erreichen, freilich nur nach richterlichem Ermessen (→ Rdnr. 8) und nur gegen den Verzicht auf die Vollstreckung des ersten Anspruchs (→ Rdnr. 16). Dadurch soll eine beschleunigte und konzentrierte Rechtsverfolgung ermöglicht werden. Der Weg, über § 255 vorzugehen und unter den Voraussetzungen des § 259 damit die Schadensersatzklage zu verbinden, wird aber durch § 510 b nicht ausgeschlossen[2]. Wegen der unterschiedlichen Rechtsfolgen muß der Kläger durch seine Anträge zum Ausdruck bringen, welche Vorgehensweise er anstrebt[3].

II. Voraussetzungen der Zulässigkeit des Antrags

1. Verurteilung zu einer Handlung

3 Die vor dem Amtsgericht anhängige **Klage** muß auf die Verurteilung zur **Vornahme einer Handlung** gerichtet sein, deren Erzwingung unter die §§ 887, 888 oder 889 fiele, sollte sie auch nach § 888 Abs. 3 unzulässig sein. Auf *Duldungen und Unterlassungen* (§ 890) kann § 510 b schon deshalb keine Anwendung finden, weil sonst der Beklagte zur Abwendung der Vollstreckung (→ Rdnr. 19, 20) beweisen müßte, daß er seiner Unterlassungspflicht nachgekommen ist. Auch bei Ansprüchen auf *Herausgabe von Sachen* (§§ 883 ff., 887 Abs. 3) ist § 510 b nicht anwendbar[4], was sich auch aus § 888 a entnehmen läßt.

2. Antrag

4 Der **Kläger** muß in der Klage oder im Lauf des Rechtsstreits vor dem Schluß der mündlichen Verhandlung (→ § 296 a Rdnr. 8) die Verurteilung zur Entschädigung **beantragen**, sei es in der mündlichen Verhandlung, sei es mittels Schriftsatzes, § 261 Abs. 2. Zu den inhaltlichen Erfordernissen des Antrags → Rdnr. 7. Der Amtsrichter hat den Kläger gegebenenfalls darüber zu belehren, daß der Antrag wegen des darin liegenden Verzichts auf die Vollstreckung des ersten Anspruchs (§ 888 a) nur bedingt sachdienlich ist. Der Antrag kann auch beim Ausbleiben des Beklagten gestellt werden, fällt aber als Sachantrag unter § 335 Abs. 1 Nr. 3.

---

[1] Vgl. *OLG Köln* OLGZ 1976, 477, 478.
[2] *Kohler* JuS 1992, 58, 62.
[3] A.M. *MünchKommZPO-Deubner* Rdnr. 9, wonach das Gericht die für den Kläger günstigere Norm anzuwenden habe.
[4] *OLG Köln* MDR 1950, 432 = JMBlNRW 1950, 38; BAGE 5, 78; *Wieczorek*[2] A II a; *Baumbach-Lauterbach-Hartmann*[57] Rdnr. 1; *Bunte* JuS 1967, 207.

3. Bedeutung des Antrags, Streitwertfragen

Durch den Antrag wird der **Anspruch auf Schadensersatz geltend gemacht**, mit der Wirkung der **Rechtshängigkeit** nach §§ 261 ff. und der der **Rechtskraft** nach § 322, wenn im Urteil sachlich über den Anspruch entschieden wird (→ Rdnr. 11 ff.). Aber das Gesetz behandelt den Antrag, indem es ihn auch noch im Lauf des Verfahrens zuläßt, nicht als Klage wegen des zweiten Anspruchs, sondern als **einfachen Inzidentantrag**, ebenso wie es den Antrag auf Schadensersatz nach § 717 Abs. 2 usw. nicht als Widerklage behandelt, → § 33 Rdnr. 24. Daraus folgt, daß die Stellung des Antrags in der Klage **keine Klagenhäufung** nach § 260 bildet (→ § 260 Rdnr. 25) und daß **keine Zusammenrechnung der Streitwerte** nach § 5 stattfindet (→ § 5 Rdnr. 21)[5]. Wenn daher mit dem Schadensersatzantrag mehr als 10.000 DM verlangt werden, so bleibt dies für die **Zuständigkeit** (§ 23 Nr. 1 GVG) außer Betracht, sofern der Hauptanspruch diese Höhe nicht erreicht. Folgerichtig gilt bei der Erhebung im Laufe des Prozesses auch § 506 nicht[6]. Ähnlich → § 717 Rdnr. 38. 5

Für den **Gebührenstreitwert** findet ebenfalls keine Zusammenrechnung statt (→ § 5 Rdnr. 27); vielmehr ist der Wert des Hauptanspruchs maßgeblich, und zwar auch dann, wenn der Schadensersatzanspruch einen höheren Wert aufweist[7]. 6

4. Keine Notwendigkeit einer Begründung

Der Antrag bedarf **keiner prozessualen Begründung**, weder mit der Besorgnis des § 259 noch mit der voraussichtlichen Erfolglosigkeit der Vollstreckung. Eine *Bezifferung der Entschädigung* ist zwar nicht notwendig, doch ist die Bezifferung oder die Angabe einer Mindestsumme wegen der Berufung unbedingt zu empfehlen; denn wer die Entschädigungshöhe ins richterliche Ermessen stellt, ist in aller Regel nicht beschwert, wenn er weniger erhält, als er erhofft hat, näher → § 253 Rdnr. 93, → Allg. Einl. vor § 511 Rdnr. 80. 7

III. Die Entscheidung über den Antrag

1. Ermessen

Die Entscheidung über den Entschädigungsantrag kann nur **zugleich** mit der Verurteilung zur Vornahme der Handlung erfolgen; ein **Teilurteil** über die Handlungspflicht ist **unzulässig**. Ob das Gericht *auf den Entschädigungsantrag eingehen will*, steht in seinem **Ermessen** (»kann«)[8]. Die Ablehnung ist besonders dann gerechtfertigt, wenn die Feststellung der Entschädigung umfangreiche Beweisaufnahmen erfordern würde. Auch in einem solchen Fall kann aber das Gericht über den Antrag entscheiden, wenn der Kläger darauf beharrt; denn zumeist ist nur er an der alsbaldigen Erledigung des Rechtsstreits interessiert. Die Ablehnung der Entscheidung über den Entschädigungsantrag erfolgt in den Gründen des Endurteils. 8

---

[5] S. dazu (im Ergebnis übereinstimmend) *Frank* Anspruchsmehrheiten im Streitwertrecht (1986), 162, 195.
[6] Ebenso *Baumbach-Lauterbach-Hartmann*[57] Rdnr. 4; *Thomas-Putzo*[21] Rdnr. 5; *Frank* (Fn. 5) 163.
[7] *E. Schneider* MDR 1984, 853; *Zöller-Herget*[21] Rdnr. 9.

[8] Ebenso *Kohler* JuS 1992, 58, 62; *MünchKomm-ZPO-Deubner* Rdnr. 10; *Zöller-Herget*[21] Rdnr. 4; *Thomas-Putzo*[21] Rdnr. 6. – A.M. *Baumbach-Lauterbach-Hartmann*[57] Rdnr. 5.

2. Berufungsinstanz

9   Auf die Ablehnung der Entscheidung kann die **Berufung** gestützt werden, § 512; die Nachprüfung der Ausübung des Ermessens ist dem Berufungsgericht nicht verschlossen. Da dem Berufungsgericht diese Überprüfungskompetenz zusteht, dürfte es dem Sinn der Regelung entsprechen, dem LG als **Berufungsgericht** auch die Befugnis zuzubilligen, **selbst die Entscheidung nach § 510 b zu treffen**[9], obwohl nach § 523 im allgemeinen die Vorschriften über das landgerichtliche Verfahren anzuwenden sind. Auch über einen *erstmals in der Berufungsinstanz gestellten Entschädigungsantrag* sollte das Berufungsgericht entscheiden dürfen, sofern der Gegner einwilligt oder das Gericht den Antrag für sachdienlich hält (arg. § 263)[10].

3. Verweisung

10   Wird, nachdem der Antrag nach § 510 b gestellt ist, der Rechtsstreit gemäß § 506 **an das Landgericht verwiesen,** so wird der Antrag damit unzulässig und muß zurückgewiesen werden.

IV. Das Verfahren bei sachlicher Entscheidung

1. Materieller Anspruch

11   Das Gericht hat zu prüfen, ob dem Kläger **nach materiellem Recht** im Fall der Nichterfüllung des ersten Anspruchs ein **Anspruch auf Schadensersatz** zusteht, sei es auch erst nach Fristsetzung wie in § 283 BGB, → § 255 Rdnr. 5. Als reine Verfahrensvorschrift gibt § 510 b nicht das Recht, eine Entschädigung zuzusprechen, wenn das materielle Recht sie nicht gewährt, aber die Vorschrift enthält auch keine Beschränkung des materiellen Anspruchs, etwa auf die Zeit nach dem Urteil.

2. Einwendungen

12   Der Beklagte kann und muß daher wegen § 767 Abs. 2 (→ Rdnr. 20) alle **Einwendungen gegen den Schadensersatzanspruch** vorbringen, die ihm nach bürgerlichem Recht zustehen, insbesondere die ihn befreiende Unmöglichkeit der Erfüllung des ersten Anspruchs. Nur die **Aufrechnung** ist ausgeschlossen, weil der erste Anspruch auf die Vornahme einer Handlung gerichtet ist, der Entschädigungsanspruch aber erst im Fall der Nichterfüllung des ersten Anspruchs aufrechnungsfähig wird, → Rdnr. 21.

3. Abweisung

13   Wird der Schadensersatzanspruch verneint, so ist der Antrag neben der Verurteilung auf den ersten Anspruch in der Urteilsformel abzuweisen. Wegen der Berufung gilt das zu Rdnr. 9 Ausgeführte.

---

[9] Ebenso *MünchKommZPO-Deubner* Rdnr. 23; *Wieczorek*[2] A II b 2; *Zöller-Herget*[21] Rdnr. 1; *Thomas-Putzo*[21] Rdnr. 6.

[10] A.M. *Wieczorek*[2] A II b 2 (§ 268 Nr. 3 aF [= § 264 Nr. 3 nF] entsprechend anwendbar).

4. Verurteilung

Ist der **Antrag begründet,** so ist in der Urteilsformel die **Frist zu bestimmen,** innerhalb deren der Beklagte die Handlung noch mit befreiender Wirkung (→ Rdnr. 19) vornehmen kann. Es empfiehlt sich, das Fristende mit einem genauen Datum zu bestimmen, besonders bei vorläufiger Vollstreckbarkeit (→ Rdnr. 19). Die Fristsetzung kann, soweit nicht die Voraussetzungen des § 255 vorliegen, nur in Verbindung mit der Verurteilung auf beide Ansprüche erfolgen. Die Verurteilung zur Zahlung der Entschädigung erfolgt für den Fall nicht fristgerechter Vornahme der Handlung. Etwaige Zuvielforderungen des Klägers sind in der Formel abzuweisen.

14

5. Festsetzung der Entschädigung

Daß das Gericht die **Entschädigung** nach freiem Ermessen (in bestimmter Höhe[11]) **festzusetzen** hat, bedeutet nichts anderes, als daß es die Grundsätze des § 287 anzuwenden hat. Das Gericht darf daher den Antrag nicht wegen mangelnder Substantiierung abweisen, sofern eine Schätzung der Höhe nach § 287 möglich ist (→ § 287 Rdnr. 25a). Das Gericht darf auch hier nicht entgegen § 308 Abs. 1 über den *Antrag* des Klägers hinausgehen, noch darf es, wenn die Entstehung oder die Höhe des Schadens *unstreitig* ist, die Entstehung verneinen oder die Höhe selbständig festsetzen. Dies gilt auch im Versäumnisverfahren nach § 331, → § 287 Rdnr. 39.

15

V. Vorläufige Vollstreckbarkeit

1. Verurteilung zur Vornahme der Handlung

Die **Verurteilung zur Vornahme der Handlung** darf nach § 888a nicht vollstreckt werden. Das hindert aber, wie in den Fällen des § 888 Abs. 3, weder den Ausspruch der vorläufigen Vollstreckbarkeit[12] noch die Erteilung der vollstreckbaren Ausfertigung.

16

2. Fristsetzung und Verurteilung zur Zahlung

Die **Fristsetzung** kommt als unselbständiger Teil des Urteils für die Vollstreckbarkeit überhaupt nicht in Betracht.

17

Die **Verurteilung zur Zahlung** ist, wie in den Fällen der §§ 257 ff., nach den allgemeinen Regeln der §§ 708 ff. für vorläufig vollstreckbar zu erklären.

18

3. Erteilung der Vollstreckungsklausel

Es steht somit dem Ausspruch der **vorläufigen Vollstreckbarkeit des ganzen Urteils** kein Bedenken entgegen. Die **Vollstreckungsklausel** kann sofort erteilt werden, wenn die Frist kalendermäßig bestimmt ist, § 751, aber auch bei der Bemessung von der Zustellung des Urteils an gilt § 726 nicht, → § 726 Rdnr. 7, → § 751 Rdnr. 3. Denn in keinem Fall hat der Kläger vorher nachzuweisen, daß der Beklagte die Handlung nicht vorgenommen hat. Der Ablauf der Frist ist gemäß § 751 Abs. 1 Voraussetzung für den Beginn der Zwangsvollstreckung des Schadensersatzanspruchs[13]; im übrigen aber hat die Fristsetzung nur die Be-

19

---

[11] *KG* HRR 1940 Nr. 902.
[12] A.M. *MünchKommZPO-Deubner* Rdnr. 21.
[13] *OLG Köln* MDR 1950, 432 (Fn. 4).

deutung, daß der Beklagte Gelegenheit erhält, die Geldvollstreckung durch Vornahme der Handlung abzuwenden, wie dies auch bei kassatorischen Klauseln (Verfallklauseln) jetzt allgemein angenommen wird, → § 726 Rdnr. 6. Der Beklagte hat gegebenenfalls die fristgerechte Erfüllung des Hauptanspruchs durch Vollstreckungsgegenklage nach § 767 geltend zu machen[14].

VI. Vollstreckungsgegenklage

20 Für die Vollstreckungsgegenklage ist wegen § 888 a lediglich der Anspruch auf Zahlung der »durch das Urteil festgestellte Anspruch«. Aber die nach dem Urteil eingetretene Erfüllung (→ Rdnr. 19) oder Unmöglichkeit der Erfüllung des Anspruchs auf die Handlung kann nach § 767 geltend gemacht werden, weil und soweit sie die Entstehung der Entschädigungspflicht ausschließt.

21 Die **Aufrechnung** gegen den Schadensersatzanspruch kann hier auch geltend gemacht werden, wenn die Gegenforderung vor der letzten Verhandlung entstanden war. Dies gilt unabhängig von dem bei § 767 Rdnr. 32 ff. behandelten Meinungsstreit; denn im Fall des § 510 b konnte im Erstprozeß gegen den Schadensersatzanspruch noch nicht aufgerechnet werden, → Rdnr. 12.

VII. Arbeitsgerichtliches Verfahren

22 Wegen der besonderen Regelung in § 61 Abs. 2 ArbGG[15] ist § 510 b im arbeitsgerichtlichen Verfahren nicht anwendbar. § 61 Abs. 2 ArbGG hat den Grundsatz des § 510 b in das arbeitsgerichtliche Verfahren mit der Maßgabe übernommen, daß das Gericht über den Entschädigungsantrag **stets entscheiden muß** (anders → Rdnr. 8). Ferner folgt hier unmittelbar aus dem Gesetz (§ 64 Abs. 7 ArbGG), daß die Vorschrift auch in der **Berufungsinstanz** gilt (→ Rdnr. 9).

23 Die **Zwangsvollstreckung nach §§ 887, 888** ist in § 61 Abs. 2 S. 2 ArbGG nicht etwa schlechthin, sondern nur für den Fall der Verurteilung zu einer Entschädigung ausgeschlossen[16], vgl. § 888 a.

§ 510 c [Aufgehoben]

Gesetzesgeschichte: Bis 1900 § 471 CPO. Durch die Novelle 1898 bis zur Novelle 1909 § 510, dann § 510 c. Die Vorschrift wurde durch die Novelle 1924 wegen der Regelung des Schiedsurteilverfahrens in der BeschleunigungsVO vom 22. XII. 1923 aufgehoben. Die Novelle 1950 fügte die Regelung des Schiedsurteils als § 510 c wieder in die ZPO ein. Durch die Vereinfachungsnovelle 1976 wurde § 510 c aufgehoben. – Zu Verfahren und Urteil bei niedrigem Streitwert → jetzt § 495 a.

---

[14] Dazu *Birmanns* DGVZ 1981, 147. S. auch *AG Friedberg* DGVZ 1991, 47.

[15] Dazu *Lüke* Die Vollstreckung des Anspruchs auf Arbeitsleistung, Festschr. f. Ernst Wolf (1985), 459, 467 ff.

[16] *Germelmann-Matthes-Prütting* ArbGG[2] § 61 Rdnr. 39.